Examen d'entrée dans un CRFPA

LE **GRAND ORAL**

Protection des libertés et des droits fondamentaux

Examen d'entrée dans un CRFPA

LE GRAND ORAL

Protection des libertés et des droits fondamentaux

2017

12e édition

Sous la direction de Serge Guinchard

Gazette du Palais une marque de Lextenso

Dans la même collection

Serge Guinchard, *Comment devenir avocat, les voies d'accès, les examens et les filières parallèles*, 2017.

Philippe Astruc, *Devenir magistrat aujourd'hui*, 2010.

70, rue du Gouverneur Général Éboué
92131 Issy-les-Moulineaux Cedex
ISBN : 978-2-35971-167-7

Liste des auteurs

Jordane Arlettaz
Professeur des Universités, CERCOP
Université de Montpellier

Xavier Bioy
Professeur des Universités, Agrégé de droit public
Membre de l'Institut Maurice Hauriou de l'Université Toulouse 1 Capitole

Philippe Blachèr
Professeur des Universités, Agrégé de droit public
Directeur de l'Équipe de droit public de l'Université Lyon 3 Jean Moulin (EA 666)

Françoise Bouscez
Maître de conférences honoraire de l'Université Panthéon Assas (Paris II)

Dominique Breillat
Professeur émérite à l'Université de Poitiers
Doyen honoraire

Stéphane de La Rosa
Professeur de droit public, Chaire Jean Monnet
Université de Valenciennes, IDP EA 1384

Jean-Marie Denquin
Professeur émérite de l'Université Paris Ouest-Nanterre La Défense

Mélina Douchy-Oudot
Professeur à l'Université de Toulon
Avocat au Barreau de Toulon
Membre du centre de droit et de politique comparés Jean-Claude Escarras, UMR DICE 73-18

Jean Duffar
Professeur des Facultés de droit

Serge Guinchard
Professeur émérite de l'Université Panthéon-Assas (Paris II)
Recteur honoraire des Académies de la Guadeloupe et de Rennes
Directeur honoraire de l'Institut d'études judiciaires Pierre Raynaud
Doyen honoraire de la Faculté de droit de Lyon
Ancien Directeur de l'École de formation du barreau de Paris
Ancien membre de la Commission-formation du Conseil national des barreaux

Anne-Marie Le Pourhiet
Professeur de droit public à la Faculté de droit et de science politique de l'Université Rennes I

Jean-Marc Maillot
Maître de conférences-HDR à l'Université de Montpellier
Directeur des études de l'IPAG de Montpellier
Avocat à la Cour

Arnaud Martinon
Professeur à l'École de droit de la Sorbonne (Université Paris 1 Panthéon-Sorbonne)
Codirecteur scientifique de la revue *Les Cahiers sociaux*

» PRÉSENTATION DE LA COLLECTION

Créée en 1994, la collection *« Préparation à l'examen d'entrée dans un CRFPA »* s'intègre désormais dans un ensemble plus vaste consacré aux professions judiciaires, la collection « Carrières judiciaires » publiée par la Gazette du Palais. Elle répond au besoin de préparer les étudiants à l'entrée dans la belle et noble profession d'avocat, en commençant par leur donner les outils pédagogiques et méthodologiques nécessaires pour réussir l'examen dit des IEJ, qui les autorise à entrer dans un Centre régional de formation professionnelle d'avocats. Le lecteur trouvera l'exposé complet de l'examen d'entrée dans l'ouvrage **« Comment devenir avocat »**, rédigé par Serge Guinchard (12e édition, 2017), lequel expose aussi les diverses voies d'accès à cette profession.

Pour aborder dans d'excellentes conditions l'épreuve du grand oral qui porte sur « la protection des libertés et droits fondamentaux », un livre a été rédigé par des universitaires, spécialistes reconnus de la matière (Jordane Arlettaz, Xavier Bioy, Philippe Blacher, Françoise Bousez, Dominique Breillat, Stéphane de La Rosa, Jean-Marie Denquin, Mélina Douchy-Oudot, Jean Duffar, Serge Guinchard, Anne-Marie Le Pourhiet, Jean-Marc Maillot et Arnaud Martinon), sous l'intitulé **« Le Grand oral : protection des libertés et des droits fondamentaux »**. C'est l'ouvrage que vous avez entre les mains.

L'outil ainsi mis à la disposition des étudiants souhaitant devenir avocats s'élargit vers l'horizon des libertés fondamentales, symbole d'une profession qui reste, quoi qu'on en dise et malgré les critiques injustes dont elle est parfois l'objet, le rempart de nos libertés, la digue qu'il faut défendre contre les vents mauvais qui pourraient venir des trois pouvoirs et contre les marées populistes, si la vigilance des Ordres ne s'exerçait pas.

Serge GUINCHARD

Professeur émérite de l'Université Panthéon-Assas (Paris II)
Recteur honoraire (Académies de la Guadeloupe et de Rennes)
Directeur honoraire de l'IEJ Pierre Raynaud de Paris II (1990-2000)
Doyen honoraire de la Faculté de droit de Lyon
Ancien Directeur du Centre de formation professionnelle d'avocats de Paris (1991-1993)
Ancien membre de la Commission-formation du Conseil national des barreaux (1992-2000)

» SOMMAIRE

» CONSEILS PRATIQUES POUR LA PRÉPARATION DU GRAND ORAL

Serge Guinchard
Professeur émérite de l'Université Panthéon-Assas (Paris II)
Recteur honoraire (académies de la Guadeloupe et de Rennes)
Doyen honoraire de la Faculté de droit de Lyon
Directeur honoraire de l'IEJ « Pierre Raynaud » de Paris II (1990-2000)
Ancien Directeur du Centre de formation professionnelle d'avocats de Paris (1991-1993)
Ancien membre de la Commission-formation du Conseil national des barreaux (1992-2000)

Souvent redoutée des candidats, l'épreuve d'exposé-entretien (autrefois entretien-discussion, dite encore « grand oral des IEJ », est l'épreuve centrale, pour ne pas dire reine, de l'examen d'entrée dans un Centre régional de formation professionnelle d'avocats. Prévue à l'article 7, al. 2, 1°) de l'arrêté du 17 octobre 2016 fixant le programme et les modalités de cet examen, elle consiste, aux termes de ce texte, en « *un exposé de quinze minutes, après une préparation d'une heure, suivi d'un entretien de trente minutes avec le jury, sur un sujet relatif à la protection des libertés et des droits fondamentaux permettant d'apprécier les connaissances du candidat, la culture juridique, son aptitude à l'argumentation et à l'expression orale. Cette épreuve se déroule en séance publique. La note est affectée d'un coefficient 4* ».

À vrai dire, l'épreuve n'est pas entièrement nouvelle, car l'arrêté précité du 17 octobre 2016, qui se substitue aux arrêtés du 7 janvier 1993, du 29 janvier 1998 et du 11 septembre 2003, ne modifie pas substantiellement la nature de cette épreuve et son programme (qui figure en annexe à ce chapitre), sauf à remarquer que l'exposé est d'une durée (impérative) de quinze minutes et non plus « *d'environ* » quinze minutes (rédaction de 1993 et 1998), que l'entretien avec le jury remplace la discussion et que la durée de cet entretien est de 30 minutes et non plus de 15. Le nouveau programme est applicable depuis la session d'examen qui se déroulera à compter du 1er septembre 2017.

L'importance de l'épreuve

Le rôle primordial de cette épreuve dans l'économie de l'examen tient à deux facteurs :

- *d'abord*, nul ne peut en être dispensé ;

- *ensuite*, son coefficient est de quatre (et non plus de trois) et, en pratique, c'est la seule à être passée devant un jury de 3 ou 7 membres, ce qui, souvent, impressionne davantage les candidats qu'une épreuve subie devant un seul examinateur. L'épreuve de langue étrangère, seule autre épreuve orale, n'est que d'un coefficient de un.

Le fondement de l'épreuve

Voulue, dès la mise en place de la réforme de la profession d'avocat en 1990-1991, par de nombreux directeurs d'instituts d'études judiciaires et par la Commission-formation du Conseil national des barreaux[1], elle est le symbole de la profession d'avocat et plus particulièrement de la *nouvelle* profession qui se devait de marquer son territoire traditionnel de défense des libertés individuelles, à une époque où l'intégration des anciens conseils juridiques avait conduit certains à craindre qu'au sein de la profession en devenir, le droit des affaires et des entreprises l'emporte sur celui des personnes et de la protection des libertés individuelles[2] ; cette protection qui est au cœur de la profession d'avocat, qui en constitue aux yeux des tiers le symbole le plus fort, même s'il agace certains, ne pouvait pas faire l'objet d'une épreuve passée « à la sauvette ». D'où sa durée, tant dans la préparation que dans le déroulement de l'oral lui-même (au total une heure quarante-cinq), mais aussi son coefficient (4, chiffre le plus élevé depuis l'arrêté de janvier 1993, ce qui démontre l'importance accordée par le Barreau à cette épreuve).

La finalité et le programme de l'épreuve

L'ancienne rédaction de cette épreuve s'articulait astucieusement et intelligemment autour de deux propositions bien distinctes[3] : d'abord une base thématique à savoir « un sujet relatif à la protection des libertés et des droits fondamentaux » ; ensuite, une seule finalité : permettre au jury « d'apprécier l'aptitude à l'argumentation et à l'expression orale du candidat ».

---

1. Quatre universitaires se sont retrouvés sur le chemin des libertés lors de la première Commission-formation du CNB entre 1992 et 1996 : Madame le professeur Mireille Delmas-Marty, Jean-Marc Mousseron, Monsieur le professeur Antoine Lyon-Caen et le signataire de ces lignes. C'est à eux que l'on doit cet ancrage de l'examen dans le socle des libertés fondamentales.
2. Pour avoir une idée de l'ambiance qui régnait à l'époque, voici ce que disait le 8 novembre 1998 à la Conférence du stage du barreau de Paris, Maître Jean-Marie Biju-Duval : « puisque nous sommes entre nous... Puisque nous sommes encore entre nous... avant que ne déferlent les hordes sauvages des conseils juridiques, ces juristes de grands chemins, ces mercenaires du droit, que déjà nous entendons mugir dans nos campagnes... Avant que leurs féroces cohortes ne viennent jusque dans nos prétoires égorger nos principes, nos profits et nos rêves... Avant que ne s'ouvre l'ère des grandes invasions... », propos rapportés par Olivier Duhamel et Jean Veil, *in* O. Duhamel et J. Veil, *La parole est à l'avocat,* Dalloz, coll. « À savoir », 2015, *V° Conseils juridiques.*
3. L'idée en revient au regretté Claude Lucas de Leyssac, alors directeur de l'IEJ de l'université Paris 1.

a) Les trois finalités de l'épreuve. L'actuel article 7 de l'arrêté du 17 octobre 2016 reprend cette articulation : la base thématique sur laquelle doit être choisi le sujet est toujours la même (la protection des libertés et des droits fondamentaux), mais la finalité est désormais triple, à savoir : « apprécier les connaissances du candidat, la (et non pas "sa") culture juridique, son aptitude à l'argumentation et à l'expression orale ».

b) La question de la culture juridique générale. À lire cet article 7, la culture juridique n'est pas au programme de l'épreuve, elle est dans sa finalité, sur la base d'un sujet portant exclusivement sur les libertés et droits fondamentaux, pas sur la culture juridique détachée de cette base, ce qui n'est pas la même chose ! Par exemple, un sujet portant sur « la prescription en matière pénale au regard des principes de la Convention européenne des droits de l'homme » peut conduire à ce que le jury vous demande de définir la notion de prescription, d'étendre la question à la matière civile.

Mais le programme publié en annexe brouille les cartes, puisqu'il introduit la notion de « culture juridique générale » avant « l'origine, les sources, le régime juridique des libertés et droits fondamentaux et les principales libertés et les principaux droits fondamentaux ». Il y a donc une contradiction entre la rédaction de l'article 7 et son annexe ; on ne peut qu'inciter les candidats à être prudents et à ne pas se contenter d'une approche des libertés et droits fondamentaux qui négligerait la culture juridique générale. Ce double glissement vers la culture juridique « générale » et le contrôle des connaissances suscite une inquiétude : que le grand oral redevienne l'instrument d'une aggravation de l'inégalité sociale entre des candidats nourris de cette culture générale, depuis leur enfance, à la table de leurs parents, et les autres. Les leçons du passé ont été oubliées par les inspirateurs et les rédacteurs du texte : les autorités consultées lors de l'élaboration du texte initial (l'arrêté du 7 janvier 1993) avaient insisté sur l'idée qu'il ne fallait pas tomber dans les travers du grand oral de l'examen antérieur à la réforme ou de concours administratifs réputés ; la fausse culture générale, celle qui consiste à tester les réactions du candidat par ses réponses à des questions le promenant de l'art aztèque au poids d'une vache, au gré des dernières lectures d'un membre du jury, avait donc été éliminée de l'épreuve de grand oral. La discussion devait porter sur le seul programme de l'épreuve, déjà bien assez vaste puisque consacré aux libertés et droits fondamentaux et ne pas s'égarer vers les errements qui viennent d'être indiqués. Le risque avec l'introduction brouillonne de la « culture juridique générale », c'est de voir resurgir ce type de questions, auquel nombre de membres des jurys serait bien incapable de répondre… V. *infra* les conseils pratiques de préparation à cette épreuve en matière de culture juridique générale.

c) Le choix du sujet. Les sujets, comme autrefois, seront choisis par le jury de chaque centre d'examen (art. 53, al. 9, D. n° 97-1197 du 27 novembre 1991, réd. D. n° 2016-1389 du 17 octobre). La commission nationale créée par le décret du 17 octobre 2016 n'est compétente que pour élaborer les sujets des épreuves écrites.

d) Historique du programme. On trouvera *infra*, au pied de ce chapitre, le contenu officiel de ce programme, qui a subi quelques transformations depuis 1993.

Sous l'empire des anciens arrêtés du 7 janvier 1993 et du 29 janvier 1998, aucun programme n'était annexé, parce que la Commission-formation du Conseil national des barreaux, consultée pour avis, n'avait pas souhaité communiquer un programme précis, au motif de l'un de ses membres que *« c'était faire injure aux droits de l'homme que de les définir »*. Les directeurs d'IEJ, dès le lendemain de la réforme de 1990-1991, avaient élaboré, sous l'égide de l'IEJ de Paris II, un programme qui fut soumis à d'éminents professeurs de droit, de tous horizons (pénalistes, publicistes, privatistes, processualistes, de Paris et de province, en activité ou en retraite), pour recueillir leurs observations et qui fut repris par une lettre du 14 mai 1993 signée du directeur des enseignements supérieurs (DESUP 2/HK/N, n° 93-392). L'idée avait été de préciser la notion de libertés et droits fondamentaux (énumération, régime juridique, etc.) et d'insister sur leur protection, notamment juridictionnelle, ce qui correspondait au souhait des rédacteurs de l'arrêté et permettait, par ce biais, de réintroduire, pour tous les candidats, les principes fondamentaux des trois grands contentieux (civil, pénal et administratif), les garanties fondamentales d'une bonne justice, bref tout ce nouveau droit processuel/droit commun du procès équitable, souvent d'origine constitutionnelle et européenne, voire internationale. Ce programme initial avait été consacré en quelque sorte par la juridiction administrative ; en effet, le 27 novembre 1997, le tribunal administratif de Limoges a considéré que le sujet proposé au grand oral sur *« la détermination de la peine par le juge selon le nouveau Code pénal »* entrait bien dans le programme de l'épreuve d'exposé-discussion. Le tribunal se réfère en outre au programme élaboré par les IEJ et repris dans la lettre précitée du ministère de l'Enseignement supérieur. Coup de chapeau au travail accompli par les directeurs d'IEJ.

Cet état d'esprit demeurait avec l'arrêté du 11 septembre 2003, même si l'arrêté prenait soin de fixer un programme qui, pour l'essentiel, ne s'éloignait pas de l'esprit d'origine. À titre d'information on le trouvera au pied de ce chapitre.

L'arrêté du 17 octobre 2016 est plus succinct (voir au pied de ce chapitre) et, on l'a vu, brouille les cartes avec la notion de culture juridique générale.

Conseils pratiques

1 – La préparation de l'épreuve

a) Avant le jour de l'épreuve

En raison de la nature de l'épreuve et du contenu du programme, les candidats seront particulièrement avisés :

– de suivre les enseignements classiques de libertés publiques, aujourd'hui appelés protection des libertés et droits fondamentaux, généralement donnés en licence. Les chapitres qui suivent et qui sont consacrés à l'exposé des principales libertés les aideront à mettre en perspective ces enseignements de base, ces enseignements dont nul ne devrait être dispensé pendant ces années d'apprentissage des données fondamentales du droit. Ils n'ont pas vocation à remplacer les excellents manuels ou traités qui couvrent le programme des libertés en licence ou en master 1. En revanche, par leur présentation synthétique, par leur souci d'aller à l'essentiel dans l'approche transversale du programme, par les exercices pratiques qui illustrent la matière et orientent les candidats vers une préparation concrète de l'épreuve, ces chapitres, rédigés par des spécialistes avertis des libertés fondamentales, complètent les outils de base que ces candidats auront déjà rencontrés au cours de leurs études ;

– de compléter leurs connaissances par une approche exhaustive des principes qui régissent les trois grands contentieux, par une étude approfondie des garanties fondamentales d'une bonne justice, garanties généralement envisagées dans certains cours de droit constitutionnel de première année et dans les cours de droit processuel revus et corrigés sous l'angle de son attraction à la garantie des droits fondamentaux.

L'éclairage international, européen notamment, constitutionnel aussi, de ces garanties procédurales sera privilégié pour mieux comprendre ce que peut représenter, dans la mise en œuvre de l'effectivité des garanties et des libertés, la notion de procès équitable, véritable modèle universel de procès. Le droit commun du procès fait partie du programme ; il en constitue même la trame et la cohérence au-delà de l'étude de chaque liberté. C'est pourquoi cet ouvrage de préparation au grand oral comprend un chapitre consacré aux règles du procès équitable, en matière civile comme en matière pénale.

La préparation des IEJ ne peut se substituer aux enseignements traditionnels qui sont supposés acquis. Seuls certains thèmes de ce programme des libertés et droits fondamentaux sont traités en année de préparation. Cet ouvrage vient donc conforter ces acquis par une approche renouvelée de la matière, par une vision moins académique mais qui se veut plus productive de valeur ajoutée pour l'étudiant.

– S'agissant de la « culture juridique générale », il n'est pas aisé de la délimiter et les rédacteurs de l'arrêté se sont bien gardés de le faire ! D'ailleurs, si cette culture existe, on suppose qu'il en existe deux autres : l'une de culture juridique tout court, l'autre de culture juridique spéciale (comme il existe des contrats spéciaux aux côtés de la théorie générale des contrats ?). Il nous semble, sous réserve d'une pratique des jurys à construire, qu'il sera prudent de : 1º Relire les ouvrages d'introduction générale au droit, branche généralement enseignée en première année et qui contiennent « les notions fondamentales du droit ». 2º Feuilleter, page par page, le *Lexique des termes juridiques*[4], en éliminant les aspects trop éloignés de ladite culture, pour s'assurer qu'on peut, par exemple, distinguer la clause compromissoire du pacte commissoire, énumérer les éléments de la possession d'état, situer les acteurs du monde juridique et judiciaire (juridictions, magistrats, auxiliaires de la justice), distinguer la notion d'officiers ministériels de celle d'officiers publics, répondre à des questions sur l'organisation des pouvoirs publics dans la Constitution de 1958, distinguer le contrôle de constitutionnalité *a priori* de celui *a posteriori* (la QPC), etc. 3º Essayer d'avoir un minimum de connaissances sur la vie et l'œuvre des grands auteurs aujourd'hui décédés (Jean Carbonnier, Ripert et bien d'autres).

4. Direction S. Guinchard et Thierry Debard, édition annuelle en juin, Dalloz éd.

b) Le jour de l'épreuve

le candidat sera avisé de ne pas perdre trop de temps à consulter les documents autorisés par la réglementation en vigueur (codes annotés notamment), car une heure de préparation c'est court ; tous ceux qui ont déjà préparé et passé ce type d'épreuve vous le diront : ce n'est pas en une heure que l'on trouve les éléments substantiels de la matière au programme, dans la consultation fébrile des documents apportés ou fournis ; ceux-ci peuvent servir à vérifier un texte, une jurisprudence, jamais ils ne permettront de combler des lacunes de révision préalable à l'examen. Si l'épreuve est une épreuve d'intelligence (aptitude à argumenter et à s'exprimer oralement), elle repose nécessairement, comme toute épreuve universitaire, sur un socle de connaissances d'autant plus solide qu'il aura été acquis antérieurement à la venue du candidat le jour de l'épreuve ; elle s'accompagne donc d'une phase préalable de mémorisation, n'ayons pas peur du mot ; ne pas le dire aux candidats, c'est tomber dans la démagogie et ne pas les aider à passer avec succès cette épreuve. On n'argumente pas sur rien. D'ailleurs, le nouvel examen prévoit expressément que l'épreuve a aussi pour finalité de contrôler les connaissances des candidats.

2 – L'exposé

a) Puisqu'il s'agit de tester leur aptitude à argumenter, les candidats veilleront tout particulièrement à exposer clairement le sujet en le situant dans son contexte avant de développer deux ou trois idées principales qui serviront de plan.

Le plan, comme pour toute épreuve juridique, est essentiel, non pas par souci d'académisme, mais parce qu'il permet à ceux qui écoutent l'exposé de le comprendre plus aisément, d'en discerner très rapidement les grands axes, ce qui les met en état de juger de la compréhension du sujet par le candidat ; utile à celui-ci pour lui-même (le plan traduit concrètement la compréhension du sujet et lui permet de valider ses idées), le plan est aussi utile pour le candidat – on ne le répètera jamais assez – en ce qu'il lui permet de communiquer aisément avec un jury (exposer clairement ce qu'il conçoit bien) ; le plan rend le jury réceptif aux idées du candidat. Rien ne sert d'avoir de bonnes idées si elles sont perdues au milieu de propos inaudibles parce que confus.

Il faut savoir être percutant, incisif dans son exposé ; rien ne vaut à cet égard une bonne annonce de plan laissant clairement apparaître les deux (voire trois) parties (jamais plus, car au-delà de trois le candidat montre qu'il manque d'esprit de synthèse). Le plan doit guider ceux qui écoutent ; il doit les mettre sur des rails pour lesquels ils auront l'impression qu'il n'était pas possible d'en trouver d'autres. En termes imagés, le plan, c'est la vague déferlante de l'océan, telle qu'on la trouve dans toute sa puissance dans l'hémisphère sud (en Australie du Sud et notamment à Torquay dans l'État de Victoria, ou en Nouvelle-Zélande à Whangamanta dans l'île du Nord), mais aussi dans l'hémisphère nord, au Pays basque ou à Hawaï et sur laquelle vous allez surfer et le jury avec vous ; ce ne sont en aucun cas les dunes des déserts de Gobi, de Namibie, d'Oman, du Sahara et d'ailleurs ; ne vous laissez pas enliser dans de fausses bonnes idées qui conduisent à bâtir des parties confuses et compréhensibles que par vous-même. Le plan doit avoir un effet d'entraînement.

On pardonne plus aisément une annonce scolaire du plan mais bien articulée, qu'un exposé confus parce qu'on n'a pas compris où le candidat voulait aller et même, parfois, d'où il venait.

N'oubliez pas non plus d'équilibrer vos parties. Une introduction de cinq minutes suffit, afin d'avoir le temps de consacrer environ huit minutes à la première partie et sept à la seconde ; surtout, au-delà de ce chiffrage qui ne se veut qu'approximatif et indicatif, il faut retenir du minutage que vous devez vous imposer que rien, aucune idée ne doit être négligée ; il faut vous donner le temps d'exposer complètement votre seconde ou troisième partie ; le plan et le minutage sont au service des idées, pas l'inverse. Un bel exposé, c'est d'abord un exposé d'idées soutenu par un plan clair ; mais un plan clairsemé d'idées ne fera jamais un bon exposé quel que soit le brio de la forme.

Quant à l'articulation du plan, il faut savoir être primaire pour mieux être pertinent au fond. Les plans les plus simples sont souvent les meilleurs, surtout pour une préparation en une heure. On ne demande pas aux candidats de travailler leurs intitulés comme on l'exige des candidats à l'agrégation de droit qui ont huit ou vingt-quatre heures (selon qu'ils sont « en loge » ou en équipe) pour préparer leur leçon. Ne vous trompez pas d'épreuve : vous voulez être avocat, pas professeur des universités ; les qualités de forme exigées ne sont pas les mêmes. Et le règlement de l'examen en tient compte.

b) Argumenter en effet, ce n'est pas ânonner des banalités. Pour insister sur cet aspect argumentatif, la Commission-formation du Conseil national des barreaux (pour la période 1996-2000) avait préconisé, au moment de la réforme qui devait conduire au texte de 1998, que le sujet donné porte sur deux documents au moins qui seraient soumis à la discussion du candidat, par exemple deux opinions doctrinales divergentes sur le rattachement du Parquet au ministre de la Justice ou deux jugements en opposition sur le port du foulard islamique ; si la formulation actuelle du texte ne reprend pas cette idée, rien en revanche, dans la rédaction de l'arrêté du 11 septembre 2003, n'interdit aux jurys des IEJ d'adopter ce système. Certains le font déjà, ce qui, il faut le remarquer, aide plutôt les candidats à présenter leur argumentation, après avoir lu et compris les textes soumis à leur sagacité ; il est parfois plus aisé de partir de l'opinion d'autrui pour construire la sienne, surtout lorsque le temps de préparation est finalement très court. Encore faut-il savoir lire le sujet, le décortiquer, phrase par phrase, qu'il s'agisse d'une décision de justice, d'un texte législatif ou réglementaire, ou d'un extrait doctrinal ; et le lire rapidement. Cela s'apprend en s'exerçant. Mais comment un jury pourrait-il pardonner à un candidat à l'avocature de ne pas savoir, en une heure, lire un sujet, en extraire l'essentiel et l'exposer à sa façon avec ses idées propres, alors qu'il devra, tous les jours, dans l'exercice quotidien de sa profession, prendre connaissance d'une affaire, parcourir un dossier dans l'urgence, au civil comme au pénal ?

c) Faut-il rédiger complètement son exposé ou se présenter devant le jury avec des notes brèves ? La question est souvent posée par les candidats. Il n'y a pas de réponse type (chacun a ses manies, ses craintes, ses forces et ses faiblesses), sauf que l'expérience prouve que les textes entièrement rédigés (à supposer que cela soit possible en une heure de préparation) nuisent à la qualité de l'exposé ; il n'y a rien de pire qu'un exposé lu de la première à la dernière ligne, sans reprendre son souffle ou presque, sans laisser le jury reprendre le sien, avec cette impression détestable que l'on donne de ne pas croire à ce que l'on dit. À l'inverse, le candidat peu sûr de lui (ou trop sûr de lui...) ne doit pas prendre le risque de venir exposer son sujet avec des notes tellement brèves qu'il n'est plus capable d'en restituer la trame, la cohérence et l'intelligence. La vérité est donc au milieu : un texte préparé, mais pas trop, des intitulés clairs, courts et pertinents par rapport au sujet, afin que le jury retienne au moins le « squelette » de la leçon. Et le plan ne se limite pas aux deux parties principales de l'exposé ; il faut aussi que chacune des deux ou trois parties soit structurée, moins formellement peut-être que pour l'annonce des deux axes principaux de l'exposé, mais avec suffisamment de finesse et de clarté pour que le jury, là encore, vous suive aisément.

L'exposé oral, c'est aussi, d'une certaine manière, montrer que l'on sait parler en public ; argumenter au fond passe par savoir articuler. Si vous n'êtes pas à l'aise dans l'expression orale, exercez-vous, prenez des cours de diction, pratiquez l'art théâtral, apprenez à « poser » votre voix, non pas que l'avocat soit un homme de théâtre, mais parce que respirer correctement au cours d'un exposé oral (comme plus tard au milieu d'une plaidoirie) aide à mieux se faire comprendre. À quoi cela servirait-il de présenter un exposé particulièrement pertinent au fond, si c'est pour le noyer dans une diction qui vous rend inaudible, en la forme cette fois ?

3 - L'entretien avec le jury (ex-discussion)

Avant la réforme d'octobre 2016, l'épreuve durait au total trente minutes, elle durera quarante-cinq minutes en raison d'un allongement du temps consacré à « l'entretien » avec le jury (trente minutes contre quinze pour l'ancienne « discussion » avec ce jury) ; pour notre part, nous ne critiquerons pas cet allongement de quinze minutes[5], car, à une époque d'accélération en tous les domaines de la vie, il n'est pas inutile et il est même sain et rassurant qu'un jury soit obligé de prendre son temps pour écouter et « sonder » un candidat qui, souvent, à ce moment du grand oral, joue son avenir professionnel ; un peu d'attention, d'humanisme et de meilleure compréhension des aptitudes des candidats à l'argumentation orale vaut bien quelques minutes supplémentaires sur le temps (sans doute précieux) des examinateurs. En revanche, nous ne pensons pas que le changement de terminologie (la « discussion » est remplacée par un « entretien ») ait un impact sur la nature des relations entre le jury et le candidat ; effet de mode sans doute : on s'entretient avec celui qui va peut-être devenir votre confrère, on discute avec celui qui reste un étudiant ?

Cet entretien doit porter sur le programme de l'épreuve, déjà bien assez vaste et ne pas s'égarer vers les errements qui viennent d'être indiqués. Il ne dépend pas de vous dans les questions posées (encore que la pratique de l'examen prouve qu'un bon exposé suscite toujours des questions au cœur du sujet, ce qui ne déroute pas le candidat), mais les réponses vous appartiennent ! Ne répondez pas immédiatement si vous hésitez dans la compréhension de la question ; n'hésitez pas à la faire

5. *Contra* : Fr.-X. Lucas, « La réforme de l'examen d'accès à la profession d'avocat », *Petites affiches* 2 nov. 2016, n° 219, p. 6.

préciser, à condition que cela ne devienne pas systématique et que cela ne soit pas interprété comme une tactique de votre part à jouer la montre ! Regardez celui qui vous a posé la question en face, avec le regard franc et direct qui fera que l'on dira de vous que vous avez l'étoffe d'un avocat sérieux, franc et loyal (la loyauté est une exigence et une qualité déontologiques). Si vous ignorez totalement la réponse, ne biaisez pas, dites-le franchement plutôt que de risquer de paraître idiot. Laissez vos interlocuteurs terminer leurs phrases, par politesse d'abord, pour mieux comprendre la question ensuite (mais pas pour jouer la montre, cela se verrait rapidement et ne serait pas à votre avantage). Montrez un esprit d'ouverture, le barreau, c'est d'abord une profession ouverte à toutes les écoles de pensée. Le sectarisme est antinomique avec la profession que vous souhaitez embrasser. Il faut que les membres du jury le sentent, le perçoivent à travers vos réponses, comme déjà à travers votre exposé. Cela n'interdit pas d'avoir des convictions et de les exprimer sans état d'âme. On ne vous demande pas d'être « politiquement correct » et dans la ligne de la pensée unique ; si l'impertinence est exclue et le respect de vos interlocuteurs d'une demi-heure de débat la règle, sachez montrer la force de vos convictions et de votre caractère. Soyez déjà un avocat aux yeux des examinateurs !

Bon courage et bonne chance !

Programme de l'épreuve du grand oral dans l'annexe à l'arrêté du 17 octobre 2016

Libertés et droits fondamentaux

I. – Culture juridique générale.

II. – Origine et sources des libertés et droits fondamentaux.

III. – Régime juridique des libertés et droits fondamentaux.

IV. – Principales libertés et les principaux droits fondamentaux.

Ancien programme de l'épreuve d'exposé-discussion : Protection des libertés et des droits fondamentaux (annexe à l'arrêté, aujourd'hui abrogé, du 11 septembre 2003)

Programme de l'épreuve d'exposé-discussion : Protection des libertés et des droits fondamentaux (annexe à l'arrêté du 11 septembre 2003, *JO* du 17 septembre, p. 15944)

Rappel : L'épreuve doit permettre d'apprécier l'aptitude des candidats à l'argumentation et à l'expression orale (art. 8 de l'arrêté du 11 septembre 2003).

L'expression « Droits et Libertés fondamentaux » est aujourd'hui couramment utilisée en France et à l'étranger.

Elle est plus compréhensible que celle de « Libertés publiques », car elle inclut non seulement les droits des individus, mais aussi ceux des personnes morales. En outre, alors que les « libertés publiques » sont essentiellment, sinon exclusivement, invocables dans les relations entre les individus et la puissance publique, les droits fondamentaux peuvent produire un effet dans les relations entre personnes privées. Enfin, cette expression traduit mieux la triple dimension du droit des libertés fondamentales : administrative et judiciaire, constitutionnelle, internationale et européenne.

1. Origine et sources des libertés et droits fondamentaux :

- histoire de libertés : évolution générale depuis l'Antiquité jusqu'à la période contemporaine en France et dans le monde ; les générations de droits de l'homme ;
- sources juridiques, internes, européennes et internationales ;
- libertés publiques, droits de l'homme et libertés fondamentales.

2. Régime juridique des libertés et droits fondamentaux :

- l'autorité compétente pour définir les règles en matière de libertés et la hiérarchie des normes.

L'aménagement du statut des libertés fondamentales :

- régime répressif ;
- régime préventif ;
- régime de la déclaration préalable ;
- régime restitutif et droit à répartition ;
- la protection des libertés fondamentales ;
- les protections juridictionnelles (internes, européennes et inetrnationales) ;
- les protections non juridictionnelles (par les autorités administratives indépendantes, par l'effet du système constitutionnel, politique, économique et social) ;
- les limites de la protection des libertés fondamentales dans les sociétés démocratiques et dans les différents systèmes politiques ;
- les régimes exceptionnels d'atténuation de la protection des libertés et droits fondamentaux.

3. Les principales libertés et droits fondamentaux :

Les pricipes fondateurs et leurs composantes :

– dignité de la personne humaine (droit à la vie et à l'intégrité physique de la personne, bioéthique) ;

– liberté (liberté d'aller et venir, droit à la sûreté personnelle) ;

– égalité (devant la justice, en matière de fonction publique, devant les charges publiques, entre les hommes et les femmes, entre Français et étrangers) ;

– fraternité ;

– les droits et libertés de la personne et de l'esprit (liberté d'opinion, liberté de croyance, liberté d'enseignement, liberté de communication) ;

– les droits et libertés collectifs (association, réunion, liberté syndicale, droit de grève) ;

– les droits économiques et sociaux (droit de propriété, liberté du commerce et de l'industrie, droit à la protection de la santé, droit aux prestations sociales, droit à l'emploi) ;

– les droits du citoyen (droit de vote, liberté des partis politiques, droit dans les relations avec l'administration) ;

– la laïcité.

PARTIE 1

Les sources de protection des libertés et des droits fondamentaux

Seules seront vues ici les sources en provenance des données du droit fondamental, à savoir les sources internationales et européennes (Chapitre I) puis les sources nationales constitutionnelles (Chapitre II).

CHAPITRE I

Les sources internationales des libertés et droits fondamentaux

Jean-Marc MAILLOT

Maître de conférences – HDR à l'Université de Montpellier
Directeur des études de l'IPAG de Montpellier
Avocat à la Cour

1.1 ▸ La construction d'un véritable système international de garantie des droits et libertés fondamentaux est relativement récente. Si l'idée est déjà en germe dans la philosophie des Lumières, la notion de droits fondamentaux ne prend forme qu'au XXe siècle. Elle relève du souci de l'homme, entendu comme individu unique auquel est reconnu un ensemble cohérent de droits subjectifs, indépendamment du contexte géographique ou temporel. L'expression de « droits fondamentaux », souvent assimilée à celle de « droits de l'homme », désigne donc, au sens le plus strict, un noyau de droits essentiels et inaliénables de la personne humaine, valables en toutes circonstances, sans possibilité de dérogation.

La structure de la société internationale classique, tout entière tournée vers les seuls intérêts des États, rendait impossible la proclamation de droits et libertés au profit de l'ensemble des individus. Le droit international procédait alors uniquement de la volonté étatique, dans sa définition comme dans sa mise en œuvre. Ainsi, les nombreuses interventions armées pratiquées par les puissances européennes au XIXe siècle à l'égard de l'Empire ottoman se justifiaient avant tout par la défense d'intérêts politiques et commerciaux, malgré leur caractère officiellement humanitaire. Au total, « toute l'ossature du droit international est conçue en dehors de la perspective des droits de l'homme »[1].

1.2 ▸ Le droit international humanitaire, qui vise à protéger les victimes des conflits armés, constitue une première exception en ce qu'il n'a pas attendu les atrocités du XXe siècle pour connaître ses premières manifestations. Son origine est en effet plus profondément enfouie dans l'Histoire des civilisations. Les premières expressions internationales de la protection des droits fondamentaux, appliquée à la guerre, peuvent ainsi être décelées dès le Code d'Hammourabi, rédigé il y a 4 000 ans « afin que le fort n'opprime le faible », dans les textes de l'Inde ancienne (Mahâbhârata et loi de Manou), dans la Bible, le Coran, ou encore dans le Viqâyet, texte écrit à l'apogée du règne sarrasin en Espagne. Ces manuscrits sont les précurseurs des conventions humanitaires

1. F. SUDRE, *Droit européen et international des droits de l'homme*, PUF, 12e éd., 2015, n° 11.

contemporaines, au premier rang desquelles se situent les quatre Conventions de Genève de 1949, sur la protection des victimes de guerre.

Le régime de protection accordé aux minorités et aux travailleurs par les différents traités ayant façonné l'Europe au sortir de la Première Guerre mondiale participe de la même novation. Les minorités protégées, tout d'abord, se sont vu reconnaître un certain nombre de droits essentiels censés garantir le maintien de leurs particularismes et protéger leur identité : libre usage de leur langue dans la sphère privée, liberté de créer des écoles dispensant un enseignement de cette langue et bénéficiant de fonds publics, liberté de la religion et de la presse, garantie de représentation des minorités au sein des assemblées politiques comme dans l'administration[2]... Pour la première fois, des conventions internationales imposaient aux États des obligations à l'égard de leurs propres ressortissants, préfigurant ainsi les textes contemporains prohibant toute discrimination. De surcroît, un système complet de garanties du respect de ces droits était mis en place, sous le contrôle de la Société des Nations (SDN). Outre les États, les membres des minorités pouvaient adresser des « pétitions » au Conseil de la SDN, dénonçant les illégalités dont ils s'estimaient victimes. Des comités spécialisés tentaient alors de faire pression sur l'État concerné pour faire cesser la violation, avant de transmettre la plainte au Conseil, ce dernier pouvant éventuellement saisir la Cour permanente de justice internationale. Même s'il n'eut guère de succès du fait de la volonté du Conseil de ne pas heurter les susceptibilités nationales, ce mécanisme apparaissait révolutionnaire en ce qu'il mettait en œuvre un processus de garantie juridictionnel des droits de l'homme.

La même avancée fut reconnue au profit des travailleurs par la partie XIII du traité de Versailles du 28 juin 1919, qui confia à une organisation du travail (annonciatrice de la future Organisation Internationale du Travail) le soin de promouvoir « un régime de travail réellement humain », seul à même de garantir une « paix universelle » qui ne peut être « fondée que sur la paix sociale ». Structurée autour d'une Conférence générale proposant des recommandations pour améliorer les conditions de travail, cette organisation présentait la particularité d'avoir instauré un système de réclamations et de plaintes, permettant aux États, aux organisations professionnelles nationales ou à un membre de la Conférence de mettre en cause un État partie. La plainte pouvait éventuellement aboutir à la constitution d'une commission d'enquête qui émettait un rapport susceptible de contenir des sanctions économiques à l'égard de l'État fautif.

1.3 › En dehors de ces avancées sectorielles, il faudra attendre le lendemain de la Seconde Guerre mondiale pour voir apparaître des textes internationaux à portée générale qui, s'affranchissant des limites du droit international classique, perçoivent la protection des droits et libertés fondamentaux de l'homme comme une garantie de la paix internationale. Cette approche innovante, apparue en

2. Ces droits ont été conférés notamment aux minorités vivant en Pologne (traité de Versailles du 28 juin 1919) ou en Tchécoslovaquie, ainsi que dans le cadre des traités de paix signés tant avec les États vaincus (comme le traité de Saint-Germain-en-Laye du 10 septembre 1919, concernant l'Autriche, ou le traité de Trianon du 4 juin 1920, réglant le cas de la Hongrie), qu'avec les États dont le territoire s'est accru du fait du résultat du conflit (comme le traité de Paris du 9 décembre 1919, s'agissant de la Roumanie, ou le traité de Sèvres du 10 août 1920, qui concernait la Grèce).

réaction contre la barbarie du second conflit mondial, a ainsi entraîné la reconnaissance de droits humains civils et politiques rassemblés au sein de la déclaration universelle des droits de l'homme, adoptée sous la forme d'une résolution de l'Assemblée générale des Nations unies le 10 décembre 1948. Cette importante déclaration sera complétée ultérieurement par divers autres textes, notamment le Pacte relatif aux droits civils et politiques et le Pacte relatif aux droits économiques et sociaux, en 1966. Depuis lors, les instruments internationaux de protection des droits et libertés fondamentaux ont pris une place grandissante dans la création et la défense des droits et libertés.

De l'adoption de la Convention européenne des droits de l'homme à l'adoption de la Charte des droits fondamentaux de l'Union européenne, en passant par l'instauration de la Cour pénale internationale par le traité de Rome du 17 juillet 1998, les mécanismes de garanties des droits n'ont eu de cesse de se développer et de se préciser, parfois dans la confusion, recherchant une toujours plus intense effectivité. C'est à l'étude des modalités de cette protection internationale des droits et libertés fondamentaux qu'il conviendra d'abord de s'atteler (section I).

Au-delà des droits proclamés et quelle que soit la légitimité des objectifs défendus, la pleine efficacité de ces instruments internationaux dépend nécessairement de la portée juridique et de l'influence pratique que leur reconnaît le droit interne. Dès lors, l'examen de la réception par le juge national de ces textes protecteurs comme des jurisprudences des cours internationales apparaît fondamental pour évaluer leur impact sur l'ordre juridique français (section II).

Section I

LES MODALITÉS DE LA PROTECTION INTERNATIONALE

La problématique des sources internationales des droits et libertés fondamentaux exige de présenter les deux fondements de ces règles protectrices. Le premier est bien entendu textuel, l'inscription solennelle des droits et libertés au sein de conventions internationales spécifiques marquant l'attachement de la société internationale à leur respect (§ 1).

Il est également et peut-être surtout jurisprudentiel, tant le dynamisme prétorien, qu'il provienne de Cours nationales comme internationales, conditionne le bon fonctionnement du mécanisme de contrôle du respect de ces droits par les autorités étatiques (§ 2).

§ 1 – LA PROCLAMATION FORMELLE DES DROITS ET LIBERTÉS FONDAMENTAUX

Pour des motifs de clarté, mais aussi en raison des spécificités du système en vigueur à l'échelon de l'Union européenne, nous examinerons d'abord la protection conférée par les instruments internationaux et européens (I), avant d'aborder la question de l'insertion des droits fondamentaux dans les textes de l'Union européenne (II).

I – À L'ÉCHELON INTERNATIONAL ET EUROPÉEN

Au sein des instruments internationaux de protection, qu'ils s'inscrivent dans un cadre universel ou régional (A), une place particulière sera réservée à la Convention européenne de sauvegarde des droits de l'homme et des libertés fondamentales (en abrégé Convention européenne des droits de l'homme), eu égard tant à sa spécificité qu'à son influence sur le droit interne des États parties (B).

A - LES INSTRUMENTS INTERNATIONAUX DE PROTECTION DES DROITS ET LIBERTÉS FONDAMENTAUX

1.4 › La France a ratifié de nombreux traités relatifs aux droits et libertés. À vocation mondiale ou régionale, ces conventions peuvent avoir une portée générale ou s'appliquer à un domaine particulier (le génocide, l'esclavage, les disparitions forcées...) ou à des catégories particulières de personnes à protéger (les étrangers, réfugiés ou apatrides, les handicapés, les femmes, les enfants...).

1) Les conventions à vocation générale

a) Inventaire

Dans la lignée du préambule de la Charte des Nations unies du 26 juin 1945, qui affirme sa foi « dans les droits fondamentaux de l'homme, dans la dignité et la valeur de la personne humaine, dans l'égalité des droits des hommes et des femmes, ainsi que des nations, grandes et petites », l'Assemblée générale des Nations unies a adopté à Paris le 10 décembre 1948 la Déclaration universelle des droits de l'homme.

Sur un plan politique, ce texte est une réussite dans la mesure où il est parvenu à définir une « conception commune » à la grande majorité des États membres[3], en faveur du « respect universel et effectif des droits de l'homme et des libertés fondamentales ». Sur un plan juridique, cette déclaration n'est qu'une simple résolution, dépourvue de caractère obligatoire, et non un traité international. Elle constitue cependant une remarquable avancée pour les droits et libertés fondamentaux en ce qu'elle pose les bases des futurs instruments internationaux de protection des droits de l'homme.

Son contenu ne pouvait que demeurer superficiel en raison du juste équilibre qu'elle cherchait à établir entre, d'une part, les aspirations des États occidentaux à reconnaître aux individus des droits civils et politiques, et, d'autre part, celles des États socialistes et en voie de développement à promouvoir des droits collectifs à contenu économique et social.

3. Huit États se sont abstenus, dont l'URSS, l'Afrique du Sud, pour des raisons liées aux discriminations alors en vigueur, et l'Arabie Saoudite pour des raisons religieuses.

1.5 › Ce jeu d'équilibriste visant à concilier en un même instrument conception libérale et conception marxiste des droits fondamentaux ne dépassa pas le cap de la Déclaration universelle. La preuve en est que les textes censés compléter la Déclaration de 1948 et mis à la ratification ou à l'adhésion en 1966 distinguent les deux types de droits : il s'agit du Pacte relatif aux droits civils et politiques et du Pacte relatif aux droits économiques et sociaux[4]. Mieux encore, ces deux pactes procèdent à un véritable renversement de perspective par rapport à la Déclaration universelle, qui s'explique par le fait que les données et la structure politiques de la société internationale ont été profondément bouleversées entre 1948 et 1966.

Plus précisément, ce n'est plus l'individu mais les États qui sont les destinataires des droits proclamés. Le droit des peuples à disposer d'eux-mêmes, inscrit à l'aube des deux pactes et qui comporte le droit de déterminer librement leur statut politique, d'assurer librement leur développement économique, social et culturel et de disposer librement de leurs richesses et de leurs ressources naturelles, apparaît ainsi comme un préalable indispensable à la jouissance des autres droits. De même, des droits aussi essentiels dans une société démocratique que le droit d'asile ou le droit de propriété, proclamés en 1948, disparaissent du texte de 1966.

Malgré cela, le progrès est substantiel. Désormais, deux traités imposent aux États signataires le respect de droits fondamentaux, via un mécanisme de contrôle par voie de rapports périodiques, certes encore incomplet mais néanmoins notable, pouvant aller jusqu'à la mise en cause de l'État devant le Comité des droits de l'homme ou le Comité des droits économiques, sociaux et culturels, institués spécialement pour veiller au respect des droits proclamés. La France a adhéré en 1981 à ces deux pactes[5].

Le 10 décembre 2008, à l'occasion du 60e anniversaire de la Déclaration universelle des droits de l'homme, les Nations unies ont adopté le Protocole facultatif au Pacte international relatif aux droits économiques, sociaux et culturels. Le déséquilibre existant dans la protection des différents droits de l'homme, et qui marginalise les droits économiques, sociaux et culturels, est corrigé par le fait qu'un droit à un recours efficace est reconnu[6].

1.6 › Les déclarations internationales postérieures viennent parfaire le mécanisme de protection des droits et libertés fondamentaux. Adoptées à l'initiative des Nations unies, la Déclaration de Vienne de juin 1993, relative aux droits de l'homme, et celle de Copenhague de mars 1995, relative au développement social, renferment des avancées majeures. La première met un terme à la traditionnelle distinction entre les diverses « générations » de droits et libertés, utilisées pour attribuer une valeur juridique différente aux droits civils et politiques

4. Sur ces deux pactes, cf. l'étude très complète du Professeur B. Metou, « 50 ans des Pactes de 1966 sur les droits de l'Homme », *in* www.sentinelle-droit-international.fr/.

5. Elle a également adhéré le 17 février 1984 à un protocole facultatif, se rapportant au Pacte international relatif aux droits civils et politiques. Elle reconnaît la compétence du Comité des droits de l'homme à recevoir des requêtes individuelles la mettant en cause. Le Comité procède par voie de « constatations » de violations.

6. Pour plus d'informations, cf. *Sentinelle*, Journal de la SFDI, article de Dorothée Lobry : n° 171, 21 décembre 2008, et observations du Prof. Ph. Weckel. *Cf.* www.sentinelle-droit-international.fr/.

d'un côté, aux droits économiques et sociaux de l'autre. Désormais, les États s'engagent à reconnaître la même efficience juridique à l'ensemble de ces droits et libertés, sans distinction aucune. La seconde reconnaît l'importance du développement social, qui se situe « au cœur des besoins et des aspirations des individus » et constitue pour les gouvernants « une responsabilité cruciale ». Il convient cependant de demeurer mesuré quant à l'efficacité de ces instruments, intégrant le plus souvent des dispositions au contenu trop incertain et qui demeurent en dehors du champ juridique.

1.7 ▸ En dehors des Nations unies, d'autres organisations, d'influence régionale, ont participé à la proclamation de droits et libertés fondamentaux et à la défense de ceux-ci par la mise en place d'un mécanisme institutionnel original.

Il en est ainsi, en particulier, de l'Organisation des États américains (OEA), dont la Charte constitutive, adoptée à Bogota le 30 avril 1948, stipule que « les États américains proclament les droits fondamentaux de la personne humaine sans aucune distinction de race, de nationalité, de religion ou de sexe ». Adoptée deux jours plus tard sous la forme d'une simple recommandation dépourvue de caractère contraignant, la Déclaration américaine des droits et devoirs de l'homme a pénétré l'univers juridique du fait de l'action vigoureuse menée par l'organe chargé de contrôler le respect des droits définis dans la Déclaration, la Commission interaméricaine des droits de l'homme. Le système s'est perfectionné avec la signature de la Convention américaine relative aux droits de l'homme, le 22 novembre 1969. Cette convention, qui met surtout l'accent sur les droits civils et politiques, aménage un mécanisme de garantie structuré autour de deux organes : la Commission interaméricaine, qui voit ses pouvoirs renforcés et ses possibilités de saisine étendues (pétitions individuelles ou étatiques), et la Cour interaméricaine des droits de l'homme, juridiction inspirée de son homologue européen mais à la jurisprudence moins abondante.

Lors de sa 46e Assemblée générale, qui s'est tenue en juin 2016, l'OEA a adopté la Déclaration américaine des droits des peuples autochtones. Cette Déclaration s'inscrit dans une reconnaissance des droits des peuples autochtones qui a lieu à deux niveaux : au niveau mondial avec entre autres la Déclaration des Nations unies et la Convention de l'Organisation internationale du travail relative aux peuples indigènes et tribaux de 1989 et au niveau régional, au sein de l'OEA[7].

Sans définir cette notion, la Déclaration souligne que « l'auto-identification comme peuples autochtones constitue un critère fondamental pour déterminer les personnes auxquelles s'applique la présente Déclaration. Les États respectent le droit à cette auto-identification de manière individuelle ou collective, conformément aux pratiques et aux institutions propres à chaque peuple autochtone ». Le droit à l'autodétermination, reconnu à l'article 3, garantit que les peuples autochtones « déterminent librement leur statut politique et œuvrent librement vers leur développement économique, social et culturel ». Sont également reconnus le droit à l'identité et à l'intégrité culturelle (article 13), les systèmes de connaissance, langue et communication (article 14), l'éducation (article 15), la spiritualité autochtone (article 16), la

7. Sur cette Déclaration, cf. l'article d'A. Gouritin, in *Sentinelle*, Journal de la SFDI, *Bulletin* n° 481 du 26 juin 2016. *Cf.* www.sentinelle-droit-international.fr/.

famille autochtone (article 17), la santé (article 18), et le droit à la protection de l'environnement (article 19).

En dehors du continent américain, l'action de l'Organisation de l'Unité africaine (OUA) et celle de la Ligue des États arabes méritent également d'être signalées, même si elles sont d'une tout autre ampleur. La première a abouti à l'adoption de la Charte africaine des droits de l'homme et des peuples, signée le 27 juin 1981 à Nairobi. Si les principales libertés individuelles sont proclamées, au demeurant tout à fait formellement, cette Charte vaut avant tout pour la conception particulière, liée aux traditions africaines, qu'elle manifeste à l'égard des droits et libertés. N'existant que par rapport au groupe – familial, tribal ou ethnique –, l'individu voit souligner ses devoirs envers l'État, la société et la Communauté internationale.

Le mécanisme de contrôle, confié à la Commission africaine des droits de l'homme et des peuples, organise de manière très restrictive les possibilités de requêtes individuelles et l'efficacité du système repose en réalité pour une très large part sur le bon vouloir des États, réunis au sein de la Conférence des chefs d'État et de gouvernement. La création récente d'une Cour africaine des droits de l'homme et des peuples, en 1998, vise à remédier à ces blocages et à donner une véritable efficience au dispositif de protection.

Quant à la Ligue des États arabes, elle a adopté au Caire le 15 septembre 1994 la Charte arabe des droits de l'homme, dont la mise en œuvre est actuellement réduite à néant par l'absence de toute ratification. Le panel des droits proclamés est pourtant généreux, mais l'absence de droit de recours individuel ou étatique et la référence faite aux « principes éternels définis par le droit musulman » (lui-même fondé sur la Sharia, qui prône un certain nombre de peines corporelles et discrimine entre musulmans et non-musulmans) font douter du degré réel de protection des droits de l'homme procuré par cette Charte, du moins au sens occidental desdits droits.

b) Appréciation critique

1.8 ▸ Le paradoxe réside dans le fait que les États à l'origine de ces textes internationaux ont souvent manifesté une très grande réticence à l'égard des instruments internationaux relatifs aux droits de l'homme. L'attitude des États-Unis d'Amérique est à cet égard topique, n'ayant toujours pas ratifié ni la Convention de Genève relative au statut des réfugiés (1951), ni le Pacte des Nations unies relatif aux droits économiques et sociaux de 1966. La France n'est pas en reste, ayant attendu près de vingt-quatre ans avant de ratifier la Convention européenne des droits de l'homme du 4 novembre 1950[8].

Ce faisant, l'affirmation incantatoire de l'universalisme des droits de l'homme, que les États occidentaux répugnent à s'appliquer à eux-mêmes, perd de sa force. De même, la proclamation réitérée du « droit d'ingérence » revendiqué par les grandes puissances se heurte aux réalités politiques et aux différences conceptuelles fondamentales avec les pays du Sud. Ces derniers, plus orientés vers le droit au développement que vers les libertés individuelles civiles et politiques, ont consacré des droits qui n'envisagent l'individu qu'en rapport avec le peuple. Ainsi, aussi bien la

8. Cf. *infra*. Cf. *infra* § II, C.

Charte africaine des droits de l'homme et des peuples, adoptée le 27 juin 1981 à Nairobi, que la Déclaration islamique universelle, proclamée le 19 septembre 1981 à Paris, privilégient-elles des droits économiques, sociaux et culturels, envisagés comme garantissant la jouissance des droits civils et politiques.

2) Les conventions à vocation particulière

1.9 ▸ À côté des textes précédemment mentionnés, de nombreuses conventions à portée plus spécifique ont vu le jour, notamment sous l'égide des Nations unies, sur lesquelles il est inutile de s'attarder longuement.

Tout juste doit-on citer la Convention pour la prévention et la répression du crime de génocide[9], signée le 9 décembre 1948 et annonciatrice des futurs tribunaux pénaux internationaux, la Convention de Genève du 28 juillet 1951 relative au statut des réfugiés, la Convention concernant la lutte contre la discrimination dans le domaine de l'enseignement, adoptée sous l'égide de l'Unesco le 14 décembre 1960, la Convention internationale sur l'élimination de toutes les formes de discrimination raciale du 21 décembre 1965, la Convention contre la torture et autres peines ou traitements cruels, inhumains ou dégradants, adoptée au niveau universel le 10 décembre 1984[10], ou encore la Convention internationale sur les droits de l'enfant du 20 novembre 1989.

Cette dernière est sans doute la plus originale en raison des droits spécifiques qu'elle reconnaît à l'enfant : droit à des loisirs suffisants, droit de ne pas être séparé contre son gré de ses parents sauf si son intérêt supérieur l'exige, vocation à s'établir dans l'État où demeurent ses parents, droit à une protection spéciale en cas de handicap physique ou mental... L'adoption par l'Assemblée générale d'une résolution sur les droits de l'enfant (A/C.3/64/L. 20/Rev. 1, le 24 novembre 2009) a mis en lumière, une nouvelle fois, la position des États-Unis sur cette Convention. En effet, malgré le soutien aux buts du traité, le Département d'État américain a estimé que la ratification ne peut résulter que d'une « révision interinstitutionnelle » de tous les traités sur les droits de l'homme auxquels les États-Unis ne sont pas partie. Ainsi, mise à part la Somalie (en voie de ratifier la convention), les États-Unis restent le seul État n'ayant pas ratifié la Convention internationale sur les droits de l'enfant du 20 novembre 1989.

Le 25 mai 2000, deux protocoles facultatifs à la Convention sur les droits de l'enfant ont été adoptés par l'Assemblée générale de l'ONU :

- le protocole facultatif à la Convention relative aux droits de l'enfant, concernant l'implication d'enfants dans les conflits armés ;
- le protocole facultatif à la Convention relative aux droits de l'enfant, concernant la vente d'enfants, la prostitution des enfants et la pornographie mettant en scène des enfants.

---

9. Dans un arrêt du 3 février 2015, la Cour internationale de justice a fait application de cette convention pour la prévention et la répression du crime de génocide dans le conflit entre la Croatie et la Serbie.
10. Cette Convention a chargé une instance spécialisée, le Comité contre la torture (dont la France a reconnu la compétence le 18 février 1986), d'enquêter sur les États suspects et de rédiger des rapports destinés cependant à rester confidentiels.

Afin de compléter cet arsenal juridique, l'Assemblée générale des Nations unies a adopté en 2011 le 3e protocole facultatif à la Convention des droits de l'enfant établissant une procédure de présentation de communication. Il donne la possibilité de faire examiner par le Comité des droits de l'enfant de l'ONU (le Comité) des situations individuelles d'enfants. Avec cet instrument supplémentaire, la Convention des droits de l'enfant pourra être mise en œuvre de manière encore plus efficace. Ce Protocole a été ouvert à la signature le 28 février 2012 et est entré en vigueur le 14 avril 2014[11].

À titre d'information sur les conventions les plus récentes, on se doit de mentionner la Convention relative aux droits des personnes handicapées, adoptée le 13 décembre 2006, lors de la soixante et unième session de l'Assemblée générale des Nations unies. L'Union européenne a ratifié cette convention le 23 décembre 2010, ratifiant ainsi pour la première fois dans son histoire un traité en matière des droits de l'homme[12]. L'objectif de cette convention est de promouvoir et protéger l'ensemble des droits humains des personnes handicapées et de faire en sorte qu'elles en jouissent de façon pleine et équitable. La convention couvre un certain nombre de domaines clés comme l'accessibilité, la liberté de mouvement, la santé, l'éducation, l'emploi, l'adaptation et la réadaptation, la participation à la vie politique, ainsi que l'égalité et la non-discrimination. Elle marque un tournant dans la façon dont le handicap est pensé, non plus comme un problème de bien-être social mais comme une question de droits humains, en reconnaissant que les barrières sociétales et les préjugés sont eux-mêmes des facteurs handicapants.

Par ailleurs, l'Union Africaine a adopté lors de sa Session extraordinaire du 22 et 23 octobre 2009 tenue à Entebbe en Ouganda une Convention sur la protection et l'assistance des personnes déplacées appelée également Convention de Kampala. On estime aujourd'hui à 26 millions le nombre de personnes déplacées dans le monde. Ce phénomène constitue un enjeu majeur du droit international humanitaire. Si les réfugiés bénéficient de la protection de la convention de 1951 et du protocole de 1967 relatif au statut des réfugiés, la question des déplacés internes ne bénéficiait jusque-là d'aucun texte contraignant. Parmi les dispositions fondamentales de la convention, on peut citer l'article premier donnant la définition des personnes déplacées comme étant « les personnes ou groupes de personnes ayant été forcées ou obligées de fuir ou de quitter leurs habitations ou lieux habituels de résidence, en particulier après, ou afin d'éviter les effets des conflits armés, des situations de violence généralisée, des violations des droits de l'homme et/ou des catastrophes naturelles ou provoquées par l'homme, et qui n'ont pas traversé une frontière d'État internationalement reconnue ». En outre, l'article 3.1 engage les États membres à « a. S'abstenir de pratiquer, interdire, prévenir le déplacement arbitraire des populations » et « b. Prévenir l'exclusion et la marginalisation politiques, sociales, culturelles, susceptibles de causer le déplacement de populations ou de personnes en vertu de leur identité, leur religion ou leur opinion politique ». L'une des dispositions les plus audacieuses de la convention réside dans l'article 3.2a, par lequel les États

11. Pour plus d'informations, cf. *Sentinelle,* Journal de la SFDI, article de Charlotte Kady : n° 373, 19 janvier 2014. Cf. www.sentinelle-droit-international.fr/.

12. Cf. l'article de Berkes Antal dans le *Bulletin Hebdomadaire Sentinelle* n° 259 du dimanche 20 mars 2011 : http://www.sentinelle-droit-international.fr.

« incorporent les obligations de la présente Convention dans leur droit interne, par la promulgation ou l'amendement de la législation pertinente relative à la protection et à l'assistance aux personnes déplacées, en conformité avec leurs obligations en vertu du droit international ». Enfin, l'article 8.1. se distingue par le « droit d'ingérence humanitaire » qu'il accorde à l'Union Africaine. Ainsi, en vertu de cet article, « L'Union africaine a le droit d'intervenir dans un État partie, conformément à l'Article 4 (h) de l'Acte constitutif, dans des circonstances graves, notamment les crimes de guerre, le génocide et les crimes contre l'humanité »[13].

En outre, on mentionnera la Convention internationale pour la protection de toutes les personnes contre les disparitions forcées, qui a été adoptée par consensus par l'Assemblée générale des Nations unies le 20 décembre 2006. Cette Convention a atteint les 20 ratifications nécessaires à son entrée en vigueur après le dépôt de l'instrument de ratification de l'Irak, le 23 novembre 2010 et est entrée en vigueur trente jours après le dépôt du 20e instrument de ratification, soit le 23 décembre 2010.

Plusieurs États d'Amérique latine ont ratifié la convention (Argentine, Bolivie, Chili, Cuba, Honduras, Mexique, Paraguay, Uruguay, Brésil), et ce sont d'ailleurs les familles des victimes latino-américaines qui avaient initié la réflexion sur la nécessité d'une convention sur les disparitions forcées. De manière générale, les pays ayant connu la pratique de la disparition forcée ont ratifié la convention. C'est le cas par exemple de l'Espagne lors de la guerre civile espagnole, l'Irak sous le régime de Saddam Hussein, l'Allemagne sous le régime nazi, le Chili sous Pinochet, l'Argentine durant la guerre sale ou encore l'Algérie durant la guerre civile.

La convention définie la disparition forcée à son article 2 et la prohibe dans son article premier. Article 2 : « Aux fins de la présente Convention, on entend par « disparition forcée » l'arrestation, la détention, l'enlèvement ou toute autre forme de privation de liberté par des agents de l'État ou par des personnes ou des groupes de personnes qui agissent avec l'autorisation, l'appui ou l'acquiescement de l'État, suivi du déni de la reconnaissance de la privation de liberté ou de la dissimulation du sort réservé à la personne disparue ou du lieu où elle se trouve, la soustrayant à la protection de la loi ». Cependant, la convention en elle-même ne sera pas la disposition la plus efficace dans la lutte contre la disparition forcée. C'est l'article 4, prévoyant la transposition en droit national qui constituera un élément déterminant. L'article 5 définissant « la pratique généralisée ou systématique de la disparition forcée » comme constituant « un crime contre l'humanité » aura également une importance considérable dans le cadre d'une compétence de la Cour pénale internationale.

On citera par ailleurs la Convention internationale sur les armes à sous-munitions, devenue pleinement applicable le 1er août 2010[14]. Elle a pour objet d'interdire l'emploi, la production, le transfert et le stockage des armes à sous-munitions causant des dommages inacceptables aux populations civiles. Elle prévoit pour les États

13. Pour plus d'informations, cf. *Sentinelle*, Journal de la SFDI, article de Abdoulaye Moussa : n° 205, 22 novembre 2009. Cf. www.sentinelle-droit-international.fr/.

14. Cf. l'article de Valérie Gabard dans le bulletin *Sentinelles* de la SFDI n° 214 du 21 février 2010 sur le site : http://www.sentinelle-droit-international.fr/.

parties des obligations de destruction des stocks, de « dépollution » des zones contaminées et d'assistance aux victimes.

Enfin, on mentionnera l'entrée en vigueur récente du Traité international sur les droits des employés de maison[15]. Ce traité définit les travailleurs domestiques comme « toute personne de genre féminin ou masculin exécutant un travail domestique dans le cadre d'une relation de travail ». Le travail domestique désigne quant à lui « le travail effectué au sein de ou pour un ou plusieurs ménages ». L'article 3 du traité impose de garantir aux salariés « les principes et droit fondamentaux au travail » : liberté d'association ; élimination de tout travail forcé ou obligatoire ; abolition effective du travail des enfants (l'article 4 précise que l'État doit fixer un âge minimum compatible avec les textes internationaux. Cet âge minimum doit être identique à celui des autres professions. Si l'âge légal est inférieur à 18 ans, l'employeur doit veiller à ce que le travailleur puisse suivre une scolarité normale ou une formation professionnelle) ; élimination de la discrimination en matière d'emploi et de profession. L'article 7 prévoit un contrat de travail précisant : des horaires de travail raisonnables, le type de travail à effectuer, le paiement des heures supplémentaires, des congés annuels, une couverture médicale et de maternité, identique à celles des travailleurs des autres branches (art. 14). De plus, l'article 10 ajoute que la durée du travail doit être équivalente à celle des autres travailleurs, que le repos hebdomadaire doit être d'au moins 24 heures consécutives. Le salarié doit être payé en espèces, à intervalle régulier (art. 12) sous réserve des conventions collectives L'environnement de travail doit être « sûr et salubre » (art. 13).

1.10 ▸ L'inconvénient principal de cette démarche réside dans la sectorisation des droits et libertés qu'elle engendre, et par là même le risque de confusions, voire de contradictions entre les différents instruments. La multiplication des conventions n'est en effet pas toujours gage d'efficacité, mais parfois source d'incohérences. Il en est ainsi de la Convention de l'Organisation internationale du travail (OIT) prohibant le travail de nuit des femmes, remise en cause par une Directive communautaire qui vise à interdire toute discrimination entre hommes et femmes dans le travail. Pareillement, l'adhésion des pays d'Europe centrale et orientale à la Convention européenne des droits de l'homme entraîne certaines confusions, dans la mesure où ces États ont également pris des engagements en matière de droits de l'homme dans le cadre de l'Organisation sur la sécurité et la coopération en Europe (OSCE). Or, l'OSCE privilégie les moyens diplomatiques alors que la Convention instaure un mécanisme juridictionnel. Dans le même ordre d'idées, si la Convention de Genève de 1951 organise la reconnaissance du droit d'asile, notamment pour les exilés espagnols, un protocole du Traité d'Amsterdam le déclare inopérant entre les États de l'Union européenne.

D'ailleurs, au lendemain de la Seconde Guerre mondiale, certains auteurs s'étaient interrogés sur l'opportunité d'un texte régional de protection des droits de l'homme (la future Convention européenne des droits de l'homme), en raison notamment de

15. Pour plus d'informations, *cf. Sentinelle*, Journal de la SFDI, article de Charlotte Kady : n° 357, 15 septembre 2013. Cf. www.sentinelle-droit-international.fr/.

l'existence de textes internationaux et de la priorité qui devait être accordée à la construction préalable d'une autorité politique européenne[16].

B - LA CONVENTION EUROPÉENNE DES DROITS DE L'HOMME ET LES TEXTES COMPLÉMENTAIRES

La protection des droits et libertés fondamentaux en Europe a donné lieu à la mise en place de systèmes particulièrement évolués, notamment celui organisé par ce texte essentiel qu'est la Convention européenne des droits de l'homme. D'autres initiatives doivent également être mentionnées, en particulier l'adoption de la Charte sociale européenne.

1) La Convention européenne des droits de l'homme

1.11 ▸ Élaborée au sein du Conseil de l'Europe et signée à Rome le 4 novembre 1950[17] par les représentants de 11 gouvernements européens, la Convention européenne de sauvegarde des droits de l'homme et des libertés fondamentales est directement inspirée par la Déclaration universelle des droits de l'homme de 1948[18].

Elle ne se contente pas de proclamer des droits civils et politiques, mais organise également un système juridictionnel de protection et de contrôle du respect de ces droits, qui sera exposé *infra*[19]. Elle constitue ainsi pour le doyen Cohen-Jonathan « le modèle le plus ancien et le plus accompli de protection des droits fondamentaux »[20]. Il s'agit bien entendu d'un texte de compromis ménageant les impératifs nationaux, mais les parties contractantes ont compensé cet inconvénient par l'adoption d'un texte évolutif, permettant un renforcement progressif des garanties offertes aux individus (engagements nouveaux, mécanisme des réserves...).

a) Les réserves

1.12 ▸ Au 5 mars 2017, la Convention était ratifiée par 47 États membres du Conseil de l'Europe, les derniers signataires étant Monaco (le 30 novembre 2005), et, quelques années auparavant, l'Azerbaïdjan (le 15 avril 2002), la Bosnie-Herzégovine (le 12 juillet 2002) et la Serbie-Monténégro (le 3 mars 2004). Seul parmi les États candidats potentiels ou réels, le Belarus (ou Biélorussie) n'est pas membre du Conseil de l'Europe. Il importe cependant de préciser que ces ratifications font l'objet, de la part de la plupart des États, de réserves portant sur certains droits ou certaines obligations. Cette technique permet de favoriser

16. La controverse opposa notamment P.-H. Teitgen et R. Cassin (retracée dans P.-H. Teitgen, « Faites entrer le témoin suivant », *Ouest-France* 1988, p. 489). Cf. également O. Philip, *Le problème de l'Union européenne*, La Baconnière, 1950, p. 221. Cités par J.-F. Renucci, *Droit européen des droits de l'homme*, LGDJ, 2010, p. 13.
17. Entrée en vigueur le 3 septembre 1953.
18. Les États signataires affirment en effet dans le préambule qu'ils sont « résolus, en tant que gouvernements d'États européens animés d'un même esprit et possédant un patrimoine commun d'idéal et de traditions politiques, de respect de la liberté et de prééminence du droit, à prendre les premières mesures propres à assurer la garantie collective de certains droits énoncés dans la Déclaration universelle des droits de l'homme ».
19. Cf. § II, B, 1°.
20. G. Cohen-Jonathan, *Aspects européens des droits fondamentaux*, Montchrestien, 3e éd., 2002, p. 2.

la diffusion la plus large de la Convention, en autorisant l'État à moduler son engagement.

S'agissant de la France, le gouvernement a notamment émis une réserve concernant les articles 5 et 6 de la Convention, « en ce sens que ces articles ne sauraient faire obstacle à l'application des dispositions de l'article 27 de la loi du 13 juillet 1972 portant statut général des militaires, relatives au régime disciplinaire dans les armées, ainsi qu'à celles de l'article 375 du Code de justice militaire ». De même, la France a expressément indiqué que l'article 15 de la Convention ne pouvait interférer avec les dispositions nationales relatives à l'état de siège et à l'état d'urgence, ni limiter les pouvoirs du président de la République en période de circonstances exceptionnelles.

Les réserves à caractère général sont toutefois prohibées. La Cour européenne des droits de l'homme veille à ce principe et a eu l'occasion de déclarer non valide une simple déclaration interprétative émise par la Suisse, assimilable en réalité à une réserve de portée générale, dans l'arrêt *Belilos c/ Suisse* du 29 avril 1988 (A/132).

b) Les personnes protégées

1.13 ▸ Les personnes protégées par la Convention sont définies, de la manière la plus large possible, à l'article 1 de la Convention : « toute personne » relevant de la juridiction d'un État partie. La Convention ne prévoyant aucune discrimination, la protection s'étend non seulement aux nationaux, mais également aux ressortissants étrangers, qu'ils aient ou non la nationalité d'un État contractant, ou encore aux apatrides. S'agissant des nationaux, aucune restriction n'est admise, quel que soit le statut des requérants en droit interne. Un mineur incapable ou un détenu peuvent saisir directement la Cour sans représentant, de même qu'une mère déchue de l'autorité parentale peut actionner le mécanisme conventionnel au nom et dans les intérêts de ses enfants.

En outre, et contrairement au système mis en place par le Pacte international relatif aux droits civils et politiques, les personnes morales sont également admises au bénéfice des stipulations conventionnelles, par le biais de la notion d'« organisation non gouvernementale ». Au sens des instances européennes, cette expression englobe toute personne autre que les personnes publiques pourvues de prérogatives de puissances publiques (qui disposent quant à elles de la protection conférée par l'article 33 de la Convention). Il en va ainsi aussi bien des sociétés commerciales[21] que des associations caritatives[22] ou des organisations religieuses[23].

1.14 ▸ L'examen des personnes protégées donne l'occasion d'une dernière remarque. Parmi les multiples instruments internationaux de protection des droits et libertés fondamentaux, rares sont ceux qui instaurent un système de contrôle accessible aux individus. La Convention européenne des droits de l'homme octroie ce privilège important, au même titre que le Pacte international

21. « Ni le statut juridique de société anonyme, ni le caractère commercial de ses activités, ni la nature même de la liberté d'expression ne sauraient priver Autronic AG du bénéfice de l'article 10. Ce dernier vaut pour toute personne physique ou morale », CEDH, 22 mai 1990, *Autronic*, A/178.

22. CEDH, 21 juin 1988, *Plateforme Médecins pour la vie*, A/139.

23. Comm. EDH, 5 mai 1979, *Église de scientologie c/ Suède, Déc. Comm. EDH* n° 16, p. 76.

relatif aux droits civils et politiques, la Convention internationale sur l'élimination de toutes les formes de discrimination raciale et la Convention des Nations unies contre la torture et autres peines ou traitements cruels, inhumains ou dégradants. Pourtant, ce droit individuel d'actionner le juge international constitue une garantie essentielle de l'efficacité de l'instrument protecteur.

c) Les types de droits garantis

1.15 ▸ Sans aborder ici la liste précise des droits énumérés, tout juste doit-on mentionner que les droits protégés peuvent être classés en deux catégories : les droits premiers et les droits susceptibles d'être limités.

En effet, si, de prime abord, tous les droits de l'homme paraissent égaux et mériter une semblable attention de la part des États, la réalité des faits amène à constater que certains d'entre eux ont une place prééminente et bénéficient d'une protection juridictionnelle particulière. Ces droits premiers, appelés également en doctrine droits intangibles, constituent le noyau dur des droits de l'homme, le socle irréductible auquel les États ne sauraient porter atteinte. Ces droits-là ne peuvent, en théorie, faire l'objet d'aucune limitation. L'article 15 de la Convention, qui autorise les États à déroger à leurs obligations en cas d'urgence, donne une liste de ces droits premiers, pour lesquels aucune dérogation n'est admise. Il en va ainsi du droit à la vie, du droit de ne pas subir de torture ni de traitements inhumains ou dégradants, de ne pas être mis en esclavage ou en situation de travail forcé, et enfin du droit au bénéfice de la règle de la légalité des délits et des peines.

À titre d'exemple des droits protégés et de la politique dynamique de la Cour européenne des droits de l'homme à leur égard, on mentionnera que la Cour a mis en ligne sur son site plusieurs fiches thématiques relatives à l'abolition de la peine de mort, à la liberté de religion, à l'orientation sexuelle, le discours de haine sous toutes ses formes[24], etc. Cette dernière fiche, qui recense l'ensemble des décisions de la Cour relatives au discours sur la haine fondée sur la race, l'orientation sexuelle ou religieuse, etc., intervient à l'occasion d'une décision du 9 février 2012, dans l'affaire *Vejdeland et autres contre Suède* pour laquelle la Cour a conclu que la condamnation pénale des requérants en raison de la distribution de tracts insultants envers les homosexuels n'était pas contraire à la liberté d'expression. La Cour y souligne notamment qu'il n'existe pas de définition universellement admise de l'expression « discours de haine », mais que la jurisprudence utilise différents faisceaux d'indices permettant de caractériser un tel discours et, en conséquence de l'exclure du champ protégé par la liberté d'expression (art. 10) ou par la liberté de réunion et d'association (art. 11).

Les autres droits font l'objet d'une protection amoindrie, qui permet aux États d'y apporter quelques limitations, voire restrictions, non seulement en cas de circonstances exceptionnelles (guerre et autre « danger public menaçant la vie de la Nation »), mais aussi en période normale, dans des conditions strictement définies et contrôlées. Certains droits ne peuvent d'abord faire l'objet que de simples

24. Cette fiche s'ouvre par les mots suivants : « On peut juger nécessaire, dans les sociétés démocratiques, de sanctionner, voire de prévenir, toutes les formes d'expression qui propagent, incitent à, promeuvent ou justifient la haine fondée sur l'intolérance ».

dérogations, et uniquement lorsque l'État est confronté à des circonstances exceptionnelles. Il en va ainsi du droit à l'instruction, du droit à un procès équitable, du droit à des élections libres, ou encore du droit de disposer d'un recours effectif. D'autres droits peuvent ensuite faire l'objet de véritables limitations, y compris en période normale. Ceux-ci ont été pensés dès l'origine en prenant en compte cette nécessaire limitation potentielle de leurs effets. Il s'agit du droit au respect de la vie privée et familiale, de la liberté d'expression, ou encore de la liberté de réunion ou d'association. L'ingérence de l'autorité publique est ici justifiée par son caractère « nécessaire, dans une société démocratique », pour défendre des objectifs aussi divers que la protection de l'ordre et de la sécurité publique, la préservation de la santé ou de la morale publiques ou tout simplement la sauvegarde des droits et libertés d'autrui.

Enfin, il est utile de préciser que ces droits sont garantis à l'égard de l'État contractant, entendu au sens large comme englobant toutes les autorités de l'État. Ainsi, une violation peut avoir été commise par une autorité constituante, parlementaire, gouvernementale, juridictionnelle ou administrative, qu'elle intervienne dans une sphère d'action nationale ou locale et dans un domaine d'application général ou spécialisé. Les actes des agents publics relèvent bien évidemment de la responsabilité de l'État partie, de même que ceux des personnes privées investies de prérogatives de puissance publique ou agissant sur les instructions ou pour le compte dudit État.

Depuis son adoption en 1950, la Convention a été modifiée et complétée à plusieurs reprises : par le biais de protocoles d'amendement ou additionnels, les Hautes Parties contractantes ont adapté cet instrument à l'évolution des besoins et aux développements de la société européenne. Ceux-ci complètent la liste des droits garantis figurant dans la Convention. Ils sont facultatifs et leur entrée en vigueur est subordonnée à un nombre déterminé de ratifications par les États contractants. Le Protocole n° 1 a trait au droit de propriété, au droit à l'instruction et aux élections libres ; le Protocole n° 4 concerne la liberté de circulation et l'interdiction de procéder à des expulsions de nationaux et à des expulsions collectives d'étrangers ; le Protocole n° 6 institue l'abolition de la peine de mort en temps de paix ; le Protocole n° 7 stipule des garanties procédurales en cas d'expulsion, un droit à l'appel en cas de condamnation et à l'indemnisation en cas d'erreur judiciaire, ainsi que l'égalité des époux devant le mariage. Le Protocole n° 12, qui porte interdiction générale de la discrimination, est entré en vigueur le 1er avril 2005 pour les dix-huit États l'ayant ratifié à ce jour. À propos de ce Protocole n° 12, on notera que la France ne l'a pas encore signé. En réponse à une question sur ce point, le ministre des Affaires étrangères, après avoir rappelé que « la France est déjà partie à de nombreux instruments internationaux prohibant la discrimination »[25], explique que « la ratification par la France du protocole n° 12 à la Convention de sauvegarde des droits de l'homme et des libertés fondamentales générerait à coup sûr de nouveaux recours

25. « En particulier, elle a ratifié la Convention européenne de sauvegarde des droits de l'homme et des libertés fondamentales qui interdit, dans son article 14, toute forme de discrimination dans la jouissance des droits et libertés protégés par cet accord international, la Convention internationale sur l'élimination de toutes les formes de discrimination raciale, le Pacte international sur les droits civils et politiques, et la Charte des droits fondamentaux de l'Union européenne. La législation française est, par ailleurs, pleinement conforme aux engagements internationaux auxquels elle a souscrit » (Rép. Min. n° 3287, *JO* 4 septembre 2012, p. 4899).

devant la Cour européenne des droits de l'homme qui fait face, depuis plusieurs années, à une augmentation considérable du nombre d'affaires portées devant elle. Les dernières réformes procédurales effectuées par la Cour européenne n'ont pour le moment pas permis à la Cour de diminuer de manière significative le stock des affaires en attente de jugement devant elle. Dans ces conditions, l'État français n'envisagera la ratification du protocole n° 12 que lorsque la Cour sera à nouveau en mesure de traiter le flux des requêtes qui lui est soumis ». Sans doute les effets positifs récemment observés en matière de réduction du stock d'affaires pendantes (cf. *infra*) pourraient-ils inciter la France à signer puis ratifier ce Protocole n° 12.

Le Protocole n° 13, relatif à l'abolition de la peine de mort en toutes circonstances, est entré en vigueur le 1er juillet 2003. Un Protocole n° 14 a été ouvert à la signature le 13 mai 2004 et est entré en vigueur le 1er juin 2010. Il vise à ajuster le mécanisme de contrôle et, en particulier, à garantir à long terme l'efficacité de la Cour européenne des droits de l'homme, afin de lui permettre de poursuivre son rôle prééminent dans la protection des droits de l'homme en Europe. Dans cette perspective, le Protocole apporte principalement les changements ci-après à la Convention :

– pour les affaires manifestement irrecevables, les décisions d'irrecevabilité, prises actuellement par un comité de trois juges, le seront par un juge unique, assisté de rapporteurs non membres des organes judiciaires. L'idée est d'augmenter la capacité de filtrage de la Cour, en d'autres termes son aptitude à éliminer les affaires « désespérées » ;
– s'agissant des affaires répétitives, quand l'affaire fait partie d'une série résultant de la même déficience structurelle au niveau national, il est proposé qu'elle soit déclarée recevable et tranchée par un comité de trois juges (au lieu d'une chambre de sept juges), dans le cadre d'une procédure simplifiée ;

– enfin, en vue de donner à la Cour davantage de souplesse, une nouvelle condition de recevabilité est prévue (outre les conditions existantes telles que l'épuisement des voies de recours internes, le délai de six mois). Selon cette condition, la Cour peut déclarer irrecevables les affaires dans lesquelles le requérant n'a pas subi de préjudice important, à condition que le « respect des droits de l'homme » n'oblige pas la Cour à examiner l'affaire au fond et ne rejeter aucune affaire qui n'a pas été dûment examinée par un tribunal interne.

Aux termes du Protocole, le Comité des ministres est habilité, s'il en décide ainsi à une majorité des deux tiers, à introduire une procédure devant la Cour dès lors qu'un État refuse de se conformer à un arrêt. Le Comité des ministres a également le pouvoir nouveau de demander à la Cour l'interprétation d'un arrêt, ce qui l'aide dans sa tâche consistant à superviser l'exécution des arrêts et permet notamment de déterminer les mesures nécessaires pour se conformer à un arrêt. Parmi les autres dispositions du Protocole, on peut citer une modification du mandat des juges, qui n'est plus d'une durée de six ans renouvelable, mais de neuf ans non renouvelable.

La Russie a ratifié le 18 février 2010 à Interlaken le Protocole n° 14, permettant ainsi son entrée en vigueur. La Russie étant le 47e et dernier État partie à la Convention à le ratifier, le Protocole n° 14 a pu entrer en vigueur le 1er juin 2010.

Cette Conférence d'Interlaken sur l'avenir de la Cour européenne des droits de l'homme a donné lieu à une déclaration contenant un « *plan d'action* »[26]. Les onze positions générales affirmées dans la Déclaration se déclinent en plusieurs pistes ou propositions de solutions qui, pour l'essentiel, poursuivent l'objectif d'allègement de la charge de travail de la Cour. Ainsi, afin de « permettre à la Cour de se concentrer sur son rôle essentiel de garante des droits de l'homme et de traiter avec la célérité requise les affaires bien fondées et en particulier les allégations de violations graves des droits de l'homme », de nouvelles règles procédurales sont envisagées, notamment un mécanisme supplémentaire de filtrage en particulier pour les affaires répétitives. Cette approche s'inscrit directement dans la perspective du nouveau critère de recevabilité introduit par le Protocole n° 14 à l'article 35.3 b) : irrecevabilité si la Cour estime « que le requérant n'a subi aucun préjudice important, sauf si le respect des droits de l'homme garantis par la Convention et ses Protocoles exige un examen de la requête au fond et à condition de ne rejeter pour ce motif aucune affaire qui n'a pas été dûment examinée par un tribunal interne ».

Un autre axe majeur de réflexion lors de cette Conférence d'Interlaken a été relatif à une meilleure mise en œuvre de la Convention au niveau national, notamment par des mesures d'amélioration de l'exécution des arrêts et une réactivité accrue des États parties, en particulier qu'ils « tiennent compte des développements de la jurisprudence de la Cour, notamment en vue de considérer les conséquences qui s'imposent suite à un arrêt concluant à une violation de la Convention par un autre État partie lorsque leur ordre juridique soulève le même problème de principe ». Du côté de la juridiction strasbourgeoise, la Conférence « souligne l'importance de maintenir l'indépendance des juges et de préserver l'impartialité et la qualité de la Cour », ceci en particulier au stade de la désignation des juges, et « invite la Cour à continuer d'améliorer sa structure interne et ses méthodes de travail et à faire, autant que possible, usage des outils procéduraux et des ressources à sa disposition ». Plus remarquable encore est la proposition de créer « une procédure simplifiée pour tout amendement futur de certaines dispositions de la Convention qui sont d'ordre organisationnel ». Cette évolution – qui exigera cependant et bien sûr une révision préalable de la Convention – éviterait ainsi que se reproduise une situation de blocage telle que celle causée par le refus, longtemps maintenu, de la Russie de ratifier le Protocole n° 14.

Afin que ces propositions ne restent pas lettre morte, un échéancier à court (2011 et 2012 pour la mise en œuvre des mesures du plan d'action et la proposition d'amendements à la Convention), moyen (évaluation des effets de ces mesures de 2012 à 2014) et long termes (décision avant 2019 quant à une éventuelle nouvelle révision de la Convention) a été fixé. Après l'entrée en vigueur du Protocole n° 14, la déclaration d'Interlaken ouvre donc un nouveau cycle pour la Cour européenne des droits de l'homme.

1.16 ▸ En outre, ce Protocole n° 14 contient une clause prévoyant l'adhésion de l'Union européenne à la Convention. Il convient de s'arrêter ici sur cette question importante.

---

26. Cf. « Actualités droits-libertés » du 23 février 2010 sur le site : https ://listes.cru.fr/sympa/arc/droits-libertes/.

Comme le rappelle le président de la Cour européenne des droits de l'homme dans son allocution du 30 janvier 2014, cette adhésion « compte sans nul doute parmi les grands projets juridiques européens et parachèvera l'espace juridique européen des droits fondamentaux. L'adhésion, en effet, ne représente rien d'autre qu'une mise en cohérence de l'Europe avec ses conceptions juridiques et éthiques les plus profondes ». Depuis juillet 2010, la Commission européenne et les États membres du Conseil de l'Europe négocient les termes du traité devant opérer cette adhésion. Un projet d'accord d'adhésion a été adopté le 5 avril 2013. Le texte a été soumis à la CJUE pour avis sur la compatibilité de ce texte avec les traités de l'Union européenne, conformément à la procédure prévue par l'article 218 du Traité sur le fonctionnement de l'Union européenne.

Dans son avis 2/13 du 18 décembre 2014 la Cour de justice de l'Union européenne, réunie en Assemblée plénière a conclu que le projet d'accord d'adhésion de l'Union Européenne (UE) à la Convention européenne de sauvegarde des droits de l'homme et des libertés fondamentales du Conseil de l'Europe (Convention EDH) n'est pas compatible avec le droit de l'UE. La Commission a engagé cette procédure, sur le fondement de l'article 218, § 11 du Traité sur le fonctionnement de l'UE (TFUE), selon lequel : « 11. Un État membre, le Parlement européen, le Conseil ou la Commission peut recueillir l'avis de la Cour de justice sur la compatibilité d'un accord envisagé avec les traités. En cas d'avis négatif de la Cour, l'accord envisagé ne peut entrer en vigueur, sauf modification de celui-ci ou révision des traités. »

Cet avis a surpris plus d'un observateur, dans la mesure où de nombreuses références étaient déjà faites au droit de la Convention EDH au sein du droit de l'Union. Ainsi, l'article 6 § 3 du Traité sur l'Union européenne (TUE) prévoit que : « Les droits fondamentaux, tels qu'ils sont garantis par la Convention européenne des droits de l'homme [...] font partie du droit de l'Union en tant que principes généraux ». De même, la Charte des droits fondamentaux de l'UE consacre en son article 52, § 3 le principe d'interprétation concordante (ou homogène) entre les droits garantis par elle-même et les droits garantis par la Convention EDH : « Dans la mesure où la présente charte contient des droits correspondant à des droits garantis par la Convention européenne de sauvegarde des droits de l'homme et des libertés fondamentales, leur sens et leur portée sont les mêmes que ceux que leur confère ladite convention. Cette disposition ne fait pas obstacle à ce que le droit de l'Union accorde une protection plus étendue ».

Toutefois, comme le souligne Armelle Gouritin[27], « à l'examen de l'avis en question, il ressort que de nombreux problèmes se posent avec l'adhésion de l'UE à la CEDH. Pour l'essentiel, ces problèmes sont liés au statut de l'UE en tant que sujet du droit international et à l'exercice d'un contrôle juridictionnel "externe" à l'UE ».

L'adhésion de l'UE à la Convention EDH est prévue à l'article 6, § 2 du TUE : « L'Union adhère à la Convention européenne de sauvegarde des droits de l'homme et des libertés fondamentales ». Mais le même article pose des conditions, indiquant que « cette adhésion ne modifie pas les compétences de l'Union telles qu'elles sont

27. http://www.sentinelle-droit-international.fr/?q=node/35.

définies dans les traités ». De plus, le protocole n° 8 relatif à l'adhésion de l'UE à la Convention EDH encadre également l'adhésion[28].

Contre l'avis de son avocat général, qui concluait à la compatibilité sous réserves du projet d'accord avec le droit de l'Union[29], la Cour de justice de l'Union européenne a estimé que « l'accord portant adhésion de l'Union européenne à la Convention européenne de sauvegarde des droits de l'homme et des libertés fondamentales n'est pas compatible avec l'article 6, paragraphe 2, TUE ni avec le protocole (n° 8) relatif à l'article 6, paragraphe 2, du Traité sur l'Union européenne sur l'adhésion de l'Union à la Convention européenne de sauvegarde des droits de l'homme et des libertés fondamentales ».

Quatre motifs sont avancés :

« À la lumière de l'ensemble des considérations qui précèdent, il convient de constater que l'accord envisagé, en tant que :
– il est susceptible de porter atteinte aux caractéristiques spécifiques et à l'autonomie du droit de l'Union, dans la mesure où il n'assure pas la coordination entre l'article 53 de la Convention EDH et l'article 53 de la charte, ne prévient pas le risque d'atteinte au principe de la confiance mutuelle entre les États membres dans le droit de l'Union et ne prévoit aucune articulation entre le mécanisme institué par le protocole n° 16 et la procédure de renvoi préjudiciel prévue à l'article 267 TFUE ;
– il est susceptible d'affecter l'article 344 TFUE, dans la mesure où il n'exclut pas la possibilité que des litiges entre les États membres ou entre ces derniers et l'Union, relatifs à l'application de la Convention EDH dans le champ d'application matériel du droit de l'Union, soient portés devant la Cour européenne des droits de l'homme ;

---

28. « Article premier : L'accord relatif à l'adhésion de l'Union à la Convention européenne de sauvegarde des droits de l'homme et des libertés fondamentales (ci-après dénommée "Convention européenne"), prévue à l'article 6, paragraphe 2, du Traité sur l'Union européenne, doit refléter la nécessité de préserver les caractéristiques spécifiques de l'Union et du droit de l'Union, notamment en ce qui concerne :
a) les modalités particulières de l'éventuelle participation de l'Union aux instances de contrôle de la Convention européenne ;
b) les mécanismes nécessaires pour garantir que les recours formés par des États non membres et les recours individuels soient dirigés correctement contre les États membres et/ou l'Union, selon le cas.
Article 2 : L'accord visé à l'article 1er doit garantir que l'adhésion de l'Union n'affecte ni les compétences de l'Union ni les attributions de ses institutions. Il doit garantir qu'aucune de ses dispositions n'affecte la situation particulière des États membres à l'égard de la Convention européenne, et notamment de ses protocoles, des mesures prises par les États membres par dérogation à la Convention européenne, conformément à son article 15, et des réserves à la Convention européenne formulées par les États membres conformément à son article 57.
Article 3 : Aucune disposition de l'accord visé à l'article 1er ne doit affecter l'article 344 du Traité sur le fonctionnement de l'Union européenne. »

29. « 278. L'examen du projet d'accord à la lumière des critères juridiques énoncés à l'article 6, paragraphe 2, TUE et dans le protocole n° 8 ainsi qu'à la lumière de la déclaration n° 2 n'a fourni aucun élément qui puisse sérieusement mettre en cause la compatibilité de l'adhésion envisagée de l'Union à la CEDH avec les traités. Ce projet nécessite uniquement quelques modifications ou compléments relativement mineurs, qui pourront être apportés sans grande peine.
279. Dans ces conditions, nous pensons qu'il ne serait pas très constructif de déclarer que, dans sa rédaction actuelle, le projet d'accord serait incompatible avec les traités. Au contraire, la Cour devrait poursuivre dans la ligne dont elle a jeté les bases dans son deuxième avis sur l'Espace économique européen et dire pour droit que le projet d'accord est compatible avec les traités à condition qu'y soient inscrits les modifications, compléments et précisions que nous avons proposés ».

– il ne prévoit pas des modalités de fonctionnement du mécanisme du codéfendeur et de la procédure de l'implication préalable de la Cour qui permettent de préserver les caractéristiques spécifiques de l'Union et de son droit, et

– il méconnaît les caractéristiques spécifiques du droit de l'Union concernant le contrôle juridictionnel des actes, actions ou omissions de l'Union en matière de PESC, dans la mesure où il confie le contrôle juridictionnel de certains de ces actes, actions ou omissions exclusivement à un organe externe à l'Union ».

Il est évident qu'au vu de cet avis, la question d'un coup d'arrêt à la procédure d'adhésion de l'UE à la Convention EDH est posée.

Toutefois, il n'y a pas lieu de le penser, d'une part parce que l'adhésion est requise par le droit primaire de l'UE (art. 6, § 2 précité), et d'autre part parce qu'une reprise des négociations a déjà été annoncée par la présidente de l'Assemblée parlementaire du Conseil de l'Europe, afin de « dépasser les obstacles juridiques » identifiés par la Cour de l'UE.

1.17 ▸ Enfin, la réforme institutionnelle a continué en 2013 avec l'ouverture à la signature des Protocoles n° 15 et n° 16 :

– Le premier de ces instruments donne un contenu concret aux points sur lesquels un consensus avait été atteint à la conférence de Brighton en avril 2012. L'un des changements consistera en l'ajout au Préambule à la Convention de références au principe de subsidiarité et à la marge d'appréciation, des notions définies par la Cour dans sa jurisprudence. Le Protocole n° 15 réduira également à quatre mois le délai d'introduction d'une requête à la Cour. Il entrera en vigueur dès que tous les États parties à la Convention l'auront signé et ratifié (au 5 mars 2017, quarante-quatre États avaient signé le Protocole n° 15 et trente-trois d'entre eux l'avaient ratifié, dont la France).

– Le Protocole n° 16 prévoit une nouvelle procédure autorisant les juridictions nationales à demander à la Cour d'émettre des avis consultatifs sur des questions de principe relatives à l'interprétation ou à l'application du droit issu de la Convention. Une fois entré en vigueur, celui-ci ouvrira de nouvelles perspectives quant au dialogue de la Cour avec les juridictions nationales. En effet, pour les États qui l'ont ratifié, le Protocole n° 16 permettra aux juridictions suprêmes de rechercher un avis consultatif dans le cadre d'une affaire dont elles sont saisies. Pareilles demandes seront examinées par un collège de cinq juges et, en cas d'autorisation, l'avis de la Cour sera prononcé par la Grande Chambre. Au 5 mars 2017, le Protocole n° 16 avait été signé par dix-huit États, et ratifié par sept. La France, qui a été l'un des premiers pays à le signer, ne l'a pas encore ratifiée.

Les États membres gardent la possibilité de dénoncer la Convention, en application de l'article 58, sans pour autant que cette dénonciation ne les délie pour les actes accomplis antérieurement. Celle-ci ne peut avoir lieu qu'après l'expiration d'un délai de cinq ans à partir de la date d'entrée en vigueur de la Convention à son égard et moyennant un préavis de six mois, donné par une notification adressée au Secrétaire général du Conseil de l'Europe, qui en informe les autres parties contractantes.

2) Les textes complémentaires

1.18 ▸ En dehors de la Convention européenne des droits de l'homme, il convient de mentionner un certain nombre de textes importants, au premier rang desquels se situe la Charte sociale européenne, adoptée à Turin le 18 octobre 1961 et révisée une dernière fois à Strasbourg le 3 mai 1996 afin de prendre en compte de nouveaux droits. Elle vise à compléter la Convention de Rome en matière de droits économiques et sociaux, qu'il s'agisse du droit au travail, du droit syndical, du droit de négociation collective incluant le droit de grève, ou, en ce qui concerne les nouveaux droits proclamés, du droit à une protection contre la pauvreté et l'exclusion sociale, du droit des travailleurs à l'information et à la consultation au sein de l'entreprise, du droit au logement ou du droit à l'égalité des chances et de traitement en matière d'emploi et de profession, sans discrimination fondée sur le sexe.

Un protocole additionnel à cette Charte, signé le 22 juin 1995, met en place un système de réclamations collectives autorisant les organisations professionnelles à former une réclamation d'ordre général contre un État partie, devant un Comité d'experts indépendants à présent intitulé Comité européen des droits sociaux. Ce dernier pourra éventuellement saisir le Comité des ministres du Conseil de l'Europe en cas de violation constatée des objectifs de la Charte sociale. Les premières décisions prises par le Comité d'experts précité se sont cependant heurtées à l'immobilisme du Comité des ministres, qui s'est contenté d'un rappel à l'ordre de l'État fautif[30]. Devant cette inefficacité relative, plusieurs propositions ont été formulées, notamment celle visant à la création d'une Cour européenne des droits sociaux (ou au minimum d'une Chambre sociale au sein de la Cour européenne des droits de l'homme), faisant de la Charte sociale le pendant de la Convention européenne des droits de l'homme en matière de droits économiques et sociaux.

Il est intéressant de noter la prise en compte de plus en plus grande de la Charte sociale européenne par la Cour européenne des droits de l'homme[31], cette dernière n'hésitant plus, ainsi, à prendre en compte de manière explicite la pratique du Comité européen des droits sociaux[32].

1.19 ▸ D'autres textes, qui viennent compléter, voire développer, la protection assurée par la Convention européenne des droits de l'homme méritent d'être cités. Il s'agit notamment de la Convention contre la torture et autres peines ou traitements cruels, inhumains ou dégradants, adoptée au niveau européen le 26 novembre 1987 et qui fait écho à la même convention adoptée cette fois au niveau universel le 10 décembre 1984[33], de la Convention européenne sur

30. B. Boissard, « La contribution du comité européen des droits sociaux à l'effectivité des droits sociaux », *RDP* 2011/4, 1083.

31. Sur ce point, cf. J.-F. Flauss, « Les interactions normatives entre les instruments européens relatifs à la protection des droits sociaux », *in* J.-F. Flauss (dir.), *Droits sociaux et droit européen*, Bruylant, coll. « Droit et Justice », 2002, vol. 39, p. 93-94.

32. CEDH, Gde Ch., 11 janvier 2006, *Soerensen c/ Danemark* et *Rasmussen c/ Danemark*, req. n°s 52562/99 et 52620, § 72 et § 75.

33. Le système européen est cependant d'une efficacité pratique plus grande que son homologue des Nations unies. Le Comité européen pour la prévention de la torture et des peines ou traitements inhumains ou dégradants peut organiser des visites de tout lieu dans lequel des personnes sont détenues par les autorités publiques. Au terme de ces

l'exercice des droits de l'enfant, adoptée le 25 janvier 1986, de la Convention-cadre sur la protection des minorités nationales du 10 novembre 1994, de la Convention sur la cybercriminalité faite à Budapest le 23 novembre 2001, et de la Convention européenne pour la protection des droits de l'homme et de la dignité de l'être humain à l'égard des applications de la biologie et de la médecine, signée à Oviedo le 4 mai 1997, qui traite en particulier des questions d'actualité que sont les développements de la thérapie génique, des procréations médicalement assistées et des prélèvements d'organes et de tissus sur des donneurs vivants à des fins de transplantation[34].

Plus récemment, le 1er février 2008, est entrée en vigueur la Convention du Conseil de l'Europe sur la lutte contre la traite des êtres humains. Traité global axé essentiellement sur la protection des victimes de la traite et la sauvegarde de leurs droits, cette convention vise également la prévention de la traite ainsi que la poursuite des trafiquants. Elle s'applique à toutes les formes de traite, qu'elles soient nationale ou transnationale, liée ou non au crime organisé. Elle s'applique quelles que soient les victimes : femmes, hommes ou enfants et quelles que soient les formes d'exploitation : exploitation sexuelle, travail ou services forcés, etc.

En outre, on se doit également de mentionner la Convention sur la protection des enfants contre l'exploitation et les abus sexuels, adoptée le 25 octobre 2007 par le Conseil de l'Europe et signée par 39 États membres du Conseil de l'Europe (dont cinq ratifications, condition d'entrée en vigueur de la Convention (art. 45-3) : Albanie, Danemark, Grèce, Pays-Bas et Saint-Marin), est entrée en vigueur le 1er juillet 2010[35].

Premier instrument international s'attaquant à toutes les formes de violences sexuelles infligées aux enfants de moins de 18 ans, le but de cette Convention est de renforcer la protection des mineurs en demandant aux États de modifier ou adapter leur législation. Ainsi, la Convention invite les États à réprimer tous les actes sexuels commis envers des enfants. Les actes constitutifs de l'exploitation et de l'abus sexuel sur les enfants sont définis dans les articles 18 à 23 de la Convention. Il s'agit : des abus sexuels (art. 18), prostitution infantile (art. 19), pornographie infantile (art. 20), participation d'enfants à des spectacles pornographiques (art. 21), corruption d'enfants (art. 22) et sollicitation d'enfants à des fins sexuelles (art. 23). La complicité et la tentative de commission de ces infractions sont également concernées (art. 24).

Par ailleurs, le Conseil de l'Europe a adopté la Convention du Conseil de l'Europe sur la prévention et la lutte contre la violence à l'égard des femmes et la violence domestique le 7 avril 2011. Historique sur le territoire européen, le traité est ouvert à

---

visites, lors desquelles il dispose d'un large pouvoir d'investigation et d'enquêtes, le Comité rédige un rapport accompagné de recommandations et adressé à l'État en cause. À défaut de réaction de sa part, le rapport peut être rendu public. La France a fait l'amère expérience de cette publicité en 1991 et en 1996. La France a enfin ratifié au mois de juillet 2008 le protocole facultatif se rapportant à la Convention contre la torture et autres peines ou traitements inhumains ou dégradants.

34. Cette Convention a été révisée le 12 janvier 1998 pour interdire notamment le clonage d'êtres humains. L'annonce de la naissance des premiers bébés clonés souligne l'intérêt de cet instrument européen.

35. Cf. l'article d'Anne-Claire Dumouchel dans le bulletin *Sentinelles* de la SFDI n° 233 du 11 juillet 2010 sur le site : http://www.sentinelle-droit-international.fr/.

la signature depuis le 11 mai 2011. Les États membres du Conseil de l'Europe s'engagent à respecter des standards minimums en matière de prévention, de protection des victimes et de poursuites des auteurs et à incriminer pénalement les violences sexuelles. Ainsi, le Conseil de l'Europe devient la deuxième organisation, après l'Organisation des États américains, à se prémunir d'un véritable outil juridique de lutte contre les violences faites aux femmes. Concrètement, l'engagement des États se traduit par l'obligation d'adapter leur législation interne afin de « promouvoir et protéger le droit de chacun, en particulier celui des femmes, de vivre à l'abri de la violence aussi bien dans la sphère publique que dans la sphère privée » (article 4 de la convention). De plus, l'adaptation des ordonnancements juridiques internes aux exigences conventionnelles passe par l'élargissement du champ des infractions pénales. À côté des infractions pénales traditionnelles, la Convention a apporté certaines innovations majeures. Ainsi, au titre des infractions pénales, on note : la violence psychologique, les mariages forcés, les mutilations génitales féminines, l'avortement et la stérilisation forcés. La violence domestique est également prise en compte par la convention. Celle-ci inclut en effet tous « les actes de violence physique, sexuelle, psychologique ou économique qui surviennent au sein de la famille ou du foyer, ou entre des anciens ou actuels conjoints ou partenaires »[36]. Cette convention est entrée en vigueur le 1er août 2014. La France a signé le 11 mai 2011 et est le treizième État partie à ratifier la convention. À ce jour, 23 pays ont signé ce texte.

Enfin, le 9 juillet 2014, le Comité des ministres du Conseil de l'Europe a adopté une convention internationale pour sanctionner pénalement le trafic d'organes humains à des fins de transplantation, protéger les victimes et faciliter la coopération aux niveaux national et international pour poursuivre plus efficacement en justice les responsables de ce trafic. La convention invite les gouvernements à ériger en infraction pénale le prélèvement illicite d'organes humains de donneurs vivants ou décédés. Elle prévoit également des mesures de protection et de dédommagement des victimes, ainsi que des mesures de prévention destinées à garantir la transparence et un accès équitable aux services de transplantation[37].

II – À L'ÉCHELON DE L'UNION EUROPÉENNE

1.20 › Les autorités de l'Union européenne n'ont envisagé que tardivement la question des droits fondamentaux et de leur protection alors que l'Europe communautaire était apte, dès les prémices de sa formation, à énoncer, à formuler des droits fondamentaux. Cette apathie, certes dépassée aujourd'hui, étonne dans la mesure où les États précurseurs de la construction européenne auraient pu en faire un thème fédérateur.

La montée en puissance des droits et libertés fondamentaux dans les textes communautaires s'est faite progressivement, d'abord au sein des traités (A), qui sont venus consacrer la protection initiée par la Cour de justice en la matière, puis par

36. Cf. l'article de Ndiaye Sidy Alpha dans le *Bulletin Hebdomadaire Sentinelle* n° 263 du dimanche 24 avril 2011 : http://www.sentinelle-droit-international.fr.

37. *Cf.* l'article de Charlotte Kady dans le *Bulletin Hebdomadaire Sentinelle* n° 407 du 19 octobre 2014 : « Convention du Conseil de l'Europe contre le trafic d'organes humains » : http://www.sentinelle-droit-international.fr.

l'adoption de la Charte des droits fondamentaux de l'Union européenne, sur laquelle il conviendra de s'arrêter plus particulièrement (B).

A - LES TRAITÉS CONSTITUTIFS

1.21 ▸ Le traité de Rome du 25 mars 1957 ne contient aucune disposition formelle relative aux droits et libertés fondamentaux, mis à part les principes destinés à garantir les objectifs économiques, à savoir la libre circulation des travailleurs ou l'égalité de rémunération entre travailleurs masculins et féminins. Plusieurs fois cependant, les institutions communautaires ont affirmé leur attachement au respect des droits fondamentaux, invitant implicitement les États membres, en leur qualité de constituants, à relayer ces velléités. Ainsi, le 5 avril 1977, dans une déclaration commune, la Commission, le Conseil et le Parlement (alors dénommé Assemblée) ont souligné « l'importance primordiale qu'ils attachent au respect des droits fondamentaux tels qu'ils résultent des Constitutions des États membres ainsi que de la Convention européenne des droits de l'homme » en s'engageant à respecter ces droits dans l'exercice de leurs pouvoirs. Le Parlement européen entreprit également d'élaborer un texte, mué en Déclaration des droits et libertés fondamentales adoptée le 12 avril 1989, mais qui resta finalement lettre morte. Si la protection des droits fondamentaux apparaissait donc au départ quelque peu en marge de la construction communautaire, les traités successifs ont petit à petit comblé cette lacune.

1) Les fondements de l'incorporation des droits fondamentaux dans les traités

1.22 ▸ Parce qu'elle avait vocation à s'épanouir économiquement, l'Europe communautaire de 1957 ne s'est pas intéressée à la question des droits fondamentaux, l'ambition libérale ne le justifiant pas. Si, relativement rapidement, la question est devenue incontournable, c'est d'abord parce que les autorités communautaires ne pouvaient voir leurs compétences s'accroître sans reconnaître, en retour, des pouvoirs aux sujets du droit communautaire. Le transfert de droits de souveraineté des États membres à la Communauté ne pouvait en effet se réaliser sans la garantie d'une protection des droits fondamentaux au moins égale aux exigences du niveau national. Comme le souligne M. Manfred A. Dauses, il s'agit là d'un « postulat littéralement axiomatique de la notion d'État de droit »[38].

C'est, en second lieu, en raison de l'incitation pressante en provenance des juridictions nationales. Dans sa décision *Solange I* de 1974, la Cour constitutionnelle allemande affirma que le droit communautaire n'aurait pas primauté sur le droit national allemand tant que la Communauté européenne n'aurait pas développé un système de protection des droits fondamentaux équivalent à celui instauré par la Loi fondamentale allemande. Si le tribunal de Karlsruhe est, depuis, revenu sur cette position par un arrêt *Solange II* en 1986, la Cour constitutionnelle italienne se

38. M.-A. Dauses, « La protection des droits fondamentaux dans l'ordre juridique des Communautés européennes », *Rev. aff. eur.* 1992, n° 4, p. 9.

réserve toujours le droit de vérifier si les institutions communautaires respectent les principes fondamentaux de l'ordre constitutionnel italien. Les autorités communautaires se devaient, dès lors, de veiller à la protection des droits fondamentaux. Il en allait de l'autorité du droit communautaire, donc de son efficacité.

2) Les méthodes d'incorporation des droits fondamentaux dans les traités

1.23 ▸ Les autorités communautaires, à défaut de promouvoir un corpus de règles fondamentales, avaient la possibilité d'adhérer directement à la Convention européenne des droits de l'homme, déjà adoptée par la majorité des États membres de l'Union européenne. Cette éventualité avait même été inscrite dans l'article 3 du projet de traité établi en 1953, avant d'être retirée.

Cette adhésion n'allait pas, il est vrai, sans de multiples difficultés. La procédure d'intégration de la Convention à l'ordre juridique communautaire, que la Commission souhaita initier une première fois en 1979 avant de relancer l'idée en 1990, supposait déjà une modification de la Convention qui n'admet de ratification que de la part d'États. En outre et surtout, la Cour de justice des Communautés européennes avait affirmé, dans son avis n° 2/94 rendu le 28 mars 1996, l'impossibilité de mettre en concurrence deux systèmes juridictionnels (les cours de Strasbourg et de Luxembourg) dans le cadre communautaire : « l'adhésion à la Convention entraînerait un changement substantiel du régime communautaire actuel de la protection des droits de l'homme, en ce qu'elle comporterait l'insertion de la Communauté dans un système international distinct ainsi que l'intégration de l'ensemble des dispositions dans l'ordre juridique communautaire ». L'adhésion supposait donc une réforme institutionnelle que les États réunis en conférence intergouvernementale n'ont pas souhaitée immédiatement.

Cette question est toujours en suspens depuis l'avis de la Cour de justice de l'Union rendu le 18 décembre 2014, déclarant en l'état le droit de la CEDH incompatible avec le droit de l'Union (cf. *supra* point 1.16), et ce malgré le Protocole n° 14, déjà évoqué et entré en vigueur le 1er juin 2010, qui prévoit en son article 17 l'adhésion de l'Union européenne à la Convention EDH. Ce récent avis négatif ne signe pas la fin de ce processus d'adhésion, mais implique l'approfondissement des négociations.

En toutes hypothèses, la Convention EDH a toujours été relayée, de fait, par la Cour de justice, en tant que source d'inspiration privilégiée. Cette référence constante s'est trouvée facilitée par l'attitude encourageante des instances européennes, qui ont toujours pris soin d'éviter toute opposition avec la Cour de justice des Communautés européennes en déclarant irrecevable toute requête relative à l'action des institutions communautaires, au motif que la Commission n'était pas partie à la Convention européenne des droits de l'homme.

1.24 ▸ La voie restait donc ouverte pour une promotion « interne » des droits fondamentaux au sein des instruments conventionnels communautaires. Constitutionnalisant la jurisprudence constructive de la Cour de justice des Communautés européennes[39], les traités sur l'Union européenne de Maastricht du

---

39. Cf. *infra*.

7 février 1992 et d'Amsterdam du 2 octobre 1997 ont progressivement incorporé la notion de droit fondamental dans le corpus juridique communautaire, par référence à la Convention européenne des droits de l'homme.

Ainsi, l'article F du titre I du traité de Maastricht énonçait-il que l'Union « respecte [...] les droits fondamentaux tels qu'ils sont garantis par la Convention européenne de sauvegarde des droits de l'homme et des libertés fondamentales et tels qu'ils résultent des traditions constitutionnelles communes aux États membres, en tant que principes généraux du droit communautaire ». Cette clause sera consolidée par le Traité d'Amsterdam, en son article 6 qui confirme l'article F et proclame que « l'Union est fondée sur les principes de la liberté, de la démocratie, du respect des droits de l'homme et des libertés fondamentales ainsi que de l'État de droit, principes qui sont communs aux États membres »[40]. Surtout, alors que l'article F du traité de Maastricht excluait la compétence de la Cour pour mettre en œuvre la protection de ces droits, le Traité d'Amsterdam avait expressément reconnu cette compétence. Le statut des droits fondamentaux communautaires s'apparentait ainsi de plus en plus à celui qui était le leur dans les différents droits nationaux. Avec ces formulations, c'est l'ensemble des piliers de l'Union qui était concerné par la protection des droits fondamentaux. Elle dépassait le cadre des Communautés pour investir les autres piliers, notamment la coopération en matière de justice et d'affaires internationales.

1.25 ▸ Cette importance prise par les droits fondamentaux dans les textes communautaires se traduisait notamment par le fait que leur méconnaissance grave peut conduire à la suspension des droits de l'État fautif[41] et que leur respect a constitué désormais une condition d'accès à l'Union[42]. L'exemple grec est à ce titre probant : en 1961, un accord d'association est signé entre les Communautés et la Grèce, en vue d'une adhésion proche. La révolution des Colonels en 1967 a gelé toutes les relations entre les deux parties jusqu'au retour d'un régime démocratique, et l'acte officiel de candidature à l'adhésion que la Grèce formula en juin 1975 ne fut entendu qu'en 1981, dès lors que cet État pouvait satisfaire à certaines conditions implicites de respect des droits fondamentaux. Les actes de candidature de l'Espagne et du Portugal, établis dès 1977, ne furent considérés sérieusement qu'en 1985, pour les mêmes raisons.

Au sein de cette évolution textuelle, la Charte européenne des droits fondamentaux occupe une place centrale en ce qu'elle vient renforcer sensiblement le mécanisme de protection des droits et libertés fondamentaux en vigueur dans l'Union. Et le traité de Lisbonne lui reconnaît une valeur importante.

---

40. Reprenant les conceptions extensives de la Cour de justice, les traités ont plus particulièrement consacré le principe de la libre circulation des personnes ou le principe d'une lutte quotidienne contre « toute discrimination fondée sur le sexe, la race ou l'origine ethnique, la religion ou les convictions, un handicap, l'âge ou l'orientation sexuelle » (article 13 du traité instituant la Communauté européenne).
41. Comme en attestent les différentes prises de position des organes communautaires lors de la mise en place en Autriche d'un gouvernement auquel participait l'extrême droite.
42. Comme le montrent les difficultés autour de l'éventuelle adhésion de la Turquie.

B - LA CHARTE DES DROITS FONDAMENTAUX DE L'UNION EUROPÉENNE

1.26 ▸ Signée le 7 décembre 2000 au Conseil européen de Nice, reprise dans un acte interinstitutionnel le 18 décembre 2000, resignée et reproclamée le 12 décembre 2007 à Strasbourg (lieu symbolique), la Charte des droits fondamentaux de l'Union européenne apparaît comme une synthèse des différents textes européens déjà en vigueur, qu'il s'agisse de la Convention européenne des droits de l'homme, de la Charte sociale européenne ou de la Charte communautaire des droits sociaux fondamentaux des travailleurs.

Elle s'efforce, pour la première fois au niveau de l'Union européenne, d'établir une codification dont il était prévu qu'elle soit intégrée dans la constitution pour l'Europe. L'échec de celle-ci avait fait de la Charte une proclamation solennelle sans valeur juridique contraignante, mais elle était néanmoins devenue un élément d'interprétation du droit européen et le Tribunal de première instance (devenu Tribunal de l'Union européenne) s'était appuyé sur elle pour définir certains principes fondamentaux concernant le droit à un recours effectif ; la Cour de justice l'avait intégrée parmi les normes de droit au regard desquelles la légalité des actes communautaires peut être contrôlée (cf. *infra* n° 1-34). Le traité de Lisbonne, on le verra (cf. *infra* n° 1-33), va lui donner une force contraignante à la réserve près de quelques États membres de l'Union.

Après avoir succinctement présenté les droits proclamés par la Charte européenne, il conviendra de s'interroger sur ses potentialités pratiques et son ambition véritable.

1) Origine et contenu de la Charte des droits fondamentaux de l'Union européenne

1.27 ▸ Afin de faire progresser la construction européenne, l'Union européenne s'est dotée en 1999 d'une « Convention » chargée d'élaborer une charte des droits fondamentaux. Issue des Conseils européens de Cologne (3 et 4 juin 1999) et de Tampere (15 et 16 octobre 1999), cette formation originale était composée de représentants des exécutifs des États membres, d'un représentant de la Commission, de membres du Parlement européen et de délégués des Parlements nationaux. La « Convention » était organisée de telle manière qu'elle soit « le lieu d'expression de toutes les sensibilités européennes en matière de droits fondamentaux »[43]. C'est à l'occasion du Conseil européen de Nice des 7 et 8 décembre 2000[44] qu'a été solennellement proclamée la Charte des droits fondamentaux de l'Union européenne.

1.28 ▸ La volonté de réunir dans un seul texte l'ensemble des droits fondamentaux en vigueur dans l'Union a été manifestée dès le Conseil de Cologne. Les droits à codifier étaient principalement ceux reconnus par la Convention européenne des droits de l'homme, la Charte sociale européenne et la Charte

---

43. L'expression est de A. Victorino, « La Charte des droits fondamentaux de l'Union européenne », *RDUE* 2000, p. 499.

44. Malgré l'importance du sujet, les difficultés liées à l'élargissement de l'Union (modalités de vote, domaines de la codécision...) ont quelque peu relégué la Charte à l'arrière-plan. M. Henri De Brisson a ainsi parlé d'une « proclamation à la sauvette », *Le Monde*, 12 décembre 2000.

communautaire des droits sociaux fondamentaux des travailleurs, mais aussi ceux – souvent les mêmes – que la jurisprudence de la Cour de Luxembourg a consacrés au titre des principes généraux du droit communautaire. L'ensemble de la Charte repose sur un principe de non-régressivité posé à l'article 53[45]. Ainsi, les différents textes protecteurs, au premier rang desquels se trouve la Convention européenne des droits de l'homme, sont appréhendés comme des références minimales, une clause de *stand-still* garantissant, par une sorte de verrou, une protection au moins équivalente. Pour éviter toute divergence d'interprétation des droits proclamés avec ceux protégés par ladite Convention de Rome et la Cour de Strasbourg, l'article 52 § 3 indique que « dans la mesure où la présente Charte contient des droits correspondant à des droits garantis par la Convention européenne des droits de l'homme, leur sens et leur portée sont les mêmes que ceux que leur confère ladite Convention ». Mais l'article 52 *in fine* affirme que rien ne fait obstacle à ce que « le droit de l'Union accorde une protection plus étendue » que celle offerte par la Convention. De fait, un certain nombre de droits, « qui manquaient dans la Convention européenne des droits de l'homme » aux dires même du conseiller d'État Guy Braibant[46], ont été proclamés.

1.29 ❯ Son contenu, qui renferme un certain nombre d'innovations, donne à voir un ensemble de droits et libertés se répartissant initialement en trois « corbeilles » de droits fondamentaux.

La première contient les droits de liberté et d'égalité ainsi que les droits de procédure tels que garantis par la Convention européenne des droits de l'homme, complétés par quelques droits nouveaux. Ainsi, le droit au respect de l'intégrité de la personne humaine a permis d'introduire de nouveaux droits en liaison avec les progrès de la médecine et de la biologie moderne. L'article 3 énonce ainsi que « ... dans le cadre de la médecine et de la biologie, doivent notamment être respectés : le consentement libre et éclairé de la personne concernée [...] ; l'interdiction des pratiques eugéniques [...] ; l'interdiction de faire du corps humain [...] une source de profit ; l'interdiction du clonage reproductif des êtres humains ».

Si la parenté avec la Convention de Rome est évidente, on notera cependant une volonté de « modernisation » intéressante. Ainsi, l'article 47 relatif au droit à un recours effectif et à accéder à un tribunal impartial correspond à l'article 6 § 1 de la Convention de Rome, mais la limitation tenant aux notions de « contestations sur des droits et obligations de caractère civil » ou sur des « accusations en matière pénale », source de difficultés d'interprétation, n'a pas été reproduite. De même, le droit de se marier et le droit de fonder une famille (article 9 de la Charte) constituent, notamment par leur scission en deux énoncés séparés, une version

45. Article 53 de la Charte : « Aucune disposition de la présente Charte ne doit être interprétée comme limitant ou portant atteinte aux droits de l'homme et aux libertés fondamentales reconnus, dans leur champ d'application respectif, par le droit de l'Union, le droit international et les conventions internationales auxquelles sont parties l'Union, la Communauté ou tous les États membres, et notamment la CEDH, ainsi que par les constitutions des États membres ».

46. G. Braibant, « La Charte de l'an 2000 », *AJDA* 2001, n° 2, p. 115.

modernisée de l'article 12 de la Convention EDH, en accord avec les législations nationales reconnaissant d'autres voies que le mariage pour fonder une famille[47].

1.30 › La deuxième « corbeille », qui comprend des droits fondamentaux réservés aux citoyens de l'Union, est sans doute la moins fournie. La définition de tels droits, qui a pu paraître paradoxale dans un texte à vocation universelle, a toutefois permis de développer le concept de citoyenneté de l'Union. Les droits concernés sont le droit de vote et d'éligibilité aux élections européennes et municipales, le droit d'accès aux documents administratifs et au médiateur, ou encore le droit de pétition. Là encore, quelques nouveautés sont à signaler, telles le droit à la protection diplomatique et le droit à une bonne administration.

1.31 › Enfin, la troisième « corbeille » regroupe les droits économiques et sociaux fondamentaux, inspirés de la Charte sociale européenne. C'est à propos de cette dernière catégorie de droits que les difficultés ont été les plus fortes. Le professeur Armel Pecheul indique ainsi que « les conceptions divergeaient fondamentalement entre ceux qui estimaient qu'il ne pouvait pas y avoir de droits sociaux dans la Charte puisqu'ils ne sont pas justiciables – notamment la Grande-Bretagne –, et ceux qui estimaient que la Charte devait aller jusqu'à proclamer les droits culturels, ou le droit au logement »[48].

La Charte consacre aussi une trentaine d'autres droits, non inscrits dans la Convention EDH mais issus de l'acquis communautaire, qui se trouvent ainsi rehaussés au niveau des traités. Ainsi en va-t-il du droit à la protection des données personnelles[49] qui ne figure pas, comme tel, dans la Convention EDH, ou encore le droit à l'accès aux services d'intérêt économique général, la protection de l'environnement et des consommateurs, ou le droit à la sécurité sociale et à l'aide sociale.

Cependant, si la Charte énumère un certain nombre de droits sociaux, leur formulation reste très discrète ou très vague. C'est le cas du droit de grève, intégré dans le droit de négociation et d'actions collectives, ou du droit syndical, qui a été fondu avec la liberté de réunion et d'association.

2) Ambition et portée de la Charte des droits fondamentaux de l'Union européenne

1.32 › L'objectif recherché par l'Union était de doter la construction européenne d'une légitimité politique et morale et d'une dimension humaine incontestable, qui viendraient compléter les quelques aspects politiques et sociaux existants et s'ajouteraient à sa vocation pacificatrice et économique initiale. Pour ce faire, les membres de la Convention se sont implicitement entendus pour ne pas rechercher à tout prix la codification à droit constant, mais tenter plutôt

47. Cette rédaction permet également, potentiellement, l'octroi du statut du mariage à des unions entre personnes du même sexe.

48. A. Pecheul, « La Charte des droits fondamentaux de l'Union européenne », *RFDA* 2001, n° 3, p. 688-700, spéc. p. 693.

49. Ce droit exige un droit d'accès et de rectification des données, mais aussi le respect des principes de finalité de la collecte, de loyauté du traitement et de contrôle par une autorité indépendante.

« de dégager les valeurs communes aux Quinze, rendre visible ce qui existe déjà mais n'est pas forcément clairement perçu par le citoyen européen »[50].

On le perçoit immédiatement, l'objectif initial était avant tout hautement politique. Le processus de construction européenne avait besoin d'un acte fort, signifiant son attachement aux droits de l'homme. Cela explique qu'ait été choisie la voie symbolique d'un nouveau texte reprenant très largement la Convention européenne des droits de l'homme plutôt que celle de l'adhésion de l'Union à cette même Convention. La nécessité de l'Union de se doter d'un instrument regroupant l'ensemble des droits fondamentaux devenait impérieuse, alors que les juges strasbourgeois s'étaient récemment estimés compétents à deux reprises pour contrôler la compatibilité de mesures nationales d'application du droit communautaire avec les dispositions conventionnelles[51].

1.33 › Beaucoup espéraient voir la Charte insérée dans le Traité sur l'Union, lui reconnaissant ainsi une pleine valeur juridique. Deux solutions étaient envisageables : soit inscrire directement la Charte dans le traité, soit y faire mention à l'article 6 du même traité. Cependant, face à l'hostilité de certains États comme la Grande-Bretagne et le Danemark, ni l'incorporation totale, ni la simple référence ne furent possibles au départ. Juridiquement parlant, la déception fut grande, la Présidente du Parlement européen Nicole Fontaine estimant que « sur le fond, la Charte n'aura son plein effet que si elle trouve une forme d'intégration dans le traité »[52]. C'est pourquoi les membres de la Convention avaient décidé de l'intégrer dans la deuxième partie du projet de traité instituant une constitution pour l'Europe. L'abandon du processus de ratification du nouveau texte du fait des rejets français et néerlandais avait repoussé à plus tard cette ambition. Le rejet du traité, dans lequel la Charte occupait une place éminente, a naturellement porté un coup certain au rayonnement de la Charte et à sa prise en compte directe par les juges tant nationaux que communautaires.

Toutefois, cette question de la portée juridique de la Charte avait rebondi lorsque les chefs d'État et de gouvernement s'étaient finalement mis d'accord en juin 2007, à Bruxelles, pour donner à la Charte un caractère contraignant dans le mandat de la conférence intergouvernementale.

Ainsi, les présidents des trois institutions communautaires (MM. Hans-Gert Pöttering pour le Parlement, José Socrates pour le Conseil, José Manuel Barroso pour la Commission) ont pour la deuxième fois (après 2000 à Nice) solennellement signé et proclamé la Charte des droits fondamentaux de l'Union européenne, le 12 décembre 2007 au Parlement européen. La Charte est devenue contraignante dès l'entrée en vigueur du traité de Lisbonne, le 1er décembre 2009 (sous de fortes restrictions pour deux pays : la Pologne et le Royaume-Uni, auquel se joint le 29 octobre 2009, la République tchèque qui obtient également une clause de

50. J. Dutheil de la Rochère, « L'Europe a-t-elle besoin d'une Charte des droits fondamentaux ? », *Gazette du Palais Europe*, juin 2000, spéc. p. 964.

51. En dernier lieu : CEDH, 18 février 1999, *Matthews c/ Royaume-Uni*, *JCP* 1999.I.203, chron. Sudre ; *RTDE* 1999, p. 637, obs. Cohen-Jonathan et Flauss.

52. Discours prononcé à Biarritz le 13 octobre 2000, à l'issue du Conseil européen.

opt-out). Si le nouveau traité est ratifié par tous les États membres, la Charte aura finalement le même statut juridique que les traités.

Le traité de Lisbonne, signé le lendemain, jeudi 13 décembre 2007 dans la capitale portugaise, contient seulement une référence au texte de la Charte qui sera toutefois publié intégralement au *Journal officiel*. Pendant la Conférence intergouvernementale, le Royaume-Uni et la Pologne ont obtenu une dérogation importante car le protocole n° 7 annexé au traité restreint la faculté de la Cour de justice et des tribunaux britanniques et polonais d'estimer que des lois ou pratiques du Royaume-Uni et de la Pologne sont incompatibles avec la Charte. Le protocole prévoit aussi que les dispositions de la Charte ne s'appliquent aux citoyens britanniques et polonais que si elles sont déjà reconnues dans le droit ou les pratiques des deux pays. La République tchèque a obtenu qu'il en soit de même pour ce qui la concerne.

Bien évidemment, avant même cette future reconnaissance juridique officielle, rien n'empêchait un juge, quel que soit l'ordre juridictionnel auquel il appartient, de décider de se référer à tel ou tel article de la Charte et de lui conférer ainsi valeur normative. De la même façon, les États membres pouvaient également se référer à la Charte dans le cadre de leur mise en œuvre du droit communautaire, ce qui contribuait, là encore, dans la pratique, à renforcer la valeur de la Charte. Les citoyens eux-mêmes pouvaient être amenés à se placer sur ce terrain. La Commission des Communautés européennes avait parfaitement intégré cette potentialité, estimant que « la Charte déploiera des effets, y compris sur le plan juridique, et ce quelle que soit la nature qui lui sera attribuée »[53].

1.34 ▸ Le Tribunal de première instance des Communautés européennes (devenu Tribunal de l'Union européenne) s'est rapidement montré favorable à l'application de la Charte, en dépit de son absence de force contraignante. Ainsi, dans un arrêt *Jégo-Quéré c/ Commission* du 3 mai 2002[54], le TPICE a examiné les procédures prévues aux articles 234, 235 et 288 du Traité CE « à la lumière des articles 6 et 13 de la Convention EDH et de l'article 47 de la Charte des droits fondamentaux, comme garantissant aux justiciables un droit de recours effectif leur permettant de contester la légalité de dispositions communautaires de portée générale qui affectent directement leur situation juridique ». Mieux encore, dans l'affaire *Max. mobil Telekommunikation Service GmbH* du 30 janvier 2002 (Aff. T-54/99), le tribunal a confirmé la productivité juridique de la Charte en s'appuyant explicitement sur l'article 47 de la Charte, relatif au droit à un recours effectif et à un tribunal impartial, plutôt que sur les références traditionnelles aux articles 6 et 13 de la Convention européenne des droits de l'homme[55].

---

53. Commission des Communautés européennes, Communication du 11 octobre 2000 sur la nature de la Charte des droits fondamentaux de l'Union européenne, COM (2000) 644 final, pt 10.

54. Aff. T-177/01.

55. Cette position fait écho à la stratégie de contournement mise en avant par l'avocat général Philippe Léger dans ses conclusions sur l'arrêt *Heidi Hautala* du 6 décembre 2001 (aff. C-353/99 P). Après avoir rappelé qu'il importe « de ne pas ignorer la volonté clairement exprimée des auteurs de la charte de ne pas la doter de force juridique obligatoire », ce dernier tempère immédiatement son propos en remarquant que « les sources de ces droits, énumérés dans le préambule de la charte, sont pour la plupart dotées d'une force contraignante au sein des États membres et de l'Union européenne ». Il en conclut qu'il « serait inexplicable de ne pas y puiser les éléments qui

La Cour de justice s'est montrée pendant longtemps beaucoup plus prudente vis-à-vis de la Charte[56], préférant la traduction médiate de ses articles sous forme de principes généraux du droit[57]. Au mieux, la Cour suivait l'argumentation de l'avocat général et faisait application des droits reconnus par la Charte, mais en s'abstenant de toute référence expresse ou appliquant les droits reconnus par la Charte mais sans s'y référer expressément[58]. Finalement, la montée en puissance « politique » de la Charte a fini par payer. Dans un arrêt de Grande Chambre en date du 27 juin 2006[59], la Cour de justice des Communautés européennes s'est fondée sur la mention explicite de la Charte dans les considérants d'une directive pour l'intégrer parmi les normes de droit au regard desquelles la légalité des actes communautaires peut être contrôlée. Cet arrêt confirme « l'ancrage de l'Union dans l'espace européen des droits fondamentaux »[60].

Le Conseil d'État français, de son côté, n'a guère manifesté d'enthousiasme pour la Charte, fidèle à sa jurisprudence traditionnelle qui privilégie elle aussi le recours aux principes généraux du droit. Après toute une série de décisions dans lesquelles le juge du Palais Royal a fait mention de la Charte des droits fondamentaux, sans en tirer de conséquences contraignantes particulières, les formulations se sont faites plus claires, dans le sens d'une non-application de la charte[61].

La position du Conseil d'État a aujourd'hui évolué. C'est par une décision *Union nationale des footballeurs professionnels* du 24 février 2011[62] que le Conseil d'État, saisi d'une demande d'annulation d'une ordonnance du 14 avril 2010, a pour la première fois reconnu l'applicabilité de la Charte, pour en écarter l'application au cas d'espèce dans la mesure où la disposition attaquée ne mettait pas en œuvre le droit de l'Union. Depuis, cette jurisprudence est devenue constante[63].

---

permettent de distinguer les droits fondamentaux des autres droits », la charte constituant selon lui « un instrument privilégié servant à l'identification des droits fondamentaux ».

56. La fréquence d'utilisation de la Charte dans les jugements du Tribunal de l'Union européenne contraste en effet, quelque peu, avec l'attitude de la Cour de justice qui semble l'ignorer, malgré les références fréquentes de ses avocats généraux.
57. CJCE, 22 juin 2004, *Karl Meyer c/ Commission*, Aff. C-151/03.
58. En ce sens, cf. CJCE, 27 novembre 2001, *Z. c/ Parlement européen*, Aff. C-270/99 P, *Rec. CJCE*, p. I-9197 ; CJCE, 7 octobre 2004, *Mag Instrument Inc.* et *Office d'harmonisation dans le marché intérieur*, Aff. C-136/02 P. Sur ce point, cf. *infra* n° 1-56.
59. CJCE, 27 juin 2006, *Parlement européen c/ Conseil de l'Union européenne*, Aff. C-540/03.
60. L. Burgorgue-Larsen, *AJDA*, 4 décembre 2006, p. 2285-2288.
61. La Haute Juridiction a ainsi, dans une décision du 5 janvier 2005, *Mlle Deprez*, jugé que « contrairement à ce que soutient la requête, la Charte des droits fondamentaux de l'Union européenne, proclamée par le Conseil européen le 7 décembre 2000 et reprise dans un acte interinstitutionnel publié le 18 décembre 2000 est dépourvue, en l'état actuel du droit, de la force juridique qui s'attache à un traité une fois introduit dans l'ordre juridique interne et ne figure pas au nombre des actes du droit communautaire dérivé susceptibles d'être invoqués devant les juridictions nationales » (Req. n° 257341 ; *AJDA*, 18 avril 2005, p. 845, note Burgorgue-Larsen. Pour une reprise à l'identique de ce considérant dans une décision plus récente, *cf.* CE, 21 mars 2007, *Association française des médecins esthéticiens*, req. n° 284950). Puis, dans deux arrêts ultérieurs, le Conseil d'État a sèchement écarté toute violation du texte en indiquant que « cette charte n'a pas été introduite dans l'ordre juridique interne et que, dès lors, le moyen tiré de la méconnaissance de son article 30 est inopérant » ou que « la Charte des droits fondamentaux de l'Union européenne est dépourvue de valeur contraignante » (CE, 19 octobre 2005, *CGT*, req. n° 283471 ; CE, 8 juillet 2005, *Mme Mathilde X veuve Y*, req. n° 253728).
62. CE, 24 février 2011, *Union nationale des footballeurs professionnels et autres*, req. n° 340122.
63. Pour un exemple récent, *cf.* CE, 25 février 2015, req. n° 375724.

Plus récemment, la Haute Juridiction administrative a fait application de plusieurs stipulations de la Charte (la liberté d'expression, la liberté d'entreprise, le droit de propriété, le principe d'égalité et le principe de légalité des délits) en particulier lors du contrôle des décrets de 2016 relatifs au paquet neutre des cigarettes et de certains produits du tabac, des produits du vapotage et des produits à fumer à base de plantes autres que le tabac[64].

De son côté, la Cour de cassation a retenu une interprétation très extensive de l'applicabilité de la Charte *ratione temporis*, en faisant application à des situations acquises avant 2009 (soit avant l'entrée en vigueur du traité de Lisbonne le 1er décembre 2009, qui a donné à la Charte une portée juridique contraignante), dans deux arrêts des 17 mai 2011[65] et 29 juin 2011[66].

La Cour européenne des droits de l'homme n'a pas eu la même retenue que le Conseil d'État, puisque, influencée elle-même par la Charte, elle s'en est par exemple emparée pour préciser les droits des transsexuels en matière de mariage[67]. Ce faisant, la Charte des droits fondamentaux de l'Union européenne, bien que fortement handicapée par l'échec de la ratification du traité « constitutionnel », mais revigorée par le traité de Lisbonne, constitue aujourd'hui un nouveau texte de référence qui renouvelle le dialogue entre les cours européennes et participe de l'enrichissement permanent des systèmes juridiques.

Mais force est de reconnaître que la Charte des droits fondamentaux peine encore à déployer sa protection dans les prétoires nationaux. « Cela tient sans doute à son champ d'application restreint au droit de l'Union, mais aussi peut-être à une certaine déconsidération vis-à-vis d'un texte qui était, avant l'entrée en vigueur du traité de Lisbonne, purement déclaratoire et qui est souvent regardé, depuis lors, comme redondant avec d'autres instruments de protection des droits fondamentaux »[68].

S'agissant ensuite de la portée de la Charte, il convient de distinguer les droits et les principes qu'elle proclame. Comme le soulignent Paul Cassia et Suzanne Von

---

64. CE, 20 juin 2016, n° 383333 ; CE, 29 juin 2016, n° 387890, *Synd. Les entreprises du médicament « LEEM »* ; CE, 23 décembre 2016, n° 399117, *Sté JT International SA*.

65. Cass. soc., 17 mai 2011, n° 10-12852, *JCP* S 2011, 1419, note J.-Y. Kerbourc'h : la chambre sociale annule, au visa de l'alinéa 8 du Préambule de 1946 et de l'article 27 de la Charte (« Droit à l'information et à la consultation des travailleurs au sein de l'entreprise »), l'arrêt qui avait refusé d'accorder des dommages-intérêts à un salarié ayant mis en cause son employeur pour n'avoir pas mis en place d'institutions représentatives du personnel. Or, le salarié avait été licencié le 19 mars 2007.

66. Cass. soc., 29 juin 2011, n° 09-71107, *JCP* G 2011, note 970, N. Billon et Z. Baki. Dans ses visas, la chambre sociale indique avoir interprété la disposition législative dont l'application était demandée « à la lumière » d'une directive de 1993 « et de l'article 31 de la Charte », relatif aux « conditions de travail justes et équitables ». Or, la disposition législative était antérieure à 2008 et le litige procédait de circonstances de fait – la démission d'un salarié – datant de 2006.

67. Dans deux arrêts du 11 juillet 2002 *(Goodwin c/ Royaume-Uni* et *I. c/ Royaume-Uni)*, la Cour reconnaît le droit au mariage des transsexuels en se fondant sur l'article 9 de la Charte, qui exclut la référence à l'homme et à la femme : « l'incapacité pour un couple de concevoir ou d'élever un enfant ne saurait en soi passer pour le priver du droit » au mariage, lequel bénéficie alors aux transsexuels. La Cour « utilise » ainsi la Charte, qui apparaît comme l'instrument prenant acte des plus récentes évolutions sociales (sur ce point, cf. V. Michel, « Convention européenne des droits de l'homme et Charte des droits fondamentaux de l'Union européenne : entre mythe ancien et conte moderne », *LPA*, 24 juin 2003, n° 125, p. 8-20).

68. Cf. P. Cassia, S. Von Coester, « L'application de la Charte des droits fondamentaux de l'Union européenne par le juge national », *JCP* G n° 10, 5 mars 2012, doctr. 298.

Coester[69], « il n'est pas possible d'évoquer de manière générale l'effet direct de la Charte. Celle-ci contient en effet à la fois des droits et des principes. Les seconds ne paraissent pas pouvoir être dotés d'un effet direct, c'est-à-dire qu'ils ne créent vraisemblablement pas de droit subjectif invocable par les particuliers. Cependant, ceci n'exclut pas leur invocabilité devant le juge à l'encontre de textes adoptés par les autorités nationales ou européennes. Le juge pourra en effet confronter les textes en cause aux principes consacrés dans la Charte, afin, le cas échéant, d'en retenir une interprétation conforme ou, en cas d'incompatibilité, en écarter l'application – voire, dans le cadre d'un recours pour excès de pouvoir, les annuler purement et simplement. Un tel contrôle s'apparenterait à celui qui s'attache, devant le juge administratif, au respect des objectifs à valeur constitutionnelle. Les premiers, en revanche, sont créateurs de droits subjectifs. Bien que les dispositions de la Charte ne s'adressent qu'aux organes de l'Union et aux États membres, leur effet direct pourrait même être horizontal, compte tenu de l'assimilation de la Charte au droit primaire de l'Union européenne : la Charte devrait donc pouvoir, en fonction du contenu de ses stipulations, être opposée par un particulier à l'encontre d'un autre particulier ».

C'est surtout en termes d'opposabilité que la Charte est novatrice. En effet, elle a un champ d'application *ratione personae* plus large que d'autres conventions internationales, en particulier la Convention EDH. De plus, la Charte bénéficie de l'immédiateté du droit de l'Union. Par exemple, au Royaume-Uni, où la loi postérieure prévaut sur la Convention EDH qui n'a qu'un rang législatif, la Charte possède une force supérieure, puisqu'elle peut conduire à faire écarter la loi même postérieure. Enfin, s'agissant des droits repris de l'acquis communautaire, la Charte bénéficie de son rang de droit primaire[70].

La charte des droits fondamentaux de l'Union européenne « ne cesse de gagner juridiquement en importance », souligne la Commission européenne dans son rapport 2014 sur l'application de ce texte. En 2014, 210 décisions rendues par les juridictions de l'Union européenne citaient la charte (contre 114 en 2013), indique-t-elle. Quant aux tribunaux nationaux des États membres, ils « ont fait référence à la charte comme source d'orientation et d'inspiration dans un nombre croissant d'affaires ». C'est sans doute là le meilleur signe de son dynamisme et de sa montée en puissance.

69. P. Cassia, S. Von Coester, « L'application de la Charte des droits fondamentaux de l'Union européenne par le juge national », *op. cit.*

70. *Ibid.* : « La codification de ces droits dans la Charte les rend opposables à tout texte de droit dérivé ainsi qu'à toute mesure nationale prise pour la mise en œuvre du droit de l'Union, dans quelque domaine que ce soit, ce qui leur donne une portée bien plus large que lorsqu'ils étaient cantonnés à des textes et secteurs particuliers. Compte tenu de la diversité et de l'absence de hiérarchisation des droits ainsi consacrés au sein même de la Charte, il appartiendra au juge de les articuler entre eux et, le cas échéant, de les concilier ».

§ 2 – LA PROMOTION PRÉTORIENNE DES DROITS ET LIBERTÉS FONDAMENTAUX

Parallèlement à la promotion formelle des droits et libertés fondamentaux, chaque Cour a élaboré son propre système de protection, sa propre jurisprudence protectrice de ces règles, non d'ailleurs sans influences réciproques (II).

L'énoncé préalable des particularités de ces normes internationales relatives aux droits de l'homme permettra de mieux comprendre leur traitement par les instances juridictionnelles (I).

I – LA SPÉCIFICITÉ DES RÈGLES INTERNATIONALES DE PROTECTION DES DROITS ET LIBERTÉS FONDAMENTAUX

1.35 ▸ La norme internationale protectrice des droits et libertés fondamentaux présente une spécificité à la fois juridique et politique, marquée par trois grands principes : son universalisme (A), l'absence d'exigence de réciprocité (B) et l'applicabilité directe (C).

A - L'UNIVERSALISME DES DROITS ET LIBERTÉS FONDAMENTAUX

Le principe de l'universalisme des droits de l'homme est un autre grand principe du droit international des droits de l'homme ; un principe qui semble même couler de source eu égard à la multiplicité des instruments de protection déjà étudiés. La Conférence mondiale des Nations unies sur les droits de l'homme, qui s'est tenue à Vienne en juin 1993, a confirmé solennellement cette perspective en soulignant que « tous les droits de l'homme sont universels, indissociables, interdépendants et intimement liés ». Pour le professeur Sudre, « l'universalité tient à ce que partout est perçue cette exigence fondamentale que quelque chose est dû à l'être humain parce qu'il est un être humain »[71].

Pourtant, l'affirmation incantatoire de l'universalité des droits de l'homme tranche avec la non-universalité évidente du respect de ces mêmes droits. Les violations semblent chaque jour plus nombreuses, même si l'impact médiatique ne fait que mettre au jour une situation depuis longtemps installée et qui ne s'est pas particulièrement aggravée.

1.36 ▸ En outre, comme il a été dit précédemment, le risque est important qu'une partie des pays au premier plan concernés par le respect et la promotion des droits et libertés fondamentaux ne s'élève contre ce qu'ils considèrent comme « l'expression de l'individualisme occidental »[72], c'est-à-dire la promotion d'un individualisme forcené et éloigné de leurs préoccupations, doublée d'une laïcité qu'ils récusent. La Conférence de Vienne de juin 1993, précitée, aborde cet écueil en affirmant que, « s'il convient de ne pas perdre de vue l'importance des particularismes nationaux et régionaux et la diversité historique, culturelle et religieuse, il est du devoir des États, quel qu'en soit le système

71. F. Sudre, *Droit européen et international des droits de l'homme*, PUF, 12e éd., 2015.
72. Cf. P. Wachsmann, *Les droits de l'homme*, Dalloz, 4e éd., 2002, p. 40.

politique, économique, culturel, de promouvoir et de protéger tous les droits de l'homme et toutes les libertés fondamentales ».

Il importe sans doute, pour limiter ce décalage, que les États développés mettent davantage l'accent sur les droits économiques et sociaux, perçus comme un prolongement indispensable, une garantie nécessaire à l'épanouissement de l'individu. Toutefois, dans ce rééquilibrage, il est tout aussi essentiel de garder à l'esprit la primauté incontestable des libertés individuelles, seule à même d'éviter que les droits fondamentaux de l'homme soient bafoués... au nom d'une prétendue défense de leur développement économique et social. De même, une posture intransigeante à l'égard de tout risque de confusion des registres politique et religieux est souhaitable. Cette position ne vise pas à exclure le sentiment religieux qui a joué dans certains pays un rôle moteur dans la promotion des droits et libertés fondamentaux (par exemple dans la lutte contre le totalitarisme communiste). Elle ambitionne simplement de limiter l'impact du religieux à la seule sphère privée de l'individu.

Quoi qu'il en soit, ces difficultés ne doivent pas faire oublier l'avancée extraordinaire que constitue la reconnaissance à tout être humain d'un minimum de droits fondamentaux qui sont à l'essence même de toute civilisation.

B - LE CARACTÈRE OBJECTIF DES DROITS ET LIBERTÉS FONDAMENTAUX

1.37 ▸ La disposition internationale protectrice des droits de l'homme déborde le cadre de la simple réciprocité entre États, condition traditionnellement exigée pour rendre obligatoire le respect de l'engagement conventionnel. L'article 55 de la Constitution française conditionne ainsi la primauté de l'engagement international à « son application par l'autre partie ». De par son caractère objectif, la norme internationale protectrice des droits et libertés s'affranchit de cette limite. C'est ce que traduisent à la fois la Commission et la Cour des droits de l'homme en affirmant que ce type de normes « crée des obligations objectives qui bénéficient d'une garantie collective »[73] et « vise à protéger les droits fondamentaux des particuliers contre les empiétements des États contractants plutôt qu'à créer des droits subjectifs et réciproques entre ces derniers »[74].

Les droits de l'homme sont donc attachés par principe à la personne humaine et l'attitude des autres États parties à ces instruments internationaux de protection est totalement indifférente. La convention de Vienne du 23 mai 1969, sur le droit des traités, confirme cette particularité en énonçant dans son article 60 § 5 que la violation par un État « de dispositions relatives à la protection de la personne humaine contenues dans les traités de caractère humanitaire » n'autorise pas les autres parties contractantes à suspendre l'application du traité.

1.38 ▸ Les juges internes et internationaux ont tiré toutes les conséquences de ce principe. La Cour internationale de justice a ainsi reconnu, dans son avis consultatif du 21 juin 1971 relatif aux conséquences juridiques pour les États de la présence continue de l'Afrique du Sud en Namibie, que si les États ont l'obligation de laisser inappliqués les traités conclus par l'Afrique du Sud au

73. CEDH, 18 janvier 1978, *Irlande c/ Royaume-Uni*, A/25.

74. Comm. EDH, 11 janvier 1961, *Autriche c/ Italie, Ann. de la CEDH*, vol. IV, p. 139.

nom de la Namibie, cette obligation « ne peut s'appliquer à certaines conventions générales, comme les conventions de caractère humanitaire dont l'inexécution pourrait porter préjudice au peuple namibien »[75]. Le Conseil constitutionnel français, quant à lui, a expressément écarté la clause de réciprocité de l'article 55, dans sa décision relative au traité portant statut de la Cour pénale internationale, en jugeant que les engagements souscrits en vue de favoriser la paix et la sécurité du monde « peuvent prévoir la création d'une juridiction internationale permanente destinée à protéger les droits fondamentaux appartenant à toute personne humaine, en sanctionnant les atteintes les plus graves qui leur seraient portées, et compétente pour juger les responsables de crimes d'une gravité telle qu'ils touchent l'ensemble de la communauté internationale ; qu'eu égard à cet objet, les obligations nées de tels engagements s'imposent à chacun des États parties indépendamment des conditions de leur exécution par les autres États parties ; qu'ainsi, la réserve de réciprocité mentionnée à l'article 55 de la Constitution n'a pas lieu de s'appliquer »[76].

C - L'APPLICABILITÉ DIRECTE POTENTIELLE DES DROITS ET LIBERTÉS FONDAMENTAUX

1.39 ▸ Trois éléments conditionnent l'applicabilité directe d'une norme conventionnelle, c'est-à-dire la possibilité reconnue aux individus d'invoquer directement cette norme devant un juge interne : le premier est relatif à la réception de la norme dans l'ordre interne, le deuxième à l'intention des parties contractantes, le troisième à la qualité de la norme elle-même.

La première condition est automatiquement réalisée en France de par l'article 55 de la Constitution, dès la publication du traité[77]. La norme d'origine conventionnelle est intégrée en droit français sans qu'il soit nécessaire d'adopter des mesures nationales de transposition pour la rendre opératoire.

La deuxième condition relève de la volonté tacite ou explicite des parties au traité d'adopter des règles créant des droits et des obligations au profit des individus susceptibles d'être directement invoquées devant les tribunaux nationaux. Cette exigence est généralement remplie par les instruments internationaux de protection des droits et libertés fondamentaux dans la mesure où ces conventions viennent justement « reconnaître » lesdits droits aux individus. Il en va cependant autrement lorsque les États se contentent de « s'engager à respecter » ces droits. Dans ce cas, l'intention des parties n'est pas clairement établie. Cette interprétation a été validée par les juges nationaux et européens. La Cour européenne des droits de l'homme a ainsi tiré toutes les conséquences du fait que les rédacteurs de la Convention ont remplacé l'expression « s'engagent à reconnaître » par le mot « reconnaissent » dans le libellé de l'article I de la Convention de Rome, pour déclarer les droits du Titre I (visés par l'article I) d'applicabilité directe. Le Conseil d'État a adopté la même position en déniant à un requérant le droit d'invoquer directement l'article 4

75. *Rec. CIJ* 1971, p. 55, § 122.
76. Décision n° 98-408 DC, *Recueil*, p. 29 ; *JORF* 24 janvier 1999, p. 1317.
77. Sur la place de ce traité dans la hiérarchie des normes, cf. *infra* Section II, § I, A.

de la Charte sociale européenne, par lequel les États « s'engagent à reconnaître » toute une série de droits aux travailleurs[78].

1.40 ▸ La dernière condition est la suivante : la norme internationale ne peut être directement applicable que si son objet et sa forme sont suffisamment précis. Elle ne nécessite pas de mesures complémentaires pour connaître son plein effet. Le caractère trop général et imprécis de nombreuses dispositions conventionnelles, déjà déploré, interdit souvent à ces dispositions d'être directement invoquées en droit interne. Le Conseil d'État a ainsi considéré, s'agissant du Pacte international relatif aux droits économiques, sociaux et culturels, qu'« eu égard à son contenu [...], [il] ne produit pas d'effet direct dans l'ordre juridique interne »[79]. Il a jugé, de même, « que les stipulations de l'article 9 de la Convention relative aux droits de l'enfant signée à New York le 26 janvier 1990 créent seulement des obligations entre États sans ouvrir de droits aux intéressés ; que les époux Abdelmoula ne peuvent donc utilement se prévaloir de cet engagement international pour demander l'annulation des arrêtés ordonnant leur reconduite à la frontière »[80]. Cependant, la Haute Juridiction administrative adopte une approche sélective et précise à l'égard de cette convention, étudiant l'applicabilité directe éventuelle de chacune de ses clauses. Elle a ainsi reconnu à l'article 3-1 de la même Convention internationale des droits de l'enfant, selon lequel, « dans l'exercice de son pouvoir d'appréciation, l'autorité administrative doit accorder une attention primordiale à l'intérêt supérieur des enfants dans toutes les décisions les concernant », le caractère de « stipulations qui peuvent être utilement invoquées à l'appui d'un recours pour excès de pouvoir »[81]. La Cour de cassation n'a pas eu, pendant longtemps, la même perception, refusant tout effet direct à l'ensemble de la convention[82], avant de reconnaître l'applicabilité directe de la convention de New York du 26 janvier 1990 dans deux arrêts du 18 mai 2005[83].

II — LE TRAITEMENT JURISPRUDENTIEL DE LA NORME INTERNATIONALE PROTECTRICE DES DROITS ET LIBERTÉS FONDAMENTAUX

Seront successivement examinés les traitements opérés par la Cour européenne des droits de l'homme (A), par la Cour de justice de l'Union européenne – ex-Cour de justice des Communautés européennes – (B) et enfin par les juridictions internationales (C).

78. CE, 20 avril 1984, *Mlle Valton et Mlle Crépeaux*, *Lebon*, p. 148.
79. CE, 5 mars 1999, *Rouquette et Lipietz*, *RFDA* 1999, p. 357, concl. Maugüe ; CE, 26 janvier 2000, *M. Annad*, req. n° 170579.
80. CE, 29 juillet 1994, *Préfet de la Seine-Maritime c/ Abdelmoula*, *RFDA* 1994, p. 1219, note Ruzié.
81. CE, 22 septembre 1997, *Mlle Cinar*, *JCP* 1998.II.10051, note Gouttenoire-Cornut.
82. Cass. civ., 10 mars 1993, *Le Jeune*, *D.* 1993, p. 361, note Massip : la Convention des Nations unies sur les droits de l'enfant, « qui ne crée des obligations qu'à la charge des États parties, [n'est] pas directement applicable en droit interne ».
83. Cass. civ. 1re, 18 mai 2005, *Bull. civ.* I, n° 212, n° 02-20613 et Cass. civ. 1re, 18 mai 2005, *Bull. civ.* I, n° 211, n° 02-16336.

A - COUR EUROPÉENNE DES DROITS DE L'HOMME ET GARANTIES DES DROITS

1.41 › Installée en 1959, la Cour européenne des droits de l'homme est une juridiction internationale indépendante composée d'un nombre de juges égal à celui des États parties à la Convention de Rome, élus pour six ans par l'Assemblée générale du Conseil de l'Europe.

Avant d'examiner l'autorité des arrêts de la Cour et leur portée dans les droits internes (2.), il importe de présenter rapidement les caractéristiques essentielles et les modalités principales de fonctionnement du système juridictionnel de contrôle instauré par la Convention européenne des droits de l'homme (1.).

1) Le mécanisme de contrôle organisé

1.42 › L'organisation d'un système de contrôle juridictionnel des actes étatiques, de surcroît sur initiative de particuliers, apparaît proprement « révolutionnaire par rapport aux conceptions classiques du droit international »[84]. L'originalité de ce mécanisme a vu au départ son efficacité limitée par la complexité de la saisine de la Cour européenne.

Le protocole n° 11 additionnel à la Convention, entré en vigueur le 11 novembre 1998, opère une refonte totale du système de contrôle de la Convention en intégrant et remplaçant les dispositions des protocoles 2, 3, 5 et 8. Le Protocole n° 14, sans transformer radicalement le système de contrôle, est venu à l'améliorer en conférant à la Cour les moyens procéduraux et la flexibilité nécessaires pour traiter l'ensemble des requêtes dans des délais acceptables, tout en lui permettant de se concentrer sur les affaires les plus importantes qui nécessitent un examen approfondi.

Les récents Protocoles n° 15 et 16 ont apporté d'autres modifications, plus mineures.

a) L'ancien mécanisme de contrôle

1.43 › À l'origine, trois organes se partageaient la responsabilité du système de contrôle : la Commission européenne des droits de l'homme, mise en place en 1954, la Cour du même nom, instituée en 1959, et le Comité des ministres du Conseil de l'Europe, composé des ministres des Affaires étrangères des États membres.

La Convention a initialement créé deux organes dont la mission exclusive était d'assurer le respect des obligations qui s'imposent aux États : la Commission européenne des droits de l'homme, organe indépendant composé d'autant de membres qu'il y a d'États parties à la Convention, et la Cour européenne des droits de l'homme, composée de juges en nombre égal à celui des États membres du Conseil de l'Europe. Toutes deux sont établies à Strasbourg, siège du Conseil de l'Europe.

84. G. Cohen-Jonathan, *La Convention européenne des droits de l'homme*, Economica-PUAM, 1989.

1.44 › La procédure prévoyait la saisine préalable obligatoire de la Commission, soit par un État partie à la Convention, soit par un particulier, un groupe de particuliers ou une organisation non gouvernementale si l'État défendeur a reconnu la possibilité d'un tel recours individuel en vertu de l'article 25 de la Convention (ce fut le cas de la France à partir de 1981).

Si la requête était déclarée recevable (de 1955 à 1988, seulement 5 % des requêtes enregistrées au greffe ont été déclarées recevables), la Commission établissait les faits, puis cherchait à obtenir un règlement à l'amiable. En cas d'échec, la Commission rédigeait un rapport détaillé rappelant les faits et formulant un avis au fond. L'affaire était alors transmise au Comité des ministres des Affaires étrangères du Conseil de l'Europe, doté d'un pouvoir de décision. Celui-ci n'avait cependant pas lieu de s'exercer si, dans les trois mois qui suivaient la transmission de ce rapport, l'affaire était déférée devant la Cour par la Commission ou un État partie.

Ce faisant, les États parties reconnaissent pour la première fois aux particuliers la faculté de saisir une instance internationale d'un litige les opposant à l'un d'eux, avec la potentialité de voir ce litige tranché par une véritable juridiction internationale. C'est là toute l'originalité et l'innovation du système mis en place.

Initialement, les particuliers n'étaient pas admis à saisir directement la Cour. Si une affaire n'était pas déférée à la Cour, le Comité des ministres décidait, lorsqu'il constatait une violation de la Convention, d'accorder à la victime une « satisfaction équitable ». Le Protocole n° 9 a ouvert aux requérants individuels les portes de la Cour, sous réserve de sa ratification par l'État en cause et de l'acceptation de la saisine par un comité de filtrage. Une fois saisie, la Cour examine le rapport de la Commission puis statue à la majorité. L'arrêt rendu par la Cour est définitif et obligatoire.

1.45 › Ce système présentait plusieurs inconvénients : sa complexité d'abord, dès lors qu'il faisait intervenir trois organes ; son caractère non entièrement juridictionnel ensuite, puisqu'un important pouvoir de décision était reconnu au Comité des ministres, organe politique ; la très longue durée de la procédure enfin, de presque six années en moyenne.

b) Le mécanisme actuel de contrôle

1.46 › Le Protocole n° 11, portant « restructuration du mécanisme de contrôle établi par la Convention », a été ouvert à la signature le 11 mai 1994. Entré en vigueur le 1er novembre 1998, il substitue aux trois organes précédents une institution unique à caractère juridictionnel et permanent, la Cour européenne des droits de l'homme, la Commission étant supprimée et l'intervention du Conseil des ministres limitée à la surveillance de l'exécution des arrêts de la Cour.

Ce protocole a également supprimé le caractère facultatif du droit de recours individuel et permis aux requérants individuels de saisir directement la Cour, sans avoir à franchir le difficile cap de la recevabilité des requêtes auprès de la Commission. C'est désormais un Comité de trois juges qui aura à apprécier la recevabilité du recours. La procédure devient ainsi entièrement judiciaire, du fait de l'abolition des attributions juridictionnelles du Comité des ministres.

L'un des principaux objectifs de cette réforme a été de clarifier la procédure et d'en raccourcir les délais. Le nombre des affaires s'est en effet multiplié de manière considérable à partir du début des années 1980 et s'est accentué dans les années 1990, en raison de l'adhésion de la plupart des pays d'Europe centrale et orientale. Parallèlement, le Protocole n° 11 a intégré le Protocole n° 2 dans la Convention et a abrogé le Protocole n° 9, qui n'avait plus lieu d'être.

1.47 ▸ La Cour connaît trois types de formations qui examinent les affaires portées devant elle : les comités, composés de trois juges qui se prononcent sur la recevabilité des requêtes individuelles ; les chambres, composées de 7 juges qui sont chargés de se prononcer sur la recevabilité et sur le fond de toutes les requêtes ; et la Grande Chambre, composée de 17 juges, qui se prononce sur les requêtes étatiques ou sur les requêtes individuelles qui lui sont déférées en vertu de l'article 30 lorsqu'une chambre est dessaisie, ou en vertu de l'article 43, lorsque l'une des parties demande le renvoi de l'affaire. Le Protocole n° 11 donne donc la possibilité exceptionnelle de soumettre une même affaire à deux examens successifs, en cas de difficultés particulières d'interprétation de la Convention.

La procédure devant la Cour est désormais publique, sauf exception tenant à la nécessaire protection de la sécurité nationale, de l'ordre ou de la moralité publics. Elle est également contradictoire et principalement écrite, les parties pouvant cependant être amenées à présenter leurs observations lors de l'audience sur le fond. Une notice explicative des modalités et des conditions de saisine de la Cour, ainsi qu'un formulaire type de requête sont disponibles sur le site Internet de la Cour[85].

1.48 ▸ Les conditions de recevabilité des requêtes sont inscrites à l'article 35 de la Convention.

La première est relative à l'épuisement des voies de recours internes, règle de nature coutumière parfaitement classique en droit international. Cette condition, de nature à protéger les États contre les procédures abusives ou prématurées, manifeste pleinement le caractère subsidiaire du système européen de défense des droits fondamentaux, par rapport aux systèmes nationaux[86]. L'intervention des organes de contrôle supranationaux est entendue comme visant à compléter et à remédier aux insuffisances des mécanismes de protection en vigueur dans l'ordre interne. Le requérant doit donc avoir soumis aux juridictions nationales le grief issu de la violation de la Convention, et ce jusqu'au dernier recours possible. Il importe cependant de noter que cette règle est interprétée de manière souple par le juge de Strasbourg, qui utilise la notion de recours « utile ». Cette notion introduit l'idée d'efficacité et présuppose la limitation de la règle aux recours véritablement

85. http://www.echr.coe.int/echr, rubrique « Requérants ».

86. « La condition de l'épuisement préalable des voies de recours internes est la marque procédurale de la subsidiarité du mécanisme de garantie institué par la Convention européenne des droits de l'homme » (obs. sur CEDH, Gde ch., 16 septembre 1996, *Akdivar e. a.*, n° 21893/93, *in* SUDRE *et al.*, *Les grands arrêts de la Cour européenne des droits de l'homme*, 6ᵉ éd., PUF, 2011, p. 810 s. ; *AJDA* 1997. 977, chron. J.-F. Flauss ; *RSC* 1997. 454, obs. R. Koering-Joulin).

essentiels, le requérant n'étant pas tenu d'avoir épuisé les voies de droit n'ayant aucune chance d'aboutir, par exemple en raison d'une jurisprudence constante.

La seconde condition est relative au délai de saisine de la Cour : celle-ci doit intervenir dans un délai de six mois à partir de la date de la connaissance effective par le requérant de la décision interne définitive jugée contraire à la Convention[87].

La Cour est tenue de rejeter, d'une part, les requêtes « mal fondées ou abusives » et, d'autre part, les requêtes « déjà soumises à une autre instance internationale d'enquête ou de règlement, si elle ne contient pas de faits nouveaux ». En pratique, cette dernière condition vise à éviter la saisine cumulative de la Cour européenne des droits de l'homme et du Comité des droits de l'homme institué par le Pacte international relatif aux droits civils et politiques. Les individus peuvent en effet être tentés de bénéficier des deux systèmes de protection en déposant deux requêtes identiques. L'article 35 § 3 prohibe donc cette pratique en imposant à la Cour de Strasbourg de déclarer le recours irrecevable en pareilles circonstances.

1.49 ▸ Le Protocole n° 11 a donc instauré un système entièrement juridictionnel, mais n'a pas réglé tous les problèmes de fond, notamment en termes de délai excessif de jugement.

C'est pour lutter contre cet accroissement continu des délais de jugement que le Protocole n° 14 a été ouvert à la signature le 13 mai 2004, dans le but de réformer les structures et les procédures de la Cour. Des amendements sont apportés par ce Protocole n° 14, visant notamment au traitement des affaires répétitives et au renforcement de la capacité de filtrage de la Cour au regard du grand volume de requêtes dénuées de tout fondement[88]. La capacité de filtrage a été augmentée par l'octroi à un juge unique de la compétence de déclarer une requête individuelle irrecevable ou de la rayer du rôle. Ce nouveau mécanisme préserve donc le caractère juridictionnel de la prise de décision sur la recevabilité.

L'ancien président Bratza a souligné en janvier 2012 l'impact de « la formation de juge unique [qui est] probablement le plus efficace des outils procéduraux créés par le Protocole » n° 14. Le Comité de trois juges a lui aussi contribué à faciliter l'adoption de telles décisions, tout comme la récente création d'une « section de filtrage » chargée de « centraliser le traitement des affaires provenant des cinq pays plus gros pourvoyeurs de requêtes ».

La question de l'application des décisions rendues à Strasbourg constitue un autre écueil. En effet, plus les États parties prendront rapidement des mesures

87. La Cour européenne des droits de l'homme a jugé, dans une décision du 18 octobre 2011, qu'une demande de réouverture d'une procédure ne fait courir le délai de six mois pour la saisir « que si elle aboutit effectivement à la reprise de l'affaire ». En l'espèce, le requérant, ressortissant turc, avait été condamné à une peine d'emprisonnement pour complicité de tentative de meurtre. Le 1er décembre 2009, le jugement avait été confirmé par la Cour de cassation. En juillet 2010, le requérant avait demandé à la cour d'assises la réouverture de la procédure, mais sa demande avait été rejetée en août 2010. Il avait alors formé un recours contre ce rejet ; celui-ci avait été rejeté en septembre 2010. Le requérant a ensuite introduit une requête, relative à l'équité de la procédure pénale, devant la CEDH le 5 juillet 2010. Considérant que la décision interne définitive à prendre en compte pour le délai de six mois est l'arrêt de la Cour de cassation du 1er décembre 2009, la CEDH déclare la requête irrecevable car tardive.

88. Sur ce Protocole n° 14, cf. J.-F. Flauss, « Actualité de la Convention européenne des droits de l'homme », *AJDA* 2004, chron. p. 1809.

générales pour exécuter les arrêts révélant un problème structurel, moins sera important le nombre de requêtes répétitives. Le Protocole n° 14 instaure ainsi un nouveau recours en carence pour faire face aux cas de non-exécution caractérisée des arrêts de la Cour. Avec la Résolution et les trois Recommandations qui ont été adoptées le même jour, il essaie de restaurer l'équilibre entre la responsabilité de la Cour et celle des États parties pour le bon fonctionnement du système. Il rappelle utilement cette réalité concernant le système de la Convention : la Cour, le Comité des ministres et les États parties sont trois partenaires qui doivent coopérer pour que ça marche.

La Cour a déjà eu recours par le passé à la procédure de l'arrêt pilote pour remédier à des violations systémiques ou structurelles des droits de l'homme par une législation nationale[89]. Elle dispose à cet égard d'une large marge de manœuvre, même si cette procédure a été codifiée en mars 2011. Elle répond ainsi à la question récurrente de la croissance du nombre de requêtes déposées devant elle. Mais la Cour de Strasbourg va ici encore plus loin en invitant les requérants à s'unir pour déposer de nouveau des requêtes groupées, via les syndicats concernés.

Au-delà de ce cas spécifique, l'édifice juridictionnel souffre également d'un manque de moyen. Le 4 novembre 2011, un rapport intitulé « Garantir l'autorité et l'efficacité de la Convention européenne des droits de l'homme » a été adopté par la Commission des questions juridiques et des droits de l'homme de l'Assemblée parlementaire du Conseil de l'Europe[90]. Ce rapport a ainsi pointé « l'indigence budgétaire de la Cour européenne des droits de l'homme », l'auteur du rapport parlant de situation « tout simplement intenable, pour ne pas dire suicidaire ». Et l'auteur de préciser, non sans ironie : « Le coût annuel, pour le budget du Conseil de l'Europe, de l'embauche d'un juge à la Cour européenne des droits de l'homme est estimé à 333 667 euros, soit un montant supérieur à la contribution annuelle de 15 États membres. En d'autres termes, la contribution versée par ces États ne suffit même pas à financer le coût de leur propre juge ! ». De même, le Rapport note que, pour un nombre considérablement plus important de requêtes et d'affaires traitées, la Cour reçoit une enveloppe budgétaire qui représente seulement le « quart du budget de la Cour de justice de l'Union européenne en 2011, [...] moins d'un tiers du budget du TPIY en 2011 et [...] environ la moitié du budget de la CPI en 2010 ».

C'est pour cette raison qu'un compte spécial a été créé après la Conférence de Brighton d'avril 2012, appelant les États à participer financièrement pour concourir à résorber l'arriéré[91].

Enfin, on citera également les Protocoles n° 15 et n° 16, déjà mentionnés, et qui ne sont pas encore entrés en vigueur.

---

89. Cf. not. concernant l'Allemagne, CEDH, 2 septembre 2010, *Rumpf c/ Allemagne*, n° 46344/06, ou la Roumanie, CEDH, 12 octobre 2010, *Atanasiu et a. c/ Roumanie*, n°s 30767/05 et 33800/06.

90. AS/Jur (2011) 44, 4 novembre 2011, Rapporteuse : Mme Marie-Louise Bemelmans-Videc, Pays-Bas, Groupe du Parti populaire européen.

91. Y ont contribué : l'Allemagne, l'Autriche, l'Arménie, l'Azerbaïdjan, la Bulgarie, Chypre, la Croatie, la Fédération de Russie, la Finlande, la France, l'Irlande, l'Italie, le Liechtenstein, le Luxembourg, la Moldavie, Monaco, la Norvège, les Pays-Bas, la Pologne, la Roumanie, la Suède, la Suisse et la Turquie.

Le Protocole n° 15 a été adopté le 16 mai 2013. Visant à maintenir l'efficacité de la Cour européenne des droits de l'homme, il apporte les principaux changements ci-après à la Convention :

– l'ajout d'une référence au principe de subsidiarité et à la doctrine de la marge d'appréciation dans le Préambule de la Convention ;

– la réduction de six à quatre mois du délai dans lequel une requête doit être introduite devant la Cour ;

– la suppression du droit des parties à une affaire de s'opposer au dessaisissement d'une Chambre au profit de la Grande Chambre ;

– le remplacement de la limite d'âge pour les juges par l'exigence que les candidats au poste de juge soient âgés de moins de 65 ans à la date à laquelle la liste de trois candidats est attendue par l'Assemblée parlementaire.

Le Protocole n° 16, quant à lui, permet aux plus hautes juridictions d'une haute partie contractante, telles que désignées par cette dernière, d'adresser à la Cour européenne des droits de l'homme des demandes d'avis consultatifs sur des questions de principe relatives à l'interprétation ou à l'application des droits et libertés définis par la Convention ou ses protocoles. Il a été adopté par le comité des ministres le 10 juillet 2013, et ouvert à la signature le 2 octobre 2013. Il est à noter que ces demandes d'avis seront facultatives et pourront être retirées à tout moment. En outre, les avis rendus ne seront pas contraignants, car ils interviennent dans un contexte de dialogue judiciaire favorisé entre la Cour et les juridictions internes. Aussi, la juridiction qui aura procédé à la demande décidera des effets de l'avis consultatif sur la procédure interne. Les demandes d'avis devront porter sur des questions de principe relatives à l'interprétation ou à l'application des droits et libertés définis par la Convention ou ses protocoles et faites dans le cadre d'une affaire pendante devant la juridiction qui procède à la demande, la procédure n'étant pas destinée à permettre un examen théorique de la législation.

On ne pourra cependant que s'inquiéter de la charge de travail afférente à cette nouvelle procédure : l'introduction de cette procédure aboutira à ce que soit soumis à la Cour un nouveau groupe d'affaires qui n'auraient sinon pas été portées devant elle à ce stade. Mais l'espoir porte sur une réduction à long terme de cette charge pour la Cour, la demande d'avis lui permettant d'une part de rendre plus d'arrêts importants sur des questions de principe ou d'intérêt général relatives à l'interprétation et à l'application de la Convention et d'autre part de renforcer le rôle des juridictions internes dans l'application de la Convention.

Entre 1998 et 2013, le nombre de requêtes enregistrées a augmenté de 1 200 % ! Aujourd'hui, les mesures de rationalisation ont permis à la Cour de terminer l'examen d'environ 1 500 requêtes par mois, le plus souvent sous forme de décision d'irrecevabilité. Cela reste néanmoins largement insuffisant puisque près de 2 500 requêtes sont déposées mensuellement. Cette augmentation résulte non seulement du fait de l'adhésion de nouveaux États parties (entre 1994 et 2005, 13 nouveaux États ont ratifié la Convention, représentant plus de 240 millions d'individus supplémentaires protégés par la Convention. Trois des nouveaux États membres sont à l'origine de près de la moitié des requêtes : Fédération de Russie, Roumanie, Ukraine) mais aussi d'un accroissement général du nombre de requêtes (un nombre important de ces requêtes sont irrecevables, ou alors il s'agit d'affaires répétitives qui pourraient être résolues au niveau national si les juridictions concernées appliquaient la jurisprudence établie par la Cour). Parallèlement, la Cour n'a pas bénéficié d'augmentations équivalentes en termes financiers et surtout en personnel.

Après une année 2012 qui avait vu le nombre de requêtes déposées encore augmenter avec un chiffre considérable de 64 900 (1 % de plus qu'en 2011, qui était déjà une année « lourde » en termes de requêtes enregistrées au greffe), l'année 2013 s'est conclue par une nouvelle envolée avec 65 800 requêtes nouvelles, soit une augmentation globale de 2 % par rapport au chiffre de 2012. Heureusement, l'année 2014 a vu une nette régression de ce chiffre, avec « seulement » 56 250 affaires enregistrées, soit une baisse de 15 %. La baisse a été encore plus significative en 2015 avec « seulement » 40 550 affaires enregistrées, soit une baisse de 28 %. Cette baisse n'a cependant été que provisoire, 53 500 affaires ayant été enregistrées en 2016.

Le nombre d'affaires pendantes devant la Cour a augmenté de 42 %, passant de 90 000 en 2006 à 160 000 en 2011, avant de connaître une forte décrue à la suite des réformes engagées. Ainsi, les années 2012 et 2013 ont vu les efforts de diminution du stock porter leurs fruits. En effet, 93 396 requêtes ont été clôturées par une décision judiciaire, soit une augmentation de 6 % par rapport à 2012 (87 879). Le nombre de requêtes clôturées a donc dépassé celui des requêtes attribuées à une formation judiciaire d'environ 27 500 requêtes. Cet effort s'est poursuivi en 2014 avec un delta positif de 29 813 requêtes. Ainsi, pour la troisième fois consécutive depuis 1998, le nombre d'affaires pendantes devant une formation judiciaire a diminué pendant l'année 2013 de 22 %, passant de 128 100 à 99 900 (elle avait déjà diminué de 16 % l'année précédente, passant de 151 600 à 128 100), puis pendant l'année 2014 de 31 %, passant de 99 900 à 69 900. La baisse s'est poursuivie en 2015 avec un nombre de requêtes encore pendantes de 64 850, en baisse de 7 % sur un an. Mais fin 2016, le stock d'affaires pendantes est remonté à 80 000 démontrant que les efforts déployés avaient leur limite.

En 2016, la Cour a rendu 993 arrêts au total (par rapport aux 1 625 arrêts rendus en 2009, année la plus forte). 27 arrêts ont été rendus en formation de Grande Chambre, 656 en formation de chambre et 310 en formation de comité de trois juges. En pratique, la plupart des requêtes devant la Cour sont tranchées par une décision. Environ 300 requêtes ont été déclarées irrecevables ou rayées du rôle par une chambre, et quelque 5 250 requêtes par un comité. Par ailleurs, les juges uniques ont déclaré irrecevables ou rayées du rôle environ 30 100 requêtes (36 300 en 2015).

Le droit à un procès équitable (art. 6) a représenté 23 % des violations constatées en 2016, juste devant le droit à la liberté et à la sûreté (art. 5 – 20,4 %), et l'interdiction de la torture et des traitements inhumains et dégradants (art. 3 – 19,76 %).

Le tableau annuel des violations par pays montre que les États à l'égard desquels a été rendu le plus grand nombre d'arrêts constatant au moins une violation de la convention étaient la Russie (228 arrêts), la Turquie (88), la Roumanie (86), l'Ukraine (73 arrêts). La France (23 arrêts) arrive loin derrière. Par ailleurs, au 31 décembre

2016, la majorité des affaires pendantes étaient dirigées contre l'Ukraine (22,8 %), la Turquie (15,8 %), la Hongrie (11,2 %), la Russie (9,8 %), et la Roumanie (9,3 %).

À cet égard, il est effectivement essentiel de souligner que 2015 aura quasiment vu disparaître l'arriéré des affaires à juge unique. Il me faut rappeler qu'en 2011, plus de 100 000 requêtes avaient été identifiées comme devant être attribuées à un juge unique. Ce chiffre s'élève actuellement à 3 250. Cette réduction était un objectif important pour la Cour. Il a été atteint grâce au travail des juges uniques et aux méthodes mises en œuvre par la section de filtrage. Ces méthodes vont désormais être employées pour traiter les affaires répétitives qui représentent actuellement presque la moitié des affaires pendantes (soit 30 500 sur 64 850). Il s'agit là de l'un des défis de la Cour pour les années à venir, au même titre que les affaires prioritaires dont le nombre s'élève à 11 500. Enfin, la Cour devra également s'attaquer aux affaires normales et non répétitives dont le nombre était de 19 600 à la fin de l'année 2015.

2) La portée du contrôle opéré

1.50 ▸ La Cour n'annule pas un acte contraire à la Convention. Elle conclut à la violation et peut, si les dispositions nationales ne permettent de remédier qu'imparfaitement aux violations constatées, décider d'allouer une indemnité sous le nom de « satisfaction équitable », en application de l'article 41 de la Convention : « si la Cour déclare qu'il y a eu violation de la Convention ou de ses protocoles, et si le droit interne de la Haute partie contractante ne permet d'effacer qu'imparfaitement les conséquences de cette violation, la Cour accorde à la partie lésée, s'il y a lieu, une satisfaction équitable ».

Les États s'engagent, aux termes de l'article 46 de la Convention, à se conformer aux arrêts de la Cour en adoptant les dispositions adéquates pour stopper la violation. La Cour européenne des droits de l'homme a contribué au renforcement de cette obligation de résultat en réduisant sensiblement la marge de manœuvre des États. Ceux-ci doivent non seulement faire preuve de promptitude dans l'exécution de l'arrêt[92], ils doivent également supprimer de leur droit interne ou laisser inappliquée toute disposition jugée contraire à la Convention, que le constat de violation les ait touchés directement ou qu'il ait été prononcé à l'encontre d'un autre État partie[93].

1.51 ▸ Par ailleurs, la Cour européenne des droits de l'homme se montre soucieuse d'interpréter la Convention à la lumière des conceptions qui prévalent de nos jours dans les sociétés démocratiques. Au fil des années, les décisions de la Commission et de la Cour ont permis de dégager une jurisprudence dont la portée est large, notamment pour ce qui est des questions relatives à l'intégrité physique et au droit à la liberté et à la sûreté.

Ainsi, par la technique de la « protection par ricochet », la Cour étend la protection de certains droits garantis par la Convention à des droits que ladite Convention n'a pas expressément entendu protéger. L'exemple le plus caractéristique est sans doute l'extension réalisée par la Cour à propos du droit d'asile et du droit de ne

92. CEDH, 29 novembre 1991, *Vermeire*, A/214 C.
93. CEDH, 22 avril 1993, *Modinos c/ Chypre*, A/259.

pas être expulsé ou extradé. Ces droits, qui ne sont pas inscrits dans la Convention, pourront, par ricochet, bénéficier de la protection conventionnelle si la décision d'éloignement de l'étranger porte atteinte à un droit effectivement protégé comme le droit au respect de la vie familiale.

Les références croissantes de la Cour aux sources internationales extérieures à la Convention européenne des droits de l'homme s'inscrivent dans la même perspective. Au-delà de « l'attention croissante portée à la jurisprudence constitutionnelle des États tiers »[94], la Cour européenne confirme « la banalisation d'une option méthodologique, le droit international des droits de l'homme, qu'elle tend à pratiquer de manière de plus en plus intense »[95].

En effet, la Cour n'hésite pas à prendre en compte des normes de la *soft law* adoptées par les organes du Conseil de l'Europe ainsi que des traités conclus au sein du Conseil de l'Europe. Elle se réfère ainsi aux normes d'orientation arrêtées par la Commission de Venise (Commission européenne pour la démocratie du droit)[96] ou aux résolutions et recommandations du Conseil des ministres du Conseil de l'Europe relatives à l'élimination de toute discrimination fondée sur le sexe dans le choix du nom de famille[97]. De même, l'appel à la pratique du Comité des droits de l'homme des Nations unies est une autre tendance lourde. Ainsi, dans l'affaire *Sejdovic c/ Italie*[98], pour conclure à l'inconventionnalité du régime de la contumace en Italie et à l'existence d'une défaillance structurelle de l'ordre juridique italien, la Cour de Strasbourg rappelle « que le Comité des droits de l'homme des Nations unies a exprimé l'avis que l'Italie avait violé l'article 14 de la Convention internationale relative aux droits civils et politiques par rapport à une condamnation par contumace survenue sans que l'accusé fût officiellement et personnellement informé des poursuites à son encontre ».

B - COUR DE JUSTICE DE L'UNION EUROPÉENNE ET GARANTIES DES DROITS

1.52 › Comme nous l'avons vu, les traités constitutifs des Communautés européennes ne comportaient pas de catalogue de droits et libertés fondamentaux. L'adoption en décembre 1989 de la Charte des droits sociaux fondamentaux et surtout celle de la Charte des droits fondamentaux de l'Union européenne, déjà étudiée, visent à combler cette lacune.

La Cour de justice des Communautés européennes (devenue Cour de justice de l'Union européenne) a cependant toujours veillé à la protection de ces droits, déclarant que « le respect des droits fondamentaux fait partie intégrante des principes généraux du droit dont la Cour assure le respect »[99]. La Cour de Luxembourg se

94. Cf. J.-F. Flauss, « La présence de la jurisprudence de la Cour suprême des États-Unis dans le contentieux européen des droits de l'homme », *RTDH* 2005, n° 62, p. 312-323.

95. J.-F. Flauss, « Actualité de la Convention européenne des droits de l'homme », *AJDA* 2005, chron. p. 541.

96. CEDH, 19 octobre 2004, *Melnychenko c/ Ukraine*, req. n° 17707/02, § 94.

97. À propos de l'obligation pour la femme mariée de porter, en cas de désaccord des époux sur le choix du nom de famille, le nom patronymique de son mari : CEDH, 16 novembre 2004, *Unal Tekeli c/ Turquie*, req. n° 29865/96.

98. CEDH, *Sejdovic c/ Italie*, 10 novembre 2004, req. n° 56581/00.

99. CJCE, 17 décembre 1970, *Internationale Handelsgesellschaft*, Aff. 11/70, *Rec. CJCE*, p. 1125.

devait de répondre à cette nécessité impérieuse de garantir au niveau communautaire une protection des droits fondamentaux au moins égale aux exigences du niveau national, ce qu'elle fit explicitement à partir de la fin des années 1960 dans ses arrêts *Stauder* et *Internationale Handelsgesellschaft*[100], même si la question s'était posée à elle dès 1960[101]. À cette occasion, l'avocat général Lagrange avait proposé au juge de Luxembourg, à défaut d'appliquer directement les règles de droit interne constitutionnelles communes aux États membres, de « s'en inspirer éventuellement pour y voir l'expression d'un principe général de droit susceptible d'être pris en considération pour l'application du traité ».

Les traditions constitutionnelles communes aux États membres ont donc constitué une source d'inspiration première pour la Cour. Dans l'arrêt *Nold*, les juges luxembourgeois ont ainsi affirmé ne pas pouvoir « admettre de mesures incompatibles avec les droits fondamentaux reconnus et garantis par les constitutions » des États membres[102].

1.53 ❯ Les principes généraux du droit communautaire protecteurs des droits fondamentaux ont ensuite vu leur source d'inspiration s'élargir avec la référence aux instruments internationaux de protection des droits de l'homme auxquels les États membres ont coopéré et adhéré, tels que le Pacte international relatif aux droits civils et politiques[103], la convention n° 111 de l'OIT de 1958[104], relative à la discrimination en matière d'emploi, et surtout la Convention européenne des droits de l'homme sur laquelle il convient de s'arrêter un instant. La Cour de Luxembourg a d'abord déduit de cette dernière des « indications »[105] avant d'affirmer lui attacher une « signification particulière »[106]. Elle apparaît aujourd'hui comme une source privilégiée.

Certes, les juges luxembourgeois adoptent une interprétation autonome des dispositions conventionnelles, ce qui est de nature à provoquer quelques divergences d'appréciation[107]. Celles-ci restent cependant marginales. En effet, non seulement la Cour ou le Tribunal de l'Union européenne n'hésitent pas à se référer à la Convention « telle qu'interprétée par la Cour européenne des droits de l'homme »[108], mais de surcroît ont recours aux mêmes techniques

100. CJCE, 12 novembre 1969, *Stauder*, Aff. 29/69, *Rec. CJCE*, p. 419 ; CJCE, 17 décembre 1970, *Internationale Handelsgesellschaft*, *op. cit.*

101. CJCE, 15 juillet 1960, *Comptoirs de Vente des charbons de la Ruhr*, Aff. 36/59, *Rec. CJCE*, p. 857.

102. CJCE, 14 mai 1975, *Nold*, Aff. 4/73, *Rec. CJCE*, p. 491.

103. CJCE, 18 octobre 1990, *Dzodzi*, Aff. C-297/88 et C-197/89.

104. CJCE, 15 juin 1978, *Gabrielle Defrenne c/ Sabena*, Aff. 149/77.

105. CJCE, 28 octobre 1975, *Rutili c/ Ministre de l'Intérieur*, Aff. 36/75, *Rec. CJCE*, p. 1219 ; CJCE, 5 mars 1980, *Pecastaing c/ Belgique*, Aff. 98/79, *Rec. CJCE* p. 712.

106. CJCE, 10 juillet 1984, *Régina c/ Kent Kirk*, Aff. 63/83, *Rec. CJCE*, p. 2689. Formule reprise récemment : CJCE, 14 octobre 2004, *Omega Spielhallen und Automatenaufstellungs GmbH c/ Oberbürgermeisterin der Bundesstadt Bonn*, Aff. C-306/02.

107. Le professeur Sudre cite à ce propos l'arrêt *Hoechst* (Aff. 48/87, *Rec. CJCE*, p. 2859), dans lequel la Cour de justice considère que le droit au respect du domicile ne joue pas s'agissant de locaux commerciaux. Cette position s'oppose de front à l'arrêt *Chapell* de la Cour de Strasbourg (30 mars 1989, A/152) : cf. F. SUDRE, *Droit européen et international des droits de l'homme*, PUF, 12ᵉ éd., 2015.

108. Cf. pour des hypothèses récentes : TPI, 2 octobre 2001, *J.-C. Martinez, Ch. de Gaulle c/ Parlement européen*, Aff. T-222/99, pt 232 (le TPI se fonde sur l'interprétation que la Cour de Strasbourg donne de la liberté

juridictionnelles[109]. Quoi qu'il en soit, la logique juridique mise en œuvre de concert par la Cour de justice des Communautés européennes et par la Cour européenne des droits de l'homme aboutit à la construction d'un véritable ordre public européen[110].

1.54 ▸ Manifestée pour la première fois dans la décision *Rutili* du 28 octobre 1975 à propos du droit de séjour dans un pays membre d'un étranger ressortissant de la Communauté, l'inspiration de la Convention européenne s'est ensuite révélée fructueuse.

Grâce à cet élargissement, ont ainsi été reconnus le droit de propriété[111] et le droit de libre exercice de l'activité économique[112], le droit au respect de la vie privée et familiale, du domicile et de la correspondance[113], ou encore le droit à la protection du secret médical[114], la liberté d'association[115] et l'interdiction de discrimination fondée sur la nationalité, le sexe ou la religion[116]. Il en est de même du droit à un recours juridictionnel effectif. Les juges de Luxembourg avaient été saisis par une auxiliaire de police britannique qui, souhaitant se voir reconnaître l'autorisation de port d'arme accordée à ses collègues masculins, s'était vu opposer une attestation ministérielle de légalité de la discrimination sexuelle contestée, attestation qui avait valeur de preuve irréfragable et insusceptible de recours en vertu de l'article 53 du *Sex Discrimination Order*. Un tel dispositif avait donc pour effet d'exclure toute possibilité pour le juge de se prononcer sur les motifs de l'acte attaqué. Se fondant sur les dispositions d'une directive de 1976 ainsi que sur « les principes dont s'inspirent » les articles 6 et 13 de la Convention européenne des droits de l'homme, la Cour de justice a consacré le droit à un contrôle juridictionnel effectif en tant que « principe général de droit qui se trouve à la base des traditions constitutionnelles communes aux États membres », et a déclaré en conséquence l'article 53 contraire à ce principe[117].

Le juge communautaire est même allé jusqu'à admettre des restrictions à l'une des libertés fondamentales consacrées par le traité, la libre circulation des

d'association dans son arrêt *Le Compte, Van Leuven et De Meyere* du 23 juin 1981) ; CJCE, 6 mars 2001, *Bernard Connolly c/ Commission*, Aff. C-274/99 P, pt 51 (même référence à propos de la liberté d'expression).

109. CJCE, 17 décembre 1998, *Baustahlgewebe GmbH*, Aff. C-185/95 P, *Rec. CJCE*, p. I-8417 ; *RTDH* 1999, p. 486, note Sudre. La CJCE a encore récemment franchi un nouveau pas en faisant une application directe de la CEDH comme source formelle de la légalité communautaire : cf. F. Sudre, note sous CJCE, 8 juillet 1999, *Montecatini c/ Commission*, Aff. C-235/92 P, *RTDH* 2000, p. 503.

110. Sur la question, cf. notamment : C. Picheral, *L'ordre public européen*, La Documentation française, 2001, 426 p.

111. CJCE, 14 mai 1975, *Nold, op. cit.* ; CJCE, 13 décembre 1979, *Liselotte Hauer*. Aff. 44/79, *Rec. CJCE*, p. 3727 : le droit de propriété « est garanti dans l'ordre juridique communautaire conformément aux conceptions communes aux Constitutions des États membres, reflétées également par le premier Protocole joint à la Convention européenne de sauvegarde des droits de l'homme ».

112. CJCE, 10 janvier 1992, *Kühn*, Aff. C-177/90, *Rec. CJCE*, p. I-58.

113. CJCE, 26 juin 1980, *National Panasonic c/ Commission*, Aff. 136/79, *Rec. CJCE*, p. 2033.

114. CJCE, 8 avril 1992, *Commission c/ RFA*, Aff. C-62/90, *Rec. CJCE*, p. I-2575.

115. CJCE, 15 décembre 1995, *Bosman*, Aff. C-415/93, *Rec. CJCE*, p. I-4921.

116. Nationalité : CJCE, 12 juillet 1984, *Prodest c/ CPAM de Paris*, Aff. 237/83, *Rec. CJCE*, p. 3153. Sexe : CJCE, 15 juin 1978, *Defrenne c/ Sabena*, Aff. 149/77, *Rec. CJCE*, p. 1365. Religion : CJCE, 27 octobre 1976, *Paris c/ Conseil*, Aff. 130/75, *Rec. CJCE*, p. 1589.

117. CJCE, 15 mai 1986, *Marguerite Johnston c/ Chief Constable of the Royal Ulster Constabulary*, Aff. 222/84, *Rec. CJCE*, p. 1663.

marchandises, en raison de la nécessité de respecter les droits fondamentaux, en l'occurrence les libertés d'expression et de réunion, « garantis tant par la Convention européenne des droits de l'homme que par la Constitution de l'État membre concerné »[118].

1.55 › La Cour de justice a néanmoins enfermé cette applicabilité de la Convention dans des limites tenant au champ d'application du droit communautaire. Cette position s'est affirmée par touches successives. Dans un premier temps, l'arrêt précité *Rutili* de 1975 semblait indiquer que la Cour se reconnaissait la mission de vérifier si les organes nationaux se conformaient aux droits fondamentaux qu'elle avait elle-même reconnus. La décision *Cinéthèque* du 11 juillet 1985 est venue cependant imposer une limite : la Cour n'est pas compétente pour apprécier la compatibilité d'une loi nationale avec les droits fondamentaux si cette loi se situe dans « un domaine qui relève de l'appréciation du législateur national »[119]. L'affaire *Demirel* permettait à la Cour de justice de confirmer les limites de son contrôle en soulignant qu'elle « ne peut vérifier la compatibilité avec la Convention européenne des droits de l'homme d'une réglementation nationale qui ne se situe pas dans le cadre du droit communautaire »[120].

Sa position sera ultérieurement précisée dans les arrêts *Wachauf* du 13 juillet 1989 et *ERT* du 18 juin 1991. Le premier énonce que les mesures nationales de transposition d'une règle communautaire doivent être en conformité avec les droits et libertés fondamentaux[121]. Le second concerne le contrôle opéré par la Cour sur les dispositions nationales entravant l'exercice d'une liberté protégée par le traité. Bien que cette limitation soit prévue par l'article 46 du traité consolidé, elle « doit être interprétée à la lumière des principes généraux du droit et notamment des droits fondamentaux »[122].

1.56 › L'adoption de la Charte des droits fondamentaux de l'Union européenne n'a pas bridé ce dynamisme prétorien. Comme le soulignait le professeur Jean-François Flauss, la « Cour de justice des Communautés européennes a transformé la Charte en source d'inspiration privilégiée, pour définir les principes généraux du droit communautaire relatifs aux droits fondamentaux »[123] (cf. *supra n°* 1-34). La Commission des Communautés européennes avait fait la même analyse dans une communication du 11 octobre 2000 relative à la nature de la Charte. On peut y lire au point 10 qu'« il est vraisemblable (que) la Cour de justice s'en inspirera, comme elle le fait déjà avec d'autres textes concernant les droits fondamentaux », la Charte devenant ainsi « contraignante par le biais de son interprétation par la Cour de justice en tant que principes généraux du droit

118. CJCE, 12 juin 2003, *Eugen Schmidberger, Internationale Transporte und Planzüge et Republik Österreich*, Aff. C-112/00, cf. Th. Georgopoulos, « Libertés fondamentales communautaires et droits fondamentaux européens : le conflit n'aura pas lieu », *LPA*, 8 janvier 2004, n° 6, p. 8-14.

119. CJCE, 11 juillet 1985, *Société Cinéthèque et a. c/ Fédération nationale des cinémas français*, Aff. Jtes. 60/84 et 61/84, *Rec. CJCE*, p. 2605.

120. CJCE, 30 septembre 1987, *Demirel*, Aff. 12/86, *Rec. CJCE*, p. 3719.

121. CJCE, 13 juillet 1989, *Wachauf*, Aff. 5/88, *Rec. CJCE*, p. 2609.

122. CJCE, 18 juin 1991, *ERT*, Aff. C-260/89, *Rec. CJCE*, p. 2925.

123. J.-F. Flauss, « Les droits de l'homme dans l'Union européenne : chronique d'actualité 1999-2000 (1re partie) », *LPA*, 6 août 2001, n° 155, p. 4-16.

communautaire »[124]. L'intérêt pour la Cour de justice est en effet de maîtriser l'incorporation des droits proclamés par la Charte dans le système juridique communautaire, procédant ainsi de la même manière que pour la Convention européenne des droits de l'homme. Bien sûr, elle pourra, à l'occasion (ce qu'elle répugne pour le moment à faire), se référer directement à un article de la Charte, mais l'essentiel de sa jurisprudence en la matière devrait consister en une application médiate, sous forme de principes généraux. Elle s'octroiera ainsi un libre choix des principes à dégager et une large marge d'appréciation de leur contenu.

C - JURIDICTIONS INTERNATIONALES ET GARANTIES DES DROITS

1.57 ▸ La tentative d'instaurer une juridiction pénale internationale, à même de punir les auteurs de génocide, de crimes contre l'humanité et crimes de guerre ne s'est véritablement imposée que depuis peu. On se souvient qu'au lendemain de la Première Guerre mondiale, le traité de Versailles avait prévu la constitution d'un tribunal spécial pour juger Guillaume II, comme auteur de crimes de guerre, pour « offense suprême contre la morale internationale ». Si quelques officiers allemands furent effectivement jugés, ce fut par un tribunal allemand, qui d'ailleurs les acquitta. Guillaume II, quant à lui, trouva refuge aux Pays-Bas et ne fut jamais jugé.

Les premières manifestations concluantes d'une telle instance internationale spéciale furent la création, au lendemain de la Seconde Guerre mondiale, des tribunaux militaires de Nuremberg et de Tokyo, qui n'avaient cependant qu'une compétence limitée au récent conflit. Par la suite, des résolutions du Conseil de sécurité des Nations unies créèrent deux tribunaux pénaux internationaux. Le premier, siégeant à La Haye, reçut pour mission de punir les violations graves du droit international humanitaire commises en ex-Yougoslavie (1993). Le second, siégeant à Arusha, en Tanzanie, fut chargé de juger les actes commis sur le territoire du Rwanda (1994).

Le 22 décembre 2010, le Conseil de sécurité a adopté la résolution 1966 (2010) dont l'objet est de poursuivre et de compléter la stratégie d'achèvement des travaux du Tribunal pénal international pour l'ex-Yougoslavie (« TPIY ») et du Tribunal pénal international pour le Rwanda (« TPIR »)[125]. La résolution met en place un mécanisme international chargé d'exercer les fonctions résiduelles du TPIY et du TPIR et il devrait progressivement leur succéder.

1.58 ▸ L'événement le plus marquant en la matière est la création, par une conférence internationale réunie en Convention à Rome le 17 juillet 1998, de la Cour pénale internationale. C'est la première Cour pénale internationale permanente instaurée par un traité qui ait été créée pour promouvoir la primauté du droit et pour assurer que les crimes internationaux les plus graves ne

124. Commission des Communautés européennes, Communication du 11 octobre 2000 sur la nature de la Charte des droits fondamentaux de l'Union européenne, COM (2000) 644 final.

125. Le Conseil de sécurité a marqué, dans une déclaration de presse datant du 31 décembre 2015, la fermeture du Tribunal pénal international pour le Rwanda (TPIR), mis sur pied par le Conseil en novembre 1994 à la suite du génocide survenu la même année dans ce pays. Le TPIR aura mis en accusation 93 personnes dont 61 ont été condamnées.

demeurent pas impunis. Le statut énonce la compétence de la Cour, sa structure ainsi que ses fonctions et dispose qu'il entrera en vigueur soixante jours après que 60 États l'ont ratifié ou y ont adhéré. Le 60e instrument de ratification fut déposé auprès du Secrétaire général le 11 avril 2002, à l'occasion de la ratification simultanée de 10 pays. Le statut est entré en vigueur le 1er juillet 2002, date à compter de laquelle ceux qui se rendent coupables de l'un des crimes énoncés dans le statut seront passibles de poursuites devant la Cour. De nombreux États n'ont pas encore ratifié le traité ; les États-Unis, la Chine, l'Inde, le Pakistan, la Russie, le Japon, Israël, ou encore les États arabes (sauf la Jordanie) en font partie.

Un État qui devient partie au statut accepte par là même la compétence de la Cour à l'égard des crimes énoncés dans le statut. La Cour est compétente de plein droit pour les crimes de génocide et les crimes contre l'humanité. Cependant, les États peuvent refuser la compétence de la Cour pour les crimes de guerre, pendant un délai de sept ans à compter de la date d'entrée en vigueur du traité. Cette possibilité est due à une initiative de la France.

Il ne s'agit que d'un mécanisme subsidiaire par rapport à la protection mise en place par les juridictions nationales. Plutôt que de remplacer les juges internes, la Cour sera complémentaire des juridictions pénales nationales. Elle se limitera à enquêter et à engager des poursuites lorsqu'un État n'aura pas la volonté ou sera dans l'incapacité de mener véritablement à bien l'enquête ou les poursuites.

La Cour est compétente à l'égard des personnes physiques ayant atteint l'âge de 18 ans. La qualité officielle de chef d'État ou de gouvernement, de membre d'un gouvernement ou d'un parlement, de représentant élu ou d'agent d'un État, n'exonère en aucun cas de la responsabilité pénale au regard du statut. C'est notamment cette disposition (ainsi que la possibilité de saisir la Cour à raison de faits couverts, selon la loi française, par l'amnistie ou la prescription, ou encore le pouvoir du procureur de la Cour de réaliser des actes d'enquête sur le territoire national, hors la présence des autorités judiciaires françaises compétentes) qui a entraîné la révision de la Constitution française. Le Conseil constitutionnel a en effet estimé dans sa décision du 22 janvier 1999 que ces dispositions du traité étaient contraires à la Constitution de 1958.

Depuis 2004, la Cour a par exemple ouvert des enquêtes relatives aux crimes commis notamment en Ouganda, en République démocratique du Congo, au Darfour, en Côte d'Ivoire ou encore en République Centrafricaine. La Cour a émis son premier mandat d'arrêt contre un chef d'État, le 4 mars 2009 : il s'agit du président soudanais Omar El-Béchir pour son action au Darfour.

Dix ans après son entrée en fonction, la Cour pénale internationale (CPI) a rendu le 14 mars 2012 son tout premier jugement. Cette décision concerne le chef de milice congolais Thomas Lubanga, accusé d'avoir procédé à l'enrôlement et la conscription d'enfants soldats de moins de 15 ans et de les avoir fait participer activement à des hostilités durant la guerre civile en Ituri, une région du nord-est de la République démocratique du Congo (RDC) en 2002-2003. Lubanga a été condamné par la Chambre de première instance pour crimes de guerre à quatorze ans de prison. La Chambre d'appel de la Cour pénale internationale a rendu le 1er décembre 2014 son premier arrêt sur le fond, confirmant le verdict et la peine prononcée en première instance. Dans son arrêt du 3 mars 2015, la Chambre s'est penchée sur la question des réparations aux victimes. Elle a ainsi chargé le Fonds au profit des victimes de présenter à une nouvelle chambre de première instance une ordonnance contenant un projet de plan mettant en œuvre des réparations collectives, ce dans un délai de 6 mois à compter de cet arrêt. Elle a également établi les éléments que devait contenir l'ordonnance de réparation tout en fixant les principes fondamentaux à appliquer en la matière. Il en ressort que ce n'est qu'une fois la responsabilité pénale de l'accusé établie que les victimes peuvent demander réparation pour les crimes subis. Cependant, quand bien même l'accusé n'est pas en mesure d'indemniser toutes les victimes des crimes, l'intérêt général personnifié dans le Fonds au profit des victimes prend le relais et procède à l'indemnisation des victimes, et ce, même si l'accusé est indigent. Cet arrêt constitue une avancée fondamentale dans le cadre de la justice pénale internationale car, au-delà de la notion de communauté internationale, se développe ainsi une notion d'intérêt général international, qui prend en compte l'intérêt des victimes et met en œuvre des mesures concrètes afin de réparer le préjudice des victimes de crimes de masse[126].

Force est cependant de constater, avec le Professeur Philippe Weckel, que la justice pénale internationale souffre de l'insuffisante coopération des États. À titre d'exemples récents, on mentionnera le Tribunal pénal pour l'ex-Yougoslavie, qui va de renouvellement en renouvellement de son mandat, ce qui nuit à son efficacité, dans un contexte de pression de la Russie et de réticence de la Serbie. De même, au Soudan, « les cinq mandats d'arrêt lancés il y a près de 10 ans sont restés lettre morte, mais la Cour pénale est entravée dans son instruction et, surtout, les fugitifs continuent de se déplacer à l'étranger[127] ».

1.59 ▸ C'est à présent de la création d'une Cour pénale internationale de l'environnement dont il est question. Plusieurs organisations environnementales (parmi lesquelles l'Association des anciens ministres de l'Environnement et dirigeants internationaux pour l'environnement, End Ecocide in Europe, l'Académie internationale des sciences environnementales, le Réseau des procureurs européens pour l'environnement...) se sont réunies jeudi 30 janvier 2014 au Parlement européen pour signer la charte de Bruxelles, appelant à la création d'un Tribunal pénal européen et d'une Cour pénale internationale de l'environnement et de la santé. Partant du constat de la grande difficulté pratique à sanctionner les crimes contre l'environnement, en l'absence au niveau international d'instrument général pour sanctionner ces infractions environnementales, la Charte de Bruxelles précise que « la dégradation croissante de la biodiversité mondiale et l'exploitation excessive des ressources naturelles appellent aujourd'hui plus que jamais à la mise en place de mesures effectives à l'échelle internationale pour sanctionner les atteintes à l'environnement ».

126. Cf. le bulletin n° 427 du 22 mars 2015 de la SFDI. Article de M.-J. Sardachti, « Arrêt rendu par la Cour Pénale Internationale concernant les réparations allouées aux victimes dans l'affaire Lubanga » sur http ://www.sentinelle-droit-international.fr.

127. Ph. Weckel, « L'insuffisante coopération des États à la justice pénale internationale », in *Bulletin* n° 499 du 8 janvier 2017, sur http://www.sentinelle-droit-international.fr.

La charte propose une révision des statuts de la Cour pénale internationale pour introduire la « catastrophe environnementale » comme l'une des incriminations des crimes contre l'humanité permettant de poursuivre les responsables ayant agi de façon intentionnelle. Les signataires de la Charte souhaitent également faire reconnaître par l'ONU et la communauté internationale le principe pollueur-payeur comme un principe juridique de valeur universelle et sanctionnable. Est aussi envisagée la création d'une chambre spécialisée au sein de la CJUE. Selon la direction générale des politiques internes de l'Union européenne au Parlement européen, cet objectif serait « réaliste à moyen terme ».

1.60 ▸ On doit également mentionner la création du Tribunal spécial pour le Liban. Après des difficultés d'adoption au niveau national, le Tribunal spécial pour le Liban a été créé par la résolution la résolution 1757 (2007) du Conseil de sécurité[128]. Le Tribunal a pour mandat de poursuivre les personnes responsables de l'attentat qui a entraîné la mort de l'ancien Premier ministre libanais Rafic Hariri et d'autres personnes et, s'il y a lieu, les responsables d'affaires connexes. Il a été mis en place à l'issue des travaux de la commission d'enquête indépendante qui avait mandat pour enquêter sur ces mêmes faits. Le Tribunal n'a débuté ses travaux qu'en avril 2009. Annoncés comme imminents depuis le mois de novembre par le procureur du Tribunal spécial pour le Liban, Daniel Bellemare, les premiers actes d'accusation dans le cadre de l'affaire Hariri ont été officiellement déposés lundi 17 janvier 2011 devant le juge de la mise en état[129].

On mentionnera enfin la publication le 20 janvier 2016 d'un Rapport sur la pratique du Conseil de sécurité en matière de protection des droits de l'Homme : *Human Rights and the Security Council – An Evolving Role.*

1.61 ▸ Ces multiples instruments internationaux, éclairés par les jurisprudences internationales souvent audacieuses et constructives, instaurent donc toute une panoplie de mécanismes de protection des droits et libertés fondamentaux. Cependant, la pleine efficacité de ces mécanismes exige une coopération attentive et efficace de la part des instances nationales et en particulier des juridictions internes. Il s'agit dès lors, dans un deuxième temps, d'étudier la réception par le juge national des textes et jurisprudences protecteurs des droits fondamentaux.

Section II

LES EFFETS DE LA PROTECTION INTERNATIONALE

1.62 ▸ La ratification des conventions internationales produit des effets majeurs en droit interne. Nous examinerons ici plus particulièrement les conséquences de ces ratifications sur les instances juridictionnelles internes ; tout juste peut-

---

128. Cf. le bulletin du 23 janvier 2011 de la SFDI. Article de Valérie GABARD sur http://www.sentinelle-droit-international.fr/.

129. Sur ces juridictions internationales dans la perspective d'un droit à un procès équitable, v. H. RUIZ FABRI et J.-M. SOREL, « L'exportation du modèle universel vers les juridictions internationales », *in Droit processuel-Droits fondamentaux du procès* (dir. S. GUINCHARD), 7e éd., janvier 2013, n° 495 à 536.

on mentionner quelques exemples des effets des proclamations internationales sur le législateur français. Ces modifications législatives sont d'ailleurs explicitement prescrites par les traités, qui imposent aux États signataires d'adapter leur législation en vue d'assurer le respect des droits reconnus par la Convention[130].

Parmi de nombreuses illustrations, il importe de citer la loi n° 91-646 du 10 juillet 1991 relative au secret des correspondances émises par la voie des télécommunications, adoptée par le Parlement afin de se mettre en conformité avec les jurisprudences *Huvig* et *Kruslin* de la Cour européenne des droits de l'homme, stigmatisant la pratique française des écoutes téléphoniques[131]. De même, les dispositifs encadrant l'adoption ont été modifiés pour assurer la mise en œuvre de la Convention internationale sur les droits de l'enfant adoptée par l'Assemblée générale des Nations unies le 20 novembre 1989.

1.63 ❯ Plus près de nous, la loi n° 2000-516 du 15 juin 2000 renforçant la protection de la présomption d'innocence et les droits des victimes, est venue intégrer au Code de procédure pénale les articles 626-1 à 626-7 relatifs au réexamen d'une décision pénale consécutif au prononcé d'un arrêt de la Cour européenne des droits de l'homme. En cas de condamnation prononcée en violation de la Convention, la décision pénale définitive peut faire l'objet d'un nouvel examen, effectué par une Commission composée de sept magistrats de la Cour de cassation, désignés par l'assemblée générale de cette juridiction. Si elle estime la demande justifiée, la Commission renvoie l'affaire devant la Cour de cassation ou devant une juridiction de même ordre et de même degré que celle qui a rendu la décision litigieuse.

Pareillement, la loi n° 2002-214 du 19 février 2002 a expressément autorisé la publication de sondages d'opinion jusqu'à l'avant-veille de chaque tour de scrutin, à la suite de l'arrêt de la Cour de cassation du 4 septembre 2001, jugeant l'interdiction de ces sondages contraire à la liberté d'expression garantie par l'article 10 de la Convention européenne des droits de l'homme.

On citera également à titre d'exemple, la loi n° 2010-1 du 4 janvier 2010, relative à la protection du secret des sources des journalistes, directement issue de la nécessité pour la France de se conformer à la jurisprudence de la Cour européenne des droits de l'homme.

Nous nous attacherons plus particulièrement à l'impact des normes internationales sur les jurisprudences nationales, qu'il s'agisse directement des stipulations des engagements internationaux de la France (§ 1) ou qu'il s'agisse des principes de droit international ou communautaire dégagés par les juges supranationaux et réceptionnés par les juges internes (§ 2).

---

130. L'article 26 du Pacte international sur les droits civils et politiques de 1966 stipule ainsi que « la loi doit interdire toute discrimination et garantir à toutes les personnes une protection égale et efficace contre toute discrimination, notamment de race, de couleur, de sexe, de langue, de religion, d'opinion politique et de toute autre opinion, d'origine nationale ou sociale, de fortune, de naissance ou de toute autre situation ».

131. CEDH, 24 avril 1990, *Huvig et Kruslin*, A/176.

§ 1 – JUGES INTERNES ET NORMES D'ORIGINE CONVENTIONNELLE

Après l'étude de la place accordée aux traités dans les jurisprudences internes (I), la Convention européenne des droits de l'homme fera l'objet d'un traitement particulier, de par l'importance de son utilisation par les juges internes (II).

I – LA PLACE DES CONVENTIONS INTERNATIONALES DANS LES JURISPRUDENCES NATIONALES

1.64 › Les juges français veillent aujourd'hui au respect des Conventions internationales, mais juridictions judiciaires et juridictions administratives n'ont, pendant longtemps, pas eu la même position quant à la reconnaissance de la valeur juridique des traités internationaux dans l'ordre interne. Si la Cour de cassation a très vite considéré que les conventions internationales étaient applicables en droit interne, à la seule condition d'avoir été publiées, le Conseil d'État n'admettra qu'en 1952 l'invocabilité de ladite Convention à l'appui d'un recours pour excès de pouvoir, dans l'arrêt *Dame Kirkwood*[132].

Les divergences de vues entre les deux cours suprêmes ne se sont pas arrêtées là, le juge administratif manifestant une réticence évidente à reconnaître une trop large portée juridique aux conventions internationales. C'est plus particulièrement à propos de la primauté du Traité sur la loi nationale postérieure que la différence d'appréciation entre Conseil d'État et Cour de cassation s'est faite la plus prégnante (A). Aujourd'hui, les deux cours font montre d'une plus grande ouverture à l'égard des traités internationaux en vigueur dans l'ordre juridique français (B).

A - LA RÉTICENCE DU JUGE ADMINISTRATIF À DONNER LEUR PLEIN EFFET AUX ENGAGEMENTS INTERNATIONAUX DE LA FRANCE

1.65 › Après que le Conseil constitutionnel eut refusé[133], pour des raisons diverses[134], de se prononcer sur la validité internationale d'une loi, les juges ordinaires se voyaient, de fait, investis de cette mission de contrôle.

La Cour de cassation n'a pas tardé à répondre à l'invite du juge du palais Montpensier et a immédiatement mis fin à sa jurisprudence passée, fondée sur l'idéologie du juge « serviteur de la loi ». La Cour de cassation écarta ainsi, dans une décision *Administration des douanes c/ Société des Cafés Jacques Vabre*[135], l'application d'une disposition législative du Code des douanes jugée contraire au traité de Rome, bien que plus récente. La position initiale de la Cour était notamment illustrée par les conclusions du procureur général Matter, qui, s'adressant à la Cour, affirma : « Vous ne connaissez ou ne pouvez connaître d'autre volonté que celle de la loi. C'est le principe même sur lequel reposent nos institutions judiciaires »[136].

132. CE, Ass., 30 mai 1952, *Dame Kirkwood, RDP* 1952, p. 781, concl. Letourneur.
133. Cons. const., décision n° 74-54 DC du 15 janvier 1975, *Interruption volontaire de grossesse, Rec.* Cons. const., p. 12 ; *Grandes décisions du Conseil constitutionnel*, n° 23.
134. L'ensemble de ces raisons sera exposé *infra*, Chapitre II.
135. Cass., 24 mai 1975, *JCP* 1975, II, 18180 *bis*, concl. Touffait.
136. Cass. civ., 22 décembre 1931, *S.* 1932, p. 257.

Le Conseil d'État tardera à s'engager dans cette voie, s'agissant d'écarter une loi française adoptée postérieurement au traité et contrevenant à ses stipulations. Ne se considérant pas à même de permettre aux autorités administratives de s'affranchir de la première de leurs obligations, l'application de la loi, la Haute Juridiction administrative se heurta de front[137], jusqu'en 1989, à la position de la Cour de justice des Communautés européennes selon laquelle le juge national est tenu de « laisser inappliquée » toute disposition législative, « même postérieure », contraire à une règle du droit communautaire[138].

1.66 ▸ Cet affrontement ne pouvait durer bien longtemps. Le Président Bruno Genevois percevait déjà en 1979 l'inanité d'une telle position de repli lorsqu'il écrivait qu'une « attitude de grande indépendance, si elle se confirmait, présenterait plus d'inconvénients que d'avantages et irait même à l'encontre du but qu'elle poursuit. La place du droit administratif et son influence sur le droit communautaire risqueraient fatalement d'en souffrir. Le repli sur soi ne servirait guère l'autorité et l'audience des décisions du Conseil d'État à l'échelon de la Communauté européenne »[139]. Il finissait par ces mots : « qui ne voit enfin, que le refus du dialogue, loin d'être un signe de force, ne serait en fait qu'un aveu de faiblesse »[140]. Très vite, un climat beaucoup plus dépassionné a pu s'instaurer.

Le pas fut franchi en octobre 1989, dans le célèbre arrêt d'Assemblée *Nicolo*, rendu sur les conclusions de Patrick Frydman[141]. Faut-il s'étonner d'un tel retard ? Sans doute pas, si l'on se réfère à l'histoire de la Haute Juridiction administrative, marquée de l'empreinte nationale et du modèle jacobin. Ce « symbole de l'État national »[142] pouvait-il d'ailleurs réagir autrement face à un système juridique d'inspiration transnationale, à vocation intégrative ? Les controverses étaient inévitables, les confrontations, voire les affrontements également, tant les concepts mêmes comme les modes d'organisation du droit administratif semblaient atteints[143].

Cette décision *Nicolo*, destinée à rompre l'isolement dans lequel s'était placé le juge administratif, fit l'objet de commentaires abondants, y compris dans la presse quotidienne, « importante évolution jurisprudentielle » pour *Libération*, « revirement spectaculaire » pour *Le Monde*, ou encore « virage à 180 degrés de la jurisprudence » pour *l'Humanité*[144]. Le Conseil d'État étendit par la suite cette solution aux

137. À partir de sa jurisprudence dite « des semoules » : CE, Sect., 1er mars 1968, *Syndicat général des fabricants de semoules de France, Lebon*, p. 149 ; *AJDA* 1968, p. 235, concl. Questiaux.

138. Cf. notamment CJCE, 9 mars 1978, *Administration des finances de l'État c/ SA Simmenthal*, Aff. 106/77, *Rec. CJCE*, p. 629, concl. Reischl ; *AJDA* 1978, p. 323, note Boulouis.

139. B. Genevois, *Le Conseil d'État et l'ordre juridique communautaire, op. cit.*, p. 93.

140. *Ibid.*

141. CE, Ass., 20 octobre 1989, *Nicolo, Lebon*, p. 190, concl. Frydman.

142. B. Stirn, « Le Conseil d'État et l'Europe », *in Mélanges Braibant, L'État de droit*, Dalloz, 1996, p. 653.

143. Cette profonde divergence conceptuelle a trouvé par exemple sa traduction dans le Rapport public du Conseil d'État pour l'année 1992, particulièrement critique à l'égard du droit communautaire, qualifié de « droit naturellement foisonnant », opaque, difficilement compréhensible, « si naturellement touffu que, parfois, il se perd lui-même de vue » : *Conseil d'État, Rapport public 1992. Sur le droit communautaire.* La Documentation française, spéc. p. 16 et s. et p. 30.

144. Respectivement, *Libération* des 21-22 octobre 1989, *Le Monde* du 21 octobre 1989 et *l'Humanité* du 26 octobre 1989.

règlements communautaires[145], puis aux directives[146]. En outre, comme elle vaut pour l'ensemble des traités internationaux, le juge administratif en fit bénéficier par exemple la Convention européenne des droits de l'homme dans ses arrêts de 1990 *Chardonneau*[147], relatif à la législation française sur l'objection de conscience, ou *Confédération nationale des associations familiales catholiques*[148], portant sur les lois relatives à l'interruption volontaire de grossesse.

1.67 ▸ Cependant, le Conseil d'État, comme la Cour de cassation, ont refusé de considérer que l'article 55 de la Constitution ou toutes autres dispositions nationales ou internationales emportaient la supériorité du Traité sur la Constitution elle-même. Cette primauté du texte constitutionnel a été posée par le Conseil d'État dans une décision d'Assemblée *Sarran* du 30 octobre 1998, rendue à propos des modalités d'exercice du droit de vote en Nouvelle-Calédonie. La Cour de cassation lui a emboîté le pas dans sa décision *Mlle Fraisse* du 2 juin 2000.

Il s'agit d'un point de désaccord essentiel avec les juridictions internationales. Avec la Cour de justice des Communautés européennes d'abord, qui considère de longue date qu'un État ne peut invoquer des dispositions de droit interne pour se soustraire à l'application des traités communautaires[149]. Avec la Cour européenne des droits de l'homme ensuite, qui a jugé contraire à l'article 6 § 1 de la Convention une loi que le Conseil constitutionnel avait pourtant estimée conforme à la Constitution[150]. De même, la Cour de Strasbourg a vérifié la conformité à la Convention d'une disposition constitutionnelle grecque empêchant les titulaires de certaines fonctions publiques de se présenter aux élections législatives[151].

1.68 ▸ En dehors de la question de la supériorité des traités internationaux sur les normes internes, plusieurs autres domaines ont donné lieu à désaccords, s'agissant notamment du respect des stipulations des traités communautaires.

Le premier concerne bien sûr le mécanisme du renvoi préjudiciel de l'ancien article 177 du traité de Rome (nouvellement article 234 dans la version consolidée du Traité instituant la Communauté européenne), qui impose aux juridictions nationales dont les décisions sont insusceptibles de recours en droit interne de renvoyer à la Cour de justice les difficultés qu'elles rencontrent dans l'application du droit communautaire. Vécu, dans un premier temps, comme une véritable subordination du Conseil à la Cour, ce système de renvoi fut l'occasion de fortes réticences, symbolisées par l'utilisation quasi systématique de la théorie dite de « l'acte clair »[152] à

145. CE, 24 septembre 1990, *Boisdet*, *Lebon*, p. 250.

146. CE, Ass., 28 février 1992, *SA Rothmans International France et SA Philip Morris*, *Lebon*, p. 81 ; et *Société Arizona Tobacco et SA Philip Morris France*, *Lebon*, p. 78.

147. CE, 8 juin 1990, *Chardonneau*, *Lebon*, p. 146, concl. Pochard.

148. CE, Ass., 21 décembre 1990, *Confédération nationale des associations familiales catholiques*, *Lebon*, p. 368, concl. Stirn.

149. CJCE, 15 juillet 1964, *Costa c/ Enel* ; 17 décembre 1970, *Internationale Handelsgesellschaft*, *op. cit.*

150. CEDH, 28 octobre 1999, *Zielinski, Pradal et Gonzalez c/ France*, *JCP* 2000.I.203, chron. Sudre.

151. CEDH, 1er juillet 1997, *Gitonas et a. c/ Grèce*, *RFDA* 1998, p. 1007.

152. Sur cette utilisation extensive de la théorie de l'acte clair, cf. L. Potvin-Solis, *L'effet des jurisprudences européennes sur la jurisprudence du Conseil d'État français*, LGDJ, 1999, Tome 187, n° 582 et s. Et, explicitant la position du Conseil d'État à la fin des années 1970, relativement à cette théorie, B. Genevois, « Le Conseil d'État et l'ordre juridique communautaire », *EDCE* 1979-1980, n° 31, p. 73-93, spéc. p. 75 et s.

partir de l'arrêt *Société des pétroles Shell-Berre* du 14 janvier 1964. La reconnaissance par les juges de Luxembourg de l'effet direct des directives communautaires inconditionnelles et suffisamment précises[153], impliquant une application immédiate sans mesure nationale de transposition, entraîna un nouveau conflit entre les deux cours. Le Conseil d'État y répondit par son arrêt *Cohn-Bendit*[154], en rappelant que la légalité d'une décision administrative individuelle ne pouvait s'apprécier au regard d'une directive non transposée en droit interne.

Mais cette réticence a aujourd'hui cédé le pas à une politique jurisprudentielle bien plus ouverte.

B - L'IMPACT GRANDISSANT DES TRAITÉS INTERNATIONAUX DANS LES JURISPRUDENCES NATIONALES

1.69 ▸ Si la jurisprudence *Nicolo* a incontestablement changé la donne, il convient de dépasser cette évolution symbolique pour tenter d'apprécier plus largement les modifications opérées et les rapprochements réalisés. Ces derniers s'inscrivent dans une stratégie jurisprudentielle globale.

Le domaine de la concurrence constitue un exemple particulièrement topique de l'impact des traités communautaires en droit français. En effet, depuis les décisions *Fédération française des sociétés d'assurance*[155] et *Société Million et Marais*[156], le Conseil d'État a manifesté le souci de contrôler la légalité des actes administratifs non seulement au regard des articles 7 et 8 de l'ordonnance de 1986, mais aussi par rapport aux dispositions des articles 81 et 82 du Traité instituant la Communauté européenne. Le développement d'un droit administratif interne de la concurrence est allé ainsi de pair avec l'examen du respect du droit communautaire de la concurrence, assuré par la Haute Juridiction administrative.

La position adoptée à l'égard du mécanisme du renvoi préjudiciel de l'ancien article 177 du traité illustre également d'une manière évidente le chemin parcouru par le juge administratif, à tel point que l'on peut désormais lire « qu'il n'y a plus aujourd'hui de querelle entre le Conseil d'État et la Cour de justice sur l'interprétation de l'article 177 »[157]. L'article 234 du traité instituant la Communauté européenne (devenu 267 TFUE), institue en effet une coopération directe entre la Cour de justice de l'Union européenne et les juridictions nationales, que ces dernières utilisent désormais régulièrement. Cette coopération est étrangère à toute initiative des parties, celles-ci étant seulement invitées à présenter leurs observations. À titre d'exemple et concernant les droits fondamentaux, la Haute Juridiction

153. Dans la célèbre décision CJCE, 4 décembre 1974, *Van Duyn c/ Home Office*, Aff. 41/74, *Rec. CJCE*, p. 1337.

154. CE, Ass., 22 décembre 1978, *Cohn-Bendit, Lebon*, p. 524 ; *AJDA* 1979, n° 3, p. 27, chron. Dutheillet de Lamothe et Robineau.

155. CE, Sect., 8 novembre 1996, *Fédération française des sociétés d'assurance, Lebon*, p. 441. Dans cet arrêt, le Conseil d'État annule les dispositions d'un décret relatif à un régime facultatif d'assurance-vieillesse, « incompatibles avec les dispositions combinées des articles 86 et 90 du traité ».

156. CE, Sect., 3 novembre 1997, *Société Million et Marais, Lebon*, p. 406, concl. Stahl.

157. D. Chauvaux et Th.-X. Girardot (note sous CE, Sect., 8 novembre 1996. *Fédération française des sociétés d'assurance, AJDA* 1997, p. 142), reprenant la formule du conseiller d'État Bernard Stirn, selon laquelle « la querelle de l'article 177 est bien close » (« Le Conseil d'État et l'Europe », *in Mélanges Braibant, L'État de droit*, Dalloz, 1996, p. 653-671, spéc. p. 655).

administrative a saisi la Cour de Luxembourg de la compatibilité de mesures de police nationales interdisant à un ressortissant communautaire le séjour sur une partie du territoire français avec les textes et les principes généraux du droit communautaire[158]. De même, à titre d'information, on mentionnera que la Cour européenne des droits de l'homme a jugé que le refus des juridictions suprêmes de donner suite aux demandes des requérants de saisir la Cour de justice de l'Union européenne à titre préjudiciel n'emporte pas violation de l'article 6, § 1, de la Convention européenne des droits de l'homme[159]. On mesure par là les imbrications de plus en plus fréquentes entre droit de l'Union et droit européen des droits de l'homme.

1.70 ▸ Les suites que la Haute Juridiction administrative a souhaité donner à sa jurisprudence *Cohn-Bendit*, hautement symbolique de la volonté du Conseil d'État de conserver son identité, sont une nouvelle démonstration de l'apaisement des tensions entre les deux acteurs. Sans l'abandonner formellement au départ, les juges du Palais royal ont progressivement privé cette jurisprudence de l'essentiel de sa portée, en multipliant les possibilités de contournement[160]. Ils avaient ainsi reconnu la possibilité d'invoquer par la voie de l'exception la contrariété de dispositions de droit interne qui servent de fondement à l'acte individuel à une directive suffisamment précise – y compris si l'incompatibilité résulte d'une loi ne comportant par la disposition exigée par la directive[161], et même si s'interpose une « règle nationale applicable », c'est-à-dire la jurisprudence administrative[162].

Le pas a été franchi en 2009 par une décision d'Assemblée du 30 octobre 2009, *Mme Emmanuelle Perreux*, en reconnaissant à tout justiciable le droit de se prévaloir, à l'appui d'un recours dirigé contre un acte administratif non réglementaire, des dispositions précises et inconditionnelles d'une directive, lorsque l'État n'a pas pris, dans les délais impartis par celle-ci, les mesures de transposition nécessaires.

1.71 ▸ Au total, l'impact grandissant des traités internationaux sur les jurisprudences nationales est évident. Dans leur chronique, Mattias Guyomar et Pierre Collin ont ainsi eu l'occasion d'affirmer que « c'est dans la catégorie plus vaste et en continuelle expansion des droits et libertés garantis par la Constitution ou par des conventions internationales qu'il faut rechercher le champ d'application du référé-liberté »[163].

Le Conseil d'État a d'ailleurs fait évoluer sa jurisprudence relative à l'interprétation des traités internationaux. Dans une décision du 23 décembre 2011, *M. Edouardo*

---

158. CE, 29 décembre 2000, *Ministre de l'Intérieur c/ M. Oteiza Olazabal*, req. n° 206913.
159. CEDH, 20 septembre 2011, *Ullens de Schooten et Rezabek c/ Belgique*, n° 3989/07 et 38353/07.
160. La norme nationale, incompatible avec les objectifs de la directive, sera considérée comme insusceptible de servir de base légale à la mesure individuelle contestée qui sera alors vouée à l'annulation : en ce sens, CE, Ass., 30 octobre 1996, *SA Cabinet Revert et Badelon, Lebon*, p. 397 ; *AJDA* 1996, p. 980, chron. Chauvaux et Girardot ; et CE, Ass., 6 février 1998, *Tête et Association de sauvegarde de l'Ouest lyonnais, Lebon*, p. 30, concl. Savoie ; *AJDA* 1998, p. 403, chron. Raynaud et Fombeur.
161. CE, Ass., 30 octobre 1996, *Cabinet Revert et Badelon*, n° 45126.
162. CE, Ass, 6 février 1998, *Tête*, n° 138777 ; CE Sect., 20 mai 1998, *Communauté de communes de Piémont de Barr*, au *Lebon*.
163. M. Guyomar et P. Collin, « Chronique générale de jurisprudence administrative française », *AJDA* 2001, p. 155.

José K. (req. n° 303678), la Haute Juridiction administrative a tout d'abord confirmé sa jurisprudence traditionnelle selon laquelle : lorsque le juge administratif est saisi d'un recours dirigé contre un acte portant publication d'un traité ou d'un accord international, il ne lui appartient pas de se prononcer sur la validité de ce traité ou de cet accord au regard d'autres engagements internationaux souscrits par la France. Elle y apporte cependant une nuance importante en jugeant « qu'en revanche, sous réserve des cas où serait en cause l'ordre juridique intégré que constitue l'Union européenne, peut être utilement invoqué, à l'appui de conclusions dirigées contre une décision administrative qui fait application des stipulations inconditionnelles d'un traité ou d'un accord international, un moyen tiré de l'incompatibilité des stipulations, dont il a été fait application par la décision en cause, avec celles d'un autre traité ou accord international ; qu'il incombe dans ce cas au juge administratif, après avoir vérifié que les stipulations de cet autre traité ou accord sont entrées en vigueur dans l'ordre juridique interne et sont invocables devant lui, de définir, conformément aux principes du droit coutumier relatifs à la combinaison entre elles des conventions internationales, les modalités d'application respectives des normes internationales en débat conformément à leurs stipulations, de manière à assurer leur conciliation, en les interprétant, le cas échéant, au regard des règles et principes à valeur constitutionnelle et des principes d'ordre public ; que dans l'hypothèse où, au terme de cet examen, il n'apparaît possible ni d'assurer la conciliation de ces stipulations entre elles, ni de déterminer lesquelles doivent dans le cas d'espèce être écartées, il appartient au juge administratif de faire application de la norme internationale dans le champ de laquelle la décision administrative contestée a entendu se placer et pour l'application de laquelle cette décision a été prise et d'écarter, en conséquence, le moyen tiré de son incompatibilité avec l'autre norme internationale invoquée, sans préjudice des conséquences qui pourraient en être tirées en matière d'engagement de la responsabilité de l'État tant dans l'ordre international que dans l'ordre interne ».

Si les juridictions internes se réfèrent de plus en plus aux conventions internationales, cela s'explique avant tout par le dynamisme et l'inventivité des requérants et de leurs conseils, cherchant toujours à faire prévaloir une clause qui peut leur être bénéfique. L'invocation est cependant limitée par la reconnaissance par le juge de l'effet direct de l'instrument international, dont les paramètres ont déjà été présentés. À ce titre, la Déclaration universelle des droits de l'homme, simple recommandation, n'a pas davantage de portée juridique que les autres résolutions de l'Assemblée générale des Nations unies. Le Conseil d'État dénie ainsi à cette Déclaration toute force juridique obligatoire au terme d'une jurisprudence constante inaugurée par sa décision *Élections de Nolay* du 18 avril 1951[164].

164. *Lebon*, p. 189.

II — LA PÉNÉTRATION DE LA CONVENTION EUROPÉENNE DES DROITS DE L'HOMME DANS LES JURISPRUDENCES NATIONALES

1.72 ▸ Depuis l'acceptation par la France du droit de recours individuel, par décret en date du 9 octobre 1981, le système judiciaire français se trouve placé sous la surveillance étroite des juges européens. Les condamnations répétées de notre pays, notamment du fait de la lenteur des procédures juridictionnelles nationales, ne sont pas restées sans effet.

Si la Cour de cassation s'est ouvertement et rapidement appuyée sur les potentialités jurisprudentielles que lui offrait le droit européen (B), les signes de bonne volonté à l'égard des exigences de la Convention et de la Cour européenne des droits de l'homme, en provenance cette fois du Conseil d'État, se multiplient depuis quelques années (A).

A - LA RÉCEPTION DE LA CONVENTION EUROPÉENNE DES DROITS DE L'HOMME PAR LE JUGE ADMINISTRATIF

1.73 ▸ La pénétration effective des droits et libertés consacrés par la Convention a d'abord pâti des vives tensions initiales entre les cours, qui empoisonnèrent pendant longtemps les relations interjuridictionnelles, en particulier entre le Conseil d'État et la Cour européenne des droits de l'homme. Cette période de conflit larvé connut son apogée lorsque la Cour de Strasbourg remit en cause la dualité fonctionnelle du Conseil d'État luxembourgeois, s'attaquant ainsi indirectement à la structure traditionnelle de son homologue français. Cette contestation de l'impartialité du juge administratif s'opéra dans la décision *Procola c/Luxembourg* du 28 septembre 1995[165], prohibant le cumul des fonctions consultatives et des fonctions juridictionnelles.

1.74 ▸ Les temps ont changé. Désormais, le mouvement de réception est à l'évidence facilité par le fait que « rien de ce qui est retenu dans la jurisprudence européenne n'est étranger ni ne répugne ni n'est contradictoire, dans ses soubassements, à celle du Conseil d'État »[166]. Qu'il s'agisse de l'applicabilité de l'article 6 § 1 aux juridictions administratives spéciales ou de l'article 8 relatif au droit au respect de la vie familiale, les ouvertures et indices d'apaisement sont nombreux.

1) Le cas de l'article 8 de la Convention

1.75 ▸ Après avoir consacré le droit au respect de la vie familiale tantôt par l'intermédiaire d'un principe général du droit, tantôt par référence à l'alinéa 10 du Préambule de 1946, la Haute Juridiction administrative se fonda directement sur l'article 8 de la Convention européenne des droits de l'homme, dans une suite de

---

165. Sur la question, cf. J.-L. Autin et F. Sudre, « La dualité fonctionnelle du Conseil d'État en question devant la Cour européenne des droits de l'homme », *RFDA* 1996, p. 777-794.

166. B. Pacteau, « Le juge administratif français et l'interprétation européenne », *in* F. Sudre (dir.), *L'interprétation de la Convention européenne des droits de l'homme*, Colloque 13-14 mars 1998, Montpellier, Bruylant, 1998, p. 251-287, spéc. p. 279.

décisions de 1991[167]. Suivra toute une série de décisions prononçant l'annulation d'arrêtés de reconduite à la frontière, de refus d'abrogation d'un arrêté d'expulsion, de refus d'octroi d'un titre de séjour et de refus de délivrance d'un visa. Ce bouleversement apparaît comme l'une des premières inflexions notables de l'attitude du juge administratif français à l'égard du droit de la Convention européenne des droits de l'homme.

1.76 ▸ Les explications de ce brusque revirement sont multiples. La pression internationale et en particulier européenne devenait difficilement supportable, qu'elle soit traduite dans les textes ou relayée par les juridictions supranationales. En outre, face aux modifications législatives engendrées par les changements politiques et eu égard au caractère éminemment sensible du droit des étrangers, le Conseil d'État a pu vouloir se garantir préventivement contre toute critique de type « gouvernement des juges ». Le professeur Henri Labayle souligne ainsi que « la source internationale du principe le met à l'abri tout à la fois des atteintes administratives quotidiennes ou réglementaires, mais aussi et surtout des tentations du législateur que l'on sait permanentes à ce propos »[168].

Cette courte analyse jurisprudentielle permet de mesurer le chemin parcouru par la Haute Juridiction administrative dans le sens de la reconnaissance de la force opératoire de l'article 8 de la Convention. Par là même, elle a fortement harmonisé sa jurisprudence avec celle de la Cour européenne des droits de l'homme, acceptant le recul du principe général qu'elle avait forgé et mettant ainsi fin à un domaine de résistance important. Le cas de l'article 6 de la Convention apparaît-il sous un angle différent ?

2) Le cas de l'article 6 de la Convention

1.77 ▸ L'article 6 de la Convention européenne des droits de l'homme affirme explicitement le « droit » de toute personne « à ce que sa cause soit entendue [...] publiquement », quand il s'agit pour la juridiction de juger de « contestations sur ses droits et obligations de caractère civil » ou « du bien-fondé de toute accusation en matière pénale ».

Au sens européen du terme, « la publicité de la procédure juridictionnelle garantit les justiciables contre une justice secrète et contribue à préserver la confiance dans la justice »[169]. Pendant de longues années, saisie de la question du caractère public ou non des audiences de juridictions ordinales, la Haute Juridiction administrative a toujours refusé de reconnaître l'applicabilité de l'article 6 § 1 de la Convention

167. CE, 18 janvier 1991, *Beldjoudi, Lebon*, p. 19 ; CE, Ass., 19 avril 1991, *Belgacem, Lebon*, p. 152 et *Mme Babas, Lebon*, p. 162, concl. Abraham.

168. H. Labayle, « Le droit de l'étranger à mener une vie familiale normale, lecture nationale et exigences européennes », *RFDA* 1993, p. 511-540, spéc. p. 523.

169. F. Sudre, *Droit européen et international des droits de l'homme*, PUF, 12e éd., 2015.

européenne des droits de l'homme[170]. C'est au milieu des années 1990 qu'elle adoptera une attitude tout à fait différente[171].

C'est à l'occasion de la décision *Département de l'Indre* du 29 juillet 1994 que le Conseil d'État revint pour la première fois sur sa position initiale, pressé qu'il était par les nombreuses condamnations dont la France faisait l'objet devant la Commission ou la Cour européenne des droits de l'homme[172].

1.78 ▸ Ce revirement, pour significatif qu'il soit, se rapportait au cas particulier des juridictions de l'aide sociale. Il convenait donc d'attendre de plus amples développements jurisprudentiels pour connaître la portée que la Haute Juridiction administrative entendait accorder à l'article 6 § 1. Ce fut chose faite avec le désormais célèbre arrêt d'Assemblée *Maubleu* en date du 14 février 1996[173], qui avait vocation à s'appliquer à l'ensemble des juridictions disciplinaires ordinales, et même au-delà. De fait, la solution dégagée à cette occasion se répandit telle une traînée de poudre, le Haut Conseil s'inspirant de l'interprétation extensive que la Cour européenne des droits de l'homme fait de l'article 6. Il constatera donc la violation de l'article 6 § 1 non seulement par des juridictions assurant la discipline d'une profession libérale, considérées comme statuant en matière civile du fait de leur pouvoir de prononcer des interdictions d'exercice de la profession[174], mais aussi plus largement par nombre d'organismes considérés comme statuant en matière pénale du fait de leur pouvoir de prononcer des amendes et autres sanctions[175].

1.79 ▸ Dans la même logique, le Conseil d'État a posé le principe de l'applicabilité du droit européen des droits de l'homme à certaines procédures disciplinaires de la fonction publique, dans une décision remarquée en ce que le juge a adopté un critère fonctionnel d'appréciation du caractère civil d'un droit, fondé sur la nature des fonctions et des responsabilités exercées par l'agent[176]. Ce faisant, les juges du Palais Royal décidaient de s'aligner sur la nouvelle jurisprudence de la Cour européenne des droits de l'homme en la matière et sur la conception communautaire de la fonction publique[177].

---

170. En ce sens : CE, Sect., 27 octobre 1978, *Debout, Lebon*, p. 395, concl. Labetoulle.
171. Cf. Bilan d'application de l'article 6 de la Convention européenne des droits de l'homme par le Conseil d'État, *RFDA* 2012, p. 109.
172. CE, Sect., 29 juillet 1994, *Département de l'Indre, Lebon*, p. 363 ; *RFDA* 1995, p. 161, concl. Bonichot ; *AJDA* 1994, p. 691, chron. Touvet et Stahl.
173. CE, Ass., 14 février 1996, *Maubleu, Lebon*, p. 34, concl. Sanson ; *AJDA* 1996, p. 358, chron. Stahl et Chauvaux ; *JCP* 1996, n° 22669, notes Lascombe et Vion ; *RFDA* 1996, p. 1186, concl. Sanson.
174. À propos des instances disciplinaires de l'Ordre des chirurgiens-dentistes (CE, 26 juillet 1996, *Pandit, Lebon*, p. 303 ; *RFDA* 1996, p. 1043), de l'Ordre des médecins (CE, 26 juillet 1996, *Ezelin, Lebon*, p. 305), ou encore de l'Ordre des architectes (CE, 21 avril 2000, *Roux*, req. n° 198917).
175. Il s'agit par exemple de la Cour de discipline budgétaire et financière, lorsqu'elle prononce des amendes en cas de mauvaise gestion financière : CE, Sect., 30 octobre 1998, *Lorenzi, Lebon*, p. 374 ; *RDP* 1999, n° 2, p. 633-649, note Eckert ; *RFDA* 1999, p. 1022, note Surrel.
176. CE, 23 février 2000, *L'Hermitte, AJFP* 2000, n° 3, p. 1, note Boutelet et p. 51 ; *La Gazette des communes*, 27 mars 2000, p. 60, concl. Schwartz ; *JCP* 2000.II.10371, note Moniolle.
177. Cette nouvelle jurisprudence de la Cour européenne des droits de l'homme abandonne le critère patrimonial au profit d'un critère fonctionnel et peut se résumer ainsi : l'applicabilité de la Convention européenne au contentieux de la fonction publique n'est plus liée à la nature patrimoniale des litiges mais à la nature des fonctions et des

Si ce revirement apparaît incontestablement comme une nouvelle reconnaissance des potentialités de la Convention, et, partant, de l'impact de la jurisprudence de la Cour européenne des droits de l'homme en droit français, il est important de noter que le Conseil d'État « estime qu'il peut et même qu'il doit interpréter ces stipulations (de la Convention) lui-même » et qu'il « applique la Convention européenne et ses protocoles souverainement »[178]. Cette approche laisse donc la porte ouverte à une potentielle divergence d'interprétation des dispositions conventionnelles avec son interprète officiel, la Cour de Strasbourg. Cette appréciation doit cependant être relativisée et il est possible aujourd'hui d'affirmer avec le professeur Louis Dubouis que « les divergences » entre les juges du Palais Royal et ceux de Strasbourg sont « à peu près totalement dissipées »[179].

3) Les autres illustrations

1.80 ▸ L'évolution jurisprudentielle du Conseil d'État dans le domaine des validations législatives constitue un nouvel exemple de la réception du droit européen par le juge administratif français. Après s'être dans un premier temps refusé à conclure à l'incompatibilité des lois de validation avec les exigences du procès équitable[180], la Haute Juridiction administrative a franchi le pas par sa décision du 28 juillet 2000, *Tête et Association du collectif pour la gratuité et contre le racket*. En l'espèce, la mesure de validation ne visant qu'à préserver l'intérêt financier de la personne publique, elle n'était pas justifiée par des motifs d'intérêt général suffisants[181].

1.81 ▸ Le revirement de jurisprudence, par lequel le Conseil d'État a jugé que les sanctions disciplinaires adoptées dans le cadre pénitentiaire ou militaire étaient désormais susceptibles de recours pour excès de pouvoir, peut également être considéré comme le résultat de l'influence européenne[182], influence au demeurant réciproque eu égard aux nombreux domaines dans lesquels la jurisprudence administrative a précédé et anticipé la démarche européenne, soulignant encore leur rapprochement. Est ainsi significatif l'arrêt *Fidan* à l'occasion duquel le Conseil d'État a, dès 1987, condamné une extradition vers un État où l'intéressé risquait la peine de mort, devançant la Cour européenne des droits de l'homme et sa décision *Soering*[183]. Dans le même esprit, le tribunal administratif de Versailles a tenu compte de l'impossibilité d'un étranger

---

responsabilités exercées par l'agent, qui détermine le caractère civil du droit d'exercer les fonctions (CEDH, 8 décembre 1999, *M. Pellegrin c/ France*, *AJFP* 2000, n° 3, p. 1, note Boutelet et p. 52).

178. J.-P. Costa, « L'application par le Conseil d'État français de la Convention européenne des droits de l'homme », *RTDH* 1997, n° 31, p. 395 et s., spéc. p. 397.

179. L. Dubouis, *Encyclopédie Dalloz – Droit international*, Rubrique « Droit international et juridictions ».

180. CE, Ass., 5 décembre 1997, *Mme Lambert*, *Lebon*, p. 460.

181. CE, 28 juillet 2000, *Tête et Association du collectif pour la gratuité et contre le racket*, *AJDA* 2000, p. 854, chron. Guyomar et Collin.

182. La Cour européenne des droits de l'homme a très vite reconnu l'applicabilité de la protection issue de l'article 6 § 1 aux membres des forces armées faisant l'objet de poursuites disciplinaires, avant de l'étendre aux sanctions disciplinaires pénitentiaires (cf. CEDH, 28 juin 1984, *Campbell et Fell*, A/80). Cette position ne peut être, étrangère à l'évolution de la Haute Juridiction administrative française en la matière, dans ses célèbres décisions d'Assemblée « *Pascal Marie* » et « *Philippe Hardouin* », du 17 février 1995 (*RFDA* 1995, p. 353, concl. Frydman ; *RDP* 1995, p. 1338, note Gohin).

183. CE, Sect., 27 février 1987, *Fidan*, *Lebon*, p. 84 ; *D.* 1987, p. 305, concl. Bonichot.

reconduit à la frontière de bénéficier de soins médicaux adéquats dans son pays, avant que la Cour n'en fasse de même dans sa décision *D. c/ Royaume-Uni*[184]. Si le Conseil d'État se présente désormais plus ouvert aux influences étrangères, il convient de noter son rôle souvent précurseur.

Enfin, dans un arrêt récent, le Conseil d'État s'est prononcé sur l'impact et les effets d'une décision de la Cour européenne des droits de l'Homme ayant constaté une violation par la France d'un des droits garantis. Dans sa décision *M. Vernes* du 9 mars 2016 (nº 392782, publié au *Recueil Lebon*), la Haute Juridiction administrative a posé un considérant de principe selon lequel :

« 5. Considérant, en premier lieu, que lorsque la Cour européenne des droits de l'homme a constaté, dans un arrêt, une violation des droits garantis par la convention européenne de sauvegarde des droits de l'homme et des libertés fondamentales qui concerne une sanction administrative devenue définitive, l'exécution de cet arrêt n'implique pas, en l'absence de procédure organisée à cette fin, que l'autorité administrative compétente réexamine la sanction ; qu'elle ne peut davantage avoir pour effet de priver les décisions juridictionnelles, au nombre desquelles figurent notamment celles qui réforment en tout ou en partie une sanction administrative dans le cadre d'un recours de pleine juridiction, de leur caractère exécutoire ; qu'en revanche, le constat par la Cour européenne des droits de l'homme d'une méconnaissance des droits garantis par la convention constitue un élément nouveau qui doit être pris en considération par l'autorité investie du pouvoir de sanction ; qu'il incombe en conséquence à cette autorité, lorsqu'elle est saisie d'une demande en ce sens et que la sanction prononcée continue de produire des effets, d'apprécier si la poursuite de l'exécution de cette sanction méconnaît les exigences de la convention et, dans ce cas, d'y mettre fin, en tout ou en partie, eu égard aux intérêts dont elle a la charge, aux motifs de la sanction et à la gravité de ses effets ainsi qu'à la nature et à la gravité des manquements constatés par la Cour[185]. »

---

184. TA Versailles, 26 septembre 1996, *M. Bamba Bamba, AJDA* 1997, p. 100, note Krulic : à propos d'un Zaïrois malade du sida, faisant l'objet d'une reconduite vers son pays. L'arrêt du préfet de l'Essonne est, par ces motifs, entaché, d'une « erreur manifeste dans l'appréciation des conséquences que pouvait avoir la décision attaquée sur la situation personnelle de l'intéressé ». L'arrêt *D. c/ Royaume-Uni*, du 2 mai 1997 (*Rec. CEDH* 1997, p. 777) concernait l'expulsion d'un étranger en phase terminale du sida. La Cour nota qu'aucun traitement médical approprié, ne pourrait lui être administré, dans son pays, où il se trouvait, de surcroît, dans une situation de solitude et de misère, et décida que ladite expulsion contrevenait l'article 3 de la Convention. Le tribunal administratif de Lyon avait déjà précédé la Cour européenne dans une affaire similaire où il avait annulé un arrêt, de reconduite à la frontière d'une Guinéenne et de ses deux fillettes menacées d'excision en cas de retour dans leur pays : TA Lyon, 12 juin 1996, *Condé, RTDH* 1996, p. 695-720, note Levinet ; *LPA*, 18 octobre 1996, nº 126, note Fourteau.

185. Appliquant ce considérant de principe à l'espèce, le Conseil d'État a jugé « qu'il résulte des principes rappelés ci-dessus que le seul constat par la Cour européenne des droits de l'homme d'une méconnaissance des exigences prévues par l'article 6 § 1 de la convention n'imposait pas, par lui-même, à la commission des sanctions de l'AMF de mettre un terme à l'exécution de la sanction dont M. Vernes avait fait l'objet ; que la commission des sanctions a pu à bon droit se fonder, notamment, sur la circonstance que les irrégularités relevées par la Cour concernaient des droits procéduraux et non des droits substantiels et sur la circonstance que la Cour avait elle-même relevé dans son arrêt que le constat d'une violation fournissait en soi une satisfaction équitable au requérant ; que, de même, elle a pu juger à bon droit qu'il ne pouvait être déduit des éléments du dossier que les violations de la convention constatées lors de la procédure menée par la COB à l'encontre de M. Vernes auraient été d'une gravité telle qu'un doute sérieux serait jeté sur la sanction prononcée ; qu'ainsi, en estimant, dans ces circonstances, que la poursuite de l'exécution de la sanction ne méconnaissait pas les exigences de la convention, la commission des sanctions n'a méconnu ni les principes rappelés au point précédent ni les stipulations de l'article 6 § 1 de la convention européenne de sauvegarde des droits de l'homme et des libertés fondamentales ».

On mesure bien la réception de la jurisprudence de la Cour européenne des droits de l'Homme par la juridiction administrative française.

B - LA RÉCEPTION DE LA CONVENTION EUROPÉENNE DES DROITS DE L'HOMME PAR LE JUGE JUDICIAIRE

1.82 ▸ Les indices de la réception du droit européen par la Cour suprême de l'ordre judiciaire sont multiples. Il peut s'agir tout d'abord de recourir à la Convention pour combler une lacune du droit interne. Le droit des sociétés étrangères d'ester devant les juridictions françaises a ainsi été reconnu, en l'absence de dispositions nationales, sur le fondement des articles 6 § 1 et 14 de la Convention de Rome et des articles 1 et 5 du premier Protocole additionnel[186].

1.83 ▸ Il peut s'agir également d'interpréter plus strictement ou de modifier les dispositions de droit interne, pour les rendre compatibles avec les prescriptions de la Convention. La Cour de cassation s'est ainsi mise au diapason du droit européen en opérant plusieurs renversements de jurisprudences importants. Elle a reconnu dès 1984 que les stipulations de l'article 6 § 1, « tel qu'interprété par un arrêt de la Cour européenne des droits de l'homme, donnent à un avocat poursuivi le droit de voir sa cause entendue publiquement et l'arrêt sur cette cause rendu en audience publique »[187]. La Cour de cassation s'est ainsi fait l'écho de la jurisprudence de la Cour européenne des droits de l'homme relative aux conditions d'applicabilité de l'article 6, structurées autour des notions de « droits et obligations de caractère civil » et « d'accusation en matière pénale ». Afin d'investir le maximum de domaines, la Cour de Strasbourg a considéré ces notions comme des « concepts autonomes », bénéficiant ainsi d'une définition européenne uniformisante et les appliquant à des matières aussi diverses que la délivrance d'autorisations de construire, la mise en cause de la responsabilité civile de l'État devant les juridictions administratives, ou encore l'attribution de prestations d'aide sociale. La Cour de cassation a emboîté le pas à la Cour en jugeant l'article 6 applicable aux sanctions fiscales ou aux sanctions des infractions boursières prononcées par la Commission des opérations de bourse[188]. Elle a également accordé aux transsexuels le droit de modifier leur état civil[189] après que la Cour européenne des droits de l'homme a condamné sa jurisprudence antérieure pour violation de l'article 8 de la Convention dans un arrêt du 15 mars 1992.

De même, c'est à la suite de l'arrêt *Khalfaoui* du 14 décembre 1999[190] que la Cour de cassation a mis fin à l'exigence antérieurement posée, selon laquelle une personne condamnée à plus d'un an de prison devait se constituer prisonnière la veille de l'examen de son pourvoi, à peine d'irrecevabilité dudit pourvoi.

186. Cass. crim., 12 novembre 1990, *M. Maurice Goutille et la société Extraco Anstalt, Bull. crim.*, n° 377, p. 956.

187. Cass. civ. 1re, 10 janvier 1984, *Rennemann, Bull. civ.* I, n° 8, p. 6 ; *JCP* 1984.II.20210, concl. Gulphe.

188. Respectivement Cass. com., 29 avril 1997, *Ferreira c/ Directeur général des impôts, JCP* 1997.II.22935, note Sudre ; Cass. Ass. plén., 5 février 1999, *COB c/ Oury, JCP* 1999.II.10060, note M. Matsopoulou.

189. Cass. civ., Ass. plén., 11 décembre 1992, *Bull.* 1992, AP n° 13, p. 27.

190. CEDH, 14 décembre 1999, *Khalfaoui, JCP* 2000.I.203, chron. Sudre ; *RDP* 2000, p. 723, obs. Hugon.

1.84 ▸ La Cour s'est, en outre, rangée à la distinction opérée par le Conseil d'État pour admettre, sous conditions, la participation au délibéré du rapporteur en charge de l'instruction de l'affaire. Le juge administratif, au terme des trois décisions précitées du 3 décembre 1999, a en effet clairement posé les conditions de la légalité de la présence du rapporteur. Pour ne pas encourir le reproche de partialité, celui-ci ne doit pas exercer de fonction d'accusation lui conférant des pouvoirs propres quant aux griefs qui seront examinés par la juridiction de jugement. C'est sur cette vision que semble s'être calquée la Cour de cassation dans un arrêt du 23 mai 2000, *M. P...*[191]. Dans une décision *Marc-Antoine*, rendue le 4 juin 2013, la Cour européenne des droits de l'homme a déclaré irrecevable la requête d'un conseiller de tribunal administratif, qui contestait devant la Cour de Strasbourg, au regard du principe de l'égalité des armes, le fait qu'à l'occasion d'un litige devant le Conseil d'État portant sur sa carrière, le projet de décision du rapporteur avait été transmis au rapporteur public, tandis que lui-même n'en avait pas connaissance. Sanctionner une telle pratique aurait eu des conséquences très délicates pour les juridictions administratives, obligeant les rapporteurs publics à reprendre les dossiers de zéro. La Cour note que le projet de décision n'est pas « une pièce produite par une partie et susceptible d'influencer la décision juridictionnelle », mais « un document de travail interne à la formation de jugement », qui « ne saurait être soumis au principe du contradictoire ». Elle reconnaît le rôle du rapporteur public dont les conclusions « sont de nature à permettre aux parties de percevoir les éléments décisifs du dossier et la lecture qu'en fait la juridiction, leur offrant ainsi l'opportunité d'y répondre avant que les juges n'aient statué ». Elle ajoute que le requérant « ne démontre pas en quoi le rapporteur public serait susceptible d'être qualifié d'adversaire ou de partie dans la procédure ».

De même, s'agissant du principe de non-discrimination, la Cour s'est fondée sur les articles 14 de la Convention et 1er du Protocole n° 1 pour annuler la décision d'une cour d'appel rejetant le recours d'un requérant à qui avait été refusé le bénéfice d'une allocation du Fonds national de solidarité en raison de sa nationalité turque[192].

1.85 ▸ Pareillement, la Cour a relaxé un prévenu, poursuivi pour avoir publié un sondage électoral dans la semaine qui précède un scrutin, en contravention avec la loi du 19 juillet 1977, en jugeant « qu'en interdisant la publication, la diffusion et le commentaire, par quelque moyen que ce soit, de tout sondage d'opinion en relation avec l'une des consultations visées par l'article 1er de la loi du 19 juillet 1977, les textes fondant la poursuite instaurent une restriction à la liberté de recevoir et de communiquer des informations qui n'est pas nécessaire à la protection des intérêts légitimes énumérés par l'article 10 § 2 de la Convention

191. Cass. civ. 1re, 23 mai 2000, M. P., *AJDA* 2000, p. 762-764, note Sargos. À propos d'un avocat ayant reçu une sanction disciplinaire et qui contestait le fait que le bâtonnier, en application de la réglementation en vigueur, ait pu à la fois recevoir les plaintes, procéder à l'enquête et rapporter l'affaire lors de l'audience disciplinaire... qu'il présida de surcroît. Pour accueillir ce moyen, la Cour de cassation se fonde sur cette « attribution particulière » du bâtonnier de pouvoir cumuler les fonctions d'organe de poursuite et de jugement.

192. Cass. soc., 14 janvier 1999, *Bozkurt, Bull. civ. V*, 1999, n° 24, p. 17.

susvisée ; qu'étant incompatibles avec ces dispositions conventionnelles, ils ne sauraient servir de fondement à une condamnation pénale »[193].

1.86 ▸ Dernier exemple, la Cour de cassation n'a pas hésité à faire application de la Convention non seulement aux relations entre un individu et un État, mais également dans le cadre de relations interindividuelles. C'est ce que l'on appelle communément l'effet direct horizontal de la Convention. Encouragée par une doctrine particulièrement active[194], la Cour s'est notamment référée à l'article 1er du Protocole n° 1 ou à l'article 8 en matière de droit au bail, développant une jurisprudence entraînant une quasi-reconnaissance du droit au logement[195]. Pareillement, la Cour s'est expressément appuyée sur l'article 8 pour annuler un arrêt ayant validé le licenciement d'un salarié qui avait refusé de transférer son domicile familial dans sa nouvelle région d'activité, en estimant que « toute personne a droit au respect de son domicile ; que le libre choix du domicile personnel et familial est l'un des attributs de ce droit ; qu'une restriction à cette liberté par l'employeur n'est valable qu'à la condition d'être indispensable à la protection des intérêts légitimes de l'entreprise et proportionnée, compte tenu de l'emploi occupé et du travail demandé, au but recherché »[196].

La concurrence avec le Conseil constitutionnel dans le cadre de la question prioritaire de constitutionnalité a poussé la Cour de cassation, d'une part à aller au-delà de certaines positions de ce Conseil en matière de gardes à vue exceptionnelles (terrorisme par exemple), en les déclarant non conforme à la Convention européenne des droits de l'homme[197] et, d'autre part, à transmettre au Conseil des questions qu'elle refusait de transmettre dans un temps rapproché (en matière de motivation des arrêts de cour d'assises)[198].

§ 2 – JUGES INTERNES ET NORMES D'ORIGINE PRÉTORIENNE

1.87 ▸ Pour illustrer la question de l'intégration des normes protectrices des droits fondamentaux d'origine prétorienne en droit interne, le cas de l'application des principes généraux du droit communautaire par le juge administratif français sera privilégié. La raison en est simple : d'une part, les principes généraux du droit communautaire renferment, on l'a vu, de très nombreux droits et libertés fondamentaux ; ensuite, l'attitude traditionnellement réservée de la Haute Juridiction administrative française à l'endroit des normes internationales, quelles qu'elles soient, permet d'avoir une approche nuancée de l'impact de la règle internationale en droit français.

1.88 ▸ L'existence d'un ordre juridique structuré et hiérarchisé consécutif au haut degré d'intégration des Communautés, ainsi que l'étendue de la mission

193. Cass. crim., 4 septembre 2001, *Philippe Amaury, Bull. crim.* 2001, n° 170, p. 562.
194. Cf. par exemple D. Spielmann, *L'effet potentiel de la Convention européenne des droits de l'homme entre personnes privées*, Bruylant, 1995.
195. Cass. civ. 3e, 6 mars 1996, *OPAC de la Ville de Paris, Bull. civ.* III, n° 60 ; *D.* 1997, Jur., p. 167, note B. de Lamy.
196. Cass. soc., 12 janvier 1999, *Spileers, Bull. civ.* V, 1999, n° 7, p. 4 ; *D.* 1999, jur., p. 645, note Marguénaud et Mouly.
197. Cass., 19 octobre 2010, n° 10-82902.
198. Refus de transmettre le 19 mai 2010 ; transmission en janvier 2011.

dévolue au juge communautaire font que les principes généraux se trouvent incorporés au bloc de légalité, au même rang que les traités et « subordonnant au même titre que ceux-ci l'ensemble du droit dérivé »[199]. Cependant, la question de l'utilisation directe de principes généraux du droit communautaire qui s'imposeraient en cette qualité sur le territoire des États membres « comme toute manifestation du droit dérivé »[200] reste, pour le Conseil d'État, encore en suspens.

Malgré les nombreuses affinités unissant les principes généraux du droit communautaire et le système juridique français, d'importants écueils s'opposent à la pleine applicabilité desdits principes (I). En pratique, le rôle tenu par les principes généraux du droit communautaire au sein de la jurisprudence administrative française dépend non seulement de la valeur de ces principes, mais aussi de la nature du litige dans lequel ils sont amenés à être invoqués (II).

I – UNE APPLICABILITÉ LIMITÉE PAR LA NATURE DES PRINCIPES

1.89 ▸ En théorie, les rapports entre principes généraux du droit communautaire et juge administratif français ne devraient en aucune manière se traduire en termes de conflit ou d'opposition, et ce, principalement en raison de la démarche comparatiste adoptée par la Cour de justice. À défaut de disposer de bases idéologiques et philosophiques propres, le droit communautaire a en effet été contraint de puiser abondamment dans les traditions juridiques des États membres, en particulier françaises et germaniques.

Pourtant, le juge administratif français marque une réticence certaine envers les principes généraux du droit communautaire (A), réticence qu'il n'est d'ailleurs pas le seul à manifester, ce qui relativise indéniablement l'influence des normes prétoriennes de protection des droits fondamentaux (B).

A - LA RÉTICENCE DU JUGE ADMINISTRATIF FRANÇAIS ENVERS LES PRINCIPES GÉNÉRAUX DU DROIT DE L'UNION EUROPÉENNE

1.90 ▸ La construction communautaire, telle qu'envisagée par la Cour de justice, impliquait et implique toujours d'imposer aux ordres juridiques nationaux une culture juridique qui leur est partiellement étrangère. Or, comme il y va de tout phénomène de transplantation d'un élément extérieur au sein d'un corps, la greffe peut s'avérer malaisée.

Plusieurs raisons peuvent être avancées pour tenter d'éclairer la défiance traditionnelle du Conseil d'État à l'égard des principes généraux maniés par la Cour de Luxembourg.

1.91 ▸ **a)** La première réside dans le caractère partiellement ou entièrement étranger à l'ordre juridique hexagonal, de certains principes généraux

199. J. Boulouis, « Les principes généraux du droit (Aspects de droit international public) », *in Journées de la Société de législation comparée, RIDC* 1980, p. 263-270, spéc. p. 270.

200. F. Moderne, « Actualité des principes généraux du droit », *RFDA* 1998, p. 495-518, publié également *in* P. Avril et M. Verpeaux (dir.), *Les règles et principes non écrits en droit public*, Colloque précité, p. 73.

applicables dans le système communautaire. Le peu d'entrain du juge administratif à en faire application se comprend alors aisément par le fait « qu'il est évidemment très désagréable pour un juge de devoir appliquer des principes généraux qu'il n'a pas dégagés lui-même »[201] et avec lesquels il est peu familiarisé. De tels principes peuvent être en effet soit totalement inconnus en droit français (comme le principe de primauté du droit communautaire sur les normes législatives postérieures ou le principe de coopération loyale, familier du juge allemand), soit présents en son sein, mais uniquement de manière indirecte (tels que le principe communautaire de confiance légitime). S'ils ne sont pas expressément (jusqu'à très récemment) usités par les juridictions françaises, ils ne sont bien évidemment pas ignorés, se traduisant sous de multiples formes. La jurisprudence relative à la responsabilité pour promesses non tenues ou renseignements erronés, ainsi que le principe de non-rétroactivité des actes administratifs, en constituent de bonnes illustrations.

1.92 ▸ **b)** La deuxième explication qui peut être avancée réside, comme le note le commissaire du gouvernement Henri Toutée, dans le fait qu'« il n'y a aucun besoin des principes généraux du droit communautaire pour vérifier que les textes français respectent bien le principe d'égalité »[202]. Point de nécessité dès lors pour la Haute Juridiction administrative de puiser à Luxembourg ce dont elle dispose déjà à demeure, d'autant plus qu'un principe comme le principe d'égalité est entendu de manière plus stricte en droit français qu'en droit communautaire. Les droits fondamentaux étant aussi bien défendus par les normes françaises, il n'est pas nécessaire de recourir aux normes d'importation.

1.93 ▸ **c)** La troisième source de cette défiance est peut-être à chercher dans les conséquences de l'obligation d'uniformité d'application des principes généraux du droit communautaire, qui s'imposerait aux juges nationaux et les conduirait par exemple à réévaluer la façon dont ils envisagent, interprètent et appliquent certains droits et libertés fondamentaux en droit interne. Loin de se contenter d'une « influence » sur le droit national, le droit communautaire s'y substitue par l'effet combiné de son applicabilité directe et de sa primauté.

Dès lors, la conception d'ensemble de la construction communautaire dépasse largement une simple communauté de droit, mais tend à une véritable union de droit. Elle postule « une logique d'appartenance et de cohésion » qui, à terme, « aboutit à prescrire une unité de valeurs propres à l'ordre communautaire, par harmonisation des normes ». Dans cette recherche de l'unité, les principes généraux du droit communautaire ont, pour la Cour de justice, un rôle éminent en ce qu'ils vont assurer une conception uniforme des grands principes fondateurs sur l'ensemble du territoire de l'Union et, par voie de conséquence, vis-à-vis de l'ensemble des juridictions nationales. De ce fait, les principes généraux du droit communautaire ont pour vocation, voire pour ambition, de se substituer aux principes équivalents en vigueur dans

201. La formule est de Henri Toutée, concl. sur CE, Ass., 17 février 1995, *Commission nationale des comptes de campagne et des financements politiques c/ MM. Aillaud, Cotten, Schwartzenberg et Touati, AJDA* 1995, p. 223-230, spéc. p. 225.

202. H. Toutée, *ibid.*

l'ordre interne. Or, même s'ils ont le même intitulé, ils peuvent avoir un contenu différent, même s'agissant de droits de l'homme.

1.94 ▸ **d)** On aboutit alors à la quatrième raison de la réticence du Palais Royal à leur endroit : si la perception qu'ont la Cour de justice et le Conseil d'État d'un même principe demeure principalement convergente, elle se révèle parfois divergente. Ainsi en est-il par exemple du principe d'égalité, au nom duquel le droit français admet des discriminations positives en faveur des femmes, que le juge communautaire prohibe[203].

Cet ensemble d'éléments constitue un faisceau de motifs conduisant la Haute Juridiction administrative à adopter une attitude pour le moins circonspecte mais susceptible d'évolutions.

En effet, dans une décision d'Assemblée remarquée en date du 24 mars 2006[204], le Conseil d'État a solennellement consacré le principe de sécurité juridique, au nom duquel il impose de prévoir des dispositions transitoires dans le décret portant code de déontologie des commissaires aux comptes[205].

Même s'il ne s'agit pas d'une utilisation directe d'un principe général du droit communautaire, le Conseil d'État, en « découvrant » un nouveau « principe de sécurité juridique », franchit une nouvelle étape décisive dans le sens de la pleine application des principes d'origine communautaire. L'absence de mention dans l'arrêt de l'ascendance communautaire de la norme ainsi créée ne doit pas surprendre en ce qu'elle s'inscrit dans la stratégie jurisprudentielle habituelle du Conseil d'État qui préfère la médiation des principes généraux du droit français à l'application directe de normes d'origine externe[206].

Le recours à un principe de droit interne permet alors au juge administratif de ne pas dépendre de l'interprétation et des conditions d'application du principe par le juge communautaire[207].

---

203. Cf. M.-F. Christophe Tchakaloff, « Le principe d'égalité », *AJDA* juin 1996, n° spécial sur *Le droit administratif et le droit communautaire*, p. 168 et s. ; « Les discriminations positives en droit européen », *Pouvoirs*, septembre 1997, n° spécial.

204. CE, Ass., 24 mars 2006, *Société, KPMG et autres*, req. n° 288460 ; *JCP* A 2006, 1120, note Belorgey.

205. Dans cette affaire, la Haute Juridiction a considéré « qu'il incombe à l'autorité investie du pouvoir réglementaire d'édicter, pour des motifs de sécurité juridique, les mesures transitoires qu'implique, s'il y a lieu, une réglementation nouvelle ; qu'il en va ainsi en particulier lorsque les règles nouvelles sont susceptibles de porter une atteinte excessive à des situations contractuelles en cours qui ont été légalement nouées ». En l'espèce, le Conseil d'État fait une application positive de ce nouveau principe en considérant qu'« à défaut de toute disposition transitoire dans le décret attaqué, les exigences et interdictions qui résultent du Code apporteraient, dans les relations contractuelles légalement instituées avant son intervention, des perturbations qui, du fait de leur caractère excessif au regard de l'objectif poursuivi, sont contraires au principe de sécurité juridique ; qu'il y a lieu, par suite, d'annuler le décret attaqué en tant qu'il ne comporte pas de mesures transitoires relatives aux mandats de commissaires aux comptes en cours à la date de son entrée en vigueur intervenue, conformément aux règles de droit commun, le lendemain de sa publication au Journal officiel de la République française du 17 novembre 2005 ».

206. Les juges du Palais royal ont ainsi « découvert » un principe d'impartialité, indépendamment de la Convention européenne des droits de l'homme : CE, 3 décembre 1999, *Didier*, *JCP* II.10267, note F. Sudre ; CE, 6 novembre 2002, *M. Wargniez*, *LPA* 28 février 2003, n° 43, p. 15, note G. Gonzalez.

207. Cf. J.-M. Maillot, *La théorie administrative des principes généraux du droit – Continuité et modernité*, Dalloz, 2003, 766 p.

B - UNE RÉTICENCE PARTAGÉE

1.95 ▸ Si la Haute Juridiction administrative française manifeste donc une certaine retenue à l'égard des principes généraux dégagés ou repris par le juge communautaire, il convient d'observer, avec le professeur Flauss, qu'elle n'apparaît pas isolée dans cette attitude. Les autres juridictions non constitutionnelles des États membres « sont loin d'avoir opté pour une politique d'alignement systématique et inconditionnelle sur la jurisprudence de la Cour de justice »[208]. S'agissant déjà de la France, le refus de la Chambre sociale de la Cour de cassation de prendre acte de la solution de la Cour de justice concernant le principe de l'interdiction des discriminations indirectes[209] mérite à cet égard d'être noté.

Le parallèle peut également être fait avec le Conseil constitutionnel français qui marque de profondes réserves à l'idée de trouver dans les principes généraux en vigueur dans le système communautaire une source d'inspiration. La délégation française à la IXe conférence des cours constitutionnelles européennes observait bien, dans son rapport, que « rien ne s'oppose *a priori* à ce que le juge constitutionnel français [s'inspire] des principes généraux de l'ordre juridique communautaire ». Mais elle ajoutait immédiatement que, « concrètement, aucune décision rendue par le Conseil ne puise formellement son inspiration dans un principe général du droit dégagé par la Cour de Luxembourg »[210]. La remarque vaut toujours aujourd'hui, en particulier pour les droits de l'homme. Le professeur Favoreu affirmait ainsi qu'« il n'y a pratiquement pas de prise en considération par le Conseil constitutionnel des principes généraux du droit communautaire en matière de droits fondamentaux »[211]. Si, dans sa décision du 9 avril 1992 relative à l'autorisation de ratifier le Traité sur l'Union européenne, le Conseil accorde une effectivité certaine à l'alinéa 14 du Préambule de la Constitution de 1946, il ne paraît nullement faire des principes généraux du droit communautaire une des normes de référence de son contrôle, mais plutôt y voir une catégorie juridique utilisée par la Cour de Luxembourg pour assurer le respect des droits fondamentaux[212].

1.96 ▸ Comme son homologue du Palais Royal, le Conseil constitutionnel semble soucieux d'éviter un alignement trop manifeste sur la position du juge communautaire, d'autant plus que sa jurisprudence peut être parfois en opposition avec celle de Luxembourg. L'enjeu est alors d'éviter un risque de divergence publique entre un principe législatif et une norme communautaire. Ce fut notamment le cas lorsque le Conseil eut à traiter de l'interdiction du travail de nuit des femmes, rappelée par la Convention internationale du travail n° 89.

208. J.-F. Flauss, « Principes généraux du droit communautaire dans la jurisprudence des juridictions constitutionnelles des états membres », *in Droits nationaux, droit communautaire : influences croisées.* Actes du colloque d'Aix-en-Provence des 18-19 juin 1999, *op. cit.*, p. 49-60, spéc. p. 49.

209. Cass. soc., 30 avril 1994, *CNAVTS c/ Duchemin*, DS 1994, p. 561.

210. IXe conférence des Cours constitutionnelles européennes, Rapport présenté par la délégation française – Protection constitutionnelle et protection internationale des droits de l'homme : concurrence ou complémentarité ?, Paris, 10-13 mai 1993, *RFDA* 1993, p. 849-869, spéc. p. 862.

211. L. Favoreu, « La Constitution française et le droit communautaire », *in Droits nationaux, droit communautaire : influences croisées*, Actes du colloque d'Aix-en-Provence des 18-19 juin 1999, La Documentation française, 2000, p. 77-80.

212. Cons. const., n° 92-308 DC du 9 avril 1992, *Rec.*, p. 55, cons. 17 et 18.

Appelés à se prononcer sur la conformité à cette Convention d'une loi portant diverses mesures d'ordre social, adoptée à la fin de l'année 1986, et qui prévoyait en son article 39 d'étendre les possibilités de dérogation à cette interdiction, les juges du Palais Montpensier ont préféré éluder la question et conclure à un non-lieu à statuer en raison d'une procédure d'adoption irrégulière[213]. Ils évitaient ainsi de se trouver en porte-à-faux avec le droit communautaire[214], qui prohibe une telle discrimination.

Au total, si l'impact des principes généraux du droit communautaire sur la juridiction constitutionnelle nationale est particulièrement faible, il convient de se garder d'en exagérer les conséquences, dans la mesure notamment où le droit constitutionnel français offre à lui seul une protection équivalente. Si la norme externe n'apporte pas de garantie supplémentaire, son intérêt s'amoindrit. Au reste, la position du Conseil constitutionnel français se trouve partagée par nombre de cours constitutionnelles européennes qui, mis à part peut-être l'Espagne et l'Allemagne, refusent une prise en compte explicite de ces principes[215].

II – UNE APPLICABILITÉ DÉTERMINÉE PAR LA NATURE DU LITIGE

1.97 ▸ Les rapports entre droit international, au sens large, et droit interne répondent à une logique spécifique. Comme le souligne le professeur Jean-François Flauss, « l'articulation entre normes internationales et normes internes ne se fait pas systématiquement sur un mode hiérarchique, mais bien souvent au contraire, par la recherche des champs d'application respectifs »[216]. L'utilisation des principes généraux du droit communautaire par le juge administratif français s'inscrit dans cette perspective, ceux-ci jouant de manière exclusive lorsque le litige qui oppose l'administration au requérant revêt un caractère d'extranéité.

Si l'attitude du Conseil d'État commence lentement à se fixer, les premières orientations jurisprudentielles en provenance du Palais Royal semblent indiquer un positionnement proche de celui de la Cour de justice des Communautés européennes, qu'il convient de rappeler rapidement.

1.98 ▸ L'obligation à la charge des États membres de respecter les principes généraux dégagés par la Cour de justice au fil de sa jurisprudence trouve sa source à la fois dans les traités originaires et dans la logique propre au système juridique communautaire. Elle n'apparaît cependant pas sans limite, y compris pour la Cour de justice elle-même. Ces limites tiennent au domaine dans lequel se situe le litige.

---

213. Cons. const., n° 86-225 DC du 23 janvier 1987, *Rec.*, p. 13 ; *RDP* 1989, n° 2, p. 399, note Favoreu.

214. Tel qu'il ressort des termes de la directive n° 76-207 CEE du Conseil en date du 9 février 1976. Cf. aussi, jugeant que l'interdiction du travail de nuit des femmes, même si elle comporte des dérogations, est incompatible avec le droit communautaire, dès lors que le travail de nuit n'est pas interdit pour les hommes : CJCE, 25 juillet 1991, *Stœckel, Aff.* C-345/89, *Rec. CJCE*, 1991, p. I-4047.

215. Cf. O. Dord, *Cours constitutionnelles nationales et normes européennes*, Thèse Paris X, 1996 ; L. Burgorgue-Larsen, « Chronique de jurisprudence européenne comparée », *RDP* 2000, spéc. p. 1104-1114.

216. J.-F. Flauss, « Le rang du droit international dans la hiérarchie des normes en droit français », *LPA* 10 juillet 1992 (1re partie), n° 83, p. 16.

L'article 10 de la version consolidée du Traité instituant la Communauté européenne (anciennement article 5 du Traité CEE) énonce les éléments fondamentaux à l'origine du concept d'intégration européenne : « Les États membres prennent toutes mesures générales ou particulières propres à assurer l'exécution des obligations découlant du présent traité ou résultant des actes des institutions de la Communauté. Ils facilitent à celle-ci l'accomplissement de sa mission. Ils s'abstiennent de toutes mesures susceptibles de mettre en péril la réalisation des buts du présent traité ». Sur la base de ce texte, une double relation s'établit entre les deux ordres juridiques, national et communautaire, dans la mesure où, d'une part, les États ont un rôle essentiel dans l'exécution de la norme communautaire et, d'autre part, ils s'engagent à mettre en conformité leurs règles internes afin de donner leur plein effet aux dispositions communautaires.

1.99 › Ce schéma s'étend-il au respect des droits fondamentaux traduits sous forme de principes généraux du droit communautaire tels qu'énoncés par les juges de Luxembourg ? Une réponse positive doit à l'évidence s'imposer, tant il paraîtrait incongru d'écarter des principes qui contraignent les institutions communautaires elles-mêmes et ont donc une valeur supérieure au droit communautaire dérivé. Ils se situent, de l'avis général, à un rang identique aux traités dans la hiérarchie des normes communautaires. Le professeur Guy Isaac parlait à leur propos d'une « superlégalité communautaire »[217]. Certains ont même acquis, depuis le Traité d'Amsterdam, une valeur considérée parfois comme « supraconstitutionnelle »[218], et participent du patrimoine commun de la société européenne[219]. On voit mal, dès lors, comment les États membres pourraient s'en affranchir sans que soit remis en cause l'ensemble de la logique du système communautaire. Les membres du Conseil d'État le reconnaissent sans difficulté, Bruno Genevois considérant ainsi que « sur le fond, aussi bien la Communauté elle-même lorsqu'elle intervient [...] que les États membres sont tenus de respecter les stipulations du traité de Rome ainsi que les principes généraux du droit communautaire »[220].

1.100 › Toutefois, cette obligation de respect à la charge des États n'est pas sans borne. La Cour de justice a, de jurisprudence constante, reconnu la pleine applicabilité des principes généraux du droit communautaire en droit interne, mais uniquement lorsque ces derniers interviennent dans le champ communautaire. Le devoir qu'ont les États membres de respecter les principes généraux du droit communautaire est limité par le champ d'application du litige. Ces principes ne peuvent en effet être invoqués contre l'État que si le requérant qui s'en prévaut parvient à démontrer que la situation qui est en cause dans l'espèce présentée au juge est régie par la règle communautaire.

---

217. G. Isaac et M. Blanquet, *Droit communautaire général*, A. Colin, 8e éd., 2001, p. 176.

218. Défendant cette position, cf. H. GAUDIN, « Amsterdam : l'échec de la hiérarchie des normes ? », *RTDE* 1999, n° 1, p. 1 et s. L'auteur considère que l'article 6, alinéas 1 et 2 du traité, consacre expressément un certain nombre de principes considérés comme fondements de l'Union et qui s'imposent non seulement à la Communauté et à l'Union, mais aussi aux États membres et aux États candidats à l'adhésion. Ils seraient donc, à ce titre, « doublement supraconstitutionnels ».

219. Cf. F. Sudre, « La Communauté européenne et les droits fondamentaux après le Traité d'Amsterdam : vers un nouveau système européen de protection des droits de l'homme », *JCP* 1998.I.100, p. 9.

220. B. Genevois, concl. sur CE, 19 juin 1981, *Comité de vigilance et d'action viticole de la Gironde*, *Lebon*, p. 271.

1.101 › Au total, le principe général, pas plus qu'aucune autre norme communautaire, n'a vocation à s'appliquer « en l'absence de tout rattachement à l'une quelconque des situations envisagées par le droit communautaire », comme le précise la Cour de Luxembourg dans l'affaire *La Reine c/ Saunders*[221]. Cette position est parfaitement logique dans la mesure où l'on se situe dans le cadre d'un litige purement interne à un État membre et donc régi par son seul droit national. La Cour n'a ainsi jamais exigé le respect par les États membres de ces principes lorsqu'ils agissent dans le cadre de leurs compétences propres.

En revanche, dès lors que la réglementation nationale en cause se situe dans le cadre du droit communautaire, les règles non écrites en vigueur dans le système communautaire s'imposent aux États membres, non seulement dans l'exercice de compétences d'application du droit de la Communauté européenne, mais aussi dans l'exercice de compétences résiduelles.

1.102 › Quelle est, face à cette jurisprudence constante et cohérente, la réponse du juge administratif français ?

Les espèces traitant directement du problème et acceptant un contrôle de la norme législative nationale par une application directe du principe d'origine externe ne sont pas légion et surtout n'ont, pendant longtemps, pas été le fait de la Haute Juridiction administrative (A). Cette dernière ne s'est d'abord prononcée que pour affirmer la légalité d'une norme communautaire[222] ou d'un décret pris en application d'un règlement communautaire au regard du principe communautaire de confiance légitime[223]. S'agissant du contrôle éventuel de la loi interne, ce n'est qu'en décembre 2001 que le juge administratif a accepté de statuer dans le sens de l'invocabilité des principes généraux du droit communautaire (B).

A - UNE RECONNAISSANCE LIMITÉE

1.103 › Avant la mise au point récente du Conseil d'État, seuls deux jugements des tribunaux administratifs de Caen et de Strasbourg pouvaient être mentionnés, rendus curieusement à une journée d'intervalle. Ils consacraient pour la première fois, sans retenue ni circonvolution, le primat des règles communautaires de droit non écrit sur les lois ordinaires françaises.

---

221. CJCE, 29 mars 1979, *La Reine c/ Saunders*, Aff. 175/78, *Rec. CJCE*, p. 1129.

222. CE, 19 juin 1992, *Fédération départementale des syndicats d'exploitants agricoles des Côtes-du-Nord, Centre national des Jeunes agriculteurs et a.*, *Lebon*, p. 695 ; et CE, 2 octobre 1992, *Fédération départementale des syndicats d'exploitants agricoles des Côtes-du-Nord*, *Lebon*, p. 734 : à propos de la conformité au principe de confiance légitime de l'article 5 *quater* ajouté au règlement n° 804/68 du Conseil des Communautés européennes par le règlement n° 856/84 du 31 mars 1984, qui institue un prélèvement supplémentaire à la charge des acheteurs et des producteurs de lait.

223. Les requérants invoquaient la méconnaissance des principes communautaires de confiance légitime et de non-rétroactivité par le décret n° 2000-280 du 24 mars 2000 relatif à la modulation des paiements accordés aux agriculteurs au titre des régimes de soutien direct dans le cadre de la politique agricole commune. Ce décret était pris en application du règlement n° 1259/1999 du Conseil des Communautés européennes en date du 17 mai 1999. Ce n'est qu'après avoir noté les précautions prises par le gouvernement français pour prévenir et consulter les agriculteurs que le Conseil d'État écarta le moyen, « les producteurs prudents et avisés (ayant) été mis en mesure dès avant le début de l'année 2000 de prévoir l'adoption de la mesure litigieuse » : CE, 11 juillet 2001, *Fédération nationale des syndicats d'exploitants agricoles et a.*, req. n° 219494.

Dans la première espèce, *SA Périmédical* du 8 avril 1997, le tribunal administratif de Caen avait à se pencher sur la violation éventuelle du principe de proportionnalité[224]. La société requérante avait fait l'objet d'une série de neuf amendes de 5 000 francs en raison de défauts de déclarations d'échanges de biens entre les États membres de la Communauté, en violation des dispositions du Code des douanes. À l'appui de ses conclusions demandant à ce que soit déclarée nulle, car excessive, l'amende de 45 000 francs, la société anonyme invoquait l'incompatibilité du Code des douanes avec le principe général de proportionnalité de la peine, tel que reconnu par la Cour de justice. Le tribunal avait le choix d'écarter ou de déclarer applicable le principe de proportionnalité à l'encontre de l'amende en litige. Il préféra la seconde solution tout en considérant que « nonobstant son caractère forfaitaire, l'amende déterminée par l'article 467-4 du Code des douanes n'est pas, au regard du but poursuivi par le législateur, incompatible avec ledit principe ». Le juge de première instance a donc accepté d'apprécier le montant de l'amende forfaitaire par rapport à l'objectif poursuivi par le législateur et l'a déclaré compatible avec le principe communautaire de proportionnalité, reconnaissant ainsi sans ambages la primauté du principe sur la loi française.

1.104 ▸ Dans la seconde affaire[225], le tribunal administratif de Strasbourg devait déterminer si l'article 7-1 de la loi n° 91-716 du 26 juillet 1991, touchant à la détermination de l'assiette de la taxe sur les salaires pour les opérations de change manuel menées par des organismes bancaires, modifiait rétroactivement l'état du droit, en violation des principes de sécurité juridique et de confiance légitime. Estimant que ce litige s'inscrivait dans le champ d'application de la 6e directive TVA, le tribunal a accepté de procéder à un examen approfondi du droit national à l'aune desdits principes. Or, il ressort très clairement des conclusions du commissaire du gouvernement Miet que c'est directement en tant que principes appartenant à l'ordre juridique communautaire et non comme nouveaux principes de droit interne que sécurité juridique et confiance légitime sont envisagées par le juge alsacien[226].

1.105 ▸ Ces deux espèces apparaissaient cependant bien isolées, d'autant plus que la juridiction d'appel n'avait pas manqué de revenir sur l'excès d'audace auquel s'étaient livrés les premiers juges. Ainsi, s'agissant de la première affaire, la cour administrative d'appel de Nantes s'est contentée de constater que la disposition litigieuse n'était pas « disproportionnée au but recherché », considérant « par suite et en tout état de cause » que la société requérante ne

224. TA Caen, 8 avril 1997, *SA Périmédical, RFDA* 1997, p. 389-394, note Favret ; *Europe* juillet 1997, n° 225, comm. Simon.

225. TA Strasbourg, 9 avril 1997, *Caisse régionale de Crédit agricole mutuel d'Alsace, Europe* février 1998, n° 45, comm. Simon ; *DF* 1997, n° 50, comm. 1303, p. 1466-1468, concl. Miet.

226. « L'applicabilité au présent litige de ces principes généraux du droit communautaire ne nous paraît présenter aucune difficulté. En effet, dès lors qu'est en cause une norme communautaire, il appartient au juge national, comme juge communautaire, de faire application de tels principes. D'ailleurs, tant la Cour de justice des Communautés européennes que le Conseil constitutionnel posent l'obligation pour les autorités nationales, et donc pour les juridictions, de respecter ces principes généraux du droit communautaire, lorsque sont en cause des textes qui entrent dans le champ d'application de ce système juridique » : J. Miet, concl. sur TA Strasbourg, 9 avril 1997, *Caisse régionale de Crédit agricole mutuel-d'Alsace, op. cit.*

saurait utilement se prévaloir d'un moyen tiré de la méconnaissance « d'un principe de proportionnalité »[227].

Au total, les hypothèses d'admission du caractère « opérant » du moyen tiré de l'incompatibilité de la loi française avec le principe général du droit communautaire étaient donc, jusqu'à récemment, particulièrement limitées.

B - UNE RECONNAISSANCE TARDIVE

1.106 ❯ Dans une décision *Syndicat national de l'industrie pharmaceutique et autres*, le Conseil d'État a reconnu pour la première fois la valeur supralégislative des principes généraux du droit communautaire, se déclarant en outre compétent pour faire respecter cette prévalence[228]. Dans cet arrêt, le Haut Conseil a raisonné en plusieurs temps. Il a considéré que la contribution instaurée par la loi de financement de la Sécurité sociale pour 2000 ne constituait pas une validation législative car elle « ne concerne pas les mêmes assujettis, retient une assiette différente [...] et ne prévoit pas les mêmes exonérations que la précédente » ; par suite, il n'y avait pas d'atteinte à l'autorité de la chose jugée par la Cour de Luxembourg ou par lui-même ; dans ces conditions, « l'argumentation des requêtes qui s'efforce de rattacher la prétendue atteinte à la chose jugée [...] à la violation des traités régulièrement introduits dans l'ordre juridique interne ne peut qu'être écartée ; qu'ainsi les requérants ne peuvent utilement se prévaloir d'une incompatibilité de cette loi servant de support au décret attaqué [...] avec des principes généraux de l'ordre juridique communautaire déduits du Traité instituant la Communauté européenne et ayant la même valeur juridique que ce dernier, qu'il s'agisse du principe de la confiance légitime et du principe de sécurité juridique applicables aux situations régies par le droit communautaire, du principe de loyauté [...] ou encore du principe de primauté, lequel au demeurant ne saurait conduire, dans l'ordre interne, à remettre en cause la suprématie de la Constitution ».

Longtemps restée en suspens, la question du rang hiérarchique des principes généraux du droit communautaire en droit interne a donc désormais trouvé sa solution. Une telle acceptation ne relève d'ailleurs que de la stricte application du traité originaire et de la logique même du système communautaire. Comme il ressort en effet des conclusions prononcées par Henri Toutée sur la décision d'Assemblée du 17 février 1995 relative à l'élection des représentants français au Parlement européen du 12 juin 1994[229], « il s'agit de l'application d'un traité et dès lors que le traité confie son interprétation à la Cour de justice, il nous paraît difficile de refuser cette interprétation ». Il ajoute que « cette interprétation est que l'adhésion au traité comprend l'adhésion à un certain nombre de principes généraux du droit dégagés par la Cour », qui s'imposent à ce titre aux États membres.

227. CAA Nantes, 29 décembre 2000, *SA Périmédical, AJDA* 2001, p. 270-274, note Millet.

228. CE, 3 décembre 2001, *Syndicat national de l'industrie pharmaceutique et autres, RFDA* 2002, p. 1219, note Valembois.

229. H. Toutée, concl. sur CE, Ass., 17 février 1995, *Commission nationale des comptes de campagne et des financements politiques c/ MM. Aillaud, Cotten, Schwartzenberg et Touati, AJDA* 1995, p. 223-230.

Avant cette décision, seul un raisonnement par extension permettait de déduire de la jurisprudence du Conseil d'État qu'il admettait implicitement la solution selon laquelle, dans le champ du droit communautaire, la violation des principes généraux du droit communautaire pourrait le conduire à écarter l'application de la loi française.

1.107 ▸ Cette décision très riche permet un alignement de la position des différentes juridictions. Elle maintient cependant l'exigence du domaine d'application du litige, que la Cour de justice des Communautés européennes elle-même reconnaît, comme il a déjà été dit. En effet, soit le Conseil d'État retient que l'acte attaqué « n'est pas au nombre des actes pris par le gouvernement français pour la mise en œuvre du droit communautaire », soit il considère que la matière est « uniquement régie par le droit interne ».

La première branche de l'alternative se rencontre par exemple dans sa décision d'Assemblée du 5 mars 1999, *M. Rouquette, Mme Lipietz et autres*[230], dans laquelle les requérants invoquaient la contrariété de l'article L. 521-1 du Code de la sécurité sociale[231], qui instituait une mise sous condition de ressources des allocations familiales, avec le principe communautaire de confiance légitime. Cette disposition interne n'étant pas au nombre des actes pris par les autorités nationales pour mettre en œuvre le droit communautaire, la Haute Assemblée a déclaré le moyen inopérant. Cette position est adoptée de manière constante par le juge administratif, et ce, que le requérant invoque le principe de confiance légitime ou le principe de sécurité juridique.

1.108 ▸ Le second type de réponse a été posé dans un arrêt *SCI Résidence Dauphine* du 30 novembre 1994, par lequel le Conseil d'État a jeté les bases de sa jurisprudence en la matière, constamment reproduite depuis lors[232]. Ainsi, dans une récente décision du 8 juillet 2005, la Haute Juridiction a jugé « que le principe de confiance légitime, qui fait partie des principes généraux du droit communautaire, ne trouve à s'appliquer dans l'ordre juridique national que dans le cas où la situation juridique dont a à connaître le juge administratif français est régie par le droit communautaire ; que tel n'est pas le cas en l'espèce ; que, par suite, le moyen tiré de la méconnaissance du principe de confiance légitime est inopérant »[233].

Un raisonnement similaire sous-tend toute une série de décisions rendues depuis cette date[234].

---

230. CE, Ass., 5 mars 1999, M. Rouquette, *Mme Lipietz et autres, RFDA* 1999, p. 357-371, concl. Maugüé, *AJDA* 1999, p. 420, chron. Raynaud et Fombeur.

231. Dans sa rédaction issue de la loi du 19 décembre 1997 relative au financement de la Sécurité sociale, spécialement dans son article 23.

232. CE, 30 novembre 1994, *SCI Résidence Dauphine, Lebon*, p. 516 ; *Europe* mars 1995, n° 95, note Simon ; *DF* 1985, n° 8, comm. 319 ; *RJF* 1/1995, n° 132, p. 9-12, concl. Bachelier.

233. CE, 8 juillet 2005, *Fédération des syndicats généraux de l'Éducation nationale et de la recherche publique SGEN CFDT*, req. n° 266900. Cf. aussi CE, Ass., 24 mars 2006, *Société KPMG et autres*, req. n° 288460.

234. Cf. par exemple : CE, 7 juillet 2006, *Société Poweo*, req. n° 289012 ; CAA Versailles, 14 avril 2005, *M. et Mme Donald X.*, req. n° 02VE02310 ; CAA Nancy, 21 mars 2005, *Ministre de l'Aménagement du territoire et de l'Environnement*, req. n° 00NC00449.

1.109 ▸ Désormais, il peut être intéressant de se demander dans quels domaines les évolutions futures ont le plus de chances de se manifester.

Si le litige à trancher entre dans le champ d'application du droit communautaire, les principes généraux dégagés à Luxembourg sont utilisables et priment. Dans le cas contraire, le moyen tiré de la violation de ces principes ne peut être accueilli. Tout dépend ainsi de la nature du litige. Si une évolution doit se dessiner, elle concernera donc, *a priori*, cette notion de « litige communautaire ».

1.110 ▸ Mais au-delà, un second motif d'extension de l'application de ces principes réside dans une hypothèse simple : l'invocabilité des principes généraux du droit communautaire dans le cadre de litiges purement internes. En effet, rien ne l'interdit strictement. Dans les situations autres que les actes pris par les autorités nationales pour mettre en œuvre le droit communautaire, rien ne s'oppose à ce que les principes généraux initiés à Luxembourg reçoivent application, mais cela n'a pas de caractère contraignant. Or, si le Conseil d'État a adopté une attitude de prudence, il ne s'agit pas d'une attitude de refus. On ne voit pas bien, en effet, ce qui pourrait empêcher un juge, chargé de dire le droit, de le faire au regard d'un principe incontestablement et hautement reconnu dans un système de droit communautaire qui, par ailleurs, s'impose à lui.

Au-delà, le juge administratif pourra-t-il limiter longtemps un principe tel que le principe de confiance légitime aux seules matières régies par le droit communautaire ? Comme le souligne le professeur Jean-Bernard Auby, « lorsqu'une règle ou un principe protecteur des droits des citoyens nous vient du droit communautaire, il est bien difficile de la cantonner durablement au champ de la mise en œuvre de ce droit »[235]. La « pente naturelle » d'évolution et de diffusion du principe le conduit à déborder sur toutes situations dans lesquelles le droit protégé est bafoué, droit communautaire en cause ou pas. L'exemple anglais est, à ce titre, caractéristique. À la suite de l'arrêt de la Cour de Luxembourg *Factortame*[236], les autorités anglaises ont été contraintes de mettre en place une procédure de sursis à exécution des actes gouvernementaux qui n'a pu être cantonnée aux seuls actes de mise en œuvre du droit communautaire. Elle a rapidement été généralisée.

Certaines juridictions françaises semblent avoir déjà admis une telle hypothèse. La cour d'appel d'Orléans a ainsi fait application du principe communautaire de confiance légitime hors du champ d'application du droit communautaire[237].

1.111 ▸ Une telle problématique a commencé à être posée au détour de quelques conclusions de commissaires du gouvernement, sensibilisés par l'insatisfaction de la solution présente. M. Jean-Christophe Duchon-Doris n'hésitait pas ainsi à s'interroger sur l'applicabilité des principes communautaires de sécurité juridique et des droits de la défense au cas d'espèce, après avoir pourtant constaté que le litige se situait en dehors de la mise en œuvre du droit

---

235. J.-B. Auby, « Confiance légitime », *DA* juin 2001, *Repères*, p. 3.

236. CJCE, 19 juin 1990, *Factortame* I, Aff. C-213/89, *Rec. CJCE*, p. I-2433 : le juge national a le pouvoir de suspendre provisoirement l'application d'une norme nationale en cas de doute sur sa compatibilité avec le droit communautaire même si une telle faculté n'est pas prévue par le droit national.

237. CA Orléans, 9 août 1994, *SA Slibail c/ Jousset, Jurisclasseur Europe*, Fasc. 411, janvier 1995, n° 8.

communautaire[238]. Le débat était ainsi lancé. Il a trouvé sa première illustration dans la décision d'Assemblée précitée *Société KPMG et autres* en date du 24 mars 2006, dans laquelle le Conseil d'État a solennellement consacré le principe de sécurité juridique[239]. Gageons qu'il devrait, dans les prochaines années, faire l'objet de nouveaux développements.

Il s'agirait alors là d'une possibilité nouvelle pour certains droits et libertés fondamentaux mieux protégés au niveau communautaire qu'au niveau national, d'être invocables par le requérant individuel.

BIBLIOGRAPHIE

AFROUKH M., *La hiérarchie des droits et libertés dans la jurisprudence de la Cour européenne des droits de l'homme*, Bruylant, DL 2011, 622 p.

ANDRIANTSIMBAZOVINA J., *Code des droits de l'homme et des libertés fondamentales 2017*, Lexis-Nexis, 2016, 1339 p.

BERGER V., *Jurisprudence de la Cour européenne des droits de l'homme*, Sirey, 13e éd., 2014, 953 p.

BIOY X., *Droits fondamentaux et libertés publiques*, Montchrestien, 2012, 661 p.

BIRDEN E., *La limitation des droits de l'homme au nom de la morale : étude de la jurisprudence de la Cour européenne des droits de l'homme*, LGDJ, 2015, 706 p.

BURGORGUE-LARSEN L., *La convention européenne des droits de l'homme*, LGDJ, 2e éd., 2015, 302 p.

CASSIA P., VON COESTER S., « L'application de la Charte des droits fondamentaux de l'Union européenne par le juge national », *La Semaine Juridique Édition Générale* n° 10, 5 mars 2012, doctr. 298.

COHEN J.-P., *La Cour européenne des droits de l'homme : des juges pour la liberté*, Dalloz, 2013, 262 p.

DECAUX E., DE FROUVILLE O. (dir.), *La dynamique du système des traités de l'ONU en matière de droits de l'homme : actes du colloque du 10 novembre 2014*, Pedone, 2015, 210 p.

DERO-BUGNY D., *Les rapports entre la Cour de justice de l'Union européenne et la Cour européenne des droits de l'homme*, Bruylant, 2015, 227 p.

ERGEC R. ET HAPPOLD M., *Droit européen des droits de l'homme*, Sirey-Dalloz, 2017, 518 p.

GAUTHIER C., PLATON S. et SZYMCZAK D., *Traité de droit international des droits de l'homme*, Pedone, 2016, 1501 p.

GUINCHARD S. (dir.), *Droit processuel-Droits fondamentaux du procès*, 7e éd., Dalloz, 2013, 1493 p.

HENNEBEL L. ET TIGROUDJA H., *Droits de l'homme et libertés fondamentales*, Dalloz, 2e éd., 2015, 792 p.

HENNETTE-VAUCHEZ S. ET ROMAN D., *Droits de l'homme et libertés fondamentales*, Dalloz, 2e éd., 2015, 792 p.

KALFLECHE G., « Application du droit de l'Union par les juridictions administratives », *Europe* n° 12, décembre 2012, chron. 4.

238. J.-C. Duchon-Doris, concl. sur CAA Marseille, 1er juillet 1999, *M. Colombeau, RFDA* 2001, p. 488-500, spéc. p. 494. Il conclut cependant au rejet du moyen tiré de la violation desdits principes.

239. CE, Ass., 24 mars 2006, *Société KPMG et autres, op. cit.*

Marguenaud J.-P., *La Cour européenne des droits de l'homme*, Dalloz, 7e éd., coll. « Connaissance du droit », 2016, 212 p.

Oberdorff H., *Droits de l'homme et libertés fondamentales*, LGDJ, 5e éd., 2015, 608 p.

Renoux T., *Protection des libertés et droits fondamentaux*, La Documentation française, 2011, 395 p.

Renucci J.-F., *Droit européen des droits de l'homme : droits et libertés fondamentaux garantis par la CEDH*, LGDJ, 6e éd., 2015, 506 p.

Sauron J. L., *Le système de la Convention européenne des droits de l'homme : modalités des recours devant la Cour européenne des droits de l'homme, droits garantis par la Convention, jurisprudence des juridictions françaises (Conseil d'État, Cour de cassation)*, Gualino, 2008, 232 p.

Sauron J. L. et Chartier A., *Les droits protégés par la Convention européenne des droits de l'homme*, Gualino, 2014, 474 p.

Sauron J. L. et Reguer-Petit L., *Procédures devant les juridictions de l'Union européenne et devant la CEDH*, Gualino-Lextenso, 2016, 382 p.

Spielmann D. *et al.*, *La Convention européenne des droits de l'homme, un instrument vivant : Mélanges en l'honneur de Christos L. Rozaki*, Bruylant, DL 2011, 762 p.

Sudre F. *et al.*, *Les grands arrêts de la Cour européenne des droits de l'homme*, PUF, 7e éd., 2015, 944 p.

Sudre F., *Droit européen et international des droits de l'homme*, PUF, 13e éd., 2016, 1005 p.

Sudre F., *La Convention européenne des droits de l'Homme*, PUF, 10e éd., 2015, 122 p.

Tavernier P. (dir.), *La France et la Cour européenne des droits de l'homme. 1998-2008 : une décennie d'application du protocole XI – La jurisprudence en 2007*, Bruylant, 2009, 404 p.

Touzé S. (dir.), *La Cour européenne des droits de l'homme : une confiance nécessaire pour une autorité renforcée*, 10e colloque du CRDH – Panthéon-Assas, Pedone, 2016, 248 p.

Velu J. et Ergec R., *La Convention européenne des droits de l'homme*, Bruylant, 2014, 1250 p.

Villey M., *Le droit et les droits de l'homme*, PUF, 2e éd., 2014.

Weisse-Marchal C., « L'applicabilité de la Charte des droits fondamentaux de l'Union européenne dans les ordres juridiques nationaux », *RMCUE* 2013, n° 573, p. 601.

Weitzel L. (dir.), *L'Europe des droits fondamentaux : mélanges en hommage à Albert Weitzel*, Pedone, 2013, 410 p.

Le texte des principaux instruments internationaux a été notamment rassemblé par :

Charrier J.-L., *Code de la Convention européenne des droits de l'homme*, Litec., éd. du Juris-Classeur, 3e éd., 2005, 429 p.

Conseil de l'Europe. Comité directeur pour les droits de l'homme, *La réforme de la Convention européenne des droits de l'homme : un travail continu : une compilation des publications et documents pertinents pour la réforme actuelle de la CEDH*, Éditions du Conseil de l'Europe, 2009, 764 p.

Weckel Ph. (dir.), *Sentinelle*, Journal de la Société française de droit international, sur www.sentinelle-droit-international.fr/.

SUJETS DE RÉFLEXION

Y a-t-il une place pour la Charte des droits fondamentaux de l'Union européenne au sein du dispositif international de protection des droits de l'homme et des libertés fondamentales ?

Les systèmes européens et communautaires de protection des droits de l'homme sont-ils conciliables ?

L'apport de l'adoption d'une Constitution européenne à la protection des droits et libertés fondamentaux.

Le système de protection des droits de l'homme mis en place au sein du Conseil de l'Europe résistera-t-il à son élargissement constant à de nouveaux États ?

» Exercices de préparation au grand oral

› Sujet n° 1

La Charte des droits fondamentaux de l'Union européenne va-t-elle améliorer la protection des droits et libertés fondamentaux en droit européen ?

› Éléments de corrigé

– La Charte des droits fondamentaux de l'Union européenne apparaît comme la dernière manifestation de la place croissante qu'occupe la protection des droits de l'homme dans les préoccupations des différents acteurs de la construction européenne. Elle constitue une nouvelle illustration d'une évolution générale entamée à partir de la fin de la Seconde Guerre mondiale, qui a fait des droits fondamentaux un thème majeur des relations internationales.

– Date de signature et méthode de rédaction utilisée (création d'une « Convention » chargée d'élaborer la charte, composée de représentants des exécutifs des États membres, d'un représentant de la Commission, de membres du Parlement européen et de délégués des parlements nationaux).

– Rappel de la protection formelle des libertés fondamentales en droit communautaire avant la Charte :

L'absence de référence explicite dans les traités originaires ;

La montée en puissance progressive, traduite dans les traités de Maastricht et d'Amsterdam ;

Mise en place d'un contrôle politique (article 309 du traité consolidé) exercé par la Commission, le Conseil et le Parlement, visant à suspendre l'application de certains droits tirés des traités, à l'encontre d'un État membre auteur de violations graves et répétées des principes mentionnés à l'article 6 § 1, qui stipule que « l'Union est fondée sur les principes de la liberté, de la démocratie, du respect des droits de l'homme et des libertés fondamentales ainsi que de l'État de droit, principes qui sont communs aux États membres ».

Droit de pétition (article 194 du traité consolidé) et instauration du Médiateur (article 195 du traité consolidé).

– Rappel de la protection jurisprudentielle des libertés fondamentales par le juge communautaire :

Le rôle moteur joué par la Cour de justice des Communautés européennes qui a bâti une œuvre jurisprudentielle essentielle permettant de compenser l'absence d'un catalogue communautaire de protection des droits de l'homme ;

Aperçu rapide des principes généraux du droit communautaire relatifs aux droits fondamentaux : droit au respect de la vie privée et familiale, du domicile et de la correspondance, droit de propriété, non-discrimination fondée sur la nationalité, le sexe ou la religion, protection du secret médical, liberté d'association.

Rappel de sa « resignature » le 12 décembre 2007 et du rôle du traité de Lisbonne. La réserve de certains États membres (Royaume Uni, Pologne et République tchèque).

– Complémentarité ou concurrence ? :

Certains arrêts récents de la Cour de justice de l'Union européenne, tel l'arrêt *DEB* du 22 décembre 2010, sont de nature à laisser penser que la Charte a vocation à devenir la pierre angulaire de la protection des droits fondamentaux dans l'Union. Mais parallèlement, le traité de Lisbonne a fourni la base juridique nécessaire à l'adhésion de l'Union à la Convention européenne des droits de l'homme, qui de source matérielle des principes généraux du droit communautaire, pourrait donc devenir une source formelle, au respect de laquelle les institutions seront tenues. Dans ces conditions, la question de la complémentarité ou de la concurrence entre les deux instruments se pose avec une acuité renouvelée, sur le terrain du contenu des droits garantis aussi bien que des mécanismes de contrôle.

L'adoption de la Charte constitue indéniablement un progrès. Elle s'inscrit ainsi dans une démarche progressiste (I). Cependant, son véritable impact est longtemps resté indéterminé et dépend notamment de la manière dont elle est reçue par les juges comme de son intégration dans les traités (II).

I. Une démarche progressiste

a) Une approche codificatrice nouvelle

– Une démarche attendue : sans juridiction spécialisée, sans Déclaration de droits spécifique, face au refus de la Cour d'admettre une adhésion de l'Union à la Convention européenne des droits de l'homme, l'Union européenne se trouvait devant un problème juridique et moral majeur, qui ne pouvait demeurer en l'état.

– Devant la difficulté de classer certains droits et libertés dans une corbeille plutôt que dans une autre, le choix s'est fait d'une énumération continue, forte de 54 articles. Le souci de lisibilité a simplement amené la « Convention » à regrouper le tout autour de six thèmes qui représentent autant de valeurs fondamentales que l'Union proclame solennellement : « Dignité », « Libertés », « Égalité », « Solidarité », « Citoyenneté » et « Justice ».

– Un ensemble complet et parfois innovant de droits et libertés : séparation des droits de se marier et de fonder une famille ; droit à la protection diplomatique ; l'interdiction du clonage reproductif des êtres humains...

– « Dépoussiérage » des droits proclamés par la Convention européenne des droits de l'homme, malgré les difficultés, traditionnelles, à rassembler les États autour d'un catalogue complet de droits économiques et sociaux.

b) Une ambition humaniste prometteuse

– Offrir une protection équivalente, voire meilleure (et en tout cas plus moderne), que celle apportée par la Convention européenne des droits de l'homme.

– Prolongement logique de l'arrêt de la Cour européenne des droits de l'homme « *Matthews c/ Royaume-Uni* » du 18 février 1999 qui a donné naissance à la célèbre doctrine Matthews. La Cour de Strasbourg, organe de sauvegarde de la Convention européenne de droits de l'homme, après avoir relevé l'impossibilité d'attaquer « en tant que tels » les actes de la Communauté européenne, celle-ci n'étant pas partie à la Convention, relève que « la Convention n'exclut pas le transfert de compétences à des organisations internationales, pourvu que les droits garantis par la Convention continuent d'être reconnus. Pareil transfert ne fait donc pas disparaître la responsabilité des États membres ». La Cour ne renonce donc à son pouvoir de contrôle que si et dans la mesure où « une protection équivalente » est assurée à ces droits au sein de l'ordre juridique communautaire.

- Donner aux citoyens de l'Union une autre image de la construction européenne, à côté de sa dimension économique et financière.

II. Un progrès incertain

a) La Charte pourra-t-elle s'intégrer dans le dispositif de protection existant ?

- Superposition d'un quadruple catalogue formel de protection des droits de l'homme : national, européen, international, et maintenant Union européenne.

- Depuis l'arrêt *Van Gend and Loos*, la Cour de justice des Communautés européennes a inscrit le droit communautaire dans un ordre juridique propre. Dès lors, rien ne s'oppose, en toute logique, à ce que cet ordre juridique communautaire se dote d'une dimension formelle liée aux droits fondamentaux. Ce ne serait là que la suite logique de l'abondante et ancienne jurisprudence de la Cour relative aux principes généraux du droit communautaire. Dans ce cas-là, il est normal que la Cour de Luxembourg adopte sa propre vision de cet instrument international et des droits et libertés qu'il renferme, potentiellement en décalage avec la Cour européenne des droits de l'homme. C'est là poser la question de l'articulation de la Charte avec la Convention de Rome et les autres instruments universels de protection.

- S'agissant des rapports avec la Convention EDH, toute divergence ne saurait être exclue comme le montrent les jurisprudences des deux cours relatives au mariage. Cependant, l'article 52 § 3 de la Charte tente de prévenir ces tiraillements en posant un principe de correspondance d'interprétation entre la Charte et la Convention EDH, tout en indiquant que cela « ne fait pas obstacle à ce que le droit de l'Union accorde une protection plus étendue ».

- Insister sur la complexité du système aujourd'hui en vigueur et sur les difficultés de coordination des multiples instruments de protection des droits et libertés fondamentaux.

- La Charte apporte un surcroît de protection indéniable, notamment en matière de droits sociaux et liés au progrès médical, répondant ainsi à un besoin imparfaitement satisfait. En outre, elle va permettre un contrôle des actes de droit communautaire dérivé au regard des droits et libertés fondamentaux.

- Par ailleurs, il importe de noter que la Charte devrait pouvoir s'intégrer harmonieusement dans les différents droits internes, dans la mesure où elle va permettre au juge national d'élargir ses compétences et de renforcer ainsi son office.

- Au total, les risques de divergences d'interprétation de droits similaires par les différents interprètes sont limités eu égard au dialogue permanent existant entre les juridictions et aux influences réciproques qui en résultent.

- Ces risques de divergence seraient encore limités par l'adhésion de l'Union européenne à la Convention européenne des droits de l'homme, qui éviterait les contradictions entre les Cours. Cette adhésion est acquise, dans son principe, depuis l'entrée en vigueur du Protocole n° 14 annexé à la Convention EDH, le 1er juin 2010. Mais l'avis négatif rendu le 18 décembre 2014 par la Cour de justice de l'Union européenne rebat les cartes et s'oppose dans l'immédiat à cette adhésion.

b) La Charte parviendra-t-elle à s'insérer au cœur du dispositif normatif de l'Union européenne ?

– La question de la valeur juridique de la Charte s'est longtemps posée du fait de l'abandon du processus de ratification du nouveau texte après les rejets français et néerlandais. Pendant longtemps, les références à la Charte, reconnue comme ayant une portée juridique effective, n'apparaissaient que dans les conclusions d'avocats généraux et au travers de quelques jurisprudences disparates. Le texte n'était souvent utilisé que de manière incidente. La Cour de justice des Communautés européennes ne reprenait ainsi le plus souvent que la substance de la Charte sans la citer.

– Finalement, dans un arrêt de Grande Chambre en date du 27 juin 2006 (*Parlement européen c/ Conseil de l'Union européenne*), la Cour de justice des communautés européennes s'est fondée sur la mention explicite de la Charte dans les considérants d'une directive pour l'intégrer parmi les normes de droit au regard desquelles la légalité des actes communautaires peut être contrôlée.

– Le Conseil d'État français, quant à lui, s'est manifesté dans un premier temps dans le sens d'une non-application de la charte. La Haute Juridiction a ainsi, dans une décision du 5 janvier 2005, *Mlle Deprez*, jugé que « contrairement à ce que soutient la requête, la Charte des droits fondamentaux de l'Union européenne, proclamée par le Conseil européen le 7 décembre 2000 et reprise dans un acte interinstitutionnel publié le 18 décembre 2000 est dépourvue, en l'état actuel du droit, de la force juridique qui s'attache à un traité une fois introduit dans l'ordre juridique interne et ne figure pas au nombre des actes du droit communautaire dérivé susceptibles d'être invoqués devant les juridictions nationales ». Toutefois, sa position a aujourd'hui évolué, depuis une décision *Union nationale des footballeurs professionnels* du 24 février 2011, où il a pour la première fois reconnu l'applicabilité de la Charte. C'est aujourd'hui de manière régulière qu'il contrôle des actes administratifs au regard de la Charte.

Conclusion

La Charte des droits fondamentaux de l'Union européenne, bien que fortement handicapée par l'échec de la ratification du Traité « constitutionnel », a retrouvé une « nouvelle jeunesse » avec l'entrée en vigueur du traité de Lisbonne. En effet, en vertu de ce traité, l'Union reconnaît les droits, les libertés et les principes énoncés dans la Charte des droits fondamentaux de l'Union européenne. Certes, par rapport à l'ancien projet de traité constitutionnel européen, la Charte des droits fondamentaux ne figure plus dans le texte même des traités, mais elle se trouve inscrite par le biais d'un renvoi : le nouvel article 6, § 1, du TUE précise que « l'Union reconnaît les droits, les libertés et les principes énoncés dans la Charte des droits fondamentaux [...] laquelle a la même valeur juridique que les traités ». Une déclaration (n° 29), annexée à l'Acte final, rappelle que la Charte « confirme » les droits fondamentaux garantis par la Convention EDH et résultant des « traditions constitutionnelles communes aux États membres » ; elle précise que « la Charte n'étend pas le champ d'application du droit de l'Union au-delà des compétences de l'Union, ni ne crée aucune compétence ni aucune tâche nouvelle pour l'Union et ne modifie pas les compétences et tâches définies par les traités ». Le renvoi formel par le traité de Lisbonne lui confère valeur de droit originaire[240]. La Charte acquiert donc un caractère contraignant et la Cour de Justice contrôlera son respect tant par les institutions de l'Union que, lors de la mise en œuvre du droit de l'Union, par les États membres. D'ailleurs, son dynamisme et sa montée en puissance sont attestés par le fait qu'en 2014, 210 décisions rendues par les juridictions de l'Union européenne citaient la charte (contre

240. D. Simon, « Les droits fondamentaux dans le traité de Lisbonne », *Europe*, février 2008, *Repère*, n° 2.

114 en 2013), pendant que les tribunaux nationaux des États membres faisaient référence à la charte comme source d'orientation et d'inspiration dans un nombre croissant d'affaires. Elle constitue en outre un nouveau texte de référence qui renouvelle le dialogue entre les Cours européennes et participe de l'enrichissement permanent des systèmes juridiques.

› Sujet n° 2

La protection internationale des droits de l'homme est-elle efficace ?

› Éléments de corrigé

Après avoir rappelé en introduction tant l'intérêt du sujet dans la période troublée actuelle que la multiplicité des instruments de protection des droits de l'homme au niveau international, vous pourrez adopter la problématique suivante : les instruments de protection des droits sont nombreux, mais apparaissent insuffisants pour assurer une protection efficace des droits de l'homme partout dans le monde. L'exemple européen semble cependant de nature à essaimer. Après avoir explicité les lacunes de la protection internationale des droits, il conviendra de souligner l'effectivité du système européen, assuré tant par la Cour européenne des droits de l'homme que par la Cour de justice de l'Union européenne.

I. Une protection internationale limitée

a) Des déclarations internationales de droits sans valeur impérative

b) Des déclarations internationales de droits sans juge international spécialisé

II. Une protection européenne renforcée

a) Le rôle fondamental et efficient de la Cour européenne des droits de l'homme

b) Le rôle naissant et prometteur de la Cour de justice de l'Union européenne

› Sujet n° 3

Protection internationale et protection européenne des droits de l'homme

› Éléments de corrigé

I. Une ambition commune de protection des droits fondamentaux

a) L'approche universaliste des textes internationaux

b) La dimension régionale du texte européen

II. Une efficacité diverse dans la protection des droits fondamentaux

a) L'efficience du modèle européen de protection

b) Les carences du mécanisme international de protection

› Q.R.C. n° 1 : Quel est l'état de la question de l'adhésion de l'Union européenne à la Convention EDH ?

Le Protocole additionnel n° 14 contient une clause prévoyant l'adhésion de l'Union européenne à la Convention. L'objectif est de parachever l'espace juridique européen des droits fondamentaux.

De nombreuses références sont déjà faites au droit de la Convention EDH au sein du droit de l'Union. Ainsi, l'article 6, § 3 du Traité sur l'Union européenne (TUE) prévoit que : « Les droits fondamentaux, tels qu'ils sont garantis par la Convention européenne des droits de l'homme [...] font partie du droit de l'Union en tant que principes généraux ». De même, la Charte des droits fondamentaux de l'UE consacre en son article 52, § 3 le principe d'interprétation concordante (ou homogène) entre les droits garantis par elle-même et les droits garantis par la Convention EDH : « Dans la mesure où la présente Charte contient des droits correspondant à des droits garantis par la Convention européenne de sauvegarde des droits de l'homme et des libertés fondamentales, leur sens et leur portée sont les mêmes que ceux que leur confère ladite convention. Cette disposition ne fait pas obstacle à ce que le droit de l'Union accorde une protection plus étendue ».

Toutefois, dans son avis 2/13 du 18 décembre 2014, la Cour de justice de l'Union européenne, réunie en assemblée plénière, a conclu que le projet d'accord d'adhésion de l'Union Européenne (UE) à la Convention n'est pas compatible avec le droit de l'UE, et ce contre l'avis de son avocat général, qui concluait à la compatibilité sous réserves du projet d'accord avec le droit de l'Union.

Les motifs avancés tournent globalement autour du fait que l'accord envisagé est susceptible de porter atteinte aux caractéristiques spécifiques et à l'autonomie du droit de l'Union, par exemple au niveau de la procédure de renvoi préjudiciel, qu'il n'exclut pas la possibilité que des litiges entre les États membres ou entre ces derniers et l'Union, relatifs à l'application de la Convention EDH dans le champ d'application matériel du droit de l'Union, soient portés devant la Cour EDH, ou encore qu'il méconnaît les caractéristiques spécifiques du droit de l'Union concernant le contrôle juridictionnel des actes, actions ou omissions de l'Union en matière de PESC, dans la mesure où il confie le contrôle juridictionnel de certains de ces actes, actions ou omissions exclusivement à un organe externe à l'Union.

Q.R.C. n° 2 : L'universalisme des droits et libertés fondamentaux

Le droit international des droits de l'homme a élevé au rang de grand principe celui de l'universalisme des droits de l'homme, ce qui peut sembler logique au regard tant de l'objectif par nature universel de la protection de l'être humain qu'eu égard à la multiplicité des instruments de protection.

La Conférence mondiale des Nations unies sur les droits de l'homme, qui s'est tenue à Vienne en juin 1993, a confirmé solennellement cette perspective en soulignant que « tous les droits de l'homme sont universels, indissociables, interdépendants et intimement liés ».

Pourtant, du fait de l'importance des particularismes nationaux et régionaux et la diversité historique, culturelle et religieuse, ces droits et libertés fondamentaux sont parfois considérés comme l'expression de l'individualisme occidental, doublée d'une laïcité que d'aucuns rejettent.

Il importe sans doute, pour limiter ce décalage, que les États développés mettent davantage l'accent sur les droits économiques et sociaux, perçus comme un prolongement indispensable, une garantie nécessaire à l'épanouissement de l'individu. De même, sans exclure le sentiment religieux, il est souhaitable d'adopter une posture ferme à l'égard du risque de confusion des registres politique et religieux, en limitant l'impact du religieux à la seule sphère privée de l'individu.

Quoi qu'il en soit, ces difficultés ne doivent pas faire oublier l'avancée extraordinaire que constitue la reconnaissance à tout être humain d'un minimum de droits fondamentaux qui sont à l'essence même de toute civilisation.

› Q.R.C. n° 3 : La Déclaration universelle des droits de l'homme

L'Assemblée générale des Nations unies a adopté la Déclaration universelle des droits de l'homme à Paris le 10 décembre 1948.

L'objectif politique de ce texte important est de définir une conception commune à la grande majorité des États membres, en faveur du respect universel et effectif des droits de l'homme et des libertés fondamentales.

Toutefois, ce texte souffre de son absence de caractère obligatoire, n'étant qu'une simple résolution. Son contenu est superficiel, cherchant toujours le juste équilibre entre, d'une part, les aspirations des États occidentaux à reconnaître aux individus des droits civils et politiques, et, d'autre part, celles des États socialistes et en voie de développement à promouvoir des droits collectifs à contenu économique et social. Elle constitue cependant une remarquable avancée pour les droits et libertés fondamentaux en ce qu'elle pose les bases des futurs instruments internationaux de protection des droits de l'homme.

Deux pactes ont été adoptés par la suite en 1966, en complément de la Déclaration universelle : le Pacte relatif aux droits civils et politiques et le Pacte relatif aux droits économiques et sociaux.

› Q.R.C. n° 4 : Convention européenne des droits de l'homme et Juge administratif français

Après une période de vives tensions entre les différentes Cours (CE et Cour EDH notamment), illustrée notamment par la remise en cause par la Cour EDH de la dualité fonctionnelle du Conseil d'État luxembourgeois (décision Procola c/ Luxembourg du 28 septembre 1995), s'attaquant ainsi indirectement à la structure traditionnelle de son homologue français, les rapports se sont apaisés, laissant la place à des influences réciproques et des références mutuelles. Le Conseil d'État se fonde ainsi régulièrement sur les principaux articles de la Convention européenne des droits de l'homme, qu'il s'agisse de l'article 8 depuis 1991 (où il annula pour violation de cet article des arrêtés de reconduite à la frontière, de refus d'abrogation d'un arrêté d'expulsion, de refus d'octroi d'un titre de séjour et de refus de délivrance d'un visa), ou de l'article 6 relatif au « droit » de toute personne « à ce que sa cause soit entendue [...] publiquement » (CE, Département de l'Indre du 29 juillet 1994, puis Maubleu du 14 février 1996).

De même, après s'être dans un premier temps refusée à conclure à l'incompatibilité des lois de validation avec les exigences du procès équitable, la Haute Juridiction administrative a franchi le pas par sa décision du 28 juillet 2000, *Tête et Association du collectif pour la gratuité et contre le racket*.

Enfin, dans un arrêt récent, le Conseil d'État s'est prononcé sur l'impact et les effets d'une décision de la Cour européenne des droits de l'Homme ayant constaté une violation par la France d'un des droits garantis (à propos d'une sanction administrative devenue définitive : CE, *M. Vernes* du 9 mars 2016), posant un considérant de principe selon lequel « le constat par la Cour européenne des droits de l'homme d'une méconnaissance des droits garantis par la convention constitue un élément nouveau qui doit être pris en considération par l'autorité investie du pouvoir de sanction ; qu'il incombe en conséquence à l'autorité administrative, lorsqu'elle est saisie d'une demande en ce sens et que la sanction prononcée continue de produire des effets, d'apprécier si la poursuite de l'exécution de cette sanction méconnaît les exigences de la convention et, dans ce cas, d'y mettre fin, en tout ou en partie, eu égard aux intérêts dont elle a la charge, aux motifs de la sanction et à la gravité de ses effets ainsi qu'à la nature et à la gravité des manquements constatés par la Cour ».

CHAPITRE II

Les sources nationales constitutionnelles des libertés et droits fondamentaux

Philippe Blachèr
Professeur à l'Université de Lyon (Jean Moulin Lyon 3)
Directeur de l'Équipe de droit public de Lyon (EA 666)

2.1 ▸ Le droit de l'état d'urgence[1], qui limite ou suspend de manière inédite les libertés publiques en raison de circonstances exceptionnelles[2], rappelle le caractère fondamental des sources constitutionnelles dans le domaine des droits et libertés. Quelques heures après les attentats de Paris du 13 novembre 2015, le président de la République proclame l'instauration, sur tout le territoire, de l'état d'urgence, conçu et aménagé par la loi du 3 avril 1955. Puis il propose, devant les parlementaires réunis en Congrès le 16 novembre, une révision de la Constitution afin de constitutionnaliser la loi de 1955[3]. À cinq reprises, le législateur ordinaire proroge l'état d'urgence par les lois du 20 novembre 2015, du 19 février 2016, du 20 mai 2016, du 21 juillet 2016 et du 15 décembre 2016. Le maintien d'une menace terroriste à un niveau élevé justifie la permanence de l'application de ce régime d'exception[4]. En complément de ces mesures de prorogation, le législateur a adopté une série de dispositions renforçant l'arsenal législatif de lutte contre le terrorisme[5]. La Commission des lois de l'Assemblée nationale et celle du Sénat ont assuré des missions de suivi en matière de lutte contre le terrorisme en utilisant les prérogatives attribuées aux commissions d'enquête. En complément de ce suivi général, une commission d'enquête relative aux moyens mis en œuvre par l'État pour lutter contre le terrorisme depuis le 7 janvier 2015 s'est constituée depuis le 9 février 2016 à la demande de l'opposition parlementaire. Le Conseil constitutionnel, quant à lui, s'est prononcé plusieurs fois sur les mesures appliquées dans le cadre du régime de l'état

1. O. Beaud et C. Guérin-Bargues, *L'état d'urgence. Étude constitutionnelle, historique et critique*, LGDJ, coll. « Systèmes », 2016.
2. L'état d'urgence est un régime de légalité exceptionnelle qui permet au pouvoir de déroger au droit commun en matière de libertés publiques. Voir J.-Ph. Derosier, « L'état d'urgence : un régime exceptionnel et provisoire », *La Semaine juridique Administration et Collectivités territoriales*, 23 novembre 2015, n° 47, p. 11 à 23.
3. Présenté en Conseil des ministres le 23 décembre 2015, le projet de loi constitutionnelle de protection de la Nation a été adopté en première lecture par l'Assemblée nationale, le 10 février 2016, puis par le Sénat, avec modifications, le 22 mars 2016. Constatant le désaccord entre les deux assemblées parlementaires, qui portait principalement sur l'article 2 relatif à la déchéance de nationalité, le président de la République a décidé de clore le processus de révision en renonçant à l'adoption du projet de loi constitutionnelle.
4. Voir en particulier Sénat, Rapport n° 220 fait au nom de la commission des lois constitutionnelles... sur le projet de loi prorogeant l'application de la loi n° 55-385 du 3 avril 1955 relative à l'état d'urgence par M. Michel Mercier, 14 décembre 2016, p. 24.
5. Par exemple la loi du 24 juillet 2015 relative au renseignement, la loi du 30 novembre 2015 relative aux mesures de surveillance des communications électroniques internationales, la loi du 3 juin 2016 renforçant la lutte contre le crime organisé, le terrorisme et leur financement, et améliorant l'efficacité et les garanties de la procédure pénale.

d'urgence. Par la décision n° 2015-527 QPC du 22 décembre 2015, il déclare conforme aux droits et libertés garantis par la Constitution le régime juridique des assignations à résidence. Il estime en particulier que « tant la mesure d'assignation à résidence que sa durée, ses conditions d'application et les obligations complémentaires dont elle peut être assortie doivent être justifiées et proportionnées aux raisons ayant motivé la mesure » sous le contrôle du juge administratif. Les dispositions contestées de la loi du 3 avril 1955 ne méconnaissent ni la liberté d'expression et de communication ni aucun droit ou liberté de valeur constitutionnelle. Par la décision n° 2016-536 QPC du 19 février 2016, le Conseil constitutionnel valide le dispositif de fermeture provisoire de certains lieux de réunion. Ces restrictions aux droits d'expression collective des idées et des opinions, protégés par l'article 11 de la Déclaration des droits de l'homme et du citoyen de 1789, sont justifiées au regard de leur caractère provisoire et proportionné. De plus, les personnes affectées par une mesure de fermeture provisoire (de salles de spectacles, de débits de boisson, de lieux de réunion) ont toujours la possibilité de contester celle-ci devant le juge administratif, notamment par la voie du référé. Par la décision n° 2016-536 QPC du 19 février 2016, la juridiction constitutionnelle considère que les perquisitions administratives appliquées sous le régime de l'état d'urgence respectent, dans leur mise en œuvre, les garanties constitutionnelles. Toutefois s'agissant des saisies de données informatiques pratiquées au cours de la perquisition, le Conseil constitutionnel juge que n'étant pas autorisées par un juge et pouvant concerner des personnes « alors même qu'aucune infraction n'est constatée », de telles pratiques sont dépourvues de garanties légales « propre[s] à assurer une conciliation équilibrée entre l'objectif de valeur constitutionnelle de sauvegarde de l'ordre public et le droit au respect de la vie privée ». En conséquence, les dispositions de la seconde phrase du troisième alinéa du paragraphe I de l'article 11 de la loi du 3 avril 1955 sont déclarées contraires à la Constitution, l'abrogation de cette disposition prenant effet à compter de la date de la décision du Conseil constitutionnel (soit le 19 février 2016). Enfin, par la décision n° 2016-567/568 QPC (*M. Georges F. et autres*), le juge constitutionnel censure les dispositions législatives permettant d'ordonner des perquisitions administratives. Toutefois, seule la version antérieure à l'entrée en vigueur de la loi du 20 novembre 2015 est visée par la présente QPC. Le Conseil constitutionnel est invité à apprécier la constitutionnalité des conditions d'application des premières perquisitions administratives diligentées dès le 19 novembre 2015 sur le fondement des dispositions de l'ordonnance du 15 avril 1960 (que le législateur modifiera dès le 20 novembre 2015). Et les effets de la déclaration d'inconstitutionnalité sont en quelque sorte neutralisés au nom de l'objectif constitutionnel de sauvegarde de l'ordre public[6]. Ces interventions du Conseil constitutionnel, dans le cadre du mécanisme de la question prioritaire de constitutionnalité (QPC), permettent de

6. « En revanche, la remise en cause des actes de procédure pénale consécutifs à une mesure prise sur le fondement des dispositions déclarées contraires à la Constitution méconnaîtrait l'objectif de valeur constitutionnelle de sauvegarde de l'ordre public et aurait des conséquences manifestement excessives. Par suite, les mesures prises sur le fondement des dispositions déclarées contraires à la Constitution ne peuvent, dans le cadre de l'ensemble des procédures pénales qui leur sont consécutives, être contestées sur le fondement de cette inconstitutionnalité », Décision du Conseil constitutionnel n° 2016, 567/568 QPC, 23 septembre 2016, considérant n° 11.

consolider le dispositif législatif de l'état d'urgence (la décision n° 85-187 DC du 25 janvier 1985 rendue à propos de l'état d'urgence en Nouvelle-Calédonie avait déjà indiqué « la possibilité pour le législateur de prévoir un régime de l'état d'urgence pour concilier les exigences de la liberté et la sauvegarde de l'ordre public ») et elles témoignent de la faculté pour les justiciables (personnes physiques, associations comme la Ligue des droits de l'homme) de saisir la juridiction constitutionnelle afin de vérifier que l'autorité administrative ne porte pas une atteinte excessive aux droits et libertés constitutionnels.

2.2 ▸ La dimension constitutionnelle des droits fondamentaux a toujours existé, si l'on entend par là la garantie des droits et libertés par la Constitution. En effet, depuis les révolutions du XVIIIe siècle, la Constitution énonce des droits de l'homme et du citoyen et garantit les libertés les plus fondamentales. L'article 16 de la Déclaration des droits de l'homme et du citoyen de 1789 proclame en ce sens : « Toute société dans laquelle la garantie des droits n'est pas assurée, ni la séparation des pouvoirs déterminée, n'a point de constitution ». Les constituants de 1789 considèrent sur ce point que la Constitution est le texte par lequel la nation s'organise en corps politique et à partir duquel la protection des droits existe. À ce titre, la Constitution, expression du pouvoir constituant, doit être respectée par l'ensemble des pouvoirs constitués, y compris par le roi qui, selon la Constitution de 1791, ne règne que par elle. La « protection constitutionnelle des droits fondamentaux » désigne pourtant un processus apparu récemment dans l'ordre juridique français : il s'agit moins de s'en tenir aux droits fondamentaux énoncés dans le texte constitutionnel que d'insister sur les procédures juridictionnelles utilisées pour garantir les droits constitutionnels intéressant les personnes. Sous la Ve République, une procédure de type juridictionnel s'est imposée en la matière : il s'agit du contrôle de constitutionnalité exercée par le Conseil constitutionnel. Prévu en 1958 par l'article 61 de la Constitution, le contrôle *a priori* a produit des effets majeurs sur la formation de la loi. La jurisprudence constitutionnelle a opéré un resserrement de la contrainte de constitutionnalité tant sur la procédure législative que sur le contenu de la loi. Une formule résume à elle seule l'évolution de la place de la règle de droit constitutionnel en droit positif français : « La loi votée n'exprime la volonté générale que dans le respect de la Constitution »[7].

2.3 ▸ Le Conseil constitutionnel n'est pas la première juridiction – ni la seule, comme il sera démontré par la suite – à souligner l'obligation pour les pouvoirs publics (et pour les particuliers) de respecter les droits énoncés dans la Constitution et, plus généralement, les libertés publiques. Sous la IVe République, le Conseil d'État s'assurait déjà de la conformité des actes administratifs avec les droits de l'homme en recourant à la théorie des principes généraux du droit. L'arrêt *ARAMU* (Conseil d'État, Ass, 26 octobre 1945) évoque, le premier, le principe du respect des droits de la défense parmi les « principes généraux applicables même en l'absence de textes ». Ce précédent inaugure une jurisprudence particulièrement riche, les « PGD » se présentant, pour reprendre les termes du président Christian Vigouroux, comme des principes « générés » par le juge,

7. Décision du Conseil constitutionnel n° 85-197 DC, 8 août 1985, *Rec.* p. 70.

« généraux » par leur domaine d'application et « généreux » dans la mesure où « le principe général du droit est un outil de défense des libertés et droits fondamentaux »[8]. Mais le Conseil constitutionnel reste le premier organe de type juridictionnel à contrôler et censurer une loi méconnaissant les libertés constitutionnelles : la décision « Liberté d'association » du 16 juillet 1971 apparaît ici véritablement fondatrice. Cette décision, qui reconnaît pour la première fois l'existence d'un principe fondamental reconnu par les lois de la République (la liberté d'association) opposable au législateur et qui s'appuie sur le Préambule de la Constitution pour dégager la valeur constitutionnelle de ce principe, amorce une jurisprudence abondante qui permet aujourd'hui de dégager un corpus de sources constitutionnelles des droits et libertés.

2.4 ▸ Depuis le 1er mars 2010, le mécanisme de la question prioritaire de constitutionnalité (QPC), introduit par la révision du 23 juillet 2008 à l'article 61-1 de la Constitution, renforce, de manière inédite, la protection constitutionnelle des droits fondamentaux. La QPC est le droit subjectif dont dispose tout justiciable à obtenir l'abrogation d'une disposition législative qui porte atteinte aux droits et libertés garantis par la Constitution. L'article 61-1 C., mis en application à compter du 1er mars 2010, dispose : « Lorsque, à l'occasion d'une instance en cours devant une juridiction, il est soutenu qu'une disposition législative porte atteinte aux droits et libertés que la Constitution garantit, le Conseil constitutionnel peut être saisi de cette question sur renvoi du Conseil d'État ou de la Cour de cassation qui se prononce dans un délai déterminé. » Cet article est complété par la loi organique (LO) n° 1523 du 10 décembre 2009. L'esprit du mécanisme consiste à donner au Conseil constitutionnel, après filtrage des questions par les juridictions de l'ordre administratif et judiciaire, compétence pour évaluer le respect des droits fondamentaux par une disposition législative. En cas de violation avérée, le juge constitutionnel détient le pouvoir d'abrogation législative. La protection constitutionnelle des droits et libertés garantis par la Constitution est désormais dotée d'un instrument efficace et ouvert à tout justiciable. Le succès de la QPC en témoigne : au 1er février 2016, le Conseil constitutionnel a rendu 463 décisions sur le fondement de l'article 61-1 de la Constitution ; le Conseil d'État et la Cour de cassation jouent pleinement le rôle de juridictions suprêmes en charge de transmettre (ou refuser de transmettre) une QPC[9] ; de manière plus générale, le nouveau moyen interroge les constitutionnalistes sur leur discipline dans la mesure où il consacre l'approche contentieuse du droit constitutionnel normatif[10].

Si la QPC renforce incontestablement les droits des justiciables, son application produit parfois des effets « pervers » sur le législateur ainsi qu'en atteste l'affaire de la loi relative à la « garde à vue de droit commun ». Par sa décision n° 14/22 QPC du

---

8. Ch. Vigouroux, « Les principes généraux du droit », *in* J.-J. Bienvenu, J. Petit, B. Plessix, B. Seiller (dir.), *La Constitution administrative de la France*, Dalloz, 2012, p. 83.

9. A. Roblot-Troizier, « La QPC, le Conseil d'État et la Cour de cassation », *Les Nouveaux Cahiers du Conseil constitutionnel*, LGDJ-Lextenso éditions, n° 40, juin 2013, p. 49 ; L. Favoreu et autres, *Droit constitutionnel*, Précis Dalloz, 17e éd., 2015, p. 261 et s.

10. Voir par exemple le colloque *La QPC : quel renouveau pour le droit constitutionnel*, organisé au Conseil constitutionnel par le CRDC de Paris 1, le vendredi 24 janvier 2014.

22 juillet 2010 (*Monsieur Daniel W.*), le Conseil constitutionnel considère que le régime de droit commun de la garde à vue, prévu par les articles 62, 63, 63-1 et 63-4 du Code pénal, n'assure pas une protection correcte et efficace des droits fondamentaux de la personne en raison, notamment, de l'absence d'avocat au cours de la première heure et des circonstances liées à l'application systématique du dispositif pour des infractions mineures. Cette censure équivaut à une abrogation des dispositions concernées. Ainsi, et pour la première fois depuis 1789, un juge détient le pouvoir d'annuler une loi. Cette compétence abrogative s'exerce – sans doute – dans l'intérêt des justiciables ; elle se traduit tout de même par un renforcement inédit de la puissance des juges en démocratie qui détiennent, avec la QPC, le droit de moduler dans le temps les effets des décisions prises dans le cadre du dispositif (art. 62, alinéa 2 C). Concernant la décision « Garde à vue », le Conseil constitutionnel a laissé du temps au législateur afin d'adopter une nouvelle loi pénale : il a modulé la portée de son abrogation jusqu'au 1er juillet 2011. D'aucuns trouveront cette attitude respectueuse à l'égard du législateur, que le Conseil constitutionnel ne veut pas concurrencer. À cet égard, l'examen des décisions QPC à l'égard du Parlement a pu aboutir au constat d'une « bienveillance réciproque »[11], le Conseil constitutionnel cherchant à préserver la liberté de choix politique du législateur. Il n'en reste pas moins que la décision juridictionnelle emporte deux effets sur la législation et sur le législateur. En premier lieu, entre le 22 juillet 2010 et le 1er juillet 2011, les dispositions abrogées ont continué d'être appliquées en dépit de leur caractère anticonstitutionnel : la logique juridique perd un peu de sa rigueur avec de telle solution ! En second lieu, le Conseil constitutionnel dicte au législateur l'ordre du jour parlementaire en lui imposant, dans un délai relativement serré, de voter une loi en remplacement de celle qu'il vient d'abroger. Tirant les conséquences de la décision n° 14/22 QPC, le Parlement vote un texte législatif sur la « Garde à vue » le 14 avril 2011. Dès le lendemain, la Cour de cassation décide d'anticiper l'application du nouveau régime en prononçant l'application immédiate de la loi… La QPC, en une année d'existence, a ainsi favorisé l'installation d'un inédit mode de gouvernement où les juges et le législateur contribuent, chacun à leur manière, à exprimer la volonté générale !

Les effets pervers de la QPC se manifestent également à propos du fonctionnement de la justice. Depuis la décision n° 2014-453/454 QPC et 2015-462 QPC du 18 mars 2015 (*M. John L. et autres*) rendue à propos du délit d'initié et du manquement d'initié[12], le Conseil constitutionnel estime qu'il ne peut y avoir cumul de sanctions et de poursuites en matière administrative et pénale. Cette interprétation de la règle « *non bis in idem* » a eu un impact sur des procès où des poursuites en matière fiscale et pénale se cumulaient (renvoi de l'affaire *Wildenstein* en janvier 2016 et renvoi du procès Cahuzac en février 2016). Cet usage dilatoire de la QPC témoigne d'une appropration stratégique de la procédure constitutionnelle par les avocats.

Il est désormais incontestable que l'introduction de la QPC emporte des effets sur le fonctionnement du système politique et juridique français. Si l'objet de ce

11. O. Dord, « La QPC et le Parlement. Une bienveillance réciproque », *Les Nouveaux Cahiers du Conseil constitutionnel*, n° 38, Dalloz, 2013, p. 23. Voir également le dossier « Le Conseil constitutionnel et le Parlement », *Les Nouveaux Cahiers du Conseil constitutionnel*, n° 38, 2013.

12. Confirmée par la décision n° 2015-513/514/526 QPC du 14 janvier 2016 (*M. Alain D. et autres*).

chapitre consiste à étudier les procédures juridictionnelles assurant la protection des droits fondamentaux, il sera également l'occasion de souligner les transformations, institutionnelles et normatives, provoquées par le « réflexe constitutionnel »[13] issu de la QPC. Une précision terminologique s'impose concernant l'expression « droits fondamentaux ». On désignera par là les droits ou libertés « garantis par la Constitution ». Cette définition stipulative est sans doute discutable[14]. Elle correspond cependant à la définition retenue dans le nouvel article 61-1 introduisant la question prioritaire de constitutionnalité (voir également LO 1523 du 10 décembre 2009, précitée, article 23-1). L'émergence de la catégorie des droits fondamentaux doit ainsi être essentiellement comprise comme le résultat de la jurisprudence constitutionnelle qui accorde un renforcement procédural de la protection de certains droits constitutionnels.

2.5 › La QPC renouvelle l'ensemble des questions soulevées par la protection des droits et libertés (section I) et transforme les modalités de contrôle du Conseil constitutionnel (section II).

Section I
LES QUESTIONS SOULEVÉES PAR LA PROTECTION CONSTITUTIONNELLE DES DROITS FONDAMENTAUX

2.6 › Dans le procès QPC, la protection constitutionnelle des droits fondamentaux résulte d'une collaboration entre les juridictions de l'ordre judiciaire et de l'ordre administratif et le Conseil constitutionnel. La « théorie générale des droits fondamentaux » permet de répondre à trois interrogations essentielles dans l'accomplissement de l'État de droit : Quels juges doivent assurer la protection des droits fondamentaux ? (§ 1) Quelles normes juridiques de référence utiliser pour énoncer les droits fondamentaux ? (§ 2) Quelles normes juridiques sont concernées par la protection constitutionnelle des droits fondamentaux ? (§ 3).

§ 1 – QUELS JUGES POUR ASSURER LA PROTECTION CONSTITUTIONNELLE DES DROITS FONDAMENTAUX ?

2.7 › L'exigence du respect des droits fondamentaux garantis par la Constitution peut se traduire selon plusieurs modalités. Car l'histoire démontre que le contrôle de constitutionnalité n'implique pas nécessairement l'intervention d'une juridiction chargée de vérifier la conformité des normes juridiques au texte suprême (une célèbre querelle opposa Hans Kelsen à Carl Schmitt sur cette question au début du XXe siècle)[15].

---

13. X. Magnon, X. Bioy, W. Mastor, S. Mouton, *Le réflexe constitutionnel. Question sur la QPC*, Bruylant, 2012.
14. Pour un approfondissement, voir M.-L. Pavia, « Éléments de réflexion sur la notion de droit fondamental », *LPA*, n° 54, 6 mai 1994, p. 6-13 ; E. Picard, « L'émergence des droits fondamentaux en France », *AJDA* 1998, juillet-août, p. 6-42. X. Bioy, *Le concept de personne humaine en droit public, Recherche sur le sujet des droits fondamentaux*, Dalloz, coll. « Nouvelle Bibliothèque de thèses », n° 22, 2003.
15. O. Beaud et P. Pasquino, *La controverse sur le « gardien de la constitution » et la justice constitutionnelle : Kelsen contre Schmitt*, Panthéon-Assas Paris II, coll. « Colloques droit public », 2007.

2.8 › Ainsi, des organes politiques peuvent formellement effectuer un tel contrôle. Tel était le cas dans la Constitution française du 13 décembre 1799 qui confiait au Sénat le soin de vérifier la constitutionnalité des lois. De nos jours, le président de la République « veille au respect de la Constitution » en vertu de l'article 5 de la Constitution de 1958. À ce titre, le chef de l'État détient, par exemple, la faculté de refuser d'inscrire un projet de loi à l'ordre du jour du Conseil des ministres[16]. Le Parlement exerce également un contrôle des projets et propositions de lois en cours de discussion parlementaire. Depuis la résolution du 27 mai 2009, l'Assemblée nationale (AN) a fusionné deux motions de procédure – l'exception d'irrecevabilité et la question préalable – en créant la motion de rejet préalable dont l'objet est de contrôler la constitutionnalité d'un texte proposé à la discussion. L'article 91, alinéa 5, du Règlement de l'AN (dans sa dernière version adoptée suite à la résolution 437 du 28 novembre 2014) dispose : « Il ne peut ensuite être mis en discussion et aux voix qu'une seule motion de rejet préalable, dont l'objet est de faire reconnaître que le texte proposé est contraire à une ou plusieurs dispositions constitutionnelles ou de faire décider qu'il n'y a pas lieu à délibérer. L'adoption de la motion de rejet préalable entraîne le rejet du texte à l'encontre duquel elle a été soulevée. Dans la discussion, peuvent seuls intervenir l'un des signataires pour une durée qui ne peut excéder trente minutes sauf décision contraire de la Conférence des présidents, le Gouvernement et le président ou le rapporteur de la commission saisie au fond. Avant le vote, la parole est accordée, pour deux minutes, à un orateur de chaque groupe. ». Au Sénat, l'exception d'irrecevabilité (prévue par l'article 44, al. 2 du règlement du Sénat) est maintenue. Son objet est « de faire reconnaître que le texte proposé est contraire à une ou plusieurs dispositions constitutionnelles ». À titre d'exemple, le 17 février 2014 le Sénat déclare irrecevable la proposition de loi relative à l'interdiction de la mise en culture du maïs génétiquement modifié MON 810 (Procédure accélérée) en raison de la méconnaissance du droit de l'Union européenne (et de l'article 88-1 de la Constitution). Toutefois, que ce soit le président de la République ou les parlementaires, les organes politiques évaluent la constitutionnalité d'un texte en empruntant un raisonnement et des procédures inévitablement éloignés des exigences de la justice. Lorsque l'organe de contrôle de la constitutionnalité des lois est une instance politique, il ne *juge* pas la conformité constitutionnelle du texte examiné mais il *apprécie* l'utilité politique de ce dernier[17].

2.9 › Aussi, comme l'observait le doyen Vedel : « Si l'on veut que le contrôle de la constitutionnalité des lois se fasse comme il doit se faire d'un point de vue juridique, il faut le confier à un organe juridictionnel[18] ». Car le juge se trouve placé

---

16. B. Mathieu et M. Verpeaux, « Le Président de la République avait le droit ne pas inscrire le projet de loi sur la Corse au Conseil des Ministres », *D.* 2001, p. 1107.
17. Sur ce point, le théoricien du droit Ronald Dworkin distingue « l'argument de politique » et « l'argument de principe ». « Les arguments de politique justifient une décision en montrant que celle-ci fait progresser vers un but collectif que s'est assigné la société dans son ensemble ou qu'elle assure la défense de celui-ci [...] Les arguments de principe justifient une décision politique en montrant que cette décision assure le respect ou la garantie d'un droit détenu par un individu ou un groupe » (*Prendre les droits aux sérieux*, 1977, trad. française 1996, PUF, coll. « Léviathan », p. 155).
18. G. Vedel, *Manuel élémentaire de droit constitutionnel*, Librairie du Recueil S., 1949, p. 125.

dans la position du « tiers impartial et désintéressé »[19] pour garantir le respect de la Constitution. Cette logique « constitutionnaliste » se comprend finalement mieux si l'on raisonne par la négative : sans contrôle juridictionnel de constitutionnalité, le législateur n'est pas véritablement soumis au respect juridique des droits fondamentaux de la Constitution. Ce plaidoyer *a priori* favorable à la montée en puissance des juges dans la démocratie représentative ne va pas sans soulever d'importantes questions liées à la légitimité du pouvoir juridictionnel[20].

2.10 ▸ Sous la Ve République, l'instance juridictionnelle chargée par la Constitution du 4 octobre 1958 d'assurer le contrôle de constitutionnalité est le Conseil constitutionnel. Il se prononce en droit pour résoudre un litige de conformité à la Constitution des lois votées (art. 61), des dispositions législatives promulguées (art. 61-1) et des engagements internationaux (art. 54). Ses décisions s'imposent avec l'autorité de la chose jugée (art. 62). Les juridictions de l'ordre judiciaire et administratif collaborent, dans le cadre de la QPC, à l'exercice d'une mission de justice constitutionnelle. Traditionnellement le juge contrôle les actes juridiques infralégislatifs (décrets ; actes de droit privé) par rapport à la Constitution. Et par le biais du contrôle de conventionnalité des lois, les tribunaux veillent au respect des prescriptions de l'article 55 de la Constitution qui énonce le principe de la supériorité normative des engagements internationaux à l'égard des lois. De ce point de vue, il existe depuis longtemps un contentieux constitutionnel devant les juridictions de l'ordre judiciaire et administratif. L'apparition de la QPC génère un développement sans précédent de l'utilisation de la norme constitutionnelle par les juridictions de droit commun. La QPC doit en effet être soulevée par un justiciable devant une juridiction relevant de l'ordre judiciaire ou administratif, dans un mémoire écrit, distinct et motivé. Il revient alors au juge d'apprécier et, s'il y a lieu, de renvoyer la QPC devant la Cour de cassation ou le Conseil d'État. Le Conseil constitutionnel n'est, *in fine*, compétent qu'en cas de renvoi de la QPC par l'une ou l'autre de ces cours supérieures. Par conséquent, le dialogue entre les juges est la condition de base du succès de la procédure.

2.11 ▸ Le droit comparé révèle l'existence de deux modèles de justice constitutionnelle (I). L'examen du système original adopté en France relativise quelque peu la portée des deux modèles étrangers (II).

I – LA RÉPONSE DU DROIT COMPARÉ

2.12 ▸ Le contentieux constitutionnel s'est développé dans le monde à travers deux modèles de justice dont la systématisation doit beaucoup au doyen Louis Favoreu : l'un diffus dans son organisation (tous les juges sont juges de la constitutionnalité des lois) : c'est le modèle américain ; l'autre concentré (un juge spécial est chargé du contrôle de constitutionnalité) : c'est le modèle européen.

---

19. A. Kojeve, *Esquisse d'une phénoménologie du droit*, Gallimard, 1981.

20. Sur cette importante question voir D. Rousseau, *Droit du contentieux constitutionnel*, 9e éd., 2010 (quatrième partie) ; S. Brondel, N. Foulquier, L. Heuschling (dir.), *Gouvernement des juges et démocratie*, Publication de la Sorbonne, 2001 ; G. Drago, B. François, N. Molfessis (dir.), *La légitimité de la jurisprudence du Conseil constitutionnel*, Economica, 1999 ; Ph. Blachèr, *Contrôle de constitutionnalité et volonté générale*, PUF, 2001.

A - LE CONTRÔLE DIFFUS : LE MODÈLE AMÉRICAIN DE JUSTICE CONSTITUTIONNELLE

1) Les origines du contrôle de constitutionnalité américain

2.13 ▸ Le modèle américain de justice constitutionnelle est le plus ancien puisqu'il date de 1803[21]. Initialement, la Constitution de 1787 n'avait pas prévu le contrôle juridictionnel de la constitutionnalité. Elle avait créé une Cour suprême afin de trancher des litiges entre les États fédérés et le Gouvernement fédéral. Organe chargé principalement de veiller à la répartition des compétences entre les organes des différents territoires américains, la Cour suprême est aussi instituée en vue de protéger les droits individuels contre le pouvoir politique[22].

2.14 ▸ 1803 marque la naissance du contrôle juridictionnel des lois. Dans l'arrêt de la Cour suprême *Marbury versus Madison*, le *Chief Justice* Marshall (Président de la Cour) impose à toutes les juridictions américaines le raisonnement suivant : le principe de tout gouvernement doit être qu'une loi du Parlement contraire à la Constitution est nulle ; par conséquent, le pouvoir judiciaire en présence d'une telle loi ne doit pas l'appliquer.

2) Les caractères du contrôle de constitutionnalité américain

2.15 ▸ Depuis cette jurisprudence, les tribunaux américains s'estiment compétents pour écarter les lois inconstitutionnelles. Le contentieux constitutionnel est donc diffus : il n'est pas réservé à la seule Cour suprême ; il est partagé entre toutes les juridictions. Simplement, pour des raisons d'harmonisation de la jurisprudence, la Cour suprême se trouve chargée d'unifier le contrôle juridictionnel de constitutionnalité. Placée au sommet de la hiérarchie juridictionnelle, la Cour détient par l'appel le pouvoir de dernier mot en matière de constitutionnalité. Mais il faut à cela une condition : que l'affaire remonte jusqu'à elle, ce qui est rare en pratique.

2.16 ▸ Quant à la manière de procéder au contrôle de constitutionnalité, les juges américains n'isolent pas celui-ci des autres types de contentieux (civil ; pénal ; administratif). Tout contentieux peut avoir une dimension constitutionnelle. Par conséquent, il n'existe pas de distinction entre les litiges publics ou privés, entre les questions où des organes de l'État demandent au juge de trancher une question d'inconstitutionnalité et une question où des particuliers invoquent l'inconstitutionnalité d'un texte à titre subsidiaire. La seule exigence pour que se déclenche le contentieux constitutionnel est la survenance d'une demande de la part du requérant. Car le juge ne peut se saisir d'office des questions constitutionnelles.

2.17 ▸ Pour résumer, les caractères du modèle américain de justice constitutionnelle sont les suivants : un contrôle décentralisé ; concret (ce sont des cas précis et c'est au cours d'un procès particulier que le contrôle de constitutionnalité

---

21. E. Zoller, *Grands arrêts de la Cour suprême des États-Unis*, PUF, coll. « Droit fondamental », 2000 ; 2e éd., Dalloz, 2010.

22. D. Mongoin, *Le pari de la liberté. Étude sur le fédéraliste*, Garnier classiques, 2012 (en particulier p. 218 et suiv.).

s'exerce) ; un contrôle *a posteriori* (il intervient une fois la loi entrée en vigueur) ; un contrôle qui s'exerce par voie d'exception (la question de constitutionnalité se pose au cours du procès ; elle doit être tranchée car elle en affecte l'issue ; le juge va donc d'abord examiner la constitutionnalité du texte concerné avant de donner une solution à la question principale qui lui est soumise).

2.18 ▸ Dernière précision concernant les effets de la décision d'inconstitutionnalité : théoriquement, le juge n'a pas le pouvoir d'annuler la loi inconstitutionnelle. Il se contente de l'écarter pour les parties au litige (effet *inter partes*). Toutefois, la force des précédents judiciaires incitera néanmoins un juge à respecter ce qu'un autre juge aura dit avant lui sur le même texte, dans une affaire semblable. En pratique, « tout se passe donc comme si la loi était annulée »[23].

B - LE CONTRÔLE CENTRALISÉ : LE MODÈLE EUROPÉEN DE JUSTICE CONSTITUTIONNELLE

1) Les origines du modèle européen

2.19 ▸ Le juriste autrichien Hans Kelsen est à l'origine du modèle européen, appelé aussi modèle « kelsénien » ou encore modèle autrichien. En 1919, au moment de la rédaction de la Constitution autrichienne, il imagine un juge spécial – la Cour constitutionnelle[24], composé d'une dizaine de membres – spécialisé dans le contrôle de constitutionnalité des lois. Selon lui, le modèle américain n'assure pas efficacement l'unité dans l'interprétation de la Constitution : si chaque juridiction de l'État est juge constitutionnel, la Constitution subit différentes interprétations pouvant être parfois contradictoires ; bref, la Constitution a plus de risques de s'appliquer différemment sur le territoire de l'État. Pour assurer une cohérence dans l'application de la Constitution, il faut unifier le contrôle de constitutionnalité : Kelsen plaide pour la centralisation du juge constitutionnel.

2.20 ▸ Ainsi, Kelsen estime que le juge constitutionnel doit se placer en dehors de la hiérarchie des juridictions ordinaires. Et il considère que pour être indépendant, les juges constitutionnels doivent être protégés. Leur statut relève de la Constitution : leur mandat est prévu par la Constitution, et une fois nommés, ils demeurent inamovibles ; ils ne reçoivent pas d'ordre ; les juges constitutionnels sont périodiquement renouvelés ; des compétences sont exigées pour devenir membre de la Cour. Quant au mode de nomination, Kelsen milite pour que les juges constitutionnels soient nommés par le pouvoir politique. Certes, ce mode de désignation comporte le risque d'une politisation de la juridiction constitutionnelle. Mais Kelsen pense que cette politisation s'efface naturellement une fois que les membres se trouvent au sein de l'institution. Il faut noter qu'à la différence des autres juridictions (et des juges constitutionnels américains), les membres de la Cour ne sont pas des magistrats professionnels.

---

23. F. Hamon et M. Troper, *Droit constitutionnel*, LGDJ, coll. « Manuel », 33e éd., 2012, p. 289, n° 268.

24. La Cour constitutionnelle se définit comme la juridiction spécialisée dans le contrôle de la constitutionnalité des normes juridiques et placée en dehors de la hiérarchie de l'ordre judiciaire. La Cour suprême est la juridiction supérieure chargée d'assurer l'unité jurisprudentielle dans l'interprétation de la Constitution. Voir W. Mastor et L. Favoreu, *Les Cours constitutionnelles*, Dalloz, 2e édition, 2016.

2.21 ▸ Le modèle imaginé par Kelsen va s'appliquer dès 1920 dans la Constitution autrichienne. Puis il se propage dans la plupart des États européens à partir de 1945 : Allemagne, Italie, Espagne, Portugal.

2) Les caractères du contrôle de constitutionnalité en Europe

2.22 ▸ Au niveau institutionnel, le contrôle de constitutionnalité est confié à une juridiction spéciale appelée la Cour constitutionnelle. La Cour est indépendante et elle dispose d'un statut garanti par la Constitution. En vertu de celui-ci, la juridiction constitutionnelle se trouve hors d'atteinte des autres pouvoirs publics. Ses effectifs sont variables : douze membres en Belgique et en Espagne, treize au Portugal, quatorze en Autriche, quinze en Italie et en Pologne, et seize en Allemagne. Les modes de nomination varient selon les États. La plupart des juges constitutionnels sont choisis par des instances politiques. En Allemagne, la moitié des membres de la Cour constitutionnelle fédérale est désignée par le Bundestag et l'autre moitié par le Bundesrat. En Autriche, le gouvernement fédéral choisit huit des quatorze juges titulaires, parmi lesquels le président et le vice-président, ainsi que trois des six suppléants, tandis que la chambre basse désigne trois titulaires et deux suppléants, et la chambre haute trois titulaires et un suppléant. En Belgique, c'est le roi qui choisit chaque juge constitutionnel sur une liste de deux noms proposés alternativement par la Chambre des représentants et par le Sénat. En Espagne, chacune des deux assemblées parlementaires choisit quatre des douze juges constitutionnels, et le gouvernement deux. En Italie, le président de la République désigne cinq des quinze juges constitutionnels et les deux assemblées réunies en assemblée commune en choisissent cinq autres. En Pologne, tous les membres du Tribunal constitutionnel sont élus par les députés. De même, au Portugal, l'Assemblée de la République désigne dix des treize juges constitutionnels. Le pouvoir judiciaire participe à la désignation des juges constitutionnels en Espagne, en Italie et surtout au Luxembourg. En Espagne, l'organe équivalent à notre Conseil supérieur de la magistrature choisit deux des douze membres du tribunal constitutionnel. En Italie, cinq des quinze juges constitutionnels sont désignés par des représentants des juridictions suprêmes. Quant à la cour constitutionnelle luxembourgeoise, elle est composée, d'une part, des quatre plus hauts magistrats du pays, qui en sont membres de droit, et, d'autre part, de cinq autres magistrats, nommés sur avis des juridictions suprêmes. Cette participation des juridictions ordinaires à la désignation des membres de la cour peut être présentée comme une entorse au principe de la séparation entre les cours constitutionnelles et les juridictions ordinaires.

2.23 ▸ Au niveau fonctionnel, le contrôle exercé en Europe peut, à la différence de l'Amérique, n'être qu'un contrôle abstrait : la Cour se prononce alors uniquement sur la question de savoir si un texte est ou non constitutionnel, indépendamment de considérations pratiques. Ce contrôle *in abstracto* peut se combiner avec un contrôle *in concreto*, la Cour constitutionnelle intervenant alors dans le cadre d'un litige.

Le contrôle peut se déclencher soit avant l'existence de la loi *(a priori)*, soit une fois la loi entrée en vigueur *(a posteriori)*. Dans le premier cas, le contrôle est préventif et le juge doit imaginer les vices d'inconstitutionnalité de la future loi. Généralement, seules les autorités politiques ou des personnes publiques peuvent saisir la Cour constitutionnelle dans le cadre du contrôle *a priori*. Dans le second cas, le contrôle est répressif et le juge examine si la norme législative est contraire à une ou plusieurs normes constitutionnelles. Dans cette hypothèse, les requérants peuvent être des particuliers, des personnes morales ou des autorités politiques qui contestent la constitutionnalité d'une loi.

Enfin, l'autorité des décisions de la Cour constitutionnelle est absolue : la déclaration d'inconstitutionnalité équivaut à une annulation de la loi contrôlée. On dit que les effets de la décision s'imposent *erga omnes* (à tous). Kelsen avait d'ailleurs défini le pouvoir du juge constitutionnel d'Autriche comme celui d'un « législateur négatif ». « Annuler une loi, c'est poser une norme générale ; car l'annulation d'une loi a le même caractère de généralité que sa confection avec un signe négatif[25]. »

2.24 ▸ Le mécanisme du recours incident sur renvoi des juges ordinaires, prévu par certaines constitutions des démocraties européennes (Allemagne, Belgique, Italie, Espagne), caractérise le modèle européen de justice constitutionnelle. Il s'agit d'une procédure de coopération entre les juges ordinaires et la cour constitutionnelle ainsi que le démontre l'exemple italien. Si, au cours d'un procès, se pose une question liée à la constitutionnalité d'une norme, le juge du fond soumet cette question à l'appréciation de la cour constitutionnelle conformément aux dispositions de l'article 134 de la Constitution de 1948. La réponse de la cour s'impose alors au juge ordinaire. Les relations entre le juge de renvoi (les juridictions de renvoi à l'étranger peuvent être soit les juridictions supérieures – Autriche – soit toutes juridictions comme en Allemagne, en Belgique, en Espagne et en Italie) et le juge constitutionnel sont des relations d'indépendance. En Italie, l'article 134 de la Constitution habilite la Cour à « juger des litiges relatifs à la constitutionnalité des actes ayant force de loi de l'État et des régions ». La portée d'une éventuelle sanction est l'annulation de la norme législative « dès le lendemain de la publication de la décision » (art. 136). La grande majorité des affaires tranchée par la Cour italienne résulte du recours incident sur renvoi des juges ordinaires. Il s'agit d'un contrôle a posteriori par voie d'exception. Le déclenchement du renvoi préjudiciel incombe au juge du fond qui apprécie librement le bien-fondé et la nécessité d'une telle procédure. La Cour constitutionnelle adopte une interprétation très large de la notion de juridiction : tribunaux des deux ordres de juridiction, juridictions militaires, juge de paix, juge d'instruction. La plupart des renvois concernent la matière pénale. La Constitution italienne précise que le juge *a quo* interroge la Cour constitutionnelle dans les hypothèses où la question de la constitutionnalité d'une norme n'est pas « manifestement non fondée » et « demeure utile à la résolution du litige à trancher ». En pratique, cela signifie que le juge du fond est l'unique autorité habilitée à déclencher le renvoi de constitutionnalité. Manifestement, ce statut confère aux juridictions ordinaires un indéniable pouvoir d'interprétation de la Constitution dans la mesure où l'existence, et par conséquent la pertinence, de la question préjudicielle dépend de l'appréciation préalable que

25. H. Kelsen, « La garantie juridictionnelle de la Constitution », *RDP* 1928, p. 224.

porte la juridiction de renvoi sur la norme législative qu'elle doit appliquer. Le renvoi préjudiciel a pour effet de suspendre le cours du procès devant le juge ordinaire. Ce dernier doit attendre que la cour constitutionnelle ait tranché la question de constitutionnalité qui lui est déférée. Une fois saisie du renvoi préjudiciel, la cour constitutionnelle est l'unique juge du fond en matière de contrôle de la constitutionnalité des normes législatives. La cour constitutionnelle indique au juge du fond si la loi est, ou non, constitutionnelle et, parfois, elle suggère à la juridiction ordinaire la manière dont la norme à appliquer doit être interprétée pour respecter la Constitution. La décision d'inconstitutionnalité ou de constitutionnalité possède un effet *erga omnes*. Les décisions d'annulation sont dotées de l'autorité de chose jugée (art. 136). En principe, les décisions de rejet ne le sont pas : la même loi peut être contestée dans l'avenir devant la Cour. Le modèle italien confirme bien l'idée selon laquelle le contrôle répressif de constitutionnalité fonctionne sur une logique de concentration de la justice constitutionnelle devant une juridiction spéciale. Ce qui favorise théoriquement la cohérence et l'unité d'interprétation de la Constitution.

II – LES ORIGINALITÉS DU SYSTÈME FRANÇAIS DE JUSTICE CONSTITUTIONNELLE

2.25 ▸ La Constitution du 4 octobre 1958 confie au Conseil constitutionnel la compétence pour examiner préventivement la constitutionnalite des lois votées (A). Depuis la loi constitutionnelle n° 2008-724 du 23 juillet 2008, le Conseil constitutionnel est également chargé de contrôler qu'une disposition législative en vigueur ne porte pas atteinte aux droits et libertés que la Constitution garantit. Ce contrôle « répressif » de constitutionnalité parachève le mouvement de constitutionnalisation du droit français (B).

A - LE CONTRÔLE PRÉVENTIF DE LA LOI

2.26 ▸ En France, le contrôle de constitutionnalité de la loi votée est exclusivement confié au Conseil constitutionnel. Cet organe constitutionnel au statut particulier (1.) se distingue des autres juridictions constitutionnelles européennes par sa participation à la procédure législative (2.).

1) Le statut particulier du Conseil constitutionnel

2.27 ▸ Le Conseil constitutionnel est le seul juge constitutionnel officiellement reconnu par la Constitution du 4 octobre 1958 (art. 58 à 63). La juridiction constitutionnelle française présente certaines spécificités par rapport au modèle « européen » des cours constitutionnelles.

2.28 ▸ Concernant sa composition, l'institution comprend des membres nommés et des membres de droit. Aux termes de l'article 56 de la Constitution : « Le Conseil constitutionnel comprend neuf membres, dont le mandat dure neuf ans et n'est pas renouvelable ». Cet effectif, qui correspond aux membres nommés, est légèrement inférieur aux cours constitutionnelles européennes qui comprennent, en moyenne, 12 (Allemagne) à 15 membres (ce qui est le cas de la Cour constitutionnelle italienne). Toutefois, l'article 56 prévoit, dans son deuxième alinéa, qu'« en sus des neuf membres prévus ci-dessus, font de droit partie à vie du Conseil constitutionnel les anciens présidents de la République ». Aux membres nommés pour neuf ans viennent s'ajouter des membres de droit que sont les anciens présidents de la République. L'article 56 de la Constitution dispose sur ce point que « font de droit partie à vie du Conseil constitutionnel les anciens présidents de la République ». Dans la pratique, l'institution des membres de droit était tombée en désuétude depuis les années 1960. Sous la Vᵉ République, seuls les Présidents Vincent Auriol et René Coty ont utilisé leurs prérogatives de membre de droit du Conseil constitutionnel de 1958 à 1962. L'attitude des anciens présidents de la Vᵉ République qui auraient pu siéger au Conseil (le général De Gaulle, F. Mitterrand) a toujours été de refuser de siéger au Conseil constitutionnel. L'ancien président de la République, Valéry Giscard d'Estaing, a décidé d'exercer ce droit à partir d'avril 2004. Jacques Chirac a siégé au Conseil entre le 15 novembre 2007 et le 1ᵉʳ décembre 2010 (depuis cette date, il ne siège plus). Nicolas Sarkozy a siégé au Conseil entre le 19 juin 2012 et le 4 juillet 2013 (à l'issue de la décision Cons. const., nº 2013-156 PDR, qui confirme l'invalidation des comptes de campagne du candidat Sarkozy à la présidence de la République). La présence des membres de droit trouble l'image de la juridiction constitutionnelle et risque d'attiser les critiques liées à la politisation de la justice constitutionnelle. Le « malaise » provoqué par la participation d'anciens présidents de la République à l'office du juge constitutionnel s'est manifesté lors de l'examen du Traité établissant une constitution pour l'Europe signé à Rome le 29 octobre 2004. Rédigé par une « Convention sur l'avenir de l'Europe » de 105 membres présidée par Valéry Giscard d'Estaing, ce traité communautaire a ensuite été soumis au contrôle de constitutionnalité dans le cadre de la procédure de l'article 54 de la Constitution française (décision du 19 novembre 2004 où Valéry Giscard d'Estaing ne siégeait pas en raison de sa participation à la rédaction du traité contrôlé). Une institution juridictionnelle peut-elle sereinement évaluer la constitutionnalité d'un texte écrit et soutenu par l'un de ses membres ? L'existence des membres de droit est une anomalie constitutionnelle portant atteinte à l'autorité juridictionnelle de l'institution. Du reste, l'ancien président de la République, Jacques Chirac, condamné à deux ans de prison avec sursis par le tribunal correctionnel de Paris (le 15 décembre 2011), n'est plus en droit de siéger au sein de l'institution. Nicolas Sarkozy a décidé, pour sa part, de ne plus siéger, suite à la décision du Conseil constitutionnel – juge de l'élection présidentielle – du 4 juillet 2013 rejetant ses comptes de campagne électorale[26]. Constatant que cette prérogative constitutionnelle présente peu d'utilité et génère des dangers potentiels pour l'institution, le Comité pour la révision de la Constitution, présidé par le doyen Vedel en 1993, avait proposé de supprimer la catégorie des membres de droit et de nommer les anciens présidents de la République sénateurs à vie. Il en est de même du Comité de réflexion et de proposition sur la modernisation et le rééquilibrage des institutions de la Vᵉ République présidé par Édouard Balladur en

---

26. Décision nº 2013-156 PDR du 4 juillet 2013, *JORF* 6 juillet 2013, p. 11289. Même si Nicolas Sarkozy reste « membre de droit » à vie du Conseil constitutionnel, l'ancien président de la République a déclaré « démissionner immédiatement » de la Haute Juridiction (voir « Nicolas Sarkozy démissionne du Conseil constitutionnel », *Le Monde*, 4 juillet 2013).

2008[27]. Plaidant en faveur de l'introduction d'une question de constitutionnalité en droit français, le Comité avait estimé que « ce renforcement du caractère juridictionnel de la mission assignée au Conseil constitutionnel » invite à « l'abrogation pour l'avenir » de la catégorie des membres de droit. « Les intéressés tiennent généralement à continuer à prendre part à la vie publique et cette volonté entre parfois en contradiction avec les obligations de discrétion et de réserve qui s'imposent aux membres du Conseil ». Dès lors, le Comité Balladur proposait d'assurer aux anciens présidents de la République « une retraite leur assurant des conditions de vie dignes des fonctions qu'ils ont exercées, sans qu'ils aient à remplir un rôle juridictionnel ». Le constituant n'a pas suivi ces recommandations lors de la révision du 23 juillet 2008, mais le rapport de la Commission de rénovation et de déontologie de la vie publique (dite « Commission Jospin ») propose à nouveau de « supprimer la catégorie des membres de droit et interdire l'exercice de toute activité de conseil » (proposition n° 32)[28]. Un projet de loi constitutionnelle visant à abroger la catégorie des membres de droit du Conseil constitutionnel a été adopté par le Gouvernement le 13 mars 2013. Une proposition de loi, déposée par le groupe majoritaire de l'Assemblée nationale le 17 mai 2013, entend supprimer la catégorie des membres de droit, avec une applicabilité immédiate et étendue à tous les présidents de la République élus avant 2012[29]. Cette réforme est justifiée par les exigences du droit à un procès équitable.

2.29 › Les neuf membres nommés par les trois plus hautes autorités politiques de l'État (le président de la République, le président du Sénat et le président de l'Assemblée nationale) le sont pour une durée de neuf ans. L'article 56 précise sur ce point que : « [...] Le Conseil se renouvelle par tiers tous les trois ans. Trois des membres sont nommés par le président de la République, trois par le président de l'Assemblée nationale, trois par le président du Sénat ». Depuis 2008, les nominations doivent être précédées d'un avis public des commissions parlementaires compétentes rendu après une audition des personnalités choisies par les autorités de nomination. Il n'est pas possible de procéder à la nomination « lorsque l'addition des votes négatifs dans chaque commission représente au moins trois cinquièmes des suffrages exprimés au sein des deux commissions » (art. 13 C.), ce qui rend improbable un veto parlementaire à une nomination au Conseil constitutionnel. Ce mode de désignation des membres du Conseil se distingue des règles de sélection habituelle des juges constitutionnels dans les autres démocraties constitutionnelles européennes. Les membres du Conseil ne sont pas élus par les parlementaires mais nommés par des autorités politiques. L'audition devant les commissions est cependant un progrès notable dans la mesure où cette étape révèle, en toute transparence, les aptitudes de la personnalité choisie. Si aucune condition d'âge ou de compétence particulière n'est exigée pour être nommé au Conseil constitutionnel, la QPC impose désormais de choisir des hommes et des femmes ayant eu une solide formation juridique

27. Rapport de la commission Balladur, « Une Ve République plus démocratique » (voir la proposition n° 75), Fayard, La Documentation française, 2008.
28. Rapport remis au Président de la République, *Pour un renouveau démocratique*, 9 novembre 2012, p. 102.
29. Assemblée nationale, proposition de loi n° 1044 tendant à réformer le Conseil constitutionnel.

et une pratique juridictionnelle confirmée. À cet égard, la nomination des anciens Premier ministre Lionel Jospin (comme membre), le 18 décembre 2014, et Laurent Fabius (comme président), le 18 février 2016, est de nature à relancer la critique sur la politisation de l'institution[30].

2.30 ▸ Même si le système français de sélection des juges constitutionnels est discutable, les nominations des membres du Conseil ne sont pas plus contestées qu'à l'étranger. Dans les faits, les autorités politiques prennent l'habitude de nommer des personnalités qui bénéficient d'une forte expérience dans les milieux parlementaires et juridiques. Parmi les anciens membres du Conseil, figurent les grands noms de la doctrine juridique française[31] : le doyen Georges Vedel, juge constitutionnel de 1980 à 1989 ; le président Robert Badinter, membre de 1986 à 1995. Une fois nommés, les membres du Conseil s'estiment bien souvent liés par un « devoir d'ingratitude » (selon l'expression du président Robert Badinter) à l'égard de ceux qui les ont nommés. Soucieux de rapprocher leur statut de celui des juges, les conseillers constitutionnels adoptent une attitude d'indépendance par rapport aux majorités politiques. Il faut bien constater qu'en 1982, composé de membres nommés par des autorités politiques gaullistes et centristes, le Conseil constitutionnel n'a pas effectué de censure politique concernant les lois de nationalisation votées par le premier gouvernement socialiste de la Ve République. Plus récemment, le Conseil constitutionnel, composé par une majorité de membres nommés par la droite, a censuré le gouvernement de François Fillon : la décision n° 573 DC du 8 janvier 2009 a jugé que le maintien d'un minimum de deux députés pour chaque département n'est plus justifié par un impératif d'intérêt général, alors même que le Premier ministre et le chef de l'État avaient exprimé leur attachement à cette tradition républicaine. Dans le même sens, la décision n° 632 DC du 23 juin 2011 déclare contraire à l'article 39 de la Constitution la loi « fixant le nombre des conseillers territoriaux de chaque département et de chaque région » au motif que le projet de loi devait être déposé en première lecture sur le bureau du Sénat (et non de l'Assemblée nationale).

2.31 ▸ Cette indépendance des membres du Conseil constitutionnel par rapport aux autorités politiques est, du reste, garantie par l'article 57 de la Constitution, aux termes duquel « les fonctions de membres du Conseil constitutionnel sont incompatibles avec celles de ministre ou de membre du Parlement. Les autres incompatibilités sont fixées par une loi organique ». Assez laconique dans son énonciation, l'article 57 est complété par l'ordonnance du 7 novembre 1958 portant loi organique relative au Conseil constitutionnel et par la loi organique du 19 janvier 1995. Ces deux textes étendent le régime d'incompatibilité de la fonction de membre du Conseil constitutionnel avec « l'exercice de tout mandat électoral » (art. 4, ordonnance du 7 novembre 1958 modifié par la loi organique du 19 janvier 1995), national ou local, de toute fonction ministérielle, de membre du Conseil économique et social. De plus, le régime des incompatibilités

30. O. Beaud, « Lionel Jospin au Conseil constitutionnel : une affaire entendue ou un malentendu ? », *Recueil Dalloz*, 9 janvier 2015, p. 1.

31. P. Castera, *Les professeurs de droit membre du Conseil constitutionnel*, thèse, Université de Bordeaux, 2015, 650 p.

professionnelles des membres du Conseil constitutionnel est le même que celui qui s'applique aux parlementaires. Si certaines activités professionnelles restent compatibles avec la fonction de conseiller constitutionnel, comme la profession d'avocat ou le professorat, d'autres sont en revanche interdites aux membres de l'institution. Par exemple, « pendant la durée de leurs fonctions, les membres du Conseil constitutionnel ne peuvent être nommés à aucun emploi public, ni, s'ils sont fonctionnaires publics, recevoir une promotion au choix » (art. 5, ordonnance du 7 novembre 1958). L'indépendance des membres du Conseil constitutionnel est également assurée par les règles concernant la durée du mandat de conseiller. Fixé à neuf ans, le mandat des membres du Conseil n'est ni renouvelable, ni révocable. Toutefois, lorsqu'un conseiller est nommé pour terminer le mandat de son prédécesseur et que ce remplacement n'excède pas trois ans, il peut être renouvelé dans son mandat pour une durée de neuf ans. Ainsi, Louis Joxe, nommé en octobre 1977 pour remplacer Roger Frey décédé, a été renommé pour neuf ans en 1980 au Conseil constitutionnel. Il a donc siégé douze ans au Conseil.

2.32 ▸ En outre, l'impartialité de l'institution et la dignité de la fonction supposent un minimum d'obligations que les membres du Conseil doivent respecter. Ce devoir de réserve tend à rapprocher le statut des conseillers de celui des magistrats. Dans le serment que chaque membre nommé prête devant le président de la République, le futur conseiller s'engage à « garder le secret du délibéré et des votes, ne prendre aucune position publique et à ne donner aucune consultation sur les questions relevant de la compétence du Conseil, à ne pas laisser mentionner leur qualité de membre du Conseil dans tout document susceptible d'être publié ». La pratique révèle que parfois les conseillers constitutionnels prennent quelques distances avec la règle. Ainsi, le 22 avril 2005, Madame Simone Veil, membre du Conseil, a demandé sa « mise en congé » temporaire de l'institution afin de prendre publiquement position en faveur du Traité établissant une constitution pour l'Europe lors de la campagne référendaire du printemps 2005.

2.33 ▸ Au 1er mars 2017, les membres nommés sont issus du monde politique (4), de la magistrature (4) et de l'université (1). La suppression des membres de droit atténuerait définitivement le décalage entre la fonction juridictionnelle du Conseil constitutionnel et la composition politique de ses membres.

2) La participation du Conseil constitutionnel à la procédure législative

2.34 ▸ Le Conseil constitutionnel exerce une compétence d'attribution en matière d'interprétation de la Constitution : il n'est compétent que dans les matières pour lesquelles la Constitution permet de le saisir. Il n'a pas une compétence générale pour connaître tous les litiges relatifs à l'interprétation constitutionnelle. En particulier, ni la Constitution ni les textes le concernant ne prévoient la possibilité de recourir au juge constitutionnel pour trancher les conflits d'interprétation de la Constitution opposant le président de la République et le Premier ministre.

2.35 ▸ Ceci dit, l'examen des compétences juridictionnelles du Conseil constitutionnel montre que l'institution fait figure de véritable « gardien de la Constitution ». Le Conseil constitutionnel est un juge du contentieux électoral (juge de l'élection présidentielle et des élections parlementaires), un juge chargé de veiller à la régularité des opérations référendaires (article 60), un juge vérifiant la régularité de la procédure du référendum d'initiative partagé (art. 11)[32], un organe obligatoirement consulté dans certains cas prévus par la Constitution (par exemple, il rend des avis lors de l'utilisation des pouvoirs présidentiels prévus par l'article 16) et le juge de la compatibilité des engagements internationaux avec la Constitution (art. 54). Par ailleurs, le Conseil peut être saisi pour sanctionner les empiétements du législateur dans le domaine réglementaire (art. 37 et 41). Dans l'exercice de ces fonctions juridictionnelles, « les décisions du Conseil constitutionnel ne sont susceptibles d'aucun recours. Elles s'imposent aux pouvoirs publics et à toutes les autorités administratives et juridictionnelles » (art. 62). Seule la compétence de juge de la constitutionnalité des lois votées (art. 61) sera ici évoquée. C'est effectivement à partir de cette mission que le Conseil est progressivement devenu un juge protecteur des droits fondamentaux.

2.36 ▸ Dans le cadre de la procédure de l'article 61 de la Constitution, le Conseil constitutionnel opère un contrôle préventif de constitutionnalité qui porte sur un texte législatif ne produisant pas encore d'effets dans l'ordonnancement juridique. Le système français de contrôle de constitutionnalité s'exerce avant l'entrée en vigueur de la norme législative : c'est un « contrôle barrage » destiné à prévenir les risques d'inconstitutionnalité de la loi. Les décisions rendues en l'espèce sont les décisions DC (déclaration de conformité).

2.37 ▸ Le contrôle préventif de constitutionnalité concerne donc un acte juridique en formation. D'ailleurs, comment soutenir que la loi votée est juridiquement parfaite au moment où elle est déférée au Conseil constitutionnel puisque l'intervention du contrôle de constitutionnalité ne se justifie que parce qu'un doute subsiste sur la qualité juridique du texte voté par le Parlement ? À quoi servirait le contrôle préventif du Conseil si celui-ci s'exerçait sur une norme achevée ? La jurisprudence constitutionnelle a d'ailleurs confirmé le caractère inachevé de la loi votée soumise au contrôle de constitutionnalité. Dans plusieurs décisions, le Conseil constitutionnel rappelle que la procédure législative est une procédure complexe comprenant plusieurs étapes : la phase préliminaire, la discussion parlementaire, le vote, le contrôle de constitutionnalité, la promulgation. En affirmant que « les règles selon lesquelles la loi est proposée, votée et promulguée sont déterminées par la Constitution et les lois organiques »[33], le Conseil constitutionnel invite clairement à distinguer les notions de loi proposée, de loi votée et de loi promulguée. Dans la décision du 23 août 1985[34], la Haute instance considère que « la procédure législative est close par la promulgation ». Cette formule sous-entend que le contrôle de

32. Voir à propos de la loi organique portant application de l'article 11 de la Constitution, la décision n° 2013-681 DC, 5 décembre 2013, *JORF* 7 décembre 2013, p. 19955.

33. Décision 27 juillet 1982, *Rec.* p. 52.

34. *Rec.* p. 72.

constitutionnalité, qui se situe entre le vote et la promulgation, intervient à un moment de la confection de la loi. Et dans la décision du 30 décembre 1996[35], le Conseil explique que l'effet de la saisine constitutionnelle « est de mettre en œuvre, avant la clôture de la procédure législative, la vérification par le Conseil constitutionnel de toutes les dispositions de la loi déférée ». Ce considérant démontre parfaitement que l'intervention du Conseil constitutionnel fait partie intégrante de la procédure législative et que l'objet du contrôle n'est pas la loi définitive mais la loi votée, c'est-à-dire un texte législatif adopté par la majorité parlementaire et susceptible d'être examiné par le Conseil constitutionnel.

2.38 ▸ La jurisprudence constitutionnelle rappelle enfin que le contrôle institué par l'article 61 de la Constitution de 1958 porte sur « le texte » d'une loi « avant sa promulgation ». Plus précisément, l'objet du contrôle est constitué par l'ensemble des « dispositions » d'une loi votée, c'est-à-dire par des « mots ». Le Conseil n'emploie jamais l'expression de « norme » pour qualifier l'objet du contentieux de constitutionnalité, alors qu'il parle des « normes de constitutionnalité applicables au contrôle des lois déférées » pour désigner les règles constitutionnelles qu'il utilise dans son raisonnement juridictionnel. Cette précision terminologique est importante car elle confirme que le contrôle préventif de constitutionnalité concerne des énoncés *pré normatifs* qui ne sont pas encore des lois achevées.

2.39 ▸ Le caractère *facultatif* du contrôle de constitutionnalité des lois ordinaires votées implique que certaines lois échappent à la procédure du contrôle du Conseil constitutionnel. Il faut donc admettre que sous la Vᵉ République deux régimes d'expression de la volonté générale cohabitent : un régime *constitutionnaliste* qui fait intervenir le Conseil constitutionnel et dans lequel « la loi votée n'exprime la volonté générale que dans le respect de la Constitution » ; un régime *légicentriste* dans lequel « la loi est l'expression de la volonté générale » dès son adoption par le Parlement ou par le peuple (hypothèse du référendum législatif)[36].

B - LE CONTRÔLE RÉPRESSIF DE LA LOI

2.40 ▸ Si les tribunaux de l'ordre judiciaire et administratif ont développé depuis longtemps une forme de contrôle indirect de constitutionnalité (1), la QPC s'impose comme la procédure la plus utilisée par laquelle un justiciable sollicite le contrôle répressif d'une disposition législative (2).

1) Le juge ordinaire et le contrôle indirect de constitutionnalité des lois

2.41 ▸ En principe, le juge ordinaire n'est pas un juge constitutionnel de la loi[37]. La Constitution ne reconnaît pas aux juridictions de l'ordre judiciaire et administratif une compétence particulière en la matière. Et régulièrement, les tribunaux

35. *Rec.* p. 154.

36. On se permet de renvoyer à Ph. Blachèr, *Contrôle de constitutionnalité et volonté générale*, PUF, 2001.

37. Sur cette question voir B. Genevois, « Le Conseil d'État n'est pas le censeur de la loi au regard de la Constitution », *RFDA* 2000, p. 722 ; J. Bonnet, *Le juge ordinaire français et le contrôle de constitutionnalité de la loi. Analyse critique d'un refus*, Dalloz, 2009.

judiciaires et administratifs invoquent la théorie de la loi-écran à l'appui de leur incompétence. Cette théorie peut se résumer ainsi : en présence d'un acte administratif ou d'un acte judiciaire qui applique une loi inconstitutionnelle, le juge se déclare incompétent pour prononcer l'inconstitutionnalité de l'acte administratif ou de l'acte judiciaire ; car la loi fait « écran » entre la Constitution et l'acte administratif ou judiciaire, protégeant ainsi ce dernier du contrôle du juge ordinaire. Le juge administratif se déclare ainsi régulièrement incompétent pour exercer le contrôle de constitutionnalité répressif des lois[38]. Sa position de principe remonte à deux arrêts du Conseil d'État en date de 1936 : les arrêts *Arrighi* et *Dame Coudert*[39]. Dans ces deux affaires, le commissaire du gouvernement Latournerie admettait pourtant « en logique pure » le contrôle de la constitutionnalité des lois par le juge ordinaire. Cependant, il invitait dans ses conclusions le Conseil d'État de la IIIe République à ne pas s'engager dans cette voie pour deux motifs : « la souveraineté de la loi » et l'absence de « contenu substantiel à l'égard des droits individuels » dans les lois constitutionnelles de 1875. Motifs dont la pertinence n'est plus guère d'actualité avec la QPC et l'émergence de la protection constitutionnel des droits fondamentaux (v. *supra*, n° 2-2). La Haute Juridiction administrative a confirmé l'application de la théorie de la loi-écran. Dans un arrêt rendu le 12 juillet 2013[40], le Conseil d'État rappelle la permanence de la théorie de la loi-écran. Invité par la Fédération nationale de la pêche en France, dans le cadre d'un recours pour excès de pouvoir visant le décret du 22 septembre 2010 relatif à la pêche aux anguilles, à confronter l'acte administratif avec les dispositions de l'article 3 de la Charte de l'environnement (principe de précaution), la Haute Juridiction considère que : « la conformité au principe énoncé par l'article 3 de la Charte de l'environnement de dispositions législatives définissant le cadre de la prévention ou de la limitation des conséquences d'une atteinte à l'environnement, ou de l'absence de telles dispositions, ne peut être contestée devant le juge administratif en dehors de la procédure prévue à l'article 61-1 de la Constitution ; qu'en revanche, il appartient à celui-ci, au vu de l'argumentation dont il est saisi, de vérifier si les mesures prises pour l'application de la loi, dans la mesure où elles ne se bornent pas à en tirer les conséquences nécessaires, n'ont pas elles-mêmes méconnu ce principe ». Autrement dit, le Conseil d'État refuse d'examiner la conformité des dispositions réglementaires qui se bornent à appliquer la loi au regard de la Charte de l'environnement, au motif que la loi fait écran entre la Constitution et le décret ; dans cette hypothèse, seule une QPC permet de confronter ces dispositions aux droits et libertés garantis par le Constitution. En revanche, le juge administratif accepte de contrôler la conformité à la Constitution des mesures réglementaires autonomes.

2.42 › Cette incompétence des tribunaux ordinaires à examiner la constitutionnalité des lois n'empêche pas de considérer que ces juridictions assurent ponctuellement le respect de la Constitution. D'ailleurs, sur le plan juridique, il n'y a

38. Voir par exemple CE, 8 décembre 2000, *Parti nationaliste basque* : la Haute Juridiction administrative refuse d'examiner la loi du 11 mars 1988 relative au financement des partis politiques par rapport à la Constitution.

39. CE, 6 novembre 1936, conclusions Latournerie, *S.*, 1937-3, p. 33.

40. CE, ass, 12 juillet 2013, *Fédération nationale de la pêche en France*, req. n° 344522.

pas de raison de principe qui s'y oppose. Dès le début du siècle, Hauriou estime que « c'est la mission naturelle du juge ordinaire d'interpréter les lois et de régler leurs conflits, même constitutionnels »[41]. Le juge administratif utilise d'ailleurs souvent les éléments du « bloc de constitutionnalité » pour apprécier la légalité (entendue dans le sens général de « conformité au droit ») des actes administratifs. Il en est de même du juge judiciaire concernant les actes de droit privé. Et de manière générale, la jurisprudence montre que les juridictions acceptent de plus en plus de remplir la fonction de protecteur de la hiérarchie des normes en ne manifestant plus aucune réticence à appliquer directement la Constitution au cours d'un procès. De notables évolutions ont eu lieu en ce sens, peut-être sous l'influence persuasive du Conseil constitutionnel. « Ainsi de nos jours, observe Dominique Turpin, le juge judiciaire se réfère relativement volontiers au préambule ou à la Déclaration de 1789 lorsqu'elle est invoquée devant lui »[42]. La doctrine constitutionnaliste n'hésite même plus aujourd'hui à qualifier les tribunaux de « juge constitutionnel »[43].

2.43 ▸ L'examen par les tribunaux du respect par la loi de l'article 55 de la Constitution (aux termes duquel « les traités ou accords régulièrement ratifiés ou approuvés ont, dès leur publication, une autorité supérieure à celle des lois, sous réserve, pour chaque accord ou traité, de son application par l'autre partie ») est une forme particulière de contentieux constitutionnel. Ce contrôle de la « conventionnalité » des normes législatives conduit le juge à appliquer l'article 55 de la Constitution et à écarter toute loi contraire aux prescriptions constitutionnelles. Ainsi, dans l'arrêt *Jacques Vabres* du 24 mai 1975, la Cour de cassation confirme la position d'une cour d'appel qui a décidé que l'article 95 du traité de Rome devait être appliqué « à l'exclusion de l'article 265 du Code des douanes, bien que ce dernier texte fût postérieur »[44]. De la même manière, par l'arrêt *Nicolo* du 20 novembre 1989[45], le Conseil d'État accepte d'écarter, au nom de la supériorité hiérarchique du traité sur la loi, une loi postérieure mais contraire à un traité. Par ce contrôle de « conventionnalité » de la loi, les juridictions judiciaires et administratives n'opèrent pas un contrôle de constitutionnalité de même nature que celui qu'exerce le Conseil constitutionnel[46]. Ce dernier, par la célèbre décision *IVG* du 15 janvier 1975[47], invite à distinguer expressément le contrôle de constitutionnalité, réservé exclusivement au Conseil constitutionnel par l'article 61 de la Constitution, du contrôle de conventionnalité effectué par les juridictions sur le fondement de l'article 55 de la Constitution : « le contrôle du respect du principe énoncé à l'article 55 de la Constitution ne saurait s'exercer dans le cadre de l'examen prévu à l'article 61, en raison de la différence de nature entre ces deux contrôles ». Si pour le Conseil constitutionnel

41. M. Hauriou, *Précis de droit constitutionnel, S.*, 1929, p. 268.
42. D. Turpin, *Contentieux constitutionnel*, PUF, 1994, p. 273, n° 178.
43. B. Mathieu et M. Verpeaux, *Contentieux constitutionnel des droits fondamentaux*, LGDJ, 2002, p. 117 ; J. Bonnet, *Le juge ordinaire français et le contrôle de constitutionnalité de la loi. Analyse critique d'un refus*, Dalloz, 2009.
44. Cass. ch. mixte, 24 mai 1975, concl. Touffait, Dalloz, 1975, p. 497.
45. CE Ass., 20 octobre 1989, concl. Patrick Frydman, *RFDA*, 1989, p. 821.
46. Voir par exemple L. Favoreu, « L'interprétation de l'article 55 de la Constitution », *RFDA* 1989, p. 993-999.
47. *Rec.* p. 19.

la supériorité de la loi à la Constitution revêt « un caractère absolu et définitif », la validité de la loi par rapport au traité « présente un caractère à la fois relatif et contingent, tenant, d'une part, à ce qu'elle est limitée au champ d'application du traité et, d'autre part, à ce qu'elle est subordonnée à une condition de réciprocité dont la réalisation peut varier selon le comportement du ou des États signataires du traité et le moment où doit s'apprécier le respect de cette condition ». Dès lors, contrôler la conventionnalité d'une loi ne signifie pas contrôler sa constitutionnalité puisque la norme contrôlée est confrontée à un traité qui n'est pas forcément d'applicabilité directe, l'exécution du traité restant suspendue à une condition de réciprocité. C'est pourquoi le Conseil constitutionnel considère « qu'une loi contraire à un traité ne serait pas pour autant contraire à la Constitution ». Pourtant, il est sans doute plus exact de *nuancer* la thèse de la séparation radicale entre le contentieux de constitutionnalité et le contentieux de conventionnalité. En acceptant le contrôle de conventionnalité d'une loi, les tribunaux opèrent, du même coup et bien qu'ils s'en défendent, un contrôle indirect et *a posteriori* de constitutionnalité. Si l'on s'en tient à la juridiction administrative, c'est bien au motif que la sanction d'une loi postérieure mais contraire à un traité peut apparaître comme une déclaration indirecte d'inconstitutionnalité de la norme législative que le Conseil d'État refuse, dans l'arrêt dit des « semoules » du 1er mars 1968[48], de contrôler la conventionnalité de la loi. Un simple raisonnement *a contrario* de cette solution jurisprudentielle confirme qu'en acceptant par l'arrêt *Nicolo* d'écarter une loi postérieure et incompatible avec le traité de Rome, le Conseil d'État renonce en l'espèce à la théorie de la loi-écran et effectue un contrôle indirect de constitutionnalité. Mais surtout, en assurant, en tout état de cause, la primauté du traité sur la loi, le juge ne fait qu'appliquer et rendre effectif l'article 55 de la Constitution. Un arrêt du 5 janvier 2005[49] du Conseil d'État confirme cette analyse. Après avoir rappelé que l'article 61 de la Constitution confère au Conseil constitutionnel le soin d'apprécier la conformité constitutionnelle d'une loi avant la promulgation de celle-ci, la Haute Juridiction administrative précise : « ... il ressort des débats tant du comité consultatif constitutionnel que du Conseil d'État lors de l'élaboration de la Constitution que les modalités ainsi adoptées excluent un contrôle de constitutionnalité de la loi au stade de son application ; considérant cependant, que pour la mise en œuvre du principe de supériorité des traités sur la loi énoncé à l'article 55 de la Constitution, il incombe au juge, pour la détermination du texte dont il doit faire application, de se conformer à la règle de conflit de normes édictée par cet article ».

2.44 ▸ Le juge administratif assure, par ailleurs, un contrôle indirect de constitutionnalité d'une loi dans le cadre de l'abrogation d'une loi antérieure et incompatible avec la Constitution du 4 octobre 1958[50]. Par exemple, dans l'arrêt du Conseil d'État *Société Ecky* en date du 12 février 1960[51], la Haute Juridiction administrative écarte l'application de l'article 4 du Code pénal, prévu par une

48. *Lebon* p. 149.
49. CE, ass., *Melle Deprez et Baillard*, 5 janvier 2005, req. n° 257341.
50. Voir J. Trémeau, « La caducité des lois incompatibles avec la Constitution », *AIJC*, vol. VI, 1990, p. 219-316.
51. *Lebon* p. 101.

loi de 1810, dans la mesure où cette disposition « est incompatible avec les dispositions des articles 34 et 37 de la Constitution du 4 octobre 1958 ». Dans cette affaire, la loi ancienne, aux termes de laquelle « nulle contravention ne peut être punie de peines qui n'aient été prononcées par la loi », se révèle manifestement incompatible avec les articles 34 et 37 de la Constitution de 1958 qui réserve au pouvoir réglementaire pleine compétence en matière de peine de contravention. Le Conseil d'État considère que l'article 4 du Code pénal doit « être regardé comme abrogé sur ce point ». La déclaration juridictionnelle de la caducité de la loi ancienne suppose, ainsi que le prouve l'exemple de l'arrêt *Société Ecky*, que le juge ordinaire contrôle au préalable la constitutionnalité des dispositions de la loi contestée. Pour constater l'abrogation de la loi de 1810 par les articles 34 et 37 de la Constitution, il faut nécessairement interpréter et mettre en rapport la norme législative et la norme constitutionnelle. En ce sens, Jérôme Trémeau a raison d'affirmer que « s'il est un cas dans lequel le juge administratif contrôle la validité d'une loi par rapport à la Constitution, c'est bien celui des lois antérieures à la Constitution »[52]. Même si la caducité est généralement analysée comme un simple conflit de lois dans le temps lorsque ce sont deux normes de même niveau hiérarchique qui sont confrontées, il n'en va pas de même pour ce qui concerne les rapports loi/Constitution. Dans l'arrêt d'Assemblée *Syndicat national des huissiers de justice* (16 décembre 2005), le commissaire du gouvernement propose d'effectuer un contrôle de caducité d'une loi qui s'interposait entre un acte administratif et une disposition constitutionnelle. Le Conseil d'État suivra ses conclusions en jugeant qu'il « lui revient de constater l'abrogation ; fût-elle implicite, de dispositions législatives qui découle de ce que leur contenu est inconciliable avec un texte qui leur est postérieur, que celui-ci ait valeur législative ou constitutionnelle »[53].

2.45 ▸ Les tribunaux judiciaires et administratifs peuvent très bien, sans contrôler expressément la constitutionnalité d'une loi, se contenter d'interpréter la loi dans un sens conforme à la Constitution. Cette attitude jurisprudentielle, qui est pratiquée par le Conseil d'État[54] et par la Cour de cassation[55], revient à opérer selon les mots de Michel Jeol un « contrôle implicite de constitutionnalité » : en interprétant une loi de telle manière qu'elle soit conforme à la Constitution, le juge neutralise les effets liés à l'inconstitutionnalité de la norme législative sans pour autant s'arroger un pouvoir d'annulation de la loi votée. Ce pouvoir d'interprétation constitutionnelle s'est renforcé, et développé, dans le cadre de la procédure de la QPC. Cette dernière favorise une lecture constitutionnelle des dispositions législatives par les juridictions de l'ordre administratif et judiciaire[56].

2.46 ▸ La question du contrôle juridictionnel de constitutionnalité des lois ne se pose plus dans les mêmes termes depuis l'entrée en vigueur de la QPC. Ce nouveau moyen de droit donne aux juridictions des deux ordres la compétence pour

52. J. Trémeau, *La réserve de loi*, Economica, PUAM, 1997, p. 410.
53. *RFDA* 2006, p. 43, conclusions J.-H. Stahl.
54. Par exemple, CE, 18 juin 2010, *Société Canal plus*, req. n° 338344.
55. Par exemple, Cass. crim., 25 avril 1985, *Bogdan* (1re aff.), *Vuckovic* (2e aff.), *Bull. crim.* n° 123.
56. Voir A. Roblot-Troizier, « Le non-renvoi des QPC par le Conseil d'État », *RFDA* 2011, p. 691.

se prononcer sur le caractère sérieux d'une violation, par des dispositions législatives, de droits et libertés que la Constitution garantit. En somme, les juges ordinaires sont conduits à exercer un « pré contrôle de constitutionnalité »[57].

2) La « question prioritaire de constitutionnalité »

2.47 ❯ En introduisant le mécanisme de la question prioritaire de constitutionnalité (QPC) par la loi constitutionnelle du 23 juillet 2008 (art. 61-1 C.), le pouvoir constituant opère une double révolution juridique. Pour la première fois depuis 1789, une institution juridictionnelle – le Conseil constitutionnel – détient le droit d'abroger une disposition législative. Ce pouvoir d'abrogation s'accompagne de la reconnaissance d'une nouvelle compétence dévolue aux tribunaux de l'ordre judiciaire et administratif : le juge du fond est désormais tenu de se prononcer, sur demande d'un justiciable, sur le point de savoir si la question de constitutionnalité soulevée devant lui n'est pas « dépourvue de caractère sérieux ». La Cour de cassation et le Conseil d'État apprécient, en tant que juridictions supérieures de l'ordre judiciaire et de l'ordre administratif, le caractère « nouveau » ou « sérieux » de la question de constitutionnalité.

2.48 ❯ La QPC ne remet pas en cause l'organisation juridictionnelle classique fondée sur deux ordres de juridiction. Le Conseil d'État et la Cour de cassation restent les cours supérieures de l'ordre administratif et de l'ordre judiciaire. Ces deux Hautes Juridictions ne sont pas concurrencées par le Conseil constitutionnel dans l'exercice de leurs fonctions traditionnelles et dans l'accomplissement de leurs nouvelles missions aménagées par la loi organique du 10 décembre 2009. Le Conseil constitutionnel, de son côté, reste l'unique juge constitutionnel. Il exerce, sur renvoi des deux juridictions suprêmes, le contrôle de constitutionnalité d'une disposition législative éventuellement contraire aux droits et libertés. Cette compétence peut conduire le Conseil constitutionnel à abroger la loi, à aménager les effets dans le temps de sa déclaration d'inconstitutionnalité ou à émettre des réserves d'interprétation venant préciser le sens que la disposition législative doit prendre pour respecter la Constitution.

2.49 ❯ Le constituant en 2008 instaure un mécanisme original de contrôle répressif des lois et respectueux de l'organisation juridictionnelle. Les principes directeurs de la QPC reposent sur un double filtrage juridictionnel et une limitation de l'objet de la QPC. Il s'agit d'éviter l'encombrement de la juridiction constitutionnelle et l'une de ses conséquences inévitables : l'allongement des instances juridictionnelles. À cet égard, le déclenchement de la compétence du Conseil constitutionnel par les juridictions suprêmes (Conseil d'État et Cour de cassation) plutôt que par les juridictions de droit commun présente trois intérêts : le dispositif opère une centralisation des demandes ; il assure une unité d'interprétation de la règle de droit au sein de l'ordre juridictionnel et il évite l'engorgement du Conseil constitutionnel.

57. D. Rousseau, P.Y. Gadhoun, J. Bonnet, *Droit du contentieux constitutionnel*, LGDJ, coll. « Domat droit public », 11e éd., 2016, p. 206.

2.50 ▸ L'article 61-1 C de la Constitution n'est que la reprise dans ses grandes lignes des projets de 1990-1993. En vue d'instituer dans l'ordre juridique français un contrôle répressif des normes législatives, le président François Mitterrand avait proposé, le 14 juillet 1989, de réviser l'article 61 de la Constitution afin de permettre aux citoyens de contester, par voie d'exception[58], la constitutionnalité des lois promulguées portant atteinte à leurs droits fondamentaux[59]. Le projet de loi constitutionnelle du 29 mars 1990, qui sera repris sans succès par le projet de loi n° 231 du 10 mars 1993[60] à la suite du rapport du Comité consultatif pour la révision de la Constitution[61], ajoutait à l'article 61 de la Constitution un alinéa énonçant que « les dispositions de loi qui concernent les droits fondamentaux reconnus à toute personne par la Constitution peuvent être soumises au Conseil constitutionnel par voie d'exception à l'occasion d'une instance en cours devant une juridiction ». L'adoption de cette réforme constitutionnelle aurait ainsi introduit un mécanisme de contrôle répressif, certes limité aux seules lois portant atteinte aux droits fondamentaux, mais dont l'économie générale se rapproche du modèle constitutionnel européen. Ainsi, dans le projet de 1990, seules les juridictions ordinaires (les citoyens en sont exclus) commandaient le déclenchement de la procédure d'exception d'inconstitutionnalité. La réforme de l'exception d'inconstitutionnalité prévoyait également un double filtrage juridictionnel destiné à limiter les renvois préjudiciels devant le Conseil constitutionnel.

Les tribunaux ordinaires appréciaient dans un premier temps l'utilité de l'exception d'inconstitutionnalité pour trancher le litige d'espèce. Ils vérifiaient, par ailleurs, que la disposition législative contestée n'avait pas été contrôlée préalablement par le Conseil constitutionnel et évaluaient si l'inconstitutionnalité de la loi votée n'était pas manifestement infondée. Dans un deuxième temps, les cours supérieures de l'ordre judiciaire et de l'ordre administratif disposent d'un délai de trois mois pour transmettre, si elles l'estiment nécessaire, la question préjudicielle devant le Conseil constitutionnel. Une fois la procédure déclenchée, la juridiction constitutionnelle se présentait bien comme l'unique juge du fond de la constitutionnalité des normes législatives. Les décisions du Conseil constitutionnel statuant sur une question préjudicielle auraient donc eu un effet *erga omnes*[62].

58. Si le projet s'intitule « exception d'inconstitutionnalité », il s'agit bien, en réalité, d'introduire une question préjudicielle devant le Conseil constitutionnel (voir T. Renoux, « L'exception, telle est la question », *RFDC*, n° 4, p. 651).

59. Sur ce projet voir L. Favoreu, « L'élargissement de la saisine du Conseil constitutionnel aux juridictions administratives et judiciaires », *RFDC*, n° 4, 1990, p. 581-617 (avec une importante bibliographie) ; F. Luchaire, « Le contrôle de la loi promulguée sur renvoi des juridictions : une réforme constitutionnelle différée », *RDP* 1990, p. 1625 ; G. Drago, *Contentieux constitutionnel français*, PUF, coll. « Thémis Droit public », 1998, p. 439-482.

60. Le projet était ainsi rédigé : « Art. 61-1. – Lorsque, à l'occasion d'une instance en cours devant une juridiction, il est soutenu qu'une disposition de loi porte atteinte aux droits fondamentaux reconnus à toute personne par la Constitution, cette question peut être renvoyée au Conseil constitutionnel par le Conseil d'État, la Cour de cassation ou toute juridiction ne relevant ni de l'un ni de l'autre ».

61. Le Comité « Vedel » avait proposé de réviser l'article 61 de la Constitution en y ajoutant les dispositions suivantes : « Art. 61-1. – Les dispositions de la loi qui portent atteinte aux droits fondamentaux reconnus à toute personne par la Constitution peuvent être soumises au Conseil constitutionnel à l'occasion d'une instance en cours devant une juridiction. Le Conseil constitutionnel est saisi, à la demande d'un justiciable, sur renvoi du Conseil d'État, de la Cour de cassation ou de toute juridiction ne relevant ni de l'un ni de l'autre ».

62. En ce sens, le nouvel article 62 de la Constitution prévu par le projet de loi constitutionnelle du 29 mars 1990 dispose qu'« une disposition déclarée inconstitutionnelle sur le fondement du cinquième alinéa de l'article 61

2.51 ❯ La révision constitutionnelle du 23 juillet 2008 ne consacre cependant pas une question préjudicielle « à la française ». La QPC est un moyen de droit permettant à tout justiciable de solliciter l'abrogation d'une disposition législative dans le cadre d'un contrôle de constitutionnalité *a posteriori*. Mais ce contrôle reste abstrait et ressemble, sur bien des points, au contrôle *a priori*. L'article 61-1 C. dispose : « Lorsque, à l'occasion d'une instance en cours devant une juridiction, il est soutenu qu'une disposition législative porte atteinte aux droits et libertés que la Constitution garantit, le Conseil constitutionnel peut être saisi de cette question sur renvoi du Conseil d'État ou de la Cour de cassation qui se prononce dans un délai déterminé ». La loi organique n° 2009-1523 du 10 décembre 2009 relative à l'application de l'article 61-1 de la Constitution (*JO* 11 décembre 2009) ajoute une hypothèse, non mentionnée par la Constitution : la contestation d'une disposition législative non conforme à un engagement international (art. 23-2).

2.52 ❯ Dans le cadre du nouveau mécanisme, les relations entre le juge de renvoi et le juge constitutionnel sont des relations d'indépendance[63]. Le déclenchement de la question prioritaire de constitutionnalité incombe au juge administratif ou judiciaire qui apprécie le bien-fondé et la nécessité de la question. La loi organique n° 1523 du 10 décembre 2009 dispose sur ce point : « art. 23-1 : Devant les juridictions relevant du Conseil d'État ou de la Cour de cassation, le moyen tiré de ce qu'une disposition législative porte atteinte aux droits et libertés garantis par la Constitution est, à peine d'irrecevabilité, présenté dans un écrit distinct et motivé. Un tel moyen peut être soulevé pour la première fois en cause d'appel. Il ne peut être relevé d'office ». L'article 23-2 précise que : « La juridiction statue sans délai par une décision motivée sur la transmission de la question prioritaire de constitutionnalité au Conseil d'État ou à la Cour de cassation. Il est procédé à cette transmission si les conditions suivantes sont remplies :

1° La disposition contestée est applicable au litige ou à la procédure, ou constitue le fondement des poursuites ;

2° Elle n'a pas déjà été déclarée conforme à la Constitution dans les motifs et le dispositif d'une décision du Conseil constitutionnel, sauf changement des circonstances ;

3° La question n'est pas dépourvue de caractère sérieux.

En tout état de cause, la juridiction doit, lorsqu'elle est saisie de moyens contestant la conformité d'une disposition législative, d'une part, aux droits et libertés garantis par la Constitution et, d'autre part, aux engagements internationaux de la France, se prononcer par priorité sur la transmission de la question de constitutionnalité au Conseil d'État ou à la Cour de cassation.

---

cesse d'être applicable et ne peut plus être appliquée aux procédures en cours, y compris devant le juge de cassation ».

63. W. Mastor, « La QPC au cœur du dialogue – conflit ? – des juges », *in Le réflexe constitutionnel. Questions sur la QPC*, précité, p. 143.

La décision de transmettre la question est adressée au Conseil d'État ou à la Cour de cassation dans les huit jours de son prononcé avec les mémoires ou les conclusions des parties. Elle n'est susceptible d'aucun recours. Le refus de transmettre la question ne peut être contesté qu'à l'occasion d'un recours contre la décision réglant tout ou partie du litige ».

Dans tous les cas, la décision de transmission ou de non-transmission doit être motivée et ceci afin d'éclairer le justiciable sur la solution retenue par le juge.

2.53 ❯ Lorsque la question est transmise au Conseil d'État ou la Cour de cassation, la juridiction doit en principe surseoir à statuer. Toutefois, l'article 23-3 de la loi organique du 10 décembre 2009 indique qu'« il n'est sursis à statuer ni lorsqu'une personne est privée de liberté à raison de l'instance ni lorsque l'instance a pour objet de mettre fin à une mesure privative de liberté ». De plus, l'article 23-3 ajoute que : « La juridiction peut également statuer sans attendre la décision relative à la question prioritaire de constitutionnalité si la loi ou le règlement prévoit qu'elle statue dans un délai déterminé ou en urgence. Si la juridiction de première instance statue sans attendre et s'il est formé appel de sa décision, la juridiction d'appel sursoit à statuer. Elle peut toutefois ne pas surseoir si elle est elle-même tenue de se prononcer dans un délai déterminé ou en urgence. En outre, lorsque le sursis à statuer risquerait d'entraîner des conséquences irrémédiables ou manifestement excessives pour les droits d'une partie, la juridiction qui décide de transmettre la question peut statuer sur les points qui doivent être immédiatement tranchés.

Si un pourvoi en cassation a été introduit alors que les juges du fond se sont prononcés sans attendre la décision du Conseil d'État ou de la Cour de cassation ou, s'il a été saisi, celle du Conseil constitutionnel, il est sursis à toute décision sur le pourvoi tant qu'il n'a pas été statué sur la question prioritaire de constitutionnalité. Il en va autrement quand l'intéressé est privé de liberté à raison de l'instance et que la loi prévoit que la Cour de cassation statue dans un délai déterminé ».

Le Conseil d'État ou la Cour de cassation ont un délai de trois mois pour se prononcer sur la pertinence du renvoi de la « question prioritaire de constitutionnalité » au Conseil constitutionnel. L'article 23-4 de la loi organique dispose qu'« il est procédé à ce renvoi dès lors que les conditions prévues aux 1° et 2° de l'article 23-2 sont remplies et que la question est nouvelle ou présente un caractère sérieux ».

Sur ce point, la Cour de cassation et le Conseil d'État délivrent des interprétations parfois audacieuses de ce qu'il convient d'entendre par « caractère sérieux » de la question soulevée. Ainsi, la Cour de cassation n'a-t-elle pas hésité à transmettre une QPC relative à la conformité à la Constitution du mariage homosexuel (Cons. const. 2010-92 QPC) tandis qu'elle refuse de transmettre la question relative aux conditions de vérification des contrôles d'identité par la police (Cass. arrêt 4526 et 4527, 17 août 2011) !

L'article 23-5 indique que : « Lorsque le Conseil constitutionnel a été saisi, le Conseil d'État ou la Cour de cassation sursoit à statuer jusqu'à ce qu'il se soit prononcé. Il en va autrement quand l'intéressé est privé de liberté à raison de l'instance et que la loi prévoit que la Cour de cassation statue dans un délai déterminé. Si le Conseil d'État ou la Cour de cassation est tenu de se prononcer en urgence, il peut n'être pas sursis à statuer ».

Dans l'hypothèse où les juridictions suprêmes ne transmettent pas la question dans le délai de trois mois, le Conseil constitutionnel est automatiquement saisi de la question par le biais de leur secrétariat ou de leur greffe. Ces délais sont conformes aux exigences européennes des procès. Dans sa décision n° 2011-206 du 16 décembre 2011, le Conseil constitutionnel fut « saisi » pour la première fois en application de l'article 23-7 dernier alinéa de l'ordonnance du 7 novembre 1958 qui fixe la procédure en cas de dépassement des délais de saisine par la Cour de cassation ou le Conseil d'État : « Si le Conseil d'État ou la Cour de cassation ne s'est pas prononcé dans les délais prévus aux articles 23-4 et 23-5 (soit trois mois), la question est transmise au Conseil constitutionnel ». Le dessaisissement d'une haute juridiction entraîne donc la saisine automatique du juge constitutionnel. En l'espèce la Cour de cassation, haute juridiction en cause ici, a constaté le dépassement du délai le lendemain de l'expiration de celui-ci. Plutôt qu'une volonté délibérée de ne pas statuer sur cette affaire, il y a tout lieu de penser à une gestion défaillante des affaires QPC en instance à la Cour de cassation. C'est regrettable mais cet oubli n'entraîne cependant aucune conséquence pour le requérant, le Conseil constitutionnel étant automatiquement destinataire de la question.

Par la décision n° 2012-237 QPC (15 février 2012), le Conseil constitutionnel accepte implicitement la recevabilité d'une saisine directe formée par un justiciable. Suite à un refus implicite de la Cour de cassation de répondre à une demande de transmission de QPC dans le cadre d'une affaire relevant de la correctionnelle, un requérant a pu saisir directement le juge constitutionnel après l'écoulement du délai de trois mois au-delà de la demande formulée devant le greffe de la Cour de cassation.

2.54 ▸ Le Conseil constitutionnel, saisi en application des dispositions de l'article 61-1 C. et de la loi organique du 10 décembre 2009, avise immédiatement le président de la République, le Premier ministre et les présidents de l'Assemblée nationale et du Sénat.

La Haute instance doit statuer dans un délai de trois mois. L'article 23-9 de la loi organique du 10 décembre 2009 rappelle que : « Lorsque le Conseil constitutionnel a été saisi de la question prioritaire de constitutionnalité, l'extinction, pour quelque cause que ce soit, de l'instance à l'occasion de laquelle la question a été posée est sans conséquence sur l'examen de la question ».

La décision du Conseil constitutionnel est motivée. Elle est notifiée aux parties et communiquée soit au Conseil d'État, soit à la Cour de cassation ainsi que, le cas échéant, à la juridiction devant laquelle la question prioritaire de constitutionnalité a été soulevée. Le Conseil constitutionnel communique également sa décision au président de la République, au Premier ministre et aux présidents de l'Assemblée nationale et du Sénat ainsi que, dans le cas prévu au dernier alinéa de l'article 23-8, aux autorités qui y sont mentionnées.

La décision QPC revêt une portée *erga omnes*. Deux types de décisions peuvent être rendus. La décision de déclaration de conformité signifie que la disposition législative continue de s'appliquer. À titre d'exemple, l'article 2 de la loi du 12 juillet 1983 prohibant les machines à sous sont jugées conformes au principe de la liberté d'entreprendre qui découle de l'article 4 de la Déclaration des droits de l'homme et du citoyen de 1789. Les requérants soutenaient qu'en instituant un monopole de l'exploitation des jeux de hasard au profit de la Française des jeux, des casinos et des fêtes foraines, les dispositions législatives portaient atteinte aux droits et libertés garantis par la Constitution. Le Conseil constitutionnel considère que les limites apportées en l'espèce à la liberté d'entreprendre sont justifiées par des exigences constitutionnelles et des motifs d'intérêt général (la protection de l'ordre public en limitant les activités de jeux de hasard et le contrôle de ces activités) ; de surcroît, il ne résulte pas de ces limites une atteinte disproportionnée à un droit ou une liberté fondamentale. Par conséquent, la disposition législative prohibant les machines à sous continue de s'appliquer.

La déclaration de non-conformité implique l'abrogation, immédiate (par ex. Cons. const. n° 2010-10 QPC prononçant l'abrogation de l'art. 90 du Code disciplinaire et pénal de la marine marchande relatif à la composition des tribunaux maritimes commerciaux) ou différée (par ex. Cons. const. n° 2010-14/22 QPC prononçant l'abrogation différée au 1er juillet 2011 des articles du Code pénal relatifs à la garde à vue), de la (des) disposition(s) législative(s) censurée(s). L'article 62, alinéa 2, de la Constitution dispose sur ce point que : « Une disposition déclarée inconstitutionnelle sur le fondement de l'article 61-1 est abrogée à compter de la publication de la décision du Conseil constitutionnel ou d'une date ultérieure fixée par cette décision. Le Conseil constitutionnel détermine les conditions et limites dans lesquelles les effets que la disposition a produits sont susceptibles d'être remis en cause ». Cette disposition constitutionnelle confère une triple compétence au juge : le droit d'abroger une disposition législative qui méconnaît les droits et libertés garantis par la Constitution ; le choix du moment de cette abrogation ; l'aménagement de la portée de la décision sur les effets que la disposition abrogée a produits. Le conseil constitutionnel n'hésite pas à utiliser pleinement les pouvoirs qu'il tient de l'article 62, alinéa 2, en fixant l'abrogation à une date postérieure à la date de la décision rendue. Ce choix, dicté par le souci d'éviter les conséquences manifestement excessives de la décision d'inconstitutionnalité, est surtout destiné à permettre aux justiciables ayant soulevé la QPC de bénéficier de la déclaration d'inconstitutionnalité (principe dit de « l'effet utile de la QPC pour le justiciable qui l'a posé », Cons. const. n° 2099-595 DC du 3 décembre 2009). Il doit également faciliter l'intervention du législateur avant l'échéance fixée par le juge constitutionnel.

Entre le 1er mars 2010 et le 1er octobre 2016, le Conseil constitutionnel a rendu 506 décisions au titre de l'article 61-1 de la Constitution.

§ 2 – QUELS TEXTES DE RÉFÉRENCE POUR ASSURER LA PROTECTION CONSTITUTIONNELLE DES DROITS FONDAMENTAUX ?

2.55 ▸ Si la Constitution reste la source première de la protection des droits fondamentaux devant le Conseil constitutionnel (I), certaines conventions internationales tiennent une place non négligeable en tant que sources de la protection constitutionnelle de certaines libertés (II). La question se pose de savoir si le juge constitutionnel utilise ces conventions internationales protectrices des droits de l'homme comme normes de référence de son contrôle.

I – LA CONSTITUTION, SOURCE PREMIÈRE DE LA PROTECTION DES DROITS FONDAMENTAUX

2.56 › Le Conseil constitutionnel a transformé la notion de Constitution dans le cadre de la procédure du contrôle préventif de constitutionnalité. Au début de la Ve République, la Constitution se réduit aux énoncés constitutionnels figurant dans les 93 articles du texte du 4 octobre 1958. La Constitution se définit alors classiquement comme la norme juridique adoptée par le pouvoir constituant et destinée à organiser les pouvoirs publics. Depuis la décision *Liberté d'association* du 16 juillet 1971[64], le Conseil constitutionnel utilise le Préambule de la Constitution de 1958 et des principes de valeur constitutionnelle comme normes de référence de son contrôle de constitutionnalité. La Constitution n'est plus seulement une norme qui organise les pouvoirs publics, elle devient une norme qui protège des droits et libertés inscrits dans les déclarations auxquelles renvoie le Préambule de la Constitution. La Constitution, instrument politique, s'intéresse désormais à la protection des personnes. Voilà pourquoi la décision *Liberté d'association* est comparable, en droit français, à l'arrêt *Marbury versus Madison* de la Cour suprême des États-Unis. Elle représente le point de départ de la protection par le juge constitutionnel des droits et libertés en France.

2.57 › Dans les visas de la décision de 1971, le Conseil se réfère, pour la première fois, au Préambule de la Constitution de 1958 : « Vu la Constitution et notamment son préambule ». Par cette référence explicite, le juge constitutionnel confirme la nature juridique des textes composant le Préambule de 1958 : la Déclaration de 1789 et le Préambule de la Constitution de 1946 (qui énonce les droits économiques et sociaux et les principes particulièrement nécessaires à notre temps). Et il considère que ces textes, dont la normativité était fortement discutée en doctrine, ont une valeur constitutionnelle. La « révolution juridique » de la décision du 16 juillet 1971 tient dans l'affirmation de la valeur constitutionnelle du Préambule de la Constitution : en s'appuyant sur les énoncés contenus dans la Déclaration de 1789 et dans le préambule de 1946, le Conseil étend largement les potentialités de son contrôle. Ainsi, dans les motifs de la décision du 16 juillet 1971, le Conseil considère « qu'au nombre des principes fondamentaux reconnus par les lois de la République et solennellement réaffirmés par le préambule de la Constitution, il y a lieu de ranger le principe de la liberté d'association ». Pour la première fois, le Conseil se fonde sur le préambule de la Constitution pour découvrir un principe constitutionnel, qu'il qualifie de « principe fondamental reconnu par les lois de la République » (PFRLR). La deuxième « révolution juridique » de la décision de 1971 réside dans le fait que le juge constitutionnel oppose au législateur un principe ne figurant pas initialement dans le texte du 4 octobre 1958. À partir de ce précédent judiciaire, le Conseil considère que la Constitution contient, en plus du texte fondateur des institutions de la Ve République, des dispositions assurant les droits et libertés des individus.

64. *Rec.* p. 29.

2.58 ▸ Cette extension des textes de référence du contrôle de constitutionnalité a permis au juge d'enrichir considérablement la liste des droits et libertés opposables au législateur. Les juristes français, dans le sillage tracé par le doyen Favoreu, évoquent à cet égard l'idée d'un « bloc de constitutionnalité » qui se compose des normes que le Conseil constitutionnel utilise en tant que textes de référence de son contrôle et dont le respect s'impose au législateur. Sont intégrés progressivement au « bloc de constitutionnalité », outre les textes constitutionnels, des principes constitutionnels que le Conseil découvre au fil de sa jurisprudence.

2.59 ▸ À ce jour, le bloc contient :

– le texte de la Constitution du 4 octobre 1958 ;

– la Déclaration de 1789 qui proclame les droits naturels de l'homme et du citoyen comme le droit de propriété, l'égalité, la liberté, la non-rétroactivité des lois pénales ;

– le Préambule de la Constitution de 1946 qui énonce des droits économiques et sociaux tels que le droit de grève, le principe de participation, le droit syndical ;

– la Charte de l'environnement de 2005 proclamant une liste de droits et devoirs de la troisième génération (le Conseil constitutionnel se réfère pour la première fois au droit au développement durable consacré par l'article 6 de la Charte dans la décision n° 2005-514 DC du 28 avril 2005) ;

– les principes fondamentaux reconnus par les lois de la République (PFRLR) qui constituent une catégorie de principes législatifs adoptés sous les législations républicaines antérieures à 1940 et à laquelle le Préambule de 1946 « réaffirme solennellement » son attachement. Ces principes sont découverts par le Conseil constitutionnel au moyen de critères précis énoncés dans la décision du 20 juillet 1988[65] : ils doivent trouver leur origine dans des textes législatifs républicains et leur application doit avoir été constante dans le droit républicain. D'ores et déjà, constituent des PFRLR la liberté d'association, la liberté de l'enseignement, la liberté individuelle, la compétence propre des juridictions administratives en matière de contentieux de l'excès de pouvoir, l'importance des pouvoirs de l'autorité judiciaire en matière de propriété immobilière, l'indépendance des professeurs d'université, l'indépendance des juridictions administratives, le respect des droits de la défense. Par sa décision 2011-157 QPC du 5 août 2011, le Conseil constitutionnel a découvert un PFRLR inédit : « la législation républicaine antérieure à l'entrée en vigueur de la Constitution de 1946 a consacré le principe selon lequel, tant qu'elles n'ont pas été remplacées par les dispositions de droit commun ou harmonisées avec elles, des dispositions législatives et réglementaires particulières aux départements du Bas-Rhin, du Haut-Rhin et de la Moselle peuvent demeurer en vigueur ; qu'à défaut de leur abrogation ou de leur harmonisation avec le droit commun, ces dispositions particulières ne peuvent être aménagées que dans la mesure où les différences de traitement qui en résultent ne sont pas accrues et que leur champ d'application n'est pas élargi ; que telle est la portée du principe fondamental reconnu par

65. *Rec.* p. 119.

les lois de la République en matière de dispositions particulières applicables dans les trois départements dont il s'agit ; que ce principe doit aussi être concilié avec les autres exigences constitutionnelles. ». Ce PFRL ne saurait néanmoins faire obstacle à l'application dans ces départements des autres droits et libertés de valeur constitutionnelle[66].

Le débat préalable aux discussions parlementaires de la loi relative au mariage pour tous s'est focalisé sur la question de l'existence d'un PFRLR fondant le mariage sur l'altérité des sexes. Pour le professeur Pierre Delvolvé, « de manière constante, les lois de la République sur le mariage l'ont conçu exclusivement comme l'union d'un homme et d'une femme et l'ont doté d'un statut à la base duquel se trouve la liberté du consentement de l'un et de l'autre »[67]. Face à cet argument invitant le législateur à emprunter la voie de la révision constitutionnelle en lieu et place de la procédure législative ordinaire pour instaurer le mariage homosexuel, la majorité gouvernementale oppose deux arguments. L'un résulte de la décision n° 2010-92 QPC du 28 janvier 2011 (*Mme Corinne C.*) par laquelle le Conseil estime qu'il est « loisible au législateur » d'affirmer le caractère hétéro-sexué du mariage, sous-entendant ainsi la compétence de ce dernier pour faire évoluer ce caractère si telle était sa volonté. Le second découle de la fonction même des PFRLR qui, selon le rapporteur du projet de loi sur le « mariage pour tous », « ont toujours permis la promotion des droits et libertés »[68]. Par la décision n° 2013-669 DC du 17 mai 2013 (cons. n° 21), le Conseil constitutionnel considère effectivement que l'union d'un homme et d'une femme est une règle qui ne relève pas de la catégorie des PFRLR.

– les « principes », « objectifs » ou « exigences » à valeur constitutionnelle que le Conseil constitutionnel énonce par sa jurisprudence sans forcément les rattacher à un texte. Par exemple, le juge qualifie de « principe constitutionnel » la continuité du service public[69] et le principe de la dignité de la personne humaine[70]. Il proclame que le pluralisme des quotidiens d'information est une « exigence » de valeur constitutionnelle[71]. Dans la décision n° 2015-470 QPC du 29 mai 2015 (*Société SAUR SAS*), le Conseil invoque l'objectif de valeur constitutionnelle que constitue la possibilité pour toute personne de disposer d'un logement décent dans le contrôle de la disposition du Code de l'action sociale interdisant l'interruption de la distribution d'eau pour non-paiement des factures. Par sa décision n° 2015-481 QPC du 17 septembre 2015 (*Époux B*), le juge évoque « l'objectif à valeur constitutionnelle de lutte contre la fraude et l'évasion fiscales ».

2.60 › Dans le cadre particulier de la procédure QPC, le Conseil constitutionnel est chargé de protéger les « droits et libertés garantis par la Constitution » (art. 61-1 C. et art. 23-1 de la LO du 10 décembre 2010). Au fil de sa jurisprudence, le Conseil démontre que ce sont l'ensemble des droits fondamentaux

---

66. Pour une application en droit des assurances, voir la décision n° 2014-414 QPC du 26 septembre 2014, *Société assurances du crédit mutuel*.
67. Pierre Delvolvé, « Mariage : un homme ; une femme », *Le Figaro*, 8 novembre 2012, p. 17.
68. Assemblée nationale, Rapport n° 628 du 17 janvier 2013 fait par M. Erwann Binet, p. 22.
69. Décision du 25 juillet 1979, *Rec.* p. 31.
70. Décision du 27 juillet 1994, *Rec.* p. 100. Pour une invocation de ce principe, voir par exemple la décision n° 2015-485 QPC du 25 septembre 2015 (*M. Johnny M.*).
71. Décision du 18 septembre 1986, *Rec.* p. 141.

énoncés par les éléments du bloc de constitutionnalité qui peuvent être invoqués en QPC. Le Conseil apporte cependant des indications sur ce qu'il convient d'entendre par cette expression. Dès la décision n° 2010-4/17 QPC du 23 juillet 2010, la Haute instance exclut la possibilité de contester la procédure d'adoption de la loi (les vices d'inconstitutionnalité externe) tout en admettant, par la décision n° 2010-5 QPC (*Kimberly-Clark*, 18 juin 2010), que « la méconnaissance par le législateur de sa propre compétence ne peut être invoquée à l'appui d'une QPC que dans le cas où est affecté un droit ou une liberté que la Constitution garantit ». En l'espèce, la Haute Juridiction considère que la règle du consentement à l'impôt (art. 14 de la Déclaration de 1789) ne constitue pas un droit ou une liberté au sens de l'article 61-1 et qu'en conséquence le grief tiré de l'incompétence négative doit être rejeté. La décision n° 2010-28 QPC (17 septembre 2010, *Association sportive Football Club de Metz*) précise néanmoins que l'incompétence négative du législateur ne saurait être invoquée à l'encontre d'une disposition législative antérieure à la Constitution de 1958. En outre, la décision n° 2011-116 QPC (8 avril 2011, *M. Michel Z.*) intègre dans le champ de la QPC les « devoirs » énoncés par le Préambule de la Constitution de 1946 et par la Charte de l'environnement de 2004.

2.61 ▸ La décision n° 2010-605 DC (12 mai 2010) énonce une autre limite importante au champ d'application de la procédure QPC. Le Conseil constitutionnel estime que l'exigence constitutionnelle de la transposition des directives européennes, dont le fondement se trouve à l'article 88-4 de la Constitution, ne figure pas au rang des droits et libertés garantis par la Constitution. Cette exclusion découle de l'articulation entre le contrôle de constitutionnalité, exercé par le Conseil constitutionnel, et le contrôle de conventionnalité, dévolu aux juridictions de l'ordre judiciaire et administratif.

À propos de l'articulation entre les systèmes juridiques, le Conseil a rappelé que « d'une part, un grief tiré du défaut de compatibilité d'une disposition législative aux engagements internationaux et européens de la France ne saurait être regardé comme un grief d'inconstitutionnalité ; que, par suite, il n'appartient pas au Conseil constitutionnel, saisi en application de l'article 61-1 de la Constitution, d'examiner la compatibilité des dispositions contestées avec les traités ou le droit de l'Union européenne ; que l'examen d'un tel grief relève de la compétence des juridictions administratives et judiciaires ; » (Cons. const. n° 2012-217 QPC, 3 février 2012).

Parmi les dispositions constitutionnelles également exclues des normes de référence en matière QPC, figure l'article 72-1 de la Constitution (QPC 2010-12 du 2 juillet, *Commune de Dunkerque*). En effet, la modification des limites territoriales des collectivités locales ne saurait créer un droit ou une liberté dont peuvent se prévaloir les justiciables (et ce, même si cette modification s'accompagne d'une consultation du corps électoral). Il en va de même de l'article 72-2 de la Constitution (QPC 2010-29/37 du 22 septembre 2010) qui ne fait qu'énoncer un objectif : « cette disposition a pour but de concilier le principe de liberté avec celui d'égalité par l'instauration de mécanismes de péréquation financière, sa méconnaissance ne peut, en elle-même, être invoquée à l'appui d'une question prioritaire de constitutionnalité sur le fondement de l'article 61-1 de la Constitution. ».

La décision n° 2015-478 QPC du 24 juillet 2015 (*Association French Data Network et autres*) ajoute qu'« aucune disposition constitutionnelle ne consacre spécifiquement un droit au secret des échanges et correspondances des avocats et un droit au secret des sources des sources des journalistes ».

La décision n° 2015-459 QPC du 26 mars 2015 (*M. Frédéric P*) précise que le 9e alinéa du Préambule de 1946 (« Tout bien, toute entreprise, dont l'exploitation a eu ou acquiert les caractères d'un service public national ou d'un monopole de fait, doit devenir la propriété de la collectivité ») n'institue pas un droit ou une liberté au sens de l'article 61-1 de la Constitution. Cette disposition constitutionnelle ne crée pas, en elle-même, de droit au profit des justiciables. Elle n'est donc pas, eu égard à son objet, invocable dans la procédure QPC.

Enfin, la décision n° 2015-465 QPC du 24 avril 2015 (*Conférence des présidents d'universiité*) proclame que le principe de la parité, énoncé au deuxième alinéa de l'article 1er de la Constitution, « n'est pas invocable dans le cadre de la QPC ». Cette disposition constitutionnelle se présente en effet comme une norme d'habilitation qui ne s'adresse qu'au législateur. Elle n'institue aucun droit ou aucune liberté invocable par un justiciable.

II – LES CONVENTIONS INTERNATIONALES, SOURCES AUXILIAIRES DE LA PROTECTION CONSTITUTIONNELLE DES DROITS FONDAMENTAUX

2.62 › La Constitution n'est pas la seule norme juridique à garantir les droits fondamentaux. Les conventions internationales, en particulier européennes, jouent également un rôle important en matière de protection des droits de l'homme[72], ainsi qu'en atteste la jurisprudence des tribunaux de droit commun s'agissant du contrôle de la « conventionnalité » des lois. Ce constat emporte certaines conséquences normatives et institutionnelles.

Au niveau normatif, la coexistence de différentes sources de protection des droits et libertés engendre des risques de redondances ou de concurrences entre les différents catalogues proposés au niveau national et international. Par ricochet, peuvent naître des divergences de jurisprudences entre le Conseil d'État, la Cour de cassation, la Cour de Justice de Luxembourg, la Cour européenne des droits de l'homme (CEDH) et le Conseil constitutionnel. L'arrêt de la CEDH *Zielinski – Pradal – Gonzalez* (28 octobre 1999) en est une illustration. Dans cette affaire, le juge de Strasbourg déclare contraire à l'article 6.1 de la Convention (droit à un procès équitable) une loi française de validation déclarée pourtant conforme à la Constitution par le Conseil constitutionnel dans une décision du 13 janvier 1994[73]. Cette décision confirme, dans la lignée de la jurisprudence *IVG* du Conseil constitutionnel du 15 janvier 1975, qu'une loi contraire à la Convention européenne des droits de l'homme n'est pas forcément contraire à la Constitution. L'harmonie recherchée dans la

72. Voir chapitre suivant.

73. Voir B. Mathieu, « Les validations législatives devant le juge de Strasbourg », *RFDA* 2000, p. 289.

protection des droits fondamentaux se heurte, parfois, aux logiques internes à chaque système juridictionnel.

Sur le plan institutionnel, les juridictions supérieures s'astreignent, dans la mesure du possible, à collaborer de façon à assurer, en harmonie, leurs missions de gardien des droits fondamentaux. Ce processus est qualifié par la doctrine « le dialogue des juges ». La Constitution du 4 octobre 1958, par ses articles 55, 62 et 88-1, ne règle qu'imparfaitement les relations entre les cours supérieures. Ce sont donc les juridictions qui régulent, par leurs politiques jurisprudentielles respectives, les systèmes de protection des droits fondamentaux, Deux exemples retiendront ici l'attention : le choix « pacifique » du Conseil constitutionnel de refuser d'intégrer les traités internationaux au sein des normes de référence de son contrôle, laissant cette compétence aux juridictions de l'ordre administratif et judiciaire (A) ; la démarche « harmonieuse » du Conseil constitutionnel en matière de combinaison de la QPC et de la question préjudicielle formée en matière d'interprétation du droit de l'Union (B).

A - LE REFUS DE PRINCIPE DU CONSEIL CONSTITUTIONNEL D'UTILISER LES TRAITÉS INTERNATIONAUX

2.63 ❯ La position du Conseil constitutionnel en la matière est bien connue depuis la décision dite *IVG* du 15 janvier 1975[74]. Cette position, initialement énoncée dans le cadre du contrôle préventif de constitutionnalité, est transposée à la procédure QPC de l'article 61-1 C. : « Considérant qu'un grief tiré du défaut de compatibilité d'une disposition législative aux engagements internationaux de la France ne saurait être regardé comme un grief d'inconstitutionnalité ; que, par suite, il n'appartient pas au Conseil constitutionnel, saisi en application de l'article 61-1 de la Constitution, d'examiner la compatibilité des dispositions contestées avec les engagements internationaux de la France ; que l'examen d'un tel grief relève de la compétence des juridictions administratives et judiciaires. » (Cons. const. 2010-4/17 QPC du 22 juillet 2010).

Dans l'affaire *IVG*, le Conseil refuse de contrôler la loi relative à l'interruption volontaire de grossesse par rapport à l'article 2 de la Convention européenne des droits de l'homme au motif principal qu'« une loi contraire à un traité ne serait pas, pour autant, contraire à la Constitution ».

2.64 ❯ Quelques considérations juridiques simples permettent de comprendre la position initiale de refus du Conseil constitutionnel. L'article 55 ne consacre pas expressément la compétence du Conseil constitutionnel pour examiner la conformité des lois par rapport aux engagements internationaux. Cette disposition semble même exclure une telle compétence si on l'interprète de la manière suivante : loin d'énoncer la primauté des engagements internationaux sur les lois (auquel cas, le contrôle du respect des engagements internationaux par les lois se justifierait peut-être), l'article 55 énumère les conditions constitutionnelles d'applicabilité des engagements internationaux en droit français (à savoir, la ratification ; la publication au *Journal officiel* ; la réciprocité). Si ces conditions sont effectivement remplies par l'engagement international (le juge ordinaire en

74. *Rec.* p. 19.

assurant la vérification[75]), alors le traité s'applique avec une autorité supérieure à celle des lois, le juge ordinaire assurant, là encore, le respect de cette primauté *via* le contrôle de conventionnalité de la loi.

2.65 ▸ Pour le reste, il n'était pas certain – au milieu des années 1970 – que la protection internationale des droits de l'homme apportait une plus-value à la protection nationale (ou constitutionnelle). Les droits énoncés dans la Déclaration de 1789 et dans le Préambule de 1946 ressemblaient à ceux inscrits dans la plupart des textes internationaux.

Et le Conseil constitutionnel a pu, par son travail d'énonciation des droits constitutionnels, reconnaître comme principe de valeur constitutionnelle des énoncés qui ne figuraient pas dans les textes nationaux protecteurs des droits fondamentaux. D'ailleurs, les spécialistes du droit international reconnaissaient que peu de traités internationaux pouvaient prétendre bénéficier d'une applicabilité directe.

En ce sens, Jean Combacau rappelle : « En droit positif, on ne peut parler de façon utile de droit de l'homme que là où une règle reconnaît à un particulier un droit subjectif qu'il puisse opposer à l'État et éventuellement à d'autres particuliers, soit pour en demander à titre principal le respect..., soit à titre subsidiaire pour obtenir la réparation du tort qui lui a été causé du fait de sa violation[76] ». Si la Convention européenne des droits de l'homme ou le Pacte international relatif aux droits civils et politiques de 1966 sont sans doute concernés par la protection internationale des droits de l'homme, la plupart des traités internationaux échappent à la matière. Intégrer toutes les conventions internationales dans les normes de référence du Conseil constitutionnel apparaît, de toute manière, inutile, illusoire et sans pertinence.

2.66 ▸ La jurisprudence *IVG* s'applique à la procédure QPC de l'article 61-1 de la Constitution. En ce sens, par l'arrêt *Rujovic*[77] le Conseil d'État est venu rappeler qu'une QPC ne peut porter sur la loi autorisant la ratification d'un engagement international. Une telle disposition législative ne remplit pas les conditions de la QPC en matière d'atteintes aux droits et libertés puisque son objet est de permettre la ratification d'un engagement international en droit interne. Dans la décision n° 2014-439 QPC du 23 janvier 2015 (qui valide la constitutionnalité de la déchéance de nationalité), le Conseil confirme sa jurisprudence IVG en rappelant « qu'un grief tiré du défaut de compatibilité d'une disposition législative aux engagements internationaux et européens de la France ne saurait être regardé comme un grief d'inconstitutionnalité ; que, par suite, il n'appartient pas au Conseil constitutionnel, saisi en application de l'article 61-1 de la Constitution, d'examiner la compatibilité des dispositions contestées aux traités ou au droit de l'Union européenne ; que l'examen d'un tel grief et la transmission de telles questions préjudicielles relèvent de la compétence des juridictions administratives et judiciaires ».

75. Par ex. CE, 18 décembre 1998, *SARL du parc d'activités de Blotzheim* : le juge administratif accepte de vérifier la régularité de la ratification parlementaire d'un traité international.

76. J. Combacau et S. Sur, *Droit international public*, Montchrestien, coll. « Domat », 9e éd., 2010, p. 388.

77. CE, 14 mai 2010, *RFDA* 2010, p. 710, conclusions J. Burguburu.

2.67 ▸ Cette solution jurisprudentielle est malgré tout contestée, critiquée, dénoncée par les partisans d'une intégration des traités internationaux au sein du « bloc de constitutionnalité ». Plusieurs arguments de droit incitent – il est vrai – à plaider en faveur d'un « renversement » de la décision de 1975.

2.68 ▸ D'abord, une interprétation combinée des articles 61 et 55 de la Constitution rend possible la compétence du Conseil constitutionnel pour examiner les lois par rapport aux Conventions internationales. L'article 55 de la Constitution reconnaît la supériorité du traité international sur la loi. Par conséquent, une loi qui viole un traité est contraire à ce que prescrit l'article 55 de la Constitution. L'article 61 de la Constitution attribue au Conseil constitutionnel la compétence pour contrôler les lois par rapport à la Constitution. En examinant la conformité d'une loi à un traité, le Conseil constitutionnel respecte sa compétence énoncée par l'article 61 dans la mesure où il confronte la loi par rapport à ce que prescrit l'article 55 de la Constitution.

2.69 ▸ De plus, certains traités internationaux (comme la Convention européenne de sauvegarde des droits de l'homme) ont un caractère humanitaire et sont d'applicabilité directe en droit interne sans condition de réciprocité, comme le stipule l'article 60.5 de la Convention de Vienne (1969) sur le droit des traités. Par conséquent, le Conseil constitutionnel ne saurait invoquer, comme il le fait dans sa décision, le caractère « à la fois relatif et contingent » de la supériorité du traité sur les lois, du moins concernant les traités humanitaires.

2.70 ▸ En outre, la Constitution renvoie directement, dans différents articles, à des traités internationaux. Désormais, la Constitution de la République contient une « Constitution Europe » (Patrick Gaïa) dont la présence signifie que le droit français s'adapte *volens nolens* aux exigences de la construction communautaire. Ce processus de « constitutionnalisation » du droit de l'Union européenne implique que désormais des textes d'origine internationale bénéficient d'une valeur constitutionnelle. Aussi, le Conseil constitutionnel peut considérer que ces normes internationales – désormais constitutionnalisées – sont invocables au sein des normes de référence de son contrôle préventif[78].

2.71 ▸ Enfin, dans le cadre de la QPC, le Conseil constitutionnel peut être amené à se prononcer sur une disposition législative non conforme « aux engagements internationaux de la France » (loi organique du 10 décembre 2009, art. 23-2). Dans cette perspective, la résolution de la QPC équivaut à un contrôle de la conventionnalité des dispositions législatives réalisé par le Conseil constitutionnel à la demande de la juridiction de renvoi.

Lors de son discours prononcé à l'occasion des vœux devant le président de la République le 6 janvier 2016, le président Debré s'est interrogé sur le maintien de la jurisprudence « IVG » en ces termes : « Le Conseil constitutionnel doit-il se borner au seul contrôle de constitutionnalité ? ».

78. Pour une illustration voir la décision n° 2004-505 DC du 19 novembre 2004 (Traité établissant une constitution pour l'Europe), *Rec.* p. 173.

B - QPC ET DROIT DE L'UNION EUROPÉENNE

2.72 ▸ Par deux arrêts rendus le 16 avril 2010, *Melki et Abdelli*, la Cour de cassation décide d'interroger la Cour de Justice de l'Union européenne sur la compatibilité entre la procédure de l'article 61-1 de la Constitution française (la QPC) et le droit de l'Union. Plus précisément, la question soulevée par la juridiction suprême de l'ordre judiciaire est la suivante : en présence d'une disposition législative dont un justiciable conteste à la fois la conformité à la Constitution et la conformité au droit de l'Union, quel contrôle doit primer sur l'autre ? Si la loi organique n° 2009-1523 du 10 décembre 2009 est venue ajouter l'adjectif « prioritaire » à la question préjudicielle soulevée devant le Conseil constitutionnel en cas d'atteinte aux droits et libertés garantis par la Constitution, cela implique, logiquement, que l'examen du problème de constitutionnalité est susceptible de mettre entre parenthèses celui du problème de « communautarité ». Mais alors, la priorité du rapport de constitutionnalité sur le rapport de « communautarité » n'est-elle pas contraire aux exigences du droit de l'Union ? Cherchant une issue à ce dilemme, le Conseil constitutionnel propose, selon les mots du professeur G. Drago, « une lecture apaisante » (« Le hasard et la nécessité », *Gaz. Pal.*, 23 mai 2010, p. 15), par sa décision n° 2010-605 DC (12 mai 2010). La QPC, énonce le Conseil constitutionnel, ne prive pas les juridictions administratives et judiciaires « y compris lorsqu'elles transmettent une question prioritaire de constitutionnalité » de la faculté de saisir la Cour de Justice d'une question préjudicielle.

Dans le même sens, le Conseil d'État considère, par un *obiter dictum* de l'arrêt *Rujovic*[79], que « le juge administratif dispose de la possibilité de poser à tout instant, dès qu'il y a lieu de procéder à un tel renvoi en application de l'article 267 TFUE, une question préjudicielle »[80].

2.73 ▸ Intervenant à la suite des trois plus hautes juridictions françaises, la Cour de Justice apporte, par sa décision *Melki et Abdeli* en date du 22 juin 2010[81], certaines précisions sur l'articulation entre les deux contrôles, celui de constitutionnalité et celui de « communautarité » (Union européenne). Le juge de Luxembourg rappelle que toute juridiction nationale est libre de soulever « à tout moment de la procédure » une question préjudicielle. Toutefois, par un raisonnement *a priori* contraire à la défense de la primauté du droit de l'Union, la Cour admet le caractère prioritaire de la QPC à une double condition : que le juge national soit en mesure de prendre des mesures provisoires nécessaires à la préservation du droit de l'Union et qu'il puisse, à la fin de la procédure QPC, écarter la disposition législative inconventionnelle. Autrement dit, la Cour de Justice ne tranche pas véritablement la question de savoir si la priorité d'examen qui prévaut au profit de la QPC implique, de manière plus générale, une primauté du rapport de constitutionnalité sur le rapport de conventionnalité[82].

---

79. CE, 14 mai 2010, n° 312305, 14 mai 2010.
80. H. Labayle, « Question prioritaire de constitutionnalité et question préjudicielle : ordonner le dialogue des juges », *RFDA* 2010, p. 659.
81. C. 188/10 et C. 189/10.
82. Sur cette question, voir M. Gautier, « QPC et droit communautaire. Retour sur une tragédie en Cinq Actes », revue *Droit administratif*, octobre 2010, n° 10, p. 13 à 19.

2.74 ▸ La Cour de cassation a tiré les conséquences de la réponse de la Cour de Justice. Par un arrêt du 29 juin 2010[83] la Haute Juridiction précise « que, dans l'hypothèse particulière où le juge est saisi d'une question portant à la fois sur la constitutionnalité et la conventionnalité d'une disposition législative, il lui appartient de mettre en œuvre, le cas échéant, les mesures provisoires ou conservatoires propres à assurer la protection juridictionnelle des droits conférés par l'ordre juridique européen ; qu'en cas d'impossibilité de satisfaire à cette exigence, comme c'est le cas de la Cour de cassation, devant laquelle la procédure ne permet pas de recourir à de telles mesures, le juge doit se prononcer sur la conformité de la disposition critiquée au regard du droit de l'Union en laissant alors inappliquées les dispositions de l'ordonnance du 7 novembre 1958 modifiée prévoyant une priorité d'examen de la question de constitutionnalité ». Ainsi, la Cour de cassation considère que le juge national ne doit privilégier le rapport de constitutionnalité qu'à la condition que cette priorité d'examen n'implique pas une atteinte à la primauté du droit de l'Union européenne.

2.75 ▸ La QPC suppose que le dialogue des juges soit ordonné et cohérent[84]. Les décisions rendues suite à l'arrêt de la Cour de cassation *Adeli et Melki* témoignent que le dialogue des juges se poursuit dans le cadre de rapports constructifs entre les systèmes juridiques. Ainsi, le Conseil constitutionnel décide, pour la première fois dans le cadre de la QPC, de saisir à titre préjudiciel la CJUE d'une question portant sur l'interprétation d'une décision-cadre du Conseil européen relatif au mandat d'arrêt européen[85]). Par un arrêt du 30 mai 2013, la CJUE a précisé l'interprétation de la décision-cadre du 13 juin 2002 relative au mandat d'arrêt européen. Au regard de cette interprétation, le Conseil constitutionnel a pu estimer que le quatrième alinéa de l'article 695-46 du Code de procédure pénale ne découle pas nécessairement des actes pris par les institutions de l'Union européenne relatifs au mandat d'arrêt européen. Il appartenait ainsi au Conseil constitutionnel, saisi sur le fondement de l'article 61-1 de la Constitution, de contrôler la conformité de cette disposition aux seuls droits et libertés que la Constitution garantit. Par le renvoi de la question préjudicielle, le Conseil constitutionnel prend, également, la décision de surseoir à statuer. L'ordonnance organique relative à la procédure suivie devant le Conseil constitutionnel est muette sur cette question, indiquant simplement le délai de trois mois applicable au procès constitutionnel. La brièveté des délais n'interdit pas le juge national de soulever une question d'interprétation à la juridiction de l'Union européenne : l'harmonie entre les juges prime sur toute autre considération. De son côté, la Cour de Justice de l'Union qualifie, dans sa réponse, le Conseil constitutionnel de « juridiction ». La précision ravira les constitutionnalistes[86] !

---

83. Cass. QPC *Melki et Abdeli*, n° 10-40001 et n° 10-40002.

84. H. Labayle, « QPC et question préjudicielle : ordonner le dialogue des juges », *loc. cit.* Pour aller plus loin, B. Bonnet, *Repenser les rapports entre ordres juridiques*, Lextenso éditions, 2013 ; B. Bonnet (dir.), *Traité des rapports entre ordres juridiques*, LGDJ Lextenso, 2016.

85. Décision n° 2013-314 QPC, 4 avril 2013. Voir B. Bonnet, « Le paradoxe apparent d'une QPC instrument de l'avènement des rapports de systèmes », *RDP* 2013, n° 5, p. 1225.

86. Voir par ex.X. Magnon, « La révolution continue : le Conseil constitutionnel est une juridiction… au sens de l'article 267 du TFUE », *RFDC* 2013, p. 917.

Le Conseil constitutionnel reste, en tout état de cause, libre d'apprécier l'opportunité d'interroger la CJUE à la demande du requérant. Ainsi dans la décision n° 2014-439 QPC du 23 janvier 2015 (*Déchéance de nationalité*), le requérant, déchu de la nationalité française en application des dispositions de l'article 25 du Code civil, demandait au Conseil constitutionnel de transmettre à la Cour de justice de l'Union européenne deux questions préjudicielles portant sur la conformité de ces dispositions aux principes d'égalité et de non-discrimination en raison de la nationalité consacrés par la Charte des droits fondamentaux de l'Union européenne et le Traité sur le fonctionnement de l'Union européenne. Par sa décision, le Conseil constitutionnel refuse de transmettre la question préjudicielle au motif « que l'appréciation de la conformité des dispositions contestées aux droits et libertés que la Constitution garantit n'implique pas qu'il soit préalablement statué sur l'interprétation d'une disposition du droit de l'Union européenne ».

Enfin, dans l'exercice du contrôle préventif de constitutionnalité, le Conseil veille à articuler, de façon cohérente et harmonieuse, la loi française avec le droit de l'Union. Par la décision n° 2015-727 DC du 21 janvier 2016, le juge considère que la loi de modernisation du système de santé n'est pas manifestement incompatible avec la directive qu'elle a pour objet de transposer.

§ 3 – QUELLES NORMES JURIDIQUES SONT CONCERNÉES PAR LA PROTECTION CONSTITUTIONNELLE DES DROITS FONDAMENTAUX ?

2.76 › En droit positif français, les normes susceptibles d'être déférées devant le Conseil constitutionnel restent limitées en ce qui concerne le contrôle préventif de constitutionnalité (I) et progressivement balisées en ce qui concerne le contrôle assuré dans le cadre de la question prioritaire de constitutionnalité (II).

I – LA LIMITATION DES NORMES CONTRÔLÉES À TITRE PRÉVENTIF

2.77 › La Constitution du 4 octobre 1958 n'envisage que la protection par le Conseil constitutionnel des lois votées (A) et des traités internationaux avant leur ratification (B). La question de l'extension des normes contrôlées reste posée (C).

A - LE CONTENTIEUX PRÉVENTIF DE LA CONSTITUTIONNALITÉ DES LOIS VOTÉES

2.78 › L'article 61 de la Constitution précise que seules les lois « avant leur promulgation » sont susceptibles de faire l'objet d'un contrôle de constitutionnalité par le Conseil. En d'autres termes, et à la différence du modèle répressif de justice constitutionnelle, le système français de contrôle de constitutionnalité des lois s'exerce avant l'entrée en vigueur de la loi votée.

2.79 › Conformément aux dispositions de l'article 61 de la Constitution, il convient de distinguer la procédure obligatoire, en matière de lois organiques et de règlements des assemblées parlementaires, de la procédure du contrôle facultatif, en matière de lois ordinaires votées.

2.80 › Dans le premier cas, la saisine du Conseil s'effectue par une simple transmission du texte législatif de la part du Premier ministre. Cette saisine est obligatoire pour le Premier ministre et n'a pas à être motivée. Il appartient au Conseil constitutionnel de rechercher les moyens d'inconstitutionnalité d'une loi organique votée ou d'un règlement d'assemblée. Les raisons du caractère obligatoire de la saisine tiennent à l'importance de ces catégories d'actes juridiques aux yeux des rédacteurs de la Constitution de 1958. Les lois organiques fixent les modalités d'application de la Constitution. Les règlements des assemblées déterminent les modalités de fonctionnement des chambres parlementaires. Autrement dit, au moyen de ces deux types de dispositions, le Parlement dispose de la possibilité de modifier l'équilibre constitutionnel à son profit. Aussi, dans l'esprit des constituants (en particulier chez le général de Gaulle), le Conseil constitutionnel demeure chargé de surveiller que les assemblées parlementaires ne s'octroient pas des compétences constitutionnelles supplémentaires[87].

2.81 › Dans le cas des lois ordinaires, la saisine du Conseil constitutionnel suppose l'intervention d'une autorité politique[88]. D'après l'article 61, alinéa 2 de la Constitution, les lois peuvent être déférées au Conseil constitutionnel par le président de la République, le Premier ministre, le président de l'Assemblée nationale, le président du Sénat, soixante députés ou soixante sénateurs. Le président de la République François Hollande a usé de ce droit, pour la première fois de la part d'un chef de l'État, à propos de la loi sur le renseignement[89]. Initialement, le texte de la Constitution du 4 octobre 1958 ne prévoyait pas la possibilité d'une saisine par les parlementaires. Afin de limiter le rôle du Conseil, le constituant avait limité le droit de saisine aux quatre plus hautes autorités de l'État. Du fait des circonstances politiques des débuts de la Ve République, ces autorités, qui étaient les auteurs des lois, n'avaient aucun motif de contester leurs lois devant le Conseil. À la limite, seul le président du Sénat, qui n'était pas gaulliste, pouvait manifester un intérêt politique à utiliser cette prérogative. Malgré tout, entre 1958 et 1974, le Conseil constitutionnel n'a rendu que 9 décisions en matière de contrôle de la constitutionnalité des lois ordinaires. La loi constitutionnelle du 29 octobre 1974 a élargi la saisine à 60 députés ou 60 sénateurs. Cette extension de la saisine a transformé la fonction du contrôle de constitutionnalité des lois : cette technique est devenue, pour la minorité politique, un moyen de contester juridiquement une loi votée par la majorité. À partir de 1974, les saisines sur le fondement de l'article 61 se sont multipliées. Entre 1974 et 2017, le Conseil a rendu plus de 700 décisions en la matière.

2.82 › La saisine se présente, le plus souvent, sous la forme d'une lettre collectant au moins 60 signatures de députés ou de sénateurs et développant des griefs d'inconstitutionnalité à l'encontre de la loi. Le recours doit être déposé après l'adoption définitive de la loi par le Parlement, mais avant sa

---

87. Voir par exemple le contrôle réalisé sur la modification du Règlement de l'Assemblée nationale suite à l'adoption de la résolution du 28 novembre 2014 : décision n° 2014-705 DC du 11 décembre 2014.

88. J. Bénetti, « La saisine parlementaire (au titre de l'article 61 de la Constitution) », *Les nouveaux Cahiers du Conseil constitutionnel*, Dalloz, n° 38, 2013, p. 85.

89. Voir la saisine du président de la République (25 juin 2015) et la décision n° 2015-713 DC du 23 juillet 2015.

promulgation. Les autorités de saisine disposent finalement d'un délai court pour introduire leur requête devant le Conseil : l'article 10 de la Constitution dispose que le président de la République dispose d'un délai de quinze jours pour promulguer les lois votées. Mais rien n'interdit au chef de l'État de raccourcir ce délai, ce qui présente le risque d'empêcher toute saisine du Conseil. Un précédent illustre cette hypothèse. Le 28 octobre 1997, le président de la République promulgue la loi portant réforme du service national. Le lendemain, 60 sénateurs déposent un recours contre cette loi devant le Conseil. Dans sa décision du 7 novembre 1997[90], le juge constitutionnel constate que la saisine est tardive et « qu'il ne lui appartient pas de connaître une demande » de contrôle de constitutionnalité après la promulgation d'une loi.

2.83 ▸ Quel que soit le contenu de la saisine, le Conseil s'estime saisi de la loi dans son entier. À cet égard, il convient de souligner l'indépendance dont fait preuve le Conseil à l'égard de la volonté des requérants. Cette indépendance se manifeste d'abord par rapport aux motivations contenues dans les saisines. Il a déjà été souligné que le Conseil constitutionnel se réserve la possibilité de soulever d'office des moyens et des conclusions ne figurant pas dans la saisine. Par ailleurs, une fois le recours transmis au Conseil, la volonté des requérants de se désister reste sans incidence sur la suite du contentieux constitutionnel. Dans sa décision du 30 décembre 1996[91], le Conseil énonce qu'« aucune disposition de la Constitution ne permet aux autorités ou aux parlementaires habilités à déférer une loi au Conseil constitutionnel de le dessaisir en faisant obstacle à la mise en œuvre du contrôle de constitutionnalité engagé ; que, dès lors, hormis les cas d'erreur matérielle, de fraude ou de vice de consentement, le Conseil constitutionnel ne saurait prendre en compte des déclarations exprimées en ce sens ». Autrement dit, les requérants ne disposent pas, à l'instar de toute partie à un procès, de la possibilité de retirer leur demande d'examen d'une loi votée.

2.84 ▸ Une fois l'examen de la constitutionnalité de la loi terminé, le Conseil peut rendre trois types de décision. Il peut déclarer la loi conforme à la Constitution. Il peut, ensuite, décider de censurer la norme si celle-ci ne respecte pas les droits fondamentaux. Dans ce cas, deux types de décision sont envisageables. Le Conseil constitutionnel a la possibilité de déclarer que la loi dont il est saisi contient une disposition contraire à la Constitution et inséparable de l'ensemble de cette loi. Par conséquent, « celle-ci ne peut être promulguée » (art. 22, ordonnance organique du 7 novembre 1958). Ainsi, le fait pour le Conseil de déclarer non conforme à la Constitution une disposition votée et inséparable d'un texte législatif est un refus de considérer que la loi dans son ensemble respecte la Constitution. La déclaration d'inconstitutionnalité empêche la promulgation de la loi votée inconstitutionnelle. En revanche (seconde possibilité) : « Dans le cas où le Conseil constitutionnel déclare que la loi dont il est saisi contient une disposition contraire à la Constitution sans constater en même temps qu'elle est inséparable de l'ensemble de cette loi, le président de la République peut soit promulguer la loi à l'exception de cette disposition, soit

90. *Rec.* p. 235.
91. *Rec.* p. 154.

demander aux chambres une nouvelle lecture » (art. 23, ordonnance du 7 novembre 1958 relative au Conseil constitutionnel). Dans cette hypothèse, la déclaration d'inconstitutionnalité n'interdit que la promulgation des dispositions inconstitutionnelles puisque le chef de l'État a la possibilité de promulguer la loi votée amputée des dispositions censurées.

2.85 ▸ En somme, toute déclaration d'inconstitutionnalité (totale ou partielle) d'une loi votée ne saurait être assimilée à l'annulation d'une loi avant que celle-ci n'entre en application (les dispositions de la loi votée déclarées totalement ou partiellement inconstitutionnelles sont censées n'avoir jamais existé). Le doyen Vedel explique ainsi que « la loi votée n'est pas littéralement annulée ; le Conseil constate simplement que, ne respectant pas la Constitution, elle n'exprime pas la volonté générale, ce qui arrête la procédure sauf si la demande de seconde lecture permet la correction des dispositions déclarées inconstitutionnelles et n'affectant pas par leur indivisibilité l'ensemble de la loi »[92].

B - LE CONTENTIEUX PRÉVENTIF DE LA CONSTITUTIONNALITÉ DES ENGAGEMENTS INTERNATIONAUX

2.86 ▸ Si le Conseil constitutionnel peut être saisi afin d'examiner la constitutionnalité des engagements internationaux classiques (1.), sa compétence s'étend au droit de l'Union européenne dérivé depuis la décision n° 540 DC du 27 juillet 2006 (2.).

1) Engagement international classique et Constitution

2.87 ▸ L'article 54 de la Constitution permet de déférer au Conseil constitutionnel un engagement international qui n'a pas encore été ratifié ou approuvé. Cette procédure, facultative et préventive, permet de vérifier si les clauses de l'engagement international respectent la Constitution et les droits fondamentaux de valeur constitutionnelle. Initialement marginal, ce contrôle tend à se développer eu égard au nombre de traités internationaux susceptibles de remettre en cause le principe de la souveraineté nationale. C'est ainsi que depuis 1992 le Conseil constitutionnel est régulièrement invité à se prononcer sur la constitutionnalité des traités communautaires (Traité sur l'Union européenne, décision du 9 avril 1992 – Traité d'Amsterdam, décision du 31 décembre 1997 – traité de Lisbonne du 13 décembre 2007, décision du 20 décembre 2007) et des traités susceptibles de heurter des droits constitutionnels (Traité sur la Cour pénale internationale, décision du 25 janvier 1999 – Charte européenne des langues régionales ou minoritaires, décision du 15 juin 1999).

2.88 ▸ La saisine du Conseil est ouverte aux mêmes autorités politiques que pour les lois ordinaires, soit le président de la République, le Premier ministre, le président de l'Assemblée nationale, le président du Sénat et (depuis la loi constitutionnelle du 25 juin 1992) 60 députés ou 60 sénateurs. En principe, ce sont le président de la République et le Premier ministre qui utilisent cette

92. G. Vedel, « Excès de pouvoir législatif et excès de pouvoir administratif », *Les cahiers du Conseil constitutionnel*, n° 1, p. 62.

prérogative, car étant les deux têtes de l'exécutif, ils demeurent responsables de la négociation et de la conclusion des traités.

2.89 › La procédure de l'article 54 diffère sensiblement de celle de l'article 61. Avant tout, la saisine ne présente pas de conditions de délais aussi restrictives que pour les lois ordinaires. Une fois le traité signé, la saisine peut être portée au Conseil avant la ratification parlementaire. Or la ratification ne peut intervenir qu'à la condition que l'engagement international ait été déclaré conforme à la Constitution. Ce qui implique, deuxième spécificité de la procédure de l'article 54, que le Conseil examine systématiquement toutes les stipulations de l'engagement. En outre, eu égard à la nature particulière d'un engagement international, l'intervention du Conseil n'en fait pas un corédacteur de l'acte qu'il contrôle. Le contentieux constitutionnel des engagements internationaux se borne à constater la constitutionnalité ou l'inconstitutionnalité d'un engagement international. En vertu de l'article 54 C, si le Conseil constitutionnel déclare qu'un engagement comporte une clause contraire à la Constitution, l'autorisation de le ratifier ou de l'approuver ne pourra intervenir qu'après une révision de la Constitution. C'est ainsi que, saisi par le président de la République du Traité sur l'Union européenne, le Conseil a considéré que ce texte comportait des clauses contraires aux conditions essentielles d'exercice de la souveraineté nationale (décision du 9 avril 1992). En conséquence de quoi le pouvoir de révision de la Constitution a modifié la Constitution, le 25 juin 1992, afin de pouvoir intégrer le traité de Maastricht en droit interne.

2.90 › Alternativement à la procédure de l'article 54, il est toujours possible de soumettre au Conseil la loi de ratification d'un engagement international. Dans ce cas, la procédure suivie est celle de l'article 61.2 de la Constitution. Toutefois, la loi de ratification, qui est une loi ordinaire, doit, pour être déférée au Conseil, être votée par le Parlement et non adoptée par référendum. Le Conseil a ainsi refusé de vérifier la loi de ratification du Traité sur l'Union européenne, adoptée le 20 septembre 1992, au motif que ce texte législatif avait été soumis au référendum[93].

2) Droit de l'Union européenne et Constitution

2.91 › L'enjeu du contrôle de la constitutionnalité du droit de l'Union européenne ne relève pas simplement de la stratégie du Conseil constitutionnel visant à étendre son « pouvoir ». Il s'agit d'une question de principe concernant les rapports juridiques entre le droit constitutionnel de l'État et le droit de l'UE, d'origine supranationale : le juge constitutionnel détient-il les moyens juridiques de résister au « constitutionnalisme transnational » ? Le droit comparé montre que certaines cours constitutionnelles, en Allemagne ou en Italie, n'ont pas hésité pas à examiner la conformité du droit de l'UE par rapport aux droits et libertés constitutionnelles nationales. Par exemple, antérieurement au traité de Lisbonne, la Cour constitutionnelle allemande, par sa jurisprudence *Solange* du 29 mai 1974, s'était déclarée compétente pour contrôler la constitutionnalité

93. Décision du 23 septembre 1992, *Rec.* p. 94.

d'un acte de droit de l'UE « tant que le processus d'intégration de la Communauté n'a pas atteint un stade suffisamment avancé pour que le droit communautaire comporte également un catalogue en vigueur de droits fondamentaux arrêtés par un Parlement et correspondant au catalogue de droits fondamentaux consacrés par la Loi fondamentale ». Cette jurisprudence s'est depuis infléchie puisque par la décision *Solange II* du 22 octobre 1986, la même Cour constitutionnelle a constaté que grâce à la jurisprudence de l'ex Cour de justice des Communautés européennes, la Communauté disposait désormais d'un système de protection des droits fondamentaux sensiblement équivalent à la protection constitutionnelle. Aussi, tant que la Communauté comportera une protection « substantiellement comparable à celle de la présente Loi fondamentale », la Cour constitutionnelle allemande se dispense d'exercer le contrôle de la constitutionnalité des actes du droit de l'UE ; *a fortiori* avec l'entrée en vigueur du traité de Lisbonne qui donne toute sa force à la Charte des droits fondamentaux de l'Union européenne.

2.92 › La transposition de cette jurisprudence *Solange* à la France soulève une question de principe. On peut considérer que le droit de l'UE s'impose à l'État dans la mesure où ce dernier a accepté de transférer des compétences à l'UE. De la sorte, le droit de l'UE ne s'impose pas véritablement à l'État mais il procède plutôt de sa volonté. Il n'y a donc rien de choquant à admettre la supériorité normative des normes du droit de l'UE, y compris dérivé, sur toutes les normes juridiques internes. Cette supériorité peut d'ailleurs se traduire, comme on l'a précédemment démontré, par l'intégration du droit de l'UE au sein des normes de référence dont le respect s'impose au législateur. La décision n° 2004-496 DC du 10 juin 2004 (Loi pour la confiance dans l'économie numérique) semble confirmer cette supériorité. Le Conseil y proclame que « la transposition en droit interne d'une directive communautaire résulte d'une exigence constitutionnelle à laquelle il ne pourrait être fait obstacle qu'en raison d'une disposition expresse contraire de la Constitution ; qu'en l'absence d'une telle disposition, il n'appartient qu'au juge communautaire, saisi le cas échéant à titre préjudiciel, de contrôler le respect par une directive communautaire tan des compétences définies par les traités que des droits fondamentaux garantis par l'article 6 du Traité sur l'Union européenne » (considérant 7).

2.93 › La décision n° 2006-540 DC rendue le 27 juillet 2006 est venue clarifier les rapports entre le droit constitutionnel et le droit de l'UE dérivé. Le juge constitutionnel officialise sa compétence pour contrôler, à titre incident, la conformité à la Constitution des directives européennes. Ce contrôle reste cependant limité et circonscrit. Il intervient, par ricochet, à l'occasion de l'examen d'une loi de transposition qui reste l'objet central du contrôle de constitutionnalité dans le cadre de la procédure de l'article 61, alinéa 2. De plus, le Conseil constitutionnel exige que la loi transpose de manière intégrale et précise la directive pour confronter cette dernière par rapport à la Constitution. L'esprit de la jurisprudence réside dans l'impossibilité matérielle de distinguer la norme législative de la norme de l'UE.

A contrario, la décision n° 2006-535 DC du 30 mars 2006 affirme « qu'il n'appartient pas au Conseil constitutionnel, lorsqu'il est saisi en application de l'article 61 de la

Constitution, d'examiner la compatibilité d'une loi avec les dispositions d'une directive communautaire qu'elle n'a pas pour objet de transposer en droit interne ». Dans cette hypothèse, la directive européenne ne constitue pas une norme de référence du contrôle de constitutionnalité. Cette position confirme que la décision n° 540 DC ne saurait être analysée comme un revirement de la jurisprudence *IVG* du 15 janvier 1975 (décision par laquelle le Conseil constitutionnel refuse d'intégrer les engagements internationaux dans les normes de référence de son contrôle)[94].

Sur la base de ces précisions, le Conseil a censuré les dispositions de la loi transposant les directives gaz et électricité de 2003 (décision n° 206-543 DC du 30 novembre 2006). Cette décision donne néanmoins deux limites à l'accomplissement du contrôle des lois de transposition. Première limite : si la loi de transposition ne fait que recopier des dispositions européennes inconditionnelles et précises, le Conseil se déclare incompétent dans la mesure où il revient à la Cour de Justice de-Luxembourg d'assurer le contrôle de la directive par rapport aux droits et libertés fondamentaux. Seule, une violation manifeste par la directive d'une règle constitutionnelle ou d'un « principe inhérent à l'identité constitutionnelle de la France » réactive la compétence du Conseil constitutionnel. Seconde limite : si la loi de transposition s'avère « manifestement incompatible avec la directive », le Conseil se déclare incompétent au motif que le contrôle de conventionnalité doit être assuré par les juridictions de l'ordre judiciaire ou administratif. Seules ces dernières sont en mesure de soulever une question préjudicielle devant la Cour de Justice.

C - VERS UN CONTRÔLE PRÉVENTIF DES LOIS ADOPTÉES PAR RÉFÉRENDUM ?

2.94 › Parce que les lois référendaires sont susceptibles de porter atteinte aux droits fondamentaux, est-il envisageable d'étendre la compétence du Conseil constitutionnel à cette catégorie de lois ? Le Conseil constitutionnel, juge des opérations préalable au référendum (art. 60), assure déjà le contrôle de la régularité procédurale du référendum législatif. Sa compétence pourrait s'étendre au contrôle de la loi référendaire pour différents motifs.

2.95 › La suprématie de la norme constitutionnelle sur l'ensemble des règles de droit implique la soumission de toutes les normes de rang législatif à la Constitution. En l'espèce, les lois référendaires de nature ordinaire ou organique doivent respecter la Constitution pour pouvoir être réputées exprimer la volonté générale. C'est pourquoi il ne paraît pas illogique de défendre l'extension du contrôle de constitutionnalité à l'égard de ce type de loi. L'absence de contrôle de constitutionnalité sur les lois référendaires peut conduire à nier l'idée de Constitution dans la mesure où, épargné de toute contrainte de constitutionnalité, rien n'empêche le législateur référendaire de voter des lois contraires à la Constitution. L'exemple des décisions d'incompétence du Conseil constitutionnel de 1962 et de 1992 montre que la voie référendaire constitue pour le législateur un moyen de se soustraire aux règles et principes constitutionnels que la jurisprudence du même Conseil impose habituellement au législateur

94. Sur ce point voir Ph. Blachèr et G. Protière, « Le Conseil constitutionnel, gardien de la Constitution face aux directives communautaires », art. précité, p. 136.

parlementaire. Un tel risque semble d'ailleurs renforcé depuis la révision constitutionnelle du 4 août 1995 qui étend le domaine du référendum législatif ordinaire aux « réformes relatives à la politique économique ou sociale de la nation et aux services publics qui y concourent ». Même si, pour l'heure, la portée juridique ou politique de cette réforme ne se manifeste guère, il n'en reste pas moins que le chef de l'État dispose, avec la nouvelle rédaction de l'article 11 de la Constitution, d'une arme constitutionnelle lui permettant de faire adopter les projets de loi relatifs à la « politique économique ou sociale » par la voie référendaire, donc sans contrôle juridictionnel de constitutionnalité.

2.96 › La solution jurisprudentielle d'incompétence de la décision du 6 novembre 1962 du Conseil constitutionnel établit une hiérarchie non fondée entre les deux modalités d'expression de la souveraineté nationale : la voie parlementaire et la voie référendaire.

Au terme de l'article 3 de la Constitution du 4 octobre 1958, « la souveraineté nationale appartient au peuple qui l'exerce par ses représentants ou par l'intermédiaire du référendum ». Il résulte de cet énoncé constitutionnel que le constituant n'a pas entendu établir de hiérarchie entre l'expression directe du peuple et celle de ses représentants : les deux procédures mentionnées par la Constitution désignent deux modalités d'expression de la volonté générale. Dès lors, l'argumentation du Conseil constitutionnel selon laquelle une loi référendaire ne saurait être soumise au contrôle de constitutionnalité au motif qu'elle constitue « l'expression directe de la souveraineté nationale » est discutable : si la volonté générale ne s'exprime « que dans le respect de la Constitution », il faut que les deux modalités d'expression de la volonté générale (par les représentants du peuple ou par l'intermédiaire du référendum) prévues par l'article 3 soient soumises au contrôle juridictionnel de constitutionnalité.

2.97 › En outre, le refus du Conseil constitutionnel de contrôler la loi référendaire opère implicitement une hiérarchie normative paradoxale entre la loi votée par le Parlement et la loi adoptée par le peuple. Si le Conseil constitutionnel refuse d'examiner la loi référendaire, c'est en raison de l'auteur de la loi qui est présenté comme le « souverain » : seul le critère organique est déterminant, dans les décisions du 1962 et 1992, pour justifier l'absence de contrôle de constitutionnalité de cette catégorie de loi. Pourtant, lorsque le peuple adopte une loi référendaire, il n'exerce son pouvoir constituant que dans l'hypothèse où la loi qu'il adopte possède une nature constitutionnelle. En dehors de ce cas précis où le peuple agit au titre de son pouvoir constituant, toute loi référendaire ordinaire ou organique est adoptée par le peuple – « pouvoir constitué ». Le Conseil constitutionnel confond ainsi le « peuple souverain » et le « peuple gouvernant ». Burdeau a pourtant montré la nécessité de ne pas confondre ces deux peuples : « Si, en tant que souverain, il (le peuple) est absolument libre, comme gouvernant, son activité est, au même titre que celle des autres gouvernants, dominée par le statut que la Constitution impose aux agents d'exercice du pouvoir »[95]. Suivant cette analyse, il faut considérer que lorsque le peuple

95. G. Burdeau, *Droit constitutionnel et institutions politiques*, LGDJ, 1963, p. 111.

adopte par référendum la loi autorisant la ratification du traité de Maastricht, ce n'est pas le « peuple souverain », ou constituant qui s'exprime mais le « peuple gouvernant », pouvoir constitué. La procédure référendaire ne représente ici qu'un mode alternatif d'adoption d'une loi ordinaire. Il paraît donc injustifié sur le plan du droit que le peuple – « législateur ordinaire » – soit exempté de la contrainte du respect de la Constitution, à l'inverse des représentants du peuple – « législateur ordinaire ». Et ce d'autant plus que la procédure référendaire se déclenche à la demande du président de la République. Ce qui revient à dire qu'à strictement parler, la loi adoptée par référendum ne constitue pas un acte de souveraineté populaire puisque l'initiative populaire n'existe toujours pas en droit constitutionnel français.

2.98 ▸ Enfin, la jurisprudence constitutionnelle de 1962 demeure contradictoire avec le processus d'insertion des normes législatives dans l'ordre juridique. Comme les autres lois votées, la loi référendaire s'insère dans l'ordre juridique non pas en fonction de son origine, populaire ou parlementaire, mais en fonction de sa nature : le rang d'une loi référendaire dans la hiérarchie des normes se détermine en fonction du contenu de ses prescriptions. Ainsi, en 1962, le Conseil constitutionnel se déclare incompétent pour contrôler la constitutionnalité d'une loi constitutionnelle adoptée par référendum, tandis qu'en 1992, il refuse de vérifier la constitutionnalité d'une loi autorisant la ratification d'un traité, c'est-à-dire d'une simple loi ordinaire. Bien que ces deux textes juridiques soient adoptés par une votation populaire, leur place dans la hiérarchie des normes demeure différente : la loi de 1962 a un rang constitutionnel, tandis que la loi de 1992 prend place au niveau de la législation ordinaire. Aussi, puisque le Conseil constitutionnel demeure compétent pour contrôler, sur le fondement de l'article 61 de la Constitution, « la conformité à la Constitution des lois organiques et des lois ordinaires »[96], il serait logique qu'il accepte de contrôler une loi ordinaire émanant du peuple.

2.99 ▸ L'extension du contrôle de constitutionnalité aux lois référendaires de nature ordinaire ou organique est souhaitée par une bonne partie de la doctrine constitutionnaliste. Par exemple, Jean Gicquel considère que « la loi référendaire doit se concilier avec l'État de droit, dont le Conseil constitutionnel assume la garde. Car, désormais, aux termes d'un fameux *obiter dictum*, la loi n'exprime la volonté générale que dans le respect de la Constitution »[97].

2.100 ▸ Cette opinion doctrinale s'avère d'autant plus fondée que des indices tirés de la jurisprudence du Conseil constitutionnel rendent de plus en plus envisageable un contrôle de la constitutionnalité des lois référendaires en droit français. Tout d'abord par la décision du 9 janvier 1990[98], le Conseil constitutionnel considère que la modification ou l'abrogation d'une loi référendaire par une loi parlementaire est conforme à la Constitution. Le Conseil énonce que « le principe de la souveraineté nationale ne fait nullement obstacle à ce que le législateur, statuant dans le domaine de compétence qui lui est réservé par l'article 34

96. Décision 23 septembre 1992, *Rec.* p. 94.

97. J. Gicquel, « Démocratie continue et référendum », *La démocratie continue*, Bruylant – LGDJ, 1995, p. 155.

98. *Rec.* p. 12.

de la Constitution, modifie, complète ou abroge des dispositions législatives antérieures ; qu'il importe peu, à cet égard, que les dispositions modifiées, complétées ou abrogées résultent d'une loi votée par le Parlement ou d'une loi adoptée par voie de référendum ». Ce faisant, la juridiction constitutionnelle n'établit aucune hiérarchie entre deux lois de même nature (ordinaire ou organique), même si l'une des deux normes a pour origine la votation populaire. Pour quelles raisons cette solution jurisprudentielle, qui ne concerne pour l'instant que le régime des modifications ou de l'abrogation des lois, ne pourrait-elle pas s'étendre au régime d'adoption de la loi votée ?

2.101 ▸ De plus, la jurisprudence du 9 janvier 1990 peut, en se combinant à la jurisprudence dite *État d'urgence en Nouvelle-Calédonie* du 25 janvier 1985[99], conduire le Conseil constitutionnel à contrôler la constitutionnalité d'une loi adoptée par le peuple. Si une loi parlementaire abrogeant, modifiant ou complétant une loi référendaire est déférée au contrôle de constitutionnalité, le Conseil constitutionnel admet la possibilité de vérifier la constitutionnalité de la loi ancienne (décision de 1985), même si cette dernière est une loi référendaire (décision de 1990). Les éléments jurisprudentiels d'un contrôle *a posteriori* de la constitutionnalité d'une loi référendaire peuvent donc être, d'ores et déjà, mis en œuvre par le juge constitutionnel.

2.102 ▸ Enfin, par la décision du 2 juin 1987[100], le Conseil constitutionnel affirme qu'en matière de référendum local d'autodétermination, « la question posée aux populations intéressées doit satisfaire à la double exigence de loyauté et de clarté de la consultation ; que s'il est loisible aux pouvoirs publics, dans le cadre de leurs compétences, d'indiquer aux populations intéressées les orientations envisagées, la question posée aux votants ne doit pas comporter d'équivoque, notamment en ce qui concerne la portée de ces indications ». Cette solution peut logiquement s'étendre au référendum national et constituer le fondement d'un contrôle *a priori* de la loi référendaire.

La jurisprudence *Hauchemaille* du 25 juillet 2000 (Cons. const. 2000-21 REF), confirmée le 24 mars 2005, ouvre la compétence du juge constitutionnel sur les actes préparatoires aux opérations référendaires, en particulier le décret présidentiel de convocation des citoyens. Dans ses décisions, le juge affirme qu'« il appartient au Conseil constitutionnel de statuer sur les requêtes mettant en cause la régularité d'opérations à venir dans les cas où l'irrecevabilité qui serait opposée à ces requêtes risquerait de compromettre gravement l'efficacité de son contrôle des opérations référendaires, vicierait le déroulement général du vote ou porterait atteinte au fonctionnement normal des pouvoirs publics ».

2.103 ▸ Il faut enfin ajouter que la loi constitutionnelle du 23 juillet 2008 permet l'organisation d'un référendum législatif à l'initiative d'un cinquième des membres du Parlement soutenue par un dixième des électeurs inscrits sur les listes électorales. La conformité à la Constitution de la proposition d'initiative partagée est obligatoirement appréciée par le Conseil constitutionnel (art. 11 C.). À

99. *Rec.* p. 43.
100. *Rec.* p. 34.

l'occasion du contrôle de la loi organique portant application de l'article 11 de la Constitution, le Conseil constitutionnel rappelle sa compétence pour contrôler la proposition de loi dans le cadre de la nouvelle procédure : « [...] par les modifications apportées aux articles 11 et 61 de la Constitution, le constituant a entendu, dans les conditions prévues par une loi organique, rendre possible, à l'initiative d'un cinquième des membres du Parlement, l'organisation d'un référendum sur une proposition de loi déclarée conforme à la Constitution par le Conseil constitutionnel et soutenue par un dixième des électeurs ; qu'ainsi, il a réservé aux membres du Parlement le pouvoir d'initiative d'une telle proposition de loi ; qu'il a reconnu à tous les électeurs inscrits sur les listes électorales le droit d'apporter leur soutien à cette proposition ; qu'il a entendu que le président de la République soumette au référendum la proposition de loi si elle n'a pas été examinée par l'Assemblée nationale et le Sénat dans un délai fixé par la loi organique ; qu'il a également entendu que le Conseil constitutionnel, d'une part, contrôle la conformité à la Constitution de la proposition de loi et, d'autre part, veille au respect des conditions prévues par le troisième alinéa de l'article 11 de la Constitution pour l'organisation d'un tel référendum »[101].

II – LES NORMES CONCERNÉES PAR LA QUESTION PRIORITAIRE DE CONSTITUTIONNALITÉ

2.104 › La procédure de la question prioritaire de constitutionnalité concerne « une disposition législative » qui porte atteinte « aux droits et libertés garantis par la Constitution » (art. 61-1 de la Constitution) ou qui s'avère « non conforme » aux engagements internationaux de la France (art. 23-2 de la loi organique du 10 décembre 2009 relative à l'application de l'article 61-1 de la Constitution). Les normes législatives concernées par la procédure de l'article 61-1 correspondent « à tous les actes de valeur législative »[102], antérieurs ou postérieurs à 1958.

2.105 › Il est néanmoins exclu de soulever la question prioritaire à propos d'une disposition réglementaire (Cons. const. n° 2010-2 QPC, 11 juin 2010, *Mme Viviane L.* ; *n°* 2011-152 QPC, 22 juillet 2011) ou d'une disposition législative déjà déclarée conforme à la Constitution par le Conseil constitutionnel. Bénéficiant de l'autorité de la chose jugée, une disposition expressément sanctionnée par le juge constitutionnel doit s'appliquer. En ce sens, la loi organique n° 1523 relative à l'application de l'article 61-1 précise que la transmission de la question prioritaire par le juge du fond n'est envisageable que si « elle n'a pas déjà été déclarée conforme à la Constitution dans les motifs et le dispositif d'une décision du Conseil constitutionnel, sauf changement des circonstances » (art. 23-2 LO du 10 décembre 2009). Le changement des circonstances rend possible le contrôle de dispositions législatives déclarées conforme à la Constitution dans le cadre du contrôle préventif. La décision n° 2012-233 QPC du 21 février 2012 (*Mme Le Pen*) illustre cette possibilité. Au cours de la campagne présidentielle de 2012,

---

101. Décision n° 2013-681 DC, 5 décembre 2013, *Rec.* p. 1081.

102. M. Guillaume, « QPC : textes applicables et premières décisions », *Les Cahiers du Conseil Constitutionnel*, n° 29, 2010, p. 25.

le juge constitutionnel s'est vu transmettre par le Conseil d'État une QPC concernant l'article 3 alinéa 2 de la loi organique du 6 novembre 1962 relative à l'élection du président de la République au suffrage universel (telle qu'elle a été modifiée par la loi organique du 18 juin 1976) qui impose, pour se présenter à l'élection présidentielle, d'être publiquement parrainé par au moins 500 élus locaux ou nationaux. Selon les requérantes (notamment Mme Le Pen et Mme Lepage), cette disposition législative est contraire à des droits et libertés que la Constitution garantit. Plus précisément, elles considèrent que le mécanisme des « parrainages à la française » méconnaît les principes d'égalité et de secret du suffrage, qu'il porte atteinte au principe du pluralisme des courants d'idées et d'opinion et, enfin, que la publicité du dispositif engendre une rupture d'égalité entre les personnes habilitées à présenter des candidats à l'élection présidentielle.

Le Conseil constitutionnel s'était déjà prononcé sur la disposition législative soulevée. La décision n° 76-65 DC du 14 juin 1976 déclare conforme à la Constitution le dispositif des 500 signatures. Il est néanmoins possible de soumettre à nouveau une disposition législative devant le Conseil constitutionnel à la condition d'un changement de droit ou de circonstances de nature à faire naître un doute sérieux sur la constitutionnalité du mécanisme. La lecture attentive de la décision de renvoi atteste de l'existence, d'après le Conseil d'État, d'un changement de droit et de circonstances : « [...] si le Conseil constitutionnel, dans les motifs et le dispositif de sa décision n° 76-65 DC du 14 juin 1976, a déclaré ces dispositions conformes à la Constitution, les changements ayant affecté la vie politique et l'organisation institutionnelle du pays depuis cette date justifient que la conformité à la Constitution du dernier alinéa du I de l'article 3 de la loi du 6 novembre 1962 puisse être à nouveau examinée par le Conseil constitutionnel ; qu'enfin, un des moyens invoqués par Mme A est tiré du dernier alinéa de l'article 4 de la Constitution, résultant de la loi constitutionnelle du 23 juillet 2008, aux termes duquel : La loi garantit les expressions pluralistes des opinions et la participation équitable des partis et groupements politiques à la vie démocratique de la Nation ; que ce moyen présente le caractère d'une question nouvelle au sens et pour l'application de l'article 23-5 de l'ordonnance du 7 novembre 1958 portant loi organique sur le Conseil constitutionnel ; [...] » (Décision de renvoi Conseil d'État n° 2012-233 QPC, 2 février 2012).

La motivation de la décision de renvoi évoque, en premier lieu, des « changements ayant affecté la vie politique et l'organisation institutionnelle du pays depuis » 1976, date de la précédente décision du Conseil constitutionnel ayant validé le mécanisme des 500 signatures. Sans préciser sa position, le Conseil d'État semble suivre, par cette formule, les arguments de Mme Le Pen pour qui un changement de circonstances est intervenu qui justifie un nouvel examen de constitutionnalité. Ce changement de circonstances résulte, selon les termes de la requête de la présidente du Front national, « de ce que le parrainage est devenu un véritable soutien politique, des difficultés du recueil des signatures pour les candidats qui ne sont pas membres des grands partis politiques, des pressions révélées notamment par les médias, du processus de décentralisation et d'intercommunalité, qui accentue la dépendance des maires des petites communes à l'égard des collectivités de grande taille, et de l'introduction du quinquennat, qui modifie les rapports entre les pouvoirs et renforce le rôle des partis politiques ». Le Conseil d'État évoque, en second lieu, la modification de l'article 4 de la Constitution, par la révision constitutionnelle du 23 juillet 2008 qui ajoute un nouvel alinéa précisant que : « La loi garantit les expressions pluralistes des opinions et la participation équitable des partis et des groupements politiques à la vie démocratique de la Nation ». Ce changement de droit, le seul qui sera repris par le Conseil constitutionnel dans la décision 233 QPC, justifie le réexamen de la disposition contestée issue de la loi du 18 juin 1976. C'est donc sur le grief du pluralisme que la haute juridiction répond aux arguments de la requête. La solution adoptée par le Conseil est une solution de rejet de la demande d'abrogation : le juge considère que la publicité des choix de présentation des candidats correspond à la volonté du législateur d'assurer la transparence de l'élection. Cette transparence « ne saurait en elle-même méconnaître le principe du pluralisme des courants d'idées » (considérant n° 8).

2.106 ▸ Seules les dispositions expressément contrôlées à titre préventif bénéficient d'une immunité juridictionnelle. Cette condition suppose, comme on le dit depuis longtemps[103], d'interpréter le « considérant-balai » des décisions constitutionnelles de manière restrictive : « Considérant qu'en l'espèce, il n'y a lieu pour le Conseil constitutionnel de soulever (d'office) aucune question de conformité à la Constitution en ce qui concerne les autres dispositions de la loi dont il est saisi ». Il faut désormais comprendre cet énoncé comme suit : tout ce qui n'a pas été effectivement déclaré conforme à la Constitution dans les motifs et le dispositif d'une décision reste susceptible de faire l'objet d'un contrôle *a posteriori* (cf. *infra* n° 2-141 et suiv.). En ce sens, la décision n° 2014-439 QPC (du 23 janvier 2015) précise « qu'il résulte de la combinaison des articles 23-2 et 23-4 de l'ordonnance du 7 novembre 1958 susvisée que peut être renvoyée au Conseil constitutionnel une disposition qui n'a pas déjà été déclarée conforme à la Constitution dans les motifs et le dispositif d'une décision du Conseil constitutionnel, sauf changement des circonstances ; que les mots « ou pour un crime ou un délit constituant un acte de terrorisme » figurant au 1° de l'article 25 du Code civil ont été introduits par l'article 12 de la loi du 22 juillet 1996 susvisée ; que le Conseil constitutionnel a spécialement examiné cette disposition dans les considérants 20 à 23 de la décision du 16 juillet 1996 susvisée ; que, toutefois, le Conseil constitutionnel n'a pas déclaré cette disposition conforme à la Constitution dans le dispositif de sa décision ; que la question prioritaire de constitutionnalité est donc recevable ».

2.107 ▸ Certaines lois organiques rentrent dans le champ d'application de la procédure de l'article 61-1. Il s'agit des ordonnances prises en application de l'article 92 de la Constitution entre 1958 et 1959. Ces dispositions n'ayant jamais été contrôlées dans le cadre d'un examen préventif, elles pourront donner lieu à des questions de constitutionnalité. Il s'agit en second lieu des lois organiques. Pour le reste, les lois organiques sont exclues de la procédure dans la mesure où l'article 61 rend leur contrôle obligatoire par le Conseil constitutionnel sur saisine du Premier ministre.

---

103. Par ex. Ph. Blachèr, « Le Conseil en fait-il trop ? », *Pouvoirs* n° 105, p. 27, 2003.

2.108 › Les lois autorisant la ratification d'un engagement international ne sont pas concernées par la procédure de l'article 61-1 (CE, 14 mai 2010, *Rujovic*). Le contrôle *a posteriori* d'une disposition législative de ce type de loi pourrait conduire à la mise en cause de l'application de certaines stipulations internationales et donc porter atteinte à la règle *Pacta sunt servenda*. Jusqu'à présent, le Conseil constitutionnel s'est refusé à contrôler incidemment la constitutionnalité d'un engagement international à l'occasion du contrôle préventif, dans le cadre de la procédure de l'article 54 C., d'un traité modificatif (voir Cons. const. 85-193 DC du 24 juillet 1985). Au nom de la nature particulière des engagements internationaux et des impératifs de sécurité juridique, le principe « d'immunité juridictionnelle des traités » (Christine Maugüé) prévaut.

2.109 › Les lois référendaires sont exclues du contrôle car « au regard de l'équilibre des pouvoirs établi par la Constitution, les dispositions législatives qu'elle a entendu viser dans son article 61-1 ne sont pas celles qui, adoptées par le Peuple français à la suite d'un référendum contrôlé par le Conseil constitutionnel au titre de l'article 60, constitue l'expression directe de la souveraineté nationale » (décision n° 2014-392 QPC, du 25 avril 2014). « Expression directe de la souveraineté nationale » (décision 62-20 DC du 6 novembre 1962), la loi référendaire adoptée le 6 novembre 1988 et relative au statut de la Nouvelle-Calédonie échappe au contrôle de constitutionnalité. Mais le Conseil constitutionnel vérifie la régularité des opérations préalables au référendum (art. 60 C.). Et le faible nombre de lois référendaires en application rend très hypothétique l'éventualité d'une contestation de ce type de dispositions via la question préjudicielle de constitutionnalité. La jurisprudence du 6 novembre 1962 n'empêche pas le Conseil constitutionnel de considérer que le législateur peut, par la voie parlementaire, modifier, compléter ou abroger une disposition législative antérieure même si cette dernière résulte d'une loi adoptée par référendum (décision 89-265 DC du 9 janvier 1990). Autrement dit, une disposition législative adoptée par référendum et promulguée ne bénéficie plus d'un traitement particulier. Dans ces conditions, la transposition de la jurisprudence du 6 novembre 1962 au contrôle de dispositions référendaires *promulguées* ne s'impose pas avec évidence.

2.110 › Les lois d'habilitation de l'article 38 de la Constitution ne sont pas, dans leur dimension procédurale, invocables en QPC. Le Conseil d'État a ainsi considéré, à propos de certaines dispositions de la loi du 2 janvier 2014 habilitant le Gouvernement à simplifier et à sécuriser la vie des entreprises, qu'elles « se bornent à délimiter le champ de l'habilitation donnée au Gouvernement sur le fondement de l'article 38 de la Constitution pour prendre par ordonnance des mesures qui sont normalement du domaine de la loi ; qu'elles ne sont, dès lors, pas susceptibles de porter atteinte aux droits et libertés que la Constitution garantit » (CE, 23 janvier 2015, *Tirat*, n° 380339).

2.111 › S'agissant des lois de transposition d'une directive européenne, il n'est pas possible qu'elles fassent l'objet d'une QPC sauf si les dispositions soulevées portent atteinte à un « principe inhérent à l'identité constitutionnelle de la France » (décision n° 2006-540 DC du 27 juillet 2006) ou si la loi n'applique pas correctement la directive. La décision n° 2010-79 QPC du 17 décembre 2010 (confirmée par la décision n° 2016-520 QPC du 3 février 2016) est venue rappeler l'impossibilité de contrôler la constitutionnalité des dispositions législatives « qui se bornent à tirer les conséquences nécessaires de dispositions inconditionnelles et précises » d'une directive.

Section II

LES MODALITÉS DE LA PROTECTION DES DROITS ET LIBERTÉS DEVANT LE CONSEIL CONSTITUTIONNEL

2.112 ▸ Trois aspects essentiels de la protection devant le Conseil constitutionnel des droits fondamentaux seront examinés : les personnes pouvant déclencher cette protection (§ 1) ; les cas d'ouverture par le Conseil constitutionnel de la protection (§ 2) ; et, enfin, les modalités du contrôle du respect des droits fondamentaux (§ 3).

§ 1 – LES PERSONNES POUVANT DÉCLENCHER LA PROTECTION DEVANT LE CONSEIL CONSTITUTIONNEL

2.113 ▸ Si la saisine exercée à titre préventif est réservée à des acteurs institutionnels (I), l'accès de la justice constitutionnelle aux justiciables est désormais prévu par l'article 61-1 C. concernant la protection des droits fondamentaux (II).

I – UNE SAISINE PRÉVENTIVE RÉSERVÉE À DES ACTEURS INSTITUTIONNELS

2.114 ▸ La saisine *a priori* devant le Conseil constitutionnel est enfermée dans le temps : le temps de la confection de la loi. Située entre le vote et la promulgation, la saisine du Conseil constitutionnel déclenche une procédure, « singulière »[104], qui se déroule dans l'urgence. Le point de départ du délai de recevabilité de la saisine se situe au moment du vote définitif de la loi. Le terme de ce délai reste totalement maîtrisé par le président de la République. L'article 10 de la Constitution donne au chef de l'État un délai de quinze jours maximum pour promulguer une loi votée. Le président de la République peut anticiper cette période et promulguer un texte législatif dans les sept jours, comme en atteste la promulgation de la loi relative au service national votée le 21 octobre 1997, promulguée le 28 octobre et déférée au Conseil constitutionnel le 29 octobre[105], soit un jour trop tard.

2.115 ▸ Cette contrainte temporelle, qui pèse sur les requérants, lesquels ne disposent que d'un délai bref pour rédiger et motiver la saisine, explique en partie les raisons pour lesquelles la saisine n'est ouverte qu'aux « institutionnels ». Ces autorités politiques, désignées par la Constitution pour agir devant le Conseil, n'ont pas besoin de justifier d'un intérêt à agir. Leur saisine n'a même

104. G. Vedel, « Réflexion sur les singularités de la procédure devant le Conseil constitutionnel », *Mélanges R. Perrot*, Dalloz, 1996, p. 537.

105. Décision du 7 novembre 1997, *Rec.* p. 235.

pas à être motivée. La saisine peut ainsi être définie, très sommairement, comme une action qui déclenche la compétence du Conseil constitutionnel. Bien que dans la pratique constitutionnelle les saisines parlementaires soient généralement motivées, le Conseil constitutionnel ne s'estime pas lié par l'argumentation des requérants. La saisine a pour objet « de mettre en œuvre, avant la clôture de la procédure législative, la vérification par le Conseil constitutionnel de toutes les dispositions de la loi déférée, y compris de celles qui n'ont fait l'objet d'aucune critique de la part des auteurs de la saisine »[106]. Le Conseil constitutionnel refuse donc d'être lié par les termes de la requête qui lui est adressée, comme le juge administratif pourrait l'être dans le cadre du recours pour excès de pouvoir. Rares sont les auteurs qui proposent d'inclure dans un texte « l'obligation pour les parlementaires de motiver davantage, voire de motiver tout court leur saisine, en ce qui concerne les lois ordinaires »[107]. Une telle proposition est, sans doute, vouée à l'échec, car il est illusoire de penser qu'une saisine motivée pourrait permettre un encadrement du raisonnement juridictionnel. L'obligation de motiver une saisine n'empêchera jamais le Conseil constitutionnel d'interpréter les argumentations des requérants et de les écarter en estimant, par exemple, que les moyens soulevés manquent en fait ou sont inopérants. Le juge constitutionnel, comme tout interprète « authentique » de la Constitution, détient le pouvoir de sélectionner les argumentations de son choix pour construire un raisonnement justificatif[108].

2.116 ➤ La saisine se limite ainsi à ouvrir le contentieux constitutionnel. Réservée à ce que l'on a appelé des « procureurs de la Constitution », la saisine déclenche, théoriquement, le contrôle de constitutionnalité dans un intérêt public, objectif : l'intérêt de la loi et de la Constitution. C'est pour assurer le respect de la Constitution sur les textes législatifs qui vont entrer en application que le contrôle préventif de constitutionnalité se justifie. Gardien de la Constitution, le président de la République n'a saisi qu'une seule fois le Conseil constitutionnel (décision n° 2015-713 DC du 23 juillet 2015, *Loi relative au renseignement*).

2.117 ➤ Les usages de l'article 61 de la Constitution révèlent que les saisines parlementaires[109], les plus fréquentes en matière de contrôle de la constitutionnalité des lois ordinaires, sont rédigées moins pour défendre un intérêt public que pour soutenir un intérêt partisan. La saisine parlementaire est alors orientée dans un but politicien et/ou dilatoire. « La stratégie de ceux qui saisissent »[110] consiste à retarder au maximum la promulgation de la loi votée ou à continuer la contestation politique d'un texte par une argumentation

106. Décision du 30 décembre 1996, *Rec.* p. 154.

107. D. Turpin, Intervention à la table ronde « Faut-il réformer le Conseil constitutionnel ? », 27-28 octobre 1998, *in Le Conseil constitutionnel a 40 ans*, LGDJ – Conseil constitutionnel, 1999, p. 193.

108. Sur le pouvoir d'interprétation du Conseil constitutionnel, voir M. Troper, « Justice constitutionnelle et démocratie », *in Pour une théorie juridique de l'État*, PUF, coll. « Léviathan », 1994, p. 329.

109. *Colloque 2004-2014 : Dix années de saisine parlementaire*, in *Les nouveaux cahiers du Conseil constitutionnel*, Lextenso éditions, n° 49, 2015, p. 72 à 120.

110. G. Carcassonne, « La stratégie de ceux qui saisissent », *in Vingt ans de saisine parlementaire du Conseil constitutionnel*, Economica, PUAM, 1994, p. 49.

juridique, parfois mal fondée ou déclarée inopérante par le Conseil[111]. L'extension de la saisine du Conseil constitutionnel à 60 députés ou 60 sénateurs a ainsi permis à la minorité parlementaire de pouvoir contester un texte de la majorité, faisant du Conseil constitutionnel un « tiers pouvoir » entre la majorité gouvernementale et l'opposition parlementaire[112]. Certains auteurs, tel le doyen Roussillon[113], envisagent d'ailleurs de renforcer cette fonction tribunitienne de la saisine en proposant une baisse du nombre des signataires exigés par l'article 61 de la Constitution. Une telle révision constitutionnelle n'est pas encore d'actualité. Mais il n'est pas exclu que le Conseil constitutionnel prenne l'initiative d'élargir son prétoire à la minorité de l'opposition parlementaire. Il suffirait pour cela que la Haute Juridiction revienne sur sa jurisprudence antérieure[114] refusant les recours complémentaires émanant de moins de 60 parlementaires à partir du moment où une requête préalable de 60 signataires a bien été déposée. En effet, de deux choses l'une : ou bien le Conseil n'est pas lié par le contenu d'une saisine, et on comprend mal pourquoi il refuse une requête complémentaire émanant d'un ou plusieurs députés[115] ; ou bien le Conseil est lié par le contenu d'une saisine – dans ce cas, il est normal que le juge refuse d'examiner une requête déposée tardivement qui soulève de nouveaux griefs d'inconstitutionnalité. Mais, à ce moment-là, le Conseil constitutionnel modifie, sans oser l'avouer, la portée de la saisine et s'engage à ne plus statuer *ultra petita* ; ce qu'il ne fait pas.

II – UNE SAISINE OUVERTE AUX JUSTICIABLES EN MATIÈRE DE PROTECTION DES DROITS FONDAMENTAUX

2.118 › Contrairement à une idée reçue, la QPC n'accorde pas le droit de saisir le Conseil constitutionnel aux citoyens. Dans certains États, toute personne (physique ou morale) dispose sans intermédiaire du droit de saisir la Cour constitutionnelle. L'article 61-1 n'est en aucun cas assimilable à une forme de recours direct devant le Conseil constitutionnel. D'ailleurs, le nouvel article de la Constitution ne mentionne pas le titulaire du droit de soulever la question préjudicielle (« Lorsque, à l'occasion d'une instance en cours devant une juridiction, il est soutenu qu'une disposition législative porte atteinte aux droits et libertés que la Constitution garantit... », Souligné par nous).

2.119 › Les justiciables, en tant que parties à un procès dirigé par une juridiction relevant de l'ordre judiciaire ou de l'ordre administratif, sont évidemment les premiers concernés par la procédure de l'article 61-1. La seule restriction mentionnée par la loi organique du 10 décembre 2009 concerne les parties à

111. C'est en particulier le cas dans la décision n° 99-419 DC du 9 novembre 1999 relative au pacte civil de solidarité (pour un commentaire, voir Ph. Blachèr et J.-B. Seube, « Le PACS à l'épreuve de la Constitution », *RDP* 2000, p. 203).

112. Voir P. Avril et J. Gicquel, *Le Conseil constitutionnel*, Montchrestien, coll. « Clefs-politique », 4e éd., 1998, p. 111.

113. H. Roussillon, *Le Conseil constitutionnel*, Dalloz, coll. « Connaissance du droit », 4e éd., 2001, p. 29.

114. Décision du 30 décembre 1977, *Rec.* p. 46.

115. Hypothèse rencontrée récemment dans la décision relative au PACS du 9 novembre 1999 (décision précitée, considérant n° 2 et 3) dans laquelle le Conseil déclare irrecevable le mémoire déposé par M. Goasguen, député signataire de la première saisine.

un procès devant la cour d'assise. Les justiciables conservent néanmoins la possibilité de soulever la question prioritaire de constitutionnalité dans la phase de l'instruction (dans ce cas, l'article 23-1 de la loi organique du 10 décembre 2009 indique que la demande sera formulée devant la juridiction d'instruction du second degré) et, éventuellement, « en cas d'appel d'un arrêt rendu par la cour d'assises en premier ressort » (art. 23-1 précité). Par la décision n° 2014-440 QPC du 21 novembre 2014, le Conseil considère que « la procédure d'admission à l'aide juridictionnelle n'est pas, en tout état de cause, au sens de l'article 61-1 de la Constitution, une instance en cours à l'occasion de laquelle une question prioritaire de constitutionnalité peut être posée ; que les demandes de M. M. ne sont donc pas recevables ».

Techniquement, la saisine *a posteriori* introduit une dimension subjective dans le contentieux constitutionnel. Saisi dans le cadre d'un litige concret, le juge constitutionnel doit nécessairement adapter ses instruments du contrôle de la constitutionnalité des lois à la dimension subjective de la saisine[116]. Comme le précise Noëlle Lenoir, ancien membre du Conseil constitutionnel : « [...] dans le cadre du contrôle *a posteriori*, le juge est le plus souvent saisi en dernier ressort d'un litige concret, alors qu'un débat judiciaire a pu déjà avoir lieu en première instance, puis en appel. Il a donc la possibilité d'avoir du recul face aux problèmes juridiques posés, ce que ne permet pas toujours le contrôle *in abstracto*[117] ».

2.120 ▸ Ainsi, dans le cadre de la QPC le Conseil constitutionnel est principalement conduit à protéger les droits constitutionnels subjectifs, non les droits constitutionnels organisant les pouvoirs publics. En d'autres termes, l'objectif du contrôle de la disposition contestée par les justiciables n'est pas de savoir si la majorité parlementaire a rédigé une loi conforme à la Constitution mais de s'assurer que l'application de la loi est toujours conforme à la Constitution. La saisine *a posteriori* consacre « l'applicabilité directe de la norme constitutionnelle »[118]. Habituellement invoquée à propos du droit de l'Union européenne, l'applicabilité directe se définit, pour l'ex Cour de justice des Communautés européennes, de la manière suivante : « il signifie que les règles du droit communautaire doivent déployer la plénitude de leurs effets ; qu'ainsi, ces dispositions sont une source immédiate de droits et d'obligations pour tous ceux qu'elles concernent, qu'il s'agisse des États membres ou des particuliers qui sont parties à des rapports juridiques relevant du droit communautaire ; que cet effet concerne également tout juge qui, saisi dans le cadre de sa compétence, a, en tant qu'organe de l'État, pour mission de protéger les droits

116. Comme l'observe Michel Fromont : « À vrai dire, le contrôle de la constitutionnalité des lois sur renvoi du juge ordinaire n'est que partiellement un contentieux subjectif et concret. Cette procédure est principalement objective, dans la mesure où la Cour constitutionnelle est saisie par le juge, c'est-à-dire par un organe de l'État agissant dans l'intérêt général, mais elle est indirectement subjective dans la mesure où la question a souvent été soulevée devant le juge ordinaire par l'une des parties. De même, la réponse donnée est principalement concrète puisqu'elle a pour seul objet de permettre la solution d'un litige opposant un particulier à un autre particulier ou à une autorité publique, mais elle est aussi en partie abstraite dans la mesure où elle est formulée par un juge qui n'a pas à résoudre lui-même le litige concret. » (*La justice constitutionnelle dans le monde*, Dalloz, 1996, p. 59).

117. N. Lenoir, « Le métier de juge constitutionnel », *Le débat* 2001, p. 179.

118. J. Gicquel, « L'applicabilité directe de la norme constitutionnelle », *in Libertés et droits fondamentaux*, M. Delmas-Marty et C. Lussac de Peyssac (dir.), Le Seuil, coll. « Points », 1996, p. 237.

conférés aux particuliers par le droit communautaire »[119]. Transposé au droit constitutionnel, le principe d'applicabilité directe se manifeste par le fait que la Constitution confère aux personnes des droits et libertés que le juge constitutionnel doit protéger. Ces droits sont opposables à l'encontre des actes des pouvoirs publics (effet vertical de l'applicabilité directe), mais aussi entre les particuliers (effet horizontal de l'applicabilité directe).

2.121 ➤ Le contentieux constitutionnel se rapproche-t-il dans ces conditions des autres contentieux ? : Sous certains aspects, la QPC « juridictionnalise » l'office du Conseil constitutionnel en respectant au plus près les exigences énoncées en substance par l'arrêt *Ruiz-Matéos / Espagne* (26 juin 1993) rendus par la Cour européenne des droits de l'homme à propos du tribunal constitutionnel du Royaume d'Espagne : toute juridiction constitutionnelle doit assurer les garanties énoncées par l'article 6 de la Convention européenne des droits de l'homme (contradiction des débats ; respect des droits de la défense ; égalité des armes ; publicité des audiences...)[120]. Pour les QPC, l'intervention du juge constitutionnel prend sa source dans un contentieux subjectif. La procédure est nécessairement déclenchée par les avocats des deux parties. Ainsi que le rappelle la chambre criminelle de la Cour de cassation par son arrêt n° 10-84995 rendu le 21 juillet 2010 : « Aux termes de l'article 23-5, alinéa 1er, de l'ordonnance du 7 novembre 1958 modifiée par la loi organique du 10 décembre 2009 relative à l'application de l'article 61-1 de la Constitution, le moyen tiré de ce qu'une disposition législative porte atteinte aux droits et libertés garantis par la Constitution ne peut être relevé d'office par la Cour de cassation [...]. ». Pour sa part, le juge du fond n'a pas le droit de reformuler la question de constitutionnalité soutenue devant son office. À bien des égards, le juge est lié par la requête et par la loi organique du 10 décembre 2009 qui impose sa priorité d'examen. Si le Conseil constitutionnel se voit transmettre une QPC, à la suite de la procédure de filtrage organisée devant les juridictions de l'ordre administratif ou judiciaire, il doit se prononcer dans le délai de trois mois. Par une décision en date du 4 février 2010 portant adoption du règlement intérieur de la procédure suivie en matière QPC, le Conseil constitutionnel a rapproché la procédure applicable devant lui de celle prévue pour le contentieux électoral des députés et des sénateurs[121]. Une instruction préalable est organisée par un rapporteur, désigné parmi les membres du Conseil constitutionnel. Le rapporteur organise son instruction autour des observations des deux parties qui exposent leurs arguments selon un débat contradictoire mené, par impératif d'efficacité, par voie d'échanges électroniques. L'audience devant le Conseil constitutionnel est orale, publique et contradictoire. Les avocats des parties y présentent leurs observations pour le maintien, ou en faveur de l'abrogation, de l'application des dispositions législatives concernées. Le représentant du gouvernement est systématiquement présent pour défendre la loi. Il est possible à une partie de récuser un membre du Conseil constitutionnel, le règlement

119. CJCE, 9 mars 1978, *Administration des finances de l'État c/ SA Simmenthal*, *Rec.* p. 629.

120. L. Milano, *Le droit à un tribunal au sens de la CEDH*, Dalloz, 2006.

121. M. Guillaume, « Le règlement intérieur sur la procédure suivie devant le Conseil constitutionnel pour les QPC », *Gaz. Pal.*, n° 54, 23 février 2010.

intérieur applicable en matière de QPC devant le Conseil constitutionnel respectant sur ce point les exigences énoncées par la jurisprudence de la Cour européenne des droits de l'homme[122]. La multiplication des questions prioritaires de constitutionnalité a conduit le Conseil constitutionnel à préciser certaines dispositions de son règlement intérieur relatives à sa composition en formation de jugement. Aux termes de l'article 4 de son règlement intérieur : « Une partie ou son représentant muni à cette fin d'un pouvoir spécial peut demander la récusation d'un membre du Conseil constitutionnel par un écrit spécialement motivé accompagné des pièces propres à la justifier. La demande n'est recevable que si elle est enregistrée au secrétariat général du Conseil constitutionnel avant la date fixée pour la réception des premières observations. La demande est communiquée au membre du Conseil constitutionnel qui en fait l'objet. Ce dernier fait connaître s'il acquiesce à la récusation. Dans le cas contraire, la demande est examinée sans la participation de celui des membres dont la récusation est demandée. Le seul fait qu'un membre du Conseil constitutionnel a participé à l'élaboration de la disposition législative faisant l'objet de la question de constitutionnalité ne constitue pas en lui-même une cause de récusation ». Le sens de cette disposition vise à écarter tout problème de composition de la formation de jugement, les nominations des membres du Conseil privilégiant fortement ces dernières années d'anciens parlementaires et responsables politiques sans compter la présence de droit des anciens présidents de la République. La faculté de récuser traduit également une volonté de faire apparaître le jugement constitutionnel comme impartial. Si plusieurs décisions mentionnent la décision de conseillers de s'abstenir de siéger (2010-99 QPC, 2010-108 QPC ou encore 2010-129 et 2011-157 QPC), affaires qui concernent à titre principal d'anciens parlementaires dont le président (2010-117 QPC), le Conseil a aussi pris position sur des demandes de récusation (2011-143/2011-144 et 2011-142/145 QPC du 30 juin 2011).

Le *procès constitutionnel* prend ainsi des apparences et une logique qui relèvent du droit commun du procès[123].

2.122 › Toutefois, le contentieux QPC reste un contentieux objectif. Le Conseil constitutionnel n'a pas fondamentalement modifié sa manière de juger la loi. Il a transposé les méthodes qu'il appliquait au contrôle préventif pour accomplir sa nouvelle mission prévue par l'article 61-1 de la Constitution. À titre illustratif, la haute instance accepte de formuler des réserves d'interprétation dans le cadre des décisions QPC (par exemple : Cons. const. n° 2010-20/21, 6 août 2010 : la loi de réforme des universités est conforme à la Constitution sous réserve qu'en matière de recrutement des enseignants-chercheurs l'usage du veto du président de l'université ne soit pas fondé « sur des motifs étrangers à l'administration de l'université et, en particulier, sur la qualification scientifique des candidats retenus à l'issue de la procédure de sélection »). De manière générale, la situation de fait qui sous-tend le litige principal entre les deux parties n'exerce aucune influence sur le raisonnement du Conseil constitutionnel.

---

122. CEDH, 6 juin 2000, *Morel c/ France* et CEDH, 27 août 2002, *Didier c/ France.*

123. Voir S. Guinchard (dir.), *Droit processuel. Droits fondamentaux du procès*, Dalloz, 6e éd., 2011.

Les instruments utilisés par le Conseil constitutionnel en matière de QPC reprennent en grande partie les textes de référence et les techniques de contrôle utilisés pour le contrôle *a priori*[124].

§ 2 – LES CAS D'OUVERTURE DE LA PROTECTION DES DROITS ET LIBERTÉS DEVANT LE CONSEIL CONSTITUTIONNEL

2.123 ▸ Empruntant au juge administratif français la distinction des cas d'ouverture du recours pour excès de pouvoir[125], le Conseil sanctionne deux types d'inconstitutionnalité de la loi : l'inconstitutionnalité « externe » (I) et l'inconstitutionnalité « interne » (II). La protection des droits fondamentaux se révèle ainsi à la fois formelle et matérielle.

I – LA SANCTION DE L'INCONSTITUTIONNALITÉ « EXTERNE » DE LA LOI VOTÉE

2.124 ▸ Le Conseil constitutionnel vérifie que la loi soumise au contrôle respecte les exigences constitutionnelles tenant à la forme de l'acte législatif. Deux types de sanction peuvent être infligés au législateur sur ce point : la sanction de l'incompétence et celle du vice de forme dans l'élaboration de la loi.

2.125 ▸ Le Conseil sanctionne l'incompétence du législateur selon deux modalités. D'une part, il examine les cas d'incompétences « positives » entendus comme l'ensemble des hypothèses pour lesquelles le législateur est allé au-delà de ses compétences législatives. Par exemple, le législateur ordinaire n'est pas habilité par la Constitution à légiférer dans le domaine du législateur organique. Une procédure originale, prévue par l'article 46 de la Constitution, réglemente le vote des lois organiques. Elle prévoit notamment que le texte législatif ne peut être adopté, en dernière lecture à l'Assemblée nationale, qu'à la majorité absolue de ses membres tandis qu'une majorité simple suffit à l'adoption d'une loi ordinaire en dernière lecture. Le Conseil invalide donc pour vice de compétence les textes législatifs contenant des dispositions de nature organique. Dans le même ordre d'idées, il sanctionne les cas où le législateur empiète sur les compétences du pouvoir réglementaire. D'autre part, le Conseil sanctionne les incompétences « négatives », c'est-à-dire les cas pour lesquels le législateur est resté en deçà de sa compétence. Par exemple, dans la décision n° 2015-718 DC du 13 août 2015 (*Loi relative à la transition énergétique*), le Conseil estime que le législateur n'a pas déterminé avec suffisamment de précision les entreprises du secteur de la grande distribution soumises à l'obligation d'établir un programme d'action afin de réduire les émissions de gaz à effet de serre résultant du transport de marchandises. En confiant au pouvoir

124. B. Genevois, « Le contrôle *a priori* au service du contrôle *a posteriori* », *RFDA* 2010, p. 1 à 14. Pour aller plus loin, D. Rousseau et al., *Droit du contentieux constitutionnel*, précité, p. 340 à 347.

125. La transposition des cas d'ouverture du recours pour excès de pouvoir au contentieux constitutionnel est parfois contestée en raison de la nature législative de l'acte contrôlée. Voir par exemple V. Goesel-Lebihan, *Contentieux constitutionnel*, Ellipses, 2e éd., p. 155 à 161.

réglementaire le soin, par décret, de fixer des règles qui relevaient du domaine de la loi, le législateur a commis un vice d'incompétence négatif.

Dans le cadre la procédure QPC, le Conseil constitutionnel est venu apporter certaines précisions sur l'invocation de ce vice d'inconstitutionnalité. Par la décision n° 2010-28 QPC (17 septembre 2010, *Association Football Club de Metz*), le juge considère « que, si la méconnaissance par le législateur de sa propre compétence peut être invoquée à l'appui d'une question prioritaire de constitutionnalité dans le cas où est affecté un droit ou une liberté que la Constitution garantit, elle ne saurait l'être à l'encontre d'une disposition législative antérieure à la Constitution du 4 octobre 1958 ; que, dès lors, le grief tiré de ce que le législateur, en adoptant les dispositions du premier alinéa du a du 3 de l'article 231 du Code général des impôts, aurait méconnu sa propre compétence doit être écarté ».

2.126 ▸ Le Conseil sanctionne également le vice de forme dans la confection de la loi. Il s'agit, en l'espèce, du contrôle portant sur les étapes de la procédure législative. Le Conseil examine si « la loi a été adoptée dans le respect des règles de valeur constitutionnelle relative à la procédure »[126]. La jurisprudence du Conseil porte, par exemple, sur les cas où la Constitution exige qu'un organisme soit consulté avant la discussion parlementaire. Le Conseil contrôle que la consultation a bien eu lieu et sanctionne le défaut de consultation. Ainsi, l'absence de consultation de l'Assemblée territoriale d'un territoire d'outre-mer avant la discussion d'une loi relative à l'organisation de ce territoire constitue un vice de procédure[127]. La jurisprudence constitutionnelle porte, également, sur la manière dont un texte est discuté devant les chambres. Par exemple, le Conseil vérifie que l'exercice du droit d'amendement se soit effectué dans le respect des règles constitutionnelles. En particulier, l'amendement ne doit pas être dépourvu de lien avec le texte en cours de discussion[128]. Les décisions rendues durant l'été 2015 attestent d'une vigilance renforcée face à ces « cavaliers législatifs ». La décision n° 2015-715 DC du 5 août 2015 (*loi pour la croissance, l'activité et l'égalité des chances économiques*) censure 17 articles de la loi Macron dans des termes particulièrement explicites[129]. La décision n° 2015-719 DC du 13 août 2015 (loi portant adaptation de la procédure pénale au droit de l'Union) écarte 26 articles sur les 39 que comportaient la loi en raison d'une méconnaissance de la procédure législative. Enfin, la jurisprudence la plus récente est attentive à la qualité normative de la loi. S'appuyant sur une décision du 12 janvier 2002 (décision n° 2001-455 DC) qui consacre l'objectif constitutionnel de clarté de la loi, le Conseil vérifie l'intelligibilité des textes votés par le Parlement. À titre d'exemple, la décision du 29 décembre 2005 (décision n° 2005-590 DC) censure le dispositif du plafonnement de certains avantages fiscaux au motif que : « lorsque la loi atteint un niveau de complexité tel qu'elle devient

126. Décision du 23 juillet 1975, *Rec.* p. 24.

127. Décision du 22 juillet 1980, *Rec.* p. 49.

128. Décision du 3 décembre 1985, *Rec.* p. 78. Voir également Cons. const. 2009-579 DC, 9 avril 2009, *R.* p. 84.

129. « Considérant que les dispositions des articles 69, 83, 132, 201, 202, 225, 227, 264, 265, 300, 301, 302, 303, 304, 305, 306 et 307 introduites en première lecture, ne présentent pas de lien, même indirect, avec celles qui figuraient dans le projet de loi ; que, par suite, elles ont été adoptées selon une procédure contraire à l'article 45 de la Constitution ; qu'elles sont contraires à cette dernière ».

inintelligible pour le citoyen, [elle] méconnaît l'article 14 de la Déclaration des droits de l'homme et du citoyen ». S'appuyant, dans une autre décision (décision n° 2005-512 DC du 21 avril 2005) sur l'article 6 de la Déclaration de 1789, le Conseil déduit que : « la loi a pour vocation d'énoncer des règles et doit par suite être revêtue d'une portée normative ». Examinant l'article 7 de la loi d'orientation et de programme pour l'avenir de l'école (« Art. 7 : L'objectif de l'école est la réussite de tous les élèves. »), le juge constitutionnel estime que les dispositions énoncées sont dépourvues de caractère normatif et sont donc déclarées contraires à la Constitution.

II – LA SANCTION DE L'INCONSTITUTIONNALITÉ « INTERNE » DE LA LOI VOTÉE

2.127 ▸ Le Conseil sanctionne les inconstitutionnalités résultant d'une « violation de la Constitution ». Il s'agit, dans une perspective de contrôle matériel, de confronter la norme contrôlée aux éléments du bloc de constitutionnalité afin de sanctionner une éventuelle méconnaissance des secondes par la première. Il n'est pas question ici de présenter un résumé des politiques jurisprudentielles en matière de droits et libertés[130]. En revanche, il convient de constater que dans l'exercice de sa fonction de protection des droits et libertés, le Conseil constitutionnel adapte ses méthodes de contrôle à l'égard du législateur.

2.128 ▸ La technique des réserves d'interprétation permet de ne pas censurer une disposition législative potentiellement contraire à la Constitution. Au fil de sa jurisprudence, le Conseil constitutionnel a utilisé – abusivement[131] – trois types de réserves. Les réserves « neutralisantes », qui privent d'effet juridique une disposition législative ; les réserves « constructives », qui ajoutent un contenu à la disposition législative ; les réserves « directives », qui indiquent la manière dont les autorités d'application doivent comprendre une disposition législative afin de la mettre en œuvre. Ces trois modalités de l'interprétation juridictionnelle permettent au juge de diffuser le respect de la Constitution au-delà de la procédure de fabrication de la loi. Par exemple, l'interprétation directive consiste, pour le Conseil, à définir et préciser les modalités d'application d'un texte aux autorités administratives ou judiciaires chargées de le mettre en œuvre. Ce type d'interprétation a donc pour but, non de gêner ou de retarder la procédure législative – ni même de censurer la disposition contrôlée –, mais de diffuser les exigences constitutionnelles au niveau de l'application de la loi votée. Par exemple, lorsque le Conseil constitutionnel exige par une interprétation directive, dans sa décision du 9 mai 1991[132] que l'insertion dans le temps scolaire de l'enseignement de la langue et de la culture corses « n'est pas contraire au principe d'égalité dès lors qu'il ne revêt pas un caractère obligatoire », le juge concilie la signification de la disposition législative votée avec le refus de toute reconnaissance constitutionnelle des minorités sur le territoire de la République et avec le principe constitutionnel d'égalité. Il ne censure pas la loi

130. Voir les chapitres 3 à 8.

131. Voir Ph. Blachèr, « Le Conseil constitutionnel en fait-il trop ? », *Pouvoirs*, n° 105, p. 20.

132. *Rec.* p. 50.

votée, mais indique l'interprétation que celle-ci doit avoir pour respecter la Constitution. La Haute Juridiction entend aider ainsi la majorité gouvernementale à rédiger un texte de loi voté afin que son contenu respecte au plus près les droits fondamentaux. Par ses interprétations directives, le juge constitutionnel écarte toute interprétation inconstitutionnelle d'une disposition législative votée, pour ne retenir que la signification constitutionnellement acceptable de cette dernière. Ainsi, dans la décision du 8 août 1985[133], le Conseil constitutionnel utilise l'erreur manifeste pour apprécier si les modalités du découpage électoral en Nouvelle-Calédonie permettent l'organisation d'élections représentatives du territoire d'outre-mer. En l'espèce, le juge considère que l'appréciation du législateur est entachée d'une erreur car le découpage électoral ne respecte pas le principe de l'égalité du suffrage. Le Conseil sanctionne sur ce moyen le législateur. De même, dans la décision du 16 juillet 1996[134], le Conseil estime que faire entrer dans la catégorie des actes de terrorisme les aides apportées par une personne à l'entrée, à la circulation et au séjour d'un étranger en situation irrégulière repose sur une erreur manifeste d'appréciation. Le Conseil constitutionnel dispose donc d'un instrument de contrôle efficace pour vérifier si le législateur opère des choix « raisonnables » dans les matières touchant les droits et libertés.

Par la décision 2012-282 QPC, le Conseil constitutionnel répond aux requérants qui considèrent que le régime d'autorisation préalable des panneaux publicitaires lumineux dans les grandes agglomérations peut générer une atteinte à l'article 11 de la Déclaration de 1789 (libre communication des pensées et des opinions), un refus opposé à une demande d'installation pouvant se présenter comme une atteinte à un mode d'expression d'une opinion. Rappelant que la liberté d'expression est l'un « des droits les plus précieux de l'homme » (considérant 30), le Conseil constitutionnel souligne que les atteintes éventuelles portées à l'exercice de cette liberté doivent être « nécessaires, adaptées et proportionnées à l'objectif poursuivi ». Conscient des risques de dérives susceptibles d'apparaître dans la mise en œuvre de l'article L. 581-9 du Code de l'environnement, le Conseil formule alors une réserve d'interprétation « directive » : ces dispositions ne sauraient avoir pour effet de conférer à l'autorité administrative saisie d'une demande sur leur fondement d'exercer un contrôle préalable sur le contenu des messages publicitaires qu'il est envisagé d'afficher.

2.129 ▸ Par la technique du contrôle de proportionnalité en notable évolution[135], le Conseil constitutionnel apprécie le degré d'atteintes aux droits et libertés garantis par la Constitution. Depuis la décision n° 2008-562 DC du 21 février 2008 (Loi relative à la rétention de sûreté et à la déclaration d'irresponsabilité pénale pour cause de trouble mental), le juge vérifie que les entorses portées par une disposition législative à l'exercice de la liberté d'aller et de venir, à la

133. *Rec.* p. 70.

134. *Lebon*, p. 87.

135. V. Goesel-Le Bihan, « Le contrôle de proportionnalité dans la jurisprudence du Conseil constitutionnel : figures récentes », *RFDC*, n° 70, 2007, p. 228 ; J.-B. Duclercq, *Les mutations du contrôle de proportionnalité dans la jurisprudence du Conseil constitutionnel*, LGDJ, coll. « Bibliothèque constitutionnelle et de science politique », tome 146, 2015.

liberté individuelle, au respect de la vie privée, à la liberté d'expression, à la liberté de communication sont « adaptées, nécessaires et proportionnées à l'objectif » poursuivi par le législateur. Le « triple test de proportionnalité[136] » est repris dans les décisions QPC (voir par exemple, la décision n° 2016-602 QPC, *M. Patrick H.*, à propos de l'incarcération lors de l'exécution d'un mandat d'arrêt européen). Cette technique de contrôle, qui tend à se généraliser, consiste essentiellement pour le juge à vérifier la justification de l'atteinte portée par une disposition législative à une exigence constitutionnelle au vu de l'objectif poursuivi par le législateur.

§ 3 – LE CONTRÔLE DU RESPECT DES DROITS ET LIBERTÉS

2.130 › Le contrôle opéré par le Conseil constitutionnel en la matière peut se résumer en deux phases : l'évaluation (I) puis l'attestation (II) du respect des droits et libertés.

I — L'ÉVALUATION DU RESPECT DES DROITS ET LIBERTÉS

2.131 › L'évaluation du respect des droits et libertés par le Conseil constitutionnel s'effectue dans des délais très brefs. Saisi dans l'urgence, le Conseil constitutionnel est conduit à « statuer dans l'urgence »[137]. L'article 61, alinéa 3 de la Constitution lui impose de statuer dans le délai d'un mois. « Toutefois, précise la Constitution, s'il y a urgence, ce délai est ramené à huit jours ». Dans le cadre de la nouvelle procédure QPC, le Conseil constitutionnel se prononce dans un délai de trois mois après la saisine. En moyenne, le délai de jugement est de 70 jours en QPC[138]. Ces délais très courts éloignent la justice constitutionnelle du rapport traditionnel que la justice ordinaire entretient avec le temps. « Le temps du procès »[139], évoqué par les privatistes, renvoie à la maîtrise du temps par l'appareil judiciaire, maîtrise destinée à « régénérer l'ordre social »[140] en instaurant de la distance entre le conflit et le jugement. L'urgence dans laquelle se déclenche la saisine constitutionnelle et dans laquelle se déroule le contrôle de constitutionnalité, *a priori* et *a posteriori*, ne facilite pas la pacification des conflits d'interprétation que doit trancher le Conseil constitutionnel. Celui-ci se prononce « à chaud » après les débats parlementaires, sous la pression des médias et dans des délais de quelques jours. Ainsi que le souligne Jean-Michel Blanquer, « le juge constitutionnel est certainement de ce point de vue le juge le plus rapide »[141]. Afin d'exercer sa compétence de contrôle des lois de transposition des directives européennes en QPC, le Conseil constitutionnel a considéré qu'il pouvait transmettre une question préjudicielle devant la Cour de Justice de

---

136. D. Rousseau et al., *Droit du contentieux constitutionnel*, précité, p. 309.

137. T. S. Renoux, « Techniques juridictionnelles et procédurales », *L'apport de la jurisprudence intervenue sur saisine parlementaire*, Table ronde du 29 octobre 1984, « Dix ans de saisine parlementaire », *AIJC* 1985, p. 151.

138. Source site internet du Conseil constitutionnel, « Les 5 ans de la QPC », 1er mars 2015.

139. A. Garapon, *Bien juger. Essai sur le rituel judiciaire*, Éditions Odile Jacob, 1997, p. 51.

140. *Idem*, p. 63.

141. J. M. Blanquer, « La sélection de l'espèce : contribution à l'étude de la réinterprétation des saisines par le juge constitutionnel », *in Vingt ans de saisine parlementaire du Conseil constitutionnel, op. cit.*, p. 120.

l'Union européenne, quitte à statuer au-delà du délai de trois mois (décision n° 2013-314 P QPC du 4 avril 2013). Ce faisant, le Conseil a demandé le sursis à statuer dans l'attente de la réponse de la Cour de Justice de l'Union européenne. Saisi par une décision de renvoi de la Cour de cassation le 27 février 2013, le juge constitutionnel rend finalement sa décision le 14 juin 2013 (décision n° 2013-314 QPC, *M. Jérémy F.*) à la suite de l'arrêt du 30 mai 2013 de la Cour de Luxembourg statuant sur cette affaire.

2.132 ▸ À l'urgence, s'ajoutent deux considérations qui rendent spécifique l'office du juge constitutionnel : l'évaluation qu'il effectue reste abstraite (A) ; elle résulte d'un travail d'interprétation (B) ; elle assure une protection renforcée des droits fondamentaux (C).

A - UNE ÉVALUATION ABSTRAITE

2.133 ▸ Qu'il s'exerce à titre préventif ou dans le cadre d'une QPC, le contrôle du Conseil constitutionnel reste un contrôle abstrait. Le mécanisme de l'article 61-1 ne modifie pas substantiellement la manière de juger la conformité des lois à la Constitution. Afin de mettre en œuvre la QPC, le constituant a choisi de conserver l'organisation juridictionnelle classique fondée sur deux ordres de juridiction. Le Conseil d'État et la Cour de cassation restent les cours supérieures de l'ordre administratif et de l'ordre judiciaire. Ces deux Hautes juridictions ne sont pas concurrencées par le Conseil constitutionnel dans l'exercice de leurs fonctions traditionnelles et dans l'accomplissement de leurs nouvelles missions aménagées par la loi organique du 10 décembre 2009. Le Conseil constitutionnel, de son côté, reste l'unique juge constitutionnel. Il exerce, sur renvoi des deux juridictions suprêmes, le contrôle de constitutionnalité *in abstracto* d'une disposition législative éventuellement contraire aux droits et libertés. Cette compétence peut conduire le Conseil constitutionnel à abroger la loi[142], à aménager les effets dans le temps de sa déclaration d'inconstitutionnalité[143] ou à émettre des réserves d'interprétation venant préciser le sens que la disposition législative doit prendre pour respecter la Constitution[144]. Juge constitutionnel, le Conseil n'est pas devenu, avec la QPC, un juge de l'application de la loi ; les juridictions administratives et judiciaires conservent le monopole en la matière.

2.134 ▸ L'évaluation *in abstracto* élaborée par le Conseil constitutionnel a pour objectif de trancher un conflit d'interprétations sur des dispositions législatives qu'un justiciable estime contraires à des droits et libertés garantis par la Constitution. Aussi, la position de principe (exposée dans les arrêts du 19 mai 2010 et du 31 mai 2010) selon laquelle la Cour de cassation refuse de transmettre une QPC sur l'interprétation d'une disposition qu'en a donné la jurisprudence

142. Ph. Blachèr, « QPC : censure vaut abrogation ! », *LPA*, 5 mai 2011, p. 14.

143. P. Puig, « Le Conseil constitutionnel et la modulation dans le temps des décisions QPC », *RTD civ.* 2010, p. 517 ; P. Deumier, « Les effets dans le temps des décisions QPC : un droit des conséquences des décisions constitutionnelles », *Les nouveaux Cahiers du Conseil constitutionnel*, n° 47, 2015, p. 67.

144. T. Di Manno, « Réserves d'interprétation et "droit vivant" », *in La constitutionnalisation des branches du droit*, B. Mathieu et M. Verpeaux (dir.), Actes de l'atelier du IIIe Congrès de l'Association française des constitutionnalistes, coll. « Droit public positif », PUAM, Economica, Paris, 1998, p. 42.

judiciaire est une maladresse, qui dénie le caractère abstrait du contrôle en matière QPC. Comme l'écrit le professeur Pascale Deumier : « Jamais la Cour de cassation n'aura pris position si franchement sur le statut de ses propres interprétations »[145]. Et cet auteur de qualifier cette politique jurisprudentielle de la Cour de cassation d'« étonnante » pour « une juridiction qui, il y a encore peu, aurait juré sur le Code civil ne rien connaître d'autre que le texte, derrière lequel ses interprétations n'avaient aucune existence ». Les constitutionnalistes ont bien évidemment réagi en soulignant le caractère artificiel de la distinction entre une disposition législative et son interprétation. La jurisprudence du Conseil constitutionnel dégage des réserves d'interprétation qui témoignent que l'interprétation est consubstantielle au texte et qu'une interprétation peut tirer le texte dans le sens d'une inconstitutionnalité. Aussi, « respecter le pouvoir d'interprétation de la loi du juge judiciaire n'implique pas de soumettre sa jurisprudence au respect de la Constitution ». Le Conseil constitutionnel rappelle, sur ce sujet, dans sa décision 2010-39 QPC du 6 octobre 2010, le droit pour le justiciable de contester une interprétation jurisprudentielle constante. Avant tout, le contrôle ne pourra pas concerner les lois votées ayant échappé, pour diverses raisons, à l'examen du juge constitutionnel, notamment les lois adoptées antérieurement à 1958. Ces lois se présenteront toujours comme des règles juridiques dont la constitutionnalité n'est que présumée. Prenant acte de cette position du Conseil constitutionnel, la chambre criminelle de la Cour de cassation renvoie une QPC qui porte sur l'interprétation constante d'une disposition législative dans un arrêt du 10 novembre 2010 (à propos de l'article 2 du Code pénal).

2.135 ▸ De surcroît, lorsque le Conseil constitutionnel vérifie la constitutionnalité d'une loi dans le cadre du contrôle *a priori*, il est bien rare qu'il examine effectivement toutes les dispositions du texte devant lui déféré. Depuis l'entrée en vigueur de la QPC, le juge se limite à vérifier les articles du texte de loi votée visés dans la saisine et contestés par les requérants. En cas de saisine « blanche », le Conseil considère qu'il n'a pas à examiner d'office les dispositions de la loi déférée. La décision rendue à propos de la loi relative à l'organisation du championnat d'Europe de football en 2016 illustre cette position de principe. Constatant que « les requérants n'invoquent aucun grief » à l'encontre du texte législatif, et qu'« au demeurant, aucun motif particulier d'inconstitutionnalité ne ressort des travaux parlementaires ; il n'y a pas lieu, pour le Conseil constitutionnel, d'examiner spécialement ces dispositions d'office »[146].

2.136 ▸ Lorsqu'il examine les griefs soulevés dans la saisine, le Conseil constitutionnel se contente, ensuite, de préciser par un « considérant balai » qu'il n'y a pas lieu de soulever d'office l'examen des autres dispositions de la loi contestée : « Considérant qu'en l'espèce, il n'y a lieu pour le Conseil constitutionnel de soulever (d'office) aucune question de conformité à la Constitution en ce qui concerne les autres dispositions de la loi dont il est saisi ». Cette formule traduit

145. P. Deumier, « QPC : la question fondamentale du pouvoir d'interprétation (à propos du contrôle de l'interprétation de la loi) », *RTD civ.* 2010, p. 508.

146. Cons. const., 2011-630 DC, 26 mai 2011, *Rec.* p. 249.

l'embarras du Conseil quant aux conséquences d'une déclaration de constitutionnalité qui concerne, souvent, des dispositions intégrées au texte devant lui déféré mais qu'il n'examine pas, faute de temps ou d'absence de contestation de la part des requérants. Ces dispositions non réellement contrôlées bénéficient-elles d'un brevet de constitutionnalité au même titre que les articles effectivement contrôlés ? Pour bon nombre d'auteurs, la réponse reste incertaine dans la mesure où subsiste le doute de savoir si la déclaration de conformité du juge constitutionnel concerne l'ensemble du texte qui lui est soumis ou seulement les dispositions effectivement contrôlées. Selon l'expression du doyen Vedel, les textes qui n'ont pas été contrôlés par le Conseil, mais qui s'intègrent à la loi votée déclarée conforme à la Constitution, bénéficient de « l'autorité du silence » : le Conseil « ne peut pas écrire que ces dispositions sont contraires à la Constitution puisqu'il ne les censure pas mais il lui est difficile d'attacher une valeur irréfragable à ce défaut de censure qui a sa source dans l'absence de contestation »[147]. En d'autres termes, le doyen Vedel admet que la déclaration de constitutionnalité d'une loi votée porte sur l'ensemble de ses dispositions tout en regrettant l'absence de procédure permettant de discuter une nouvelle fois la constitutionnalité d'un article de la loi votée non examiné par le Conseil. Finalement, le « considérant balai » signifierait simplement que le juge constitutionnel autorise la promulgation en l'état de la loi votée. Mais rien n'interdirait, dans l'avenir, de contester une disposition que le juge n'a pas effectivement contrôlée. Dans ce cas de figure, l'autorité de la chose jugée ne saurait, en tout état de cause, faire écran à un nouvel examen de la disposition contestée. Cette interprétation s'impose pour l'articulation du contrôle préventif de constitutionnalité avec la QPC.

La rédaction du dispositif des décisions constitutionnelles s'est d'ailleurs clarifiée, apportant une précision importante à cette question. Désormais, la lecture du dispositif indique, sans ambiguïté, si le « brevet de constitutionnalité » s'étend à l'ensemble des dispositions législatives ou reste limité à certaines dispositions de la loi soumise au contrôle du Conseil. En principe, lorsque le dispositif ne mentionne pas expressément que l'ensemble de la loi est déclaré conforme à la Constitution, il faut en déduire que les dispositions non contrôlées dans la décision ne bénéficient d'aucun « brevet de constitutionnalité ». Elles peuvent donc, dans l'avenir, faire l'objet d'un contrôle de constitutionnalité, notamment à l'occasion du contrôle de dispositions législatives les modifiant, les complétant ou les abrogeant[148].

2.137 › L'évaluation *in abstracto* ne tient compte, *in fine*, que des inconstitutionnalités prévisibles du texte législatif et des dispositions législatives transmises dans le cadre de la QPC (c'est, du reste, l'avantage de ce type de contrôle de constitutionnalité puisqu'il évite la promulgation de loi votée manifestement inconstitutionnelle). Comme le remarque un constitutionnaliste italien : « Même quand il peut être conduit avec beaucoup de soin, [le contrôle préventif] ne permettra jamais de tenir compte de toutes les applications futures possibles dont

147. G. Vedel, « Doctrine et jurisprudence constitutionnelle », *RDP* 1989, p. 16.

148. Conformément à la jurisprudence dite *État d'urgence en Nouvelle-Calédonie* (décision 25 janvier 1985, R. p. 43).

le texte sera susceptible de faire l'objet concrètement. C'est pourquoi d'ailleurs la décision adoptée ne pourra pas concerner toutes les normes possibles déductibles du texte contrôlé, mais seulement celles proposées par le requérant et celles qu'imagine d'office le juge constitutionnel »[149].

2.138 ▸ La notion de « changement de circonstances » utilisée dans la procédure QPC est un instrument utile pour pallier les limites du contrôle abstrait. Le « changement de circonstances » est une exception à l'impossibilité de soulever une QPC à l'encontre d'une disposition législative déjà déclarée conforme à la Constitution par une décision du Conseil constitutionnel. Le réexamen d'une disposition législative ne se justifiera que si « les changements intervenus, depuis la précédente décision, dans les normes de constitutionnalité applicables ou dans les circonstances, de droit ou de fait, [qui] affectent la portée de la disposition législative critiquée »[150]. À titre illustratif, la décision n° 2010-14/22 QPC du 30 juillet 2010 (*M. Daniel W.*) fait jouer le critère du changement des circonstances de droit et de fait pour justifier l'examen des dispositions législatives relatives à la garde à vue de droit commun, préalablement déclarées conforme à la Constitution par la décision du 11 août 1993 : « Considérant toutefois que, depuis 1993, certaines modifications des règles de la procédure pénale ainsi que des changements dans les conditions de sa mise en œuvre ont conduit à un recours de plus en plus fréquent à la garde à vue et modifié l'équilibre des pouvoirs et des droits fixés par le Code de procédure pénale ; [...] que ces évolutions ont contribué à banaliser le recours à la garde à vue, y compris pour des infractions mineures ; qu'elles ont renforcé l'importance de la phase d'enquête policière dans la Constitution des éléments sur le fondement desquels une personne mise en cause est jugée ; que plus de 790 000 mesures de garde à vue ont été décidées en 2009 ; que ces modifications des circonstances de droit et de fait justifient un réexamen de la constitutionnalité des dispositions contestées ». En tout état de cause, la définition du « changement de circonstances de droit ou de fait » repose sur une appréciation des juges, ce qui rend vaine toute tentative de typologie[151]. Dans la décision n° 2013-331 QPC du 5 juillet 2013 (*Société Numéricâble SAS et autres*), le Conseil constitutionnel a reconnu un double changement des circonstances de droit. D'une part, il a considéré que les modifications introduites postérieurement à la loi de 1996 dans la rédaction de l'article L. 36-11 du Code des postes et des communications électroniques interdisaient de considérer que les dispositions contestées avaient déjà été jugées conformes à la Constitution. D'autre part, il a estimé que l'évolution de sa propre jurisprudence était de nature à générer un changement des circonstances de droit. Par sa décision du 12 octobre 2012, il a jugé « que, lorsqu'elles prononcent des sanctions ayant le caractère d'une punition, les autorités administratives indépendantes doivent respecter notamment le principe d'impartialité découlant de l'article 16 de la Déclaration de 1789 ».

149. A. Pizzorusso, « Un point de vue comparatiste sur la réforme de la justice constitutionnelle française », *RFDC*, n° 4, 1990, p. 664.

150. Cons. const. 2009-595 DC, *Rec.* p. 206.

151. X. Magnon (dir.), *La QPC*, Litec professionnel, LexisNexis, 2010, p. 236.

B - UNE ÉVALUATION DÉDUITE D'UN TRAVAIL D'INTERPRÉTATION

1) Une interprétation fondée sur un texte

2.139 › Le premier travail du juge opérant le contrôle de constitutionnalité consiste à sélectionner les textes de valeur constitutionnelle imputables au « peuple français » et susceptibles d'être utilisés pour vérifier le rapport de constitutionnalité d'une loi votée. La référence à un texte destiné à servir de fondement au raisonnement juridictionnel est généralement considérée comme une protection contre le « gouvernement des juges ». Comme l'écrit le doyen Vedel, « la vraie pierre de touche du gouvernement des juges se trouve dans la liberté que le juge constitutionnel s'octroie non d'appliquer la Constitution ou de l'interpréter même de façon constructive, mais, sous quelques noms que ce soit, de la compléter, sinon de la corriger par des règles qui sont sa propre création, fussent-elles débordantes de bonnes intentions »[152]. La référence à un texte suffit en quelque sorte à ce que le juge ne transgresse pas sa fonction juridictionnelle.

2.140 › L'importance du texte se manifeste également lorsque le Conseil constitutionnel refuse de reconnaître un principe de valeur constitutionnelle dont la consécration est demandée par les auteurs d'une saisine constitutionnelle. Dans tous les cas, le juge se fonde sur l'absence de texte énonçant ledit principe. Par exemple, en constatant « qu'aucune norme constitutionnelle ne garantit un principe dit de confiance légitime »[153] ou bien « que ne résulte ni de l'article 4 de la Déclaration des droits de l'homme et du citoyen, ni d'aucune autre norme de valeur constitutionnelle un principe constitutionnel dit de l'autonomie de la volonté »[154], le Conseil constitutionnel affiche clairement son refus de dégager *ex nihilo* un principe constitutionnel. Le juge cherche en principe à raccrocher la majeure partie de son raisonnement à un texte. Ce rattachement du syllogisme juridictionnel au texte permet de justifier logiquement l'énonciation juridictionnelle.

2.141 › Pour autant, le rattachement à un texte ne signifie pas toujours que l'interprète n'exerce aucun pouvoir discrétionnaire. En disposant de plusieurs fondements textuels pour rendre sa décision, le juge constitutionnel détient la faculté de choisir les normes de référence de son contrôle et d'orienter à l'avance la solution du rapport de constitutionnalité. Ainsi, la solution de la décision constitutionnelle déclarant contraire à la Constitution le mécanisme des « quotas par sexes » aux élections municipales[155] aurait pu être différente si le juge s'était appuyé sur le troisième alinéa du Préambule de 1946 qui proclame que : « La loi garantit à la femme, dans tous les domaines, des droits égaux à ceux de l'homme ». Dans cette affaire, le Conseil constitutionnel soulève d'office l'examen de la disposition prévoyant que dans les communes de plus de 3 500 habitants « les listes de candidats aux élections municipales ne peuvent comporter plus de 75 % de personnes du même sexe ». Pour opérer le contrôle

152. G. Vedel, « La place de la Déclaration de 1789 dans le bloc de constitutionnalité », *art. cit.*, p. 63.

153. Décision du 30 décembre 1996, *Rec.* p. 145.

154. Décision du 20 mars 1997, *Rec.* p. 31.

155. Décision du 18 novembre 1982, *Rec.* p. 66.

de la constitutionnalité de ce texte, la Haute instance fait référence à l'article 3 de la Constitution de 1958 ainsi qu'à l'article 6 de la Déclaration de 1789. Elle déduit « du rapprochement de ces textes que la qualité de citoyens ouvre le droit de vote et l'éligibilité dans des conditions identiques à tous ceux qui n'en sont pas exclus pour une raison d'âge, d'incapacité ou pour une raison tendant à préserver la liberté de l'électeur ou l'indépendance de l'élu » et déclare, en conséquence, contraire à la Constitution le mécanisme des « quotas par sexe ». Pourtant, la solution aurait sans doute été différente si le juge s'était appuyé sur le principe d'égalité entre les sexes : en constatant que l'homme et la femme ne sont pas dans les mêmes conditions sociales et culturelles en matière d'accès aux fonctions électives, le juge pouvait appliquer sa jurisprudence selon laquelle « le principe d'égalité ne fait pas obstacle à ce qu'une loi établisse des règles non identiques à l'égard de catégories de personnes se trouvant dans des situations différentes »[156].

2.142 ▸ De manière générale, le rattachement de la volonté du souverain à un texte constitutionnel n'empêche pas le juge d'aller parfois très loin dans la portée qu'il confère au sens des mots contenus dans les énoncés constitutionnels. La décision n° 2013-297 QPC[157] en est une illustration. Le juge constitutionnel est invité à se prononcer sur une QPC à propos de la compatibilité du droit des cultes alsaciens-mosellans avec la Constitution. Le considérant n° 5 expose les implications du principe de laïcité, cité dans l'article 1er de la Constitution mais qui ne connaît pas de définition juridique clairement établie Selon le Conseil constitutionnel : « le principe de laïcité figure au nombre des droits et libertés que la Constitution garantit ; qu'il en résulte la neutralité de l'État ; qu'il en résulte également que la République ne reconnaît aucun culte ; que le principe de laïcité impose notamment le respect de toutes les croyances, l'égalité de tous les citoyens devant la loi sans distinction de religion et que la République garantisse le libre exercice des cultes ; qu'il implique que celle-ci ne salarie aucun culte ». De cette énonciation, il ressort clairement que le principe de la neutralité religieuse s'impose comme le principe cardinal de l'organisation de l'État, en particulier matière d'enseignement. La République laïque ne reconnaît, ne salarie ni ne subventionne aucun culte, conformément aux dispositions de l'article 2 de la loi de 1905. L'accent est ainsi mis sur le caractère fortement contraignant du principe de laïcité, à l'instar de la décision n° 2004-505 DC par laquelle le Conseil rappelle que les dispositions de l'article 1er de la Constitution « interdisent à quiconque de se prévaloir de ses croyances religieuses pour s'affranchir des règles communes régissant les relations entre collectivités publiques et particuliers »[158]. Si le principe de laïcité implique que l'État ne salarie aucun culte, comment on peut dire que le fait de salarier les pasteurs protestants n'est pas contraire au principe de laïcité ? Comment continuer à admettre en droit la compatibilité du régime alsacien-mosellan avec la Constitution ? C'est pourtant bien la conclusion, surprenante, formulée par le considérant n° 7 de la présente décision : « le grief tiré de ce que l'article VII des articles organiques

156. Décision du 12 juillet 1979, *Rec.* p. 31.

157. Décision du 21 février 2013, *JORF* 23 février 2013, p. 3110.

158. Décision du 19 novembre 2004, *Traité établissant une constitution pour l'Europe*, *Rec.* p. 173.

des cultes protestants de la loi du 18 germinal an X relative à l'organisation des cultes serait contraire au principe de laïcité doit être écarté ». L'explication de la solution rendue tient entièrement dans les motifs exposés au considérant n° 6 : « Considérant, toutefois, qu'il ressort tant des travaux préparatoires du projet de la Constitution du 27 octobre 1946 relatifs à son article 1er que de ceux du projet de la Constitution du 4 octobre 1958 qui a repris la même disposition, qu'en proclamant que la France est une "République... laïque", la Constitution n'a pas pour autant entendu remettre en cause les dispositions législatives ou réglementaires particulières applicables dans plusieurs parties du territoire de la République lors de l'entrée en vigueur de la Constitution et relatives à l'organisation de certains cultes et, notamment, à la rémunération de ministres du culte ». Les commentateurs ne manqueront pas de noter le caractère singulier de la référence aux travaux préparatoires des constitutions de 1946 et 1958. Sans évoquer la fragilité du renvoi à l'intention des constituants en droit constitutionnel[159], la notion de travaux préparatoires de la Constitution remplit, en l'espèce, une fonction inédite dans le cadre du contrôle de constitutionnalité : rendre compatible un principe explicitement énoncé par la (les ?)[160] Constitution (s ?) (le principe de laïcité de l'article 1er) avec une législation qui y déroge ! Or, la circonstance que la législation en question soit antérieure aux Constitutions de 1946 et de 1958 et le silence des deux textes constitutionnels sur le sujet autorisent le juge à constater la validation *a posteriori* de la règle légale de non-subventionnement des cultes. La démarche est juridiquement peu convaincante en raison de la partialité manifeste retenue par le Conseil constitutionnel dans l'utilisation des travaux préparatoires des constitutions de 1946 et de 1958. À supposer que la recherche de l'intention des constituants ne se limite pas à « un intéressant exercice de psychologie historique »[161], la renonciation apparente des constituants à abroger expressément le régime concordataire peut tout autant s'interpréter comme l'expression de la volonté d'une tacite reconduction dans les départements du Bas-Rhin, du Haut-Rhin et de Moselle qu'être comprise comme une omission politique qui ne préjuge en rien de sa conformité avec la Constitution.

2.143 ▸ Le rattachement de la volonté du constituant à un texte est sans doute le résultat d'une construction intellectuelle et artificielle de la part du juge constitutionnel. En ce sens, la doctrine souligne parfois que la détermination des normes de référence confère un indéniable pouvoir à l'interprète de la Constitution. La référence aux textes traduit-elle pour autant « l'intégrité »[162] du Conseil constitutionnel ? Emprunté à Ronald Dworkin, le concept de « droit intégrité » désigne l'attitude d'un juge qui dégage une interprétation judiciaire non seulement cohérente, mais surtout « fidèle à des principes vus comme plus

159. Sur cette question voir M. Troper, « L'interprétation de la déclaration des droits ; l'exemple de l'article 16 », *in Pour une théorie juridique de l'État*, PUF, coll. « Léviathan », 1994, p. 263 et s.

160. Puisque la Constitution de 1946 est invoquée en tant que norme de référence par le Conseil constitutionnel, faut-il en déduire l'avènement d'un nouvel élément du bloc de constitutionnalité ?

161. F. Hamon et M. Troper, *Droit constitutionnel*, LGDJ, 33e éd., 2012, p. 66. Les auteurs ajoutent : « [...] mais il n'y a aucune raison de tenir compte de cette intention plus que de n'importe quelle autre ».

162. Voir sur ce point E. Sales et S. Dyens, « Le Conseil constitutionnel est-il herculéen ? », *Revue administrative*, n° 291, p. 275 et n° 292, p. 380.

fondamentaux »[163] de l'ordre juridique. Analysant la pensée du théoricien américain, Simone Goyard-Fabre explique que, chez cet auteur, « la normativité juridique implique le recours, d'une part, à un critère de cohérence avec les précédents que, sur le point soulevé par l'espèce litigieuse, peut offrir l'histoire du droit et, d'autre part, à un critère de convenance avec "la morale politique" du lieu et du moment : en d'autres termes, la normativité juridique implique, dans la société où s'établit le jugement, "un consensus intellectuel" que R. Dworkin appelle "l'intégrité" du droit »[164]. La pratique du rattachement de la volonté du constituant à un texte rentre, sans doute, dans cette règle de convenance sociale qui veut que le juge construise la volonté du peuple français en cherchant si le souverain, à un moment de son histoire, a approuvé le fondement de la règle juridique invoquée en tant que norme de référence du contrôle de constitutionnalité.

Il reste que parfois l'invocation de certaines règles très anciennes peut surprendre. Ainsi, rédigée au temps des calèches, la déclaration des droits de l'homme et du citoyen de 1789 fonde l'interdiction des sociétés concurrentes des taxis ou VTC en matière de transport routier[165]. La même déclaration permet au juge d'opérer une subtile distinction entre les courses de taureaux et les combats de coqs dans la décision n° 2015-477 QPC du 31 juillet 2015 relative à l'incrimination de la création de nouveaux gallodromes.

2) Une interprétation rattachée à la volonté du souverain

2.144 ▸ Si le juge constitutionnel veut « échapper au reproche du gouvernement des juges »[166], l'interprétation de la Constitution qu'il effectue doit être fictivement attribuée à la volonté du souverain, le « peuple français ». Or l'expression de la volonté du souverain suppose une cohérence dans le contenu même de cette volonté. Le juge, pour reprendre une métaphore employée par Ronald Dworkin, se retrouve ainsi dans la position de l'écrivain qui, rédigeant le chapitre d'un « roman écrit à la chaîne »[167], se retrouve lié par le contenu des chapitres précédents. Dans sa construction d'un « ordre constitutionnel », le Conseil constitutionnel « est obligé d'être cohérent intellectuellement, au sens où il doit obéir au principe de non-contradiction »[168].

2.145 ▸ L'utilisation de l'image du « roman à la chaîne » permet de souligner que les textes constitutionnels subissent bien une interprétation pour accéder à la normativité, mais que cette opération ne saurait méconnaître les choix retenus successivement par le souverain dans les textes constitutionnels depuis 1791. L'énonciation des principes constitutionnels est tributaire d'une certaine cohérence juridique qui limite les choix du juge constitutionnel. Le « bloc de

163. R. Dworkin, *L'empire du droit*, trad. E. Soubrenie, PUF, 1994, p. 241.
164. S. Goyard-Fabre, *Les fondements de l'ordre juridique*, PUF, coll. « L'interrogation philosophique », 1992, p. 233.
165. Cons. const., n° 2015-484 QPC du 22 septembre 2015 (*Société Uber France*).
166. G. Vedel, « Excès de pouvoir législatif et excès de pouvoir administratif », *art. cit.*, p. 91 ; M. Troper, « Le bon usage des spectres. Du gouvernement des juges au gouvernement par les juges », *in Mélanges Conac*, Economica, 2001, p. 320.
167. R. Dworkin, *L'empire du droit, op. cit.*, p. 250 et s.
168. J.-M. Blanquer, « La distance parcourue : de l'ordre institutionnel à l'ordre constitutionnel », *in Le Conseil constitutionnel a 40 ans*, Conseil constitutionnel – LGDJ, 1999, p. 33.

constitutionnalité » se compose de plusieurs textes, écrits à différentes périodes de l'histoire constitutionnelle, et dont les dispositions apparaissent parfois contradictoires[169]. Mais ces disparités historiques et idéologiques n'empêchent pas qu'en droit positif la norme constitutionnelle se définit comme un texte homogène[170] qui est censé représenter la volonté du peuple souverain. L'interprétation constitutionnelle intègre nécessairement les exigences liées à la continuité historique de la volonté du « peuple français ».

2.146 ▸ La difficulté pour le juge constitutionnel réside dans le fait que la volonté du souverain ne peut être recherchée dans l'intention des rédacteurs des textes constitutionnels. L'office du juge constitutionnel consiste précisément à rechercher les principes que le « peuple français » consacre au niveau constitutionnel depuis 1789. À cet effet, l'interprète de la Constitution dispose de principes directeurs lui permettant de se rapprocher le plus fidèlement possible de ce qui doit être perçu comme la volonté du souverain.

2.147 ▸ Ainsi, le juge constitutionnel détermine les normes de référence de son contrôle en se fondant sur des règles et principes qui demeurent régulièrement consacrés par des textes constitutionnels ou législatifs républicains. Par exemple, la décision du Conseil constitutionnel du 9 mai 1991 *Statut de la Corse*[171] censure la mention faite par le législateur du « peuple corse, composante du peuple français » en se fondant sur la répétition quasi systématique dans les constitutions et de nombreux textes républicains de la référence faite au « peuple français ». La Haute Instance déduit de cette continuité historique que « le concept juridique de peuple français a valeur constitutionnelle » et déclare incidemment le caractère unitaire du « peuple français ».

2.148 ▸ De la même manière, le juge constitutionnel s'appuie sur la continuité historique de la volonté du souverain pour proclamer, dans sa décision du 16 janvier 1982[172], que les principes du droit de propriété énoncés par la Déclaration de 1789 « ont pleine valeur constitutionnelle », tant en ce qui concerne le caractère fondamental de ce droit, « dont la conservation constitue l'un des buts de la société politique », qu'en ce qui concerne les garanties données à ses titulaires. La Haute instance rappelle que « le peuple français, par le référendum du 5 mai 1946, a rejeté un projet de Constitution qui faisait précéder les dispositions relatives aux institutions de la République d'une nouvelle Déclaration des droits de l'homme » ; « au contraire, par les référendums du 13 octobre 1946 et du 28 septembre 1958, le peuple français a approuvé des textes conférant valeur constitutionnelle aux principes et aux droits proclamés en 1789 ». Autrement dit, le Conseil constitutionnel n'oppose pas sa conception du droit de propriété au législateur mais bien celle du souverain qui a manifesté clairement son

169. Par exemple, le droit de propriété garanti par la Déclaration de 1789 peut être opposé au droit de grève énoncé dans le préambule de 1946.

170. « Si, historiquement, la Déclaration de 1789 est évidemment antérieure au préambule de 1946, juridiquement leur édiction en règles faisant partie intrinsèque de la Constitution de 1958 s'est faite simultanément et son effet dans le temps ne joue pas plus au profit de l'une que de l'autre. » (Georges Vedel, « La place de la Déclaration de 1789 dans le bloc de constitutionnalité », *art. cit.*, p. 53).

171. *Rec.* p. 50.

172. *Rec.* p. 18.

attachement à la définition libérale de ce droit proclamé à l'article 17 de la Déclaration de 1789.

2.149 › Enfin, selon une logique similaire de recherche de l'intention du souverain, le Conseil constitutionnel dégage les « principes fondamentaux reconnus par les lois de la République » en vérifiant l'existence d'une « tradition républicaine »[173] dans l'application du principe à reconnaître. Par exemple, dans la décision du 23 novembre 1977[174], le Conseil déduit de l'article 10 de la Déclaration de 1789, aux termes duquel « nul ne doit être inquiété pour ses opinions, même religieuses, pourvu que leur manifestation ne trouble pas l'ordre public établi par la loi », et du Préambule de la Constitution de 1946, qui rappelle que « nul ne peut être lésé dans son travail ou son emploi en raison de ses origines, de ses opinions et de ses croyances », que « la liberté de conscience doit donc être regardée comme l'un des principes fondamentaux reconnus par les lois de la République ».

C - UNE ÉVALUATION PRIVILÉGIANT LE RESPECT DES DROITS ET DES LIBERTÉS

2.150 › Si la Constitution exprime la volonté du souverain, et si ce dernier veut que les pouvoirs publics respectent la Constitution, le rôle du juge constitutionnel consiste à protéger les droits et libertés constitutionnels face aux organes de l'État, et en premier lieu face au législateur.

2.151 › Le Conseil constitutionnel s'est fixé, à cette fin, une ligne de conduite jurisprudentielle au terme de laquelle les droits et libertés constitutionnels bénéficient d'une protection renforcée face au législateur. Le doyen Roussillon et Pierre Esplugas constatent en ce sens que « la fonction essentielle du Conseil constitutionnel est la protection des droits fondamentaux contre le législateur (et non à la différence de certaines cours constitutionnelles étrangères, contre l'administration et les tribunaux) »[175]. Par cette attitude jurisprudentielle, le Conseil constitutionnel ne fait que rendre effective les dispositions des préambules des textes constitutionnels qui proclament l'attachement du « peuple français » aux « droits de l'homme »[176], au « maintien de la Constitution et au bonheur de tous »[177] et surtout l'article 16 de la Déclaration de 1789[178] définissant la Constitution comme un texte qui, au minimum, organise la séparation des pouvoirs et garantit les droits.

2.152 › À titre d'exemple, par la jurisprudence des « garanties légales », la juridiction constitutionnelle limite le pouvoir d'abrogation du législateur en lui interdisant de revenir sur des « situations existantes en matière de libertés

173. Décision du 20 juillet 1988, *Rec.* p. 119.

174. *Rec.* p. 42.

175. H. Roussillon et P. Esplugas, *Le Conseil constitutionnel*, Dalloz, 8e éd., 2015, p. 63.

176. Préambule de la Déclaration de 1789, de la Constitution de 1946 et de la Constitution du 4 octobre 1958.

177. Préambule de la Déclaration des droits de l'homme et du citoyen.

178. Article 16 de la Déclaration de 1789 : « Toute société dans laquelle la garantie des droits n'est pas assurée, ni la séparation des pouvoirs déterminée n'a point de Constitution ».

publiques »[179], sauf pour les rendre plus effectives. Il s'agit donc d'une technique jurisprudentielle par laquelle le Conseil impose au législateur le respect des principes législatifs accordant des garanties favorables aux individus dans le domaine des libertés publiques ou des droits économiques et sociaux. Le Conseil considère, au nom du « peuple français », que ces garanties légales doivent être considérées comme des droits constitutionnels acquis. Le juge constitutionnel français utilise pour la première fois cette technique dans la décision du 20 janvier 1984[180] par laquelle il oblige le législateur, dans le domaine des libertés universitaires, à ne pas porter atteinte aux garanties légales prévues par la loi antérieure, sinon pour les renforcer ou les rendre plus effectives. Ce mécanisme jurisprudentiel, initialement limité au régime d'abrogation des libertés universitaires, s'est progressivement étendu à la réglementation de la liberté de la presse : dans sa décision des 10 et 11 octobre 1984[181], le juge constitutionnel déclare que « s'agissant d'une liberté fondamentale, la loi ne peut en réglementer l'exercice qu'en vue de le rendre plus effectif ». Puis, par sa décision du 29 juillet 1986[182], le Conseil constitutionnel estime qu'en matière de liberté de la communication audiovisuelle, l'exercice du pouvoir législatif statuant dans le domaine de l'article 34 de la Constitution « ne saurait aboutir à priver de garanties légales des exigences de caractère constitutionnel ». Au-delà des libertés fondamentales, la Haute Juridiction étend progressivement l'exigence des garanties légales aux droits économiques et sociaux, comme en atteste la décision du 16 janvier 1991 par laquelle le Conseil constitutionnel considère que la modification du régime des tarifs de sécurité sociale « n'a pas pour effet de priver de garanties légales des principes de valeur constitutionnelle ». Et dans certaines décisions, le Conseil constitutionnel n'hésite pas à utiliser les garanties légales comme moyen de censure du législateur.

2.153 › Cette technique limite le pouvoir d'abrogation du législateur par des exigences qu'il a lui-même posées dans une loi antérieure et qui constituent, selon l'appréciation du Conseil constitutionnel, des « garanties légales » aux principes de valeur constitutionnelle. La jurisprudence récente confirme la pérennité de ces garanties légales, même s'il faut bien reconnaître un usage de plus en plus modéré de cet instrument par le Conseil constitutionnel. La décision n° 2009-588 DC du 6 août 2009 (*Rec.* p. 163) rendue à propos de la loi « réaffirmant le repos dominical [...] » fait explicitement référence à la notion. Le Conseil affirme que « le principe d'un repos hebdomadaire est l'une des garanties du droit au repos ainsi reconnu aux salariés ». Il ajoute que « s'il est à tout moment loisible au législateur de modifier des textes antérieurs ou d'abroger ceux-ci en leur substituant, le cas échéant, d'autres dispositions, c'est à la condition que l'exercice de ce pouvoir n'aboutisse pas à priver de garanties légales des exigences de caractère constitutionnel » (considérant 4).

179. Décision des 10 et 11 octobre 1984, *Rec.* p. 73.
180. *Rec.* p. 30.
181. *Rec.* p. 73.
182. *Rec.* p. 110.

Plus récemment, la décision nº 2013-367 QPC du 14 février 2014 (*Consorts L.*) rappelle qu'en matière d'hospitalisation sans consentement, « il est à tout moment loisible au législateur, statuant dans le domaine de sa compétence, d'adopter des dispositions nouvelles [...] et de modifier des textes antérieurs ou d'abroger ceux-ci [...] dès lors que, dans l'exercice de ce pouvoir, il ne prive pas de garanties légales des exigences constitutionnelles ».

2.154 ▸ Dans le même sens, le juge n'hésite pas à s'appuyer sur les dispositions de la Déclaration de 1789, du Préambule de 1946 ou du texte constitutionnel du 4 octobre 1958 pour en déduire des droits constitutionnels n'y figurant pas expressément. Ce « travail » de découverte des droits fondamentaux et des libertés individuelles conduit parfois le juge constitutionnel à consacrer des principes nouveaux, tel le principe de la sauvegarde de la dignité de la personne humaine[183], l'inviolabilité du domicile[184], la liberté du mariage[185], le principe d'égalité entre les étrangers et les nationaux en matière de droits fondamentaux[186]. Et lorsque le Conseil considère que « la possibilité pour toute personne de disposer d'un logement décent est un objectif de valeur constitutionnelle »[187], son énonciation résulte d'un travail juridictionnel à partir des mots du 11e alinéa du Préambule de 1946 que le juge combine avec « le principe de la sauvegarde de la dignité humaine contre toute forme de dégradation ». À strictement parler, l'objectif constitutionnel reconnu par la décision du 19 janvier 1995 ne figure pas dans les textes de référence du contrôle de constitutionnalité. Mais l'interprétation retenue par la juridiction constitutionnelle peut s'expliquer par la prise en compte implicite d'une règle d'interprétation selon laquelle toute disposition constitutionnelle doit être interprétée dans le sens d'une protection extensive des droits et libertés. Du même coup, l'interprétation juridictionnelle de la Constitution devient acceptable car elle repose sur une défense des droits et libertés des gouvernés face aux gouvernants. Si l'on considère que la fonction moderne des cours constitutionnelles consiste à protéger les droits fondamentaux, il faut bien admettre que l'interprétation juridictionnelle de la Constitution peut légitimement « faire pencher » la signification des dispositions constitutionnelles dans le sens du renforcement des droits et libertés. Le doyen Vedel rappelle, dans le même sens, que le Conseil interprète la Constitution selon « l'image que la protection constitutionnelle des droits et libertés engendre chez les citoyens et dans l'opinion publique »[188].

2.155 ▸ Ce processus prétorien d'énonciation d'un catalogue des droits et libertés excède-t-il les pouvoirs d'un juge ? Une grande partie des constitutionnalistes soutient le Conseil constitutionnel dans sa fonction de protecteur des droits fondamentaux. L'argument souvent avancé, pour défendre l'institution, est finaliste : sans l'intervention du juge constitutionnel, les sources écrites de la

183. Décision du 27 juillet 1994, *Rec.* p. 100.

184. Décision du 29 décembre 1983, *Rec.* p. 67.

185. Décision du 13 août 1995, *Rec.* p. 224.

186. *Idem.*

187. Décision du 19 janvier 1995, *Rec.* p. 176.

188. G. Vedel, « Le Conseil constitutionnel, gardien du droit positif ou défenseur de la transcendance des droits de l'homme », *Pouvoirs*, nº 45, 1988, p. 212.

Constitution ne seraient probablement pas considérées aujourd'hui comme des droits constitutionnels. Et les droits et libertés fondamentaux énoncés dans la Déclaration de 1789 ou dans le Préambule de 1946 ne s'imposeraient pas avec autant d'efficacité au législateur. C'est bien grâce à la décision *Liberté d'association* du 16 juillet 1971 que le Préambule de 1958 et ses composantes ont accédé au statut de normes constitutionnelles. Et sans la découverte prétorienne de nouveaux droits constitutionnels, le législateur ne devrait respecter aucune norme constitutionnelle lorsqu'il légifère en matière de bioéthique, de concubinage homosexuel, de nouvelles technologies... Car dans ces domaines, le Conseil constitutionnel énonce des droits constitutionnels auxquels les constituants n'avaient pas pu penser.

2.156 ▸ En utilisant les droits constitutionnels comme étalon de mesure des lois votées, le contrôle de constitutionnalité apporterait ainsi une rupture avec le mode de production légicentriste du droit. Avant l'existence du juge constitutionnel, les grandes orientations sociales se décidaient et se tranchaient dans l'enceinte parlementaire. Sous l'influence de la justice constitutionnelle et avec la QPC, les choix de société font l'objet d'une contestation juridictionnelle. Car comme le soulignait dans sa thèse Charles Eisenmann : « Par la nature des choses, la justice constitutionnelle est comme un miroir où se reflète – fragmentaire sans doute, mais fidèle – l'image des luttes politiques suprême d'un pays, qu'elle a précisément pour effet de transformer en dernière analyse en litige de droit[189] ».

2.157 ▸ Si le Conseil constitutionnel contribue, par la QPC, à ouvrir la défense des droits constitutionnels aux justiciables, les pouvoirs qui lui sont reconnus par l'article 62 de la Constitution lui permettent, dans de rares cas il faut le reconnaître, de légiférer. La décision n° 2010-6/7 du 11 juin 2010 en est une illustration. Dans cette affaire, le Conseil constitutionnel déclare l'article L. 7 du Code électoral contraire au principe de l'individualisation des peines proclamé par l'article 8 de la Déclaration des droits de l'homme et du citoyen. Le considérant n° 6 de la décision ajoute, par un motif surabondant, que « l'abrogation de l'article L. 7 du Code électoral permet aux intéressés de demander, à compter du jour de publication de la présente décision, leur inscription immédiate sur la liste électorale dans les conditions déterminées par la loi ». Cette précision exprime sans doute l'intérêt manifesté par le Conseil, dans le cadre de la procédure de l'article 61-1, à l'application du principe de « l'effet utile de la QPC pour le justiciable qui l'a posée »[190]. Cette information délivrée sur les conséquences de l'abrogation de l'article L. 7 du Code électoral traduit une extension des compétences que le Conseil constitutionnel tient de l'article 62. Car l'abrogation d'une disposition législative emporte comme unique conséquence la suppression de la validité de la norme. Pour le reste, il n'appartient pas au juge constitutionnel, habilité à prononcer l'abrogation d'une disposition législative, d'inviter les sujets de droit à adopter tel ou tel comportement

189. C. Eisenmann, *La justice constitutionnelle et la Haute Cour constitutionnelle d'Autriche*, 1928, Préface de Hans Kelsen, rééd. 1986, Préface de Georges Vedel, Economica, PUAM, coll. « Droit public positif », 1986, p. 137, n° 56.

190. Cons. const. n° 2009-595 DC du 3 décembre 2009, Rec. p. 206.

désormais autorisé par la décision d'inconstitutionnalité. Comme le rappelle justement Kelsen dans la *Théorie générale des normes*, l'abrogation n'a pas pour objet d'énoncer un commandement, une habilitation ou une permission. « Elle ne dispose pas que, sous certaines conditions, un certain comportement doit avoir lieu, mais elle supprime l'être obligatoire d'un comportement statué par la norme jusque-là valide »[191]. En l'espèce, il n'appartenait sans doute pas au Conseil constitutionnel d'inviter les requérants à s'inscrire sur les listes électorales suite à l'abrogation de l'article L. 7 du Code électoral[192].

De manière plus générale, le mécanisme de la QPC ne saurait ouvrir une compétence de *législation provisoire* au profit du Conseil constitutionnel. Telle est pourtant l'attitude du Conseil constitutionnel dans la décision n° 2010-10 QPC du 10 juillet 2010. Tout en prononçant l'abrogation de l'article 90 du Code disciplinaire de la marine marchande relatif à la composition des tribunaux maritimes commerciaux, le juge indique « qu'à compter de cette date (le 10 juillet 2010) les tribunaux maritimes commerciaux siégeront dans la composition des juridictions pénales de droit commun » (considérant n° 5). Ce précédent traduit un « excès » du pouvoir du juge constitutionnel. Même si le souci de protéger l'intérêt des justiciables et d'assurer le principe de continuité de la justice pénale maritime explique l'audace du Conseil constitutionnel en l'espèce, cette jurisprudence démontre que « le Conseil constitutionnel devient un participant direct à la confection de la loi, un coproducteur de la loi »[193].

II — L'ATTESTATION JURIDICTIONNELLE DU RESPECT DES DROITS FONDAMENTAUX À UNE ATTESTATION JURIDICTIONNELLE

2.158 › Le Conseil constitutionnel ne sanctionne pas la loi en opportunité mais en droit. Il rappelle souvent à cet effet que le but du contrôle de constitutionnalité n'est pas de décider à la place du législateur, mais de vérifier que le législateur respecte la Constitution lorsqu'il vote un texte. Par exemple, la décision n° 1985-197 DC du 23 août 1985 souligne que « l'objet de ce contrôle est non de gêner ou de retarder l'exercice du pouvoir législatif, mais d'assurer sa conformité à la Constitution ».

A - UNE ATTESTATION JURIDICTIONNELLE

2.159 › Les modalités du déclenchement du contrôle juridictionnel de constitutionnalité confirment que l'intervention du Conseil constitutionnel est juridictionnelle : celle-ci dépend de l'existence d'une saisine constitutionnelle (tant en matière de contrôle *a priori* que dans la nouvelle procédure QPC). Si le contrôle préventif de constitutionnalité demeure obligatoire en ce qui concerne les lois organiques votées, il reste facultatif pour les lois ordinaires votées. L'intervention

---

191. Et Kelsen d'ajouter : « Elle statue non par un devoir-être mais par un non-devoir-être ». *Théorie Générale des normes*, PUF, coll. « Léviathan », 1996, p. 140.

192. B. Manin, « Volonté générale ou délibération ? Esquisse d'une théorie de la délibération politique », *Le débat*, n° 33, 1985, p. 86.

193. G. Drago, « L'influence de la QPC sur le Parlement ou la loi sous la dictée du Conseil constitutionnel », *Jus Politicum*, n° 6, 2011, p. 17.

de la sanction constitutionnelle est donc soumise à la volonté des autorités politiques. L'exigence d'une saisine pour déclencher le contrôle de constitutionnalité montre que le Conseil constitutionnel ne délivre une attestation de constitutionnalité que pour les lois dont la constitutionnalité est contestée, incertaine ou formellement exigée par un texte (dans le cas des lois organiques). La décision constitutionnelle ne peut donc se présenter comme la manifestation d'une « convenance personnelle » du juge, puisque son intervention repose sur la volonté des requérants. Ces derniers se sont par exemple abstenus de saisir le Conseil constitutionnel à propos de la législation relative à l'état d'urgence. À l'ouverture de la séance de l'Assemblée nationale du 20 novembre 2015, le Premier ministre s'exprimait en des termes non équivoques lors de la présentation du projet de loi prorogeant l'application de la loi du 3 avril 1955 et renforçant l'efficacité de ses dispositions : « À ce stade, je suis extrêmement dubitatif quant à la saisine du Conseil constitutionnel. Je souhaite que les dispositifs que vous allez adopter soient mis en œuvre rapidement. Or il est toujours risqué de saisir le Conseil constitutionnel. [...] Si le Conseil constitutionnel déclarait qu'un certain nombre de points et de garanties prévues dans la loi révisée sont inconstitutionnels, les 786 perquisitions déjà faites et les 150 assignations à résidence prononcées pourraient être annulées. Certaines mesures présentent [...] une fragilité constitutionnelle. Je n'ignore pas qu'elles pourraient faire l'objet d'une QPC ; néanmoins je souhaite que nous allions vite, afin, conformément également à votre volonté de donner aux forces de l'ordre, aux forces de sécurité et à la justice tous les moyens de poursuivre ceux qui représentent un danger pour la nation, pour la République et pour les Français. ».

2.160 ▸ Se prononçant sur saisine ou sur transmission d'une QPC par le Conseil d'État ou la Cour de cassation, le Conseil constitutionnel agit au titre de juridiction. Il remplit son office suivant les règles d'un procès constitutionnel. Contrairement à une autorité politique, la juridiction constitutionnelle doit motiver juridiquement sa décision (on doit déplorer sur ce point l'absence d'obligation de motivation des décisions de renvoi du Conseil d'État ou de la Cour de cassation). Même si les considérations politiques ne sont jamais totalement absentes de cette motivation[194], cette obligation de justifier la décision par un raisonnement syllogistique distingue l'acte *de jurisdictio* d'un acte émanant d'une autorité politique. L'article 20 de l'ordonnance organique du 7 novembre 1958 dispose :

« La déclaration du Conseil constitutionnel est motivée ». La décision ressemble à celle pratiquée par les juridictions administratives. Elle s'est présentée jusqu'en 2016 sous la forme « Vi-con-dis » des arrêts du Conseil d'État, « c'est-à-dire les visas, les considérants, distinguant la procédure et le fond, et le dispositif, divisé en articles »[195]. Guillaume Drago soulignait en ce sens que « le raisonnement suivi par le Conseil est classique. Il examine la loi en reprenant l'ordre des griefs soulevés par les requérants, qui peut suivre l'ordre des articles de la loi mais il n'y a sur ce

194. Voir M.-C. Ponthoreau, *La reconnaissance des droits non-écrits par les cours constitutionnelles italienne et française. Essai sur le pouvoir créateur du juge constitutionnel*, Préface d'A. Pizzorusso, Economica, coll. « Droit public positif », 1994, p. 183.

195. H. Roussillon, *Le Conseil constitutionnel*, Dalloz, 4e éd., 2000, p. 42.

point aucune règle impérative »[196]. À l'occasion des décisions n° 2016-539 QPC et 2016-540 QPC du 10 mai 2016, le Conseil constitutionnel a simplifié le mode de rédaction de ces décisions. Désormais, les motifs s'organisent en trois parties introduites par les formules suivantes : « Au vu des textes suivants » ; « Le Conseil constitutionnel s'est fondé sur ce qui suit » ; « Le Conseil constitutionnel décide ». La structure du raisonnement reste la même ; seule la présentation formelle change.

2.161 › La présentation des décisions constitutionnelles rapproche le Conseil des autres juridictions. Comme ces dernières, le Conseil constitutionnel doit tenir compte, dans ses motifs, des arguments des requérants, de la réponse des rédacteurs de la loi, contenue dans les observations du gouvernement et parfois dans les travaux parlementaires, et surtout de sa propre jurisprudence antérieure. Chaque décision s'inscrit en effet dans une jurisprudence qui contraint le juge dans son office *de jurisdictio* en constituant une limite importante au pouvoir d'interprétation dont il dispose. Lorsqu'une question de droit a déjà été tranchée par une décision antérieure, le Conseil hésitera à opérer un revirement de jurisprudence[197]. La contribution du juge constitutionnel à l'expression de la volonté générale est donc soumise à des contraintes différentes que ceux que peuvent connaître les organes politiques. Michel Troper estime ainsi que « le Parlement statue en opportunité et subit des contraintes politiques ; les juges constitutionnels ne statuent qu'occasionnellement en opportunité, mais le plus souvent au terme d'un raisonnement juridique et subissent les contraintes liées à ce raisonnement »[198].

B - UNE ATTESTATION AUX EFFETS DÉCISIFS

1) La portée des décisions constitutionnelles dans le cadre du contrôle préventif

2.162 › En vertu de l'article 62 de la Constitution : « Les décisions du Conseil constitutionnel s'imposent aux pouvoirs publics et à toutes les autorités administratives et juridictionnelles. » Ce principe de « l'autorité de la chose jugée » concerne « les décisions » constitutionnelles, c'est-à-dire le dispositif et les motifs qui en sont « le soutien nécessaire et en constituent le fondement même »[199]. Au sein de ces motifs qui bénéficient de l'autorité de la chose jugée, il convient de ranger notamment les réserves d'interprétation.

2.163 › Si l'article 62 impose le respect des décisions constitutionnelles à l'ensemble des « pouvoirs publics » et à toutes les juridictions, l'étendue de l'autorité de la chose jugée n'en reste pas moins circonscrite à une identité de cause et d'objet : l'autorité d'une décision constitutionnelle concerne essentiellement l'objet de la loi soumise au contrôle de constitutionnalité. Le Conseil

196. G. Drago, *Contentieux constitutionnel, op. cit.*, p. 410.
197. Voir toutefois quelques cas d'infléchissement jurisprudentiel cités par T. Renoux et M. de Villiers, *Code constitutionnel*, Litec, 2e éd., 2001, p. 525.
198. M. Troper, « Justice constitutionnelle et démocratie », *in Pour une théorie juridique de l'État, op. cit.*, p. 345.
199. Décision du 16 janvier 1962, *Rec.* p. 31.

constitutionnel a cependant étendu sensiblement le champ d'application de l'autorité de ses décisions par sa jurisprudence du 8 juillet 1989[200] :

« si l'autorité attachée à une décision du Conseil constitutionnel déclarant inconstitutionnelles les dispositions d'une loi ne peut en principe être utilement invoquée à l'encontre d'une autre loi conçue en termes distincts, il n'en va pas ainsi lorsque les dispositions de cette loi, bien que rédigées sous une forme différente, ont, en substance, un objet analogue à celui de dispositions législatives déclarées contraires à la Constitution ». En somme, le juge ordinaire appliquant une loi déjà examinée par le Conseil ou qui ressemble en substance à cette dernière doit tenir compte de l'interprétation constitutionnelle. Par exemple, le Conseil d'État (20 décembre 2000) n'hésite pas à annuler un acte administratif qui ne respecte pas les réserves d'interprétation dégagées par la décision du Conseil relative au pacs.

2.164 ▸ La doctrine estime, de plus, que certaines interprétations du Conseil constitutionnel distinctes des motifs revêtus de l'autorité de la chose jugée sont susceptibles d'influencer les tribunaux ordinaires. Dans cette hypothèse, on évoque « l'autorité de la chose interprétée » par le Conseil constitutionnel. Ainsi, l'interprétation d'un article de la Constitution par le Conseil constitutionnel sera généralement « suivie » par le juge ordinaire au nom de cette autorité appelée parfois « persuasive ». Mais cette règle n'empêche pas la survenance de divergences en matière d'interprétation de la Constitution entre les juridictions : la réglementation du droit de grève en est un exemple bien connu[201].

2.165 ▸ La Cour européenne des droits de l'homme puis la Cour de cassation sont venues parfois relativiser la portée des décisions du Conseil constitutionnel rendues dans le cadre du contrôle *a priori*. Le juge de Strasbourg, d'abord, a condamné l'État français qui appliquait une loi pourtant déclarée conforme à la Constitution par le Conseil constitutionnel[202]. La Cour de cassation, ensuite, a limité étroitement le champ de l'autorité des décisions constitutionnelles dans son arrêt relatif à la responsabilité pénale du président de la République. Pour la Haute Juridiction de l'ordre judiciaire, les décisions du Conseil constitutionnel « ne s'imposent aux pouvoirs publics et aux autorités qu'en ce qui concerne le texte soumis à l'examen du Conseil »[203]. Cette position emporte donc deux conséquences. En premier lieu, le juge judiciaire ne s'estime pas toujours lié par l'interprétation d'une disposition de la Constitution énoncée dans une décision constitutionnelle (puisque cette interprétation, dégagée pour construire la norme de référence du contrôle de constitutionnalité, se distingue de l'interprétation de la norme contrôlée). En second lieu, la Cour de cassation a mis en cause la jurisprudence constitutionnelle du 8 janvier 1989 qui étendait l'autorité de la chose jugée à des textes qui, en substance, avaient un objet analogue à des dispositions déjà contrôlées.

---

200. *Rec.* p. 48.

201. Interprétant le préambule de 1946, le Conseil constitutionnel estime qu'une loi doit être nécessaire pour la réglementation du droit de grève (décision 22 juillet 1980) ; le Conseil d'État considère qu'un acte réglementaire suffit (CE, 4 février 1981, *Fédération CFTC*, *Rec.* p. 45).

202. Arrêt CEDH précité, *Zielinski et autres*, 28 octobre 1999.

203. Cass., 10 octobre 2001.

2) La portée des décisions QPC

2.166 › « Une disposition déclarée inconstitutionnelle sur le fondement de l'article 61-1 est abrogée à compter de la publication de la décision du Conseil constitutionnel ou d'une date ultérieure fixée par cette décision. Le Conseil constitutionnel détermine les conditions et limites dans lesquelles les effets que la disposition a produits sont susceptibles d'être remis en cause ».

Qu'on le déplore[204] ou non[205], le nouvel article 62, alinéa 2, de la Constitution reconnaît une triple compétence au Conseil constitutionnel dans le cadre de la mise en œuvre de la procédure de la question prioritaire de constitutionnalité (QPC) : le droit d'abroger une disposition législative qui méconnaît les droits et libertés garantis par la Constitution ; le choix du moment de cette abrogation ; l'aménagement de la portée de la décision sur les effets que la disposition abrogée a produit.

2.167 › Depuis la première décision QPC dite « décristallisation des pensions » rendue le 28 mai 2010, le Conseil constitutionnel a abrogé certaines dispositions législatives dont certaines, comme en attestent les premières déclarations abrogatives, relèvent de la *microconstitutionnalité* (l'expression soulignant la dimension technique des questions de constitutionnalité posées au Conseil). Ont par exemple été abrogés, sur le fondement de l'article 61-1, notamment :

– l'article 26 de la loi n° 81-734 de finances rectificatives, l'article 68 de la loi n° 2002-1576 de finances rectificatives pour 2002, l'article 100 de la loi n° 2006-1666 de finances rectificatives pour 2007 relatives à l'attribution des pensions aux anciens combattants français et étrangers (Cons. const. n° 2010-1 QPC du 28 mai 2010, *Consorts L.*) ;

– le 2 du paragraphe II de la loi du 11 février 2005 pour l'égalité des droits et des chances (Cons. const. n° 2010-2 QPC du 11 juin 2010, *Mme Viviane L.*) ;

– l'article L. 7 du Code électoral (Cons. const. n° 2010-6/7 du 11 juin 2010, *M. Stéphane A.*) ;

– l'article 90 du Code disciplinaire et pénal de la marine marchande, relatif à la composition des tribunaux maritimes commerciaux (Cons. const. n° 2010-10 QPC du 2 juillet 2010, *Consort C. et autres*) ;

– le troisième alinéa de l'article L. 253 *bis* du Code des pensions militaires d'invalidité et des victimes de la guerre (Cons. const. n° 2010-18 QPC du 23 juillet 2010, *M. Lahcène A.*) ;

– l'article 575 du Code de procédure pénale restreignant les conditions dans lesquelles une partie civile peut se pourvoir contre les arrêts de la chambre de l'instruction (Cons. const. n° 2010-15/23-QPC du 23 juillet 2010, *Région Languedoc-Roussillon et autres*) ;

204. On se permet de renvoyer à Ph. Blachèr, « Vers un gouvernement du juge constitutionnel ? » ; *AJDA*, n° 9, 2010, p. 465. Pour une critique plus générale sur l'institution, voir O. Beaud, « Débattre sur le Conseil constitutionnel : enfin ! », *AJDA*, n° 7, 2010, p. 353.

205. Par exemple D. Rousseau, « Toujours vive la QPC ? Oui ! », *Gaz. Pal.* mai 2010, n° 143-147 ; Pascal Jan, « La question prioritaire de constitutionnalité », *LPA*, n° 252, décembre 2009, p. 6.

– les articles 62, 63, 63-1 et 77 du Code de procédure pénale ainsi que pour partie l'article 63-4 du même code, relatifs au régime de la garde à vue (Cons. const. n° 2010-14/22 QPC du 30 juillet 2010, *M. Daniel W. et autres*) ;

– le 3° de l'article 323 du Code des douanes fixant le régime de la capture des prévenus en cas de flagrant délit (Cons. const. n° 2010-32 QPC du 22 septembre 2010, *M. Samir M. et autres*) ;

– une disposition du Code de l'urbanisme relative aux cessions gratuites de terrains destinés à être affectés à certains usages publics (Cons. const. n° 2010-33 QPC du 22 septembre 2010, *Soc. Esso SAF*) ;

– l'article L. 45 du Code des postes et des communications électroniques relatif à l'attribution des noms de domaine (Cons. const. n° 2010-45 QPC du 6 octobre 2010, *M. Mathieu P.*) ;

– l'article 1er de la loi du 30 avril 1941 portant approbation de deux conventions passées entre le ministre de l'agriculture et la Compagnie agricole de la Crau (Cons. const. n° 2010-52 QPC du 14 octobre 2010, *Compagnie Agricole de la Crau*) ;

– l'article L. 337 du Code de la santé publique (Cons. const. n° 2010-71 QPC du 26 novembre 2010, *Mlle Danielle S.*) ;

– le quatrième alinéa de l'article 1741 du Code général des impôts (Cons. const. n° 72/75/82 QPC du 10 décembre 2010, *M. Alain D.*) ;

– le paragraphe IV de l'article 43 de la loi n° 2004-1485 de finances rectificatives pour 2004 (Cons. const. n° 2010-78 QPC du 10 décembre 2010, *Société INNOMA*) ;

– les deuxième et troisième phrases de l'article 207 du Code de procédure pénale (Cons. const. n° 2010-81 QPC du 17 décembre 2010, *M. Boubakar*) ;

– l'article 54 de la loi n° 2009-1437 du 24 novembre 2009 relative à l'orientation et à la formation professionnelle tout au long de la vie (Cons. const. n° 2010-67/86 du 17 décembre 2010, *Région Centre et Région Poitou-Charentes*) ;

– une disposition de la loi du 29 juillet 1881 sur la liberté de la presse interdisant de prouver la vérité de faits diffamatoires de plus de dix ans (Cons. const. n° 2011-131 QPC du 20 mai 2011, *Mme Térésa C. et autres*) ;

– le délit de harcèlement sexuel (Cons. const., n° 2012-240, 4 mai 2012) ;

– la caducité de l'appel de l'accusé en fuite (Cons. const., n° 2014-403 QPC du 13 juin 2014) ;

– l'incompatibilité des fonctions de militaires en activité avec un mandat électif local (Cons. const., n° 2014-432 QPC, 28 novembre 2014) ;

– le transfert d'office de tout ou partie du portefeuille de contrats d'assurance d'une société d'assurance à une autre société (Cons. const., n° 2014-449 QPC, 6 février 2015) ;

– l'article L. 3122-1 du Code des transports à propos de la « maraude électronique » (Cons. const., n° 2015-468/469/472 QPC du 22 mai 2015) ;

– l'incompatibilité de l'exercice de l'activité de conducteur de taxi avec celle de conducteur VTC (Cons. const., n° 2015-516 QPC du 15 janvier 2016) ;

– le registre public des trusts (Cons. const., n° 2016-591 QPC du 21 octobre 2016).

2.168 ▸ Parfois sollicité pour trancher des questions de société dans le cadre de QPC transmises par la Cour de cassation, le Conseil constitutionnel fait preuve de réserves dans l'exercice de son pouvoir abrogatif lorsque les dispositions législatives concernées portent sur un problème à haute densité politique. Ainsi, la décision relative à l'examen de la loi anti-Perruche ne se prononce pas sur le terrain du principe de la dignité, le Conseil constitutionnel considérant qu'il ne possède pas un pouvoir général d'appréciation identique à celui du Parlement (Cons. const. n° 2010-2 QPC, 11 juin 2010, *Mme Viviane L.*). De même, le juge constitutionnel refuse de se prononcer sur le caractère attentatoire aux droits et libertés garantis par la Constitution du refus législatif d'accorder l'homoparentalité. Par la décision n° 2010-39 QPC (6 octobre 2010, *Isabelle B. et Isabelle D.*), le Conseil considère « qu'en maintenant le principe selon lequel la faculté d'une adoption au sein du couple est réservée aux conjoints, le législateur a, dans l'exercice de la compétence que lui attribue l'article 34 de la Constitution, estimé que la différence de situation entre les couples mariés et ceux qui ne le sont pas pouvait justifier, dans l'intérêt de l'enfant, une différence de traitement quant à l'établissement de la filiation adoptive à l'égard des enfants mineurs ; qu'il n'appartient pas au Conseil constitutionnel de substituer son appréciation à celle du législateur sur les conséquences qu'il convient de tirer, en l'espèce, de la situation particulière des enfants élevés par deux personnes de même sexe ». Concernant le mariage homosexuel, le Conseil se contente de rappeler que « le législateur a, dans l'exercice de la compétence que lui attribue l'article 34 de la Constitution, estimé que la différence de situation entre les couples de même sexe et les couples composés d'un homme et d'une femme peut justifier une différence de traitement quant aux règles du droit de la famille ; qu'il n'appartient pas au Conseil constitutionnel de substituer son appréciation à celle du législateur sur la prise en compte, en cette matière, de cette différence de situation ; que, par suite, le grief tiré de la violation de l'article 6 de la Déclaration de 1789 doit être écarté » (Cons. const. n° 2010-92 QPC, 28 janvier 2011, *Mme Corine C.*).

Par sa décision n° 213-346 QPC, 11 octobre 2013 (*Société Schuepbach Energy LLC*), le Conseil constitutionnel confirme que, « en l'état actuel des connaissances et des techniques », l'interdiction légale de l'exploitation du gaz de schiste est conforme à la Constitution. Sur un sujet particulièrement sensible, la décision constitutionnelle apparaît mesurée : elle reconnaît implicitement les risques pour l'environnement liés à la fracturation hydraulique, et n'abroge pas la loi « Jacob » ; mais aucune disposition constitutionnelle ne permet d'exclure, dans l'avenir, les recherches et les expérimentations sur l'exploitation de ces hydrocarbures non conventionnels. La lecture de la présente décision ne permet pas, en particulier, de savoir si l'article 5 de la Charte de l'environnement (principe de précaution) constitue une source de blocage constitutionnel en matière de recherche sur le gaz de schiste, thèse que certains parlementaires avançaient en proposant la « déconstitutionnalisation » du principe de précaution au nom du développement économique et de la liberté de la recherche[206]. Par prudence, le Conseil constitutionnel estime inopérant le grief

206. Voir la proposition de loi constitutionnelle n° 1242 visant à ôter au principe de précaution sa portée constitutionnelle, enregistrée à la présidence de l'Assemblée nationale le 10 juillet 2013.

d'une éventuelle violation des dispositions législatives contestées au regard du principe invoqué. La Haute Juridiction semble, en l'espèce, suivre l'argumentation de Mme Delphine Batho, ministre de l'Écologie, qui invoque, dans un mémoire en défense enregistré au Conseil d'État le 25 février 2013, la mise en œuvre du principe « d'action préventive » (issu de l'article L. 110-1 du Code de l'environnement) applicable en cas de risque connu et avéré, là où le principe de précaution ne s'applique qu'en cas de risque non avéré. Pourtant, l'interprétation constitutionnelle du principe de précaution était attendue. Dans ses conclusions rendues au Conseil d'État le 12 juillet 2010, Madame le Rapporteur public, Suzanne Von Coester, invitait le Conseil constitutionnel à interpréter les dispositions législatives contestées au regard de ce principe : « Le caractère nouveau de la question de la conformité des articles 1er et 3 à l'article 5 de la Charte suffit au renvoi ». Il faudra donc attendre une autre décision pour que le Conseil constitutionnel accepte d'interpréter le principe de précaution dans le cadre d'une QPC.

2.169 ▸ Lorsque sa décision conduit à une *abrogation différée*, le Conseil constitutionnel indique, dans le dernier considérant des motifs, la date de report de l'abrogation, les motifs l'ayant conduit à cette solution et, éventuellement, la portée des dispositions abrogées jusqu'à cette date. Soucieux d'être perçue avant tout comme un protecteur des droits fondamentaux des requérants, la Haute instance rappelle le principe selon lequel « une déclaration d'inconstitutionnalité doit bénéficier à la partie qui a présenté la QPC »[207]. Ce principe connaît certaines exceptions, désormais bien balisées. L'abrogation immédiate des dispositions contestées ne doit pas méconnaître des « objectifs »[208] ou « exigences »[209] constitutionnels ni entraîner des « conséquences manifestement excessive »[210]. En outre, le report de l'abrogation peut être motivé par le respect du principe de sécurité juridique. À titre d'exemple, le Conseil constitutionnel considère que l'abrogation immédiate de l'article L. 45 du Code des postes et télécommunications « aurait pour la sécurité juridique, des conséquences manifestement excessive ». En conséquence, « il y a lieu de reporter au 1er juillet 2011 la date de son abrogation pour permettre au législateur de remédier à l'incompétence négative constatée »[211].

Ces indications « techniques » liées au report de l'abrogation sont toujours précédées d'un rappel : le Conseil constitutionnel ne dispose pas d'un pouvoir général d'appréciation de même nature que celui du Parlement[212]. Cette réserve est mentionnée discrètement dans la première décision QPC : « [...] afin de permettre au législateur de remédier à l'inconstitutionnalité constatée, l'abrogation des

207. Par ex. Cons. const. n° 2010-14/22, QPC du 30 juillet 2010, considérant n° 30.

208. Par ex. Cons. const. n° 2010-32, QPC du 22 septembre 2010 : « [...] l'abrogation immédiate des dispositions contestées méconnaîtraient les objectifs de prévention des atteintes à l'ordre public et de recherche des auteurs d'infractions... » (considérant n° 9).

209. Par ex. Cons. const. n° 2010-71, QPC du 26 novembre 2010 : « [...] l'abrogation de l'article L. 337 du Code de la santé publique... méconnaîtrait les exigences de la protection de la santé » (considérant n° 41).

210. Cons. const. n° 2010-14/22 du 30 juillet 2010, *Daniel W. et autres*.

211. Cons. const. n° 2010-45 QPC du 6 octobre 2010, *M. Mathieu P.*

212. Voir par exemple Cons. const. n° 2010-32, QPC du 22 septembre 2010, considérant n° 9.

dispositions précitées prendra effet à compter du 1er janvier 2011 »[213]. La décision d'abrogation des dispositions relatives à la garde à vue est plus explicite. Le dernier considérant énonce *in extenso* le principe et il rappelle qu'il n'appartient pas au juge « d'indiquer les modifications des règles de procédure pénale qui doivent être choisies pour qu'il soit remédié à l'inconstitutionnalité constatée »[214].

2.170 ❯ À notre sens, le considérant signifie *avant tout* que le législateur ne bénéficie plus du droit de décider seul du contenu de la loi : le Conseil constitutionnel participe, à sa manière, à l'expression de la volonté générale. Et le pouvoir d'interprétation constitutionnelle du juge n'est pas *réellement* d'une autre nature que celui des institutions politiques[215]. Toute lecture des articles de la Constitution repose sur des choix, sur des jugements de valeur qui, nécessairement, relèvent du subjectivisme de l'interprète. Il en va ainsi du principe d'égalité, du droit de propriété ou du principe de la dignité de la personne humaine. Dès lors, dire que le Conseil constitutionnel abroge une disposition législative au motif de sa contrariété avec la Constitution revient à admettre que la loi est simplement contraire à la lecture que le juge opère des droits fondamentaux constitutionnels.

Néanmoins, l'axiome revêt une autre portée, spécialement dans le cadre de la procédure QPC : gardien de la Constitution qu'il interprète, le Conseil constitutionnel ne détient pas le pouvoir de rédiger la loi suite à l'abrogation d'une partie de ses dispositions. Tel est sans doute le sens de la formule du considérant n° 4 de la décision n° 2010-2 QPC : « l'article 61-1 de la Constitution, à l'instar de l'article 61, ne confère pas au Conseil constitutionnel un pouvoir général d'appréciation et de décision de même nature que celui du Parlement ; (que) cet article lui donne seulement compétence pour se prononcer sur la conformité d'une disposition législative aux droits et libertés que la Constitution garantit ».

POUR ALLER PLUS LOIN

« La QPC, Premier bilan et prospective, Actes du premier colloque de La Semaine Juridique du 22 septembre 2010 », *La Semaine Juridique*, éd. Générale, LexisNexis, 29 novembre 2010.

Guislaine Alberton, « Peut-on encore dissocier exception d'inconstitutionnalité et exception d'inconventionnalité ? », *AJDA* 2008, p. 965.

Denys de Béchillon et Nicolas Molfessis, « Sur les rapports entre le Conseil constitutionnel et les diverses branches du droit », *Les cahiers du Conseil constitutionnel*, n° 16, Dalloz, 2004.

Philippe Blachèr, Jean-Éric Gicquel et Pascal Jan, *Droits et libertés constitutionnels*, Hachette, coll. « Les fondamentaux », 2012.

Philippe Blachèr, « Le contrôle par le Conseil constitutionnel des lois constitutionnelles », *RDP* 2016, p. 545.

---

213. Cons. const. n° 2010-1 QPC du 28 mai 2010, *Consorts L.*, considérant n° 12.

214. Cons. const. n° 2010-14/22 du 30 juillet 2010, *Daniel W. et autres*, considérant n° 30.

215. C'est bien d'ailleurs la raison pour laquelle la présence d'anciens élus politiques est souvent souhaitée au sein du Conseil constitutionnel. Voir par exemple l'intervention de Charles de la Verpillière, « L'incidence de la décision sur le travail législatif », *in La QPC : Premier bilan et prospective*, Actes du premier colloque de La Semaine Juridique, 22 septembre 2010, La Semaine juridique, n° spécial 29 novembre 2010, p. 71.

Xavier Bioy, Xavier Magnon, Wanda Mastor, *Le réflexe constitutionnel : Question sur la QPC*, Bruylant, 2013.

Baptiste Bonnet (sous la dir.), *Traité des rapports entre ordres juridiques*, Lextenso éditions, 2016.

Julien Bonnet et Pierre-Yves Gahdoun, *La QPC*, PUF, coll. « Que sais-je ? », 2014.

Julien Bonnet et Dominique Rousseau, *L'essentiel de la QPC*, Gualino, 2012.

Guy Carcassonne et Marc Guillaume, *La Constitution*, 12e éd., Seuil, 2014.

Emmanuel Cartier, *La QPC, le procès et ses juges*, Dalloz, coll. « Méthodes du droit », 2013.

Paul Cassia et Emmanuelle Saulnier-Cassia, « Imbroglio autour de la QPC », *D.* 2010, p. 1234.

Véronique Champeil-Desplats, « La notion de droit fondamental et le droit constitutionnel français », *Dalloz*, chron., 1995, p. 323-329.

Guillaume Drago, *Contentieux constitutionnel français*, PUF, 4e éd., 2016.

Géraldine Faure, « De la reconnaissance de "parties" dans le procès QPC à la consécration d'une dimension subjective du procès », revue *Politéai*, n° 26, décembre 2014, p. 84.

Louis Favoreu et Wanda Mastor, *Les cours constitutionnelles*, Dalloz, 2e éd., 2016.

Marie Gautier, « QPC et droit communautaire. Retour sur une tragédie en cinq actes », *Droit administratif*, Les revues Juris Classeur, n° 10, 2010, p. 13 à 19.

Bruno Genevois, « Le contrôle *a priori* au service du contrôle *a posteriori* », *RFDA* 2010, p. 1 à 14.

Pascal Jan, *Le procès constitutionnel*, LGDJ, coll. « Systèmes », 2010.

Henri Labayle, « QPC et question préjudicielle : ordonner le dialogue des juges », *RFDA* 2010, p. 659 à 677.

Valérie Le Bihan, *Contentieux constitutionnel*, 2e éd., Ellipses, 2016

Aïda Manouguian, *La légitimation du système français de justice constitutionnelle*, Collection des mémoires de l'EDPL, n° 21, Lyon 3, 2014.

Bertrand Mathieu et Michel Verpeaux, *Contentieux constitutionnel des droits fondamentaux*, LGDJ, 2002.

Bertrand Mathieu et Dominique Rousseau, *Les Grandes décisions de la QPC*, LGDJ, 2013.

Étienne Picard, « L'émergence des droits fondamentaux en France », *AJDA* 1998, juillet-août, p. 6-42.

Emmanuel Piwnica, « Le rôle des avocats dans le traitement de la question préjudicielle de constitutionnalité », *Les Petites Affiches*, n° 126, 25 juin 2009, p. 32.

Pascal Puig, « La QPC, prioritaire mais pas première », *RTD civ.*, 2010, p. 66.

Henry Roussillon et Pierre Esplugas, *Le Conseil constitutionnel*, Dalloz, 8e éd., 2015.

Dominique Rousseau, Pierre-Yves Gadhoun, Julien Bonnet, *Droit du contentieux constitutionnel*, Montchrestien, 11e éd., 2016.

Jean-Jacques Urvoas, Assemblée nationale, *Rapport d'information... sur la QPC*, Rapport n° 842, 27 mars 2013, http://www.assemblee-nationale.fr/14/rap-info/i0842.

Pouvoirs (revue), n° 105, Le Seuil, 2004.

» Exercices de préparation au grand oral

› Sujet n° 1

Exposer, en quelques points, les apports de la QPC à la protection des droits et libertés fondamentaux.

› Éléments de corrigé

Depuis 2010, le mécanisme de la question prioritaire de constitutionnalité (QPC), issu de la révision constitutionnelle du 23 juillet 2008, renforce, de manière inédite, la protection constitutionnelle des droits fondamentaux. La QPC est une procédure qui confère à tout justiciable le droit subjectif à obtenir l'abrogation d'une disposition législative qui porte atteinte aux droits et libertés garantis par la Constitution. L'article 61-1 de la Constitution du 4 octobre 1958, mis en application à compter du 1er mars 2010, dispose : « Lorsque, à l'occasion d'une instance en cours devant une juridiction, il est soutenu qu'une disposition législative porte atteinte aux droits et libertés que la Constitution garantit, le Conseil constitutionnel peut être saisi de cette question sur renvoi du Conseil d'État ou de la Cour de cassation qui se prononce dans un délai déterminé. » Ce nouvel article constitutionnel est complété par la loi organique (LO) n° 1523 du 10 décembre 2009. L'esprit du mécanisme consiste à donner au Conseil constitutionnel, après filtrage des questions par les juridictions de l'ordre administratif et judiciaire, compétence pour évaluer le respect des droits fondamentaux par une disposition législative. En cas de violation avérée, le juge constitutionnel détient le pouvoir d'abrogation législative.

La protection constitutionnelle des droits et libertés garantis par la Constitution est désormais dotée d'un instrument efficace et ouvert à tout justiciable. Le succès de la QPC en témoigne. Entre le 1er mars 2010 et le 1er mars 2015, 465 QPC ont été transmises au Conseil constitutionnel sur décisions de renvoi qui proviennent du Conseil d'État et de la Cour de cassation.

Le mouvement général de « constitutionnalisation » des branches du droit parachève l'État de droit en France en consacrant le contrôle *a posteriori* de la loi (1), en accordant aux justiciables l'accès à la justice constitutionnelle (2), en conditionnant la procédure à des exigences juridictionnelles (3) et en donnant au juge constitutionnel le droit d'abrogation (4).

1. La QPC consacre le contrôle a posteriori de la loi.

La tradition française repose sur l'injusticiabilité de la loi, même si certains grands auteurs sous la IIIe République (Maurice Hauriou notamment) défendent la compatibilité entre les principes républicains et le contrôle juridictionnel des lois. Le mécanisme défendu par ces grands publicistes se rapproche de l'exception d'inconstitutionnalité telle qu'elle est pratiquée aux États-Unis (contrôle diffus exercé par les juridictions ordinaires). Avec la QPC, le contrôle de constitutionnalité *a posteriori* est original, car il est confié au Conseil constitutionnel, avec une collaboration des juridictions de l'ordre judiciaire et administratif qui jouent le rôle de filtre.

La QPC concerne toutes les normes législatives. La seule condition est que la loi n'ait pas été déclarée conforme à la Constitution par le Conseil constitutionnel dans le cadre du contrôle *a priori* de l'article 61 (au nom du principe de l'autorité de la chose jugée). Le changement des circonstances rend toutefois possible le contrôle de dispositions législatives déclarées conformes à la Constitution dans le cadre du contrôle préventif. La décision n° 2012-233 QPC du 21 février 2012 (*Mme Le Pen*) illustre cette possibilité à propos de la question du contrôle des parrainages pour l'élection présidentielle.

La date de promulgation de la disposition législative contestée est indifférente. Dans la décision nº 2011-201 QPC, le Conseil constitutionnel examine l'édit du 16 décembre 1607 (plan d'alignement de la voirie routière). Dans l'affaire du *Gaz de schiste* (décision nº 2013-346 QPC du 11 octobre 2013), le juge examine la loi du 13 juillet 2011.

Échappent toutefois au contrôle a posteriori certaines lois : les lois constitutionnelles et les lois référendaires (également exclues du contrôle *a priori*) ; lois organiques (qui sont obligatoirement contrôlées *a priori*) ; les dispositions réglementaires, même si la loi renvoie à ces dispositions (voir décision nº 2010-66 QPC 26 novembre 2010) ; les lois de transposition d'une directive européenne sauf s'il y a mise en cause par la directive d'un principe inhérent à l'identité constitutionnelle de la France (décision nº 2010-79 QPC, 17 décembre 2010) ; les lois de programmation « qui se bornent à fixer des objectifs à l'action de l'État et sont dépourvues de portée normative » (CE, 18 juillet 2011, nº 340512) ; les lois autorisant la ratification d'un traité international (CE, 14 mai 2010, *Rujovic*).

2. La QPC est accordée aux justiciables.

Contrairement à une idée reçue, la procédure de la QPC n'accorde pas le droit de saisir le Conseil constitutionnel aux citoyens. L'article 61.1 de la Constitution française n'est en aucun cas assimilable à une forme de recours direct devant le Conseil constitutionnel (comme en Allemagne par exemple). D'ailleurs, le nouvel article constitutionnel ne mentionne pas le titulaire du droit de soulever la question (« Lorsque, à l'occasion d'une instance en cours devant une juridiction, *il* est soutenu qu'une disposition législative porte atteinte aux droits et libertés que la Constitution garantit... » [*souligné par nous*]). Le législateur organique est donc venu préciser son identité : seuls les justiciables détiennent le droit de soulever la question de constitutionnalité.

Par « justiciable », il faut entendre les personnes (physiques ou morales) parties à un procès dirigé par une juridiction relevant de l'ordre judiciaire ou de l'ordre administratif. La seule restriction mentionnée par la loi organique du 10 décembre 2009 concerne les parties à un procès devant la cour d'assises. Dans ce cas précis, les justiciables conservent la possibilité de soulever la question prioritaire en cas d'appel uniquement. Le Conseil constitutionnel, dans sa décision nº 2009-595 D.C. du 3 décembre 2009, *Loi organique relative à l'application de l'article 61.1*, considère que l'interdiction de poser une question prioritaire devant la cour d'assises se justifie par l'« intérêt de la bonne administration de la justice » et par les « spécificités » du procès pénal.

En tout état de cause, la question prioritaire de constitutionnalité ne peut être soulevée d'office par le juge. La rédaction de l'article 61.1 de la Constitution précise en effet que la question de constitutionnalité ne peut être soulevée qu'à partir du moment où « il est *soutenu* qu'une disposition législative porte atteinte aux droits et libertés que la Constitution garantit » (souligné par nous). Dans l'intention du constituant, le déclenchement de la procédure repose sur la volonté expresse de l'une des parties au procès.

Il importe par ailleurs de rappeler que c'est à la demande du justiciable que le juge judiciaire ou le juge administratif est invité à apprécier une question de constitutionnalité. Le moyen de la QPC n'est pas un moyen d'ordre public. Ainsi que le rappelle la chambre criminelle de la Cour de cassation par son arrêt n° 10-84995 rendu le 21 juillet 2010 : « Aux termes de l'article 23-5, alinéa 1er, de l'ordonnance du 7 novembre 1958 modifiée par la loi organique du 10 décembre 2009 relative à l'application de l'article 61-1 de la Constitution, le moyen tiré de ce qu'une disposition législative porte atteinte aux droits et libertés garantis par la Constitution ne peut être relevé d'office par la Cour de cassation [...]. » Si le requérant le décide, il peut attaquer la disposition législative qui s'applique au litige dont il est partie sur le terrain de la seule « inconventionnalité ». La précision est importante, car elle confirme que le citoyen-justiciable s'approprie le rapport de constitutionnalité et décide, avec son avocat, quelles normes de référence protègent au mieux ses intérêts.

3. La requête en QPC obéit à des conditions juridictionnelles.

Le moyen soulevé en QPC doit nécessairement être « présenté dans un écrit distinct et motivé » (art. 23-1, L.O. du 10 décembre 2010). Cette précision vise à attirer l'attention des avocats sur la distinction entre l'instance à l'occasion de laquelle le moyen est soulevé et la question prioritaire de constitutionnalité proprement dite. Le Conseil constitutionnel n'est pas compétent pour trancher le litige en cours devant les juridictions ordinaires. Il se prononce exclusivement, sur la base des mémoires et conclusions des parties, sur la conformité d'une disposition législative aux droits et libertés garantis par la Constitution.

De plus, c'est le requérant qui formule la QPC. Pour sa part, le juge du fond n'a pas le droit de reformuler la question de constitutionnalité soutenue devant son office. À bien des égards, le juge est lié par la requête et par la loi organique du 10 décembre 2009 qui impose sa priorité d'examen. Le juge du fond est désormais tenu de se prononcer sur le point de savoir si la question de constitutionnalité soulevée devant lui par un justiciable n'est pas « dépourvue de caractère sérieux ». La Cour de cassation apprécie, en tant que juridiction supérieure de l'ordre judiciaire, le caractère « nouveau » ou « sérieux » de la question de constitutionnalité.

Enfin, la QPC n'est recevable que si le justiciable invoque la violation de « droits et libertés que garantit la Constitution ». Au fil de sa jurisprudence, le Conseil constitutionnel démontre que ce sont l'ensemble des droits fondamentaux énoncés par les éléments du bloc de constitutionnalité qui peuvent être invoqués dans la procédure QPC. Le Conseil apporte cependant des indications sur ce qu'il convient d'entendre par cette expression. Dès la décision n° 2010-4/17 QPC du 23 juillet 2010, la Haute Instance exclut la possibilité de contester la procédure d'adoption de la loi (les vices d'inconstitutionnalité externe). Mais le Conseil admet, par la décision n° 2010-5 QPC (*Kimberly-Clark*, 18 juin 2010), que « la méconnaissance par le législateur de sa propre compétence ne peut être invoquée à l'appui d'une QPC que dans le cas où est affecté un droit ou une liberté que la Constitution garantit ». En l'espèce, la Haute Juridiction considère que la règle du consentement à l'impôt (art. 14 de la Déclaration de 1789) ne constitue pas un droit ou une liberté au sens de l'article 61-1 et qu'en conséquence le grief tiré de l'incompétence négative doit être rejeté. La décision n° 2010-28 QPC (17 septembre 2010, *Association sportive Football Club de Metz*) précise néanmoins que l'incompétence négative du législateur ne saurait être invoquée à l'encontre d'une disposition législative antérieure à la Constitution de 1958.

La décision n° 2011-116 QPC (8 avril 2011, *M. Michel Z.*) intègre dans le champ de la QPC les « devoirs » énoncés par le Préambule de la Constitution de 1946 et par la Charte de l'environnement de 2004. Toutefois, la décision n° 2015-459 QPC du 26 mars 2015 exclut le 9e alinéa (obligation de nationalisation) des droits et libertés en QPC. Il en va de même des sept alinéas précédents les 10 articles de la Charte de l'environnement (décision nº 2014-394 QPC 7 mai 2014) et de l'article 6 (décision nº 2012-283 QPC 23 novembre 2012).

Parmi les dispositions constitutionnelles exclues du contentieux QPC, figurent l'article 1er, alinéa 4, de la Constitution de 1958 qui concerne la parité homme/femme (décision nº 2015-465 QPC du 24 avril 2015), l'article 13 (pouvoir de nomination du président de la République) de la Constitution de 1958 (décision nº 2012-281 QPC 12 octobre 2012), l'article 72-1 (libre administration des collectivités territoriales) de la Constitution (QPC nº 2010-12 du 2 juillet 2010, *Commune de Dunkerque*). En ce qui concerne ce dernier, la modification des limites territoriales des collectivités locales ne saurait créer un droit ou une liberté dont peuvent se prévaloir les justiciables (et ce, même si cette modification s'accompagne d'une consultation du corps électoral). Il en va de même de l'article 72-2 de la Constitution (QPC 2010-29/37 du 22 septembre 2010) qui ne fait qu'énoncer un objectif : « cette disposition a pour but de concilier le principe de liberté avec celui d'égalité par l'instauration de mécanismes de péréquation financière, sa méconnaissance ne peut, en elle-même, être invoquée à l'appui d'une question prioritaire de constitutionnalité sur le fondement de l'article 61-1 de la Constitution. »

Enfin, le Conseil constitutionnel a décidé que certains objectifs de valeur constitutionnelle (OVC) ne sont pas des « droits et libertés » au sens de l'article 61-1 de la Constitution. On peut citer à cet égard : l'intelligibilité et d'accessibilité de la loi qui découle des articles 4, 5, 6 et 16 de la Déclaration de 1789 (décision nº 2010-4/17 QPC du 22 juillet 2010) ; la bonne administration de la justice, qui découle des articles 12, 15 et 16 de la Déclaration de 1789 (décision nº 2010-77 QPC du 10 décembre 2010), la sauvegarde de l'ordre public (décision nº 2014-422 QPC du 17 octobre 2014) ; le bon usage des deniers publics (décision nº 2014-434 QPC du 5 décembre 2014).

4. La QPC consacre le pouvoir abrogatif du juge.

L'article 62, alinéa 2, de la Constitution de 1958 dispose désormais que : « Une disposition déclarée inconstitutionnelle sur le fondement de l'article 61-1 est abrogée à compter de la publication de la décision du Conseil constitutionnel ou d'une date ultérieure fixée par cette décision. Le Conseil constitutionnel détermine les conditions et limites dans lesquelles les effets que la disposition a produits sont susceptibles d'être remis en cause. » C'est donc une triple compétence qui est ainsi reconnue au Conseil constitutionnel : le droit d'abroger une disposition législative qui méconnaît les droits et libertés garantis par la Constitution ; le choix du moment de cette abrogation ; l'aménagement de la portée de la décision sur les effets que la disposition abrogée a produits.

Depuis la décision nº 1-2010 QPC dite « décristallisation des pensions » rendue le 28 mai 2010, le Conseil constitutionnel a abrogé un certain nombre de dispositions législatives comme par exemple l'article 90 du Code disciplinaire et pénal de la marine marchande, relatif à la composition des tribunaux maritimes commerciaux (CC nº 2010-10 QPC du 2 juillet 2010, *Consort C. et autres*) ou les articles 62, 63, 63-1 et 77 du Code de procédure pénale ainsi que pour partie l'article 63-4 du même code, relatifs au régime de la garde à vue (CC nº 2010-14/22 QPC du 30 juillet 2010, *M. Daniel W. et autres*).

L'abrogation peut être immédiate. La loi cesse de produire immédiatement ses effets. Tel est le cas du délit de harcèlement sexuel : « l'abrogation de l'article 222-33 du code pénal prend effet à compter de la présente décision » (Décision nº 2012-240, 4 mai 2012).

Lorsque la décision conduit à une abrogation différée, le Conseil constitutionnel indique, dans le dernier considérant des motifs, la date de report de l'abrogation, les motifs l'ayant conduit à cette solution et, éventuellement, la portée des dispositions abrogées jusqu'à cette date. Soucieuse d'être perçue avant tout comme un protecteur des droits fondamentaux des requérants, la Haute Instance rappelle le principe selon lequel « une déclaration d'inconstitutionnalité doit bénéficier à la partie qui a présenté la QPC » (décision n° 2010-14/22 QPC du 30 juillet 2010, considérant n° 30). Ce principe connaît certaines exceptions, désormais bien balisées. L'abrogation immédiate des dispositions contestées ne doit pas méconnaître des « objectifs[216] » ou « exigences[217] » constitutionnels ni entraîner des « conséquences manifestement excessives[218] ». En outre, le report de l'abrogation peut être motivé par le respect du principe de sécurité juridique. À titre d'exemple, le Conseil constitutionnel considère que l'abrogation immédiate de l'article L. 45 du Code des postes et télécommunications « aurait pour la sécurité juridique, des conséquences manifestement excessives ». En conséquence, « il y a lieu de reporter au 1er juillet 2011 la date de son abrogation pour permettre au législateur de remédier à l'incompétence négative constatée » (décision n° 2010-45 QPC, 6 octobre 2010, *M. Mathieu P.*).

Ces indications « techniques » liées au report de l'abrogation sont toujours précédées d'un rappel : le Conseil constitutionnel ne dispose pas d'un pouvoir général d'appréciation de même nature que celui du Parlement. Cette réserve est mentionnée discrètement dans la première décision QPC : « [...] afin de permettre au législateur de remédier à l'inconstitutionnalité constatée, l'abrogation des dispositions précitées prendra effet à compter du 1er janvier 2011 ». La décision d'abrogation des dispositions relative à la garde à vue est plus explicite. Le dernier considérant énonce *in extenso* le principe et il rappelle qu'il n'appartient pas au juge « d'indiquer les modifications des règles de procédure pénale qui doivent être choisies pour qu'il soit remédié à l'inconstitutionnalité constatée ».

Parfois sollicité pour trancher des questions de société dans le cadre de QPC transmises par la Cour de cassation, le Conseil constitutionnel fait preuve de réserves dans l'exercice de son pouvoir abrogatif lorsque les dispositions législatives concernées portent sur une question de société.

En somme, sept années de QPC confirment le renforcement de la justice constitutionnelle en France. Cette montée en puissance des juges soulève enthousiasmes et inquiétudes. Enthousiasmes, car la QPC offre aux particuliers l'intérêt pour agir dans la défense de leurs droits et libertés garantis par la Constitution. « La France comble ainsi une lacune manifeste de son système de protection des droits fondamentaux[219]. » Mais la question reste ouverte de savoir si « cet État de droit ne se transmute pas en un État de justice[220] ». La mise en œuvre de la QPC accorde en effet au Conseil constitutionnel une puissance législative jusqu'alors jamais dévolue à une juridiction depuis 1789 : le droit d'abrogation. Chargé d'interpréter la Constitution et d'en imposer le respect au législateur, le Conseil constitutionnel rappelle qu'il ne détient pas un « pouvoir général d'appréciation de même nature que celui du Parlement ». Toute la légitimité du juge repose dans cet axiome ambigu. Cette formule signifie que le législateur ne bénéficie plus du droit de décider seul du contenu de la loi ; le juge participe, à sa manière, à l'expression de la

216. Par ex. décision n° 2010-32 QPC du 22 septembre 2010 : « [...] l'abrogation immédiate des dispositions contestées méconnaîtraient les objectifs de prévention des atteintes à l'ordre public et de recherche des auteurs d'infractions... » (considérant n° 9).

217. Par ex. décision n° 2010-71 QPC du 26 novembre 2010 : « [...] l'abrogation de l'article L. 337 du code de la santé publique [...] méconnaîtrait les exigences de la protection de la santé » (considérant n° 41).

218. Décision n° 2010-14/22 du 30 juillet 2010, *Daniel W. et autres.*

219. P. Jan, « La question prioritaire de constitutionnalité », *Les Petites Affiches*, Lextenso éditions, 18 décembre 2009, n° 252, p. 8.

220. B. Mathieu, *Justice et politique : la déchirure ?*, LGDJ, 2015, p. 8.

volonté générale[221]. Néanmoins, le pouvoir d'interprétation constitutionnelle du juge constitutionnel est-il d'une autre nature que celui des institutions ?

› Sujet n° 2

Commentaire de la décision Cons. const. n° 2012-240 QPC (abrogation délit harcèlement sexuel)

Le Conseil constitutionnel a été saisi le 29 février 2012 par la Cour de cassation (chambre criminelle, arrêt n° 1365 du 29 février 2012), dans les conditions prévues à l'article 61-1 de la Constitution, d'une question prioritaire de constitutionnalité posée par M. Gérard D., relative à la conformité aux droits et libertés que la Constitution garantit de l'article 222-33 du code pénal.

LE CONSEIL CONSTITUTIONNEL,

Vu la Constitution ;

Vu l'ordonnance n° 58 1067 du 7 novembre 1958 modifiée portant loi organique sur le Conseil constitutionnel ;

Vu le code pénal ;

Vu la loi n° 92-684 du 22 juillet 1992 portant réforme des dispositions du code pénal relatives à la répression des crimes et délits contre les personnes ;

Vu la loi n° 98-468 du 17 juin 1998 relative à la prévention et à la répression des infractions sexuelles ainsi qu'à la protection des mineurs ;

Vu la loi n° 2002-73 du 17 janvier 2002 de modernisation sociale ;

Vu le règlement du 4 février 2010 sur la procédure suivie devant le Conseil constitutionnel pour les questions prioritaires de constitutionnalité ;

Vu les observations en intervention produites pour l'Association européenne contre les violences faites aux femmes au travail par Me Nadjette Guenatef, avocate au barreau de Créteil, enregistrées le 19 mars et le 12 avril 2012 ;

Vu les observations produites pour le requérant par la SCP Waquet-Farge-Hazan, Avocat au Conseil d'État et à la Cour de cassation, enregistrées le 23 mars et le 6 avril 2012 ;

Vu les observations produites par le Premier ministre, enregistrées le 23 mars 2012 ;

Vu les pièces produites et jointes au dossier ;

Me Claire Waquet, Me André Soulier, Me Nadjette Guenatef et M. Xavier Potier, ayant été entendus à l'audience publique du 17 avril 2012 ;

Le rapporteur ayant été entendu ;

1. Considérant qu'aux termes de l'article 222-33 du code pénal « Le fait de harceler autrui dans le but d'obtenir des faveurs de nature sexuelle est puni d'un an d'emprisonnement et de 15 000 euros d'amende » ;

2. Considérant que, selon le requérant, en punissant « le fait de harceler autrui dans le but d'obtenir des faveurs de nature sexuelle » sans définir précisément les éléments constitutifs de ce délit, la disposition contestée méconnaît le principe de légalité des délits et des peines ainsi que les principes de clarté et de précision de la loi, de prévisibilité juridique et de sécurité juridique ;

3. Considérant que le législateur tient de l'article 34 de la Constitution, ainsi que du principe de légalité des délits et des peines qui résulte de l'article 8 de la Déclaration des

221. On se permet de renvoyer à notre thèse publiée, *Contrôle de constitutionnalité et volonté générale*, PUF, 2001.

droits de l'homme et du citoyen de 1789, l'obligation de fixer lui-même le champ d'application de la loi pénale et de définir les crimes et délits en termes suffisamment clairs et précis ;

4. Considérant que, dans sa rédaction résultant de la loi du 22 juillet 1992 susvisée, le harcèlement sexuel, prévu et réprimé par l'article 222-33 du nouveau code pénal, était défini comme « Le fait de harceler autrui en usant d'ordres, de menaces ou de contraintes, dans le but d'obtenir des faveurs de nature sexuelle, par une personne abusant de l'autorité que lui confèrent ses fonctions » ; que l'article 11 de la loi du 17 juin 1998 susvisée a donné une nouvelle définition de ce délit en substituant aux mots « en usant d'ordres, de menaces ou de contraintes », les mots : « en donnant des ordres, proférant des menaces, imposant des contraintes ou exerçant des pressions graves » ; que l'article 179 de la loi du 17 janvier 2002 susvisée a de nouveau modifié la définition du délit de harcèlement sexuel en conférant à l'article 222-33 du code pénal la rédaction contestée ;

5. Considérant qu'il résulte de ce qui précède que l'article 222-33 du code pénal permet que le délit de harcèlement sexuel soit punissable sans que les éléments constitutifs de l'infraction soient suffisamment définis ; qu'ainsi, ces dispositions méconnaissent le principe de légalité des délits et des peines et doivent être déclarées contraires à la Constitution ;

6. Considérant qu'aux termes du deuxième alinéa de l'article 62 de la Constitution : « Une disposition déclarée inconstitutionnelle sur le fondement de l'article 61-1 est abrogée à compter de la publication de la décision du Conseil constitutionnel ou d'une date ultérieure fixée par cette décision. Le Conseil constitutionnel détermine les conditions et limites dans lesquelles les effets que la disposition a produits sont susceptibles d'être remis en cause » ; que, si, en principe, la déclaration d'inconstitutionnalité doit bénéficier à l'auteur de la question prioritaire de constitutionnalité et la disposition déclarée contraire à la Constitution ne peut être appliquée dans les instances en cours à la date de la publication de la décision du Conseil constitutionnel, les dispositions de l'article 62 de la Constitution réservent à ce dernier le pouvoir tant de fixer la date de l'abrogation et reporter dans le temps ses effets que de prévoir la remise en cause des effets que la disposition a produits avant l'intervention de cette déclaration ;

7. Considérant que l'abrogation de l'article 222-33 du code pénal prend effet à compter de la publication de la présente décision ; qu'elle est applicable à toutes les affaires non jugées définitivement à cette date,

DÉCIDE :

Article 1er. – L'article 222-33 du code pénal est contraire à la Constitution.

Article 2. – La déclaration d'inconstitutionnalité de l'article 1er prend effet à compter de la publication de la présente décision dans les conditions fixées au considérant 7.

Article 3. – La présente décision sera publiée au Journal officiel de la République française et notifiée dans les conditions prévues à l'article 23-11 de l'ordonnance du 7 novembre 1958 susvisée.

› Éléments de corrigé

En opérant une abrogation immédiate de l'article 232-33 du Code pénal (à propos du délit de harcèlement sexuel), la décision n° 2012-240 QPC rendue le 4 mai 2012 par le Conseil constitutionnel confirme que le législateur est tenu de définir précisément les infractions prévues par le Code pénal. Cette décision est également l'occasion de rappeler que le mécanisme de la QPC offre aux justiciables, les victimes mais aussi les auteurs présumés d'un délit, la possibilité de contester l'application des dispositions législatives qui portent atteinte à des droits et libertés garantis par la Constitution.

À l'occasion d'un pourvoi en cassation suite à sa condamnation en appel pour délit de harcèlement sexuel sur une collaboratrice, M. Gérard D., élu local, soulève une QPC devant la Cour de cassation. Il conteste le caractère flou de la définition du délit de harcèlement sexuel et considère que cette imprécision de la disposition législative est contraire au principe de la légalité des délits et des peines qui résulte de l'article 8 de la Déclaration des droits de l'homme et du citoyen. Il considère, par ailleurs, que cette disposition du Code pénal ne respecte pas les principes de clarté et de précision de la loi, ainsi que les principes de prévisibilité et de sécurité juridique.

Ces différents griefs ont été jugés suffisamment pertinents par la Cour de cassation. Par sa décision de renvoi du 29 février 2012, la plus haute juridiction de l'ordre judiciaire transmet la QPC au Conseil constitutionnel. La question soulevée par M. Gérard D. remplit effectivement les trois conditions prévues par la loi organique du 10 décembre 2009 : l'article 232-33 du Code pénal n'a pas été expressément déclaré conforme à la Constitution par une décision antérieure du Conseil constitutionnel ; cette disposition a bien un lien avec le litige (elle constitue le fondement des poursuites contre le requérant) ; il existe bien, selon la Cour de cassation, un doute sérieux sur la conformité de cette disposition à la Constitution.

Par sa décision rendue le 4 mai 2012, le Conseil constitutionnel déclare contraire à des droits et libertés l'article 222-33 du Code pénal (I) et il décide d'abroger immédiatement la disposition législative censurée (II).

I. – La déclaration d'inconstitutionnalité de l'article 222-33 du Code pénal

A.- Une déclaration prévisible au vu de la jurisprudence antérieure

En énonçant que « l'article 222-33 du Code pénal permet que le délit de harcèlement sexuel soit punissable sans que les éléments constitutifs de l'infraction soient suffisamment définis ; qu'ainsi, ces dispositions méconnaissent le principe de légalité des délits et des peines et doivent être déclarées contraires à la Constitution », le Conseil constitutionnel applique sa jurisprudence antérieure relative aux exigences constitutionnelles qui pèsent sur le législateur pénal. Ainsi, c'est en matière pénale que le Conseil déduit du « bloc de constitutionnalité » un principe d'intelligibilité et d'accessibilité de la loi. Le législateur fixant les incriminations et les peines, l'obligation constitutionnelle d'énoncer ces dispositions en termes clairs se déduit de l'article 8 de la Déclaration de 1789. La décision fondatrice en la matière est celle rendue les 19 et 20 janvier 1981 (CC n° 80-127 D.C.) qui proclame « la nécessité pour le législateur de définir les infractions en termes suffisamment clairs et précis pour exclure l'arbitraire ».

L'exigence de clarté de la loi pénale a vocation non seulement à exclure l'arbitraire dans le prononcé des peines, mais à éviter une rigueur non nécessaire lors de la recherche des auteurs d'infractions. Le législateur tient de l'article 34 C. l'obligation de fixer lui-même le champ d'application de la loi pénale. « S'agissant de la procédure pénale, cette exigence s'impose notamment pour éviter une rigueur non nécessaire lors de la recherche des auteurs d'infractions » (CC 2011-191/194/195/196/197 QPC du 18 novembre 2011 *Garde à vue II*). Le Conseil n'hésite donc pas, de manière constante, à déclarer contraires à la Constitution les dispositions qui ne satisfont pas à l'objectif de clarté et au principe de précision. Ainsi, dans la décision n° 2012-222 QPC du 17 février 2012, il censure la disposition législative relative à la définition du délit d'atteintes sexuelles incestueuses. Le législateur « ne pouvait, sans méconnaître le principe de légalité des délits et des peines, s'abstenir de désigner précisément les personnes qui doivent être regardées, au sens de cette qualification, comme membres de la famille ».

B.- Une déclaration évoquant le principe de la clarté et de la précision de la loi

Pour le requérant, la disposition contestée ne respecte pas les principes de clarté et de précision de la loi. Référence est ici faite, par la saisine, à la jurisprudence du Conseil constitutionnel relative à la qualité de la loi. L'article 222-33 du Code pénal définit comme suit le délit reproché à M. Gérard D. : « le fait de harceler autrui, dans le but d'obtenir des faveurs de nature sexuelle, par une personne abusant de l'autorité que lui confèrent ses fonctions ». Cette rédaction fut modifiée par la loi du 17 janvier 2002 (*Loi de modernisation sociale*), loi qui supprime certaines dispositions de l'article 222-33 afin d'élargir le périmètre du délit de harcèlement sexuel et afin de lutter plus efficacement contre ce fléau.

C'est à l'occasion, du reste, du contrôle de la loi de modernisation sociale le Conseil constitutionnel consacra le « principe de clarté » par la décision n° 455 DC du 12 janvier 2002 (*Loi de modernisation sociale*) : « Considérant qu'il appartient au législateur d'exercer pleinement la compétence que lui confie l'article 34 de la Constitution ; qu'il doit, dans l'exercice de cette compétence, respecter les principes et règles de valeur constitutionnelle [...] ; qu'à cet égard le principe de clarté de la loi [...] et l'objectif de valeur constitutionnelle d'intelligibilité de la loi [...] lui imposent [...] d'adopter des dispositions suffisamment précises et des formules non équivoques. » Cette décision pose d'ailleurs une distinction entre le « principe de clarté », qui découle de l'article 34 de la Constitution, et l'objectif d'accessibilité et d'intelligibilité, découvert par la décision du 16 décembre 1999 (*Loi portant habilitation au gouvernement à procéder par ordonnances*) et que le Conseil constitutionnel déduit des articles 4, 5, 6 et 16 de la Déclaration des droits de l'homme et du citoyen de 1789.

II. L'abrogation de l'article 222-33 du Code pénal

A.- Une abrogation immédiate

En estimant que « l'abrogation de l'article 222-33 du Code pénal prend effet à compter de la publication de la présente décision ; qu'elle est applicable à toutes les affaires non jugées définitivement à cette date », le Conseil constitutionnel abroge, pour la première fois, une loi pénale immédiatement. Jusqu'à cette décision, le Conseil différait dans le temps les effets de ses décisions abrogatives.

Par exemple, la décision *Garde à vue* (décision n° 14-22 QPC du 30 juillet 2010) laisse un délai de douze mois au législateur afin de réformer la loi. Durant la période de réécriture du texte législatif, les dispositions abrogées continuent de s'appliquer pour des raisons liées au bon fonctionnement de la justice, au respect du principe de la sécurité juridique et, plus généralement, à la défense des droits fondamentaux des justiciables. Or, en l'espèce, la disparition immédiate du délit de harcèlement sexuel annule les procédures en cours et provoque, pour les victimes, un profond sentiment d'injustice.

La décision du 4 mai 2012 met ainsi en relief l'une des caractéristiques du mécanisme de la QPC : le Conseil constitutionnel détient, par l'article 61-1 de la Constitution, le pouvoir de moduler dans le temps les effets de ses décisions abrogatives. En choisissant d'abroger immédiatement une loi, le juge constitutionnel décide à la place du législateur. Il ne laisse aucune marge de manœuvre au gouvernement et au Parlement pour prendre les dispositions nécessaires en vue de voter une loi qui respecte la Constitution. Le rôle du juge constitutionnel ne devrait-il s'arrêter au seul constat de l'inconstitutionnalité, le législateur étant en charge de tirer les conséquences de la décision du juge ?

B. Une abrogation aux conséquences multiples

La déclaration immédiate d'inconstitutionnalité est une invitation faite au législateur de réécrire la loi pénale. C'est, du reste, ce que l'exposé des motifs de la loi n° 2012-954 du 6 août 2012 rappelle : « Il est dès lors de la responsabilité du Gouvernement, à la suite de la décision du Conseil constitutionnel n° 2012-240 QPC du 4 mai 2012, ayant déclaré cet article, dans sa rédaction issue de la loi de modernisation sociale du 17 janvier 2002, contraire à la Constitution en raison de son imprécision, de proposer au Parlement de rétablir sans délai cette incrimination et dans une rédaction appropriée. ». Prenant acte des exigences de la jurisprudence constitutionnelle, mais aussi européenne, le législateur procède à une nouvelle définition du délit de harcèlement sexuel : « I. – Le harcèlement sexuel est le fait d'imposer à une personne, de façon répétée, des propos ou comportements à connotation sexuelle qui soit portent atteinte à sa dignité en raison de leur caractère dégradant ou humiliant, soit créent à son encontre une situation intimidante, hostile ou offensante.

II. – Est assimilé au harcèlement sexuel le fait, même non répété, d'user de toute forme de pression grave dans le but réel ou apparent d'obtenir un acte de nature sexuelle, que celui-ci soit recherché au profit de l'auteur des faits ou au profit d'un tiers. »

PARTIE 2

Les libertés et droits protégés

Nous avons retenu les droits et libertés suivants :

CHAPITRE III

Les libertés relatives au travail

Françoise Bousez

Maître de conférences honoraire à l'Université Panthéon-Assas (Paris II)

Arnaud Martinon

Professeur à l'École de Droit de la Sorbonne (Université Paris 1 Panthéon-Sorbonne)

3.1 ▸ L'évolution de la législation et de la jurisprudence sociales est profondément marquée par un renouvellement des libertés fondamentales. La doctrine[1], inspirée parfois par une jurisprudence médiatisée[2], s'est saisie de cette notion ; les questions relatives aux fondements et aux sanctions des droits et libertés fondamentaux abondent.

Les textes légaux rendent difficile l'identification de la notion. Si le législateur, en 1992[3], a clairement participé à la proclamation des droits du salarié, il n'en a pas fourni le contenu. De sorte que la loi a abandonné au juge et à la doctrine l'effort de cerner la notion.

Un signe de reconnaissance des libertés fondamentales peut être tiré de leurs fondements. Les textes de nature internationale ou de valeur constitutionnelle participent à l'identification des droits et libertés fondamentaux ; ce constat ne doit pas étonner si l'on veut bien admettre que les textes supra-législatifs portent les valeurs essentielles de notre société : l'égalité et son corollaire, la non-discrimination, la parole – liberté d'expression –, la pensée – convictions religieuses ou politiques –, ou la vie privée constituent autant de droits ou libertés dont l'expression dans l'entreprise doit être particulièrement protégée.

1. V. not. : J.-M. Verdier, « Libertés et travail – Problématiques des droits de l'homme et rôle du juge », *D.* 1988, chron. XI, p. 63 s. ; « En guise de manifeste : le droit du travail, terre d'élection pour les droits de l'homme », *in Écrits en l'honneur de Jean Savatier*, PUF, 1992, p. 427 s. ; « Relations de travail et droits fondamentaux – Une jurisprudence en éveil », *in Mélanges offerts à Pierre Drai*, Dalloz, 2000, p. 653 s. ; « Sur la protection spécifique des droits fondamentaux en droit du travail », *Dr. soc.* 2001, p. 1035 s. ; Ph. Waquet, « Les libertés dans l'entreprise », *RJS* 2000, p. 335 s. ; A. Lyon-Caen et I. Vacarie, « Droits fondamentaux et droit du travail », *in Mélanges en l'honneur de Jean-Maurice Verdier*, Dalloz, 2001, p. 421 s. ; I. Meyrat, « Droits fondamentaux et droit du travail : réflexions autour d'une problématique ambivalente », *Dr. ouvr.* 2002, p. 343 s.

2. On songe à l'arrêt *Nikon* (Cass. soc., 2 octobre 2001, *RJS* 2001, n° 1394 ; *Dr. soc. 2001*, p. 915, note J.-E. Ray ; *JCP E* 2001, jurispr. p. 1918, note C. Puigelier ; *Cah. soc. barreau* 2001, A. 40 ; *Jurispr. Soc. Lamy* 2001, n° 88-2 ; *Sem. Soc. Lamy* 2001, n° 1045, p. 6, concl. S. Kehrig) dont les revues juridiques et non juridiques (entretien avec P.-H. Antonmattéi, « La vie privée au travail n'est pas un dû », *Libération*, 12 novembre 2001) se sont faits l'écho. F. Petit, « La constitutionnalisation du droit du travail », *JCP S* 2010, 1352.

3. L. n° 92-1446, 31 décembre 1992, intégrant l'article L. 120-2, C. trav., aux termes duquel « nul ne peut apporter aux droits des personnes et aux libertés individuelles et collectives de restrictions qui ne seraient pas justifiées par la nature de la tâche à accomplir ni proportionnées au but recherché ».

En empruntant les termes du professeur Verdier[4], on peut soutenir que la relation de travail constitue « une terre d'élection » pour les droits et libertés fondamentaux. Il n'en demeure pas moins que les institutions montrent parfois un certain embarras pour qualifier certaines libertés ; précisément, la Cour de cassation n'hésite pas à « inventer » de nouvelles libertés, pour les soumettre ensuite à un régime particulier. Un exemple typique ressort de la liberté de se vêtir : elle n'est pas une liberté fondamentale ; mais elle est une liberté personnelle[5].

Un effort d'identification des droits et libertés fondamentaux relatifs au travail semble toutefois se renouveler aujourd'hui : le rapport établi par le Comité Badinter et présenté au Premier ministre en janvier 2016 tente de dégager les « principes essentiels du droit du travail ». Si l'ensemble des principes dégagés n'accèdent pas tous au rang de droits et libertés fondamentaux, on remarquera que nombre d'entre eux rejoignent ce cercle : y figurent, notamment, la dignité du salarié (art. 2), le secret de la vie privée (art. 3), l'interidiction des discriminations (art. 5). D'autres principes se rattachent aux libertés collectives : la liberté syndicale (art. 44), la participation des salariés (art. 47), le droit à la négociation (art. 52). Reste à voir si les principes dégagés serviront de base à la refondation annoncée du Code du travail[6].

Section I

LA MOBILISATION DES DROITS ET LIBERTÉS FONDAMENTAUX DANS LA RELATION DE TRAVAIL

Dans l'attente d'une réforme, et sans prétendre être exhaustif, il est permis de recenser certains des droits et libertés fondamentaux qui rejaillissent sur la relation de travail, qu'elle soit individuelle ou collective.

§ 1 – IMPACT SUR LES RELATIONS INDIVIDUELLES DE TRAVAIL

3.2 ▸ Il ressort, des fondements nombreux, une importante mobilisation des droits et libertés fondamentaux. Suivant une formule souvent évoquée, le salarié ne perd pas sa qualité de citoyen en entrant dans l'entreprise. Celle-ci n'est pas un lieu clos aux portes desquelles toutes les libertés fondamentales cesseraient : la formule vaut s'agissant de la liberté du travail[7] ; elle vaut pour de nombreux autres droits, dont certains méritent une attention particulière.

4. J.-M. Verdier, « En guise de manifeste : le droit du travail, terre d'élection pour les droits de l'homme », préc.
5. V. *infra*.
6. Avant-projet de loi visant à instituer de nouvelles libertés et de nouvelles protections pour les entreprises et les actifs.
7. V. *infra*.

I — LA LIBERTÉ DU TRAVAIL

A - PRINCIPE

3.3 › « La liberté du travail est, en France, considérée par tous comme un principe bien établi, indiscutable »[8], alors qu'aucun texte, en droit interne, ne la consacre directement : seul l'article L. 2141-4 du Code du travail, concernant l'exercice du droit syndical dans l'entreprise, y fait référence[9], lui attribuant le caractère d'une liberté garantie par la Constitution. La liberté du travail est un droit fondamental : le Conseil constitutionnel lui attribue une valeur constitutionnelle[10] et la chambre sociale de la Cour de cassation l'affirme explicitement[11].

Le Code pénal quant à lui sanctionne les atteintes à la liberté du travail[12].

3.4 › **Décret d'Allarde.** La liberté du travail trouve son origine à l'article 7 du décret d'Allarde[13].

Le décret d'Allarde visait à l'abolition du régime corporatif, lequel subordonnait l'exercice d'une activité professionnelle aux conditions posées par les communautés de métiers, dans tous les domaines où un monopole leur avait été reconnu.

Né après la Révolution française de 1789, en réaction contre le régime des corporations, ce texte dispose : « Il sera libre à toute personne de faire tel négoce ou d'exercer telle profession, art ou métier qu'elle trouvera bon, mais elle sera tenue de se pourvoir auparavant d'une patente, d'en acquitter le prix d'après les taux ci-après déterminés et de se conformer aux règlements de police qui sont ou pourront être faits ».

Ce décret est généralement présenté comme la consécration du principe de la liberté du travail[14] ; plus exactement, il s'agit de la reconnaissance de la liberté du commerce et de l'industrie qui n'existait pas sous l'Ancien Régime, les activités

---

8. J. Pélissier, « La liberté du travail », *Dr. soc.* 1990, p. 19 et s.

9. « L'exercice du droit syndical est reconnu dans toutes les entreprises dans le respect des droits et libertés garantis par la Constitution de la République, en particulier de la liberté individuelle du travail ».

10. Cons. const., 28 mai 1983, *AJDA* 1983, p. 619, décision n° 83-156 : « Considérant qu'en vertu de l'article 34 de la Constitution la loi fixe les règles concernant les garanties fondamentales accordées aux citoyens pour l'exercice des libertés publiques et détermine les principes fondamentaux du droit du travail ; qu'à ce titre, il lui appartient de poser les règles propres à assurer au mieux le droit pour chacun d'obtenir un emploi en vue de permettre l'exercice de ce droit au plus grand nombre possible d'intéressés ; qu'ainsi, sans violer aucun principe ou règle de valeur constitutionnelle, la loi soumise à l'examen du Conseil a pu, dans son article 8, poser des règles interdisant le cumul de pensions de retraite et de certaines activités et prévoir que le cumul d'une pension et d'une activité salariée, dans les cas où il est autorisé, donne lieu à une contribution de solidarité assise sur les salaires ».

11. Cass. soc., 19 novembre 1996, *Dr. soc.* 1996, p. 95, obs. G. Couturier.

12. « Le fait d'entraver, d'une manière concertée et à l'aide de menaces, l'exercice de la liberté d'expression, du travail, d'association, de réunion ou de manifestation ou d'entraver le déroulement des débats d'une assemblée parlementaire ou d'un organe délibérant d'une collectivité territoriale est puni d'un an d'emprisonnement et de 15 000 euros d'amende. Le fait d'entraver, d'une manière concertée et à l'aide de coups, violences, voies de fait, destructions ou dégradations au sens du présent code, l'exercice d'une des libertés visées à l'alinéa précédent est puni de trois ans d'emprisonnement et de 45 000 euros d'amende ».

13. Du nom de son rapporteur à la Constituante, Décr. 2-17 mars 1791. Loi du 2-17 mars 1791 portant suppression de tous les droits d'aides, de toutes les maîtrises et jurandes et établissement des droits de patente (art. 7).

14. Décr. 2-17 mars 1791. Loi du 2-17 mars 1791 portant suppression de tous les droits d'aides, de toutes les maîtrises et jurandes et établissement des droits de patente (art. 7).

économiques étant réglementées par le système des corporations. Ce texte, de nature fiscale car instituant la patente, a une portée générale ; il n'a jamais été abrogé depuis.

3.5 › **XIXe siècle.** Les difficultés n'étant pas toutes résolues, notamment par la création d'associations professionnelles faussant le jeu de la libre concurrence, la loi Le Chapelier prohibera les groupements interdisant à tous entrepreneurs, ouvriers et compagnons de s'organiser pour « prendre des arrêtés ou délibérations, former des règlements sur leurs prétendus intérêts communs »[15]. Pour donner force à cette interdiction, le délit de coalition fut institué par le Code pénal de 1810. Mais, le 25 mai 1864[16], le Code pénal est modifié, sanctionnant certains actes tendant à « porter atteinte au libre exercice de l'industrie ou du travail »[17]. Pour la première fois, la liberté du travail est distinguée de celle du commerce et de l'industrie[18].

Plus tard, dans en une formule plus brève, la Constitution de la IIe République dispose dans son article 13 : « la Constitution garantit aux citoyens la liberté du travail et de l'industrie ».

3.6 › **Constitutions des 27 octobre 1946 et 4 octobre 1958.** Le Préambule de la Constitution de 1946 consacre le principe d'un droit au travail : « chacun a le devoir de travailler et d'obtenir un emploi »[19]. Quant au Préambule de la Constitution de 1958[20], il proclame son attachement aux droits de l'homme et se réfère au Préambule de la Constitution de 1946, lequel réaffirmait « les droits et libertés de l'homme et du citoyen consacrés par la Déclaration des droits de 1789 et les principes fondamentaux reconnus par les lois de la République » (al. 1er). Ces dispositions consolideront le principe de la liberté du travail.

3.7 › **Loi du 27 décembre 1968.** C'est la loi du 27 décembre 1968, relative à l'exercice du droit syndical dans les entreprises, qui attribuera à la liberté du travail le caractère d'une liberté garantie par la Constitution[21].

Dès 1930, la liberté du travail est saisie par le droit international.

3.8 › **Sources internationales.** En effet, certaines Conventions émanant de l'Organisation internationale du travail interdisent le travail forcé[22].

---

15. Loi du 14-17 juin 1791, art. 1er : « L'anéantissement de toutes espèces de corporations de citoyens de même état et profession étant l'une des bases fondamentales de la constitution française, il est défendu de les rétablir de fait sous quelque prétexte et quelque forme que ce soit ». Elle sera abrogée par la loi du 21 mars 1884 sur les syndicats.
16. *DP* 1864, 4,53.
17. C. pén. ancien, art. 414.
18. Constitution du 4 novembre 1848, art. 13.
19. Préambule de la Constitution du 27 octobre 1946, al. 5 ; M. Borgetto, *Le préambule de la Constitution de 1946, alinéa 5*, Dalloz, 2001, coll. « Thèmes et commentaires ».
20. Préambule de la Constitution du 4 octobre 1958.
21. Loi n° 68-1179. C. trav., art. L. 2141-4 : « L'exercice du droit syndical est reconnu dans toutes les entreprises dans le respect des droits et libertés garantis par la Constitution de la République, en particulier de la liberté individuelle du travail ».
22. Conventions n° 29 du 28 juin 1930. Elle prohibe toute espèce de travail ou de service qui est exigé d'une personne sous la menace d'une sanction quelconque ou pour lequel elle ne s'est pas présentée volontairement et Convention n° 105, voir *infra*.

Par ailleurs, la Déclaration universelle des droits de l'homme pose notamment le principe du droit au travail : « Toute personne a droit au travail, au libre choix de son travail, à des conditions équitables et satisfaisantes de travail et à la protection contre le chômage »[23] et le Pacte international relatif aux droits civils et politiques condamne l'esclavage et le travail forcé ou obligatoire[24].

Enfin, le Pacte international relatif aux droits économiques, sociaux et culturels dispose quant à lui : « Les États parties au présent Pacte reconnaissent le droit au travail, qui comprend le droit qu'a toute personne d'obtenir la possibilité de gagner sa vie par un travail librement choisi ou accepté, et prendront des mesures appropriées pour sauvegarder ce droit »[25].

Inspiré par le droit international, le droit communautaire édicte à son tour des normes portant sur le droit au travail.

3.9 › **Sources européennes.** Le droit européen s'exprime sur le terrain de la liberté du travail et tend à la protéger. Tout d'abord, la Convention européenne de sauvegarde des droits de l'homme et des libertés fondamentales prohibe le travail forcé[26].

Ensuite, la Charte sociale européenne[27], selon laquelle « Toute personne doit avoir la possibilité de gagner sa vie par un travail librement entrepris », énonce qu'en vue d'assurer l'exercice effectif du droit au travail, les parties contractantes s'engagent : à reconnaître comme l'un de leurs principaux objectifs et responsabilités la réalisation et le maintien du niveau le plus élevé et le plus stable possible de l'emploi en vue de la réalisation du plein-emploi ; à protéger de façon efficace le droit pour le travailleur de gagner sa vie par un travail librement entrepris ; à établir ou à maintenir des services gratuits de l'emploi pour tous les travailleurs ; à assurer ou à favoriser une orientation, une formation et une réadaptation professionnelles appropriées.

Enfin, la Charte des droits fondamentaux de l'Union européenne dispose que « toute personne a le droit de travailler et d'exercer une profession librement choisie ou acceptée »[28].

Qu'il s'agisse des relations individuelles comme des relations collectives, la liberté du travail irrigue le droit du travail français ; sa présence se développe dans la

23. Déclaration universelle des droits de l'homme, 10 décembre 1948, art. 23.

24. Pacte international relatif aux droits civils et politiques du 19 décembre 1966 (ratifié par Loi n° 80-460 du 25 juin 1980, *JO* 26 juin, et publié par D. n° 81-76 du 29 janvier 1981, *D.* 1981.79).

25. Le Pacte international relatif aux droits économiques, sociaux et culturels du 19 décembre 1966 (ratifié par Loi n° 80-461 du 25 juin 1980, *JO* 26 juin, et publié par D. n° 81-77 du 29 janvier 1981, *D.* 1981.82).

26. Art. 4, La Convention européenne de sauvegarde des droits de l'homme et des libertés fondamentales, Rome, 4 novembre 1950, inspirée par la Déclaration universelle des droits de l'homme de 1948, art. 23 (M. Delmas-Marty, C. Lucas de Leyssac, *Libertés et Droits fondamentaux*, Le Seuil, 2002).

27. La Charte sociale européenne, 18 octobre 1961, art. 1 (B. Teyssié, *Code de droit social européen*, LexisNexis, 6e éd., 2006, p. 1517 et s.).

28. Charte des droits fondamentaux de l'Union européenne, signée à Nice le 7 décembre 2000, puis à Strasbourg, le 12 décembre 2007, art. 15.

jurisprudence sociale. Par ailleurs, la loi du 5 août 2013[29] a créé deux nouvelles infractions de travail forcé[30] et de réduction en servitude[31].

La conception française de la liberté du travail révèle deux acceptions : l'une, positive, le droit d'exercer une activité ; l'autre, négative, le droit de ne pas travailler.

B - SIGNIFICATIONS

3.10 › La liberté du travail est d'abord entendue comme la liberté de travailler[32].

Elle implique paradoxalement la liberté de ne pas travailler ou plutôt de ne *plus* travailler[33]. Le droit de résiliation unilatérale du contrat de travail devient alors l'expression de la liberté du travail puisqu'elle permet au salarié de se désengager.

1) La liberté de travailler

3.11 › La liberté contractuelle, c'est-à-dire celle pour le salarié de s'engager dans le travail de son choix auprès de l'employeur de son choix, s'articule sans difficulté avec la liberté du travail ; la liberté de choisir le contenu du contrat de travail est une déclinaison de la liberté contractuelle. Pour autant, l'inscription de clauses dans le contrat doit répondre à certaines exigences.

3.12 › **Caractère d'ordre public.** Le caractère d'ordre public de la liberté du travail est affirmé par l'article L. 1121-1 du Code du travail : « Nul ne peut apporter aux droits des personnes et aux libertés individuelles et collectives de restrictions qui ne seraient pas justifiées par la nature de la tâche à accomplir ni proportionnées au but recherché ».

Dès lors, la licéité des clauses par lesquelles un travailleur limite sa liberté de s'engager envers un nouvel employeur pendant l'exécution du contrat de travail ou à son issue sera appréciée à l'aune du principe de proportionnalité.

3.13 › **Proportionnalité.** L'exigence de proportionnalité est déjà présente dans la Déclaration des droits de l'homme et du citoyen du 26 août 1789[34], mais la promotion du principe est récente[35]. En droit du travail, l'idée de proportionnalité émerge véritablement au début des années 1980[36]. Afin de garantir aux

29. L. n° 2013-711 du 5 août 2013, portant diverses dispositions d'adaptation dans le domaine de la justice en application du droit de l'Union européenne et des engagements internationaux de la France : *JO* du 6 août 2013.

30. C. pén., art. L. 225-14-1.

31. C. pén., art. L. 225-14-2.

32. Cass. crim., 13 janvier 2009, n° 08-80787, *RJS* 2009, n° 739, qui décide que « tout travail forcé est incompatible avec la dignité humaine ».

33. G. Couturier, « Droit du travail », *in Libertés et droits fondamentaux*, dir. M. Delmas-Marty et C. Lucas de Leyssac, Le Seuil, Points Essai, 2002, 2ᵉ éd., p. 367.

34. Art. 8 : « La Loi ne doit établir que des peines strictement et évidemment nécessaires, et nul ne peut être puni qu'en vertu d'une Loi établie et promulguée antérieurement au délit, et légalement appliquée ».

35. F. Bousez, « La proportionnalité en droit du travail », *in Standards, principes et méthodes en droit du travail*, dir. B. Teyssié, Economica, 2011, p. 121 et s.

36. La loi du 4 août 1982 sur les libertés des travailleurs dans l'entreprise prévoit que le règlement intérieur ne peut contenir de dispositions apportant aux droits des personnes et aux libertés individuelles et collectives des restrictions qui ne seraient pas justifiées par la nature de la tâche à accomplir ni proportionnées au but recherché (C. trav., art. L. 1321-3, 2°). Dans le droit disciplinaire, cette loi inscrit une autre exigence de proportionnalité :

salariés le respect de leurs droits et libertés, la loi du 31 décembre 1992 dispose que : « nul ne peut apporter aux droits des personnes et aux libertés individuelles et collectives de restrictions qui ne seraient pas justifiées par la nature de la tâche à accomplir ni proportionnées au but recherché »[37] ; l'exercice de tous les pouvoirs de l'employeur est désormais soumis aux exigences de l'article L. 1121-1 du Code du travail.

Le recours à la proportionnalité doit permettre de limiter les restrictions aux libertés. Comme l'écrit si justement un auteur, « la proportionnalité est l'étalon de valeur qui mesure le degré possible de restriction apportée aux libertés »[38].

3.14 › **Contrat de travail.** Deux clauses insérées dans le contrat de travail conduisent à limiter la liberté du salarié de travailler comme il l'entend : la clause de non-concurrence et la clause d'exclusivité. S'opposer au départ du salarié, ou garder l'exclusivité de l'activité professionnelle de son salarié, peut avoir un but légitime : protéger les intérêts légitimes de l'entreprise contre la concurrence.

Mais le principe de la liberté du travail conduit à limiter la volonté contractuelle de l'employeur. L'histoire des clauses de non-concurrence en est l'illustration[39].

3.15 › **Clause de non-concurrence.** Présentée comme juridiquement inacceptable, socialement injuste et économiquement absurde[40], la clause de non-concurrence est reconnue et encadrée par la Cour de cassation.

Obligation contractuelle, elle est le prolongement de l'obligation de non-concurrence qui pèse sur le salarié durant l'exécution du contrat, peu important qu'une telle obligation ne soit pas inscrite dans le contrat de travail. L'obligation de non-concurrence trouve sa force dans le respect du principe de loyauté, inscrit à l'article 1134, alinéa 3 du Code civil, principe à la charge de tout contractant[41].

3.16 › **Notion.** La clause de non-concurrence implique l'obligation du salarié de ne pas travailler, au terme de la relation de travail, pour un employeur concurrent ou de ne pas créer une entreprise concurrente. Principalement, elle interdit au salarié de travailler au profit d'un autre employeur[42].

Après la rupture du contrat de travail, un ancien salarié est privé du droit d'exercer sa profession, pour un temps limité, dans une zone géographique précise : une clause de non-concurrence figurait dans son contrat de travail. Cette disposition

---

le juge peut désormais procéder à un contrôle de la disproportion de la sanction ; il peut annuler la sanction disproportionnée à la faute commise (C. trav., art. L. 1333-2°).

37. Loi 31 décembre 1992. Rapport Lyon-Caen sur les libertés publiques dans l'entreprise.
38. A. Mazeaud, « Proportionnalité et droit social », *LPA*, 30 septembre 1998, n° 117, p. 64 et s.
39. P.-Y. Verkindt, « Le principe fondamental de libre exercice d'une activité professionnelle et le principe constitutionnel de liberté du travail », *in Les principes dans la jurisprudence de la chambre sociale de la Cour de cassation*, dir. B. Teyssié, Dalloz, 2008, p. 67 et s.
40. J. Pélissier, art. préc., p. 21 et s.
41. C. trav., art. L. 1222-1 : « Le contrat de travail est exécuté de bonne foi ».
42. Une clause de non-sollicitation de clientèle peut figurer dans le contrat de travail. Elle constitue une clause de non-concurrence (Cass. soc., 27 octobre 2009, n° 08-41501 : *Bull. civ.* V, n° 232).

limite la possibilité pour le salarié de retrouver un emploi, voire d'exercer une activité indépendante.

Si l'atteinte à la liberté du travail est incontestable, il a pourtant fallu attendre 1992 pour que la Cour de cassation l'affirme solennellement[43]. S'agissant d'une clause de non-concurrence insérée dans le contrat d'un laveur de vitres, la Cour de cassation décide que la restriction à la liberté du travail subie par le salarié n'étant pas indispensable aux intérêts légitimes de l'entreprise, la clause n'était pas valable.

3.17 › **Intérêt de l'entreprise.** Pour valider la cause de l'obligation, il faut désormais rechercher si elle répond à l'intérêt de l'entreprise[44]. Il appartient à l'employeur de mesurer la nécessité d'imposer un engagement de non-concurrence à un salarié et au juge d'en contrôler la pertinence. La validité de la clause de non-concurrence résultera d'un *subtil arbitrage* entre la protection des intérêts légitimes de l'entreprise et la liberté du travail du salarié[45]. Les juges devront rechercher un équilibre, une juste proportion, entre l'atteinte à cette liberté et l'intérêt légitime de l'employeur. Il devra exercer un contrôle de proportionnalité.

Si le revirement opéré est radical[46], la Cour de cassation affirmant que la clause de non-concurrence porte atteinte à la liberté du travail, et ne la valide pas sur le constat d'un défaut de proportionnalité, l'évolution se poursuit.

3.18 › **Évolution.** L'année 2002 marque également un tournant décisif dans la construction du régime juridique de la clause de non-concurrence[47]. Au visa du principe fondamental de libre exercice d'une activité professionnelle, la Cour de cassation fixe les conditions de validité de la clause de non-concurrence. Non seulement cette clause, et l'atteinte incontestable qu'elle fait subir à la liberté du travail, doivent être justifiées par la sauvegarde des intérêts légitimes de l'entreprise[48], mais, de plus, elle n'est valable qu'à la condition de prévoir une véritable contrepartie pécuniaire.

3.19 › **Contrepartie pécuniaire.** L'exigence d'une contrepartie financière est posée aux fins de répondre à l'impérieuse nécessité d'assurer la sauvegarde et l'efficacité de la liberté fondamentale d'exercer une activité professionnelle[49]. La jurisprudence estime qu'un principe aussi fondamental que celui de la liberté du travail ne peut s'accommoder d'une garantie théorique et illusoire : une contrepartie financière dérisoire équivaut à une absence pure et simple de

43. Cass. soc., 14 mai 1992, arrêt *Godissart, Bull. civ.* V, n° 309 ; *Dr. soc.* 1992, p. 976, obs. D. Corrignan-Carsin ; *JCP E* 1992, II, 21889, note J. Amiel-Donat ; *D.* 1992, jurisp. p. 350, note Y. Serra.

44. « L'entreprise n'est rien sans ceux qui concourent au déploiement de son action ; mais il n'est point de salarié s'il n'est point d'entreprise. Entre les intérêts en balance, il faut s'essayer à l'équilibre », B. Teyssié, « La jurisprudence en droit du travail », *in La création du droit par le juge, Archives de philosophie du droit,* 2007, n° 50, p. 163. Cass. soc., 19 novembre 1996, *Bull. civ.* V, n° 392 ; *Dr. soc.* 1997, p. 95, obs. G. Couturier.

45. A. Teissier, « La clause de non-concurrence en droit du travail : loyauté renforcée ou forcée ? », *JCP S* 2005, 1085.

46. Cass. soc., 13 octobre 1988, arrêt *Furlani, JCP E* 1989, II, 15474, note J. Amiel-Donat ; *D.* 1989, jurisp. p. 122 et s., note Y. Serra.

47. Cass. soc., 10 juillet 2002, *Bull. civ.* V, n° 239 ; *D.* 2002, 2491, obs. Y. Serra ; *RJS* 2002, n° 1119 ; *JCP G* 2002, II, 10162, note F. Petit ; *JCP E* 2002, 1511, note D. Corrignan-Carsin.

48. Cass. soc., 14 mai 1992, préc.

49. Cass. soc., 17 décembre 2004, *Bull. civ.* V, n° 346 ; *RJS* 2005, n° 272 ; *Dr. soc.* 2005, p. 334, obs. B. Gauriau.

contrepartie rendant la clause de non-concurrence illicite[50]. L'appréciation des juges est ici également fondée sur un critère de proportionnalité. Par ailleurs, la Cour de cassation décide que la clause de non-concurrence est nulle lorsqu'elle prévoit le versement de la contrepartie avant la rupture du contrat de travail[51].

3.20 › **Contrôle.** La Cour de cassation exerce un contrôle rigoureux sur sa licéité. Le revirement de jurisprudence opéré le 10 juillet 2002 traduit également, selon la formule du professeur Hauser[52], « l'indisponibilité des droits fondamentaux ».

L'atteinte à la liberté du travail implique que la clause de non-concurrence soit limitée dans *son objet* : la limitation dans le temps, dans l'espace et quant à la spécificité de l'emploi[53] constitue une première forme d'encadrement destinée à protéger la liberté du travail[54]. Elle appelle une interprétation stricte de l'engagement[55]. Pour la défense de cette liberté, la jurisprudence use désormais d'un autre instrument issu du droit des contrats. La cause de l'obligation oblige le juge à rechercher si l'obligation répond à un intérêt légitime pour le créancier.

3.21 › **Renonciation.** Le salarié ne pouvant être laissé dans l'incertitude quant à l'étendue de sa liberté de travailler, la clause par laquelle l'employeur se réserve la faculté, après la rupture, de renoncer à la clause de non-concurrence à tout moment au cours de l'exécution de celle-ci, doit être réputée non écrite. En l'absence de disposition conventionnelle ou contractuelle fixant valablement le délai de renonciation par l'employeur à la clause de non-concurrence, celui-ci ne peut être dispensé de verser la contrepartie financière de cette clause que s'il libère le salarié de son obligation de non-concurrence au moment du licenciement[56]. La lettre de rupture peut comprendre la renonciation de l'employeur à la clause de non-concurrence[57].

Vouloir protéger les intérêts de l'entreprise peut parfois conduire l'employeur à exiger de son salarié qu'il lui consacre la totalité de son activité. Bien qu'elle porte atteinte à la liberté du travail, la Cour de cassation ne l'interdit pas mais encadre son régime[58] ; une lettre distincte n'est pas nécessaire[59]. Par ailleurs, la Cour de cassation a récemment précisé qu'en cas de dispense de préavis, l'employeur doit

50. Cass. soc., 15 novembre 2006, *JCP S* 2007, 1057, note I. Beyneix ; *RDT* 2007, p. 95, obs. J. Pelissier ; *Bull. civ.* V, n° 341 ; *Dr. soc.* 2007, p. 927, note J. Mouly.
51. Cass. soc., 7 mars 2007, n° 01-45511 ; *Bull. civ.* V, n° 44 ; *JCP* S 2007, 1207, note I. Beyneix.
52. Obs. ss. Cass. soc., 10 juillet 2002, préc.
53. V. réc. : Cass. soc., 18 septembre 2002, *RJS* 2002, n° 1352 ; *Jurispr. Soc. Lamy* 2002, n° 111-10.
54. Cass. soc., 10 juillet 2002, préc. ; 18 septembre 2002, préc. ; v. aussi, Y. Serra, « Hiérarchie des conditions de validité de la clause de non-concurrence en droit du travail », *D.* 2002, jurispr. p. 3229 s.
55. Cass. soc., 13 décembre 2000, *RJS* 2001, n° 199, aux termes duquel « une clause de non-concurrence qui apporte une restriction au principe de la liberté du travail est d'interprétation stricte et ne peut être étendue au-delà de ses prévisions » ; Cass. soc., 29 juin 1999, *RJS* 1999, n° 1253.
56. Cass. soc., 13 juillet 2010, n° 09-41626, *JCP S* 2010, 1410, note D. Asquénazi-Bailleux.
57. Cass. soc., 24 avril 2013, *JCP S* 2013, 1320, note I. Beyneix ; v. déjà, Cass. soc., 10 juillet 2013, *JCP S* 2013, 1430, note I. Beyneix.
58. Table ronde sur les clauses de non-concurrence – Étude par L. Sautonie-Laguionie, J.-M. Béraud et Y. Gérard et A. Martinon et Y. Picod : *JCP S* 2013, 1445.
59. Cass. soc., 7 mars 2012, n° 10-17712.

informer le salarié de sa renonciation à l'exécution de la clause au plus tard à la date du départ effectif du salarié[60]

3.22 › **Clause d'exclusivité.** La clause d'exclusivité se distingue de la clause de non-concurrence, d'une part en ce qu'elle trouve à s'appliquer pendant l'exécution de la relation de travail et non au terme du contrat ; d'autre part, les activités professionnelles interdites au salarié ne sont pas nécessairement concurrentes de celles de son employeur. Néanmoins, un élément essentiel les rapproche : l'atteinte portée à la liberté professionnelle du salarié.

En principe, le salarié peut travailler pour un autre employeur en dehors de son temps de travail. Bien entendu, son obligation de non-concurrence lui interdit d'exercer une activité concurrente, salariée ou non[61].

Le cumul d'activités n'est pas interdit[62], mais il est limité par les règles relatives à la durée maximale du travail[63].

L'atteinte au libre exercice d'une activité professionnelle peut être réalisée par l'insertion d'une clause d'exclusivité. Comme l'affirme la Cour de cassation, la clause par laquelle un salarié s'engage à consacrer l'exclusivité de son activité à un employeur porte atteinte à la liberté du travail[64]. Elle interdit le plus souvent au salarié l'exercice d'une activité professionnelle, concurrente ou non.

3.23 › **Validité.** La validité de cette clause est reconnue et la Cour de cassation en a précisé les modalités en ayant une nouvelle fois recours à l'idée de proportionnalité. Depuis quatre arrêts importants, la Cour de cassation entend encadrer strictement ce type de clause. Elle décide que la clause d'exclusivité n'est valable que « si elle est indispensable à la protection des intérêts légitimes de l'entreprise et si elle est justifiée par la tâche à accomplir et proportionnée au but recherché »[65].

Conformément à l'article L. 1121-1 du Code du travail, la Cour applique la méthode de justification et de proportionnalité nécessaire chaque fois que les droits et libertés fondamentaux sont menacés dans l'entreprise.

Cette décision sera confirmée, la clause d'un contrat de travail par laquelle un VRP s'engage à travailler pour un employeur à titre exclusif et à temps partiel ne peut lui être opposée et lui interdire de se consacrer à temps complet à son activité professionnelle[66]. S'agissant également d'un salarié à temps partiel, la Cour de cassation affirme que la clause d'exclusivité porte atteinte au principe fondamental de

60. Cass. soc., 21 janvier 2015, n° 13-24471 ; *JCP S* 2015, act. 53. V. déjà, Cass. soc., 13 mars 2013, n° 13-24471 : *JCP S* 2013, 1248, note I. Beyneix.

61. Voir *supra*.

62. Cass. soc., 27 avril 1989, *Dr. soc.* 1989, p. 728, note J. Savatier.

63. C. trav., art. L. 8261-1 : « aucun salarié ne peut accomplir des travaux rémunérés au-delà de la durée maximale du travail, telle qu'elle ressort des dispositions légales de sa profession » ; v. C. trav., art. L. 3121-35 et s.

64. Cass. soc., 11 juillet 2000, *Bull. civ.* V, n° 276 ; *Dr. soc.* 2000, p. 1141, obs. J. Mouly ; *TPS* 2000, comm. 312. ; Cass. soc., 11 juillet 2000, *Bull. civ.* V, n° 277.

65. Cass. soc., 11 juillet 2000, préc.

66. Cass. soc., 28 février 2001, non publiée, n° 98-46382 la clause d'exclusivité est qualifiée d'attentatoire au principe constitutionnel de la liberté du travail à l'égard d'un VRP à temps partiel.

libre exercice d'une activité professionnelle et n'est dès lors valable que si elle est indispensable à la protection des intérêts légitimes de l'entreprise et justifiée par la nature de la tâche à accomplir et proportionnée au but recherché[67].

3.24 › **Appréciation.** La qualification du salarié est prise en compte pour apprécier la validité de la clause : le salarié peu qualifié démontrera plus aisément la nullité de celle-ci. Mais l'exigence de disponibilité requise pour un salarié hautement qualifié, comme un risque particulier de concurrence, pourront établir l'intérêt de l'entreprise. Le salarié ayant subi un préjudice du fait de cette clause illicite pourra obtenir réparation, mais le contrat à temps partiel ne sera pas requalifié en contrat de travail à temps complet. Si le contrôle de proportionnalité est réel, il demeure que la reconnaissance de la validité de la clause d'exclusivité confirme le déséquilibre constant entre la liberté du travail et les intérêts économiques de l'entreprise. En revanche, la jurisprudence semble nier ce déséquilibre lorsque, s'agissant de la clause de dédit-formation, elle ne retient pas la violation de la liberté du travail[68].

3.25 › **Nullité.** La question des conséquences de la nullité de la clause dans un contrat de travail à temps partiel s'est posée : la Cour de cassation a rejeté la demande en requalification du contrat en contrat à temps plein ; elle a néanmoins admis que le salarié pouvait obtenir réparation du préjudice ayant résulté pour lui de la clause illicite. Ainsi le salarié à temps partiel n'ayant pu obtenir un autre emploi du fait de l'existence de la clause d'exclusivité illicite serait en droit d'obtenir des dommages et intérêts.

Afin de contourner les lourdeurs imposées à l'employeur, la clause de non-sollicitation s'est développée. Il s'agit d'une clause par laquelle une personne interdit à une autre de solliciter et d'embaucher certains de ses salariés. Privant le salarié d'un potentiel futur employeur, elle porte une atteinte non négligeable à sa liberté de travailler[69]. Elle est considérée comme un « équivalent gratuit de la clause de non-concurrence »[70].

La liberté du travail peut également entrer en conflit avec la volonté du salarié de mettre fin au contrat de travail. Une autre acception de la liberté du travail peut être entendue : la liberté de ne pas travailler.

2) La liberté de ne pas travailler

3.26 › Si le Préambule de la Constitution de 1946 affirme que « chacun a le devoir de travailler », cette formule n'impose pas l'obligation de travailler. C'est la nécessité sociale du travail qui est visée. La liberté du travail implique la liberté de ne pas travailler[71] : en ce sens, la liberté du travail est un soutien à

67. Cass. soc., 25 février 2004, *Bull. civ.* V, n° 64 ; Cass. soc., 16 septembre 2009, *Bull. civ.* V, n° 184 ; *JCP S* 2009, 1532, note I. Beyneix.

68. Voir *infra*.

69. Cass. soc., 2 mars 2011, *JCP S* 2011, 1181, note I. Beyneix ; S. Bénilsi, « La clause de non-sollicitation », *JCP S* 2007.

70. Ph. Stoffel-Munck, « La clause de non-sollicitation, équivalent gratuit de la clause de non-concurrence », note ss. CA Lyon, 3e ch. civ., 12 juillet 2005, *Comm. com. électr.* 2006, comm. 26.

71. J. Savatier, *Rép. trav. Dalloz*, V° Liberté du travail, n° 69 s. ; J. Pélissier, « La liberté du travail », *Dr. soc.* 1990, p. 23 s.

l'interdiction du travail forcé[72]. Elle l'est aussi s'agissant de la liberté de ne *plus* travailler[73]. Le droit de résiliation unilatérale du contrat de travail devient alors l'expression de la liberté du travail puisqu'elle permet au salarié de se désengager[74].

Expression d'une liberté fondamentale, le droit de résiliation unilatérale du salarié doit ainsi recevoir le caractère d'ordre public. Par ailleurs, entendue comme la liberté de ne plus travailler, la renonciation du salarié au droit de démissionner constitue une atteinte à la liberté du travail.

3.27 ▸ **Droit de résiliation unilatérale.** Le droit de résiliation unilatérale est unanimement regardé par la jurisprudence[75] et la doctrine[76] comme un droit d'ordre public. Il assure la validité de l'engagement conclu sans détermination de durée : il n'y a pas aliénation de la liberté puisque chacune des parties peut à tout moment retrouver sa liberté. Mais celle-ci disparaît dès lors que l'une ou l'autre des parties renonce au droit de résiliation unilatérale. Toute renonciation contractuelle au droit de résiliation constituerait alors une entrave aux libertés individuelles et devrait être sanctionnée au titre de l'ordre public.

Certaines restrictions au droit de ne pas travailler résultent du contrat ; d'autres sont visées par la loi.

3.28 ▸ **Clause de dédit formation.** La clause de dédit-formation constitue une dérogation à la liberté de démissionner, c'est-à-dire à la liberté du travail. Elle stipule que le salarié, qui a reçu une formation financée par l'entreprise, s'engage à y demeurer pendant une certaine durée. En cas de rupture du contrat de travail à l'initiative du salarié, ce dernier doit verser une indemnité de dédit, c'est-à-dire qu'il doit rembourser tout ou partie des sommes engagées par l'employeur pour financer la formation. Mais la clause de dédit-formation qui prévoit, en cas de départ prématuré, que le salarié devra rembourser les rémunérations qu'il a perçues durant sa formation est nulle[77].

3.29 ▸ **Validité.** Le juge encadre la validité de la clause de dédit-formation. Mais la logique de la clause est assez évidente : il ne faut pas qu'un salarié qui a reçu une formation onéreuse puisse faire profiter une autre entreprise de cette formation ; la clause a pour effet de le dissuader de quitter trop tôt l'entreprise. La Cour de cassation a, de longue date, reconnu sa licéité[78], estimant que le salarié

72. Cass. crim., 13 janvier 2009, n° 08-80787, *RJS* 2009, n° 739, qui décide que « tout travail forcé est incompatible avec la dignité humaine ».

73. G. Couturier, « Droit du travail », *in Libertés et droits fondamentaux*, dir. M. Delmas-Marty et C. Lucas de Leyssac, Le Seuil, Points Essai, 2002, 2e éd., p. 367.

74. Pour une critique d'une telle portée du principe de liberté du travail : A. Jeammaud, « Les principes dans le droit du travail français », *Dr. soc.* 1982, p. 621, note (13), pour qui « "le droit à la paresse" ne semble pas près d'accéder à la positivité ». V. J. Savatier, étude préc., n° 74 selon lequel « c'est la liberté du travail qui fonde le droit de résiliation des contrats de travail à durée indéterminée ».

75. Cass. soc., 18 décembre 1979, *JCP G* 1980, II, 19432 ; CA Paris, 12 mars 1984, *D.* 1984, inf. rap. p. 298.

76. G. Couturier, *Les relations individuelles de travail, op. cit.*, n° 108 ; I. Pétel-Teyssié, *Les durées d'efficacité du contrat*, Thèse Montpellier, 1984, n° 366 ; F. Petit, « Sur les clauses de garantie d'emploi », *Dr. soc.* 2000, p. 81.

77. Cass. soc., 23 octobre 2013, *JCP S* 2014, 1026, note L. Drai.

78. Cass. soc., 23 novembre 1983, *Bull. civ.* V, n° 576.

qui y est soumis préserve, dans la limite du montant de l'indemnité de dédit, sa faculté de rompre à tout moment le contrat de travail[79].

La Cour de cassation subordonne sa validité au respect du droit de démissionner du salarié. Malgré les critiques émises par certains auteurs[80], cette jurisprudence appelle une véritable surveillance des juges du fond, ceux-ci étant invités à vérifier que l'obligation du salarié, précisément l'engagement de rembourser les frais de formation, ne fait pas échec à la liberté du travail. Si l'engagement de fidélité à la charge du salarié est contraire à la liberté du travail, le vice est écarté dès lors que la clause de dédit lui offre la possibilité de rompre le contrat en versant une certaine somme.

Le juge prend soin de constater que le salarié conserve la faculté de rompre à tout moment le contrat de travail[81] : l'intégrité du droit de démissionner est, en théorie, respectée.

L'idée de proportionnalité n'est pas totalement exclue. De longue date la licéité de cette clause est reconnue[82], la Cour de cassation estimant que le salarié préserve sa faculté de rompre à tout moment le contrat de travail[83] ; la clause a pour effet et non pour finalité de dissuader le salarié de quitter trop tôt l'entreprise. S'inspirant de l'idée de proportionnalité, les juges limitent les excès relatifs au montant de l'indemnité de dédit et à la durée de la fidélité « forcée » du salarié ; la liberté de démissionner est de ce fait mieux respectée.

3.30 › **Conditions.** Afin de conjuguer la liberté du salarié et les intérêts de l'employeur, quatre conditions de validité sont désormais posées par la Cour de cassation.

La clause doit faire l'objet d'une convention particulière conclue avant le début de la formation précisant la date, la nature, la durée de la formation et son coût réel pour l'employeur ainsi que les modalités du remboursement à la charge du salarié[84]. Dans cette perspective, doit être annulée la clause qui ne contient aucune information sur le coût réel de la formation pour l'employeur[85].

Ensuite, la clause doit être la contrepartie d'un engagement pris par l'employeur d'assurer une formation entraînant des frais réels au-delà des dépenses imposées par la loi ou la convention collective. Les juges privent d'effet les engagements de fidélité du salarié qui ne forment pas la contrepartie d'une obligation de formation de l'employeur : il en va ainsi lorsque la formation est inexistante ou insuffisante, ou lorsqu'elle est financée par des ressources étrangères à l'entreprise.

---

79. Cass. soc., 17 juillet 1991, *Bull. civ.* V, n° 373 ; *TPS* 1991, comm. 324.
80. V. essentiellement : J. Pélissier, art. préc.
81. Cass. soc., 23 novembre 1983, *Bull. civ.* V, n° 576 ; *D.* 1984, inf. rap., p. 372, obs. A. Lyon-Caen ; *Gaz. Pal.* 1984, 1, pan. p. 120. ; Cass. soc., 17 juillet 1991, *Bull. civ.* V, n° 373 ; *Cah. soc. Barreau* 1991, p. 193, A. 44 ; *RJS* 1991, n° 1072 ; *Dr. trav.* 1991, n° 8-9, p. 3, § 324.
82. Cass. soc., 23 novembre 1983, *Bull. civ.* V, n° 576 ; Cass. soc., 17 juillet 1991, *Bull. civ.* V, n° 373 ; *TPS* 1991, comm. 324.
83. Cass. soc., 17 juillet 1991, préc.
84. Cass. soc., 4 février 2004, *Bull. civ.* V, n° 40.
85. Cass. soc., 16 mai 2007, *JCP S* 2007, 1585, note L. Drai.

Par ailleurs, le montant de l'indemnité de dédit doit être proportionné aux frais de formation engagés par l'employeur. La constatation par le juge d'une disproportion manifeste l'autoriserait à réduire le montant de l'indemnité de dédit. Par un contrôle de *la valeur* de la clause de dédit, le juge recherche si la liberté du salarié subsiste. Ainsi la Cour de cassation a-t-elle constaté dans l'arrêt du 17 juillet 1991 que « dans la limite du montant qu'elle a fixé, l'indemnité de dédit [...] laissait entier le droit du salarié de rompre le contrat de travail »[86].

Enfin, la clause de dédit-formation ne doit pas priver le salarié de la faculté de démissionner. Ainsi, là encore, si le juge venait à constater que le montant de l'indemnité est tel qu'il fait obstacle au droit de démissionner du salarié, le juge pourrait alors réduire son montant. Une telle solution présente l'avantage, d'une part de protéger la liberté de démissionner du salarié, d'autre part de sauvegarder les intérêts de l'employeur qui a engagé des dépenses importantes. Cet encadrement strict doit permettre le respect de la liberté dont dispose le salarié de ne pas travailler.

La loi elle-même prévoit certains dispositifs heurtant la liberté fondamentale de ne pas travailler. Il en est ainsi de la réquisition.

3.31 ▸ **Réquisition.** Injonction adressée à des salariés du public comme du privé d'exécuter la prestation de travail, la réquisition affronte d'emblée des libertés fondamentales, telles l'atteinte à l'interdiction du travail forcé ou à la liberté du travail. Elle neutralise la volonté de cesser le travail.

Mesure de police, elle est l'œuvre du gouvernement ou du préfet. Décision relevant de la police administrative, elle doit être réservée à l'Administration et ne peut être issue d'une initiative privée ; la Cour de cassation a rappelé que « sauf dispositions législatives contraires, l'employeur ne peut en aucun cas s'arroger le pouvoir de réquisitionner des salariés grévistes »[87]. Cette solution doit être totalement approuvée car l'on perçoit mal comment des personnes privées pourraient librement décider de réquisitionner quand, dans le même temps, l'Administration, investie d'une mission de police, est soumise à une cascade de conditions.

3.32 ▸ **Domaine.** Le domaine de la réquisition est restreint. Pour être mise en œuvre, cette dernière doit présenter une menace pour l'ordre public, la sécurité ou la santé publique. Les individus n'interviennent pas en qualité de salariés ; peu important leur statut, ils sont des citoyens, requis au service de la Nation, en vertu d'un intérêt supérieur[88]. Témoigne de la défense de l'intérêt général la multitude des réquisitions décidées au cours des périodes d'affrontements militaires et prononcées sur le fondement de la loi du 11 juillet 1938 et l'ordonnance du 7 janvier 1959. Mais depuis les années 1960, la cadence a considérablement ralenti ; la réquisition est entrée dans un sommeil, au point que les textes précités ont été abrogés.

86. Préc.

87. Cass. soc., 15 décembre 2009, *JCP S* 2010, 1177, note A. Martinon.

88. H. Sinay, « La grève », *in Traité de droit du travail*, dir. G.-H. Camerlynck, Dalloz, 1966, n° 189.

3.33 › **Menace sanitaire.** Une menace sanitaire grave peut être de nature à justifier la réquisition du service de tout professionnel de santé[89]. Le recours à la réquisition peut être guidé par un intérêt général à l'échelle locale ou nationale. Si l'urgence le justifie, dès lors que se présente une atteinte constatée ou prévisible au bon ordre, à la salubrité, à la tranquillité et à la sécurité publiques, le préfet peut réquisitionner tout bien ou service, toute personne nécessaire au fonctionnement de ce service et prescrire toute mesure utile jusqu'à ce que l'atteinte à l'ordre public ait pris fin[90]. En 2003, la réquisition de l'ensemble des sages-femmes fut prononcée par le préfet, motivée par l'urgence et les risques graves de troubles pesant sur la santé des parturientes et des nouveau-nés. Elle fut censurée par le Conseil d'État[91].

3.34 › **Grève.** Plus récemment, des mesures de réquisition furent prises à l'occasion de grèves organisées dans plusieurs raffineries françaises entravant l'activité pétrolière et perturbant certains secteurs économiques. Tel tribunal administratif a suspendu la décision du préfet[92] ; tel autre non[93]. Dans ce contexte, le Conseil d'État rappellera aux juges le caractère exceptionnel de la réquisition : le préfet ne peut prendre que les mesures nécessaires, imposées par l'urgence et proportionnées aux nécessités de l'ordre public[94].

3.35 › **Conditions.** L'absence de l'une de ces conditions exclut la réquisition. Ainsi, il n'y a pas d'urgence justifiant la réquisition de personnel de raffinerie alors que des stations-service étaient déjà réservées au profit de véhicules d'urgence et de secours[95]. Il y a disproportion lorsque la mesure embrasse, sans distinction, l'ensemble ou une catégorie du personnel[96]. La réquisition n'apparaît pas nécessaire lorsque le risque ne présente pas un degré de gravité suffisamment prononcé ; la réquisition ne doit pas être une mesure de « confort ».

Si la menace pesant sur la sécurité routière ou aérienne constitue un motif de réquisition, il en va autrement lorsque la mesure vise un objectif étranger aux besoins de la Nation : la réception ou la livraison de fioul domestique ne constitue pas un motif suffisant pour réquisitionner[97] ; est également insuffisant l'objectif tiré de la seule volonté de permettre aux entreprises d'un département de poursuivre leurs activités[98].

L'encadrement rigoureux par le Conseil d'État conduit à affirmer que la liberté du travail est ici protégée ; rares seront les situations autorisant le recours à cette solution extrême[99].

89. C. santé. pub., art. L. 3131-8.
90. CGCT, art. L. 2215-1.
91. CE, 9 décembre 2003, *JCP G* 2004, II, 10076, note X. Prétot.
92. TA Melun, ord., 22 octobre 2010, *AJDA* 2010, p. 2026, obs. R. Grand.
93. TA Versailles, ord., 23 octobre 2010, req. n° 1006866.
94. CE, 27 octobre 2010, *AJDA* 2010, p. 2026, obs. R. Grand ; *JCP S* 2011, 1033, note A. Martinon.
95. TA Melun, 22 octobre 2010, préc.
96. CE, 9 décembre 2003, préc. ; TA Melun, 22 octobre 2010, préc.
97. CE, ord., 27 octobre 2010, préc.
98. TA Melun, 22 octobre 2010, préc.
99. V. CE, 12 avril 2013, n° 329570, 329683, 330539 et 330847 : *JCP* S 2013, 1283, note E. Jeansen, pour une distinction service minimum et réquisition.

3.36 › **Droit des chômeurs.** Le salarié qui démissionne est en principe privé du bénéfice des prestations chômage : le Code du travail dispose que seuls les travailleurs involontairement privés d'emploi ont droit à un revenu de remplacement[100]. Depuis la loi du 25 juin 2008, les salariés dont le contrat de travail est rompu conventionnellement peuvent y prétendre[101].

La crainte de ne pas être indemnisé porte-t-elle atteinte à sa liberté de démissionner ? Aujourd'hui, le chômage étant massif, le débat n'a pas lieu d'être.

En revanche, la question du refus de travail est posée. La liberté de travail étant aussi la liberté de ne pas travailler, le chômeur ne peut être contraint d'accepter un emploi : le droit de refuser un emploi découle directement du principe de la liberté du travail ; il est titulaire du droit de choisir librement un emploi. Bien qu'il ne représente que 2 % des motifs de radiation, le législateur a décidé de mettre en œuvre un dispositif plus contraignant concernant le refus d'emploi[102], ce qui a ravivé le sujet de sa conformité au principe de la liberté de ne pas travailler.

Le demandeur d'emploi doit accomplir des actes positifs et répétés de recherche d'emploi et accepter des offres raisonnables d'emploi[103]. Si à deux reprises il refuse une offre raisonnable d'emploi, il peut être sanctionné[104]. L'offre raisonnable d'emploi ne porte-t-elle pas atteinte à la liberté du travail en ce qu'elle suscite le devoir de travailler ?

Ces interrogations demeurent posées.

L'exclusion du bénéfice du revenu de remplacement imposée au chômeur ayant refusé un emploi n'équivaut pas pour autant à lui imposer un travail forcé ou obligatoire : cette sanction réalise sans doute une pression, ayant pour objet d'inciter le chômeur à accepter un emploi. Mais, pour l'heure, elle ne reçoit pas la qualification de travail forcé ou obligatoire.

C - LES ENTRAVES À L'EXERCICE DE LA LIBERTÉ DU TRAVAIL

3.37 › Le Code pénal ne réprime pas spécifiquement l'entrave à la liberté du travail. L'article 431-1 vise l'entrave à l'exercice de la liberté d'expression, du travail, d'association, de réunion ou de manifestation et celle du déroulement des débats d'une assemblée parlementaire ou d'un organe délibérant d'une collectivité territoriale. Chacune, pourtant, a ses particularités.

Le délit d'atteinte à la liberté du travail remplace l'ancien délit de coalition (1864)[105]. Il suppose une entrave concertée, ce qui exclut l'initiative individuelle et la

---

100. C. trav., art. L. 5421-1.

101. C. trav., art. L. 1237-11 et s.

102. Loi n° 2008-758 du 1er août 2008 ; C. trav., art. L. 5411-6 et s. Circ. DGEFP n° 2008-18 du 5 novembre 2008 relative à la mise en œuvre du projet personnalisé d'accès à l'emploi et à l'offre raisonnable d'emploi. Ch. Willmann, « Fusion ANPE-UNEDIC et nouveaux droits et devoirs du demandeur d'emploi. Deux lois pour une même logique », *JCP* S 2008, 1475.

103. C. trav., art. L. 5411-6 et s. ; P.-Y. Verkindt, « Le raisonnable en droit du travail », *in Standards, principes et méthodes en droit du travail*, dir. B. Teyssié, Economica, 2011, n° 101 et s.

104. C. trav., art. L. 5412-1.

105. V. *supra*.

spontanéité. Le « simple trouble apporté à l'activité professionnelle » ne réalise pas l'entrave[106].

Deux infractions sont à distinguer.

Pour l'une, l'entrave résulte de menaces. Aux termes de l'article 431-1, alinéa 1 du Code pénal, est punissable « le fait d'entraver, d'une manière concertée et à l'aide de menaces », l'exercice de la liberté du travail ; une peine d'un an d'emprisonnement et de 15 000 euros d'amende est encourue.

Pour la seconde, l'entrave résulte de « coups, violences, voies de fait, destructions ou dégradations » ; une peine de trois ans d'emprisonnement et de 145 000 euros d'amende est encourue[107].

L'entrave concertée suppose que les auteurs de coups, violences, voies de fait, menaces, destructions ou dégradations aient eu pour objectif d'attenter à la liberté du travail. L'article 431-1 du Code pénal trouve à s'appliquer dès lors que l'auteur a agi avec la conscience de commettre ce délit, élément moral exigé. La tentative n'est pas punissable.

3.38 ▸ **Entrave concertée avec menaces.** Les menaces doivent être entendues comme des actes d'intimidation inspirant la crainte du mal. Elles « doivent être de telle nature qu'un homme normalement énergique qui en est l'objet soit amené à agir contre sa volonté et à faire ce qu'il ne veut pas faire, parce qu'il aura de sérieuses raisons d'appréhender un attentat contre sa personne, sa famille ou ses biens »[108]. Les menaces proférées peuvent être écrites ou orales, dès lors qu'elles sont exprimées sur un ton agressif.

3.39 ▸ **Exemples.** Les piquets de grève peuvent avoir un caractère suffisant d'intimidation dès lors que la violence des propos tenus est de nature à provoquer une modification du comportement initial des non-grévistes[109]. Encore, la mise à l'index d'un salarié par les travailleurs de sa catégorie, ces derniers menaçant l'employeur d'un mouvement de grève s'il le recrute ou ne le licencie pas, est constitutive de menaces[110].

3.40 ▸ **Entrave concertée résultant de coups, violences, voies de fait, destructions ou dégradations.** Le délit d'atteinte à la liberté du travail suppose l'exercice de violences contre les personnes et non pas seulement contre les choses[111]. Ainsi, le fait d'immobiliser un train en manœuvrant un robinet de canalisation de la vapeur n'est pas constitutif de l'infraction[112], alors que le fait d'occuper la voie en se plaçant devant le convoi est une « voie de fait de nature à

106. Cass. crim., 3 juin 2008, *RJS* 2008, n° 1120 ; *JCP S* 2008, 1554 ; *Dr. soc.* 2008, p. 1260, obs. F. Duquesne.

107. C. pén., art. 431-1, al. 2.

108. CA Lyon, 8 juillet 1931, *DP* 1932, 2, 89, note P. Pic ; *S.* 1932, 2, 201, note J. Brèthe de la Gressaye ; *adde*, CA Grenoble, 18 juillet 1901, *DP* 1902, 2, 470 ; Rappr. Cass. crim., 11 juin 1937, *DP* 1938, I, 33, note P. Pic.

109. Cass. crim., 5 février 1957, *Gaz. Pal.* 1957, I, 427.

110. Cass. crim., 23 avril 2003, *Bull. crim.*, n° 84 ; *Dr. soc.* 2003.998.

111. Cass. crim., 20 juin 1950, *D.* 1950, jurispr. p. 597 ; Cass. crim., 12 décembre 1951, *D.* 1952, jurispr. p. 157, rapp. M. Patin ; *JCP G* 1952, II, 6855, note G.J.V.

112. Cass. crim., 26 avril 1951, *Dr. soc.* 1951.476.

exercer une influence directe sur les agents des trains en partance, afin de les déterminer à prendre part à la cessation du travail »[113].

3.41 › **Violences.** Les violences désignent aussi les coups. Ainsi, les violences sont établies lorsque les grévistes font irruption dans les ateliers, poussent et bousculent les ouvriers et se livrent sur eux à des violences les conduisant à quitter leur poste et la direction de l'entreprise a dû ordonner la cessation de l'activité[114]. De même, le fait d'obstruer les entrées d'une entreprise avec des obstacles divers, de dissuader par des bousculades et des bourrades les non-grévistes de gagner leur poste de travail, caractérise l'infraction[115].

3.42 › **Voies de fait.** Les voies de fait constituent des actes qui, sans atteindre physiquement la personne, exercent sur elle une pression suffisante pour lui dicter un comportement différent de celui qu'elle aurait normalement adopté. Ainsi, le salarié qui participe à un barrage constitué de six personnes ayant pris place derrière le portail de la centrale et interdisant l'accès au directeur du site commet le délit d'entrave à la liberté du travail ; les faits ne pouvaient s'analyser en un simple trouble apporté à l'exercice d'une activité professionnelle[116]. De la même façon, l'occupation du navire par les grévistes empêchant celui-ci de prendre le large constitue une entrave à la liberté du travail des salariés non grévistes[117].

II – DISCRIMINATION

A - CHAMP DE LA DISCRIMINATION

3.43 › Il ne fait pas de doute que la discrimination et l'égalité inondent la relation de travail ; peu de notions connaissent un tel succès (du moins dans son actualité) ; peu de notions appellent autant de discussions sur ses contours et son applicabilité[118].

3.44 › **Textes.** « Au lendemain de la victoire remportée par les peuples libres sur les régimes qui ont tenté d'asservir et de dégrader la personne humaine, le peuple français proclame à nouveau que tout être humain, sans distinction de race, de religion ni de croyance, possède des droits inaliénables et sacrés. »... Symboliquement inscrite au frontispice de la Constitution de 1946, la formule (prolongement de l'article 1er de la DDHC) fixe l'objectif ; la lutte contre les discriminations n'a jamais cessé depuis ; au contraire, le champ des relations de travail (notamment) lui a donné matière à se déployer. L'article L. 1121-1 du Code du travail mène le jeu des libertés : « Nul ne peut apporter aux droits des personnes et aux libertés individuelles et collectives de

113. Cass. crim., 21 novembre 1951, *D.* 1952.360.
114. CA Paris, 17 janvier 1986, *Dr. soc.* 1986, p. 231, obs. J. Savatier.
115. Cass. crim., 27 novembre 1979, *Bull. crim.*, n° 339.
116. Cass. crim., 15 mars 2011, *JCP S* 2011, 1302.
117. Cass. soc., 8 octobre 2014, n° 13-18873, *Cahiers sociaux*, 2014, n° 268, note F. Canut ; *JCP S* 2014, 1448, note E. Jeansen.
118. V. *infra*.

restrictions qui ne seraient pas justifiées par la nature de la tâche à accomplir ni proportionnées au but recherché ».

3.45 › **Discrimination fondée sur le sexe.** Certains textes engagent une lutte précise : on songe au principe d'égalité entre hommes et femmes, universellement défendu par le droit national, le droit communautaire et le droit international. Un titre entier du Code du travail est consacré à la défense de l'égalité professionnelle entre les hommes et les femmes (C. trav., art. L. 1141-1 et suivants) : notamment, l'employeur ne peut se fonder sur le sexe ou la situation de famille d'un salarié pour embaucher, prononcer une mutation, résilier ou refuser de renouveler le contrat de travail d'un salarié en considération du sexe, de la situation de famille ou de la grossesse sur la base de critères de choix différents selon le sexe, la situation de famille ou la grossesse[119] ; la loi protège également le lien contractuel de celui ou celle qui entend défendre son droit à l'égalité[120].

3.46 › **C. trav., art. L. 1132-1.** L'article L. 1132-1 du Code du travail, surtout, dresse la liste des discriminations prohibées[121] : « Aucune personne ne peut être écartée d'une procédure de recrutement ou de l'accès à un stage ou à une période de formation en entreprise, aucun salarié ne peut être sanctionné, licencié ou faire l'objet d'une mesure discriminatoire, directe ou indirecte, telle que définie à l'article 1er de la loi nº 2008-496 du 27 mai 2008 portant diverses dispositions d'adaptation au droit communautaire dans le domaine de la lutte contre les discriminations, notamment en matière de rémunération, au sens de l'article L. 3221-3, de mesures d'intéressement ou de distribution d'actions, de formation, de reclassement, d'affectation, de qualification, de classification, de promotion professionnelle, de mutation ou de renouvellement de contrat en raison de son origine, de son sexe, de ses mœurs, de son orientation sexuelle, de son identité de genre, de son âge, de sa situation de famille ou de sa grossesse, de ses caractéristiques génétiques, de la particulière vulnérabilité résultant de sa situation économique, apparente ou connue de son auteur, de son appartenance ou de sa non-appartenance, vraie ou supposée, à une ethnie, une nation ou une prétendue race, de ses opinions politiques, de ses activités syndicales ou mutualistes, de ses convictions religieuses, de son apparence physique, de son nom de famille, de son lieu de résidence ou de sa domiciliation bancaire, ou en raison de son état de santé, de sa perte d'autonomie ou de son handicap, de sa capacité à s'exprimer dans une langue autre que le français ».

Le droit du travail a ainsi multiplié les situations ouvrant droit à une protection particulière. Le renouvellement des comportements sociaux n'est pas étranger à ce

119. C. trav., art. L. 1142-1.

120. C. trav., art. L. 1143-3, « Est nul et de nul effet le licenciement d'un salarié faisant suite à une action en justice engagée par ce salarié ou en sa faveur sur le fondement des dispositions relatives à l'égalité professionnelle entre les femmes et les hommes lorsqu'il est établi que le licenciement n'a pas de cause réelle et sérieuse et constitue en réalité une mesure prise par l'employeur en raison de cette action en justice. Dans ce cas, la réintégration est de droit et le salarié est considéré comme n'ayant jamais cessé d'occuper son emploi. » ; V. J. Pélissier, « La protection du droit d'agir », *Dr. soc.* 1985, p. 774 s.

121. On notera que le texte a été modifié par la loi du 18 novembre 2016 (n° 2016-1547), avant de subir une nouvelle modification avec celle du 28 février 2017 (n° 2017-256).

mouvement : les « attaques » constatées à l'égard de certains salariés – âge, race ou apparence physique[122] – ou la reconnaissance de nouvelles formes de vie sociale – orientation sexuelle – ont justifié de nouvelles interdictions. L'article L. 1132-1 du Code du travail traduit cette évolution. Le principe de non-discrimination couvre désormais les différentes étapes de la relation de travail : la conclusion, l'exécution et la cessation du contrat sont soumises au principe d'égalité. La sanction attachée à l'acte discriminatoire assure l'effectivité de la liberté, le licenciement étant frappé de nullité[123]. Et le législateur retient une sanction identique s'agissant du licenciement du salarié qui aurait témoigné des agissements discriminatoires de l'employeur[124].

3.47 › **État de santé.** Le contentieux est plus ou moins abondant selon l'objet de la discrimination et la nature de la décision. L'état de santé a donné lieu à de nombreuses décisions, d'autant que les liens entretenus par le contrat de travail et la santé du salarié reposent sur un équilibre dont il convient de tracer les grandes lignes. *D'abord*, si le licenciement est fondé directement sur la maladie, ou plutôt sur l'état de santé du salarié (et notamment sur sa séropositivité[125]), il s'agit d'un licenciement discriminatoire, contraire à l'article L. 1132-1 du Code du travail ; en ce sens le licenciement doit être annulé. *En revanche*, dès lors que le licenciement trouve sa cause, non dans la maladie, mais dans les conséquences de la maladie du salarié sur la situation objective de l'entreprise ; la prolongation de la maladie, ou les absences répétées du salarié, peuvent justifier son licenciement dès lors que deux conditions sont réunies : la maladie doit perturber le bon fonctionnement de l'entreprise ; la perturbation doit être telle qu'elle nécessite le remplacement définitif du salarié. *Enfin*, le licenciement peut être fondé sur l'inaptitude du salarié constatée par le médecin du travail ; joue alors une procédure inscrite aux articles L. 1226-2 et suivants du Code du travail. Les frontières entre ces différents régimes se brouillent parfois : le non-respect de la procédure d'inaptitude appelle le régime de la nullité[126].

3.48 › **Religion.** Plus récemment, la discrimination fondée sur les convictions religieuses a suscité un contentieux retentissant, tant dans les médias que devant le juge. « L'affaire » *Baby-Loup*[127], du nom de la crèche à l'origine d'un licenciement pour faute grave d'une salariée en raison du port d'un voile islamique, fut menée « tambour battant ».

122. Cass. soc., 11 janvier 2012, *JCP S* 2012, act. 42.

123. C. trav., art. L. 1132-3.

124. C. trav., art. L. 1132-4 : « Aucun salarié ne peut être sanctionné, licencié ou faire l'objet d'une mesure discriminatoire pour avoir témoigné des agissements définis aux alinéas précédents ou pour les avoir relatés ».

125. Rappr. : CEDH, 3 octobre 2013, *I.B. c/ Grèce*, *JCP S* 2013, act. 415.

126. Cass. soc., 16 décembre 2010, *JCP S* 2011, 1044, note P.-Y. Verkindt.

127. Cass. soc., 19 mars 2013 : *Cah. soc.* 2013, 154, note X. Dupré de Boulois. Cf. F. Gaudu, « L'entreprise de tendance laïque », *Dr. social* 2011, 1186. – L. Chicheportiche et B. Kantorowicz, « Liberté religieuse et intérêt de l'entreprise », *JCP* S 2013, 1299. – P. Adam, « Baby-Loup, horizons et défense d'une jurisprudence anathème », *RDT* 2013, 385. I. Desbarats, « Affaire Baby-Loup, laïcité fragilisée ou liberté religieuse renforcée ? », *JCP* S 2013, 1297. – E. Dockès, « Liberté, laïcité, Baby-Loup, de la très modeste et très contestée résistance de la Cour de cassation face à la xénophobie montante », *Dr. social* 2013, 388. F. Laronze, « Affaire Baby-Loup : l'épuisement du droit dans sa recherche d'une vision apolitisée de la religion », Dr. social 2014, 100.

Le 19 mars 2013, la Cour de cassation décide que le principe de laïcité instauré par l'article 1er de la Constitution n'est pas applicable aux salariés des employeurs de droit privé qui ne gèrent pas un service public[128]. Cette solution doit être rapprochée d'une autre affaire rendue le même jour, portant sur des faits similaires survenus dans une caisse primaire d'assurance-maladie, et conduisant la Cour de cassation à soutenir que les principes de neutralité et de laïcité du service public sont applicables à l'ensemble des services publics, y compris lorsque ceux-ci sont assurés par des organismes de droit privé[129]. En somme, la nature de l'activité assurée par l'entité joue sur la force de la liberté religieuse : celle-ci cède lorsque jouent les principes de laïcité et de neutralité attachés au service public (arrêt *CPAM*)[130] ; elle prime lorsque de tels principes ne peuvent être invoqués (arrêt *Baby-Loup*). La Cour de cassation s'efforce de répondre à l'exigence de conciliation de libertés fondamentales.

Le 27 novembre 2013, la censure opérée par la Haute Juridiction dans l'affaire *Baby-Loup* conduit des juges du fond à renouveler le débat : certaines entreprises, dites de conviction, pourraient se doter de statuts et d'un règlement intérieur prévoyant une obligation de neutralité du personnel[131]. De « tendance laïque », elles seraient autorisées à sanctionner le salarié qui enfreint l'esprit de l'institution.

De son côté, la Commission nationale consultative des droits de l'homme, approuvant la position adoptée par la Cour de cassation, estime qu'une intervention législative n'est ni nécessaire, ni opportune : « une loi qui étendrait le principe de laïcité aux entreprises privées, en dehors du service public, contreviendrait [aux] différents principes puisqu'elle serait forcément de portée générale et ne pourrait statuer sur chaque cas particulier ; elle serait également porteuse de discriminations, notamment indirectes, dans l'accès à l'emploi »[132].

Le 25 juin 2014, l'affaire rebondit lorsqu'est convoquée la Cour de cassation réunie en assemblée plénière : les restrictions à la liberté du salarié de manifester ses convictions religieuses doivent être justifiées par la nature de la tâche à accomplir et proportionnées au but recherché. Dès lors que le règlement intérieur de l'association Baby Loup, tel qu'amendé en 2003, disposait que « le principe de la liberté de conscience et de religion de chacun des membres du personnel ne peut faire obstacle au respect des principes de laïcité et de neutralité qui s'appliquent dans l'exercice de l'ensemble des activités développées, tant dans les locaux de la crèche ou ses annexes qu'en accompagnement extérieur des enfants confiés à la crèche », les juges ont pu en déduire, appréciant de manière concrète les conditions de

---

128. Le principe de laïcité ne peut dès lors être invoqué pour priver ces salariés de la protection que leur assurent les dispositions du Code du travail.

129. Cass. soc., 19 mars 2013, n° 12-11690.

130. V. aussi : CEDH, 26 novembre 2015, *Ebrahimian c/ France*, n° 64846/11 (*RJS* 2016, p 201, obs. G. Calvès), qui, à propos du non-renouvellement d'un contrat de travail d'une assistante sociale dans un centre hospitalier en raison de son refus de s'abstenir de porter le voile musulman, décide que les autorités nationales n'ont pas outrepassé leur marge d'appréciation en constatant l'absence de conciliation possible entre les convictions religieuses de l'agent et l'obligation de s'abstenir de les manifester, ainsi qu'en décidant de faire primer l'exigence de neutralité et d'impartialité de l'État.

131. CA Paris, 27 novembre 2013 : *Cah. soc.* 2014, 90, note J.-Fr. Akandji-Kombé ; *JCP* S 2013, 1474, note B. Bossu ; *RJS* 2014, n° 99. Lire : M. Henry, entretien : *Cah. soc.* 2014, 511.

132. Commission nationale consultative des droits de l'homme, Avis sur la laïcité : *JO* 9 octobre 2013.

fonctionnement d'une association de dimension réduite, employant seulement dix-huit salariés, qui étaient ou pouvaient être en relation directe avec les enfants et leurs parents, que la restriction à la liberté de manifester sa religion édictée par le règlement intérieur ne présentait pas un caractère général, mais était suffisamment précise, justifiée par la nature des tâches accomplies par les salariés de l'association et proportionnée au but recherché[133].

En dépit des positions prises par l'assemblée plénière, la liberté religieuse dans l'entreprise continue à occuper les esprits. Trois événements nouveaux en témoignent : 1/ le renvoi préjudiciel opéré par la Cour de cassation à l'occasion d'une nouvelle « affaire de voile » dans l'entreprise[134], conduisant d'ailleurs des avocats généraux de la Cour de justice de l'Union européenne à prendre des positions contraires[135] ; 2/ la loi *Travail* du 8 août 2016 qui introduit dans le Code du travail un texte nouveau dont la proximité avec le contentieux *Baby-Loup* ne fait aucun doute (C. trav., art. L. 1321-2-1 : « Le règlement intérieur peut contenir des dispositions inscrivant le principe de neutralité et restreignant la manifestation des convictions des salariés si ces restrictions sont justifiées par l'exercice d'autres libertés et droits fondamentaux ou par les nécessités du bon fonctionnement de l'entreprise et si elles sont proportionnées au but recherché. ») ; 3/ l'élaboration d'un guide par les pouvoirs publics dont l'ambition est d'« apporter des réponses concrètes aux questions des salariés et des employeurs portant sur le fait religieux en entreprise »[136].

3.49 › **Embauche.** Pour des raisons de preuve, la jurisprudence relative à la discrimination au moment de l'embauche est plus rare. Des discriminations en raison des origines sont parfois à la source de contentieux civil ou pénal. Pénalement, un arrêt rendu le 23 juin 2009 livre deux précisions quant à la sanction pénale liée à la discrimination. Une entreprise de cosmétiques inscrit dans l'offre d'emploi la mention « BBR » (signifiant bleu-blanc-rouge). Est alors posée la question des sanctions pénales. La Cour de cassation retient le délit d'offre d'emploi discriminatoire (C. pén., art. 225-3) : « les faits de la cause et les témoignages recueillis établissent que la recherche des animatrices [...] s'est faite sur la base de critères d'origine et a exclu les personnes non européennes et de couleur alors que les produits à promouvoir ne justifiaient pas l'exclusion de ces personnes ». Elle exclut en revanche le délit de refus d'embauche (C. pén., art. 225-2, 3°) au motif que les victimes du refus n'étaient pas suffisamment identifiées[137].

Sur le plan civil, deux arrêts sont significatifs de la lutte contre les discriminations. Le premier conduit la Cour de cassation à rappeler que l'employeur ne peut

---

133. Cass., Ass. plén., 25 juin 2014, n° 13-28369 : *JCP S* 2014, 1287, note B. Bossu ; *Cah. soc.* 2014, p. 397, obs. J. Icard ; *RDT* 2014, p. 607, obs. P. Adam. J. Mouly, « L'affaire *Baby-Loup* devant l'Assemblée plénière ; quelques accommodements avec les principes », *Dr. soc.* 2014, p. 811 et s.

134. Cass. soc., 9 avr. 2015, n° 13-19855 : *Cah. soc.* 2015. 261, obs. J. Icard ; *JCP* S 2015, 1224, note B. Bossu ; *JCP* S 2015, 1225, avis B. Aldigé ; *D.* 2015. 1132, note J. Mouly ; SSL n° 1672. 5, note J.-G. Huglo ; *RDT* 2015. 405, obs. M. Miné ; *Dr. soc.* 2015. 648, note C. Wolmark ; *JS Lamy* 2015, n° 388-2, obs. H. Tissandier ; *RJS* 6/2015, n° 386.

135. Concl., 13 juill. 2016, aff. C-188/15, *Asma Bougnaoui et al. c/ Micropole SA.* – Concl. 31 mai 2016, aff. C-157/15, *Samira Achbita et al. c/ G4S Secure Solutions NV.*

136. Guide pratique du fait religieux dans les entreprises privées : *JCP* S 2017, act. 35.

137. Cass. crim., 23 juin 2009, *Jurispr. Soc. Lamy* 2009, n° 263-4.

« franciser » les prénoms des salariés sans tomber dans le champ de l'article L. 1132-1 du Code du travail : « le fait de demander au salarié de changer son prénom de Mohamed pour celui de Laurent est de nature à constituer une discrimination à raison de son origine »[138]. Un second arrêt montre qu'une discrimination peut être constituée alors que l'embauche a finalement été réalisée : en l'espèce, la directrice adjointe informe une salariée qu'elle ne peut l'engager immédiatement car la directrice lui a indiqué qu'elle « ne faisait pas confiance aux Maghrébines » de sorte qu'elle n'a pu être recrutée que quinze jours plus tard à la faveur de l'absence de la directrice partie en vacances ; la Cour de cassation approuve la cour d'appel d'avoir caractérisé la discrimination raciale[139].

B - AMÉNAGEMENTS

3.50 › La forte activité normative sur cette question témoigne de la difficulté d'assurer l'efficacité du principe de non-discrimination (L. n° 2001-1066, 16 novembre 2001. – L. n° 2002-303, 4 mars 2002. – L. n° 2006-340, 23 mars 2006. – L. n° 2008-496, 27 mai 2008). C'est la raison pour laquelle deux moyens sont envisagés par le législateur pour lutter contre les discriminations, notamment au moment de l'embauche.

1) Règles de preuve

3.51 › **Embauche.** L'entreprise de lutte contre la discrimination bute le plus souvent sur le terrain de la preuve. Il est plutôt rare que l'employeur déclare ouvertement son refus de recruter un salarié en se fondant sur un motif discriminatoire. Citons néanmoins la situation de l'employeur qui informe l'entreprise de recrutement de son refus d'embauche en raison de l'activité syndicale du travailleur temporaire. Il est possible de renvoyer à l'affaire tranchée par la CJCE le 10 juillet 2008 : la Cour décide que « le fait pour un employeur de déclarer publiquement qu'il ne recrutera pas de salariés ayant une certaine origine ethnique ou raciale constitue une discrimination directe à l'embauche au sens de l'article 2, § 2, a), de la directive n° 2000/43/CE [...] du 29 juin 2000 »[140]. En dehors de ces situations, la discrimination à l'embauche avance masquée, obligeant le législateur à aménager les règles de preuve.

3.52 › **Textes internationaux.** Le droit international peut être un instrument d'évolution de la preuve lorsque surgit une discrimination. Ainsi, s'agissant de la protection de la maternité, on constatera que, malgré les progrès des législations nationales, l'œuvre internationale de l'OIT ne s'est pas achevée en 1952. Cette organisation rappelle parfois sa volonté de poursuivre « le développement de la protection de la maternité dans les législations et les pratiques nationales »[141] en adoptant la convention n° 183 (2000). Destinée essentiellement

138. Cass. soc., 10 novembre 2009, n° 08-42286 ; *Sem. Soc. Lamy* 2009, n° 1422, p. 12 ; *JCP S* 2009, act. 582, obs. N. Dauxerre.

139. Cass. soc., 18 janvier 2012, n° 10-16926.

140. CJCE, 10 juillet 2008, aff. C-54/07, *Centrum voor gelijkheid van kansen en voor racismebestrijding c/ Firma Feryn NV, JCP S* 2008, 1520, note J. Cavallini.

141. Convention n° 183 (2000), motifs.

à promouvoir l'égalité des femmes dans le milieu professionnel[142], cette convention comporte des dispositions intéressant essentiellement la preuve : rappelant l'interdiction pour l'employeur de licencier une femme pendant sa grossesse, l'article 8.1. déclare que « la charge de prouver que les motifs du licenciement sont sans rapport avec la grossesse, la naissance de l'enfant et ses suites ou l'allaitement incombe à l'employeur ». Le texte procède ainsi à un renversement radical de la charge de la preuve : il appartient au défendeur – l'employeur – de démontrer l'absence de discrimination. Non ratifiée à ce jour par la France, cette convention ne modifie pas substantiellement le droit français. Mais l'on peut penser qu'elle a influencé le législateur.

3.53 ▸ **C. trav., art. L. 1134-1.** Depuis la loi du 16 novembre 2001, fortement inspirée du dispositif communautaire et de la jurisprudence française[143], un aménagement (et non un renversement) de la charge de la preuve est inscrit à l'article L. 1134-1 du Code du travail. La procédure mobilise trois types d'acteurs :

- lorsque survient un litige en raison d'une discrimination, le *candidat* à un emploi présente des éléments de fait laissant supposer l'existence d'une discrimination directe ou indirecte. Le candidat ne peut exiger d'accéder à l'information précisant si l'employeur, à l'issue de la procédure de recrutement, a embauché un autre candidat ; en revanche, le refus de tout accès à l'information de la part de l'employeur peut constituer l'un des éléments à prendre en compte dans le cadre de l'établissement des faits qui permettent de présumer l'existence d'une discrimination directe ou indirecte[144] ;

- au vu des éléments, il incombe à *l'employeur* de prouver que sa décision est justifiée par des éléments objectifs étrangers à toute discrimination ;

- *le juge* forme sa conviction après avoir ordonné, en cas de besoin, toutes les mesures d'instruction qu'il estime utiles. Hier simple aménagement, le dispositif se rapproche dangereusement d'un renversement de la charge de la preuve lorsque s'invite dans le contentieux l'article 145 du Code de procédure civile. Il est tentant pour le salarié, non détenteur des documents de l'entreprise, de s'adresser au juge sur le fondement de l'article 145 pour obtenir la délivrance d'informations afin de présenter ensuite au juge des éléments laissant supposer l'existence d'une discrimination (notamment lorsqu'elle porte sur la rémunération et/ou l'évolution de carrière). À l'opposé, l'employeur peut être tenté d'invoquer le secret des affaires ou le respect de la vie privée afin de faire échec aux mesures d'instruction *in futurum* ; les juges restent cependant insensibles à ces derniers arguments dès lors que « les mesures demandées procèdent d'un motif légitime et sont nécessaires à la protection des droits de la partie qui les a

142. Sur les questions et réponses suscitées par l'adoption de ce texte, au niveau national (Rép. Min. n° 48051, *JOAN* 6 novembre 2000, p. 6375 ; *Liaisons soc.* 2000, n° 697, dans laquelle il est précisé que « la ratification de la nouvelle convention OIT relative à la maternité ne [pourrait] avoir pour effet la réduction des droits liés à la maternité tels qu'ils sont applicables en France ») et international (*Liaisons soc.* bref soc. n° 13171, qui reprend les termes de Juan Somavia, directeur général de l'OIT).

143. Cass. soc., 23 novembre 1999, *Bull. civ.* V, n° 447 ; *D.* 2000, IR. 46 ; *Dr soc.* 2000. p. 589, note M.-Th. Lanquetin.

144. CJUE, 2e ch, 19 avril 2012, aff. C-415/10, *Galina Meister c/ Speech Design Carrier System GmbH, JCP S* 2012, 1296, note A. Barège.

sollicitées »[145]. Reste que le salarié, qui soutient que la preuve des faits d'atteinte au principe d'égalité se trouve entre les mains d'une autre partie, doit demander au juge d'en ordonner la production ; il appartient à ce dernier de tirer toute conséquence de droit en cas d'abstention ou de refus de l'autre partie de déférer à une décision ordonnant la production de ces pièces[146].

3.54 ▸ **Nouveaux moyens de preuve ?** En dépit de ces efforts, la discrimination demeure difficile à établir lorsqu'elle se manifeste au moment de l'embauche, obligeant les pouvoirs publics et les entreprises à imaginer de nouveaux moyens. Parmi ceux-là figure d'abord le testing (testage ou test de discrimination, expressions préconisées par la Commission générale de terminologie et de néologie) : il s'agit de l'opération qui vise à déceler des comportements discriminatoires en effectuant successivement des démarches analogues au nom de personnes différentes par l'origine ou l'appartenance. Cette méthode, contestée hier au nom de la déloyauté de la preuve, a d'abord été admise par le juge[147] avant d'être consacrée par le législateur. Désormais l'article 225-3-1 du Code pénal dispose que les délits de discrimination sont constitués même s'ils sont commis à l'encontre d'une ou plusieurs personnes ayant sollicité l'un des biens, actes, services ou contrats mentionnés à l'article 225-2 du Code pénal dans le but de démontrer l'existence du comportement discriminatoire, dès lors que la preuve de ce comportement est établie. Ainsi, selon l'Administration, participe à la constitution du délit la situation dans laquelle une personne, donnant des renseignements exacts sur son identité et sa qualité à l'occasion d'une demande d'embauche ou de location, se voit opposer un refus, alors que, pour démontrer le caractère discriminatoire de ce refus, il avait été adressé dans le même temps une demande similaire – sauf sur l'identité et l'origine de la personne – et qu'à la suite de cette demande un entretien d'embauche a été proposé ; peu importe le caractère fictif de la seconde demande[148]. La loi du 27 janvier 2017 admet, sur le plan civil, la recevabilité du testing[149].

3.55 ▸ Le **CV anonyme** est un autre moyen de preuve employé depuis quelques années dans certaines entreprises : il en va ainsi, notamment, de la Société AXA qui depuis 2005 recrute ses salariés commerciaux par la voie d'une procédure respectant l'anonymat des candidats[150]. Les informations « masquées » sont le nom, l'âge, le sexe, le lieu de naissance, la nationalité, l'adresse et l'e-mail du candidat ; en revanche, doivent être révélés les diplômes et l'expérience professionnelle. L'anonymat est réalisé par l'usage d'un système informatique surveillé par un administrateur indépendant[151]. Les pratiques, au départ spontanées, ont été « murmurées » par le législateur en 2006 : dans les entreprises

145. Cass. soc., 19 décembre 2012, n° 10-20526 et n° 10-20528 : *JCP S* 2013, act. 27.

146. Cass. soc., 12 juin 2013, n° 11-14458, *JCP S* 2013, 1397, note V. Manigot.

147. Cass. crim., 11 juin 2000.

148. Circ. dir. aff. crim., 26 juin 2006 relative à la présentation des dispositions de la loi n° 2006-396 du 31 mars 2006 pour l'égalité des chances relatives à la lutte contre les discriminations et du décret n° 2006-641 du 1er juin 2006 relatif aux transactions proposées par la Haute autorité de lutte contre les discriminations et pour l'égalité, BO Min. de la justice, 1er avril au 30 juin 2006, n° 102 ; *JCP S* 2006, 1828.

149. L. n° 2017-86, 27 janv. 2017, art. 80.

150. *Sem. soc. Lamy* 2006, 1287, p. 10 s.

151. Ch. Artus-Jegou et Y. Beatrix, « La lutte contre les discriminations », *JCP S* 2007, 1776.

de cinquante salariés et plus, les informations communiquées par écrit par le candidat à un emploi ne devaient être examinées que dans des conditions préservant son anonymat (C. trav., art. L. 1221-7). Le CV anonyme devait être le signe d'un progrès dans la lutte contre les discriminations en matière d'embauche. Il rencontrait néanmoins quelques obstacles : d'ordre institutionnel, car l'application de l'article L. 1221-7 était suspendue à l'existence d'un décret qui n'en finissait plus d'être adopté[152] ; d'ordre pratique car, si le salarié parvenait à neutraliser la discrimination au stade du CV, on pouvait craindre que la discrimination au moment de l'entretien d'embauche demeure difficile à prouver. Parallèlement, le bilan réalisé par les autorités publiques était partagé selon le type de discriminations : relativement efficace s'agissant des femmes et des seniors, il ne permet pas de réduire l'écart de chances à l'égard des candidats issus de l'immigration[153].

Finalement, la loi Rebsamen du 17 août 2015 « enterre » le projet en décidant que le CV anonmye est un *instrument purement facultatif.*

2) Règles de procédure

3.56 › La lutte contre la discrimination passe aussi par l'institution de règles procédurales spéciales.

3.57 › **Action de substitution.** La loi lutte contre la solitude du salarié victime d'une discrimination. Dérogeant à la règle selon laquelle nul ne plaide en France par procureur, l'article L. 1134-2 du Code du travail envisage une action de substitution au profit des organisations syndicales représentatives. Celles-ci peuvent exercer ces actions en faveur notamment d'un candidat à un emploi. L'organisation syndicale n'a pas à justifier d'un mandat de l'intéressé. Il suffit que celui-ci ait été averti par écrit de cette action et ne s'y soit pas opposé dans un délai de quinze jours à compter de la date à laquelle l'organisation syndicale lui a notifié son intention d'agir. L'intéressé peut toujours intervenir à l'instance engagée par le syndicat (C. trav., art. L. 1134-2). Parallèlement, une action est ouverte aux associations régulièrement constituées depuis cinq ans au moins pour la lutte contre les discriminations ou œuvrant dans le domaine du handicap ; l'organisme doit justifier d'un accord écrit de l'intéressé ; celui-ci peut toujours intervenir à l'instance engagée par l'association et y mettre un terme à tout moment (C. trav., art. L. 1134-3).

3.57-1 › **Action de groupe.** La loi n° 2016-1547 du 18 novembre 2016 introduit, notamment à propos des discriminations dans l'entreprise, une action de groupe. Une organisation syndicale de salariés représentative est désormais autorisée à agir devant une juridiction civile afin d'établir que plusieurs candidats à un emploi, à un stage ou à une période de formation en entreprise ou plusieurs salariés font l'objet d'une discrimination, directe ou indirecte, fondée sur un même motif figurant parmi ceux mentionnés à l'article L. 1132-1 du Code

---

152. CE, 9 juillet 2014, n° 345253 : *JCP S* 2014, act. 274. G. Loiseau, « Le CV anonyme : le retour », *Cah. soc.* 2014, p. 488.

153. Rapp. CREST, *Évaluation de l'impact du CV anonyme*, mars 2011, *JCP S* 2011, act. 161.

du travail et imputable à un même employeur. De même, une association régulièrement déclarée depuis au moins cinq ans intervenant dans la lutte contre les discriminations ou œuvrant dans le domaine du handicap peut agir aux mêmes fins, pour la défense des intérêts de plusieurs candidats à un emploi ou à un stage en entreprise[154]. Le texte définit :

– l'objet de l'action : celle-ci peut tendre à la cessation du manquement et, le cas échéant, en cas de manquement, à la réparation des préjudices subis[155].

– les spécificités de la procédure : avant d'exercer l'action, le syndicat ou l'association doivent demander à l'employeur, par tout moyen conférant date certaine à cette demande, de faire cesser la situation de discrimination collective alléguée. Dans un délai d'un mois à compter de la réception de cette demande, l'employeur en informe le comité d'entreprise ou, à défaut, les délégués du personnel, ainsi que les organisations syndicales représentatives dans l'entreprise. À la demande du comité d'entreprise ou, à défaut, des délégués du personnel, ou à la demande d'une organisation syndicale représentative, l'employeur engage une discussion sur les mesures permettant de faire cesser la situation de discrimination collective alléguée[156]. L'action de groupe engagée pour la défense des intérêts de plusieurs candidats à un emploi, à un stage ou à une période de formation en entreprise ou de plusieurs salariés peut être introduite à l'expiration d'un délai de six mois à compter de la demande tendant à faire cesser la situation de discrimination collective alléguée ou à compter de la notification par l'employeur du rejet de la demande. Lorsque l'action tend à la réparation des préjudices subis, elle s'exerce dans le cadre de la procédure individuelle de réparation. La personne déclarée responsable par le jugement procède à l'indemnisation individuelle des préjudices résultant du fait générateur de responsabilité reconnu par le jugement et subis par les personnes remplissant les critères de rattachement au groupe et ayant adhéré à celui-ci[157].

– la juridiction compétente : le tribunal de grande instance connaît des demandes en réparation des préjudices subis du fait de la discrimination auxquelles l'employeur n'a pas fait droit[158].

3.58 › **Prescription.** Par ailleurs, la réforme de la prescription opérée en 2008[159] réserve un sort particulier aux discriminations. L'action en réparation est enfermée dans un délai de cinq ans, conformément au droit commun. Mais le texte contient plusieurs dérogations : le point de départ du délai est le moment de la « révélation » de la discrimination ; le délai n'est pas susceptible d'aménagement conventionnel ; les dommages et intérêts réparent l'entier préjudice résultant de la discrimination, pendant toute sa durée (C. trav., art. L. 1134-5).

---

154. C. trav., art. L. 1134-7.
155. C. trav., art. L. 1134-8.
156. C. trav., art. L. 1134-9.
157. C. trav., art. L. 1134-9.
158. C. trav., art. L. 1134-10.
159. L. n° 2008-561, 17 juin 2008.

III – ÉGALITÉ

3.59 ▸ L'égalité et la non-discrimination présentent des liens étroits, au point que le législateur n'hésite pas à confondre les deux notions : notamment, lorsque le Code du travail pose le principe d'égalité notamment entre hommes et femmes, il interdit par là même toute discrimination à raison du sexe.

Et pourtant il est permis de penser que la jurisprudence a fait naître un principe d'égalité indépendamment de toute discrimination ; ce n'est pas l'acte discriminatoire que le juge censure ; c'est l'égalité (voire l'égalitarisme) que l'on recherche.

3.60 ▸ **« Travail égal, salaire égal ».** Très tôt, influencé par le droit communautaire qui contient depuis son origine une référence à l'égalité salariale à raison du sexe, le principe d'égalité oblige l'employeur à verser à *une* salariée un salaire égal à celui versé à *un* salarié exerçant un travail égal ou de valeur égale ; les règles figurent désormais aux articles L. 3221-1 et suivants du Code du travail et profitent autant à une salariée qu'à un salarié[160]. Mais la règle dépasse aujourd'hui le seul critère du sexe. Le célèbre arrêt *Ponsolle*[161] décide que l'employeur est tenu d'assurer l'égalité de rémunération entre tous les salariés de l'un ou l'autre sexe, pour autant que les salariés en cause sont placés dans une situation identique. Cette solution accède désormais au rang de principe figurant au visa des arrêts de la Cour de cassation[162]. On notera que sa portée est diversement appréciée par la doctrine : certains auteurs dénoncent une crucifixion du principe et réclament sa renaissance[163] ; d'autres déplorent la place qu'il occupe aujourd'hui et la menace qu'il crée sur la liberté de gestion[164].

3.61 ▸ **Avantages catégoriels.** La solution devait connaître une nouvelle ampleur avec un arrêt du 1er juillet 2009... Sa portée demeure incertaine (ou effrayante), tant les effets menacent la distinction entre les salariés cadres et ceux non-cadres. Il convient d'en rappeler le contexte : la distinction des catégories professionnelles est historique ; elle marque notamment le droit de la retraite complémentaire (AGIRC/ARRCO), le droit de la période d'essai (durée prévue dans la loi de modernisation du marché du travail)... La distinction est également très présente dans les conventions et accords collectifs de travail : des avantages salariaux diffèrent selon la catégorie du salarié. Mais la distinction est-elle conforme au principe d'égalité ? La question s'était déjà posée dans un arrêt du 20 février 2008[165] à propos du bénéfice de titres-restaurant. Elle s'est révélée très clairement dans un arrêt du 1er juillet 2009 : au visa du principe (prétorien) d'égalité de traitement, la Cour de cassation décide que « la seule différence de catégorie professionnelle ne saurait en elle-même justifier,

160. Cass. soc., 8 octobre 1996, *Bull. civ.* V, n° 311.

161. Cass. soc., 29 octobre 1996, *Bull. civ.* V, n° 359 ; *Dr. soc.* 1996, p. 1013, note A. Lyon-Caen.

162. Cass. soc., 16 décembre 2008, *JCP S* 2009, 1005, note J.-F. Cesaro ; à ce titre, lire : J.-F. Cesaro, « Le principe "à travail égal, salaire égal" », *in Les principes dans la jurisprudence de la chambre sociale de la Cour de cassation*, dir. B. Teyssié, Dalloz, 2008, n° 151.

163. G. Vachet, « À travail égal, salaire égal », *Dr. soc.* 2008, p. 1049.

164. S. Stein, « La nécessaire clarification des critères justifiant l'inégalité de rémunération », *Sem. Soc. Lamy* 2006, n° 1256, p. 20.

165. Cass. soc., 20 février 2008, n° 05-45601 ; *JCP S* 2008, 1305, note D. Everaert-Dumont.

pour l'attribution d'un avantage, une différence de traitement entre les salariés placés dans une situation identique au regard dudit avantage, cette différence devant reposer sur des raisons objectives dont le juge doit contrôler concrètement la réalité et la pertinence »[166]. Très vite, les risques ont été soulignés par la doctrine, une stricte application de la solution pouvant mettre en danger les conventions et accords collectifs de travail. En effet, nombreux sont les avantages relatifs aux salariés cadres qui ne trouvent aucune « raison objective » clairement apparente dans les accords : la différence est parfois le fruit d'une négociation et la justification peut être noyée au milieu d'autres avantages. Certains juges du fond laissent entrevoir le dernier scénario : la cour d'appel de Montpellier a précisé que « la circonstance [...] que les cadres occuperaient des postes plus qualifiés, avec plus de responsabilités, ne justifie en elle-même, de manière objective, ni une durée plus longue de délai-congé, ni un calcul plus avantageux de l'indemnité de licenciement »[167].

Très attendu, l'arrêt rendu le 8 juin 2011 devrait à peine dissiper les inquiétudes. La Cour de cassation décide que la seule différence de catégorie professionnelle ne saurait en elle-même justifier, pour l'attribution d'un avantage, une différence de traitement, résultant d'un accord collectif, entre les salariés placés dans une situation identique au regard dudit avantage, cette différence devant reposer sur des raisons objectives dont le juge doit contrôler concrètement la réalité et la pertinence. Repose ainsi sur une raison objective et pertinente la stipulation d'un accord collectif qui fonde une différence de traitement sur une différence de catégorie professionnelle, dès lors que cette différence de traitement a pour objet ou pour but de prendre en compte les spécificités de la situation des salariés relevant d'une catégorie déterminée, tenant notamment aux conditions d'exercice des fonctions, à l'évolution de carrière ou aux modalités de rémunération[168]. En application de cette règle, la Cour de cassation considère qu'une compensation financière conventionnelle plus élevée peut être accordée à certains salariés en raison de leur activité (indemnité visant à compenser le temps d'habillage et de déshabillage de contrôleurs, agents d'exploitation et agents commerciaux d'un réseau de transport) : l'avantage catégoriel repose sur une raison objective et pertinente[169].

Plusieurs arrêts du 27 janvier 2015[170] révolutionnent la matière, spécialement lorsque les avantages catégoriels trouvent leur source dans une convention ou un accord collectif de travail. La Cour de cassation pose désormais une présomption de justification : « les différences de traitement entre catégories professionnelles opérées par voie de conventions ou d'accords collectifs, négociés et signés par des organisations syndicales représentatives, investies de la

166. Cass. soc., 1er juillet 2009, n° 07-42675 ; *JCP S* 2009, 1451, note E. Jeansen ; *JCP G* 2009, 519, n° 2, note J.-F. Cesaro ; lire : J. Barthélémy et P. Bailly, *Sem. Soc. Lamy* 2009, n° 1414, p. 6.

167. CA Montpellier, 4 novembre 2009, *Sem. Soc. Lamy* 2009, n° 1426, p. 14.

168. Cass. soc., 8 juin 2011, n° 10-14725, n° 10-11933 et n° 10-13663, *JCP S* 2011, 1321, note J. Daniel.

169. Cass. soc., 30 mai 2012, n° 11-16765 : *Liaisons soc.* 2012, n° 16118, p. 1.

170. Cass. soc., 27 janvier 2015, n° 13-22179. Cass. soc., 27 janvier 2015, n° 13-25437. Cass. soc., 27 janvier 2015, n° 13-14773. J. Daniel, « Différences de traitement entre catégories professionnelles : la justification n'évite pas le soupçon », *JCP S* 2015, 1054. L. Pécaud-Rivolier, « L'hommage de la chambre sociale à la négociation collective. Revirement sur la jurisprudence "égalité de traitement" », *Sem. Soc. Lamy* 2015, n° 1663, p. 7 et s. Y. Pagnerre, « Les avantages catégoriels. D'une présomption non l'autre », *Cah. soc. 2015*, à paraître.

défense des droits et intérêts des salariés et à l'habilitation desquelles ces derniers participent directement par leur vote, sont présumées justifiées de sorte qu'il appartient à celui qui les conteste de démontrer qu'elles sont étrangères à toute considération de nature professionnelle ». En somme, l'existence de raisons objectives et pertinentes est présumée lorsque les avantages figurent dans une convention ou un accord collectif ; il appartient au(x) salarié(s) ou au(x) syndicat(s), qui le conteste, d'apporter la preuve que la différence est étrangère « à toute considération de nature professionnelle » (ce qui pourrait être le cas, par exemple, des avantages liés à la situation familiale des salariés : congés supplémentaires en cas de naissance, de mariage,...[171]). La Cour de cassation a depuis poursuivi son œuvre : le champ de la présomption de justification est étendu aux différences de traitement instituées par accords collectifs d'établissement, en dehors donc de toute distinction catégorielle[172].

IV – VIE PRIVÉE

3.62 › **Vie privée : valeur ?** Certains droits et libertés fondamentaux ne peuvent être rattachés directement au principe d'égalité. Néanmoins, une autre filiation peut parfois être admise. La lecture de la Déclaration des droits de l'homme, opérée par le Conseil constitutionnel, profite au respect de la vie privée. La question de la valeur constitutionnelle du droit au respect à la vie privée a animé la doctrine. De nombreux auteurs se sont montrés favorables à un tel rattachement en s'appuyant sur la liberté individuelle de la personne ; d'autres refusent de lui reconnaître une nature constitutionnelle. Il demeure difficile de déduire de l'article 66 de la Constitution[173] un droit au respect de la vie privée du salarié.

3.63 › **Textes internationaux.** La mobilisation des règles internationales est sans doute plus significative. Spécialement, l'influence de la Convention de sauvegarde des droits de l'homme et des libertés fondamentales, adoptée au sein du Conseil de l'Europe, traduit la pénétration de la vie privée, en tant que droit fondamental, dans la relation de travail.

On songe à l'article 8 Conv. EDH aux termes duquel « toute personne a droit au respect de sa vie privée et familiale, de son domicile et de sa correspondance ». De ce texte, le juge français n'a pas hésité à en tirer quelques enseignements dans le domaine de la relation de travail.

3.64 › **Vie privée et clauses du contrat de travail.** S'appuyant sur le droit au respect du domicile, la Cour de cassation a déclaré sans cause réelle et sérieuse le licenciement d'un salarié fondé sur son refus de changer son domicile malgré les stipulations contractuelles. Rendu au visa de l'article 8 Conv. EDH, elle décide : « selon ce texte, toute personne a droit au respect de son domicile ; [...] le libre choix du domicile personnel et familial est l'un des attributs de ce

---

171. V. la première analyse du conseiller Béraud : J.-M. Béraud, *Liaisons soc.* 2015, bref soc., n° 16765.
172. Cass. soc., 3 novembre 2016, n° 15-18444.
173. « Nul ne peut être arbitrairement détenu. L'autorité judiciaire, gardienne de la liberté individuelle, assure le respect de ce principe dans les conditions prévues par la loi ».

droit ; [...] une restriction à cette liberté par l'employeur n'est valable qu'à la condition d'être indispensable à la protection des intérêts légitimes de l'entreprise et proportionnée, compte tenu de l'emploi occupé et du travail demandé, au but recherché »[174]. Le principe, repris depuis[175], conduit à décider qu'aucune rupture fondée sur la violation d'une clause contraire au respect du domicile du salarié ne peut reposer sur une cause réelle et sérieuse, sauf à apporter la preuve que la stipulation contractuelle et sa mise en œuvre sont licites. Pour cela, la Cour de cassation exige la réunion de deux conditions : la nécessité[176] et la proportionnalité[177].

D'autres fois, la Convention européenne des droits de l'homme avance masquée : sans figurer au visa (ni dans les attendus) des arrêts de la Cour de cassation, celle-ci emprunte au texte international une liberté fondamentale (vie privée et familiale) pour empêcher la mise en œuvre d'une clause de mobilité[178] ou faire échec au pouvoir de direction de l'employeur. En dépit des critiques formulées par une partie de la doctrine[179], la Cour de cassation exige l'accord du salarié lorsque le changement des horaires de travail porte une atteinte excessive à la vie personnelle et familiale du salarié[180].

3.65 › **Vie privée et preuve.** L'article 8 de la Convention soutient également les arrêts qui interdisent l'utilisation d'un moyen de preuve illicite pour justifier un licenciement. L'arrêt *Nikon*[181], fortement médiatisé et soumis à quelques tempéraments depuis[182], en est un premier exemple. En l'espèce, la cour d'appel avait admis le licenciement du salarié pour faute grave au motif qu'il avait fait usage à des fins personnelles du matériel mis à sa disposition par la société ; l'employeur avait pris connaissance des messages informatiques émis et reçus par le salarié grâce à l'outil informatique professionnel. Se fondant notamment[183] sur l'article 8 Conv. EDH, la Cour de cassation condamne la

174. Cass. soc., 12 janvier 1999, *D.* 1999, jurispr. p. 645, note J.-P. Marguénaud et J. Mouly ; *Dr. soc.* 1999, p. 287, obs. J.-E. Ray ; *Cah. soc. barreau* 1999, A. 25, note R. Wintgen ; *RJS* 1999, n° 153 ; J. Richard de la Tour, « Le libre choix du domicile du salarié et le contrat de travail », *RJS* 1999, p. 94 s.

175. Cass. soc., 12 juillet 2005, *RJS* 2005, n° 1048 ; Cass. civ. 1re, 7 février 2006, *RJS* 2006, n° 638. ; Cass. soc., 13 avril 2005, *RJS* 2005, n° 708.

176. La restriction doit être indispensable à la protection des intérêts légitimes de l'entreprise.

177. La clause doit être proportionnée, compte tenu de l'emploi occupé et du travail demandé, au but recherché.

178. Cass. soc., 14 octobre 2008, *RJS* 2008, n° 1162, 2e esp.

179. A. Fabre, « Les droits fondamentaux à l'assaut des changements d'horaires », *Sem. Soc. Lamy* 2012, n° 1527, suppl., p. 83 s.

180. Cass. soc., 3 novembre 2011, *JCP E* 2012, 1082, note A. Martinon.

181. Cass. soc., 2 octobre 2001, *RJS* 2001, n° 1394 ; *Dr. soc.* 2001, p. 920. ; F. Favennec-Héry, « Vie privée dans l'entreprise et à domicile », *RJS* 2001, p. 940 s. ; J.-E. Ray, « Courrier privé et courriel personnel », *Dr. soc.* 2001, p. 915 s.

182. Cass. soc., 17 mai 2005, *JCP S* 2005, 1031, note F. Favennec-Héry ; Cass. soc., 18 octobre 2006, n° 04-48025, qui décide que les dossiers et fichiers créés par un salarié grâce à l'outil informatique mis à sa disposition par son employeur pour l'exécution de son travail sont présumés, sauf si le salarié les identifie comme étant personnels, avoir un caractère professionnel de sorte que l'employeur peut y avoir accès hors sa présence. Cass. soc., 21 octobre 2009, *JCP S* 2010, 1026, note B. Bossu selon lequel « les fichiers créés par le salarié à l'aide de l'outil informatique mis à sa disposition par l'employeur pour les besoins de son travail sont présumés avoir un caractère professionnel, sauf si le salarié les identifie comme étant personnels, en sorte que l'employeur est en droit de les ouvrir hors la présence de l'intéressé ».

183. Trois autres textes étaient visés : l'article 9 du Code civil, l'article 9 NCPC et l'article L. 120-2 du Code du travail.

solution des juges du fond et prive de cause réelle et sérieuse le licenciement reposant sur des moyens de preuve contraires aux libertés fondamentales : selon la Cour de cassation, « le salarié a droit, même au temps et au lieu de travail, au respect de l'intimité de sa vie privée ; [...] celle-ci implique en particulier le secret des correspondances ; [...] l'employeur ne peut dès lors sans violation de cette liberté fondamentale prendre connaissance des messages personnels émis par le salarié et reçus par lui grâce à un outil informatique mis à sa disposition pour son travail et ceci même au cas où l'employeur aurait interdit une utilisation non professionnelle de l'ordinateur ». L'arrêt *Wyet-Lederle*[184] constitue un exemple plus fort encore de l'influence de la Convention européenne. En l'espèce, une salariée est licenciée pour faute grave au motif qu'elle a émis de fausses déclarations d'activité ; pour établir la faute, l'employeur organise une filature, son supérieur hiérarchique s'étant posté à proximité du domicile de la salariée. La cour d'appel rejette la demande en dommages et intérêts de celle-ci ; la Cour de cassation casse sa décision : « Vu les articles 8 de la convention européenne de sauvegarde des droits de l'homme et des libertés fondamentales, 9 du Code civil, 9 du nouveau Code de procédure civile et L. 120-2 du Code du travail ; Attendu qu'il résulte de ces textes qu'une filature organisée par l'employeur pour contrôler et surveiller l'activité d'un salarié constitue un moyen de preuve illicite dès lors qu'elle implique nécessairement une atteinte à la vie privée de ce dernier, insusceptible d'être justifiée, eu égard à son caractère disproportionné, par les intérêts légitimes de l'entreprise ». La solution pourrait être différente si le salarié était contrôlé (surveillé) par un « service interne » de l'entreprise dont la mission est dédiée au contrôle des salariés[185].

§ 2 – IMPACT SUR LES RELATIONS COLLECTIVES DE TRAVAIL

3.66 › **Préambule de la Constitution 1946.** La concertation entre l'employeur et les salariés est apparue de manière progressive. Elle suppose, notamment, d'offrir aux salariés le droit de se réunir pour former un groupe susceptible de débattre, à armes égales, avec l'employeur. Le Préambule de la Constitution de 1946 consacre ainsi trois séries de droits et libertés fondamentaux : la liberté syndicale, le droit de grève et le principe selon lequel « tout travailleur participe, par l'intermédiaire de ses délégués, à la détermination collective des conditions de travail ainsi qu'à la gestion des entreprises » (al. 8)[186]. Ce dernier droit mobilise assez peu les juges constitutionnel et judiciaire. Notons qu'il fut récemment invoqué s'agissant des salariés mis à disposition : le Conseil constitutionnel a ainsi jugé « que le droit de participer par l'intermédiaire de leurs délégués à la détermination collective des conditions de travail ainsi qu'à la gestion des entreprises a pour bénéficiaires, sinon la totalité des travailleurs employés à un

184. Cass. soc., 26 novembre 2002, *Jurispr. Soc. Lamy* 2002, n° 114-2 ; *RJS* 2003, n° 149, avis J. Duplat, p. 104 s., qui, en se fondant sur l'article 8 Conv. EDH, décide que « l'employeur ne pouvait se fonder pour retenir l'existence d'une faute grave de la salariée sur le rapport établi par son supérieur hiérarchique dressé à la suite d'une filature ».

185. Cass. soc., 5 novembre 2014, n° 13-18427 : *JCP S* 2015, 1046, note B. Bossu.

186. V. *infra*.

moment donné dans une entreprise, du moins tous ceux qui sont intégrés de façon étroite et permanente à la communauté de travail qu'elle constitue même s'ils n'en sont pas les salariés ». Par cette décision, le Conseil a censuré une disposition qui réservait aux seuls salariés liés par un contrat de travail à l'entreprise la qualité d'électeur aux institutions représentatives du personnel[187].

I — LA LIBERTÉ SYNDICALE

3.67 ▸ Les relations collectives de travail se sont construites à partir de la volonté des salariés de se rassembler pour établir une égalité dans une relation de travail juridiquement marquée par l'autorité et la subordination. Le droit syndical est le point de départ d'un renouvellement de l'équilibre des pouvoirs dans l'entreprise.

3.68 ▸ **De la Loi Le Chapelier à la Charte des droits fondamentaux de l'UE.** Si la loi du 25 mai 1864 a supprimé le délit de coalition, né de la loi *Le Chapelier* des 14-17 juin 1791[188], il fallut attendre la loi du 21 mars 1884 pour que soit admise la légalité des groupements professionnels. Des hésitations ont été observées durant la Seconde Guerre mondiale ; elles furent anéanties par la proclamation de la liberté syndicale dans le préambule de la Constitution de 1946 : « tout homme peut défendre ses droits et ses intérêts par l'action syndicale, et adhérer au syndicat de son choix ». La liberté syndicale profite aussi d'un fort soutien du côté des institutions internationales[189] : notamment doit être citée la Convention n° 87 selon laquelle « les travailleurs et les employeurs sans distinction d'aucune sorte ont le droit, sans autorisation préalable, de constituer des organisations de leur choix, ainsi que de s'affilier à ces organisations, à la seule condition de se conformer aux statuts de ces derniers » ; ceux issus de la Convention européenne des droits de l'homme *(art. 11)* ou de la Charte des droits fondamentaux de l'Union européenne (Art. 12 : « Toute personne a droit à la liberté de réunion pacifique et à la liberté d'association à tous les niveaux, notamment dans les domaines politique, syndical et civique, ce qui implique le droit de toute personne de fonder avec d'autres des syndicats et de s'y affilier pour la défense de ses intérêts »).

La liberté syndicale enferme deux séries de libertés.

3.69 ▸ **Liberté collective.** La liberté collective constitue celle de créer un syndicat et de cesser l'action collective. La liberté de création est envisagée aux articles L. 2131-1 et suivants du Code du travail. Peu de conditions sont posées : les

187. Cons. const., 28 décembre 2006, n° 2006-545 DC.

188. V. not. : F. Soubiran-Paillet, « De nouvelles règles du jeu ? Le décret d'Allarde (2-17 mars 1791) et la loi Le Chapelier (14-17 juin 1791) », *in Deux siècles de droit du travail,* dir. J.-P. Le Crom, éd. de l'Atelier, 1998, p. 21. L'auteur rappelle que « la loi Le Chapelier conduit à la condamnation des corps, à leur interdiction. Ce qui y est visé, ça n'est pas l'agrégation des intérêts individuels, mais la formation de groupements prétendant à une existence indépendante de celle de leurs membres, apte à leur donner un pouvoir de représentation au sein d'une assemblée. Les individus peuvent avoir des intérêts et les revendiquer, mais pas les corps ».

189. Rappelons que le Préambule de la Constitution de l'OIT énonce, notamment, « l'affirmation du principe de la liberté syndicale ».

syndicats ou associations professionnels de personnes exerçant la même profession, des métiers similaires ou des métiers connexes, concourant à l'établissement de produits déterminés ou la même profession libérale peuvent se constituer librement. Notamment, cela signifie que *seul un professionnel, c'est-à-dire celui qui exerce une profession industrielle, commerciale, artisanale, agricole ou libérale*, est normalement en droit de participer ou créer un syndicat ; une activité qui serait d'une part non habituelle et d'autre part, totalement désintéressée (c'est-à-dire non rémunérée), ne pourrait justifier la création d'un syndicat. En revanche, il importe peu que l'activité soit exercée à titre exclusif ou occasionnel, ou que les revenus constituent le revenu principal ou seulement accessoire[190]. Par ailleurs, les personnes regroupées au sein du syndicat doivent avoir une même profession ou exercer des activités similaires ou connexes ; les professions sont considérées comme similaires lorsque d'une part les procédés techniques mis en œuvre sont les mêmes et, d'autre part, les matières utilisées ou traitées sont identiques ; seul le produit final serait différent. Enfin, la référence à l'activité du syndicat suppose la réunion de deux conditions, parfaitement résumées dans un arrêt important[191] : *le syndicat doit avoir un objet et une cause licites*[192] ; l'objet du syndicat doit être exclusivement « l'étude et la défense des droits ainsi que des intérêts matériels et moraux, tant collectifs qu'individuels, des personnes visées par leurs statuts ».

3.70 › **Liberté individuelle.** Ensuite, la liberté syndicale suppose le respect d'une liberté individuelle : afin de neutraliser les éventuelles pressions de l'employeur, destinées à décourager les salariés d'adhérer au syndicat, et celles exercées par des syndicats en quête d'adhérents, les textes fondamentaux, relayés par la loi et la jurisprudence, déclinent la liberté individuelle en deux volets : la liberté d'adhérer ou de ne pas adhérer. Ainsi, la liberté syndicale prend, à l'égard de l'employeur, la forme d'une interdiction générale de toute discrimination. L'article L. 2141-5 du Code du travail, auquel il convient d'associer l'article L. 1132-1 du même Code, interdit toute discrimination, en raison de l'appartenance syndicale ou en raison d'une activité syndicale, lors de l'embauche, dans les conditions d'emploi, ou à l'occasion de la rupture du contrat de travail. Les difficultés pratiques issues de la preuve en matière de discrimination sont en partie résolues par l'adoption de la loi du 16 novembre 2001[193]. Si ce régime n'autorise pas un renversement total de la charge de la preuve, il facilite grandement l'administration de la preuve. En témoigne le développement remarquable du contentieux relatif à la discrimination syndicale, précisément un arrêt rendu le 11 janvier 2012 : un salarié d'une entreprise exerçant pendant trente-six ans des activités représentatives (et notamment syndicales) invoque une discrimination ayant affecté le déroulement de sa carrière ; il produit comme indice les entretiens d'évaluation sur lesquels figure la mention de sa

190. Cass. soc., 13 janvier 2009, *JCP S* 2009, 1343, note A. Martinon, s'agissant du regroupement d'apiculteurs en syndicats ; la Cour de cassation conclut à la liberté de création de tels syndicats.

191. Cass. ch. mixte, 10 avril 1998, n° 97-17870, *Bull. civ.* 1998, ch. mixte, n° 2.

192. Tel ne serait pas le cas s'agissant du syndicat FNP : « le Front national de la Police n'est que l'instrument d'un parti politique qui est à l'origine de sa création et dont il sert exclusivement les intérêts et les objectifs en prônant des distinctions fondées sur la race, la couleur, l'ascendance, l'origine nationale ou ethnique ».

193. V. *supra*, à propos de la preuve en matière de discrimination.

disponibilité réduite en raison de ses activités représentatives. Les juges du fond écartent la discrimination, considérant que la seule mention des activités représentatives ne permet pas de supposer l'existence d'une discrimination syndicale. La Cour de cassation censure : la mention de l'activité réduite du salarié dans les entretiens d'évaluation constituait un indice suffisant à l'existence d'une telle discrimination illicite[194].

La liberté syndicale vise aussi à protéger le salarié contre toute attitude du syndicat, tout comportement de ce dernier apparaissant comme une menace ou une contrainte en vue d'inciter le travailleur à se syndiquer.

3.71 › **Liberté syndicale et loi du 20 août 2008.** À la suite de l'adoption de la loi du 20 août 2008, on notera que la liberté syndicale rencontre un vif succès dans des contentieux opposant plusieurs organisations syndicales.

3.72 › **Désignation du délégué syndical.** La liberté syndicale est parfois invoquée sans succès. La liberté syndicale fut d'abord mobilisée afin de contester le droit de désigner un délégué syndical (C. trav., art. L. 2143-3). Il est vrai que l'argument fut entendu par le Tribunal d'instance de Brest. En substance, le juge breton était interrogé sur l'obligation faite désormais au syndicat de choisir le délégué syndical parmi les salariés ayant obtenu au moins 10 % des suffrages exprimés ; en dépit de cette obligation, le syndicat FO désigne un délégué syndical ; l'employeur saisit le juge afin de contester la désignation ; le tribunal déclare la demande d'annulation de la désignation irrecevable en retenant que les dispositions du Code du travail issues de la loi du 20 août 2008 (C. trav., art. L. 2324-2, L. 2122-1, L. 2143-3 et L. 2143-22) invoquées à l'appui du recours en annulation sont contraires au droit communautaire et international[195]. Pour sa part, un juge parisien a considéré que la loi n'était pas contraire aux normes supranationales[196]. La Cour de cassation tranche : si le droit de mener des négociations collectives est, en principe, devenu l'un des éléments essentiels du droit de fonder des syndicats et de s'affilier à des syndicats, pour la défense de ses intérêts, énoncé à l'article 11 de la Convention EDH, les États demeurent libres de réserver ce droit aux syndicats représentatifs, ce que ne prohibent ni les articles 5 et 6 de la Charte sociale européenne, ni l'article 28 de la Charte des droits fondamentaux de l'Union européenne, ni les conventions n° 98 et 135 de l'OIT. Le fait pour les salariés, à l'occasion des élections professionnelles, de participer à la détermination des syndicats aptes à les représenter dans les négociations collectives n'a pas pour effet d'affaiblir les représentants syndicaux au profit des représentants élus, chacun conservant les attributions qui lui sont propres[197].

194. Cass. soc., 12 janvier 2012, n° 10-16655, *JCP S* 2012, act. 41.

195. TI Brest, 27 octobre 2009, *JCP S* 2009, act. 589.

196. TI Paris, 9 mars 2010, *JCP S* 2010, act. 166.

197. Cass. soc., 14 avril 2010, n° 09-604216 et 09-60429 ; *JCP G* 2010, act. 478. V. aussi : Cass. soc., 14 novembre 2013, n° 13-11316, qui décide, à propos de la désignation d'un représentant de la section syndicale, que l'interdiction faite à un syndicat non représentatif de désigner à nouveau au sein de l'entreprise ou de l'établissement, en qualité de représentant de section syndicale, le même salarié qu'antérieurement aux dernières élections professionnelles à l'issue desquelles il n'a pas obtenu au moins 10 % des suffrages exprimés, ne heurte aucune

3.73 › **Syndicats catégoriels.** La liberté syndicale fut également invoquée dans le contentieux relatif à la représentativité catégorielle. Rappelons que passé le délai de la période transitoire institué par la loi du 20 août 2008, un syndicat catégoriel doit établir sa représentativité, dans l'entreprise, par le jeu des sept critères de représentativité. Mais à la différence des syndicats intercatégoriels, l'appréciation de l'audience est soumise à un régime spécial : selon l'article L. 2122-2 du Code du travail, le seuil de 10 % est apprécié au regard des suffrages exprimés dans le cadre des collèges dans lesquels les règles statutaires lui donnent vocation à présenter des candidats ; le calcul des 10 % ne vaut *que* pour le collège. Ce régime ne profite qu'au syndicat représentant le personnel d'encadrement.

Le privilège ainsi accordé suscite nécessairement quelques jalousies exprimées par des syndicats intercatégoriels obtenant une audience supérieure à 10 % dans un collège déterminé, mais n'atteignant pas ce seuil tous collèges confondus. De telles organisations seraient tentées de démasquer dans le Code du travail une atteinte à la liberté syndicale (contraire à l'article 11 de la Convention de sauvegarde des droits de l'homme et des libertés fondamentales) et la source d'une discrimination (en violation de l'article 14 de la même convention). Alors que la doctrine a très tôt appelé au débat[198], la Cour de cassation, rejoignant la position adoptée par le Conseil constitutionnel[199], n'y trouve aucune atteinte aux libertés[200] : « les organisations syndicales qui, selon leurs statuts, ont vocation à représenter certaines catégories de travailleurs et qui sont affiliées à une confédération syndicale catégorielle interprofessionnelle nationale ne se trouvent pas dans la même situation que les autres organisations syndicales » ; « dès lors constitue une justification objective et raisonnable à la différence de traitement instituée par le législateur la volonté de prendre en compte la différence de champ statutaire d'intervention des syndicats catégoriels affiliés à une confédération catégorielle nationale pour leur permettre de participer à la négociation collective pour les catégories qu'ils ont vocation à représenter ».

3.74 › **Désignation d'un représentant syndical au comité d'entreprise.** Plus récemment, la Cour de cassation a été interrogée sur la compatibilité de l'article L. 2324-2 du Code du travail avec l'article 11 de la Convention européenne des droits de l'homme. Selon le premier de ces textes, « [...] chaque organisation syndicale ayant des élus au comité d'entreprise peut y nommer un représentant ». Déjà, le Conseil constitutionnel avait décidé qu'« en subordonnant la désignation d'un représentant syndical au comité d'entreprise à la condition pour un syndicat d'y avoir des élus, le législateur n'a méconnu ni le principe d'égalité entre les organisations syndicales, ni la liberté syndicale, ni aucune autre exigence constitutionnelle »[201]. Après le contrôle de constitutionnalité, l'article L. 2324-2 sort indemne du contrôle de conventionnalité opéré par la Cour de cassation : elle décide que « les articles 11 et 14 de la Convention de

prérogative inhérente à la liberté syndicale et ne constitue pas une ingérence arbitraire dans le fonctionnement syndical.

198. G. Bélier et H.-J. Legrand, *La négociation collective après la loi du 20 août 2008*, Éditions Liaisons, 2009, p. 69.
199. Cass. soc., 20 septembre 2010, n° 10-19113 QPC, *Sem. Soc. Lamy 2010*, n° 1460, p. 13.
200. Cass. soc., 2 mars 2011, *JCP S* 2011, 1418, note A. Martinon.
201. Cons. const., déc., n° 2011-216, 3 février 2012 QPC.

sauvegarde des droits de l'homme et des libertés fondamentales laissent les États libres d'organiser leur système de manière à reconnaître, le cas échéant, un statut spécial à certains syndicats en fonction de la nature des prérogatives qui leur sont reconnues » ; « il en résulte que le choix du législateur de réserver aux seules organisations syndicales ayant des élus la possibilité de désigner un représentant syndical au comité d'entreprise ne méconnaît pas les articles susvisés de la Convention »[202].

3.75 › **Communications syndicales.** En revanche, la liberté syndicale est parfois efficacement défendue devant la Cour européenne des droits de l'homme, notamment lorsque surgit un contentieux relatif aux communications syndicales. En témoigne un arrêt rendu le 21 septembre 2011[203]. Une enquête disciplinaire est ouverte à l'encontre de fonctionnaires de l'État turc membres d'un syndicat, pour avoir apposé sur les murs de leurs bureaux, hors du panneau d'affichage réservé à cet usage par le règlement intérieur, des affiches appelant à la manifestation annuelle du 1er mai. L'administration leur inflige un blâme au motif que les affiches constituaient « une pollution visuelle » interdite. Les intéressés, ayant constaté que d'autres affiches étaient apposées sur les murs des bureaux, font valoir qu'ils ont été sanctionnés non en raison d'un affichage illicite mais du fait de sa nature syndicale. Ils dénoncent une manœuvre d'intimidation, les sanctions étant de nature à avoir un impact négatif sur leur carrière. La direction confirme les sanctions, en commuant les blâmes en avertissements. Invoquant les articles 10 (liberté d'expression) et 11 (liberté de réunion et d'association) de la Convention, les requérants invoquent une atteinte à la liberté syndicale devant la Cour européenne des droits de l'homme. Analysant les faits au seul regard de l'article 11, la Cour estime que les avertissements donnés pour avoir apposé des affiches syndicales sur les murs de leurs bureaux ne s'avéraient pas nécessaires dans une société démocratique.

Plus récemment, la liberté syndicale fut également invoquée afin de contester la constitutionnalité des communications syndicales de nature électronique. En effet, l'article L. 2142-6 du Code du travail subordonne la diffusion de tracts de nature syndicale sur la messagerie électronique de l'entreprise à un accord d'entreprise ou à un accord de l'employeur ; ce dispositif est-il conforme à l'alinéa 6 du Préambule de la Constitution du 27 octobre 1946 et à l'article 11 de la Déclaration des droits de l'homme et du citoyen de 1789 ? Interrogée, la Cour de cassation a éprouvé la nécessité de transmettre la QPC au Conseil constitutionnel : la disposition est de nature à affecter l'efficacité de leur action dans l'entreprise et la défense des intérêts des travailleurs[204]. Le Conseil n'a révélé aucune incompatibilité : les dispositions de l'article L. 2142-6 du Code du travail ne méconnaissent ni la liberté d'expression garantie par l'article 11 de la Déclaration des droits de l'homme et du citoyen de 1789 ni aucun autre droit ou liberté que la Constitution garantit[205].

202. Cass. soc., 24 octobre 2012, 2 esp. : *JCP S* 2013, 1050, note G. François.

203. CEDH, 2e sect., 21 septembre 2011, *Sisman et a. c/ Turquie*, *JCP S* 2011, 1560, note Y. Pagnerre.

204. Cass. soc., 11 juillet 2013, n° 13-40021 QPC.

205. Cons. const., 27 septembre 2013, déc. n° 2013-345 QPC, *JCP S* 2013, 1457, note J. Icard.

II – LE DROIT DE GRÈVE

3.76 › Les conflits collectifs constituent le point extrême des relations collectives de travail : le désaccord entre l'employeur et les salariés est tel que ces derniers décident collectivement d'un arrêt du travail, de cesser d'exécuter leur prestation de travail. Le droit de grève appartient à la catégorie des droits fondamentaux. L'alinéa 7 du Préambule de la Constitution pose le principe : « le droit de grève s'exerce dans le cadre des lois qui le réglementent ».

3.77 › **Grève et contrat de travail.** Les liens entre le droit de grève et le contrat de travail sont complexes. Historiquement, la Cour de cassation a considéré, durant un temps, que la grève emportait la rupture du contrat dès lors que la cessation du travail était volontaire. La solution reposait sur l'idée selon laquelle l'intention du salarié de cesser le travail révélait la volonté de mettre un terme au contrat. De fait, seules certaines situations pouvaient, en s'appuyant sur le droit des contrats, et spécialement sur le mécanisme de l'exception d'inexécution, légitimer le maintien provisoire du lien contractuel. La cessation du travail apparaissait comme une arme de défense en vue d'obtenir de l'employeur l'exécution de ses obligations contractuelles.

Ce schéma de grève-rupture était fortement préjudiciable à la grève elle-même : la crainte d'une rupture, l'obligation de verser des dommages et intérêts pour rupture abusive du contrat et le risque du refus de réintégration au terme du mouvement dissuadaient les salariés de défendre collectivement leurs droits. La Cour supérieure d'arbitrage, puis les Constituants, marquèrent leur volonté de rompre avec la thèse de la grève-rupture. La première décida, dans un arrêt du 29 mai 1939 : « la cessation collective du travail [...] ne saurait par elle-même entraîner la rupture des contrats individuels de travail en l'absence de toute volonté expresse ou implicite des salariés d'abandonner leurs emplois ». La constitutionnalisation du droit de grève marqua une étape essentielle dans la construction du droit de grève.

La suspension du contrat apparut comme l'une des conséquences essentielles de la reconnaissance du droit de grève ; elle devait recevoir consécration législative avec l'adoption de l'article 4 de la loi du 11 février 1950. La règle figure désormais à l'article L. 2511-1 du Code du travail : « la grève ne rompt pas le contrat de travail, sauf faute lourde imputable au salarié ».

3.78 › **Grève et Code du travail.** Aujourd'hui, deux titres du Code du travail sont consacrés aux conflits collectifs.

Le premier consacre des dispositions générales ; sa lecture conduit à cette surprenante constatation qu'un seul article y figure (C. trav., art. L. 2511-1) ; il faut néanmoins associer à ce texte l'article L. 1132-2 du Code du travail qui dispose qu'aucun salarié ne peut être sanctionné, licencié ou faire l'objet d'une mesure discriminatoire en raison de l'exercice normal du droit de grève. Le déficit législatif appelle une avalanche de jurisprudence, de sorte que le droit de grève dans le secteur privé est quasi exclusivement un droit d'origine prétorienne.

Le second titre fixe des règles particulières du droit de grève dans le secteur public. Au-delà du titre 2 du Code du travail, des textes spéciaux intéressent le secteur public. Plusieurs exemples méritent d'être cités. L'article L. 2511-2 du Code du travail prévoit l'obligation – et c'est une différence essentielle avec le secteur privé – de faire précéder la grève d'un préavis, lequel d'une durée minimale de cinq jours francs, doit préciser les motifs du recours à la grève. Ensuite, en dépit du fondement constitutionnel, des limitations législatives peuvent être apportées à l'exercice du droit de grève dans le secteur public. Ainsi, dans sa décision du 25 juillet 1979[206], le Conseil constitutionnel décide que les limitations peuvent aller jusqu'à l'interdiction du droit de grève aux agents dont la présence est indispensable pour assurer le fonctionnement des éléments du service dont l'interruption porterait atteinte aux éléments essentiels du pays... En d'autres termes, le Conseil constitutionnel consacre le principe du service minimum dans le secteur public (notamment le secteur de l'audiovisuel ou de la navigation aérienne). Une dernière particularité ressort de la loi du 21 août 2007[207] sur le dialogue social et la continuité du service public dans les transports terrestres réguliers de voyageurs : la loi fixe l'obligation pour les syndicats de négocier préalablement au dépôt d'un préavis de grève ; la négociation doit permettre de fixer les conditions de réaffectation du personnel non gréviste afin de minimiser l'atteinte portée à la continuité du service public.

Section II

L'AUTORITÉ DES DROITS ET LIBERTÉS FONDAMENTAUX DANS LA RELATION DE TRAVAIL

§ 1 – L'APPLICABILITÉ

3.79 › **Règles constitutionnelles.** L'applicabilité des textes porteurs de libertés fondamentales en droit du travail pose en général peu de difficultés. La défense des libertés fondamentales du salarié, individuelles et collectives, a profité d'un courant plus général admettant l'applicabilité directe des textes constitutionnels. Ces derniers sont directement invocables par le justiciable devant une juridiction. La Cour de cassation n'hésite pas à s'appuyer sur un texte de valeur constitutionnelle. Le meilleur témoignage réside dans l'abondante et constante jurisprudence de la Cour de cassation qui vise expressément le Préambule de 1946 pour s'opposer au licenciement des salariés grévistes[208]. En témoigne la rédaction d'un arrêt du 12 septembre 2006 : « il résulte du Préambule de la Constitution du 27 octobre 1946, confirmé par celui de la Constitution du 4 octobre 1958, que le droit de grève est un principe de valeur constitutionnelle » ; « selon [l'article L.], qui détermine les conditions d'exercice de ce droit, la grève ne rompt pas le contrat de travail, sauf faute lourde imputable au salarié et que l'exercice du droit de grève ne saurait donner lieu de la part de l'employeur à des mesures discriminatoires en matière de rémunération et d'avantages sociaux et que tout licenciement prononcé en violation de ce texte est nul

206. Cons. const., décembre, 25 juillet 1979, n° 79-105 DC, *JO* 27 juillet 1979 ; *Rec. Cons. const.* 1979, p. 33.

207. L. n° 2007-1124, 21 août 2007 ; R. Vatinet, « Sur le dialogue social et la continuité du service public dans les transports terrestres de voyageurs », *JCP S* 2007, 1692.

208. V. not. : Cass. soc., 2 juin 1992, *Bull. civ.* V, n° 356 ; Cass. soc., 4 novembre 1992, *Bull. civ.* V, n° 529.

de plein droit ». Il convient également de renvoyer aux arrêts du juge judiciaire qui défendent le principe de discrimination en visant notamment la Constitution du 4 octobre 1958[209].

3.80 ▸ **Règles supranationales.** L'applicabilité est moins évidente lorsque les textes ont une nature supranationale. La Cour de cassation fait preuve d'une certaine audace ; elle n'hésite pas à viser la Convention européenne des droits de l'homme opposant un employeur à ses salariés. L'arrêt *Speelers*[210], précédemment évoqué, est significatif : la Cour de cassation vise l'article 8 de la Convention européenne des droits de l'homme aux fins de censurer une clause de domiciliation.

3.81 ▸ **Chartes.** En revanche, l'applicabilité de la Charte des droits fondamentaux de l'Union européenne et de la Charte sociale européenne présente davantage de difficultés.

Pour la première, en témoigne le contentieux mené devant la Cour de justice de l'Union européenne et impliquant une association française employant des salariés en contrats aidés. Le juge européen livre à cette occasion une règle utile aux droits fondamentaux : l'article 27 de la Charte des droits fondamentaux de l'Union européenne relatif au droit à l'information et à la consultation des travailleurs ne se suffit pas à lui-même pour conférer aux particuliers un droit susceptible d'être invoqué afin d'écarter l'application d'une disposition nationale contraire au droit de l'Union[211].

S'agissant de la Charte sociale européenne, les mécanismes institutionnels empêchent un justiciable d'invoquer devant une juridiction nationale les obligations issues de ce texte. La doctrine semble opposée sur cette question : certains auteurs plaident pour l'effet direct de la Charte sociale européenne[212] ; d'autres, se livrant à une analyse de la Charte, refusent de reconnaître une telle valeur à ce texte[213]. Le juge se rallie à ce second avis, comme en témoignent les arrêts rendus par les juridictions administratives. Pour exemple, on citera l'arrêt du Conseil d'État du 20 avril

209. Cass. soc., 8 avril 1992, *Bull. civ. V*, n° 256, qui, au visa du Préambule de la Constitution de 1958 et de l'article L. 122-45 du Code du travail, censure l'arrêt de la cour d'appel qui n'avait pas recherché si le licenciement d'une salariée avait été dicté par une discrimination. Dans le même sens, Cass. soc., 10 février 1998, *Bull. civ.* V, n° 78.

210. Cass. soc., 12 janvier 1999, préc.

211. CJUE, 15 janvier 2014, aff. C-176/12, *Association de médiation sociale c/ Union locale des syndicats CGT*, *Cah. soc.* 2014, 106, 112, n. 6, obs. F. Canut. Solution reprise par le juge français : Cass. soc., 9 juillet 2014, n° 11-21609 : *JCP S* 2014, 1429, note Y. Pagnerre.

212. G. et A. Lyon-Caen, *Droit social international et européen*, Dalloz 1993, 8e éd., n° 184, qui défendent l'idée selon laquelle « en droit social il est difficile d'admettre qu'une convention internationale oblige seulement les États à se conformer à une règle, sans par là même reconnaître aux individus ou aux groupes un droit subjectif d'action devant les tribunaux ».

213. Laroque, « La charte sociale européenne », *Dr. soc.* 1979, p. 107, n° 36. L'auteur rappelle que « l'Annexe à la Charte stipule expressément qu'il est entendu que la Charte contient des engagements juridiques de caractère international dont l'application est soumise au seul contrôle visé par la Partie IV. Cette formule [...] a été introduite précisément pour exclure toute possibilité pour les intéressés de se prévaloir directement devant les autorités ou les juridictions nationales des dispositions de la Charte. [...] L'on ne saurait se dissimuler que la valeur juridique de la Charte s'en trouve considérablement affaiblie ».

1984, confirmé depuis[214], qui décide, à propos de l'applicabilité de l'article 4.4 de la Charte sociale européenne, que « cette clause ne produit pas d'effet direct à l'égard des nationaux des états contractants », et conclut que « la requérante ne peut se prévaloir utilement de la violation de la clause de l'article 4.4 ». Selon le professeur Sudre, « la rédaction de cette stipulation conduit la Haute Assemblée à l'interpréter comme un simple engagement étatique, laissant une grande latitude à l'État, et non comme une règle directement applicable telle quelle »[215].

3.82 › **Forfait-jours.** Le contentieux retentissant du forfait-jours témoigne des fortes hésitations de la Cour de cassation à faire entrer la Charte sociale européenne dans le champ des textes directement applicables. Depuis la condamnation du forfait-jours « français » par le Comité européen des droits sociaux (CEDS, 23 juin 2010), de nombreuses questions étaient nées à propos du devenir du forfait-jours. Notamment, était posée la question de savoir si l'article 2 de la Charte sociale européenne était applicable et devait anéantir le dispositif du forfait-jours. Créant la surprise, la Cour de cassation ne répond pas directement à cette question et se contente de viser « l'article 151 du Traité sur le fonctionnement de l'Union européenne se référant à la Charte sociale européenne ». De l'avis des conseillers de la Cour de cassation, celle-ci n'a pas souhaité trancher la question de l'applicabilité directe de la Charte décidant « de ne pas relever d'office le moyen tiré de la non-conformité du système de forfait en jours à la Charte sociale européenne »[216].

§ 2 – LES SANCTIONS

3.83 › Au-delà de sanctions pénales attachées, notamment, à la discrimination[217] ou à la liberté syndicale[218], les sanctions civiles présentent de nombreuses particularités lorsqu'elles répriment un comportement ou un acte juridique contraire aux droits fondamentaux.

3.84 › **Nullités textuelles.** Le droit du contrat de travail réserve une place particulière aux libertés fondamentales. En dépit du principe selon lequel il n'y a pas de nullité sans texte, la Cour de cassation n'hésite pas à décider que la rupture du contrat de travail est nulle dès lors qu'elle est contraire aux libertés fondamentales[219]. Il est vrai que des textes issus du Code du travail consacrent la règle : notamment en matière de discrimination (C. trav., art. L. 1132-4), lorsque l'employeur licencie un salarié en méconnaissance du droit à la

214. CE, 15 mai 1995, *Rault, Rec. Lebon* 1995, qui conclut à l'absence d'effet direct à l'égard des nationaux des articles 11 et 12 de la Charte sociale européenne. CAA Paris, 8 février 2000, *Commune de Savigny-Le-Temple*, n° 98PA01460, aux termes duquel l'article 1er de la Charte sociale européenne « ne [produit] pas d'effet direct en droit interne et ne [peut] ainsi être utilement [invoquée] en l'espèce ».

215. F. Sudre, « La dimension internationale et européenne des libertés et droits fondamentaux », *in Libertés et droits fondamentaux*, dir. R. Cabrillac, M.-A. Frison-Roche et Th. Revet, Dalloz, 9e éd., 2003, n° 70.

216. M.-F. Mazars et Ph. Flores, « La Cour de cassation et le cadre juridique du forfait en jours », *Sem. Soc. Lamy* 2011 n° 1499, p. 5 s.

217. C. pén., art. 225-2.

218. V. not. C. trav., art. L. 2146-2.

219. Cass. soc., 13 mars 2001, *Dr. soc. 2001*, p. 1117, obs. Cl. Roy-Loustaunau ; *Dr. ouvr.* 2001, 2e esp., p. 300, obs. M.-F. Bied-Charreton ; Cass. soc., 30 octobre 2002, *Dr. soc.* 2003, p. 134, obs. Cl. Roy-Loustaunau.

représentation des salariés (statut protection des représentants du personnel) ou en raison de l'exercice régulier du droit de grève (C. trav., art. L. 2511-1).

3.85 › **Nullités virtuelles.** Mais l'on devine un certain embarras de la Cour de cassation s'agissant de libertés qui, non fondamentales, constituent des libertés personnelles au sens de l'article L. 1121-1 du Code du travail. L'arrêt parfois qualifié « du bermuda », et relatif à la liberté de se vêtir, traduit un tel embarras : selon la Cour de cassation, « la liberté de se vêtir à sa guise au temps et au lieu de travail n'entre pas dans la catégorie des libertés fondamentales »[220]. L'enjeu de la distinction n'est pas neutre : si la violation d'une liberté fondamentale justifie la nullité du licenciement (et donc la réintégration du salarié), celle d'une liberté personnelle aurait pour conséquence une indemnisation au titre de l'absence de cause réelle et sérieuse.

3.86 › **Quelles sanctions pour le principe d'égalité ?** La sanction civile de la discrimination (ou du principe d'égalité) apparaît souvent difficile à mettre en œuvre : la constatation d'une discrimination à l'embauche ne peut se traduire par une obligation de faire (l'obligation d'embauche) et se soldera par le paiement de dommages et intérêts. Par ailleurs, l'atteinte au principe « travail égal, salaire égal » montre que le rétablissement de « l'égalité » peut être source de difficultés : le salarié qui perçoit le salaire le moins élevé peut-il réclamer celui le plus élevé ? Si une tendance se dessine en faveur d'une réponse positive, un auteur propose « l'égalité du juste milieu » : « s'agissant d'une règle de répartition d'une richesse limitée, le principe d'égalité impose une recherche du juste milieu. C'est une question mathématique. Il suffit d'identifier le périmètre des salariés se trouvant dans une situation et de déterminer le salaire moyen (pondéré) ; on trouvera alors le salaire égal qui doit leur être versé et que le contrat doit respecter »[221].

---

220. Cass. soc., 28 mai 2003, *RJS* 2003, n° 975 ; *Dr. soc.* 2003, p. 813, note Ph. Waquet ; *JCP G* 2003, II, 10128, note D. Corrignan-Carsin.

221. J.-F. Cesaro, « Les sanctions », *in L'égalité en droit social*, dir. J.-F. Cesaro, LexisNexis, 2012, n° 158.

» Exercices de préparation au grand oral

› Sujet n° 1

Commenter l'arrêt suivant :

Cass. Ass. plén., 25 juin 2014, n° 13-28369, P+B+R+I, *L. c/Assoc. Baby-Loup*

« Attendu qu'ayant relevé que le règlement intérieur de l'association Baby-Loup, tel qu'amendé en 2003, disposait que « le principe de la liberté de conscience et de religion de chacun des membres du personnel ne peut faire obstacle au respect des principes de laïcité et de neutralité qui s'appliquent dans l'exercice de l'ensemble des activités développées, tant dans les locaux de la crèche ou ses annexes qu'en accompagnement extérieur des enfants confiés à la crèche », la cour d'appel a pu en déduire, appréciant de manière concrète les conditions de fonctionnement d'une association de dimension réduite, employant seulement dix-huit salariés, qui étaient ou pouvaient être en relation directe avec les enfants et leurs parents, que la restriction à la liberté de manifester sa religion édictée par le règlement intérieur ne présentait pas un caractère général, mais était suffisamment précise, justifiée par la nature des tâches accomplies par les salariés de l'association et proportionnée au but recherché ;

Et attendu que sont erronés, mais surabondants, les motifs de l'arrêt qualifiant l'association Baby-Loup d'entreprise de conviction, dès lors que cette association avait pour objet, non de promouvoir et de défendre des convictions religieuses, politiques ou philosophiques, mais, aux termes de ses statuts, « de développer une action orientée vers la petite enfance en milieu défavorisé et d'œuvrer pour l'insertion sociale et professionnelle des femmes [...] sans distinction d'opinion politique et confessionnelle » ;

Attendu, enfin, que la cour d'appel a pu retenir que le licenciement pour faute grave de Mme X..., épouse Y... était justifié par son refus d'accéder aux demandes licites de son employeur de s'abstenir de porter son voile et par les insubordinations répétées et caractérisées décrites dans la lettre de licenciement et rendant impossible la poursuite du contrat de travail ;

D'où il suit que le moyen, inopérant en sa treizième branche, qui manque en fait en ses dix-septième à vingt-deuxième branches et ne peut être accueilli en ses sept premières branches et en ses dixième, onzième et douzième branches, n'est pas fondé pour le surplus. »

› Éléments de corrigé

Introduction

– Rappel des faits et de la procédure.

– Contexte politique et médiatique de l'arrêt *Baby-Loup* : rappels du rapport Stasi en 2003, proposition de loi not. en 2008 et résolution (not. celle déposée devant l'Assemblée nationale en mai 2011)... pour traiter du fait religieux dans l'entreprise.

– Célérité des juges (15 mois seulement entre la décision de la Cour de cassation et celle d'Assemblée plénière).

I. – Les principes neutralisés par la Cour de cassation

A. La neutralisation du principe de laïcité

– **Rappel des fondements de la laïcité** : not. l'article 1er de la Constitution aux termes desquels « la France est une République indivisible, laïque, démocratique et sociale. Elle assure l'égalité devant la loi de tous les citoyens sans distinction d'origine, de race ou de religion. Elle respecte toutes les croyances ».

– Position du Conseil constitutionnel : « le principe de laïcité impose notamment le respect de toutes les croyances, l'égalité de tous les citoyens devant la loi sans distinction de religion et que la République garantisse le libre exercice des cultes[222] ».

– Rappel de la position de la Cour de cassation en amont de l'arrêt d'assemblée plénière : deux arrêts rendus par la chambre sociale de la Cour de cassation (dont l'un concerne le contentieux Baby-Loup) : principe de laïcité applicable dans le secteur public ; non applicable dans le secteur privé[223]. Dans son communiqué associé aux arrêts de 2013, précise que « s'agissant d'une crèche privée, qui ne peut dès lors, en dépit de sa mission d'intérêt général, être considérée comme une personne privée gérant un service public, la Cour de cassation rappelle que le principe de laïcité instauré par l'article 1er de la Constitution n'est pas applicable aux salariés des employeurs de droit privé qui ne gèrent pas un service public[224] ».

B. La neutralisation de la conception d'entreprise de tendance laïque

– **Rappel de la conception d'entreprise de tendance** : « une idéologie, une morale, une philosophie ou une politique est expressément prônée, autrement dit, l'objet essentiel de l'activité de ces entreprises est la défense et la promotion d'une doctrine ou d'une éthique[225] ».
– concept accueilli tant par la Cour de cassation[226] que dans les textes de l'Union européenne (directive 2000/78, 27 nov. 2000, dont le cons. 24 précise que « l'Union européenne a reconnu explicitement dans sa déclaration n° 11 relative au statut des Églises et des organisations non confessionnelles, annexée à l'acte final du traité d'Amsterdam, qu'elle respecte et ne préjuge pas le statut dont bénéficient, en vertu du droit national, les Églises et les associations ou communautés religieuses dans les États membres et qu'elle respecte également le statut des organisations philosophiques et non confessionnelles. Dans cette perspective, les États membres peuvent maintenir ou prévoir des dispositions spécifiques sur les exigences professionnelles essentielles, légitimes et justifiées susceptibles d'être requises pour y exercer une activité professionnelle ». V. art. 4, § 2).

– **conception de l'entreprise de tendance laïque** : rappel de la poisiton dans la cour d'appel dans l'affaire *Baby-Loup* : « l'association Baby Loup peut être qualifiée d'entreprise de conviction en mesure d'exiger la neutralité de ses employés ; que sa volonté de l'obtenir résulte suffisamment en l'occurrence des dispositions tant de ses statuts que de son

222. Cons. const., 21 févr. 2013, n° 2012-297 QPC, *Association pour la promotion et l'expansion de la laïcité, RFDA* 2013. 663, chron. A. Roblot-Troizier et G. Tusseau.

223. Cass. soc., 19 mars 2013, 2 arrêts.

224. Communiqué ss. Cass. soc., 19 mars 2013, n° 11-28845 et 12-11690.

225. Ph. Waquet, « Loyauté du salarié dans les entreprises de tendance », *Gaz. Pal.* 1996. 1427.

226. V. not. : Cass., Ass. plén., 19 mai 1978, n° 76-41211, *Bull. Ass. plén.*, n° 1.

règlement intérieur, que ce soit celui adopté lors de sa création en 1990, selon lequel le personnel doit dans l'exercice de son travail respecter et garder la neutralité d'opinion politique et confessionnelle en regard du public accueilli, ou celui modifié, entré en vigueur le 15 juillet 2003, aux termes duquel le principe de la liberté de conscience et de religion de chacun des membres du personnel ne peut faire obstacle au respect des principes de laïcité et de neutralité qui s'appliquent dans l'exercice de l'ensemble des activités développées, tant dans les locaux de la crèche ou ses annexes qu'en accompagnement extérieur des enfants confiés à la crèche[227] ».

– position écartée par la Cour de cassation dans l'arrêt commenté : « sont erronés, mais surabondants, les motifs de l'arrêt qualifiant l'association Baby-Loup d'entreprise de conviction, dès lors que cette association avait pour objet, non de promouvoir et de défendre des convictions religieuses, politiques ou philosophiques, mais, aux termes de ses statuts, "de développer une action orientée vers la petite enfance en milieu défavorisé et d'œuvrer pour l'insertion sociale et professionnelle des femmes [...] sans distinction d'opinion politique et confessionnelle[228]" ».

II. – Les fondements mobilisables

A. *Le principe de proportionnalité*

– **rôle de la proportionnalité dans le contentieux** *Baby-Loup* : appliqué au règlement intérieur de la crèche (ce dernier précisant que « le principe de la liberté de conscience et de religion de chacun des membres du personnel ne peut faire obstacle au respect des principes de laïcité et de neutralité qui s'appliquent dans l'exercice de l'ensemble des activités développées, tant dans les locaux de la crèche ou ses annexes qu'en accompagnement extérieur des enfants confiés à la crèche »), le contrôle de proportionnalité divise :

– selon la Cour de cassation, la clause est trop générale et imprécise[229].

– selon l'assemblée plénière : « la restriction à la liberté de manifester sa religion édictée par le règlement intérieur ne présentait pas un caractère général, mais était suffisamment précise, justifiée par la nature des tâches accomplies par les salariés de l'association et proportionnée au but recherché[230] ».

– les rebonds de l'affaire *Baby-loup :*

– sur le plan du contentieux : Cass. soc., 9 avr. 2015, nº 13-19855 : la Cour de cassation a renvoyé une affaire devant CJUE : « les dispositions de l'article 4 § 1 de la directive 78/2000/CE du Conseil du 27 novembre 2000 portant création d'un cadre général en faveur de l'égalité de traitement en matière d'emploi et de travail, doivent-elles être interprétées en ce sens que constitue une exigence professionnelle essentielle et déterminante, en raison de la nature d'une activité professionnelle ou des conditions de son exercice, le souhait d'un client d'une société de conseils informatiques de ne plus voir les prestations de service informatiques de cette société assurées par une salariée, ingénieur d'études, portant un foulard islamique ? ».

– sur le plan de la loi : loi nº 2016-1088 du 8 août 2016 : « le règlement intérieur peut contenir des dispositions inscrivant le principe de neutralité et restreignant la

227. CA Paris, 27 nov. 2013, n° 13/02981 : *Cah. soc.*, 2014. 90, note J.-F. Akandji-Kombé ; *D.* 2014. 65, note J. Mouly ; *Dr. soc.* 2014. 4, étude J.-E. Ray.

228. Cass. Ass. plén., 25 juin 2014, arrêt reproduit.

229. Cass. soc., 19 mars 2013, n° 11-28845, préc.

230. Cass. Ass. plén., 25 juin 2014, arrêt commenté.

manifestation des convictions des salariés si ces restrictions sont justifiées par l'exercice d'autres libertés et droits fondamentaux ou par les nécessités du bon fonctionnement de l'entreprise et si elles sont proportionnées au but recherché » (C. trav., art. L. 1321-2-1).

B. Le principe de non-discrimination

– question d'actualité car la CJUE est saisie de deux questions très proches, conduisant les avocats généraux à exprimer des positions différentes :

– s'agissant de l'affaire française, l'avocat général conclut à l'existence d'une discrimination (Concl., 13 juill. 2016, aff. C-188/15, *Asma Bougnaoui et al. c/ Micropole SA*, pour qui un règlement de travail d'une entreprise qui interdit aux travailleurs de cette entreprise de porter des signes ou tenues vestimentaires religieux lorsqu'ils sont en contact avec la clientèle de l'entreprise entraîne une discrimination directe non justifiée) ;

– concernant l'affaire belge : rejet de la discrimination (Concl. 31 mai 2016, aff. C-157/15, *Samira Achbita et al. c/ G4S Secure Solutions NV*, admettant la clause du « règlement général de l'entreprise interdisant les signes politiques, philosophiques et religieux visibles sur le lieu de travail et ne reposant pas sur des stéréotypes ou des préjugés relatifs à une ou plusieurs religions déterminées ou aux convictions religieuses en général »).

– sur la comparaison des points de vue : J. ICARD, « Expression religieuse dans l'entreprise », *Cah. soc.* 2016. 428.

› Sujet n° 2

Commentez l'arrêt rendu par la chambre sociale de la Cour de cassation le 5 novembre 2014 (n° 13-18427).

LA COUR – [...]

Sur le moyen unique :

Attendu, selon l'arrêt attaqué (Versailles, du 28 mars 2013), que M. O., engagé à compter du 28 novembre 1995 en qualité de contrôleur par la société Sqybus, était en dernier lieu chef de contrôle trafic voyageur ; qu'il a été licencié pour faute grave par lettre du 25 janvier 2010 ;

Attendu que le salarié fait grief à l'arrêt de dire son licenciement fondé sur une cause réelle et sérieuse et de le débouter de ses demandes liées à la rupture alors, selon le moyen :

1°/qu'une filature organisée par un employeur pour contrôler et surveiller l'activité d'un salarié constitue un mode de preuve illicite dès lors qu'elle implique nécessairement une atteinte à la ***vie privée*** *de ce dernier, insusceptible d'être justifiée, eu égard à son caractère disproportionné, par les intérêts légitimes de l'employeur ; que pour déclarer le licenciement de M. O. justifié par une cause réelle et sérieuse, la cour d'appel s'est fondée sur les rapports établis par le personnel de surveillance missionné par l'employeur, la société Sqybus, au terme de leurs filatures dont elle a retenu le caractère licite motif pris de ce que ces filatures ne se seraient pas poursuivies jusqu'au domicile de M. O. et n'auraient donc pas porté atteinte à sa vie privée ; qu'en se déterminant ainsi, la cour d'appel qui a ajouté une exception, liée à l'absence d'atteinte à la vie privée du salarié dès lors que ces filatures ne s'étaient pas poursuivies jusqu'à son domicile, au principe qui n'en comporte pourtant pas, de l'illicéité de tels modes de preuve, reposant sur des actes de contrôle et de surveillance de salariés à leur insu, a violé les articles L. 1121-1 du Code du travail, 9 du Code civil et 8 de la Convention européenne de sauvegarde des droits de l'homme et des libertés fondamentales ;*

2°/qu'en toute hypothèse, deux des griefs formulés à l'encontre de M. O. dans la lettre de licenciement portaient sur son entrée dans l'immeuble d'une collègue, d'une part, et sur sa visite d'un magasin Foir'Fouille à des fins personnelles pendant son temps de travail, d'autre part ; que pour déclarer le licenciement de M. O. justifié par une cause réelle et sérieuse, la cour d'appel s'est fondée sur les rapports du personnel de surveillance qu'elle a déclarés licites motif pris de ce qu'ils ne porteraient pas atteinte à sa vie privée ; qu'en se déterminant ainsi, la cour d'appel n'a pas tiré les conséquences légales de ses constatations desquelles il se déduisait que les actes reprochés ressortaient de la ***vie privée*** *de M. O. et ne pouvaient donc en aucun cas faire l'objet de mesures de contrôle et de surveillance, à son insu, au regard des articles L. 1121-1 du Code du travail, 9 du Code civil et 8 de la Convention européenne de sauvegarde des droits de l'homme et des libertés fondamentales qu'elle a ainsi violés ;*

3°/que toute décision doit être motivée ; que, pour déclarer le licenciement de M. O. justifié par une cause réelle et sérieuse, la cour d'appel s'est bornée à énoncer qu'au vu des pièces produites par l'employeur, les manquements invoqués contre le salarié étaient établis et caractérisés ; qu'en se prononçant ainsi, sans motiver cette assertion par un examen même sommaire desdits manquements, à travers les éléments de preuve produits par les parties à l'appui de leurs contestations respectives, la cour d'appel n'a pas motivé sa décision, violant ainsi l'article 455 du Code de procédure civile ;

4°/qu'en cas de litige, le juge à qui il appartient d'apprécier la régularité de la procédure suivie et le caractère réel et sérieux des motifs invoqués par l'employeur, forme sa conviction au vu des éléments fournis par les parties ; qu'en se bornant, pour déclarer le licenciement de M. O. justifié par une cause réelle et sérieuse, à énoncer qu'au vu des pièces produites par l'employeur, les manquements invoqués contre ce salarié étaient établis et caractérisés, la cour d'appel, par ces considérations sommaires et insuffisantes, ne satisfaisant pas aux exigences légales, a privé son arrêt de base légale au regard de l'article L. 1235-1 du Code du travail ;

Mais attendu que le contrôle de l'activité d'un salarié, au temps et au lieu de travail, par un service interne à l'entreprise chargé de cette **mission ne constitue pas, en soi,** même en l'absence d'information préalable du salarié, un mode de preuve illicite ;

Et attendu qu'ayant relevé que le contrôle organisé par l'employeur, confié à des cadres, pour observer les équipes de contrôle dans un service public de transport dans leur travail au quotidien sur les amplitudes et horaires de travail, était limité au temps de **travail et n'avait impliqué aucune atteinte à la vie privée des salariés observés, la cour d'appel a pu en déduire que les rapports « suivi contrôleurs » produits par l'employeur étaient des moyens de preuve licites ;**

D'où il suit que le moyen, qui sous le couvert du grief non fondé de violation de la loi ne tend en ses troisième et quatrième branches qu'à remettre en discussion devant la Cour de cassation l'appréciation souveraine par les juges du fond des éléments de preuve qui leur étaient soumis, n'est pas fondée pour le surplus ;

Par ces motifs :

Rejette [...]

› Éléments de corrigé

La question de la vie privée du salarié, dans et hors de l'entreprise, est très présente dans la jurisprudence sociale[231] ; elle se pose notamment lorsqu'il s'agit de sanctionner

231. Cass. soc., 29 septembre 2014, n° 12-26932 : *Cah. soc.* 2014, n° 268, obs. J. Icard, s'agissant de déterminer si les faits reprochés au salarié, commis à l'occasion d'un séjour organisé par l'employeur, en dehors du temps et du lieu de l'entreprise, relevaient de la vie privée du salarié. Estimant que les faits se rattachaient à la vie de l'entreprise, la Cour de cassation légitime le licenciement pour faute grave. Cass. com., 10 février 2015,

un salarié. Quelle est l'étendue du pouvoir de surveillance de l'employeur ? Existe-t-il un domaine, un lieu, qui échappe à son contrôle ? Par ailleurs, les moyens utilisés pour obtenir la preuve des agissements fautifs sont-ils limités par la protection de la vie privée ? Des questions, et des réponses, que la décision analysée illustre.

Dans l'espèce commentée, plusieurs cadres d'une entreprise de transport sont chargés d'observer les équipes de contrôleurs. Un salarié, « chef de contrôle voyageurs » dans une société de transports, est licencié pour faute grave. Il lui est notamment reproché d'être entré dans l'immeuble d'une collègue et d'avoir effectué une visite dans un magasin pendant son temps de travail. Estimant cette rupture sans cause réelle et sérieuse, les moyens de preuve étant illicites, il saisit la juridiction prud'homale. Débouté, il forme un pourvoi en cassation, lequel est rejeté.

La question soumise à la Cour de cassation était la suivante : les rapports fournis par l'employeur pour établir la faute grave sont-ils attentatoires à la vie privée du salarié ? Dans l'affirmative, constituent-ils des moyens de preuve illicites ? La Cour de cassation répond par la négative : le contrôle de l'activité d'un salarié, au temps et au lieu de travail, par un service interne à l'entreprise chargé de cette mission, *ne constitue pas en soi un mode de preuve illicite même en l'absence d'information préalable du salarié.* Nous étudierons le droit de contrôle de l'employeur sur l'activité de son salarié (I.). Par ailleurs, elle estime que le contrôle de l'employeur sur l'activité de son salarié *étant limité au temps de travail et n'ayant impliqué aucune atteinte à la vie privée des salariés* observés, les rapports produits par l'employeur étaient des moyens de preuve licites. Nous analyserons quelle est l'étendue du droit de l'employeur de contrôler l'activité du salarié (II.).

I. Le droit de contrôle de l'employeur sur l'activité de son salarié

En vertu de son pouvoir de direction, le chef d'entreprise peut exercer un contrôle sur l'activité de ses salariés pendant le temps de travail. Sur quels fondements repose cette affirmation et quelles en sont les modalités ?

a) Fondements

Le pouvoir de direction permet au chef d'entreprise de prendre des décisions de gestion, mais également de sanctionner certains comportements de ses salariés. Le droit d'infliger des sanctions aux salariés lui appartient *(C. trav., art. L. 1331-1)*, et le droit de contrôler l'activité de ses salariés est un corollaire du pouvoir de direction. L'employeur doit pouvoir vérifier que le salarié exécute selon ses directives et avec diligence sa prestation de travail.

Placés sous son autorité, et en état de subordination du fait du contrat de travail, les salariés se doivent de respecter la discipline de l'entreprise ainsi que leurs engagements contractuels[232]. Depuis l'arrêt *Société Générale*, l'existence du contrat de travail est ancrée sur les pouvoirs de l'employeur.

La sanction infligée doit être justifiée et reposer sur des éléments objectifs. La preuve de la faute commise par le salarié doit être rapportée.

---

n° 13-14779 : *JurisData* n° 2015-002342, décidant que les SMS envoyés ou reçus par le salarié sur son téléphone professionnel sont présumés avoir un caractère professionnel. Ce mode de preuve est ainsi validé. V. déjà, pour des fichiers contenus dans une clé USB appartenant au salarié et connectée sur l'ordinateur professionnel du salarié : Cass. soc., 12 février 2013, n° 11-28649 : *JurisData* n 2013-002073.

232. « Le lien de subordination est caractérisé par l'exécution d'un travail sous l'autorité d'un employeur qui a le pouvoir de donner des ordres et des directives, *d'en contrôler l'exécution* et de sanctionner les manquements de son subordonné » (Cass. soc., 13 novembre 1996 : *Dr. soc.* 1996, p. 1069, note J.-J. Dupeyroux).

Ce pouvoir de sanction est important mais n'est pas sans limite : le chef d'entreprise ne peut porter atteinte aux libertés et droits fondamentaux du salarié (*C. trav., art. L. 1121-1*). Cependant, des nuances peuvent être apportées à cette interdiction par l'application du principe de proportionnalité. Les manifestations du pouvoir de contrôle de l'employeur à l'égard de son personnel sont bornées par le respect des droits et libertés fondamentaux des salariés et l'application du principe de proportionnalité.

En l'espèce, une filature a été organisée par un employeur pour contrôler et surveiller l'activité d'un salarié. Le salarié soutient qu'elle constitue une atteinte à la vie privée insusceptible d'être justifiée par les intérêts légitimes de l'employeur.

b) Les modalités

La Cour de cassation estime qu'il y a surveiller et... surveiller. Elle proscrit certains moyens de contrôle pouvant porter atteinte à la vie privée du salarié.

À l'intérieur de l'entreprise, le supérieur hiérarchique[233] d'un salarié s'assure de sa présence, l'observe, contrôle sa productivité, etc. Il s'agit d'une simple surveillance, directe, de proximité, pour tout dire transparente. Cette surveillance est ainsi effectuée sur les lieux de travail.

Par ailleurs, lorsqu'est mis en place un dispositif n'ayant pas pour finalité de surveiller le salarié, la Cour de cassation admet ce moyen de contrôle : il en est ainsi de la production des relevés de facturation téléphonique[234] ou de la surveillance des entrepôts dans lesquels les salariés n'ont pas accès[235]. Il est loisible à l'employeur d'installer un système destiné à protéger ses biens. Reste à déterminer s'il peut se prévaloir de ces enregistrements pour prouver en justice la faute de ses salariés.

Enfin, la Cour de cassation admet que l'employeur puisse surveiller les connexions Internet de ses salariés[236]. Fichiers, courriers électroniques : l'employeur ne peut accéder aux dossiers et fichiers « personnels »[237]. La chambre sociale de la Cour de cassation admet que l'employeur puisse consulter les fichiers informatiques et le courrier électronique du salarié, reçus ou stockés sur un ordinateur mis à sa disposition par l'entreprise dès lors que le salarié ne les a pas identifiés comme personnels[238].

La mise en place de dispositifs spécifiques de surveillance a conduit la jurisprudence à poser un certain nombre de conditions aux fins de respecter le principe de la loyauté de la preuve. Des procédés illicites ont été établis au fil des nombreux arrêts rendus par la Cour de cassation. Il semble que certaines solutions soient abandonnées.

II. L'étendue du droit de contrôler l'activité de son salarié

Les rapports « suivi contrôleurs » produits par l'employeur sont-ils des moyens de preuve illicites ?

233. Cass. soc., 26 avril 2006 : *JCP S*, 2006, 1444, note D. Corrignan-Carsin ; *Bull. civ.* V, n° 145.

234. Cass. soc., 11 mars 1998 : *RJS* 1998, n° 415. Cass. soc., 29 janvier 2008 : *JCP S* 2008, 1396, note B. Bossu. Voir, F. Favennec-Héry, « Vie professionnelle, vie personnelle du salarié et droit probatoire », *Dr. soc.* 2004, p. 52.

235. Cass. soc., 31 janvier 2001 : *D. 2001*, p. 2169, obs. Ch. Paulin. Cass. soc., 19 avril 2005 : *JCP S* 2005, 1032, note J.- F. Césaro.

236. Cass. soc., 21 septembre 2011, n° 10-14869.

237. Cass. soc., 2 octobre 2001 : *Bull. civ.* V, n° 291. Voir les nuances : Cass. soc., 23 mai 2007 : *JCP S* 2007, 1537.

238. Cass. soc., 17 mai 2005 : *Juris-Data* n° 2005-028449 ; *JCP S* 2005, 1031, note F. Favennec-Héry ; *Bull. civ.* V n° 165 ; *RJS* 2005, n° 799.

Selon l'article 9 du Code de procédure civile, il incombe à chaque partie de prouver conformément à la loi les faits nécessaires au succès de sa prétention. En application de ce texte, tout mode de preuve illicite est exclu.

La preuve doit être apportée loyalement. Dès lors qu'il y a violation de la vie privée, la preuve doit être écartée. Quelles sont les conditions ?

a) Conditions

La première exigence concerne *l'information du salarié* : depuis 1991, la Cour de cassation impose l'information du salarié[239]. Tout enregistrement, quels qu'en soient les motifs, d'images ou de paroles à l'insu des salariés, constitue un mode de preuve illicite. Mais, dès lors que les salariés ont été dûment avertis de ce que leurs conversations téléphoniques seraient écoutées, les écoutes réalisées constituent un mode de preuve valable[240]. La preuve du comportement du salarié ne doit pas avoir été obtenue clandestinement.

Cette exigence semble ici abandonnée. Comment l'expliquer, la condition de l'information du salarié étant essentielle, elle permettait la recevabilité de la preuve. Comme le suggère un auteur[241], s'agissant d'un service interne à l'entreprise, le salarié ne pouvait l'ignorer.

La seconde condition concerne *l'information des représentants du personnel.*

Le comité d'entreprise est informé et consulté, préalablement à la décision de mise en œuvre dans l'entreprise, sur les moyens et techniques permettant un contrôle de l'activité des salariés[242] *(C. trav., art. L. 2323-32).* La question n'est pas en débat dans l'espèce analysée.

b) Procédés illicites

La Cour de cassation a rendu de nombreuses décisions précisant quels types de procédés étaient illicites.

Il est interdit à un officier ministériel d'avoir recours à un stratagème pour recueillir la preuve d'une faute[243]. Mais si l'huissier a effectué de simples constatations matérielles dans un lieu privé, mais ouvert au public, ce mode de preuve peut être considéré comme licite. De même, l'utilisation de lettres piégées constitue un stratagème ; le moyen de preuve est illicite[244].

Par ailleurs, l'enregistrement vidéo des postes de travail à l'insu des salariés constitue un mode de preuve illicite. De même, l'enregistrement de conversations à l'insu du salarié[245].

Enfin, la Cour de cassation décidait qu'une filature organisée par l'employeur constituait un moyen de preuve illicite, car elle implique nécessairement une atteinte à la vie privée du salarié[246]. En tant que tel, ce procédé était condamné.

---

239. Cass. soc., 20 novembre 1991 : *Bull. civ.* V, n° 519. Cass. soc., 22 mai 1995, n° 93-44078 ; *Bull. civ.* V, n° 164.
240. Cass. soc., 14 mars 2000 : *Juris-Data* n° 2000-000980.
241. J. Icard, note sous Cass. soc., 5 novembre 2014 : *Cah. soc.* 2015, n° 270, p. 20.
242. Cass. soc., 7 juin 2006 : *JCP* S 2006, 1614, note D. Corrignan-Carsin.
243. Cass. soc., 18 mars 2008, n° 06-40852 : *Bull. civ.* V, n° 65.
244. Cass. soc., 4 juillet 2012, n° 11-30266 : *Bull. civ.* V, n° 208.
245. Cass. soc., 29 janvier 2008 : *RJS* 2008, n° 379.
246. Cass. soc., 26 novembre 2002 : *Juris-Data* n° 2002-016588 ; *Dr. soc.* 2003, p. 225, note J. Savatier (Violation des articles L. 1121-1 du Code du travail, 9 du Code civil et 8 de la Convention européenne de sauvegarde des droits de l'homme et des libertés fondamentales). Cass. soc., 4 février 1998 : *Bull. civ.* V, n° 64.

C'est sur cette jurisprudence que s'appuie le salarié mais qui n'est pas confirmée. Le rejet de principe de la filature est écarté, ce qui peut surprendre.

En effet, la cour affirme qu'il n'y a pas atteinte à la vie privée du salarié. Le contrôle par les cadres de l'entreprise s'effectuant sur les amplitudes et horaires de travail, il était bien limité au temps de travail et ne portait pas atteinte à la vie privée du salarié. Désormais, sans en avertir le salarié, un service interne à l'entreprise peut le surveiller, sur les temps et lieux du travail, à l'extérieur de l'entreprise.

Sujet n° 3

Commentez l'arrêt rendu par la chambre sociale de la Cour de cassation le 29 octobre 2013 (n° 12-22447).

La COUR – [...]

Attendu, selon l'arrêt attaqué (Riom, 15 mai 2012), que M. C. a été engagé le 15 septembre 2003 par l'Établissement Union mutualiste retraite en qualité d'animateur de réseaux ; qu'il a été licencié pour faute grave le 29 septembre 2009 après mise à pied conservatoire, l'employeur lui reprochant d'avoir rédigé une attestation mensongère destinée à être produite dans le cadre d'un litige prud'homal concernant un autre salarié et d'avoir informé de cette démarche des collègues de travail ;

Sur le premier moyen :

Vu les articles 6 et 10 de la convention de sauvegarde des droits de l'homme et des libertés fondamentales ;

– Attendu qu'en raison de l'atteinte qu'il porte à la liberté fondamentale de témoigner, garantie d'une bonne justice, le licenciement prononcé en raison du contenu d'une attestation délivrée par un salarié au bénéfice d'un autre est atteint de nullité, sauf en cas de mauvaise foi de son auteur ;

– Attendu que, pour dire qu'il n'y avait pas lieu d'annuler le licenciement et débouter le salarié de sa demande de réintégration, l'arrêt énonce qu'au regard de la lettre de licenciement, le salarié a été licencié pour avoir rédigé une fausse attestation et informé ses collègues de travail de son intention de témoigner en faveur d'un autre salarié, en donnant ainsi une publicité à son opposition envers sa direction, de sorte que le licenciement ne reposant pas sur une atteinte à sa liberté de témoigner, il n'y avait pas lieu de l'annuler ;
Qu'en statuant ainsi la cour d'appel a violé les textes susvisés ;

Par ces motifs :

Casse et annule [...]

Éléments de corrigé (plan)

Introduction

Une nouvelle fois, la Cour de cassation rend, en 2013, une décision importante sur le fondement de l'article 6 § 1 de la Convention de sauvegarde des droits de l'homme et des libertés fondamentales.

Dans une première décision, elle élève le droit d'agir en justice au rang de liberté fondamentale, permettant au salarié d'être à l'abri de toute mesure de rétorsion lorsqu'il agit en justice contre son employeur[247]. Puis, elle affirme que le principe de l'égalité des armes fait obstacle à ce que l'employeur utilise son pouvoir disciplinaire pour imposer au salarié les conditions de règlement du procès qui les oppose, affirmant la nullité du licenciement qui trouve sa cause dans la volonté de l'employeur d'imposer au salarié sa propre solution dans le litige qui les oppose relativement à l'exécution du jugement du conseil de prud'hommes[248]. Plus tard, sur le fondement de l'atteinte portée à la liberté fondamentale de témoigner, elle prononce la nullité du licenciement décidé en raison du contenu d'une attestation délivrée par un salarié au bénéfice d'un autre[249]. L'arrêt du 23 octobre 2013 fait date.

Un salarié est licencié pour faute grave après une mise à pied conservatoire, l'employeur lui reprochant la rédaction d'une attestation qu'il juge mensongère, destinée à être produite devant le juge prud'homal, et d'en avoir fait part à d'autres membres du personnel. La cour d'appel de Riom refuse d'annuler le licenciement et déboute le salarié de sa demande de réintégration. Les juges du fond estiment que le licenciement est justifié par la publicité donnée à l'opposition du salarié envers sa direction et qu'il ne repose pas sur une atteinte à la liberté de témoigner ; leur décision est censurée. À la question posée, y a-t-il violation de la liberté de témoigner, la Cour de cassation répond par l'affirmative.

Au visa des articles 6 et 10 de la Convention de sauvegarde des droits de l'homme et des libertés fondamentales, la Haute Juridiction rappelle qu'« en raison de l'atteinte qu'il porte à la liberté fondamentale de témoigner, garantie d'une bonne justice, le licenciement prononcé en raison du contenu d'une attestation délivrée par un salarié au bénéfice d'un autre est atteint de nullité, sauf en cas de mauvaise foi de son auteur ».

La liberté de témoigner du salarié, y compris contre son employeur, est ainsi consacrée. Liberté fondamentale, la liberté de témoigner est protégée.

I. Consécration de la liberté de témoigner

a) Notion

« Chacun est tenu d'apporter son concours à la justice en vue de la manifestation de la vérité »[250]. L'article 11 du Code de procédure civile affirme quant à lui que « les parties sont tenues d'apporter leur concours aux mesures d'instruction sauf au juge à tirer toute conséquence d'une abstention ou d'un refus ».

Selon la décision analysée, la liberté fondamentale de témoigner est la « garantie d'une bonne justice ».

L'action en justice est un droit fondamental qui suppose non seulement de protéger le demandeur et son adversaire mais aussi de permettre à toute personne impliquée dans une relation processuelle d'agir avec efficacité, ce qui suppose notamment de ne pas exposer le témoin à des mesures de rétorsion pour avoir contribué à la manifestation de la vérité[251].

---

247. Cass. soc., 6 février 2013, n° 11-11740, *JCP* S 2013, 1385, note F. Bousez ; J. Mouly, « Une avancée spectaculaire du droit du salarié d'agir en justice contre l'employeur : la nullité de principe des mesures de rétorsion », *Dr. soc.* 2013, p. 415.

248. Cass. soc., 9 octobre 2013, n° 12-17882, *JCP* S 2013, 1546, note A. Bugada ; *RJS* 2013, n° 788.

249. Cass. soc., 29 octobre 2013, n° 12-22447, *JCP* S 2014, 1061, note B. Bossu ; *Dr. soc.* 2014, p. 81, note J. Mouly.

250. C. civ., art. 10.

251. B. Bossu, art. préc.

La liberté de témoigner se situe dans le prolongement de la liberté d'agir en justice et de la liberté d'expression, libertés qui sont protégées respectivement par l'article 6, § 1 et l'article 10 de la Convention de sauvegarde des droits de l'homme et des libertés fondamentales. C'est le sens et la force de la décision commentée.

Pour la cour d'appel, le licenciement a une cause réelle et sérieuse : le caractère mensonger du témoignage et la publicité donnée par le salarié, le témoignage en tant que tel ne constituant pas le motif du licenciement. En affirmant que le licenciement ne repose pas sur une atteinte à la liberté de témoigner, la cour d'appel consacre la liberté du salarié de témoigner. Cependant, le caractère mensonger de l'attestation produite n'ayant pas été contrôlé, la liberté du salarié de témoigner contre son employeur est vidée de sa substance[252].

b) Limite

La liberté pour le salarié de témoigner en justice contre son employeur connaît une limite : la mauvaise foi. Un témoignage contenant des allégations inexactes sera sanctionné si le salarié n'ignorait pas le caractère mensonger de ses propos ou s'il a agi avec légèreté. La bonne foi étant présumée, la charge de la preuve de la mauvaise foi pèse sur celui qui l'invoque[253].

Par ailleurs, le Code du travail dispose que le doute profite au salarié en matière de licenciement, imposant à l'employeur de fournir au juge des éléments convaincants[254].

Portant atteinte à la liberté de témoigner, la Cour de cassation décide que le licenciement est nul.

II. Protection de la liberté de témoigner

Un licenciement prononcé du fait du témoignage d'un salarié en faveur d'un collègue n'est pas légitime. La Cour de cassation a ainsi déjà jugé que le témoignage en justice d'un salarié ne pouvait, sauf abus, constituer ni une faute ni une cause réelle et sérieuse de licenciement[255]. Désormais, la rupture est qualifiée de nulle.

a) Sanction

En effet, en cas de violation d'une liberté fondamentale, le licenciement doit être annulé[256].

En se plaçant sur le terrain des libertés fondamentales, la Cour de cassation permet au salarié licencié d'obtenir sa réintégration dans l'entreprise.

b) Régime

Rappel : régime de la réintégration du salarié. Indemnisation en cas de refus de sa part.

252. J. Mouly, art. préc.
253. C. civ., art. 2268.
254. C. trav., art. L. 1333-1.
255. Cass. soc., 6 juin 2007, n° 05-43996, *JCP* S 2007, 1716, note B. Bossu ; Cass. soc., 4 avril 2006, n° 04-44549, *Bull. civ.* V, n° 135.
256. Cass. soc., 30 octobre 2002, n° 00-45608 : *RJS* 2003, n° 24.

› Sujet n° 4

Commentez l'arrêt rendu par la chambre sociale de la Cour de cassation le 26 janvier 2016 *(n° 14-15360).*

La COUR – […]

Donne acte à la société Malmezat Prat désignée en qualité de liquidateur judiciaire de la société Espace gestion Bordeaux Gironde de sa reprise d'instance ;

Attendu, selon l'arrêt attaqué (Bordeaux, 18 février 2014), qu'engagée le 21 février 2006 par la société Espace gestion Bordeaux Gironde en qualité d'assistante administrative et commerciale pour occuper en dernier lieu un poste de responsable d'agence, Mme X… a, par lettre du 17 novembre 2011, pris acte de la rupture de son contrat de travail aux torts de l'employeur et a saisi la juridiction prud'homale ; que le 4 mars 2015, l'employeur a été placé en liquidation judiciaire, la société Malmezat Prat étant désignée liquidateur judiciaire ;

Sur le premier moyen du pourvoi principal de l'employeur :

Attendu que l'employeur fait grief à l'arrêt d'écarter la pièce 22 produite aux débats et de dire que la rupture du contrat de travail lui est imputable, qu'elle produit les effets d'un licenciement sans cause réelle et sérieuse et de le condamner à payer à la salariée diverses sommes au titre de la rupture du contrat de travail alors, selon le moyen, que les dossiers et fichiers créés par un salarié grâce à l'outil informatique mis à sa disposition par son employeur pour l'exécution de son travail sont présumés, sauf si le salarié les identifie comme étant personnels, avoir un caractère professionnel ; que des courriels et fichiers intégrés dans le disque dur de l'ordinateur mis à disposition du salarié par l'employeur ne sont pas identifiés comme personnels du seul fait qu'ils sont émis de ou vers la messagerie électronique personnelle du salarié ; qu'en écartant des débats la pièce n° 22 produite par la SARL Espace gestion Bordeaux Gironde, motif pris que cette pièce, bien que « provenant de l'ordinateur professionnel mis à la disposition de Mme X… est un échange de courriels en date des 09 et 10 octobre 2011 reçu par Mme X… sur sa boîte de messagerie personnelle et émanant d'adresses privées non professionnelles » de telle sorte que sa production porterait atteinte au secret des correspondances, la cour d'appel a violé les articles 9 du code civil et 9 du code de procédure civile ;

Mais attendu qu'ayant constaté que les messages électroniques litigieux provenaient de la messagerie personnelle de la salariée distincte de la messagerie professionnelle dont celle-ci disposait pour les besoins de son activité, la cour d'appel en a exactement déduit que ces messages électroniques devaient être écartés des débats en ce que leur production en justice portait atteinte au secret des correspondances ; que le moyen n'est pas fondé ;

Et attendu qu'il n'y a pas lieu de statuer par une décision spécialement motivée sur le second moyen du pourvoi principal de l'employeur et les premier et second moyens du pourvoi incident de la salariée annexés qui ne sont manifestement pas de nature à entraîner la cassation ;

PAR CES MOTIFS :

REJETTE les pourvois.

› Éléments de corrigé

L'employeur détient le pouvoir de direction. Son corollaire, le pouvoir disciplinaire, lui permet de sanctionner un salarié fautif. Si le droit disciplinaire encadre et limite ce pouvoir, en apportant un certain nombre de garanties aux salariés, il n'interdit pas au chef d'entreprise de contrôler l'exécution de leur contrat de travail. La surveillance exercée par l'employeur est un droit fondé sur la subordination du salarié[257] ; c'est aussi un devoir[258]. Surveiller, filmer, écouter, etc., les moyens sont nombreux.

La vie numérique s'est invitée dans les relations de travail. Aussi, le développement des nouvelles technologies, et ses excès, ont conduit la jurisprudence à préciser dans quelles conditions l'employeur pouvait les utiliser afin, notamment, de fournir des preuves de manière licite.

Dès 2001, l'arrêt *Nikon* a consacré le principe du droit au secret des messages personnels émis et reçus par les salariés grâce à l'outil informatique mis à disposition par l'entreprise, et ce, même si l'utilisation non professionnelle de l'ordinateur est interdite[259].

L'essor du recours à la communication numérique offre un champ immense d'adaptation des règles traditionnelles de la correspondance aux relations de travail. Depuis une quinzaine d'années, la jurisprudence fait œuvre créatrice en la matière. Ce faisant, au fil de nombreuses décisions, elle affine, nuance, écarte, restreint ou étend, le plus souvent, semble-t-il, en tentant de trouver un équilibre entre la protection des droits des salariés et l'exercice des prérogatives de l'employeur. Libertés et droits fondamentaux sont au cœur de cette démarche.

Une décision récente de la chambre sociale de la Cour de cassation confirme cette approche.

Une salariée ayant pris acte de la rupture de son contrat de travail aux torts de l'employeur décide de saisir la juridiction prud'homale. La cour d'appel ayant écarté des débats des messages provenant de la messagerie personnelle de la salariée, la société se pourvoit en cassation, lequel est rejeté[260].

Les dossiers et fichiers créés par un salarié grâce à l'outil informatique mis à sa disposition par l'employeur pour l'exécution de son travail ont-ils nécessairement un caractère professionnel ? Plus précisément, les messages provenant de la messagerie personnelle de la salariée sont-ils personnels, alors même qu'il s'agit de l'outil informatique mis à la disposition de la salariée pour les besoins de son activité ? Telle était la question soumise à la Haute Juridiction, laquelle décide que les messages électroniques litigieux provenant de la messagerie personnelle de la salariée distincte de la messagerie professionnelle, ils devaient être écartés des débats en ce que leur production en justice portait atteinte au secret des correspondances.

Nous verrons que s'agissant de la messagerie professionnelle du salarié, le secret des correspondances est en principe écarté (I). En revanche, le secret des correspondances protège la messagerie personnelle (II).

I. Présomption du caractère professionnel des messages électroniques : le secret des correspondances écarté

Dans le cadre d'un litige, l'employeur souhaite apporter la preuve justifiant la sanction, voire le licenciement disciplinaire, qu'il envisage d'infliger à un salarié.

---

257. Cass. soc., 13 novembre 1996, *Dr. soc.* 1996, p. 1069, note J.-J. Dupeyroux.

258. J.-E. RAY, « Droit du travail et TIC », *Dr. soc. 2007*, p. 145.

259. Cass. soc., 2 octobre 2001, n° 99-42942 : *Bull. civ.* V, n° 291 ; *JurisData* n° 2001-011137 ; *Dr. soc.* 2001, p. 920, obs. J.-E. Ray.

260. Cass. soc., 26 janvier 2016, n° 14-15360.

Comment se constituer un moyen de preuve licite sans remettre en question la solution de l'arrêt *Nikon*[261] ?

La Cour de cassation a précisé que les dossiers et fichiers créés par le salarié, grâce à l'outil informatique mis à sa disposition par l'employeur pour l'exécution de son travail, sont présumés avoir un caractère professionnel **sauf** si le salarié les identifie comme étant personnels[262]. Le caractère personnel doit apparaître de manière explicite[263]. La CNIL précise que si les courriels et fichiers intégrés dans le disque dur de l'ordinateur mis à disposition du salarié par l'employeur ne sont pas identifiés comme personnels, ils sont de nature professionnelle[264].

Dans certains cas, le caractère professionnel d'un courriel est établi dès lors que les propos qui y figurent sont en rapport avec l'activité professionnelle du salarié ; le champ de la sphère privée s'en trouve fortement réduit[265], et l'autorité de l'employeur renforcée. La frontière est incertaine. Comment, par exemple, distinguer rigoureusement une conversation privée de propos professionnels exprimés par un couple de salariés appartenant à la même entreprise ? L'enjeu est considérable : il s'agit de décider du maintien ou non du salarié dans l'entreprise.

La Cour de cassation a transposé aux SMS la jurisprudence rendue à propos des courriels : les messages envoyés au temps et au lieu du travail à l'aide d'un téléphone portable sont présumés professionnels : l'employeur peut donc les consulter librement[266]. Très récemment, la chambre commerciale de la Cour de cassation a repris cette solution, en précisant que les SMS envoyés ou reçus par le salarié au moyen du téléphone mis à sa disposition par l'employeur pour les besoins de son travail sont présumés avoir un caractère professionnel, sauf s'ils sont identifiés comme étant personnels[267].

Si le courrier n'est pas identifié comme personnel, l'employeur peut y avoir accès. C'est ce que soutenait l'entreprise dans la présente affaire. En l'espèce, cette argumentation est écartée car il s'agit de la messagerie personnelle de la salariée et non de sa messagerie professionnelle. La pièce litigieuse est un échange de courriels reçu par la salariée sur sa boîte de messagerie personnelle et émanant d'adresses privées non professionnelles. En conséquence, la production de cette pièce, qui porte atteinte au secret des correspondances, est rejetée. La preuve est illicite : elle ne peut fonder la sanction disciplinaire[268].

Faut-il souhaiter que chaque salarié crée une messagerie personnelle distincte de la messagerie professionnelle au sein de laquelle les messages de correspondants et leurs coordonnées seraient totalement privés ?

---

261. C'est-à-dire : le droit au secret des messages personnels émis et reçus par les salariés grâce à l'outil informatique mis à disposition par l'entreprise.
262. Cass. soc., 18 octobre 2006, n° 04-48025, *JurisData* n° 2006-035418 ; *JCP* S 2006, 1946, note J.-Y. Frouin. – Cass. soc., 15 décembre 2010, n° 08-42486, *RJS* 2011, n° 92. – Cass. soc., 11 juillet 2012, n° 11-22972, *RJS* 2012, n° 763.
263. Cass. soc., 21 octobre 2009, n° 07-43877, la seule mention des initiales du salarié ne suffit pas. – v. aussi, Cass. soc., 15 décembre 2009, n° 07-44264, s'agissant de la mention « essais divers B ». L'intitulé « Mes documents » sur les fichiers informatiques du salarié ne leur confère pas un caractère personnel (Cass. soc., 10 mai 2012, n° 11-13884).
264. CNIL, Les outils informatiques au travail : www.cnil.fr.
265. Cass. soc., 2 février 2011, 3 esp. : *JCP* S *2011*, 1274, note A. Martinon.
266. Cass. soc., 28 septembre 2011, n° 10-16995. – La Cour de cassation admet que le SMS puisse constituer un moyen de preuve : Cass. soc., 23 mai 2007, n° 06-43209 ; *JCP* S *2007*, note B. Bossu ; S. Béal et A. Ferreira, « La preuve à l'épreuve des nouvelles technologies », *JCP* S *2007*, 1639.
267. Cass. com., 10 février 2015, n° 13-14779, *JurisData* n° 2015-002342.
268. V. *infra*.

II. Protection des messages électroniques : le principe du secret des correspondances

Le salarié a droit au temps et au lieu du travail au respect de l'intimité de sa vie privée, laquelle implique notamment le secret des correspondances[269]. Dès lors, l'employeur ne peut en principe prendre connaissance des messages personnels du salarié.

Secret des correspondances : les sources sont multiples et de nature différente. La Convention européenne des droits de l'homme dispose que toute personne a droit au respect de sa vie privée... et de sa correspondance (art. 8). L'article 12 de la Déclaration universelle des droits de l'homme interdit toute immixtion arbitraire dans sa vie privée ou sa correspondance. La Cour de cassation[270] et le Conseil d'État qualifient le secret des correspondances de liberté fondamentale[271] ; il s'impose au sein de l'entreprise, dans le cadre de la relation de travail[272].

Pourtant, la clé personnelle du salarié (clé USB) qui peut contenir des données personnelles voire confidentielles est présumée professionnelle[273] dès lors qu'elle est connectée à l'ordinateur professionnel. L'employeur peut alors prendre connaissance des fichiers non identifiés comme personnels[274].

De la même façon, lorsque les messages de la messagerie personnelle sont enregistrés sur le disque dur, ils changent de destination : ils deviennent professionnels[275]. En conséquence, l'employeur peut y avoir accès.

Cependant, il ne peut se prévaloir du contenu du courriel émis ou reçu par le salarié que s'il se rattache à la vie professionnelle.

Dès lors que la lecture du courrier, électronique ou non, révèle son caractère personnel, le salarié ne peut être sanctionné. En effet, certains agissements du salarié échappent au pouvoir disciplinaire du chef d'entreprise. Il en est ainsi des comportements fautifs réalisés en dehors de la sphère professionnelle[276]. En quelque sorte, le salarié bénéficie d'une immunité disciplinaire[277] ; sa vie personnelle est exclusive de toute faute disciplinaire[278]. Il est malgré cela possible de procéder au licenciement d'un salarié qui a créé un trouble caractérisé dans l'entreprise[279] ou violé son obligation contractuelle de loyauté[280], laquelle subsiste même en dehors du travail[281].

---

269. Le décret des 10 et 14 août 1790 déclare que « le secret des lettres est inviolable et que, sous aucun prétexte, il ne peut y être porté atteinte ni par les corps, ni par les individus ».
270. Cass. soc., 2 octobre 2001, préc. – Cass. soc., 12 octobre 2004, *Bull. civ.* V, n° 245.
271. CE, 9 avril 2004, n° 263759, 10ᵉ et 9ᵉ : *Lebon*, p. 173.
272. C. Mathon, avocat général à la Cour de cassation, avis de la Cour de cassation : *RJS* 2007, p. 607 et s.
273. Cass. soc., 12 février 2013, n° 11-28649, *JurisData* n° 2013-002073 ; *JCP* S 2013, 1217, note B. Bossu.
274. V. *supra*.
275. Cass. soc., 19 juin 2013, n° 12-12138, *JurisData* n° 2013-012420 ; *JCP* S 2013, 1360, note B. Bossu.
276. Cass. soc., 14 mai 1997, *Bull. civ. V*, n° 175. – Cass. soc., 16 décembre 1997, *Bull. civ.* V, n° 441 ; *JCP* G 1998, II, 10101, note M.-C. Escande-Varniol. – Cass. soc., 26 septembre 2001, *RJS* 2001, n° 1413. – Cass. soc., 21 octobre 2003, *JurisData* n° 2003-020624 ; *Bull. civ.* V, n° 259 ; *JCP* E 2004, 696, note C. Puigelier, – Ph. Waquet, « La vie personnelle du salarié », *Dr. soc.* 2004, p. 24. – Cass. ch. mixte, 18 mai 2007 : *Bull. civ.* n° 3 ; *JCP* G 2007, 10129, note G. Loiseau ; *D.* 2007, jurispr. p. 2137, note J. Mouly, même s'il a créé un trouble dans l'entreprise, le fait pour un salarié de se faire adresser, sur son lieu de travail, une revue destinée à des couples échangistes ne justifie pas, à lui seul, la sanction de rétrogradation infligée à l'intéressé.
277. Cass. soc., 20 novembre 1991, n° 89-44605 : *JurisData* n° 1991-003219 ; *Bull. civ.* V, n° 512.
278. Cass. soc., 23 juin 2009, n° 07-45256 : *JCP* G 2009, 243, note D. Corrignan-Carsin.
279. Cass. ch. mixte, 18 mai 2007, n° 05-40803 : *JurisData* n° 2007-038898 ; *JCP* S 2007, 1538, note A. Barège et B. Bossu.
280. Cass. soc., 26 janvier 2012, n° 11-10189 : *RJS* 2012, n° 319. Voir aussi, D. Corrignan-Carsin, « Vie personnelle – vie professionnelle : la cloison est-elle étanche ? », *JCP* S 2011, 1312.
281. C. trav., art. L. 1222-1.

Composante de la vie privée, le principe du secret des correspondances demeure une protection efficace dans la sphère professionnelle. Il appartient au salarié de marquer les limites du droit d'accès de l'employeur à ses correspondances.

› Sujet n° 5

Commentez l'arrêt rendu par la chambre sociale de la Cour de cassation le 8 févr. 2017 (n° 15-28085).

Extraits

Attendu, selon l'arrêt attaqué, que M. X... a été engagé le 4 janvier 2010, par la société Renk France, en qualité de contrôleur de gestion ; que, le 15 janvier 2013, il a saisi la juridiction prud'homale d'une demande de résiliation judiciaire de son contrat de travail ; qu'il a été licencié pour faute lourde par lettre du 8 février 2013 ;

Sur les premier et deuxième moyens, ci-après annexés :

Attendu qu'il n'y a pas lieu de statuer par une décision spécialement motivée sur les moyens annexés qui ne sont manifestement pas de nature à entraîner la cassation ;

Mais sur le troisième moyen :

Vu l'article L. 1121-1 du code du travail, ensemble l'article 6, § 1 de la Convention européenne de sauvegarde des droits de l'Homme et des libertés fondamentales ;

Attendu que pour débouter le salarié de sa demande en nullité du licenciement, l'arrêt retient que, selon la lettre de licenciement, la décision de rupture du contrat de travail ne repose pas sur le seul motif qu'il a pris l'initiative de saisir le conseil de prud'hommes ;

Qu'en statuant ainsi, alors que ce grief, s'il figure en tant que tel dans la lettre de licenciement, est constitutif d'une atteinte à une liberté fondamentale et entraîne à lui seul la nullité du licenciement, la cour d'appel a violé le texte susvisé ;

PAR CES MOTIFS, et sans qu'il y ait lieu de statuer sur les quatrième et cinquième moyens :

CASSE ET ANNULE, mais seulement en ce qu'il déboute le salarié de ses demandes tendant à la nullité de son licenciement et à sa réintégration au sein de la société Renk France ainsi que de ses demandes en paiement de dommages-intérêts pour licenciement nul et pour préjudice moral et de sa demande d'indemnité de congés payés, l'arrêt rendu le 15 octobre 2015, entre les parties, par la cour d'appel de Versailles ; remet, en conséquence, sur ce point, la cause et les parties dans l'état où elles se trouvaient avant ledit arrêt et, pour être fait droit, les renvoie devant la cour d'appel de Versailles, autrement composée ;

› Éléments de corrigé (plan)

Introduction

Ces dernières années, la chambre sociale de la Cour de cassation fut saisie à plusieurs reprises de la question de l'action en justice du salarié. Si la décision reproduite confirme pour l'essentiel la jurisprudence antérieure, elle mérite tout de même l'intérêt, fournissant l'occasion de la rappeler et d'en préciser certains points[282].

Un salarié saisit le conseil de prud'hommes d'une demande de résiliation de son contrat de travail. Le lendemain, il est convoqué à un entretien préalable et licencié pour faute

282. Cass. soc., 8 févr. 2016, n° 15-28085.

lourde trois semaines plus tard. Estimant à la lecture de la lettre de rupture qu'elle était intervenue en violation de son droit fondamental d'agir en justice, il intente une action aux fins d'obtenir l'annulation de son licenciement. Les juges du fond ne font pas droit à sa demande. Ils soutiennent en effet que d'autres motifs que l'exercice par le salarié de son droit d'ester en justice figurant également dans la lettre de licenciement, il n'y a pas lieu d'annuler le licenciement. Le salarié se pourvoit en cassation et l'arrêt de la cour d'appel de Versailles est cassé.

Pour la Haute Juridiction, la cour d'appel a violé l'article L. 1121-1 du Code du travail et l'article 6, § 1 de la Convention européenne de sauvegarde des droits de l'homme et des libertés fondamentales. Le reproche fait au salarié, dans la lettre de licenciement, d'avoir saisi la justice d'une demande de résiliation de son contrat de travail porte atteinte à une liberté fondamentale et entraîne à lui seul la nullité du licenciement. Nous rappellerons tout d'abord que la jurisprudence a élevé ce droit au rang de liberté fondamentale protégée par le Code du travail (I). Puis nous constaterons que la protection de cette liberté fondamentale l'emporte sur tout autre motif (II).

I – La liberté fondamentale d'ester en justice : une liberté protégée par le droit du travail

Rappels :

– La mobilisation des droits et libertés fondamentaux dans la relation de travail[283].

– Certaines libertés sont expressément visées par des textes comme, par exemple, la liberté syndicale, le droit de grève ou la liberté du travail.

– Le Code du travail pose de manière générale un principe de protection (a).

– La Cour de cassation affirme que le droit d'agir en justice contre l'employeur est une liberté fondamentale dont jouit tout salarié (b).

A/ Article L. 1121-1 du Code du travail

Le domaine de la protection des libertés fondamentales est vaste.

La loi du 31 décembre 1992 (Loi n° 92-1446 : *JO* 1er janv. 1993) a marqué une étape considérable. Depuis, l'articulation entre les pouvoirs de l'employeur et la protection des droits et libertés du salarié est guidée par l'article L. 1121-1 du Code du travail : « Nul ne peut apporter aux droits des personnes et aux libertés individuelles et collectives de restrictions qui ne seraient pas justifiées par la nature de la tâche à accomplir ni proportionnées au but recherché. » Ce texte institue une protection générale laissant une grande place à l'interprétation des juges. La jurisprudence est nourrie.

C'est ce texte qui est au visa de l'arrêt analysé.

L'arrêt vise également l'article 6 § 1 de la Convention de sauvegarde des droits de l'homme et des libertés fondamentales selon lequel « toute personne a droit à ce que sa cause soit entendue équitablement, publiquement et dans un délai raisonnable, par un tribunal indépendant et impartial, établi par la loi, qui décidera, soit des contestations sur ses droits et obligations de caractère civil, soit du bien-fondé de toute accusation en matière pénale dirigée contre elle. Le jugement doit être rendu publiquement, mais l'accès de la salle d'audience peut être interdit à la presse et au public pendant la totalité ou une partie du procès dans l'intérêt de la moralité, de l'ordre public ou de la sécurité nationale dans une société démocratique, lorsque les intérêts des mineurs ou la protection de la vie privée des parties au procès l'exigent, ou dans la mesure jugée strictement

283. V. *supra*, n° 3.1 et s.

nécessaire par le tribunal, lorsque dans des circonstances spéciales la publicité serait de nature à porter atteinte aux intérêts de la justice ».

B/ Droit d'ester en justice

Reconnaissance par la jurisprudence :

- Le rattachement du droit d'agir en justice aux libertés et droits fondamentaux protégés par l'article 6 de la Convention de sauvegarde des droits de l'homme et des libertés fondamentales permet d'instaurer un régime de la charge de la preuve garantissant l'effectivité du droit pour un salarié de saisir une juridiction en cours d'exécution de son contrat[284].

- Lorsque la rupture anticipée des contrats à durée déterminée par l'employeur fait suite à l'action en justice des salariés, intentée précisément pour obtenir la requalification des CDD en CDI, la chambre sociale décide qu'il appartient à l'employeur d'établir que sa décision de rompre est justifiée par des éléments étrangers à toute volonté de sanctionner l'exercice, par les salariés, de leur droit d'agir en justice. Elle combat ainsi les mesures de rétorsion à l'encontre des salariés. Comme l'affirme un auteur, cette décision constitue une extraordinaire avancée du droit du salarié d'agir en justice[285].

En l'espèce, l'employeur n'a pas allégué un abus ou de la mauvaise foi dans l'exercice de son droit d'ester en justice par le salarié. Contrairement à l'appréciation des juges du fond, la Cour de cassation considère que les autres motifs mentionnés dans la lettre de licenciement s'effacent derrière la violation d'une liberté fondamentale.

II. La liberté fondamentale d'ester en justice : une liberté protégeant le contrat de travail

La décision analysée est claire : si elle figure en tant que telle dans la lettre de licenciement, l'énonciation du motif tiré de l'action en justice du salarié constitue une atteinte à une liberté fondamentale et entraîne à elle seule la nullité du licenciement.

A/ Licenciement

La lettre de licenciement comporte l'énoncé du ou des motifs invoqués par l'employeur[286]. De longue date, la jurisprudence décide que le défaut d'énonciation d'un motif précis équivaut à une absence de motif[287]. En l'absence de cause réelle et sérieuse, l'employeur devra réparer le préjudice subi par le salarié.

La lettre de licenciement ne doit faire la moindre référence à l'usage par le salarié de son droit d'ester en justice, peu important d'ailleurs le bien-fondé de l'action du salarié. Il ne faut pas confondre l'abus d'ester en justice et la demande infondée que seul le juge peut apprécier[288]. Dès lors que dans la lettre de licenciement, l'employeur reproche au salarié d'avoir saisi la juridiction prud'homale d'une demande de résiliation de son contrat de travail, ce grief entraîne à lui seul la nullité du licenciement.

Lorsqu'on est en présence d'un licenciement nul, la réintégration est de droit.

284. Cass. civ. 3e, 20 mai 2009, n° 08-13813, *Bull. civ.* III, n° 117. – V. aussi, Cass. soc., 27 janv. 2009, n° 07-43446.

285. Cass. soc., 6 févr. 2013, n° 11-11740 et n° 11-11742 à n° 11-11748 : *JCP S* 2013, 1385, note F. Bousez. – J. Mouly, « Une avancée spectaculaire du droit du salarié d'agir en justice contre l'employeur : la nullité de principe des mesures de rétorsion », *Dr. soc.* 2013, p. 415.

286. C. trav., art. L. 1232-6, al. 2.

287. Cass. soc., 29 nov. 1990, n° 88-44308 : *Bull. civ.* V, n° 598.

288. Cass. soc., 3 févr. 2013, n° 14-18600 : *JCP S* 2016, 1140, note A. Bugada.

B/ Nullité

En principe, il n'y a pas de nullité sans texte.

En droit du travail, cet adage comporte de nombreuses limites[289].

En cas de violation d'une liberté fondamentale, la nullité est encourue[290].

L'extension du domaine de la nullité du licenciement est en ces cas indéniable. Ainsi, le licenciement d'un salarié qui a témoigné en faveur d'un collègue porte atteinte à une liberté fondamentale : il doit être annulé[291].

289. Voir notamment le fameux arrêt *Clavaud*, Cass. soc., 28 avril 1988, n° 87-41804 : *Bull. civ.* V, n° 257 ; *Dr. soc.* 1988, p. 428, obs. G. Couturier, s'agissant de l'usage par le salarié de sa liberté d'expression.

290. Cass. soc., 13 mars 2001, n° 99-45735 : *JurisData* n° 2001-008654 ; *Bull. civ.* 2001, V, n° 87.

291. Cass. soc., 29 oct. 2013, n° 12-22447 : *Bull. civ.* V, n° 252.

CHAPITRE IV

Les libertés de l'esprit

Dominique BREILLAT
Professeur émérite de l'Université de Poitiers
Doyen honoraire

Introduction

4.1 › Les libertés de l'esprit ont eu beaucoup de mal à s'affirmer. Le poids des religions a été, à cet égard, un obstacle majeur. Dans la Grèce antique, la mort de Socrate est l'illustration de cette ignorance des libertés de l'esprit dans des cités qui se révèlent des sociétés totalitaires au véritable sens du terme. Si le christianisme a pu être un facteur favorable à leur développement, il n'en sera plus de même lorsque l'Église sera dominante. Ceux qui la contesteront au nom d'une autre vision ne seront pas plus des partisans des libertés de l'esprit. La dictature de Calvin à Genève fera mourir Michel Servet. De son côté, l'Église crée en 1571 l'*Index librorum prohibitorum* qui ne sera supprimé qu'en 1966. Les révolutions du XVIIe siècle en Angleterre sont certes favorables au développement des libertés de l'esprit, mais c'est le droit à la sûreté qui est la préoccupation essentielle et l'*Habeas Corpus* le symbolise. L'essor de l'imprimerie depuis le XVIe siècle, et quelques îlots de liberté pour certains aux Provinces Unies par exemple, sont un stimulant pour le développement d'une pensée libre. La Révolution américaine, puis la Révolution française vont proclamer ces libertés y compris sous la forme de la liberté de religion. Au XIXe siècle, on fait des révolutions au nom des libertés de l'esprit. L'Église se résout à la liberté religieuse avec Jean XXIII et le Concile Vatican II (Déclaration *Dignitatis Humanae*, 7 décembre 1965). Mais en France, l'assassinat des collaborateurs de Charlie Hebdo le 7 janvier 2015 a montré leur fragilité alors que les nouvelles techniques (Internet...) leur offrent un nouveau cadre ambigu.

Caractères des libertés de l'esprit

4.2 › Les libertés de l'esprit appartiennent à la catégorie des droits et libertés classiques, ceux de la première génération. Elles peuvent apparaître incidemment dans les droits de la deuxième génération avec les droits économiques et sociaux sous forme de droits-créances, plus difficilement dans ceux de la troisième génération plus complexes à déterminer, plus nettement dans ceux de la quatrième génération liés aux nouvelles techniques (dites abusivement technologies).

4.3 › On y trouvera la liberté pour l'individu d'avoir des convictions dans le domaine des idées, ce qui conduit bien souvent à opérer une distinction entre la liberté d'opinion et la liberté religieuse, l'ensemble pouvant être regroupé sous la notion de liberté de conscience. Différentes libertés sont liées aux techniques utilisées. Elles ont connu les changements les plus notables en raison des évolutions techniques et d'une approche différente conduisant souvent à une moins grande protection. La liberté de la presse fut pendant longtemps une liberté essentielle. Les techniques nouvelles lui ont donné une importance un peu moindre, au moins dans sa forme écrite, et l'intérêt s'est beaucoup plus porté sur la liberté de la communication audiovisuelle, développant aujourd'hui de nouveaux médias. Les moyens de communication en ligne suscitent beaucoup d'interrogations juridiques et encore plus de préoccupations de la part des États. Internet est à la recherche de son régime juridique, même si la loi du 21 juin 2004 pour la confiance dans l'économie numérique en est une amorce. On n'aura garde d'oublier la liberté artistique, avec les questions relatives au cinéma. Enfin, la liberté de l'enseignement peut être rattachée et, en France, il s'agit d'une question capitale. D'autres auteurs peuvent ajouter la liberté de réunion, la liberté d'association, mais les libertés de l'esprit pourraient facilement recouvrir l'ensemble des droits et libertés.

Libertés essentielles ou libertés secondes

4.4 ▸ Les libertés de l'esprit n'ont plus le même prestige que jadis. Dans la Déclaration des droits de l'homme et du citoyen, deux droits ou libertés ont une qualification spécifique : le droit de propriété, et la libre communication des pensées et des opinions, considérée comme « un des droits les plus précieux de l'homme ». Cela révèle les préoccupations des rédacteurs de 1789.

4.5 ▸ La Constitution des États-Unis d'Amérique ne comporte aucune déclaration ou garantie des droits, mais les dix premiers amendements de 1791, dits « *Bill of Rights* », en tiennent lieu et précisément le premier a trait aux libertés de l'esprit : liberté religieuse, liberté de parole ou de presse. Cette place est restée la première dans la conscience américaine. La Déclaration des droits de Virginie de juin 1776 affirmait que la liberté de la presse est « one of the greatest bulwarks of liberty and can never be restrained but by despotic governments » [« un des plus puissants remparts de la liberté et elle ne peut jamais être restreinte que par des gouvernements despotiques »]. Cependant, dans l'affaire des *Pentagon Papers*, la Cour suprême a précisé que la portée du premier amendement était relative, rompant avec l'esprit des Pères fondateurs, ce qui ne l'a pas empêché de donner raison au *New York Times*[1].

4.6 ▸ Un autre exemple de hiérarchisation en droit français est donné par la notion de voie de fait. Celle-ci vient sanctionner les atteintes à une liberté fondamentale même si la vision est devenue encore plus étroite. Dès lors, juger dans certaines conditions qu'une atteinte à tel droit ou telle liberté puisse être considérée comme une voie de fait permet de considérer ce droit ou cette liberté comme « fondamental ». La jurisprudence montre que les libertés de l'esprit ont pu ainsi être analysées comme telles. La décision *Action française*[2] a sanctionné la saisie du quotidien monarchiste au lendemain des tragiques événements du 6 février 1934. En outre, seules des atteintes à certaines libertés de l'esprit

1. 30 juin 1971, *New York Times Co v. United States,* 403 UD 713 (1971) ; *RDP* 1974.721, chr. J. Beauté.
2. TC, 8 avril 1935, *L'Action française,* M. Long *et alii, Les grands arrêts de la jur. adm.* (GAJA) n° 47 ; J.-F. Lachaume *et alii, Grandes décisions du droit administratif* (Lachaume/Pauliat), p. 354.

seront susceptibles de constituer une voie de fait. Ainsi, le brouillage d'une « radio libre » ne saurait être qualifié ainsi[3].

Heureusement, le Conseil constitutionnel, dans son analyse des libertés, en a considéré certaines comme fondamentales et cela a été exprimé à propos de la liberté de la presse[4]. Il distingue aussi les libertés fondamentales et les autres. Pour les premières, la liberté est la règle, la restriction de police l'exception, selon la formule classique. Il ne peut y avoir d'autorisation préalable. La loi ne peut qu'étendre et non restreindre leur exercice, sauf à se trouver confrontée à des principes ou objectifs à valeur constitutionnelle. Enfin, elle doit être appliquée de façon uniforme sur tout le territoire de la République. Toutes les libertés de l'esprit ou presque pourront être considérées comme fondamentales, à l'exception de la liberté de communication audiovisuelle, soumise au système de l'autorisation préalable. On peut aussi évoquer la notion de « liberté fondamentale » issue du référé-liberté (art. L. 521-2, Code de justice administrative) mais plus large que celle posée par le Conseil constitutionnel.

4.7 ▸ Les textes internationaux établissent une classification des droits et des libertés, en déterminant des droits auxquels il ne peut jamais être porté atteinte.

L'article 15 de la Convention de sauvegarde des droits de l'homme et des libertés fondamentales stipule que les droits et libertés protégés par la Convention peuvent subir des restrictions « en cas de guerre ou en cas d'autre danger public », exception faite d'un noyau dur dans lequel malheureusement on ne trouve aucune liberté de l'esprit[5]. La Convention interaméricaine des droits de l'homme est plus protectrice. Elle ajoute à ce noyau dur la liberté de conscience et de religion, facilement explicable par le contexte culturel du continent. L'article 4, § 2 du Pacte sur les droits civils et politiques intègre également cette même liberté.

Il n'en reste pas moins que les libertés de l'esprit, dans nos sociétés occidentales, ne semblent plus revêtir la même importance.

Libertés de l'esprit et défis du XXIe siècle

– Défis techniques

4.8 ▸ Les progrès techniques ont contribué à développer les libertés de l'esprit. L'invention de l'imprimerie a été le tournant majeur, favorisant le développement de la Réforme ainsi que l'expression des idées qui se sont concrétisées à la Révolution. Les techniques peuvent encore contribuer à favoriser les libertés. Les satellites mettent en échec les obstacles que les gouvernants pouvaient mettre en place aux frontières et on constate l'inquiétude que provoque, dans certains pays, l'installation de paraboles. Des législations, parfois vaines, peuvent être élaborées. Les réseaux informatisés facilitant aussi l'échange des

3. TC, 4 juillet 1991, *Assoc. Maison des jeunes et de la Culture Boris Vian, Gaz. Pal.* 1992 I326, concl. Saint-Pulgent ; *AJDA* 1991.697, chr. C. Maugüé et R. Schwartz.

4. Cons. const., 84.181 DC, 10-11 octobre 1984, *Entreprises de presse*, L. Favoreu et L. Philip, *Les grandes décisions du Conseil constitutionnel* (Favoreu/Philip), n° 18.

5. À l'article 15 il faut ajouter le droit à ne pas être jugé ou puni deux fois (article 4 du Protocole n° 7) et l'abolition de la peine de mort en toutes circonstances (Protocole n° 13).

idées et des institutions comme Internet n'ont certainement pas encore montré toutes leurs possibilités, le législateur s'avérant impuissant face à leurs ouvertures vers la liberté et aussi à leurs débordements. Les efforts, ces dernières années, des autorités chinoises pour limiter l'accès à Internet, des autorités des États aux dirigeants contestés, les réactions aux publications de documents de WikiLeaks, le scandale des écoutes de la NSA américaine montrent bien que cet outil est vecteur de liberté et de crainte pour les régimes autoritaires et aussi les citoyens.

Le doyen Madiot soulignait que « la mondialisation des réseaux de communication à partir de groupes transnationaux puissants, outre le risque souvent évoqué d'une *uniformisation* de l'information, aboutit à développer celui d'une *désinformation* des populations ». C'est sans doute leur usage individuel qui leur donnait leur prestige. La technique a modifié cette approche. Les vecteurs étaient peu nombreux. Aujourd'hui, ils sont multiples et changeants. Le juriste doit apporter des solutions nouvelles et toujours à reprendre, ayant souvent un temps de retard. Parmi les médias, seule la presse écrite conserve encore une place privilégiée. Mais elle s'effondre presque partout. Les journaux ont aujourd'hui leur version en ligne quand elle n'est pas devenue exclusive pour éviter une totale disparition. Les « blogs » ou la création de sites personnels, Twitter, permettent à chacun de s'exprimer dans des conditions qui peuvent ouvrir la voie à des excès que le droit s'avère souvent impuissant à combattre.

4.9 ▸ Les constitutions au lendemain de la Seconde Guerre mondiale se gardent bien de vouloir tenter une énumération des supports. Le projet français d'avril 1946 préférait utiliser la formule prudente « soit par la voie de la presse, soit de toute autre manière », ce qui privilégiait indirectement encore la presse.

Les constitutions plus récentes intègrent certains moyens plus contemporains. La constitution espagnole de 1978 évoque les « moyens de communication sociale », formule permettant d'appréhender les techniques du futur, mais aussi l'informatique, susceptible de porter atteinte à certaines libertés de l'esprit, notamment la liberté d'opinion. La constitution portugaise (art. 35) évoque l'utilisation de l'informatique. En février 2004, le parlement estonien a fait de l'accès à Internet un droit de l'homme. Toute personne doit se voir offrir la possibilité d'accéder à l'information publique via Internet dans les bibliothèques publiques.

– Défis économiques

4.10 ▸ Les libertés de l'esprit sont aussi confrontées aux problèmes économiques.

À l'époque révolutionnaire, il était relativement facile de créer son journal. Aujourd'hui, les impératifs économiques rendent impossible la création d'un journal par une personne seule disposant de moyens limités.

À côté de cela s'ajoutent certaines difficultés telles que la rareté des ondes hertziennes pour la radiotélévision. Le phénomène des « radios libres » a assez vite démontré la réalité de ces obstacles. La distinction entre libertés formelles et libertés réelles chère aux marxistes trouve certainement ici son illustration. Les groupes industriels détruisent, par les phénomènes de concentration, la liberté de la pensée. Les efforts dans les organisations internationales (UE, OMC...) montrent l'ampleur du défi pour banaliser les vecteurs de l'expression de la pensée et les assujettir à la logique du libéralisme économique

– Défis culturels : problème de l'universalité

4.11 ▸ La mondialisation des phénomènes des droits de la personne humaine contribue paradoxalement à mettre certains d'entre eux en péril. Les approches des libertés de l'esprit ne sont certainement pas les mêmes dans tous les États. Le cas Charlie Hebdo l'a tragiquement démontré. La confrontation à l'occasion de négociations économiques met en évidence ces différences. Même entre États proches, des divergences se font jour en raison souvent d'une culture ou d'une histoire différentes. Les rapports entre l'État et les églises sont un exemple remarquable en Europe. La Cour européenne des droits de l'homme a pu affirmer dans l'affaire *Handyside* qu'il n'y avait pas de standard en matière d'obscénité ou de moralité. Les réactions à l'arrêt de la Cour sur les crucifix en Italie ont provoqué de vives réactions et des craintes en Europe du Sud. Il n'y a pas d'universalisme accepté en matière de libertés de l'esprit.

4.12 ▸ L'attitude des autorités politiques à l'égard des libertés de l'esprit varie. Certains gouvernants les nient totalement s'inscrivant dans une logique totalitaire, au sens propre, souhaitant intervenir dans tous les aspects de la vie sociale sans aucune exception. Ils peuvent aussi n'avoir qu'un comportement autoritaire, ne mettant à mal les libertés de l'esprit que si celles-ci risquent de porter atteinte au pouvoir politique. D'autres États ont un comportement favorable aux libertés de l'esprit soit en y étant indifférents, adoptant une simple position de neutralité, soit en mettant tout en œuvre pour favoriser leur éclosion. C'est entre ces deux dernières attitudes qu'oscille leur régime en France.

Section I

L'ÉMERGENCE DES LIBERTÉS DE L'ESPRIT

§ 1 – LA RECONNAISSANCE

I – NATIONALE

4.13 ▸ La reconnaissance nationale se fait avant tout à travers la constitution. La loi, avec une autorité moindre, vient aussi apporter sa contribution. Enfin, le développement de l'État de droit et l'extension des juridictions constitutionnelles ont pu donner à celles-ci une place majeure aujourd'hui.

A - CONSTITUTION

1) Le principe

4.14 ▸ La reconnaissance constitutionnelle est fondamentale, en raison de la hiérarchie des normes. Elle assure une force aux libertés qu'elle proclame. Sauf à respecter les modalités de la révision constitutionnelle, il n'y a pas de limite, tout au moins en France, au pouvoir constituant[6] qui peut très bien défaire ce qui a été fait. Mais la procédure est lourde, solennelle et l'idée d'une régression – si elle n'est pas impossible – est difficilement envisageable (voir cependant la révision du 25 novembre 1993 sur le droit d'asile). En France, la reconnaissance constitutionnelle est à la fois très faible et très vaste. Le texte constitutionnel, *stricto sensu*, c'est-à-dire envisagé à partir de l'article 1, est à peu près totalement muet sur les droits et libertés, et avant tout sur les libertés de l'esprit. Cependant, on peut mentionner l'article 1 qui dispose que la France « assure l'égalité devant la loi de tous les citoyens sans distinction d'origine, de race ou de religion. Elle respecte toutes les croyances ». Le même article précise que la France est une République « laïque ». L'essentiel se trouve dans le préambule de la Constitution qui se réfère à la Déclaration des droits de l'homme et du citoyen et au Préambule de la Constitution de 1946, ainsi que, depuis 2005, à la Charte de l'environnement[7]. Notre préambule, très bref, n'aurait été que de très faible intérêt sans cette référence aux deux premiers textes, essentiels pour nos droits et libertés. Ce sont des textes auxquels il n'est pas imaginable de toucher et les libertés affirmées pourront difficilement être supprimées, comme on imagine mal de toucher aux dix premiers amendements aux États-Unis. Mais les droits et libertés omis pourront difficilement aussi y être intégrés. Il faudra alors les insérer dans les articles de la Constitution, à la faveur d'une révision constitutionnelle. En outre, nous avons vu, à propos du droit d'asile, comment une liberté proclamée dans le préambule pouvait voir sa portée limitée. On peut regretter que la révision constitutionnelle du 23 juillet 2008 ait été très timide sur ce point puisque seul l'article 34 a été modifié, de façon subreptice, en ajoutant au premier domaine de la loi, « la liberté, le pluralisme et l'indépendance des médias ». On peut aussi mentionner l'ajout à l'article 4 posant que « La loi garantit les expressions pluralistes des opinions et la participation équitable des partis et groupements politiques à la vie démocratique de la Nation ». Évoquons enfin les dispositions relatives aux langues régionales (art. 75-1) et à la francophonie (art. 87). Le Comité de réflexion sur le préambule de la Constitution présidé par Mme Simone Veil n'a pas souhaité s'engager dans cette voie de l'enrichissement. Pourtant le chef de l'État, dans sa lettre de mission, avait suggéré d'insérer le principe du pluralisme des courants d'expression et des médias dans la Constitution ainsi que le respect de la vie privée et des données personnelles. La Commission de rénovation et de déontologie de la vie publique (Commission Jospin) en novembre 2012 a été totalement muette[8].

---

6. Cons. const., 92-312 DC, 2 septembre 1992, *Maastricht II*, Favoreu/Philip, 12ᵉ éd, n° 45 et Cons. const., 2003-469 DC, 26 mars 2003, *Révision constitutionnelle relative à l'organisation décentralisée de la République*, Favoreu/Philip, n° 28. La France ignore la supraconstitutionnalité.
7. Sa portée est sans doute plus limitée. Cf. Cons. const, 23 novembre 2012, n° 2012-283 QPC, *Classement et déclassement de sites*, *RDP* 2013.211, chr. D. Rousseau.
8. http://www.commission-rdvp. gouv. fr/Rapport–commission–RDVP. pdf.

2) La Déclaration de 1789

4.15 ▸ Le texte le plus fondamental pour les libertés de l'esprit est celui de 1789. Deux articles essentiels y figurent. L'article 10 a trait à la liberté de conscience. « Nul ne doit être inquiété pour ses opinions, même religieuses, pourvu que leur manifestation ne trouble pas l'ordre public établi par la loi ». L'article 11 pose le principe de la liberté d'expression : « La libre communication des pensées et des opinions est un des droits les plus précieux de l'homme : tout citoyen peut donc parler, écrire, imprimer librement, sauf à répondre de l'abus de cette liberté dans les cas déterminés par la loi ». Ces libertés sont avant tout envisagées dans une conception individualiste. Mais certaines libertés de l'esprit manquent, et notamment la liberté de l'enseignement car on ne souhaitait pas permettre à l'Église de conserver son emprise. La Constitution de 1791 qui, dans sa « garantie des droits » concrétise la Déclaration de 1789, prévoyait seulement qu'il sera créé et organisé une Instruction publique.

La Déclaration de 1789 affirme avant tout des principes. La constitution, qui instaure une garantie des droits, doit aller plus loin, ce que faisait la Constitution de 1791 en reprenant et développant par exemple la liberté d'expression dans les titres I et III.

3) Le Préambule de 1946

4.16 ▸ Le Préambule de la Constitution de 1958 renvoie aussi au Préambule de la Constitution de 1946 beaucoup plus préoccupé par les droits économiques et sociaux. Les libertés de l'esprit en sont à peu près totalement absentes, sauf indirectement en ce qui concerne le droit d'asile : « Tout homme persécuté en raison de son action en faveur de la liberté a droit d'asile sur les territoires de la République ». Il pourra bien sûr s'agir d'une action en faveur de l'une des libertés de l'esprit.

Le Préambule de 1946 développe ce qu'il appelle les « principes politiques, économiques et sociaux particulièrement nécessaires à notre temps ». On y trouve essentiellement des droits et libertés de la deuxième génération, même si certains d'entre eux se rattachent à notre préoccupation. Il affirme ainsi que « nul ne peut être lésé, dans son travail ou son emploi, en raison de ses origines, de ses opinions ou de ses croyances ». Le Conseil constitutionnel y trouvera un fondement à l'affirmation de la liberté de conscience en 1977[9]. Sans doute l'essentiel avait-il été dit en 1789 pour les libertés de l'esprit. Le problème de l'enseignement est évoqué en 1946. « La Nation garantit l'égal accès de l'enfant et de l'adulte à l'instruction, à la formation professionnelle et à la culture. L'organisation de l'enseignement public gratuit et laïque à tous les degrés est un devoir de l'État ». Il n'est pas question de la liberté de l'enseignement. Certains avaient pourtant tenté de l'inclure, et elle réapparaîtra dans la jurisprudence du Conseil constitutionnel en 1977, avec l'appui des principes fondamentaux reconnus par les lois de la République.

4.17 ▸ À l'exception notable de la liberté de l'enseignement, les principales libertés de l'esprit ont pu trouver un support dans la Déclaration des droits de

9. Cons. const., 77-87 DC, 23 novembre 1977, *Liberté d'enseignement et de conscience*, Favoreu/Philip, *op. cit.* (éd. 2007), n° 24.

l'homme et du citoyen. Mais ce support était des plus fragiles en raison de son absence de valeur de droit positif.

Il faudra attendre la IVe République pour que la Déclaration de 1789 et le Préambule de la Constitution de 1946 aient une valeur de droit positif devant les juridictions judiciaires[10] ou administratives. Le Conseil d'État se réfère au préambule en 1950 dans l'arrêt *Dehaene*[11] à propos du droit de grève et en 1957 il se fonde sur les articles 8, 9, 10[12]. Auparavant il réceptionnait le contenu de la Déclaration à travers les principes généraux du droit. Mais ce n'est qu'en 1971 que la portée sera absolue, lorsque le Conseil constitutionnel intégrera le Préambule dans le bloc de la constitutionnalité[13].

B - LOI

4.18 ▸ À défaut de texte constitutionnel intéressant les droits et libertés, la IIIe République avait compensé cette carence par une œuvre législative majeure – surtout dans la décennie 1880 – qui, avant de les organiser, venait, en général, par un article liminaire, les affirmer. Cela concernait notamment les libertés de l'esprit. Ainsi, la magnifique loi du 29 juillet 1881 sur la presse débute en posant solennellement que « l'imprimerie et la librairie sont libres ». L'article 1 de la loi du 9 décembre 1905 concernant la séparation des Églises et de l'État proclame que « la République assure la liberté de conscience. Elle garantit le libre exercice des cultes... ». La consécration de ces grandes lois va intervenir à travers l'idée de « principes fondamentaux reconnus par les lois de la République ».

La reconnaissance par la loi n'a pas cessé pour autant. Ainsi en est-il du droit à la vie privée par la loi du 17 juillet 1970 qui a créé un nouvel article 9 du Code civil. Cette avancée législative venait donner une base plus incontestable à une reconnaissance jusqu'alors prétorienne. De même, la liberté de la communication audiovisuelle est affirmée par la loi du 29 juillet 1982, dans des termes dignes des devancières de la IIIe République : « La communication audiovisuelle est libre ».

C - JUGE CONSTITUTIONNEL

1) La portée du Préambule

4.19 ▸ Pendant longtemps on s'est interrogé sur l'appartenance du Préambule de la Constitution au bloc de la constitutionnalité. Déjà, la Constitution de 1946 l'avait, pour le Comité constitutionnel, expressément exclu des normes de référence. Lorsqu'en 1958 fut rédigé le nouveau texte constitutionnel, il était évident pour les rédacteurs que le Préambule était hors du droit positif. Profitant de

10. Cass. soc., 27 mai 1952 ; *S.* 1952 I 179.
11. CE, Ass., 7 juillet 1950 *Dehaene,* GAJA n° 63 ; Lachaume/Pauliat, p. 429.
12. CE, 7 juin 1957 *Condamine, RDP* 1958.98, note Waline.
13. Cons. const., 71-44 DC, 16 juillet 1971, *Liberté d'association,* Favoreu/Philip, n° 6 ; Lachaume/Pauliat, p. 43.

l'absence d'interdiction expresse, le Conseil s'y référera dans ses décisions du 16 juillet 1971[14] et du 27 décembre 1973[15].

2) L'extension du bloc de la constitutionnalité

4.20 ▸ Lors de l'examen de la modification de la loi sur les associations en 1971, le Conseil constitutionnel s'est appuyé sur le Préambule de la Constitution, et plus particulièrement le Préambule de 1946 auquel il renvoie, et à l'intérieur de celui-ci sur le concept particulièrement imprécis des « principes fondamentaux reconnus par les lois de la République ». Cette mention rendait hommage à l'œuvre de la IIIe République, mais surtout était une façon pour le MRP à l'origine de l'amendement, adopté à deux voix près, d'intégrer une liberté de l'esprit, la liberté de l'enseignement pourtant volontairement ignorée par les constituants. Sans doute, lorsqu'il en fait une première utilisation, le Conseil constitutionnel invoque-t-il une loi – presque – incontestable, celle du 1er juillet 1901 relative au contrat d'association, qui peut apparaître comme favorable à une liberté que la Révolution n'avait pas voulu reconnaître. Mais elle limitait pourtant une autre liberté de l'esprit, la liberté religieuse, la liberté des congrégations religieuses... La référence à la loi de 1901 n'est pas en soi novatrice car lorsque le Conseil d'État avait admis les PFRLR, c'était en se fondant sur le même texte[16].

4.21 ▸ Le Conseil constitutionnel a pu déterminer douze principes fondamentaux reconnus par les lois de la République[17] dont un certain nombre de libertés de l'esprit, parmi lesquelles certaines très discutées. Ainsi avec quelque audace, tire-t-il la liberté de l'enseignement de ces principes[18] en s'appuyant sur l'article 91 de la loi de finances du 31 mars 1931. On aurait pensé que ces principes se situaient plus dans des lois solennelles que dans des textes qui feraient sans doute figure aujourd'hui de cavalier budgétaire. Mais l'article 91 avait eu recours à une affirmation de principe permettant de justifier la décision du Conseil. En 1999, il affirme aussi la liberté de l'enseignement supérieur fondée par les lois du 12 juillet 1875 et 18 mars 1880[19].

Dans sa décision du 23 novembre 1977, il affirme la liberté de conscience en se fondant là encore sur les principes fondamentaux reconnus par les lois de la République, démarche un peu curieuse, car il était facile de se fonder sur la Déclaration de 1789, plus solide. On notera d'ailleurs qu'il ne cite aucune loi de laquelle il tire ce principe, pensant sans doute pourtant à la loi du 9 décembre 1905.

---

14. Cons. const., 71-44 DC, 16 juillet 1971 précitée (Préambule de la Constitution de 1946).
15. Cons. const., 73-51 DC, 27 décembre 1973, *Taxation d'office,* Favoreu/Philip, n° 8 (DDHC).
16. CE, Ass., 11 juillet 1956, *Amicale des Annamites de Paris ; AJDA* 1956, II, 400, chr. M. Fournier et G. Braibant.
17. Ou 11 selon certains auteurs. Cf. Inventaire par B. Genevois, *in* Colloque 50 ans de Conseil constitutionnel, 3 novembre 2008, http://www.conseil-constitutionnel.fr/conseil-constitutionnel/root/bank-mm/Colloques/genevois-031108.pdf.
18. Cons. const., 77-87 DC, 23 novembre 1977, *Liberté d'enseignement et de conscience,* Favoreu/Philip (éd. 2007), n° 24.
19. Cons. const., 99-414 DC du 8 juillet 1999, Loi d'orientation agricole, *Rec.* p. 92.

En 1984[20] le Conseil affirme le principe de l'indépendance des professeurs d'universités en se fondant sur les « dispositions relatives à la réglementation des incompatibilités entre mandat parlementaire et les fonctions publiques ». Est-ce bien un principe fondamental reconnu par les lois de la République, ce qu'a dit le Conseil d'État[21], ou bien un principe de valeur constitutionnelle ? Il est de fait que depuis la IIe République, la loi a toujours permis le cumul entre mandat parlementaire et fonction publique pour les professeurs de l'enseignement supérieur, le statut de ces derniers devant les mettre à l'abri de toute pression d'un pouvoir hiérarchique.

On pourra mentionner le droit local d'Alsace-Moselle[22] qui a des conséquences sur les libertés de l'esprit avec l'inapplication de la séparation des églises et de l'État.

4.22 ▸ Certaines lois qui, immanquablement, devraient figurer dans cette catégorie, n'ont pas été utilisées. Il en est ainsi de la loi du 29 juillet 1881 sur la liberté de la presse et on peut s'étonner que le Conseil ne s'y soit pas référé dans sa décision des 10-11 octobre 1984 sur les entreprises de presse. Mais il faut bien voir qu'ici il ne s'agissait pas tant de protéger l'éditeur que le lecteur, ce qui n'était pas vraiment l'objet de la loi de 1881. On voulait plus de liberté d'informer que la liberté ou de droit d'être informé. La liste des principes ne figure nulle part. C'est au Conseil de les dégager cas par cas, et on devine la critique possible de la subjectivité dans leur détermination.

4.23 ▸ Le Conseil a aussi dégagé sept principes à valeur constitutionnelle[23] mais aucun actuellement ne vise les libertés de l'esprit sauf à y rattacher le respect de la vie privée et la dignité de la personne humaine[24]. Il en va différemment avec les objectifs de valeur constitutionnelle, actuellement au nombre de huit[25], qui peuvent difficilement être compris comme une reconnaissance des droits ou libertés mais plutôt comme des « directives » (B. Mathieu). Les libertés de l'esprit y figurent et c'est pour l'une d'entre elles que la technique a été utilisée pour la première fois, la communication audiovisuelle[26], et à nouveau en 1986[27] et en 1989[28], mais aussi en 1984 à propos des entreprises de presse[29]. On relèvera aussi la clarté et l'intelligible de la norme[30].

20. Cons. const., 83-165 DC, 20 janvier 1984, *Libertés universitaires*, Favoreu/Philip (15e éd.) n° 27 et aussi Cons. const., 28 juillet 1993, n° 93-322 DC, *Loi relative aux établissements publics à caractère scientifique, culturel et professionnel*, *Rec.* p. 204.
21. CE, 5 avril 1974, *Leroy*, *Rec.*, 214.
22. Cons. const., 2011-157 QPC du 5 août 2011, *SOMODIA*, *RDP* 2012.219, chr. D. Rousseau et P.-Y. Gahdoun.
23. Ou 4 selon d'autres auteurs. Cf. Inventaire par B. Genevois, *op. cit.*
24. Cons. const., 76-75 DC, 12 janvier 1977, *Loi autorisant la visite des véhicules en vue de la recherche et de la prévention des infractions pénales*, Favoreu/Philip, n° 10 ; Cons. const., 94-343/344 DC, 27 juillet 1994, *Loi relative au respect du corps humain et loi relative au don et à l'utilisation des éléments et produits du corps humain, à l'assistance médicale à la procréation et au diagnostic prénatal*, Favoreu/Philip, n° 24.
25. Ou dix, certains étant ensuite déclinés. Cf. B. Genevois, *op. cit.*
26. Cons. const., 82-141 DC, 27 juillet 1982, *Communication audiovisuelle*, *Rec.* 48.
27. Cons. const., 86-217 DC, 18 septembre 1986, *Liberté de communication*, *Rec.* 141.
28. Cons. const., 88-248 DC, 17 janvier 1989, *Conseil Supérieur de l'Audiovisuel*, Favoreu/Philip, n° 21.
29. Cons. const., 84-181 DC, 10 et 11 octobre 1984, *Entreprises de presse*, Favoreu/Philip, n° 18.
30. CE, 11 décembre 2015, *Polynésie française*, *AJDA* 2016.579 et 1236, note J. Pastorel.

II — INTERNATIONALE

4.24 ▸ L'affirmation des libertés de l'esprit a pris un caractère nouveau avec le développement du droit international des droits de l'homme.

A - LES INSTRUMENTS MONDIAUX

4.25 ▸ L'article 1, § 3 de la Charte de l'ONU fixe parmi ses buts le développement et l'encouragement du « respect des droits de l'homme et des libertés fondamentales pour tous, sans distinction de race, de sexe, de langue ou de religion » (cf. aussi art. 13, § 1 (b), art. 55, al. c, art. 62, § 2). Cela a conduit à l'adoption le 10 décembre 1948 de la Déclaration universelle des droits de l'homme concrétisée en 1966 par deux pactes. C'est la dualité de 1789 : Déclaration des droits/Garantie des droits.

1) Déclaration universelle des droits de l'homme

4.26 ▸ La Déclaration a été adoptée à Paris par l'Assemblée générale de l'ONU le 10 décembre 1948 à l'unanimité, mais il y a eu un certain nombre d'abstentions, signes d'une opposition qui n'osait s'exprimer ouvertement (États communistes, Afrique du Sud et Arabie Saoudite). Cette dernière contestait la liberté de religion et plus particulièrement la liberté de changer de religion, ce que ne permet pas l'islam.

Les libertés de l'esprit figurent dans les articles 18 à propos de la liberté de pensée, de conscience et de religion, et 19 à propos de la liberté d'opinion et d'expression. La liberté de l'enseignement est absente, l'enseignement étant évoqué dans l'article 26 en tant que droit-créance.

4.27 ▸ La Déclaration universelle a surtout une portée politique. Résolution de l'Assemblée générale des Nations unies, elle n'a pas de valeur obligatoire pour les États.

En France, bien que publiée au *Journal officiel*, il n'est pas possible de l'invoquer devant une juridiction[31]. Mais certains États l'intègrent dans leur droit interne par une référence dans leur constitution.

D'autres déclarations ont été adoptées mais de portée plus faible, comme la déclaration sur l'élimination de toutes les formes d'intolérance et de discrimination fondées sur la religion ou la conviction du 25 novembre 1981, qui intéressent notre sujet. Le texte développe le concept de liberté de pensée, de conscience, de religion ou de conviction. Son article 6 énumère de façon minutieuse son contenu[32]. Mais ce n'est qu'une déclaration.

---

31. CE, Ass., 21 décembre 1990, *Confédération nationale des associations familiales catholiques*, Lachaume/Pauliat, 14e éd., p. 82.
32. Cf. J. Duffar, « La liberté religieuse dans les textes internationaux », *RDP* 1994.939.

2) Pactes de 1966

4.28 › Moins connus du grand public, mais beaucoup plus intéressants sur le plan juridique, les pactes de 1966 ont une valeur contraignante pour les États. La France les a ratifiés le 29 janvier 1981. Le Pacte relatif aux droits économiques, sociaux et culturels[33] ne vise pas les libertés de l'esprit au sens traditionnel. Il intéresse l'enseignement et l'éducation (art. 13), mais comme droits-créances. Il peut cependant être invoqué[34]. En revanche, est plus utile le Pacte relatif aux droits civils et politiques[35] qui évoque les libertés de l'esprit dans trois articles. L'article 18 est l'écho de l'article 18 de la Déclaration universelle traitant de la liberté de pensée, de conscience et de religion. Cependant, il est muet sur le changement de religion critiqué par l'Arabie Saoudite en 1948. L'article 19 pose la liberté d'opinion. L'article limite la liberté d'expression.

3) Autres textes de l'ONU

4.29 › Les droits et libertés affirmés dans ces textes se retrouvent dans d'autres conventions adoptées par l'ONU ou des institutions spécialisées. Citons la Convention relative au droit international de rectification (1952), la Convention internationale sur la lutte contre la discrimination dans le domaine de l'enseignement (1960), la Convention sur l'élimination de toutes les formes de discrimination raciale (1965), la Convention sur les droits de l'enfant (articles 12, 13, 14, 17, 30), la Convention sur la protection et la promotion de la diversité des expressions culturelles du 20 octobre 2005 de l'Unesco...

Les affirmations contenues dans les instruments régionaux présentent un intérêt beaucoup plus grand, la reconnaissance étant plus vaste et plus précise, donnant une véritable garantie.

B - LES INSTRUMENTS RÉGIONAUX

1) La Convention européenne des droits de l'homme (Convention EDH)

4.30 › La Convention de sauvegarde des droits de l'homme et des libertés fondamentales ou Convention européenne des droits de l'homme (Convention EDH) a été la première convention régionale générale en matière de droits de l'homme et reste toujours le modèle. Les libertés de l'esprit sont l'une des « assises d'une société démocratique »[36]. Signée le 4 novembre 1950 et entrée en vigueur le 3 septembre 1953 (devenue effective le 5 juillet 1955), elle affirme les libertés de l'esprit dans les articles 9 (liberté de pensée, de conscience et de religion), 10 (liberté d'expression), 12 (interdiction de discrimination). Parmi les

33. Complété par un protocole additionnel du 10 décembre 2008 instaurant un système de communication individuelle et interétatique. La loi du 13 novembre 2014 en a autorisé la ratification.
34. Cass. soc., 16 décembre 2008, *Eichenlaub c/ Soc. Axa France Vie. Axa France Iard, Dr. ouv.* 2009.87, note M. Bonnedier.
35. Complété par le protocole additionnel du 16 décembre 1966 permettant un mécanisme de plaintes, ratifié par la France le 17 février 1984 et le 2e protocole additionnel du 15 décembre 1989 sur l'abolition de la peine de mort ratifié par la France le 2 octobre 2007.
36. CEDH, 25 mai 1993, *Kokkinakis c/ Grèce*, Berger n° 208 ; Sudre n° 56.

16 protocoles additionnels[37], on peut évoquer le premier (1952) qui affirme le droit des parents d'assurer l'éducation et l'enseignement conformément à leurs convictions religieuses et philosophiques (art. 2), et le douzième relatif à la non-discrimination (2000).

4.31 ▸ La France a ratifié la convention le 3 mai 1974 avec des réserves[38] et n'a accepté le droit de recours individuel qu'en 1981.

Elle a fait une déclaration interprétative – retirée en 1988 – sur l'article 10 pour permettre le monopole de l'ORTF. Elle a formulé des réserves à propos des articles 5 et 6 en raison du statut des militaires et du régime disciplinaire, refusant ainsi de voir contrôlées les restrictions aux libertés de l'esprit à l'égard de ces personnes, et de l'article 15 du fait de l'article 16 de la Constitution, de l'état de siège et de l'état d'urgence. Les réserves relatives à la liberté de l'esprit ne sont pas très fréquentes mais sont cependant possibles. La Norvège avait formulé une réserve, révoquée en 1956 suite à une révision constitutionnelle, à propos de l'article 9 visant l'interdiction constitutionnelle des Jésuites. Malte a formulé une réserve sur la liberté d'expression des fonctionnaires. Les réserves ou déclarations formulées à propos de l'article 10 ont surtout concerné le régime de la radiotélévision.

La Cour a montré qu'elle n'excluait pas la possibilité d'un examen de refus de transmission de QPC par une juridiction suprême au Conseil constitutionnel, même si dans l'affaire jugée, il n'y avait pas violation de la Convention[39].

2) Autres conventions régionales

4.32 ▸ Les conventions dans le cadre de l'Organisation des États américains et de l'Union africaine ne sont pas applicables aux territoires français de ces continents.

4.33 ▸ D'autres conventions dans le cadre du Conseil de l'Europe peuvent intéresser les libertés de l'esprit et trouver application en France si elles sont ratifiées. Tels sont les cas de la Convention du 28 janvier 1981 (ratifiée en 1983) et du Protocole additionnel du 8 novembre 2001 (ratifié en 2007) pour la protection des personnes à l'égard du traitement automatisé des données et qui interdit les données à caractère racial, politique et religieux (article 6), de la Charte européenne des langues régionales ou minoritaires (5 novembre 1992) (signée et non ratifiée par la France[40]), de la Convention-cadre pour la protection des minorités nationales (1er février 1995) (non signée), de la Convention sur l'information et la coopération juridique concernant « les services de la société de

37. Le Protocole 14 *bis* a cessé d'être en vigueur ou d'être appliqué à titre provisoire le 1er juin 2010, date d'entrée en vigueur du Protocole n° 14 à la Convention. Les Protocoles 9, 10, 15 et 16 ont été signés mais non ratifiés par la France. Le Protocole 12 n'a pas été signé.

38. Rappelons qu'elle a été ratifiée grâce à la volonté du président Alain Poher. Voir texte des réserves de la France *in* L.-E. Pettiti, E. Decaux et P.-H. Imbert, *La Convention européenne des droits de l'homme, commentaire article par article*, Economica, 2e éd. 1999, p. 1176-1184.

39. CEDH, 25 août 2015, *Renard et autres c/ France*, *D.* 2015.2305, note A. C. Meric et T. Larrouturou.

40. Cons. const., 99-412 DC du 15 juin 1999, Charte européenne des Langues régionales et minoritaires, *RDP* 1999.985, note F. Melin-Soucramanien. Le 28 janvier 2014, l'Assemblée nationale a approuvé une proposition de loi constitutionnelle permettant la ratification, mais la procédure n'a pas eu de suite.

l'information » (4 octobre 2001) (non signée), de la Convention relative à la protection du patrimoine audiovisuel (ratifiée en 2010) avec le Protocole additionnel du 8 novembre 2001 (ratifié en 2010), de la Convention sur la cybercriminalité (23 novembre 2001) (ratifiée en 2006) et du Protocole relatif à l'incrimination d'actes de nature raciste et xénophobe du 18 janvier 2003 (ratifié en 2006), de la Convention-cadre sur la valeur du patrimoine culturel pour la société du 27 octobre 2005 (non signée) et de la Convention sur l'accès aux documents publics du 18 juin 2009 (non signée).

4.34 ▸ On pourra évoquer enfin la Conférence sur la sécurité et la coopération en Europe (Conférence d'Helsinki). L'Acte final du 1er août 1975 pose en un décalogue les principes relatifs aux relations entre les États. Le point VII insiste sur les libertés de l'esprit mais l'Acte n'a pas de valeur contraignante pour les États.

C - DROIT DE L'UNION EUROPÉENNE

4.35 ▸ Les droits de l'homme ne figuraient pas dans les objectifs des traités communautaires, et les droits visés étaient des droits économiques et sociaux. Bien plus, les libertés de l'esprit pouvaient être menacées car la logique de la libre circulation des marchandises pouvait conduire à n'admettre aucune exception permettant de favoriser les œuvres intellectuelles. Cependant, l'évolution de la Communauté européenne et notamment l'institution d'une Union européenne par le traité de Maastricht ont développé cette dimension des droits de l'homme. Les préoccupations sont apparues très progressivement à travers la jurisprudence de la Cour de justice des Communautés européennes (devenue CJUE), en raison des pressions des juridictions constitutionnelles (essentiellement italienne et allemande). Après avoir affirmé que « le respect des droits fondamentaux fait partie intégrante des principes généraux dont la Cour de justice assure le respect »[41], celle-ci s'est référée à la Convention EDH, le 14 mai 1974, c'est-à-dire onze jours après la ratification du dernier État... la France[42].

4.36 ▸ L'Acte unique européen, dans son préambule, évoque la Convention EDH et la Charte sociale européenne.

Mais un pas plus décisif a été franchi par l'Union européenne à l'occasion du traité de Maastricht qui a intégré plus précisément la Convention à travers l'article F (aujourd'hui 6) sans pour autant y adhérer. La Cour de justice en a montré les difficultés[43]. Le Traité sur l'Union européenne dans sa modification par le traité de Lisbonne affirme dans le nouvel article 6 alinéa 3 que « les droits fondamentaux tels qu'ils sont garantis par la Convention européenne de sauvegarde des droits de l'homme et des libertés fondamentales et tels qu'ils résultent des traditions constitutionnelles communes aux États membres, font partie du droit de l'Union en tant que principes généraux ». D'autre part il précise dans l'alinéa 2 que « l'Union adhère à la Convention EDH ». On peut estimer qu'il y a une obligation d'adhésion. En outre le 14e protocole additionnel à la Convention pose que « l'Union européenne peut

41. CJCE, 17 décembre 1970, *Internationale Handelsgesellschaft, Grands arrêts CJCE* n° 17.
42. CJCE, 14 mai 1974 *Nold, Rec.* CJCE 491, concl. A. Trabucchi.
43. Cf. Avis CJCE, 28 mars 1996, *RTD eur.* 1996.625, obs. P. Wachsmann.

adhérer à la présente convention ». Cependant l'adhésion à la Convention EDH n'entraînera pas automatiquement l'adhésion aux protocoles additionnels[44] et la compatibilité avec la Charte européenne des droits fondamentaux peut parfois se poser[45]. La CJUE a affirmé l'impossibilité de l'adhésion actuellement[46].

4.37 › La Charte européenne des droits fondamentaux signée le 7 décembre 2000 à Nice a consacré une large place aux libertés de l'esprit dans son chapitre II, avec le respect de la vie privée et familiale (art. 7), la protection des données à caractère personnel (art. 8), la liberté de pensée, de conscience et de religion (art. 10), la liberté d'expression et d'information (art. 11) qui affirme que « toute personne a droit à la liberté d'expression. Ce droit comprend la liberté d'opinion et la liberté de recevoir et de diffuser des informations ou des idées sans qu'il puisse y avoir ingérence d'autorités publiques et sans considération de frontières ». On y ajoute que « la liberté des médias et leur pluralisme sont respectés ». La Charte vise aussi la liberté des arts et de la science (art. 13), le droit à l'éducation (art. 14) et le droit d'asile (art. 18), la non-discrimination, notamment en raison de la langue, de la religion, des opinions politiques ou autres (art. 21) et le respect de la diversité culturelle, religieuse et linguistique (art. 22). Depuis le 1er décembre 2009 (entrée en vigueur du traité de Lisbonne), cette Charte a valeur de droit positif. Elle constitue le Protocole n° 14 du traité de Lisbonne mais malheureusement, en vertu du Protocole n° 7 ne s'applique pas au Royaume Uni, toujours mauvais élève européen des droits et libertés, pas plus qu'à la Pologne et à la République tchèque. Elle a déjà pénétré la jurisprudence européenne. La CJUE l'a déjà évoquée dans ses arrêts[47]. Cependant, elle ne s'applique aux États que lorsqu'ils mettent en œuvre le droit de l'Union, ce qui limite la portée.

§ 2 – LA GARANTIE

I – NATIONALE

A - LA LOI

1) La foi dans la loi

4.38 › Les rédacteurs de 1789 avaient une confiance quasi illimitée dans la loi qui ne pouvait être oppressive. Son rôle (article 4 de la Déclaration) était de déterminer les bornes de la liberté. « Tout ce qui n'est pas défendu par la loi ne peut être empêché et nul ne peut être contraint à faire ce qu'elle n'ordonne

44. Cf. http://www.coe.int/t/dghl/standardsetting/hrpolicy/cddh-ue/CDDH-UE-documents/EU-accession-QA-2011.fr.pdf.

45. Cf. CJUE, Gde Ch., 14 avril 2002, *Servet Kambery*, C-571/10, *RDP* 2013.1342, chr. H. Gaudin.

46. CJUE, 18 décembre 2014, n° 2/13, *D.* 2015.75 os. O. Tambou ; *AJDA* 2015, chr. M. Gautier et 378, note E. Broussy, H. Cassagnabère et Ch. Ganser ; *JDA* 2015.1079, chr. H. Gaudin ; H. Labayle et F. Sudre, « L'avis 2/13 de la Cour de justice sur l'adhésion de l'Union européenne à la Convention européenne des droits de l'homme : pavane pour une adhésion défunte ? », *RFDA* 2015.5 ; *cf.* CJCE, 28 mars 1996, n° 2/94 ; *AJDA* 1996.739, note H. Chavrier, E. Honorat et G. de Bergue ; *D.* 1996.449, note J.-F. Renucci.

47. Par ex. CJUE, 22 décembre 2010, *DEB Deutsche Energiehandels-und Beratungsgesellschaft GmbH c/ Allemagne*, C 279/09 et surtout CJUE, Gde Ch., 9 novembre 2010, *Volker, Scheke et Eifert*, C-92 et 93/09, *Rec.* O-11063.

pas » (art. 5). Il en va ainsi pour les libertés de l'esprit puisque, s'agissant des opinions, « même religieuses », leur manifestation ne doit pas troubler « l'ordre public établi par la loi » et pour la liberté d'expression, « tout citoyen peut donc parler, écrire, imprimer librement, sauf à répondre de l'abus de cette liberté dans les cas déterminés par la loi ».

4.39 ▸ Il n'appartient pas au pouvoir exécutif de fixer les limites de l'exercice d'une liberté. Sous la IVe République, le Conseil d'État, dans un avis du 6 février 1953, a pu estimer que les libertés publiques « sont réservées à la loi... par la tradition républicaine ». Cette question est devenue encore plus importante sous la Ve République avec la distinction très nette entre loi et règlement autonome des articles 34 et 37. Il appartient à la loi de fixer les règles concernant « les droits civiques et les garanties fondamentales accordées aux citoyens pour l'exercice des libertés publiques ». Cette formulation a été complétée en 2008 par « la liberté, le pluralisme et l'indépendance des médias » Il faut ajouter dans le domaine de la loi ce qui touche au droit pénal, la « détermination des crimes et délits ainsi que les peines qui leur sont applicables ; la procédure pénale ». Enfin, ajoutons la liberté de l'enseignement.

2) Limitation du rôle de la loi

4.40 ▸ L'article 34 n'empêche pas le maintien de l'exercice d'un pouvoir de police générale qui permet de réglementer l'exercice des libertés[48].

4.41 ▸ Certaines dispositions générales peuvent affecter les libertés. C'est le cas avec les mesures de police administrative. La compétence est celle du Premier ministre pour tout le territoire, du préfet pour tout ou partie du département, du maire pour la commune. Les autorités locales peuvent édicter des mesures plus rigoureuses que la réglementation nationale, même si celle-ci résulte de la loi, sous réserve que cela soit nécessaire compte tenu des circonstances locales. L'objet est l'ordre public. Les libertés de l'esprit en ont souvent été l'objet pouvant aller jusqu'à une interdiction fondée sur la moralité[49]. Ce pouvoir comporte des limites, notamment lorsque les libertés de l'esprit sont en jeu : « la liberté est la règle, la restriction de police l'exception »[50]. La formule du commissaire du gouvernement constitue pour le juge administratif sa « boussole »[51]. Les mesures doivent être nécessaires et efficaces, mais il doit y avoir une conciliation entre l'ordre public et le respect des libertés[52].

---

48. Par exemple pour la liberté de l'affichage : CE, 17 février 1978, *Association dite Comité pour léguer l'esprit de la Résistance, Rec.* 82 ; CE, S, 22 décembre 1978, *Union des chambres syndicales d'affichage et de publicité extérieure, Rec.* 530.

49. CE, S, 18 décembre 1959, *Société Les Films Lutetia et Syndicat Français des producteurs et exportateurs de films,* GAJA, n° 76, Lachaume/Pauliat, p. 331.

50. Concl. Corneille sur CE, 10 août 1917, *Baldy.*

51. J.-M. Sauvé, « Quel juge pour les libertés ? », *D.* 2016.2420 ; *AJDA* 2016.1320.

52. CE, S, 23 novembre 1951, *Société nouvelle d'imprimerie, RDP* 1951.1098 concl. Letourneur, note M. Waline, à propos d'une interdiction de diffusion de publications. ; CE, ord. 5 janvier 2007, *Min. d'État, Min. Intérieur et Aménagement du territoire c/ Assoc. Solidarité des Français, AJDA* 2008.63. Le préfet peut interdire la distribution d'une soupe populaire dès lors qu'elle contient du porc pour écarter les juifs et les musulmans. Il y avait risque à l'ordre public. Voir par ex. CE, 17 avril 2002, *Commune de Saint-Cyr-l'École, AJDA* 2012.1655 à propos de l'interdiction de diffuser brochures et tracts près d'un marché.

Marquées par l'arrêt *Benjamin*[53], les solutions du juge[54] ont été l'objet de vifs débats récemment. Dans le cas Dieudonné, le spectacle avait été interdit par une circulaire du ministre de l'Intérieur du 6 janvier 2014. Le tribunal administratif avait suspendu le texte estimant que « le risque de troubles publics causés par cette manifestation [...] ne pouvait fonder une mesure aussi radicale que l'interdiction ». Mais le Conseil d'État a donné raison aux autorités s'appuyant sur l'atteinte à la dignité humaine[55]. Cependant, l'affaire *Dieudonné* a connu de nouveaux rebondissements. Une autre décision du Conseil d'État un mois plus tard conduisant à l'annulation d'un arrêté municipal a fait une application plus classique de la jurisprudence en analysant le « risque à l'ordre public »[56]. Le répit a été de courte durée pour Dieudonné. Le 9 novembre 2015, le Conseil d'État a validé la circulaire du Premier ministre, car elle n'avait pas méconnu l'étendue des pouvoirs de police administrative et n'avait pas créé de critères contraignants[57]. Surtout, la Cour EDH a rejeté de façon beaucoup plus sèche le recours formé par Dieudonné au motif qu'il y avait abus de droit (art. 17) contraire aux objectifs de la Convention[58]. Des limites ont pu être apportées par le TA de Paris à propos de la pièce *Exhibit B*[59]. Il a jugé que l'interdiction n'est possible que « si une telle mesure est seule à préserver l'ordre public ». Le spectacle a donc été protégé par la police.

4.42 ▸ Certaines polices spéciales sont exercées par les ministres et peuvent intéresser les libertés de l'esprit (police des publications pour la jeunesse).

3) Les degrés de la liberté

4.43 ▸ L'autorité administrative pourra moduler les degrés de liberté par des techniques différentes. La situation idéale, peu fréquente, sera la liberté totale qui est en fait l'application exclusivement du régime répressif. On pourra mentionner la liberté du culte. Peu contraignant mais permettant de susciter ultérieurement des restrictions est le système de la déclaration préalable[60]. C'est

---

53. CE, Ass., 19 mai 1931, *Benjamin, Rec.* 541 ; *GAJA* ; Lachaume/Pauliat ; cf. aussi *RFDA* 2013.1001, chr. P. Frydman *et al.*

54. TA Nantes, Ord., 9 janvier 2014, *Soc. Les Productions de la Plume et M. Dieudonné M'Bala M'Bala* ; CE, Ord. 9 janvier 2014, *Min. de l'Intérieur c/ Soc. Les Productions de la Plume et M. Dieudonné M'Bala M'Bala, Rec.* 1 ; CE, Ord., 10 janvier 2014, *SARL Les Productions de la Plume et M. D. M'Bala M'Bala* et CE, Ord., 11 janvier 2014, *SARL Les Productions de la Plume et M. D. M'Bala M'Bala, AJDA* 2014.79, obs. J.-M. Pastor, 129, obs. B. Seiller, 473, obs. C. Broyelle et 866, note J. Petit ; *D.* 2014 ; 86, obs. J.-M. Pastor ; *RFDA* 2014.87, note O. Gohin, 521, obs. C. Broyelle et 525, obs. D. Branger ; *D* 2014.1, 86, 155, obs. R. Piastra et 200, obs. D. Maus. ; CE, 9 novembre 2015, *Alliance générale contre le racisme et le respect de l'identité française et chrétienne et SARL Les Productions de la Plume et M. M'Bala M'Bala, RFDA* 2016.791, note P. Bon.

55. Cf. CE, Ass., 27 octobre 1995, *Commune de Morsang-sur-Orge, AJDA* 1995.878, chron. J.-H. Stahl et D. Chauvaux ; *AJDA* 2014.106, note M. Franc. Le Conseil constitutionnel a reconnu la valeur constitutionnelle de la dignité (Cons. const., C 27 juillet 1994, 94-343/344 DC, *Loi relative au respect du corps humain, D.* 1995.237, note B. Mathieu, 205, chr. B. Edelman et 299, obs. L. Favoreu, s'appuyant sur la première phrase du Préambule de 1946.

56. CE, 6 février 2015, *Commune de Cournon d'Auvergne, AJDA* 2015.1658 ; *D.* 2015544, note B. Quiriny.

57. CE, 9 novembre 2015, *Association générale contre le Racisme et pour le Respect de l'Identité française (AGRIF) et Productions de la Plume et M. M'A M'A, AJDA* 2015.2118, obs. J.-M. Pastor et 2508, concl. A. Bretonneau.

58. CEDH, 20 octobre 2015, n° 25239/13, *M'Bala M'Bala c/ France, AJDA* 2016.143, chr. L. Burgorgue-Larsen, *RSC* 2016.140, note J.-P. Marguénaud.

59. TA Paris, Ord., 9 décembre 2014, *Centre Dumas-Pouchkine des diasporas et cultures africaines ; Alliance noire citoyenne ; Assoc. L'Amozaik ; Mme Betga-Tchioumi, D.* 2015. 199.

60. Cf. Ph. Ligneau, « Le procédé de la déclaration préalable », *RDP* 1976.679.

d'ailleurs parce que le projet de loi modifiant la liberté d'association supprimait la déclaration préalable simple que le Conseil constitutionnel a censuré le texte examiné en 1971. C'est par exemple le cas avec la publication d'un périodique : une déclaration est nécessaire qui conditionne l'exercice de la liberté. Tout dépend en fait de la portée de la déclaration. Suffit-elle seule ? Faut-il attendre un récépissé ? Y a-t-il compétence liée pour délivrer ce récépissé ? Plus restrictive est l'autorisation préalable. Elle ne peut affecter les libertés fondamentales comme la liberté d'association ou, parmi les libertés d'expression, la liberté de la presse. En revanche, elle pourra concerner les libertés considérées comme non fondamentales. Le visa de censure en matière cinématographique en est un exemple ancien. Un cas plus récent est fourni par la création de radios. C'est également la situation des publications étrangères pour la jeunesse. C'est aussi ce qu'a affirmé le Conseil constitutionnel en 1984 dans sa décision relative aux entreprises de presse. Enfin, l'étape ultime sera bien entendu l'interdiction, même s'il faut l'envisager sous l'angle de l'interdiction possible telle qu'elle peut exister dans le cadre des pouvoirs de police administrative générale (ex : interdiction de films ou spectacles par les maires) ou spéciale (publications interdites aux mineurs). Tout dépendra du contrôle du juge.

B - LE JUGE

1) Le juge constitutionnel

4.44 › La Vᵉ République a doté notre pays d'une véritable juridiction constitutionnelle après un siècle et demi d'hostilité. Le Conseil constitutionnel a pu en 1971 opérer une sorte de « coup d'État » pour devenir le gardien des droits et libertés.

Mais un nombre limité de personnes pouvaient le saisir. Depuis la révision de 1974, ce sont essentiellement les parlementaires qui agissaient. Sans doute il est très rare que des lois touchant à la liberté de l'esprit n'aient pas été examinées. Cependant, lorsqu'apparaît un consensus, l'hypothèse est envisageable. C'est ce qui s'est produit avec la loi Gayssot et surtout avec le nouveau Code pénal, mais aussi avec la loi du 15 mars 2004 sur les signes religieux. On peut estimer très regrettables les propos du Premier ministre en 2016 demandant que le Conseil constitutionnel ne soit pas saisi à propos de l'état d'urgence, manifestant une méfiance à l'égard de l'État de droit. De telles pratiques sont vaines dorénavant. En permettant au cours d'une instance, de soulever l'exception d'inconstitutionnalité dénommée question prioritaire de constitutionnalité (QPC), le Conseil peut être conduit à se prononcer conformément au nouvel article 61-1 sur renvoi du Conseil d'État ou de la Cour de cassation. Depuis la première décision, le 28 mai 2010, nous avons assisté à une véritable explosion du contentieux constitutionnel avec de nombreuses décisions dans notre domaine. Mais les résistances des juridictions suprêmes existent. On peut regretter que la Cour de cassation n'ait pas voulu transmettre le 7 mai 2010 une QPC sur la loi Gayssot estimant que la demande ne « présentait pas de caractère sérieux »[61], adoptant la même attitude à l'égard de la loi Pleven de 1972 relative à la répression

61. Cass., 7 mai 2010 (n° 09-80774), *Mme X... et autres c/ Fédération nationale des déportés et internés, résistants et patriotes (FNDIRP), et autres.*

du racisme[62] ou à propos de la diffamation[63]. Pourtant la Chambre criminelle s'est résolue le 6 octobre 2015 à présenter une QPC[64] ; le Conseil a validé la constitutionnalité de la loi Gayssot le 8 janvier 2016[65].

4.45 ▸ Le Conseil constitutionnel a pu conduire à la reconnaissance de certains droits ou libertés, mais a aussi fixé les limites qu'ils peuvent rencontrer, notamment avec les objectifs de valeur constitutionnelle apparus à propos de la liberté de communication audiovisuelle (Cons. const., 27 juillet 1982 précité) Il fixe aussi les bornes que peut trouver une liberté dans son exercice. Ainsi la liberté de la communication audiovisuelle[66] trouve ses limites dans les objectifs à valeur constitutionnelle de la sauvegarde de l'ordre public, du respect de la liberté d'autrui et de la préservation du caractère pluraliste des courants d'expression socioculturels. Pour la liberté de la presse, il dégagera l'objectif de valeur constitutionnelle du pluralisme des quotidiens d'information politique et générale (Cons. const., 10-11 octobre 1984).

4.46 ▸ Le Conseil vient aussi apporter des précisions quant à ce que doit être l'interprétation de la loi examinée. Il « confine aux arrêts de règlement des Parlements de l'Ancien Régime »[67] comme dans sa décision des 10-11 octobre 1984. Le Parlement ne peut réglementer que pour rendre plus effective la liberté et il doit la concilier avec les autres règles ou principes de valeur constitutionnelle.

Le risque est grand que le Conseil ne se substitue au Parlement même s'il s'en défend car la constitution ne lui donne pas « un pouvoir général d'appréciation et de décision identique à celui du Parlement, mais lui donne seulement compétence pour se prononcer sur la conformité à la Constitution des lois déférées à son examen »[68]. Surtout, le Conseil, en matière de droits et libertés, interdit toute marche arrière avec « l'effet cliquet ». La loi nouvelle doit apporter des garanties au moins aussi fortes que la loi à laquelle elle se substitue[69].

2) Le juge judiciaire

4.47 ▸ Tout au long du XIXe siècle, la véritable garantie, pour les libéraux, ne pouvait venir que du juge judiciaire. Cela explique un certain nombre de constructions jurisprudentielles telles la voie de fait ou l'emprise irrégulière[70], ou bien l'article 66 de notre Constitution évoquant « l'autorité judiciaire, gardienne de la liberté individuelle ». Le juge judiciaire a été considéré comme le gardien traditionnel de la propriété privée et de la liberté individuelle. L'idée s'est fortement

62. Cass. crim., 16 avril 2013, n° 13-90008.
63. Cass. crim., 22 juillet 2015, n° 15-90009, *D.* 2015.1702.
64. Cass. crim., 6 octobre 2015, n° 15-84335, *D.* 2015.2076. *RSC* 2015.877.
65. Cons. const., 8 janvier 2016, n° 2015-512 QPC, *Vincent R.*
66. Cons. const., 18 septembre 1986 et Cons. const., 17 janvier 1989.
67. P. Avril et J. Gicquel, *Le Conseil constitutionnel*, 5e éd., Montchrestien, 2005, p. 122.
68. Cons. const., 74-54 DC 15 janvier 1975, *Loi relative à l'interruption volontaire de grossesse,* Favoreu/Philip.
69. Cons. const., 83-165 DC, 20 janvier 1984 précité ; 84.181 DC, 10-11 octobre 1984, *Entreprises de presse,* précitée.
70. Sur la quasi-disparition de celle-ci, cf. TC, 9 décembre 2013, *Époux Pannizzan c/ Cne de Saint-Palais-sur-Mer, AJDA* 2013.2519, obs. D. Poupeau et *AJDA* 2014.216 ; la compétence du juge judiciaire ne subsiste que s'il y a extinction du droit de propriété.

atténuée à propos de la voie de fait. Le Conseil d'État a admis que le juge administratif du référé-liberté était compétent pour faire cesser une voie de fait[71]. Le Tribunal des conflits a estimé que la voie de fait n'existait qu'en « cas d'atteinte à la liberté individuelle ou aboutissant à l'extinction d'un droit de propriété » et non plus en cas d'« atteinte grave au droit de propriété ou à une liberté fondamentale »[72].

3) Le juge administratif

4.48 › Si la défiance envers le juge administratif a été très forte au XIXe siècle, cette attitude a disparu aujourd'hui en raison de sa jurisprudence très audacieuse et aussi de l'indépendance dont il a su faire preuve. Par un contrôle accru à l'égard des actes administratifs, il a pu mieux protéger le citoyen face à l'administration. En façonnant une conception parfois large du bloc de la légalité, avec notamment les principes généraux du droit et en accentuant les différents degrés de son contrôle, il a pu mieux sanctionner les excès de pouvoir de l'administration. L'erreur manifeste d'appréciation a été un moyen de s'approcher – quand il n'y est pas entré – du contrôle de l'opportunité par exemple avec les publications étrangères[73]. On constatera que le Conseil constitutionnel a emprunté cette technique en l'utilisant à propos de la liberté de la presse[74].

Mais il a également pu pallier l'inertie du juge judiciaire lorsque celui-ci se montrait défaillant comme pour les saisies administratives (cf. *infra*).

Le rôle de plus en plus important du juge administratif dans le contentieux des libertés publiques, souvent au détriment du juge judiciaire, peut susciter quelques controverses[75]. Le vice-président du Conseil d'État a pu affirmer que « la défense des libertés est ainsi en France une compétence partagée du juge administratif et du juge judiciaire »[76].

C - LES NOUVEAUX PROTECTEURS

Mais de nouveaux protecteurs sont apparus ou d'autres se sont affirmés.

71. CE, 23 janvier 2013, *Commune de Chirongui, AJDA* 2013.199, obs. M.-C. de Montecler et 788, chron. X. Domino et A. Bretonneau ; *RFDA* 2013.299, note P. Delvolvé ; *D.* 20163.368, obs. M.-C. de Montecler ; *JCP* A 2013.2047, note H. Pauliat et 2048, note O. Le Bot.

72. T. confl., 17 juin 2013, *M. Beroend c/ Soc. ERDF Annecy Léman, AJDA* 2013.1245 et 1569, chr. X. Domino et A. Bretonneau ; *RFDA* 2013.1041, note P. Delvolvé ; *JCP* A 2013.2301, note C.-A. Dubreuil.

73. CE, Ass., 2 novembre 1973, *Société Librairie François Maspero, Rec.* p. 611 ; *JCP* 1974.II.17642, concl. Braibant, note R. Drago ; cf. *RFDA* 2013.1001, chr. P. Frydman *et al.*

74. Cons. const., 84-181 DC, 10-11 octobre 1984, *Entreprises de presse,* précitée.

75. Th. Renault, « Du rififi chez les juges. Le juge administratif est-il le nouveau gardien des libertés publiques ? », *AJDA* 2016.1677.

76. J.-M. Sauvé, art. cit.

1) *Autorités administratives indépendantes ou autorités publiques indépendantes*[77]

4.50 ▸ Les autorités administratives indépendantes (AAI), inspirées des États-Unis et notamment par la *Federal Communications Commission*, créée en 1934 et intéressant les libertés de l'esprit puisqu'elle attribue les licences, ont connu un très grand développement ces dernières années, apparaissant comme une solution à la suspicion dont pouvait être entouré le pouvoir exécutif. Certaines ont une vocation générale. Il en est ainsi du Médiateur de la République, mauvaise copie française de cette remarquable institution suédoise qu'est l'ombudsman et remplacé aujourd'hui par le Défenseur des droits. Certaines de ces AAI ont été créées à propos de libertés de l'esprit (Commission nationale Informatique et Libertés, Commission d'accès aux documents administratifs, Commission du droit de réponse, Haute Autorité de lutte contre les discriminations et pour l'égalité créée par la loi du 30 décembre 2004[78] et surtout Conseil supérieur de l'audiovisuel).

Les AAI doivent être créées par la loi[79]. Elles peuvent avoir un pouvoir réglementaire. Le Conseil constitutionnel[80] a admis qu'une AAI (en l'espèce la CNCL) « peut disposer du pouvoir réglementaire d'application d'une loi dans un domaine déterminé et dans le cadre défini par cette loi ». Ce pouvoir est cependant second par rapport au Premier ministre lorsque celui-ci doit l'exercer. Les AAI ont parfois un pouvoir de sanction. À propos du CSA, le Conseil constitutionnel a considere que cela n'était pas contraire au principe de la légalité des délits et des peines car celui-ci « s'étend à toute sanction ayant le caractère d'une punition même si le législateur a laissé le soin de la prononcer à une autorité de nature non judiciaire » (CSA)[81].

Leur indépendance n'est pas absolue. Elles peuvent être supprimées par le Parlement (cf. Haute autorité ; CNCL). On a donc cherché à les constitutionnaliser. Cela a été fait avec le Défenseur des droits mais a échoué avec le CSA.

77. Bibliographie : J. Chevallier, « Réflexions sur l'institution des autorités administratives indépendantes », *JCP* 1986, II, 245 ; J.-Cl. Colliard et G. Timsit, *Les autorités administratives indépendantes*, PUF 1988 ; E. Pisier, « Vous avez dit indépendantes : réflexions sur les autorités administratives indépendantes », *Pouvoirs* n° 46, 1986, p. 71 ; C. Teitgen-Colly, « Les instances de régulation et la Constitution », *RDP* 1990.153, « Réflexions sur les autorités administratives indépendantes », *EDCE*, 2001, p. 251-462 ; L. Calandri, *Recherche sur la notion de régulation en droit administratif*, LGDJ, BDP, n° 259, 2009 ; Conseil d'État, Rapport public 2011. [Vol. 1], Activité juridictionnelle et consultative des juridictions administratives : rapport adopté par l'assemblée générale du Conseil d'État le 3 mars 2011, Documentation française, 2011.

78. CE, 13 juillet 2007, *Soc. Ed. Tissot*, *RFDA* 2007.1139, chr. Ph. Terneyre, sur la portée des recommandations de la HALDE.

79. Déjà le Conseil constitutionnel exigeait cela pour les AAI touchant aux libertés. Cons. const., 84-173 DC, 26 juillet 1984, *Réseaux câblés*, *RDP* 1986.395 chr. L. Favoreu. Depuis la loi organique du 20 janvier 2017, la loi intervient pour toutes. les AAI et les API.

80. Cons. const., 86-217 DC, 18 septembre 1986, *Liberté de communication*, *AJDA* 1987.102 note P. Wachsmann.

81. Cons. const., 88-248 DC, 17 janvier 1989, précité.

Les AAI ont fait l'objet de critiques en raison de leur trop grand nombre[82]. Il a été suggéré par le Comité d'évaluation et de contrôle des politiques publiques (CEC) d'en regrouper certaines ou encore de fusionner le CSA, l'ARCEP et l'HADOPI. Leur existence pose des problèmes fondamentaux. La loi organique et la loi du 20 janvier 2017[83] portant statut général des autorités administratives indépendantes et des autorités publiques indépendantes ont précisé leur statut et réduit leur nombre. La loi fixe les règles relatives à leur composition et leurs attributions et aux principes fondamentaux de leur organisation et de leur fonctionnement. Ainsi le mandat est de 3 à 6 ans non renouvelable. Il n'y a plus que 18 AAI[84][85] et 8 API[86].

4.51 ▸ On insistera sur celles relatives à la communication audiovisuelle avec le CSA ou avec la Haute Autorité pour la diffusion des œuvres et la protection des droits sur Internet (HADOPI) qui disposent de la personnalité juridique. Les actes des AAI et des API peuvent être déférés au juge de l'excès de pouvoir « lorsqu'ils revêtent le caractère de dispositions générales et impératives ou lorsqu'ils énoncent des prescriptions individuelles dont ces autorités pourraient ultérieurement censurer la méconnaissance »[87].

2) Les citoyens (associations, ONG)

4.52 ▸ Mais c'est sans doute sur eux-mêmes que les citoyens doivent compter pour garantir leurs libertés, et plus particulièrement celles de l'esprit. Après tout, parmi les quatre droits naturels et imprescriptibles de l'homme mentionnés à l'article 2 de la DDHC figure la résistance à l'oppression, droit sans doute bien difficile à mettre en œuvre.

a) Action collective des citoyens

4.53 ▸ L'action des citoyens se réalisera plutôt collectivement qu'individuellement. Ce sera au sein d'associations. Les techniques utilisées pourront être la pétition envisagée plutôt de façon collective en recherchant l'aspect quantitatif (pétition du Comité national d'action laïque contre la loi Debré du 31 décembre 1959 sur l'enseignement privé réunissant plusieurs millions de signatures) ou qualitatif (pétitions d'intellectuels ou de personnalités diverses). Mais l'action collective prendra plus habituellement la forme de la manifestation devant réunir le plus grand nombre possible de personnes afin de faire pression sur le

82. Cf. Rapport Gelard, *Doc. Sénat* 2014, n° 616. Le rapport Mézard, très critique, estime qu'elles se sont développées « au détriment du gouvernement qui perdait formellement ses attributions » et aussi qu'elles « ont porté atteinte aux prérogatives du Parlement et de la justice ». Doc. Sénat 2015, n° 332, 2015-2016).

83. Cf. CC 2017_746 DC, 19 janvier 2017.

84. Parmi les AAI, on trouve l'Autorité de régulation des communications électroniques et des postes, l'Autorité de régulation de la distribution de la presse, la Commission d'accès aux documents administratifs, la Commission du Secret de la défense nationale, la Commission nationale de contrôle des techniques de renseignement, la Commission nationale informatique et libertés, le Défenseur des droits et le Haut Conseil de l'évaluation de la recherche et de l'enseignement supérieur.

85. La Commission nationale consultative des Droits de l'homme et la Commission des sondages n'en font plus partie.

86. Parmi les API, on trouve le Conseil supérieur de l'audiovisuel et la Haute Autorité pour la diffusion des œuvres et la protection des droits sur Internet.

87. CE, 21 mars 2016, *Société Fairvesta International et autres* et CE, 21 mars 2016, *Société NC Numéricable*. Cf. F. Melleray, « Le contrôle juridictionnel des actes de droit souple », *RFDA*, 2016.579.

pouvoir. Citons la manifestation du 24 juin 1984 contre le projet de loi Savary qui réunit plus d'un million de personnes et aboutit à son retrait et, dans le camp adverse, la manifestation du 16 janvier 1994, hostile à la révision de la loi Falloux.

b) Organisations non gouvernementales

4.54 ▸ L'action en la matière, aujourd'hui, dépasse le strict cadre national et le développement des organisations non gouvernementales a pu paraître essentiel (Amnesty International, Human Rights Watch...), certaines s'attachant avant tout aux libertés de l'esprit (Reporters sans frontières...).

c) Les lanceurs d'alerte

4.54-1 ▸ Depuis quelques années est apparue l'action de citoyens désireux, le plus souvent en utilisant les nouvelles technologies, de divulguer des dysfonctionnements dans des domaines très divers. Le Conseil d'État a ainsi défini le lanceur d'alerte comme celui qui « signale, de bonne foi, librement et dans l'intérêt général, de l'intérieur d'une organisation ou de l'extérieur, des manquements graves à la loi ou des risques graves menaçant des intérêts publics ou privés, dont il n'est pas l'auteur »[88].

Se fondant sur la jurisprudence de la CEDH[89] et l'article 10 de la Convention, la Cour de cassation a ainsi pu prononcer la nullité du licenciement d'un lanceur d'alerte considérant qu'il y avait atteinte à la liberté d'expression[90].

L'article 6 de la loi n° 2016-1691 du 9 décembre 2016 relative à la transparence, à la lutte contre la corruption et à la modernisation de la vie économique (Sapin II) définit le lanceur d'alerte comme « la personne physique (ce qui ne se limite *a priori* pas à des salariés d'une entreprise ou agents d'une personne publique) : qui révèle ou signale, de manière désintéressée et de bonne foi, un crime ou un délit, une violation grave et manifeste d'un engagement international régulièrement ratifié ou approuvé par la France, d'un acte unilatéral d'une organisation internationale pris sur le fondement d'un tel engagement, de la loi ou du règlement, ou qui révèle ou signale, de manière désintéressée et de bonne foi, un crime ou un délit, une violation grave et manifeste d'un engagement international régulièrement ratifié ou approuvé par la France, d'un acte unilatéral d'une organisation internationale pris sur le fondement d'un tel engagement, de la loi ou du règlement, ou une menace ou un préjudice grave pour l'intérêt général, dont elle a eu personnellement connaissance »[91]. Sont cependant exclus des alertes « les faits, informations ou documents, quel que soit leur forme ou leur support, couverts par le secret de la défense nationale, le secret médical ou le secret des relations entre un avocat et son client sont exclus du régime de l'alerte défini par le présent chapitre ».

---

88. Conseil d'État, *Le droit d'alerte : signaler, traiter, protéger*, Études du Conseil d'État, La Documentation française, 2016, p. 12.
89. CEDH, 19 février 2009, *Marchenko c/Ukraine*.
90. Cass. soc., 30 juin 2016, *D.* 2016.1740, note J.-P. Marguénaud et J. Mouly.
91. Cons. const., 2016-741 DC, 8 décembre 2016.

Trois étapes peuvent être nécessaires pour lancer l'alerte : auprès de l'employeur ; en cas d'absence de diligence, auprès d'une autorité administrative ou judiciaire ; enfin à défaut de traitement dans un délai de trois mois, auprès du public. Mais la loi ne couvre pas les lanceurs d'alerte « externes ». La loi assure la confidentialité de l'identité du lanceur d'alerte, l'interdiction de toute discrimination à son égard. Des conditions particulières visent les lanceurs d'alerte dans le domaine financier.

D - LES LIBERTÉS EN PÉRIL : LES RÉGIMES EXCEPTIONNELS

4.55 ▸ Les libertés de l'esprit sont toujours parmi les premières menacées en cas de tension dans un État. Pensons aux Patriot Acts. La Convention EDH permet, dans cette hypothèse, d'y porter atteinte. La France connaît essentiellement deux régimes législatifs. La loi du 9 août 1849, modifiée par la loi du 3 avril 1878, relative à l'état de siège, donne compétence à l'autorité militaire pour porter atteinte à certaines libertés, leur liste étant limitative. Parmi celles-ci figure le droit d'interdire les publications et réunions que l'autorité militaire juge de nature à exciter et entretenir les désordres. La loi du 3 avril 1955, modifiée par l'ordonnance du 15 avril 1960 et plus récemment par la loi du 20 novembre 2015, et susceptible de trouver un ancrage constitutionnel si la procédure de révision en cours aboutit, relative à l'état d'urgence permet de porter atteinte à diverses libertés, principalement la liberté individuelle. Elle permettait aussi, jusqu'à la loi du 20 novembre 2015 qui a fait disparaître ces dispositions, d'habiliter les autorités administratives à prendre toutes mesures pour assurer le contrôle de la presse et des publications de toute nature ainsi que celui des émissions radiophoniques, des projections cinématographiques et des représentations théâtrales. Si l'état de siège ne présente plus d'intérêt, peut-être parce que, paradoxalement, trop protecteur des libertés publiques, il n'en est pas de même de l'état d'urgence qui, instauré à la faveur de la guerre d'Algérie, a connu trois applications récentes en 1985 lors des événements de Nouvelle-Calédonie[92], sur le territoire métropolitain, suite à des incidents graves en banlieue parisienne, du 8 novembre 2005 au 4 janvier 2006, et surtout le 14 novembre 2015 et a été prorogé chaque fois pour trois mois par les lois du 20 novembre 2015 et du 19 février 2016 et ensuite pour deux mois par la loi du 20 mai 2016 jusqu'à la fin de l'Euro de football, suite aux attentats terroristes du 13 novembre 2015[93]. Après les attentats de Nice, la loi du 21 juillet 2016 en a prorogé l'application de six mois et enfin la loi du 19 décembre 2016 l'a prolongé jusqu'au 15 juillet 2017, précisant que le changement de gouvernement, inévitable suite à l'élection présidentielle et aux élections législatives, ne mettrait pas fin à l'état d'urgence. Dans les deux premiers cas, le contrôle de la presse n'avait pas été retenu et celui-ci, maintenant, n'est plus possible. Mais les députés ont inséré une disposition permettant au ministre de l'Intérieur de « prendre toute mesure pour assurer l'interruption de tout service de communication au public en ligne provoquant à la commission d'actes de terrorisme ou en faisant l'apologie ». Le Conseil constitutionnel a jugé aussi qu'à l'occasion de

92. Cons. const., 85-187 DC, 25 janvier 1985, *État d'urgence en Nouvelle-Calédonie*, Favoreu/Philip (15e éd.) n° 21.
93. Décret n° 2015-1475 du 14 novembre 2015 et loi n° 2015-1501 du 20 novembre 2015. J.-Ch. Jobart, « L'état d'urgence déclaré et renforcé en France », *AJDA* 2015.2321.

perquisitions la copie de données informatiques « assimilable à une saisie » serait contraire à la constitution[94]. La loi sur l'état d'urgence permet de limiter la liberté de réunion. Le Conseil d'État a admis son utilisation pour légaliser un arrêté préfectoral prescrivant la fermeture d'une mosquée pendant l'état d'urgence, estimant que cette décision ne porte pas une « atteinte manifestement grave et illégale à une liberté fondamentale »[95]. Cette décision a été confortée par la loi du 21 juillet 2016 qui a complété l'article 8 de la loi de 1955 en posant la précision « en particulier des lieux de culte au sein desquels sont tenus des propos constituant une provocation à la haine ou à la violence ou une provocation à la commission d'actes de terrorisme ou faisant l'apologie de tels actes ». Cette même loi a prévu aussi que le CSA doit élaborer « un code de bonne conduite relatif à la couverture audiovisuelle d'actes terroristes »[96].

La loi du 3 juin 2016 sur la lutte contre le terrorisme dans l'esprit de ce contexte a créé de nouvelles incriminations intéressant les libertés de l'esprit dont l'apologie par reproduction[97], la consultation de certains sites[98], les saisies électroniques de correspondance stockées et l'interception des correspondances électroniques. Au regard de la Convention européenne des droits de l'homme, la mise en œuvre est tout à fait possible, mais les droits insusceptibles de dérogations ne visent aucune liberté de l'esprit. Neuf États y ont eu recours. Il y a essentiellement une obligation d'information de la Cour, celle-ci estimant qu'il doit y avoir « réexamen constant des mesures d'exception[99] ».

4.56 ▸ Mais l'arme suprême, c'est l'article 16 de la Constitution. Le président de la République peut prendre toute mesure qui lui paraît nécessaire et susceptible de porter atteinte aux droits et libertés. On sait qu'à cet égard il n'existe pas de contrôle véritable, même après la petite modification de la révision de 2008, le Conseil constitutionnel n'émettant que des avis et le contrôle exercé par le Conseil d'État se limitant aux mesures de nature réglementaire[100]. Or les mesures intéressant les libertés publiques sont de nature législative. L'article 16 a été utilisé une seule fois, en 1961. Parmi les diverses décisions prises alors par le président de la République, certaines ont touché les libertés de l'esprit avec la décision du 24 avril 1961 proclamant l'état d'urgence, autorisant ainsi les atteintes aux libertés de l'esprit mais aussi d'autres mesures ont été plus spécifiques, visant la fonction publique et la magistrature et portant atteinte à la liberté d'opinion. Ce fut la décision du 27 avril 1961 permettant d'interdire les « écrits périodiques ou non, revêtant la forme de cahiers, de feuilles ou de lettres de

94. Cons. const., 2016-535 QPC, 19 février 2016, *Ligue des droits de l'homme*, *AJDA* 2016.340.

95. CE, réf., 25 février 2016, *M. J. et autres*, *AJDA* 2016.1303.

96. Cela ne constituera pas un document contraignant mais il pourra conduire à des sanctions comme pour les recommandations. O. Le Bot, « Prorogation de l'état d'urgence et mesures de lutte antiterroriste », *AJDA* 2016. 1914.

97. Art. 421-2-5-1 Code pénal.

98. Art. 421-2-5-2. Fort heureusement, il y a des exceptions, notamment lorsque la consultation est « effectuée de bonne foi », si elle résulte de l'exercice normal « d'une profession ayant pour objet d'informer le public » et aussi, si elle « intervient dans le cadre de recherches scientifiques ou est réalisée afin de servir de preuve en justice ».

99. CEDH, Ass. plén., 26 mai 1993, *Brannigan et McBride c/Royaume-Uni*.

100. CE, Ass., 2 mars 1962, *Ruben de Servens*, GAJA, n° 79 ; Lachaume/Pauliat p. 714.

renseignements, quel que soit leur mode de diffusion ». Étaient ainsi visées les lettres d'information[101].

II — INTERNATIONALE

A - L'INTÉRÊT DE LA GARANTIE INTERNATIONALE

4.57 › La protection vient aussi du droit international. Elle devrait être absolue depuis 1989, tout au moins par rapport aux normes infraconstitutionnelles, car les conventions internationales n'ont pas de valeur constitutionnelle[102]. L'article 55 de la Constitution dispose que « les traités ou accords régulièrement ratifiés ou approuvés ont, dès leur publication, une autorité supérieure à celle des lois, sous réserve, pour chaque accord ou traité, de son application par l'autre partie ». Ce n'est qu'en 1989 que le Conseil d'État a enfin accepté dans toute sa logique ce principe dans le célébrissime arrêt *Nicolo*[103]. On constatera que c'est, notamment, à la suite de l'affaire dite du « foulard islamique », en s'appuyant sur des instruments internationaux, que l'assemblée générale du Conseil d'État a formulé son avis sur les signes religieux extérieurs le 27 novembre 1989, se référant à la convention du 15 décembre 1960 sur la lutte contre la discrimination dans l'enseignement... seulement un mois après l'arrêt *Nicolo*. Elle se réfère aussi à la Convention européenne des droits de l'homme. Il reste cependant toujours le butoir de la Constitution[104], mais il faudra alors résoudre les contradictions avec les juridictions internationales et notamment communautaires[105].

B - FORCE DE LA CONVENTION EDH

4.58 › L'intérêt de la Convention et de ses protocoles[106] réside sans doute dans l'importance et la précision des droits et libertés protégés mais peut-être encore plus dans la garantie concrète qui est offerte. D'une part, la Convention permet le recours d'un État partie contre un autre État, disposition, en raison de ses implications très politiques, ayant peu eu l'occasion de jouer et jamais à propos des libertés de l'esprit sauf pour des violations parmi d'autres. Ce fut le cas dans la première affaire grecque et dans la requête contre la Turquie. Mais la procédure a été interrompue. Dans l'affaire *Chypre contre Turquie*, des violations des articles 9 et 10 ont été retenues[107]. L'intérêt majeur de la Convention réside

101. Cf. CE, 22 avril 1966, *Société Union africaine de presse, JCP* 1966 14805.

102. Cons. const., 15 janvier 1975, *Interruption volontaire de grossesse*, Favoreu/Philip, n° 9 ; Cons. const., 93-325 DC, 13 août 1993, *Maîtrise de l'immigration*, Favoreu/Philip, n° 23.

103. CE, Ass., 20 octobre 1989, *Nicolo*, GAJA, n° 91, Lachaume/Pauliat, p. 81.

104. CE, Ass., 30 octobre 1998, *Sarran et Levacher et autres,* GAJA. n° 100 ; Lachaume/Pauliat, p. 81 ; Cass. Ass. plén., 2 juin 2000, *Delle Fraisse, RGDIP* 2000.985, concl. L. Joinet et art. A. Ondoua ; Cons. const., 2004-496 DC, 10 juin 2004, *Économie numérique, RFDA* 2003.651 note B. Genevois et 2004.869 note H. Oberdorff et Cons. const., 2004-505 DC, 19 novembre 2004, *Traité établissant une constitution pour l'Europe*, Favoreu/Philip, n° 51.

105. CJCE, 11 janvier 2000, *Tanja Kreil, DA* 2000.37 note Haquet ; cf. CE, Ass., 8 février 2007, *Société Arcelor Atlantique et Lorraine,* GAJA, n° 116.

106. Protocoles 1, 4, 6, 7, 12 et 13.

107. CEDH, 10 mai 2001, *Chypre c/ Turquie.*

surtout dans le droit de recours individuel qui est offert aux personnes. La Cour EDH devrait permettre un contrôle sur l'application de l'état d'urgence[108].

4.59 › La Cour a été conduite à développer le contenu de certaines libertés de l'esprit allant même plus loin. Dans l'arrêt *Sunday Times*[109] elle précise ce qu'est une société démocratique. Mais il faut du temps. Les voies de recours internes doivent être épuisées, puis éventuellement intervient la Cour. En outre les protocoles 14 et 15 rendent plus difficiles les recours. La France a pu être condamnée pour des violations de la liberté de l'esprit que nous verrons plus loin.

C - DROIT DE L'UNION EUROPÉENNE

4.60 › La garantie apportée par la Cour de justice de l'Union européenne a pu paraître insuffisante. La Charte européenne des droits fondamentaux n'ouvre que des perspectives limitées, notamment comparativement à la Convention EDH.

Section II

LE CONTENU DES LIBERTÉS DE L'ESPRIT

4.61 › La forme retenue par la France pour les libertés de l'esprit est celle de l'État « ouvert » avec une attention encore plus grande pour une protection concrète à travers le développement des « droits fondamentaux ».

Parmi les libertés de l'esprit, la liberté première sera sans doute la liberté de conscience, à travers la liberté d'opinion mais aussi de façon plus particulière à travers la liberté religieuse.

§ 1 – LA LIBERTÉ DE CONSCIENCE

4.62 › La liberté de conscience, du for intérieur, sous la forme générale de la liberté d'opinion ou sous celle de la liberté religieuse, est affirmée de façon forte. L'article 10 de la Déclaration des droits de l'homme et du citoyen dispose : « Nul ne doit être inquiété pour ses opinions, même religieuses », la seule limite figure dans le trouble susceptible d'être apporté à l'ordre public. Le Préambule de la Constitution de 1946 la précise sous l'angle de la non-discrimination : « nul ne peut être lésé, dans son travail ou son emploi, en raison de ses origines, de ses opinions ou de ses croyances ». Elle est soulignée dans l'article 1 de la Constitution : la République « respecte toutes les croyances ». Le Conseil constitutionnel l'a considérée comme principe fondamental reconnu par les lois de la République dans sa décision du 23 novembre 1977[110] d'une façon assez paradoxale, puisque la haute instance ne s'appuie pas sur une ou des lois

108. L. Burgorgue-Larsen, chron. *AJDA* 2016.143.

109. CEDH, 26 avril 1979, *Sunday Times c/ Royaume-Uni*, Berger, n° 217.

110. Cons. const., 77-87 DC, 23 novembre 1977, *Liberté d'enseignement et de conscience*, précité.

particulières de nos Républiques mais sur l'article 10 de la Déclaration de 1789 et le Préambule de 1946[111]. Enfin, la Convention EDH l'affirme à l'article 9 et la Cour a pu estimer en 1979[112] que c'est « un des fondements essentiels d'une société démocratique, l'une des conditions primordiales de son progrès ».

I – LA LIBERTÉ D'OPINION

4.63 ▸ La liberté d'opinion peut être considérée comme respectée puisque le délit d'opinion a disparu… ou presque.

A - CARACTÈRE NON ABSOLU

4.64 ▸ Toute opinion est-elle admissible ? Le débat est classique. Peut-il y avoir liberté pour les ennemis de la liberté ? L'article 30 de la DUDH[113] et l'article 17 de la Convention EDH[114] laissent penser que cette liberté peut être fortement restreinte (*cf.* aussi art. 54 Charte européenne des droits fondamentaux). Les juges de Strasbourg ont admis qu'il pouvait y avoir des limites, validant l'interdiction du KPD, sur le fondement de l'article 21 de la Loi fondamentale allemande[115]. Pour la Commission, « il n'en résultera aucunement une renonciation à ses fins traditionnelles » que suppose le passage par la dictature du prolétariat, or le « recours à la dictature du prolétariat pour l'instauration d'un régime est incompatible avec la Convention ».

4.65 ▸ Sans doute pourra-t-on trouver, çà et là, des survivances du délit d'opinion[116]. La loi du 29 juillet 1881 en comporte quelques traces. Il en était ainsi de l'offense au président de la République. Sans doute ce délit a-t-il eu peu d'importance sous la IIIe et la IVe République. Il n'en a plus été de même sous la Ve République. Le général de Gaulle en a fait un abus, et les poursuites visaient bien plus la politique menée par le chef de l'État que sa personne. L'article 26 de la loi de 1881 a été supprimé par la loi du 5 août 2013[117], suite à l'arrêt de la CEDH du 14 mars 2013[118]. Son utilisation par le président Sarkozy avait permis la condamnation d'un manifestant qui avait brandi un écriteau avec l'inscription « casse toi pov'con », ce qui n'était qu'une citation du chef de l'État

111. Cf. aussi Cons. const., 2001-446 DC, 27 juin 2001, *Loi relative à l'interruption volontaire de grossesse et à la contraception, précité,* à propos du refus de pratiquer une IVG.
112. Berger, n° 17.
113. « Aucune disposition de la présente Déclaration ne peut être interprétée comme impliquant pour un État, un groupement ou un individu, un droit quelconque de se livrer à une activité ou d'accomplir un acte visant à la destruction des droits et libertés qui y sont énoncés. »
114. « Aucune des dispositions de la présente Convention ne peut être interprétée comme impliquant pour un État, un groupement ou un individu, un droit quelconque de se livrer à une activité ou d'accomplir un acte visant à la destruction des droits ou libertés reconnus dans la présente convention ou à des limitations plus amples de ces droits et libertés que celles prévues à ladite convention. »
115. Comm. EDH, *AFDI* 1957.464.
116. A.-M. Le Pourhiet, « Fonction juridictionnelle et liberté d'expression : les garanties de nos libertés sont-elles Charlie ? », *Constitutions*, 2015.49.
117. Cf. O. Beaud, « À propos de la suppression du délit d'offense au président de la République », *AJDA* 2014.25.
118. CEDH, 14 mars 2013, *Eon c/ France, RFDA* 2013. 594, note N. Droin ; *D*2013.771, obs. S. Lavril et 968, note O. Beaud.

lui-même. Le jugement[119] avait été confirmé en appel et en cassation[120]. La CEDH a considéré qu'il y avait eu violation de l'article 10 de la Convention sans pour autant juger de l'inconventionnalité de la disposition. Celle-ci a subi le même sort que l'offense à chef d'État étranger[121]. La loi du 13 juillet 1990, dite loi Gayssot, en interdisant toute négation des crimes commis par les nazis, a pu susciter certains débats, certains auteurs considérant que le fait d'émettre des opinions fausses, contraires à la vérité historique, ne devrait pas être sanctionné[122]. Les juridictions françaises aussi bien que Strasbourg ont refusé d'y voir une contradiction avec l'article 10 de la Conv. EDH[123], et la Cour de cassation a refusé le 7 mai 2010 de transmettre une QPC à ce sujet, estimant qu'elle ne présentait pas un « caractère sérieux » avant enfin de s'y résoudre en 2015, conduisant à une validation de la loi par le Conseil[124] qui a cependant précisé que « seule la négation, implicite ou explicite ou la minoration outrancière de ces crimes est prohibée ». Enfin la prolifération des lois mémorielles nous met aussi aux confins du délit d'opinion, la proposition de loi relative à l'Arménie en étant la dernière illustration[125]. Ce texte voulait punir « ceux qui ont contesté ou minimisé de façon outrancière, par un des moyens énoncés à l'article 23, l'existence d'un ou plusieurs crimes de génocide définis à l'article 211-1 du Code pénal et reconnus comme tels par la loi française ». Certes le drame arménien n'est pas mentionné dans le texte. Mais deux génocides ont été jusqu'à maintenant reconnus par la loi, celui des Juifs et celui des Arméniens. Le Conseil constitutionnel a considéré que cette loi était contraire aux articles 6 et surtout 11 de la Déclaration de 1789 et l'a censurée[126].

---

119. TGI Laval, 6 novembre 2008, *D.* 2008.3133 note E. Dreyer.

120. Cass. crim., 4 novembre 2009.

121. CEDH, 25 juin 2002, *Colombani et autres c/ France*, précité. À propos du roi d'Espagne, cf. CEDH, 15 mars 2011, *Otegi Mondragon c/ Espagne*, *RDP* 2012.811, chr. G. Gonzalez.

122. Cela ne doit pas en effet empêcher les débats sur des questions d'histoire même – et surtout – contemporaines. Voir la pétition « Liberté pour l'histoire » en décembre 2005. Cf. Cass. civ. 1re, 16 octobre 2013, *D.* 2013.2417, à propos du massacre d'Oradour.

123. Cass. crim., 9 octobre 1995 ; voir aussi Cons. const., 94-345 DC, 29 juillet 1994, *Loi sur francophonie*, *RDP* 1994.1663, chr. J.-P. Camby ; *JCP* 1995, II, 22359, note R. Debbasch ; *AJDA* 1994.731, note P. Wachsmann.

124. CC, 2015-512 QPC, 8 janvier 2016, *JO* 10 janvier 2016 ; *RFDC* 2016.501, note N. Droin, 669, note K. Picard et X. Philippe et 700, note J.-B. Perrier ; *RSC*, 2016.81, note J. Francillon et 406, note B. de Lamy ; *AJDP* 2016, 205, note F.-X. Roux-Demare ; *D.* 2016.492, note D. Chagnollaud et 521, note J.-B. Perrier.

125. Cf. aussi les débats postérieurs à la loi du 23 février 2005 évoquant le « rôle positif de la France d'outre-mer » et son curieux destin. Voir également la loi du 29 janvier 2001 sur la reconnaissance du génocide arménien et la loi du 21 mai 2001 sur l'esclavage considéré comme un crime contre l'humanité (elle n'a aucune portée normative). Cass. crim., 5 février 2013, n° 11-859091, *D.* 2013.805, note P. Egea. Cf. G. Vedel, « Les questions de constitutionnalité posées par la loi du 29 janvier 2001 », in *François Luchaire, un Républicain au service de la République*, Publ. Sorbonne, 2005, p. 37.

126. Cons. const., 2012-667 DC, 28 février 2012, *Loi visant à réprimer la contestation de l'existence des génocides reconnus par la loi*, *JO* 2 mars 2012, p. 3988 ; *JCP* 12 mars 2012, p. 525, note F. Terré ; *JCP* 2 avril 2012, p. 680-684, note A. Levade et B. Mathieu ; *Gaz. Pal* 28 mars 2012, p. 9-11, note Ch. Amson. *AJDA* 2012.411 et 1406, note A. Macaya et M. Verpeaux ; *RFDC* 2012.563, chr. L. Pech ; *RFDA* 2012.507, note W. Mastor et J.-C. Sorbara ; *D.* 2012.987, note J. Roux. La CEDH a condamné pour discrimination raciale la Suisse, car le requérant avait nié le génocide arménien sans nier les massacres. Pour la Cour il n'y a pas d'unanimité en Europe pour qualifier ces massacres de génocide et les États ayant reconnu ainsi n'ont pas sanctionné. CEDH, 17 décembre 2013, *Perinçek c/ Suisse*, *D.* 2014.144 note G. Poissonnier.

En fait, le délit d'opinion ne se situe pas à propos de l'opinion elle-même, encore qu'il faille évoquer les « lois scélérates » de 1893-94 sur les menées anarchistes, mais plutôt à propos de son expression. C'est par exemple ce que sanctionnera la loi du 29 juillet 1881 dans ses articles 23 et suivants (par exemple, les cris ou chants séditieux). Sans être pour autant délictueuse, l'expression d'opinion peut faire l'objet de mesures administratives lorsque cette opinion est susceptible d'entraîner des troubles à l'ordre public. C'est ainsi que l'on peut analyser la jurisprudence *Benjamin*[127] *ou Dieudonné*. Enfin, on soulignera en droit privé la nullité des clauses portant atteinte à la liberté d'opinion.

On peut aussi ajouter la protection accordée au drapeau, suite à des manifestations sportives. L'article 420 du Code de justice militaire devenu article L. 322-17 punissait déjà « le fait pour tout militaire ou toute personne embarquée de commettre un outrage au drapeau ». La loi fourre-tout du 18 mars 2003 a créé un article 433-5-1 du Code pénal punissant « le fait, au cours d'une manifestation organisée ou réglementée par les autorités publiques, d'outrager publiquement l'hymne national ou le drapeau tricolore de 7 500 euros d'amende ».

« Lorsqu'il est commis en réunion, cet outrage est puni de six mois d'emprisonnement et de 7 500 euros d'amende »[128]. La protection a été renforcée par le décret du 21 juillet 2010 punissant la destruction, la détérioration ou l'utilisation de manière dégradante du drapeau tricolore, dans un lieu public ou ouvert au public ainsi que la diffusion d'images relatives à ces faits même si cela est commis dans un lieu privé (article R. 645-415)[129].

4.66 ▸ Le législateur s'est inquiété des risques que pouvait entraîner le progrès technique sur la liberté d'opinion, qui doit rester le jardin secret de chacun. La loi du 6 janvier 1978, dite Informatique et libertés[130], dans son article 8 nouveau interdit « de collecter ou de traiter des données à caractère personnel qui font apparaître, directement ou indirectement, les origines raciales ou ethniques, les opinions politiques, philosophiques ou religieuses ou l'appartenance syndicale des personnes, ou qui sont relatives à la santé ou à la vie sexuelle de celles-ci ». Ces limitations peuvent gêner les chercheurs, à propos des données ethniques qui sont admises dans les recensements dans d'autres pays[131]. Cependant la loi permet à « une association ou tout autre organisme à but non lucratif et à caractère religieux, philosophique, politique ou syndical » d'échapper dans une mesure limitée à cette interdiction. La Convention pour la protection des personnes à l'égard du traitement automatisé de données à caractère personnel du 28 janvier 1981, ratifiée par la France le 1er octobre 1985 et le Protocole additionnel du 8 novembre 2001 confortent cette protection. Mais c'est surtout la loi du

127. CE, 19 mai 1933, GAJA, n° 45 ; Lachaume/Pauliat, p. 343 et l'affaire *Dieudonné* (cf. *supra*).

128. Cons. const., 2003-467 DC, 13 mars 2003, *Loi pour la sécurité intérieure*, Rec. p. 211.

129. Le Conseil d'État a considéré que le décret de 2010 ne portait pas une atteinte excessive à la liberté d'expression. CE, 19 juillet 2011, *Ligue des droits de l'homme*, *AJDA* 2011.1525 somm. et 2136, note J. Lasserre Capdeville.

130. L. Cytermann, « La loi Informatique et libertés est-elle dépassée ? », *RFDA* 2015.99.

131. Le Conseil constitutionnel a censuré le recueil de données faisant apparaître des origines ethniques ou raciales. Cons. const., 15 novembre 2007, 2007-557 DC, Loi relative à la maîtrise de l'immigration, à l'intégration et à l'asile, *Rec.* p. 360, *D.* 2008.1638, note D. Turpin.

6 août 2004 sur la transposition de la directive 95/46 CE du 24 octobre 1995 relative à la protection des personnes physiques à l'égard du traitement de données à caractère personnel et à la libre circulation de ces données qui a conduit à refondre la loi de 1978. Des menaces se développent dans le cadre de la lutte contre le terrorisme. Le juge a été conduit à accepter certains fichiers relatifs à la sûreté de l'État comme le fichier Cristina dispensé de publicité. Il ne porte pas au « droit des individus au respect de leur vie privée et familiale une atteinte disproportionnée aux buts de protection de la sécurité publique »[132]. La loi du 24 juillet 2015 relative au renseignement a provoqué de vifs débats à ce sujet.

B - FONCTION PUBLIQUE/ENTREPRISES

4.67 ▸ La liberté d'opinion peut soulever des difficultés dans le domaine du travail.

1) Fonction publique

4.68 ▸ Dans la fonction publique, la question ne devrait pas soulever de difficulté majeure en raison des principes posés par l'article 6 de la DDHC qui dispose que « tous les citoyens étant égaux à ses yeux (la loi), sont également admissibles à toutes dignités, places et emplois publics, selon leur capacité, et sans autre distinction que celle de leurs vertus et de leurs talents » ainsi que par les articles 10 et 11. Il faut y ajouter le Préambule de la Constitution de 1946 qui pose que « nul ne peut être lésé dans son travail ou dans son emploi, en raison de ses origines, de ses opinions ou de ses croyances » et l'article 1 de la Constitution. Cela conduit au principe du concours administratif, ce qui n'est pas évident à l'étranger. On évoquera le *spoil system* américain et, dans les années 1960 et 1970 les interdictions professionnelles *(Berufsverbot)* en Allemagne, frappant essentiellement les personnes ayant des idées d'extrême gauche.

4.69 ▸ Le système français s'efforce d'assurer au mieux la non-discrimination. Suite à l'affaire des Fiches (1900-1904), a été posée la règle de la communication du dossier en matière disciplinaire (loi du 22 avril 1905). Le Conseil d'État s'est efforcé d'ancrer le principe, censurant des décisions intervenant pour des raisons religieuses, puis après la guerre froide écartant des candidats professant des opinions d'extrême gauche. L'arrêt *Barel*[133] a fixé la jurisprudence qui dans le passé avait accepté certaines atteintes au principe avec la décision *Abbé Bouteyre* à propos d'un ecclésiastique exclu de l'agrégation de philosophie[134]. En fait, cet arrêt avait été mal compris car le ministre avait usé du droit d'appréciation que lui conféraient les textes. Cette jurisprudence a été tempérée[135] et un avis du Conseil d'État du 21 décembre 1972 a affirmé qu'il n'y avait pas d'incompatibilité de principe. Dans l'arrêt *Barel*, on n'écarte cependant pas la possibilité d'une exclusion à travers la « réserve que doivent observer » les candidats à la

132. CE, 16 avril 2010, *Assoc. AIDES et autres, AJDA* 2010.813 et 1878, note L. Delable. Cf. aussi pour le fichier OSCAR, CE, 20 octobre 2010, *GISTI*.

133. CE, 28 mai 1954, GAJA, n° 69 ; Lachaume/Pauliat, p. 629. et *AJDA* 2014.88, chr. J.-H. Stahl.

134. CE, 10 mai 1912, *Abbé Bouteyre*, GAJA n° 24.

135. TA Paris, 7 juillet 1970, *Spagnol, Rec.* 837.

fonction publique. La jurisprudence est très subtile. Ainsi, à propos du concours de l'École nationale de la magistrature, dans l'arrêt *Mulsant*[136], le Conseil d'État sanctionne l'exclusion fondée sur la seule raison que l'intéressé aurait participé à des manifestations étudiantes même accompagnées d'incidents comme la « retenue » d'enseignants. En revanche, dans la décision *Raoult*[137] il admet l'exclusion du requérant qui, pendant le service national, avait participé à la rédaction et à la diffusion d'un journal de « comités de soldats ». On ne prohibe les exclusions que si elles se fondent « exclusivement » sur les opinions politiques[138], ce qui peut être très critiquable lorsque l'on se réfère à des opinions émises antérieurement. Il devrait au moins exister un droit de repentir[139]. La loi du 13 juillet 1983 portant droits et obligations des fonctionnaires dispose dans son article 6 que « la liberté d'opinion est garantie aux fonctionnaires. Aucune distinction ne peut être faite entre les fonctionnaires en raison de leurs opinions politiques, syndicales, philosophiques ou religieuses, de leur origine, de leur orientation sexuelle, de leur âge, de leur patronyme, de leur état de santé, de leur apparence physique, de leur handicap ou de leur appartenance ou de leur non-appartenance, vraie ou supposée à une ethnie ou une race ».

4.70 ▶ La liberté d'opinion doit aussi valoir pour la carrière du fonctionnaire[140]. La loi du 20 avril 2016 relative à la déontologie et aux droits et obligations des fonctionnaires a retenu « le club des six » obligations : dignité, impartialité, intégrité, probité, neutralité, laïcité[141]. L'article 18 de la loi de 1983 pose qu'il « ne peut être fait état dans le dossier d'un fonctionnaire, de même que dans tout document administratif, des opinions ou des activités politiques, syndicales, religieuses ou philosophiques de l'intéressé » conformément aux principes du Préambule de la Constitution de 1946.

Mais cette ignorance des opinions du fonctionnaire ne saurait être totale. Elle ne peut jouer pour les emplois supérieurs laissés à la discrétion du gouvernement (cf. article 25 du statut ; décret du 21 mars 1959 modifié)[142] où l'obligation de loyalisme est très forte[143]. Le fonctionnaire pourra exprimer ses opinions hors du service, par exemple, collaborer à un journal politique[144] ou adhérer à un parti[145]. Ce loyalisme politique peut se retrouver dans les collectivités territoriales[146]. Un cas

136. CE, 18 mars 1983, *Mulsant, Dr. adm.* 1983, n° 166 ; *AJDA* 1983.530, chr. Lasserre et Delarue.
137. CE, S, 10 juin 1983, *Raoult, AJDA* 1983.552 concl. M. Laroque ; *RDP* 1983.1404, note J. Waline.
138. CE, S, 19 juillet 1953, *Lingois ; D.* 1954.99, note G. Morange ; CE, S, 10 juin 1983, *Raoult*, précité.
139. Le risque est grand avec Facebook et les autres réseaux sociaux.
140. CE, 28 avril 1938, *Dlle Weiss, DP* 1939, III, 41 ; CE, 8 décembre 1948, *Dlle Pasteau ; S.* 1949, III, 41, note Rivero ; *RDP* 1949.73, note M. Waline ; CE, 24 avril 1963, *Durrieu, Lebon*, 242.
141. E. Aubin, « L'entrée de la déontologie dans le titre I du statut général », *AJDA* 2016.1433.
142. CE, Ass., 13 mars 1953, *Teissier ;* GAJA, n° 68 à propos du directeur général du CNRS ; CE, S, 20 octobre 2000, *Mme Bukspan.*
143. Cf. CE, 1er octobre 1954, *Guille*, et CE, 23 avril 2009, *Guigue* (à propos d'un sous-préfet publiant un article sans lien avec ses fonctions et polémique à l'égard d'un État étranger), Lachaume/Pauliat, 14e éd., p. 596.
144. CE, 19 décembre 1919, *Chobeaux, Rec.*, 940.
145. CE, 1er octobre 1954, *Guille*, précité.
146. CE, 7 janvier 2004, *Brouhlet, Rec.*, p. 5.

particulier apparaît avec l'obligation de serment pour certaines fonctions et dans certains cas il s'agit en effet d'une condition de l'exercice de celles-ci[147].

4.71 ▸ La liberté d'opinion doit protéger le fonctionnaire, mais aussi protéger le service et permettre sa neutralité[148]. Même si l'ancien article 183 du Code pénal qui déclarait coupable de forfaiture le juge ou l'administrateur qui s'était décidé par faveur pour une partie ou par inimitié contre elle, n'est pas repris dans le Nouveau Code pénal, le principe n'en demeure pas moins. Pendant longtemps, cette neutralité a surtout été comprise comme une neutralité religieuse. Ont donc disparu des bâtiments publics, notamment des écoles et des tribunaux, les différentes références religieuses, principalement les crucifix. Cette situation ne s'impose pas partout. Si le 10 août 1995 la cour de Karlsruhe a déclaré inconstitutionnel un article du règlement scolaire de Bavière, en Italie la Cour constitutionnelle a refusé d'ordonner le retrait dans les écoles[149] et le Conseil d'État a fait de même dans les hôpitaux le 15 février 2006, considérant que les crucifix ne sont pas des « objets de culte », mais un « symbole pour exprimer le fondement des valeurs civiles qui définissent la laïcité dans les actuelles institutions de l'État ». L'idée de neutralité religieuse est toujours présente en France ainsi qu'en témoigne l'avis du Conseil d'État à propos du « foulard islamique »[150]. Cela vaut pour tout agent de service[151].

La loi du 17 mai 2013 ouvrant le mariage aux couples de personnes de même sexe a posé la question de la liberté de conscience pour les maires. Les maires sont aussi agents de l'État et à ce titre célèbrent les mariages. Une circulaire du 13 juin 2013 estime que le refus de célébration peut être une « voie de fait », une infraction visée par les articles 432-1 (abus d'autorité) et 432-7 (discrimination) du Code pénal et conduire à des sanctions disciplinaires (suspension ou révocation). Les maires ne peuvent invoquer une « clause de conscience »[152].

En fait, cette neutralité n'est pas absolue en France, ainsi qu'en témoigne la présence d'aumôneries religieuses dans certains établissements d'enseignement, militaires ou pénitentiaires.

4.72 ▸ La neutralité a pour conséquence l'obligation de réserve imposée aux fonctionnaires précisée par le Conseil d'État en 1935[153]. Elle est une

147. CE, 8 octobre 2008, *Synd. National des personnels de santé environnement (Synapse)*, *JCP* A 2008/49.50, p. 35.

148. A. Ondoua, « Le service public à l'épreuve de la laïcité ; à propos de la neutralité religieuse dans les services publics », *Dr. Adm.* 2008, n° 12, p. 11.

149. Cour Const, déc. 389/2004, 13 décembre 2004.

150. CE, avis 3 mai 2000, *Mlle Marteaux, AJDA* 2000.673 ; TA Lyon, 8 juillet 2003, *Mlle Nadjet Ben Abdallah, AJDA* 2003.1951.

151. CAA Lyon, 19 novembre 2003, *Mlle Ben Abdallah, AJDA* 2004.104, note F. Melleray.

152. Cons. const., 18 octobre 2013, n° 2013-353 QPC, *M. Franck M. et autres, Constitutions* 2013 ; 564, note Ph. Lutton. Voir CE, 18 septembre 2013, *Meyer, AJDA* 2013.1775. Cf. F. Dieu, « Opposition des officiers d'état civil au mariage entre personnes de même sexe. Vers la reconnaissance de l'objection de conscience ? », *D.* 2013.1643. CAA Versailles, 10 décembre 2015, *Commune de Montfermeil, AJDA* 20156.580 ; CE, 18 décembre 2015, *M. C. et autres, AJDA* 2015.2466 ; Voir aussi CEDH, 15 janvier 2013, *Eweida c/Royaume-Uni, AJDA* 2013.81 et 1794, chr. L. Burgorgue-Larsen.

153. CE, 11 janvier 1935, *Bouzanquet, Rec.*, 44.

construction jurisprudentielle[154] et est reprise dans la loi du 20 avril 2016 relative à la déontologie et aux droits et obligations des fonctionnaires, l'obligation de réserve ayant cependant disparu de ce projet[155]. Elle est absolue dans le service. Ainsi il ne pourra utiliser son adresse électronique au profit d'une organisation religieuse[156]. *A fortiori* on a pu considérer que le prosélytisme religieux était un manquement à l'honneur du fonctionnaire[157]. Hors du service, la neutralité se présente de façon différenciée. Elle est variable selon les emplois. Sans doute, *a priori*, le fonctionnaire, hors du service a-t-il une liberté d'opinion et d'expression mais elle ne doit pas conduire à gêner le service[158] et elle va dépendre de la qualité du fonctionnaire (elle était particulièrement réduite pour les militaires, mais la loi du 24 mars 2005 a libéralisé la situation, et l'autorisation préalable pour traiter publiquement de questions politiques ou de problèmes militaires a disparu)[159]-[160]. L'affaire *Matelly*, à propos d'un gendarme en même temps chercheur associé au CNRS a tenté de montrer le cadre de cette obligation. Le Conseil d'État ne l'a pas délié de cette obligation et s'il a annulé une sanction, c'est que celle-ci (la radiation) était « manifestement excessive » car la critique avait été « formulée en termes mesurés et sans caractère polémique »[161]. Suite à la jurisprudence de la CEDH[162], les syndicats seront bientôt possibles dans l'armée. La loi du 28 juillet 2015 actualisant la programmation militaire pour les années 2015 à 2019 et portant diverses dispositions concernant la défense a permis la création d'associations professionnelles nationales de militaires. La constitution d'associations reste soumise à des conditions strictes. Elles doivent être constituées des seuls militaires mentionnés à l'article L. 411-2 du Code de la défense[163]. Il n'empêche que le devoir de réserve est strictement entendu[164] ainsi que le secret professionnel (art. 4) et l'obligation de discrétion. Le Conseil d'État a jugé cependant qu'on ne pouvait obliger le fonctionnaire à soumettre ses publications à son supérieur hiérarchique[165].

154. Cf. concl. Laurent sur CE, 1er octobre 1954, *Guille*.

155. Cf. F. Melleray, « L'impossible codification de l'obligation de réserve des fonctionnaires », *AJDA* 2013.1593.

156. CE, 15 octobre 2003, *Odent*, *Rec.*, 402.

157. CE, 29 février 2009, *M. B.*, *AJDA* 2009.340.

158. CE, 10 mars 1971, *Jannes* ; D. 1972.735, note Guibal ; *AJDA* 1971.662, note VS, à propos d'un fonctionnaire qui avait critiqué de façon violente la gestion de son ministre en période électorale.

159. Pour un préfet, cf. Cass. crim., 19 juin 2012, M.S. n° 11-84235, *AJDA* 2012.1888 ; *D.* 2012.1741.

160. Le collège de déontologie de la juridiction administrative a émis un avis le 14 septembre 2016 à propos de la participation d'un magistrat administratif aux élections primaires estimant qu'elle était possible. *D.* 2016.1932, note P. Wachsmann. La solution serait-elle la même pour les militaires ? Cf. B. Thomas-Tual et Cl. Chauvet, « Militaires et fonctionnaires », *AJDA* 2016.1945.

161. CE, 12 janvier 2011, *Matelly ; AJDA* 2011.623, note E. Aubin ; CE, Ord., 29 avril 2010, *Matelly, AJDA* 2010.927 et 865, Tribune O. Baud ; CE, 30 mars 2010.700 ; cf. aussi CEDH, 15 septembre 2009, *Matelly c/ France, req.* n° 30 330/04.

162. La France envisage des associations professionnelles de militaires régies par le Code de la défense. Cela sera-t-il suffisant ? CEDH, 2 octobre 2014, *Matelly c/ France* et CEDH, *ADEFDROMIL c/ France, AJDA* 2014.1919, obs. M.-Ch. de Montecler, 1969, obs. A. Taillefait et 2500 ; 2015.150, chr. L. Burgorgue-Larsen et 204 note L.-M. Le Rouzic ; *D.* 2014. 2 560 note G. Poissonnier.

163. CE, 26 septembre 2016, *Association de défense des militaires (ADEFDROMIL), AJDA* 2016.1778.

164. CE, 19 février 1964, *Liebig, Rec.*, 836.

165. CE, 19 décembre 2000, *Syndicat SUD Travail*, Rec. somm. 787.

La mise à disposition des fonctionnaires de l'outil Internet a conduit à des difficultés quant à son utilisation privative. Le fonctionnaire internaute n'est nullement exonéré de l'obligation de réserve[166].

La place dans la hiérarchie est importante. L'agent subalterne ne sera, pour ainsi dire, pas soumis à l'obligation de réserve à la différence d'un fonctionnaire d'autorité[167]. Il faudra aussi prendre en considération les circonstances dans lesquelles s'est exprimé le fonctionnaire[168], la publicité des propos[169]. Mais même suspendu, un fonctionnaire pourra continuer à être soumis à cette obligation[170].

La liberté d'opinion, et donc l'obligation de réserve, pourra être fonction des activités syndicales exercées par l'agent sans que cela permette une liberté totale[171]. Les activités syndicales ne doivent pas avoir de conséquences sur l'avancement[172]. Pour ce qui est des activités politiques, le fonctionnaire doit se mettre en détachement, ceci ne jouant pas pour les professeurs et maîtres de conférences de l'enseignement supérieur et les ministres du culte en Alsace-Moselle.

4.73 ▸ D'autres obligations peuvent peser comme l'obligation de secret (article 26 du statut), l'obligation de discrétion[173], l'obligation de loyalisme[174].

Mais il y a aussi, depuis le statut du 13 juillet 1983, une obligation d'information de la part du fonctionnaire (art. 27). Le développement de l'idée de lanceur d'alerte pourrait conduire à des difficultés d'application dans la fonction publique[175].

2) Entreprises

4.74 ▸ Le problème de la liberté d'opinion n'est pas absent dans les entreprises privées. Certes, cette liberté doit être respectée. Le Préambule de la Constitution de 1946 joue bien sûr ici. L'article L. 1132-1 du Code du travail le précise. L'objectif est de protéger contre l'employeur, mais aussi contre les syndicats et la pratique du *closed shop* (cependant : dockers, imprimerie...). Déjà, l'article 31 de la loi du 9 décembre 1905 avait envisagé le problème pour les opinions religieuses.

---

166. CE, 23 avril 2009, *Guigue*, Rec. 115 ; *AJDA* 2009.1373 concl. I. de Silva ; A. Cavaniol, « Le fonctionnaire internaute est-il affranchi de ses obligations déontologiques ? » *AJDA* 2011.252.

167. CE, Ass., 13 mars 1953, *Teissier*, précité. Il s'agit des emplois visés à l'article 25 de la loi du 11 janvier 1984 et du décret n° 85-779 du 24 juillet 1985.

168. CE, 8 mars 1968, *Plenel ; AJDA* 1968.224, chr. Massot et Dewost.

169. CE, S, 1er décembre 1972, *Dlle Obrego, RDP* 1973.516 concl. Grevisse ; *AJDA* 1973.31, chr. Cabanes et Léger, 37, concl. Grévisse, 339, note Bréchon-Moulènes.

170. CE, 24 septembre 2010, *Girot de Langlade, AJDA* 2010.1801.

171. Cf. CE, 1er décembre 1972, *Dlle Obrego* précité ; CE, 18 mai 1956, *Boddaert, RPDA* 1956.105 ; CE, S, 8 juin 1962, *Ministre des P et T c/ Frischmann* ; CE, 25 mai 1966, *Rouve, D.* 1967.6 concl. Rigaud ; CE, Ass., 31 janvier 1975, *Volff et Exertier, AJDA* 1975.139 et 124, chr. Franc et Boyon ; *RDP* 1975.84 note J. Robert.

172. CE, Ass., 5 novembre 1976, *Lyon-Caen* ; *AJDA* 1977.29, chr. Nauwelaers et Fabius.

173. CE, 6 mars 1953, *Dlle Faucheux RDP* 1953, p. 1031, note Waline.

174. CE, 8 janvier 1964, *Beville, AJDA* 1964.144, à propos d'un fonctionnaire ayant participé à un congrès préconisant l'indépendance des départements d'outre-mer.

175. L. Ragimbeau, « La liberté d'expression des agents publics : l'exemple du lanceur d'alerte », *RFDA* 2015.975.

La liberté d'expression ne peut justifier le licenciement mais doit être compatible avec le devoir de loyauté[176] qui peut conduire à des limites[177].

L'article L. 2142-6 du Code du travail permet la diffusion des informations syndicales sur la messagerie électronique de l'entreprise mais cela « doit être compatible avec les exigences de bon fonctionnement du réseau informatique de l'entreprise et ne doit pas entraver l'accomplissement du travail ». Pour le Conseil constitutionnel, cela assure aussi bien la liberté de l'employeur que celle des salariés[178]. L'employeur a le droit de consulter la clef USB si elle a été connectée à l'outil informatique mis à disposition car elle est présumée utilisée à des fins professionnelles[179].

Pour certaines professions, les problèmes de conscience peuvent se poser de façon accrue. On a pu le constater à propos des médecins face aux problèmes de l'avortement, la loi de 1975 leur permettant de ne pas en effectuer. Une loi sur la fin de vie Claeys-Leonetti[180] n'a pas retenu une clause de conscience pour les médecins. De même, on connaît la clause de conscience des journalistes (cf. *infra*). Mais les problèmes de conscience peuvent aussi se poser pour l'agent public avec le droit de désobéir à l'ordre illégal, conséquence logique du droit de résistance à l'oppression proclamé dans la DDHC. La question a ressurgi pour les maires à propos du « mariage pour tous ». L'application est peu aisée[181].

Les lois Auroux ont aussi permis de faire de la liberté d'opinion une liberté collective pour l'unité de travail plutôt qu'une liberté individuelle.

C - OBJECTION DE CONSCIENCE[182]

4.75 ▸ La façon dont l'objection de conscience était réglementée était loin d'être satisfaisante, même si un équilibre un peu plus heureux a pu être obtenu à la faveur de la loi du 8 juillet 1983.

Pendant longtemps elle était refusée et conduisait en fait à considérer l'objecteur comme insoumis. À la suite d'une longue campagne, marquée par les grèves de la faim de Louis Lecoin, on parvint à la loi du 21 décembre 1963.

L'intéressé devait être opposé de façon permanente pour des convictions religieuses ou philosophiques personnellement à l'usage des armes.

---

176. Cass. civ. 1re, 27 novembre 2013, *D.* 2013.2650.
177. Cf. Cass., Ass., 19 mai 1978, *Dame Roy c/ Association pour l'éducation populaire Sainte-Marthe, Bull. civ.* n° 1, p. 1 ; *D.* 1978.541 concl. Schmelck, note Ph. Ardant. Cass. soc., 17 avril 1991, *P... c/ Assoc. Fraternité Saint-Pie X, Dr. soc.* 1987.375, note J. Savatier ; *JCP* 1991, II, 21724, obs. A. Seriaux, à propos d'un sacristain homosexuel. Depuis lors, la loi du 12 juillet 1990 a interdit aussi de licencier en raison des mœurs ; *cf.* aussi Cass. soc., 20 novembre 1986, *Dr. soc.* 1987.375, note J. Savatier ; *JCP* 1987, II, 20798, note Th. Revet à propos d'un professeur de théologie dans une faculté protestante et Cass., 28 avril 1988, *D.* 1988.437.
178. Cons. const., 27 septembre 2013, n° 2013-345 QPC, *Syndicat national Groupe Air France CFTC, La Semaine juridique. Social,* 26 novembre 2013, p. 37, note Ph. Icard.
179. Cass. soc., 12 février 2013, *D.* 2013.513.
180. Loi n° 2016-87 du 2 février 2016 créant de nouveaux droits en faveur des malades et des personnes en fin de vie, *JO* 3 février 2016.
181. CE, S, 11 novembre 1944, *Langneur,* Lachaume/Pauliat, p. 659.
182. *Cf.* J. Duffar, « L'objection de conscience en droit français », *RDP* 1991.657.

On critiquait deux points. Les délais pour effectuer la demande étaient particulièrement brefs. Surtout elle était une loi honteuse puisque l'article 11 interdisait toute propagande et discriminante car la durée du service était double et l'accès à certains emplois publics était interdit.

4.76 › La loi du 8 juillet 1983 avait libéralisé le système en mentionnant des « motifs de conscience » et non pas des convictions religieuses ou philosophiques, en supprimant que l'opposition doit être en toutes circonstances et en faisant disparaître la commission juridictionnelle remplacée par une procédure d'agrément accordé par le ministre de la Défense. La durée de ce service civil était de vingt mois, toujours le double du service national actif. Les objecteurs ont sans doute augmenté passant à 13 000 en 1997, mais la « suspension » de l'appel sous les drapeaux par la loi du 28 octobre 1997 a fait perdre (presque) tout intérêt à cette question.

D - L'APPROCHE DE LA COUR EUROPÉENNE DES DROITS DE L'HOMME

4.77 › La position de la Commission a été très nuancée[183]. Le service militaire ou civil n'est pas considéré comme un travail forcé ou obligatoire au sens de l'article 4, ce que précise l'alinéa 3b. L'objection de conscience n'est pas une exigence dans la législation d'un État, tout en évoquant « les pays où l'objection de conscience est reconnue comme légitime » (cf. art. 8 § 3 c ii Pacte 1966 « dans les pays où l'objection de conscience est admise »)[184]. Est-ce contraire à l'article 9 relatif à la liberté de conscience ? La CEDH ne résout la question que lorsque l'objection existe. En 2009, elle a encore confirmé son refus d'un droit à l'objection de conscience, pourtant considérée comme une « aspiration légitime »[185]. Avance majeure en 2011, la Grande Chambre a jugé que le placement en détention d'un objecteur refusant le service militaire violait son droit à la liberté de religion interprétant la question non au regard de l'article 4 § 3 b mais de l'article 9 en prenant acte que la quasi-totalité des États a mis en œuvre un droit à l'objection de conscience[186].

4.78 › La CEDH a apporté des précisions sur d'autres aspects de la liberté de conscience mais l'article est peu sollicité.

La Cour interdit tout endoctrinement[187] et c'est l'idée d'un État neutre qui apparaît.

La Commission a estimé que le vote obligatoire ne viole pas la liberté de conscience car il y a toujours possibilité de déposer un bulletin nul[188]. De même, elle a estimé que la liberté de conscience ne permet pas de refuser l'impôt ou une contribution d'assurance sociale. L'article 1 du Premier protocole additionnel vient conforter cette idée.

---

183. L.-E. Pettiti et autres, *op. cit.* p. 186-187, Comm. par G. Malinverni.
184. Comm. EDH, 23 avril 1965 *Grandrath c/ RFA*.
185. CEDH, 27 octobre 2009, *Bayatyan c/ Arménie*, n° 23459/03.
186. CEDH, 7 juillet 2011, *Bayatyan c/ Arménie*, req. n° 23459/03.
187. CEDH, 7 décembre 1976, *Kjeldsen et autres c/ Danemark*, Berger n° 244 ; Sudre n° 58.
188. Comm. EDH DR 410, p. 50, 52.

4.79 ❯ La Cour a eu à se prononcer sur les interdictions professionnelles en RFA. Elle a pris soin de préciser que « les garanties de la Convention s'étendent aux fonctionnaires ». Mais il faut bien constater que le droit à un égal accès à la fonction publique de son pays n'est pas visé par la Convention[189] alors que cela figure dans la Déclaration universelle des droits de l'homme (art. 21 § 2) et dans le Pacte de 1966 (art. 25 a) ; ce principe avait d'ailleurs été envisagé lors de la discussion du protocole n° 7 puis retiré.

L'obligation de « loyauté » demandée pour accéder à la fonction publique ne constitue pas une atteinte à la liberté d'opinion. Dans l'affaire *Vogt*, enseignante membre du DKP, pour justifier la condamnation de la RFA, elle a estimé, à une voix de majorité, qu'il n'y avait pas de « besoin social impérieux », que la révocation était disproportionnée par rapport à l'objectif poursuivi, soulignant qu'il n'y avait pas eu de manquement à l'obligation de réserve dans le comportement de l'intéressée[190]. De même, elle admet l'idée d'obligation de réserve[191] mais apporte des nuances[192]. Confrontée à l'affaire *Matelly*, elle a admis la sanction, sans doute en raison de son caractère limité (blâme) oubliant que les critiques avaient été formulées dans le cadre d'une publication à caractère scientifique[193]. En revanche, elle a pu admettre dans l'affaire *Previti* que des magistrats autres que ceux qui avaient siégé dans une affaire avaient pu formuler des commentaires[194]. Elle a exprimé une opinion très ferme sur la liberté d'expression des magistrats à propos de la Hongrie dans l'affaire Baka à propos de la cessation anticipée des fonctions du président de la Cour suprême au motif suspect d'une réorganisation du pouvoir judiciaire en Hongrie. Le président estimait que c'était en raison des opinions exprimées sur la réforme. La Cour a jugé qu'il s'était exprimé à titre professionnel et avait le droit, et ce qui importait, « le devoir » « de former un avis sur les réformes »[195].

Avec la liberté d'exprimer des opinions, nous nous trouvons à la lisière de la liberté d'expression, tant il est vrai que l'une et l'autre sont la plupart du temps imbriquées. L'article 10 permet d'y apporter des restrictions[196]. Dans l'affaire *Piermont*[197] à propos de l'expulsion de Polynésie française et de Nouvelle-Calédonie d'une parlementaire européenne, si la Cour considère que la « mesure (l'ingérence) est prévue par la loi », « dans un but légitime » (défense de l'ordre et intégrité du territoire), elle constate qu'elle n'était pas « nécessaire dans une société démocratique ». Elle

189. CEDH, 28 août 1986, *Glasenapp c/ Allemagne*, Berger n° 238 ; 28 août 1986, *Kosiek c/ Allemagne*.

190. CEDH, 26 septembre 1995, *Vogt c/ RFA*, Berger, n° 235 ; Sudre, n° 61.

191. CEDH, 16 décembre 1992, *Hadjianastassiou c/ Grèce*, série A, n° 252.

192. CEDH, 28 octobre 1999, *Wille c/ Liechtenstein* ; cf. aussi CEDH, 1er juillet 1997, *Kalaç c/ Turquie*, Berger n° 210 à propos d'opinions religieuses intégristes.

193. CEDH, 14 septembre 2009, *Matelly c/ France, req.* n° 30 330/04.

194. CEDH, 8 décembre 2009, *Previti c/ Italie, AJDA*, 2010.1086.

195. CEDH, Grande Ch., 23 juin 2016, *Baka c/Hongrie, AJDA* 2016.1738, chr. L. Burgorgue-Larsen. Même s'il ne s'agit pas de fonctionnaires, la Cour est également intervenue à propos de la Hongrie pour protéger la liberté d'expression de parlementaires qui avaient été frappés d'amendes pour « troubles graves » aux travaux parlementaires parce qu'ils avaient protesté avec force contre la procédure utilisée pour l'adoption de lois. CEDH, Grande Ch., 17 mai 2016, *Karácsony et autres c/Hongrie, AJDA* 2016.1738, chr. L. Burgorgue-Larsen.

196. Cass. crim., 6 mai 2014, *RFDA* 2014.1414, chr. B. Laurent *et al.* ; *D.* 2014.1095. L'ingérence est possible si les mesures sont nécessaires au regard de l'article 10, § 3. Ici ce n'est pas possible pour un débat général sur une question d'urbanisme ; Cass. crim., 8 avril 2014, *D.* 2014.930.

197. CEDH, 27 avril 1995, *Piermont c/* France, Berger n° 60.

reconnaît d'ailleurs que « la liberté de discussion politique ne revêt assurément pas un caractère absolu ». Elle a ainsi admis l'interdiction faite à un gendarme de communiquer avec les médias, celui-ci ayant en l'espèce outrepassé son devoir de réserve[198]. La Grande Chambre a aussi posé les limites pour les syndicalistes considérant qu'une publication outrageante à l'égard de membres de l'entreprise pouvait autoriser le licenciement. L'arrêt a été vivement critiqué par cinq juges comme ignorant la dimension syndicale[199].

La jurisprudence est intéressante à l'égard des chefs d'État obligeant la France à revoir ses dispositions sur les chefs d'État étrangers et le président de la République suite à l'arrêt *Eon c/ France* même si la Cour écarte l'incompatibilité de l'incrimination avec la convention[200]. En 2011, la Cour a considéré que le roi d'Espagne ne pouvait être « à l'abri de toute critique » en tant que représentant de l'État[201].

Pour ce qui est du négationnisme, la Cour avait admis la validité de la loi Gayssot en 2003[202] et a jugé à l'unanimité que l'article visant le dénigrement de la « turcité », même s'il a été modifié, en permettant des poursuites des opinions relatives aux événements de 1915 était une menace pour la liberté d'expression[203]. Dans l'affaire *Perinçek*, la Cour admet la contestation du caractère de génocide pour le massacre des Arméniens par les Turcs en 1915[204].

II – LA LIBERTÉ RELIGIEUSE

4.80 ▸ Tout comme la liberté d'opinion à laquelle elle se mêle intimement, la liberté religieuse est assise sur l'article 10 de la DDHC, ainsi que sur le Préambule de 1946 et l'article 1 de la Constitution de 1958. Les textes internationaux, DUDH (article 18), Pacte de 1966 relatif aux droits civils et politiques (article 18) et Convention EDH (article 9) l'ont confortée. Elle est bien sûr la liberté d'avoir une religion, mais aussi de ne pas en avoir, comme l'a souligné la Cour EDH[205] car « elle est aussi un bien précieux pour les athées, les agnostiques, les sceptiques ou les indifférents ». Mais la situation est loin d'être homogène en Europe.

La liberté religieuse présente les deux aspects, individuel et collectif, ce dernier étant plus délicat.

198. CEDH, Grande Ch., 7 juillet 2011, *Paloma Sánchez et autres c/ Espagne*, n° 28955/06, 28957/06, 28959/06 et 28964/06, *D.* 2011.2203 ; *AJDA* 2012.150, chr. L. Burgorgue-Larsen. Cf. aussi CEDH, 6 octobre 2011, *Vellutini et Michel c/ France*, req. n° 328820/09, *AJDA* 2012.151, chr. L. Burgorgue-Larsen.

199. CEDH, Grande Ch., 7 juillet 2011, *Palomo Sánchez et autres c/ Espagne*, précité.

200. CEDH, 14 mars 2013, *Eon c/ France*, *AJDA* 2013.1801, chr. L. Burgorgue-Larsen.

201. CEDH, 15 mars 2011, *Otegi Mondragon c/ Espagne*, req. n° 2034/07, *AJDA* 2011.2013, chr. L. Burgorgue-Larsen.

202. CEDH, 24 juin 2003, *Garaudy c/France*, *D.* 2004.239, note D. Roets.

203. CEDH, 25 octobre 2011, *Altug Taner Akçam c/ Turquie*, req. n° 27520/07.

204. CEDH, 17 novembre 2013, *Perinçek c/ Suisse*, *AJDA* 2014.154, chr. L. Burgorgue-Larsen ; *D.* 2014.144, note G. Poissonnier ; CEDH, Grande Ch., 15 octobre 2015, *Perinçek c/Suisse*, *D.* 2015.2183, obs. G. Poissonnier ; *RSC* 2015.877, obs. J. Francillon et 2016.132 note J.-P. Marguénaud.

205. CEDH, 25 mai 1993, *Kokkinakis c/ Grèce*, précité.

L'aspect individuel peut cependant poser des difficultés dans certains lieux. C'est ainsi qu'il a été admis que les pratiques cultuelles pouvaient être réglementées en détention, les réservant seulement à un lieu de culte ou à la cellule[206].

4.81 ▸ La liberté peut être fortement influencée par la famille[207]. Le Code civil, en son article 371-1, confie aux parents l'autorité parentale sur l'enfant « pour assurer son éducation et permettre son développement dans le respect de sa personne ». L'éducation pourra être une éducation religieuse. Il n'y a aucune restriction en France[208], ce qui n'est pas incompatible avec les textes internationaux. En outre, le Code ajoute que « les parents associent l'enfant aux décisions qui le concernent selon son âge et sa maturité ». Là encore la religion est concernée. Cela peut conduire à l'apostasie, c'est-à-dire la renonciation à sa religion encore que les baptisés ne peuvent voir effacée la mention de leur baptême sur le registre, mais seulement ajoutée la mention du renoncement[209]. L'article 18 du Pacte des Nations unies sur les droits civils et politiques et l'article 2 du Premier protocole additionnel à la Convention EDH laissent aux parents la possibilité pour les parents ou tuteurs légaux de donner une éducation religieuse correspondant à leurs convictions. L'article 14 de la Convention relative aux droits de l'enfant de 1989 est plus restrictif, laissant certes le droit aux parents de guider l'enfant, mais « d'une manière qui corresponde au développement de ses capacités ».

Certains États fixent cependant un âge auquel l'enfant peut faire un choix (16 ans en Suisse, en Israël et au Royaume-Uni, 10 à 14 ans en Allemagne).

A - ÉTAT ET LIBERTÉ RELIGIEUSE

4.82 ▸ La liberté religieuse n'est pas une évidence et connaît des situations très variées. On peut rencontrer la confusion ou fusion entre le pouvoir et la religion, ce qui était la règle dans l'Antiquité et l'est encore dans certains pays musulmans, comme l'Iran et l'Arabie Saoudite. Il peut y avoir des relations privilégiées entre une ou plusieurs religions et l'État. Cela peut être le système de la religion d'État que l'on trouve en Angleterre avec la religion anglicane, dans certains États nordiques où la religion luthérienne a bien souvent ce statut ou encore dans la France de l'Ancien Régime ou sous la Restauration. Le fait qu'il y ait religion d'État n'entraîne pas obligatoirement exclusivité de celle-ci.

4.83 ▸ La situation peut aussi être celle du confessionnalisme comme en Israël où la religion judaïque n'a pas statut de religion d'État, mais elle imprègne la vie sociale. Pourtant, Israël est un État laïque. Le Liban est peut-être l'exemple extrême du confessionnalisme avec 18 religions reconnues régissant chacune le statut personnel de leurs membres et structurant la vie politique. Le mariage civil n'existe que depuis 2013. La situation légale peut être la reconnaissance de plusieurs religions, comme ce fut le cas au XIXe siècle en France et aujourd'hui en

206. CAA Bordeaux, 8 septembre 2009, *Faruk M.*, *AJDA* 2009.2022 ; CE, 11 juin 2014, *AJDA* 2014.1236, obs. C. Biget (détenu en cellule disciplinaire).
207. La pratique du reniement de baptême se développe. Cf. Cass. civ. 1re, 19 novembre 2014, *D.* 2014.2407.
208. Cass. civ. 1re, 11 juin 1991, *Bull. civ.* n° 96.
209. Cass. civ. 1re, 19 novembre 2014, n° 13-25156 ; *D.* 2014.2407 et 2015.850, note F. Dieu.

Allemagne ou en Belgique. Enfin, on peut imaginer un système dans lequel aucun lien n'existe entre les églises et l'État. Cela peut être un régime de séparation avec une certaine reconnaissance comme aux États-Unis[210]. Cela peut être un régime de séparation-ignorance qui s'incarne avec l'idée de laïcité en France, où l'État ne reconnaît aucune religion, n'en aide aucune, mais n'intervient pas non plus dans leur organisation laissant les différentes convictions religieuses s'exprimer, sous réserve du respect de l'ordre public. La séparation peut aussi conduire à l'absence de la liberté religieuse comme ce fut le cas dans les régimes de type soviétique.

B - L'ÉVOLUTION DU DÉBAT FRANÇAIS

4.84 ▸ Comme a pu l'écrire finement Jean Rivero, « Laïcité : le mot sent la poudre ; il éveille des résonances passionnelles contradictoires »[211].

La France, sur le plan religieux, est de moins en moins homogène. Mais les statistiques sont prohibées en France.

Si on prend en considération les origines, on trouve 80 % de catholiques, 5 à 6 millions de musulmans dont 1,5 à 2 000 000 de pratiquants, 700 000 protestants, 700 000 israélites, quatrième communauté du monde[212]. Selon une étude du CSA en 2013, « 56 % des Français se déclarent catholiques, 32 % sont "sans religion" et 11 % ont une autre confession »[213]. Il y a de ce fait une domination marquante des catholiques qui, en dépit du principe de laïcité, marquent bon nombre de nos événements sociaux.

4.85 ▸ Sous l'Ancien Régime, l'Église catholique était religion d'État. Les autres religions étaient exclues. Si la France avait connu une certaine paix religieuse avec l'Édit de Nantes, celle-ci avait été totalement rompue lors de sa révocation en 1685. Pourtant, à la veille de la Révolution, il y avait des indices d'acceptation des autres confessions religieuses, sans remettre en cause le statut privilégié de l'Église catholique. Le 29 novembre 1787 l'Édit de tolérance permettait aux protestants d'avoir un état civil. En 1775, Louis XVI avait accordé à tous les juifs de France les mêmes droits patrimoniaux qu'aux autres Français.

La Déclaration des droits de l'homme et du citoyen, en précisant « même religieuses » montrait bien le caractère novateur de la tolérance.

La Révolution française, par le décret du 12 juillet/24 août 1790, instaura un statut pour l'Église catholique avec la Constitution civile du clergé condamnée par le Pape Pie VI. La situation des autres confessions s'orientait vers une plus grande égalité.

C'est Napoléon, avec brutalité et efficacité, qui va apporter la paix religieuse pour un siècle à la faveur du Concordat du 17 juillet 1801 (28 messidor an IX) conclu avec le

---

210. L'*establishment Clause* du 1er amendement pose une « exigence de distance de l'État vis-à-vis de la religion », cf. Bl. Chelini-Pont, *RTDH* 2006.689. Pourtant on peut estimer qu'il y a une certaine forme de confessionnalisme dans ce pays.

211. J. Rivero, « La notion juridique de laïcité », *D.* 949, chr. 137.

212. De son côté le rapport Machelon estime que 65 % des Français se sont définis comme catholiques et qu'il y a 4 millions de musulmans tandis que les protestants représentent 2 % de la population et les juifs 1 %.

213. http://lci.tf1.fr/france/societe/le-catholicisme-est-en-chute-libre-depuis-25-ans-en-france-8248400.html.

Pape Pie VII. L'Église catholique n'est plus que la religion de la majorité des Français. Le clergé est rémunéré. Mais surtout, le Concordat est promulgué par la loi du 18 germinal an X (8 avril 1802) qui comporte 77 articles organiques, loi qui ne sera pas reconnue par le Saint-Siège. Ce système va régir les relations entre l'Église et l'État jusqu'en 1905 et s'applique encore aujourd'hui en Alsace-Moselle. Le Conseil constitutionnel, le 21 février 2013[214], s'appuyant sur le droit local alsacien-mosellan en tant que principe fondamental reconnu par les lois de la République, a jugé conformes à la Constitution les traitements des pasteurs. Ceci doit valoir pour les autres ministres du culte. Le régime établi conduit à la reconnaissance officielle de quatre cultes : catholique, luthérien, calviniste et israélite, ces cultes ayant le caractère de service public[215].

4.86 ❯ Les relations entre l'Église catholique et l'État se détériorent au début de la IIIe République. En 1880, l'enseignement est laïcisé et l'obligation du repos dominical est supprimée. En 1881 intervient la laïcisation des hôpitaux, des pompes funèbres, des cimetières. Les crucifix sont enlevés des tribunaux. L'article 97 de la loi du 5 avril 1884 supprime les distinctions religieuses dans les cimetières. En 1884, le divorce est rétabli. La révision constitutionnelle du 14 août 1884 supprime les prières publiques lors de la rentrée du Parlement. En juillet 1889 les ministres du culte sont astreints au service militaire. En 1901, la loi sur les associations porte de terribles coups aux congrégations. En 1904, la loi supprime l'enseignement congrégationniste. La même année, le monopole des pompes funèbres est accordé aux communes. La rupture des relations diplomatiques avec le Vatican le 30 juillet 1904 porte à son paroxysme le conflit. Enfin, la loi du 9 décembre 1905 consacre la séparation de l'Église et de l'État. Rejetée par le Pape Pie X dans l'encyclique *Vehementer nos*, son application donnera lieu à de graves incidents à l'occasion des inventaires que ne calmera pas l'amnistie de juillet 1906.

Un siècle après, on aurait pu penser la situation stabilisée. Pourtant la croissance de la communauté musulmane dépourvue de lieux de cultes et le centenaire de la loi de 1905 ont suscité des débats comme en témoigne le rapport Machelon[216] ou les tensions sur les signes extérieurs.

C - LE RÉGIME ACTUEL

1) Les principes posés en 1905

4.87 ❯ Le principe de laïcité est proclamé dans l'article 1 de la Constitution : « la France est une République... laïque ». Il « impose notamment que la République garantisse le libre exercice des cultes »[217].

214. Cons. const., 21 février 2013, n° 2012-297 QPC, *Association pour la promotion et l'expansion de la laïcité*, *RDP* 2013.553, chr. J.-M. Woehrling ; *Constitutions* 2013.174, note J.-Ph. Lutton.
215. B. Basdevant-Gaudemet, « Quelle(s) liberté(s) pour les cultes avant 1905 ? », *RDP* 2012.718.
216. http://lesrapports.ladocumentationfrancaise.fr/BRP/064000727/0000.pdf.
217. Cons. const., 21 février 2013, 2012-297 QPC, *Association pour la promotion et l'expansion de la laïcité*, *D.* 2013.510 ; *AJDA* 2013.440 et 1108 note E. Forey.

La séparation des Églises et de l'État est affirmée dans l'article 2. « La République ne reconnaît, ne salarie, ni ne subventionne aucun culte... Les établissements publics du culte sont supprimés. » Comme l'affirmait Aristide Briand : « L'État n'est ni religieux, ni antireligieux. Il est areligieux ». Une exception est faite pour les aumôneries dans les lycées, collèges, écoles[218], hospices[219], asiles et prisons[220]. En dehors de cela, toute subvention est prohibée, ce qui rend en principe toute aide impossible pour aider à la construction de lieux de culte. L'idée d'association cultuelle a aussi pu être évoquée pour une organisation maçonnique, mais le Conseil d'État n'est pas allé jusque-là[221]. On s'interroge sur ce régime afin de faciliter la construction de lieux de culte pour les musulmans, même si certaines solutions indirectes ont pu être trouvées, ainsi à propos de la construction de centres culturels permettant l'installation d'une mosquée[222]. L'aspect d'équipement culturel masque la volonté de contourner la loi de 1905, et les juridictions administratives sanctionnent[223], même si le Conseil d'État a pu admettre « l'exception des concours pour des travaux de réparation d'édifices cultuels »[224]. Le rapport Machelon proposait que les communes puissent subventionner sans plafonnement la construction d'édifices du culte. Pourtant le principe de la prohibition reste établi[225]. Le Conseil d'État a pourtant récemment fait preuve de souplesse dans cinq arrêts du même jour. Il a admis les interventions des collectivités territoriales[226] s'il y a un intérêt local, posant quelques conditions afin de sauver les apparences[227]. Des contournements peuvent exister comme des subventions liées à l'environnement lors de travaux[228]... Le Conseil d'État a pu admettre une subvention pour une association se réclamant d'une confession particulière ou dont certains de ses membres se

218. Cf. CE, Ass., 1er avril 1949, *Chaveneau* ; 1949, III, 49, note Delpech ; *D.* 1949.531, concl. Gazier, note Rolland ; A. Texier, « Les aumôneries de l'enseignement secondaire : incertitude d'une institution », *RDP* 1984.105. Il y a un aumônier musulman pour les prisons depuis mars 2006. Il y en a également dans les hôpitaux.

219. Cf. Charte nationale des aumôneries des établissements relevant de la fonction publique hospitalière (Circulaire 5 septembre 2011).

220. CAA Bordeaux, 20 octobre 2009, *garde des Sceaux, de la justice et des libertés c/ M.B.*, *AJDA* 2010.272, concl. M. Fabien.

221. CAA Marseille, 6 janvier 2011, *Centre culturel montpelliérain*, *AJDA* 2011.1205, note F. Tsiadiuno Rakotondrahaso.

222. CE, 12 février 1988, *Association des résidents des quartiers Portugal Italie*, *JCP* 1989 II 21257 ; CE, 16 mars 2005, *Min. de l'outre-mer c/ Gouv. de Polynésie française*, *Lebon* 108.

223. CAA Lyon, 9 octobre 2008, *Commune de Lorette c/ Communauté d'agglomération Saint-Étienne-Métropole*.

224. CE, 4 mai 2012, *Fédération de la libre pensée et d'action sociale du Rhône*, *D.* 2012.1337 ; *AJDA* 2012.973.

225. CE, 9 octobre 1992, *Cne de Saint Louis c/ Assoc. Siva Soupramin de Saint Louis*, *JCP* 1993, II, 22068 ; TA Lyon, 22 mars 2007, *M. Picquier, Fédération de la libre pensée et d'action sociale du Rhône*, *AJDA* 2007.665 ; *JCP* 2007, n° 2126, note E. Tawil qui considère comme illégale une subvention à l'Association communauté Sant'Egidio pour l'organisation d'une rencontre internationale pour la paix... car il y avait des « prières pour la paix » lors de cette rencontre ! Mais la CAA de Lyon n'interdit pas « l'octroi dans l'intérêt général et dans les conditions prévues par les lois, de subventions au bénéfice d'organismes ayant des activités cultuelles » [à propos d'un ascenseur à la basilique Notre-Dame de Fourvière] (CAA Lyon, 26 juin 2007, *Fédération de la libre pensée et d'action sociale du Rhône et autres*, *AJDA* 2007.1652, concl. D. Besle).

226. Cf. J. Fialaire, « Les rapports entre les collectivités territoriales et les cultes », *AJDA* 2012.2 305.

227. CE Ass., 19 juillet 2011, *Commune de Trélazé* (installation d'un orgue dans un lieu de culte) ; *Fédération de la libre pensée et de l'action sociale du Rhône* (ascenseur à la Basilique de Fourvière) ; *Communauté urbaine du Mans* (aménagement temporaire d'un abattoir pour la fête de l'Aïd al-Kabir (ou Aïd al-Adha) ; *Commune de Montpellier* (utilisation par un culte d'une salle polyvalente ; *Mme Vayssière* (bail emphytéotique à une association cultuelle pour la construction d'une mosquée), *AJDA* 2011.1460, chron. M. Chr. De Montecler et 1167, chron. X. Domino et A. Bretonneau et 2014.124, chr. S. Hubac ; *RDP* 2012.499, chron. H. Pauliat.

228. CAA Lyon, 17 septembre 2010, *Communauté des Bénédictions de l'abbaye Saint-Joseph de Clairval*, *AJDA* 2011.31 et CAA Nancy, 23 avril 2012, *Agence de l'environnement et de la maîtrise de l'énergie*

réunissent entre eux, en marge d'activités organisées par elle, pour prier, considérant qu'il ne s'agissait pas d'activités cultuelles[229].

L'approche de la laïcité peut cependant être surprenante comme dans l'affaire des subventions des conseils régional et général aux ostensions du Limousin[230]. Même si, remarque le Conseil d'État, « elles ont acquis un caractère traditionnel et populaire, elles attirent la population locale ainsi que de nombreux touristes et curieux, et elles ont dès lors aussi un intérêt culturel et économique et d'autre part, en marge des processions elles-mêmes sont organisées des manifestations à caractère culturel ou historique », elles se concluent « par des eucharisties » et donc ont un caractère cultuel. On remarquera que les ostensions ont été inscrites peu après au patrimoine immatériel de l'humanité par l'Unesco en décembre 2014...

La rémunération des ministres du culte est supprimée. Les évêques désormais ne relèvent plus que du pape pour la nomination. Les Églises y ont trouvé une véritable indépendance.

4.88 › Le système de 1905 prévoyait des associations cultuelles qui seront refusées par le Vatican (Encyclique *Gravissimi officii* du 10 août 1906). En revanche, les protestants et les israélites ont accepté la loi. La reconnaissance d'association cultuelle est subordonnée au caractère public du culte. À cet égard, l'administration doit examiner le fonctionnement effectif[231]. La loi du 2 janvier 1907 prononce la confiscation des biens de l'Église qui y perdra l'essentiel de son patrimoine immobilier. Les associations cultuelles peuvent recevoir des dons et legs. Pour la Commission européenne des droits de l'homme, c'est une discrimination au sens de l'article 14[232].

4.89 › Les édifices du culte construits avant la loi de 1905 font partie du domaine public des communes[233], les cathédrales de celui de l'État[234]. Ils sont laissés à « la disposition des fidèles et des ministres du culte pour la pratique de leur religion ». La commune a la charge des réparations de l'immeuble. Cela peut concerner un orgue fixe qui est immeuble mais ne peut conduire à mettre à sa charge la création d'un orgue sauf si c'est un « bien mixte »[235]. Des difficultés ont pu apparaître récemment entre les affectataires cultuels et le propriétaire public de l'édifice cultuel, les communes voulant une utilisation touristique ou

---

c/ Congrégation des Clarisses de Cormontreuil, AJDA 2012.1607. Mais *contra*, CAA Bordeaux, *Agence de l'environnement et de la maîtrise de l'énergie, AJDA* 2012.1155, note J.-M. Pontier.

229. CE, 4 mai 2012, *Fédération de la libre pensée et d'action sociale du Rhône*, précité. CAA Lyon, 27 novembre 2012, *Département du Rhône, AJDA* 2013.447. Cf. aussi CE, 26 novembre 2012, *Communauté des Bénédictines de l'abbaye de Saint-Joseph de Clairval ; Agence de l'Environnement et de la maîtrise de l'énergie c/ Communauté des Bénédictins de l'abbaye de Saint-Joseph-de-Clairval ; Agence de l'Environnement et de l'Énergie c/ Communauté de la Chartreuse de Portes* (3 décisions), *AJDA* 2013.245, note J.-M. Pontier ; *RFDA* 2013.342, note M. Comte-Perrier.

230. CE, 15 février 2013, *Association générale Confrérie de Saint-Martial et autres, AJDA* 2013.335. obs. M.-C. de Montecler et 1529, note M. Le Roux. *RFDA* 2013. 335 concl. E. Cortot-Boucher et 342 note M. Comte-Perrier. Le CE estime la loi de 1905 compatible avec la CEDH.

231. CAA Nantes, 21 avril 2016, *Lectorium Rosicrucianum Rennes, AJDA* 2016.1667.

232. Cf. Comm. EDH, 6 juillet 1994, *Union des athées contre France.*

233. CE, 10 juin 1921, *Commune de Monségur*, GAJA, n° 37 ; Lachaume/Pauliat, p. 670.

234. Cependant, la loi du 2 juillet 1998 permet aux intercommunalités d'intervenir en matière d'édifices cultuels.

235. Cf. CE, 19 juillet 2011, *Commune de Trélazé*, préc.

culturelle qui n'est pas forcément en lien avec la destination du lieu[236], voire une utilisation technique[237]. En revanche, les lieux de culte construits après 1905 sont la propriété des associations cultuelles ou diocésaines (ou bien sociétés civiles ou bien particuliers)[238]. Les « édifices affectés à l'exercice du culte » sont les « locaux utilisés pour la célébration de cérémonies organisées en vue de l'accomplissement par des personnes réunies par une même croyance religieuse, de certains rites ou de certaines pratiques, ainsi qu'aux dépendances immédiates de ces locaux nécessaires à cet exercice »[239].

2) « L'actualisation »

4.90 ▸ Après la Première Guerre mondiale qui permit d'atténuer les tensions sont mises en place des associations diocésaines dont l'évêque est président de droit, approuvées par Pie XI dans l'encyclique *Maxima Gravissimaque.* La loi de finances du 29 avril 1926 leur confie les biens des ex-fabriques encore non affectés. Elles seront assimilées aux associations cultuelles de 1905.

4.91 ▸ Il y a donc trois catégories d'association : les associations cultuelles concernant les cultes protestants, israélites, musulmans[240], les associations diocésaines intéressant les catholiques et enfin les associations quasi cultuelles régies par la loi 1901, inexistantes en fait et prévues par la loi de 1907 (article 4). L'analyse de la circulaire du 23 juin 2010[241] distingue deux régimes, celui des associations cultuelles régies par la loi de 1905 et celui des associations à objet mixte régies par la loi du 1er juillet 1901, et évoque en outre, la situation particulière de l'Alsace-Moselle. Elle rappelle que le Conseil d'État (avis du 13 décembre 1923) a estimé que les statuts des associations diocésaines étaient

---

236. Une commune ne peut organiser des visites payantes du toit-terrasse d'une église sans l'autorisation du desservant, CE 20 juin 2012, *Commune des Saintes-Maries-de-la-Mer, AJDA* 2012.2103, chr. Y. Delicat ; *RDP* 2012.1573, chr. H. Pauliat ; *RFDA* 2012.821, concl. E. Cortot-Boucher. De même un maire ne peut autoriser la réalisation d'une fresque dans une chapelle sans l'accord du prêtre affectataire. CAA Marseille, 22 novembre 2011, *Commune de Saint-Étienne-du-Grès, AJDA* 2012.497, concl. S. Deliancourt.
CAA Marseille, 27 mai 2010, *Abbé de Vregille et Association diocésaine de l'archidiocèse d'Aix-en-Provence, AJDA* 2010.1469, obs. L. Marcovici. *La Croix,* 9 juin 2010 (à propos de l'église des Saintes-Maries de la Mer). Le toit-terrasse fait « partie intégrante de cet édifice affecté à l'usage du culte ». Se pose aussi le problème juridique des orgues tant en ce qui concerne leur propriété que leur utilisation. Cf. CE, 19 juillet 2011, *Commune de Trélazé,* précité et Th. Guilbaud, « La propriété des orgues », *AJDA* 2011.2515 ; *RDP* 2012.1279, art. B. Lavergne, 1553, chron. M.-L. Gely et 1523, art. H. Boualali.

237. CAA Nantes, 29 novembre 2013, *Abbé Brindejonc, Abbé Messu, Association diocésaine de Rennes, AJDA* 2014.46 note S. Degommier. L'édification d'une antenne-relais dans un clocher nécessite l'accord de l'affectataire.

238. M. Flores-Lonjou, *Les lieux de culte,* Cerf, 1997. L'utilisation de l'édifice, même par l'autorité municipale, ne peut avoir lieu sans l'accord du ministre du culte. Cf. CE, 25 août 2005, *Cne de Massat, Rec.* 386. Les lieux de culte ne peuvent être financés par une collectivité territoriale, même s'ils sont à l'étranger. Cf. TA Lyon, 5 avril 2012, *Association Libre Pensée et d'action sociale du Rhône, RFDA* 2012.741, concl. F. Beroujon.

239. CE, 4 février 2008, *Association de l'église néoapostolique de France, AJDA* 2008.279 et TA Lille, 12 avril 2012, *Association musulmane du Littoral, AJDA* 2012.1972, concl. E. Meisse.

240. Sur la difficulté de reconnaissance CE, Ass., 1er décembre 1985, *Association chrétienne Les témoins de Jéhovah de France, RDP* 1983.483, concl. Delon, mais le Conseil d'État a reconnu en 2000 les témoins de Jéhovah (CE, 23 juin 2000, *Ministre de l'Économie, des Finances et de l'Industrie c/ Association locale pour le culte des témoins de Jéhovah de Clamecy*). Sur un refus, voir CE, 28 avril 2004, *Assoc. cultuelle du Vajra triomphant, Rec.* som. 686.

241. Circulaire du 26 juin 2010 sur « le support institutionnel des cultes : les associations cultuelles régies par la loi du 9 décembre 1905 et les associations exerçant un culte sous le régime de la loi du 1er juillet 1901 », http ://www.circulaires. gouv.fr/pdf/2010/06/cir-31322.pdf.

conformes aux dispositions générales de la loi de 1905 et que des précisions ont été apportées par un avis du 28 mars 1957. « Sauf mention particulière », le vocable « associations cultuelles » « désigne aussi les associations diocésaines ».

L'Alsace-Moselle[242] constitue un cas particulier. Lors de son retour en 1919, on garda le Concordat et l'échec de la tentative du Cartel des gauches conduisit au maintien de ce régime[243]. L'Église catholique est toujours soumise au régime du Concordat de 1801. Les ministres du culte sont rémunérés. Les évêques de Strasbourg et Metz sont nommés par le président de la République. Il en est de même pour le président de l'Église protestante de la Confession d'Augsbourg d'Alsace et de Lorraine. Les membres élus laïcs des consistoires israélites sont agréés par le Premier ministre[244]. Les protestants – luthériens et calvinistes – restent soumis au régime napoléonien des articles organiques. Enfin, les israélites relèvent du statut de 1844. Le Conseil constitutionnel a admis la constitutionnalité du régime[245]. Mais les musulmans, absents en 1919, restent toujours à l'écart encore que la grande mosquée de Strasbourg a été financée à 34 % par les collectivités territoriales et inaugurée par le ministre de l'Intérieur le 17 septembre 2012. Les cultes non reconnus peuvent s'organiser sous forme d'association à objet religieux prévue par le droit local[246-247]. En outre, en vertu d'une loi allemande, le blasphème était un délit, mais a disparu avec la loi égalité et citoyenneté du 27 janvier 2017.

Pour le reste, les confessions s'organisent comme elles l'entendent[248]. Les musulmans disposent en France actuellement de près de 2 400 lieux de culte et mosquées. Le 20 décembre 2002 a été créé un Conseil français du culte musulman (et des conseils régionaux) qui regroupe les grandes fédérations, présidé par Anouar Kbibech, président du Rassemblement des Musulmans de France. Donnant peu satisfaction, une refonte est envisagée. À l'égard de l'Islam, une certaine souplesse peut être recherchée pour le culte par exemple en permettant l'utilisation de locaux communaux pour l'exercice d'un culte[249] et fait preuve de rigueur face à l'attitude hostile de certains maires pour l'édification de mosquées[250].

242. J.-M. Woehrling, « Le droit local alsacien-mosellan des cultes après les récentes décisions du Conseil constitutionnel », *RDP* 2013.522.

243. Cf. Avis du 24 janvier 1925 et lois des 17 octobre 1919 et 1er juin 1924 et O. du 15 septembre 1944.

244. R. Piastra, « Trois questions sur le droit local d'Alsace-Moselle », *D.* 2015.2552.

245. Cons. const., 21 février 2013, 2012-297 QPC, *Association pour la promotion et l'expansion de la laïcité AJDA* 2013 ; 1108 note E. Forey. *RFDA* 2013.663, chr. A. Roblot-Troizier et G. Tusseau, *D.* 2013. 510 et 2014.1516, chr. N. Jacquinot et A. Mangavillano. La loi du 1er juin 1924 a expressément maintenu la législation locale sur les cultes et le Conseil d'État a confirmé la non-abrogation du Concordat, CE, 6 avril 2001, *SNES*, *AJDA* 2002.63, note B. Toulemonde.

246. CE, S, 25 juillet 1980, *Min. de l'Intérieur c/ Église évangélique baptiste de Colmar* et QE 1571 J.-L. Masson, *JO Sénat.*, 23 août 2012, p. 1859.

247. La situation des rapports Églises-État dans certains départements et collectivités d'outre-mer comporte aussi des particularités.

248. CE, 8 février 1908, *Abbé Deliard, Rec.* p. 127, concl. Chardenet ; CE, 16 février 1923, *Assoc. presbytérale de l'Église réformée de l'Annonciation, Rec.* p. 155, concl. Rivet.

249. CE, Ord., 23 septembre 2015, *Assoc. des musulmans de Mantes-Sud*, *AJDA* 2016.108, note J.-B. Chevalier.

250. CE, Ord., 9 novembre 2015, *Assoc. musulmane El Fath*, *AJDA* 2016.385, note E. Debrets et 732 note L. Le Foyer de Costil ; CE, Ord., 3 décembre 2015, *Assoc. musulmane El Fath*, *AJDA* 2015.2350 ; CE, Ord., 19 janvier 2016, *AJDA* 2016.71. Sur le même problème, voir TA Versailles, 16 septembre 2016, *Préfet des Yvelines ; Association des musulmans de Mantes-Sud*, http://versailles.tribunal-administratif.fr/A-savoir/Communiques/Annulation-de-la-

Cependant une décision du Conseil d'État a pu surprendre à propos d'une délibération d'un conseil régional approuvant une convention avec la wilaya d'Annaba et la commune d'Annaba ainsi qu'une association diocésaine d'Algérie pour la restauration de la basilique d'Annaba. Le T.A. de Lyon avait annulé la délibération, annulation confirmée par 4 arrêts de la CAA de Lyon. Pourtant le Conseil d'État a jugé que la convention au titre de l'art. L 1115-1 du CGCT peut associer des personnes de droit privé françaises ou étrangères, considérant que l'article 2 de la loi de 1905 ne fait pas obstacle car la convention n'a pas pour « objet de salarier ou de subventionner un culte ».

4.92 ▸ Les congrégations sont soumises au régime de la loi du 1er juillet 1901. Elles devaient être autorisées par une loi et la formation de congrégations non autorisées constituait un délit. La « loi » du 8 avril 1942 leur a fait perdre leur caractère d'illicéité. Tout nouvel établissement nécessite un décret en Conseil d'État. Ce problème peut apparaître aujourd'hui archaïque, mais la reconnaissance de congrégations peut même intéresser d'autres confessions comme le bouddhisme. On compte actuellement environ 200 congrégations masculines. Depuis 1968, la reconnaissance s'est libéralisée[251].

4.93 ▸ Le régime du culte obéit aussi au principe de liberté. La police de l'assemblée est assurée par le ministre du culte. Ceci a été précisé par le Conseil d'État[252], mais n'exclut pas le pouvoir de police des maires car même si les services religieux restent dispensés des formalités prévues par la loi du 30 juin 1881 sur les réunions (ni bureau, ni déclaration préalable, loi du 28 mars 1907 sur la liberté de réunion), ils restent placés sous la surveillance des autorités dans l'intérêt de l'ordre public (art. 25 loi 1905). Le lieu de culte doit être un lieu de sérénité. La loi de 1905 interdit d'y tenir des réunions politiques et sanctionne les perturbateurs (art. 32), mais les ministres du culte peuvent l'être aussi s'ils suscitent des désordres. Suite aux attentats contre Charlie a été débattue la liberté de blasphémer[253].

3) Les liens de fait

4.94 ▸ Est-ce à dire que la laïcité signifie une absence totale de reconnaissance des phénomènes religieux ? En principe oui. Ainsi le Conseil d'État, en 1943, a-t-il eu le courage de sanctionner un arrêté préfectoral imposant aux clients d'indiquer leur religion sur les fiches d'hôtel[254]. Mais notre droit n'ignore pas totalement les questions religieuses. L'article 433-21 du Nouveau Code pénal sanctionne « tout ministre d'un culte qui procédera, de manière habituelle, aux cérémonies religieuses de mariage sans que ne lui ait été justifié l'acte de mariage préalablement reçu par les officiers de l'état civil », même en cas de

---

decision-de-preemption-de-l-ancienne-tresorerie-de-Mantes-la-Ville et CE, Ord., 30 juin 2016, *Association culturelle et cultuelle Nice La Plaine*, *AJDA* 2016.2048, note M. Comte.

251. B. Ducamin, « Le général de Gaulle et les congrégations religieuses. Réflexions et témoignage sur le règlement d'un long conflit », *RDP* 2010.1577.

252. CE, 24 mai 1938, *Abbé Touron*, *Rec.* p. 462.

253. C. Lageot et F. Marchadier (dir.), *Le blasphème dans une société démocratique*, Dalloz, 2016.

254. CE, Ass., 9 juillet 1943, *Ferrand*, *Rec.* p. 176.

mariage *in extremis*. La logique d'un régime de séparation totale n'accordant aucune valeur au mariage religieux serait de l'ignorer totalement, seul le mariage civil étant susceptible d'avoir des effets.

On peut s'interroger sur le secret de la confession considéré comme secret professionnel. Cependant il y a malgré tout une certaine cohérence par le fait que l'on ne distinguera pas entre le fait que les révélations faites à un prêtre l'aient été à l'occasion d'une confession ou en dehors de ce sacrement[255]. Évoquons aussi l'article 909 du Code civil pour les testaments et le décret du 4 thermidor an XII pour la levée de corps sans autorisation d'une personne décédée. La loi de 1905 prévoit aussi des infractions spécifiques frappant les ministres du culte (art. 30, 34 et 35). Mais qu'est-ce qu'un ministre du culte ?

La loi du 17 janvier 1948 sur l'assurance vieillesse des non-salariés vise les « ministres du culte », et la loi du 1er janvier 1978 sur la généralisation de la Sécurité sociale s'applique aux prêtres, religieux et religieuses.

Enfin, la loi du 23 juillet 1987 sur le mécénat[256], en permettant les déductions fiscales à propos des dons faits à des associations cultuelles, vient contredire l'article 2 de la loi de 1905.

4.95 ▸ On prend aussi en compte certaines habitudes religieuses, en matière alimentaire[257]. « L'abattage rituel ne peut être effectué que par des sacrificateurs habilités par les organismes religieux agréés, sur proposition du ministre de l'Intérieur par le ministre de l'Agriculture »[258]. Cette question suscite des polémiques, et le décret du 28 décembre 2011 l'a rendu plus strict. Cette pratique est interdite en Suède, Norvège et Suisse. La CEDH a admis la possibilité de refus d'agréments sous certaines conditions[259]. Le Conseil d'État estime que le système concilie les objectifs de police sanitaire et la garantie du libre exercice des cultes[260]. Sur les questions alimentaires, on retrouve la même ligne pour les cantines scolaires. Il n'y a pas de droit absolu, car il faut tenir compte de l'« équilibre nutritionnel des repas servis aux enfants » et du « bon fonctionnement du service »[261]. Pour les détenus, ce n'est que « dans la mesure du possible »[262].

Les rites ou obligations des différentes confessions se concilient mal avec les exigences d'une vie sociale façonnée par le christianisme et surtout le catholicisme, mais aussi avec l'évolution du monde moderne. Il en est ainsi pour les examens qui peuvent avoir lieu le samedi alors que les israélites ou les adventistes se voient

255. Cass. crim., 4 décembre 1891, *DP* 1892, I, 139.
256. Cf. *AJDA* 1988.257.
257. CE, 27 mars 1936, *Association israélite de Valenciennes, Rec.* p. 583 ; cf. CE, 25 novembre 1994, *Association cultuelle israélite Cha'are Shalom Ve-Tsedek, AJDA* 1995.476, note Ph. J. Quillien (2 arrêts) qui reconnaît l'abattage rituel.
258. Cf. aussi CE, 20 décembre 1985, *Communauté israélite orthodoxe de Paris*, req. n° 51507 qui conduit au monopole de l'Association consistoriale israélite de Paris.
259. CEDH, 27 juin 2000, *Cha'are Shalom Ve Tsedek c/ France*, Berger, n° 190.
260. CE, 5 juillet 2013, *Œuvre d'assistance aux bêtes d'abattoir, AJDA* 2013.1415, obs. N. Khalid.
261. TA Cergy-Pontoise, 30 septembre 2015, *Samir M. et Fatima M., AJDA* 2015.2394.
262. CE, 10 février 2016, *A. B., AJDA* 2016.284, *M. B., AJDA* 2016.284 et 1127, note X. Bioy. Cf. art. 26 loi du 24 novembre 2009 et art. R. 57-6-18 CPP.

interdire toute activité ce jour-là. De même, les cantines scolaires ne sont pas tenues d'offrir des menus spécifiques[263]. En outre, parfois se posent des problèmes d'ordre public, ainsi avec les Témoins de Jéhovah qui refusent tout service national même civil ou les vaccinations ou la transfusion sanguine. Le Conseil d'État[264] a admis qu'on puisse imposer une transfusion. Mais il conviendrait qu'une loi intervienne à ce sujet pour répondre à l'article 9, alinéa 2 de la Conv. EDH.

La présence de carrés confessionnels dans les cimetières est aussi contraire à l'idée de laïcité. La loi du 14 novembre 1881 fait des cimetières des espaces laïques et neutres. La loi du 5 avril 1884 a soumis le maire à une obligation de neutralité en matière de funérailles et de cimetières (art. L. 2213-9 CGCT). Pourtant, des regroupements existent, et des circulaires ministérielles[265] encadrent cette pratique en interdisant des barrières séparant les carrés. La commission Machelon avait proposé d'agrandir les cimetières privés confessionnels ou d'en créer d'autres par voie législative. En Alsace-Moselle, le premier cimetière municipal musulman a été inauguré le 6 février 2012 à Strasbourg. Une proposition de loi visant à instituer des funérailles républicaines est en cours de discussion au Parlement[266].

On pourrait aussi évoquer le refus de la *kafala* en France[267].

D - PROBLÈMES RÉCENTS

1) Sectes[268]

4.96 ▸ De tous temps les sectes ont existé. Elles posent aujourd'hui certains problèmes, car elles peuvent se rendre coupables de multiples infractions (fraude fiscale, escroqueries, abus sexuels, violences, exercice illégal de la médecine, infractions au droit du travail, séquestration de personnes, détournement de mineurs, outrage aux bonnes mœurs). Il est difficile de lutter contre elles. L'article 3 de la loi sur les associations, la loi du 10 juillet 1936 sur les groupes de combat et milices privées sont d'un maniement difficile. Les sectes

---

263. Ce service est facultatif. CE, 20 mars 2013, *Association végétarienne de France, AJDA* 2013.1427. Le Conseil d'État a estimé que la liberté de religion n'exige pas la fourniture de nourriture halal à un musulman, car cela soulève d'importantes difficultés pratiques et des surcoûts élevés. En outre, c'est contraire au principe de laïcité. *Contra* CEDH, 7 décembre 2010, *Jakobski c/ Pologne, RSC,* 2011.222, obs. J.-P. Marguénaud, note N. Herveu.

264. CE, 26 octobre 2001, *Senanayake, Rec.* p. 514.

265. Circulaire du 19 février 2008, *Police des lieux de sépulture* (NOR : INTA0800038C). Voir aussi circulaires n° 91-30 du 14 février 1991 et n° 75-603 du 28 novembre 1975. K. Kmonk, « Les "carrés confessionnels" : requiem pour la neutralité des cimetières publics », réf.

266. http://www.senat.fr/dossier-legislatif/ppl16-170.html. Le baptême civil ou républicain existe depuis longtemps. Mais il n'a aucun caractère légal et n'est qu'une pratique. Les officiers d'état civil ne sont pas tenus de le célébrer.

267. Il s'agit de l'engagement bénévole de prendre en charge l'entretien, l'éducation et la protection de l'enfant comme le ferait un père pour son enfant. Cass. civ. 1re, 15 décembre 2010, *D.* 2011.160 ; CE, 30 mars 2011 et 19 avril 2011, *D.* 2011.1997, chr. P. Bonfils et A. Gouttenoire. Ce refus a été accepté par la CEDH (CEDH, 4 octobre 2012, *Harroudj c/ France,* req. n° 43631/09, *RDP* 2013.749, chr. F. Sudre et C. Picheral). La loi du 6 février 2001 relative à l'adoption internationale en tient cependant compte. Cf. QE n° 63 222 *P. Braouezec au Min. des solidarités, de la santé et de la famille, JO AN* 18 juillet 2006, p. 7621.

268. J. Guyard, *Les sectes en France, JO* Doc. AN, 1996, n° 2468 ; CE, 14 mai 1982, *Association internationale pour la conscience de Krishna, D.* 1982.516, note Debouy et P. Boinot ; P. Boinot, « Sectes religieuses et droit pénal », *RSC* 1983.409 ; J.-B. D'Onorio, « Les sectes en droit public français », *JCP* 1988 I 3336 ; J. Duffar, « La secte religieuse », *Mél. Mourgeon,* Bruylant, 1998, p. 409.

sont souvent dans une situation plus favorable avec les articles 1 à 9 de la loi de 1901 qu'avec les articles 15 et suivants de la même loi ou la loi de 1905. C'est souvent le droit fiscal qui se révèle le plus efficace...

4.97 ▸ Aucune définition juridique des sectes n'est possible[269] et la loi du 12 juin 2001 ne l'a pas fait. Comme l'écrit J. Robert, « une religion est une secte qui a réussi ». Le Conseil d'État a pourtant été amené à se prononcer en cas de refus de reconnaissance de statut d'association cultuelle[270]. De son côté, la Cour de cassation a considéré que l'Église de scientologie n'était pas une religion[271]. Le rapport de la commission parlementaire rendu public le 10 janvier 1996 refuse aussi bien la répression que le libéralisme préférant une application plus rigoureuse des textes, une législation spécifique risquant de mettre en péril certaines libertés comme la liberté de religion, mais aussi la liberté de réunion ou la liberté d'association. C'est pourtant ce qui a été tenté avec la loi du 12 juin 2001 « tendant à renforcer la prévention et la répression des mouvements sectaires portant atteinte aux droits de l'homme et aux libertés fondamentales » qui sanctionne les activités maintenant ou exploitant « la sujétion psychologique ou physique des personnes ». On avait envisagé d'abord un délit de « manipulation mentale » aux contours difficiles à cerner. Une mise en œuvre sans faille du droit pénal ou du droit fiscal doit être efficace[272]. Le Conseil d'État a pu faire preuve de souplesse[273] et récemment considérer que les réunions des Témoins de Jéhovah avaient le caractère de manifestations cultuelles[274] puis leur reconnaître le caractère d'association cultuelle[275]. Mais les activités des mouvements dits sectaires font l'objet des travaux et notamment des rapports annuels de la Mission interministérielle de vigilance et de lutte contre les dérives sectaires (MIVILUDES) créée en 2002[276]. Les autorités ayant refusé la désignation d'aumôniers témoins de Jéhovah dans les prisons, des recours ont été formés et satisfaction a été donnée[277]. Depuis 1997, six cultes sont autorisés (catholique, musulman, protestant, juif, orthodoxe et bouddhiste)[278].

---

269. Nîmes, 10 juin 1967, *D.* 1969.366, note J. Carbonnier ; CE, 14 mai 1981, *Association internationale pour la conscience de Krishna*, préc.

270. CE, 6 juin 1986, *3e Église du Christ scientiste, D.* 1986, IR, 290 ; cf. aussi CE, 17 juin 1988, *Union des athées, AJDA* 1988.6, 12, chr. Azibert et de Boisdeffre ; CE, 1er février 1985, *Association témoins de Jéhovah*, précité.

271. Cass. crim., 30 juin 1999.

272. Ainsi l'Église de Scientologie a été condamnée pour escroquerie en bande organisée, Cass. crim., 16 octobre 2013, *D.* 2013.2399 et *D.* 2014.41, note F. Dieu.

273. Avis du 24 octobre 1997, *Association locale pour le culte des témoins de Jéhovah de Riom, RFDA* 1998.69.

274. CE, 13 janvier 1993, *Min. du Budget c/ Congrégation chrétienne des témoins de Jéhovah du Puy, Rec.* p. 10 ; *LPA*, 7 mai 1993, p. 14 s., note I. Rouvière-Perrier.

275. CE, 23 juin 2000, *Min. Éco... c/ Association locale...*, précité.

276. Le dernier rapport 2011-2012 met l'accent sur les « dérives thérapeutiques ». Le prochain examinera la question de l'Internet., http://www.derives-sectes.gouv.fr/sites/default/files/publications/francais/rapport_annuel_2011_miviludes. pdf.

277. CAA Paris, 27 juin 2011, *garde des Sceaux, ministre de la Justice c/ Association cultuelle des témoins de Jéhovah en France, AJDA* 2011.212, note M. Sirinelli et CAA Paris, 30 mai 2011, *M. Salvatore, AJDA* 2011.2185 note P. Vidal. Peu importe le nombre de fidèles. CE, 16 octobre 2013, *garde des Sceaux c/ M. Fuentes et autres, AJDA* 2013.2007, obs. M.-C. de Montecler et 2386, concl. D. Hedory ; *D* 2013.2469 et 2014.41, note F. Dieu.

278. On compte 200 aumôniers catholiques salariés à plein-temps par l'administration pénitentiaire, une soixantaine de musulmans, environ 80 protestants et une quarantaine de juifs. Des bouddhistes devraient être désignés en 2012 (*Le Monde*, 8-9 janvier 2012).

2) Manifestations extérieures

4.98 ❯ Les manifestations extérieures de l'islam devenu la deuxième religion française[279] ont suscité des polémiques.

On pouvait penser que les manifestations extérieures des opinions religieuses relevaient de l'archaïsme. Il en est sans doute ainsi en ce qui concerne la question des processions, des sonneries de cloches – encore que les « rurbains » ravivent le contentieux –[280], des enterrements ou du port du viatique. Le régime des processions s'inspire de celui des manifestations et cortèges et la loi de 1905, à cet effet, renvoie à la loi du 5 avril 1884. Ce régime a été fixé dans l'arrêt *Abbé Olivier*[281] repris par le décret-loi du 23 octobre 1935. La distinction est faite entre les manifestations traditionnelles pour lesquelles aucune déclaration préalable n'est nécessaire, l'interdiction ne pouvant être prononcée qu'en cas de menace grave à l'ordre public, et pour les manifestations non traditionnelles pour lesquelles une déclaration préalable est nécessaire, où l'interdiction sera beaucoup plus facile[282]. Les sonneries de cloches sont réglementées par le maire[283], et en cas de désaccord, par le préfet. La jurisprudence s'est toujours montrée très libérale en la matière.

4.99 ❯ Les religions imposent souvent une absence de travail certains jours. De façon assez stricte, il en est ainsi le samedi pour le judaïsme, mais aussi le dimanche pour les chrétiens et le vendredi pour les musulmans. Le problème s'est posé en ce qui concerne l'ouverture de certains commerces le dimanche. La question de jours fériés pour certaines fêtes religieuses a pu être posée[284]. La loi Macron a essayé d'y répondre pour l'outre-mer.

L'idée est celle d'une conciliation entre liberté de religion et bon fonctionnement des services[285].

La question de l'ouverture de certains commerces le dimanche n'a pas été placée en France sous l'angle religieux et a connu un regain d'actualité avec la loi du 6 août 2015 pour la croissance, l'activité et l'égalité des chances économiques (loi Macron) sans avoir cependant été examinée par le Conseil constitutionnel sous l'angle religieux[286]. En revanche elle l'a été en Allemagne avec une attitude assez favorable à la liberté religieuse.

279. B. Étienne, *La France et l'Islam*, Hachette Littérature, 1997.

280. B. Basdevant-Gaudemet, « Le statut juridique de l'Islam en France », *RDP* 1996.355.V. sur les sonneries de cloches en Alsace-Moselle, qui supposent l'autorisation du maire sauf pour l'appel au service religieux, CAA Nancy, 5 décembre 2011, *Ép. Leclercq c/ Commune de Sainte-Ruffine*, *AJDA* 2012.813, note M. Wiemasz.

281. 19 février 1909, *Abbé Olivier*, GAJA, n° 19.

282. CE, 3 décembre 1954, *Rastouil, évêque de Limoges*, *Rec.* 639, à propos des ostensions, le Conseil d'État annulant l'arrêté d'interdiction du maire de Limoges.

283. CE, 14 octobre 2015, *Commune de Boissettes*, *AJDA* 2015.1954, à propos de l'usage local civil des cloches qui n'a pas à être antérieur à 1905.

284. Cf. TA Amiens, 30 novembre 2010, *Claude Debaye* (n° 0803521)1 ; TA Limoges, 24 décembre 2009, *M. Geirnaert et autres c/ Département de la Haute-Vienne*, *AJDA* 2010.738, concl. J. Charret. Voir aussi TA Rennes, 30 décembre 2009, *M. Le Beherec*, *AJDA* 2010.637 ou TA Bordeaux, 15 décembre 2009, *M. Henri Solana*, *AJDA* 2010.461.

285. CAA Paris, 16 octobre 2008, *M. Levy et autres*, *AJDA* 2009.35 note B. Bachini et CE, 23 décembre 2011, *M. Halfon et autres*, *AJDA* 2012.5 et 833, note Cl. Marciac ; *RDP* 2012.506, chr. H. Pauliat.

286. Cons. const., 2015-715 DC, 5 août 2015, Loi pour la croissance, l'activité et l'égalité des chances économiques. Cf. aussi Cons. const., 2014-374 QPC, 4 avril 2014, *Société Sephora*.

4.100 ▸ La question a été posée par l'islam à propos du port pour les jeunes filles du *hidjab*, improprement appelé foulard ou voile islamique, essentiellement à l'intérieur des établissements scolaires. Cette question a revêtu une brusque acuité à l'occasion d'incidents survenus au collège de Creil (Oise) en 1989 lorsque trois jeunes filles avec le *hidjab* se virent interdire l'accès aux salles de cours. Le ministre de l'Éducation nationale décida alors de consulter le Conseil d'État.

Dans les années 1930, on s'était beaucoup plus intéressé aux insignes politiques.

L'avis du Conseil d'État du 27 novembre 1989 dispose que « le port par les élèves de signes par lesquels ils entendent manifester leur appartenance à une religion, n'est pas, par lui-même incompatible avec le principe de laïcité ». Cette précision était nécessaire car il eut fallu exclure les élèves chrétiens portant la croix ou les élèves israélites portant l'étoile de David. Mais « cela ne saurait permettre aux élèves d'arborer des signes d'appartenance religieuse qui par leur nature, par les conditions dans lesquelles ils seraient portés individuellement ou collectivement, ou par leur caractère ostentatoire ou revendicatif constitueraient un acte de pression, de provocation, de prosélytisme ou de propagande, porteraient atteinte à la dignité ou à la liberté de l'élève ou d'autres membres de la communauté éducative, compromettraient leur santé ou leur sécurité, perturberaient le déroulement des activités d'enseignement ». Cet avis fut repris dans une circulaire du ministre de l'Éducation nationale du 12 décembre 1989[287]. Dans l'arrêt *Yilmaz*[288], le Conseil d'État affirme que « le principe de laïcité de l'enseignement public impose que l'enseignement soit dispensé dans le respect, d'une part de cette neutralité par les programmes et par les enseignants et, d'autre part de la liberté de conscience des élèves ». Cela interdit toute discrimination religieuse. En conséquence, les élèves ont le droit « d'exprimer et de manifester leurs croyances religieuses à l'intérieur des établissements scolaires, dans le respect du pluralisme et de la liberté d'autrui et sans qu'il soit porté atteinte aux activités d'enseignement, au contenu des programmes et à l'obligation d'assiduité ». Le port par des élèves de signes par lesquels ils entendent manifester leur appartenance à une religion n'est pas incompatible avec le principe de laïcité, mais il ne faut pas qu'il constitue un acte de pression, de provocation, de prosélytisme ou de propagande. Si un règlement trop général peut être censuré[289], certaines exclusions d'élèves peuvent être légales[290].

---

287. Cf. Avis du Conseil d'État du 27 novembre 1989, *Port de signes religieux, RFDA* 1990.1 ; *RF sc. pol.* 1991.28, chr. J. William ; *Rev. adm.* 1990.32, chr. J. Minot ; Circulaire du 12 décembre 1989, *RFDA* 1990.10 chr. Durand-Prinborgne ; CE, 2 novembre 1992, *Kherouaa, RDP* 1993 220, note P. Sabourin ; *LPA*, 24 mai 1993, note G. Lebreton ; *JCP* 1993 I 21998, note P. Tedeschi ; *AJDA* 2014.104, chr. A. Lallet et E. Geffray (le Conseil d'État annule en raison de la généralité des termes, le règlement intérieur du collège de Montfermeil qui disposait que « le port de tout signe distinctif, vestimentaire ou autre, d'ordre religieux, politique ou philosophique est strictement interdit ») ; Circulaire Bayrou du 20 septembre 1994.

288. CE, 14 mars 1994, *Yilmaz, RDP* 1995.221 note de Lajartre ; *LPA* 1995, n° 26 p. 23, note Flauss.

289. Cf. aussi CE, 10 mars 1995, *M. et Mme Aoukili, AJDA* 1995.332, concl. Y. Aguila ; CE, 10 juillet 1995, *Min. Éd. Nat. c/ Saglamer, AJDA* 1995.644, concl. R. Schwartz).

290. CE, 10 mars 1995, *M. et Mme Aoukili* ; CE, 20 octobre 1999, *Min. Éd. Nat. c/ M. et Mme Ait Ahmad, D.* 2000.251, concl. Schwartz ; *JCP* 2000 II 10306, note G. Koubi ; *AJDA* 2000.165, note De La Morena.

La question a été résolue, en revanche, de façon absolue pour les enseignants par la prohibition, que les fonctions soient ou non d'enseignement[291].

Une commission de réflexion, présidée par Bernard Stasi, alors Médiateur de la République, dans son rapport rendu le 11 décembre 2003, a formulé de nombreuses propositions intéressant non seulement l'éducation nationale, mais aussi les hôpitaux ou les entreprises. On s'est contenté de la Charte de la personne hospitalisée pour les hôpitaux dont le point 8 pose les principes pour les patients.

La loi du 15 mars 2004[292] « encadrant, en application du principe de laïcité, le port de signes ou de tenues manifestant une appartenance religieuse dans les écoles, collèges et lycées publics » a concrétisé ces propositions dans les établissements d'enseignement (art. L. 141-5-1, Code de l'éducation). Le Conseil d'État a considéré que la circulaire du 18 mai 2004 en application de cette loi ne méconnaît pas l'article 9 de la Convention EDH[293]. Il semble que depuis l'adoption de cette loi qui, juridiquement, n'était pas nécessaire, les tensions se soient réduites[294]. Une autre Charte de la laïcité a été annexée à une circulaire du ministre de l'Éducation nationale du 6 septembre 2013[295]. Les contournements de l'interdiction par le port d'un bandana, du keshi (sous-turban sikh) ou tout autre couvre-chef ont également été sanctionnés[296].

Certains ont proposé l'extension à l'enseignement supérieur, lui refusant « un statut d'exterritorialité »[297]. Des problèmes ont pu apparaître avec la prière dans les établissements d'enseignement supérieur. Ainsi, le CNESER a censuré la décision de l'université de Lille-I qui avait sanctionné d'un avertissement une étudiante qui priait dans les toilettes[298].

Mais l'interdiction de tout couvre-chef « dans tout l'établissement et non seulement à l'intérieur des bâtiments scolaires » a pu être considérée comme excessive et donc illégale[299]. En outre, la pratique a autorisé les candidates voilées à passer le baccalauréat, celles-ci l'ayant souvent préparé par correspondance. On s'est interrogé récemment à propos des parents accompagnant les sorties scolaires[300] voire

291. CE, avis, 3 mai 2000, *Mme Marteaux*, précité.

292. Cf. G. Koubi, « Une précision tenue pour insigne. À propos de la loi n° 2004-228 du 15 mars 2004 », *JCP* 2004, I, 1213.

293. CE, 8 octobre 2004, *Union française pour la cohésion sociale, AJDA* 2004.1901.

294. Voir quelques exemples d'application *in* CE, 5 décembre 2007, *Singh* et CE, 5 décembre 2007, *M. et Mme Ghazal, AJDA* 2007.2341, chr. J.-M. Pasti ; *RFDA* 2007.1054, chr. J. Andriantsimbazovina ; CE, 15 décembre 2006, *Association United Sikhs, AJDA* 2007.313, concl. T. Olson.

295. M. Debène, « La Charte de la laïcité à l'école, outil de refondation de l'école de la République », *AJDA* 2013.2480.

296. CE, 5 décembre 2007, *M. et Mme Ghazal, M. Singh et autres* (2e esp.), *RFDA* 2008.529, concl. R. Keller ; par exemple en novembre 2010 à Tournefeuille pour une enseignante.

297. Rapport du Haut Conseil à l'intégration. Cf. *Le Monde*, 6 août 2013. Mais l'Observatoire de la laïcité n'a pas repris cette proposition et la Conférence des présidents d'universités a manifesté son hostilité à cette extension. Cf. proposition de loi Éric Ciotti visant à étendre le principe de laïcité aux établissements publics d'enseignement supérieur, Doc. AN 2015, n° 2595.

298. *AJDA* 2017. 1. Nul doute qu'un contentieux se développera sur ce point.

299. Nancy, 10 juin 2010, *Mlle Akremi, AJDA* 2010.1790.

300. Dans une étude demandée par le Défenseur des droits et publiée le 19 décembre 2013, le Conseil d'État a considéré qu'il n'y avait pas de 3e catégorie de collaborateurs et s'est contenté de dire que l'autorité peut « recommander de s'abstenir de manifester leur appartenance ou leurs croyances religieuses ». C'est une formule bien peu opérationnelle. TA Nice, 9 juin 2015, *Mme D., AJDA* 2015.1125 et 1933, note Cl. Brille-Delajoux

accompagnant leurs enfants à l'école[301]. Un tribunal administratif a jugé conforme l'exclusion de parents manifestant par leur tenue ou leurs propos « leurs convictions religieuses, politiques ou philosophiques »[302] mais un autre s'est prononcé en sens contraire. Alors qu'avait été envisagée une loi pour les établissements hospitaliers, la question n'a fait l'objet que d'une circulaire en date du 2 février 2005. Une circulaire du Premier ministre du 13 avril 2007 a rappelé les grands principes dans une Charte de la laïcité dans les services publics, nullement novatrice.

Le débat a atteint les entreprises[303]. La cour d'appel de Paris a condamné le 8 juin 2010 un centre de formation des apprentis qui avait exclu une apprentie au motif qu'elle portait le foulard, jugeant la décision « discriminatoire » car n'ayant pas démontré que l'apprentie « portait son voile de façon ostentatoire et dans un but de prosélytisme ». Le licenciement d'une salariée d'une crèche Baby Loup a eu plus de portée médiatique. La HALDE avait considéré son caractère discriminatoire, considérant que le principe de neutralité ne s'applique pas à Baby Loup, structure privée qui ne remplit pas un « service public »[304]. Le conseil des prud'hommes de Mantes-la-Jolie, le 13 décembre 2010, a approuvé le licenciement[305], le jugement ayant été confirmé en appel[306]. Mais la Chambre sociale de la Cour de cassation, le 19 mars 2013, a cassé l'arrêt jugeant le licenciement discriminatoire. Elle a dit que « le principe de laïcité [...] n'est pas applicable aux salariés des employeurs de droit privé qui ne gèrent pas un service public », la Cour affirmant que ceci s'applique « en dépit de la mission d'intérêt général » de la salariée. Les restrictions à la liberté religieuse ne peuvent être justifiées que « par la nature de la tâche à accomplir », qu'elles doivent être « proportionnelles au but recherché » et qu'elles doivent « répondre à une exigence professionnelle essentielle et déterminante ». Suite à l'arrêt de la cour de Paris confirmant les premières décisions, l'Assemblée plénière a dû se prononcer[307] et a approuvé le fait que l'association avait pu restreindre par son règlement la liberté pour les salariés de manifester leur religion. Cette liberté existe et l'exception doit être justifiée et proportionnée ce qui était le cas ici compte tenu du caractère de la crèche. La loi du 8 août 2016 vise à donner une base légale

---

annulant un refus d'accompagnement ; *contra* TA Montreuil, 22 novembre 2011, *AJDA* 2012.163, note S. Hennette-Vauchez.

301. TGI Tarbes, 23 décembre 2014, *D.* 2015.274 et note crit. H. Fulchiron et M. Philip-Gay à propos de l'interdiction d'accès à l'école catholique à une mère refusant d'enlever son foulard.

302. TA Montreuil, 22 novembre 2011, *Mme O.*, *AJDA* 2011.2319 et 2012.163 note St. Hennette-Vauchez et 1388, note D. Vergely ; *D.* 2012.72. TA Nice, 9 juin 2015, *Mme D.*, précité.

303. Ph. Waquet, « L'Entreprise et les convictions religieuses », *in* Th. Massis et Chr. Pettiti, *La liberté religieuse et la convention européenne des droits de l'homme*, Bruylant, Bruxelles, 2004, p. 69 s.

304. *La Croix*, 10 juin 2010 ; *Le Monde*, 22 octobre 2010 ; Cass. soc., 19 mars 2013, n° 11-28845, *D.* 2013.963, note J. Mouly ; 1028, chr. P. Lokiec et J. Porta.

305. Cons. prud. Mantes-la-Jolie, 13 décembre 2010, *D.* 2011.85. Une proposition de loi a été adoptée par le Sénat le 17 janvier 2012 étendant l'obligation de neutralité à certaines personnes ou structures privées en charge de la petite enfance.

306. Versailles, 27 octobre 2012, *D.* 2012.904, obs. J. Porta ; *D.* 2012.1076, chron. V. Lasserre ; *RDP* 2012.1585, note Cl. Brice-Delajoux.

307. Cass. Ass. plén., 25 juin 2014, *AJDA* 2014.1293 et 1842, note S. Mouton et T. Lamarche ; *D.* 2014.1386 et 1536 ; *AJCT* 2014.337 et 511, obs. F. de La Morena ; *Dr. soc.* 2014.811, obs. J. Mouly ; *RTD civ.* 620, obs. J. Hauser ; *RFDA* 2014.954, note P. Delvolvé. La Cour a dénié à l'entreprise le caractère d'« entreprise de conviction ou de tendance ». Mais une proposition de loi est en discussion actuellement pour étendre l'obligation de neutralité à certaines personnes ou associations privées accueillant des mineurs.

plus forte à l'interdiction du foulard dans ces lieux mais elle a ravivé les débats sur la laïcité. L'article L. 1321-2-1 pose que « le règlement intérieur peut contenir des dispositions inscrivant le principe de neutralité et restreignant la manifestation des convictions des salariés si ces restrictions sont justifiées par l'exercice d'autres libertés et droits fondamentaux ou par les nécessités du bon fonctionnement de l'entreprise et si elles sont proportionnées au but recherché ». De façon plus générale, l'entreprise tente de s'adapter à la liberté religieuse[308]. Quelques principes restreignent la manifestation de convictions religieuses, certains « protègent l'individu (sécurité, hygiène, prosélytisme) », d'autres « la bonne marche de l'entreprise »[309]. La question a eu une réponse de la CJUE suite à une question préjudicielle pour une entreprise ordinaire[310]. La CJUE a donné une réponse nuancée, mais n'a pas interdit toute prohibition de signes religieux à condition qu'il n'y ait pas de discrimination entre les religions[311].

La question du voile islamique a sans doute pris une autre dimension avec le port par certaines femmes de la *burqa* ou du *niqab* (voile intégral) et non plus seulement du *hidjab*, et ce sur l'espace public. Mais la liberté vestimentaire ne saurait être absolue. Ainsi le « barefooting », qui *a priori* n'a pas de connotation religieuse, a pu être interdit[312].

D'ores et déjà, cette « pratique radicale » d'une religion, a été considérée comme une « situation d'inassimilation par rapport à l'ensemble national français » et a justifié un refus de naturalisation[313].

Le débat a été relancé dans un contexte particulièrement polémique afin d'interdire la dissimulation du visage dans l'espace public[314]. La question n'était pourtant pas nouvelle, suite à des manifestations sur la voie publique qui avaient pu conduire à un décret dit « anti-cagoules »[315]. Suite au rapport d'une mission d'information parlementaire le 26 janvier 2010, diverses propositions ont été faites en utilisant la technique de la résolution et en suggérant une interdiction du port de ce vêtement dans les services publics, l'interdiction sur l'espace public étant susceptible de difficultés constitutionnelles.

Une polémique est apparue avec ce qu'on a appelé le burkini, c'est-à-dire un costume de bain couvrant le torse, les membres et la tête mais ne masquant pas le visage. Pendant l'été 2016, certains maires de la Côte d'Azur ainsi que celui du Touquet ont pris un arrêté municipal visant le burkini sans utiliser le mot. Suite à des

308. Le ministère du Travail, de l'Emploi, de la Formation professionnelle et du Dialogue social a publié un guide du fait religieux dans l'entreprise le 7 novembre 2016 avec 39 cas pratiques. http://travail-emploi.gouv.fr/droit-du-travail/relations-au-travail/pouvoir-de-direction/guide-du fait-religieux-dans-les-entreprises

309. *Le Monde*, 6 août 2013.

310. Cass. soc., 9 avril 2015, n° 13-19855, *D.* 2015.870 et 1132.

311. CJUE, gr. ch., 14 mars 2017, C 157/15, *Samira Achbita et Centrum voor gelijkheid van kansen en voor racismebestrijding c/G4S Secure Solutions NV* et CJUE, gr. ch., 14 mars 2017, C 188/15, *Asma Bougnaoui, Association de défense des droits de l'homme (ADDH) c/Micropole SA.*

312. TA Besançon, 14 avril 2016, *M. Lechantre*, *AJDA* 2016.1349, concl. I. Marion.

313. CE, 27 juin 2008, *Mme Faïza X.*, *D.* 2009.347, note Ch. Vallar ; *LPA* 2009, n° 35, p. 11, note B. Pacteau.

314. R. Hanicotte, « Visage caché, œil policier... », *AJDA* 2010.417.

315. D. n° 2009-724 du 19 juin 2009. *D.* 2009.2225, chr. F. Defferrard ; CE, 23 février 2011, *Syndicat national des enseignants du second degré et autres, AJDA* 2011.416.

décisions du tribunal administratif de Nice qui avait refusé de sanctionner l'arrêté, le Conseil d'État a considéré que ces arrêtés portent une « atteinte grave et manifestement illégale à la liberté d'aller et venir, à la liberté de conscience et à la liberté personnelle ». Le Conseil d'État considère que le burkini ne portait pas atteinte à l'ordre public. Il n'y avait pas de risques avérés d'atteinte à l'ordre public. En réalité, il y avait derrière ces arrêtés des motivations hostiles à l'islam[316].

Un autre débat est intervenu à propos des crèches de Noël et de jurisprudences divergentes de tribunaux administratifs[317]. La difficulté est que la crèche peut revêtir plusieurs sens. Elle peut avoir un caractère religieux précis, mais elle peut aussi être une tradition culturelle comme le sapin de Noël, voire le Père Noël, mais le juge ne s'est pas prononcé sur la croyance au Père Noël... La solution dégagée par le Conseil d'État distingue entre les bâtiments publics où le principe de neutralité doit s'appliquer et où les crèches doivent être interdites sauf s'il y a un projet culturel précis ou des circonstances particulières comme une tradition ancienne, solution sur cette exception inspirée des processions, et les autres emplacements publics où la crèche est possible sauf si elle apparaît comme un acte de prosélytisme ou de « revendication d'une opinion religieuse ». Didier Maus résume cela avec finesse. Dans les bâtiments publics, « Non, sauf... », dans les espaces publics, « Oui, sauf... »[318].

La résolution « sur l'attachement au respect des valeurs républicaines face au développement de pratiques radicales qui y portent atteinte » adoptée à l'unanimité le 11 mai 2010 a posé que « les pratiques radicales attentatoires à la dignité et à l'égalité entre les hommes et les femmes, parmi lesquelles le port d'un voile intégral, sont contraires aux valeurs de la République ». Le Conseil d'État[319] avait fait preuve de prudence, estimant qu'il était difficile de justifier une interdiction générale dans l'espace public en raison des risques d'atteinte aux droits fondamentaux, et de l'expliquer par l'idée de laïcité, de protection de la dignité humaine ou d'égalité entre hommes et femmes. Dans l'hypothèse d'une loi, outre les sanctions pénales, il avait suggéré une « injonction de médiation sociale ». La loi du 11 octobre 2010[320] interdit « dans l'espace public [de] porter une tenue destinée à dissimuler son visage », l'espace public étant défini comme « constitué des voies publiques ainsi

---

316. CE, Réf., 26 août 2016, *Ligue des droits de l'Homme et autres et Association de défense des droits de l'Homme Collectif contre l'islamophobie en France, RFDA* 2016.1227, note P. Bon ; *AJDA* 2016.1599 et 2122, note P. Gervier, *D.* 2016.1697, obs. Ph. Jestaz et 1704 ; *AJCT*, 2016.508, obs. G. Le Chatelier.

317. TA Nantes, 14 novembre 2014, *Fédération de Vendée de la Libre pensée*, mais annulé par la CAA Nantes, 12 octobre 2015, *Département de la Vendée, AJDA* 2015.2390, note A. de Dieuleveult ; TA Montpellier, 16 juillet 2015, *M.G. et Ligue des Droits de l'Homme, AJDA* 2015.1446, admettant la crèche de la mairie de Béziers ; CAA Paris, 8 octobre 2015, *Fédération des Libres penseurs de Seine-et-Marne, AJDA* 2015.2390.

318. CE, 9 novembre 2016, *Commune de Melun c/Fédération des Libre-penseurs de la Seine-et-Marne, D.* 2016.2341 et 2 456, chron. D. Maus ; *AJDA* 2016.2135, obs. M.-C. de Montecler et 2375 ; CE, 9 novembre 2016, *Fédération de la libre-pensée de Vendée, AJDA* 2016.2135 obs. M.-C. de Montecler et 2375 ; *D.* 2016.2456, chr. D. Maus. Le TA. de Lille a été le premier à faire application de cette jurisprudence en interdisant la crèche dans la maire d'Hénin-Beaumont car il n'y avait pas de tradition locale. *AJDA* 2016.2348, obs. M.-C. de Montecler.

319. CE, Avis 25 mars 2010, *RFDA* 2010.467, note D. De Bechillon ; R. Hanicotte, « Belphégor ou le fantôme du Palais-Royal, l'avis du Conseil d'État sur le voile intégral », *JCA* 2010, n° 16, p. 45 ; *AJDA* 2010.644 ; D. Hedary, « Dissimulation du visage et liberté religieuse », *AJDA* 2012.19.

320. Adoptée par les députés par 335 voix contre 1 et 3 abstentions, mais les socialistes et la gauche démocratique et républicaine avec quelques exceptions comme André Gérin, n'avaient pas pris part au vote.

que des lieux ouverts au public ou affectés à un service public ». La sanction est une amende et/ou l'obligation d'accomplir un stage de citoyenneté, la peine étant plus lourde pour celui qui aura incité à cette dissimulation. Mais il y a des exceptions possibles notamment pour des raisons de santé, des motifs professionnels ou bien encore dans le cadre de pratiques sportives, de fêtes ou de manifestations artistiques ou traditionnelles. Carnaval pas mort ! La circulaire du 2 mars 2011 excepte les « processions religieuses » dès lors qu'elles présentent un caractère traditionnel ». Perpignan respire[321]. Le Conseil constitutionnel, saisi de façon très inhabituelle par les présidents des deux assemblées, a jugé la loi conforme à la Constitution[322] considérant que les dispositions assurent « une conciliation qui n'est pas manifestement disproportionnée » entre « la sauvegarde de l'ordre public et la garantie des droits constitutionnellement protégés ». Cependant la prohibition totale ne saurait jouer dans les lieux de culte ouverts au public, sauf à porter une « atteinte excessive » à l'article 10 de la DDHC. La Cour de cassation a retenu la conventionalité de l'interdiction par rapport à l'article 9 Conv. EDH[323].

On notera que l'interdiction de signes extérieurs a été admise pour la carte nationale d'identité ou le passeport[324].

4.101 › En Allemagne a été posée la question de la circoncision. Un tribunal de Cologne, le 7 mai 2012, a jugé que le consentement des parents ne pouvait porter atteinte au respect de l'intégrité physique de l'enfant et avait un aspect irréversible[325]. En France, une cour d'appel a pu préciser que l'acte supposait l'accord des deux parents et le consentement de l'enfant[326].

E - LIBERTÉ RELIGIEUSE ET CONVENTION EUROPÉENNE DES DROITS DE L'HOMME[327]

4.102 › Dans l'affaire *Kokkinatis c/ Grèce*[328], la Cour a reconnu l'ambivalence de la liberté religieuse, à la fois conviction personnelle et liberté de manifester sa religion. Mais dans quatre arrêts du 15 janvier 2013 qui ont suscité des craintes de certaines confessions, elle a montré que la liberté religieuse n'était pas sans limite.

La liberté religieuse ne doit pas jouer contre l'Église elle-même. Celle-ci est libre de s'organiser comme elle l'entend[329] et l'État ne peut imposer des dirigeants à une communauté[330].

321. *JO* 3 mars 2011 ; D. Hedary, « Dissimulation du visage, service public et liberté religieuse », *AJDA* 2012.19.

322. Cons. const., 7 octobre 2010, 2010-613 DC, *Loi interdisant la dissimulation du visage*, *Rec.* p. 276.

323. Cass. crim., 5 mars 2013, n° 12-80891, *D.* 2013.710 ; Cass. crim., 9 décembre 2014, *Mme C...*, *D.* 2015.12.

324. CE, 2 juin 2003, *Mlle Aboutaher*.

325. Trib. Cologne, 7 mai 2012, *RFDA* 2013.843, note C. Grossholz ; *AJDA* 2012.1817, note C. Grossholz ; *D.* 2012.2044, chron. R. Libchaber, Circoncision, pluralisme et droits de l'homme.

326. Lyon, 25 juillet 2007, *RTD civ.* 2008.99, obs. J. Hauser (le garçon avait 11 ans).

327. Cf. R. Goy, « La garantie européenne de la liberté de religion », *RDP* 1991.53.

328. CEDH, 25 mai 1993, *Kokkinakis c/ Grèce*, Berger n° 208 ; Sudre n° 56.

329. CEDH, 26 octobre 2000, *Hassan et Tchaouch c/ Bulgarie*, Berger, n° 214.

330. En validant le licenciement d'un prêtre sécularisé, la Cour a affirmé de façon critiquable le principe « d'autonomie religieuse » (CEDH, 15 mai 2012, *Fernandez Martinez c/ Espagne*, req. n° 56030/07 ; *AJDA* 2012.1736, chron. L. Burgorgue-Larsen). De même, elle a validé le licenciement d'une éducatrice d'une garderie d'une

La liberté est aussi à l'intérieur de l'Église, mais la Cour a été très hésitante à propos de la liberté syndicale des prêtres orthodoxes[331].

La liberté religieuse c'est la liberté de ne pas être lié par des activités religieuses si on ne le veut pas. La Commission[332] a estimé dans l'affaire *Darby* que le paiement de taxes aux Églises constituait une violation de la Convention pour ceux qui n'en étaient pas membres. Mais le droit de ne pas payer la taxe sans quitter l'Église n'est pas garanti[333]. En effet, cette liberté existe dès lors que l'Église n'empêche pas ses membres de la quitter. On sait qu'il s'agit d'un point particulièrement épineux dans les organisations internationales avec les musulmans à propos des conventions internationales insistant sur ce droit. La Suède a dû modifier sa législation qui ne permettait pas de quitter l'Église luthérienne sans être membre d'une autre église chrétienne. La liberté de religion, c'est aussi la liberté de changer de religion ou d'abandonner toute religion et aussi la liberté de s'opposer à toute déclaration non volontaire des croyances religieuses[334].

4.103 ▸ Le modèle français de laïcité avait pu sembler le modèle européen[335] avec l'arrêt du 3 novembre 2009 relatif à la présence de crucifix dans les écoles italiennes. D'autres pays comme l'Espagne ou le Portugal craignaient d'être touchés par cette jurisprudence[336-337]. Mais la Grande Chambre a contredit l'arrêt de chambre sur les crucifix par 15 voix contre 2, considérant que le crucifix est un symbole « essentiellement passif », qui relève de « la marge d'appréciation de l'État »[338-339].

4.104 ▸ La liberté religieuse doit aussi être une liberté réelle. La Commission EDH a estimé que l'État devait subvenir aux besoins religieux des personnes, notamment dans le respect des impératifs alimentaires, sous réserve que cela ne soit pas excessif.

---

paroisse protestante au motif que membre de « l'Église Universelle », elle portait atteinte à ses obligations de loyauté (CEDH, 3 février 2011, *Siebenhaar c/ Allemagne, RDP* 2012.809, chr. G. Gonzalez).

331. Après avoir fait triompher la liberté syndicale (CEDH, 31 janvier 2012, *D.* 2012.901, obs. P. Lokiec et J. Porta), elle a fait triompher la liberté religieuse avec la Grande Chambre (CEDH, Gde Ch., 9 juillet 2013, *D.* 2013.1836).

332. *Darby c/ Suède*, R, 11581/85, 9 mai 1989.

333. La Cour en se fondant sur un autre terrain n'a pas eu à trancher la question, CEDH, 23 octobre 1990, *Darby c/ Suède*, série A, n° 187. L'origine étrangère d'un groupement ne peut justifier un refus, CEDH, 5 octobre 2005, *Branche de l'Armée du salut en Russie, AJDA* 2007.910, chr. J.-F. Flauss.

334. CEDH, 2 février 2010, *Sinan Isik c/ Turquie, AJDA* 2010.1002, chron. J.-F. Flauss.

335. F. Dieu, « Le principe de laïcité érigé en valeur de la Convention européenne des droits de l'homme », *RDP* 2010.749. Le Luxembourg est entré dans cette voie le 26 janvier 2015.

336. CEDH, *Mme Lautsi c/ Italie, AJDA* 2009.2034 et 2010.563, note Chr. Pauti et 1003 ; *RTDH* 2010, n° 82, p. 467, note G. Gonzalez ; *JCP Adm.*, 2010, n° 15, p. 42, note F. Dieu ; *Dr. adm.*, 2010, n° 1, p. 21, note Cl. Benelbaz ; *D.* 2009.2872, note P. Muzny ; *RDP* 2010.876, chr. F. Sudre *et al.*

337. F. Dieu, « Le principe de laïcité érigé en valeur de la CEDH », art. cit.

338. Les juges suisse et bulgare ont voté contre. CEDH, Grande Chambre, 12 mars 2011, *Lautsi c/ Italie*, req. n° 30814/06, *AJDA* 2011.506 et 594 ; *D.* 2011.9489 obs. O. Bachelet ; *D.* 24 mars 2011, édito. F. Rome ; *RTD civ.*, 2011.303, obs. J.-P. Marguénaud.

339. La liberté religieuse trouve ses limites pour les agents publics. La CEDH a considéré que le droit d'un agent public peut être restreint si ses convictions religieuses portent atteinte aux droits des usagers (CEDH, 15 janvier 2013, *Eweida et autres c/ Royaume-Uni*, req. n° 48420/10 à propos du licenciement d'un officier d'état civil ayant refusé de célébrer une union civile de couples homosexuels). La décision intéressera la France.

Sur le plan fiscal, la Cour a censuré la taxation des dons manuels reçus par les associations[340], rendant difficile la lutte contre les sectes.

4.105 ▸ La liberté religieuse implique qu'il y ait traitement égal des confessions[341]. Ainsi, dans une affaire de refus de droit de garde à une mère parce qu'elle était Témoin de Jéhovah et susceptible de s'opposer à des transfusions sanguines, la Cour[342] a estimé qu'il y avait discrimination car les Témoins de Jéhovah étaient légaux. S'il y a y eu récemment des infléchissements[343], la France a cependant été condamnée pour avoir utilisé l'arme fiscale contre des sectes[344]. La CEDH a stigmatisé la Norvège pour le déséquilibre au profit du protestantisme[345].

La Cour a admis qu'il puisse y avoir une information à l'égard des sectes, mais celle-ci doit utiliser un vocabulaire qu'on qualifiera de « politiquement correct » ou « religieusement correct »[346].

4.106 ▸ Enfin, s'agissant des signes extérieurs, l'article 9, § 2 a pu trouver application. La liberté religieuse est la possibilité de manifester ses convictions par le culte et les pratiques[347], mais la Cour a estimé qu'il était sans doute possible de limiter le droit de manifester sa religion ou ses convictions. « Là où plusieurs religions coexistent au sein d'une même population, il peut se révéler nécessaire d'assortir cette liberté de limitations propres à concilier les intérêts des divers groupes et d'assurer le respect des convictions de chacun » (Kokkinakis). Ainsi la Commission EDH[348] avait admis l'obligation de porter un casque pour les motocyclistes, ce que refusaient les Sikhs. La Cour EDH a accepté la possibilité d'obliger un adventiste à fréquenter l'école le samedi[349]. La Commission EDH avait même admis que les processions soient interdites sur la base de l'article 9, § 2 sans que les tribunaux aient la possibilité de contrôler la nécessité. Pour l'abattage rituel, il a été admis des limitations dès lors qu'elles poursuivent un but légitime et non disproportionné[350]. Enfin, l'État peut réprimer le prosélytisme abusif (Kokkinakis – Témoins de Jéhovah), mais où est la frontière ?

340. CEDH, 31 janvier 2013 (3 arrêts), *Ass. culturelle du Temple Pyramide c/ France*, n° 50471/07 ; *Église évangélique missionnaire et Salaün c/ France* n° 25 502/07 ; *Ass. des Chevaliers du Lotus d'or c/ France*, n° 50 615/07, *D.* 2013.365 ; *AJDA*.2013.1802, chr. L. Burgorgue-Larsen.

341. CEDH, 13 décembre 2001, *Église métropolitaine de Bessarabie et autres c/ Moldova*, Berger, n° 203.

342. CEDH, 23 juin 1993, *Hoffmannn c/ Autriche*, Berger, n° 166, *LPA*, 1993 n° 174, p. 20, note I. Rouvière-Perrier.

343. CEDH, 30 juin 2011, *Association Les témoins de Jéhovah c/ France*, ; req. n° 8916/05, *AJDA* 2011.2004, chr. L. Burgorgue-Larsen ; *D.* 2011.1820.

344. Le 31 janvier 2013, la France a été condamnée pour « violation de la liberté de conscience » pour avoir soumis à un redressement fiscal injustifié trois associations s'affirmant « cultuelles ». Mais une circulaire de 2010 a posé les règles avec précision. (CEDH, 31 janvier 2013, 3 arrêts, *Association des Chevaliers du Lotus d'Or c/ France*, req. n° 50615/07 ; *Association cultuelle du temple Pyramide c/ France*, req. n° 50471/07 et *Église évangélique missionnaire et Salaün c/ France*, req. n° 25502/07.

345. CEDH, Gde Ch., 29 juin 2007, *Folgero et autres c/ Norvège, AJDA* 2007.1926, chr. J.-F. Flauss.

346. CEDH, 6 novembre 2008, *Leela Förderkreis E.V. et al. c/ Allemagne.*

347. Comm. EDH, 5 mai 1979, *Church of Scientology c/ Suède.*

348. Commission, DR 12 juillet 1978, *X c/ Royaume-Uni.*

349. CEDH, 27 avril 1999, *Martins Casimiro et Cerveira Ferrera c/ Luxembourg*, req. n° 44888/98.

350. CEDH, 27 juin 2000, *Cha'are Shalom Ve Tsedek c/ France*, Berger, n° 212.

La question du « foulard » ou de la liberté vestimentaire n'a pas échappé au contentieux. La Cour en a admis l'interdiction pour une enseignante suisse[351] et a pris en compte la situation particulière en Turquie, admettant l'interdiction du port du « foulard » par une étudiante[352] ou une universitaire[353]. La Cour reconnaît une obligation de neutralité des agents publics à propos d'insignes religieux[354]. Pour la France, elle s'est fondée sur la préservation des conditions du « Vivre ensemble » et la marge d'appréciation des États, car elle correspond au « choix de société » de la France. En outre, l'interdiction n'est pas fondée sur la « connotation religieuse », mais sur le fait que les habits « dissimulent le visage »[355]. Il en a été de même pour la loi du 11 octobre 2010 interdisant la dissimulation du visage, jugeant que c'était une mesure « nécessaire à la protection des droits et libertés d'autrui » qui visait le « souci de répondre aux exigences minimales de la vie en société », afin de garantir « le vivre ensemble », ce qui est un fondement différent de la Cour de cassation qui visait la « protection de l'ordre et de la sécurité publics »[356].

S'agissant des élèves, la Cour, à propos du refus d'exempter des élèves musulmans des cours de natation mixte obligatoire, a considéré qu'une telle interdiction n'était pas contraire à l'article 9 de la CEDH faisant prévaloir l'obligation pour les enfants de suivre intégralement leur scolarité, la natation en faisant partie[357].

La situation a cependant évolué en Turquie avec les conservateurs d'Erdoğan. En 2010, la Cour a apporté des limites à propos de 127 personnes membres d'un groupe religieux qui avaient défilé à Ankara vêtues de la tenue caractéristique de leur groupe et avaient été condamnées par la Cour de Sûreté de l'État pour infraction à la loi sur le port du chapeau, à la réglementation du port de certains vêtements, notamment religieux, dans les lieux publics en dehors des cérémonies religieuses. La Cour, tout en reconnaissant l'importance de la laïcité en Turquie, estime cependant qu'il y a eu violation de l'article 9, car les requérants ne représentaient pas « une menace pour l'ordre public et n'avaient pas fait acte de prosélytisme en exerçant des pressions abusives lors de leur rassemblement »[358].

La compatibilité de la loi française du 15 mars 2004 avec la Convention a été admise par la Cour. En 2008[359], la CEDH a fait application de la jurisprudence *Sahin* et a

351. CEDH, 15 février 2001, *Dahlas c/ Suisse, RFDA* 2003.536.

352. CEDH, 29 juin 2004, *Leyla Sahin c/ Turquie*, Berger, n° 211, confirmé par la Grande Chambre le 15 novembre 2005. L'arrêt a été repris dans la décision du Conseil constitutionnel dans sa décision 2004-505 DC *Traité établissant une constitution pour l'Europe*, Cf. aussi CEDH, 1er juillet 1997, *Kalaç c/ Turquie*, Berger n° 210.

353. CEDH, 24 janvier 2006, *Kurtulmus c/ Turquie*, n° 66500/01.

354. CEDH, 26 novembre 2015, *Ebrahimian c/ France, RFDA*, 2016.761, chr. H. Labayle et F. Sudre. *AJDA* 2016.528, note J. Andriantsimbazovina.

355. CEDH, Gde Ch., 1er juillet 2014, *SAS c/ France, D.* 2014.1451 et 1701, note C. Chassang, *AJDA* 2014.1348, obs. M.-Ch. De Montecler, 1768, chr. L. Burgorgue-Larsen et 1866, note P. Gervier.

356. CEDH, Gde Ch., 1er juillet 2014, n° 43 835/11, *SAS c/France, RSC* 2014.626, obs. J.-P. Marguénaud ; cf. Cass. crim., 5 mars 2013, n° 12-82852, *D.* 2013.710 et 1778, chron. B. Laurent ; Cass. crim., 9 décembre 2014, n° 14-80873, *D.* 2015.121.

357. CEDH, 10 janvier 2017, *Osmano⊠lu et Kocabas c/Suisse* (no 29086/12), *D.* 2017.111.

358. CEDH, 24 février 2010, *Ahmet Arslan et autres c/ Turquie, JCP* 2010.952, note G. Gonzalez, *D.* 2010.682, note J.-P. Marguénaud ; *AJDA* 2010.3662 et 1002.

359. CEDH, 4 décembre 2008, *Dogru c/ France, AJDA* 2008.2311 ; CEDH, 4 décembre 2008, *Kervanci c/ France, RDP* 2009.916, obs. G. Gonzalez (pour des affaires antérieures à la loi de 2004) ; CEDH, 26 novembre 2015, n° 64846/11, *Ebrahimi c/France, AJDA* 2015.2292.

admis aussi bien la prohibition du hidjab que celle du sous-turban sikh[360]. Elle se refuse à accepter des solutions de substitution comme le port en permanence d'un bonnet[361].

Dans les affaires *Eweida et autres c/ Royaume-Uni*, la Cour a pu préciser sa position. Il s'agissait du port d'une croix. La Cour a traité différemment les deux cas. Elle a jugé que face à « une restriction de la liberté de religion sur le lieu de travail [il faut] mettre en balance [l'ensemble des intérêts en présence] pour déterminer si ladite restriction était proportionnée ». Dans l'affaire *Eweida* relative à une hôtesse de l'air, elle a condamné le Royaume-Uni. En revanche dans l'autre cas elle a débouté la requérante, infirmière, pour « protéger la santé et la sécurité des infirmières et des patients »[362].

4.107 › La liberté religieuse peut se heurter à la liberté d'expression comme dans l'affaire des caricatures de Mahomet[363]. Pour la Cour, la liberté d'expression l'emporte si elle ne porte pas atteinte au droit des croyants d'exprimer et de pratiquer leur religion ni ne dénigre leur foi[364]. La Cour admet la répression du blasphème car elle vise à fournir « une protection contre des attaques offensantes »[365]. Il y a une approche souvent extensive du blasphème[366]. Cette approche suscite des réserves après l'attaque contre *Charlie Hebdo*. Trente-trois pays dans le monde ont des lois punissant le blasphème, 20 l'apostasie ou 87 la diffamation de la religion.

§ 2 – LA LIBERTÉ D'EXPRESSION

4.108 › La liberté d'expression a pu se réaliser par la parole, et aussi par l'écrit. La presse a été au cœur des lois souvent avec un statut privilégié. Le XXe siècle a bouleversé cette situation avec le développement de nouveaux supports techniques.

Le régime de la presse a pu inspirer d'autres modes d'expression, mais il n'y a pas eu transposition pure et simple comme en matière d'audiovisuel et aujourd'hui à propos d'Internet.

4.109 › Mais au préalable, on peut s'interroger à propos de la langue utilisable. Le recul mondial de la langue française a conduit à remettre en cause un des aspects de la liberté : celui de la liberté de la langue d'expression. La question

360. CEDH, 30 juin 2009, *Mlle Tuba Aktas c/ France, AJDA* 2009.2077, note G. Gonzalez ; *JCP* Adm. 2009, n° 44, p. 24, note F. Dieu ; *RDP* 2010. 876, chr. F. Sudre *et al.*

361. On notera que le Comité des droits de l'homme de l'ONU a condamné la France pour l'exclusion d'un lycéen sikh demandant la révision de la loi de 2004 (Comité, 22 juillet 2011, *Ranjit Singh c/ France* infirmant CE, 5 décembre 2007, *Ranjit Singh)*.

362. CEDH, 15 janvier 2013, *Eweida et autres c/ Royaume-Uni*, n° 48420/10, 59842/10, 51671/10 et 36516/10, *AJDA*, 2013.1802, chr. L. Burgorgue-Larsen ; *D.* 2013.1026, obs. P. Lokiec et J. Porta ; *RDT* 2013.333, obs. F. Labrouze ; *Constitutions* 2013.564, obs. P.-L. Lutton et CEDH, 15 janvier 2013, *Chaplin c/ Royaume-Uni*.

363. TGI Paris, 22 mars 2007, *JCP* 2007, II, 10079, note E. Derieux ; *JCP* 2007, I, 146, chr. J.-Y. Maréchal ; *D.* 2007.9829 note F. Rome.

364. CEDH, 2 mai 2006, *Aydin Tutlav c/ Turquie* et 31 octobre 2006 *Klein c/ Slovaquie*.

365. CEDH, 13 septembre 2005, *I.A. c/ Turquie*.

366. Actuellement, 32 pays punissent le blasphème, 20 l'apostasie et 87 la diffamation de la religion.

présente un double aspect. Notre pays a manifesté une méfiance à l'égard des langues minoritaires ou régionales refusant de reconnaître toute minorité. Le Conseil constitutionnel évoque la question dans sa décision sur la Corse[367] et surtout dans celle sur la Charte européenne des langues régionales ou minoritaires considérée comme contraire à la Constitution où il rappelle l'exclusion du droit à utiliser une langue autre que le français pour les personnes morales de droit public, les personnes privées dans l'exercice d'une mission de service public, ainsi que pour les particuliers dans leurs relations avec les administrations et les services publics[368]. La ratification de cette Charte pose toujours problème suite à l'avis du Conseil d'État[369], car le Sénat s'est opposé au projet de révision constitutionnelle nécessaire. Mais en même temps se manifeste une volonté de protéger notre langue et d'en faciliter le rayonnement mondial. Après la loi du 31 décembre 1975 dite loi Pierre Bas et la révision constitutionnelle de 1992 affirmant que « la langue de la République est le français », la loi Toubon du 4 août 1994 a posé les principes[370]. Si elle vise les pouvoirs publics, elle s'intéresse aussi aux personnes privées[371]. Le Conseil constitutionnel[372] donne une extension à la liberté de communication : « le droit pour chacun de choisir les termes jugés par lui les mieux appropriés à l'expression de sa pensée ». Il a censuré l'article 7 de la loi, sur l'aide publique aux travaux d'enseignement et de recherche liée à des publications en langue française. Pour la première fois, le Conseil constitutionnel s'appuie sur l'article 11 de la Déclaration de 1789 et non sur le principe de l'indépendance des enseignants-chercheurs. Cependant, il reconnaît la possibilité d'imposer la langue française aux personnes morales de droit public ainsi qu'aux personnes de droit privé dans l'exercice d'une mission de service public[373]. Le Conseil d'État a assoupli sa position à propos d'épreuves obligatoires en anglais dans l'enseignement[374]. Dans les relations professionnelles, l'article L. 1321-6 du Code du travail impose la rédaction en français[375]. Tout avocat, même de nationalité étrangère, doit plaider en français[376]. Récemment, la

367. Cons. const., 91-290 DC, 9 mai 1991, *Statut de la Corse*, Favoreu/Philip, n° 22.

368. Cons. const., 99-412 DC, 15 juin 1999, *Charte européenne des langues régionales ou minoritaires*. Les députés ont adopté le 28 janvier 2014 une proposition de loi visant à la ratification.

369. CE, Avis, 30 juillet 2015, n° 390.268, *AJDA* 2015.2246, note B. Bonnet.

370. J.-M. Pontier, *Le droit de la langue française*, Dalloz, 1996.

371. Pour éviter tout conflit avec Bruxelles, le Conseil d'État a admis que les mentions obligatoires effectuées dans une langue étrangère mais facilement compréhensible (? ? ?) ou remplacées par des dessins ou schémas sont possibles. CE, 27 juillet 2006, *Association Avenir de la Langue française*, *Dr. Adm.* Janvier 2007, n° 11.

372. Cons. const., 94-345 DC, 29 juillet 1994, *Loi relative à l'emploi de la langue française, RDP* 1994, 1666. chr. J.-P. Camby ; *AJDA* 1994. 721, note Wachsmann ; *RDP* 1995.100 chr. D. Rousseau.

373. CE, 26 décembre 2012, *Assoc. « Libérez les demoiselles ! »*, *AJDA* 2013.4. Le ministre peut donner des instructions sur l'usage de la langue française par les administrations et imposer la suppression du terme « Mademoiselle ».

374. CE, 13 janvier 2010, *Association Défense de la langue française, Avenir de la langue française, AJDA* 2010.72 (*contra* : CE, 13 octobre 2003, *SNPREES-FO*, Association pour l'abrogation de l'arrêté du 28 novembre 1998). Et à propos du concours de l'ENA, CE, 27 janvier 2016, *Observatoire européen du plurilinguisme et autres, AJDA* 2016. 702 « eu égard à la placer de la langue anglaise dans la société actuelle ».

375. Cass. soc., 29 juin 2011.

376. Cass. crim., 8 février 2012, n° 11-88044, *D.* 2012.1782, note P.L. Voir aussi pour la production de pièces en langue étrangère devant la CNDA, CE, 5 juin 2015, *OFPRA*, *AJDA* 2015.2067. Le juge peut exiger la traduction de pièces en langue étrangère, mais ce n'est pas une obligation.

« clause Molière », visant en fait à un protectionnisme, a relancé le débat, mais se heurtera très certainement aux règles de l'Union européenne.

Le Conseil constitutionnel a accepté la convention de Londres sur la délivrance des brevets européens, car l'accord n'obligeait pas des personnes morales de droit public ou de droit privé chargées d'une mission de service public à utiliser une langue autre que le français[377].

Une polémique est née avec la loi du 22 juillet 2013 relative à l'enseignement supérieur et à la recherche car elle prévoit le développement de l'enseignement en langue étrangère[378]. La place des langues régionales est depuis 2008 dans l'article 75-1 de la Constitution qui pose que « les langues régionales appartiennent au patrimoine de la France ». Mais les langues régionales n'ont qu'une place de second rang[379]. On ne peut les utiliser dans des situations officielles et mettre en échec l'article 2 de la Constitution. La CAA de Marseille a pu annuler une délibération d'un conseil municipal qui avait décidé de tenir une séance sur deux en corse[380]. De même, l'apposition de panneaux dénommant une commune ou lieu-dit en langue régionale est possible seulement dans certaines limites[381].

Notons qu'en Alsace-Moselle, les dispositions du droit local doivent avoir une traduction officielle[382].

La CEDH ne protège pas la « liberté linguistique ». Ainsi elle a rejeté la requête d'une élue de l'assemblée de Polynésie francaise contestant l'obligation de s'exprimer en français[383] et le Conseil d'État a considéré comme illégales des lois du pays, car le président de séance et d'autres orateurs s'étaient exprimés en tahitien[384].

I — LA LIBERTÉ DE LA PRESSE

A - UNE LIBERTÉ MYTHIQUE

4.110 › La liberté de la presse a sans doute pu être considérée comme une liberté individuelle. Aujourd'hui, elle devient de plus en plus, à la fois, une liberté individuelle et une liberté collective. Elle est liberté d'expression, et liberté économique. Dès lors les limitations pourront être beaucoup plus grandes, la liberté devant prendre en considération le lecteur et devant obéir à certains

377. Cons. const., 2006-541 DC 28 septembre 2006, *Accord de Londres relatif au brevet européen, RFDC* 2007.298. chr. V. Bertile ; *D.* 2007.120 note M. Verpeaux.

378. *D.* 2013.1353, chr. F. Rome.

379. Cf. J. Viguier, « La primauté juridique de la langue nationale française sur les langues régionales secondes », *RDP* 2009.1635 ; V. Bertile, *Langues régionales ou minoritaires et Constitution. France, Espagne et Italie*, Bruxelles, Bruylant, 2008 ; C. Le Bris, « Les langues régionales dans la Constitution », *RDP* 2009.788. Par ex. CAA Nancy, 17 mars 2011, *Association Comité fédéral des associations pour la langue et la culture régionale d'Alsace « Fer unsri Zukunft », AJDA* 2011.1494, note M. Wiernasz.

380. TA, 22 avril 2010, *Commune de Galeria* et CAA Marseille, 13 octobre 2011, *Commune de Galeria, AJDA* 2012.1856, note F. Salvage.

381. TA Montpellier, 12 octobre 2010, *Mouvement républicain de salut public, AJDA* 2011. 329, concl. P. de Monte et CAA Marseille, 28 juin 2012, *AJDA* 2012. 1311 et 1857, note F. Salvage.

382. Cons. const., 2012-285 QPC, 30 novembre 2012, *Christian S.*

383. CEDH, 21 septembre 2010, *Birk-Levy, c/ France, AJDA* 2010.1908.

384. CE, 13 juin 2013, *AJDA* 2013 ; 1251, note M.-C. de Montecler et 2029, note J.-P. Pastorel.

objectifs à valeur constitutionnelle. Le Conseil constitutionnel a pu affirmer[385] qu'elle est une « liberté fondamentale d'autant plus précieuse que son exercice est l'une des garanties essentielles du respect des autres droits et libertés et de la souveraineté nationale ».

1) Grandeur et déclin d'une liberté

4.111 ▸ Les médias, dès l'origine, ont été à la fois redoutés et recherchés. *La Gazette* de Théophraste Renaudot, ancêtre de nos journaux née le 30 mai a vu sa création encouragée par Richelieu, parce qu'elle servait les intérêts du Cardinal. Mais la presse s'adressait à une élite et elle ne prendra un grand développement qu'à la Révolution.

Dès 1791, les tendances restrictives apparaissent. La liberté de la presse sera suspendue, les journalistes monteront sur l'échafaud. La réduction drastique sera la marque du système napoléonien.

Le XIXe siècle est marqué par un certain nombre de révolutions sur le plan technique (rotatives, linotypes) et par une approche plus moderne, plus économique qu'auront certains créateurs de journaux. L'apparition de la publicité permet de diminuer de moitié l'abonnement.

On voit aussi une évolution des techniques juridiques limitatives : saisies, censure, mais aussi autorisation préalable, déclaration préalable, cautionnement, licence de publication, subventions, avertissements, suspension (« la censure qui s'exerce le lendemain », [Thiers]), suppression, délits divers.

4.112 ▸ Le XIXe siècle est en France celui d'une lente conquête dont l'apothéose est la magnifique loi du 29 juillet 1881. C'est à cause de la liberté de la presse et de son irrespect que la Restauration chute. La Révolution de Juillet 1830 et la Charte de 1830 témoignent de ces circonstances. L'article 7 de celle-ci dispose que « les Français ont le droit de publier et de faire imprimer leurs opinions en se conformant aux lois » et ajoute, précision révélatrice, que « La censure ne pourra jamais être rétablie ». Le jury réapparaît. La IIe République part aussi sur de bonnes intentions en affirmant que « la presse ne peut, en aucun cas, être soumise à la censure ». Le Second Empire sera au contraire une rude période pour la presse avec l'avertissement, voire l'interdiction[386].

4.113 ▸ Une des premières grandes lois de la « République républicaine » fut celle du 29 juillet 1881. Véritable code de la presse, elle remettait en ordre 42 textes et 325 articles et dotait la France du régime le plus libéral du monde. Elle se symbolisait par l'institution du jury. Très vite elle va être grignotée. Ce grignotage se poursuit toujours aujourd'hui sous « l'effet de revendications particularistes et de compassion victimaire »[387]. De plus, lacune grave, elle ignorait l'entreprise. On a observé pourtant un essor sans précédent de la presse. Dans les années 1893-1894, les menées anarchistes conduisent à ce que l'on a appelé

385. Cons. const., 84-181 DC, 10-11 octobre 1984, *Entreprises de presse*, Favoreu et Philip, n° 18.
386. B. Bernabe, « Quelle(s) liberté(s) d'expression avant 1881 ? », *RDP* 2012.742.
387. A.-M. Le Pourhiet, art. cit., p. 49.

les « lois scélérates », et parmi elles, certaines visent la liberté de la presse, par exemple en facilitant les saisies judiciaires. C'est surtout dans l'entre-deux-guerres que les atteintes sont devenues de plus en plus grandes et elles ne cesseront pas jusqu'à la Seconde Guerre mondiale. Le pouvoir est obligé de faire face à des débordements et adopte des lois plus répressives créant des délits nouveaux (organisation du refus collectif de l'impôt, fausses nouvelles de nature à ébranler le moral des armées, atteinte au crédit public, provocation au meurtre suivie d'effets...). Le régime de Vichy a constitué une parenthèse douloureuse. Les nouveaux gouvernants en 1944 ont tenté, dans un souci d'idéalisme, non dépourvu pour beaucoup d'arrière-pensées, de rénover la presse. Mais cela a conduit à des atteintes graves à la liberté de la presse elle-même (l'ordonnance du 6 mai 1944 supprime totalement le jury) et la presse idéale, pure, indépendante des puissances d'argent est restée un rêve. En outre, jusqu'en 1947, les difficultés économiques en matière de papier ont servi de justificatif à un régime d'autorisation préalable. On constate assez vite des disparitions, des concentrations menant à la naissance de groupes de presse. Les créations de quotidiens sont rarissimes. Le bilan est beaucoup plus favorable pour la presse périodique. Les difficultés politiques de la IVe République et des débuts de la Ve ne facilitent pas la liberté (guerre d'Indochine, guerre d'Algérie). Les évolutions techniques contraignent à des adaptations difficiles ayant des conséquences sociales graves sur certaines professions et engendrant des conflits dramatiques. En outre de nouveaux médias apparaissent. On passe de la notion de groupes de presse à celle de groupes de communication qui contrôlent différents types de médias. Ils franchissent les frontières.

4.114 ▸ L'arrivée au pouvoir en 1981 d'une gauche obnubilée par le groupe de presse Hersant a été à l'origine d'une volonté de revoir les lois sur la presse. Cela fut l'occasion, à la faveur d'un nouveau texte en 1984, pour le Conseil constitutionnel, de poser les principes devant présider aux différents aspects de la liberté de la presse, et d'appréhender la dimension économique. C'est aussi la consécration du lecteur alors que la Déclaration de 1789 et la loi de 1881 l'ignoraient. L'alternance de 1986 relance le débat. La décision du Conseil constitutionnel du 29 juillet 1986, fort critique, oblige le législateur à compléter la loi du 1er août 1986, ce qui sera fait avec la loi du 27 novembre 1986. Depuis lors l'instabilité juridique a cessé.

2) Les incertitudes d'une industrie

4.115 ▸ La presse est devenue une industrie, ce qui pose les termes de cette liberté dans une dimension économique. Cela conduit à une approche nouvelle du juge constitutionnel qui privilégie plus le lecteur que le créateur. On insiste sur l'exigence de pluralisme, l'idée de droit à l'information.

La presse est menacée. Ses coûts sont en hausse. Certaines de ses ressources sont en danger. La publicité est attirée par d'autres médias, notamment la télévision. Mais la presse peut se réorienter par la diffusion en ligne.

4.116 ▸ La France connaît des problèmes spécifiques. Le poids des quotidiens reste squelettique. Elle se situe à la remorque des pays développés. Les quotidiens nationaux n'atteignent en 2014 que 1 531 230 exemplaires payants et la presse quotidienne régionale 5 260 989. De plus, phénomène inquiétant, le lectorat s'effondre chez les jeunes. La disparition de la version papier de *France-Soir* le 13 décembre 2011 a eu valeur de symbole de cette crise[388].

Mais surtout la presse devient de moins en moins un vecteur de la liberté d'expression. Ce sont les journaux que l'on qualifiera « d'opinion » qui ont disparu. *L'Humanité, Libération* survivent à grand-peine parmi les quotidiens exprimant une opinion, *La Croix* connaissant un meilleur sort. En outre, on voit se développer en France les quotidiens gratuits.

3) Les défis des nouvelles techniques

4.117 ▸ Les nouvelles techniques constituent un défi. La législation relative à la presse a été élaborée pour le support papier et dans un contexte national. Or, les supports évoluent et créent de nouveaux délits (cyberinfractions). Ainsi, le Parlement a adopté une loi sur le délit d'entrave numérique à l'IVG afin de lutter contre des portiques de désinformation. La vidéo en ligne bouleverse ces équilibres. Les moyens électroniques de communication suscitent des interrogations, et notamment la question de l'application du droit de la presse aux réseaux électroniques de communication[389] quand ce n'est pas aux journaux dans leur diffusion électronique. Certains ont souhaité un droit spécifique à Internet mais, du fait de la mondialisation, l'action des États est bien souvent impuissante[390]. Ainsi, les juridictions pénales françaises sont incompétentes pour des propos diffamatoires diffusés à partir d'un site Internet localisé à l'étranger, même si ce site était accessible en France. La compétence du juge français n'interviendrait que si les pages étaient à destination du public français[391]. D'autres estiment cette spécificité inutile[392]. Dès lors que le caractère de publicité exigé par l'article 23 de la loi de 1881 est présent, cette loi s'applique. La loi est souvent amenée à préciser, étendre ou encadrer[393]. C'est le cas pour le statut d'éditeur de presse en ligne afin de bénéficier des aides à la presse (décret n° 2009-1340 du 29 octobre 2009). Ainsi, en ce qui concerne la prescription en matière de diffamation, quel sera le point de départ ? S'agira-t-il du jour de la publication sur le site ou du jour où l'écrit diffamatoire a été consulté ? La Cour de cassation a tranché en faveur de la première solution[394] ce qu'on peut contester. Mais un TGI a pu considérer de façon intéressante que la création d'un lien hypertexte faisant accéder à un article plus ancien doit être une nouvelle mise en ligne, supposant donc une nouvelle

388. Selon le rapport de l'OJD, la baisse des ventes a affecté presque tous les quotidiens nationaux en 2013 dont *Libération* avec -14, 9, *L'Équipe* avec -11,44. Ont fait exception *Les Échos* et *La Croix* (+ 0, 81). Cf. http://www.ojd.com/dd.

389. P. Auvret, « L'application du droit de la presse au réseau Internet », *JCP* 1999, I, 108.

390. P. Türk, « La souveraineté des États à l'épreuve d'Internet », *RDP* 2013.1489.

391. Cass. crim., 12 juillet 2016, *D.* 2016.1848, note E. Dreyer ; *RSC* 2016.535, note J. Francillon.

392. Mme Falque-Pierrotin, *Internet et les réseaux numériques, Rapport au Conseil d'État*, Doc. française, 1998.

393. Cf. l'Autorité de régulation des mesures techniques installée le 6 avril 2007, suite à la loi du 1er août 2006.

394. Cass. crim., 30 janvier 2001, *Bull. crim.* n° 28 ; Cass. crim., 16 octobre 2001, *JCP* 2001, II, 10028, note Ph. Blanchetier ; Cass. crim., 27 novembre 2001, *Bull. crim. n°* 246. Une rediffusion n'est pas une nouvelle publication (Cass. crim., 28 octobre 2014, *D.* 2014.2242).

prescription[395]. La question a resurgi à la suite d'un amendement du sénateur Tregouët à la loi du 21 juin 2004 pour la confiance dans l'économie numérique. L'article 6 dans son V disposait que « les dispositions des chapitres IV et V de la loi du 29 juillet 1881... sont applicables aux services de communication au public en ligne et la prescription acquise dans les conditions prévues par l'article 65 de ladite loi est applicable à la reproduction d'une publication sur un service de communication au public en ligne, dès lors que le contenu est le même sur le support informatique et sur le support papier ».

Dans le cas contraire, l'action publique et l'action civile se prescriront après le délai prévu par l'article 65 de ladite loi à compter de la date à laquelle cesse la mise à disposition du public du message susceptible de déclencher l'une de ces actions[396].

Le Conseil constitutionnel[397] a considéré que la différence de régime en matière de prescription « dépasse manifestement ce qui serait nécessaire pour prendre en compte la situation particulière des messages exclusivement disponibles sur un support informatique ». Il n'en a pas moins laissé la porte ouverte à un traitement différent du support papier qui doit être très protégé et du support électronique considérant que la « prise en compte de différences dans les conditions d'accessibilité d'un message dans le temps... n'est pas contraire au principe d'égalité ». La question de la personne responsable est tout aussi préoccupante. Doit-on envisager la responsabilité en cascade qui est celle prévue par le droit de la presse ou bien adapter cette responsabilité aux caractères spécifiques de la Toile[398] ? La loi du 1er août 2000 sur la communication a prévu la responsabilité de l'hébergeur s'il n'empêche pas l'accès au contenu après avoir été saisi par l'autorité judiciaire[399]. La loi pour la confiance dans l'économie numérique a tenté de mettre en place un droit de l'Internet en transposant les directives européennes du 8 juin 2000 et pour partie du 12 juillet 2002. Elle pose le principe de la liberté de la communication en ligne un peu à la manière – mais sans l'esprit – des grandes lois de la IIIe République. Elle vise la responsabilité civile et pénale des personnes qui assurent le stockage dans certaines conditions et tente de limiter, sous conditions, leur responsabilité en cas d'activités ou informations stockées ayant un caractère illicite (art. 6). Cependant la CJUE a considéré que le prestataire de services d'hébergement n'a pas à mettre en place un système de filtrage des informations stockées[400]. La loi envisage le droit de réponse. Elle considère le courrier électronique comme une

395. TGI Paris, 18 mars 2013, *D.* 2013.2002, obs. Th. Fourney et A. Guedj.

396. Ne peut constituer une nouvelle publication sur Internet un contenu déjà diffusé par des fonctionnalités différentes du même moteur de recherche dont les résultats sont entièrement automatisés. Cass. crim., 10 janvier 2017, D. 2017.163.

397. Cons. const., 2004-496 DC, 10 juin 2004, *Loi pour la confiance dans l'économie numérique, Rec.* 101 ; *RFDA* 2003.651, note B. Genevois.

398. Le Conseil constitutionnel a considéré la conformité à la Constitution du régime en cascade (Cons. const. 2011-164 QPC, 16 septembre 2011, *M. Antoine, D.* 2011. 2449 note Castex). La Cour de cassation a confirmé cela (Cass. crim. 31 janvier 2012, *D.* 2012.548 et Cass. crim., 30 octobre 2012, *D.* 2012.160, note E. Dreyer.

399. Cf. Cons. const., 2000-433 DC, 27 juillet 2000, *Loi modifiant la loi n° 86-1067 du 30 septembre 1986 relative à la liberté de communication ? Rec.* ; 121. *RFDC,* 2001-85, note N. Jacquinot ; mais aussi Cons. const., 96-378 DC, 23 juillet 1996, *Loi de réglementation des télécommunications, Rec.* 99 ; *RFDA* 1996.909, note J. Chevallier. Cf. sur la notion d'hébergeur, Cass. civ. 1re, 17 février 2011, *D.* 2011.669.

400. CJUE, 3e ch., 16 février 2012, *Netlog,* aff. C-360/10, *D.* 2018.549.

« correspondance privée ». Elle sort du strict domaine des libertés de l'esprit en visant le commerce électronique. On sait que bien d'autres problèmes collatéraux ont pu apparaître, comme celui du respect de la propriété intellectuelle avec le débat sur le téléchargement. Mais d'autres textes trouvent facilement application, comme la loi du 30 septembre 1986 relative à la liberté de communication qui a pour conséquence la déclaration des sites Internet (art. 43). Le principe du secret des correspondances émises par la voie des télécommunications posé par la loi du 10 juillet 1991 s'applique aux messageries électroniques[401]. Pourtant il peut connaître des difficultés. La cour d'appel de Rennes a considéré que le courriel d'un fonctionnaire n'a pas *a priori* de caractère privé[402]. Il n'en reste pas moins qu'on commence à avoir des dispositions particulières concernant les crimes ou délits commis par Internet. La loi du 17 juin 1998 relative à la prévention et à la répression des infractions sexuelles ainsi qu'à la protection des mineurs fait de l'utilisation des réseaux de télécommunications une circonstance aggravante. La difficulté majeure reste pourtant la dimension internationale de la Toile avec des hébergeurs inaccessibles dans des « paradis internétiques ». Suite à la loi antiterroriste du 13 novembre 2014 et au décret du 5 février 2015, le blocage administratif des sites faisant l'apologie du terrorisme est possible. Avant le blocage, l'hébergeur doit être sollicité pour supprimer les contenus. Le gouvernement veut étendre cela aux propos de haine (racisme ou antisémitisme)[403]. Où est la loi de 1881 ? La loi du 28 octobre 2009 complète la loi du 12 juin 2009 sur la diffusion et la protection de la création sur Internet en instituant une peine complémentaire de suspension de l'accès à Internet. La loi du 12 juin 2009[404] a créé la Haute Autorité pour la diffusion des œuvres et la protection des droits sur Internet (HADOPI). Le Conseil constitutionnel a limité ses compétences et la portée du texte. Beaucoup de problèmes restent encore non résolus et des moyens de contournement ont été trouvés par les internautes.

Les rapports 2011 de la CNIL comme celui du Défenseur des enfants le 20 novembre 2012 ont insisté à juste titre sur « le droit à l'oubli » qui reste lettre morte et peut conduire à des conséquences fâcheuses pour l'utilisateur. Il est un « droit inconsistant »[405]. Pourtant l'UE essaie de le reconnaître[406] et Google a mis en place un formulaire « droit à l'oubli ».

Le phénomène Twitter a connu ses premières décisions. Le TGI de Paris a jugé le 24 janvier 2013 que Twitter devait communiquer à 5 associations luttant contre le racisme et l'antisémitisme les informations sur les auteurs de messages racistes

---

401. Cass. soc., 2 octobre 2001, *Société Nikon France, Bull. n°* 291, p. 233, la Cour considérant qu'un employeur ne peut « prendre connaissance des messages personnels émis par le salarié et reçus par lui, grâce à un outil informatique, mis à sa disposition pour son travail ».

402. Rennes, 14 janvier 2010, *Schmitt, AJDA*, 2010.68. Sur la distinction entre messagerie professionnelle et messagerie personnelle, cf. Cass. soc., 26 janvier 2016, *Espace Gestion Bordeaux Gironde, D.* 2016.320.

403. Le blocage est mis en œuvre par l'Office central de lutte contre la criminalité liée aux technologies de l'information et de la communication. Notons que Facebook et Twitter censurent... la nudité. Puritanisme américain.

404. Cf. aussi décret du 25 juin 2010 instituant une contravention de négligence caractérisée protégeant la propriété littéraire et artistique sur Internet.

405. J.-M. Bruguière, « Le "droit à" l'oubli numérique, un droit à oublier », *D.* 2014.299. Cf. TGI Paris, ord. réf., 25 juin 2009, n° 09/55437.

406. CJUE, 13 mai 2014, *Google Spain c/ Agencia Española de Proteccion de Datos.* Mais la Cour reste prudente tenant compte « de la nature de l'information en question », de sa « sensibilité pour la vie privée de la personne concernée » et de « l'intérêt du public à disposer de cette information ».

et antisémites et devait mettre en place un système de signalement des messages contraires à la loi[407]. Mais Twitter est soumis à la compétence des juridictions américaines.

Ajoutons que les questions connexes de droit d'auteur, d'atteintes à la vie privée s'entremêlent encore plus. À cet égard la surveillance des internautes nous met au confluent de plusieurs libertés[408].

B - LA LIBERTÉ DE LA PRESSE, LIBERTÉ D'EXPRESSION

1) Le principe de liberté et sa régression

4.118 ▸ Le principe posé en 1881 est un principe de liberté. L'article 1er est lumineux : « l'imprimerie et la librairie sont libres ». La loi de 1881 affirme la liberté d'expression par différents types d'imprimés. À côté du livre ou de la publication périodique, il y a l'affiche. Contrairement à la mention « Défense d'afficher, loi du 29 juillet 1881 » l'affichage politique, notamment, ne rencontrait jusqu'à une date récente, que peu de contraintes en tant que telles (interdiction du papier blanc réservé aux actes de l'autorité publique, interdiction d'affichage sur les lieux réservés aux actes de l'autorité publique, sur les édifices du culte, interdiction des affiches contraires à la décence...). L'abus de l'affichage est difficile à réprimer car seul l'afficheur est responsable[409]. Depuis quelques années, différents textes ont rendu beaucoup plus difficile cette liberté, des objectifs louables en eux-mêmes ayant eu des conséquences fâcheuses. La loi du 29 décembre 1979 et celle du 12 juillet 2010 (Grenelle II) ont permis une meilleure protection de l'environnement, mais elles ont tué complètement l'affichage politique[410]. Et les textes récents (lois du 7 juillet 2016 et 8 août 2016) ont renforcé cela, notamment dans les petites communes.

4.119 ▸ Une réglementation particulière existe pour l'affichage électoral. Devenue beaucoup plus rigoureuse à la suite de la loi du 15 janvier 1990, elle a fait disparaître en fait cet affichage (art. L. 51 du Code électoral).

4.120 ▸ Les obligations pour pouvoir diffuser, à l'origine extrêmement réduites, ont eu tendance à s'alourdir. La publication d'un journal ou écrit périodique ne nécessite ni autorisation préalable, ni dépôt de cautionnement, mais simplement une déclaration préalable adressée au parquet dans laquelle devront figurer le titre du journal ou de l'écrit périodique et son mode de publication, le nom du directeur (ou si celui-ci jouit de l'immunité parlementaire, du codirecteur) ainsi que son domicile et enfin le nom de l'imprimerie. Cette déclaration ne saurait en aucun cas être considérée comme une autorisation préalable puisque la loi de 1881 prescrit qu'il devra en être donné récépissé. Par la suite, lors de la publication de chaque nouveau numéro, qui devra mentionner le nom du directeur de la publication (article 11) ainsi que celui de l'imprimeur avec son

---

407. *Le Monde*, 26 janvier 2013.

408. CE, 23 mai 2007, *SACEM, SDRM, SCPP, SPFF, AJDA* 2007.1413, concl. C. Verot.

409. Cass. crim., 7 mars 1896 *DP* 1896 I 511.

410. J.-Ph. Strebler, « Affichage public : pour qui sonne le glas ? », *AJDA* 2016.1351 à propos du projet de réforme de l'affichage publicitaire en 2016.

domicile (article 2), l'éditeur sera astreint au dépôt légal. Très limité à l'origine, il est devenu de plus en plus important et finit par devenir une charge insupportable si le tirage de la publication est peu important. Il y a plusieurs types de dépôts. Le dépôt administratif exige 10 exemplaires pour les quotidiens. Le dépôt judiciaire nécessite 2 exemplaires pour le parquet du tribunal de grande instance, les publications pour la jeunesse devant déposer 5 exemplaires au ministère de la Justice. Enfin, le dépôt légal, *stricto sensu,* qui, à notre avis, devrait suffire, vise 4 exemplaires pour la Bibliothèque nationale et 1 exemplaire pour le ministère de l'Intérieur ou la préfecture, sans compter le dépôt de l'imprimeur (2 exemplaires à la Bibliothèque nationale ou à la bibliothèque municipale habilitée à cet effet).

4.121 › Le dépôt légal, réorganisé par la loi du 20 juin 1992[411], s'applique aux documents imprimés, graphiques, photographiques, sonores, audiovisuels, multimédias quel que soit leur procédé technique de production, d'édition ou de diffusion, « dès lors qu'ils sont mis à la disposition du public » ainsi qu'aux « progiciels, bases de données, systèmes experts et autres produits de l'intelligence artificielle ». Pour le reste, le régime de la presse repose, en principe, sur un régime répressif.

4.122 › Il ne saurait y avoir d'immunité et la revendication d'un secret professionnel par les journalistes s'est toujours heurtée à un refus du législateur[412]. Très souvent revendiqué, le risque est qu'il libère le journaliste des obligations légales que la loi exige de chacun ; mais il faut aussi voir qu'il ne peut exercer son métier que s'il protège ses sources d'information. Les articles 226-13 et 226-14 du NCP ne le protègent pas. Le journaliste ne peut figurer parmi les personnes dépositaires, « par état ou profession » ou « en raison d'une fonction ou d'une mission temporaire » détenant des informations à caractère secret. Il est obligé de dénoncer (art. 434-1 à 434-3, 434-12), de témoigner (art. 109 CPP), de déposer devant les juridictions civiles (art. 206 CPC). Mais le Nouveau Code de procédure pénale, dans son article 109, alinéa 2 a apporté une dispense spécifique de révéler les sources. « Tout journaliste entendu comme témoin sur des informations recueillies dans l'exercice de son activité est libre de ne pas en révéler les sources ». À la différence du secret professionnel, ce n'est pas une obligation mais un droit. De plus, cela ne joue pas en matière de procédure civile ou devant les commissions parlementaires. Le risque existe toujours de poursuites pour recel de documents acquis illicitement ou pour apologie de crime. La jurisprudence de la CEDH est plus protectrice. Ainsi dans l'arrêt *Goodwin*[413], elle a pu écrire que « la protection des sources journalistiques est l'une des pierres angulaires de la liberté de la presse » et l'arrêt *Roire et Fressoz c/ France*[414] à propos de la condamnation du *Canard enchaîné* pour avoir publié des informations sur les revenus d'un dirigeant d'entreprise y a vu une violation de l'article 10. La France a donc essayé de faire évoluer la question avec la loi du

411. Cf. J.-M. Pontier, *ALD* 1992. 167 ; E. Dreyer, « La réforme du dépôt légal : premier bilan », *RRJ* 1995.61.
412. Cf. G. Mémeteau, « La question du secret professionnel des journalistes », *Gaz. Pal.* 1974.198.
413. CEDH, 27 mars 1996, *Goodwin c/ RU*, Berger, n° 211.
414. CEDH, 21 janvier 1999, *Roire et Fressoz c/ France.*

4 janvier 2010. Tout d'abord, dans l'esprit des grandes lois de la IIIe République, elle a posé le principe de la protection des sources, affirmant dès l'article 2 de la loi de 1881 que « le secret des sources des journalistes est protégé dans l'exercice de leur mission d'information du public ». Mais à tout principe, il y a exception et cette loi affirme qu'« il ne peut être porté atteinte directement ou indirectement au secret des sources que si un impératif prépondérant d'intérêt public le justifie et si les mesures envisagées sont strictement nécessaires et proportionnées au but légitime poursuivi »[415] et la loi précise que « cette atteinte ne peut en aucun cas consister une obligation pour le journaliste de révéler ses sources ». L'utilisation de cette exception du secret défense a été invoquée abusivement à propos de l'affaire Bettencourt, la Direction centrale des renseignements intérieurs (DCRI) ainsi que la police étant intervenues, sur instruction du procureur de la République de Nanterre, pour identifier les sources d'information du *Monde*, en effectuant un contrôle des « facdets » ou « fadettes » (factures détaillées) permettant de consulter les listes d'appels passés et reçus d'un téléphone portable. La Commission nationale de Contrôle des interceptions de sécurité (CNCIS) a indiqué le 30 septembre 2010 que l'action de la police avait été illégale[416] et la Cour de cassation a annulé les actes d'instruction pour violation du secret des sources des journalistes[417], le procureur les ayant ordonnées étant mis en examen par un juge d'instruction. Le secret des sources devrait connaître une protection plus grande avec la loi en discussion qui précise les exceptions pour les délits mettant en cause « l'intérêt fondamental de la Nation ». La loi du 14 novembre 2016 visant à renforcer la liberté, l'indépendance et le pluralisme des médias aurait dû renforcer cette protection des sources, mais le Conseil constitutionnel en a réduit la portée en considérant que « le législateur n'avait pas assuré une conciliation équilibrée entre, d'une part, la liberté d'expression et de communication et, d'autre part, plusieurs autres exigences constitutionnelles, en particulier le droit au respect de la vie privée, le secret des correspondances, la sauvegarde des intérêts fondamentaux de la Nation et la recherche des auteurs d'infractions»[418].Cela vise aussi les interceptions de correspondances émises par la voie des télécommunications, l'atteinte indirecte étant définie comme « le fait de chercher à découvrir les sources d'un journaliste au moyen d'investigations portant sur toute personne qui, en raison de ses relations habituelles avec un journaliste, peut détenir des renseignements permettant d'identifier ces sources »[419].

La loi renvoie aux dispositions spécifiques du CPP en matière de perquisition et d'audition des journalistes. Elle étend la protection qui existait déjà pour les locaux des entreprises de presse aux locaux d'une entreprise de communication audiovisuelle, de communication au public en ligne, agences de presse, aux

415. Cass. crim., 14 mai 2013, n° 11-86626, *D.* 2013.1279 ; Cass. crim., 25 février 2014, *D.* 2014.609 et 1736 chr. J. Pradel.
416. *Le Monde*, 22 septembre 2010.
417. Cass. crim., 6 décembre 2011, n° 11-83970, *Procédures*, février 2012, n° 47, obs. A.-S. Chavent-Leclère ; *D.* 2012.17.
418. Cons. const., 2016-738 DC, 10 novembre 2016, *Loi visant à renforcer la liberté, l'indépendance et le pluralisme des médias*, JO 15 novembre 2016.
419. N. Fricero, « Sources journalistiques, un secret bien gardé », *Gaz. Pal.* 2010, n° 20-21, p. 5.

véhicules professionnels et aux domiciles des journalistes. Les perquisitions ne peuvent être effectuées que par un magistrat (art. 56-2 CPP). Il y a une application des règles relatives aux perquisitions dans les cabinets d'avocat afin de permettre la saisine du juge des libertés et de la détention. Les journalistes, en cas de réquisition pourront refuser de remettre des documents à un OPJ s'ils en sont requis. Le journaliste sera également protégé s'il est entendu comme témoin, y compris désormais devant le tribunal correctionnel ou la cour d'assises et pas seulement dans le cadre de l'instruction.

2) Crimes et délits commis par voie de presse

4.123 ▸ Le chapitre IV de la loi de 1881 distingue cinq variétés de crimes et délits commis par la voie de la presse ou par tout autre moyen de publication. Il ne s'agit pas des seuls crimes et délits susceptibles d'être commis mais ce sont ceux qui bénéficieront des dispositions en général plus protectrices, en matière de procédure, prévues par la loi de 1881.

Les délits de presse *stricto sensu* sont ceux commis par la voie de la presse (écrits, imprimés) mais aussi, pour certains, par d'autres moyens. Cela peut être par la parole (« discours, cris, menaces proférées »), l'image (« dessins, gravures, peintures, emblèmes, images »), placards ou affiches, moyens « de communication au public par voie électronique ». Si les conditions de publicité de l'article 23 de la loi de 1881 sont remplies, l'infraction pourra exister[420]. Pour certains délits, on exigera la mauvaise foi (art. 27, 35 *bis* et 41...). Certaines immunités peuvent protéger (art. 41 parlementaire, judiciaire – très importante pour les avocats et magistrats en visant les « discours prononcés ou les écrits produits devant les tribunaux »). La loi de 1881 réprime la provocation aux crimes et délits. Certaines provocations figurent dans d'autres textes. On distingue la provocation directe suivie d'effet (article 23) et non suivie d'effet (article 24, al. 1 et 2). La loi de 1881 sanctionne l'apologie (article 24, al. 3)[421], les chants séditieux (article 24, al. 5), la provocation à la discrimination[422], à la haine ou la violence (article 24, al. 6). Elle réprime également les délits contre la chose publique réduits depuis la disparition de l'offense au chef de l'État par la loi du 5 août 2013. Elle réprime aussi l'outrage aux agents diplomatiques étrangers (article 37) pour lesquels les moyens de publicité vont au-delà de ceux visés à

420. Ainsi pour le délit d'injure, il faudra qu'elle ait été « proférée », c'est-à-dire tenue à haute voix avec volonté de la rendre publique (Cass. crim., 27 novembre 2012, *D.* 2012.2814).

421. L'apologie du terrorisme est passée de la loi de 1881 au Code pénal (art. 421-2-5) par la loi du 13 novembre 2014. Pour l'apologie de crimes contre l'humanité, le Conseil constitutionnel a jugé contraire au principe d'égalité l'article 48-2 de la loi de 1881 réservant aux seules associations qui se proposent de défendre les intérêts moraux de la Résistance ou des déportés, la possibilité de mettre en mouvement l'action civile. Cons. const., 2015-492 QPC, 16 octobre 2015, *Association Communauté rwandaise de France, D.* 2015.2077.

422. Contrairement à des juridictions de premier degré (par ex. T. corr. Mulhouse, 15 décembre 2011, *D.* 2012.439), la Cour de cassation a considéré que l'appel au boycott des produits d'Israël était constitutif d'une provocation à la discrimination (Cass. crim., 22 mai 2012, *D.* 2012.1405). Cf. aussi Cass. crim., 20 octobre 2015, *M. A. et autres, D.* 2015.2184 et 2016.277, obs. E. Dreyer et 287, note J.-Chr. Duhamel et G. Poissonnier. La sanction de l'appel au boycott résulte d'une interprétation bien extensive du délit de provocation à la discrimination en assimilant la critique d'un État et l'appel au boycott des produits des producteurs et fournisseurs de cet État à la discrimination d'un groupe de personnes appartenant à une Nation déterminée, en l'espèce Israël. Cette interprétation a été approuvée par le Défenseur des droits (Décis. MLD-2013-116, 25 octobre 2013).

l'article 23. La Cour de Strasbourg a jugé à l'unanimité[423] que l'offense aux chefs d'État étrangers était contraire à l'article 10 car ce délit « tend à conférer aux chefs d'État étrangers un statut exorbitant du droit commun ». La loi du 9 mars 2004 (loi Perben II) a donc abrogé l'article 36, suite à un amendement sénatorial. Entrent aussi parmi les délits contre la chose publique les fausses nouvelles ayant troublé la paix publique et celles de nature à ébranler la discipline ou le moral des armées. Ce délit doit être commis de mauvaise foi. C'est important car pour les quotidiens, il n'est pas toujours facile de vérifier les informations même si la règle de la double source d'information devrait être le principe. La détention provisoire (article 52) est possible pour certaines infractions.

4.124 › La diffamation, définie comme « toute allégation ou imputation d'un fait qui porte atteinte à l'honneur ou à la considération de la personne ou du corps auquel le fait est imputé », est différente de l'injure qui est toute expression outrageante, termes de mépris ou invective qui ne renferme l'imputation d'aucun fait (art. 30 et 33). La diffamation suppose une allégation ou imputation d'un fait précis et déterminé[424], un fait qui porte atteinte à l'honneur et à la considération, une victime identifiable, une intention coupable et une publicité (Ph. Bilger)[425]. La responsabilité peut tomber si quatre éléments sont réunis : intérêt légitime du but poursuivi par l'information ; absence d'animosité personnelle ; prudence dans l'expression[426] ; enquête sérieuse et contradictoire[427]. L'idée de débat d'intérêt général est apparue sous l'influence de la Cour EDH[428]. C'est seulement dans le cas de l'injure que peut exister l'excuse de provocation (article 33)[429]. La loi de 1881 réprime certaines diffamations particulières : armée, corps constitués, administrations publiques, cours et tribunaux (art. 30) ; membres des ministères, fonctionnaires publics[430], dépositaires de l'autorité publique, citoyens chargés d'un service ou d'un mandat public (art. 31)[431] ; diffamation raciale (art. 32), diffamation contre la mémoire des morts (art. 34). Il en va de même pour l'injure[432]. Certaines sont particulières :

423. CEDH, 25 juin 2002, *Colombani et autres* ; cf. aussi Paris, 3 juillet 2002, *Omar Bongo*.

424. Cass. crim., 6 janvier 2015, n° 13-086-330, *D.* 2015.159.

425. La diffamation ne peut porter sur des produits ou services d'une entreprise. Cass. civ. 1re, 20 septembre 2012, n° 11-20963, *JCP* 2012.1318 n° 13 ; *D.* 2013.459, chr. E. Dreyer.

426. Le journaliste a une obligation « de surveillance et de rigueur dans la diffusion de l'information », Cass. crim., 23 juin 2015, n° 13-87811, *D.* 2015.1442.

427. J.-Y. Dupeux et Th. Massis, Chronique Droit de la Presse, *D.* 2008.1782 ; Cass. civ. 1re, 17 mars 2011, *D.* 2011.8951 ; Cass. civ. 1re, 3 février 2011, *D.* 2011.519 ; CE, 20 octobre 2015, *Mme Irène A...*, *AJDA* 2016.350 et 963.

428. N. Droin, « Diffamation et débat d'intérêt général : la bonne foi plie mais ne rompt pas », *D.* 2015.931. Cf. CEDH, 23 mai 1991, *Oberschklick c/ Allemagne*, *AJDA* 1992.15, chron. J.-F. Flauss.

429. Cass. crim., 31 mars 2015, n° 13-81842, *D.* 2015.867, à propos de l'excuse de provocation résultant d'une plaidoirie.

430. Sur les limites, Cass. crim., 29 mars 2011, *Baylet et autres, AJDA* 2011.1701. Cass. crim., 8 avril 2014, GP 8-12 juin 2014, p. 14, obs. F. Fourment. Sur la définition de l'agent public, Cass. crim., 11 mars 2014, *D.* 2014.726. F. Colin, « La protection contre la diffamation en droit de la fonction publique », *RFDA* 2016.1219.

431. Pour un maire, l'action n'a pas à être subordonnée à une délibération du conseil municipal. Cass. crim., 1er décembre 2015, n° 14-86512, *D.* 2015.2561.

432. Sur le caractère public, cf. Cass. crim., 8 avril 2014, *D.* 2014.930 ; *AJ Pénal* 2014.358, obs. N. Verly. Sur les limites en matière politique, Cass. crim., 20 septembre 2016, *D.* 2016.1929. *RSC* 2016.547, note J. Francillon (il y a des limites comme l'atteinte à la dignité).

injure raciale, en raison du sexe, de l'orientation sexuelle ou du handicap (art. 33, al. 1 et 3)[433], mémoire des morts (art. 34). Mais il n'y a pas diffamation dans le compte rendu fidèle fait de bonne foi des débats judiciaires et dans les discours prononcés ou écrits produits devant les tribunaux[434].

Le problème essentiel est celui des faits justificatifs, de l'exception de vérité des faits diffamatoires et de la bonne foi[435]. La vérité doit être prouvée (article 35). Dans certains cas, celle-ci ne pouvait jamais être rapportée (vie privée, faits amnistiés)[436] avec des exceptions touchant au viol et aux agressions sexuelles ainsi qu'à la mise en péril de mineurs pour la vie privée et les faits de plus de dix ans. Sur ce dernier point, comme sur les faits amnistiés, sur QPC le Conseil constitutionnel a considéré que cela était contraire à l'article 11 de la DDHC, en raison d'un caractère général et absolu non proportionné au but poursuivi ou du caractère trop général[437]. La procédure connaît aussi quelques particularités (art. 47 à 60) (mise en œuvre de l'action publique)[438].

4.125 › Le régime des délits de presse a été pendant très longtemps très libéral, étant caractérisé par la cour d'assises. Mais face à l'indulgence des jurés, les délits de presse ont été progressivement correctionnalisés jusqu'à la généralisation du principe par l'ordonnance du 6 mai 1944.

Il en est de même de la prescription. Si en principe elle est de trois mois[439] et est d'ordre public[440], des exceptions sont apparues, ce qu'on doit regretter, par exemple, avec la loi du 9 mars 2004, en matière de racisme et du 27 janvier 2017 relative à l'égalité et à la citoyenneté, pour les délits des articles 24, alinéas 7 et 8, 24 *bis*, 32, alinéas 2 et 3 et 33, alinéas 3 et 4[441]. Nous avons vu les problèmes nouveaux posés par Internet. Le 12 avril 2013, le Conseil constitutionnel a considéré comme conforme la possibilité de dérogation à ce principe de prescription de trois mois[442].

---

433. Encore faut-il pouvoir être considéré comme un groupe visé par ce texte. Pour le refus de l'application aux harkis, cf. Cass. crim., 31 mars 2009 (2 esp.), *D.* 2009.1143. Dans l'affaire des caricatures de Mahomet, la Cour de Paris estime qu'elles ne visent pas l'ensemble des musulmans, mais uniquement ceux qui, au nom de leur religion commettent des actes criminels. Paris, 11e ch. A., 12 mars 2008, *Légipresse,* n° 52, III, 107, note H. Leclerc.

434. Sur les limites de l'article 41, Cass. civ. 3e, 3 mai 2012, *D.* 2012.1335. Voir l'application à l'Ordre des Médecins, CE, 22 mai 2015, *M.B.A.*, *AJDA* 2015.1727.

435. Sur la bonne foi, cf. Cass. crim., 28 février 2012, *D.* 2012.741.

436. Le Conseil constitutionnel a considéré comme inconstitutionnelle l'exception touchant aux faits de plus de dix ans. Cons. const. 201-131 QPC, 20 mai 2011, précité, *D.* 2011.1420 et Cons. const., 7 juin 2013, n° 2013-319 QPC, *M. Philippe B., D.* 2013.1413.

437. Cons. const., 2011-131 QPC, 20 mai 2011, *Mme Teresa C. et autres, RDP* 2012.234, chr. D. Rousseau et P.-Y. Gahdoun.

438. Le Conseil constitutionnel a considéré que la mise en œuvre de l'action publique dévolue au seul ministère public, en ne prévoyant pas dans les cas dérogatoires (art. 47 et 48) les collectivités territoriales parmi les autorités publiques, était inconstitutionnelle. Cons. const., 25 octobre 2013, n° 20163-350 QPC, *Commune du Pré-Saint-Gervais, D.* 2013.2118 et 2469. Cf. Cass. crim., 21 août 2013.

439. Les délais courent « à la date à laquelle l'écrit est porté à la connaissance du public et mis à sa disposition », *D.* 2016.277, chr. E. Dreyer. En cas de nouvelle publication, elle court à nouveau au jour de cette publication, Cass. crim., 2 octobre 2012, n° 12-80419, *D.* 2012.2521.

440. Cass. crim., 12 avril 2016, *D.* 2017.181, chr. E. Dreyer.

441. La Chambre civile de la Cour de cassation a refusé de renvoyer une QPC sur ce point. Cass. civ. 1re, 5 avril 2012, n° 11-25290, *D.* 2012.1010. Sur l'interruption, Cass. crim., 20 octobre 2015, n° 14-87122.

442. Cons. const., 12 avril 2013, 2013-302 QPC, *M. Laurent A. et autres [Délai de prescription d'un an pour les délits de presse à raison de l'origine, l'ethnie, la nation, la race ou la religion].*

Pourtant, cette prescription de trois mois est importante, car elle permet « une juste conciliation entre la protection constitutionnelle de la liberté d'expression consacrée par l'article 11 de la DDHC de 1789 et le droit au recours, résultant de l'article 16 de la Déclaration susvisée »[443].

4.126 ▸ Mais tout ne figure pas dans la loi de 1881. Certaines infractions se trouvent dans le Code pénal, ou dans des lois spéciales[444].

4.127 ▸ La procédure relative aux délits de la loi de 1881 comporte des données originales[445]. Le système de responsabilité mis en œuvre est un système en cascade. L'article 42 prévoit que seront responsables comme auteurs principaux les directeurs de publication[446] ou éditeurs, et le cas échéant les codirecteurs, ou à défaut les auteurs, ou à défaut les imprimeurs ou à défaut, enfin, les vendeurs, les distributeurs et les afficheurs. L'article 43 vise les complices (auteur et vendeur). Ce système s'applique aussi à l'audiovisuel, sauf pour les émissions en direct.

3) Le problème de la vie privée

4.128 ▸ Le système très protecteur de procédure explique que l'on cherchera à échapper à la loi de 1881. Ainsi, en matière de diffamation, certains préféreront la voie civile en invoquant une atteinte à l'honneur. On a pu voir avec inquiétude se développer l'utilisation des articles 1382 devenu 1240 et suivants du Code civil. Pourtant, la Cour de cassation a pu rappeler que les abus de la liberté d'expression prévus et réprimés par la loi de 1881 ne peuvent être réprimés sur le fondement de l'article 1240 nouveau[447].

Le cœur de la liberté de la presse est dans la loi du 29 juillet 1881 et la Cour de cassation a voulu réduire le contournement des principes protecteurs par l'ex-article 1382 du Code civil. En 2000, l'assemblée plénière a estimé que « les abus de la liberté d'expression, prévus et réprimés par la loi du 29 juillet 1881, ne peuvent être réparés sur le fondement de l'article 1382 du Code civil »[448]. Mais la Cour ne semble pas donner une portée absolue, la protection résidant alors dans l'article 10 de la Convention européenne des droits de l'homme.

443. Cass. crim., 12 avril 2016, *D.* 2017.181, chr. E. Dreyer.

444. Ex. atteintes à la vie privée, loi 87-1133 réprimant la provocation au suicide, après le livre *Suicide, mode d'emploi,* devenue art. 223-13 à 15-1 NCP. Voir aussi l'outrage à l'hymne national et au drapeau, art. 433-5-1 CP.

445. Par ex. sur le formalisme de la citation, Cass. civ. 1re, 20 février 2013, *D.* 2013.570 et Cons. const., 17 mai 2013, n° 20163-311 QPC, *Société Ecocert France, GP,* 19-20 juin 2013, p. 9, note V. Barbe. ; Cass. civ. 1re, 3 juillet 2013, *D.* 20123.1837.

446. Ainsi, un maire peut se trouver dans une situation délicate car il devra contrôler le contenu des articles du bulletin municipal, et notamment de l'opposition puisque en tant que directeur de publication, sa responsabilité pourrait être engagée. CE, 20 mai 2016, *Commune de Chartres, AJDA* 2016.1039.

447. Cass. civ. 3e, 3 novembre 2006, *D.* 2016.2283.

448. Cass. Ass. plén., 12 juillet 2000, *Bull.* n° 8 ; *RTDC* 2000.842, obs. P. Jourdain ; Cass. civ. 1re, 10 avril 2013, *D.* 2014.131, note C. Bigot et 508, obs. E. Dreyer ; Cass. Ass. plén., 15 décembre 2013, *D.* 2013.507, obs. P. Lavric, 718, obs. Chr. Bigot et 741, note E. Dreyer ; Cass. civ. 1re, 2 juillet 2014, *Soc. Kering et Roche, D.* 2014.1498.

La Cour de cassation avait bien vu le danger avec la vie privée[449]. Il s'y ajoute aussi le droit à son image, ce qui a permis de développer sa protection avant la loi de 1970. Le juge des référés est intervenu en ordonnant des saisies. La loi de 1970 aurait dû fixer un cadre strict. En fait, le juge est allé bien au-delà. Il est vrai qu'il y avait un vide législatif alors que les textes internationaux évoquaient la question (article 12 DUDH ; article 8 Conv. EDH ; article 17 du Pacte sur les droits civils et politiques).

Le droit à la vie privée a été tardivement reconnu en France. La Cour de justice des Communautés européennes l'a considéré en 1980[450] comme un droit fondamental. Pourtant, déjà, en 1858, le tribunal civil de la Seine avait ordonné la saisie d'un dessin et de photos représentant l'actrice Rachel sur son lit de mort. « L'homme célèbre (*sic*) a le droit de mourir caché » s'était exclamé le procureur Pinard. La loi sur la liberté de la presse ne comporte qu'un article (35, al. 2 *bis*) excluant la preuve en matière de diffamation lorsque l'imputation concerne la vie privée de la personne. D'autres textes hors la loi de 1881 s'intéressent ponctuellement à la protection de la vie privée.

4.129 ▸ Mais le juge a pu sanctionner l'atteinte à la vie privée en se fondant sur l'ex-article 1382 plutôt que sur telle ou telle disposition de la loi de 1881, car cela permettait d'échapper à une procédure protectrice de l'ouvrage de presse. Dans le cadre de la loi de 1881, la saisie préventive est très difficile et la prescription n'est que de trois mois. L'ouvrage de presse est mieux protégé devant les tribunaux répressifs que devant les juridictions civiles. Le juge civil pourra ordonner la saisie mais aussi la mise sous séquestre, etc. Le mouvement a été lancé par l'affaire *Philipe*[451]. Des journalistes sans scrupule avaient photographié sur son lit d'hôpital le fils de l'acteur Gérard Philipe. La mère avait obtenu la saisie des exemplaires de l'hebdomadaire par le juge des référés, décision confirmée par la cour d'appel de Paris. En 1966, la saisie d'un journal évoquant la vie privée d'une chanteuse certes mineure[452] mais ayant besoin de publicité, était ordonnée.

Le juge devait s'efforcer de poser certaines limites en exigeant une « immixtion intolérable » et en prenant en compte le comportement de la victime[453] tout en reconnaissant que « tout individu peut user d'un repentir pour exiger le secret »[454]. En 1970, le Parlement adoptait enfin une loi qui instaurait un nouvel article 9 du Code civil affirmant le droit à la vie privée et sanctionnait diverses infractions pénales relatives à la vie privée et à la représentation de la personne (art. 226-1 à 226-9 du NCP). C'était aussi la prise de conscience d'innovations techniques sophistiquées permettant des atteintes de plus en plus graves et de plus en plus insidieuses à la vie

449. Cass. civ. II, 27 novembre 1963, *JCP* 1965, II, 14443, obs. R.L.

450. CJCE, 26 juin 1980, *National Panasonic, Rec. CJCE*, 2033 concl. J.-P. Warner.

451. Paris, 14ᵉ Ch., 13 mars 1965, *Dame Philipe c/ France Éditions et Publications, JCP* 1965, II, 14223 ; Cass. civ. II, 12 juillet 1966, *SARL France Éditions et Publications c/ Veuve Gérard Philipe, D.* 1967.181, note P. Mimin qui confirme.

452. Paris 1966, *Soc. La France continue c/ R. Gall*, et Cass. civ. 2ᵉ, 25 novembre 1966, *Bull. civ.* n° 929 ; *Gaz. Pal.* 1967, I, 201.

453. Paris, 1ʳᵉ Ch., 6 juillet 1965, *Pablo Ruiz Picasso c/ Éd. Calmann-Lévy, Gaz. Pal.* 1966, I, 39.

454. Paris, 1ʳᵉ Ch., 15 novembre 1966, *SA Presse Office c/ Gunter Sachs, D.* 1967. 182, note P. Mimin.

privée. L'article 9 établit un double mur de la vie privée car il prévoit, outre la protection de la vie privée, celle de l'intimité de la vie privée. Seule cette dernière peut permettre des mesures ordonnées par le juge, et s'il y a urgence, en référé[455]. Mais où est la frontière entre vie privée et intimité de la vie privée ?

4.130 ▸ Le juge s'est fondé aussi sur le Nouveau Code de procédure civile (articles 808 et 809) pour sanctionner les abus de la liberté de la presse en faisant fi de l'article 51 de la loi de 1881[456]. Il a ordonné des mesures de saisie pour faire cesser l'« atteinte intolérable à la personne ». Le juge est devenu plus sévère. Le trouble visé par l'article 809 doit être constitué « soit par une atteinte intolérable ou une intrusion injustifiée dans l'intimité de la vie privée d'une personne physique, soit par une agression dont la violence extrême ou la répétition délibérée mettent la personne visée dans l'impossibilité absolue de se défendre et de répondre aux attaques qui lui sont portées, sauf à subir les effets de ce qui ne serait qu'une pure et simple persécution »[457].

Pourtant le droit au respect de la vie privée est une liberté fondamentale, tout au moins au sens de l'article L. 521-2 du Code de justice administrative[458].

4) Droit de réponse et droit de rectification

4.131 ▸ La protection des particuliers ne relèvera pas exclusivement des tribunaux, dont les sanctions interviennent souvent trop tard. Elle peut se faire plus rapidement à travers le droit de réponse prévu par l'article 13 de la loi de 1881. Toute personne physique ou morale nommée ou désignée ou mise en cause peut répondre dans l'année qui suit par une réponse de même longueur que l'article contesté sans aller au-delà de 200 lignes. Si la personne est décédée, les héritiers pourront intenter l'action, mais sous certaines réserves. Cette réponse doit être publiée dans les trois jours pour les quotidiens ou dans le numéro qui suit le surlendemain de la réception pour les périodiques. La publication doit être intégrale, à la même place et dans les mêmes caractères. Le refus sera possible si la réponse est trop longue, nuit à l'ordre public, est contraire à l'intérêt des tiers, porte atteinte à l'honneur ou à la considération du journaliste ou du journal. Si le refus est infondé, il y a possibilité d'insertion forcée. Prévu pour la radiotélévision (cf. *infra*), le droit de réponse a été étendu aux services de communication au public en ligne par la loi du 21 juin 2004 sur la confiance dans l'économie numérique (art. 6-IV).

4.132 ▸ Différent du droit de réponse, le droit de rectification (article 12 loi 1881) pour les dépositaires de l'autorité publique est possible pour les actes rapportés de façon inexacte, la rectification ne pouvant dépasser le double de

---

455. Dans une affaire très médiatisée, le juge a pu ordonner l'insertion d'un encart rapportant la condamnation judiciaire dans un livre. TGI Paris, réf., 26 février 2013, *D.* 2013.569, obs. P. Mbongo.

456. Sur la distinction entre diffamation et atteinte à la vie privée à propos d'une photo, cf. Cass. civ. 1re, 16 janvier 2013, *D.* 2013.249 et 255 note E. Decaux.

457. Paris Ref., 8 novembre 1965, *Kolingba et autres c/ Delpey et autres, D.* 1986, Somm. 190 ; Paris, 11 juillet 1986, *Dame Villemin et autres c/ Veuve Laroche et autres, JCP* 1987, II, 20754 obs. P. Auvret ; *D.* 1987.107, note R. Lindon.

458. CE, Ord. Réf. 25 octobre 2007 *Mme Y*, *AJDA* 2007, chr. 2063, Z. Aït el-Khadi.

l'article incriminé. Elle sera publiée « en tête du plus prochain numéro », c'est-à-dire à la une. Peu utilisé, il ne concerne que la presse écrite.

5) Interdiction totale ou partielle d'informations et de publications

4.133 › Certains lieux ignorent la liberté de la presse, principalement pour la diffusion (casernes ou prisons). Mais l'interdiction d'une publication n'est plus considérée comme une mesure d'ordre intérieur[459].

a) Les informations interdites

4.134 › Les exceptions qui auraient dû disparaître en 1881 se sont plutôt développées.

Certaines concernent la défense nationale et se situent en général hors de la loi de 1881. Outre l'état de siège ou l'état d'urgence (jusqu'en 2015), on citera le décret-loi du 24 août 1939 sur l'organisation de la nation en temps de guerre, les informations de nature à nuire à la défense nationale (413-9 à 413-12 NCP), les brevets intéressant la défense nationale (loi du 2 janvier 1968).

Des informations ne peuvent être diffusées car couvertes par le secret défense, les règles l'entourant étant considérées comme conformes à la constitution[460]. Il s'agit des « procédés, objets, documents, informations, réseaux informatiques, données informatisées ou fichiers intéressant la défense nationale qui ont fait l'objet de mesures de classification destinées à restreindre leur diffusion ou leur accès » (art. 413-9 CP). La loi du 29 juillet 2009 relative à la programmation militaire 2009-2014 a étendu cette notion aux lieux où les documents peuvent être conservés. Mais l'interdiction n'est pas absolue, pouvant être levée par le juge sans pour autant être portée à la connaissance des parties[461].

4.135 › Quelques restrictions intéressent la moralité publique ou la protection de certaines personnes mais les incriminations sont souvent trop larges. Ces dispositions sont peu appliquées, sinon la rubrique « faits divers » de la presse serait indigente. Ainsi, elles prohibent la publication de photographies, dessins ayant pour objet la reproduction des circonstances de certains crimes ou délits. L'article 38, alinéa 3 interdisant la publication de tout ou partie des circonstances des crimes et délits a été jugé incompatible avec les articles 6, 7 et 10 de la Conv. EDH[462] et abrogé par la loi du 25 juin 2001. L'article 35 *quater* (loi du 15 juin 2000) vise le délit de diffusion sans l'accord de l'intéressé, de l'image des circonstances d'un crime ou d'un délit portant gravement atteinte à la dignité de la victime qui reprend l'ancien article 26. Des interdictions s'appliquent aux informations relatives aux mineurs (art. 14, ord. du 2 février 1945 sur les mineurs délinquants concernant les débats des tribunaux pour enfants ; art. 39 *bis* loi de 1881 sur les mineurs en fugue, délaissés, qui se sont suicidés,

459. CE, 10 octobre 1990, *Garde des Sceaux c/ Hyver, Rec.* 911, conforté par la jurisprudence de la CEDH ; CEDH, 19 décembre 1994, *Vereinigung Demokratischer Soldaten Österreichs et Gubi c/ Autriche*, A. 302.
460. Cons. const., C 2011-192 QPC, 10 novembre 2011, précité.
461. CE, 31 juillet 2009, *Assoc. AIDES et autres, AJDA* 2009.1517.
462. Cass. crim., 20 février 2001, *D.* 2001.3001, note P. Wachsmann.

victimes d'une infraction ; article 39 *quater* sur les personnes adoptées). L'article 39 *quinquies* protège les victimes d'agression ou atteinte sexuelle. La santé publique est aussi visée (publicité pour les médicaments, les apéritifs, les maladies vénériennes)[463]. Enfin, on cherche à protéger la bonne administration de la justice et notamment le secret de l'instruction : art. 11 CPP ; commentaires avant jugement : art. 434-16 NCP ; actes d'accusation et actes de procédure criminelle ou correctionnelle avant l'audience publique : article 38, al. 1 loi 1881 conforme à la Convention EDH en raison de l'article 10, § 2 de la Convention[464] ; photographie ou enregistrement de débats judiciaires : article 39, alinéa 4 loi 1881 et art. 38 *ter* avec les limites de la « loi Barbie » de 1985 (art. L. 221-1 du Code du patrimoine) ; compte rendu de certains procès : article 39, alinéa 1 (procès en diffamation) ; secret du délibéré en cour d'assises (art. 304, CPP)[465]. On ne peut également rappeler une condamnation amnistiée[466]. Suite à la condamnation par la Cour EDH de l'interdiction d'informations sur la constitution de partie civile par l'article 2 de la loi 2 juillet 1931[467], la prohibition a disparu en 2004. Depuis la loi du 19 juillet 1977, la publication des sondages d'opinion dans la semaine précédant les élections était interdite. La Cour de cassation[468] a considéré cette interdiction comme contraire à la Convention EDH. Désormais les sondages ne sont plus interdits que la veille et le jour du scrutin. Internet et la presse étrangère avaient rendu vaine cette interdiction et perturbent toujours la réglementation actuelle. La loi Macron, par un amendement heureusement retiré, avait prévu de sanctionner la publication d'informations sur le « secret des affaires ».

b) Saisies de presse

4.136 ▸ Symbole de l'action brutale des autorités, les saisies préventives avaient été limitées de façon presque totale par la loi de 1881. L'article 49 devenu aujourd'hui 51 ne permettait que la saisie de quatre exemplaires – ce qui n'était pas une atteinte réelle – et seulement en cas d'omission du dépôt légal. Mais la loi de 1881 a été progressivement vidée de ses dispositions protectrices. Dans le cas de certaines infractions la saisie est devenue possible selon les règles du CPP. Certains considèrent que cela ne peut porter que sur quelques exemplaires « pour la manifestation de la vérité », ce que nous ne pensons malheureusement pas. L'article 61 de la loi de 1881 permet la confiscation quand il y a eu saisie préventive ou bien saisie totale lorsque celle-ci n'a pas eu lieu préventivement. Pour les autres infractions non visées par la loi de 1881, le CPP trouvera application. On pourra aussi s'appuyer sur les dispositions du CPC, lorsque par

---

463. La représentation d'œuvres comportant des fumeurs pose problème lorsqu'il s'agit de personnalités comme Albert Camus (Cf. Circ. 28 mars 2012, *AJDA* 2012.7879 ; TA Montpellier, 6 avril 2012, *M. T.*, *AJDA* 2012.737 et 1841, chr. C. Lantero.

464. Cass. crim., 22 juin 1999, *Bull. crim.* n° 146 ce qu'admet la CEDH, 24 novembre 2005, *Tourancheau et July c/ France*, *JCP* 2006, II, 10076, note E. Derieux.

465. Cass. crim., 22 mai 2016, *D.* 2016.1139 et 1727, chr. J. Pradel.

466. Cass. crim., 6 octobre 2015 ; *D.* 2016.1727, chr. J. Pradel.

467. CEDH, 3 octobre 2000, *Du Roy et Malaurie*, *RTDH* 2001.1071, obs. G. Tillement.

468. Cass. crim., 4 septembre 2001, *Ph. Amaury*. *Bull.* n° 170.

exemple la victime préférera utiliser la voie civile, comme en matière de vie privée avec les réserves exposées plus haut.

4.137 ▸ Mais les saisies peuvent être l'œuvre des autorités administratives. *A priori*, rien ne devrait le permettre. Cela avait paru totalement impossible dans un premier temps[469]. En 1935, le Tribunal des conflits était plus nuancé[470]. Suite à la saisie, au lendemain des événements tragiques du 6 février 1934, du quotidien monarchiste *l'Action française* à Paris et dans le département de la Seine, il avait considéré que cela était constitutif d'une voie de fait. En réalité, le Tribunal des conflits n'avait pas condamné en soi les saisies, mais en l'espèce, leur généralité. Par la suite, avec le rétablissement de l'article 10 CIC/30 CPP qui dotait le préfet de pouvoirs de police judiciaire en matière de « crimes ou délits contre la sûreté de l'État, et seulement s'il y a urgence », cette autorité, afin d'éviter une sanction par les juridictions administratives ou bien qu'une voie de fait ne soit prononcée, masquera les véritables saisies administratives en saisies judiciaires en ayant recours à cet article, ce qui aurait dû lui assurer une quasi-impunité. Cette question des fausses saisies judiciaires a atteint son paroxysme pendant la guerre d'Algérie et devant la timidité du juge judiciaire, le Conseil d'État a préféré, à propos de saisies opérées par le Préfet d'Alger, restituer aux saisies judiciaires leur véritable caractère de saisie administrative, considérant qu'elles visaient « à empêcher la diffusion des écrits incriminés dans la publication litigieuse » et surtout ne pas voir une voie de fait là où elle était en réalité, préférant y déceler une simple illégalité, un détournement de procédure, permettant au juge administratif de conserver sa compétence et de sanctionner. Si la saisie avait l'apparence d'une saisie judiciaire, sa réalité était pourtant celle d'une saisie administrative[471]. Le juge administratif a pu aussi réparer le préjudice[472]. L'article 30 du CPP a disparu avec son abrogation par la loi du 4 janvier 1993.

D'autres atteintes peuvent intervenir en vertu de la loi.

c) Publications étrangères

4.139 ▸ Il en était ainsi des publications dites étrangères. Celles-ci posaient des problèmes spécifiques à la fois sur le plan politique et le plan pénal. La loi du 29 juillet 1881, bouleversée sur ce point à la veille du second conflit mondial, disposait en son article 14 que le ministre de l'Intérieur pouvait interdire la circulation, la distribution ou la mise en vente des journaux ou écrits périodiques ou non, rédigés en langue étrangère ou encore de provenance étrangère ce qui faisait tomber l'élément de langue. Se posait alors une question de définition de la provenance étrangère résolue par l'idée de contrôle avec une publication « matériellement et intellectuellement de provenance étrangère ». Le Commissaire du gouvernement Braibant, estimait que « cela couvre aussi bien la Bible ou le Coran que le Courrier de l'Unesco »[473]. La pratique est allée dans le sens

469. T. confl., 25 mars 1889, *D.* 1890, III, 66.

470. T. confl., 8 avril 1935, *L'Action française*, GAJA n° 47 ; Lachaume/Pauliat, p. 354.

471. CE, Ass., 24 juin 1960, *Société Frampar et Société France Éditions et Publications*, GAJA n° 77.

472. CE, S, 4 novembre 1966, *Min. de l'Intérieur c/ Soc. « Le Témoignage chrétien »*, *JCP* 1967, II, 14914, note R. Drago ; *AJDA* 1967.32 chr. Lecat et Massot et 40, concl. Questiaux.

473. G. Braibant, concl. sur CE, 17 décembre 1958, *Min. de l'Intérieur c/ Girodias et Soc. Olympia Press.*

d'un libéralisme de plus en plus réduit. Le Conseil d'État a réagi et est passé au contrôle de l'erreur manifeste d'appréciation[474] finissant par instaurer un contrôle normal[475]. La Cour de Strasbourg a condamné la France à propos de l'interdiction de publications basques estimant que la liberté était reconnue « sans considération de frontières »[476]. En conséquence, l'article 14 a été abrogé par le décret du 4 octobre 2004[477].

d) Publications pour la jeunesse

4.140 ▸ Ce sont toutes les publications françaises et étrangères qui peuvent se trouver atteintes en vertu de la loi du 16 juillet 1949 sur les publications pour la jeunesse, modifiée par l'ordonnance du 23 décembre 1958 et la loi du 4 janvier 1967, élaborée dans un contexte de délinquance juvénile dont on accusait les bandes dessinées, mais aussi marquée par un protectionnisme à l'égard des « comics » américains. Son intitulé est inexact. Les treize premiers articles concernent exclusivement les publications pour la jeunesse. Et elle est une bonne loi sur ce point. Elle prévoit un statut pour les entreprises de publications pour la jeunesse avec certaines sujétions. Le contrôle est *a posteriori*. L'objectif reste plus de convaincre que de réprimer, notamment à travers une commission de 30 membres (15 titulaires et 15 suppléants) chargée de la surveillance et du contrôle des publications destinées à l'enfance et à l'adolescence. Les publications « ne doivent comporter aucun contenu présentant un danger pour la jeunesse en raison de son caractère pornographique ou lorsqu'il est susceptible d'inciter à la discrimination ou à la haine contre une personne déterminée ou un groupe de personnes, aux atteintes à la dignité humaine, à l'usage, à la détention ou au trafic de stupéfiants ou de substances psychotropes, à la violence ou à tous actes qualifiés de crimes ou de délits ou de nature à nuire à l'épanouissement physique, mental ou moral de l'enfance ou la jeunesse ».

Les interdictions sont rarissimes, l'importation des publications étrangères étant soumise à autorisation.

4.141 ▸ En revanche, l'article 14, sous couvert de protéger la jeunesse, comporte des dispositions visant les publications susceptibles d'être lues par les adultes. Avant 1949, il avait été admis que les pouvoirs de police administrative générale pouvaient être utilisés[478]. De même, l'article 283 du Code pénal sur l'outrage aux bonnes mœurs disparu en tant que tel et refondu dans l'article 227-24 NCP, l'article 227-23 NCP, l'article R. 38-9 relatif aux affiches

474. CE, Ass., 2 novembre 1973, *SA Libr. Maspero* précité cf. aussi CE, Ass., 30 janvier 1980, *Min. de l'Intérieur c/ SA Librairie François Maspero, AJDA* 1980.242 concl. Genevois, note Jordan ; *Gaz. Pal.* 1980, II, 586, note F. Julien-Laferrière.

475. CE, S, 9 juillet 1997, *Association Ekin, RFDA* 1997.1284, concl. Denis-Linton, note B. Pacteau.

476. CEDH, 17 juillet 2001, *Association Ekin c/ France, RDP* 2002.704, chr. M. Levinet, infirmant CE, 9 juillet 1997, *Association Ekin*, précité ; CAA Paris, 22 janvier 2002, *Reynouard, DA* 2002, n° 85 ; voir cependant la convention de 1923 pour la répression de la circulation et du trafic des publications obscènes.

477. E. Dreyer, « Restaurer le contrôle des publications étrangères », *JCP* 2006, I, 174 ; Avis du Conseil d'État n° 380.902 du 10 janvier 2008 sur la rédaction douteuse de cet article. Le site Légifrance considère cet article comme abrogé.

478. CE, 29 janvier 1937, *Publications ZED, Rec.* 131.

contraires à la décence refondu dans l'article R. 624-2 du NCP sur la diffusion de messages contraires à la décence utilisent l'arme pénale. Les pouvoirs de l'administration sur le domaine permettent aussi d'agir pour protéger la jeunesse[479].

L'article 14 peut frapper toute publication (périodiques, livres) de trois types de mesures.

Tout d'abord, il est possible d'interdire la vente, le don ou la proposition aux mineurs des « publications de toute nature présentant un danger pour la jeunesse en raison de contenus à caractère pornographique ou susceptibles d'inciter au crime ou à la violence, à la discrimination ou à la haine contre une personne déterminée ou un groupe de personnes, aux atteintes à la dignité humaine, à l'usage, à la détention ou au trafic de stupéfiants ou de substances psychotropes ». Ces mesures peuvent être aggravées en interdisant également l'exposition de ces publications à la vue du public et la publicité par voie d'affiches. Enfin, il peut être possible d'interdire en outre toute publicité. Il est évident que dans ces deux derniers cas, en voulant protéger les mineurs, on « protège » également les adultes. L'article 14 interdit aussi d'autres pratiques (vente couplée, reprise sous un autre titre, faire état de l'interdiction). L'interdiction est prononcée par le ministre de l'Intérieur soit sur avis de la commission, soit de sa propre autorité, cas le plus fréquent, l'éditeur ayant un délai de quinze jours pour présenter ses observations. Le danger pour l'éditeur réside surtout dans les mesures complémentaires issues des deux dernières interdictions. Le vendeur peut refuser de poursuivre la vente même s'il est lié par contrat. C'est une sorte de clause de conscience. La publication est exclue des sociétés coopératives de messageries de presse, ce qui est particulièrement grave et si elle a fait l'objet de deux interdictions, elle est soumise au taux majoré de TVA (33,3 %). Un dépôt préalable est exigé si trois publications d'un même éditeur ont été frappées d'interdiction. Trois exemplaires doivent être déposés au ministère de la Justice trois mois avant la mise en vente. Là encore, le juge administratif a voulu exercer un contrôle protecteur qui est le plus étendu[480]. Il contrôle la qualification juridique des faits. Certes, la plupart des publications faisant l'objet de ces mesures n'entraînent pas beaucoup de regrets et presque tous les recours ont été rejetés. Mais il y a eu à cet égard certains « dérapages » dont le plus célèbre fut sans doute celui frappant un journal bête et méchant (arrêté du 15 novembre 1970) qui avait titré de façon douteuse sur la mort du général de Gaulle. Mais était-il nécessaire de se comporter de façon bête et méchante à son égard en se fondant sur la loi de 1949 ? Le Conseil d'État a cependant considéré que la loi de 1949 correspond aux exceptions visées dans l'article 10, alinéa 2 de la Convention EDH[481]. L'application de l'article 14 est devenue rarissime.

4.142 ❯ La loi du 17 juin 1998 relative à la prévention et à la répression des infractions sexuelles ainsi qu'à la protection des mineurs s'est inspirée de la loi de 1949. Son article 33 prévoit l'interdiction de proposer, donner, louer ou vendre à des mineurs, ainsi que l'interdiction de faire de la publicité pour tout

479. CE, S, 20 décembre 1957, *SNEC, S.* 1958.73, concl. Guldner.

480. Cf. CE, 27 juin 2005, *Genka, Rec.* 255.

481. CE, 19 janvier 1990, *Société française des revues, AJDA* 1990.93, chr. Honorat et Baptiste.

document présentant un danger pour la jeunesse en raison de son caractère pornographique fixé « soit sur support magnétique, soit sur support numérique à lecture optique, soit sur support semi-conducteur », mesures intervenant après avis d'une commission administrative.

C - LA LIBERTÉ DE LA PRESSE, LIBERTÉ ÉCONOMIQUE

4.143 ▸ Aujourd'hui on semble avoir découvert l'entreprise de presse. C'est le cas avec la loi du 17 avril 2015 portant diverses dispositions tendant à la modernisation de la presse.

1) L'entreprise de presse

a) L'attente d'un statut

4.144 ▸ L'entreprise de presse n'était pas vraiment prise en considération par la loi de 1881. Cette situation a duré jusqu'à ce que dans les dernières décennies de la IIIe République apparaissent des patrons de presse qui étaient en même temps des industriels (Parfumeur Coty ; Sucrier Prouvost). La presse a été accusée d'être aux mains des puissances d'argent et d'exercer ainsi une influence néfaste sur l'opinion publique. La Libération a été l'occasion d'un bouleversement de la presse française considéré par certains comme une véritable spoliation. L'ordonnance du 26 août 1944 a interdit la publication de tous les périodiques ayant paru sous l'occupation et celle du 30 septembre 1944 la reparution des quotidiens qui avaient continué à paraître en zone Nord après le 25 juin 1940 et en zone Sud après le 26 novembre 1942. Les dates étaient arbitraires, mais cela permit de supprimer *Le Temps* et de conserver *Le Figaro*. Deux exceptions eurent lieu (*La Croix* et *La Montagne*).

b) Le statut face à l'alternance

4.145 ▸ Les concentrations ont été la règle et la presse libre, indépendante, n'a été qu'un rêve. La gauche a tenté de modifier cette situation par la loi du 23 octobre 1984. Le Conseil constitutionnel devait en réduire sensiblement la portée *intuitu personae* en sanctionnant le caractère rétroactif de la loi[482]. Lors de l'alternance de 1986, la droite adoptait la loi du 1er août 1986, malmenée à son tour par le Conseil constitutionnel[483] et modifiée par la loi du 27 novembre 1986. Depuis lors, la situation juridique est restée stable. L'intérêt de cette nouvelle approche est de s'intéresser au lecteur. « Les lecteurs... sont au nombre des destinataires essentiels de la liberté proclamée par l'article 11 de la Déclaration de 1789 »[484]. Les entreprises éditrices peuvent être une personne physique ou morale ou un groupement de droit éditant, en tant que propriétaire ou locataire, une publication de presse, cette dernière se caractérisant par son mode écrit et par sa périodicité (à intervalles réguliers). L'objectif est d'assurer la transparence et le pluralisme.

---

482. Cons. const., 84-181 DC, 10 et 11 octobre 1984, *Entreprises de presse*, Favoreu et Philip, n° 18.
483. Cons. const., 86.210 DC, 29 juillet 1986, *Loi portant réforme du régime juridique de la presse ; RDP* 1989.399 chr. L. Favoreu ; *AJDA* 1986.527, note G. Pépy.
484. Cons. const., 29 juillet 1986, précité.

Transparence

4.146 ▸ La transparence est assurée par le fait que les prête-noms sont interdits et que dans l'hypothèse où l'entreprise est une société par actions, celles-ci doivent être nominatives, leur transfert devant être autorisé par le conseil d'administration. Si le transfert conduit à céder plus du tiers du capital ou des droits de vote, l'entreprise en informe les lecteurs dans un délai d'un mois. Tout transfert de la propriété ou de l'exploitation d'un titre doit également être rendu public. Chaque numéro devra indiquer le propriétaire ou copropriétaire et s'il s'agit d'une personne morale, sa dénomination ou raison sociale, son siège social, sa forme et le nom du représentant légal et des trois principaux associés. Toute publication devra comporter le nom du directeur de la publication et du responsable de la rédaction. Mais quel lecteur se soucie de cela ? Si le directeur de la publication est un parlementaire, il devra désigner un codirecteur pour éviter un abus de son immunité.

Ces mesures toujours exigées dans l'ours du journal[485] sont de peu d'effet.

La méfiance est très forte à l'égard de l'étranger puisqu'il est interdit à l'entreprise éditrice ou ses collaborateurs de recevoir des fonds ou avantages d'un gouvernement étranger, et les étrangers ne peuvent acquérir plus de vingt pour cent d'une entreprise de presse éditant une publication de langue française, sous réserve de nos engagements internationaux notamment européens, ce qui réduit la portée de la loi.

Pluralisme

4.147 ▸ Ce concept est « une des conditions de la démocratie »[486] et même un « fondement » de celle-ci[487].

Les dispositions les plus controversées ont certainement été celles relatives au pluralisme visant à porter atteinte, puis à favoriser le groupe Hersant. Elles ont dû être revues dans un sens plus strict à la suite de l'intervention du Conseil constitutionnel. Il est interdit d'acquérir, de prendre le contrôle (notion ignorée en 1944 et visant à plus de réalisme) ou la prise d'une location-gérance d'une publication quotidienne lorsque ceci a pour effet de permettre à une personne physique ou morale ou à un groupe de personnes physiques ou morales de contrôler plus de 30 % de la diffusion sur le territoire national des publications quotidiennes de même nature.

La loi du 27 novembre 1986 a étendu ces prohibitions à l'ensemble des médias interdisant à une personne possédant un ou plusieurs quotidiens représentant plus de 20 % de la diffusion totale sur le territoire national de publications de même nature, d'être titulaire d'une autorisation relative à un service de radiodiffusion ou de télévision ou à un réseau câblé.

485. Cass. crim., 23 avril 2003, *JCP* 2003, IV, 2120 (l'ours était le surnom donné au patron d'une imprimerie).
486. Cons. const., 86-217 DC, 18 septembre 1986, *Loi relative à la liberté de communication,* précité.
487. Cons. const., 89-271 DC, 11 janvier 1990, *Dépenses électorales, RFDC* 1990.332 chr. A. Roux.

2) De l'information au lecteur

Il faut plusieurs opérations complexes pour que la publication parvienne entre les mains du lecteur.

a) Collecte des informations

Le droit à l'information

4.149 ▸ La collecte pose un problème plus général : la liberté de l'accès à l'information. La loi du 17 juillet 1978 modifiée par la loi du 6 août 2004 et l'ordonnance du 6 juin 2005 sur l'accès aux documents administratifs ont tenté d'apporter une solution[488]. L'idée a été complétée par la loi du 3 janvier 1979 sur les archives et les articles 26 et 27 de la loi du 13 juillet 1983 portant droits et obligations des fonctionnaires. La loi du 12 avril 2000 relative aux droits des citoyens dans leurs relations avec l'administration exige que les autorités administratives organisent « un accès simple *(sic)* aux règles de droit qu'elles édictent ». Tout cela s'inscrit dans l'idée de « démocratie administrative ». Avant 1978, le principe était celui du secret administratif[489]. La loi sur l'accès aux documents administratifs pose le principe inverse : information et liberté d'accès aux documents administratifs[490]. Le mode d'accès est la consultation gratuite[491] sur place, la délivrance de copies en un seul exemplaire, aux frais de la personne qui les sollicite[492] ou par courrier électronique lorsque cela est possible. En cas de défaut de réponse pendant un mois ou en cas de refus[493], l'intéressé sollicite l'avis de la Commission d'accès aux documents administratifs qui est donné dans un délai d'un mois. Dans les deux mois de réception de l'avis, l'autorité compétente est tenue d'informer l'intéressé de la suite donnée. Un recours contentieux est alors possible devant le juge administratif qui statue dans les six mois[494]. Cela a permis de préciser quels étaient les documents accessibles[495]. Ainsi, les listes électorales peuvent être communiquées à « tout

488. Elle a été intégrée complètement dans le Code des relations entre le public et l'administration par l'ordonnance n° 2015-1341 du 23 octobre 2015.

489. CE, Ass., 18 novembre 1949, *Carlier, Rec.*, 490. S, 1950, III, 49, note R. Drago ; *RDP* 1950.172, concl. Gazier, note M. Waline.

490. Tous ne sont pas accessibles. Cf. CE, 19 février 2014, *Min. de l'Éco. et des Finances c/ Soc. Speed Rabbit Pizza, AJDA* 2014.1108, note S. Rouge-Guichard, sur les documents visant des pratiques susceptibles d'être sanctionnées par une décision juridictionnelle, retenant une définition fonctionnelle et non organique.

491. Les recherches généalogiques ont suscité du contentieux notamment pour la réutilisation commerciale d'archives publiques. Le TA de Clermont-Ferrand a estimé que les services n'ont pas de pouvoir discrétionnaire pour apprécier la demande de réutilisation. (TA Clermont-Ferrand, 13 juillet 2011, *SA Notrefamille, AJDA* 2012.375, note D. Connil).

492. Cf. CADA, *Guide de l'accès aux documents administratifs*, Documentation française.

493. En cas de refus, l'autorité administrative doit nécessairement mentionner l'existence d'un recours administratif préalable devant la CADA ainsi que les délais de recours.

494. Cf. la saga Bertin depuis par ex. CE, Ass., 19 mai 1983, *Bertin, RDP* 1983.1086, concl. Denoix de Saint-Marc ; *D.* 1983.546, note Maisl et Weiner.

495. Ainsi les sujets d'examen à un centre de formation d'avocats ne sont pas des documents communicables mais des documents internes d'organisation des jurys. CE, 21 décembre 2007, *Léon, AJDA* 2008.264. Cf. aussi CE, 14 mars 2011, *Min. de l'Int., de l'outre-mer et des collectivités territoriales. c/ Comité français des scientologues contre la discrimination, AJDA* 20111.918. Mais les éléments de correction d'un concours de la fonction publique sont communicables après proclamation des résultats, CE, 17 février 2016, *CNFPT, AJDA* 2016.344, obs. M.-Ch. de Montecler. Cf. aussi l'accès aux services de la présidence de la République. Il a été considéré que cela ne portait

électeur », c'est-à-dire pas seulement aux électeurs de la commune[496]. Mais il ne devra pas y avoir d'usage commercial. Notons que dans 90 % des cas, l'administration suit la Commission d'accès aux documents administratifs qui donne en majorité des avis favorables. Mais l'administration coopère mal.

La loi du 12 novembre 2013 relative à la simplification des relations entre l'administration et les citoyens pose que le silence gardé pendant deux mois par l'autorité administrative sur une demande vaut décision d'acceptation et non plus refus[497].

Le secret défense peut être un obstacle majeur. Pour y avoir accès, il faut saisir la commission consultative du secret de la défense nationale pour obtenir la déclassification, même si la CADA est par ailleurs compétente[498]. Cependant, la loi a prévu un certain nombre de cas d'exclusion de communication[499].

La loi du 15 juillet 2008 sur les archives, à vouloir trop protéger, a fixé des délais excessifs et gêne les chercheurs, le délai pouvant aller jusqu'à 100 ans pour certains documents, des dérogations étant possibles si cela ne porte pas une « atteinte excessive aux intérêts que la loi a entendu protéger »[500].

Le principe de l'accès aux documents administratifs a été repris par l'Union européenne[501].

Les agences de presse

4.150 › La plupart des informations diffusées par un quotidien ne sont pas le résultat d'un travail original de l'entreprise de presse mais la publication d'informations fournies par les agences de presse c'est-à-dire des « organismes privés qui fournissent aux journaux et périodiques, des articles, informations, reportages, photographies et tous autres éléments et rédaction » (ordonnance du 2 novembre 1945). Celui qui dispose de cet instrument de collecte détient une puissance considérable. On peut estimer qu'il n'y en a plus que trois : Reuters, plus intéressée par les informations financières, Associated Press, agence américaine, et enfin l'Agence France-Presse (AFP) successeur de l'Agence Havas (ordonnance du 10 septembre 1944).

L'AFP, en tant qu'héritière de l'agence Havas, créée en 1832, a été la fondatrice de ce système. À côté de ces agences mondiales existent d'autres agences

---

pas atteinte à l'immunité du président de la République (TA Paris, 17 février 2012, *AJDA* 2012.113, concl. N. Rouland). Voir aussi à propos des sondages de l'Élysée, CE, 8 février 2012, *Mélenchon, AJDA* 2012. 520, note P. Rambaud. Les documents de la Commission nationale des comptes de campagne et des financements politiques dans le cadre de sa mission de contrôle des comptes de l'élection présidentielle sont des documents administratifs au titre de la loi de 1978. CE, Ass., 27 mars 2015, *CNCCFP c/Mme C et Soc. Mediapart.*

496. CE, 2 décembre 2016, *M. H., AJDA* 2016.2351, obs. J.-M. Pastor.

497. Elle s'applique depuis le 13 novembre 2014 pour les actes relevant de l'État et le 13 novembre 2015 pour les actes des collectivités territoriales.

498. CE, 20 février 2012, *Min. de la Défense et des anciens combattants, AJDA* 2012.356, 1072 et 1588, concl. D. Hedary ; CE, 1er octobre 2015, *M. B..., AJDA* 2015.1830. La consultation anticipée peut être possible.

499. Cf. art. L. 311-5 du Code des relations entre le public et l'administration. L'art. L. 311-6 mentionne les documents qui ne sont communicables qu'à l'intéressé.

500. Cf. art. L. 213-2 du Code du patrimoine. CE, 29 juin 2011, *Mme R., AJDA* 2011.1351.

501. Trib. 1re inst. UE, 6 juillet 2006, *Franchet et Byk* (aff. Jtes) T 391/03 et T70/04, *Europe*, octobre 2000, com. 273, E. Reisse.

spécialisées, par exemple dans le domaine de l'économie, du sport, des loisirs ou des photographies (CAPA, Corbis, Magnum)[502]. Le régime juridique des agences a été fixé par l'ordonnance du 2 novembre 1945, modifiée par la loi du 19 octobre 1970, et reste soumis à un système préventif, les agences devant être inscrites sur une liste établie sur la proposition d'une commission qui a cependant compétence liée dès lors que l'organisme remplit les conditions prévues par la loi. L'agence de presse doit faire l'objet d'une autorisation préalable. Les dispositions de la loi du 1er août 1986 relatives à la transparence de la presse s'appliquent.

Le régime de l'AFP a été fixé par la loi du 10 janvier 1957 qui en a fait un « organisme autonome doté de la personnalité civile et dont le fonctionnement est assuré selon les règles commerciales ». Les pouvoirs publics y ont toujours accordé beaucoup d'attention, et le problème de ses liens avec le gouvernement, notamment par les abonnements (40 % des revenus) a posé celui de sa crédibilité. Son histoire a été très agitée[503]. Emmanuel Hoog, à la tête de l'AFP depuis le 15 avril 2010 est le 12e président.

Elle produit quotidiennement 5 000 dépêches en 6 langues à partir de 200 bureaux dans 150 pays grâce à 2 326 collaborateurs dont 1 575 journalistes. Les agences affrontent une redoutable concurrence car les sources d'information sont devenues de plus en plus nombreuses et elles doivent aussi faire face aux réseaux sociaux comme Twitter ou Facebook.

b) Les journalistes

4.151 ▸ Le rôle des journalistes est bien évidemment essentiel et leur statut a pris une importance particulière. Le Code du travail, dans son article L. 7111-3, donne une définition du journaliste, à savoir « celui qui a pour activité principale, régulière et rétribuée de sa profession dans une ou plusieurs entreprises de presse, publications quotidiennes et périodiques ou agences de presse[504] et qui en tire le principal de ses ressources ». Il s'applique aussi aux « pigistes » sous réserve que les « piges » constituent l'essentiel de leurs ressources, celles-ci étant au moins le SMIC[505]. La publication de presse doit disposer d'une indépendance éditoriale[506].

Une carte d'identité professionnelle créée en 1935 (art. L. 7111-6 du Code du travail), est attribuée par la Commission de la carte d'identité professionnelle, paritaire avec huit employeurs (6 pour la presse écrite, 1 pour les agences de presse et 1 pour la communication audiovisuelle du secteur public) et huit journalistes professionnels élus par leurs pairs. Appel est possible de ses décisions devant la Commission supérieure (3 magistrats, un employeur, un journaliste), celles-ci pouvant être attaquées

502. Créée en 1947, Magnum est la dernière agence indépendante, sous forme coopérative.

503. CE, S, 24 juin 1949, *Nègre* et CE, 20 janvier 1956, *Nègre, D.* 1957.319, concl. Guionin.

504. La présomption de salariat prévue par l'art. L. 7112-1 du Code du travail s'applique à une convention liant un journaliste professionnel à une agence de presse, Cass. soc., 13 avril 2016, *Eliot Press, D.* 2016.900.

505. La Cour de cassation a dénié la qualité » de journaliste à un avocat collaborant pourtant de façon régulière depuis sept ans à un magazine pour sa rubrique juridique. Il ne pouvait prétendre au statut de journaliste car il ne tirait pas « l'essentiel de ses ressources » de cette collaboration (Soc., 7 décembre 2011, *D.* 2012.105).

506. Cass. soc., 1er décembre 2016, *D.* 2016.2523.

devant le juge administratif. La carte n'est pas réservée aux journalistes de la presse écrite. Le collaborateur d'un site Internet peut en bénéficier[507].

La loi du 4 janvier 2010 sur la protection du secret des sources des journalistes est venue donner une définition plus large du journaliste affirmant qu'il s'agit de « toute personne qui, exerçant sa profession dans une ou plusieurs entreprises de presse, de communication au public en ligne, de communication audiovisuelle ou une ou plusieurs agences de presse, y pratique, à titre régulier et rétribué, le recueil d'informations et leur diffusion au public ». Il n'est pas exigé que le journaliste tire l'essentiel de ses ressources de son activité contrairement au Code du travail.

4.152 ▸ Le caractère le plus original du statut du journaliste est sans doute dans la clause de conscience. La résiliation du contrat est certes possible (art. L. 7112-2 à L. 7112-4). La durée du préavis est d'un mois si le contrat a reçu exécution pendant moins de trois ans et de deux mois s'il l'a été plus de trois ans. Si la rupture est du fait de l'employeur et que le contrat a reçu exécution pendant plus de deux ans et moins de trois ans, le préavis est de deux mois. Si le congédiement provient de l'employeur, l'indemnité est de un mois par année de collaboration, le maximum étant de 15. Au-delà de quinze années, une commission arbitrale intervient[508].

La clause de conscience est issue de la loi du 29 mars 1935 (article L. 7112-5 du Code du travail) et permet à un journaliste de démissionner tout en bénéficiant de ses indemnités de licenciement en cas de cession du journal, de cessation de la publication, ou, notion plus difficile à cerner, en cas de « changement notable dans le caractère ou l'orientation », incompatible avec l'honneur, la réputation ou les intérêts moraux du journaliste. Cela ne concerne que le journaliste, et non l'écrivain et son éditeur[509].

4.153 ▸ La place des journalistes a pu être originale suite à la grave crise du *Monde* en 1951. À la suite d'un désaccord entre le journal et deux possesseurs de parts de la société, le conflit aboutit à la création d'une société de rédacteurs le 27 octobre 1951 détenant 28 % des parts puis 40 % en 1968. Cela représentait 21,87 % du capital et 33,33 % en droits de vote jusqu'au 2 novembre 2010[510]. Désormais la société a perdu tout contrôle. Elle se retrouve dans le « Pôle d'indépendance » avec les autres sociétés de personnel et la société de lecteurs, ce pôle ayant une minorité de blocage de 33,34 %. La formule a été reprise ailleurs.

c) Fabrication

4.154 ▸ Lorsque l'opération intellectuelle sera réalisée interviendra la fabrication, à laquelle le journaliste, en raison des nouvelles techniques de composition, participe aujourd'hui de plus en plus. En France, les mutations en la

---

507. CE, 26 juillet 2007, *Labouze*, *AJDA* 2007.1725.

508. Le Conseil constitutionnel a jugé ces dispositions conformes à la constitution. Cons. const., 2012-244/245/246 QPC, 14 mai 2012, *Société Yonne Républicaine et autre*, *JO* 15 mai 2012, p. 9097.

509. Cass. soc., 9 novembre 1961, *SA Mondiale Publications*, *Dr. soc.* 1962.564 ; *JCP* 1962, II, 12433, chr. J. Savatier.

510. *Le Monde*, 4 novembre 2010.

matière, en raison du monopole exercé par le Syndicat du livre, se passent difficilement.

d) Diffusion

4.155 ▸ Une fois l'ouvrage de presse fabriqué, il faudra le diffuser selon des techniques extrêmement variées. S'agissant des publications périodiques, la diffusion peut se faire par abonnement, portage à domicile, achat à un kiosque ou à un dépositaire[511], don ou prêt, etc. En fait, il y a deux grands types : la diffusion au numéro et la diffusion par abonnement.

La diffusion au numéro peut tout d'abord être organisée par l'entreprise elle-même, ce qui est le cas de la presse de province assez souvent ou dans certains pays étrangers comme l'Allemagne ou les États-Unis. Elle peut aussi être organisée par des sociétés de groupage. La loi du 2 avril 1947, dite loi Bichet, élaborée contre le monopole de Hachette qui dans le passé avait éliminé certains quotidiens, a affirmé le principe de la libre diffusion de la presse imprimée. Celle-ci est faite par des « sociétés coopératives de messageries de presse » qui peuvent confier cette tâche à une entreprise commerciale... ce qui a permis à Hachette de rétablir son influence, avec la création des Nouvelles Messageries de la presse parisienne (NMPP), devenues depuis décembre 2009 Presstalis, qui est une organisation technique très développée conduisant à une diffusion selon une organisation arborescente. C'est une société par actions simplifiée dont le capital est détenu par une coopérative pour les magazines (75 %) et une pour les quotidiens (25 %). Concurrentes de Presstalis, les Messageries lyonnaises de presse distribuent 20 % des titres et n'ont qu'une coopérative pour les magazines.

Avec des tarifs plus attractifs, les MLP rendent encore plus délicate la situation de Presstalis. Un accord a été conclu en octobre 2012 entre Presstalis, les éditeurs et l'État pour refondre le système de redistribution de la presse, mais les tensions subsistent[512].

Enfin, la diffusion peut être faite par colportage. C'est aujourd'hui le mode de la presse militante alors qu'au XIXe siècle cette forme était importante, ce qui explique les longs développements de la loi de 1881 consacrés à cette technique. Son exercice était soumis à une déclaration à la préfecture ou sous-préfecture ou mairie. Cela ne concernait que le colportage professionnel. Ces dispositions de la loi de 1881 ont disparu avec la loi du 9 décembre 2004 de simplification du droit. Le colportage peut être interdit par l'autorité de police administrative, notamment à proximité de certains lieux[513] mais il ne doit pas y avoir d'interdiction trop large[514]. En fait le harcèlement policier des colporteurs porte gravement atteinte à ce mode militant.

L'autre grand mode de diffusion est la diffusion par abonnement. C'est capital pour les publications car cela évite le « bouillonnage ». En outre, il y a un grand intérêt

511. Le nombre de points de vente est tombé de 29 749 en 2008 à 26 816 fin 2013.

512. *La Croix*, 4 octobre 2012 ; *Le Monde*, 22 décembre 2012.

513. CE, 30 novembre 1928, *Pénicaud et Cie nouvelle des Chalets de commodité, DH* 1929.39 ; 25 juillet 1930, *De Kervanoel, DH* 1930.497 ; 23 octobre 1936, *Union parisienne de syndicats de l'Imprimerie, DH* 1937.6.

514. CE, 30 novembre 1928, précité ; Cass. crim., 12 juillet 1934, *Chantecaille, Bull. n°* 138 ; *Gaz. Pal.* 1934, V 505.

financier car le lecteur fait une avance. Enfin, cela fidélise le lecteur. L'inconvénient est d'être sous la menace des grèves des postes ou des transports. Une autre variante de l'abonnement est le portage à domicile. Peu pratiqué en France, il est très répandu dans les pays anglo-saxons.

Mais aujourd'hui, tout cela est bouleversé par la diffusion en ligne qui pourrait conduire à la disparition de la forme traditionnelle de publication.

3) L'aide à la presse

4.156 ▸ Il s'agit d'une question essentielle pour maintenir une industrie fragile et en même temps rester en conformité avec les règles communautaires. Elle vise à aider à la diffusion de la presse et à la modernisation des entreprises, mais aussi à maintenir le pluralisme alors que les concentrations se multiplient[515].

Cette aide atteignait 1,3 milliard d'euros dans la loi de finances pour 2013 si l'on essaie de réunir tous les éléments de ce puzzle des aides[516]. Elle constitue de 7,5 % à 11 % du chiffre d'affaires des éditeurs.

Un rôle important est joué par la Commission paritaire des publications et agences de presse[517]. Elle vérifie la situation des publications au regard des articles 72 et 73 de l'annexe III du CGI et D 18 et suivants du Code des Postes et Communications électroniques. La Commission examine si la publication répond à la qualification de « journal ou périodique »[518], si elle est bien une « publication de presse »[519], si elle a bien un caractère d'intérêt général[520-521]. Elle examine si la publication correspond aux diverses conditions, à savoir comporter au moins un tiers d'informations ayant un caractère d'intérêt général[522], paraître au moins une fois par trimestre, être habituellement offerte au public à un prix marqué ou par abonnement, ne pas avoir plus de deux tiers de surface publicitaire. Il doit y avoir une « vente effective au public, au numéro ou par abonnement, à un prix marqué ayant un lien réel avec les coûts ». En outre, un régime dérogatoire existe pour les publications politiques. L'ensemble de l'aide correspond à 10 % du chiffre d'affaires des entreprises de presse, ce qui est plus que dans les pays comparables.

a) Aides directes

L'aide directe a été de 130 117 832 € en 2015, diminuant de 5 000 000.

---

515. Cons. const., 2001-456 DC, 27 décembre 2001, *Loi de finances pour 2002, Rec.* p. 37 ; *RFDC*, 2002.191, chr. L. Philip.
516. Avis D. Assouline, n° 152, Doc. Sénat 2012-2013.
517. Sur la composition, cf. Décret n° 2012-1385 du 10 décembre 2012 modifiant le décret n° 97-1065 du 20 novembre 1997. Elle est présidée par M. Pierre Bordry, conseiller d'État.
518. Cf. CE, S, 27 mai 1994, *CNRS, AJDA* 1994.568.
519. CE, 15 novembre 2006, *Soc. BMJ Limited, AJDA* 2008.54.
520. Ainsi, la réponse est négative pour une publication utilisant l'astrologie pour la bourse (CE 30 mars 2007, *Richard, AJDA*, 2008.1316) et positive pour une revue fiscale (CE, 26 juillet 2007, *Soc. Groupe Revue fiduciaire, AJDA* 2007.1832.
521. CE, 10 juillet 2009, *Soc. Lyon mag, AJDA*, 2009.1965.
522. CE, 7 août 2007, *Soc. Lyon mag, AJDA*, 2007.1947.

4.157 › Par le décret du 13 avril 2012 relatif à la réforme des aides de la presse a été créé le Fonds stratégique pour le développement de la presse qui comprend trois sections (modernisation et mutations industrielles ; investissements des services de presse en ligne ; développement du lectorat de la presse). Les crédits prévus pour 2014 étaient de 150 495 041 euros. L'objectif est de moderniser la presse française. À cette aide à la modernisation, on rattache l'aide à la modernisation sociale de la presse quotidienne existant depuis 2004, l'aide à la modernisation de la distribution de la presse quotidienne nationale, l'aide à la modernisation de la diffusion permettant les investissements.

D'autres aides interviennent pour le transport postal, le portage de la presse, la réduction du tarif SNCF et l'exonération des charges patronales pour les porteurs.

Enfin, des aides visent à sauvegarder le pluralisme à travers trois actions : l'aide aux quotidiens nationaux d'information politique à faibles ressources publicitaires instituée en 1982 et bénéficiant à *La Croix*, *L'Humanité* ; l'aide aux quotidiens régionaux, départementaux et locaux d'information politique à faibles ressources de petites annonces qui aide de petits quotidiens locaux ; l'aide à la presse hebdomadaire régionale.

b) Aide indirecte

4.158 › C'est l'aide essentielle. Elle intervient dans le domaine fiscal. On peut évoquer le taux réduit de la TVA qui est de 2,1 % en métropole et de 1,05 % dans les DOM, sauf pour les revues pornographiques ou violentes assujetties au taux de 18,6 %. Ce taux appliqué à la presse en ligne a été censuré par la CJUE[523]. On évoquera aussi la dispense de l'impôt sur les bénéfices pour provisions faites pour investissements (art. 39 *bis* CGI), et l'exonération de la contribution économique territoriale (ex-taxe professionnelle) (art. 1458 CGI). Une autre aide intervient avec les mesures en faveur des vendeurs-colporteurs et porteurs de presse (régime dérogatoire des taux de cotisation de sécurité sociale), des journalistes (calcul des cotisations sociales) et des correspondants locaux de presse (statut social). S'ajoutent encore le nouveau mécanisme de réduction d'impôts sur les sociétés pour les entreprises entrant dans le capital des entreprises de presse de publications d'information politique et générale (art. 220 *undecies* CGI) et le bénéfice du régime fiscal du mécénat pour les dons versés aux entreprises de presse.

D - CONVENTION EUROPÉENNE DES DROITS DE L'HOMME ET LIBERTÉ D'EXPRESSION

4.159 › L'article 10 s'applique tout autant à l'Internet[524].

L'une des premières affaires examinées par la Cour de Strasbourg intéressait la liberté de l'esprit. *De Becker*[525], journaliste belge condamné par un tribunal pour

523. CJUE, 5 mars 2014, *Commission c/ France et Luxembourg*. La Commission vient de proposer un alignement sur la presse écrite...
524. CEDH, 18 décembre 2012, *Yildirim c/ Turquie*, *RDP* 2013.757, chr. F. Sudre et C. Picheral.
525. CEDH, 27 mars 1962, *De Becker c/ Belgique*.

collaboration pendant la Seconde Guerre mondiale, s'était vu interdire de participer à un journal ou à toute publication. La Commission avait conclu à la violation de la liberté d'expression, car l'interdiction privait de cette liberté dans les matières autres que politiques. Cela n'apparaissait pas nécessaire au titre de l'article 10, § 2 de la Convention.

4.160 › L'affaire *Handyside c/ Royaume-Uni*[526] avait trait à la saisie d'un ouvrage, sur le fondement des lois britanniques sur les publications obscènes de 1959 et 1964. La Cour a estimé que les conditions permettant l'intervention des autorités étaient justifiées puisqu'elles étaient prévues par la loi ; elles avaient pour but de protéger la morale des jeunes, et l'article 10 § 2 accorde aux États une marge d'appréciation pour décider ce qui est nécessaire à la protection de la morale car il n'y a pas de notion européenne uniforme de la morale. Mais la restriction doit être proportionnée.

S'agissant du conflit entre liberté d'expression et morale, la CEDH a essayé de trouver un équilibre à propos de l'interdiction en Turquie des « Onze mille verges » de Guillaume Apollinaire. L'éditeur avait été condamné pénalement pour « publication obscène ou immorale, de nature à exciter et à exploiter le désir sexuel de la population » et les ouvrages saisis sans être détruits. La Cour admet que la loi poursuivait le but légitime de « protection de la morale » et qu'il n'y a pas de « notion uniforme de la morale » en Europe. Mais en l'espèce elle s'appuie sur le fait qu'il y a plus d'un demi-siècle depuis sa publication, évoque sa « consécration par l'entrée dans La Pléiade »... et qu'il s'agit d'une œuvre appartenant au « patrimoine littéraire européen » pour condamner la Turquie[527].

L'affaire *Sunday Times c/ Royaume-Uni*[528] concernait l'interdiction d'un article sur le médicament Thalidomide et la restriction au droit de commenter un procès civil. Pour la Chambre des Lords, le *« contempt of court »* était établi car cela conduisait le public à préjuger du résultat de la procédure judiciaire. Pour la Cour EDH, l'ingérence dans la liberté d'expression doit remplir trois conditions. Est-elle prévue par la loi au sens matériel ? Oui pour la Cour. Le but est-il légitime ? Oui pour la Cour. Il s'agit de « garantir l'autorité du pouvoir judiciaire ». Est-ce nécessaire pour atteindre ce but dans une société démocratique ? Non, pour la Cour qui a considéré que l'ingérence ne correspondait pas à un besoin social assez impérieux pour primer l'intérêt public. Elle n'était ni proportionnée au but légitime poursuivi ni nécessaire dans une société démocratique pour garantir l'autorité du pouvoir judiciaire[529].

---

526. CEDH, 7 décembre 1976, *Handyside c/ Royaume-Uni*, Berger, n° 216 ; Sudre, n° 7.
527. CEDH, 16 février 2010, *Akda c/ Turquie, RTDH*, 2010.769, note A. Latil.
528. CEDH, 26 avril 1979, *Sunday Times c/ Royaume-Uni*, Berger, n° 217.
529. Cf. aussi CEDH, 8 juillet 1986, *Lingens c/ Autriche*, Berger, n° 219 et CEDH, 26 avril 1995, *Prager et Oberschlick c/ Autriche, AJDA* 1995.736 chr. J.-F. Flauss.

La Cour entend protéger la liberté des journalistes[530]. Elle affirme la protection des sources « véritable attribut du droit à l'information »[531].

La question de la violation du secret de l'instruction est de plus en plus évoquée[532]. Le libéralisme de la Cour peut parfois aller très loin, comme en témoigne la troublante décision *Jersild c/ Danemark*[533] permettant des propos racistes. Il est vrai que la Cour estime que la liberté vaut pour les idées qui « heurtent, choquent ou inquiètent » ce qui peut aller très loin[534]. Dans l'affaire Aussaresses, la Cour a considéré qu'un ouvrage condamné pour apologie de crimes de guerre pouvait être considéré comme une contribution à l'histoire[535].

Les propos peuvent se situer dans l'exagération ou la provocation admissibles[536]. Mais la jurisprudence peut être complexe, « byzantine » (J.-F. Flauss) lorsqu'elle distingue à propos de la diffamation entre « déclaration de fait » et « jugement de valeur »[537]. Elle a su montrer plus de mesure au regard de propos anti-immigrés considérant qu'il s'agissait d'une incitation à la haine[538]. De même à propos d'un ouvrage condamné pour provocation à la haine et à la violence des communautés, la Cour a estimé que l'ingérence dans l'exercice du droit à la liberté d'expression était « nécessaire dans une société démocratique »[539]. La Cour cherche aujourd'hui beaucoup plus à trouver un équilibre entre la liberté d'expression et la protection des personnes[540]. Dans l'affaire *Dumas*, la Cour a jugé que Roland Dumas, qui avait été condamné pour avoir diffamé le représentant du ministère public en ayant repris ses propos tenus à l'audience dans un livre n'avait « fait qu'user dans son livre de sa liberté de relater en tant qu'ancien prévenu le récit de son propre procès »[541]. À propos de la diffamation, la Cour a contribué à l'idée de sujet d'intérêt général[542]. Elle s'est aussi prononcée le 23 avril 2015[543] dans l'affaire *Borrel* à propos de ce

530. Elle a ainsi condamné la Pologne pour l'application d'une loi du régime communiste à propos d'un journaliste qui avait publié une interview d'un homme politique sans son consentement, considérant que la crainte des journalistes d'être frappés de sanction pénale avait un effet dissuasif sur la liberté d'expression. CEDH, 5 juillet 2011, *Wizerkeniuk c/ Pologne*, ; req. n° 18990/05. La Cour n'exige pas des médias qu'ils avertissent à l'avance les personnes au sujet desquelles ils entendent publier des informations. CEDH, 10 mai 2011, *M. Mosley c/ Grande-Bretagne*, *D.* 2011.1487.

531. CEDH, 28 juin 2012, *Ressiot c/ France*, AJDA 2012.1734, chr. L. Burgorgue-Larsen ; *D.* 2012.1741.

532. CEDH, 15 décembre 2011, *Mor c/ France*, *AJDA* 2012.149, chr. L. Burgorgue-Larsen, à propos d'informations déjà publiées dans la presse et relayées par une avocate.

533. CEDH, 23 septembre 1994, *Jersild c/ Danemark*, Berger, n° 230.

534. CEDH, 21 septembre 2006, *Monnat c/ Suisse*, *AJDA* 2007.909, chr. J.-F. Flauss ; CEDH, 25 janvier 2007, *Vereinigung Bildener Künstler c/ Autriche*, *AJDA* 2007.909, chr. J.-F. Flauss à propos d'une exposition représentant plusieurs dizaines de personnalités publiques dans des situations scabreuses. L'interdiction a été jugée contraire à la CEDH.

535. CEDH, 15 janvier 2009, *Orban et autres c/ France*, *JCP* 2009, II, 10040, note E. Derieux.

536. CEDH, 7 novembre 2006, *Mamère*, *D.* 2007.1704, note J.-P. Marguénaud ; cf. aussi CEDH, 31 janvier 2006, *Giniewski c/ France*, *RFDA* 2007.1045, chr. H. Labayle et F. Sudre ; *RTDH* 2006. 839, chr. F. Docquir ; Berger n° 232.

537. CEDH, 24 avril 2007, *Lombardo et autres c/ Malte*, *AJDA* 2007.1929, chr. J.-F. Flauss ; CEDH, 21 juillet 2005, *Gunberg c/ Russie*.

538. CEDH, 16 juillet 2009, *Féret c/ Belgique*, n° 15615/07.

539. CEDH, 10 juillet 2008, *Soulas c/ France*, n° 15948/03.

540. Par ex. CEDH, 29 juillet 2008, *Flux c/ Moldavie*, *D.* 2008.2770, note L. Francois.

541. CEDH, 15 juillet 2010, *Dumas c/ France*, n° 34875/07.

542. CEDH, Grande Ch., n° 29369/10, 11 juillet 2013, *Morice c/ France*, à propos de l'affaire Borrel à Djibouti.

543. CEDH, 23 avril 2015, *Morice c/ France*.

magistrat dramatiquement disparu à Djibouti en 1995, ce qui a conduit l'assemblée plénière de la Cour de cassation à juger que la cour d'appel, en refusant le bénéfice de la bonne foi et en condamnant pour complicité de diffamation un avocat alors que les propos ne dépassaient pas les limites de la liberté d'expression admissible, insistant sur le contexte de l'affaire et que ces propos reposaient sur des bases factuelles suffisantes, avait violé l'article 10 de la CEDH[544].

On sent les difficultés de la Cour. Elle a ainsi confirmé la condamnation d'un élu appelant au boycott des productions israéliennes sur le fondement des articles 23 et 24 de la loi de 1881 pour provocation à la discrimination nationale raciale et religieuse, conception bien extensive[545].

Notons que la Cour protège le lecteur quel qu'il soit[546]. Elle a condamné la Turquie qui refusait de remettre à des détenus un journal en langue kurde auquel ils étaient abonnés[547].

4.161 ▸ La Cour a été tardivement confrontée à Internet. Elle a condamné la Turquie à propos d'une injonction en référé bloquant l'accès de tous les utilisateurs turcs à Google Sites, empêchant un requérant d'accéder à son site personnel suite à une action contre un tiers accusé d'outrage à la mémoire d'Atatürk, bloquant ainsi tous les autres sites. Cette « censure collatérale » portait atteinte à la liberté de l'information[548].

4.162 ▸ La Cour EDH, mais aussi les juridictions nationales[549], ont été confrontées à la question de la protection de la vie privée et notamment sa portée, considérant que les révélations antérieures d'un artiste célèbre affaiblissaient la protection[550]. De même si elle a estimé que les problèmes conjugaux d'une personnalité politique n'étaient pas une question d'intérêt général, il n'en allait pas de même lorsque le conjoint jouait un rôle de représentation officielle[551]. Elle a pu montrer une volonté protectrice nuancée, même à l'égard de personnalités célèbres[552] même si elle semble peu sensible à la vie privée des personnalités politiques, mais avec des limites[553].

544. Cass., Ass. plén., 16 décembre 2016.
545. CEDH, 26 juillet 2009, *Willem c/ France*, n° 10883/05. Mais voir en France, Cass. crim., 19 novembre 2013, *D.* 2013.2777.
546. CEDH, 20 janvier 2015, *Mesurt Yurtsever c/ Turquie, D.* 2015.266 (pour un détenu).
547. CEDH, n° 14946/08, 20 janvier 2015, *Mesurt Yurtsever c/ Turquie, D.* 2015.266.
548. CEDH, 18 décembre 2012, *Yildivim c/ Turquie*, req. n° 3111/10, *AJDA* 2012.171, chron. L. Burgorgue-Larsen.
549. CE, 16 mars 2011, *Conseil supérieur de l'audiovisuel, D.* 2011.2012, chr. M. Afroukh.
550. CEDH, 23 juillet 2009, *Hachette Filipacchi Associés c/ France*, n° 12268/03.
551. CEDH, 4 juin 2009, *Standard Verlags GmbH c/ Autriche*, n° 21277/05 ; CEDH, 14 janvier 2014, *Ruusimen c/ Finlande, D.* 2014.212 ; CEDH, 12 juin 2014, n° 40404/07, *Mme C. et Hachette Filipacchi associés c/ France* qui contredit Cass. civ. 1re, 27 février 2006, *RTD civ.* 2007.309, obs. J. Hauser.
552. CEDH, 24 juin 2004, req. n° 59320/00. La Cour constitutionnelle allemande a dû s'incliner (BVerfG, 26 février 2008, *Caroline Von Monaco*. Sur l'exécution de l'arrêt, voir CEDH, gr. Ch., 7 février 2012, *Von Hannover c/ Allemagne*, req. n° 40660/08 et 60 641/08, *D.* 2012.1040, note J.-F. Renucci. La Cour pose la marge d'appréciation de l'État.
553. CEDH, 14 janvier 2014, *Ruusunen c/Finlande*, n° 73579/10 et *Ojala et Etukeno Oy c/Finlande*, n° 69969/10, *D.* 2014.212, obs. C. Fleuriot.

Pour les débats judiciaires, elle laisse aux autorités une large marge d'appréciation[554].

II – LA LIBERTÉ DE LA COMMUNICATION AUDIOVISUELLE

4.163 ▸ Dernière venue des libertés de l'esprit, la liberté de communication audiovisuelle devenue plus largement liberté de communication au public par voie électronique n'a été affirmée que récemment et dans une mesure limitée, en raison notamment, mais pas exclusivement, de la rareté des fréquences. Il s'agit de toute mise à disposition du public ou de catégorie de public, par un procédé de communication électronique à savoir « les émissions, transmissions ou réceptions de signes, de signaux, d'écrits, d'images ou de sons par voie électromagnétique » qui n'ont pas le caractère d'une correspondance privée (loi du 30 septembre 1986, article 2, al. 1 et 2 et Code des postes et communications électroniques art. L. 32. 1°). Cette liberté[555] n'est « ni générale, ni absolue ». Elle ne peut exister que « dans le cadre d'une réglementation instituée par la loi ». Le Conseil constitutionnel a affirmé dès 1964[556] que « la radiodiffusion télévision française intéresse une des libertés publiques dont les garanties fondamentales relèvent de l'article 34 ». Le législateur fixe les règles de création, les rapports radio-télévision-État et les règles qui établissent le cadre général de l'organisation et du fonctionnement. En revanche, il ne peut s'agir d'une liberté fondamentale.

A - DU MONOPOLE À LA LIBERTÉ

1) La négation de la liberté

4.164 ▸ Déjà, le décret des 23-30 juillet 1793 affirmait le monopole des correspondances par signaux et il fut réaffirmé par la suite. C'est en 1921 qu'eut lieu en France la première transmission par radiodiffusion. On essaie de calquer le régime sur celui des médias les plus récents : le télégraphe, le téléphone. Les émetteurs étaient autorisés par le ministre des PTT. À partir de 1929, il n'y eut plus aucune autorisation nouvelle pour les stations privées.

Le monopole de l'émission fut confirmé avec l'ordonnance du 23 mars 1945. Toutes les autorisations accordées aux postes privés furent révoquées. On avait la dualité : liberté de réception, absence de liberté d'émission. La liberté de réception était difficile à refuser quand on sait le rôle joué par la radio pendant l'Occupation. En revanche, l'absence de liberté d'émission conduisait à un monopole ou une exclusivité des pouvoirs publics. La radiodiffusion française nationale devenait la RDF (Radiodiffusion française) puis, en 1949, la Radiodiffusion télévision française (RTF).

---

554. CEDH, 16 avril 2009, *Egeland et Hanseid c/ Norvège*, n° 34438/04 ; CEDH, Gr. Ch., 29 mars 2016, *Bédat c/Suisse*, *RSC* 2016.592, J.-P. Marguénaud, à propos de la condamnation d'un journaliste pour avoir révélé des faits couverts par le secret de l'instruction que confirme la Grande Chambre.

555. Cons. const., 82-141 DC, 27 juillet 1982, *Loi sur la communication audiovisuelle ; RDP* 1983.333 chr. Favoreu.

556. Cons. const., 64. -27, L. 17 mars 1964, *Radio Télévision française ; RDP* 1964.1125, note M. Bouyssou ; *D.* 1965. 189, note L. Hamon.

Cette dénomination est la conséquence du développement d'un nouveau médium : la télévision. C'est le 26 avril 1935 que la première émission de télévision avait été diffusée. Dès lors, les principes dégagés pour la radiodiffusion trouvaient fatalement leur transposition pour la télévision.

2) L'instabilité de la Ve République

4.165 ▸ La Ve République a lancé une longue période d'instabilité, témoignant ainsi que ce secteur était un enjeu essentiel de pouvoir. L'ordonnance du 4 février 1959 fait de la RTF un établissement public à caractère industriel et commercial sous l'« autorité du ministre de l'Information ». La loi du 27 juin 1964, créant un Office de la radiodiffusion et télévision française, maintenait ce caractère d'EPIC sous la « tutelle » du ministre. La loi du 3 juillet 1972 n'apportait pas de changement notable. Georges Pompidou affirmait que « le journaliste de télévision n'est pas un journaliste comme un autre. C'est la voix de la France ».

4.166 ▸ Les transformations issues de la réforme de 1974 seront plus profondes. La loi du 8 juillet 1974 faisait éclater l'ORTF en créant sept entités, à savoir trois sociétés nationales de télévision (Télévision française 1 ; Antenne 2 ; France régions 3), une société de radiodiffusion (Radio France), un établissement de diffusion (TDF, Télédiffusion de France) ayant le caractère d'établissement public industriel et commercial, une société d'économie mixte, société de production (SFP, Société française de production et de création audiovisuelle) dans laquelle les capitaux publics étaient majoritaires, et enfin l'Institut national de l'Audiovisuel (INA), établissement public industriel et commercial. S'il y avait un peu plus d'indépendance, ce n'était qu'apparence car les présidents des différents organes étaient nommés en Conseil des ministres. Le monopole était maintenu. Il allait se heurter aux radios libres.

3) La fin du monopole

Une décennie d'instabilité législative commençait.

4.167 ▸ La loi du 28 juillet 1978 sanctionnait les atteintes ou les violations du monopole. Suite à l'alternance politique, la loi du 9 novembre 1981 autorisait des dérogations et créait un régime transitoire pour les radios privées créées sous la forme d'associations loi 1901 et privées de publicité.

4.168 ▸ La nouvelle construction législative était réalisée par la loi du 29 juillet 1982, dite loi Fillioud, qui mettait à bas le monopole. Elle affirmait que « la communication audiovisuelle est libre » et précisait, sur le plan des principes, que « les citoyens ont droit à une communication audiovisuelle libre et pluraliste ». L'objectif de la loi était d'appréhender l'ensemble de l'audiovisuel, incluant le cinéma. Le système du monopole était aboli pour les programmes tandis que TDF conservait le monopole de la diffusion. Un organe régulateur, « clef de voûte du nouvel édifice audiovisuel » sous la forme d'une autorité administrative indépendante dont les 9 membres étaient nommés sur le modèle du Conseil constitutionnel, était créé : la Haute Autorité de l'audiovisuel. Elle nommait les présidents des sociétés nationales de radio et de télévision et attribuait les fréquences radio. Un système dual était envisagé avec un secteur public où l'autonomie financière était réduite dans la mesure où la redevance était fixée par la loi de finances et où la publicité était limitée, et un secteur privé avec d'une part des télévisions à caractère national soumises à un régime de concession de service public et d'autre part des télévisions locales, radios et services câblés soumis à une autorisation délivrée par la Haute Autorité pour les radios et par le gouvernement pour les autres. Les radios devaient avoir le statut d'association loi 1901.

La loi du 1er août 1984 apportait des changements pour les radios qui pouvaient soit avoir le statut d'association, soit celui de société. En outre, la publicité devenait possible. Les radios étaient soumises à un régime de déclaration préalable tandis que la télévision relevait de la concession de service public. Les premières concessions furent accordées juste avant la fin de la législature à des institutions de droit privé (Canal+, la Cinq) dans des conditions discutées et discutables.

4.169 ▸ La droite modifia le système mis en place avec la loi du 30 septembre 1986 dite loi Léotard. Elle était plus ambitieuse en affirmant la liberté de télécommunication. Le libéralisme économique était accru. L'idée de radio locale disparaissait et le principe des privatisations étendu, ce qui conduira à la privatisation de TF1.

En 1987 la Haute Autorité était remplacée par une nouvelle institution à la composition complexe et peu heureuse, la CNCL (Commission nationale pour la Communication et les Libertés) dont la composition relevait d'un inventaire à la Prévert. Il ne manquait que le raton laveur...

4.170 ▸ Le retour de la gauche devait entraîner un nouveau changement mais depuis la loi du 17 janvier 1989, malgré quelques modifications, c'est la stabilité qui a été de mise. Le nouveau texte revient à la seule liberté de la communication audiovisuelle. « La communication audiovisuelle est libre ». La CNCL a été remplacée par le Conseil supérieur de l'audiovisuel qui revient au système de la Haute Autorité. On affirme la domanialité de l'espace hertzien. La loi du 1er août 2000[557] a tenté de renforcer le pluralisme. Les dernières modifications essentielles ont été opérées par la loi du 9 juillet 2004, la loi du 5 mars 2007 relative à la modernisation de la diffusion audiovisuelle et à la télévision du futur[558] et la loi organique du 5 mars 2009 ainsi que les lois ordinaire et organique du 15 novembre 2013 relatives à l'indépendance de l'audiovisuel.

Le Code des postes et télécommunications est devenu le Code des postes et des communications électroniques.

557. E. Derieux, « Communication audiovisuelle : dispositif anticoncentration et garanties du pluralisme », *LPA*, 23 janvier 2001 ; D. Truchet, « Audiovisuel : la liberté de communication », *AJDA* 2000.1024.

558. Cf. Cons. const., 2007-550 DC, 27 février 2007, *Loi relative à la modernisation de la diffusion audiovisuelle et à la télévision du futur, LPA* 2007, n° 53, p. 3, chron. J.-E. Schoettl ; *RDP* 2007.1168, chron. D. Rousseau ; *RFDC* 2007.588, chr. H. Alcaraz.

La liberté totale n'est plus possible quant à l'organisation en raison des contraintes de l'environnement international et communautaire[559] et la France a ratifié la Convention européenne sur la télévision transfrontière du 5 mai 1989[560].

Mais surtout le paysage audiovisuel a été complètement bouleversé. C'est un paysage mondial avec le satellite. L'offre a été multipliée presque à l'infini avec le passage de la télévision analogique à la télévision numérique terrestre en 2005 qui passe en avril 2016 de la TNT SD à la TNT HD.

B - LE SYSTÈME RETENU

4.171 ❯ La loi ne concerne que la radio et la télévision par voie hertzienne ou satellite et le câble. Le critère de distinction important est le public. Il est « indéterminé » ou il s'agit d'une « catégorie de public »[561].

Nous sommes loin de la très large liberté qui prévaut pour la liberté de la presse. Le système en place est dual et coexistent un service public et des stations privées.

1) Le Conseil supérieur de l'audiovisuel

4.172 ❯ Le Conseil supérieur de l'audiovisuel[562] est une « autorité publique indépendante » et donc doté de la personnalité morale. Sa composition, calquée à l'origine sur celle du Conseil constitutionnel, a évolué passant de neuf à sept membres en 2017, et comprenant actuellement huit membres. Trois seront désignés par le président de l'Assemblée nationale, trois par le président du Sénat, après avis conforme de la commission en charge des affaires culturelles à la majorité des 3/5e, le président étant nommé par le chef de l'État. Le collège sera renouvelé par tiers tous les deux ans.

Le président est Olivier Schrameck[563] depuis le 24 janvier 2013.

Le mandat est de six ans et le statut garantit l'indépendance. Les membres doivent faire preuve d'une totale impartialité[564]. La mission du CSA est de garantir l'exercice de la liberté de la communication audiovisuelle. Plutôt que de réglementation, sa mission est de régulation. Son rôle est à la fois consultatif et de décision.

4.173 ❯ Le Conseil exerce des attributions consultatives sur la position de la France dans les négociations internationales, sur les cahiers des charges des sociétés et établissements relevant du secteur public et sur les décrets concernant la publicité par l'Autorité de la concurrence. Mais il a aussi des pouvoirs de décision. Son pouvoir réglementaire a été réduit par rapport à ses devanciers. Il contrôle le respect de l'expression pluraliste des programmes des sociétés

---

559. Sur le plan de la communication CJCE, 18 juin 1991, *Elleniki Radiophonia Tileorassi Anonimi Etairia*, Aff. C 260/89 qui précise les conditions admissibles du monopole télévisuel, cf. *Dr. adm.* 1991, n° 425.
560. *JO*, 30 juin 1994, p. 9418.
561. Cf. CE, 29 mai 1991, *Fédération nationale des radiorépondeurs ; JCP* 1991, IV, 348, obs. M.-C. Rouault.
562. Sur le CSA, cf. J. Morange, « Le Conseil supérieur de l'Audiovisuel », *RFDA*, 1989.235.
563. Conseiller d'État, il a été secrétaire général du Conseil constitutionnel et ancien directeur de cabinet de Lionel Jospin, comme son prédécesseur, Michel Boyon, avait été directeur du cabinet de Jean-Pierre Raffarin.
564. CE, 11 juillet 2012, *SARL Media Place Partners, AJDA* 2012.1435.

nationales (article 13)[565], le respect des cahiers des charges. Il a un pouvoir d'injonction, contrôle la publicité (art. 14), fixe les règles du téléachat (loi du 6 janvier 1988), veille à la protection de l'enfance (art. 15), intervient en période électorale pour la campagne (art. 16). Il peut assurer le respect des dispositions du Code de la propriété intellectuelle (art. 42)[566].

À l'égard du secteur public, il attribue et retire les fréquences des organismes de service public.

Le CSA nomme pour cinq ans les présidents des sociétés de l'audiovisuel public (société France Télévisions, société Radio France, société en charge de l'Audiovisuel extérieur de la France).

Il peut également ordonner l'insertion d'un communiqué dans un programme et peut saisir le parquet en cas d'infraction. Il peut aussi saisir le président de la section du contentieux du Conseil d'État qui pourra ordonner sous astreinte à une société de se conformer à ses obligations.

Mais il ne dispose pas de pouvoir réglementaire[567].

Il attribue et retire les fréquences. À l'égard du secteur privé, il délivre les autorisations pour la radio et la télévision et les réseaux câblés et dispose d'un pouvoir de sanction. Il peut suspendre l'autorisation ou une partie du programme, retirer l'autorisation, infliger des sanctions pécuniaires lourdes allant jusqu'à 3 % du chiffre d'affaires et 5 % en cas de récidive[568]. Il a retiré une fois une autorisation d'exploiter, à Numéro 23, mais la décision a été annulée par le Conseil d'État[569].

Séparant les fonctions de poursuite et d'instruction du pouvoir de sanction, la loi de 2013 a prévu que l'engagement des poursuites et l'instruction préalable sont assurés par un rapporteur nommé par le vice-président du Conseil d'État après avis du CSA[570].

Le CSA garantit l'indépendance et l'impartialité du secteur public, favorise la libre concurrence, veille à la qualité et à la diversité des programmes. Il peut formuler des propositions à ce sujet[571]-[572]. Ses délibérations ayant pour objet d'influer de

565. En revanche, cela ne joue pas pour les radios privées (CE, 27 novembre 2015, *Comité de défense des auditeurs de Radio Solidarité*, *AJDA* 2015.2297.

566. CE, 2 décembre 2009, *Soc. BFM TV*, *AJDA* 2010.974.

567. CE, 13 janvier 1995, *Société Télévision française 1* (TF1), *AJDA* 1995.406, concl. H. Toutée.

568. Le Conseil constitutionnel a considéré que la mise en demeure n'est pas une sanction mais seulement le préalable à une sanction. (Cons. const., 12 décembre 2013, n° 2013-359 QPC, *Société Sud Radio Services et autres*).

569. CE, S, 30 mars 2016, *Société Diversité France c/Conseil supérieur de l'Audiovisuel*, *AJDA* 2016.636 ; *RFDA* 2016.954 concl. L. Marion et 967 note S. Regourd. Le CSA avait estimé que Numéro 23 avait été coupable de fraude à la loi.

570. On s'est inspiré de l'Autorité de la concurrence. Cf. décret n° 2013-1196 sur la procédure de sanction, *JO* 21 décembre 2013, p. 20848. M. Régis Fraisse, conseiller d'État, a été nommé le 21 janvier 2014.

571. Ses 21 mises en demeure et 15 mises en garde sur la couverture des événements du 7-9 janvier 2015 ont été mal perçues par les médias, à la limite de la censure.

572. Le 11 février 2015, le CSA a prononcé une mise en demeure (*JO* 17 février 2015) à propos de l'attitude des médias lors de l'attaque de Charlie, qui « ont méconnu les règles élémentaires de prudence permettant d'assurer le maintien de la sécurité publique et la sauvegarde de l'ordre public ». Cf. P. Wachsmann, « Le CSA et l'information en direct », *D.* 2015.969.

manière significative sur le comportement des services de télévision peuvent faire l'objet d'un recours pour excès de pouvoir[573].

2) La liberté et ses limites

4.174 › L'article 1 affirme certes que « la communication au public par voie électronique est libre », mais il fixe les limites d'une liberté déjà précisée par le Conseil constitutionnel le 27 juillet 1982. Le législateur doit concilier la liberté avec les contraintes techniques et les objectifs de valeur constitutionnelle que sont la sauvegarde de l'ordre public, le respect de la liberté d'auteur et la préservation du caractère pluraliste des courants d'expression socioculturels.

4.175 › La liberté de réception s'applique à l'égard des programmes hertziens. Mais on rencontre certaines limites avec les « chaînes cryptées » et le câble. La liberté implique un « droit à l'antenne » (loi du 2 juillet 1966 modifiée par la loi du 29 décembre 1990 et la loi du 13 juillet 1992) dans les rapports locataires-propriétaires. Elle a un caractère universel (Directive 3 octobre 1989, art. 2-2 et conv. n° 132, Cons. Europe, art. 4).

4.176 › Le principe doit être celui du pluralisme[574] qui a été précisé par le Conseil constitutionnel le 18 septembre 1986 : « Le pluralisme des courants d'expression socioculturels est en lui-même un objectif de valeur constitutionnelle [...] le respect de ce pluralisme est une des conditions de la démocratie [...] la libre communication des pensées et des opinions ne serait pas effective si le public [...] n'était pas à même de disposer [...] de programmes qui garantissent l'expression de tendances de caractères différents dans le respect de l'impératif d'honnêteté de l'information... Les auditeurs et téléspectateurs (doivent être) à même d'exercer leur libre choix sans que ni les intérêts privés, ni les pouvoirs publics puissent y substituer leurs propres décisions, ni qu'on puisse en faire les objets d'un marché ». La loi du 1er août 2000, à cet effet, a limité le nombre de canaux que peut détenir un même opérateur et inclut la radio et la télévision par câble et satellite dans le dispositif anti-concentration « plurimédias ».

Le pluralisme doit aussi être mis en œuvre dans le respect de l'expression des divers acteurs politiques. En 1969 a été mise en place la règle des « trois tiers » (gouvernement, majorité, opposition). Ce système s'est avéré insatisfaisant oubliant les courants non représentés au Parlement et surtout le président de la République. En 2000 le « principe de référence » a essayé d'aménager cette règle, accordant aux formations non représentées « un temps d'intervention équitable ». Le CSA avait exclu toute prise en compte des interventions du chef de l'État. Le Conseil d'État, estimant sans doute que le temps de parole du président de la République n'a pas à être pris en compte dans cette règle des « trois tiers » a estimé qu'on ne pouvait

573. CE, 10 novembre 2016, *Mme G. et autres* ; *Assoc. Collectif Les amies d'Éléonore et autres* ; *Fondation Jérôme Lejeune*, *AJDA* 2016.2192 ; *AJDA* 2017.121, concl. L. Marion.

574. Cons. const., 2001-450 DC 11 juillet 2001, *Loi portant diverses dispositions d'ordre social, éducatif et culturel*, *RFDC* 2001.762, chr. D. Ribes.

« exclure toute forme de prise en compte de ces interventions dans l'appréciation du respect du pluralisme politique »[575-576].

3) L'attribution des fréquences

4.177 ▸ Le problème majeur est celui de la rareté des fréquences. L'attribution se fait d'abord au niveau international au sein de l'Union internationale des télécommunications (UIT). Puis une distinction est faite par le Premier ministre entre les fréquences attribuées aux administrations et celles dont l'attribution est confiée au Conseil (art. 21), l'article 22 précisant la mission du CSA dans la répartition de ces autres fréquences.

a) Le secteur public

4.178 ▸ Le secteur public comprend une entreprise commune société en holding dénommée France Télévisions (loi du 5 mars 2009) au sein de laquelle se trouvent 5 chaînes nationales et un réseau d'outre-mer ainsi que des filiales. La SEPT (Société européenne de programmes de télévision) est un cas original. Elle a constitué avec les deux chaînes publiques allemandes un groupement d'intérêt économique européen (Traité du 2 octobre 1990). Cette chaîne « Arte » (Association relative aux télévisions européennes) a obtenu les fréquences de l'ancienne 5. La loi du 30 décembre 1999 a permis la création de la chaîne de télévision parlementaire et civique sous le contrôle des bureaux des assemblées. De la réforme de 1974 subsiste l'Institut national de l'audiovisuel (art. 49 et 50), EPIC chargé de conserver et mettre en valeur le patrimoine audiovisuel. Il est chargé de gérer le dépôt légal des œuvres audiovisuelles. TDF est devenue une SAS et la Société française de production (SFP) est soumise totalement à la concurrence.

France Médias Monde est une société holding qui supervise et coordonne les activités des radios et télévisions publiques détenues par l'État français et ayant une diffusion internationale. Elle englobe France 24, Monte Carlo Doualiya et RFI[577], détient une participation dans TV5 Monde[578]. Le financement du secteur public résulte essentiellement de la redevance, créée en 1923 et dénommée contribution à l'audiovisuel public qui est une taxe parafiscale[579]. Elle sera de 138 euros par foyer en 2017.

L'annonce le 8 janvier 2008 par le président Sarkozy de la suppression de la publicité à la télévision a posé le problème de la compensation de cette recette. La

---

575. CE, 8 avril 2009, *Hollande et Mathus*, *AJDA* 2009.1096, chron. S.-J. Lieber et D. Botteghi ; *RDP* 2009, note J.-P. Camby ; *RFDA* 2009.351, concl. C. de Salins et chr. 588, T. Raimbaud et A. Roblot-Troizier.

576. Le Conseil supérieur de l'audiovisuel a tenté de poser les principes dans sa recommandation n° 2011-3 du 30 novembre 2011 à l'ensemble des services de radio et de télévision concernant l'élection du président de la République.

577. Née le 6 janvier 1975, c'est une radio publique financée par l'État et le ministère des Affaires étrangères (cf. loi du 2 août 2000). C'est la radio française qui a la plus forte audience.

578. Consortium de 4 chaînes de télévisions publiques dont le capital est réparti : 49 % France Télévisions, 12,64 % France Médias Monde, 11,11 % SSR (Suisse), 11,11 % RTBF (Belgique), 6,67 % Radio Canada, 4,44 % Télé Québec, 3,29 % Arte France et 1,74 % l'INA.

579. Cons. const., 60.8 DC, 11 août 1960, *Loi de finances rectificative pour 1960* ; *S.*, 1960.276, note Bourdoncle ; *D.* 1961.471, note L. Hamon ; *RDP* 1960.1016, note Waline ; *RSF* 1961.5, chr. L. Trotabas.

suppression de la publicité qui devait éviter la pression de l'audience a été en partie contournée par le parrainage qui est une forme de « publicité light ». La suppression totale de la publicité qui devait intervenir en 2016 a été reportée[580].

b) Le secteur privé

4.179 ▸ Les stations privées sont soumises par le CSA à un système d'autorisation délivrée par le CSA[581] et de cahier des charges. Canal Plus reste cependant soumis à un système de concession. Le principe d'égalité de traitement bien évidemment doit être respecté[582].

À propos de l'agrément pour les opérateurs de TNT (Télévision numérique terrestre) payante désirant passer en diffusion gratuite des critères pour le CSA ont pu apparaître à propos des demandes de Paris Première et de LCI. Le CSA doit tenir compte de la santé financière de la chaîne, des risques de disparition d'autres services en cas de diffusion gratuite et de la contribution au pluralisme et de la qualité des programmes[583].

4.180 ▸ Pour les sociétés exploitant un service par câble, l'autorisation est donnée par les communes ou groupements de communes. Les réseaux par câble sont régis par les articles 33 à 34-2 et 106 de la loi de 1986. Leur exploitation est autorisée par le CSA et délivrée pour trente ans. C'est un secteur particulièrement peu développé en France.

4.181 ▸ Le refus d'autorisation des services de radiodiffusion hertzienne terrestre (art. 29) doit être motivé[584]. La durée d'autorisation ne peut excéder cinq ans. Un rôle majeur est confié aux 16 comités techniques radiophoniques (CTR) pour instruire les demandes.

Pour la télévision hertzienne terrestre (art. 30), la durée ne peut excéder dix ans.

Enfin, les services radio et télévision par satellite (art. 31) obéissent à la même procédure que la télévision hertzienne terrestre. Le CSA dispose d'un pouvoir de sanction[585].

4.182 ▸ La loi du 30 septembre 1986 (art. 42) n'avait prévu que deux types de sanctions : suspension et retrait d'autorisation. La loi du 17 janvier 1989 a permis d'ajouter des sanctions pécuniaires (amende pouvant aller jusqu'à 5 % du chiffre d'affaires), la suspension d'une partie du programme (nouvel article 42-1-3) et la radiation. Des garanties ont été voulues par le Conseil constitutionnel dans sa décision du 17 janvier 1989. Les réserves d'interprétation

580. CE, 11 février 2010, *B. et autres, LPA* 2010, n° 50, p. 6.

581. Sur le pouvoir d'appréciation et l'étendue, CE, 15 novembre 2006, *Assoc. Zalea TV, AJDA* 2008.105.

582. CE, S, 25 juin 1993, *Société Télé Free-Dom c/ Département de la Réunion, R. adm.* 1993.553, concl. Legal ; *AJDA* 1995.75, note V. Tchen.

583. L'agrément a été refusé à Paris Première et accordé à LCI en mauvaise situation financière. CE, 17 juin 2015, *Société en commandite simple La Chaîne Info (LCI), AJDA* 2015.1180 ; *RFDA* 2015.957, concl. F. Lambolez ; CE, Ass, 13 juillet 2016, *Métropole Télévision. Paris Première, AJDA* 2016.1482.

584. CE, 18 mai 1990, *Association arménienne d'aide sociale, Lebon*, 128 ; *AJDA* 1990.772, concl. B. Stirn ; *JCP* 1990, IV, 279.

585. Cf. CE, Ass., 11 mars 1994, *CSA c/ la Cinq ; JCP* 1994, II, 22350, note M. Ch. Rouault et CE, 8 avril 1994, *AJDA* 1994.370, chr. Maugüé et Touvet ; *RFDA* 1994.429 ; *RDP* 1994.517, note J.-M. Blanquer.

formulées exigent le principe de non-rétroactivité, la proportionnalité et la définition des peines. Dans un arrêt du 11 mars 1994, le Conseil d'État insiste sur la mise en demeure exigée par le Conseil. C'est lui qui surveille les concentrations. Ainsi le Conseil d'État a précisé les limites de la concentration en confirmant la décision de l'Autorité de la concurrence retirant l'autorisation de fusion de deux bouquets pour non-respect des engagements et a rejeté un recours contre les engagements figurant dans une nouvelle autorisation[586]. Mais le Conseil constitutionnel a eu une vision trop peu contraignante. La loi du 1er février 1994 admet le renouvellement tacite, permet de porter à 49 % le capital détenu par une seule société et a accepté les seuils d'audience révisés[587]. De plus, le CSA n'est compétent qu'en France, ce qui pose un problème, ne pouvant contrôler les chaînes étrangères diffusées sur satellite.

4) Le droit de réponse

4.183 ▸ Issu de la loi du 3 juillet 1972, le droit de réponse a été repris et réglementé par la loi du 29 juillet 1982 et le décret du 6 avril 1987. Il a un caractère international (directive 1989 art. 23 et Conv. Cons. Europe art. 8). Il existe dans l'hypothèse d'imputations susceptibles de porter atteinte à l'honneur ou à la réputation et s'applique aux personnes physiques et morales. Le Conseil constitutionnel a censuré en 1982 l'exclusion des personnes poursuivant un but lucratif. Il est applicable aux associations. La demande doit être faite dans les huit jours et le texte ne doit pas excéder trente lignes pour une durée de deux minutes et l'organe en cause a un délai de huit jours pour répondre. La réponse intervient dans des conditions équivalentes à celles de l'émission, dans un délai de trente jours. En cas de refus ou de silence, le demandeur peut saisir le président du tribunal de grande instance statuant en référé qui peut ordonner la réponse sous astreinte. On remarquera que le droit de rectification prévu pour la presse n'existe pas pour l'audiovisuel.

C - CONVENTION EUROPÉENNE DES DROITS DE L'HOMME ET LIBERTÉ DE COMMUNICATION AUDIOVISUELLE

4.184 ▸ La Convention EDH n'a pas entendu permettre une totale liberté de la communication audiovisuelle et son article 10 prévoit expressément la possibilité de système d'autorisation pour la radiodiffusion et la télévision. La question essentielle du monopole s'est très vite posée. Lors de la ratification en 1974, la France avait formulé une réserve à ce propos, retirée depuis lors. La Cour cherche cependant à favoriser la liberté de diffusion d'émissions condamnant

586. CE, Ass., 21 décembre 2012, *Soc. Groupe Canal Plus, Soc. Vivendi Universal* et CE, Ass., 21 décembre 2012, *Soc. Groupe Canal Plus, AJDA* 2013.215, chr. X. Domino et A. Bretonneau qui tire les conséquences de la décision du Conseil constitutionnel (n° 2012-280 QPC, 12 octobre 2012, *Société Groupe Canal Plus et autre ; RFDA* 2013.144, chr. A. Roblot-Troizier et G. Tusseau) a déclaré conformes à la Constitution les mesures que peut prendre l'Autorité de la concurrence, considérant que le rôle de l'Autorité ne porte pas atteinte à la liberté d'entreprendre.

587. Cf. Cons. const., 93.335, 21 janvier 1994, *Loi modifiant la loi n° 86-1067 du 30 septembre 1986 relative à la liberté de communication ; RDP* 1994.98, chr. D. Rousseau.

l'interdiction préventive de diffusion, estimant que « l'information est un bien périssable dont l'intérêt est susceptible de pâtir même du plus petit retard »[588].

4.185 ▸ En 1968, la Commission EDH avait pourtant admis la possibilité du monopole[589]. Mais tout dépendait de l'organisation de celui-ci[590]. Déjà, en 1975[591], la Commission se montrait plus nuancée[592]. Dans sa décision du 22 novembre 1993 *Informationsverein Lentia et autres c/ Autriche*[593] la Cour EDH semble limiter les possibilités. Elle l'admet mais... en cas de « nécessité impérieuse ». Le contexte a bien changé.

La CJUE a cherché à maintenir une forme de concurrence[594] mais aussi à assurer la libre circulation des services d'activités audiovisuelles. Pourtant, il y a reconnaissance de la fonction de contrôle de l'État d'origine même si l'État de réception peut prendre certaines mesures à propos d'émissions comportant des infractions, mais des procédures doivent être suivies[595].

III – LA LIBERTÉ DE L'EXPRESSION ARTISTIQUE

4.186 ▸ Le temps n'est plus où la liberté d'expression, sous une forme artistique, était particulièrement redoutée des pouvoirs. Le contrôle sur ces moyens d'expression s'est bien relâché. C'est très vrai en ce qui concerne le théâtre ou les autres types de spectacles, notamment ceux qualifiés curieusement... de spectacles de curiosité. C'est également vrai aujourd'hui où le cinéma est plus envisagé sous l'angle de la liberté économique que sous celui de la liberté d'expression.

L'expression artistique a pu même être à l'origine de révolutions comme en Belgique avec « La Muette de Portici » d'Auber. Mais en théorie la liberté n'est pas absolue. Les spectacles restent pourtant soumis à un régime très libéral, différent de celui des réunions au sens de la loi du 30 juillet 1881. Ce régime est d'ailleurs beaucoup plus favorable pour le théâtre considéré comme plus noble et avec un public plus réduit que le cinéma, un peu comme le livre par rapport à la presse périodique.

4.187 ▸ La liberté de création artistique qui n'avait pas été affirmée en tant que telle mais était considérée comme l'un des aspects de la liberté d'expression a

588. CEDH, 29 mars 2011, *RTBF c/ Belgique.*

589. *X c/ Suède*, 7 février 1968.

590. Comm. 17 mai 1984, *Radio 24 c/ Suisse.*

591. *Sacchi c/ Italie*, 12 mars 1976.

592. Cf. aussi 16 décembre 1986, *Verein alternatives Lokal Radio Bern et Verein Dreyeckland Basel c/ Suisse*; 28 mars 1990, *Groppera Radio AG c/ Suisse*, Berger, n° 226.

593. CEDH, 22 novembre 1993, *Informationsverein Lentia et autres c/ Autriche*, Berger, n° 227.

594. Elle a considéré comme illicite le système de licences de retransmission des matchs de football accordant une exclusivité territoriale par État membre, CJUE, 4 octobre 2011, *Football Association Premier League Ltd. et autres*, aff. C. 403/08 et C. 429/08, *AJDA* 2011.2344.

595. Directive 89/552/CE. CJUE, 22 septembre 2011, *Mesopotamia Broadcast et Roj TV*, aff. C. 244/10 et C. 245/10, *AJDA* 2011.2347.

enfin été reconnue formellement par la loi du 7 juillet 2016[596] relative à la liberté de création, à l'architecture et au patrimoine, dont l'article 1, à la manière des grandes lois de la IIIe République, pose que « la création artistique est libre » et l'article 2 affirme que « la diffusion de la création artistique est libre ». Elle « tire sa force du principe constitutionnel de la liberté d'expression ». Pendant longtemps, elle pouvait s'inscrire dans le domaine de la police administrative ou de la répression pénale de l'obscénité ou d'autres infractions[597]. Elle a pu être appréhendée dès lors qu'elle entrait en conflit avec d'autres droits comme le droit à la vie privée, le droit à la dignité de la personne humaine[598] ou le droit à l'image. La cour d'appel de Paris a pu[599] considérer que le droit à l'image devait céder devant la liberté de création, sous réserve de certaines limitations comme l'atteinte à la dignité de la personne ou lorsque la publication aurait des « conséquences d'une particulière gravité ». Mais on a pu avoir des décisions d'un très grand libéralisme. Ainsi, la cour d'appel de Versailles a pu relaxer un rappeur aux propos inadmissibles à l'égard des femmes, estimant que le rap était « le reflet d'une génération désabusée et révoltée[600] » ! L'article 10 de la Convention EDH a ancré cette liberté[601].

4.188 ▸ Autre forme d'expression particulière, la caricature se heurte aussi à d'autres droits ou libertés, et notamment le droit au respect de la vie privée auquel se rattache le droit à l'image. L'affaire des poupées « vaudou » représentant le chef de l'État et son adversaire aux élections présidentielles a fait l'objet d'une décision curieuse. La cour d'appel de Paris a considéré que « la caricature et la satire, même délibérément provocantes ou grossières participent de la liberté d'expression et de la communication des opinions ». La Cour a jugé dans cette affaire que la mesure d'interdiction n'était pas « proportionnée et adéquate » car « spécialement attentatoire à la liberté d'expression », enjoignant seulement l'apposition d'un bandeau indiquant que l'incitation à piquer la poupée était « une atteinte à la dignité »[602]. La Cour a fait preuve d'un bien grand libéralisme.

Mais *Charlie Hebdo* a montré tragiquement la difficulté de tout caricaturer.

A - LA LIBERTÉ DU THÉÂTRE ET DES SPECTACLES

4.189 ▸ La censure théâtrale a disparu officiellement depuis l'ordonnance du 13 octobre 1945, mais elle était devenue lettre morte parce que la loi de

596. Cf. comm. J.-M. Pontier, *AJDA* 2016.2027.

597. Par ex. TGI Paris, 31e ch., 27 avril 2007, *Télérama c/ Droit des non fumeurs* à propos de la représentation artistique de fumeurs. Encore que la publicité qui est souvent création artistique essaie de se fondre dans le juridiquement ou politiquement correct comme la stupide suppression de la pipe de M. Hulot, le célèbre personnage de Jacques Tati. Une proposition de loi visant à assouplir cette représentation a été déposée par Didier Mathus fin 2010.

598. TA Versailles, 19 septembre 2015, *Association X.*, *AJDA* 2015.1727.

599. Paris, 11e ch. A, 5 novembre 2008, *D.* 2009.470, note Ch. Bigot (cf. TGI Paris, 17e ch., 9 mai 2007 et TGI Paris, 17e ch., 25 juin 2007, note A. Tricoire).

600. Versailles, 18 février 2016, *D.* 2016.833, obs. F. Laffaille et 1249, obs. M. Vivant.

601. Cass. civ. 1re, 30 janvier 2007, *D.* 2007. 497 obs. J. Daleau et 920, note S. Choisy. Cf. CEDH, 24 mai 1988, *Muller c/ Suisse*, *Rec.*, série A, n° 133.

602. Paris, 14e ch. B, 28 novembre 2008, *D.* 2009.611, note B. Edelman.

finances pour 1906 avait supprimé les crédits destinés à la rémunération des censeurs... L'ensemble des spectacles, sauf les représentations cinématographiques, fait l'objet d'une réglementation (ordonnance du 13 octobre 1945). Six catégories de spectacles sont distinguées (théâtres nationaux ; autres théâtres fixes ; tournées théâtrales et théâtres démontables exclusivement consacrés à des spectacles d'art dramatique, lyrique ou chorégraphique ; concerts symphoniques et autres, orchestres divers et chorales ; théâtres de marionnettes, cabarets artistiques, cafés-concerts, music-halls, cirques ; spectacles forains, exhibitions de chants et danses dans les lieux publics et tous spectacles de curiosité et de variété). La sixième catégorie (art. 13) est soumise au régime d'autorisation préalable[603]. Pour les cinq premières catégories, les pouvoirs de police administrative peuvent toujours être utilisés[604].

Certaines formes nouvelles ont pu susciter des difficultés comme les rave-parties (payantes) ou free parties (gratuites) (loi 15 novembre 2001 et loi du 19 mars 2003[605])[606]. Les pouvoirs des préfets se sont substitués dans ce domaine à ceux des maires, mais les pouvoirs de police administrative peuvent toujours être utilisés (cf. cas Dieudonné, *supra*).

Cette activité est bien sûr considérée aussi sous son aspect économique et avec des mécanismes d'aide à la création théâtrale ou circassienne. Mais la notion d'artiste du spectacle est définie par l'article L. 7121-2 qui énumère 13 catégories possibles[607].

B - LA LIBERTÉ CINÉMATOGRAPHIQUE

4.190 › « Le cinéma est un art, et par ailleurs une industrie » (A. Malraux).

1) Une liberté de l'esprit

4.191 › À l'origine, le cinéma était soumis au régime des spectacles de curiosité. Aujourd'hui, l'activité peut sembler suffisamment liée à l'idée de création pour être érigée à un rang plus élevé et le Conseil d'État a reconnu au cinéma le caractère de liberté publique[608].

Le cinéma fait l'objet d'un contrôle au niveau national. Il a connu de très profondes mutations avec l'apparition des complexes et des multiplexes faisant disparaître le si attachant « cinéma Paradiso »[609].

603. Cf. CE, S, 11 juillet 1975, *Clément et Association pour la défense de la culture et de la musique contemporaine*, *AJDA* 1975. 564 et 581 ; *D.* 1976.213, note Auby à propos d'un festival pop.

604. Cf. affaire *Dieudonné M'Bala M'Bala, supra.*

605. Cons. const., 2003-467 DC du 13 mars 2003, *JO* 19 mars 2003, p. 4789.

606. TA Rennes, 10 juillet 2007, *Ville de Vannes c/ Préfet du Morbihan, RFDA* 2007.1086, concl. N. Tronel ; cf. aussi TA Poitiers, 11 octobre 2007, *Aero-Club de France et autres.*

607. Cf. CE, 8 juillet 2016, *Comité radicalement anticorrida, AJDA* 2016.1959 qui y inclut les personnes employées dans les spectacles tauromachiques.

608. CE, Ass., 24 janvier 1975, *Min. de l'Information c/ Société Rome-Paris Films, RDP* 1975.286, concl. Rougevin-Baville.

609. Cf. Ph. Mouron, « Les salles de cinéma entre l'art et l'industrie », *AJDA* 2010.1862.

4.192 › Au niveau national, le cinéma est soumis à un régime de dépôt légal, ce qui n'est pas en soi une véritable entrave à la liberté. Le film doit recevoir un visa d'exploitation. La censure a été organisée en 1919 par l'institution d'une commission d'examen. Le système actuel repose sur l'ordonnance du 1er juillet 1945 et les décrets des 18 janvier 1961, 23 février 1990, 15 mai 1992, 12 juillet 2001 et 4 décembre 2003[610]. Le visa est délivré par le ministre de la Culture après avis d'une commission. L'article R. 211-12 du Code du cinéma et de l'image animée offre 5 niveaux de classification. Si le ministre souhaite aggraver la mesure, il faudra une seconde délibération de la commission. Symboliquement, la dénomination a changé : commission de classification et non plus commission de contrôle. Le ministre, s'il peut interdire totalement l'œuvre, ce qui n'a pas été fait depuis 1979, pourra permettre la vision du film par tous les publics ou bien l'interdire aux mineurs de moins de dix-huit ans, seize ans ou douze ans ou bien le classer X ou l'interdire à tous publics[611]. Il peut aussi interdire l'exportation vers certains pays. Les films à caractère pornographique classés X en vertu de la loi du 30 décembre 1975 sont soumis à un régime fiscal pénalisant, ne bénéficient d'aucune aide et doivent être projetés dans des salles particulières créant une sorte de ghetto de la misère intellectuelle. Le matériel publicitaire est également soumis à la censure. L'interdiction aux mineurs de dix-huit ans a été mise en place en 2001 afin de remédier aux effets d'un arrêt du Conseil d'État qui admettait un recours contre un visa considéré comme pas assez sévère[612]. Le juge administratif peut fixer le niveau d'interdiction souhaitable[613]. Certains films ont récemment fait l'objet de contestations en ce qui concerne le niveau de classification. *Antichrist* de Lars von Trier semble avoir connu son épilogue devant le Conseil d'État le 13 janvier 2017 qui a confirmé l'interdiction aux mineurs de 18 ans après plusieurs décisions d'annulation en raison de l'insuffisance de motivation[614]. Les films *Nymphomaniac*, volumes I et II, ont connu aussi l'annulation des visas pour des raisons différentes mais

610. C. Bugnon, « La classification des œuvres cinématographiques : l'art de faire du juge un spectateur averti », *RRJ* 2006.703.

611. Le ministre prend en compte les scènes de très grande violence. Dans le cas de leur présence, la décision sera l'interdiction simple aux mineurs de 18 ans ou interdiction avec inscription sur la liste prévue à l'art. L. 311-2 du CCIA qui prévoit la suppression d'aides financières aux établissements spécialisés dans ce type de film. S'il y a des scènes de sexe, il faudra distinguer entre les scènes non simulées qui conduisent l'interdiction aux mineurs et à la possibilité d'inscription sur la liste et les scènes simulées qui permettent les trois premiers niveaux de visa.

612. CE, S, 30 juin 2000, *Association Promouvoir, M. et Mme Mazaudier et autres, AJDA* 2000.609, chr. M. Guyomar et P. Collin ; *RFDA* 2000.1311 (à propos d'un film de Catherine Breillat...) et CE, 14 juin 2002, *Association Promouvoir, Rec.* 217. Cf. aussi CE 29 juin 2012, *Assoc. Promouvoir, Assoc. Action pour la dignité humaine, AJDA* 2012.1957, note B. Pacteau, sur les conséquences d'une annulation d'un visa insuffisamment motivé. Il faut un nouvel examen de la commission.

613. CE, 4 février 2004, *Assoc. Promouvoir c/Société Paneuropéenne Distribution*. Cf. aussi CE, 1er juin 2015, *Assoc. Promouvoir, AJDA* 2015.1599 à propos du film *Saw 3 D*, qui avait été interdit aux mineurs de 16 ans, a considéré que l'interdiction aux mineurs de 18 ans serait justifiée ; CAA Paris, 8 décembre 2015, *Assoc. Promouvoir, AJDA* 2016, note J. Sorin, à propos de la *Vie d'Adèle*, Chapitres 1 et 2, qui n'était interdit qu'aux mineurs de 12 ans ; CE, 30 septembre 2015, *Min. de la Culture et de la Communication, AJDA* 2015.2198, concl. E. Crépey, à propos du film *Love*.

614. *Libération*, 18 janvier 2017 ; cf. CE, 25 novembre 2009, *Assoc. Promouvoir et Assoc. Action pour la dignité humaine, AJDA* 2010.614 ; *JCP* 2010.675 obs. F. de La Morena ; CE, 29 juin 2012, *Association Promouvoir et Association Action pour la Dignité humaine, AJDA* 2012.1957, note B. Pacteau et 2013.1733, chr. X. Domino et A. Bretonneau.

conduisant à la même solution, l'interdiction aux mineurs de 18 ans[615]. Le film *La Vie d'Adèle*, qui avait été interdit par le ministre aux mineurs de 12 ans et assorti d'un avertissement informant de la présence de « plusieurs scènes de sexe réalistes de nature à choquer un jeune public », ne connaît pas encore sa décision définitive puisque le Conseil d'État a annulé l'arrêt de la cour administrative d'appel de Paris qui avait estimé que le ministre aurait dû interdire aux mineurs de 16 ans, et lui a renvoyé l'affaire[616].

Cette interdiction n'est pas contraire à la Convention EDH selon le Conseil d'État[617]. Le décret du 4 décembre 2003 en limite les effets trop absolus d'une façon qui peut rappeler les ouvrages condamnés autrefois pour outrages aux bonnes mœurs mais versés, en raison de leur intérêt artistique, dans les collections de l'État... Depuis 1981 aucun film n'a été totalement interdit ; le juge administratif exerce un contrôle normal. Dans l'exercice de ses pouvoirs, le ministre doit concilier les intérêts généraux et les libertés publiques[618].

Pour la période 1er janvier 2010-31 décembre 2012[619], la commission de classification a examiné 1 982 longs-métrages et 1 946 courts-métrages. 89,6 % ont été classés tous publics et 4,6 % tous publics avec avertissement. 0,08 % ont été classés interdits aux moins de 18 ans.

4.193 ▸ À côté de ce contrôle national peut exister un contrôle local exercé par l'autorité de police administrative en raison des circonstances locales souvent sous la pression de tel ou tel groupe de pression, et pas seulement pour des raisons de morale[620]. La Cour de cassation a pu préférer approuver le principe d'un texte d'avertissement pour le public[621]. Des maires ont aussi pu interdire l'affichage.

2) Une liberté économique

4.194 ▸ Mais le cinéma est aussi une entreprise. L'entreprise de production doit obtenir une autorisation pour sa création et aussi pour tourner un film. Un rôle majeur est joué par le Centre national de la cinématographie créé par la loi du 25 octobre 1946. Établissement public administratif, il dispose d'un pouvoir de sanction, pouvant prononcer des amendes, la fermeture de salles des exploitants ne respectant pas les règles de l'industrie cinématographique (Code de l'industrie cinématographique, art. 14). Un fonds de soutien de l'industrie cinématographique et de l'industrie des programmes audiovisuels, alimenté par une

---

615. CAA Paris, 12 juillet 2016, *Promouvoir Association pour la dignité humaine, AJDA* 2016.2221, note M. Le Roy.

616. TA Paris, 17 septembre 2014 qui rejette le référé et le recours pour excès de pouvoir ; CAA Paris, 8 décembre 2015, *Assoc. Promouvoir, AJDA* 2016.33, chr. J. Sorin, *RFDA* 2016.138, concl. C. Cantie ; CE, 28 septembre 2016, *Promouvoir et autres, D.* 2016.2323 ; *AJDA* 2016.2278, concl. A. Bretonneau.

617. CE, *Société Cinéditions, AJDA* 2009.544, note M. Le Roy.

618. CE, Ass., 24 janvier 1975, *Min. Inf. c/ Soc. Rome Paris Films,* précité à propos de *La Religieuse*, de Jacques Rivette, inspiré de l'œuvre de Diderot, interdit en 1967.

619. C'est le dernier rapport disponible : http://www.cnc.fr/web/fr/rapport-de-la-commission.

620. CE, S, 18 décembre 1959, *Société les films Lutetia et Syndicat des producteurs et exportateurs de films,* GAJA, n° 76 ; Lachaume/Pauliat, p. 331.

621. Cass. civ. 1re, 29 octobre 1990, *Alliance générale contre le Racisme et pour le Respect de l'Identité française et chrétienne et autre c/ M. Scorsese et autres, Bull.* n° 226.

partie des recettes d'exploitation et par la taxe sur les cassettes vidéo, aide le secteur du cinéma à survivre, parfois par des techniques originales comme l'avance sur recettes[622].

Mais les aides au cinéma sont menacées par la Commission européenne qui veut éviter les subventions pour attirer les superproductions américaines[623].

En outre les projets notamment de création ou d'extension d'équipements cinématographiques de plus de 300 places doivent être autorisés par une commission départementale d'aménagement commercial (art. L. 212-7 du Code du cinéma et de l'image animée). Appel est possible devant la Commission nationale d'aménagement commercial.

C - CONVENTION EUROPÉENNE DES DROITS DE L'HOMME ET LIBERTÉ DES SPECTACLES

4.195 › La réglementation n'est pas contraire à la Convention EDH. L'article 10, § 1 réserve aux États la possibilité de soumettre les entreprises cinématographiques à autorisation[624]. La CEDH a admis en 1994 la saisie ou la confiscation de films qui seraient constitutifs d'attaques injurieuses contre une religion, décision qui a suscité quelques controverses[625].

§ 3 – ENSEIGNEMENT ET LIBERTÉ

4.196 › C'est volontairement que nous n'intitulons pas cette section liberté de l'enseignement. S'il faut évoquer la liberté de l'enseignement, on ne peut ignorer la liberté dans l'enseignement.

I — LA LIBERTÉ DE L'ENSEIGNEMENT

A - LA LIBERTÉ DE L'ENSEIGNEMENT, LIBERTÉ FORMELLE

1) La négation du principe de liberté

4.197 › Parce que sous l'Ancien Régime l'enseignement était essentiellement sous le contrôle de l'Église, la liberté de l'enseignement a été refusée par les rédacteurs de la Déclaration de 1789. La Constitution de 1791 évoque le problème sous un autre angle avec l'instauration « d'une instruction publique commune à tous les citoyens ». Apparue à la faveur de la Constitution de l'an III qui dispose que « les citoyens ont le droit de former des établissements particuliers d'éducation et d'instruction... », la liberté devait être confisquée par Napoléon. En l'an X il faut une autorisation pour créer une école. La loi du 10 mai 1806 institue le monopole de l'Université. Les établissements privés doivent être autorisés et s'intégrer dans l'Université. En 1811 on y intègre aussi les séminaires.

622. O. Amiel, *Le financement public du cinéma de l'Union européenne*, LGDJ, BDP n° 254, 2007.

623. Sur les problèmes économiques, cf. V. Maraval, « Les acteurs français sont trop payés ! », *Le Monde*, 29 décembre 2012 qui a suscité une belle polémique.

624. CEDH, 25 novembre 1996, *Wingrove c/ Royaume-Uni*, Berger, n° 229.

625. CEDH, 20 septembre 1994, *Otto Preminger Institut c/ Autriche, RUDH* 1994, note P. Wachsmann.

La Restauration ne supprime pas pour autant ce monopole de l'Université, même si elle restaure l'influence de l'Église.

La liberté de l'enseignement apparaît progressivement au XIXe siècle. La loi *Guizot* du 28 juin 1833 l'affirme pour l'enseignement primaire, mettant fin au monopole de l'Université, la loi *Falloux* du 15 mars 1850 pour l'enseignement secondaire et la loi *Dupanloup* du 12 juillet 1875 pour l'enseignement supérieur. La Constitution de 1848, dans son article 9, affirme que « l'enseignement est libre. La liberté d'enseignement s'exerce selon les conditions de capacité et de moralité déterminées par les lois. Elle est sous la surveillance de l'État qui s'étend à tous les établissements d'éducation sans aucune exception ». D'autres textes viendront étendre cette liberté à l'enseignement spécialisé, comme la loi *Astier* du 28 juillet 1919.

2) L'affirmation du principe de liberté

4.198 › La liberté d'enseignement connaîtra des remises en cause avec les républicains au pouvoir, et la loi du 18 mars 1880 rétablit le monopole de la collation des grades pour l'État, supprimant les jurys mixtes pour les étudiants des facultés libres de l'enseignement supérieur ce qui réduit la liberté pédagogique de celles-ci. Le décret du 29 mars 1880 interdit l'enseignement aux membres des congrégations non autorisées et celui du 19 juin 1880 expulse les Jésuites. Mais la loi *Jules Ferry* du 30 octobre 1886 reconnaît, comme la loi *Falloux*, deux catégories d'écoles : écoles publiques « fondées par l'État, les départements ou les communes » et écoles privées « fondées ou entretenues par des particuliers ou des associations ». Une exception sera portée à cette liberté d'enseignement à l'égard des congrégations (lois des 1er juillet 1901 et 7 juillet 1904). L'interdiction tombera sous le régime de Vichy.

4.199 › La liberté d'enseignement sera toujours contestée. Les assemblées constituantes de 1945-1946 s'y opposeront. Pourtant, la loi du 31 décembre 1959 l'évoquera en son article 1.

Ce n'est que dans sa décision de 1977[626] que le Conseil constitutionnel la reconnaît en s'appuyant sur la loi de finances du 31 mars 1931, dont l'article 91 à propos de la gratuité des études dans la classe de cinquième, évoque le principe au détour d'une phrase : « sous réserve du maintien de la liberté d'enseignement qui est un des principes fondamentaux de la République... ». L'idée des principes avait été insérée dans le Préambule de 1946 par le MRP, dans l'espoir de faire passer la liberté de l'enseignement que l'Assemblée constituante rejetait. La décision du 18 janvier 1985[627] confirmera cette stratégie.

4.200 › La liberté de l'enseignement est assise sur le régime libéral de la déclaration préalable. Mais cela n'entraîne pas délivrance immédiate du récépissé comme pour une association. Le maire[628] ou l'inspecteur d'académie peuvent

626. Cons. const., 77-87 DC, 23 novembre 1977, *Liberté d'enseignement et de conscience*, Favoreu et Philip (éd. 2005) n° 24.

627. Cons. const., 84-185 DC, 18 janvier 1985, *Loi Chevènement, RDP* 1986.395, chr. L. Favoreu.

628. CE, 7 mars 2014, *Commune de Romagne, AJDA* 2014.953, obs M.-C. de Montecler. Le Conseil supérieur de l'éducation ne se prononce que sur des motifs tirés « des bonnes mœurs ou de l'hygiène ».

s'y opposer dans un bref délai (respectivement huit jours et un mois) si certaines conditions ne sont pas remplies. Pour l'enseignement secondaire, une déclaration est faite auprès de l'inspection académique qui dispose d'un mois (ainsi que le préfet ou le procureur de la République) pour s'opposer. En ce qui concerne l'enseignement supérieur, une déclaration doit être faite par trois administrateurs auprès du recteur qui a dix jours pour faire opposition. Il est statué en cas de conflit par le tribunal de grande instance.

B - LA LIBERTÉ DE L'ENSEIGNEMENT, LIBERTÉ RÉELLE

1) De l'interdiction à la reconnaissance de l'aide à l'enseignement privé

4.201 ❯ L'enseignement a aujourd'hui un coût qui peut être élevé.

La IIIe République affirme le principe de la gratuité de l'enseignement primaire par la loi du 16 juin 1881, la loi du 28 mars 1882 pose le principe de l'enseignement primaire obligatoire, fait perdre aux ministres des cultes leur droit d'inspection, tandis que la loi du 30 octobre 1886 interdit toute aide des collectivités locales aux établissements primaires privés et impose un personnel laïque. L'argent public doit aller à l'école publique, l'argent privé à l'école privée. Cependant la prohibition ne se retrouvait pas dans les autres degrés d'enseignement. La liberté pour l'enseignement technique était la règle. Pour l'enseignement secondaire général, l'article 69 de la loi Falloux autorisait les subventions sans qu'elles puissent excéder 1/10e des dépenses annuelles de l'établissement[629].

4.202 ❯ En dépit de très profondes polémiques, l'aide s'est progressivement instaurée.

Elle intervient avec la loi Barangé du 28 septembre 1951. Déjà le décret du 22 mai 1948 dit Poinso-Chapuis avait permis l'aide à certaines familles en difficulté, la loi Marie du 21 septembre 1951 facilitant l'octroi de bourses. La loi Barangé était une fausse aide aux élèves puisque versée non pas aux familles elles-mêmes mais à l'association de parents d'élèves de l'établissement pour l'enseignement privé, et à la caisse départementale scolaire dans l'enseignement public.

2) La loi Debré

4.203 ❯ L'aide réelle aux établissements a été l'œuvre de la Ve République avec la loi Debré du 31 décembre 1959 qui a tenté de clore le débat[630]. Elle met en place quatre situations juridiques possibles pour les établissements. Ceux-ci pourront être sous le régime du contrat d'association ou bien des contrats simples ou bien de l'intégration ou bien totalement ignorés par l'État.

Avec le contrat d'association les enseignants sont des agents publics (loi du 5 janvier 2005)[631] et les établissements sont soumis aux « règles et programmes de

629. CE, 22 février 1995, *Tiberti*, Berenger ; *Gertosio*, 2 arrêts, *AJDA* 1995.328, concl. Ch. Maugüé ; Cass. soc., 4 février 2014, *Sager c/ Institution Sainte-Clotilde*, *D.* 2014.428.

630. Cons. const., 23 novembre 1977, *Liberté d'enseignement et de conscience*, précité.

631. Cons. const., 14 juin 2013, n° 2013-322 QPC, *AJDA* 1252, obs. M.-C. de Montecler et 1987 note A. Legrand. Sur l'assimilation, CE, 15 février 2013, *Fédération nationale des syndicats professionnels de l'enseignement libre*

l'enseignement public ». Les traitements et les dépenses de fonctionnement sont à la charge de l'État. Les établissements sous contrat simple (seulement dans l'enseignement primaire) voient le recrutement des maîtres soumis à des contrats de droit privé, avec possibilité cependant d'agrément. Il y a liberté des règles et des programmes. L'État prend en charge les traitements des maîtres agréés et il y a possibilité de conventions avec les communes pour certaines dépenses. La troisième possibilité est l'intégration volontaire dans l'enseignement public, formule sans succès. Enfin le *statu quo* exclut toute aide, mais l'établissement est véritablement libre[632].

4.204 ▸ La loi Debré a connu quelques modifications (lois des 1er juin 1971 et loi du 25 novembre 1977 à la faveur de la loi Guermeur, ordonnance du 15 juin 2000). En 1981 la gauche avait un projet de « grand service public unique et laïque de l'enseignement ». Le projet Savary visant à réaliser ce service dut être retiré à la suite de grandes manifestations de protestation et la loi du 25 janvier 1985 dite Joxe-Chevènement a été substituée (ainsi que la loi Rocard pour l'enseignement agricole) de portée plus modeste. En fait, on revient à la situation de 1959. Cependant, par certaines réserves d'interprétation, le Conseil constitutionnel a pu maintenir certains acquis de la loi Guermeur en ce qui concerne le caractère propre de l'établissement pour les maîtres. Avec l'accord Lang-Couplet en 1992 on pensait le problème réglé. La tentative de révision de la loi Falloux, qui devait permettre une aide matérielle accrue, a connu à la fois l'échec politique et juridique[633]. Le Conseil a confirmé sa décision de 1977. La loi peut prévoir une « aide des collectivités publiques aux établissements d'enseignement privé ». Mais il annule certaines dispositions en se fondant sur le principe d'égalité entre les établissements privés eux-mêmes (risques de discrimination : on aidera certains et pas d'autres) et entre établissements privés et publics, les premiers pouvant être dans une situation plus favorable. La loi du 13 août 2004 a suscité quelques tensions car elle oblige les communes de résidence à financer les dépenses de fonctionnement pour des enfants scolarisés dans des écoles primaires privées hors de la commune[634]. La loi Carle du 28 octobre 2009 établissant une parité de financement entre écoles privées sous contrat d'association et écoles publiques dans ce domaine a suscité de vifs débats mais le Conseil constitutionnel l'a jugée conforme à la Constitution[635].

---

catholique, AJDA 2013.379. Pour la formation et l'exclusion des étrangers non-Européens (décret n° 2013-767 du 23 août 2013 ; CE, 19 novembre 2013, *Assoc. Sauvons l'Université et autres, GISTI et autres, Assoc. Maison des Potes-Maison de l'égalité, AJDA* 2013.2407, note M.-C. de Montecler.

632. L'enseignement privé « hors contrat » concerne au moins 140 000 élèves. Il est en « développement rapide » mais semble « insuffisamment surveillé par l'État » (cf. Rapport de la Médiatrice de l'Éducation nationale et de l'Enseignement supérieur du 30 mai 2013, *in Le Monde* 31 mai 2013).

633. Cons. const., 93-329 DC, 13 janvier 1994, *Révision de la loi Falloux ; AJDA* 1994.135, note J.-P. Costa ; *RFDC* 1994.325, chr. L. Favoreu ; *RFDA* 1994.209, chr. B. Genevois ; *RDP* 1994.609, chr. F. Luchaire.

634. TA Dijon, 28 février 2008, *Préfet de Saône-et-Loire, AJDA* 2008.926 ; CE, 2 juin 2010, *Féd. Éducation de l'UNSA et autres, AJDA* 2010.1120.

635. Cons. const., 2009-591 DC, 22 octobre 2009, *Loi tendant à garantir la parité de financement entre les écoles élémentaires publiques et privées sous contrat d'association lorsqu'elles accueillent des élèves scolarisés hors de leur commune de résidence, JO* 29 octobre 2009 ; B. Toulemonde, « La loi Carle, un compromis boiteux », *AJDA* 2009.2396. Cf. CE, 12 octobre 2011, *Commune de Clermont-Ferrand, AJDA* 27 février 2012.

L'enseignement privé représente 16,9 % de l'ensemble des enfants scolarisés. L'enseignement catholique constitue environ 95 % de l'enseignement privé. 22 % des élèves de sixième sont dans l'enseignement privé contre 13,7 % dans l'enseignement primaire. Il y a également une centaine d'écoles juives regroupant 25 000 élèves et 15 écoles réformées. 97 % des établissements privés sont sous contrat. En 2003, le lycée Averroes de Lille – aujourd'hui sous contrat d'association depuis 2008 – a été le premier lycée privé musulman. En 1990 avait été ouverte une école primaire musulmane à la Réunion. Il y a maintenant 65 établissements d'enseignement musulmans[636].

L'enseignement supérieur privé représente 436 000 inscrits, soit 18 % des effectifs globaux. La loi du 22 juillet 2013 (art. L. 731-1 à 731-19 et L. 731-1 et 2 Code de l'éducation) a créé un statut d'établissement d'enseignement supérieur privé à but non lucratif concourant aux missions de service public et devant conclure un contrat avec l'État.

II – LA LIBERTÉ DANS L'ENSEIGNEMENT

A - LA LIBERTÉ DES MAÎTRES

4.205 › La liberté peut-elle être d'enseigner sans restriction aucune ? Dans l'enseignement primaire et secondaire, certains principes ont pu être posés, principalement dans l'admirable *Lettre aux instituteurs* du 17 novembre 1883 de Jules Ferry[637], expression d'un « laïcisme libéral et intelligent » (G. Burdeau). Il s'agit de ne pas choquer les consciences. En conséquence, nous avons une laïcité négative visant à écarter toute idée religieuse. L'idée de neutralité sera réaffirmée dans la loi du 31 décembre 1959[638]. Il ne peut y avoir d'instruction religieuse (loi du 28 mars 1882) et un jour sans école permet à ceux qui le souhaitent d'avoir cet enseignement religieux hors de l'école. Ce sera le jeudi – et le rêve de la semaine des quatre jeudis –, devenu par la suite très mouvant notamment avec la réforme des rythmes scolaires[639]. Cette neutralité a été rappelée dans l'avis du Conseil d'État de 1989 : « Le principe de laïcité de l'enseignement public, qui est l'un des éléments de la laïcité de l'État et de la neutralité de l'ensemble des services publics, impose que l'enseignement soit dispensé dans le respect, d'une part de cette neutralité par les programmes et par les enseignants, et d'autre part, de la liberté de conscience des élèves ». Cela doit conduire aussi à la neutralité des programmes. Dans l'enseignement privé, le régime est à peu près libre mais la liberté des enseignants peut être

636. A. Haqueti, « L'Enseignement privé musulman dans une République laïque », *RFDA* 2009.515.

637. V. le texte *in Pouvoirs*, n° 75, 1995, p. 109 s.

638. Pour une application récente, CE, 15 octobre 2014, *Conf. nationale des assoc. familiales catholiques*, *AJDA* 2015.100 ; *D.* 2014.2451, note A. de Dieuleveult ; *AJDA* 2014.2032, obs. J.-M. Pastor.

639. Les rythmes scolaires ont été fixés par le décret n° 2013-77 du 24 janvier 2013 qui prévoit 24 heures d'enseignement sur 9 demi-journées, une journée comptant au maximum 5 heures 30 d'enseignement et une demi-journée de 3 heures 30 avec pause d'au moins 1 heure 30. CE, 2 juillet 2014, *Assoc. autonome des parents d'élèves de l'école Emile Glay ; Féd. SUD éducation*, *AJDA* 2014.1353, obs. C. de Montecler.

limitée dans leur vie privée[640] ce qui pourrait sans doute soulever des problèmes à la Cour de Strasbourg.

Dans l'enseignement public, il faut se référer à la loi d'orientation du 10 juillet 1989 et à la loi du 8 juillet 2013[641] : « Le service public de l'éducation est conçu et organisé en fonction des élèves et des étudiants [...] Le droit à l'éducation est garanti à chacun afin de lui permettre [...] d'exercer sa citoyenneté ».

La liberté du maître d'exercer le droit de grève a été réglée par la loi du 20 août 2008, après qu'a été mis en place depuis 2007 un système d'accueil des élèves en cas de grève, obligeant les personnels à se déclarer grévistes quarante-huit heures à l'avance, et rendant obligatoire pour les communes l'organisation de ce système minimum dès lors qu'il y a plus de 25 % d'enseignants en grève[642].

B - LA LIBERTÉ DES ÉLÈVES

4.206 ▸ Les droits et les obligations des élèves sont déterminés à l'article 10. La liberté d'information et d'expression s'exerce « dans le respect du pluralisme et du principe de neutralité » ce qui a été précisé par le décret du 18 février 1991. Ces droits doivent « s'exercer dans le respect du principe de laïcité du service public ». Est interdit tout acte « de prosélytisme et de propagande »[643]. Peuvent être créées des associations dont « l'objet et l'activité sont compatibles avec les principes du service public de l'enseignement » sans objet ou activité de caractère politique ou religieux. On permet la liberté de diffusion de journaux sans contrôle préalable. La liberté de réunion des élèves doit obéir au principe de neutralité[644]. Beaucoup d'élèves sont majeurs, donc électeurs[645].

Pour les enseignés se pose la question de l'obligation scolaire. Il n'y a pas de liberté de refus de l'enseignement. La loi du 28 mars 1882 a posé le principe de l'obligation scolaire qui va de 6 à 16 ans, l'extension s'étant faite progressivement (Ord. 6 janvier 1959 et loi du 11 juillet 1975).

---

640. Cf. Cass. ch. mixte, 17 octobre 1975, *D.* 1976.511, note P. Guiho ; *JCP* 1976 II 18238, note Lindon et Ass. plénière 19 mai 1978, *Dame R... c/ Assoc. pour l'éducation populaire de Sainte-Y...* ; *D.* 1978.451, concl. Schmelck, note Ph. Ardant.

641. Loi n° 2013-595 du 8 juillet 2013 d'orientation et de programmation pour la refondation de l'école de la République, *JO* 9 juillet 2013, p. 11379.

642. Cons. const., 7 août 2008, n° 2008-569 DC, *Loi instituant un droit d'accueil pour les élèves des écoles maternelles et élémentaires pendant le temps scolaire, AJDA*, 2008.2410, note M. Verpeaux ; *RFDA* 2008.1242, note Th. Rambaud ; *Dr. soc.* 2009.147, chr. V. Bernaud ; *RFDC* 2009.206, note P. Monge ; *LPA* 5 septembre 2008, note Fl. Chastiel.

L. Janicot, « Le conflit relatif au service minimum d'accueil », *AJDA* 2009.292 s. ; Ph. Raimbault, « Premières précisions du Conseil d'État sur le service minimum d'accueil », *JCP Adm.* 2009.2273.

643. TA Paris, 23 novembre 2012, *Conférence nationale des associations familiales catholiques et autres, AJDA* 2013.427, concl. L. Guilloteau.

644. Cf. CE, 8 novembre 1985, *Ministre de l'Éducation nationale c/ Rudent, Dr. adm.* 1985 n° 592 ; *AJDA* 1985.745 ; *RDP* 1986.244, note F. Llorens ; CE, 6 novembre 1991, *Ministre de l'Éducation nationale c/ CNGA, RFDA* 1992. 163 ; CE, 1er mars 1993, *Min. d'État, Min. Éducation nationale, de la jeunesse et des sports c/ Assoc. des parents d'élèves de l'enseignement public, AJDA* 1993.881, note B. Toulemonde.

645. Sur les limites de la liberté d'expression à propos d'un élève portant un tee-shirt avec la mention « Palestine libre » et exclu CAA Lyon, 2 mai 2013, *Mlle D., AJDA* 2013.1838.

L'enseignement compte trois cycles pédagogiques : cycle des apprentissages premiers (école maternelle) ; cycle des apprentissages fondamentaux (grande section école maternelle et deux premières années école élémentaire) ; cycle des approfondissements (trois dernières années école élémentaire)[646].

Mais l'enseignement est organisé bien avant avec les écoles maternelles. Une circulaire[647] et l'article L. 113-1 du Code de l'éducation[648] viennent encourager une scolarisation précoce alors que le Conseil d'État avait considéré qu'il n'y avait pas de droit à la scolarisation des moins de trois ans[649].

Cette obligation est aussi liée au « droit à l'égal accès de l'enfant et de l'adulte à l'instruction » « garanti » par la Nation et supposera des adaptations notamment pour permettre aux enfants handicapés d'accéder à une scolarité adaptée, ce qui est une « liberté fondamentale »[650-651].

La question des activités périscolaires a suscité débat. Elles doivent être financées par les communes. Un fonds de soutien est prévu.

4.207 ▸ L'obligation d'assiduité peut poser un problème. Elle est impérative et sa méconnaissance peut entraîner des sanctions touchant la famille[652]. Des dispositions suspendant les allocations ont été abrogées. Sont proposés une « aide et accompagnement adaptés et contractualisés »[653]. L'obligation peut aussi se heurter à certaines libertés comme la liberté religieuse[654]. Le Conseil d'État a refusé d'annuler l'article 8 du décret du 18 février 1991 et constate que ce texte n'interdit pas « aux élèves qui en font la demande de bénéficier individuellement des autorisations d'absence nécessaires à l'exercice d'un culte ou à la célébration d'une fête religieuse, dans le cas où ces absences sont compatibles avec l'accomplissement des tâches inhérentes à leurs études et avec le respect de l'ordre public dans l'établissement ». Le respect du samedi pour les israélites

---

646. Art. D. 321-2, Code de l'éducation.

647. Circulaire du 18 décembre 2012, *BOEN* 15 janvier 2013, NOR : MENE 124268C).

648. « Tout enfant doit être accueilli à l'âge de trois ans, dans une école maternelle ou une classe enfantine ». En l'absence d'école maternelle, les enfants de cinq ans sont admis à l'école élémentaire dans une section enfantine (art. D. 113-1). CE, 18 mars 2015, *Min. de l'Éducation nationale c/ Assoc. École et territoire.*

649. CE, 19 décembre 2012, *Min. Ed. Nationale*, req. n° 338721, *AJDA* 2013.7 ; la loi sur la refondation de l'école veut favoriser la scolarisation des moins de trois ans. Ce n'est pas un « cours d'enseignement général » au sens de l'UE (CAA Bordeaux, 17 février 2014, *AJDA* 2014.1803).

650. CE, 15 décembre 2010, *Min. de l'EN, de la jeunesse et de la vie associative c/ M. et Mme P., AJDA* 2011.858, note P.-H. Prélot ; *D.* 2011.1126, note Y. Dagorne-Labbe ; CAA Nantes, 14 novembre 2014, *Cts A..., AJDA* 2015 ; 31, note T. Giraud. Cf. Rapport Paul Blanc au président de la République sur la scolarisation des enfants handicapés, http://www.elysee.fr/president/root/bank-objects/Rapport-scolarisation-des-enfants-handicapes.pdf. ; CAA Versailles, 19 avril 2016, *M. B. et Mme D*, https://www.legifrance.gouv.fr/affichJuriAdmin.do?oldAction=rechJuriAdmin&idTexte=CETATEXT000032443928&fastReqId=101446512&fastPos=1. à propos d'un enfant autiste accompagné par un chien d'assistance. Il faut une décision de la commission des droits et de l'autonomie des personnes handicapées.

651. Les droits connaissent des limites. Ainsi le changement de classe est une mesure d'ordre intérieur s'il n'a pas d'incidence sur la scolarité. CAA Bordeaux, 21 octobre 2014 ; *Kamal K., AJDA* 2015.198.

652. En février 2015, le tribunal correctionnel de Valenciennes a condamné une mère d'enfant régulièrement absent à quatre mois de prison avec sursis.

653. Loi n° 2013-108 du 31 janvier 2013, *JO* 1er février 2013, p. 1961.

654. Voir CE, Ass., 14 avril 1995, *Consistoire central des israélites de France et autres ; AJDA* 1995.501, chr. J.-H. Stahl et D. Chauvaux et *573* ; CE, Ass., 14 avril 1995, *M. Koen, AJDA* 1995.501, chr. J.-H. Stahl et D. Chauvaux et *572* ; *RDP* 1995.585, concl. Y. Aguila.

et les adventistes du 7e jour (une circulaire du 12 décembre 1989 invite à accorder des autorisations exceptionnelles d'absence) a alimenté le contentieux. Pour le Conseil d'État, l'obligation d'assiduité doit être conciliée avec les textes de valeur nationale (art. 10 DDHC) et internationale (art. 9, Conv. EDH et art. 18 Pacte). Le Conseil d'État s'appuie aussi sur la loi de 1905 et l'article 2 du Premier protocole additionnel à la Convention européenne. Deux conditions supposent ces exceptions. Elles doivent être nécessaires et elles doivent être compatibles.

4.208 ▸ Pour le port de signes religieux, nous renvoyons à ce qui a été dit à propos de la liberté religieuse.

C - L'ENSEIGNEMENT SUPÉRIEUR

4.209 ▸ L'enseignement supérieur a été pendant longtemps de la compétence de l'État, mais il voit s'accroître la compétence régionale, ce qu'a renforcé la loi du 22 juillet 2013 qui prévoit que « la région définit un schéma régional de l'enseignement supérieur, de la recherche et de l'innovation » mettant en péril l'indépendance des enseignants-chercheurs et la loi NOTRe du 7 août 2015. Depuis quelques années, l'enseignement supérieur a connu beaucoup de modifications[655]. La spécificité disparaît en ce qui concerne l'organisation puisque les recteurs, pourtant chanceliers des universités, deviennent des fonctionnaires de droit commun, ne devant plus être docteurs même si une commission doit examiner l'aptitude des non-docteurs... L'administration de l'enseignement et notamment de l'enseignement supérieur se banalise. Le Conseil d'État a rejeté le recours contre le décret modifiant les conditions de recrutement des recteurs considérant que le principe d'autonomie des universités n'a pas « de valeur constitutionnelle »[656]. En outre, on connaîtra deux types de recteurs : les recteurs de région académique et les recteurs d'académie[657].

Des modifications ont aussi touché la gouvernance des universités. Le président est « élu parmi les enseignants-chercheurs, professeurs ou maîtres de conférences ou invités ou tous autres personnels assimilés », la juridiction administrative ayant donné un sens très extensif à cette notion d'assimilés[658].

La loi a affirmé l'indépendance de l'enseignement et de la recherche universitaires (article 57). La garantie de l'indépendance a été reconnue aux professeurs par le Conseil constitutionnel en tant que principe fondamental reconnu par les lois de la République[659]. Le Conseil d'État de son côté a considéré que le principe

655. A. Legrand, « L'évolution des équilibres internes aux universités françaises », *AJDA* 2015.915 ; D. Truchet, « Le pilotage de l'enseignement supérieur », *AJDA* 2015.910.

656. CE, 23 novembre 2016, *Conférence des présidents d'université*, *AJDA* 2016.2304.

657. D. 2015-1616 du 10 décembre 2015 relatif aux régions académiques, *JO* 11 décembre 2015, p. 22827 ; B. Toulemonde, « Nouvelle organisation des académies, nouveaux recteurs », *AJDA* 2016.260 et 2015.2409, obs. M.-Ch. de Montecler.

658. Ainsi le TA de Rennes a admis la légalité de l'élection d'un PRAG comme président d'université. O. Beaud, « Jusqu'où descendront les universités ? », *AJDA* 2016. 2129.

659. Cons. const., 83-165 DC, 20 janvier 1984, *Libertés universitaires*, Favoreu et Philip (15e éd.) n° 27 ; cf. aussi CE, 22 mars 2000, *Ménard*, *AJFP* 2000, 5, 9, obs. Moniolle, C. Moniolle, « Indépendance et liberté d'expression

d'indépendance des universités avait valeur constitutionnelle[660]. Certains principes ont pu également être affirmés[661], notamment les principes de valeur constitutionnelle « de la liberté d'expression, et de l'indépendance des enseignants-chercheurs et notamment des professeurs d'université »[662]. Ils peuvent cumuler certaines fonctions, comme être avocats[663].

L'étudiant a droit à l'impartialité des membres du jury d'examen[664]. Dans sa décision du 6 août 2010 à la faveur d'une QPC, le Conseil constitutionnel a explicité le principe estimant que si le principe « implique que les professeurs[665] et maîtres de conférences soient associés au choix de leurs pairs, il n'impose pas que toutes les personnes intervenant dans la procédure de sélection soient elles-mêmes des enseignants-chercheurs d'un grade au moins égal à celui de l'emploi à pourvoir ». En revanche il a assorti sa décision d'une réserve à propos du « pouvoir de veto » du président de l'université qui ne peut « se fonder sur des motifs étrangers à l'administration de l'université »[666]. On peut regretter que dans l'affaire *Matelly* (cf. *supra*) le Conseil d'État et aussi la CEDH ne soient pas allés plus loin en négligeant le caractère de professeur associé du gendarme sanctionné pour avoir contrevenu à son obligation de réserve.

Profondément réformé par la loi d'orientation de l'enseignement supérieur du 12 novembre 1968, l'enseignement supérieur connaît des modifications régulières, la dernière étant la loi du 22 juillet 2013. La liberté d'accès devait être la règle

---

des enseignants-chercheurs », *AJDA* 2001.226. On peut regretter la situation des professeurs émérites, cf. CE, 26 juillet 2011, *M. Prieur, AJDA* 2011.2200.

La crainte aujourd'hui du localisme dans les recrutements est réelle et on avait pu le redouter avec la loi LRU. Ces craintes semblent avoir été estompées avec la loi ESR. Le Cons. const. a donné des indications. Cons. const., 6 août 2010, n° 2010-20/21 QPC, *M. Jean C. et autres, AJDA* 2010.1557 et 2011.1791 note M. Verpeaux ; *D.* 2010.2335, note F. Melleray ; *JCP* A 2010.862, note B. Mathieu ; *AJFP*, 2011.69, note A. Legrand. Cf. CE, 19 octobre 2012, *Sayah, AJDA* 2013.190, note A. Legrand ; CE, 30 septembre 2015, *M. A..., AJDA* 2016.239.

660. CE, S, 11 mai 2009, *Hocine A., AJDA* 2010.58, note F.X. Fort.

661. Cons. const., 322 DC, 28 juillet 1993, *Loi relative aux établissements publics à caractère scientifique, culturel et professionnel ; RFDC*. 1993.831, chr. X. Philippe. Cf. aussi 16 avril 2014, *M. Y. et Mme Z..., AJDA* 2014. 1904, note A. Barnabe.

662. Cela implique qu'un enseignant-chercheur ne peut être contraint de changer de corps. Cons. const., 17 juin 2011, 2011-134 QPC, *UGFF-CGT et autres, AJDA* 2011.1231.

663. P. Cassin, « Enseignants statutaires des facultés de droit et exercice de la profession d'avocat : quelles limites juridiques au cumul ? », *D.* 2015.743. Cf. art. 25 I-2° et III-3° de la loi du 13 juillet 1983.

664. Cons. const., 2010-20/21, QPC, 6 août 2010, *M. Jean C. et autres* (Loi université), *AJDA* 2010.157, chr. Y. Jegouzo, Autonomie universitaire versus libertés académiques. Sur la nomination des enseignants-chercheurs et les dispositions récentes, CE, 15 décembre 2010, *Collectif pour la défense de l'Université et autres, AJDA* 2011.1791 ; CE, 14 octobre 2011, *M. Thepaut* et CE, 14 novembre 2011, *Mme Jhean-Larose, AJDA* 2011.1986 et *AJDA* 2012.169, note A. Legrand. CE, 15 décembre 2010, *Syndicat national de l'Enseignement supérieur [SNESUP-FSU] et autres, AJDA* 2010.2454 et 2011.539 et chr. F. Meilleray, « À la recherche des jurys de recrutement des enseignants-chercheurs » ; J.-P. Grandemange, « La composition des conseils universitaires est-elle inconstitutionnelle ? », *AJDA* 2012.1089.

665. CE, 5 mars 2014, *M. A..., AJDA* 2014.1173, note A. Legrand.

666. Le Conseil d'État a pu préciser les contours. Cf. CE, S, 18 juillet 2008, *Chantal B.*, http://www.conseil-etat.fr/fr/selection-de-decisions-du-conseil-d-etat/analyse-n291997-m-b.html ; Voir par ex. CE, 5 octobre 2011, *M. El Kamel, AJDA* 2012.337, concl. R. Keller et *M. Rech, AJDA* 2012.339, concl. R. Keller ; CE, 29 octobre 2012, *Mme Bouteyre*, et *M. Sayah* (2 arrêts) *AJDA* 2012.1985 et 2013.190, note A. Legrand ; cf. 23 décembre 2014, *M. A.B., AJDA* 2015.5.

entraînant le débat sur la sélection, notamment en master[667]. Mais désormais, la loi nº 2016-1828 du 23 décembre 2016 portant adaptation du deuxième cycle de l'enseignement supérieur français au système Licence-Master-Doctorat[668] légalisant la sélection en master autorise désormais à fixer des capacités d'accueil et à admettre les étudiants en M1 (1re année de master) après un concours ou l'examen du dossier. Les étudiants non admis dans le M1 de leur choix « se voient proposer l'inscription dans une formation de deuxième cycle en tenant compte de leur projet professionnel et de l'établissement dans lequel ils ont obtenu leur licence ». Le tirage au sort pour l'admission a été considéré comme illégal.[669]

Pour les étudiants, la loi d'orientation de 1968, dans son article 38, a posé le « principe de la liberté d'information à l'égard des problèmes politiques et sociaux », principe repris par la loi du 26 janvier 1984 en affirmant la « liberté d'information et d'expression ».

Mais celle-ci peut connaître des limites[670].

4.210 ▸ Certaines difficultés sont apparues à propos d'universitaires « faussaires de l'histoire » défendant des thèses dites « révisionnistes ». Dans l'affaire *Noton*, l'intéressé a été écarté de son poste d'enseignant. Est-ce contraire à la loi du 26 janvier 1984 (loi Savary) et à son article 57 qui pose le principe de l'indépendance et de la liberté d'expression ? Ce texte apporte des limites et ces principes ne valent que dans le respect des lois de la République auxquelles l'universitaire, comme tout citoyen, est soumis.

III – CONVENTION EUROPÉENNE DES DROITS DE L'HOMME ET LIBERTÉ D'ENSEIGNEMENT

4.211 ▸ Les questions relatives aux rapports entre enseignement et liberté sont appréhendées essentiellement à travers le principe du droit à l'instruction (art. 2, protocole 7 Conv. EDH), et celui du droit des parents d'assurer l'éducation et l'enseignement conformément à leurs convictions (art. 2, protocole Convention EDH).

4.212 ▸ La liberté en la matière n'est pas totale. La Cour EDH le reconnaît dans l'affaire *Kjeldsen*. Elle a rejeté le principe de gratuité dans l'affaire linguistique belge[671] et dans l'affaire *Kjeldsen*[672].

En ce qui concerne l'enseignement public, elle a affirmé une obligation de neutralité *(Kjeldsen)*. Elle a estimé cependant qu'un enseignement obligatoire d'éthique sans *a priori* religieux ou philosophique n'était pas contraire à l'article 2 du Protocole nº 1,

667. Le juge administratif a censuré la sélection en master 2. CE, 10 février 2016, *Mme D.*, *AJDA* 2016.235, obs. M.-Ch. de Montecler et D. 2016.379 et 536, note Ch. Fortier. Cf. art. L. 612-1, L. 612-2 et L. 612-6, Code de l'éducation.

668. JO 24 décembre 2016.

669. TA Bordeaux, date, *M. C.*, *AJDA* 2016.1320, obs. J.-M. Pastor.

670. CE, Ord. 7 mars 2011, *École Normale supérieure*, *AJDA* 2011.481, 585, obs. O. Beaud et 1033, note A. Legrand mais Cass. crim., 11 décembre 2012, *D.* 2013.15.

671. CEDH, 23 juillet 1968, *Affaire linguistique belge*, Berger nº 241 ; Sudre, nº 9.

672. CEDH, 7 décembre 1976, *Kjeldsen et autres c/ Danemark*, Berger, nº 242, Sudre, nº 58.

alors que les requérants y voyaient un endoctrinement par la philosophie des lumières et l'athéisme[673].

L'affaire linguistique belge très « explosive » était la première à poser pleinement les questions relatives à l'enseignement[674]. La Cour constate que l'article 2 affirme un véritable droit à l'instruction. Mais l'article 2 du Premier protocole et l'article 8 ne consacrent pas un droit à être instruit dans une langue déterminée. Cet arrêt n'est pas trop gênant pour la Belgique... Il ne constate de violation que sur un point mineur.

Sur la discipline dans les écoles, l'affaire *Campbell et Cosens*[675] a considéré les châtiments corporels dans les écoles écossaises comme des traitements dégradants.

Dans l'affaire *Kjeldsen, Busk, Madsen et Pedersen*[676] à propos de l'éducation sexuelle obligatoire dans les écoles primaires, la Cour a jugé que l'État ne peut poursuivre un but d'endoctrinement contraire aux convictions des parents.

Dans l'affaire *Graem c/ Royaume-Uni*[677], la Commission a considéré qu'il n'y avait pas un droit à exiger l'organisation à l'école d'un enseignement religieux conforme à ses convictions. Mais le Protocole n° 1, dans son article 2 permet de ne pas obliger les parents à inscrire leurs enfants dans un établissement qui ne leur apporterait pas un enseignement conforme à leurs convictions religieuses ou philosophiques. Pourtant les parents ne peuvent invoquer leurs convictions pour refuser le droit à l'instruction[678].

4.213 ▸ S'agissant de la liberté académique la Cour s'est prononcée à la fois sur la liberté des étudiants dans l'affaire *Irfan Temel*[679] et sur celle des universitaires dans les affaires *Lunde* et *Sorguc*[680]. En 2009, elle reconnaît la « liberté des universitaires d'exprimer librement leur avis au sujet de l'institution ou du système au sein duquel ils travaillent et de répandre des connaissances et la vérité sans restriction »[681]. Mais il s'agissait d'une université publique. En revanche, la décision *Lombardi Vallauri* est beaucoup plus décevante déniant cette liberté académique dans les universités privées comme « nécessaires à la réalisation des finalités de celles-ci »[682].

---

673. CEDH, 6 octobre 2009, *Appel-Irrgang c/ Allemagne*, req. n° 45216/07.
674. CEDH, 23 juillet 1968, *Affaire linguistique belge*, précité.
675. CEDH, 25 février 1982, *Campbell et Cosens*, Berger, n° 245.
676. CEDH, 7 décembre 1976, *Kjeldsen, Busk, Madsen et Pedersen*, précité.
677. Commission EDH, 5 février 1990, *Graeme c/ Royaume-Uni, DR* 64, p. 174-175.
678. CEDH, 11 septembre 2006, *Fritz Konrad et autres c/ Allemagne*, n° 35504/03.
679. CEDH, 3 mars 2009, *Irfan Temel et autres c/ Turquie*, n° 36458/02.
680. CEDH, 13 février 2001, *Lunde c/ Norvège*, n° 38318/97 et CEDH, 23 juin 2006, *Sorguc c/ Turquie*, n° 17089/03.
681. CEDH, 23 juin 2009, *Sorguc c/ Turquie*, *RDP* 2010.880, chr. F. Sudre *et al.* Conforté par CEDH, 27 mai 2014, n° 346/04 et 39 779/04, *Mustafa Erdoğan c/ Turquie*.
682. CEDH, 20 octobre 2009, *M. Lombardi Vallauri c/ Italie*, *AJDA* 2010.215, note F. Laffaille et 1003, chr. J.-F. Flauss.

Conclusion

4.214 › Les libertés de l'esprit sont prises dans les tourbillons et les turbulences de notre époque. Les possibilités de développement offertes par les nouvelles techniques devraient en favoriser l'essor car jamais la communication ne semble avoir été plus facile. Et pourtant elles sont menacées par ces mêmes techniques, et plus particulièrement par leur dimension mondiale qui en fait des proies faciles.

4.215 › Les possibilités de garantie juridique se sont pourtant considérablement renforcées. Le législateur ne peut plus les malmener parce que le développement de l'État de droit a fait apparaître des juridictions constitutionnelles qui se veulent les gardiens vigilants et créateurs de ce que l'on désigne aujourd'hui sous l'appellation de droits fondamentaux et au sein desquels on trouve les libertés de l'esprit. Le pouvoir exécutif voit ses actes soumis à un contrôle des juridictions administratives qui a fait dire à Roland Drago : « le meilleur *ombudsman* c'est le Conseil d'État ». Les citoyens eux-mêmes s'organisent afin de mieux défendre leurs droits et libertés.

4.216 › Ce contexte plus favorable se retrouve sur le plan international. Des instruments juridiques nouveaux apportent la démonstration de leur efficacité en Europe et ouvrent la voie pour les autres continents. On peut espérer que grâce aux organisations non gouvernementales, les hommes libres pourront être plus facilement solidaires de ceux qui sont privés des libertés de l'esprit sur tous les continents. Les rapports *d'Amnesty International* ne nous permettent plus de feindre l'ignorance qui apporte le confort de l'égoïsme.

Devons-nous alors penser que les libertés de l'esprit écloront partout comme des milliards de fleurs ?

4.217 › On peut être sceptique car en même temps, on constate que là où les libertés semblaient établies, elles connaissent leurs zones d'ombre. La menace du terrorisme ou de certaines formes odieuses de criminalité est un argument bien facile pour porter atteinte à des libertés avec malheureusement souvent l'assentiment des citoyens qui succombent à l'aveuglement et à la démagogie, tant qu'ils ne sont pas touchés personnellement.

Et s'agissant des libertés de l'esprit, avec Figaro nous pouvons toujours partager son ironie amère : « Pourvu que je ne parle en mes écrits ni de l'autorité, ni du culte, ni de la politique, ni de la morale, ni des gens en place, ni des corps en crédit, ni de l'Opéra, ni des autres spectacles, ni de personne qui tienne à quelque chose, je puis tout imprimer librement, sous l'inspection de deux ou trois censeurs ».

BIBLIOGRAPHIE

Voir avant tout Jurisclasseur Communication (Éditions du Jurisclasseur).

BIBLIOGRAPHIE GÉNÉRALE

BERGER (V.), *Jurisprudence de la CEDH*, 13e éd., Sirey, 2014 (cité Berger).

GAÏA (P.), GHEVONTIAN (R.), MELIN-SOUCRAMANIAN (F.), OLIVA (E.), ROUX (A.), *Les grandes décisions du Conseil constitutionnel*, 18e éd., Dalloz, 2016 (cité Favoreu/Philip).

LACHAUME (J.-F.), PAULIAT (H.), BRACONNIER (St.) et DEFFIGIER (C.), Les *Grandes décisions de la jurisprudence administrative*, 15e éd., PUF, 2010 (cité Lachaume/Pauliat).

LAGEOT (C.), *Dictionnaire plurilingue des libertés de l'esprit*, Bruylant, 2009.

LONG (M.), WEIL (P.), BRAIBANT (G.), DELVOLVE (P.) et GENEVOIS (B.), *Les grands arrêts de la jurisprudence administrative*, 20e éd., Dalloz, 2015 (cité GAJA).

SUDRE (F.), *Droit européen et international des droits de l'homme*, 12e éd., PUF, 2015.

SUDRE (F.), MARGUENAUD (J.-P.), ANDRIANTSIMBAZOVINA (J.), GOUTTENOIRE (A.), LEVINET (M.) et *alii*, *Les grands arrêts de la CEDH*, 7e éd., PUF, 2015 (cité Sudre).

Liberté d'opinion

CAVANIOL (A.), « Le fonctionnaire internaute est-il affranchi de ses obligations déontologiques », *AJDA* 2011.252.

FRAISSEX (P.), « Le droit mémoriel », *RFDC* 2006.483.

LAMY (B. de), *La liberté d'opinion et le droit pénal*, LGDJ, 2000.

MORANGE (J.), *La liberté d'expression*, Bruylant, 2009.

Liberté religieuse

Archives de Philosophie du droit, *La laïcité*, n° 48, 2005.

BAUBEROT (J.), *Histoire de la laïcité en France*, 4e éd., PUF, 2007.

DEBRÉ (J.-L.), *Rapport fait au nom de la mission d'information sur la question du port des signes religieux*, 2 vol., AN, 2003.

DELSOL (X.), GARAT (A.) et TAWIL (E.), *Droit des cultes*, Dalloz, 2005.

DIEU (F.), « Laïcité et espace public », *RDP* 2013.566.

DOMINO (X.) et BRETONNEAU (A.), « Le sacré et le local », *AJDA* 2011.1667 s.

DUFAUX (J.) et autres, *Liberté religieuse et régime des cultes en droit français : textes, pratique administrative, jurisprudence*, Éd. du Cerf, 2005.

ÉTIENNE (B.), *L'islam en France*, CNRS, 2000.

FLORES-LONJOU (M.), *Les lieux de culte en France et en Europe*, Peeters, Leuven, 2007.

GEORGEL (J.), *Le régime des cultes*, JCA n° 215.

GONZALES (G.), *Laïcité, liberté de religion et CEDH*, Bruylant, Bruxelles, 2006.

GUILLET (N.), *Liberté de religion et mouvements à caractère sectaire*, LGDJ, BDP n° 235, 2003.

KOUBI (G.), « Droit et religions », *RDP* 1992-725. « La Laïcité », *Pouvoirs*, n° 75, 1995.

LAGEOT (C.) et MARCHADIER (F.), *Le blasphème dans une société démocratique*, Dalloz, 2015.

LALOUETTE (J.), *L'État et les cultes*, La Découverte, 2005.

LE ROUX (M.), « La règle d'abstention financière des pouvoirs publics en matière cultuelle », *RDP* 2007.26.

MESSNER (F.) (dir.), *Traité de droit français des religions*, Litec, 2003.

MIAILLE (M.), *La Laïcité*, Dalloz, 2016.

MORANGE (J.)., « Le "mystère" de la laïcité française », *RDP* 2013.507.

Pena-Ruiz (H.), *Histoire de la laïcité,* Gallimard, 2005.

Pousson (A.) (dir.), *Le vêtement saisi par le droit,* Presses universitaires de Toulouse Capitole, 2016.

Rambaud (Th.), *Le principe de séparation des cultes et de l'État en droit public comparé,* LGDJ, BDP, 2004.

Robert (J.), *La liberté religieuse et le régime des cultes,* PUF, 1977.

Roy (O.), *La laïcité face à l'Islam,* Stock, 2005.

Sayah (J.), « La laïcité affirmée, la loi du 15 mars 2004 », *RDP* 2006.915.

Vallet (O.), *Une autre histoire des religions,* 6, Le sacre du pouvoir, Gallimard, 2000.

Vallet (O.), *Petit lexique des idées fausses sur les religions,* A. Michel, 2e éd., 2008.

Vivien (A.), *Les sectes en France,* La Documentation française, 1985.

Woehrling (J.-M.), « L'interdiction pour l'État de reconnaître et de financer un culte. Quelle valeur juridique aujourd'hui ? », *RDP* 2006.1633.

Liberté de l'information

Beignier (B.), Lamy (B. de) et Dreyer (E.), *Traité de droit de la presse et des médias*, Litec, 2009.

Bellescize (D. de) et Franceschini (L.), *Droit de la communication,* 2e éd., PUF, Thémis, 2011.

Bigot (Ch.), *Pratique du droit de la presse, Presse écrite, Audiovisuel, Internet*, Victoires éditions, 2013.

Cluzel (J.), *Presse et démocratie,* LGDJ, 1997.

Derieux (E.), « Liberté et contrôle préalable de la presse écrite. Statut des entreprises de communication ; Liberté de la presse et statut professionnel des journalistes », *J.-Cl. Adm.*, fasc. 270, 271, 272.

Derieux (E.), *Droit des médias,* 6e éd., LGDJ, 2010.

Dreyer (E.), *Le dépôt légal,* LGDJ, 2003.

Frison-Roche (M.-A.) (dir.), *Internet, espace d'interrogation,* Dalloz, 2016.

Jurisclasseur pénal, Annexes, Presse.

Kayser (J.), *Mort d'une liberté,* Plon, 1955.

Larralde (J.-M.), « L'article 10 de la CEDH et la liberté de la presse », *RTDH* 2007, n° 69, p. 39.

Mallet-Poujol (N.), « La liberté d'expression sur Internet », *D.* 2007, chr. 591.

Saulnier-Lassa (E.), « La protection de la jeunesse, limite à la liberté d'expression ? », *RDP* 2006.401.

Liberté de la communication audiovisuelle

Asseraf-Olivier (F.), *Le droit du multimedia,* 3e éd., PUF, « Que sais-je ? » n° 3219, 001.

Balle (F.), *Médias et Sociétés,* 16e éd., LGDJ, 2013.

Debbasch (Ch.), *Droit des médias,* 2e éd., Dalloz, 2002.

Lepage (A.), *Libertés et droits fondamentaux à l'épreuve de l'internet,* Litec, 2002.

Mallet-Poujol (N.), *La création multimédia et le droit,* 2e éd., Litec, 2003.

Marcangelo-Leos (Ph.), *Pluralisme et audiovisuel,* LGDJ, BDP n° 240, 2004.

Truchet (D.) et autres, *La nouvelle réforme du droit de la communication audiovisuelle : la loi du 17 janvier 1989* (dossier), *RFDA* 1989-208 et s.

Liberté des spectacles

Bossis (G.) et Romi (R.), *Droit du cinéma*, LGDJ, 2004.

Flores-Lonjou (M.) et Epinoux (E.), *La famille au cinéma*, Mare et Martin, 2016.

Marchand (J.-M.), « Police des spectacles et des jeux ; cinéma », *J.-Cl. Adm.*, fasc. 265 et 267.

Pontier (J.-M.), *Les aides aux films en France*, PUAM, Economica, 1992.

Rouault (M.-Ch.), « La police des spectacles et des jeux », *J.-Cl. Adm.*, 2011.

Enseignement et libertés

Beaud (O.), *Les libertés universitaires à l'abandon*, Dalloz, 2010.

Durand-Prinborgne (C.), *La laïcité*, 2e éd., Anglais (États-Unis), Dalloz, 2004.

Georgel (J.), « Enseignement », J.-Cl. Adm., fasc. 230 à 233.

Georgel (J.) et Thorel (A.-M.), *L'enseignement privé en France du VIIIe au XXe siècle*, Dalloz, 1995.

Legrand (A.), *L'École dans son droit*, M. Houdiard, 2006.

Merley (N.) (dir.), *Université et laïcité*, PU Saint-Étienne, 2011.

Moniolle (C.), « Indépendance et liberté d'expression des enseignants-chercheurs », *AJDA*, 2001.226.

Toulemonde (B.), *Le système éducatif en France*, 3e éd., La Documentation française, 2009.

» Exercices de préparation au grand oral

› Cas pratique n° 1

Les faits

Standardiste dans l'entreprise Roudincourt spécialisée dans la fabrication et la vente de matériel de bureau depuis 2001, Mme Aïcha Souidou est convoquée le 10 juillet 2017 par le directeur Pierre Dumont qui lui demande de ne plus porter le foulard dit foulard islamique ou hijab dans l'exercice de son travail. Le même jour, Mme Samira Berita, vendeuse dans le magasin de détail depuis 2006, est également convoquée et fait l'objet de la même demande. Le directeur invoque des réclamations de certains clients ayant exprimé leur mécontentement de l'emploi de salariées portant le hijab et menaçant de ne plus faire d'achats dans cette entreprise. Devant le refus de Mmes Souidou et Berita de travailler sans le foulard, Pierre Dumont décide leur licenciement et un règlement intérieur est adopté, précisant que le port du hijab est interdit dans l'entreprise. Les deux salariées contestent leur licenciement, considérant qu'il s'agit d'une discrimination, n'ayant jamais cherché à faire le moindre prosélytisme religieux et ayant choisi des foulards discrets, laissant apparaître complètement leur visage. Sont-elles fondées dans leur contestation ?

L'état du droit interne

Si la question du hijab a pu susciter un fort contentieux et de grandes polémiques depuis le refus d'admission de trois élèves portant le hijab au collège de Creil, le débat a d'abord visé des établissements publics d'enseignement, mais il a fini par toucher l'entreprise.

La loi du 9 décembre 1905 ne s'était pas préoccupée de la question sous l'aspect du port de certains signes religieux ou considérés comme tels dans l'entreprise. L'article 31 disposait que « sont punis de la peine d'amende prévue pour les contraventions de la 5e classe et d'un emprisonnement de six jours à deux mois ou de l'une de ces deux peines seulement ceux qui, soit par voies de fait, violences ou menaces contre un individu, soit en lui faisant craindre de perdre son emploi ou d'exposer à un dommage sa personne, sa famille ou sa fortune, l'auront déterminé à exercer ou à s'abstenir d'exercer un culte, à faire partie ou à cesser de faire partie d'une association cultuelle, à contribuer ou à s'abstenir de contribuer aux frais d'un culte ». Il est évident qu'en 1905, la communauté musulmane était très réduite, et par ailleurs beaucoup de femmes non musulmanes portaient un foulard couvrant les cheveux.

L'article L. 1132-1 du Code du travail interdit la discrimination et pose qu'« aucun salarié ne peut être sanctionné, licencié ou faire l'objet d'une mesure discriminatoire, directe ou indirecte [...] en raison de [...] ses convictions religieuses ». Mais la loi est suffisamment imprécise pour permettre toutes les interprétations à propos du port du foulard. En 1989, dans un avis du 27 novembre suite à l'affaire de Creil, le Conseil d'État avait émis un avis considérant que « le port par des élèves de signes par lesquels ils entendent manifester leur appartenance à une religion, n'est pas, par lui-même incompatible avec le principe de laïcité ». Mais il avait précisé que « cette liberté ne saurait permettre aux élèves d'arborer des signes d'appartenance religieuse qui, par leur nature, par les conditions dans lesquelles ils seraient portés individuellement ou collectivement, ou par leur caractère ostentatoire ou revendicatif, constitueraient un acte de pression, de provocation, de prosélytisme ou de propagande, porteraient atteinte à la dignité ou à la liberté de l'élève ou d'autres membres de la communauté éducative, compromettraient leur santé ou leur sécurité, perturberaient le déroulement des activités d'enseignement». Cela ne concernait pas les entreprises mais seulement les établissements d'enseignement.

En 2003, le rapport Stasi avait évoqué la question dans les entreprises et s'était contenté de proposer qu'« une disposition législative, prise après concertation avec les partenaires sociaux, permette au chef d'entreprise de réglementer les tenues vestimentaires et le port de signes religieux, pour des impératifs tenant à la sécurité, aux contacts avec la clientèle, à la paix sociale interne ».

L'affaire Baby Loup et ses suites législatives

Le législateur n'est intervenu dans un premier temps en 2004 qu'à propos des établissements d'enseignement du premier et second degré. Mais les juges ont fini par être confrontés à la question qui a été marquée par toute la saga Baby Loup.

En 2008, une salariée de la crèche Baby Loup, établissement associatif privé très novateur, fut licenciée en raison du port du foulard islamique, le règlement de la crèche posant le principe de laïcité et de neutralité. Elle contesta son licenciement qui donna lieu à une longue suite de décisions.

Dans un premier temps, la HALDE avait considéré comme discriminatoire le licenciement estimant que le principe de laïcité ne s'appliquait pas à Baby Loup qui était une structure privée ne remplissant pas un « service public ». Pourtant, le conseil de prud'hommes de Mantes-la-Jolie débouta la salariée le 13 décembre 2010, ce que confirma la cour d'appel de Versailles le 27 octobre 2011, mais la chambre sociale de la Cour de cassation cassa l'arrêt le 19 mars 2013, estimant que « le principe de laïcité [...] n'est pas applicable aux salariés des employeurs de droit privé qui ne gèrent pas un service public » en dépit « de la mission d'intérêt général de la salariée », les restrictions à la liberté religieuse ne pouvant être fondées que sur « la nature de la tâche à accomplir » et devant être « proportionnelles au but recherché » et « répondre à une exigence professionnelle essentielle et déterminante ». Cependant, sur renvoi, la cour d'appel de Paris confirma la décision de Versailles le 27 novembre 2013, s'appuyant sur l'idée « d'entreprise de conviction » avant que l'assemblée plénière de la Cour de cassation ne se prononce enfin le 25 juin 2014 et approuve le fait que l'association avait pu restreindre par son règlement la liberté de manifester sa religion tout en ne souscrivant pas à l'idée d'« entreprise de conviction ». Mais en raison des polémiques soulevées par cette affaire, la question a trouvé une base légale avec l'article L. 1321-2-1 issu de la loi du 8 août 2016 dite Loi Travail qui dispose que « le règlement intérieur peut contenir des dispositions inscrivant le principe de neutralité et restreignant la manifestation des convictions des salariés si ces restrictions sont justifiées par l'exercice d'autres libertés et droits fondamentaux ou par les nécessités du bon fonctionnement de l'entreprise et si elles sont proportionnées au but recherché ». Le texte s'inspire de la jurisprudence *Baby Loup* qui avait jugé que la possibilité d'interdire de manifester ses convictions religieuses était fondée sur le fait que la salariée « était en relation directe avec les enfants et leurs parents » et qu'elle était proportionnée au but recherché en raison des « conditions de fonctionnement d'une association aux dimensions réduites ». On peut penser que l'affaire est terminée, même si la salariée licenciée a annoncé son intention d'aller devant la Cour européenne des droits de l'Homme. La Cour a déjà eu l'occasion de se prononcer en acceptant l'interdiction pour une enseignante suisse dès le 15 février 2001 dans l'affaire

Dahklas c/Suisse. La compatibilité avec la Convention a été admise pour la loi de 2004 dans l'affaire *Tuba Aktas c/France* du 30 juin 2008. Mais il s'agissait d'affaires intéressant des services publics. Dans l'affaire *Eweida et autres c/Royaume-Uni* du 15 janvier 2013, la Cour a opéré des distinctions en condamnant le licenciement d'une hôtesse de l'air, mais en acceptant celui d'une infirmière pour « protéger la santé et la sécurité des infirmières et des patients ». La Cour a jugé que face « à une restriction de la liberté de religion sur le lieu de travail il faut mettre en balance [l'ensemble des intérêts en présence] pour déterminer si ladite restriction était proportionnée ». On retrouve l'idée de proportion posée maintenant par le droit positif français.

L'apport du droit communautaire

L'Assemblée plénière de la Cour de cassation a reçu un soutien de poids avec les décisions de la Cour de justice de l'Union européenne dans le cadre de questions préjudicielles relatives à une affaire belge[683] et une affaire française[684]. L'affaire française concernait le licenciement d'une salariée au motif que celle-ci « refusait de retirer son foulard islamique lorsqu'elle était en mission auprès des clients » de son entreprise. Mme Bougnaoui avait contesté son licenciement. Déboutée en partie par le conseil de prud'hommes, la décision avait été confirmée par la cour d'appel. Un pourvoi ayant été formé devant la Cour de cassation, sa chambre sociale a décidé de surseoir à statuer et a posé une question préjudicielle à la Cour de justice de l'Union européenne : « Les dispositions de l'article 4, paragraphe 1, de la directive 2000/78 doivent-elles être interprétées en ce sens que constitue une exigence professionnelle essentielle et déterminante, en raison de la nature d'une activité professionnelle ou des conditions de son exercice, le souhait d'un client d'une société de conseils informatiques de ne plus voir les prestations de service informatiques de cette société assurées par une salariée, ingénieur d'études, portant un foulard islamique ? » Était en effet en cause l'interprétation de la directive 2000/78 qui entend « lutter contre la discrimination fondée sur la religion ou les convictions » et d'autres formes de discrimination possibles et concrétiser « le principe de l'égalité de traitement ». Mais le point important est l'article 4 § 1 de cette directive qui pose que « les États membres peuvent prévoir qu'une différence de traitement fondée sur une caractéristique liée à l'un des motifs visés à l'article 1er ne constitue pas une discrimination lorsque, en raison de la nature d'une activité professionnelle ou des conditions de son exercice, la caractéristique en cause constitue une exigence professionnelle essentielle et déterminante, pour autant que l'objectif soit légitime et que l'exigence soit proportionnée ». Cette directive a été transposée en droit français principalement à travers les articles L. 1121-1 et L. 1132-1 du Code du travail cités plus haut. La CJUE a considéré qu'il n'y aurait pas discrimination indirecte « si elle était objectivement justifiée par un objectif légitime, tel que la mise en œuvre [...] d'une politique de neutralité à l'égard de ses clients, et si les moyens de réaliser cet objectif étaient appropriés et nécessaires ». Cependant, si le licenciement ne se fondait pas sur l'existence d'une règle interne mais sur la volonté d'un « employeur de tenir compte des souhaits d'un client », cela ne saurait être considéré comme « une exigence professionnelle et déterminante ».

683. CJUE, Grande Chambre, 14 mars 2017, C 157/15, *Samira Achbita et Centrum voor gelijkheid van kansen en voor racismebestrijding c/G4S Secure Solutions NV.*

684. CJUE, Grande Chambre, 14 mars 2017, C 188/15, *Asma Bougnaoui, Association de défense des droits de l'homme (ADDH) c/Micropole SA.*

L'illégalité possible des licenciements

Sur ces fondements, on peut s'interroger sur la légalité des licenciements. D'une part, le règlement intérieur a été adopté après leur licenciement et d'autre part, il ne vise que le port du hijab, constituant une discrimination. En outre, une distinction aurait pu être faite entre les deux salariées car celle qui était standardiste n'était pas en relation avec le public. Si on se réfère à la décision de l'Union européenne, le fait que le licenciement de la vendeuse ait été pris sur le fondement de la demande d'un client est contraire au droit communautaire qui n'interdit pas qu'un règlement intérieur impose la neutralité, mais il doit viser indistinctement toutes les manifestations religieuses et non l'une d'entre elles. Il appartiendra à Pierre Dumont de faire adopter un tel règlement intérieur s'il ne veut pas de salariés portant le hijab, mais sans viser expressément cette situation. Une telle disposition devra pouvoir être considérée comme « une exigence professionnelle et déterminante » si l'idée de neutralité est mise en avant.

› Cas pratique n° 2

Les faits

Michel Kabounine est une personne animée de fortes convictions libertaires qu'il défend avec force par la parole, l'écrit et des manifestations diverses, seul ou en groupe. Il affirme une hostilité à l'État sous tous ses aspects et aux représentants de toute autorité.

Cela le conduit, dans son journal *Le Petit libertaire*, à écrire des articles mettant violemment en cause le président de la République française qu'il accuse de corruption, le roi de Syldavie, Muskar XIV auquel il reproche un génocide de la minorité bordure et l'ambassadeur de Bordurie en France, le colonel Sponsz, qu'il met en cause en le déclarant « complice éhonté » par son silence sur ce génocide. Lors d'un match de football opposant le Football Club de Saint-Pierre-sur-le-Mignon aux Pélicans noirs de Klow au Stade de France, avec ses amis libertaires, il siffle l'hymne français et l'hymne syldave, et le groupe met le feu à un drapeau français et à un drapeau syldave. Faisant l'objet de poursuites tant pour les infractions reprochées par voie de presse que lors du match de football, il accueille l'huissier venu lui remettre une citation à comparaître en le traitant de « suppôt des traîtres à la cause de l'humanité », le tout agrémenté de quelques injures vigoureuses à l'égard de cet officier ministériel. Malgré tout, un peu inquiets des conséquences de ses actes, ses proches s'informent auprès de vous afin de savoir ce qu'il risque.

L'offense au président de la République et l'offense à chef d'État étranger

Il y a deux infractions pour lesquelles Michel Kabounine aurait pu être poursuivis dans le passé et qui ont disparu.

Tout d'abord, l'article 26 de la loi du 29 juillet 1881 réprimait l'offense au chef de l'État, posait que « l'offense au président de la République par l'un des moyens énoncés dans l'article 23 est punie d'une amende de 45 000 euros. Les peines prévues à l'alinéa précédent sont applicables à l'offense à la personne qui exerce tout ou partie des prérogatives du président de la République ».

Il a été abrogé par l'article 21 de la loi n° 2013-711 du 5 août 2013 portant diverses dispositions d'adaptation dans le domaine de la justice en application du droit de l'Union européenne et des engagements internationaux de la France. Ce délit était pour la Cour de cassation[685] constitué « par toute expression offensante ou de mépris, par toute imputation diffamatoire qui, à l'occasion tant de l'exercice de la première magistrature de l'État que de la vie privée du président de la République sont de nature à l'atteindre dans son honneur ou dans sa dignité », définition qui était peu satisfaisante. Cela ne signifie pas que l'expression injurieuse ou diffamatoire envers le chef de l'État est désormais possible. Il peut y avoir poursuites, mais selon l'article 48 de la loi du 29 juillet 1881 modifiée, seulement sur la plainte du chef de l'État lui-même. Il est vrai que l'article 26 de la loi de 1881 faisait l'objet de vives critiques en raison de l'usage abusif fait par le général de Gaulle et le TGI de Laval en condamnant le 6 novembre 2008 une personne qui avait brandi, sur le passage du cortège de Nicolas Sarkozy à Laval, un écriteau sur lequel était inscrit le célèbre « casse toi pauv'con » lancé par Nicolas Sarkozy lui-même à un agriculteur au Salon de l'agriculture en février 2008, a sans doute contribué à sonner le glas de cette disposition même si la cour d'appel d'Angers[686] avait confirmé le jugement et la Cour de cassation[687] rejeté le pourvoi. C'est que la Cour européenne des droits de l'homme, le 14 mars 2013, a condamné la France jugeant que le recours à une sanction pénale, dans un tel cas, était « disproportionné » et avait « un effet dissuasif sur des interventions satiriques qui peuvent contribuer au débat sur des questions d'intérêt général »[688]. Désormais, l'article 26 ne peut plus être utilisé, ce qui est heureux car l'article 61 de la loi permettait en outre au juge d'ordonner la suppression ou la destruction de tous les exemplaires mis en vente, distribués ou exposés au regard du public. Si, avant 2013, Michel Kabounine aurait pu être facilement poursuivi, le contenu même de ses propos à l'égard du chef de l'État peut conduire à une condamnation pour diffamation.

La même situation vaut pour les chefs d'État étrangers. Suite là encore à une décision de la Cour européenne des droits de l'Homme[689], l'article 36 de la loi du 29 juillet 1881 réprimant l'offense commise publiquement envers les chefs d'État étrangers, les chefs de gouvernement étrangers et les ministres des Affaires étrangères d'un gouvernement étranger a été abrogé par l'article 52 de la loi n° 2004-204 du 9 mars 2004 portant adaptation de la justice aux évolutions de la criminalité. La Cour de Strasbourg avait considéré que contrairement à la diffamation, il n'était pas possible avec l'article 36 « de faire valoir l'exception veritatis », que cette impossibilité était « une mesure excessive pour protéger la réputation et les droits d'une personne, quand bien même il s'agit d'un chef d'État ou de gouvernement » et que cette incrimination n'était « pas une mesure nécessaire dans une société démocratique », précisant que « l'incrimination de diffamation et d'injure, qui est proportionnée au but poursuivi » suffisait. Désormais, le roi Muskar XIV n'est pas dépourvu de tout moyen. Il peut agir par exemple sur le fondement de l'article 32 punissant la diffamation commise envers les particuliers. Le roi de Syldavie devient un individu comme les autres.

Les outrages envers les agents diplomatiques étrangers en France

En revanche, paradoxalement, les ambassadeurs et ministres plénipotentiaires, envoyés, chargés d'affaires et autres agents diplomatiques accrédités auprès du gouvernement français semblent mieux protégés par une disposition spécifique de la loi de 1881 toujours en vigueur sans qu'il y ait eu influence des arrêts de la Cour européenne des droits

685. Cass. crim., 31 mai 1965.
686. Angers, 4 mars 2009.
687. Cass. crim., 27 octobre 2009.
688. CEDH, 13 mars 2013, *Éon c/France*.
689. 25 juin 2002, *Colombani c/France* à propos de la condamnation du directeur du *Monde* pour un article relatif au roi du Maroc.

de l'homme évoqués plus haut, puisque les outrages commis publiquement envers eux sont encore réprimés par l'article 36. La poursuite n'intervient que sur la demande de ces agents au ministre français des Affaires étrangères qui transmet au ministre de la Justice (art. 48, 5°). C'est donc selon cette procédure que devra agir le colonel Sponsz. Plus grave, la saisie préventive peut avoir lieu conformément à l'article 51, ce qui est une exception avec les infractions à l'article 24 alinéa 1 à 3 et 5. Mais aussi, après condamnation, l'article 61 permet éventuellement l'application d'une peine complémentaire, à savoir « la confiscation des écrits ou imprimés, placards ou affiches saisis et, dans tous les cas, ordonner la saisie et la suppression ou la destruction de tous les exemplaires qui seraient mis en vente, distribués ou exposés aux regards du public. Toutefois, la suppression ou la destruction pourra ne s'appliquer qu'à certaines parties des exemplaires saisis ».

L'outrage à huissier

S'agissant de l'infraction présumée à l'égard de l'huissier de justice, on peut considérer qu'il s'agit d'un outrage et plus particulièrement d'un outrage à une personne dépositaire de l'autorité publique qui, en vertu de l'article 433-5 du Code pénal, est puni « de six mois d'emprisonnement et de 7 500 € d'amende ». Un huissier est en effet une personne dépositaire de l'autorité publique[690]. L'article 433-5 vise « les paroles, gestes ou menaces, les écrits ou images de toute nature non rendus publics ou l'envoi d'objets quelconques » et les propos de Michel Kabounine peuvent très certainement être qualifiés d'outrage.

L'outrage au drapeau et à l'hymne national

S'agissant des manifestations au Stade de France, celles-ci tombent sous le coup de l'article 433-5-1 du Code pénal, issu de la loi n° 2003-239 du 18 mars 2003 pour la sécurité intérieure dont l'article 113 pose que « le fait, au cours d'une manifestation organisée ou réglementée par les autorités publiques, d'outrager publiquement l'hymne national ou le drapeau tricolore est puni de 7 500 euros d'amende. Lorsqu'il est commis en réunion, cet outrage est puni de six mois d'emprisonnement et de 7 500 euros d'amende ».

Cette disposition est relativement récente et fait suite à des incidents survenus en 2001 suite à un match France-Algérie et lors d'une finale de la Coupe de France opposant Lorient à Bastia au cours de laquelle l'hymne national avait été sifflé par des supporters corses.

Auparavant, seul l'outrage au drapeau était réprimé et dans un cadre spécifique par l'article 440 du Code de justice militaire, devenu l'article L. 322-17, qui prévoit que « le fait pour tout militaire ou toute personne embarquée de commettre un outrage au drapeau ou à l'armée est puni de cinq ans d'emprisonnement. Si le coupable est officier il encourt, en outre, la destitution ou la perte de son grade ». Aucune disposition spécifique n'était prévue pour l'hymne national.

Le Conseil constitutionnel, dans sa décision du 13 mars 2003 (CC 2003-467 DC), a estimé que « l'expression "manifestations réglementées par les autorités publiques", éclairée par les travaux parlementaires, doit s'entendre des manifestations publiques à caractère sportif, récréatif ou culturel se déroulant dans des enceintes soumises par les lois et règlements à des règles d'hygiène et de sécurité en raison du nombre de personnes qu'elles accueillent ». En l'espèce, le match de football entre les équipes de Syldavie et de France au Stade de France correspond bien aux manifestations décrites par la décision du Conseil constitutionnel.

690. Cass. crim., 21 mai 1997.

Ces dispositions ont été complétées par l'article R. 645-15 du Code pénal issu du décret n° 2010-835 du 21 juillet 2010, suite à la publication d'une affiche représentant une personne se servant du drapeau tricolore en guise de papier hygiénique. Ce texte pose que « hors les cas prévus par l'article 433-5-1, est puni de l'amende prévue pour les contraventions de la 5e classe le fait, lorsqu'il est commis dans des conditions de nature à troubler l'ordre public et dans l'intention d'outrager le drapeau tricolore :

1° De détruire celui-ci, le détériorer ou l'utiliser de manière dégradante, dans un lieu public ou ouvert au public ;

2° Pour l'auteur de tels faits, même commis dans un lieu privé, de diffuser ou faire diffuser l'enregistrement d'images relatives à leur commission.

La récidive des contraventions prévues au présent article est réprimée conformément aux articles 132-11 et 132-15. »

En outre, des peines complémentaires peuvent intervenir posées à l'article 433-22 : « Les personnes physiques [...] encourent également les peines complémentaires suivantes :

1° L'interdiction des droits civiques, civils et de famille, suivant les modalités prévues par l'article 131-26 ;

2° L'interdiction, suivant les modalités prévues par l'article 131-27 [...] d'exercer une fonction publique ou d'exercer l'activité professionnelle ou sociale dans l'exercice ou à l'occasion de l'exercice de laquelle l'infraction a été commise, le maximum de la durée de l'interdiction temporaire étant porté à dix ans ... ;

3° L'affichage ou la diffusion de la décision prononcée dans les conditions prévues par l'article 131-35... ».

Sur cette question de l'outrage à l'hymne national ou au drapeau, le droit français est moins libéral que le droit américain. La Cour suprême a refusé de sanctionner les auteurs d'un outrage au drapeau, la question ne s'étant pas encore posée pour l'hymne national. Dans un arrêt du 21 mars 1989 (*Texas v. Johnson*, 491 U.S. 397), la Cour a considéré – par 5 voix contre 4 –que les lois pourtant en vigueur dans 48 États, sanctionnant l'outrage au drapeau et notamment le fait de le brûler, étaient contraires au premier amendement interdisant au Congrès de limiter la liberté d'expression. Elle a confirmé sa position le 11 juin 1990 (*United States v. Eichman*) à propos du Flag Protection Act de 1989 en jugeant que le fait de brûler un drapeau était une « expression symbolique » devant être protégée. L'amendement constitutionnel contre la profanation du drapeau afin de contourner la décision de la Cour suprême n'a pu obtenir la majorité nécessaire au Sénat, échouant d'une voix en 2006.

Compte tenu de ces observations, il apparaît que les perspectives pour Michel Kabounine s'avèrent très pessimistes et devraient conduire à des condamnations pour un grand nombre d'infractions, ce qui ne fera sans doute que renforcer son hostilité fondamentale à l'État.

CHAPITRE V

Les droits politiques

Jean-Marie Denquin
Professeur émérite de l'Université Paris Ouest Nanterre La Défense

Introduction

§ 1 – LES DEUX SENS DE L'EXPRESSION « DROITS POLITIQUES »

5.1 ▸ L'expression « droits politiques » peut être prise en deux sens. Cette distinction concerne le contenu des ouvrages ou le programme des cours consacrés aux « droits politiques », qui ne seront pas les mêmes selon que l'on retient l'un ou l'autre. Mais, plus profondément, elle touche à la signification même de ces droits, qui n'auront pas la même nature et la même portée selon l'interprétation retenue.

5.2 ▸ Dans un premier sens, objectif, la formule désigne les différents régimes juridiques qui, dans un État de droit, structurent, garantissent et limitent le fonctionnement des institutions politiques. Traditionnellement, on distingue parmi eux le droit constitutionnel, le droit électoral et le droit parlementaire. Le droit constitutionnel traite de l'organisation des pouvoirs publics, c'est-à-dire essentiellement des matières exposées dans la Constitution, norme suprême de l'ordonnancement juridique. Le droit électoral a pour objet les élections politiques, c'est-à-dire l'ensemble des questions liées au processus électif entendu au sens large : y entre par exemple la réglementation des campagnes électorales. Le droit parlementaire est constitué par l'ensemble des dispositions qui réglementent la vie interne des assemblées. Les limites entre ces diverses disciplines sont mouvantes, car leur distinction procède plutôt de commodités pratiques, notamment pédagogiques, que d'une nécessité de fond. Selon les ouvrages, selon les auteurs, la question du mode de scrutin, par exemple, relèvera du droit électoral ou du droit constitutionnel. Aussi n'est-il pas étonnant que ces diverses disciplines soient parfois confondues sous l'appellation globale de droit politique, au singulier cette fois.

5.3 ▸ Mais l'expression « droits politiques » peut être prise dans un second sens. Elle ne désigne plus alors un ensemble de règles qui s'imposent aux individus, mais les droits que ceux-ci possèdent à titre personnel dans le domaine politique. Les droits politiques sont donc considérés alors comme des droits subjectifs.

§ 2 – DROITS OBJECTIFS ET DROITS SUBJECTIFS : OPPOSITION ET COMBINAISON DES DEUX CONCEPTS

5.4 ▸ La distinction que l'on vient de poser n'est, à l'évidence, qu'une illustration particulière d'une opposition générale et bien connue : celle du droit (ou, si l'on considère les subdivisions matérielles qu'il comporte, des droits) en tant que système de normes et des droits en tant que prérogatives et libertés appartenant ou censées appartenir à des individus. Dans le premier cas, des règles objectives définissent par leur juxtaposition et leur interaction (voire leur contradiction...) les obligations des individus. L'espace de liberté qui est concédé à ceux-ci, autrement dit l'espace où ils peuvent agir en ne considérant que leur seule volonté, est résiduel car ses limites sont fixées de l'extérieur : elles sont la conséquence objective d'un mécanisme de réglementation qui fonctionne selon sa logique propre. Rien n'empêche donc en théorie que l'espace de liberté des individus soit totalement supprimé, puisque son existence et son étendue ne constituent pas une fin de l'activité de réglementation juridique. Dans le second cas, au contraire, les droits des individus sont premiers : l'ordonnancement juridique a pour finalité propre de garantir ces droits subjectifs. Les règles posées ne sont tenues pour légitimes que dans la mesure où elles réalisent cet objectif.

5.5 ▸ Aussi opposées qu'elles soient en apparence, ces deux visions de l'ordre juridique doivent pourtant être conciliées. Tant que l'on en reste aux généralités, l'affirmation du primat absolu des droits subjectifs paraît cohérente : on peut soutenir que toute autre vision de l'ordre juridique (qui implique obligation, donc coercition) est odieuse, médiévale, liberticide. Mais dès lors que l'on s'efforce de penser le droit dans son fonctionnement concret, on doit reconnaître que le subjectivisme juridique poussé à son terme est une utopie, car il ignore les conflits potentiels entre les individus. Dans la réalité, ceux-ci sont *plusieurs* et rien ne garantit que leurs droits soient convergents. Rien ne garantit d'ailleurs le contraire. L'illusion inverse repose sur la tendance à isoler par la pensée chaque individu, à le considérer indépendamment de la société où il vit. Si l'on prend en compte le fait que l'individu vit dans une société, force est de constater que le droit subjectif d'une personne n'est rien d'autre qu'une limitation du droit subjectif d'une autre. Si l'on considère par exemple le droit à la vie, on observe que celui-ci ne confère pas la vie à l'individu qui en est titulaire et qui doit déjà exister pour y avoir droit. Elle ne le garantit pas non plus contre l'issue qui est le terme normal de toute existence : le droit à la vie ne garantit pas, que l'on sache, l'immortalité. Le droit à la vie n'est pas non plus un devoir de vie : en tant que tel, il n'interdit pas à celui qui en est titulaire de se supprimer. Mais il interdit à tout autre individu de le faire. Le droit à la vie d'un individu n'est donc rien d'autre que la négation du droit de tous les autres individus à le tuer. La même analyse peut être menée à propos de tous les droits subjectifs. Le droit de vote n'est pas la liberté positive d'introduire un bulletin dans une boîte – activité qui, réduite à elle-même, paraît peu exaltante. Il concrétise, négativement, l'interdiction de désigner les dirigeants appelés à gouverner la société de toute autre manière, la force des armes, la loterie de l'hérédité, etc. Dès lors, on comprend que l'optique subjective et l'optique objective, loin de s'exclure, constituent plutôt l'avers et le revers de la même médaille. L'accent peut certes se déplacer, et ce fut là tout le sens de l'évolution historique qui, depuis le XVIIIe siècle, a mis les droits subjectifs des individus au centre du système juridique. Nous n'admettons plus, du moins en principe, que l'individu soit sacrifié à l'ordre social. Mais il n'en résulte pas que l'on puisse garantir simultanément toutes les libertés de tous les individus : si nous affirmons le droit de l'un à vivre, nous devons nier le droit de l'autre à le tuer.

5.6 ▸ Ces observations d'ordre général permettent de situer le problème mais non de le résoudre. Pour montrer comment se combinent droit objectif et droits subjectifs ou, si l'on préfère, comment les droits subjectifs peuvent à la fois être affirmés et incarnés dans un ordre juridique objectif (État de droit), il serait nécessaire de dégager un principe de régulation entre droit objectif et droits subjectifs. En pratique, cependant, on constate qu'il existe deux orientations possibles, assez différentes, selon que l'on part des droits subjectifs ou de l'ordre juridique objectif. L'habitude prévaut de nommer ces orientations « jusnaturalisme » et « positivisme juridique ».

5.7 ▸ La première orientation consiste à poser comme un absolu certains droits subjectifs – que l'on nommera droits naturels, droits de l'homme (au sens d'« être humain ») ou droits fondamentaux – et à en déduire un régime juridique objectif. Ce postulat entraîne plusieurs conséquences. Les droits reconnus *a priori* découlent de normes transcendantes, religieuses ou non, mais qui présentent toujours un caractère métajuridique. Celui-ci implique que le droit positif n'est pas l'origine des principes qu'il met en œuvre et ne peut y porter atteinte. Il peut seulement fixer les bornes nécessaires pour concilier les droits subjectifs des divers individus de manière à éviter qu'ils s'entre-détruisent – situation que ne manquerait pas de produire l'affirmation de leur validité absolue. Ce processus est parfaitement décrit par le fameux article 4 de la Déclaration des droits de l'homme et du citoyen du 26 août 1789 : « ... ainsi, l'exercice des droits naturels de chaque homme n'a de bornes que celles qui assurent aux autres membres de la société la jouissance de ces mêmes droits. Ces bornes ne peuvent être déterminées que par la loi ». La tâche propre du droit est donc d'ajuster des principes normatifs qu'il constate, organise, mais ne crée pas.

5.8 ▸ La seconde orientation ne postule pas, à l'inverse, l'existence de normes préexistantes. Elle considère que les droits des individus n'apparaissent que par l'édiction de normes juridiques positives. C'est parce qu'une liberté est définie, reconnue, organisée – et donc limitée – qu'elle existe concrètement. Tout ce qui n'est pas le droit positif, et donc positivement applicable, relève de l'idéologie, sympathique souvent, intéressante parfois, mais sans portée juridique. Ici, les droits (subjectifs) ne préexistent pas au droit (objectif) qui n'a donc à respecter, dans sa genèse et son développement, aucun principe métajuridique préexistant.

5.9 ▸ On est donc en présence de deux questions, distinctes mais solidaires. Les droits politiques sont-ils objectifs ou subjectifs ? Autrement dit, les régimes politiques sont-ils la cause ou la conséquence de prérogatives appartenant aux individus ? Sont-ils, d'autre part, un privilège reconnu par le droit à certains individus, ou présentent-ils un caractère transcendant ? Doivent-ils, en d'autres termes, être rangés parmi les droits de l'homme ?

Il importe d'insister sur le fait que ces deux alternatives ne se recouvrent pas. Les droits de l'homme sont en effet nécessairement des droits subjectifs, mais la réciproque n'est pas vraie. On peut parfaitement reconnaître que, dans nos contrées et à notre époque, les individus possèdent un droit à décider de leurs propres affaires et jouissent d'un droit à la démocratie, sans pour autant élever ce droit à la hauteur des droits de l'homme inaliénables et imprescriptibles. Il convient donc de répondre à une double question : les droits politiques sont-ils des droits subjectifs ? Sont-ils des droits de l'homme, autrement dit, ont-ils une portée universelle ?

§ 3 – LES DROITS POLITIQUES SONT DES DROITS SUBJECTIFS

5.10 ▸ Le caractère subjectif d'un droit s'apprécie par rapport à un état de civilisation donné : même si l'on affirme en effet le caractère éternel et imprescriptible de certaines valeurs, qualifiées de libertés fondamentales ou de droits de l'homme, il s'agit toujours des valeurs de l'époque considérée, jamais de celles du passé ou de l'avenir – ce qui revient à dire que la discussion entre jusnaturalisme et positivisme est métaphysique : la controverse n'est pas vide de sens, mais sa solution est indifférente pour le sujet ici traité. Il n'est en effet pas douteux qu'à notre époque les droits politiques sont des droits subjectifs. Ce caractère leur a été explicitement reconnu, comme on va le voir, par des textes de droit positif. Mais c'est surtout l'opinion commune, le consensus universel, qui confère à ces droits ce caractère : nul ne doute aujourd'hui que les hommes aient le droit de se mêler de ce qui les regarde. Bien qu'unanimement reconnu, ce sentiment est récent. Pendant des millénaires, les hommes ont accepté l'existence de pouvoirs supérieurs, auxquels ils étaient soumis *par nature* : le roi, image de Dieu, avait un droit subjectif à régner ; il était né pour commander puisqu'il commandait effectivement. L'idée que ce type de pouvoir pût ne pas être légitime ne venait à personne : un monarque renversé était remplacé par un autre. Le roi, dans sa souveraine bonté, acceptait parfois de limiter son pouvoir : il donnait certains droits à ses peuples, comme Louis XVIII *octroya* une Charte en 1814. Le mot lui-même dit bien ce qu'il veut dire : il s'agit d'une démarche spontanée et discrétionnaire du monarque : si des droits sont *donnés* aux individus, c'est qu'ils ne les possèdent pas déjà. Un tel « octroi » est aujourd'hui inconcevable, et ce refus montre, mieux que tout autre phénomène, à quel point nos contemporains sont persuadés du caractère subjectif des droits politiques. Admettre que le droit de vote puisse être octroyé signifierait qu'il existe une autorité transcendante, étrangère au corps civique dont les citoyens sont membres. Or nous ne reconnaissons plus aucune autorité de ce genre. Nous n'imaginons même pas ce qu'elle pourrait être.

5.11 ▸ Il est donc hors de doute que le droit subjectif de chacun, ce sentiment simple mais intense d'avoir son mot à dire sur la marche des affaires publiques, constitue le cœur des droits politiques. Cette observation permet aussi de comprendre ce qui distingue les droits politiques au sens objectif du terme des droits politiques subjectifs qui feront l'objet des développements suivants. Le droit parlementaire, par exemple, n'a guère de caractère subjectif. D'une part, il ne concerne pas tous les individus mais seulement une catégorie particulière, les élus aux assemblées parlementaires. D'autre part, il ne vise pas à garantir les droits de ceux-ci, mais plutôt à poser les règles générales nécessaires au bon fonctionnement de l'institution. Il en va de même, *mutatis mutandis*, du droit constitutionnel, du moins si l'on conserve à l'expression sa signification traditionnelle. Certes, ce droit, en tant que fondement de l'édifice juridique, connaît et garantit les droits subjectifs, mais une partie importante des règles qu'il pose n'a rien à voir avec ceux-ci. Aucun droit subjectif n'explique la durée du mandat présidentiel, le principe du bicaméralisme, la règle du contreseing, etc. On est ici dans un domaine tout différent, celui des institutions politiques. On y poursuit la réalisation d'un agencement satisfaisant entre les autorités instituées, mais on n'y expose pas les droits subjectifs préexistants que posséderaient celles-ci. Dans une démocratie, les seuls droits subjectifs en matière constitutionnelle sont ceux des citoyens.

§ 4 – LES DROITS POLITIQUES SONT DES DROITS DE L'HOMME

5.12 ▸ L'idée selon laquelle les droits politiques doivent être rangés parmi les droits de l'homme ne s'impose pas *a priori*. Elle se heurte en effet à diverses objections. Celles-ci doivent être d'abord considérées, mais elles ne paraissent pas déterminantes.

I – OBJECTIONS

5.13 ▸ En premier lieu, on observe que de nombreux pays vivent encore sous des régimes autoritaires, voire dictatoriaux, où les populations ne jouissent d'aucun droit politique. Or elles s'en accommodent, peut-être parce qu'elles ont des soucis quotidiens plus urgents que la conquête de ces droits. Cela ne parait guère compatible avec la notion de droits de l'homme qui paraît impliquer une aspiration puissante, unanime et urgente : personne n'éprouve de doute sur le fait que le droit à la vie soit un droit de l'homme. *A contrario*, l'absence de ce sentiment pourrait être considérée comme un indice de ce que les droits politiques, bien qu'importants, sont étrangers à la catégorie des droits de l'homme.

5.14 ▸ Cette observation conduit à se demander s'il n'est pas nécessaire d'opérer une distinction parmi les droits fondamentaux. Certains seraient des droits de l'homme au sens strict : le droit à la vie, la sûreté personnelle, l'égalité civile, la proscription de toute discrimination fondée sur le sexe, la race, la religion, la langue, la fortune, en feraient partie. Ces droits apparaissent essentiels, leur mise en œuvre présente un caractère d'absolu et d'urgence qui les distingue des droits fondamentaux de second rang, parmi lesquels se trouveraient les droits politiques. Une telle distinction paraît fondée : nul ne contestera qu'il est moins grave d'être privé du droit de vote que tué, d'être traité en sujet qu'en gibier. D'ailleurs, cette distinction n'est-elle pas implicitement reconnue par la Déclaration de 1789, qui proclame les droits de l'homme *et* du citoyen ? D'un côté les droits de l'homme, c'est-à-dire des membres de l'espèce humaine : il suffit de faire partie de celle-ci pour en jouir ; de l'autre, les droits du citoyen, dont la jouissance est subordonnée à la possession de cette qualité. Une distinction claire entre deux catégories de droits est ainsi posée : les premiers sont absolus, inconditionnés et pour ainsi dire immédiats ; il suffit d'exister pour en bénéficier. Les seconds au contraire sont relatifs, puisqu'ils dépendent de la citoyenneté, et sont médiats en ce sens que leur exercice suppose diverses conditions (âge, nationalité, absence de condamnation, etc.).

5.15 ▸ Un autre ordre de considérations paraît renforcer ces remarques. Les droits politiques impliquent un niveau de complexité technique supérieur à celui des droits de l'homme au sens strict. L'affirmation du droit à la vie ou l'égalité de tous devant la loi sont des principes simples, aisément compréhensibles, et dont les premières conséquences se déduisent naturellement, même si le détail des régimes juridiques qui en découlent est susceptible d'atteindre à un degré élevé de complexité. En revanche, si l'on pose le principe du droit des citoyens à se gouverner eux-mêmes ou à élire leurs représentants, on se trouve immédiatement confronté à de grandes difficultés car ces formules, apparemment claires, sont en réalité profondément ambiguës. On peut tirer de l'interprétation qui en est faite des conséquences tout à fait divergentes : le principe démocratique implique-t-il que tous les individus possèdent le droit de voter et d'être élu, ou peut-on réserver l'une ou l'autre faculté à ceux qui sont tenus pour les plus aptes ? La démocratie doit-elle être purement représentative ou faut-il que le peuple se prononce lui-même sur certains sujets ? Questions vastes et délicates que l'on ne peut trancher selon des critères simples et objectifs.

II — RÉFUTATION DES OBJECTIONS

5.16 ▸ Les objections que l'on vient de résumer ne sont pas insignifiantes. Elles méritent considération et emportent même, dans une certaine mesure, la conviction. Pourtant, la position contraire paraît s'imposer. En premier lieu, la relative indifférence des peuples d'une partie du monde ne peut être considérée comme un argument décisif. D'abord parce qu'elle ignore les aspirations et les efforts, parfois héroïques, de nombreux militants qui luttent et parfois risquent leur vie pour instaurer la démocratie. Il s'agit certes de minorités, mais le combat pour les droits de l'homme fut toujours, y compris dans les pays où la notion a été inventée, un combat de minorités. Ensuite parce que les droits de l'homme sont un concept à la fois normatif et en devenir. Normatif signifie que leur négation ou leur méconnaissance ne porte pas atteinte à leur validité, tout comme un meurtre ne démontre pas qu'il est légitime de tuer. Mais en outre – et ici la comparaison avec le droit pénal doit être fortement nuancée –, les droits de l'homme sont en devenir : ils constituent un idéal à atteindre, éventuellement par étapes. Qu'il y ait plusieurs étapes, inégalement urgentes à franchir, n'empêche pas qu'il y ait un seul chemin. Surtout, il faut être conscient de ce que la démocratie constitue la condition nécessaire des droits de l'homme, même si elle n'est pas suffisante. On va le voir au premier paragraphe de la section I. En second lieu, la distinction entre droits de l'homme et droits du citoyen peut être considérée comme une simple question de terminologie : sa solution est alors indifférente, car les dénominations sont libres. Mais on peut également estimer que l'être humain a droit d'être citoyen, et que par conséquent la seconde catégorie se résorbe dans la première. Il est vrai qu'il subsiste une différence structurelle, puisque les droits de l'homme sont inconditionnés et que les droits du citoyen ne s'exercent que sous condition. Mais la seule condition de fond qui subsiste aujourd'hui est la nationalité. Or elle n'apparaît pas contraire à la notion de droits de l'homme dès lors que l'on pose en principe que tout homme a droit à une nationalité. En toute hypothèse, la portée symbolique acquise par l'expression « droits de l'homme » (ou ses équivalents) est telle que l'on ne saurait refuser celle-ci aux droits politiques sans minimiser leur portée. Enfin, il est vrai que les grands principes sont parfois perdus de vue dans le détail des réglementations. Par certains aspects, les droits politiques sont des techniques neutres par rapport aux objectifs supérieurs qu'elles sont censées servir. Mais ceci est vrai de tout régime juridique dès lors qu'il atteint une certaine complexité. Et même si les grands principes ne sont pas toujours discernables dans le maquis des codes, l'important est que ceux-ci ne les contredisent pas.

§ 5 – LES DEUX PÔLES DES DROITS POLITIQUES

5.17 ▸ Les droits politiques sont donc l'objet d'une tension intime entre deux pôles. L'un est celui des principes, enracinés à la fois dans la philosophie politique et dans la conscience commune. L'autre est celui de la technique juridique. L'étude de ces deux pôles, à la fois solidaires et distincts, exige une double démarche. L'affirmation selon laquelle les droits politiques sont des droits subjectifs et des droits de l'homme implique tout d'abord que leur étude ne saurait se réduire à la description d'un régime juridique. En effet, ce n'est pas le régime juridique qui crée les droits, mais les droits, ou plutôt la vision dominante de ceux-ci, qui imposent et déterminent l'aménagement du régime juridique. On ne peut se contenter en la matière d'exposer le droit positif : il faut aussi considérer le droit au droit. La question présente donc une dimension métajuridique, absolue quand le droit doit tenir compte de normes non juridiques, relative quand le droit français doit tenir compte de principes posés par le droit international ou le droit européen. La section I de ce chapitre sera consacrée à l'étude des problèmes posés par les relations entre les normes juridiques et les principes métajuridiques. La section II sera en revanche consacrée au pôle technique. Elle montrera comment les droits politiques prennent forme dans le système politique français contemporain.

Section I

DROITS POLITIQUES ET PRINCIPES MÉTAJURIDIQUES

5.18 ▸ L'étude des rapports entre droits politiques et principes métajuridiques suppose d'abord une élucidation des relations complexes entre les notions de démocratie et de droits de l'homme : les deux ne se confondent pas et pourtant les droits politiques sont à la fois le produit de la démocratie et sa cause. Il faut également déterminer quelle est la nature des principes qui déterminent les normes juridiques en matière de droits politiques. Enfin, il faut s'interroger sur l'influence des principes métajuridiques sur les techniques constitutionnelles.

§ 1 – DÉMOCRATIE ET DROITS DE L'HOMME

I — LA DÉMOCRATIE N'IMPLIQUE PAS LES DROITS DE L'HOMME

5.19 ▸ La démocratie n'implique pas les droits de l'homme : cette affirmation, paradoxale pour la pensée aujourd'hui dominante, est pourtant incontestable. Elle est même doublement vraie, historiquement et logiquement.

A - ASPECTS HISTORIQUES

5.20 ▸ Historiquement d'abord, la démocratie et les droits de l'homme apparaissent à des époques différentes.

La démocratie est, comme chacun sait, une création des Grecs. La cité-État d'Athènes a créé un régime politique où le peuple (mais, comme on va le voir, le mot n'a pas dans ce contexte le sens qu'on lui prête aujourd'hui) gouvernait effectivement. Toutes les décisions importantes, depuis la conduite des affaires étrangères et la conclusion des traités jusqu'au jugement des procès politiques, étaient prises par l'Assemblée du peuple, qui en revanche ne faisait pas les lois, ou par des magistrats tirés au sort, ce qui excluait tout accaparement des pouvoirs par une catégorie de citoyens. Le système a effectivement fonctionné pendant près de deux siècles dans un État qui paraît petit comparé aux nôtres, mais s'était taillé un empire et vivait dans un monde dangereux. Le sens étymologique du mot démocratie – gouvernement du peuple – devait, dans ce cas, être pris au pied de la lettre. En revanche, il est clair que ce système ignorait totalement ce que nous appelons les droits de l'homme. Les individus pouvaient être poursuivis devant le tribunal du peuple et condamnés à mort au terme de procès où les considérations politiques et les emportements conjoncturels tenaient plus de place que les garanties juridiques. Les libertés, au sens moderne du terme, étaient inconnues. Dans l'Antiquité, le mot « liberté » s'entendait comme liberté collective de la cité et liberté des citoyens politiquement actifs, et non comme liberté reconnue aux individus d'agir librement dans la sphère privée tant que leur comportement ne nuit pas à autrui. Enfin, l'organisation de la cité reposait sur une inégalité juridique fondamentale puisque les citoyens (mâles), qui représentaient environ, selon les estimations des historiens modernes, un dixième de la population, possédaient seuls les droits civiques tandis que les femmes, les étrangers (métèques) et les esclaves n'en possédaient aucun. La société athénienne était une société d'ordres comme l'Ancien Régime en France, puisque l'appartenance aux diverses catégories juridiques était déterminée par l'hérédité, si l'on excepte de très rares cas de naturalisation et d'affranchissement. Rien ne montre mieux l'indépendance théorique des notions de démocratie et d'égalité devant la loi.

5.21 ▸ La notion des droits de l'homme est beaucoup plus récente. Bien qu'on puisse lui trouver des racines dans les époques antérieures, elle ne s'affirme clairement qu'au XVIIIe siècle. Elle est en effet le pur produit de la philosophie des Lumières. Or elle s'affirme dans un monde presque exclusivement monarchique, où cet état de choses paraît naturel. Les droits de l'homme peuvent donc, à l'évidence, exister sans la démocratie.

B - ASPECTS LOGIQUES

5.22 › L'indépendance des deux notions peut également être établie logiquement. Il est clair en effet que, ramenés à leur principe essentiel, démocratie et droits de l'homme procèdent de prémisses absolument différentes. Celles-ci peuvent même entrer en conflit.

5.23 › Qu'est-ce en effet que la démocratie ? Une réponse simple consiste à expliciter, comme on vient de le faire, l'étymologie du mot. Une réponse qui se veut plus élaborée consiste à citer la formule bien connue : « La démocratie est le gouvernement du peuple, par le peuple et pour le peuple. » Mais que faut-il entendre par là ? « Gouvernement du peuple » est ambigu, puisque l'expression peut aussi bien signifier « gouvernement exercé sur le peuple » que « gouvernement exercé par le peuple ». Le premier sens s'applique à tous les régimes politiques, y compris les plus tyranniques ; le second caractérise la seule démocratie, mais se confond avec le deuxième terme de la formule initiale. « Gouvernement pour le peuple », d'autre part, ne caractérise nullement la démocratie. On peut en effet très bien concevoir un gouvernement animé de l'intention, sincère ou non mais proclamée, d'agir *pour le bien* du peuple. Un tel système politique porte au XVIIIe siècle le nom de *despotisme éclairé*. Aujourd'hui encore, bien des gouvernants prétendent faire le bonheur du peuple, mais sans lui, voire contre lui. On ne saurait alors parler de démocratie, sauf à changer le sens du mot. Inversement, il est difficile, si l'on écarte l'hypothèse d'un peuple masochiste, logiquement non contradictoire mais psychologiquement improbable, d'imaginer un gouvernement *par* le peuple qui ne serait pas aussi un gouvernement *pour* le peuple. L'analyse de l'expression « gouvernement pour le peuple » conduit donc à distinguer un sens non pertinent et un sens qui se confond avec « gouvernement par le peuple ». On peut poser par conséquent que la démocratie est le gouvernement *par* le peuple.

L'idée du gouvernement par le peuple peut cependant s'actualiser de diverses manières, entre lesquelles existent des différences considérables. On peut en effet comprendre cette idée comme impliquant une démocratie directe où le peuple lui-même décide de la totalité des affaires publiques, ou du moins de toutes celles qu'il entend se réserver. La démocratie athénienne constitue l'exemple historique le plus proche de cet idéal. On peut à l'inverse concevoir un système représentatif pur, dans lequel les représentants veulent *au nom du peuple* sans que celui-ci ait d'autre prérogative que de procéder à leur désignation. On peut enfin envisager des systèmes intermédiaires : certaines décisions sont réservées au vote populaire (démocratie semi-directe) ou bien le peuple exerce, selon des modalités variées, un certain contrôle sur ses représentants et peut ainsi, jusqu'à un certain point, orienter leurs décisions (démocratie semi-représentative). Ces questions seront examinées au paragraphe 3 du point de vue de la technique constitutionnelle.

Toutefois, ces diverses formes de démocratie ont un trait commun : les décisions, hors les cas extrêmement improbables d'unanimité, sont prises à la majorité des voix. La démocratie implique le vote, puisqu'elle suppose un processus par lequel plusieurs volontés doivent se réduire à une seule, considérée comme volonté du peuple. Cette volonté sera considérée comme souveraine en vertu du principe démocratique : elle s'impose à tous et rien ne peut lui être supérieur. Mais elle est changeante, au moins potentiellement : ce qu'une majorité a fait, une majorité différente peut le défaire.

5.24 ▸ La notion de droits de l'homme, pour sa part, repose sur l'idée qu'il existe un certain nombre de droits inconditionnés et imprescriptibles, comme le droit à la vie, le droit à l'instruction, le droit d'exprimer librement ses pensées, etc. Ces droits sont inconditionnés en ce sens qu'aucun principe, aucune valeur, aucune doctrine ne peut légitimement les remettre en cause. Tout au plus peut-on en limiter la portée dans des cas particuliers, pour des motifs impérieux, selon des procédures organisées, restrictivement conçues et dûment contrôlées. Ils sont d'autre part imprescriptibles : aucune loi écrite ou coutume, aussi ancienne et vénérable soit-elle, ne peut être opposée aux droits de l'homme ni les modifier. Ils ne relèvent pas de l'histoire, avec la relativité que celle-ci implique, mais d'un impératif absolu et intemporel contre lequel aucun argument de tradition ou d'opportunité n'est recevable. Sur quoi repose le privilège reconnu aux droits de l'homme qui leur permet de récuser *a priori* tout ce qui pourrait les remettre en cause ? Ce n'est pas le lieu de répondre à cette question, à l'évidence délicate. Il convient seulement, ici, de voir comment cette notion fonctionne sans s'interroger sur ce qui la fonde. Or précisément, son caractère propre est, quant au fond, d'écarter tout ce qui est incompatible avec elle, en tous temps ou en tous lieux. Quant à son champ d'application, il est également, et par hypothèse, sans limite autre que l'humanité : la seule condition à remplir pour être titulaire des droits de l'homme est l'appartenance à l'espèce humaine. Aucune considération ne peut donc justifier que le bénéfice en soit refusé à quelqu'un.

5.25 ▸ On voit donc que la démocratie et les droits de l'homme ont en commun d'être tous deux des absolus dont la logique disqualifie *a priori* tout ce qui s'oppose à eux. Mais il existe entre eux une différence structurelle. La démocratie est un absolu *formel* en ce sens qu'elle affirme la souveraineté d'une procédure, la décision majoritaire du peuple, sans prendre position sur le contenu des choix effectivement opérés. Les droits de l'homme à l'inverse sont un absolu *matériel*, car c'est le contenu qui est ici déclaré prédéterminé et intangible. En pratique, ce contenu peut être formulé d'une manière quelconque, et un monarque peut parfaitement inscrire les droits de l'homme dans la législation qu'il édicte. Ces deux observations permettent de comprendre à la fois pourquoi le conflit entre démocratie et droits de l'homme n'est pas inévitable – ce qui serait le cas si ces absolus se situaient sur le même plan –, mais n'est pas non plus exclu – car aucune harmonie préétablie ne garantit que le peuple ne prendra jamais à la pluralité des voix, donc d'une manière démocratiquement irréprochable, des mesures contraires aux droits de l'homme, ni que l'invocation des droits de l'homme ne puisse servir de prétexte pour écarter la démocratie.

5.26 ▸ La contradiction s'avère donc toujours menaçante. Mais elle est particulièrement redoutable dans les cas où elle apparaît comme la conséquence d'une conjonction stable de phénomènes. Il en est ainsi dans trois cas : lorsque sont confrontés, au sein d'une même structure étatique, des groupes humains revendiquant une appartenance nationale propre ; dans le cas de minorités d'une autre nature ; enfin quand existe un décalage culturel entre les traditions locales et la conception occidentale des droits de l'homme.

5.27 ▸ La première hypothèse se trouve réalisée si, pour des raisons d'ordre géographique et historique, des peuples sont contraints à vivre ensemble sans pouvoir ni se séparer ni s'entendre. Si l'une de ces deux possibilités était ouverte, une solution démocratique serait, au moins théoriquement, concevable. La première issue serait en effet l'application du droit des peuples à disposer d'eux-mêmes : un peuple interrogé par référendum déciderait, à la pluralité des voix, de rompre les liens qui l'unissent à un autre peuple et de former dorénavant une entité étatique nouvelle, pleinement souveraine. C'est ainsi par exemple que la République tchèque et la République slovaque se sont pacifiquement séparées en 1992. La seconde issue, c'est-à-dire l'entente des peuples entre eux, serait atteinte par la constitution d'un sentiment national. Une nation se caractérise en effet non par l'uniformisation totale des parties qui la composent – celles-ci peuvent conserver des traits spécifiques et même veiller jalousement sur leur conservation – mais par l'émergence d'un sentiment de communauté, c'est-à-dire l'idée d'un minimum de valeurs et d'intérêts partagés, suffisant en tout cas pour exclure la crainte d'une oppression systématique des moins nombreux par les plus nombreux. Ceci suppose une certaine homogénéité des comportements et l'absence de clivages inexpiables. Une telle situation procède généralement d'une longue histoire. Aussi est-il difficile d'imposer dans le court terme et de manière volontariste un processus de ce type. Quand il est réalisé, en revanche, la démocratie peut fonctionner : aucun groupe ne craint que sa survie ou ses intérêts fondamentaux soient mis en cause par une application mécanique du principe de majorité. Mais il n'en est pas toujours ainsi : il existe des cas où cohabitent sur un même territoire des groupes radicalement hétérogènes, c'est-à-dire séparés par des clivages ethniques, religieux, linguistiques qui rendent impossible tout compromis, toute définition d'un intérêt commun, tout passage de l'un à l'autre qui ne soit pas une trahison. Dans de tels cas, la démocratie ne peut en elle-même constituer un principe de solution des conflits. Elle risque même, à l'inverse, de devenir un principe d'oppression de la ou des minorités par la majorité. C'est là, en un sens, que les droits de l'homme devraient prendre le relais en affirmant que tous les individus, quelle que soit leur appartenance communautaire, possèdent un certain nombre de droits imprescriptibles. L'ennui est que le droit, aussi vénérable soit-il, est de peu de portée quand il n'existe pas une volonté de le définir en commun et des structures susceptibles de le faire respecter en cas de difficultés. Si ces conditions ne sont pas remplies dans l'ordre étatique – et c'est précisément là l'hypothèse où l'on se trouve –, il est peu probable que l'ordre international s'y substitue. Les guerres au Liban, en Afghanistan, en Irak, en Syrie, en Afrique, dans l'ancienne Yougoslavie, les génocides commis au Cambodge ou au Rwanda ont bien montré, hélas, qu'il ne suffit pas d'invoquer les droits de l'homme pour voir ceux-ci étendre leur empire sur les populations en péril.

5.28 ▸ La deuxième hypothèse concerne des minorités, c'est-à-dire des groupes relativement stables, homogènes et visibles par autrui. Les facteurs qui les définissent sont très divers. Si l'on exclut les minorités nationales, considérées dans l'hypothèse précédente, on peut évoquer des minorités linguistiques, religieuses, sexuelles, culturelles (amateurs d'opéras...), voire adeptes de pratiques controversées (fumeurs, chasseurs, etc.). Tous ces cas ont en commun – malgré les risques très inégaux qu'ils encourent du fait de leur situation minoritaire – de ne pouvoir confier la défense de leurs intérêts à la loi du nombre, c'est-à-dire au principe démocratique. Si leur point de vue est pris en compte, ce ne peut être que sur la base d'autres valeurs. Souvent ces problèmes se règlent, sans même être consciemment posés, par le jeu normal des coutumes qui régissent le comportement des hommes en société. Dans les cas les plus difficiles, où les intérêts vitaux des individus sont en cause, l'idée de droits de l'homme trouve à s'appliquer. C'est même l'exemple typique d'une situation où la loi du nombre doit être *a priori* récusée, puisque son application entraînerait des conséquences jugées par ailleurs inacceptables. Mais il est clair que dans les faits, la difficulté reste entière, ou plutôt ne disparaît que si l'on suppose le problème résolu : pour que l'on renonce sur un point à la loi du nombre, il faut que la majorité y consente. L'éducation, les valeurs, l'esprit de tolérance et de transaction, bref la civilisation au sens de Norbert Elias, peuvent y conduire. Mais que se passe-t-il si la majorité prétend appliquer la loi du nombre ? En d'autres termes, les droits de l'homme ne l'emportent sur la démocratie que dans les situations où la démocratie elle-même reconnaît l'empire des droits de l'homme. Il s'agit alors seulement de régler à la marge, par des procédures juridiques, des difficultés que la spontanéité sociale n'a pas déjà résolues : tâche qui peut s'avérer en pratique extrêmement complexe et délicate, mais qui est en principe réalisable. Dans le cas contraire, on se trouve inévitablement confronté au paradoxe suivant : plus le respect des droits de l'homme est nécessaire parce que la société ne les respecte pas déjà en gros, et moins ils ont de chance d'être respectés parce que la majorité du peuple ne reconnaît pas leur légitimité ou ne leur donne pas le même contenu que l'Occident contemporain.

5.29 ▸ On se trouve ainsi conduit à la troisième hypothèse, celle du divorce entre la conception occidentale des droits de l'homme et les interprétations qu'en donnent – ou refusent d'en donner – les sociétés étrangères à la tradition qui a permis l'émergence du concept. Le cas le plus connu est celui de l'islamisme, qui prétend appliquer à la lettre son interprétation (contestée par la majorité des musulmans) de la loi islamique, mais la contradiction est en fait virtuellement présente dès lors que l'on considère des sociétés non occidentales ou non occidentalisées. La démocratie et les droits de l'homme sont *grosso modo* conciliables en Occident parce qu'ils y sont nés, bien qu'à des époques différentes. Hors de ce substrat commun, rien ne garantit qu'ils soient spontanément convergents. Dès lors, il n'existe, à court terme, que de mauvaises solutions. Ne pas réagir aux crimes dont, par suite de la mondialisation de l'information, les sociétés occidentales sont les témoins, c'est renoncer à l'universalité des droits de l'homme – et donc renoncer à l'idée même de droit de l'homme. Mais à l'inverse, imposer leur conception à l'univers – à supposer qu'une telle chose soit possible – ne va pas sans que se pose une redoutable question : de quel droit les Occidentaux peuvent-ils contraindre les hommes qui ne pensent pas comme eux à suivre leurs lois et à respecter leurs valeurs ? Reste donc à espérer qu'à long terme, l'évolution des peuples soit convergente et que se créent dans tous les pays les conditions nécessaires pour que les droits de l'homme soient compatibles avec l'opinion de la majorité du peuple. Mais il faut admettre que, si une telle évolution n'est pas exclue, aucune harmonie préétablie ne garantit, à l'inverse, qu'elle aura lieu.

II — LES DROITS DE L'HOMME IMPLIQUENT LA DÉMOCRATIE

5.30 ▸ La démocratie n'implique donc pas le respect des droits de l'homme. Il est non moins vrai, en revanche, que les droits de l'homme impliquent la démocratie, négativement parce que les dictatures bafouent les droits de l'homme, positivement parce que seule la démocratie offre les garanties dont ceux-ci ont besoin pour s'épanouir. On ne saurait douter, en effet, que la dictature et, *a fortiori*, le totalitarisme, excluent les droits de l'homme. Ceci n'est pas affaire d'essence mais d'incompatibilité concrète. En effet, rien n'empêche en théorie qu'un régime autoritaire interdise à la population l'exercice des droits politiques tout en garantissant l'exercice des droits de l'homme –sous réserve évidemment que l'on n'inclue pas les premiers dans les seconds. Certains régimes contemporains vivent sur un programme implicite que l'on pourrait résumer ainsi : respect proclamé des droits de l'homme par souci de respectabilité internationale et dictature personnelle. Mais, en pratique, les deux idées s'avèrent incompatibles, car les droits de l'homme ne se résument pas à des généralités auxquelles il suffit de rendre un hommage, peut-être sincère, mais platonique. Ils n'existent effectivement que s'ils sont définis et appliqués, défendus et restaurés en cas de violation. Ce qui revient à dire que les droits de l'homme ne sont pas concevables sans l'existence d'un État de droit. Or un État de droit ne se réduit pas à un code de lois et des magistrats élégamment costumés dans des palais pompeux. Tout ceci peut n'être qu'un décor. L'État de droit suppose des règles proclamées mais aussi leur respect effectif, que seule une démocratie vivante peut garantir.

5.31 ▸ Il faut donc, pour qu'un État de droit existe, que l'édiction des normes juridiques entraîne des conséquences concrètes, c'est-à-dire que les comportements individuels et collectifs soient orientés par ces normes. Or un tel résultat dépend pour beaucoup de facteurs extrajuridiques : l'éducation, les mécanismes d'autocontrôle issus du processus de civilisation, la morale intériorisée. Le droit n'agit qu'à la marge, mais c'est justement cette marge qui le constitue en tant que droit. Par ailleurs, il faut que l'État s'applique les règles à lui-même, autrement dit qu'il y ait État de droit qui s'impose aux gouvernés et pas seulement état de droit qui ne s'impose qu'aux gouvernés. Aujourd'hui réalisée en principe dans nos sociétés, cette situation est l'aboutissement de siècles d'efforts : il est en effet plus facile de faire respecter les lois en s'appuyant sur la force de coercition du pouvoir que d'obliger le pouvoir lui-même à respecter des règles, y compris celle qu'il a lui-même instituées. Aux yeux des contemporains les deux sont inséparables. Et c'est la nécessité de cette liaison qui rend également inséparables État de droit et démocratie. En effet, l'État de droit suppose d'abord une justice indépendante. Or, comment un gouvernement autoritaire pourrait-il s'accommoder d'une justice indépendante ? Il regarde au contraire la justice comme l'un des rouages de l'État, qui doit demeurer entièrement soumis à ses ordres et réprimer sans faiblesse toute opposition. Sur quoi d'ailleurs les magistrats pourraient-ils s'appuyer, à supposer qu'ils aient une quelconque velléité d'indépendance, puisque c'est le gouvernement qui fait les lois ? Celui-ci laissera bien une large autonomie à la justice, pour traiter les litiges privés auxquels il ne s'intéresse pas : il s'évite ainsi des ennuis inutiles et renforce sans frais l'image libérale qu'il aime souvent donner de lui-même. Mais dès qu'une affaire lui importe, il retrouve intacte sa capacité de décision grâce à la docilité de magistrats habitués à l'obéissance. Contre une telle connivence, il existe certes des remèdes juridiques (statut de la magistrature), mais le garde-fou le plus efficace est évidemment la vigilance de l'opinion publique. C'est elle qui, en censurant les dérives de l'institution judiciaire, peut le plus efficacement lutter contre la mise en tutelle de celle-ci par le pouvoir politique. Encore faut-il que l'opinion publique soit informée. La liberté d'expression et d'information est donc elle aussi impliquée par l'État de droit : il faut entendre par là, ici encore, une liberté concrète et non une liberté proclamée. Enfin, l'opinion publique trouve elle-même son plus haut degré d'efficacité dans un régime où le gouvernement du pays dépend directement d'elle, c'est-à-dire dans un régime fondé sur l'élection. Un régime fondé sur une transcendance – volonté divine ou sens de l'histoire – n'est pas, en fait, indifférent à l'opinion des gouvernés, car il sait que ceux-ci peuvent se révolter. Rien ne vaut cependant pour maintenir les gouvernants dans le devoir la crainte périodique et salutaire de l'électeur. D'abord parce qu'elle garantit que les fonctions politiques sont à durée déterminée : au bout d'un laps de temps assez bref, il faudra se faire réélire ou quitter le pouvoir. Ensuite parce que l'électeur émet, à travers son vote, un verdict sur l'œuvre accomplie et sur la façon de l'accomplir.

5.32 ▸ L'analyse approfondie des notions de démocratie et de droits de l'homme permet d'établir l'existence de liens étroits entre elles. Non qu'elles se confondent comme une vision simpliste mais erronée pourrait le faire croire. Mais la démocratie apparaît bien comme la condition nécessaire, sinon suffisante, des droits de l'homme. Ceci confirme l'appartenance des droits politiques aux droits de l'homme : même s'ils n'en faisaient pas partie d'un point de vue matériel, par leur contenu, il faudrait les y ranger en fonction d'un critère formel, comme condition nécessaire de tous les autres droits.

§ 2 – NORMES JURIDIQUES ET PRINCIPES MÉTAJURIDIQUES

5.33 ▸ Affirmer que les droits politiques sont des droits de l'homme peut n'être qu'une manière de proclamer l'estime où on les tient, le respect qu'on leur porte, la déférence que l'on éprouve pour les grands principes, bref une hyperbole pieuse. Si l'on entend cependant dépasser le stade de la rhétorique, il faut admettre que cette affirmation implique des conséquences. Cela suppose que les droits des individus ne soient pas seulement le résultat objectif d'un ordre juridique – ce qui serait encore compatible avec l'idée de droits subjectifs, entendus comme résultante d'un certain agencement du droit positif – mais qu'ils existent antérieurement à toute formulation juridique. Cela suppose également que le régime juridique doive respecter un certain nombre de règles préexistantes, positives ou négatives, sous peine d'être frappé *a priori* d'une illégitimité radicale. Autrement dit, il faut qu'il existe des principes qui interdisent de supprimer les droits politiques, d'y porter des atteintes substantielles ou qui imposent de leur conférer une portée réelle et un contenu déterminé. Ces principes sont nécessairement métajuridiques, puisque par hypothèse, ils doivent s'imposer au droit positif. Sans un principe métajuridique, à la fois supérieur et d'une nature différente, les droits de l'homme se confondent avec le droit positif, n'ont pas d'autre contenu que lui et peuvent donc être modifiés comme lui. La notion de principe métajuridique peut toutefois recevoir deux contenus sensiblement différents, qu'il convient d'examiner successivement. Le premier est constitué par l'idée, sans doute illusoire, de supraconstitutionnalité ; le second s'appuie sur la supériorité de l'ordre international sur l'ordre juridique interne.

I – L'ILLUSION DE LA SUPRACONSTITUTIONNALITÉ

5.34 ▸ L'idée de supraconstitutionnalité n'est pas étrangère aux débats juridiques. Selon ses partisans, il peut exister au sein d'un ordre constitutionnel un noyau de règles intangibles, c'est-à-dire auxquelles les révisions constitutionnelles ne pourraient apporter aucune modification. À l'appui de cette thèse, on fait valoir qu'elle est affirmée dans certains systèmes politiques contemporains. Mais les exemples allégués n'ont pas, semble-t-il, la portée qu'on leur prête.

A - EXEMPLES EN DROIT POSITIF

5.35 ▸ En Allemagne, le troisième alinéa de l'article 79 de la Loi fondamentale de 1949 dispose que : « Toute révision de la présente loi fondamentale qui toucherait à l'organisation de la Fédération en *Länder*, à la législation ou aux principes énoncés aux articles 1er et 20 est interdite ». Le tribunal constitutionnel peut déclarer inconstitutionnel un projet de révision qui ne respecterait pas ces interdictions. En Italie, la Constitution de 1947 affirme dans son article 139 que la forme républicaine du gouvernement ne peut faire l'objet d'une révision. La Cour constitutionnelle a d'autre part admis qu'il existe des principes suprêmes, sur lesquels se fonde la Constitution italienne (droit de se défendre en justice, liberté d'expression, principe de solidarité sociale, principe de la légalité des crimes et des délits) et auxquels on ne peut déroger par une révision constitutionnelle. En France, le cinquième alinéa de l'article 89 déclare : « La forme républicaine du Gouvernement ne peut faire l'objet d'une révision ». À la différence de la Cour italienne, le Conseil constitutionnel n'a jamais tenté d'allonger cette liste. En 2003, il s'est explicitement déclaré incompétent pour contrôler les lois constitutionnelles[1], bien qu'il ait par ailleurs rappelé les limites que la Constitution de 1958 met à sa propre révision (art. 7, dernier al. ; art. 89, al. 4 et 5).

B - CRITIQUE DE L'IDÉE DE SUPRACONSTITUTIONNALITÉ

5.36 ▸ Que démontrent ces exemples ? Prise au pied de la lettre, la notion de supraconstitutionnalité implique que coexistent, au sein d'un même bloc de constitutionnalité – la Constitution au sens strict et les normes de valeur

1. Décision 2003-469 DC du 26 mars 2003, considérant 3.

constitutionnelle dégagées par une Cour constitutionnelle – deux types de normes, distinguées selon un critère spécifique, les unes pouvant être modifiées par une révision constitutionnelle et les autres non. Ce critère prendrait la forme soit d'une autodésignation de la norme, qui se déclarerait elle-même intangible, soit d'une reconnaissance opérée par un juge constitutionnel habilité à cet effet par la Constitution. Cette construction intellectuelle semble cohérente et son pouvoir de séduction se trouve renforcé par des facteurs affectifs : ce que l'on déclare intangible, ce sont en effet les principes sacrés, immortels, etc., auxquels on ne peut imaginer de porter atteinte sans frémir. Et cependant, la doctrine ainsi affirmée apparaît peu soutenable. L'espèce de dédoublement constitutionnel que suppose la théorie est en effet logiquement absurde. La valeur supraconstitutionnelle présumée de certaines normes n'a et ne peut avoir d'autre fondement que la Constitution elle-même, soit de manière immédiate – quand l'intangibilité est inscrite dans son texte – soit de façon médiate – quand elle autorise une institution qu'elle crée à étendre le champ des normes soustraites au pouvoir de révision. L'affirmation d'intangibilité n'est donc pas d'une autre nature que toutes les autres dispositions constitutionnelles et l'on ne voit pas comment il pourrait en être autrement : le pouvoir constituant (qu'il soit constitué ou originaire) ne saurait créer autre chose que du droit constitutionnel. Il en résulte que les procédures de révision prévues par la Constitution s'appliquent nécessairement, non de manière directe au contenu des articles déclarés non révisables, mais aux dispositions figurant dans le même article ou dans un autre, qui déclarent ces dispositions non révisables. Modifier la forme républicaine du gouvernement suppose donc seulement deux révisions au lieu d'une. Si la norme supposée intangible provient non du texte de la Constitution mais de la jurisprudence d'une Cour constitutionnelle, une révision peut modifier les compétences de celle-ci, voire la supprimer, à la suite de quoi une seconde révision, à laquelle la Cour ne pourra plus s'opposer, sera opérée. La Cour peut en outre modifier sa jurisprudence, notamment si les circonstances ou sa composition – les juges constitutionnels ne sont pas immortels – ont changé. Il ne servirait évidemment à rien de déclarer intangible l'article qui déclare une disposition intangible. Car alors trois révisions suffiraient pour réviser celle-ci et il faudrait donc, pour éviter cette issue, qu'un article déclare intangible l'article qui déclare intangible l'article qui déclare telle disposition intangible, et ainsi à l'infini.

On observe, cependant, que dans cette analyse, l'argument majeur contre l'idée de supraconstitutionnalité est tiré de l'impossibilité d'établir une barrière étanche entre les matières révisables et celles qui ne le sont pas : dès lors qu'une procédure de révision existe, elle s'applique à tout, immédiatement ou médiatement. Ne suffirait-il pas dès lors, pour instaurer la supraconstitutionnalité, de déclarer l'ensemble de la Constitution non révisable ? En réalité, cette solution se heurterait à deux objections. La première est de fait. Une Constitution non révisable peut toujours être abrogée révolutionnairement. L'élimination du pouvoir constituant institué aura seulement pour conséquence le recours au pouvoir constituant originaire. Les expériences historiques montrent qu'elle en accroîtra la probabilité, car une rigidité totale du texte constitutionnel augmente les risques de décalage entre le droit et les réalités politiques. La seconde objection est de principe. Au nom de quoi des individus pourraient-ils lier pour toujours leurs successeurs à leur volonté ? S'inspirant d'une formule de Rousseau, l'article 28 de la Déclaration des droits de l'homme et du citoyen qui précède la Constitution du 24 juin 1793 le dit avec force : « Un peuple a toujours le droit de revoir, de réformer et de changer sa Constitution. Une génération ne peut assujettir à ses lois les générations futures ». On remarquera que ce dernier principe implique soit la négation de la supraconstitutionnalité – ce qui était à démontrer –, soit l'existence d'une supra-supraconstitutionnalité, puisqu'il revient, dans ce second cas, à interdire la formulation de règles supraconstitutionnelles qui déclareraient des règles constitutionnelles intangibles. Comme on ne voit pas ce qui pourrait empêcher d'édicter des normes à la troisième puissance, on retombe dans la régression à l'infini. La norme supraconstitutionnelle n'a donc le choix qu'entre le zéro et l'infini, double figure du néant.

Il n'y a pas lieu de s'en étonner. Car la notion de supraconstitutionnalité implique une double contradiction : contradiction entre l'idée de norme *supplémentaire* et l'idée de norme *ultime*. Si l'on ajoute une norme à la norme ultime qu'était la Constitution, on manifeste que celle-ci ne présentait pas ce caractère tout en s'avérant incapable de le conférer à la nouvelle norme ultime : on ne voit pas en effet la différence de nature entre celle-ci et la précédente, et il faudra réitérer l'opération ; mais contradiction aussi entre l'idée de norme *positive* et l'idée de norme *intangible*. On ne comprend pas en effet comment ce qui a été posé ne pourrait pas être déposé. Une norme intangible, si ce concept a un sens, ne saurait donc être une norme juridique. Elle doit être d'une nature différente, loi religieuse, droit naturel, consensus universel, etc. En l'espèce, la seule valeur d'une affirmation d'intangibilité est morale : une collectivité s'engage en face d'elle-même à ne pas attenter à certaines règles où se trouve résumée solennellement l'idée qu'elle se fait d'elle-même. Mais cet engagement peut-il être éternel ? En toute hypothèse, ce phénomène n'est pas du droit : il relève d'une autre logique, qui sera analysée au paragraphe 3. L'idée de supraconstitutionnalité comme pyramidion supplémentaire, posé par acquit de conscience au sommet de la pyramide des normes, se révèle inconsistante.

II – LES NORMES INTERNATIONALES

5.37 › Une seconde manière de donner un contenu à l'idée de principes métajuridiques est de faire appel à un ordre juridique supérieur à l'ordre interne, c'est-à-dire à l'ordre juridique international. Ce procédé trouve sa limite dans le principe de souveraineté des États, qui implique que ceux-ci ne peuvent être liés sans leur accord. En matière de droits de l'homme, et plus particulièrement de droits politiques, la difficulté principale est cependant d'une autre nature. L'existence, aujourd'hui, d'une véritable opinion politique internationale incite fortement les États à souscrire des engagements en la matière. S'y refuser équivaut presque à se mettre au ban de la communauté internationale. Formuler des réserves explicites sur des points importants revient à se montrer soi-même du doigt. Il est donc préférable de signer les textes les plus sublimes, de prendre les engagements les plus contraignants en apparence avec la ferme intention de n'en tenir aucun compte. Telle est la pratique cynique de beaucoup d'États. Le combat pour les droits de l'homme au niveau international n'est donc pas un combat, trop aisément gagné, pour l'affirmation des principes, mais bien, et il reste ici d'immenses progrès à faire, pour leur respect effectif.

5.38 › Toutefois, ces problèmes, essentiels au niveau du monde, ne se posent pas si l'on considère l'influence du droit international sur le droit français. La Constitution de 1958 indique dans son article 55 que « les traités ou accords régulièrement ratifiés ou approuvés ont, dès leur publication, une autorité supérieure à celle des lois, sous réserve, pour chaque accord ou traité, de son application par l'autre partie ». Il n'est donc pas possible de modifier par une loi postérieure une norme résultant d'un accord international. Il n'en résulte pas toutefois que les accords internationaux possèdent le caractère de normes métaconstitutionnelles : l'article 55 ne leur confère nullement une valeur de ce genre et il pourrait lui-même, en toute hypothèse, être supprimé par une réforme constitutionnelle. Il n'y a donc rien là qui remette en cause les observations précédentes sur l'impossibilité d'une supraconstitutionnalité. Quant à la condition de réciprocité posée par l'article 55, elle ne concerne guère la matière des droits politiques. En effet, les normes internationales qui régissent cette question prennent rarement la forme d'un accord où les obligations consenties par les uns constituent la contrepartie de concessions faites par les autres. Elles prennent plutôt la forme de régimes juridiques auxquels les États souscrivent. Le non-respect des obligations par une partie ne délie donc pas les autres de leur propre engagement.

En matière de droits de l'homme, et plus particulièrement de droits politiques, la législation interne française doit respecter trois types de normes internationales : des textes à vocation universelle, élaborés dans le cadre de l'ONU ; la Convention européenne de sauvegarde des droits de l'homme et des libertés fondamentales, élaborée dans le cadre du Conseil de l'Europe ; enfin le Traité d'Union européenne.

A - LES TEXTES À VOCATION UNIVERSELLE

1) La Déclaration universelle des droits de l'homme

5.39 › Le premier texte à considérer est évidemment la Déclaration universelle des droits de l'homme, adoptée par l'Assemblée générale de l'ONU le 10 décembre 1948. La portée de ce texte a été considérable, malgré ses imperfections. Elle a tenu d'abord à son caractère solennel, qui en fait une référence symbolique essentielle ; mais aussi à ce qu'elle a, pour ainsi dire, creusé un sillon : son inspiration générale, l'ordre des matières qu'elle adopte, parfois le détail de sa rédaction ont servi de modèle aux textes ultérieurs. Ceux-ci en ont repris les formulations, pour la simple raison qu'il est plus facile, et plus consensuel, de répéter que d'innover – surtout dans un domaine où les ambiguïtés sont parfois vues plus comme des vecteurs que comme des obstacles. Des infléchissements et des approfondissements sont cependant intervenus. Il n'y a pas lieu de s'en étonner, car un tel document inaugure un mouvement et ne le conclut pas : la protection des droits de l'homme est un processus historique, comme on l'a vu, donc susceptible de progrès : progrès dans l'étendue des droits reconnus, dans la précision des normes protectrices ; progrès surtout, peut-être, dans l'effectivité : car il importe moins, dans un second temps, de proclamer que d'appliquer. Les effets d'annonce ont leur vertu, mais à condition d'anticiper le réel, non de s'y substituer. Après quelques observations générales nécessaires pour comprendre l'esprit du texte, on verra le traitement qu'il réserve aux droits politiques et les ambiguïtés de celui-ci.

5.40 ▶ La Déclaration de 1948 se veut universelle. Le mot mérite attention. L'un de ses principaux promoteurs, René Cassin, a parlé de sa conception « œcuménique » : « Dégagée de tout esprit de compétition nationale, doctrinale, confessionnelle, elle n'a consacré ni le triomphe d'un système métaphysique ou social, ni tenté des conciliations impossibles de théories adverses [...]. L'obtention d'un tel accord a pu sembler une gageure. Mais c'est un fait que, loin de heurter fondamentalement les grands groupements humains, États ou confessions, elle a obtenu l'adhésion de l'ensemble des pays démocratiques, des démocraties populaires, des nations récemment émancipées des divers continents et celle des Églises »[2]. L'idée remarquable qui sous-tend ce texte est donc qu'il existe un plus petit commun dénominateur sur lequel toutes les parties prenantes, quels que soient les divergences d'opinion et les conflits qui les opposent, peuvent tomber d'accord. On pressent que, pour René Cassin, les droits de l'homme, en leur essence même, doivent se révéler nécessairement au terme de ce processus de purification.

5.41 ▶ On imagine que, dans un tel contexte, le problème des droits politiques n'était pas le moins délicat. Il faut remarquer tout d'abord qu'ils apparaissent seulement à l'article 21 d'une Déclaration qui en comporte 30. Auparavant sont évoqués le droit à la vie, l'interdiction de l'esclavage et de la torture, le droit à la reconnaissance de la personnalité juridique, l'égalité devant la loi, le droit à un recours effectif devant la justice, l'interdiction des arrestations et détentions arbitraires, le droit de voir sa cause entendue équitablement, la présomption d'innocence, le respect de la vie privée, la liberté de circuler, le droit d'asile, le droit à la nationalité, le droit au mariage et à une famille, le droit de propriété, les libertés de conscience, d'expression et de réunion. De cet ordre, on ne saurait inférer une stricte hiérarchie des valeurs. Aucun droit évoqué n'est secondaire, sinon il ne prendrait pas place dans un document d'une telle solennité. Leur réunion forme un tout, où chacun renvoie à tous les autres et où par conséquent aucun élément ne peut être isolé. Il n'en demeure pas moins que l'ordre des matières n'est pas, à l'évidence, le fait du hasard. Le droit à la vie, la proscription des plus graves atteintes à la dignité humaine (esclavage, torture), l'égalité juridique, les garanties contre une justice arbitraire, etc., sont sans doute des soucis plus immédiats que les droits politiques. Mais on a vu que, si la démocratie n'implique pas les droits de l'homme, en revanche, les droits de l'homme ne peuvent s'épanouir sans la démocratie. Dès lors, l'ordre choisi par la Déclaration universelle peut être interprété de deux manières différentes. On peut imaginer qu'il reflète la transcendance des droits de l'homme au sens restreint – par opposition aux droits des citoyens –, qui l'emportent sur toute autre

2. René Cassin, Discours à l'Académie des Sciences morales et politiques, 8 décembre 1948. Reproduit dans *La protection internationale des droits de l'homme dans le cadre des organisations internationales*, Documents réunis et commentés par G. Cohen-Jonathan, La Documentation française, 1990, p. 5-6.

considération et doivent être affirmés en toutes circonstances, c'est-à-dire y compris sans la démocratie ou contre elle. Mais en 1948, des considérations conjoncturelles liées à l'objectif d'universalité ne sont-elles pas également intervenues ? La place relativement effacée faite aux droits politiques ne tient-elle pas au désir d'obtenir un consensus incluant tous les États – y compris les dictatures communistes, évoquées par René Cassin sous leur nom officiel et pour le moins euphémistique de « démocraties populaires », dont on voulait croire qu'elles respectaient les droits de l'homme, mais dont nul ne pouvait penser qu'elles pratiquaient la démocratie ?

5.42 ▸ Il ne faut pas en effet perdre de vue qu'à un tel document souscrivent deux types d'États très différents. Pour les uns, une signature est un engagement. Leurs dirigeants entendent honorer leur parole et mettre en vigueur les normes qu'ils ont acceptées, même s'ils gardent l'arrière-pensée de prendre subrepticement certaines libertés avec des règles qui s'avéreraient trop contraignantes. D'autres – il faut se souvenir que l'Union soviétique, avec à sa tête Staline, n'oppose pas son veto à l'adoption de la Convention – voient dans leur acceptation une pure manœuvre de propagande à usage externe, qui ne les engage en rien. Rechercher l'acquiescement des seconds ne peut donc avoir que deux sens : ou bien c'est une preuve d'incurable naïveté, ou bien cette démarche est un pari sur l'avenir. Elle postule que des engagements purement symboliques rapprochent le moment où ils s'avéreront réels. Mais comment espérer que cette transmutation s'opère sans démocratie ? Seule la démocratie, par le contrôle des dirigeants et donc la transparence, au moins relative, qu'elle implique, peut permettre de résorber le hiatus, parfois le gouffre, qui existe entre les engagements pris et la pratique concrète. Un gouvernement démocratique est parfois susceptible de bafouer les droits de l'homme, mais il ne saurait les bafouer en s'engageant à les respecter. De ce point de vue, la Déclaration universelle aurait donc pu, théoriquement, être rédigée à l'envers : les droits politiques auraient ainsi constitué le socle et la garantie des autres droits proclamés. Même si de puissantes raisons historiques ont contraint à procéder autrement, cette alternative concevable doit être gardée en mémoire.

5.43 ▸ À la lumière de ces observations, il convient maintenant de lire l'article 21 et d'en peser les termes pour apprécier ce qu'il implique et ce qu'il n'implique pas.

Article 21 : « 1. Toute personne a le droit de prendre part à la direction des affaires publiques de son pays, soit directement, soit par l'intermédiaire de représentants librement choisis. 2. Toute personne a droit à accéder, dans des conditions d'égalité, aux fonctions publiques de son pays. 3. La volonté du peuple est le fondement de l'autorité des pouvoirs publics ; cette volonté doit s'exprimer par des élections honnêtes qui doivent avoir lieu périodiquement, au suffrage universel égal et au vote secret ou suivant une procédure équivalente assurant la liberté de vote ».

5.44 ▸ Ce texte est d'abord remarquable par l'affirmation d'un principe : « la volonté du peuple est le fondement de l'autorité des pouvoirs publics ». La formule, considérée aujourd'hui, paraît presque une banalité. Il faut néanmoins être conscient de ce qu'elle rompt de façon décisive avec des millénaires de certitudes puis des siècles d'hésitations sur la nature de la légitimité. Elle implique en effet deux choses qui, historiquement, sont loin d'aller sans dire. La première est que les gouvernants sont, d'une certaine manière, assujettis aux gouvernés. La seconde est que la volonté subjective de ceux-ci est seule à prendre en considération. Il en résulte qu'aucun individu – général victorieux, chef génial, sauveur de la patrie, prophète élu de Dieu, secrétaire général du Parti – ou groupe – famille royale, impériale, clan, groupe ethnique ou caste sacerdotale – ne saurait posséder un droit *subjectif* au pouvoir. Il en résulte aussi que les citoyens disposent d'un droit absolument discrétionnaire dans la désignation des gouvernants : tous les critères – honnêteté, compétence, intelligence, services rendus à la patrie, etc. – peuvent être pris en considération dans ce choix, mais aucun ne s'impose *contre* la volonté du peuple. Le souhait, voire le caprice, de celui-ci est désormais l'unique pierre de touche pour la sélection des gouvernants.

5.45 ▸ Une question se pose toutefois. Qu'entendre par l'expression « volonté du peuple » ? La volonté d'un individu est une notion claire, immédiatement intelligible, si du moins on écarte le problème du libre arbitre, et dont la manifestation est immédiate. Mais le peuple est une collection d'individus : leurs volontés sont parfois convergentes, mais rien n'exclut qu'elles se révèlent divergentes. Il est donc nécessaire, pour que le peuple s'exprime, de mettre en œuvre un mécanisme par lequel la volonté du peuple sera non pas *constatée* mais *construite* à partir des volontés individuelles. Le peuple accédera ainsi au stade de groupe *idiomorphique*, selon l'expression forgée par les sociologues pour désigner une collectivité susceptible de formuler, comme un individu, une volonté, c'est-à-dire à la fois une *volonté*, qui possède un contenu et exprime une décision – par opposition à une opinion, un souhait ou une aspiration – et *une* volonté, grâce à une procédure qui réduit à l'unité les volontés des individus. Ce point est capital pour distinguer la démocratie de ses diverses contrefaçons. Rien n'est en effet plus facile que d'évoquer « la volonté du peuple » : quel dictateur ne se proclame pas le fidèle instrument de celle-ci ? Lui seul, grâce au don de communication mystique avec l'âme du peuple qu'il s'attribue à lui-même, peut connaître la volonté de celui-ci, sa volonté *véritable*, qui naturellement ne se réduit pas à l'opinion immanente des individus telle qu'on peut la connaître d'une façon quelconque. Hitler pouvait ainsi prétendre exprimer la volonté du peuple allemand, et Staline ne pas s'opposer sans état d'âme à la Déclaration universelle puisqu'il exprimait, selon sa doctrine, les volontés des peuples soviétiques et du prolétariat mondial.

5.46 ▸ On voit donc que la simple affirmation du primat de la volonté du peuple est sans contenu, car elle permet de cautionner n'importe quel régime. Pour qu'il en aille autrement, il est indispensable que soit défini un mécanisme effectif par lequel une volonté effective du peuple, éventuellement susceptible d'être opposée aux gouvernants, sera dégagée. Ceci constitue un argument puissant en faveur de l'idée selon laquelle il est nécessaire, au-delà des proclamations solennelles bien intentionnées mais dont la généralité permet toutes les manipulations, d'élaborer un régime juridique détaillé des droits politiques.

5.47 › En apparence, la Déclaration universelle des droits de l'homme répond à cet objectif, puisqu'elle indique que la « volonté [du peuple] doit s'exprimer par des élections ». La formulation apparaît cependant discutable dans la mesure où il résulte des observations précédentes que la volonté ne s'*exprime* pas dans les élections – ce qui impliquerait qu'elle existe indépendamment de celles-ci – mais se *constitue* à travers elles. La nuance n'est pas sans importance dans la mesure où c'est précisément dans l'illusion d'une volonté du peuple préexistant à sa manifestation et connaissable indépendamment de celle-ci que s'enracinent les prétentions des dictateurs et chefs totalitaires. Croyant que la volonté du peuple existe comme une chose, réelle bien que provisoirement dissimulée, ils peuvent se persuader qu'elle est accessible par intuition et correspond exactement à leur propre sentiment : ils sont donc ses interprètes autodésignés, légitimes et uniques. Le risque de cette dérive psychologique, aux conséquences parfois immenses, est considérablement réduit si l'on accepte l'idée simple que la volonté populaire est le *produit* des urnes. Toutefois, on admettra que la rédaction de la Déclaration universelle résulte seulement d'une approximation et ne prétend pas, sur le fond, soutenir sur la nature de la volonté du peuple des positions théoriques contraires à celles qu'impose une analyse objective de la réalité.

5.48 › Les élections auxquelles la déclaration se réfère sont des élections « honnêtes » qui doivent présenter trois caractères : avoir lieu périodiquement, « au suffrage universel égal » et au vote secret. L'« honnêteté » constitue-t-elle un quatrième impératif, ou est-elle réalisée dès lors que les trois autres caractères sont acquis ? La réponse n'est pas douteuse. L'honnêteté impose une obligation de résultat, là où les trois conditions ne constituent que des obligations de moyen. Autrement dit, des élections qui respectent en apparence, ou dans les textes applicables, les règles posées, peuvent être néanmoins malhonnêtes parce que truquées. La fraude électorale existe, même dans des pays où la tradition démocratique est ancienne et insoupçonnable. Il ne suffit donc pas que tout soit de nature à permettre un scrutin honnête. Il faut encore qu'il le soit. L'expression « élections honnêtes » a le mérite de poser une exigence d'effectivité.

5.49 › Mais la volonté du peuple doit, pour exister, s'*actualiser périodiquement*. La réduire à une onction inaugurale accordée une fois pour toutes à des dirigeants serait la nier. Si l'épreuve électorale n'est pas renouvelée à intervalles réguliers, le risque est grand qu'un assentiment conjoncturel, sans doute sincère, à la personne des gouvernants ne se dégrade peu à peu en soutien *présumé* du peuple, contre lequel plus rien ne fera preuve. On retomberait donc ainsi, après un début démocratique, dans un système dictatorial où la volonté réelle du peuple ne serait pas prise en compte. La périodicité des élections signifie également que la délégation consentie par le peuple aux gouvernants n'est ni sans terme ni sans limites. Au bout d'une période fixée à l'avance, les gouvernants devront soit quitter le pouvoir, soit obtenir un nouveau mandat. Comme les citoyens ne le leur accorderont pas s'ils n'ont pas été satisfaits de la manière dont les affaires publiques ont été gérées, la périodicité électorale porte implicitement en elle une idée, effective bien que restrictive, de responsabilité. Il résulte de tout ceci que doivent être *a priori* récusées toutes les raisons, plus ou moins plausibles, évoquées pour supprimer ou ajourner les échéances électorales. Sauf impossibilité matérielle absolue, ou légers retards dus à des circonstances particulières, les régimes démocratiques authentiques se reconnaissant entre autres caractères à ce que des circonstances exceptionnelles (guerre, etc.) ne constituent pas des prétextes à une interruption des processus électoraux.

5.50 ▸ En deuxième lieu, pour que la volonté soit bien celle du peuple et non d'une fraction de celui-ci, il faut que le suffrage soit *universel*, ce qui exclut toute restriction fondée sur des critères collectifs (sexe, ethnie, religion, langue). Est également exclue toute démarche qui tendrait à réserver le droit de suffrage à des individus qualifiés par leur fortune ou leurs capacités. Le suffrage censitaire, qui est longtemps apparu comme une solution justifiable par des considérations d'opportunité – confier les responsabilités aux plus aptes, assurer une transition entre les régimes autoritaires fondés sur l'obéissance et la démocratie intégrale fondée sur la participation de tous – est donc écarté *a priori*. Cette proscription n'est d'ailleurs que la constatation d'un fait : les pays qui ont connu le suffrage censitaire comme une étape dans le développement du processus démocratique l'ont tous abandonné au profit du suffrage universel. Et les pays où la démocratie ne dépasse pas le stade des déclarations d'intention utilisent d'autres méthodes pour vider celle-ci de son sens : par comparaison, le suffrage censitaire apparaît comme un procédé certes restrictif, mais qui présentait l'avantage de la transparence. La démocratie y était limitée, mais effective.

5.51 ▸ Le suffrage universel est en outre qualifié d'*égal*. Le terme est clair si on le considère d'un point de vue négatif, mais pose des questions complexes en tant qu'affirmation positive. On ne saurait en effet, négativement, admettre une quelconque pondération qui donnerait à une fraction du peuple des droits supérieurs à ceux d'une autre. Par exemple, le système posé en 1924 par la première Constitution soviétique, qui dans son article 9 attribuait cinq fois plus de délégués aux électeurs urbains qu'aux électeurs ruraux, serait évidemment contraire au principe posé. Il est clair en effet qu'un tel système équivaut à remettre en cause, d'une manière partielle et indirecte, mais efficace, l'idée même d'universalité du suffrage. En ce sens, la formule de la Déclaration universelle ne fait que confirmer le principe « un homme, une voix ». À l'inverse, on peut s'interroger sur la portée positive de la formule. L'adjectif « égal » doit-il être pris au sens de stricte égalité arithmétique ? La question n'est pas oiseuse car on peut soutenir qu'un seul mode de scrutin assure (approximativement) une telle égalité : la représentation proportionnelle à l'échelle nationale. Faut-il donc admettre que la Déclaration universelle a eu pour intention, ou pour résultat, d'imposer ce mode de scrutin ? Ce point a suscité des controverses. Mais la question sera considérée ultérieurement (cf. *infra* n° 5-98 à 5-104).

5.52 ▸ Enfin, le vote doit être *secret*. Il paraît évident que le secret est indispensable pour assurer la sincérité du scrutin et l'égalité du suffrage. Un vote public ouvre en effet les portes à toutes les pressions et manipulations. Il rend problématique, pour le moins, l'expression authentique des individus qui se trouvent, à un titre quelconque, en situation de dépendance ou craignent de manifester des opinions réprouvées par la majorité de leurs concitoyens. Cette idée ne soulève plus aujourd'hui guère d'objections, mais elle ne s'est pas imposée d'emblée. On a en effet longtemps soutenu, dans certaines écoles de pensée, que la démocratie reposant sur la vertu, un citoyen authentique doit posséder le courage nécessaire à l'affirmation intrépide et publique de ses convictions. L'argument est un sophisme. D'abord parce qu'il nie implicitement le droit d'exprimer leur véritable opinion à tous les individus qui ne jouissent pas du profil psychologique ou de la situation sociale nécessaires pour faire abstraction de l'opinion d'autrui. Ensuite parce qu'il feint d'ignorer que toutes les opinions ne sont pas aussi faciles à formuler : il est parfois plus aisé, par exemple, de proclamer son attachement que son opposition au pouvoir en place. L'argument est donc, consciemment ou non, un renfort pour l'ordre établi, quel qu'il soit.

5.53 ▸ Si l'on arrête ici l'analyse, le texte de la Déclaration universelle semble poser des principes clairs et introduire des critères précis grâce auxquels les régimes authentiquement démocratiques peuvent être reconnus. D'importantes ambiguïtés subsistent néanmoins.

5.54 ▸ La première tient à la grande généralité des principes posés. Tout juriste, même débutant, sait qu'un principe solennellement proclamé est sans grande portée s'il n'est pas incarné dans un régime juridique spécifique, détaillé et opératoire, autrement dit sur des normes précises dont une juridiction indépendante est susceptible de constater la violation. Si tel n'est pas le cas, les principes ne sont qu'un effet d'annonce ou une rhétorique auguste, analogue à celle que les anciens rois gravaient sur la pierre sans plus s'occuper ensuite de savoir s'il en résultait des conséquences concrètes. On objectera qu'une Déclaration universelle n'est pas le lieu adéquat pour entrer dans les détails. L'argument est juste, mais il peut être perçu autant comme une critique que comme une défense de ce type de document.

5.55 ▸ La deuxième ambiguïté tient, au contraire, à un détail. Le dernier membre de phrase du paragraphe 3, « ou suivant une procédure équivalente assurant la liberté du vote » est pour le moins troublant. Il ne semble pouvoir être interprété que comme une alternative au vote secret. Mais, on vient de le voir, le secret apparaît comme une condition nécessaire de la liberté du vote. En outre, quelle « procédure » alternative peut bien assurer la « liberté » ? Si le vote est secret, la liberté est préservée. S'il est public, elle ne l'est pas, du moins pour tous les individus qui se trouvent dans une des situations considérées plus haut. Comment concevoir une « procédure » intermédiaire entre ces deux situations ? Personne ne semble avoir jamais apporté de réponse à cette question. De deux choses l'une : ou bien la « procédure » en question est un mystère connu des seuls rédacteurs de la Déclaration, qui n'ont pas jugé utile d'en faire profiter l'univers, ou bien il s'agit d'une formulation volontairement équivoque et destinée à faciliter le ralliement de certains États en leur offrant une échappatoire : quoi de plus facile en effet que de reconnaître dans n'importe quoi une « procédure » assurant la liberté du vote si l'on pose en postulat que le peuple soutient avec enthousiasme les maîtres qui le gouvernent ?

5.56 ▸ La troisième ambiguïté provient de l'asymétrie frappante entre les deux premiers et le troisième paragraphes de l'article 21. Les premiers sont rédigés en effet selon la formule traditionnelle « Toute personne a le droit... ». Cette expression est sans équivoque : elle affirme l'existence d'un droit subjectif au profit de l'individu quelconque, qui doit seulement appartenir à l'espèce humaine pour en jouir. L'article utilise logiquement cette formule pour affirmer le droit « à accéder, dans des conditions d'égalité, aux fonctions publiques », et pour déclarer que « toute personne a le droit de prendre part à la direction des affaires publiques de son pays, soit directement, soit par l'intermédiaire de représentants librement choisis ». Le premier point pose un principe de non-discrimination : il est interdit de refuser à quelqu'un l'accès aux fonctions publiques (terme intentionnellement très vague) au motif qu'il appartient à tel sexe, ethnie ou religion, mais il ne s'ensuit pas que tous les individus possèdent un droit à devenir président de la République, maire ou député. Le paragraphe 2 ne confère donc pas un droit subjectif positif, mais seulement un droit subjectif à ne pas être récusé d'office. Quant au paragraphe 1, l'ambiguïté de sa formulation a dès l'origine frappé les commentateurs. « Prendre part à la direction des affaires publiques [...] par l'intermédiaire de représentants librement choisis » est en effet une formule qui peut s'entendre à la lettre – et c'est le cas dans les démocraties –, mais qui peut aussi bien s'appliquer métaphoriquement à n'importe quel gouvernement au pouvoir, quelle que soit la manière dont il y est parvenu et s'y maintient. Le citoyen soviétique ne participe-t-il pas aux affaires publiques par l'intermédiaire de son génial représentant Staline ? Qui pourrait douter qu'il ait librement choisi celui-ci en voyant les manifestations d'enthousiasme sincère que déchaîne sa personne, les hymnes qui lui sont dédiés, les exploits accomplis en son nom, etc. ? À l'inverse, il est remarquable que l'article 3 de l'article 21 ne comporte pas la formule introduisant un droit subjectif. Il aurait pu dire, mais ne dit pas : « Tout citoyen a le droit de désigner par son vote les dirigeants de son pays », ou une formule équivalente. Est-ce inadvertance, hasard rédactionnel ? Ou prudente réserve, conviction réaliste que l'ambiguïté est la mère du consensus ? La difficulté de répondre à cette question est en elle-même une réponse. Les pays totalitaires ou dictatoriaux n'étaient d'ailleurs peut-être pas les seuls à préférer une formulation prudente : même les gouvernants de vieux États démocratiques pouvaient hésiter devant une reconnaissance trop précise et contraignante de droits subjectifs en matière politique.

5.57 ▸ La quatrième ambiguïté est la plus fondamentale, car elle est à la fois la clé de l'adoption de la Déclaration et la lacune qui lui ôte une part de sa portée : il n'est fait aucune allusion dans l'article 21 au pluralisme politique. Il faut en effet garder présent à l'esprit que, contrairement à ce que l'expérience contemporaine tend à faire croire, l'élection n'implique pas nécessairement le pluripartisme. Le régime soviétique organisait bien des élections, périodiques, au suffrage universel et au scrutin secret, mais avec un candidat unique, désigné par la hiérarchie du parti communiste, pour tous les postes à pourvoir. Les élections n'avaient pas pour but, disait-on, de sélectionner les gouvernants, mais de manifester le soutien, évidemment massif, du peuple au régime et à la personne de ses dirigeants. (On peut noter en passant que cela peut s'appeler « prendre part à la direction des affaires publiques »). Et tel aurait pu en effet être le cas si la participation n'avait pas été obligatoire, en fait sinon en droit, sous peine des représailles. L'article 21 peut donc être lu de deux manières, cohérentes mais opposées, selon que l'on donne au terme d'« élection » la valeur de processus compétitif ou celle de manifestation obligatoire d'adhésion. Dans le premier cas, la volonté populaire est effective, non automatique et révisable à chaque échéance. Dans le second, elle est présumée, et la présomption s'avère, en pratique, irréfragable. Rien n'eut été plus facile que de lever l'ambiguïté : il suffisait d'introduire l'idée de pluripartisme ou d'élections compétitives. Mais si tel avait été le cas, les pays communistes se seraient opposés à l'adoption de la Déclaration. L'ambiguïté a été le prix de l'universalité.

2) Le Pacte international relatif aux droits civils et politiques

5.58 ▸ L'Organisation des Nations unies a souhaité prolonger et préciser la Déclaration universelle par des documents plus détaillés proposés à l'adhésion des États. Le Pacte international relatif aux droits civils et politiques a été adopté le 16 décembre 1966. Il est entré en vigueur le 23 mars 1976. La France a adhéré au Pacte le 4 novembre 1980 en formulant un certain nombre de réserves, mais aucune ne concerne la question des droits politiques.

5.59 ▸ Comme la Déclaration universelle, le Pacte consacre à ces droits un seul article, qui est ainsi conçu :

« Article 25 – Tout citoyen a le droit et la possibilité, sans aucune des discriminations visées à l'article 2 et sans restrictions déraisonnables : a) de prendre part à la direction des affaires publiques, soit directement, soit par l'intermédiaire de représentants librement choisis ; b) de voter et d'être élu, au cours d'élections périodiques honnêtes, au suffrage universel égal et au scrutin secret, assurant l'expression libre de la volonté des électeurs ; c) d'accéder, dans des conditions générales d'égalité, aux fonctions publiques de son pays ».

Ce texte manifeste de grandes similitudes avec l'article 21 de la Déclaration. Il introduit cependant quelques nuances.

5.60 ▸ Les similitudes, qui frappent à première lecture, sont en elles-mêmes remarquables si l'on considère que, dans d'autres domaines, le Pacte précise ou explicite fermement les formules nécessairement générales de la Déclaration. Il est clair qu'en matière de droits politiques les choses n'ont guère changé de 1948 à 1966 : les conditions d'un consensus demeurent les mêmes. On observe ainsi que le paragraphe a) de l'article 25 du Pacte reprend presque mot pour mot le paragraphe 1 de l'article 21 de la Déclaration. Le paragraphe b) utilise les mêmes critères que le paragraphe 3 pour définir la régularité, aux deux sens du terme, des élections. Le paragraphe c) reproduit presque exactement le paragraphe 2. Tout au plus peut-on noter l'interversion des deux derniers paragraphes, l'ordre adopté par le Pacte apparaissant d'ailleurs plus logique.

5.61 ▸ Quelques nuances doivent pourtant être soulignées. Le Pacte utilise le mot « citoyen » là où la Déclaration parlait de « personne ». L'expression est à l'évidence plus adéquate. Mais ne doit-on pas y voir une restriction ? Les droits politiques, distincts en cela des droits de l'homme au sens restreint, sont relatifs à un système étatique : l'individu a droit aux droits politiques, mais pas de manière absolue en tous lieux. Ce droit ne s'exerce, en principe, que dans le pays dont il est citoyen. Son exercice suppose donc deux conditions, à la différence des droits de l'homme au sens restreint qui n'en supposent qu'une, à savoir le fait d'appartenir à l'espèce humaine. La distinction pourrait donc faire douter que les droits politiques constituent à proprement parler des droits de l'homme. Toutefois, elle n'aurait en pratique une telle portée que si le fait d'appartenir à l'espèce humaine n'entraînait pas automatiquement par lui-même le fait d'être citoyen. Or ce droit a précisément été affirmé par l'article 15 de la Déclaration universelle : « 1. Tout individu a le droit à une nationalité. 2. Nul ne peut être arbitrairement privé de sa nationalité ni du droit de changer de nationalité ». Le Pacte ajoute d'ailleurs cette précision (art. 24-3) : « Tout enfant a le droit d'acquérir une nationalité. » Dans ces conditions, la substitution du mot « citoyen » au mot « personne » doit être considérée comme la recherche d'une formulation plus appropriée, non comme une restriction.

5.62 ▸ Une deuxième nuance s'observe dans l'insistance nouvelle sur l'absence de discriminations dans l'exercice des droits politiques. La Déclaration ne posait qu'implicitement cette règle en proclamant les principes d'égalité et d'universalité du suffrage. Le Pacte condamne explicitement toute discrimination fondée (aux termes de l'article 2) sur la race, la couleur, le sexe, la langue, la religion, l'opinion politique ou autre, l'origine nationale ou sociale, la fortune ou la naissance. Il exclut aussi les « restrictions déraisonnables » : la précision, d'importance, ne figurait pas dans la Déclaration universelle, mais elle implique *a contrario* que certaines restrictions peuvent être raisonnables. On verra que le droit positif en fait usage.

5.63 ▸ Une troisième nuance enfin tient à ce que le Pacte lève deux des ambiguïtés relevées dans la Déclaration. D'une part, il abandonne l'étrange expression « suivant une procédure équivalente assurant la liberté du vote » : il n'y a donc plus d'alternative au vote secret – c'est le contraire qui était étonnant. D'autre part, le contraste entre le troisième paragraphe de l'article 21 et les deux premiers a également disparu. Le droit de vote est, tout comme le « droit de prendre part à la direction des affaires publiques », formulé comme un droit subjectif, possédé par « tout citoyen ».

5.64 ▸ Au total, la rédaction du Pacte apparaît mieux maîtrisée que celle de la Déclaration, sans doute pour la simple raison qu'il est plus facile de rectifier que d'innover. Mais la ressemblance très poussée entre les deux, et le fait que l'ambiguïté fondamentale de la première, c'est-à-dire l'absence de référence au pluralisme politique, ne soit pas levée, entraînent au total un sentiment de déception. Il est clair que, par son universalité même, l'Organisation des Nations unies apparaît au total comme mal adaptée à la définition des droits politiques, si du moins l'on entend dépasser le niveau des généralités : même sans évoquer les différences idéologiques, de trop grands écarts culturels séparent ses membres. Sur un sujet aussi politiquement sensible et techniquement complexe, les avancées concrètes ne peuvent être, au niveau mondial, que limitées. En va-t-il autrement au niveau européen ?

B - LA CONVENTION EUROPÉENNE DE SAUVEGARDE DES DROITS DE L'HOMME ET DES LIBERTÉS FONDAMENTALES

5.65 ▸ Cette Convention, en abrégé Convention européenne des droits de l'homme (et ci-après Convention EDH) accorde, comme les textes des Nations unies, une place relativement limitée aux droits politiques. Mais, différence capitale, la Convention est susceptible d'être appliquée par voie juridictionnelle. Elle a donc permis l'affirmation pratique et sans équivoque du caractère subjectif des droits politiques. La jurisprudence élaborée par la Cour européenne des droits de l'homme (ci-après Cour EDH) et par la Commission européenne des droits de l'homme avant l'entrée en vigueur le 1er novembre 1998 du 11e Protocole additionnel, a également permis de préciser un certain nombre de droits des individus et, corrélativement, un certain nombre d'obligations des États.

1) Place des droits politiques dans la Convention EDH

5.66 ▸ Fait symbolique, la Convention EDH n'évoque pas dans sa forme primitive, ouverte à la signature des États le 4 novembre 1950 et entrée en vigueur le 3 septembre 1953, les droits politiques. Cette omission a été réparée par l'article 3 du premier Protocole additionnel ouvert à la signature le 20 mars 1952 et entré en vigueur le 18 mai 1954. Les deux textes ont été ratifiés par la France le 3 mai 1974. On peut raisonnablement penser que la matière aurait dû jouir, à l'inverse, d'un traitement de faveur. Pourquoi donc ce retard ? La raison en fut la réticence de certains États, du Royaume-Uni en particulier, devant la rédaction de la première version de la Convention EDH présentée à l'Assemblée consultative du Conseil de l'Europe, et où les droits politiques figuraient effectivement en bonne place. Le Royaume-Uni craignait en effet que la formulation retenue imposât comme seul conforme à la Convention EDH le système de la représentation proportionnelle, évidemment contraire à sa tradition nationale qui privilégie le scrutin majoritaire à un tour. Mais ce ne sont là que des symptômes d'une réalité plus générale, dont on a vu et verra encore des illustrations : moins urgents en apparence, plus complexes à mettre en œuvre, plus liés aux traditions et susceptibilités nationales que les droits à la sûreté personnelle, les droits politiques ne paraissent pas nécessairement prioritaires. Il convient en outre d'observer que, dans le cadre européen, les États qui signent et ratifient un accord ont l'intention de l'appliquer : qu'ils réfléchissent à deux fois ne manifeste donc pas nécessairement un enthousiasme moindre mais plutôt un engagement plus effectif. La question n'a d'ailleurs plus qu'un intérêt historique et théorique. Juridiquement, elle est sans portée, puisque la Convention et ses protocoles « forment un tout » et « doivent se lire comme un tout » selon les formules de la Cour européenne des droits de l'homme[3].

5.67 ▸ L'article 3 du premier Protocole additionnel est ainsi rédigé : « Les Hautes parties Contractantes s'engagent à organiser, à des intervalles raisonnables, des

---

3. L.-E. Pettiti, E. Decaux et P.-H. Imbert, *La Convention européenne des droits de l'homme*, Economica, 2e éd., 1999, p. 42.

élections libres au scrutin secret dans des conditions qui assurent la libre expression du peuple sur le choix du corps législatif »[4].

5.68 ▸ Si l'on compare ce texte à l'article 21 de la Déclaration universelle, on observe des similitudes : les « intervalles raisonnables » correspondent à « périodiquement », le scrutin doit être « secret ». En revanche, la Convention européenne ne reprend pas à son compte les qualificatifs d'« universel » et d'« égal » appliqués au suffrage. L'absence du second terme s'explique sans doute par la volonté de désarmer les préventions anglaises dans la mesure où l'impératif d'égalité peut être compris – cette interprétation, d'ailleurs, ne s'impose pas avec évidence – comme contraire à l'idée de scrutin majoritaire. Plus étrange apparaît l'absence du terme universel. Mais cette omission n'a pas, comme on va le voir, d'incidence juridique. On remarque d'autre part que, si la Convention n'évoque pas l'« honnêteté » des élections, elle les définit en revanche comme « libres ». Qualifier des élections de libres ne garantit évidemment pas plus la liberté que les qualifier d'honnêtes ne les rend telles. Le mot a cependant un grand poids, par les associations qu'il suscite et surtout parce qu'il implique le multipartisme. Des élections de type soviétique peuvent à la rigueur être dites honnêtes si l'on pose en postulat que le peuple soutient le régime. Mais elles ne sauraient à l'évidence être dites libres puisque les candidats ne peuvent se présenter librement et que les électeurs ne jouissent d'aucune liberté dans la sélection des élus. La formule « libre expression du peuple sur le choix du corps législatif » ôte d'ailleurs toute incertitude à cet égard. Elle suppose en effet que les électeurs disposent d'une véritable alternative. On voit qu'au total les expressions retenues par la Convention EDH, bien qu'en apparence plus imprécises que celles de la Déclaration universelle, sont en réalité moins ambiguës. Il n'y a là rien de surprenant : à la différence des États qui ont adopté ou permis l'adoption de la Déclaration universelle, les signataires de la Convention EDH partageaient les valeurs démocratiques et souhaitaient effectivement les mettre en œuvre. Il convient enfin d'observer que la référence au « corps législatif » est particulièrement restrictive. Elle implique en effet que l'article 3 n'est pas applicable aux élections locales et professionnelles, aux élections présidentielles et aux référendums[5], ce qui exclut en particulier d'éventuels scrutins d'autodétermination.

2) Le caractère subjectif des droits politiques

5.69 ▸ Les États parties avaient-ils d'autre part l'intention de reconnaître à leurs ressortissants un véritable droit subjectif en la matière ? La question peut être posée. En effet, l'article 3 du Protocole additionnel n'utilise pas la formule « tout citoyen a le droit... ». On a pu soutenir l'idée selon laquelle la formule de l'article 3 ne concernait que les relations interétatiques. Il aurait donc affirmé des

4. Voir le commentaire de S. MARCUS-HELMONS, *ibid.*, p. 1011-1020.

5. La Commission a rejeté la requête d'un électeur britannique qui n'avait pu participer au référendum du 5 juin 1975 relatif à l'adhésion du Royaume-Uni à la CEE. Elle s'est appuyée sur le fait que ce référendum était « une simple consultation dont l'organisation n'était nullement obligatoire en droit interne ». La solution aurait-elle été différente si le référendum avait été obligatoire ? (Req. 7096 contre Royaume-Uni, décision du 3 octobre 1975. *Décisions et rapports de la Commission européenne des droits de l'homme*, 3, p. 165).

principes, institué un code de bonne conduite, ouvert la porte à des réclamations d'État, mais n'aurait en revanche pas eu d'applications directes dans les droits internes des États ni pu servir de fondement à des requêtes individuelles. On peut supposer que cette interprétation restrictive correspondait à la volonté des parties contractantes, compte tenu de l'extrême sensibilité des gouvernements en cette matière. Elle a d'ailleurs été retenue d'abord par la Commission des droits de l'homme, qui rejeta plusieurs requêtes en déclarant que l'article 3 du Protocole additionnel n'avait pas pour effet de garantir le droit de vote à tout individu. Ce droit n'était donc pas, à ce stade, considéré comme un droit subjectif.

5.70 ▸ Mais la jurisprudence a ensuite évolué. Dans une décision du 6 octobre 1967, la Commission déclara que la notion d'élections libres implique l'universalité du suffrage, tout en reconnaissant que des circonstances d'espèces peuvent justifier certaines limitations à ce principe[6]. La commission a donc considéré que l'absence de l'expression « suffrage universel » dans l'article 3 ne doit pas être considérée comme une limitation des droits garantis. Interprétation tout à fait légitime, mais dont on peut observer qu'elle fait prévaloir l'opinion dominante – notion qui sera examinée plus loin – sur la lettre des textes. En effet, la notion d'élection libre n'implique pas logiquement celle de suffrage universel : des élections au suffrage censitaire, telles que l'Europe en a connues au XIXe siècle, étaient néanmoins parfaitement libres. L'évolution ainsi amorcée fut parachevée en 1975 quand la Commission affirma clairement que l'article 3 énonce un droit à caractère individuel. Le droit de vote et le droit de se porter candidat au corps législatif sont définis comme de véritables droits subjectifs, c'est-à-dire comme des droits qui appartiennent par nature aux individus[7]. On mesure l'extrême importance de cette affirmation. La Déclaration universelle, en 1948, restait ambiguë, même d'un point de vue théorique, puisque la rédaction du troisième paragraphe de l'article n'affirmait pas clairement, comme on l'a vu, le caractère subjectif des droits reconnus. Le Pacte sur les droits civils et politiques a bien affirmé, en 1966, ce caractère. Mais – différence immense – la Convention européenne des droits de l'homme n'est pas un texte purement déclaratif. Avec la Cour EDH, elle dispose d'un véritable système juridictionnel susceptible de produire une jurisprudence et donc de donner des solutions concrètes à des litiges concrets. C'est seulement quand ces conditions sont remplies que l'on peut légitimement parler d'un système de droit.

3) Jurisprudence

5.71 ▸ Pendant longtemps la Cour EDH n'a eu qu'assez rarement l'occasion de se prononcer sur des litiges concernant les droits politiques. Avant 1998, la Commission européenne des droits de l'homme, plus souvent saisie, a posé des principes qui ont ensuite été repris par la Cour. Depuis une vingtaine

---

6. Il s'agissait en l'espèce de détenus allemands que leur situation empêchait de prendre part aux élections. La Cour a rejeté leur requête. Req. n° 2728/66 c/ RFA. *Annuaire de la Convention européenne des droits de l'homme*, 10, p. 336.
7. Requête n° 6745/74 et 6746/74 contre Belgique, décision du 30 mai 1975, *Décisions et Rapports de la Commission européenne des droits de l'homme*, 2, p. 110.

d'années, le contentieux des droits politiques s'est au contraire considérablement développé.

5.72 ▸ La première décision rendue par la Cour EDH en matière de droit de vote est l'arrêt *Mathieu-Mohin et Clerfayt c/ Belgique*, du 2 mars 1987[8]. Dans cette affaire complexe, liée au problème de la représentation des communautés linguistiques en Belgique, la Cour affirme la licéité des limitations aux principes posés : « Les droits en question ne sont pas absolus. Comme l'article 3 les reconnaît sans les énoncer en termes exprès ni moins encore les définir, il y a place pour des limitations implicites [...]. Dans leurs ordres juridiques respectifs, les États contractants entourent les droits de vote et d'éligibilité de conditions auxquelles l'article 3 ne met en principe pas d'obstacle [...]. Ils jouissent en la matière d'une large marge d'appréciation, mais il appartient à la Cour de statuer en dernier ressort sur l'observation des exigences du Protocole n° 1 ; il lui faut s'assurer que lesdites conditions ne réduisent pas les droits dont il s'agit au point de les atteindre dans leur substance même et de les priver de leur effectivité, qu'elles poursuivent un but légitime et que les moyens employés ne se révèlent pas disproportionnés ». En l'espèce, la Cour ne condamne pas la Belgique, bien que la Commission se soit prononcée auparavant dans un sens opposé. Une large marge d'appréciation est donc reconnue aux États. Les principes définis peuvent s'incarner dans des procédures très diverses, où se reflète la diversité des traditions juridiques. Mais la Cour n'entend pas pour autant renoncer à sa capacité de contrôle dont elle définit les trois axes : sauvegarde de l'effectivité des droits, légitimité du but, proportionnalité des moyens. Dans l'affaire *Matthews c/ Royaume-Uni* (arrêt du 18 février 1999), la requérante se plaignait de ce que les élections au Parlement européen n'aient pas été organisées sur le territoire de Gibraltar en violation de l'article 3 du Protocole n° 1. La Cour estime que, bien que la Communauté européenne n'ait pas adhéré à la Convention, le transfert à celle-ci de certaines compétences par les États parties ne saurait les exonérer de leur responsabilité. Elle considère que le Parlement européen peut être tenu pour un « corps législatif » au sens du texte visé. Elle décide enfin que, si les États jouissent d'une ample marge d'appréciation en matière de mode de scrutin, le fait de ne pas tenir d'élection constitue une atteinte à l'essence même du droit de vote garanti par la Convention EDH[9].

Depuis cette date, la position de la Cour EDH a évolué. Elle contrôle de manière beaucoup plus stricte les restrictions imposées par les États au droit de vote. Dans un arrêt de chambre *Zdanoka c/ Lettonie* du 17 juin 2004, confirmé par un arrêt de la Grande Chambre du 16 mars 2006, la Cour a posé que les déchéances électorales n'étaient légitimes qu'à condition de demeurer temporaires. Réaffirmant dans son arrêt *Hirst c/ Royaume-Uni* du 6 octobre 2005 que « voter est un droit garanti par la Convention », elle a déclaré que, si la privation des droits politiques peut faire partie de l'arsenal pénal des États, elle doit être explicitement prononcée et ne saurait résulter seulement de l'incarcération – solution inverse de celle qui avait été

8. Voir V. Berger, *Jurisprudence de la Cour européenne des droits de l'homme, S.*, 8e éd., 2002, p. 577-579 (avec bibliographie).

9. *Ibid.*, p. 583-585.

dégagée auparavant par la Commission. De même, dans un certain nombre d'affaires concernant l'Italie – dont les premières ont donné lieu aux arrêts *Vitiello et Albanese c/Italie* – la Cour a censuré la privation du droit de vote consécutive à une faillite et la privation à vie du droit de vote d'un individu condamné à la réclusion perpétuelle (*Scoppola c/Italie*, 18 janvier 2011). En revanche, elle a validé une condition de résidence de dix années pour pouvoir participer aux élections (*Py c/France*, 11 janvier 2005). Dans cette affaire, qui concernait la Nouvelle-Calédonie, des considérations d'opportunité ont conduit, semble-t-il, à une solution en complet décalage avec l'esprit de la jurisprudence. La Cour a censuré des décisions qui privent du droit de vote des individus placés sous tutelles pour déficience mentale (*Alajos Kiss c/Hongrie*, 20 mai 2010, *Gajcsi c/Hongrie*, 23 septembre 2014, *Harmati c/Hongrie*, 21 octobre 2014). Elle a également condamné la pratique qui prive du droit de vote des individus du seul fait de leur incarcération (*Firth et autres c/Royaume-Uni*, 12 août 2014, *McHugh et autres c/Royaume-Uni*, 10 février 2015). La même jurisprudence a été appliquée dans plusieurs affaires concernant la Roumanie, dont la dernière en date est la décision *Brâduse c/Roumanie* (27 octobre 2015).

La Cour EDH tend d'autre part à accroître l'étendue du contrôle qu'elle exerce dans cette matière sur les États. En témoigne une décision où elle condamne la Grèce pour n'avoir pas organisé une procédure qui permette à des citoyens grecs habitant à l'étranger de voter sur le leur lieu de résidence (*Sitaropoulos et autres c/Grèce*, 22 novembre 2010). Dans trois affaires concernant l'Azerbaïdjan, la Cour a considéré que les invalidations d'élections ou de résultats électoraux violaient l'article 3 du premier protocole si ces décisions n'étaient pas fondées sur des arguments suffisants et pertinents, n'étaient pas entourées des garanties procédurales nécessaires et manquaient de transparence (*Kerimli et Abineyli, Mammadov, Hajli c/Azerbaïdjan*, 10 janvier 2012). La Cour a estimé également que la mise en place de bureaux de vote spéciaux pour les miliaires met en péril, en l'absence de circonstances exceptionnelles, la sincérité de l'élection (*Karimov c/Azerbaïdjan*, 25 septembre 2014). Mais elle a considéré que des inégalités de traitement entre les candidats présentés par des partis politiques et des candidats indépendants pouvaient être justifiées par le but légitime d'assurer la stabilité politique d'un régime et n'excédait donc pas la marge d'appréciation de l'État défendeur (*Oran c/Turquie*, 15 avril 2014). En revanche, des exigences différentes pour la recevabilité des candidatures d'organisations représentant des minorités nationales alors que l'une est représentée au Parlement et qu'une autre se voit imposer une condition impossible à remplir constituent une violation de la Convention (*Danis et Association des personnes d'origine turque c/Roumanie*, 21 avril 2015). Rien n'oblige les États à instaurer des conditions spécifiques pour la représentation des minorités, mais s'ils en prennent l'initiative, un manque de clarté de la loi électorale et des garanties insuffisantes d'impartialité des organes chargés d'examiner les candidatures sont de nature à entraîner une violation (*Ofensiva tinerilor c/Roumanie*, 15 décembre 2015).

Dans l'affaire *Gahramanli et autres c/Azerbaïdjan* (8 octobre 2015), les requérants, candidats de l'opposition aux élections législatives, alléguaient de nombreuses fraudes électorales. Sans évidemment se prononcer sur les faits, la Cour a estimé que les commissions électorales et la Cour constitutionnelle n'ont pas prêté une attention suffisante aux réclamations des requérants et que cette carence constitue une violation de la Convention. La même solution a été retenue dans la décision *Shakurov c/Azerbaïdjan* (27 novembre 2016). Dans l'affaire *Riza et autres c/Bulgarie* (13 octobre 2015), la décision prise par la Cour constitutionnelle d'annuler les votes dans 23 bureaux avait privé le requérant d'un siège au scrutin proportionnel. La Cour a estimé que cette mesure avait constitué une ingérence injustifiée d'une part dans le droit de vote, en privant les électeurs du droit, impliqué par l'article 3 du premier protocole additionnel, de voir son vote influer sur la composition du corps législatif et d'autre part dans le droit de l'élu invalidé à se porter candidat. En censurant ainsi des décisions prises par des Cours constitutionnelles, la Cour EDH paraît étendre sa compétence en appréciant la validité des procédures mises en œuvre par les juges électoraux.

En matière d'inéligibilité, la Cour EDH estime que les États disposent d'une large marge d'appréciation. Les critères adoptés par eux, tout en procédant d'un souci commun – assurer l'indépendance des candidats et la liberté des électeurs –, peuvent légitimement varier en fonction des facteurs propres à chaque État. La Cour a ainsi rejeté la requête de députés invalidés en Grèce après les élections de 1990 (affaire *Gitonas et autres c/Grèce*, arrêt du 1er juillet 1997[10]). Mais là encore une évolution s'est manifestée. La Cour ne considère plus que la dissolution d'un parti entraîne automatiquement la déchéance de ses parlementaires (*Selim Sadak c/Turquie*, 11 juin 2002). Elle censure une décision (fondée en outre sur une norme rétroactive) qui prive de son mandat un député exerçant les fonctions d'avocat (*Lycouzeros c/Grèce*, 15 juin 2006). Elle a censuré l'inéligibilité opposée en Bosnie à deux candidats, l'un rom et l'autre juif, au motif qu'ils n'appartenaient pas aux « peuples constituants ». En ce qui concerne la « Chambre des peuples », la violation a été reconnue sur la base de l'article 3 du premier protocole additionnel, et à la présidence de la République sur la base de l'article 14 qui proscrit toute discrimination car la disposition précédente n'envisage que les élections au « corps législatif » – (*Sejdic et Finci c/Bosnie-Herzégovine*, 22 décembre 2009). De même la combinaison de l'article 14 et de l'article 3 du premier protocole additionnel a conduit la Cour à censurer la décision d'inéligibilité opposée à une candidate qui refusait de se définir comme bosniaque, croate ou serbe mais seulement comme citoyenne de Bosnie-Herzégovine (*Zornic c/Bosnie-Herzégovine*, 15 juillet 2014). Dans l'affaire d'un ancien président lituanien destitué de ses fonctions pour violation de la Constitution et manquement à son serment constitutionnel, la Grande Chambre a déclaré irrecevable la demande du requérant concernant son inéligibilité à la présidence de la République – pour la raison évoquée dans la décision précédente – mais a censuré le principe d'une inéligibilité perpétuelle au parlement (*Paksas c/Lituanie*, 6 janvier 2011). Elle a en revanche considéré que le rejet de candidatures qui visaient à prolonger l'action d'une organisation dissoute ne violait pas la Convention (*Herritaren Zerruda c/Espagne*, 30 juin 2009 et *Euko Abertzale Ekintza-Accion Nacionalista Vasca c/Espagne*, 7 décembre 2010). Mais elle a censuré le rejet d'une candidature fondée sur une norme qui privait d'éligibilité, au nom de la laïcité, les personnes ayant une activité religieuse, car elle a jugé qu'une telle restriction était trop large et imprécise (*Seyidzade c/Azerbaïdjan*, 3 décembre 2009) ainsi qu'une décision frappant

10. *Ibid.*, p. 580-583.

d'inéligibilité un candidat possédant une double nationalité (*Tanase c/ Moldavie*, 24 avril 2010). Constitue une violation le refus de candidature aux élections législatives des requérants au motif qu'ils avaient été condamnés à quinze ans de prison et bien qu'ils aient effectué une peine de sept ans et six mois à la suite d'une seconde procédure consécutive à un arrêt de la CEDH, sous prétexte que cette seconde condamnation n'avait pas, à la date prise en compte, force de choses jugée (*Dicle et Sadak c/Turquie*, 16 juin 2015). Dans deux procédures concernant l'Azerbaïdjan, l'exigence de 450 soutiens pour pouvoir être candidat n'a pas été censurée, mais des doutes sérieux sur l'impartialité de la commission électorale et le caractère apparemment arbitraire de certaines de ses décisions ont conduit la Cour à constater une violation (*Tahirov c/ Azerbaïdjan*, 11 juin 2015 et *Annagi Hajibeyli c/ Azerbaïdjan*, 22 octobre 2015). Le refus par la Cour suprême de Carélie, confirmé par la Cour suprême de Russie, d'enregistrer une liste de candidats présentée par l'organisation locale du parti Yabloko a été jugé comme constituant une violation de la convention car, en censurant le fait que le processus de désignation des candidats avait été réservé aux membres inscrits au parti, il constituait une ingérence exagérée dans la vie interne de celui-ci (*Parti démocratique unifié de Russie Yabloko c/Russie*, 8 novembre 2016).

Un problème d'une autre nature était posé dans l'affaire *Dupré c/France* du 3 mai 2016. Le traité de Lisbonne ayant accru le nombre des députés au Parlement européen, un protocole adopté le 23 juin 2010 donnait aux États membres un choix entre diverses procédures pour désigner provisoirement les titulaires des sièges supplémentaires. L'une d'entre elles, choisie par la France, prévoyait un choix par le Parlement national. Le requérant contesta cette décision, qui lui ôtait la possibilité de se porter candidat. La Cour, après avoir observé le caractère transitoire de la procédure et le petit nombre de sièges concernés (2 sur 74), a déclaré la requête irrecevable.

La Cour EDH a également eu l'occasion de se prononcer sur la dissolution de partis politiques. Depuis l'arrêt du 30 janvier 1998, *Parti communiste de Turquie et autres c/ Turquie*, elle considère qu'une telle mesure est susceptible de violer la liberté d'association garantie par l'article 11 de la Convention EDH bien que les partis, à la différence des syndicats, n'y soient pas explicitement visés. Elle peut cependant être licite si elle est prévue par la loi, si elle poursuit un but légitime (sécurité nationale, défense de l'ordre, protection des droits et libertés d'autrui) et si elle s'avère nécessaire dans une société démocratique, c'est-à-dire si elle paraît proportionnée au but légitime poursuivi. Dans l'affaire en cause, la dissolution a été considérée comme violant la Convention EDH car, étant intervenue avant que le parti ait entamé ses activités, il était impossible d'établir que les principes démocratiques affirmés dans son programme étaient mensongers[11]. En revanche, la Cour a validé, dans son arrêt du 31 juillet 2001, la dissolution du Parti de la prospérité, considéré comme islamiste modéré, mais accusé par la Cour constitutionnelle de Turquie de porter atteinte au principe de laïcité. Cette décision intervenue, selon l'opinion des juges minoritaires, « sans preuves formelles ou convaincantes » a été en outre accompagnée de remarques surprenantes. Elle affirme en effet que « la démocratie suppose

11. *Ibid.*, p. 572-575.

de donner un rôle au peuple » – définition pour le moins restrictive et qui laisse pendante la question de savoir qui peut légitimement décider ce dont le peuple ne décide pas. Elle ajoute : « Il n'y a pas de démocratie lorsque la population d'un État, même majoritairement, renonce à ses pouvoirs législatif et judiciaire au profit d'une entité qui n'est pas responsable devant le peuple qu'elle gouverne, que cette entité soit laïque ou religieuse ». La Cour européenne n'est-elle pas une entité de ce genre[12] ?

Cette solution a été confirmée par une décision de la Grande Chambre (*Refah partisi c/ Turquie*, 13 février 2003). Néanmoins, la Cour EDH a maintenu son inspiration libérale dans plusieurs affaires ultérieures. Dans l'arrêt *Partidul communistilor c/ Roumanie* (3 février 2005), elle a refusé d'avaliser l'interdiction d'un parti accusé de porter atteinte à la souveraineté nationale. Elle a jugé non conforme à la Convention EDH le refus d'enregistrer le parti Liberàlni strana qui prétendait mettre fin par des lois pénales rétroactives à l'impunité des actes commis sous le régime précédent (*Linkov c/ République tchèque*, 7 décembre 2006). À l'inverse, elle a validé l'interdiction de partis basques en considérant que celle-ci poursuivait un but légitime (défense de la démocratie) et n'enfreignait pas le principe de proportionnalité en raison des liens de ces organisations avec le mouvement terroriste (*Herri Batasuna et Batasuna c/ Espagne*, 30 juin 2009). Elle a en revanche condamné la Turquie pour la dissolution, accompagnée de violences, du parti HADEP (*HADEP et Demir c/ Turquie*, 14 décembre 2010). La dissolution du Parti républicain de Russie a été également jugée contraire à la Convention (*Parti républicain de Russie c/ Russie*, 12 avril 2011).

Un arrêt du 10 mai 2012 (*Özgürlük ve Dayanisma Partisi (ÖDP) c/ Turquie*) a d'autre part permis à la Cour de préciser sa position en matière de financement public des partis politiques. Le parti requérant s'était vu refuser un tel financement au motif que, ayant obtenu moins de 7 % des suffrages aux précédentes élections, il ne remplissait pas le critère légal pour l'obtention de cette aide. Il soutenait qu'une telle règle constituait une discrimination en matière de droit à des élections libres. La Cour a rejeté en l'espèce la violation, en admettant qu'éviter une fragmentation excessive de la représentation constituait un but légitime et pouvait donc justifier l'exigence d'un niveau minimum de représentativité. Elle a admis que les États possèdent en l'espèce une importante marge d'appréciation, tout en précisant que le seuil retenu ne devait pas être trop élevé, que l'aide publique ne devait pas être réservée aux seules formations représentées au Parlement et que les conditions requises ne devaient pas empêcher les partis qui en étaient exclus de bénéficier d'autres formes de soutien aux organisations politiques.

La Cour a d'autre part déclaré irrecevable la requête du parti allemand d'extrême droite (NPD) qui se plaignait de ne pas disposer des moyens de lutter contre la stigmatisation dont il prétend être l'objet (*National democratische Partei Deutschlands c/Allemagne*, 27 octobre 2016). On peut noter que la Cour constitutionnelle de Karlsruhe, qui avait déjà refusé d'interdire cette organisation en 2003, a de nouveau rejeté une demande déposée en ce sens par les Länder dans sa décision du 17 janvier 2017. Elle a observé que, si les principes de cette organisation contreviennent en

12. Voir G. Lebreton, « L'Islam devant la Cour européenne des droits de l'homme », *RDP* 2002, p. 1493-1510.

effet aux dispositions de la Loi fondamentale de 1949, rien ne prouve qu'elle serait en mesure d'atteindre ses objectifs et qu'elle ne constitue donc pas une menace dans l'état actuel des choses.

5.73 ▸ Avant 1998, la Commission EDH, plus souvent saisie, avait eu l'occasion de traiter d'un certain nombre de questions concernant la matière. Certaines des solutions qu'elle a posées demeurent valables. Elle a accepté le principe du vote obligatoire[13]. Elle a affirmé la nécessité des partis politiques et leur droit à participer aux campagnes électorales. Le principe d'une peine accessoire comportant la perte provisoire du droit de vote a été considéré comme licite[14]. D'autre part, la Commission a estimé que l'article 3 ne garantit pas que la voix de chaque électeur ait le même poids. Le scrutin majoritaire et l'existence de certaines distorsions dans la représentation ne sont donc pas contraires à la Convention EDH. Il est donc possible d'écarter la représentation proportionnelle[15]. La Cour considère cependant que, si celle-ci est appliquée, la loi ne doit pas prévoir de seuils trop élevés pour participer à la répartition des sièges. Elle a validé un seuil de 5 % aux élections législatives (*Partija « Jaunie Demokrti » et Partija « Musu Zeme » c/ Lettonie*, 29 novembre 2007). Elle considère un seuil de 10 % comme excessif, tout en l'acceptant compte tenu des circonstances de l'espèce, dans un arrêt de la Grande Chambre du 8 juillet 2008, *Ymak et Sadak c/ Turquie.* Dans l'arrêt *Ekoglasnost c/ Bulgarie* du 6 novembre 2012, la Cour a fait le point sur les conditions qu'un État peut légitimement imposer aux partis qui présentent des candidats aux élections. Le parti requérant reprochait à la Bulgarie d'avoir introduit dans la loi électorale trois conditions nouvelles qui l'avaient empêché de présenter des candidats. La première était le dépôt d'un cautionnement, la deuxième la production d'un certificat de la Cour des comptes attestant que les partis avaient respecté l'obligation de présenter des rapports financiers pour les trois dernières années, la troisième l'exigence de 5 000 signatures d'électeurs soutenant la candidature des partis. La Cour a reconnu que ces trois conditions avaient un objectif légitime : éviter une multiplication excessive des candidatures qui risquerait de perturber le déroulement et les résultats du scrutin. Elle a néanmoins admis en l'espèce l'existence d'une violation en raison des délais très courts imposés aux partis : deux mois avant les élections et un mois avant l'échéance fixée pour le dépôt de la caution et des signatures.

5.74 ▸ On sait que l'article 6 de la Convention EDH garantit à chaque individu un procès équitable. Le début du premier paragraphe déclare en effet : « Toute personne a droit à ce que sa cause soit entendue équitablement, publiquement et dans un délai raisonnable, par un tribunal indépendant et impartial, établi par la loi, et qui décidera, soit des contestations sur ses droits et obligations de

13. Requête n° 1718/62 contre Autriche, décision du 22 avril 1965, *Annuaire de la Convention européenne des droits de l'homme*, 8, p. 168.
14. Requête n° 9914 contre Pays-Bas, décision du 4 juillet 1983, *Décisions et Rapports de la Commission européenne des droits de l'homme*, 33, p. 244 (cette disposition existe dans la législation française).
15. Requête n° 7140/75 contre Royaume-Uni, décision du 6 octobre 1976, *ibid.*, 7, p. 95 ; requête n° 8765/79, *Parti libéral contre Royaume-Uni*, décision du 18 décembre 1980, *ibid.*, 21, p. 311 ; Requête n° 8941/80 contre Islande, décision du 8 décembre 1981, *ibid.*, 27, p. 145.

caractère civil, soit du bien-fondé de toute accusation en matière pénale dirigée contre elle ». Cet article s'applique-t-il aux droits politiques affirmés par l'article 3 du premier Protocole ? Il faut distinguer trois cas. La Commission a longtemps opposé son incompétence *ratione materiae* à toutes les requêtes qui prétendaient la saisir de contestations liées au contentieux électoral, et cela malgré sa tendance générale à étendre le champ de sa compétence. On a cependant observé plus haut que certaines décisions récentes paraissent de nature à nuancer ce constat[16]. Elle a estimé en effet que cette matière n'entre pas dans les « droits de caractère civil ». En matière de répression des délits liés aux opérations électorales, la Commission en revanche s'est considérée comme compétente, dans la mesure où elle reconnaît un caractère pénal à toutes les dispositions que le droit interne qualifie ainsi. Mais la réciproque n'est pas vraie. La Commission a parfois attribué un caractère pénal à des normes qui ne sont pas définies comme telles par le droit interne. Qu'en est-il des inéligibilités infligées par le juge de l'élection ? La Cour EDH a finalement écarté l'application de l'article 61 (*Pierre-Bloch c/ France*, 21 octobre 1997).

C - LE DROIT DE L'UNION EUROPÉENNE

5.75 ▸ L'incidence des normes internationales sur les normes internes se concrétise enfin à un troisième niveau, celui du droit de l'Union européenne (ci-après UE), conséquence du processus d'unification européenne. Pour apprécier la portée de celui-ci en matière de droits politiques, des observations générales sont d'abord nécessaires. On considérera ensuite la question du vote des ressortissants de l'Union européenne.

1) Observations générales

5.76 ▸ Il faut d'abord noter que le droit de l'UE ne constitue pas la concrétisation d'une supraconstitutionnalité puis s'interroger ensuite sur la portée de la Charte des droits fondamentaux de l'Union européenne.

a) Le droit de l'Union européenne ne met pas en œuvre une supraconstitutionnalité

5.77 ▸ On a vu plus haut l'impossibilité d'une supraconstitutionnalité. Malgré son caractère entièrement original, le droit de l'UE ne remet pas en cause cette conclusion. En effet, les relations entre ce droit et le droit interne peuvent être considérées selon deux perspectives différentes. La première – qui correspond au droit positif – fait reposer le caractère obligatoire des normes européennes en droit interne sur les traités signés par la France. La situation n'est pas différente de celle des normes internationales que l'on a considérées dans les points précédents. Les observations présentées sur l'article 55, qui confère à ces normes une valeur supérieure à celle de la loi mais inférieure à celle de la Constitution, sont également applicables. Il en résulte que si une disposition d'un traité s'avère contraire à la Constitution, celui-ci ne peut être ratifié sans une révision préalable de celle-ci. Ainsi, la révision du 1er mars 2005 était nécessaire à l'organisation du référendum du 29 mai sur la Constitution européenne,

16. Cf. n° 5.72.

dont l'issue a d'ailleurs ôté à la première tout effet. Une nouvelle révision de l'article 88-1 a permis la ratification du traité de Lisbonne, signé en 2007 et entré en vigueur en 2009. Il en résulte aussi que la supériorité de la norme européenne sur la norme interne peut être renversée par une révision constitutionnelle, qui est susceptible de défaire ce que la précédente avait fait. En revanche si l'Union européenne devenait une fédération, les États deviendraient des États fédérés et il en résulterait que leurs Constitutions seraient soumises à la Constitution fédérale. Mais il ne s'agirait pas, là non plus, de supraconstitutionnalité. Cela laisserait en effet intacte la question de la soumission de la Constitution fédérale elle-même à des normes supérieures, qui seules pourraient être dites supra-constitutionnelles. Autrement dit, la transformation de l'Union européenne en fédération n'aurait pas pour effet d'instituer une norme placée au-dessus des constitutions nationales actuelles, mais de leur substituer une Constitution fédérale tout en les faisant rétrograder à un rang inférieur dans la hiérarchie des normes, celui de Constitutions d'États fédérés.

On constate donc que ni dans un cas ni dans l'autre il n'y a supraconstitutionnalité : dans le premier, la Constitution nationale demeure la norme suprême ; dans le second, la Constitution fédérale occupe sa place. Mais l'imposition d'une Constitution fédérale ne constitue nullement l'incarnation enfin réussie de ce monstre logique qu'est une norme supraconstitutionnelle.

b) La Charte des droits fondamentaux de l'Union européenne

5.78 ▸ Adoptée le 7 décembre 2000 au sommet de Nice, resignée et reproclamée à Strasbourg le 12 décembre 2007, la Charte des droits fondamentaux de l'UE traite, entre autres matières, des droits civils et politiques. Mais, fidèles sur ce point du moins à leur mandat, les rédacteurs de la Charte n'ont fait que « proclamer » les droits déjà existants, afin de les rendre « lisibles ». Le projet de Constitution européenne avait reproduit le texte de la Charte, mais son échec a retardé l'attribution à celle-ci d'une valeur normative, ce qui n'a d'ailleurs pas empêché la Cour de Luxembourg de s'y référer. La Charte visée par le traité de Lisbonne a reçu cette valeur dès l'entrée en vigueur de ce dernier au 1er décembre 2009 (v. le chapitre sur les sources internationales, n° 1-26 et s.). Malheureusement, il n'est pas sûr que cela constitue un progrès, car de deux choses l'une : ou les dispositions de la Charte se confondent avec celles de la Convention EDH, à laquelle elle se réfère d'ailleurs à de nombreuses reprises, et elle est inutile ; ou bien elles en diffèrent et d'inextricables difficultés en découleront inévitablement. Dans les deux cas, l'opération aboutit, comme l'a montré avec force Olivier Cayla, à ruiner toute idée d'identité européenne[17].

17. O. Cayla, « La négation de toute possible identité européenne par la Charte européenne des droits fondamentaux », dans G. Lebreton (dir.), *Regards critiques sur l'évolution des droits fondamentaux de la personne humaine*, L'Harmattan, 2002, p. 103-113.

2) Le vote des citoyens de l'Union dans leur État de résidence

5.79 ▸ Cette question se subdivise en deux : elle concerne en effet d'une part les élections au Parlement européen, d'autre part les élections municipales. Seul le second point a provoqué de réelles difficultés.

a) Les élections au Parlement européen

5.80 ▸ Le Traité sur l'Union européenne (traité de Maastricht), entré en vigueur le 1er novembre 1993, dispose, dans son article 8 B-2 que « ... tout citoyen de l'Union résidant dans un État membre dont il n'est pas ressortissant a le droit de vote et d'éligibilité aux élections au Parlement européen dans l'État membre où il réside, dans les mêmes conditions que les ressortissants de cet État ». Les modalités d'exercice de cette disposition ont été fixées par la directive du 6 décembre 1993, qui a été transposée en droit français par la loi du 5 février 1994, modifiant la loi du 7 juillet 1977 relative à l'élection des représentants au Parlement européen.

5.81 ▸ L'adoption de ce texte n'a pas soulevé de difficultés particulières. Tout y concourait. Les élections européennes ayant lieu à la représentation proportionnelle, le vote des étrangers ne peut avoir statistiquement qu'une faible influence sur les résultats. À tort ou à raison, les partis et les électeurs français ne voient pas dans cette élection un enjeu politique majeur. En outre, l'idée que les Européens votent aux élections européennes semblait *a priori* naturelle. Elle ne remettait en cause ni situation acquise, ni tradition vénérable et ne s'avérait donc problématique ni sur le plan des intérêts ni sur celui des symboles.

5.82 ▸ L'article 2-1 de la loi (introduit en 1994) pose le principe selon lequel les ressortissants d'un État membre de l'Union résidant sur le territoire français « peuvent participer à l'élection des représentants de la France au Parlement européen dans les mêmes conditions que les électeurs français, sous réserve des modalités particulières prévues, en ce qui les concerne, par la présente loi ». Il y a donc égalité de principe avec les citoyens français, mais aussi modalités spécifiques, justifiées par une différence objective de situation. L'important est évidemment de voir comment ces deux principes, potentiellement contradictoires, sont conciliés en pratique.

La première question est de savoir ce qu'il convient d'entendre par « résidant ». Selon la définition que l'on donne de ce terme, on peut en effet étendre considérablement – jusqu'aux touristes de passage le jour des élections – ou restreindre au maximum – en exigeant par exemple trente ans de présence continue sur le territoire – la catégorie considérée. La solution retenue par l'article 2-1, deuxième alinéa, est assez restrictive : « Les personnes visées au premier alinéa sont considérées comme résidant en France si elles y ont leur domicile réel ou si leur résidence y a un caractère continu ». Cette disposition paraît restrictive si on la compare aux conditions exigées des citoyens français. Elle évoque l'article L. 11-1° du Code électoral qui permet de s'inscrire sur les listes électorales aux électeurs « qui ont leur domicile réel dans la commune ou y habitent depuis six mois au moins ». Mais quel sens donner à la substitution du « caractère continu » à l'exigence d'un minimum de six mois ? La réponse n'est pas *a priori* évidente, bien que la formule retenue par la loi apparaisse plus exigeante que celle du Code électoral. Le plus remarquable est cependant que la loi ait écarté la possibilité ouverte par l'article L. 11-2° aux personnes qui figurent pour la cinquième fois sans interruption au rôle d'une des contributions directes communales de s'inscrire sur les listes électorales. En d'autres termes, le législateur n'a pas voulu permettre aux ressortissants de l'Union européenne propriétaires de résidence secondaire de voter en France.

Des listes électorales complémentaires sont d'autre part instituées pour permettre l'inscription des personnes concernées. Celles-ci doivent jouir de la capacité électorale dans leur État d'origine – appréciée par conséquent selon les normes en vigueur dans celui-ci. On peut noter que la directive européenne laissait les États libres de tenir compte ou non de la capacité électorale des ressortissants étrangers dans leur pays d'origine. Sur ce point encore, la loi française choisit une solution volontairement restrictive. Elles doivent également remplir les conditions de résidence précédemment exposées (article 2-2). Diverses précautions sont prises pour éviter que les ressortissants communautaires utilisent ces dispositions pour s'inscrire et voter dans plusieurs États (articles 2-4 et 2-5). L'article 2-8 étend aux contrevenants les peines prévues par l'article L. 92 du Code électoral (six mois à deux ans d'emprisonnement et une amende de 15 000 €). Il convient de noter que la loi française (conformément aux dispositions de la directive) permet aux citoyens français résidant dans un État de l'Union de choisir entre voter dans celui-ci ou en France. Dans ce cas, l'État français fait connaître à ce dernier si ses ressortissants jouissent de la capacité électorale (article 2-6).

b) Les élections municipales

5.83 ▸ L'article 8 B-1 du traité de Maastricht disposait que « tout citoyen de l'Union résidant dans un État membre dont il n'est pas ressortissant a le droit de vote et d'éligibilité aux élections municipales dans l'État membre où il réside, dans les mêmes conditions que les ressortissants de cet État. Ce droit sera exercé sous réserve des modalités à arrêter, avant le 31 décembre 1993, par le Conseil, statuant à l'unanimité sur proposition de la Commission et après consultation du Parlement européen ; ces modalités peuvent prévoir des dispositions dérogatoires lorsque des problèmes spécifiques à un État membre le justifient ».

5.84 ▸ L'application de ce texte soulevait, à la différence de la question précédente, un double problème, politique et constitutionnel. Politiquement, la question était plus sensible. Dans de petites communes, le vote d'une communauté étrangère peut faire basculer une majorité. Mais le conflit majeur était symbolique. On mettait en cause, cette fois, le monopole du vote des nationaux dans un domaine où les enjeux étaient perçus de tous. Il était inévitable que cela suscitât des inquiétudes et des refus. En outre, l'article 3 de la Constitution de 1958 déclare que « la souveraineté nationale appartient au peuple qui l'exerce par ses représentants et par la voie du référendum », et que « sont électeurs [...] tous les nationaux français majeurs des deux sexes jouissant de leurs droits civils et politiques ». Le rapprochement de ces deux alinéas implique que seuls les citoyens français peuvent prendre part à des élections où l'exercice de la souveraineté nationale se trouve concerné. Or tel est le cas des élections municipales, puisque d'une part les conseillers municipaux désignent des délégués qui élisent les sénateurs ou sont eux-mêmes délégués aux termes des articles L. 284 et L. 285 du Code électoral, et que d'autre part les sénateurs sont des représentants du peuple qui exerce sa souveraineté par leur entremise. C'est ce qu'a constaté le Conseil constitutionnel dans sa décision 92-308 DC du 9 avril 1992. Une révision de la Constitution s'avérait donc un préalable nécessaire à la ratification du traité de Maastricht. Elle a été opérée par la loi constitutionnelle du 25 juin 1992 qui a introduit dans la Constitution de 1958 un article 88-3 au terme duquel : « Sous réserve de réciprocité et selon les modalités prévues par le Traité de l'Union européenne signé le 7 février 1992, le droit de vote et d'éligibilité aux élections municipales peut être accordé aux seuls citoyens de l'Union résidant en France. Ces citoyens ne peuvent exercer les fonctions de maire ou d'adjoint ni participer à la désignation des électeurs sénatoriaux et à l'élection des sénateurs [...] ».

5.85 › L'article 8 B-1 du traité de Maastricht prévoyait d'autre part, comme on l'a vu, que les modalités d'application seraient précisées par une directive du Conseil, statuant à l'unanimité sur proposition de la Commission et après consultation du Parlement européen. Ce fut chose faite le 19 décembre 1994. L'esprit du texte est clair : la directive n'a pas pour objet de modifier les règles en vigueur dans les droits nationaux. Ceci est explicitement précisé en ce qui concerne les conditions qui subordonnent le droit de vote des nationaux à une durée minimale de résidence sur le territoire d'une commune (article 4-3) ou le caractère obligatoire du vote (article 7-2). Seule la condition de nationalité posée dans les législations internes est neutralisée pour ce qui concerne les ressortissants de l'Union. Des modalités pratiques sont mises au point pour permettre leur inscription sur les listes électorales. Par ailleurs, les États peuvent refuser aux ressortissants de l'Union l'éligibilité aux fonctions dirigeantes des collectivités locales, chef (maire) ou adjoint, ainsi que le droit de participer à la désignation des électeurs d'une assemblée parlementaire (articles 5-3 et 4) – restrictions posées, comme on vient de le voir, par la Constitution française. Enfin des dérogations sont prévues conformément au traité. Elles concernent d'abord les cas où les électeurs potentiels représentent dans un État plus de 20 % de la population totale. Dans cette hypothèse l'État en question peut réserver le droit de vote aux électeurs qui résident sur son territoire depuis une durée minimale qui ne peut excéder la durée d'un mandat de l'assemblée municipale, et l'éligibilité à ceux qui y résident depuis une durée égale au double de la précédente (article 12-1). Les mêmes restrictions peuvent être apportées par la Belgique pour « un nombre limité de communes » (article 12-2). Cette disposition a pour but d'apaiser l'émoi des flamingants qui craignent de perdre, au profit des francophones et par le jeu du vote des étrangers, la courte majorité dont ils disposent dans certaines communes périphériques de Bruxelles.

5.86 › En France, la loi organique n° 98-404 du 2 mai 1998 a inscrit ces principes dans le Code électoral : « Les citoyens de l'Union européenne résidant en France [...] peuvent participer à l'élection des conseillers municipaux dans les mêmes conditions que les électeurs français, sous réserve des dispositions de la présente section. Les personnes mentionnées [...] sont considérées comme résidant en France si elles y ont leur domicile réel ou si leur résidence y a un caractère continu. [...] » (article LO 227-1). Pour exercer ce droit, elles doivent être inscrites sur une liste électorale complémentaire (article LO 227-2). Les modalités pratiques de cette inscription ont été rénovées par la loi organique 2016-1046 du 1er août 2016[18]. Elles sont en outre éligibles au conseil municipal si elles sont inscrites sur la liste complémentaire de la commune ou si elles sont inscrites au rôle d'une des contributions directes de celle-ci et figurent par ailleurs sur une liste complémentaire en France (article LO 228-1).

En revanche, si elles sont élues, elles ne peuvent participer au mécanisme de désignation des sénateurs (article LO 286-1).

§ 3 – TECHNIQUES CONSTITUTIONNELLES ET PRINCIPES MÉTAJURIDIQUES

5.87 ▸ Jusqu'ici, les droits politiques ont été considérés dans leur principe. On a vu comment s'est dégagée peu à peu l'idée selon laquelle les citoyens possèdent en cette matière un véritable droit subjectif. Ce droit apparaît comme une conséquence du principe démocratique. Mais qu'est-ce que la démocratie ? La question est évidemment aussi centrale que complexe. Il semble qu'aucune réponse significative ne puisse être apportée si l'on n'a pas au moins discuté trois points essentiels : la démocratie est-elle directe, semi-directe ou purement représentative ? Si le peuple s'exprime par l'intermédiaire de représentants, quelle est la nature du mandat qui les lie à lui ? Quels sont les modes de scrutin mis en œuvre pour les élire ?

5.88 ▸ Ces questions, il convient de l'observer, sont susceptibles de réponses en droit positif mais ne se réduisent pas à celles-ci. À la différence de la supra-constitutionnalité qui ne saurait être inscrite, par hypothèse, dans une Constitution, la solution à ces problèmes peut être constitutionnalisée : le principe du référendum est inscrit dans la Constitution de 1958, et la loi électorale pourrait l'être. Mais l'inscription de tel ou tel principe dans la loi fondamentale, si elle crée du droit, relève en elle-même du fait. Le problème se pose aussi en termes métajuridiques : le peuple a-t-il un droit à s'exprimer directement ? A-t-il un droit à ce qu'un certain type de scrutin soit mis en œuvre, à l'exception des autres ?

I – LA NATURE DE LA DÉMOCRATIE

5.89 ▸ Le recours au système représentatif est inévitable dans la mesure où la démocratie semi-directe est impossible. Mais doit-elle être limitée en fonction de principes métajuridiques ?

---

18. Dans sa décision 2016-733 DC du 28 juillet 2016, le Conseil constitutionnel a déclaré non conforme à la Constitution une disposition de ce texte qui prévoyait de conserver le régime antérieur en Nouvelle-Calédonie. Il a estimé en effet que ce dispositif, qui instaurait un régime dérogatoire du droit commun, aurait dû être soumis au congrès du territoire (§ 7-9).

A - LA DÉMOCRATIE EST NÉCESSAIREMENT REPRÉSENTATIVE

5.90 › L'idée de gouvernement du peuple peut recevoir, comme on l'a vu dans le premier chapitre, différents contenus. La démocratie directe au sens propre du terme, c'est-à-dire telle qu'elle fut mise en œuvre dans l'Athènes antique où les citoyens détenaient le pouvoir exécutif, n'est guère envisageable dans les sociétés modernes. Pour des raisons négatives : comment consulter l'ensemble des populations sur la totalité des questions que doivent trancher les pouvoirs publics ? La plupart des citoyens ne veulent pas avoir à décider sur l'ensemble de ces questions, parce qu'ils ne se tiennent pas pour compétents et ne souhaitaient pas assumer les responsabilités du gouvernement. Mais aussi pour des raisons positives : les citoyens entendent se consacrer à leurs propres affaires. Benjamin Constant l'a dit en des termes qui conservent toute leur force : « Le système représentatif n'est autre chose qu'une organisation à l'aide de laquelle une nation se décharge sur quelques individus de ce qu'elle ne peut ou ne veut pas faire elle-même »[19]. La liberté des modernes, en effet, n'est pas celle des anciens : elle ne consiste pas à être soi-même législateur en acceptant les contraintes que cela implique, mais à être autonome dans la sphère privée. Il en résulte que tout régime démocratique est nécessairement représentatif. La totalité ou la plus grande partie des affaires publiques est inévitablement confiée aux représentants. Si le système peut être dit démocratique, c'est parce que les représentants sont élus par les peuples et sont politiquement responsables devant lui.

B - DES PROCÉDURES DE DÉMOCRATIE SEMI-DIRECTE PEUVENT ÊTRE MISES EN ŒUVRE

5.91 › Toutefois, si le mécanisme représentatif est inévitable, il est concevable d'y apporter des limites. Il existe en effet des procédures qui, sans remettre en cause le principe, permettent aux citoyens concernés de décider eux-mêmes sur certains sujets. Ces procédures, dites *semi*-directes par opposition au régime athénien, sont le référendum et l'initiative populaire. Dans les deux cas, le peuple est appelé à voter par oui ou par non sur un texte qui lui est soumis. Il importe de bien marquer que ces procédures ne réalisent pas, même sur des points particuliers, comme on le dit parfois hâtivement, une démocratie *directe* : l'initiative de consulter le peuple n'est pas en effet exercée par les citoyens collectivement. Pour qu'il en aille autrement, il faudrait que ceux-ci se réunissent préalablement et décident eux-mêmes s'ils doivent se prononcer ou déléguer à certains d'entre eux le pouvoir de décision.

Or ceci n'est concrètement possible que dans un petit État. Cela suppose en effet que le peuple – ou ce qui était à Athènes conventionnellement appelé ainsi, et ne se confondait pas avec ce que l'on entend aujourd'hui par là – peut se réunir physiquement en un lieu. Dans le cas contraire, la décision de laisser le peuple décider peut être prise par les représentants – on est alors en présence d'un *référendum* –

19. B. Constant, « De la liberté des anciens comparée à celles des modernes (1819) », dans *De l'esprit de conquête et de l'usurpation*, éd. Garnier-Flammarion, 1986, p. 288. L'idée que la représentation procède d'une *division du travail* avait déjà été émise par Sieyès.

ou confiée à un groupe de citoyens qui, selon des modalités prédéterminées, mettent en branle le processus d'*initiative*. Le peuple répond ainsi à une question. Il ne peut en revanche la poser et donc en maîtriser, en contester ou en reformuler les termes. Cette asymétrie constitutive implique que les procédures de démocratie semi-directe existent pour ainsi dire à l'intérieur du régime représentatif.

C - LE RECOURS À LA DÉMOCRATIE SEMI-DIRECTE EST-IL NÉCESSAIRE ?

5.92 ▸ La démocratie semi-directe est donc possible. Est-elle nécessaire ? Il existe, on l'a vu, un droit subjectif de voter. Existe-t-il un droit subjectif de s'exprimer directement, grâce à la démocratie semi-directe, sur certains sujets ? Peut-on, en d'autres termes, élever celle-ci au rang de principe métajuridique ? La question est délicate. La logique imposerait une réponse positive. Mais l'attitude à l'égard de ces procédures est très variable selon les cultures et il n'existe pas de solution unique à cette question.

1) La démocratie semi-directe est un impératif logique

5.93 ▸ D'un point de vue logique, la démocratie semi-directe constitue un impératif. Si l'on définit la démocratie comme un gouvernement par le peuple, cela suppose en effet que le peuple se prononce directement au moins sur deux points : les pouvoirs conférés aux représentants et le mode de scrutin.

5.94 ▸ Il importe en effet de garder à l'esprit, en premier lieu, qu'en elle-même la technique de l'élection est un choix entre des personnes et n'implique : elle ne détermine en rien les pouvoirs conférés à l'élu. La nature de ceux-ci ne peut résulter que d'une norme impersonnelle, élaborée et adoptée indépendamment du processus électif. Cette norme peut certes être arrêtée par les représentants après leur élection par le peuple. Mais on peut se demander si un tel système mérite encore le nom de démocratie. Car il signifie que, une fois l'élection acquise, les représentants du peuple vont jouir d'une liberté totale pour décider souverainement d'une question où ils sont à la fois juge et partie, puisqu'ils s'attribuent à eux-mêmes les pouvoirs qu'ils vont ensuite exercer. On peut faire valoir que cette méthode a été souvent appliquée sans que le système dégénère en dictature, car d'autres paramètres que le droit pèsent sur les choix des représentants : ils ne veulent pas s'aliéner l'opinion publique, ne souhaitent pas nécessairement exercer un pouvoir sans partage, craignent de le voir tomber entre les mains de personnes moins bien intentionnées qu'eux, etc. Il n'en reste pas moins qu'un tel système constitue la négation *a priori* de l'idée de gouvernement par le peuple : ayant désigné les gouvernants, le peuple leur abandonne tous les pouvoirs, ou du moins tous les pouvoirs qu'ils souhaitent se conférer à eux-mêmes. À l'inverse, l'idée de démocratie implique logiquement que les compétences des représentants soient définies ou du moins ratifiées par le peuple. Ceci est vrai de la nature du mandat politique – représentatif, semi-représentatif ou impératif – et plus généralement de la Constitution. Ces actes inauguraux devraient donc être accomplis que par le peuple statuant directement.

5.95 ▸ Deuxièmement, et pour la même raison, il semblerait logique que le mode de scrutin soit adopté par le peuple. Il existe en effet plusieurs systèmes, incompatibles et rivaux. Le choix ne devrait-il pas dans ces conditions être effectué par le peuple ? Or on ne peut manifestement consulter celui-ci par la voie des élections : une telle consultation serait elle-même opérée selon un mode de scrutin donné, qui prédéterminerait donc le choix de la loi électorale par les élus : laisser les représentants décider en la matière revient à confier cette responsabilité à une majorité en place et celle-ci peut être tentée de manipuler la loi électorale à son profit. La logique et la morale politique voudraient donc que le soin de choisir le mode de scrutin soit confié aux citoyens.

5.96 ▸ On pourrait affirmer que d'autres questions devraient être soumises à une consultation directe du peuple. Mais au-delà des points considérés, où la nécessité d'une telle procédure s'appuie sur des arguments objectifs, l'impératif devient sujet à discussion. Le peuple devrait-il nécessairement dire son mot dans tel domaine alors que dans tel autre son intervention serait superfétatoire, voire contre-indiquée ? Il est clair que l'on entre ici dans le domaine de l'opportunité, où les arguments peuvent s'échanger mais impliquent une part irréductible d'arbitraire. Au demeurant, la question ne se pose que si le pouvoir de consulter le peuple est exclusivement confié aux représentants : dans ce cas, le domaine du référendum doit être défini par la Constitution en termes matériels. S'il existe, en revanche, une procédure d'initiative populaire, les données du problème sont modifiées : les critères applicables pour déterminer les cas où une consultation du peuple est possible deviennent alors en effet, généralement, des critères formels et non plus des critères matériels : il sera possible, par exemple, de soumettre au vote populaire l'adoption ou l'abrogation d'une loi constitutionnelle, mais pas d'une loi ordinaire, ou encore d'une loi, mais pas d'un décret.

2) La démocratie semi-directe apparaît diversement appréciée selon les cultures politiques

5.97 ▸ On constate d'ailleurs, d'un point de vue général, que la manière dont sont considérées les procédures de démocratie semi-directe est extrêmement variable selon les cultures politiques. Parfois – la Suisse est ici l'exemple privilégié –, la consultation directe du peuple apparaît comme un véritable impératif démocratique. Les citoyens jouissent en la matière d'un droit, qui n'est pas contesté par les représentants, même si la tâche de ceux-ci se trouve parfois compliquée par les décisions populaires et si la question de la compatibilité de certaines initiatives avec les normes juridiques en vigueur est susceptible de se poser. En Italie, la Constitution prévoit la possibilité de proposer l'abrogation des lois par voie de référendum. En Allemagne, la consultation directe du peuple n'est pas pratiquée au niveau national, mais diverses procédures de démocratie semi-directe ont été développées au niveau des Länder[20]. Au Royaume-Uni même, où la souveraineté parlementaire n'a jamais été contestée, les décisions concernant l'Union européenne ont été prises par référendum le 17 juin 1975 et le 23 juin 2016.

20. Cf. l'ouvrage de Sébastien Schott, *L'initiative populaire dans les États fédérés allemands. Contribution à la connaissance d'une institution démocratique*, LGDJ, 2012.

En France au contraire on observe une tradition ancienne et puissante d'hostilité à la démocratie semi-directe. Les raisons en sont complexes. Elles tiennent pour une part à des souvenirs historiques : l'« appel au peuple » fut utilisé par des régimes autoritaires – le Premier et le Second Empire – pour légitimer leur pouvoir contre les Républicains. Après leur victoire en 1877, ceux-ci ont imposé comme un dogme l'exclusion de toute consultation directe des citoyens par le référendum et même la dissolution de la Chambre des députés, réputés paradoxalement antidémocratiques. Il est vrai que les consultations du peuple par voie référendaire prennent parfois un tour ambigu. Dans la mesure, en effet, où elles sont décidées par les représentants, ceux-ci risquent d'être soupçonnés – pas toujours à tort – d'utiliser ces procédures non comme un moyen de faire participer les citoyens aux décisions qui les concernent, mais comme un procédé de manipulation de l'opinion. D'où les réticences souvent manifestées par les partis d'opposition contre ces consultations. Il est non moins vrai cependant que ces inquiétudes rencontrent trop commodément la tendance des représentants du peuple à se considérer comme infaillibles et à se réserver le monopole des grands choix collectifs pour que l'on ne soupçonne pas ceux-ci d'exagérer les dangers de ce type de procédure. Bien que le général de Gaulle ait imposé en 1958 l'inscription du référendum dans la nouvelle Constitution, la mentalité des élites françaises n'a guère évolué. En témoigne le rejet unanime par les responsables politiques de l'idée d'initiative populaire au niveau national et leur réticence à utiliser le référendum local, pourtant introduit en 2003 dans l'article 72-1 de la Constitution. Aux termes des articles L.O. 1112-1 à 1112-14-1 du Code général des collectivités territoriales, cette procédure, qui a un caractère décisionnel, ne peut en effet être mise en œuvre que par les élus et les conditions d'application en sont très restrictives. Les modalités de participation des électeurs à ce type de consultation sont exposées par les articles R. 1112-1 à R. 1112-17. L'usage de cette procédure demeure limité. Plus remarquable encore apparaît le fait que la simple consultation des électeurs (articles R. 1112-18 du CGCT) demeure exceptionnelle. Le traitement similaire de deux procédures aux conséquences juridiques différentes tient sans doute à la difficulté politique qu'il y aurait pour les élus à ne pas respecter la volonté majoritairement exprimée par les électeurs, même s'ils en ont juridiquement le droit.

La révision constitutionnelle de juillet 2008 a cependant introduit dans l'article 11 de la Constitution un troisième alinéa nouveau aux termes duquel un référendum « peut être organisé à l'initiative d'un cinquième des membres du Parlement, soutenu par un dixième des électeurs inscrits sur les listes électorales ». Si la proposition de loi qui en est issue n'a pas été examinée par les deux assemblées dans un délai fixé par une loi organique, « le président de la République la soumet au référendum ». Il est clair que cette procédure n'a rien à voir avec une initiative populaire et que les conditions posées rendent sa mise en œuvre fort improbable. Il a d'ailleurs fallu attendre le 6 décembre 2013 pour que la loi organique prévue par la révision de 2008 soit enfin adoptée et un décret du 11 décembre 2014 pour que soient précisées les modalités, très complexes, relatives au traitement automatisé de données à caractère personnel dénommé « Soutien d'une proposition de loi au titre du troisième alinéa de l'article 11 de la Constitution ». Ces dispositions n'ont jamais joué et il paraît peu probable, compte tenu de l'extrême complexité de la procédure et de son faible enjeu, qu'elles soient un jour mises en œuvre.

L'hostilité traditionnelle à la démocratie semi-directe paraît donc, au-delà de l'effet d'annonce, demeurer entière.

Toutefois un intérêt nouveau se manifeste depuis quelque temps pour la notion de *démocratie participative*. Celle-ci s'incarne dans des formes diverses (commissions extra-municipales, conseils de quartier, budgets participatifs, jurys citoyens, etc.) qui ont en commun d'associer des citoyens aux décisions qui les concernent. On est ici à la marge de la question des droits politiques dans la mesure où ces procédures ne sont pas codifiées juridiquement et que les individus concernés ne sont pas recrutés par voie élective mais sur la base du volontariat ou du tirage au sort. C'est même paradoxalement leur qualité de citoyens quelconques, c'est-à-dire en pratique *non élus*, qui est censée garantir leur caractère *représentatif*. Toutefois, malgré d'inévitables tâtonnements, ces démarches traduisent à l'évidence une aspiration des citoyens (ou du moins de certains d'entre eux) à faire entendre leurs voix. Cette évolution peut conduire à poser sur de nouvelles bases la question de la démocratie semi-directe. Si l'on admet en effet l'existence d'un droit des citoyens à s'exprimer directement sur des questions qui les concernent, il pourrait sembler souhaitable d'avoir recours à des procédures juridiquement définies, où tous les citoyens seraient susceptibles de participer et où le point de vue de la majorité pourrait s'exprimer.

II – LE PROBLÈME DU MODE DE SCRUTIN

5.98 ▸ D'un point de vue juridique, la question du mode de scrutin présente un double aspect. Chaque mode de scrutin suppose la mise en place de règles spécifiques. Mais celles-ci ne sont que la conséquence, au niveau technique, d'un choix préalable entre les grands types de scrutin que sont la représentation proportionnelle et le système majoritaire. Ce choix est-il discrétionnaire ? Ou est-il prédéterminé par des considérations métajuridiques, éventuellement formulées au niveau international, auxquelles l'ordre interne devrait se plier ? La question a été soulevée, ainsi qu'on l'a vu précédemment, lors des débats qui ont précédé l'adoption des grands textes internationaux relatifs aux droits de l'homme. Aucune conclusion n'a été arrêtée. Le problème demeure cependant posé d'un point de vue théorique.

A - L'ABSENCE DE NORME INTERNATIONALE

5.99 ▸ L'étude des textes internationaux a montré que le problème est lié au sens que l'on donne à l'adjectif « égal », utilisé pour qualifier le suffrage dans l'article 21 de la Déclaration universelle des droits de l'homme et dans l'article 25 du Pacte international sur les droits civils et politiques (cf. n°s 5-57, 5-65 et 5-73). Les inquiétudes anglaises sur cette question ont fait échouer une première rédaction de l'article consacré aux droits politiques dans la Convention européenne des droits de l'homme, ce qui explique pourquoi les droits politiques sont évoqués dans le premier protocole additionnel et non dans le texte même de la Convention. L'article 3 du protocole ne prend donc pas position sur le sujet. La Commission européenne des droits de l'homme et la Cour EDH en ont logiquement conclu que les principes posés par ce texte sont compatibles aussi bien avec le scrutin majoritaire qu'avec la représentation proportionnelle.

B - LE PROBLÈME THÉORIQUE

5.100 ▸ Il n'existe donc pas en la matière de norme positive. Mais cette observation n'épuise pas la question : ne devrait-il pas en exister ? Une idée traditionnellement répétée veut en effet que seule la représentation proportionnelle soit *juste*. L'étude des principes métajuridiques en matière de droits politiques suppose donc que l'on prenne position à ce sujet. Comme son nom l'indique, la représentation proportionnelle consiste à répartir les sièges à pourvoir de manière proportionnelle aux résultats obtenus par les divers partis politiques. La mise en œuvre de cette méthode suppose l'établissement de listes et la définition d'un ordre préférentiel selon lequel les sièges seront successivement attribués. À l'inverse, le scrutin majoritaire suppose la définition de circonscriptions où s'exerce un scrutin uninominal. Ce mécanisme peut engendrer deux distorsions. D'une part, un fort décalage démographique entre les circonscriptions a pour conséquence que beaucoup moins de voix sont nécessaires pour être élu dans une petite circonscription que dans une grande : les élus de la première représentent[21] donc un nombre d'électeurs inférieur et les électeurs de la seconde doivent être beaucoup plus nombreux pour obtenir un résultat identique. D'autre part, il est possible que les candidats d'un parti l'emportent dans une majorité de circonscriptions avec un écart très faible, mais que les candidats du parti adverse l'emportent avec un écart très fort dans une minorité d'entre elles. Chacun de ces phénomènes – et *a fortiori* leur conjugaison – peut aboutir à ce qu'un parti obtienne sensiblement plus ou moins d'élus au scrutin majoritaire qu'il n'en aurait obtenu par le jeu du système proportionnel. À la limite, il est possible qu'un parti gagne les élections avec moins de voix mais plus d'élus que son concurrent. En revanche, la représentation proportionnelle serait *juste*, en ce sens qu'elle garantit un rapport mathématique entre nombre de sièges et nombre de voix. D'où l'idée selon laquelle cette méthode est la seule qui donne à chaque électeur une chance égale de voir son bulletin de vote concourir à la désignation des représentants du peuple. Il semble possible de déduire de ces observations un droit subjectif de l'électeur fondé sur le principe d'égalité, et par conséquent un principe métajuridique qui imposerait aux constituants la représentation proportionnelle comme seule compatible avec la démocratie. Cette argumentation est incontestable sur un point : le scrutin majoritaire est susceptible de donner la victoire à un parti minoritaire. La chose est possible et a eu lieu[22], alors qu'elle ne saurait en revanche se produire

21. Mais encore faudrait-il déterminer ce que l'on entend par « représenter » dans ce contexte. Nous nous permettons de renvoyer sur ce point à notre article « Pour en finir avec la crise de la représentation », *Jus politicum* n° 2, 2010, p. 165-202.

22. Le fait s'est effectivement produit deux fois en Grande-Bretagne au XXe siècle, en 1951 et 1974. Il faut distinguer ce phénomène de celui qui affecte parfois les élections présidentielles américaines et qu'a encore illustré l'élection de Donald Trump en 2016. Dans ce cas, en effet, le résultat paradoxal ne résulte pas du scrutin majoritaire, dont l'effet pervers potentiel se trouve neutralisé lorsque l'on n'élit qu'un seul candidat, mais un résultat paradoxal de la structure fédérale des États-Unis. En France, où le président de la République est élu au suffrage universel direct dans une circonscription unique, un tel résultat ne peut se produire.

dans un système proportionnel. Mais cette observation ne suffit pas à trancher la question posée car la réalité est bien plus complexe. Divers points de vue doivent être pris en compte.

5.101 ▸ En premier lieu, il convient de remarquer qu'il n'existe pas *une* représentation proportionnelle. Le système proportionnaliste peut être mis en œuvre selon des modalités très différentes, avec des résultats contrastés. Le principe de base consiste à calculer le quotient électoral, produit du nombre de suffrages exprimés divisé par le nombre de sièges à pourvoir. Chaque liste a autant d'élus qu'elle a obtenu de fois le quotient. Mais pour attribuer les sièges restants, deux méthodes sont possibles, dites « du plus fort reste » et « de la plus forte moyenne ». Or ces méthodes produisent des résultats différents : si l'une est adoptée et conduit à donner un siège à une liste, n'est-ce pas rompre l'égalité au détriment des électeurs de l'autre liste qui aurait eu un élu de plus si la méthode inverse avait été retenue ? Le raisonnement se retourne et la seule conclusion possible est qu'il y a là un choix, au mieux arbitraire, au pire déterminé par des arrière-pensées tactiques – car le premier favorise les listes qui ont eu le moins de voix et le second celles qui en ont eu le plus –, et où le principe d'égalité ne trouve pas à s'appliquer.

Une autre question susceptible de réponses différentes est celle des seuils. Il arrive fréquemment que les lois électorales exigent que les listes aient obtenu un pourcentage minimum, par exemple 5 ou 10 % des voix, pour participer à la répartition des sièges[23]. Cette mesure vise à éviter un trop grand éparpillement des voix et une multiplication des listes concurrentes. Mais elle rompt l'égalité entre les électeurs des petites listes, qui perdent presque toute chance d'être représentés, et les électeurs des grandes listes, dont à l'inverse les voix seront surreprésentées puisque leurs candidats bénéficieront des voix stérilisées par l'application du seuil : si par exemple 8 % des voix sont allées à diverses petites listes, les candidats des grandes se partageront 100 % des sièges alors qu'ils n'ont obtenu que 92 % des voix. L'idée, souvent présentée, selon laquelle la représentation proportionnelle est favorable aux minorités est donc parfois fausse. L'inverse peut même se produire : le scrutin majoritaire permet la représentation de minorités faibles au niveau national mais bien implantées localement alors qu'elles n'auraient pas d'élus à la représentation proportionnelle.

Un troisième choix concerne le niveau où se répartissent les sièges : seul un système proportionnel au niveau national, comme ce fut le cas en France pour les élections européennes avant la loi du 11 avril 2003 qui a divisé le pays en huit circonscriptions, permet de se rapprocher vraiment du principe d'égalité. (En l'espèce le législateur a considéré que la proportionnelle intégrale comporte l'inconvénient d'éloigner les électeurs des élus et d'accroître le sentiment d'indifférence des premiers à la politique[24].) Si l'on prend à l'inverse un cadre de référence plus petit – le département, par exemple, comme ce fut le cas lors des élections législatives de

23. La Cour EDH exerce maintenant un certain contrôle sur ce point. *Cf.* n° 5-73.

24. Le Conseil constitutionnel a rejeté, dans sa décision 2003-468 DC du 3 avril 2003, les griefs d'atteinte à la liberté, au pluralisme, à l'égalité et à la parité adressés à ce nouveau mode de scrutin (considérants 42, 43, 44 et 46).

1986 –, on retrouve des disparités peu éloignées de celles qu'engendre le scrutin majoritaire.

5.102 ▸ En second lieu, il convient de s'interroger sur le contenu de l'idée d'égalité, plus souvent évoquée que définie en cette matière. Un scrutin *égal* ne saurait être un scrutin qui met tous les électeurs sur un pied d'égalité au point de vue des résultats car on ne saurait admettre que tout électeur possède un droit subjectif à voir son candidat élu sans ruiner le principe même de l'élection. Il en résulte que le principe d'égalité est inapplicable dès lors que l'on considère le contenu du choix des électeurs, et ceci quel que soit le mode de scrutin. La voix de l'électeur qui, au scrutin proportionnel, a voté pour une liste qui n'atteint pas le pourcentage exigé pour avoir des élus, ou qui est en excédent par rapport au nombre nécessaire pour faire obtenir à la liste un élu supplémentaire, est tout aussi perdue que les voix qui se sont portées au scrutin majoritaire sur les candidats battus. L'égalité garantie par le système proportionnel est donc une égalité arithmétique *a priori*, non politique *a posteriori*. À la condition que le scrutin ait lieu au niveau national, chaque voix, considérée en faisant abstraction de son contenu, possède une espérance mathématique égale de participer à la désignation des élus. Cette espérance est inégale, à l'inverse, au système majoritaire, selon que l'électeur vote dans une petite ou une grande circonscription. Mais cette constatation soulève deux questions. Premièrement, d'un point de vue général, on peut se demander ce que signifie une voix en soi indépendamment de tout contenu : il y a tout lieu de penser qu'il s'agit là d'une combinaison de mots qui ne recouvre aucune réalité. Deuxièmement, l'inégalité engendre-t-elle un sentiment de frustration ? Autrement dit, l'idée d'égalité possède-t-elle en matière électorale un contenu psychologique ? Si l'on fait abstraction du contenu du vote, la chose paraît fort douteuse. Si l'on considère les résultats, on retombe dans les difficultés précédentes. En outre, il faut distinguer ici entre électeurs et candidats. En ce qui concerne les seconds, l'idée a un contenu clair pour tous ceux qui, battus au scrutin majoritaire, auraient été élus grâce au scrutin proportionnel[25]. Leur sentiment d'injustice est tout à fait sincère, mais il ne le serait pas moins dans l'hypothèse inverse. Pour les premiers, l'idée est bien moins claire, tant du moins qu'il n'y a pas inversion des majorités en voix et en sièges : les électeurs dont 20 % des voix n'ont produit que 15 % des sièges en éprouvent-ils un sentiment personnel d'injustice ? Une enquête empirique serait nécessaire pour trancher cette question. Mais la réponse semble *a priori* plutôt négative. Si tel est le cas, il faudrait conclure que le scrutin majoritaire ne provoque pas une rupture subjective de l'égalité.

5.103 ▸ L'étude des inconvénients politiques et institutionnels – instabilité, multiplication des partis, influence disproportionnée des groupes-charnières, également contraire au principe d'égalité – de la représentation proportionnelle dans sa version pure n'entre pas dans le cadre de cet ouvrage. Mais on observera qu'un inconvénient bien connu du système tient au pouvoir déterminant qu'il

25. Encore faut-il supposer que les électeurs votent de la même manière quel que soit le mode de scrutin. Or la chose est fort douteuse puisque la question qui leur est posée n'est pas la même : voter pour un individu ou pour une liste ne peut être considéré comme une démarche identique que si l'on réduit le choix à sa dimension idéologique.

confère aux appareils partisans. Ceux-ci en effet composent les listes de candidats : les dirigeants se mettent en tête et assurent ainsi leur réélection même en cas de grave revers électoral du parti. Les électeurs ne maîtrisent à aucun degré ce mécanisme et ne désignent plus véritablement les élus. Le système introduit donc une inégalité structurelle entre les professionnels de la politique et les simples électeurs dont la volonté ne peut plus se faire entendre. La recherche de l'égalité mathématique *a priori* peut donc engendrer un effet pervers, qui aboutit à accroître les inégalités réelles. Il est vrai que les inconvénients peuvent être théoriquement limités par l'application du panachage (qui permet de substituer à un candidat d'une liste un candidat présent sur une autre) et du vote préférentiel (qui permet de modifier l'ordre de présentation à l'intérieur d'une même liste). Mais ces techniques sont rarement mises en œuvre dans les élections politiques et leur emploi tend même à se raréfier : les règles de celles-ci étant définies par les partis en place, il n'y a pas lieu de s'en étonner.

5.104 › On voit que la question est complexe, multiforme et propice aux controverses. Des remarques rapides qui précèdent, une conclusion incontestable paraît cependant se dégager : la représentation proportionnelle ne s'impose pas à l'évidence comme un impératif démocratique. L'argument d'égalité invoqué en sa faveur se révèle, à l'analyse, pour le moins confus et discutable. Dans ces conditions, il semble difficile d'affirmer l'existence d'un droit à la représentation proportionnelle au profit de l'électeur quelconque.

C - LE MODE DE SCRUTIN EN DROIT POSITIF FRANÇAIS

5.105 › La tradition républicaine française veut que le mode de scrutin applicable aux élections des parlementaires – et *a fortiori* aux autres élections – ne soit pas inscrit dans la Constitution. Il en résulte une situation complexe et changeante. Sur un point cependant, on a assisté à un processus de constitutionnalisation par voie prétorienne : le Conseil constitutionnel a en effet posé des normes concernant le découpage des circonscriptions en cas de scrutin majoritaire.

1) L'absence de constitutionnalisation des modes de scrutin

5.106 › Les rédacteurs de la Constitution de 1958 ont inscrit dans celle-ci le mode d'élection, modifié en 1962, du président de la République. Mais, fidèles à la tradition, ils n'y ont pas inscrit le mode de scrutin applicable à l'élection des parlementaires, bien qu'à l'époque des voix se soient élevées en faveur d'une constitutionnalisation du scrutin uninominal majoritaire à deux tours. La loi électorale n'a même pas le caractère de loi organique, à la différence des dispositions qui déterminent, au terme de l'article 25, 1er alinéa, de la Constitution, la durée des pouvoirs des assemblées, le nombre de leurs membres, leur indemnité, les conditions d'éligibilité, les régimes des inéligibilités et des incompatibilités. Cette double omission est significative. Elle manifeste la volonté de laisser toute liberté aux majorités en place de modifier à leur gré et par la procédure la moins exigeante, la loi ordinaire, le mode de scrutin. Cette coutume nationale forme un contraste étrange avec la tradition britannique. On sait qu'en Grande-Bretagne le mode de scrutin uninominal majoritaire à un tour est intangible : il est pour ainsi dire placé au-dessus des aléas conjoncturels et des commodités partisanes. En France, une majorité à bout de souffle résiste mal au désir de se survivre, ou de limiter son échec, grâce à un changement calculé du mode de scrutin législatif. Il va sans dire que les modifications conjoncturelles des autres modes de scrutin ne sont pas davantage exclues, même si le caractère plus limité de l'enjeu les rend parfois moins tentantes. Cet état de choses entraîne d'ailleurs des conséquences paradoxales. Alors qu'au terme de l'article 46, 4e alinéa, « les lois organiques relatives au Sénat doivent être votées dans les mêmes termes par les deux assemblées », rien n'empêche que le mode d'élection des sénateurs soit imposé par les députés et le gouvernement, grâce à la procédure de l'article 45, contre la volonté des premiers. La tradition de courtoisie qui détermine les rapports entre les deux assemblées s'oppose en principe à un tel coup de force. Mais celui-ci n'est pas juridiquement impossible.

2) Des systèmes électoraux différenciés et changeants

5.107 › Fait négatif, l'absence de constitutionnalisation des modes de scrutin entraîne cependant de grandes conséquences. Aucune conception d'ensemble ne préside à la définition des divers systèmes mis en œuvre, qui résultent d'opportunités conjoncturelles, perpétuées parfois par consensus mais souvent par inertie, c'est-à-dire jusqu'à ce que l'occasion se présente, pour une nouvelle majorité, de remplacer le système existant par un autre qu'elle estime plus favorable à ses intérêts. Il en résulte à la fois une instabilité chronique et une complexité peu justifiable.

5.108 › « Les députés sont élus au scrutin uninominal majoritaire à deux tours » (art. L. 123 du Code électoral). Ce mode de scrutin, système français par excellence, a été dominant sous la Ve République pour l'élection des députés. Remplacé par la proportionnelle départementale par la loi du 10 juillet 1985, il a été rétabli par la loi du 11 juillet 1986. Un candidat est élu au premier tour s'il a obtenu la majorité absolue des suffrages exprimés et un nombre de suffrages égal à celui du quart des électeurs inscrits. Au deuxième tour, la majorité relative suffit. En cas d'égalité de voix, c'est le candidat le plus âgé qui est élu (art. L. 126 du Code électoral). Le vote a lieu par circonscription, dont les limites sont fixées par la loi (art. L. 124 et L. 125). Pour être candidat au second tour, il faut s'être présenté au premier et avoir obtenu au moins 12,5 % du nombre des électeurs inscrits (art. L. 162). Cette disposition est la conséquence d'un marchandage : certains voulaient 10 %, d'autres 15, la poire fut coupée en deux ! Le même article précise que si un seul candidat remplit ces conditions, le candidat ayant obtenu après celui-ci le plus grand nombre de suffrages peut se maintenir. Si aucun candidat ne remplit ces conditions, les deux candidats ayant obtenu le plus grand nombre de voix peuvent se présenter au second tour.

Le scrutin majoritaire est applicable à l'élection des conseillers départementaux (naguère « conseillers généraux ») depuis la loi du 17 mai 2013 (art. L. 193). Le principe de parité a toutefois conduit à remplacer l'élection d'un candidat par celle d'un binôme : « les électeurs de chaque canton [...] élisent au conseil départemental deux membres de sexe différent, qui se présentent en binôme de candidats » (article L. 191). Pour la mise en œuvre de cette disposition, le nouvel article L. 191-1 a divisé le nombre des cantons par deux.

Le scrutin majoritaire, plurinominal à deux tours, s'applique aux élections municipales dans les communes de moins de 1 000 habitants (art. L. 252 et L. 253).

Les élections sénatoriales présentent la particularité d'utiliser un mode de scrutin différent selon le nombre de sièges à pourvoir. Ce système est-il compatible avec le principe d'égalité du suffrage ? La question, longtemps posée en doctrine, a été tranchée par le Conseil constitutionnel dans sa décision n° 2003-475 du 24 juillet 2003 : rien ne s'oppose à une telle dualité. Dans les départements qui élisent deux sénateurs ou moins, le scrutin majoritaire à deux tours est applicable (art. L. 294).

Enfin, le même système s'applique, depuis 1962, à l'élection présidentielle au terme de l'article 7 de la Constitution. Au second tour, qui a lieu « le quatorzième jour suivant », seuls peuvent se maintenir les deux candidats qui ont obtenu le plus grand nombre de suffrages au premier, « le cas échéant après retrait de candidats plus favorisés ».

5.109 › La représentation proportionnelle à la plus forte moyenne, sans panachage ni vote préférentiel, est applicable aux élections sénatoriales, dans les départements qui élisent trois sénateurs ou plus (art. L. 295).

Le même système s'applique aux élections européennes, dans le cadre de huit grandes circonscriptions créées par la loi du 11 avril 2003. Seules les listes qui ont obtenu plus de 5 % des suffrages exprimés participent à la répartition des sièges.

5.110 › Un système proportionnel, mais assorti d'un correctif qui avantage la liste arrivée en tête et lui garantit de disposer d'un nombre de sièges plus important que la proportion des voix obtenues, a été mis en place pour les élections municipales dans les communes de plus de 3 500 habitants par la loi du 19 novembre 1982. Le seuil a été abaissé aux communes de plus de 1 000 habitants par la loi du 17 mai 2013. Aux termes de l'article L. 260, « les conseillers municipaux sont élus au scrutin de liste à deux tours, avec dépôt de listes comportant autant de candidats que de sièges à pourvoir, sans adjonction ni suppression de noms et sans modification de l'ordre de présentation [...] ». L'article L. 262 dispose d'autre part qu'au tour décisif – le premier si une liste a obtenu la majorité absolue des suffrages exprimés, le second dans le cas contraire –, la moitié du nombre de sièges à pourvoir, arrondi le cas échéant à l'entier supérieur lorsqu'il y a plus de quatre sièges à pourvoir et à l'entier inférieur s'il y en a moins, sont attribués à la liste arrivée en tête. Les sièges restants sont répartis ensuite selon le principe de la représentation proportionnelle à la plus forte moyenne entre toutes les listes qui ont obtenu au moins 5 % des suffrages exprimés. Seules peuvent se maintenir au deuxième tour les listes qui ont obtenu au premier 10 % du total des suffrages exprimés. Entre les deux tours, des fusions de listes peuvent être opérées. Mais seuls des candidats dont la liste ne se représente pas et qui a obtenu au moins 5 % des suffrages exprimés peuvent être intégrés sur une liste présente au second tour (art. L. 264). Ce mode de scrutin permet donc la représentation des diverses tendances, hors celles qui apparaissent nettement minoritaires, tout en assurant un avantage significatif en sièges à la liste arrivée en tête. On voit en effet aisément qu'une liste qui obtient 50,1 % des suffrages va disposer de 75 % des sièges. Ce système est souvent considéré comme ingénieux en ce qu'il paraît combiner des aspects positifs de logiques apparemment contradictoires. Il n'est pas cependant sans engendrer des paradoxes : en cas d'élection triangulaire, une liste minoritaire obtiendra une confortable majorité en sièges alors que l'application de la proportionnelle simple laisserait ouverte la possibilité d'une entente, après le scrutin, entre les listes d'une tendance majoritaire mais divisée. Ce mode de scrutin est donc susceptible de produire la dictature d'une minorité. Bien qu'il s'agisse là d'un cas-limite, l'idée mérite d'être notée, car elle manifeste un fait qui devrait être conservé en mémoire : aucun système électoral n'est parfait. Chacun peut, dans des circonstances données, engendrer des effets pervers.

La même logique a été mise en œuvre pour les élections régionales par la loi du 19 janvier 1999, modifiée par la loi du 11 avril 2003. La liste qui l'emporte reçoit ici le quart des sièges à pourvoir avant la répartition à la proportionnelle. Les listes qui n'ont pas obtenu 5 % des suffrages exprimés ne sont pas admises à la répartition des sièges. Si plusieurs listes ont la même moyenne pour l'attribution du dernier siège, celui-ci revient à la liste qui a obtenu le plus grand nombre de suffrages. En cas d'égalité des suffrages, le siège est attribué au plus âgé des candidats susceptibles d'être déclaré élu (art. L. 338). Seules peuvent se maintenir au second tour les listes ayant obtenu 10 % des suffrages exprimés et seuls les candidats figurant sur des listes qui ayant obtenu 5 % des suffrages exprimés peuvent se présenter sur d'autres listes (art. L. 346). Un système complexe, qui vise à concilier une élection par listes régionales et une répartition des sièges par sections départementales, a en outre été mis en place (art. 338-1). Sans modifier le mode de scrutin, la loi du 16 janvier 2015 a réduit à 12 le nombre des régions de France métropolitaine. Enfin le système proportionnel avec correctif majoritaire a été choisi pour l'élection des membres de l'Assemblée de Corse – l'île formant une circonscription électorale unique – par la loi du 13 mai 1991, plusieurs fois modifiée. Ici le correctif majoritaire est limité, puisque la liste arrivée en tête (au premier tour si elle a obtenu la majorité absolue, au second dans le cas contraire) n'obtient que neuf sièges (sur cinquante et un) avant la répartition proportionnelle. Le seuil de 5 % des suffrages exprimés nécessaires pour participer à la répartition est applicable (art. L. 365 et L. 366). En cas d'égalité de suffrages entre les listes arrivées en tête, c'est celle dont la moyenne d'âge est la moins élevée qui obtient les trois sièges. Une liste doit ainsi obtenir au moins 7 % des suffrages pour se maintenir au second tour et 5 % pour que certains de ses membres puissent être candidats au second tour sur une autre liste (art. L. 373).

3) Le contrôle du découpage électoral par le Conseil constitutionnel

5.111 › Dans la mesure où l'ensemble des dispositions que l'on vient d'étudier relèvent de la loi ordinaire, elles peuvent être soumises au Conseil constitutionnel. Celui-ci ne saurait censurer le principe même, proportionnel ou majoritaire, du mode de scrutin : ce serait se substituer au législateur. En revanche, il s'est reconnu compétent pour apprécier les modalités d'application du principe majoritaire. La décision du 8 août 1985 relative au statut de la Nouvelle-Calédonie a marqué de ce point de vue une étape décisive[26]. La loi du 26 juillet 1985

26. Décision n° 85-196 DC.

prévoyait, pour l'élection du Congrès du territoire, un découpage en régions qui impliquait une forte inégalité dans la représentation des populations. La proportion entre le nombre d'électeurs et d'élus au Congrès variait en effet de 1 à 2,13 selon les circonscriptions. Le but ouvertement poursuivi était de surreprésenter les régions peuplées en majorité d'indépendantistes afin de créer au profit de ceux-ci une majorité de sièges, bien qu'ils fussent minoritaires en voix. Soixante députés et soixante sénateurs de l'opposition saisirent donc le Conseil constitutionnel en faisant observer que ce découpage heurtait le principe de l'article 3, alinéa 3 de la Constitution (le suffrage est « toujours universel, égal et secret ») et, plus généralement, le principe d'égalité posé par l'article 2 de la Constitution et l'article 6 de la Déclaration des droits de l'homme et du citoyen. Le Conseil constitutionnel a fait droit à leur requête en posant un principe de grande portée, que plusieurs décisions ultérieures ont ensuite précisé.

5.112 › Dans son seizième considérant, le Conseil a observé que le rôle du Congrès de Nouvelle-Calédonie, « organe délibérant d'un territoire d'outre-mer ne se limite pas à la simple administration de ce territoire ». Par conséquent, il « doit pour être représentatif du territoire et de ses habitants dans le respect de l'article 3 de la Constitution être élu sur des bases essentiellement démographiques ».

Trois remarques doivent être faites. Premièrement, il pouvait sembler *a contrario* que le principe ne s'appliquerait pas nécessairement à des élections qui auraient pour objet d'élire une assemblée chargée de la « simple administration » d'un territoire. Cette idée ne sera toutefois pas reprise par la suite. Deuxièmement, il est remarquable que le Conseil constitutionnel joue implicitement sur la double acception de l'adjectif « représentatif ». Celui-ci est en effet couramment utilisé en deux sens différents, qui renvoient eux-mêmes à deux concepts distincts, ceux de représentation et de représentativité. D'une part, on parle de « régime représentatif », comme on l'a vu auparavant, pour désigner le principe selon lequel les électeurs désignent des personnes qui les représentent, c'est-à-dire auxquelles ils délèguent la capacité de décider à leur place mais qui sont également censés tenir compte de leurs aspirations. D'autre part, on qualifie de « représentatif » un ou des individus qui présentent des caractères analogues à la moyenne d'un groupe de référence : représentatif, ici, signifie typique[27]. La formule retenue par le Conseil constitutionnel prend le terme simultanément dans les deux sens : la condition pour être représentatif au premier sens – et jouer un rôle qui dépasse la simple gestion administrative – est apparemment d'être représentatif au second, c'est-à-dire d'offrir une image grossièrement conforme de la population représentée. Une telle affirmation est loin d'aller sans dire. On peut parfaitement admettre que le pouvoir de représenter le peuple au premier sens peut être conféré à des individus qui ne lui ressemblent pas au second. Il est même possible de penser qu'aller trop loin dans l'exigence de représentativité entraînerait des effets pervers. Mais le Conseil constitutionnel réduit immédiatement la portée du principe qu'il pose en limitant celui-ci à une donnée quantitative. Est présumée « représentative », au sens du Conseil, une assemblée élue sur la base de circonscriptions qui ne présentent pas de distorsions trop grandes quant au nombre des électeurs. Troisièmement, le principe ne s'applique pas de

27. Cf. l'article cité à la note 21.

manière stricte. Le Conseil admet que la représentation ne doit pas être strictement proportionnelle à la population de chaque région et qu'il peut « être tenu compte d'autres impératifs d'intérêt général ». Mais « ces considérations ne peuvent intervenir que dans une mesure limitée ». On observe donc que le Conseil constitutionnel entend ne pas enfermer le législateur, et lui-même, dans des règles trop rigides : la portée de sa décision demeure largement indéterminée.

5.113 ▸ Celle-ci ne donne donc qu'un exemple de ce que le Conseil tient pour tolérable et de ce qu'il considère comme inacceptable. Le découpage de la Nouvelle-Calédonie, posé par la loi du 26 juillet ayant été annulé par la décision du 8 août au motif que les limites de l'acceptable étaient « manifestement » dépassées, le gouvernement a modifié son texte et porté de 18 à 21 le nombre des élus de la région de Nouméa. Cette modification faisait passer le rapport entre la région la plus représentée et la région la moins représentée de 1/2,13 à 1/1,83. À nouveau saisi, le Conseil a jugé dans sa décision du 23 août[28] que le seuil de tolérance n'était cette fois pas manifestement dépassé. On n'a pas manqué de faire remarquer qu'à ne considérer que les chiffres, la différence entre les deux proportions n'a rien de... manifeste ! En réalité, le choix du Conseil constitutionnel fut à l'évidence la résultante d'un compromis entre considérations de principe et d'opportunité : il n'entendait pas apparaître comme prenant fait et cause pour un camp politique contre l'autre.

5.114 ▸ Au total les décisions de 1985 ont été audacieuses dans leur principe et modérées dans leur application. Audacieuses car le Conseil constitutionnel affirmait un principe radicalement neuf et posait, pour la première fois, des bornes à l'arbitraire du pouvoir politique en cette matière. Mais modérées en ce sens que le principe posé était assorti de limites théoriques et fut appliqué avec une souplesse que l'on peut juger excessive. On regrette en particulier que le Conseil constitutionnel n'ait pas défini quel genre d'« impératif d'intérêt général » est de nature à justifier une distorsion de 1 à 1,83 en matière de représentation.

5.115 ▸ En 1986, la majorité de droite nouvellement élue décida de rétablir pour les élections législatives le scrutin majoritaire uninominal à deux tours. Mais le nombre des députés était passé entre-temps de 491 à 577 et le gouvernement ne souhaitait pas revenir au chiffre initial : il était donc nécessaire de pratiquer un nouveau découpage électoral. Une loi d'habilitation, qui avait pour but de permettre au gouvernement de procéder par ordonnance, selon l'article 38 de la Constitution, à ce nouveau découpage, fut votée le 11 juillet 1986. Elle fut soumise par l'opposition au Conseil constitutionnel qui la déclara conforme à la Constitution par sa décision des 1er et 2 juillet 1986[29]. Mais le président de la République ayant refusé de signer les ordonnances, le contenu du découpage fut repris dans une loi. Le Conseil constitutionnel l'ayant déclarée conforme à la Constitution par une décision du 18 novembre 1986[30], elle fut promulguée le 24 novembre 1986.

28. Décision n° 85-197 DC, considérant 35.
29. Décision n° 86-208 DC.
30. Décision n° 86-218 DC.

Le point le plus remarquable dans cette affaire s'est toutefois situé en amont. Il tient au fait que la loi d'habilitation du 11 juillet 1986 avait anticipé sur la réaction prévisible du Conseil constitutionnel en précisant, dans son article 5, que « les écarts de population entre les circonscriptions ont pour objet de permettre la prise en compte d'impératifs d'intérêt général » : le législateur utilisait volontairement les formules du Conseil constitutionnel, mais, pas plus que celui-ci, il ne précisait ce qu'il fallait entendre par la formule employée : est donc d'intérêt général tout ce qui est *déclaré* d'intérêt général. Sur le fond, il était prévu que la population d'une circonscription ne pouvait s'écarter de plus de 20 % de la population moyenne des circonscriptions du département ; que les limites cantonales devaient être respectées, sauf pour Paris, Lyon et Marseille, lorsque le territoire des cantons n'est pas continu et dans les départements comportant des cantons de plus de 50 000 habitants ; qu'aucun département ne pouvait compter moins de deux représentants. Au cours des débats parlementaires, le gouvernement avait en outre précisé qu'il entendait tenir compte, dans les cas où les limites cantonales ne seraient pas respectées, des « réalités naturelles qui constituent certains ensembles géographiques » et « des solidarités qui les unissent ».

Dans sa décision du 2 juillet 1986, le Conseil constitutionnel admet que le principe selon lequel aucun département n'aurait moins de deux députés ne créerait pas une distorsion excessive entre les départements (considérant 22). Il observe que les règles posées pour le découpage à l'intérieur des départements par l'article 5 de la loi d'habilitation et les exceptions prévues « ne procèdent pas pour chacune d'elles, d'une erreur manifeste d'appréciation » (considérant 24). Mais il remarque que le cumul de ces exceptions pourrait aboutir à des situations où le principe d'égalité serait méconnu. Il donne en conséquence sa propre interprétation de la loi, qui n'est déclarée conforme à la Constitution que sous de strictes réserves : les exceptions prévues par le texte doivent « demeurer limitées et s'appuyer sur des impératifs précis d'intérêt général » et « la délimitation des circonscriptions ne devra procéder d'aucun arbitraire ». Ayant reconnu que le gouvernement n'avait pas commis d'erreur manifeste dans la mise en œuvre de ces principes, le Conseil constitutionnel a validé le découpage.

5.116 › Les règles applicables en matière de découpage électoral se dégagent donc peu à peu, grâce à une sorte de collaboration forcée entre les autorités politiques et le Conseil constitutionnel. Le gouvernement, craignant la censure du Conseil, devenue probable depuis les décisions de 1985, en cas d'excès d'arbitraire, a pris les devants et posé des règles apparemment raisonnables. Mais le Conseil constitutionnel a conféré à ces règles le poids de son autorité, ce qui rendait moins probable l'adoption par un autre gouvernement de règles moins contraignantes. L'arbitraire, en la matière, n'est pas éliminé, puisque le gouvernement et le Parlement conservent une large marge d'appréciation ; mais le progrès est néanmoins sensible.

5.117 › Le Conseil constitutionnel s'est également prononcé sur le deuxième alinéa de l'article L. 125 du Code électoral, introduit par l'article 2 de la loi du 11 juillet 1986. Bien que la loi du 13 janvier 2009 ait abrogé cet alinéa et lui ait substitué le nouveau livre huitième du Code électoral (articles L. 567-1 à

L.O. 567-9)[31], les observations du Conseil constitutionnel à son sujet gardent leur portée. La disposition abrogée était ainsi conçue : « Il est procédé à la révision des limites des circonscriptions, en fonction de l'évolution démographique, après le deuxième recensement général de la population suivant la dernière délimitation ». L'appréciation du Conseil sur ce texte doit être citée *in extenso* : « Considérant que les auteurs de la saisine présente à l'encontre de l'article 6 de la loi des moyens tirés respectivement de l'absence de précision des termes de l'habilitation et de l'atteinte au principe de l'égalité de suffrage ; Considérant que le respect dû au principe de l'égalité de suffrage implique que la délimitation des circonscriptions électorales pour la désignation des députés fasse l'objet d'une révision périodique en fonction de l'évolution démographique ; que la constatation d'une telle évolution peut résulter de chaque recensement général de la population ; que, si l'article 2 de la loi méconnaît ce principe, il ne saurait cependant lier pour l'avenir le législateur ; que, dès lors, en raison de son caractère inopérant, il n'y a pas lieu de le déclarer contraire à la Constitution » (décision du 2 juillet 1986, considérants 28 et 29). En d'autres termes, le Conseil constitutionnel ne se satisfait pas de l'engagement pris par le législateur car il désapprouve son caractère restrictif. Il considère en effet que toute évolution démographique sensible doit se traduire par une modification du découpage Dans le cas contraire, le principe d'égalité ne serait pas respecté : la référence au deuxième recensement après le découpage apparaît donc critiquable. Le Conseil n'annule cependant pas cette disposition, au motif que le législateur ne saurait se lier les mains : rien par conséquent n'empêche de décider, sans attendre l'échéance prévue, une révision du découpage dès que celle-ci s'avérera nécessaire. Le Conseil entend donc substituer un principe constitutionnel – qui lie le législateur – à un engagement pris par celui-ci et qui ne l'oblige pas. Le raisonnement du Conseil constitutionnel est impeccable. Est-il efficace ?

En 2005, le Conseil a sommé le gouvernement de redécouper les circonscriptions en vue des élections législatives de 2007. Mais il n'en fut rien. Le Conseil constitutionnel a jugé, dans sa décision *Pascal Jan*, n 2007-23 ELEC du 3 mai 2007, que la carence du législateur était sans conséquence sur la légalité du décret portant convocation des collèges électoraux en vue des élections législatives de juin 2007. Comme en outre le Conseil estime qu'un grief formé sur l'absence de découpage est inopérant lorsqu'il est saisi en tant que juge de l'élection (décisions n°s 2002-2666 et 2002-2700 du 25 juillet 2002, *AN, Var 6e circ. Michel Malvicino et autre*), la recommandation du Conseil est sans portée juridique, et sa portée morale est demeurée problématique.

5.118 ▸ Le Conseil constitutionnel a d'autre part appliqué sa jurisprudence au problème du découpage électoral de Marseille en vue des élections municipales. Dans sa décision du 7 juillet 1987 que les écarts de représentation résultant du découpage en cause n'étaient « ni manifestement injustifiables ni disproportionnés de manière excessive »[32]. Mais à cette occasion, le Conseil a déclaré que « l'organe délibérant d'une commune de la République doit être élu sur des bases essentiellement démographiques résultant d'un recensement

31. Cf. *infra*, n° 5.119.
32. Décision n° 87-227 DC, considérant 6.

récent »[33]. À la lumière de cette formule, la portée de l'expression utilisée en 1985 pour qualifier l'assemblée de Nouvelle-Calédonie comme n'étant pas chargée de la « simple administration » du territoire ne paraît plus juridiquement pertinente.

5.119 ▸ Dans cette matière, il convient de le remarquer, les règles posées ont eu au départ un caractère purement prétorien. S'appuyant sur des textes généraux, longtemps considérés comme rhétoriques et dont on peut tirer les conséquences les plus opposées, le Conseil constitutionnel a fabriqué de toutes pièces des règles qui encadrent peu à peu l'action du législateur, c'est-à-dire des majorités parlementaires. Cette méthode a entraîné des conséquences assez étrangères à l'esprit du droit français : concepts flous, tâtonnements, revirements camouflés derrière des retouches successives, principes proclamés à son de trompe puis discrètement abandonnés. On peut regretter certains de ces aspects, et notamment l'incertitude qu'ils font planer sur le contenu de la règle de droit. Ces défauts ne doivent toutefois pas masquer un progrès significatif : pour la première fois, dans un pays qui a gardé et garde tant de traits autoritaires, ces questions, fondamentales pour la démocratie, échappent au bon plaisir des gouvernants.

La question s'est trouvée toutefois profondément renouvelée par l'intervention du constituant en juillet 2008. Le troisième alinéa de l'article 25 prévoit maintenant qu'« une commission indépendante, dont la loi fixe la composition et les règles d'organisation et de fonctionnement, se prononce par un avis public sur les projets de textes et propositions de loi délimitant les circonscriptions pour l'élection des députés ». La loi du 13 janvier 2009, qui introduit un livre huitième dans le Code électoral, a mis en œuvre cette disposition. La commission nommée le 21 avril 2009 a été consultée dans le cadre de la procédure de redécoupage électoral rendue nécessaire par la révision constitutionnelle qui a prévu l'introduction à l'Assemblée nationale de représentants des Français de l'étranger sans accroître le nombre total de sièges. Elle a rendu en juin 2009 un avis qui s'écartait sur un certain nombre de points des projets du Gouvernement.

D'autre part, le Conseil constitutionnel a indiqué dans sa décision du 8 janvier 2009 que les possibilités admises de déroger aux principes posés en matière de découpage (non-respect de la continuité territoriale, non-respect des limites communales et cantonales, variation de plus ou moins 20 % par rapport à la moyenne départementale) pouvaient, par leur cumul ou leurs conditions d'application, porter atteinte à l'égalité devant le suffrage et devaient donc « être réservées à des cas exceptionnels et dûment justifiées »[34]. Il a également estimé que la règle traditionnelle selon laquelle tous les départements avaient au moins deux députés devait être abandonnée[35]. Cet exemple montre que le Conseil continue à s'attribuer en ce domaine un pouvoir d'appréciation particulièrement important.

La notion d'égalité devant le suffrage ne s'applique d'ailleurs pas exclusivement en matière de découpage électoral. Le Conseil constitutionnel, saisi par la procédure

33. *Ibid.*, considérant 5.

34. Décision n° 2008-573 DC, considérant 26.

35. *Ibid.*, considérant 23.

de QPC, en a également fait usage dans une décision du 20 juin 2014 relative à la répartition des sièges au conseil des communautés d'agglomération[36]. Le deuxième alinéa du paragraphe I de l'article 5211-6-1 du Code général des collectivités territoriales permettait une répartition des sièges au conseil communautaire approuvée par une majorité de commune sans imposer une répartition sur des bases essentiellement démographiques. Cet alinéa, qui méconnaît le principe d'égalité devant le suffrage, est donc abrogé par la décision du Conseil. Celle-ci est applicable à toutes les opérations de détermination du nombre et de la répartition des sièges de conseillers communautaires réalisées postérieurement à la date de sa publication.

Section II

LE RÉGIME JURIDIQUE DES DROITS POLITIQUES EN DROIT POSITIF FRANÇAIS

5.120 ▸ Les droits politiques plongent leurs racines dans l'idée que l'homme occidental contemporain se fait de lui-même et de la société où il vit. En ce sens, ces droits sont loin de se réduire au régime juridique qui les met en œuvre. Cette observation ne doit pas être perdue de vue, car elle conditionne tant la signification philosophique des droits politiques que leur mise en œuvre : ces principes ne seraient rien en effet s'ils n'étaient pas incarnés dans un système de droit positif. Les limites de l'ordre international en la matière ont déjà illustré cette idée. Il convient donc maintenant de considérer le régime juridique à travers lequel s'actualisent les droits politiques en droit interne.

§ 1 – LE DROIT DE VOTE

5.121 ▸ Nul ne conteste plus aujourd'hui que le vote soit un droit et pas simplement une fonction librement attribuée par la Constitution. Celle-ci le dit sans ambiguïté dans les alinéas 3 et 4 de l'article 3. Il convient donc de considérer le principe de l'universalité du suffrage puis ses exceptions, c'est-à-dire les restrictions légitimes au droit de vote. Il faut enfin évoquer les règles qui président à l'établissement de la liste électorale.

I – L'UNIVERSALITÉ DU SUFFRAGE

5.122 ▸ Le principe de l'universalité du suffrage a une valeur essentiellement négative : il interdit toute discrimination. Il trouve toutefois une limite de fait dans l'idée de suffrage indirect.

A - LE REJET DE TOUTE DISCRIMINATION

5.123 ▸ Ce point n'exige pas de longs développements tant son affirmation paraît aujourd'hui aller de soi. La République, dit l'article 2 de la Constitution, « assure l'égalité devant la loi de tous les citoyens sans distinction d'origine, de

36. Décision n° 2014-405 QPC.

race[37] ou de religion». L'époque coloniale, où les diverses communautés votaient par collèges distincts, est évidemment révolue. D'autre part, la discrimination fondée sur le sexe semble aujourd'hui digne des âges barbares. La Constitution de 1958 évoque, on l'a vu, les «nationaux français... des deux sexes». Le Code électoral parle des Françaises et des Français (art. L. 2). On peut remarquer qu'il existe un lien évident entre le rejet de la discrimination fondée sur le sexe et l'affirmation du droit de vote comme droit subjectif. Tant que l'on raisonne en effet en termes de compétence, il est toujours possible de trouver des prétextes pour exclure telle ou telle catégorie – et jusqu'à la moitié de la population – de l'exercice du droit de vote. Dès lors que l'on raisonne en termes de droit subjectif, il cesse d'en être ainsi. Inversement, la reconnaissance du suffrage féminin fait coïncider (sous réserve des conditions d'âge, de capacité et de nationalité) l'état d'électeur avec celui d'être humain. Il est dès lors beaucoup plus difficile de concevoir un principe discriminatoire en matière de droits politiques.

B - LE SUFFRAGE INDIRECT

5.124 ▸ Selon la lettre des textes, le suffrage indirect ne s'oppose pas au suffrage universel puisque celui-ci peut, au terme de la Constitution, être direct ou indirect (art. 3, al. 3). Dans le suffrage indirect, en effet, le vote est réservé à des «grands électeurs» qui sont généralement qualifiés, mais pas toujours à juste titre, d'«élus du suffrage universel» (sous-entendu : direct). Celui-ci demeure donc, en principe, le fondement de la légitimité. Il n'en demeure pas moins que le caractère indirect du scrutin ne fait pas de celui-ci la traduction immédiate de la volonté des citoyens. L'interposition d'un échelon entre le corps électoral et les élus aboutit en effet à modifier sensiblement le résultat de l'opération. Certes, les élus du suffrage indirect diffèrent de ceux que désignerait le suffrage censitaire, mais ils diffèrent aussi de ceux du suffrage direct. L'idée selon laquelle le suffrage indirect était le contraire du suffrage universel était tenue pour une évidence au XIXe siècle. Aujourd'hui on considère à l'inverse que le suffrage indirect constitue une espèce de suffrage universel, idée qui pourrait être discutée[38]. On a d'ailleurs assisté à un mouvement très net de reflux du suffrage indirect, puisque ce mode de scrutin a été abandonné pour l'élection du président de la République en 1962, des représentants de la France au Parlement européen en 1979 et des conseillers régionaux en 1986. Seuls les sénateurs demeurent élus au suffrage indirect (article 24, alinéa 3 de la Constitution).

37. Il convient de rappeler que, quand ce texte fut écrit, ce mot pouvait encore être utilisé dans un sens neutre, qui n'impliquait aucune adhésion à une quelconque théorie raciste. L'évolution des mentalités l'a rendu inacceptable, et justifierait, aux yeux de certains, une révision de la Constitution.

38. Sur le caractère récent de l'expression « suffrage universel indirect », qui eût été considérée au XIXe siècle comme une contradiction dans les termes, et sur les limites à l'idée selon laquelle les « grands électeurs » sont des élus du suffrage universel, il convient de se reporter à B. DAUGERON, « La notion de suffrage universel ''indirect'' », *Revue française d'histoire des idées politiques*, n° 38, 2013, p. 329-366.

II – LES RESTRICTIONS LÉGITIMES AU DROIT DE VOTE

5.125 ▸ En tant que droit subjectif, le droit de vote appartient à tout individu. Pourtant, l'universalité du suffrage n'empêche pas que des restrictions à ce principe soient légitimement posées. Le Conseil constitutionnel l'a rappelé dans sa décision 82-146 DC du 18 novembre 1982, considérant 7 : trois ordres de considérations peuvent justifier l'exclusion de la qualité d'électeur : l'âge, l'incapacité et la nationalité.

A - L'ÂGE

5.126 ▸ L'exigence d'un âge minimum pour exercer le droit de vote est une condition dont la légitimité n'a jamais été contestée, car elle paraît inscrite dans les faits : nous sommes, comme disait Descartes, « enfants avant que d'être hommes ». Le droit de prendre part aux affaires publiques appartient à tout être humain mais, à la différence d'autres droits de l'homme, il ne devient effectif qu'à partir d'un certain stade de la vie. On a parfois évoqué, pour dépasser cette limite, la notion de vote plural : le chef de famille recevrait le droit d'émettre des suffrages supplémentaires en nombre égal à ceux de ses enfants mineurs. L'idée n'a toutefois jamais été mise en œuvre. Elle présenterait certes l'avantage de prendre en compte dès leur naissance des êtres humains concernés par la marche des affaires publiques, mais ceux-ci n'émettraient toujours pas leur propre opinion. On a vu d'autre part se multiplier, dans les années récentes, les initiatives visant à intégrer les mineurs les plus âgés à la vie publique locale (conseils municipaux d'enfants). Mais quelles que soient l'opportunité et l'efficacité de ces mesures, elles sont sans incidence sur l'ordonnancement juridique.

Ces tentatives mettent toutefois clairement en lumière le fait que, si le principe d'un âge minimum est hors de débat, la fixation de celui-ci en revanche ne peut être opérée sans arbitraire. L'article 3 de la Constitution parle de « nationaux français majeurs ». La majorité était alors fixée à 21 ans. Elle a été abaissée à 18 ans par la loi du 5 juillet 1974 et c'est cet âge qui figure maintenant dans l'article L. 2 du Code électoral. L'âge est apprécié au jour du scrutin et non de l'inscription sur les listes électorales.

B - LA CAPACITÉ

5.127 ▸ La perte de la capacité électorale peut provenir de deux causes très différentes : la mise sous tutelle d'une part, certaines condamnations d'autre part.

5.128 ▸ Un individu auquel on a retiré le droit de gérer ses propres affaires peut-il conserver celui de participer à la gestion des affaires publiques ? Une réponse négative a longtemps prévalu. Mais aujourd'hui la décision est laissée à l'appréciation du juge (article L. 5 du Code électoral). En revanche la curatelle – qui, comme la tutelle, rend inéligible (cf. n° 5-150) – n'a jamais impliqué la perte du droit de vote. De même, la loi du 27 juin 1990 relative aux droits des personnes hospitalisées pour troubles mentaux précise que celles-ci conservent leur droit de vote, même si l'hospitalisation a eu lieu contre leur gré (art. L. 326-3 du Code de la santé publique) et que leurs antécédents psychiatriques ne peuvent leur être opposés ultérieurement (art. L. 326 du même Code). Ces dispositions très protectrices et minutieuses manifestent de la part du législateur un souci nouveau : la privation du droit de vote doit être circonscrite et ne jamais résulter d'une simple situation de fait. Cette attitude est cohérente avec la conception du droit de vote comme droit subjectif. Il n'est pas exclu cependant que certaines difficultés apparaissent compte tenu de décisions récentes de la Cour EDH (cf. n° 5-72).

5.129 ▸ Jusqu'à l'entrée en vigueur en 1994 du Nouveau Code pénal, qui a supprimé les peines accessoires, l'article L. 5 du Code électoral privait de leurs droits électoraux, de plein droit et sans limitation de durée, les personnes condamnées pour crime, pour délits entraînant une peine d'emprisonnement, à la faillite personnelle ou en état de contumace. Ce système très rigoureux a été abandonné en vertu de l'idée qu'« aucune peine ne peut être appliquée si la juridiction ne l'a expressément prononcée » (article 132.17 du Code pénal). L'article L. 6 du Code électoral dispose désormais : « Ne doivent pas être inscrits sur la liste électorale, pendant le délai fixé par le jugement, ceux auxquels les tribunaux ont interdit le droit de vote et d'élection, par application des lois qui autorisent cette interdiction ». Par conséquent, la privation des droits électoraux ne peut intervenir que par une décision de justice expresse, à titre de peine complémentaire, si la loi le prévoit, et pour une durée limitée : cinq ans au maximum en cas de condamnation pour délit, dix ans pour crime (Code pénal, art. 131-26) ; ces durées sont portées à dix et quinze ans en cas d'actes de terrorisme (CP, art. 422-3). Le sursis est désormais applicable à la privation des droits civiques, alors qu'il ne l'était pas auparavant. Les personnes frappées d'une telle peine complémentaire peuvent demander à la juridiction qui l'a prononcée d'en être relevées en tout ou en partie (Code de procédure pénale, art. 702-1). L'amnistie efface d'autre part les condamnations. Il convient enfin d'observer que l'incarcération ne saurait par elle-même impliquer la déchéance du droit de vote. Les individus en détention provisoire ou purgeant une peine qui n'entraîne pas une incapacité électorale sont autorisés à voter par procuration (art. L. 71 c).

L'ensemble de ces dispositions, des plus générales (suppression de l'automaticité et de la privation des droits sans limitation de durée) aux plus spécifiques (le souci explicite de préserver les droits des personnes détenues), manifeste à l'évidence une profonde modification dans l'approche de ces problèmes. On peut certes évoquer à ce sujet (pour le déplorer ou s'en louer) la tendance générale de la société à réduire la rigueur de l'arsenal répressif. Mais il semble qu'ici joue également un facteur particulier : l'idée, déjà notée, selon laquelle le droit de vote est un droit subjectif. Celui-ci étant inhérent à la personne, elle ne peut en être privée que pour des raisons graves explicitement constatées et pour une durée limitée.

5.130 ▸ La portée de ces principes s'était cependant trouvée relativisée par l'adoption d'un nouvel article L. 7 du Code électoral (loi du 19 janvier 1995). Celui-ci rétablissait en effet, pour les manquements aux devoirs de probité commis par les personnes exerçant une fonction publique (Code pénal, art. 432-10 à 432-16), une privation automatique du droit de vote pour une durée de cinq ans. Cette mesure qui rétablissait une peine automatique avait été adoptée dans le cadre des efforts accomplis pour moraliser la vie publique. Saisi par la voie d'une question prioritaire de constitutionnalité, le Conseil constitutionnel a déclaré l'article L. 7 contraire à la Constitution car violant le principe selon lequel toutes les peines doivent présenter un caractère strictement et évidemment nécessaire, et l'a donc abrogé[39].

C - LA NATIONALITÉ

5.131 ▸ Longtemps, l'idée selon laquelle le vote constituait une prérogative attachée à la nationalité est apparue comme une évidence. Tel était encore le cas en 1958 et l'article 3 de la Constitution en témoigne. Depuis lors, un fort mouvement d'opinion a remis en cause cette évidence. Divers pays européens ont accordé le droit de vote aux étrangers pour les élections locales. Le problème a été vivement débattu en France. Si la question du vote des ressortissants de l'Union européenne est maintenant réglée, la controverse plus générale sur le vote des étrangers reste ouverte.

1) Le vote des ressortissants de l'Union européenne

5.132 ▸ Le sujet ayant déjà été traité, on se contentera de renvoyer aux développements antérieurs (nos 5-79 à 5-86).

2) Le problème du vote des étrangers

5.133 ▸ Sur ce sujet, deux discours, argumentés et incompatibles, s'affrontent. Le premier tire les conséquences extrêmes de l'idée du droit de vote comme droit subjectif. Si tout être humain, par le fait même qu'il appartient à l'espèce humaine, possède le droit de donner son opinion sur la marche des affaires publiques, il n'existe aucune justification à une discrimination fondée sur la nationalité. Cette idée se trouve renforcée par l'affirmation d'un rapport nécessaire, lié au principe même de la démocratie, entre l'obéissance aux lois et l'approbation des lois. Les lois françaises s'appliquant aux étrangers résidant en France, il serait légitime de leur donner l'occasion, comme aux nationaux français, d'exprimer leur sentiment sur elles. On soutient également que, si l'intégration des étrangers paraît un but, l'octroi du droit de vote aux élections locales peut apparaître comme un moyen. À l'inverse, on fait valoir que le droit subjectif de voter n'existe que dans le cadre d'un État. Admettre le contraire, surtout si l'on ne veut ou ne peut contrôler les flux migratoires, revient à considérer que tout individu a le droit de s'installer dans le pays de son choix, ce qui paraît difficilement compatible avec le monde tel qu'il est. En d'autres termes, les partisans de cette thèse mettent en avant des considérations de fait que les principes ignorent : un droit subjectif reste identique à lui-même, qu'il s'applique à dix individus ou à un million ; les conséquences pratiques du principe et la tolérance d'une société à son application sont en revanche modifiées par le changement d'échelle. La corrélation entre obéissance aux lois et consentement peut également être relativisée : la loi française s'applique aux étrangers qui traversent le territoire sans que cela paraisse justifier de leur conférer le droit de vote. Enfin,

39. Décision 2010-6/7 QPC du 11 juin 2010.

on peut penser que les étrangers qui souhaitent s'établir définitivement en France ont un moyen de s'intégrer en assumant les devoirs et en exerçant les droits que ce choix implique : ce moyen est précisément de demander leur naturalisation, que la pratique française accorde libéralement. Dans le cas contraire, s'ils considèrent leur séjour comme temporaire ou s'ils veulent conserver leur nationalité d'origine, on ne voit guère pourquoi ils n'assumeraient pas les conséquences d'un choix conscient. Ces deux logiques sont soutenables et chacune fait valoir une argumentation rationnelle. Il serait toutefois naïf de penser que, dans une matière de ce genre, la rationalité explique seule les choix accomplis par les acteurs politiques. Il est bien évident que les partis qui espèrent récupérer la majorité des voix des étrangers sont favorables au vote de ceux-ci et inversement. Quand on ne sait pas à quel camp ce vote pourrait profiter, l'enthousiasme en faveur de ce projet baisse généralement d'un cran chez tous les partis concernés.

III – LA LISTE ÉLECTORALE

5.134 ▸ L'exercice du droit de vote suppose encore une condition : il est nécessaire de s'être préalablement fait inscrire sur la liste électorale. L'institution de la liste électorale n'est pas un fait de nature. Elle remonte en France à la IIe République (loi du 15 mars 1849). Elle ne met pas en cause, à la différence des points précédemment considérés, les principes démocratiques qui régissent le droit de vote comme droit subjectif. Elle n'est d'ailleurs pas absolument nécessaire à l'effectivité du droit de vote, même si elle paraît extrêmement souhaitable pour des raisons tant pratiques que juridiques : l'existence d'une liste facilite considérablement l'organisation du scrutin et la lutte contre la fraude. Elle permet aussi de répartir géographiquement les électeurs. Il est en effet nécessaire, pour les élections locales, de déterminer non seulement qui a le droit de vote mais aussi qui a le droit de voter dans telle commune ou dans tel canton. Il convient donc de considérer d'une part le fonctionnement de la liste électorale, d'autre part les critères de rattachement à une commune.

A - FONCTIONNEMENT DE LA LISTE ÉLECTORALE

1) Contenu de la liste

5.135 ▸ Matériellement, la liste se présente comme l'ensemble des noms, rangés par ordre alphabétique, des personnes habilitées à voter dans un bureau de vote donné. Doivent y figurer les éléments nécessaires à l'identification de l'individu : nom, prénoms, domicile ou résidence[40] avec indication de la rue et du numéro « là où il en existe » (art. L. 18 du Code électoral) ainsi que la date et le lieu de naissance (art. L. 19). Elle est déposée au secrétariat de la mairie (art. L. 21). Tout électeur peut en prendre communication et copie, mais à condition de s'engager à ne pas en faire un usage commercial (art. R. 16, 3e al.). Les listes, qui sont utilisées pour tous les scrutins politiques, nationaux ou locaux, sont, au

40. Des dispositions spéciales pour l'inscription sur la liste électorale des personnes sans domicile fixe sont maintenant prévues (articles 15-1 et 18 alinéa 2). Cf. n° 5-146.

terme de l'article L. 16, permanentes et révisables. La permanence de la liste implique que l'électeur inscrit n'a pas à solliciter une nouvelle inscription à chaque scrutin. Les listes sont révisées chaque année selon un calendrier précis : les demandes d'inscriptions sont déposées entre le 1er septembre et le 31 décembre. Un tableau rectificatif est déposé le 10 janvier à la mairie. Les listes sont définitivement arrêtées le dernier jour de février (art. R. 5, R. 10 et R. 16).

En vue des élections européennes, des listes électorales complémentaires sont dressées, dans chaque bureau de vote, pour l'inscription des ressortissants de l'Union européenne qui votent en France (loi du 7 juillet 1977, art. 2-2 à 2-8 ; décret du 28 février 1979, art. 2-3 à 2-5).

5.136 ▸ Les électeurs doivent s'inscrire sur les listes électorales : la combinaison des articles L. 9 et R. 1 à 3 du Code électoral ne laisse aucun doute sur le caractère obligatoire de cette démarche. Toutefois, aucune sanction n'étant prévue en cas de défaut d'inscription, il est tacitement admis que ce devoir demeure purement moral.

Les articles L. 11-1 et L. 11-2, introduite dans le Code électoral par la loi du 10 novembre 1997, ont posé le principe d'une inscription d'office des personnes qui atteignent l'âge de dix-huit ans sur la liste de la commune où se trouve leur domicile. Mais cette mesure, qui se heurte à de graves difficultés pratiques, d'ailleurs prévisibles, n'a nullement mis un terme au problème.

5.137 ▸ L'autorité compétente pour surveiller la tenue de la liste électorale est une commission administrative de trois membres constituée pour chaque bureau de vote, auquel « est affecté un périmètre géographique ». Elle est composée du maire ou de son représentant, du délégué de l'administration désigné par le préfet ou le sous-préfet et d'un délégué désigné par le président du tribunal de grande instance. Dans les communes de plus de 10 000 habitants, le délégué de l'administration doit être choisi en dehors des membres du conseil municipal. Une liste générale des électeurs de la commune est dressée, d'après des listes établies par bureau de vote, par une commission composée de la même manière. À Paris, Lyon et Marseille, cette liste est divisée par arrondissement (art. L. 17).

5.138 ▸ La commission doit évidemment inscrire les personnes qui en font la demande et remplissent les conditions exigées. Elle retranche de la liste aux termes de l'article R. 7 « les électeurs décédés, ceux dont la radiation a été ordonnée par l'autorité compétente et ceux qui ont perdu les qualités requises par la loi » ainsi que « les électeurs qu'elle reconnaît avoir été indûment inscrits quoique leur inscription n'ait point été attaquée ».

5.139 ▸ L'article L. 25 attribue compétence au tribunal d'instance pour connaître de toutes les contestations relatives aux décisions de la commission administrative. Il peut être saisi par la personne intéressée, par tout électeur inscrit sur la liste électorale de la commune, par le préfet ou le sous-préfet qui peuvent demander l'inscription ou la radiation d'un électeur, indûment omis ou inscrit. Il s'agit d'une action populaire qui tend à assurer la sincérité des listes électorales et ne peut donner lieu à demande de dommages-intérêts de la part des électeurs dont l'inscription est contestée. L'action, d'autre part, est individuelle et ne peut être présentée au nom d'un parti politique.

5.140 ▸ Une procédure spéciale est prévue pour des personnes qu'un changement de situation intervenu après la clôture des délais d'inscription a empêché de présenter leur demande avant celle-ci. Ce droit est réservé, au terme de l'article L. 30, aux fonctionnaires mutés ou mis à la retraite, aux militaires renvoyés dans leurs foyers, aux personnes qui établissent leur domicile dans une autre commune pour un motif professionnel, aux personnes qui atteignent l'âge de la majorité, qui ont été naturalisées ou qui recouvrent l'exercice du droit de vote. Les demandes sont déposées à la mairie et recevables jusqu'au dixième jour précédant le scrutin (art. L. 31). Elles sont examinées par la commission administrative prévue à l'article L. 17, qui statue au plus tard cinq jours avant le scrutin et dont les décisions sont signifiées dans les deux jours à l'intéressé par le maire de la commune d'inscription (art. L. 32 et L. 33).

B - LES CRITÈRES DE RATTACHEMENT À UNE COMMUNE

5.141 ▸ L'article L. 11 du Code électoral énumère les éléments de rattachement applicables aux personnes sédentaires. Mais des dispositions spéciales ont dû être mises au point pour les personnes itinérantes et pour les Français de l'étranger.

5.142 ▸ Quatre hypothèses sont envisagées : le domicile réel ; la résidence depuis six mois ; l'inscription au rôle des contributions directes communales pour la cinquième année consécutive : cette disposition est également applicable au conjoint ; enfin, la résidence obligatoire de certains fonctionnaires publics. On observe qu'à la différence de la résidence, la condition de domicile s'applique sans restriction de durée. Le domicile est défini, selon la jurisprudence traditionnelle, comme lieu du principal établissement ou centre des intérêts familiaux et professionnels. Il doit être réel et personnel, mais peut être établi par tous moyens. L'appréciation du tribunal d'instance est souveraine. La résidence doit être effective et continue. Il peut arriver qu'un électeur remplisse ces conditions simultanément dans plusieurs communes. Il dispose alors d'un choix. Si l'électeur n'est pas rattaché à la Commune, sa radiation peut être ordonnée. Toutefois, la Cour de cassation considère que la disparition d'une des conditions ne suffit pas à justifier la radiation : il est nécessaire de vérifier que ne subsiste aucun élément de rattachement.

5.143 ▸ La situation des Français de l'étranger est réglée par l'article L. 12. Ceux-ci peuvent demander leur inscription dans leur commune de naissance, la commune de leur dernier domicile, la commune de leur dernière résidence si celle-ci a duré au moins six mois, la commune de naissance ou de rattachement d'un de leurs ascendants comme sur la liste électorale de laquelle est né, est inscrit ou a été inscrit un de leurs parents jusqu'au quatrième degré. Ces dispositions sont applicables aux conjoints (art. L. 14).

5.144 ▸ Les militaires sont électeurs dans les mêmes conditions que les autres citoyens. Toutefois les militaires de carrière ou liés par contrat qui ne remplissent aucune des conditions fixées à l'article L. 11 et leurs conjoints peuvent demander leur inscription sur la liste électorale dans l'une des communes prévues à l'article L. 12 (art. L. 13 et L. 14).

5.145 ▸ Les mariniers et leurs familles habitant à bord peuvent s'inscrire dans des communes dont la liste est donnée par l'article L. 15.

Le statut des nomades est défini par la loi du 3 janvier 1969. L'article 10, alinéa 3 de celle-ci prévoyait que, pour être inscrits sur les listes d'une commune, ils devaient justifier d'un rattachement ininterrompu de trois ans à celle-ci. Saisi par la voie d'une question prioritaire de constitutionnalité, le Conseil constitutionnel a estimé que « la qualité de citoyen ouvre le droit de vote et d'éligibilité à tous ceux qui n'en sont pas exclus pour une raison d'âge, d'incapacité et de nationalité » et que ces principes de valeur constitutionnelle « s'opposent à toute division par catégories des électeurs ou des éligibles ». Il a donc déclaré contraires à la Constitution les mots « après trois ans de rattachement ininterrompu à une commune »[41].

5.146 ▸ La loi du 29 juillet 1998 a introduit dans le Code électoral un article L. 15-1 et ajouté un deuxième alinéa à l'article 18 dans le but de permettre aux personnes sans domicile fixe et qui n'entrent pas dans l'une des catégories précédentes d'exercer leur droit de vote. Il prévoit que les citoyens qui ne peuvent fournir la preuve d'un domicile ou d'une résidence et auxquels la loi n'a pas fixé une commune de rattachement sont, sur leur demande, inscrits sur la liste électorale de la commune où est situé l'organisme d'accueil agréé dans les conditions prévues aux articles L. 264-6 et L. 264-7 du Code de l'action sociale et des familles, dont l'adresse figure depuis au moins six mois sur leur carte nationale d'identité, ou qui leur a fourni l'attestation mentionnée à l'article L. 264-2 du même code établissant leur lien avec lui depuis au moins six mois.

§ 2 – LE DROIT DE SE PORTER CANDIDAT

5.147 ▸ On a vu dans le titre I que le droit de se porter candidat apparaît aujourd'hui, aux yeux de la doctrine et des normes internationales, comme inséparable du droit de vote. Il pourrait sembler logique, en conséquence, que les conditions de l'électorat et de l'éligibilité coïncident, autrement dit que tout électeur soit éligible et réciproquement. L'évolution du droit positif français est bien allée en ce sens, dans la mesure où certaines restrictions à l'éligibilité ont été supprimées. Un décalage subsiste pourtant parfois : sur certains points, les conditions à remplir pour être éligibles sont donc plus exigeantes que celles posées pour être électeur. Le Conseil constitutionnel a d'autre part admis que des raisons « tendant à préserver la liberté de l'électeur ou l'indépendance de l'élu » peuvent justifier certaines restrictions à l'éligibilité. La question se pose également de savoir si tout électeur peut être candidat partout ou si des restrictions d'ordre géographique sont susceptibles d'être posées.

41. Décision 2012-279 QPC du 5 janvier 2012, cons. 29.

I — DES CONDITIONS PLUS EXIGEANTES

5.148 ▸ Les conditions plus restrictives exigées en matière d'éligibilité ont disparu, à une exception près, en matière d'âge. Des règles particulières subsistent en matière de capacité, mais non de nationalité. La question de la situation par rapport au service national n'a guère d'enjeu. En revanche, un problème nouveau s'est posé : celui de la parité.

A - L'ÂGE

5.149 ▸ L'âge minimum pour être élu est aujourd'hui de 18 ans pour presque tous les mandats : les conseillers municipaux (art. L. 228, 1er al. du Code électoral), les conseillers départementaux (antérieurement généraux) et régionaux (art. L. 194, 1er al. et L. 339, 1er al., respectivement). Il en est de même, depuis 2011, pour les députés (l'article L.O. 127 déclare en effet tout électeur éligible à l'Assemblée nationale sauf cas d'inéligibilité prévus par le Code électoral), le président de la République (loi du 6 novembre 1962, art. 3. II, qui renvoie maintenant pour l'organisation des opérations électorales aux dispositions du Code) et les représentants de la France au Parlement européen (art. 5 de la loi du 7 juillet 1977, qui renvoie à l'article L.O. 127 en l'étendant aux étrangers communautaires votant en France). Une seule exception demeure : l'âge de l'éligibilité au Sénat, fixé traditionnellement à 35 ans, abaissé en 2003 à 30 ans, est depuis 2011 de 24 ans (art. L.O. 296, 1er al.). Ce décalage traduit sans doute une volonté de conserver une physionomie spécifique à la seconde Chambre du Parlement afin d'éviter qu'elle paraisse faire double emploi avec la première.

B - LA CAPACITÉ

5.150 ▸ Ne peuvent faire acte de candidature, pour une durée maximale de trois ans, les personnes déclarées inéligibles par des décisions du juge administratif et du Conseil constitutionnel pour infraction à la législation sur les comptes de campagne ou fraudes (art. L. 45-1, L.O. 128 et L. O 296).

Les majeurs en tutelle ou en curatelle sont également inéligibles (art. L.O. 129, L. 200, L.O. 230 et L.O. 296).

5.151 ▸ D'autres inéligibilités résultent des infractions aux dispositions qui visent à moraliser la vie politique. Ainsi, les députés et sénateurs doivent déposer une déclaration de patrimoine auprès de la Commission pour la transparence financière de la vie politique dans les deux mois qui suivent leur entrée en fonction ; indiquer durant leur mandat toutes les modifications substantielles de leur patrimoine ; déposer une nouvelle déclaration deux mois au plus tôt et un mois au plus tard avant l'expiration de leur mandat. Un parlementaire qui manque à l'une de ces dispositions peut être privé de ses droits civiques (art. LO 135-1 I).

5.152 ▸ Quelques règles subsidiaires concernent les titulaires de mandats locaux. Les conseillers municipaux déclarés démissionnaires d'office, en application de l'article L. 2121-5 du Code général des collectivités territoriales, pour avoir refusé de remplir certaines de leurs fonctions, sont inéligibles pour un an (art. L. 235). Il en est de même pour les conseillers départementaux (antérieurement généraux) (art. L. 204, 2e al.).

C - LA NATIONALITÉ

5.153 › Jusqu'en 1983, les personnes ayant acquis la nationalité française par naturalisation ou mariage étaient inéligibles pendant dix ans aux élections politiques. Ces dispositions, qui résultaient de l'ancien article LO 128 du Code électoral, ont été abrogées par la loi organique du 20 décembre 1983. Cette modification illustre encore le changement de perspective qui s'est manifesté en matière de droits politiques : à une conception qui fait de ceux-ci un honneur qui se mérite tend à se substituer celle d'un droit qui s'exerce. La première conception légitimait des restrictions que la seconde exclut.

5.154 › Par ailleurs, on a vu précédemment que les ressortissants des États membres de l'Union européenne sont éligibles aux élections européennes et aux élections municipales, mais qu'ils ne peuvent occuper les fonctions de maires et d'adjoints ni participer à la désignation des délégués sénatoriaux.

D - SITUATION PAR RAPPORT AU SERVICE NATIONAL

5.155 › L'article L. 45 du Code électoral pose, dans sa rédaction issue de la loi du 17 mai 2011, que « nul ne peut être élu s'il ne justifie avoir satisfait aux obligations imposées par le code du service national ». À l'époque où existait un service militaire cette question avait soulevé des difficultés juridiques auxquelles la jurisprudence avait apporté des réponses. L'abandon de la conscription par la loi du 28 octobre 1997 lui a fait perdre à peu près tout enjeu.

E - LA PARITÉ

5.156 › Un nouveau problème est en revanche posé par le principe d'égal accès des femmes et des hommes aux mandats électoraux et fonctions élective posé par l'article 3, 5e alinéa, de la Constitution. L'article 4, 2e alinéa, confie pour une part la mise en œuvre de ce principe aux partis politiques. Ces dispositions ont été introduites par la loi constitutionnelle du 8 juillet 1999, rendue nécessaire par une décision antérieure du Conseil constitutionnel qui avait déclaré non conforme à la Constitution l'application de quotas par sexe[42]. Sur la base de ces textes, le législateur a adopté la loi du 6 juin 2000, validée par le Conseil constitutionnel[43] et qui a modifié de nombreux articles du Code électoral. Le principe de parité est mis en œuvre dans les élections au scrutin de liste. Chaque liste est composée alternativement d'un candidat de chaque sexe. Il en est ainsi aux élections municipales, dans les villes de plus de 1 000 habitants (art. L. 264, 1er al.), aux élections régionales et à l'Assemblée de Corse (art. L. 346, 1er al), aux élections sénatoriales, dans les départements élisant trois sénateurs ou plus (art. L. 300, 1er al.) et européennes (loi du 7 juillet 1977, art. 9, 1er al.). Pour les élections des conseillers départementaux (antérieurement

42. Décision n° 82-146 DC du 18 novembre 1982.

43. Décision n° 2000-429 DC du 30 mai 2000.

généraux), le principe d'une division par deux du nombre des cantons avec candidature obligatoire d'un binôme composé de personnes de sexe différent a été retenu par la loi du 17 mai 2013 (art. L. 191).

On peut s'interroger sur la question de savoir si le système ainsi mis en place ne porte pas atteinte à la liberté d'être candidat ou candidate. En droit strict, la réponse est négative dans les cas où s'applique la représentation proportionnelle : les candidats excédentaires d'un sexe ou l'autre ne sont pas inéligibles, y compris sur les listes présentées par les partis, mais ceux-ci subissent une pénalité financière. Dans le cas des élections départementales, l'application de la règle conduit à des situations parfois étranges. En toute hypothèse le but et le résultat du principe sont bien de faire en sorte que des candidats (ou des candidates) qui auraient eu des chances d'être élu(e)s sans ce système ne le soient pas. La possibilité des unes (ou des uns) d'être élu(e)s a pour revers l'impossibilité des uns (ou des unes) de l'être. Aussi justifié qu'il apparaisse par ailleurs, le principe n'échappe donc pas à l'ambivalence caractéristique de toute discrimination positive.

II — LES INÉLIGIBILITÉS TENDANT À PRÉSERVER LA LIBERTÉ DE L'ÉLECTEUR OU L'INDÉPENDANCE DE L'ÉLU

5.157 ▸ Les inéligibilités qu'il convient maintenant d'évoquer procèdent d'une autre logique que les précédentes. Les premières reposent sur l'idée d'incapacité, entendue au sens large. Dans le second cas en revanche, des personnes qui jouissent de tous leurs droits sont déclarées inéligibles en raison des fonctions qu'elles occupent ou ont occupé : on craint en effet que certaines positions de pouvoir confèrent à leurs titulaires une influence sur les électeurs qui serait de nature à fausser le scrutin. En sens inverse, une dépendance hiérarchique s'exerçant sur l'élu risquerait de porter atteinte au libre exercice de son mandat. On peut observer qu'en cette matière, peu importe que de tels phénomènes soient observables en fait : le soupçon qu'il pourrait en être ainsi suffit à justifier des mesures préventives, même si elles sont de nature à restreindre, mais d'une manière limitée dans l'espace ou le temps, la liberté de certains individus.

5.158 ▸ Par nature, ces dispositions prennent nécessairement la forme d'un catalogue, différent selon les types d'élection. On ne saurait, dans le cadre d'un ouvrage comme celui-ci, en donner la liste exhaustive. On se bornera donc à quelques exemples destinés à illustrer l'idée générale sous-jacente.

5.159 ▸ Aux élections législatives et sénatoriales, sont inéligibles pendant la durée de leurs fonctions : le défenseur des droits, ses adjoints et le Contrôleur général des lieux de privation de liberté (art. LO 130 du Code électoral). Les préfets sont inéligibles dans toute circonscription comprise dans le ressort où ils exercent leurs fonctions ou dans lequel ils les ont exercées depuis moins de trois ans (art. LO 132 I). Il en est de même, à ceci près que la période d'inéligibilité n'est que d'un an, pour vingt-deux catégories de hauts fonctionnaires dans le ressort de leurs fonctions ou dans lequel ils les ont exercées, notamment des magistrats, les officiers chargés d'un commandement territorial, les recteurs et inspecteurs d'académie, les trésoriers-payeurs généraux, les directeurs des grands services administratifs départementaux et régionaux de l'action sanitaire et sociale, de la construction, de la police et les commissaires de police (art. LO 132 II).

5.160 ▸ Les inéligibilités aux Conseils départementaux (antérieurement généraux) sont énumérées par les articles L. 195 et L. 196 du Code électoral. Les catégories citées recoupent largement celles évoquées au point précédent (préfets, magistrats, officiers, etc.). S'y ajoutent des catégories spécifiques telles que les inspecteurs des instruments de mesure dans les cantons de leur ressort et les membres du cabinet du président du Conseil et du président du Conseil régional, les directeurs généraux, les directeurs, les directeurs adjoints, les chefs de service et les chefs de bureau de Conseil général et de conseil régional dans la circonscription où ils exercent ou ont exercé leurs fonctions depuis moins de six mois. Le Contrôleur général des lieux de privation de liberté est inéligible durant la durée de ses fonctions, « s'il n'exerçait le même mandat antérieurement à sa nomination » (art. L. 194-1). Le défenseur des droits ne peut être candidat pendant ses fonctions à un mandat de conseiller général (art. LO 194-2).

5.161 ▸ Pour les élections au conseil régional, les inéligibilités sont posées par l'article L. 340. Celui-ci renvoie aux articles L. 195 et L. 196 lorsque les fonctions exercées ont concerné tout ou partie du territoire de la région. Il déclare également inéligibles les fonctionnaires placés auprès du représentant de l'État dans la région ou affectés au secrétariat général pour les affaires régionales en qualité de secrétaire général ou de chargé de mission, ainsi que le Contrôleur général des lieux de privation de liberté s'il n'exerçait le même mandat antérieurement à sa nomination.

5.162 ▸ En ce qui concerne les élections municipales, le régime des inéligibilités est posé par l'article L. 231. Là encore, on retrouve les catégories traditionnelles (préfets, magistrats, etc.) ainsi que les collaborateurs des présidents des conseils régionaux et départementaux (antérieurement « généraux »). Il convient d'y ajouter les comptables des deniers communaux et les entrepreneurs de services municipaux ainsi que les agents salariés de la commune. Cette dernière règle, où l'idée de subordination de l'élu est évidemment prépondérante, a donné lieu à une jurisprudence abondante. Le juge administratif a reconnu comme critères principaux l'autorité exercée par le maire sur l'agent, la régularité du travail effectué même s'il n'est pas permanent et la rémunération sur fonds communaux. Le Contrôleur général des lieux de privation de liberté ne peut être candidat, sauf s'il exerçait ce mandat antérieurement à sa nomination (art. L. 230-1).

La question de la constitutionnalité du 8° de l'article L. 231 a été soulevée en ce qui concerne le cas du directeur de cabinet du président du conseil régional. Le requérant soutenait que l'inéligibilité de celui-ci dans les communes situées dans le ressort où il exerce ou a exercé ses fonctions depuis moins de six mois présente un caractère disproportionné de nature à porter atteinte au droit à l'éligibilité dont jouit tout citoyen en vertu de l'article 3 de la Constitution ainsi que de l'article 6 de la Déclaration des droits de l'homme et du citoyen et que cette disposition était contraire au principe d'égalité car applicable aux seules élections municipales. Le

Conseil constitutionnel a rejeté cette demande au motif qu'elle opère une conciliation non manifestement disproportionnée entre les exigences constitutionnelles en cause et que des mandats différents peuvent être soumis à des règles différentes[44].

En revanche le Conseil constitutionnel a déclaré non conforme à la Constitution l'article L. 46 du Code électoral en ce qu'il rend incompatible le statut de militaire de carrière avec un mandat municipal, mais il a reporté l'entrée en vigueur de cette décision au 1er janvier 2020, ce qui a notamment pour effet paradoxal de ne pas faire bénéficier le requérant de celle-ci. Le Conseil a validé en revanche l'incompatibilité de ce statut avec les mandats de conseillers départementaux (anciennement généraux) et de conseillers communautaires[45].

5.163 ▸ Enfin, pour l'élection des représentants français au Parlement européen, la révision de l'article 5 de la loi du 7 juillet 1977 survenue en 2011 a quasiment aligné le régime en vigueur sur le droit commun en renvoyant aux articles LO 127 à 130 al. 1 du Code électoral.

III – LE LIEN AVEC UNE CIRCONSCRIPTION

5.164 ▸ Le droit positif français apporte une autre limite au droit subjectif d'être candidat. Il ne permet pas, en effet, à n'importe qui d'être candidat n'importe où. Cette restriction, toutefois, ne vaut que pour les élections locales.

5.165 ▸ En ce qui concerne les élections nationales, en effet, le principe traditionnel veut que chaque député ne représente pas sa circonscription mais la nation tout entière. Il en découle que tout éligible peut être candidat dans n'importe quelle circonscription. Toute restriction apportée aux droits politiques est *a priori* condamnable si elle ne repose pas sur des raisons impérieuses. On ne peut donc que se féliciter de voir la liberté de candidature préservée en ce domaine. Mais il faut reconnaître que la fiction juridique sur laquelle repose ce principe paraît aujourd'hui quelque peu désuète. Politiquement, psychologiquement, sociologiquement, le parlementaire est l'élu de sa circonscription. C'est pourquoi le fait que la fin de la souveraineté française en Algérie, à Djibouti, aux Comores et aux Nouvelles-Hébrides ait entraîné la disparition du mandat de leurs parlementaires respectifs ne constitue sans doute pas un scandale, contrairement à ce qu'affirme la doctrine dominante. D'ailleurs, si la fiction représentative était autre chose qu'une fiction, on ne voit pas ce qui justifierait l'interdiction des candidatures multiples, posée en 1889 pour des raisons d'opportunité politique (lutte contre le boulangisme) et reprise aujourd'hui par les articles L. 156 et L. 302 du Code électoral. Pourquoi un candidat serait-il, si l'on peut dire, assigné à résidence dans son aspiration à représenter la nation ?

5.166 ▸ Pour les élections municipales, l'article L. 228, 2e alinéa, indique que sont éligibles au conseil municipal tous les électeurs de la commune et les citoyens inscrits au rôle des contributions directes ou justifiant qu'ils devraient y être inscrits au 1er janvier de l'année de l'élection. Par contribution directe, la

44. Décision n° 2013-326 QPC du 5 juillet 2013.
45. Décision n° 2014-432 QPC du 28 septembre 2014.

jurisprudence administrative a établi que l'on pouvait entendre l'impôt sur le revenu des personnes physiques aussi bien que les impôts locaux. L'article L. 229 pose que les députés et sénateurs sont éligibles dans toutes les communes du département dont ils sont les élus.

Il résulte d'autre part des dispositions qui régissent l'électorat et l'éligibilité que peuvent être élues des personnes qui ne résident pas dans la commune. Or une multiplication excessive de ce type de mandats présenterait d'évidents inconvénients. C'est pourquoi le Code électoral limite le nombre des conseillers non résidents – conseillers forains – au quart des membres du conseil municipal dans les communes de plus de 500 habitants, et, dans celles qui en comptent moins, à quatre ou cinq selon que le conseil comporte sept ou onze membres. Si ces chiffres sont dépassés, la préférence est déterminée selon l'ordre du tableau indiqué par l'article R. 2121-4 du Code général des collectivités territoriales, autrement dit par la date de l'élection, le nombre de voix obtenues, enfin la priorité accordée au plus âgé (art. L. 228, al. 3 et 4).

Les règles de rattachement aux communes des ressortissants de l'Union européenne éligibles aux élections municipales (art. LO 227-1) ont été considérées plus haut (cf. § 5.86).

5.167 › Au Conseil départemental (antérieurement général), l'article L. 194, 2e alinéa dispose que sont éligibles « tous les citoyens inscrits sur une liste électorale ou justifiant qu'ils devraient y être inscrits avant le jour de l'élection, qui sont domiciliés dans le département, et ceux qui, sans y être domiciliés, y sont inscrits au rôle d'une des contributions directes au 1er janvier de l'année dans laquelle se fait l'élection, ou justifiant qu'ils devraient y être inscrits à ce jour, ou ont hérité depuis la même époque, d'une propriété foncière dans le département ».

5.168 › Enfin, pour les élections régionales, les critères posés par l'article L. 339, 2e alinéa sont exactement calqués sur ceux retenus pour les Conseils départementaux, à ceci près que l'héritage d'une propriété foncière ne confère pas l'éligibilité et qu'aucun quota de conseillers régionaux non résidents n'est fixé.

» Exercices de préparation au grand oral

› Sujet n° 1

Les droits de l'homme sont-ils compatibles avec la démocratie ?

› Éléments de corrigé

Introduction

La formulation du sujet est provocante, dans la mesure où elle pose la question de la compatibilité entre deux notions qui sont non seulement tenues pour des valeurs centrales de nos sociétés, mais qui sont volontiers considérées comme *identiques* dans le discours courant. Le sujet invite justement à réfléchir, au-delà de ce consensus apparent, sur les divergences et les convergences possibles entre ces notions. En fait, les droits de l'homme et la démocratie sont des phénomènes distincts qui peuvent entrer en conflit ; mais la démocratie, qui demeure la condition nécessaire des droits de l'homme, s'avère susceptible de favoriser l'épanouissement de ceux-ci.

I. La démocratie et les droits de l'homme sont des phénomènes distincts qui peuvent entrer en conflit

a) Des phénomènes distincts...

• Par leur origine : la démocratie apparaît dans la Grèce antique. Le « peuple » auquel fait référence le mot n'est pas l'équivalent de ce que l'on entend aujourd'hui par là : il s'agit d'un corps civique restreint, fondé sur une définition juridique stricte et dont les exclus (femmes, étrangers, esclaves) n'ont aucun *droit* à faire partie. Elle ne respecte en outre aucune des garanties qu'expose par exemple la Déclaration des droits de 1789.

Les droits de l'homme sont au contraire une création du XVIIIe siècle. Ils sont conceptualisés dans une Europe monarchique, où l'opinion dominante demeure que les rois règnent légitimement.

• Par leur définition : les droits de l'homme impliquent des droits subjectifs reconnus aux individus et dont ils jouissent à la seule condition d'appartenir à l'espèce humaine. C'est un absolu *matériel* qui s'incarne dans un contenu (droit à la vie, etc.). La démocratie implique en revanche un absolu *formel*, la souveraineté populaire, qui s'incarne dans une procédure, la décision majoritaire du peuple.

b)... qui peuvent entrer en conflit

• Rien n'exclut, mais rien ne garantit la convergence entre absolu matériel et absolu formel. Il peut donc exister des situations où la volonté majoritaire du peuple apparaît susceptible d'entrer en conflit avec une norme qui reconnaît un droit de l'homme.

• Le risque devient menaçant dès lors que se trouve en question la situation de minorités (nationales, religieuses, linguistiques, cultuelles, sexuelles, etc.), puisque par définition elles ne peuvent appuyer leurs droits sur la règle majoritaire. L'hypothèse d'une oppression démocratique ne peut donc être exclue ici.

II. La démocratie, qui est la condition nécessaire des droits de l'homme, favorise l'épanouissement de ceux-ci

a) La démocratie est la condition nécessaire des droits de l'homme

• Négativement, parce que tous les régimes autoritaires, dictatoriaux ou totalitaires en viennent inévitablement à violer les droits de l'homme. Même s'ils appliquent un droit privé des individus, ils ne le font que dans la mesure où l'idéologie et l'intérêt du régime ne sont pas en cause. Dans le cas contraire, la violence dont ils usent ne connaît aucune limite. Elle peut s'attaquer aux droits les plus élémentaires.
• Positivement, parce que la démocratie ne peut fonctionner sans élections et sans débat, ce qui implique d'une part l'existence d'un droit appliqué par un juge indépendant, et d'autre part les libertés d'expression, de réunion, d'association, la liberté de la presse, etc., toutes conditions également nécessaires à la définition et au respect des droits de l'homme.

b) La démocratie favorise l'épanouissement des droits de l'homme

• parce que la majorité s'oppose au maintien des privilèges qui réservent à une oligarchie la jouissance de certaines prérogatives.
• parce qu'elle est susceptible de s'autolimiter en reconnaissant aux minorités le droit de préserver leur spécificité. Les progrès de la culture démocratique rendent possible l'élaboration de compromis entre les différents groupes. La pacification relative des conflits qui en découle crée un contexte favorable à une régulation par le droit.

Conclusion

Des tensions existent entre les deux notions. Il serait irréaliste et sans doute dangereux de les nier. Non moins dangereuse apparaîtrait la tentation de privilégier le droit sur la démocratie, car il n'existe plus aujourd'hui d'autre source concevable de la légitimité que le consentement du peuple. Mais, au moins dans les sociétés occidentales, les facteurs communs entre démocratie et droits de l'homme sont suffisamment nombreux et puissants pour que la convergence l'emporte sur les divergences.

▸ Sujet n° 2

Droit de vote ou droit au vote ?

▸ Éléments de corrigé

Introduction

L'électeur a-t-il un *droit de* voter ou un *droit au* vote ? La réponse à cette question fut longtemps incertaine et controversée. À l'époque contemporaine, en revanche, le problème est rarement posé en ces termes. Mais est-ce parce que sa réponse n'est plus douteuse, ou parce que l'on préfère ne pas en explorer les implications ? De toute manière, il semble utile de faire le point sur cette problématique. En fait, s'il fut longtemps possible de refuser un droit *au* vote, autrement dit de dénier à celui-ci le caractère de droit subjectif, la solution inverse s'est aujourd'hui imposée. Toutefois, si le principe de l'universalité du suffrage n'est plus contesté, ses modalités peuvent encore susciter des interrogations.

I. Il fut longtemps possible de refuser l'idée d'un droit au vote, mais la solution inverse s'est aujourd'hui imposée

a) Un long refus

Même quand les droits de l'homme étaient proclamés, comme en 1789, le droit de vote n'était pas un droit subjectif. La Constitution de 1791 affirmait l'existence de citoyens *passifs*, qui jouissaient de l'égalité devant la loi mais ne pouvaient voter. L'exclusion des femmes passait pour naturelle, même si au fil du temps, elle parut de plus en plus difficile à justifier. En France le vote des femmes et donc l'universalité réelle du suffrage se heurta sous la Troisième République au veto du Sénat, qu'aucune disposition constitutionnelle ne permettait de contourner. D'autre part les élites craignaient l'influence des masses pauvres, incultes ou supposées telles. Le pouvoir de la raison était opposé à celui du nombre. Il était donc légitime d'organiser le suffrage de façon à neutraliser ces données quantitatives : suffrage censitaire, scrutin indirect, théorie de la souveraineté nationale, voire manipulations des lois électorales comme on le vit sous le Restauration ou pendant la Deuxième République.

b) Le triomphe du droit au vote

Il fut lent. Les textes internationaux relatifs aux droits de l'homme – qui reconnaissent indéniablement à ceux-ci le caractère de droits subjectifs – ne firent longtemps aux droits politiques qu'une place modeste, en des formules parfois ambiguës, pour ne pas heurter certains États dont l'approbation ou l'abstention était nécessaire à l'adoption des textes. Mais il n'est plus aujourd'hui contesté, comme en témoigne, au terme de son évolution, la jurisprudence de la Cour européenne des droits de l'homme. Celle-ci interprète dans un sens subjectif l'article 3 du premier protocole additionnel et contrôle de manière de plus en plus stricte le comportement des États en la matière, par exemple en exigeant que les personnes incarcérées mais qui n'ont pas été explicitement privées de leurs droits civiques puissent effectivement voter.

II. Si le principe de l'universalité du suffrage n'est plus contesté, certaines modalités peuvent cependant susciter des interrogations

a) L'universalité du suffrage n'est plus contestée

Il n'apparaît plus possible d'écarter une catégorie d'individus du droit de vote. Le suffrage censitaire ou l'exclusion des femmes sont aujourd'hui proprement inconcevables. Plus récemment, des aménagements ont été introduits dans le droit français pour permettre à certaines catégories l'usage effectif de ce droit : nomades et personnes sans domicile fixe (naguère pénalisées par l'obligation, purement fonctionnelle, de s'inscrire sur la liste électorale d'une commune). Les seules restrictions qui subsistent pour les nationaux sont liées à l'âge et à des condamnations pénales qui, au terme de la jurisprudence de la CEDH, ne peuvent être ni automatiques ni perpétuelles.

b) Mais certaines modalités restent problématiques

On note ainsi :

• le problème de l'inscription sur les listes électorales. Cette démarche n'est souvent pas accomplie par les intéressés. La loi a prévu une inscription automatique pour les personnes atteignant leur majorité, mais les difficultés d'application de cette mesure la rendent largement inefficace ;

• le problème du vote obligatoire. Devant le développement de l'abstention, des voix de plus en plus nombreuses préconisent l'instauration du vote obligatoire (qui existe par exemple en Belgique, mais les sanctions prévues ne sont pas appliquées en pratique). On peut toutefois s'interroger sur l'opportunité de transformer un droit en devoir, tant au point de vue du principe que de l'efficacité : le refus de voter n'est-il pas un mode d'expression légitime ? Et l'exemple belge ne montre-t-il pas que les pénalités prévues demeurent purement théoriques ?

• le problème du vote des étrangers. Le fait de résider et de payer des impôts dans un pays crée-t-il un droit subjectif à voter dans ce pays ? Ou l'accès au droit de vote ne peut-il passer (abstraction faite du cas particulier des ressortissants de l'Union européenne, qui a mis fin à la coïncidence traditionnelle entre nationalité et jouissance des droits politiques) que par la naturalisation ? La réponse n'apparaît pas évidente ;

• le développement du vote électronique pose un problème, dans la mesure où n'existe aucun système absolument fiable pour garantir, dans ce cas, la sincérité et la confidentialité du scrutin. Les partisans du système en appellent à la *confiance*, ce qui constitue à l'évidence un aveu de leur incapacité à fournir des *garanties*.

• le souci nouveau de faire une place à l'idée de démocratie participative conduit à développer des procédures (commissions extra-municipales, conseils de quartier, budgets participatifs, jurys citoyens, etc.) qui ne recourent pas à l'élection, mais fonctionnent sur la base du volontariat ou du tirage au sort. Elles traduisent cependant une aspiration des citoyens (ou du moins de certains d'entre eux) à faire entendre leurs voix. Cette évolution peut conduire à poser sur de nouvelles bases la question de la démocratie semi-directe, c'est-à-dire à s'interroger sur l'existence d'un droit des citoyens à s'exprimer par le bulletin de vote sur des questions qui les concernent.

Conclusion

Le sens de l'évolution est clair : elle affirme de plus en plus nettement le droit au vote. Le pronostic que l'on peut émettre sur les questions aujourd'hui controversées demeure cependant incertain. Car, dans ces matières, on touche maintenant à des questions qui dépassent les problèmes de l'encadrement juridique du vote (procédures d'inscription sur les listes électorales, vote obligatoire, vote électronique) et mettent directement en cause les définitions mêmes de la citoyenneté (vote des étrangers) et de la démocratie (démocratie participative).

CHAPITRE VI

Les libertés collectives

Jean DUFFAR
Professeur des Facultés de droit

Stéphane DE LA ROSA
Agrégé des Facultés de droit, professeur à l'Université de Valenciennes, Chaire Jean Monnet, IDP EA 1384.

6.1 › **Signification des « Libertés collectives ».** La notion de « Libertés collectives » nécessite une clarification préalable. Considérée comme un pouvoir d'autodétermination, la liberté peut être associée à plusieurs cadres d'exercice, individuel ou collectif, ou à des contenus distincts, libertés de l'être ou libertés de l'esprit. Le fait de qualifier les libertés de « collectives » peut renvoyer à plusieurs acceptions possibles du collectif : un droit dont l'exercice est collectif, un droit qui ne peut s'exercer qu'en groupe ou encore un droit dont le titulaire est une collectivité[1]. Dès lors qu'elles présentent une dimension collective, les libertés ne renvoient pas tant au sujet de droit individuel, envisagé de manière abstraite, mais à la situation dans laquelle l'individu se trouve être, à « l'homme situé » selon l'expression de Georges Burdeau. Parmi la diversité de sens qu'elles peuvent revêtir, les libertés collectives peuvent être entendues comme les pouvoirs reconnus aux personnes d'agir ensemble et, éventuellement, de s'organiser à cette fin.

6.2 › **Pluralité des fondements.** À l'instar de la quasi-totalité des droits et des libertés, la garantie des libertés collectives repose sur des cadres juridiques distincts et complémentaires. Reconnues relativement tardivement par le droit français, essentiellement à partir de la loi du 30 juin 1881 relative à la liberté de réunion, les libertés collectives bénéficient désormais d'une reconnaissance européenne, sur le fondement de l'article 11 de la Convention européenne des droits de l'homme (ci-après Conv. EDH) et de l'article 12 de la Charte des droits fondamentaux de l'Union européenne. L'article 11 de la Conv. EDH reconnaît que « Toute personne a droit à la liberté de réunion pacifique et à la liberté d'association, y compris le droit de fonder avec d'autres syndicats pour la défense de ses intérêts », mais soumet l'exercice de ce droit à la possibilité d'une ingérence de l'État (art. 11, § 2). De son côté, l'article 12 de la Charte, intitulé « Liberté de réunion et d'association », énonce que « toute personne a droit à la liberté de réunion pacifique et à la liberté d'association à tous les niveaux, notamment

1. G. BURDEAU, *Les libertés publiques*, LGDJ, 3e éd., 1966, p. 17.

dans les domaines politique, syndical et civique, ce qui implique le droit de toute personne de fonder avec d'autres des syndicats et de s'y affilier pour la défense de ses intérêts ». Avant même l'adoption de la Charte, et la reconnaissance de sa valeur positive par le traité de Lisbonne, la liberté d'association a été reconnue en jurisprudence comme un droit fondamental, sous la forme d'un principe général du droit de l'Union[2].

6.3 ▸ Au-delà d'une reconnaissance spécifique, ces libertés interfèrent avec le contenu d'autres libertés, telle que la liberté d'expression ou la liberté de conscience. La proximité matérielle de ces libertés explique que la jurisprudence européenne conçoit l'article 11 comme une *lex specialis* par rapport à *la lex generalis* contenue dans les articles 10 et 9 de la Convention. En ce sens, selon une formule désormais établie dans la jurisprudence, « l'article 11 doit s'envisager à la lumière de l'article 10. La protection des opinions et la liberté de les exprimer constituent l'un des objectifs de la liberté de réunion et d'association consacrée par l'article 11 »[3], de même, « lorsque l'organisation de la communauté religieuse est en cause, l'article 9 [Liberté de pensée, de conscience et de religion] doit s'interpréter à la lumière de l'article 11 de la Convention qui protège la vie associative contre toute ingérence injustifiée de l'État »[4].

6.4 ▸ La caractérisation de la dimension « collective » des libertés suppose que leur exercice ne soit pas trop isolé. Deux catégories peuvent être dégagées : les rassemblements éphémères et les groupements institutionnels.

6.5 ▸ Les premiers se caractérisent par leur brièveté, tels que des réunions, des cortèges, des manifestations ou encore des défilés. En dépit de leur dimension collective, la faiblesse de leur étalement dans le temps, conjugué à une relative absence de cohésion des participants, ne justifie pas une organisation juridique formelle et pesante. Pour garantir leur exercice, le droit doit essentiellement veiller à reconnaître un principe de liberté, assorti, le cas échéant, d'une obligation de déclaration préalable.

6.6 ▸ S'agissant des groupements institutionnels, ils réunissent des personnes autour d'une idée afin de la réaliser grâce à une organisation permanente. Les personnes sont membres d'une association ou d'un syndicat auxquels elles adhèrent, leur appartenance à ces groupements repose sur un projet collectif, tel que la poursuite d'une idée altruiste ou la défense des intérêts d'une profession. À la différence des rassemblements éphemères, de tels groupements sont permanents et reposent sur une organisation institutionnelle et financière. Pour garantir l'exercice des libertés, le droit reconnaît une liberté d'instituer ces groupements, tout en ménageant la possibilité, pour l'autorité publique, d'en contrôler l'objet.

---

2. CJCE, 15 décembre 1995, *Bosman*, aff. C-415/93, pts 79 et 80 ; CJCE, 8 juillet 1999, *Montecatini c/ Commission*, aff. C-325/92, pt 137.
3. V. récemment, CEDH, gr. ch., 15 octobre 2015, *Kudrevicius et a. c/ Lituanie*, n° 37553/05, § 85. L'interprétation de l'article 11 comme *lex specialis* est désormais bien établie dans la jurisprudence, depuis l'arrêt *Ezelin*, CEDH, 26 avril 1991, *Ezelin c/ France*, n° 11800/85.
4. CEDH, 13 décembre 2001, *Église Métropolitaine de Bessarabie*, n° 302/02, 62 ; CEDH, 10 juin 2010, *Hassan et Tchaouch*, 118.

6.7 › Au regard de ces considérations introductives, les libertés collectives sont présentées ci-après en quatre sections : les rassemblements éphémères : la liberté de réunion (section I) et le droit de manifester (section II) ; les groupements institutionnels : la liberté d'association (section III) et la liberté syndicale (section IV).

Section I

LA LIBERTÉ DE RÉUNION

6.8 › **Reconnaissance en droit français.** La liberté des réunions publiques est rétablie en France par l'article 1 de la loi du 30 juin 1881, environ un mois avant que la liberté de la presse ne soit instaurée par la loi du 29 juillet 1881. Rétablissement, dans la mesure où le droit pour les citoyens de s'assembler paisiblement et sans armes figurait auparavant dans les constitutions, d'inspiration libérale et républicaine, du 3 septembre 1791 (Titre I), du 24 juin 1793 (art. 7) et du 4 novembre 1848 (art. 8). Ces proclamations n'ont pas suffi : le droit de se réunir n'a jamais été totalement libre : tantôt soumis à une déclaration préalable selon les circonstances (art. 62 de la loi du 14 décembre 1789 ; décret du 24 juillet 1848 ; loi du 6 juin 1868 et art. 8 de la loi du 30 juin 1881), mais plus fréquemment encore assujetti à une autorisation préalable (art. 291-294 du Code pénal de 1810 ; décret du 28 juillet 1848 ; décret du 25 mars 1852 ; loi du 6 juin 1868). La proximité chronologique entre la reconnaissance des libertés de réunion et de la presse n'est pas fortuite. La réunion est une forme collective d'expression et la liberté d'expression ne peut pleinement s'exercer que dans un régime démocratique.

6.9 › **Reconnaissance internationale et régionale.** Parmi les instruments universels, l'article 20 de la Déclaration universelle des droits de l'homme du 10 décembre 1948 reconnaît à toute personne le droit à la liberté de réunion et d'association pacifique et l'article 2 du Pacte international relatif aux droits civils et politiques (PIDCP) du 16 décembre 1966 garantit le droit de réunion pacifique dont l'exercice ne peut faire l'objet que des seules restrictions imposées conformément à la loi et qui sont nécessaires dans une société démocratique dans l'intérêt de la sécurité nationale, de la sûreté publique, de l'ordre public ou pour protéger la santé ou la moralité publiques, ou les droits et libertés d'autrui. Les instruments non européens de caractère régional reconnaissent le droit à la liberté de réunion, dans des formulations voisines. L'article 15 de la Convention américaine relative aux droits de l'homme (CADH) du 22 novembre 1969 précise le droit de réunion pacifique « et sans armes ». Plus récent, l'article 21 de la Charte africaine des droits de l'homme et des peuples du 26 juin 1981 ne se réfère pas à la « Société démocratique » : « Toute personne a le droit de se réunir librement avec d'autres. Ce droit s'exerce sous la seule réserve des restrictions nécessaires édictées par les lois et règlements, notamment dans l'intérêt de la sécurité nationale, de la sûreté d'autrui, de la santé, de la morale ou des droits et libertés des personnes ».

6.10 ▸ À l'échelle européenne, la Convention européenne des droits de l'homme (Conv. EDH) du 4 novembre 1950, d'applicabilité et d'effet direct en droit français, revêt une centralité évidente. Son article 11 fait figure de disposition pertinente en matière d'association et de réunion : « Toute personne a droit à la liberté de réunion pacifique [...] ». Le paragraphe 2 de l'article 11 introduit les limitations suivantes : « L'exercice de ces droits ne peut faire l'objet d'autres restrictions que celles qui, prévues par la loi, constituent des mesures nécessaires dans une société démocratique à la sécurité nationale, à la sûreté publique, à la défense de l'ordre et à la prévention du crime, à la protection de la santé ou de la morale ou à la protection des droits et libertés d'autrui. Le présent article n'interdit pas que des restrictions légitimes soient imposées à l'exercice de ces droits par les membres des forces armées, de la police ou de l'administration de l'État ».

Deux lignes directrices caractérisent la jurisprudence de la Cour européenne dans la mise en œuvre de cette disposition. Tout d'abord, l'article 11 est conçu comme une disposition transversale « qui s'applique à tous les rassemblements, à l'exception de ceux où les organisateurs ou les participants sont animés par des intentions violentes, incitent à la violence ou renient d'une autre façon les fondements de la société démocratique »[5]. Cette disposition est ainsi envisagée comme un cadre normatif transversal pour apprécier, dans le cadre de la Convention, la compatibilité de législations ou de pratiques étatiques vis à vis des libertés qui s'exercent dans un cadre collectif. L'association de l'article 11 aux différentes actions collectives est de nature à expliquer qu'il est conçu comme une *lex specialis*, qui doit prévaloir lorsque un litige rentre dans le champ d'autres dispositions, telles que l'article 10 (liberté d'expression) ou l'article 9 (liberté de conscience »[6]. Ensuite, dans la mesure où l'article 11 couvre plusieurs libertés fondamentales (qui peuvent faire l'objet d'ingérences sur le fondement de son § 2), l'interprétation de celles-ci ne doit pas être restrictive. Ceci a des conséquences tout à fait concrètes : par exemple, un État ne peut contester l'applicabilité de l'article 11 au motif d'une manifestation ou qu'une réunion ont conduit à des débordements (par exemple des barrages routiers) pour considérer qu'il s'agit d'une atteinte à l'ordre public et non l'expression d'une revendication collective[7].

6.11 ▸ Il résulte de l'ensemble de ces sources internes et internationales, l'instauration d'un régime libéral pour la liberté de réunion (§ 1), qui bénéficie d'une protection juridictionnelle en cas d'atteinte de son exercice par les pouvoirs publics (§ 2).

---

5. CEDH, 5 juillet 2016, *Egitim ve Bilim Emerkcileri Sendikasi c/ Turquie*, n° 20347/07, § 93.

6. Selon une formule récurrente, « la Cour estime que l'article 11 de la Convention prime en tant que lex specialis pour les réunions de sorte qu'il n'y a pas lieu de considérer la question séparément sous l'angle de l'article 10. Toutefois la Cour prendra l'article 10 en compte lorsqu'elle examinera et interprétera l'article 11 », voir par exemple, CEDH, 20 février 2003, *Djavit An c/ Turquie*, n° 0652/92 ; 23 octobre 2008, *Serguei Kouznetsov c/ Russie*, n° 10877/04, 23 ; 6 octobre 2009, *Özbek et autres c/ Turquie*, n° 35570/02.

7. La CEDH a rendu récemment un arrêt important sur ce point : seuls des comportements ou de faits d'une certaine gravité sont de nature à exclure l'applicabilité de l'article 11 à des manifestations ou à des réunions (CEDH, gr. ch., 15 octobre 2015, *Kudrevicus et a. c/ Lituanie*, § 92 et s.).

§ 1 – UN RÉGIME JURIDIQUE LIBÉRAL

6.12 ▸ La réunion publique, à la différence de la réunion privée, est ouverte à tous sans que son accès soit subordonné à l'appartenance à une association ou à la présentation d'une invitation. Conçue comme un rassemblement momentané de personnes, la réunion est non permanente et non périodique (CE, 6 août 1915, *Delmotte et Senmartin*).

La liberté d'association, du fait de sa qualité de liberté fondamentale, bénéficie d'un régime de liberté qui exclut l'exigence d'une autorisation préalable.

I – UNE LIBERTÉ FONDAMENTALE

6.13 ▸ **Jurisprudence européenne.** La Commission européenne des droits de l'homme (qui n'existe plus depuis l'entrée en vigueur du Protocole 11 et la généralisation du recours individuel) a affirmé, de longue date, que le droit de réunion pacifique était, comme le droit à la liberté d'expression, l'un des fondements d'une société démocratique[8]. Le qualificatif de « fondamental » emporte des conséquences tangibles : d'une part, les États ne peuvent réduire le périmètre de la liberté, par exemple par une interprétation restrictive de la notion de réunion, d'autre part, les ingérences dans l'exercice de cette liberté sont soumises à un contrôle rigoureux, qui repose sur les critères classiques de la nécessité dans une société démocratique, d'un motif de limitation rattachable à l'article 11, § 2 et à la nécessité d'une loi prévoyant l'ingérence[9]. La Cour, ainsi que les juges administratifs[10] et judiciaires[11], contrôle ces conditions.

Il résulte de cette approche du juge européen le développement d'une jurisprudence, à l'égard de la liberté de réunion, qui repose sur les principes traditionnels d'interprétation de la Convention, combinant le recours à des notions autonomes[12], l'identification d'obligations positives et négatives pour l'État[13], et la reconnaissance d'une marge de manœuvre. La CEDH suit, en matière d'association, une approche similaire de celle qui caractérise l'article 10 de la Conv. EDH, relatif à la liberté d'expression, dans la mesure où « la protection des opinions et de la liberté de les exprimer constitue l'un des objectifs de la liberté de réunion (et d'association) »[14]. Aussi, les ingérences que peuvent introduire les États dans l'exercice de la liberté de réunion (ou d'association ou de manifestation), qui conduisent, *de jure* ou *de facto*, à limiter, à restreindre et bien sûr à pénaliser son exercice, doivent être, pour être justifiées,

8. Comm. EDH, 10 octobre 1979, *Rassemblement jurassien c/ Suisse*, aff. n° 8191/78.
9. CEDH, 20 février 2009, *Djavit An c/ Turquie*, aff. n° 20652/92.
10. CE, 30 septembre 2002, *Mutuelle générale employés et cadre*, n° 242380 (contrôle de la compatibilité à l'article 11 d'un décret organisant une procédure d'agrément des mutuelles).
11. Cass. 3e civ., 12 juin 2013, n° 02-10778 (cassation d'un arrêt qui ne vérifie pas la conformité à l'article 11 de la Convention d'une clause de bail commercial contenant l'obligation, pour le preneur, d'adhérer et de cotiser à une association de commerçants locaux).
12. En d'autres termes, l'objet d'une réunion ne doit pas être pris en compte, CEDH, 9 avril 2002, *Cissé c/ France*, aff. n° 51346/99 (en l'occurrence une réunion de sans-papiers dans une église).
13. CEDH, 29 juin 2006, *Ollinger c/ Autriche*, aff. 76900/01, § 35.
14. CEDH, Gde Ch., 8 décembre 1999, *Parti de la liberté et de la démocratie c/ Turquie*, aff. n° 23885/94, § 27 ; CEDH, 2 octobre 2001, *Stankov et organisation macédonienne uni*, aff. n° 29221/95, § 85.

prévues par la loi, poursuivre un but légitime et être nécessaires dans une société démocratique.

6.14 ▸ **Jurisprudence interne.** Le juge français retient également, à l'égard de la liberté de réunion (mais aussi celle d'association), le qualificatif de « fondamental ». La réforme des référés, issue de la loi du 30 juin 2002, a favorisé, dans l'office du juge administratif, l'emploi du qualificatif de fondamental, lorsqu'il est saisi d'une mesure administrative interdisant une réunion. Ainsi, dans une ordonnance de référé du 19 août 2002, le Conseil d'État rappelle que « la liberté de réunion est une liberté fondamentale », qui implique « le droit pour un parti politique légalement constitué de tenir des réunions »[15]. Toutefois, une mesure d'interdiction peut être justifiée toutes les fois où est en cause un fort risque d'atteinte à l'ordre public ; tel est le cas de l'interdiction par la direction d'un établissement d'enseignement supérieur (l'ENS Ulm), d'une réunion consacrée à la Palestine. Dans cette affaire, le Conseil d'État a considéré que « les libertés d'expression et de réunion des usagers du service public de l'enseignement supérieur constituent des libertés fondamentales », tout en considérant, dans le cas d'espèce, que des risques de troubles à l'ordre public, notamment par l'organisation de contre-manifestation, pouvaient justifié, au stade du référé, le maintien de la mesure d'interdiction[16]. De même, récemment, les interdictions visant les spectacles de « l'humoriste » Dieudonné, célèbre pour leurs contenus stigmatisant et provocants, ont été jugées nécessaires, adaptés et proportionnés à l'exercice de la liberté de réunion[17]. En revanche, dans l'hypothèse où le contenu des propos tenus dans ce type de spectacle ne fait pas naître un motif sérieux d'atteinte à l'ordre public, un arrêté municipal ne peut interdire ce spectacle au risque de méconnaître la liberté de réunion[18]. Il en résulte la nécessité, pour l'autorité investie du pouvoir de police, de justifier au plus près de la matérialité des faits une mesure d'interdiction.

II – LA MISE À L'ÉCART DE L'AUTORISATION PRÉALABLE

6.15 ▸ **Principe.** Les réunions publiques, qui sont libres par application de l'article 1er de la loi du 30 juin 1881, se tiennent sans autorisation préalable[19], et depuis la loi du 28 mars 1907, sans déclaration préalable[20]. L'exercice de cette

15. CE, Ord., 19 août 2002, *Front national et Institut de formation des élus locaux*, n° 2002-064227.
16. CE, Ord., 7 mars 2011, *ENS Ulm*, n° 347171. *AJDA* 2011.481, obs. Brondel.
17. CE, Ord., 9 janvier 2014, *Min. Intérieur c/ Sté Les Productions de la Plume et Dieudonné M'bala M'bala*, n° 374508.
18. CE, Ord., 6 février 2015, *Commune de Cournon d'Auvergne*, n° 3877786.
19. Ce régime de liberté s'applique aux réunions publiques. Malgré l'intitulé du Code de l'éducation « Libertés d'association et de réunion », la liberté de réunion qui s'exerce à l'initiative des délégués des élèves dans les lycées et collèges et dans les lycées, également à l'initiative des associations mentionnées à l'article R. 511-9 ou d'un groupe d'élèves de l'établissement, est soumise à l'autorisation du chef d'établissement qui peut l'assortir de conditions tendant à garantir la sécurité des personnes et des biens (article R. 511-10 ; créé par le décret n° 2009-553 du 15 mai 2009).
20. Un régime d'autorisation préalable ne serait pas en soi contraire à l'article 11 de la Convention EDH, à condition que la loi établisse des critères d'appréciation qui permettent de prévenir tout risque d'arbitraire de la part des autorités publiques. Comm. EDH, Rapport, 5 novembre 1969, Affaire grecque, vol. I, 1re partie, § 393 et s. Les régimes juridiques se répartissent en Europe entre la totale liberté – article 8-1 – de la loi fondamentale d'Allemagne du 23 mai 1949 : « Tous les Allemands ont le droit de se réunir paisiblement et sans armes, sans

liberté n'est pas soumis à un régime préventif : ce n'est que dans le cas où les dispositions de la loi ne seraient pas respectées que les infractions seront ultérieurement punies, mais par des peines de simple police sans préjudice des poursuites pour crimes et délits qui pourraient être commis dans les réunions : ceux-ci ne sont pas liés à l'exercice normal de la liberté de réunion (art. 10). Lors de sa reconnaissance, à la fin du XIXe siècle, le législateur envisageait la réunion comme un événement momentané.

6.16 › **Exigence d'une réunion pacifique.** Le droit à la liberté de réunion pacifique est garanti à toute personne qui a l'intention d'organiser une manifestation pacifique. En ce sens, la loi du 30 juin 1881, comme les instruments internationaux, garantit la liberté des seules réunions pacifiques, sans armes[21]. La charge de prouver les intentions violentes des organisateurs d'une manifestation incombe aux autorités[22]. Le contrôle doit être ici rigoureux : ainsi, l'occupation d'une église par des « sans papiers » pendant deux mois (affaire de l'église Saint-Bernard à Paris) doit être considérée comme étant une réunion pacifique[23]. La réunion pourra être dissoute s'il se produit des collusions et des voies de fait. L'article 431-10 du Code pénal punit de trois ans d'emprisonnement et de 45 000 euros d'amende le fait de participer à une réunion publique en étant porteur d'une arme[24]. Ainsi l'organisation et la participation sont-elles libres, seules sont réprimées, mais *a posteriori* – c'est le régime répressif –, les infractions à la loi du 30 juin 1881 ou celles commises au cours de la réunion.

6.17 › **Articulation réunion / spectacle.** Dans « une société démocratique », la législation doit non seulement garantir, mais même protéger la tenue des réunions dont les buts sont très divers. La réunion est un groupement organisé en

---

déclaration ni autorisations préalables » – et les régimes de déclaration (art. 1 de la loi autrichienne sur les réunions n° 95/1953). En droit français : sont soumises à déclaration préalable les parties réunissant plus de 1 500 personnes (art. 1 du décret n° 97-646 du 31 mai 1997 pris pour l'application de l'article 23 de la loi n° 95-73 du 21 janvier 1995 d'orientation et de programmation relative à la sécurité. Cet article 23 a été complété par un article 23-1 issu de la loi n° 2001-1062 du 15 novembre 2001, relative à la sécurité quotidienne. Doivent être déclarés par leurs organisateurs, les rassemblements exclusivement festifs à caractère musical, organisés par des personnes privées, dans des lieux qui ne sont pas au préalable aménagés à cette fin et répondant à certaines caractéristiques fixées par décret. Ces réunions sont tenues, généralement, dans des lieux privés (*rave-parties*). V. les décrets du 3 mai 2002 et 21 mars 2006 : les rassemblements de plus de 500 personnes donnant lieu à la diffusion de musique amplifiée et susceptibles de présenter des risques pour la sécurité des participants doivent être déclarés au Préfet ainsi que de multiples informations prévues par le texte qui se rapproche, par son contenu, de la déclaration préalable aux manifestations sur la voie publique.

21. « L'article 11 de la Convention ne protège que le droit à la liberté de « réunion pacifique ». Cette notion – selon la jurisprudence de la Convention – ne couvre pas les manifestations dont les organisateurs et participants ont des intentions violentes, [...] mais la liberté de réunion garantie par l'article 11 de la Convention protège aussi les manifestations susceptibles de heurter ou mécontenter des éléments hostiles aux idées ou revendications qu'elles veulent promouvoir », CEDH, n° 29221/95 ; 2 février 2001, *Stankov et Organisation Macédonienne unie Ilinden c/ Bulgarie*, n° 29225/95. Ce sont les exigences du pluralisme déjà mentionnées dans l'arrêt *Handyside*, 7 décembre 1976.49.
22. CEDH, 2 février 2010, *Christian Democratic People's Party c/Moldova (n° 2)*, 23.
23. CEDH, *Cissé c/ France*, 9 avril 2000, n° 51346/99.
24. La proximité de langage conduit à mentionner l'article L. 126-3 du Code de la construction et de l'habitation qui punit de deux mois d'emprisonnement et de 3 750 euros d'amende « le fait d'occuper en réunion les espaces communs ou les toits des immeubles collectifs d'habitation en empêchant délibérément l'accès ou la libre circulation des personnes ou le bon fonctionnement des dispositifs de sécurité ». Accompagnée de voies de fait ou de menaces, cette infraction est punie de six mois d'emprisonnement et 7 500 euros d'amende. Les auteurs de ces infractions encourent également, à titre de peine complémentaire, une peine de travail d'intérêt général.

vue de l'échange des idées ou la défense des intérêts (Cass. civ., 23 janvier 1995). Réunion politique, littéraire, d'information économique, etc. : il faut que l'auditoire, qui veut en savoir davantage, puisse poser des questions : « conférence suivie d'un débat ». Elle diffère du spectacle qui ne laisse pas le public passif, mais sa participation ne s'exprime pas en demandes et réponses. La réunion peut tendre aussi à l'action collective : défense d'intérêts corporatifs, politiques, moraux, ici les individus réunis veulent obtenir collectivement ce que, dispersés ou isolés, ils ne pourraient atteindre. Il en résulte que la marge d'appréciation des États est étroite, tout particulièrement à l'égard des manifestations pacifiques d'un parti parlementaire d'opposition[25].

6.18 ▸ Les réunions, en droit français, ne peuvent se tenir sur la voie publique (loi du 30 juin 1881, art. 6). Les manifestations sur la voie publique ne bénéficient pas du régime juridique des réunions publiques[26]. Il est également « interdit de tenir des réunions publiques dans les locaux servant habituellement à l'exercice d'un culte » (art. 26 de la loi du 9 décembre 1905 concernant la séparation des Églises et de l'État)[27].

§ 2 – LA GARANTIE JURIDICTIONNELLE DES ATTEINTES À LA LIBERTÉ DE RÉUNION

6.19 ▸ La liberté de réunion est indispensable à l'exercice des activités des partis politiques qui concourent à l'expression du suffrage (Constitution du 4 octobre 1958, art. 3) ; les réunions électorales (article 5 de la loi) font partie de l'organisation d'élections libres dans les conditions qui assurent la libre expression de l'opinion du peuple sur le choix du corps législatif[28]. Sans doute ces objectifs peuvent-ils être aussi partiellement atteints au cours de réunions privées. L'article 11 de la Convention EDH protège aussi bien les unes que les autres[29]. Ce droit couvre à la fois les réunions privées et celles tenues sur la voie publique, ainsi que les réunions statiques et les défilés publics ; en outre, il peut être exercé par des individus et par les organisateurs[30]. Cependant, le droit français rattache la réunion privée à la liberté du domicile et de l'organisation de sa vie privée[31]. Au contraire, la fonction éminemment sociale et politique des réunions

25. CEDH, 2 février 2010, *Christian Democratic People's Party c/ Moldova*, n° 25196/04, 26.
26. Aucune disposition ne fait obligation aux maires de mettre la voie publique à la disposition des étudiants pour l'organisation d'élections qui les concernent, CE, 3 mai 1974, *Mutuelle nationale des étudiants de France, AJDA* 1975, 188.
27. Dans les lycées, la liberté de réunion s'exerce en dehors des heures de cours, selon les modalités prévues par le règlement intérieur et avec l'autorisation du chef d'établissement (art. 4.3, décret n° 86-164 du 31 janvier 1986 modifié par le décret n° 93-164 du 2 février 1993).
28. Art. 3 du protocole additionnel à la Convention EDH ; Rapport Commission 5 novembre 1969. Affaire grecque vol. I, 1re partie, p. 207, § 392. Art. L. 47 et L. 48 du Code électoral qui se bornent en particulier à rappeler que la loi du 30 juin 1881 est d'application générale : CE, 10 septembre 1992, *S. Meyet*.
29. Déc. 8191/78, *Rassemblement jurassien* (préc.).
30. CEDH, *Djavit An c/ Turquie* (préc.) ; 5 mars 2009, *Barbaco c/ France*, n° 31684/05, 41.
31. Celle-ci n'échappe pas dans toutes les circonstances au contrôle de l'autorité administrative, comme en témoigne la circulaire adressée aux préfets le 27 novembre 1935 par M. Paganon, ministre de l'Intérieur : « Le maire est fondé à interdire des manifestations sur des terrains privés quand elles sont susceptibles de provoquer une effervescence de nature à compromettre l'ordre public ». Et plus loin, la circulaire précise que de telles réunions sont celles qui obligeraient les services de police à intervenir sur la voie publique.

publiques n'est sans doute pas étrangère à la protection juridictionnelle dont elles sont entourées.

I – FONDEMENTS DES ATTEINTES À LA LIBERTÉ DE RÉUNION

6.20 › **Atteintes justifiées par l'ordre public**. De longue date, le juge administratif vérifie la réalité de l'atteinte à l'ordre public pour apprécier la légalité d'une mesure d'interdiction d'une réunion. Tel est le sens du célèbre arrêt *Benjamin*, dans lequel un requérant a obtenu l'annulation de la décision du maire de Nevers interdisant une conférence littéraire, au motif « que l'éventualité de troubles ne présentait pas un degré de gravité tel que le maire n'ait pu, sans interdire la conférence, maintenir l'ordre en édictant les mesures de police qu'il lui appartenait de prendre »[32]. Cet arrêt contient un double apport : restrictif et libéral. La décision est restrictive de la liberté dans la mesure où la seule éventualité de troubles peut, dans les circonstances décrites, fonder une interdiction de réunion. Voilà la liberté de réunion, pourtant consacrée par la loi, supprimée non en raison de troubles actuels existants, mais par crainte, par appréhension de troubles éventuels. En revanche, mais à l'intérieur de ce cadre restrictif, la décision est libérale dans la mesure où le juge exerce un contrôle minutieux, tant sur le degré de gravité des troubles allégués que sur le contenu des mesures de maintien de l'ordre prises par le maire.

6.21 › **Atteintes à raison de la spécificité de la réunion : le régime des « rave party ».** Les évolutions de la société et des formes de divertissement en groupe ont conduit au développement de réunions d'un style inédit, souvent spontanées, rassemblant un grand nombre de participants dans des lieux, souvent non affectés à l'usage qui en était fait. L'article 53 de la loi n° 2001-1062 du 15 novembre 2001 relative à la sécurité quotidienne (LSQ) a complété la loi n° 95-73 du 21 janvier 1995 d'orientation et de programmation relative à la sécurité (LOPS). L'article 23-1 nouveau de la LOPS confère un cadre juridique, jusqu'alors insuffisant, aux rassemblements couramment appelés « rave parties ». À la différence du régime de droit commun, les organisateurs de ces rassemblements sont tenus de déclarer leurs projets aux préfets des départements sur le territoire desquels les « rave-parties » sont prévues. Ce régime est précisé par un décret du 3 mai 2002[33], modifié en 2006 et une circulaire du ministère de l'Intérieur du 24 juillet 2002.

---

32. CE, 19 mai 1933, *Benjamin*, n° 17413.

33. Instituant un régime qui s'assimile, pour les rave parties, à une autorisation, le décret du 3 mai 2002 a jugé nécessaires et proportionnées ses dispositions ; CE, 30 avril 2004, *Association Technopol* : « le législateur n'a pas entendu créer un régime où le rassemblement pourrait se tenir légalement dès le dépôt de la déclaration ; qu'il a, au contraire, prévu que le préfet, saisi de la déclaration, doit vérifier le caractère suffisant des moyens qu'elle mentionne pour garantir le bon déroulement d'un rassemblement ; que, s'il estime que ces moyens sont insuffisants, le préfet doit organiser une concertation avec les organisateurs pour adapter les mesures envisagées et, le cas échéant, rechercher un terrain ou un local plus approprié ; qu'ainsi, pour la mise en œuvre de ces dispositions, le décret attaqué a pu légalement conférer au préfet, lorsqu'il estime que les mesures envisagées sont insuffisantes, le pouvoir de surseoir à la délivrance du récépissé de déclaration afin d'organiser la concertation prévue par la loi ».

Le dispositif d'encadrement s'applique en présence de rassemblements qui répondent aux critères de la rave-party, à savoir : que le rassemblement est exclusivement festif et à caractère musical, qu'il est organisé par des personnes privées dans des espaces qui ne sont pas aménagés, qu'il est susceptible de présenter des risques pour la sécurité des participants en raison de l'absence d'aménagement ou de configuration des lieux, qu'il donne lieu à diffusion de musique amplifiée, que l'effectif peut atteindre plus de 250 personnes.

6.22 › **Atteintes à raison de circonstances exceptionnelles.** Les périodes de circonstances exceptionnelles sont, dans un État de droit, gouvernées par des règles particulières, instituées à l'avance, qui visent à maintenir une certaine « prééminence du droit » (Préambule de la Conv. EDH). Le Conseil constitutionnel a rappelé qu'en vertu de l'article 34 de la Constitution, la loi fixe les règles concernant les garanties fondamentales accordées aux citoyens pour l'exercice des libertés publiques :

« Que dans le cadre de cette mission il appartient au législateur d'opérer la conciliation nécessaire entre le respect des libertés et la sauvegarde de l'ordre public sans lequel l'exercice des libertés ne saurait être assuré »[34]. Les formes d'expression collective sont parfois considérées comme dangereuses pendant ces périodes et les réunions publiques peuvent être interdites ou soumises à autorisation ou déclaration préalables. Ces exigences sont conformes à la jurisprudence de la Cour, à condition, par exemple, qu'une interdiction de réunion soit motivée[35].

6.23 › **Circonstances exceptionnelles – état de siège**. Prévu par l'article 36 de la Constitution, l'état de siège doit être décidé en Conseil des ministres, et sa prorogation au-delà d'une période de douze jours doit donner lieu à un vote au Parlement. Dans ce cas exceptionnel, l'article 2121-2 du Code de la défense transfert à l'autorité militaire les pouvoirs dont l'autorité civile était investie, notamment la possibilité d'interdire des publications ou des réunions susceptibles de menacer l'ordre public. Une situation de guerre a été admise, par le Conseil d'État, comme de nature à justifier une circonstance exceptionnelle et, partant, la possibilité pour un commandement militaire d'interdire des rassemblements et des réunions dans des lieux publics[36].

6.24 › **Circonstances exceptionnelles – État d'urgence**. L'état d'urgence repose sur la loi du 3 avril 1955, adoptée dans le contexte de la guerre d'Algérie. Moins restrictif que l'état de siège, il doit être déclaré en cas de « péril imminent résultant d'atteintes graves à l'ordre public », soit en cas « d'événements présentant par leur nature et leur gravité le caractère de calamités publiques ». Dans cette situation, la liberté de réunion peut être suspendue ou donner lieu à certaines restrictions.

Fin 2005, l'état d'urgence a été déclaré par un décret du 8 novembre 2005, dans un certain nombre de zones géographiques, avant d'être prorogés par la loi n° 2005-1425 du 18 novembre 2005. Il s'agissait de rétablir l'ordre public dans un

34. Cons. const., 25 janvier 1985, *État d'urgence en Nouvelle-Calédonie*, DS 1985-J-361, note F. Luchaire.
35. CEDH, 12 juillet 2005, *Guneri c/ Turquie*, n° 42853/98 ; n° 43609/98 ; n° 44291/98, 79.
36. CE, 6 août 1915, *Demotte*, *Rec.* p. 275.

contexte de troubles et de violences dans certaines banlieues de grandes villes. Saisi de la conformité de l'état d'urgence à l'article 11 de la Convention, le Conseil d'État, statuant en référé, a écarté une violation tirée de l'article 11, mais également de l'article 15 de la Convention (qui oblige les États à notifier des mesures en cas d'état d'urgence)[37].

Tout autre est la portée de l'état d'urgence consécutive aux événements terroristes du 13 novembre 2015. L'état d'urgence a alors été mis en œuvre, sur le fondement de la loi de 1955, par les décrets du 14 novembre 2015, puis prolongé, à chaque fois pour trois mois, d'abord par la loi n° 2015-1501 du 20 novembre 2015, puis par la loi du 19 février 2016, puis de nouveau par la loi du 22 juillet 2016, puis en dernier lieu par la loi n° 2016-1767 du 19 décembre 2016[38]. Indépendamment de la problématique des libertés collectives, objet du présent chapitre, ces prorogations à répétition de l'état d'urgence soulèvent de nombreuses interrogations et ne peuvent durablement perdurer. Une question centrale est certainement celle de la possibilité de recours qui est ouverte aux individus qui font l'objet de mesures, telles que des perquisitions ou des assignations à résidence, sur le fondement de l'état d'urgence. Ainsi que l'a récemment et opportunément rappelé le Conseil constitutionnel, il résulte de l'article 16 de la Déclaration des droits (« Toute société dans laquelle la garantie des droits n'est pas assurée, ni la séparation des pouvoirs déterminée, n'a point de Constitution ») qu'il ne doit pas être porté d'atteinte substantielle au droit des personnes intéressées d'exercer un recours effectif devant une juridiction[39].

Au plan contentieux, les mesures adoptées sur ces fondements ont fait l'objet de nombreux recours, essentiellement sous la forme de référés-liberté. Bien que les mesures adoptées, notamment les assignations à résidence, ne portent pas spécifiquement atteinte à la liberté de réunion, le juge des référés a été conduit à apprécier, de manière globale, l'atteinte à la liberté d'aller et venir, au droit de mener une vie familiale normale ou encore à la liberté de réunion et de manifestation[40]. Par ailleurs, par son importante décision rendue en QPC le 19 février 2016[41], le Conseil constitutionnel a validé l'article 8 de la loi de 1955 sur l'état d'urgence permettant l'interdiction de réunions et la fermeture provisoire des salles de spectacles, débits de boissons et lieux de réunion. Saisi de la constitutionnalité de la possibilité, pour l'autorité administrative, de procéder, dans le cadre de l'état d'urgence, à la fermeture des salles de spectacle, débits de boissons et lieux de réunion de toute nature, le Conseil constitutionnel a développé un raisonnement désormais traditionnel lié à l'appréciation par le législateur de la conciliation entre la prévention des atteintes à l'ordre public et le respect des droits et liberté. Le contrôle de cette conciliation repose sur l'existence d'un déséquilibre, qui n'est pas caractérisé dans ce cas.

37. CE, Ord., 9 décembre 2005, *Mme Anissa et a.*, n° 287777.

38. Voir, en dernier lieu, xxx du 19 décembre 2016 prorogeant l'application de la loi n° 55-385 du 3 avril 1955 relative à l'état d'urgence, *JORF* du 20 décembre 2016.

39. Cons. const., Décision n° 2016-600 QPC du 2 décembre 2016, pt. 7.

40. V. par exemple, pour un exemple de contrôle, par la voie du référé, d'une mesure d'assignation à résidence (en l'occurrence d'un militant écologiste) sous l'angle de plusieurs libertés dont celle de réunion, CE, ord., 11 décembre 2015, *M. B.C.*, n° 394991.

41. Cons. const., 19 février 2016, n° 2016-535 QPC.

6.25 › **Circonstances exceptionnelles – Article 16 de la Constitution**. L'article 16 de la Constitution du 4 octobre 1958 habilite le président de la République à prendre les mesures exigées par les circonstances qui s'y trouvent définies. La liberté de réunion pourrait se trouver supprimée ou limitée par des décisions prises sur le fondement de l'article 16. Dans cette éventualité, il y aurait lieu par référence à l'arrêt CE du 2 mars 1962 – *Rubin de Servens* – de diviser les décisions intervenues en deux catégories :

– les décisions qui supprimeraient la liberté de réunion de façon générale, ne serait-ce que pour une période limitée, seraient réputées intervenues dans le domaine de la loi et échapperaient vraisemblablement au contrôle du juge administratif ;

– en revanche, les décisions réglementant la liberté de réunion ou même prononçant une interdiction particulière pourraient être déférées à la censure du juge administratif.

II – LA PROTECTION JURIDICTIONNELLE DE LA LIBERTÉ DE RÉUNION

6.26 › **Obligations positives des États.** Les États doivent non seulement protéger le droit de réunion pacifique, mais également s'abstenir d'apporter des restrictions indirectes et abusives à son exercice. « Une liberté réelle et effective de réunion pacifique ne s'accommode pas d'un simple devoir de non-ingérence de l'État, une conception purement négative ne cadrerait pas avec l'objet et le but de l'article 11 »[42]. L'obligation positive de l'État, en la matière, inspire l'alinéa 1 de l'article 431-1 du Code pénal qui protège l'exercice de toutes les libertés collectives : « Le fait d'entraver, d'une manière concertée et à l'aide de menaces, l'exercice de la liberté d'expression, du travail, d'association, de réunion ou de manifestation est puni d'un an d'emprisonnement et de 15 000 euros d'amende ». L'entrave qui s'accompagne des violences énumérées à l'alinéa 2 est punie de trois ans d'emprisonnement et de 45 000 euros d'amende.

« Le fait d'entraver, d'une manière concertée et à l'aide de coups, violences, voies de fait, destructions ou dégradations au sens du présent code, l'exercice d'une des libertés visées à l'alinéa précédent est puni de trois ans d'emprisonnement et de 45 000 euros d'amende ».

6.27 › **Appréciation des troubles à l'ordre public.** Cette obligation positive de l'autorité publique se trouve déjà potentiellement inscrite dans le très célèbre arrêt du Conseil d'État français du 19 mai 1933, *Benjamin*. Le Conseil d'État avait annulé l'arrêté du maire de Nevers interdisant une réunion, « considérant qu'il résulte de l'instruction que l'éventualité de troubles ne présentait pas un degré de gravité tel que le maire n'ait pu, sans interdire la conférence, maintenir l'ordre en édictant les mesures de police qu'il lui appartenait de prendre ».

Les autorités administratives se sont appuyées sur la partie restrictive de l'arrêt pour interdire la tenue de réunions lorsque l'annonce de réactions hostiles faisait craindre l'éventualité de troubles et d'atteinte à l'ordre public. Ce raisonnement,

42. CEDH, *Plattform Arzte für das Leben*, 21 juin 1988, 32.

qui consiste à apprécier la proportionnalité d'une mesure restrictive de la liberté de réunion en envisageant la possibilité d'une mesure moins attentatoire à la liberté, continue de prévaloir dans la jurisprudence administrative. Si les critères du raisonnement ont peu évolué, en revanche, l'appréciation de la proportionnalité va dans le sens de la nécessité, pour l'autorité de police, de justifier et de prouver la gravité des troubles.

Aussi, des considérations générales liées à l'orientation, politique, religieuse ou philosophique de la réunion envisagée, ne suffisent pas à établir la nécessité de l'interdiction. Le juge des référés a pu aussi juger que le refus opposé à l'association locale pour le culte des témoins de Jéhovah de Lyon portait une atteinte grave et manifestement illégale à la liberté de réunion, qui est une liberté fondamentale, dès lors que la ville de Lyon ne faisait état d'aucune menace à l'ordre public, mais seulement de considérations générales relatives au caractère sectaire de l'association[43]. Plus récemment, par une ordonnance du 23 septembre 2015, le Conseil d'État a considéré que le refus de mettre à la disposition d'une association une salle municipale afin de permettre d'accueillir la célébration de la fête de l'Aïd-el-Kebir porte une atteinte grave et manifestement illégale aux libertés de réunion et de culte[44]. En s'appuyant sur les dispositions de l'article L. 2144-3 du Code général des collectivités territoriales qui permettent à une commune, dans le respect de la neutralité et du principe d'égalité, de mettre à disposition un local pour l'exercice d'un culte par une association, l'ordonnance rappelle que le rejet de l'utilisation d'un local ne peut être légalement fondé que sur l'existence d'une menace à l'ordre public ou sur un motif tiré des nécessités de l'administration des propriétés communales ou du fonctionnement des services.

En revanche, lorsque les réunions ont pour objet de rassembler des personnes ou des spectateurs autour d'un spectacle dont la thématique est raciste ou xénophobe, l'appréciation de l'équilibre entre les droits et libertés et la préservation de l'ordre public est plus délicate. On peut en prendre la mesure avec les différentes décisions liées aux interdictions du spectacle de « l'humoriste » Dieudonné. Le Conseil d'État, par une ordonnance du 9 janvier 2014[45], a annulé une ordonnance du juge des référés de Nantes du même jour en estimant, au contraire du premier juge, que les risques de troubles étaient sérieux et très difficiles à maîtriser pour les forces de police. Il semble, de plus, avoir adopté une conception élargie de l'ordre public qui n'est plus strictement matériel en y intégrant le respect de la dignité de la personne humaine et en soulignant l'obligation d'une démarche de prévention des infractions pénales, contournant quelque peu le caractère répressif du régime de la liberté d'expression et de la liberté de réunion. En revanche, l'identification de l'atteinte à l'ordre public peut être aisément établie en présence d'une réunion de supporteurs d'un club de football, réputés pour leurs déplacements musclés et animés[46].

---

43. CE, Ord., 30 mars 2007, *Ville de Lyon*, n° 304053.

44. CE, ord., 23 septembre 2015, *Association des musulmans de Mantes Sud*, n° 393639.

45. CE, Ord., 9 janvier 2014, *Min. Intérieur c/ Sté Les Productions de la Plume et Dieudonné M'bala M'bala*, n° 374508.

46. CE, 12 septembre 2014, *Association « Tigers »*, n° 384405 (rejet d'un recours contre une décision du ministre de l'Intérieur, interdisant, sur le fondement de l'article L. 332-16-1 du Code du sport, le déplacement individuel et collectif de supporters du RC Lens, lors d'une rencontre avec Bastia. Selon une jurisprudence désormais bien

Section II

LE DROIT DE MANIFESTER SUR LA VOIE PUBLIQUE

6.28 › **Délimitation.** La manifestation, comme la réunion publique, est une forme d'expression collective passagère, mais qui se déroule sur la voie publique. Elle implique, le plus souvent, l'occupation provisoire du domaine public affecté normalement à la circulation. Cette particularité d'exercice réagit sur son régime juridique. La manifestation, à la différence de la réunion, présente un caractère en principe revendicatif, voire contestataire, elle est dirigée principalement vers l'action.

6.29 › **Reconnaissance constitutionnelle.** Ces caractéristiques ont initialement conduit à placer la manifestation sur la voie publique dans une catégorie juridique incertaine. Faisait-elle partie des « libertés publiques » telles qu'elles avaient été systématisées par le Conseil d'État dans son avis du 13 août 1947[47] ? Un doute pouvait subsister, même si l'avis soulignait que les libertés ne sont pas « limitées à l'individu seul » et « se manifestent au dehors et comportent l'action de coparticipants ou l'appel au public », la liberté de manifester, à la différence de la liberté de réunion, n'était pas expressément mentionnée dans la liste, sans doute énumérative, des libertés.

Ces incertitudes ont été levées par la décision du Conseil constitutionnel du 18 janvier 1995, relative à la loi d'orientation sur la sécurité. À propos d'une disposition conférant au juge pénal la possibilité d'interdire temporairement à une personne condamnée de manifester dans des lieux précisés par sa condamnation, le juge constitutionnel estime qu'une telle mesure n'est pas de nature « à méconnaître les exigences de la liberté individuelle, de la liberté d'aller et venir et du droit d'expression collective des idées et des opinions »[48]. Il peut être déduit de cette jurisprudence que la liberté de manifester relève des libertés constitutionnellement protégées, mais que son invocation est tributaire de son rattachement, au demeurant logique, avec la liberté d'expression. En lien avec cette reconnaissance, le juge administratif, statuant dans le cadre de référés, a qualifié la liberté de manifestation de « fondamentale » et contrôle l'interdiction issue d'une mesure de police, en cas de trouble à l'ordre public, incluant l'atteinte à la dignité des personnes[49].

6.30 › **Reconnaissance par le droit de l'Union européenne.** La jurisprudence de la Cour de justice s'est penchée sur la nature de la liberté de manifester dans le cadre de contentieux relatifs au marché intérieur, en lien avec l'exercice des

---

établie, le Conseil d'État souligne que « le moyen tiré de ce que l'interdiction litigieuse ne serait pas nécessaire à la préservation de l'ordre public, ni celui tiré de la disproportion qui l'entacherait n'est de nature à caractériser l'existence d'une atteinte grave et manifestement illégale à la liberté d'aller et venir, à la liberté de réunion et à la liberté d'expression » ; également, CE, 22 janvier 2016, *Association nationale des supporters c/ Ministère de l'Intérieur*, n° 396307.

47. Avis du Conseil d'État du 13 août 1947, EDCE n° 10, p. 64.
48. Cons. const., 18 janvier 1995, déc. n° 94-352, *JCP* 1995 II, 22525, note F. Lafay ; *RDP*, 1996, 19. D. Rousseau, *Chronique de jurisprudence constitutionnelle*, 1994-1995.
49. CE, Ord., 5 janvier 2007, *« Solidarités des français »*, n° 300311 (ne porte pas atteinte à la liberté de manifester l'interdiction, par le préfet de police de Paris, d'une manifestation intitulée « soupes gauloises », conçue ouvertement de manière discriminatoire).

libertés de circulation. Dans quelle mesure des individus peuvent-ils manifester et bloquer, par leur comportement, la libre circulation des marchandises sur le territoire de l'Union, pourtant reconnue comme constitutive d'une liberté fondamentale ? La Cour de justice a été saisie de cette question, par un juge autrichien, à l'occasion d'une manifestation, dans les Alpes, visant à dénoncer la circulation des poids lourds sur l'autoroute du Brenner, axe central pour le transit des marchandises entre le nord et le sud de l'Europe. Par son arrêt *Schmidberger*[50], la Cour a considéré que les libertés de réunion et d'expression, reconnues aux articles 10 et 11 de la Convention, peuvent être des motifs d'intérêt général, de nature à justifier un blocage du transit des marchandises pendant plusieurs heures. La Cour se livre ici à un contrôle de proportionnalité approfondi, qui associe une appréciation de la nécessité de la mesure et une pondération des intérêts en présence. Un tel raisonnement consiste à vérifier, d'une part, si d'autres mesures moins restrictives pour la circulation des produits auraient pu être envisagées et, d'autre part, si des libertés de même rang normatif dans le système juridique de l'Union (liberté économique / liberté d'expression) ont été adéquatement conciliées. En revanche, dans l'hypothèse où les autorités laissent faire une manifestation qui dégénère et conduit à des violences entraînant la destruction de marchandises issues d'un État, il ne s'agit plus de liberté d'expression mais bien d'une inertie volontaire de l'État, constitutive d'une entrave aux libertés de circulation[51].

6.31 › **Reconnaissance dans la Convention EDH.** Le juge de Strasbourg a également été saisi de la portée de la liberté de manifester et des restrictions que peut apporter l'autorité publique. À défaut d'une disposition expresse de la Convention reconnaissant la liberté de manifester, celle-ci peut, en théorie, se rattacher à la fois à la liberté d'expression (art. 10) et à la liberté de réunion et d'association (art. 11). La pratique de la Cour européenne des droits de l'homme tend toutefois à rattacher une manifestation à l'article 11, envisagée comme *lex specialis* des libertés collectives[52]. C'est là une position relativement constante dans la jurisprudence, que la Cour a récemment rappelée dans une affaire de grande chambre mettant en cause les débordements d'une manifestation d'agriculteurs[53].

En tout état de cause, la reconnaissance de la liberté de manifester dans le droit conventionnel n'exclut pas la possibilité, pour l'autorité publique, de pénaliser un usage abusif de celle-ci. Ainsi, dans l'affaire *Barraco c/ France*[54], la Cour, saisie par un routier qui s'était vu infliger de la prison avec sursis et une amende pour avoir organisé, sans prévenir, une « opération escargot », a jugé compatible avec l'article 11 l'ingérence de l'État, au motif, d'une part, qu'un tel comportement va au-delà de l'exercice du droit de réunion pacifique et, d'autre part, que l'interpellation policière pour mettre fin à une telle opération est intervenue après que le requérant

50. CJCE, 12 juin 2003, *Eugen Schmidberger, Internationale Transporte und Planzüge*, aff. C-112/00.
51. CJCE, 9 décembre 1997, *Commission c/ France*, aff. C-265-95 (affaire dite « Guerre des fraises »).
52. CEDH, 8 mars 2005, *Oya Ataman c/ Turquie*, n° 74552/01 ; Comm. EDH, 17 octobre 1985, *Arzte für das Leben c/ Autriche*, n° 10126/82.
53. CEDH, gr. ch., 15 octobre 2015, *Kudrevicius et a. c/ Lituanie*, n° 22785.
54. CEDH, 5 mars 2009, *Barraco c/ France*, req. n° 31684/05.

ait bloqué, pendant plusieurs heures, la circulation. Dès lors, « mettant en balance l'intérêt général à la défense de l'ordre et l'intérêt du requérant à choisir cette forme particulière de manifestation, et compte tenu du pouvoir d'appréciation reconnu aux États en cette matière, la condamnation pénale du requérant n'apparaît pas disproportionnée aux buts poursuivis »[55].

6.32 ▸ **Plan.** Le danger potentiel de toute manifestation sur la voie publique est à l'origine d'une distinction marquée selon que la manifestation est pacifique ou violente : régime de liberté pour l'une et d'illicéité pour l'autre. Il en résulte les deux divisions suivantes : la liberté des manifestations pacifiques sur la voie publique (§ 1) et les manifestations publiques illicites (§ 2).

§ 1 – LA LIBERTÉ DES MANIFESTATIONS PACIFIQUES SUR LA VOIE PUBLIQUE

Cette liberté comprend celle des organisateurs (II) et celle des participants (III). Elles ne peuvent être étudiées qu'après une présentation préalable de la notion de manifestation pacifique (I).

I — LA MANIFESTATION PACIFIQUE

6.33 ▸ **Principe de déclaration.** L'article L. 211-1 du Code de la sécurité intérieure, issu du décret-loi du 23 octobre 1935, portant réglementation des mesures relatives au renforcement du maintien de l'ordre public, est central en la matière. Il prévoit que « Sont soumis à l'obligation d'une déclaration préalable, tous cortèges, défilés et rassemblements de personnes et d'une façon générale, toutes manifestations sur la voie publique. Toutefois, sont dispensées de cette déclaration les sorties sur la voie publique conformes aux usages locaux »[56].

Le cortège est une suite de personnes qui en accompagnent une autre à l'occasion d'une cérémonie ; le défilé est la marche de personnes disposées à la file ou qui se succèdent dans le temps (le mot a une connotation militaire) ; le rassemblement peut être une simple réunion statique ; la manifestation désigne, depuis 1848, la démonstration collective publique d'une opinion ou d'une contestation[57]. Aussi bien

55. *Ibid.*, § 48.

56. Les usages sont parfois récents et cependant chargés de valeur symbolique. Le 1er mai, fête nationale en Turquie depuis 2010, souvenir de sa célébration en 2007 sur la place Taksim qui entraîna la mort de 37 personnes. CEDH, 27 novembre 2012, *Disk and Kesk c/ Turquie*, n° 38676/08. La célébration de cette même date a donné lieu à Londres à des manifestations violentes les 1er mai 2000 et 2001. Certaines réunions d'origine récente sont devenues des anniversaires de contestations du capitalisme et de la mondialisation ; réunions de l'OMC (Seattle, 1999), du FMI (Washington et Prague, 2000), du Sommet des Amériques (Québec, 2001). V. Réunion du G8 des 6-8 juin 2007 à Heiligendamm : CEDH, 1er décembre 2011, *Schwabe et MG c/ Allemagne*, n° 8080/08 8477/08, et 15 mars 2012, *Austin c/ R.-U.*, n° 39692/09 et a.

57. *Dictionnaire Le Robert.* Pour des définitions plus développées, v. J. Robert et J. Duffar, *Droits de l'homme et libertés fondamentales*, Montchrestien, 2009, p. 846-847. Le terme « réunion » figurant à l'article 11 de la Convention EDH désigne non seulement les réunions statiques, immobiles (30 novembre 1992, *LF c/ Autriche*, déc. n° 15225/89), mais aussi les marches collectives publiques : 16 juillet 1980, *Christians against racism and Fascism*, déc. 8440/78, DR 21/162.

la simple occupation de la voie publique[58] ne pourrait pas suffire pour caractériser une manifestation ; celle-ci devrait être d'abord animée par une conscience collective. De manière générale, il convient de réserver le terme de manifestation aux seuls rassemblements réunis dans un but commun[59].

6.34 › **Dispense de déclaration : « les sorties sur la voie publique conformes aux usages locaux ».** Cette exception, qui remonte au décret-loi du 23 octobre 1935, couvre des manifestations régulières et annuelles, qui ont déjà fait l'objet de déclaration[60]. Cette exception permet de couvrir les manifestations religieuses et les processions annuelles. Soucieux de garantir la liberté des cultes, le juge administratif a ainsi admis que le qualificatif « traditionnel » peut s'appliquer à une procession qui a été interrompue[61].

6.35 › **Notion de manifestation « pacifique ».** Malgré l'importance qu'elle présente, aucune définition de l'adjectif « pacifique » n'a été envisagée. La délimitation de la notion peut reposer sur un ensemble de décisions issues des organes de Strasbourg. De manière générale, ne peut être qualifiée de « pacifique » une manifestation susceptible de troubler l'ordre public ou dont les organisateurs et les participants ont des intentions de violence, qui conduisent à des troubles publics[62]. Dès lors, si une manifestation ne perd pas son caractère pacifique parce qu'elle susciterait des contre-manifestations, même violentes[63], en revanche, une manifestation dont les participants n'obtempèrent pas à l'ordre de dispersion de la police, agressent et blessent plusieurs policiers, endommagent des véhicules dont celui de la police, n'est pas une manifestation pacifique[64]. Confrontée à l'évolution des formes de revendication, et à la diversification des types de manifestation, la jurisprudence européenne a progressivement évolué, pour admettre que des manifestations pacifiques puissent contenir des comportements provocateurs et des propos volontairement stigmatisant à l'égard du pouvoir. Ainsi, le fait de brûler des drapeaux (russes)[65] ou encore de stigmatiser ouvertement le président russe[66] ne retire pas le fait que la manifestation soit

58. Relève de ce régime le projet de faire circuler du 20 au 26 octobre 1986 dans le département des Pyrénées-Atlantiques une caravane itinérante destinée à sensibiliser la population sur les conditions de détention de militants séparatistes, CE, *Saldou*, 23 juillet 1993 *Lebon*, n° 107-126.
59. Déc. 15509/89, *WG c/ Autriche*, 30 novembre 1992, et déc. 14923/89, *GS c/ Autriche*, 30 novembre 1992, décisions non publiées citées par S. Lewis-Anthony, *Jurisprudence de l'article 11 de la Convention européenne et des droits de l'homme*, séminaire organisé par le secrétariat général du Conseil de l'Europe en collaboration avec le ministère de la Justice de l'Islande, Reykjavik (Islande) 26-28 août 1993, Les Éditions du Conseil de l'Europe, 1994, p. 37.
60. L'autorité de police ne peut porter atteinte aux traditions locales que dans la mesure strictement nécessaire au maintien de l'ordre, CE, 10 juin 1931 *Abbé Crétin, Lebon*, 606. L'existence d'un usage local ne prive pas l'autorité de police de son droit d'interdire une manifestation contraire à l'ordre public, en ce qu'elle constituait une incitation à braver l'interdiction légale de l'usage de stupéfiants, Cass. crim., 2 avril 1998, *Bull. crim.* n° 130.
61. CE, 11 février 1927, *Abbé Veyras, Rec.* 176 ; CE, 22 janvier 1947, *Abbé Blanchard, Rec.* p. 583.
62. 16 juillet 1980, déc. 8440/78, DR 21/138 (préc.) ; *M.F. c/ RFA*, 6 mars 1989, déc. 13079/87, DR 60/270 ; *Öiraklar c/ Turquie*, 19 janvier 1995, déc. 19601/92, DR 80A/52 ; CEDH, 1er décembre 2011, *Schabe and M. G v. Germany*, n° 8080/08 et 8577/08, 103 (notion de réunion pacifique).
63. 16 juillet 1980, déc. 8440/78, DR 21/162 (préc.) ; *Plattform Arzte für das Leben c/ Autriche*, 17 octobre 1985, déc. 10126/82, DR 44/82.
64. CEDH, 16 décembre 2008, *Kartal et autres c/ Turquie*, déc. (irrecevable) n° 29768/03.
65. CEDH, 14 février 2006, *Christian Democratic People's Party c/ Moldova*, n° 28793/02.
66. CEDH, 4 décembre 2014, *Navalnyy and Yashin c/ Russia*, n° 76204/11, § 51.

pacifique et, partant, couverte par l'article 11 de la Convention européenne des droits de l'homme. En revanche, le fait qu'une manifestation d'agriculteurs, autorisée dans des lieux déterminées, déborde et conduise à bloquer trois autoroutes pendant deux jours peut être considéré comme non pacifique[67].

II – LA LIBERTÉ D'ORGANISER UNE MANIFESTATION PACIFIQUE SUR LA VOIE PUBLIQUE

6.36 › **Contenu de la déclaration préalable.** Si le rassemblement projeté constitue une manifestation sur la voie publique, il est soumis à l'obligation d'une déclaration préalable. Par application de l'article L. 211-2 du Code de la sécurité intérieure, cette déclaration doit être faite à la mairie ou aux mairies traversées par la manifestation ; à Paris à la préfecture de police ; au représentant de l'État dans le département pour les communes où est instituée la police d'État. Cette déclaration doit être faite trois à quinze jours francs au plus tard avant la date fixée. Elle indique le but de la manifestation, le lieu, la date, l'heure du rassemblement, les éléments invités à y prendre part et, s'il y a lieu, l'itinéraire projeté. La déclaration fait connaître les noms, prénoms et domicile des organisateurs ; elle est signée par trois d'entre eux et faisant élection de domicile dans le département. L'autorité qui la reçoit en délivre immédiatement un récépissé[68]. Conçue pour ne pas affecter le principe de liberté de la manifestation, l'obligation de déclaration permet toutefois à l'autorité investie des pouvoirs de police de procéder à une interdiction en cas de risques de troubles[69]. La déclaration est donc conçue comme un régime d'accord tacite : la manifestation est autorisée uniquement si l'administration ne s'y est pas opposée expressément.

6.37 › **Régime d'autorisation et article 11 Conv. EDH.** Si, en droit français, l'organisation d'une manifestation n'est subordonnée qu'à une déclaration préalable, tel n'est pas le cas dans d'autres États européens dans lesquels prévaut un régime d'autorisation. Une telle exigence n'est pas, en soi, contraire à la jurisprudence des organes de Strasbourg. En tant que tel l'article 11 de la Convention n'exclut pas l'autorisation préalable pour des raisons d'ordre public et de sécurité nationale. Néanmoins, encore faut-il que le pouvoir d'autorisation ne soit pas discrétionnaire, qu'il présente des qualités de clarté et de prévisibilité pour donner à l'individu une protection contre l'arbitraire[70]. En effet, dans une société démocratique fondée sur la prééminence du droit, « les idées politiques qui contestent l'ordre établi et dont la réalisation est défendue par des moyens pacifiques doivent se voir offrir une possibilité convenable de s'exprimer

---

67. CEDH, gr. ch., 15 octobre 2015, *Kudrevicius et a. c/ Lituanie*, n° 22785.
68. Articles L. 211-1 à L. 211-4 du Code de la sécurité intérieure.
69. CE, 23 juillet 1993, *Saldou*, n° 107126 ; saisi de l'interdiction, par un arrêté préfectoral, d'une manifestation prenant la forme d'une caravane itinérante pour dénoncer les conditions de détention de militants basques séparatistes, le Conseil d'État prend soin de rappeler l'esprit du décret-loi du 23 octobre 1935, à l'origine du principe de déclaration : « si, en vertu de l'article 1er du décret-loi du 23 octobre 1935, les manifestations sur la voie publique peuvent être organisées librement à condition d'avoir été préalablement déclarées à l'autorité investie des pouvoirs de police, l'article 3 de ce décret prévoit que ladite autorité peut interdire une manifestation si elle estime qu'elle est susceptible de troubler l'ordre public ».
70. CEDH, 5 décembre 2006, *Oya Ataman c/ Turquie*, n° 74552/01, § 37.

à travers l'exercice de la liberté de réunion ainsi que par d'autres moyens légaux »[71]. Dans l'arrêt *Gün et autres c/ Turquie* du 18 juin 2013, la juridiction européenne souligne que la double dimension de l'article 11 – liberté de participer[72] et d'organiser une réunion ou une manifestation pacifique –, est « d'une telle importance » que les autorités chargées du maintien de l'ordre ne peuvent pas réprimer et sanctionner indifféremment les participants, pas plus que les organisateurs. Approuvant les autorités d'avoir toléré, si ce n'est autorisé, une manifestation dont l'intention pacifique était avérée, la Cour constate une violation de l'article 11 lorsque celles-ci condamnent les organisateurs en tant que tels et non parce qu'ils auraient participé aux violences d'un petit groupe à la fin de la manifestation. Les organisateurs ne peuvent être tenus pour responsables des violences survenant alors que la manifestation a été autorisée ou tolérée. Ce n'est que dans des circonstances particulières qu'il peut être passé outre à la procédure préalable[73] ; une manifestation spontanée peut se tenir « lorsqu'une réponse immédiate à un événement actuel le justifie : en particulier, une telle dérogation à la règle générale peut être justifiée si un délai risque de rendre cette réponse obsolète »[74].

III – LA LIBERTÉ DE PARTICIPER À UNE MANIFESTATION PACIFIQUE SUR LA VOIE PUBLIQUE

6.38 ▸ **Principe.** L'article L. 211-2 ne s'intéresse qu'aux seuls organisateurs de la réunion[75]. La liberté de participer à une manifestation pacifique organisée est nécessairement impliquée par le texte. La jurisprudence des organes

71. CEDH, 12 juillet 2005, *Güneri et autres c/ Turquie*, n° 42853/98, § 76 ; CEDH, 18 juin 2013, *Gün et autres c/ Turquie*, n° 8029/07, § 70.
72. Une intervention brutale à l'encontre de participants alors que l'ordre public n'était pas menacé (mais seulement les conditions de la circulation) constitue une violation de la Convention (CEDH, 4 juin 2013, *Özalp Ulusoy c/ Turquie*). La Cour rappelle, par ailleurs, que les autorités ont un devoir de « se livrer à un examen scrupuleux » de la nécessité et de la proportionnalité de l'emploi de la force (CEDH, 31 janvier 2012, *Asici c/ Turquie*, § 46).
73. CEDH, 15 novembre 2012, *Celik c/ Turquie* (n° 3), n° 36487/07, § 91.
74. CEDH, 7 octobre 2008, *Eva Molnar c/ Hongrie*, n° 10346/05, § 38 ; Déc. *Kartal*, préc. Une manifestation contre l'homophobie non autorisée se tient néanmoins et sous la protection de la police. Le refus d'autorisation est annulé pour insuffisance de motivation. La Cour constitutionnelle décide que l'application de la loi sur la circulation routière aux requérants est incompatible avec les garanties constitutionnelles en matière de liberté de réunion. L'obligation positive de l'État de protéger la liberté de réunion est comme renforcée pour les groupes soutenant des idées non conformistes, plus exposés que d'autres à la discrimination. Même si la manifestation a eu lieu, les requérants ont pris un risque. L'annulation et la décision de la Cour constitutionnelle démontrent que l'ingérence n'était pas prévue par la loi (violation de l'art. 11) : CEDH, 3 mai 2007, *Bsczkowski et autres c/ Pologne*.
75. L'article 314 du Code pénal modifié par l'article 1er de la loi n° 70-480 du 8 juin 1970 tendant à réprimer certaines formes nouvelles de délinquance dite « loi anticasseurs » abrogée par la loi du 23 décembre 1981 réprimait ceux qui auront continué de participer activement à un rassemblement illicite ou légalement interdit : J. Duffar, « La loi anticasseurs », *RDP* 1972, p. 73-81. L'article 431-10 du Code pénal punit de trois ans d'emprisonnement et de 45 000 euros d'amende le fait de participer à une manifestation ou à une réunion publique en étant porteur d'une arme. Les personnes physiques coupables de l'infraction définie à l'article 431-10 encourent également, aux termes de l'article 431-11 (modifié par la loi n° 2012-304 du 6 mars 2012 (art. 16 et 20) les peines complémentaires suivantes : interdiction des droits civiques, civils et de famille suivant les modalités prévues par l'article 131-26 ; interdiction de séjour suivant les modalités prévues à l'article 131-31. En cas de condamnation pour participation à une réunion ou une manifestation en étant porteur d'une arme, le prononcé des peines complémentaires suivantes est obligatoire : interdiction de détenir ou de porter pour une durée de cinq ans au plus une arme soumise à autorisation ; confiscation d'une ou plusieurs armes dont le condamné est propriétaire et dont il a la libre disposition. La juridiction, par décision spécialement motivée, peut décider de ne pas prononcer ces peines,

de Strasbourg désigne au contraire, les individus participant à une manifestation comme les premiers titulaires du droit à la liberté de réunion pacifique[76]. Par voie de conséquence, est incompatible avec l'article 11 de la Convention toute sanction ou rétorsion consécutive à la participation à une manifestation déclarée. L'arrêt *Ezelin* de la CEDH[77], du 26 avril 1991, est ici central et à l'origine d'une jurisprudence désormais établie. Me Roland Ezelin, avocat près la cour d'appel de Basse-Terre, avait participé à une manifestation publique de protestation contre certaines décisions judiciaires prononcées en application de la loi anticasseurs. La manifestation, régulièrement déclarée, n'avait pas été interdite ; si Me Ezelin portait une pancarte, aucune infraction (menaces ou inscriptions) n'avait été relevée contre lui. La cour d'appel de Basse-Terre lui infligea la peine disciplinaire du blâme pour ne pas s'être désolidarisé des actes injurieux et outrageants commis par les manifestants et pour ne pas avoir abandonné le cortège (arrêt du 12 décembre 1983). Par arrêt du 19 juin 1985, la Cour de cassation rejeta le pourvoi de Me Ezelin. Au contraire, la Cour a considéré que la sanction du blâme n'était pas nécessaire dans une société démocratique, estimant que : « la liberté de participer à une réunion pacifique – en l'occurrence une manifestation non prohibée – revêt une telle importance qu'elle ne peut subir une quelconque limitation, même pour un avocat, dans la mesure où l'intéressé ne commet par lui-même à cette occasion aucun acte répréhensible »[78]. Ces circonstances sont semblables à celles de l'arrêt *Galstyan*, mais ce dernier a été condamné à trois jours de privation de liberté pour sa simple présence à une manifestation sans commettre une quelconque infraction. Si la manifestation n'est pas autorisée, la sanction infligée par l'État est appréciée au regard du principe de nécessité dans une société démocratique, qui implique un contrôle de proportionnalité et de pondération des intérêts en présence[79]. Ainsi, la sanction de trois ans et neuf mois de prison pour avoir participé à une manifestation non autorisée[80] mais non violente est manifestement disproportionnée par sa sévérité au but de préserver l'ordre public (violation de l'article 11)[81].

6.39 ▸ **Obligations positives de l'État en présence d'une manifestation pacifique**. L'État n'a pas épuisé ses obligations, aux termes de l'article 11 de la Convention EDH, en ne s'opposant pas à la tenue d'une manifestation pacifique. Il doit en outre, par des mesures positives, veiller à son déroulement pacifique et assurer la protection des participants et de tous les citoyens. En ce sens, la Cour

76. Comm. EDH, 16 juillet 1980, *Christians against racism and Fascism*, déc. 8440/78, DR 21/162.
77. CEDH, 26 avril 1991, *Ezelin c/ France*, n° 11800/85.
78. CEDH, 15 novembre 2007, *Galstyan c/ Arménie*.
79. CEDH, 15 juin 2010, *Asici et a. c/ Turquie*, n° 17561/04 ; CEDH, 23 février 2010, *Eksi et Ocak c/ Turquie*, n° 44920/04 (violation des articles 11 et 3). Lorsqu'un individu se trouve privé de sa liberté, ou plus généralement confronté à des agents des forces de l'ordre, l'utilisation à son égard de la force physique, alors qu'elle n'est pas rendue nécessaire par son comportement, porte atteinte à la dignité humaine et constitue, en principe, une violation du droit garanti par l'article 3.
80. CEDH, 8 décembre 2009, *Aytas et a. c/ Turquie*, n° 6758/05, 31 : « La Cour estime qu'une situation irrégulière ne justifie pas en soi une atteinte à la liberté de réunion ».
81. CEDH, 30 novembre 2010, *Turan Bicer c/ Turquie*, n° 3224/03, § 36. ; v. aussi pour une manifestation légale et non violente attestée par des vidéos, CEDH, 24 janvier 2012, *Brega c/ Moldova*, n° 61485/08 (violation de l'article 11).

européenne a transposé à la manifestation des principes déjà dégagés par le Conseil d'État dans l'arrêt *Benjamin* du 19 mai 1933. Tel est l'apport d'une célèbre décision de la Cour dans l'affaire *Plattform Arzte für das Leben* de 1988. L'association requérante, composée de médecins opposés à l'avortement, reproche au gouvernement autrichien de ne pas avoir assuré adéquatement la protection de deux manifestations organisées par elle et perturbées par des contre-manifestants. La Cour constate qu'aucune allégation défendable de violation de l'article 11 ne se trouve établie, après un exposé des considérations de principe suivant. Les participants à une manifestation doivent pouvoir la tenir sans avoir à redouter des brutalités que leur infligeraient des éléments hostiles aux idées ou revendications qu'elle veut promouvoir. « Dans une démocratie, le droit de contre-manifester ne saurait aller jusqu'à paralyser l'exercice du droit de manifester [...]. Une liberté réelle et effective de réunion pacifique ne s'accommode pas d'un simple devoir de non-ingérence de l'État ; une conception purement négative ne cadrerait pas avec l'objet et le but de l'article 11. Tout comme l'article 8, celui-ci appelle parfois des mesures positives, au besoin jusque dans les relations interindividuelles [...]. [Les États] ne sauraient pour autant le [déroulement pacifique des manifestations licites] garantir de manière absolue et ils jouissent d'un large pouvoir d'appréciation dans le choix de la méthode à utiliser [...]. En la matière, ils assument en vertu de l'article 11 de la Convention une obligation de moyens et non de résultat »[82].

§ 2 – LES MANIFESTATIONS PUBLIQUES ILLICITES

6.40 ▸ Ce qualificatif peut caractériser trois catégories de manifestations : les manifestations non déclarées (I), les manifestations interdites (II), et enfin les attroupements (III).

I — LES MANIFESTATIONS NON DÉCLARÉES

6.41 ▸ **Conséquences du défaut de déclaration.** Ainsi que cela a été souligné, les manifestations sur la voie publique peuvent être organisées librement à condition d'avoir été préalablement déclarées à l'autorité investie des pouvoirs de police. Est puni de six mois d'emprisonnement et de 7 500 euros d'amende le fait d'avoir établi une déclaration incomplète ou inexacte de nature à tromper sur l'objet ou les conditions de la manifestation projetée ou d'avoir organisé une manifestation sur la voie publique n'ayant pas fait l'objet d'une déclaration préalable[83]. L'obligation de « notification » doit être respectée par les

82. CEDH, *Plattform Arzte für das Leben*, 21 juin 1988, n° 32-34 ; *Chorherr*, 25 août 1993, 34. « ces obligations [positives] revêtent une importance toute particulière pour les personnes dont les opinions sont impopulaires ou qui appartiennent à des minorités du fait qu'elles sont plus exposées aux brimades ». CEDH, 21 octobre 2010, *Alekseyev c/ Russie*, n° 4916/07 ; n° 25924/08 ; n° 14599/09, § 70 : interdiction de la parade gay par le maire de Moscou en mai 2006 pour des raisons morales et religieuses : violation de l'article 11 ; rassemblements dans les grandes villes russes le dernier jour des mois comptant trente et un jours des militants de « Stratégie 31 » (brutalités, arrestations, détentions). V. aussi la marche des lesbiennes, gays, bisexuels et transgenres (LGBT) le 12 août 2006 à Tallinn (Estonie) : participants blessés par des contre-manifestants, insuffisance des forces de police.

83. Art. 431-9 du Code pénal.

« associations et autres organisateurs de manifestation qui participent en tant qu'acteurs de la démocratie aux règles du jeu en respectant les réglementations en vigueur » (exigence de la circulation, avertir les services de santé).

6.42 › **Conventionnalité d'une manifestation non déclarée**. En l'absence de déclaration, la jurisprudence européenne souligne la nécessité, pour les États, de ne pas porter une atteinte excessive à la liberté de réunion et de ne pas réagir, de manière disproportionnée, en l'absence d'actes de violence de la part des manifestants. Ainsi, l'occupation d'une église par des sans-papiers, même si elle n'est pas déclarée, n'est pas en soi suffisante pour justifier une intervention musclée des forces de l'ordre[84] : « En l'absence d'actes de violence de la part des manifestants, il est important que les pouvoirs publics fassent preuve d'une certaine tolérance pour les rassemblements pacifiques pour que la liberté de réunion telle qu'elle est garantie par l'article 11 de la Convention ne soit pas dépourvue de tout son contenu [...] l'intervention musclée de la police et l'ouverture d'une procédure pénale à l'encontre des requérants[85] était disproportionnée et ne constituait pas une mesure nécessaire à la défense de l'ordre » (violation de l'art. 11)[86]. *A fortiori* il en va de même lorsque la manifestation est autorisée, et que sans avertissement elle est arrêtée par la police, puis dispersée par la force[87].

II – LES MANIFESTATIONS INTERDITES

6.43 › **Fondements de l'interdiction.** Si, dans certains États, toutes les manifestations publiques sont interdites de manière générale[88], les États parties à la Convention EDH reconnaissent à l'autorité investie du pouvoir de police le droit d'interdire une manifestation dans l'hypothèse circonscrite à une atteinte à l'ordre public. En France, en vertu de l'article L. 211-4 du Code de la sécurité intérieure : « si l'autorité investie des pouvoirs de police estime que la manifestation projetée est de nature à troubler l'ordre public, elle l'interdit par un arrêté qu'elle notifie immédiatement aux signataires de la déclaration au domicile élu ». Le maire, s'il est l'autorité compétente pour interdire, transmet dans les vingt-quatre heures, la déclaration au représentant de l'État dans le département. Dans l'hypothèse où le maire s'abstient de prendre un arrêté d'interdiction, le préfet, sur le fondement de l'article L. 2215-1 CGCT peut pallier une défaillance dans l'exercice de la police municipale. L'interdiction d'une manifestation est légale si elle ne revêt pas un caractère général et absolu et si elle est rendue nécessaire par l'ampleur des troubles à l'ordre public et l'impossibilité, pour l'autorité de police, d'y faire face par une autre mesure. Ainsi, le respect de la propriété privée[89] ou encore une menace évidente de trouble à l'ordre public

84. CEDH, 9 avril 2002, *Cissé*, n° 51346/99.
85. CEDH, 8 décembre 2009, *Aytas et autres c/ Turquie*, n° 6758/05, § 31-33.
86. CEDH, 17 juillet 2007, Bukta c/ Hongrie, n° 33112/04.
87. CEDH, 7 octobre 2008, *Saya et autres c/ Turquie*, § 45-47 (violation de l'art. 11).
88. Arabie Saoudite, Myanmar (Birmanie), Syrie ICNL (The International Center for Not-for Profit Law), Vol. 12, n° 4, « La liberté de réunion ».
89. CE, 12 octobre 1983, *Commune de Vertou*, n° 41410.

découlant du comportement passé de membres participants[90] constituent des motifs légitimes d'interdiction. Depuis 1997, le juge administratif exerce un contrôle maximum à l'égard des mesures d'interdiction et vérifie la réalité matérielle du risque d'atteinte à l'ordre public (un motif non étayé d'atteinte à l'ordre public étant manifestement insuffisant)[91].

6.44 › **Compatibilité des interdictions avec la Conv. EDH.** Comme les autres droits conditionnels contenus dans la Convention, les critères des restrictions licites à la liberté de manifestation sont énoncés à l'article 11, § 2 : « L'exercice de ces droits ne peut faire l'objet d'autres restrictions que celles qui, prévues par la loi, constituent des mesures nécessaires dans une société démocratique, à la sécurité nationale, à la sûreté publique, à la défense de l'ordre et à la prévention du crime, à la protection de la santé ou de la morale ou à la protection des droits et libertés d'autrui [...] ». Ainsi formulés, les motifs d'ingérence à l'exercice de la liberté de réunion et d'association sont similaires à ceux qui s'appliquent pour le droit à la vie privée (art. 8), la liberté de conscience (art. 9) ou encore la liberté d'expression (art. 10). À défaut d'une raison rattachable à ces motifs, l'interdiction d'une manifestation est entachée d'arbitraire[92]. En revanche, lorsque l'existence de l'un de ces motifs est établie, un État peut, sans méconnaître la Convention, interdire une manifestation, dès lors que la mesure repose sur une base juridique (elle est prévue par la loi) et qu'une mesure moins rigoureuse n'est pas envisageable pour protéger le motif. Tel est l'enjeu lié à l'examen de la nécessite de la mesure « dans une société démocratique ». À titre d'illustration, l'interdiction d'une manifestation visant à nier le concept de nation autrichienne, à prôner l'Union de l'Autriche et de l'Allemagne et à une propagande pangermaniste constitue une ingérence dans l'exercice de la liberté de réunion, mais qui était prévue par la loi et nécessaire à la sécurité nationale dans une société démocratique en raison des obligations constitutionnelles et internationales de l'Autriche[93]. L'appréciation des circonstances et des nécessités de la sécurité doit être particulièrement minutieuse lorsque l'interdiction empêche la manifestation de groupes qui ne menacent pas l'ordre public : interdiction générale de deux mois affectant en Grande-Bretagne les manifestations du front national, mais aussi celles des chrétiens opposés au racisme et au fascisme[94], ou encore fermeture du site de Stonehenge qui empêchait la manifestation perturbatrice du « convoi de la paix » mais privait aussi les druides de la possibilité de célébrer pacifiquement le culte du solstice d'été[95]. En tout état de cause, la jurisprudence européenne tend à justifier le motif d'atteinte à l'ordre public, comme fondement d'une interdiction, dans l'hypothèse d'un risque réel et prévisible d'action violente ou de rejet de principes

90. CE, 30 décembre 2003, *Association SOS Tout-petits*, n° 248264.

91. CE, 12 novembre 1997, *Min. Int. c/ Association Communauté tibétaine en France et ses amis*, *RFDA* 1998, 197 (annulation de l'arrêté d'interdiction).

92. CEDH, 26 juillet 2007, *Makhmoudov c/ Russie*. Ainsi, la simple évocation d'une menace terroriste, qui n'est pas matériellement étayée, ne suffit pas à justifier une atteinte à l'ordre public.

93. Comm. EDH, 15 mars 1984, *Association et H c/ Autriche*, déc. 9905/82, DR 36/187.

94. Comm. EDH, 16 juillet 1980, *Christians against racism and fascism c/ RU*, déc. 8440/78, DR 21/1.

95. Comm. EDH, 14 juillet 1987, *Chappell c/ RU*, déc. 12587/86, DR 53/241 : CEDH, 14 mai 2002, Déc. *The Gipsy Council c/ RU* (interdiction d'une grande réunion tzigane jugée régulière).

démocratiques. Tel n'est pas le cas d'une manifestation, organisée par une minorité, qui appelle à l'autonomie d'une région, de nature à impliquer des modifications constitutionnelles et territoriales. Exiger des modifications territoriales dans des discours et des manifestations n'entraîne pas forcément une menace pour l'intégrité territoriale ou la sécurité nationale du pays[96].

III — LES ATTROUPEMENTS

6.45 ▸ **Notion.** L'attroupement, à la différence de la manifestation sur la voie publique, serait spontané et dépourvu d'une conscience collective. L'article 431-3 du Code pénal lui imprime une connotation inquiétante : « tout rassemblement de personnes sur la voie publique ou dans un lieu public susceptible de troubler l'ordre public ». L'analyse portera d'abord sur l'attroupement armé : prévention et répression (A), puis sur la dispersion des attroupements : sommation et usage éventuel de la force (B).

A - L'ATTROUPEMENT ARMÉ : PRÉVENTION ET RÉPRESSION

6.46 ▸ **Encadrement pénal.** L'article L. 211-3 du Code de la sécurité intérieure prévoit ; si les circonstances font craindre des troubles graves à l'ordre public et à compter du jour de déclaration d'une manifestation sur la voie publique, ou si la manifestation n'a pas été déclarée, dès qu'il en a connaissance ; que le représentant de l'État dans le département, et à Paris le préfet de police, peut interdire pendant les vingt-quatre heures qui la précèdent et jusqu'à sa dispersion le port et le transport sans motif légitime d'objets pouvant constituer une arme au sens de l'article 132-75 du Code pénal. L'aire géographique où s'applique cette interdiction se limite aux lieux de la manifestation, aux lieux avoisinants et à leur accès, son étendue devant demeurer proportionnée aux nécessités que font apparaître les circonstances. Ces mesures préventives, qui ont été amendées par le Conseil constitutionnel[97], accompagnent des dispositions du Code pénal qui répriment d'abord (art. 431-5) le fait de participer à un attroupement en étant porteur d'une arme (trois ans d'emprisonnement et 45 000 euros d'amende), ensuite la provocation directe à un attroupement armé selon les modalités décrites à l'article 431-6 (un an d'emprisonnement et 15 000 euros d'amende portés à sept ans d'emprisonnement et 100 000 euros d'amende lorsque la provocation est suivie d'effet). Les personnes physiques coupables d'une des infractions prévues par les articles 431-5 et 431-6 encourent les mêmes peines complémentaires que les personnes physiques coupables d'avoir participé à une manifestation publique en étant porteur d'une arme[98]. Enfin, l'interdiction du territoire peut être prononcée soit à titre définitif, soit pour une durée de dix ans au plus à l'encontre de tout étranger coupable de l'une des infractions définies aux articles 431-5 et 431-6 (art. 431-8).

96. CEDH, 2 octobre 2011, *Stankov et Organisation macédonienne unie illiden c/ Bulgarie*, n° 29221/95 et n° 29225/95.

97. Cons. const., n° 94352, 18 janvier 1995, *JCP* 1995, II, 22525, note F. Lafay.

98. Art. 431-10 et 431-11 du Code pénal.

B - DISPERSION DES ATTROUPEMENTS : SOMMATIONS ET USAGE ÉVENTUEL DE LA FORCE

6.47 › **Régime.** Traditionnellement, les sommations opèrent le partage entre « les bons citoyens » qui se retirent et les autres[99] qui continuent volontairement à participer à l'attroupement, soit sans être porteur d'une arme (un an d'emprisonnement et 15 000 euros d'amende), soit en étant porteur d'une arme (cinq ans d'emprisonnement et 75 000 euros d'amende : art. 431-5 du Code pénal). Ce n'est que si deux sommations sont restées infructueuses que l'attroupement peut être dispersé par la force publique dans les conditions et les modalités de l'article L. 2119 (créé par ordonnance n° 2012-351 du 12 mars 2012) du Code de la sécurité intérieure ; il pourra être fait directement usage de celle-ci si des violences ou voies de fait sont exercées contre les représentants de la force publique ou s'ils ne peuvent défendre autrement le terrain qu'ils occupent (art. 431-3 et R. 431-1 du Code pénal, « De la participation délictueuse à attroupement », art. R. 431-1 et R. 431-5).

6.48 › La dispersion des attroupements par la force exige de la part du personnel de police sang-froid, efficacité et mesure. Celui-ci se trouve parfois en butte à des attroupés violents et dangereux qu'il doit réduire mais sans pour autant commettre des actes excessifs. L'article 9 du décret n° 86-592 du 18 mars 1986 portant Code de déontologie de la police nationale[100] dispose : « Lorsqu'il est autorisé par la loi à utiliser la force, et en particulier à se servir de ses armes, le fonctionnaire de police ne peut en faire qu'un usage strictement nécessaire et proportionné au but à atteindre ».

6.49 › **Recours à la force et article 2 Conv. EDH.** L'exigence de proportionnalité se trouve, déjà, inscrite au paragraphe 2 de l'article 2 de la Convention EDH. L'article 2, § 1 qui affirme le droit à la vie interdit que la mort soit infligée intentionnellement, sauf en cas d'exécution d'une sentence capitale régulièrement prononcée. L'article 2 § 2 dispose que : « La mort n'est pas considérée comme infligée en violation de cet article dans les cas où elle résulterait d'un recours à la force rendu absolument nécessaire :

a) pour assurer la défense de toute personne contre la violence illégale ;

b) pour effectuer une arrestation régulière ou pour empêcher l'évasion d'une personne régulièrement détenue ;

c) pour réprimer, conformément à la loi, une émeute ou une insurrection ».

L'article 2, § 2 fonde le contrôle, par la CEDH, du recours à la force meurtrière en cas d'insurrection. En regard des circonstances de fait, le contrôle de la Cour porte sur l'adéquation des moyens mis en œuvre pour atteindre l'objectif légitime de « réprimer, conformément à la loi, une émeute ou une insurrection » : il a été jugé

99. J. Duffar, « La loi anticasseurs : loi 70-480 du 8 juin 1970 tendant à réprimer certaines formes nouvelles de délinquance », *RDP* 1972, p. 49.

100. Dernière modification août 2001. Ce code compte seulement dix-neuf articles. Il est divisé en quatre titres : Titre préliminaire ; Titre Ier : « Devoirs généraux des fonctionnaires de la police nationale » ; Titre II « Droits et devoirs respectifs des fonctionnaires de police et des autorités de commandement » ; Titre III « Du contrôle de la police ».

que l'emploi d'un véhicule blindé, pour disperser une manifestation, ne constituait pas un moyen approprié[101]. Lorsque le recours à la force a entraîné la mort, l'article 2 implique l'obligation procédurale positive suivante : les actes des agents de l'État doivent être soumis à une forme d'enquête indépendante et publique, propre à déterminer si le recours à la force était « absolument nécessaire » dans les conditions particulières à une affaire et qui permet d'identifier et de juger les responsables[102]. Il appartient à l'État de démontrer que la « force meurtrière » n'a pas outrepassé le « absolument nécessaire » et le « strictement proportionné »[103].

Section III

LA LIBERTÉ D'ASSOCIATION

6.50 ▸ **De la liberté publique à la liberté constitutionnelle**. La liberté d'association est citée dans l'avis du Conseil d'État français du 13 août 1947[104] au nombre des libertés publiques, puis qualifiée de principe fondamental par son arrêt *Amicale des annamites de Paris*[105]. Dans sa célèbre décision du 16 juillet 1971 – *Liberté d'association*[106] –, le Conseil constitutionnel, en rattachant la liberté d'association à un principe fondamental reconnu par les lois de la République (et donc en l'intégrant au bloc de constitutionnalité) a précisé que cette liberté peut être soumise à un régime de déclaration préalable mais non d'autorisation préalable. Cette marge de manœuvre s'explique par le fait que les associations, conçues comme des groupements, doivent pouvoir se constituer plus librement que les sociétés dès lors qu'elles poursuivent un but autre que le partage des bénéfices.

---

101. CEDH, *Aytas c/ Turquie* (préc.), § 17 : « Lorsqu'un individu se trouve privé de sa liberté ou, plus généralement se trouve confronté à des agents des forces de l'ordre, l'utilisation à son égard de la force physique alors qu'elle n'est pas rendue nécessaire par son comportement porte atteinte à la dignité humaine et constitue, en principe une violation du droit garanti par l'article 3 ».

102. *Inter alia*, CEDH, 27 juillet 1998, *Gulec c/ Turquie*, déc. 10144/82 ; 10 juillet 1984, *Stewart c/ RU*, DR 39/162 ; V. aussi 6 octobre 1986, *Wolfgram c/ RFA*, déc. 11257/84, DR 49/213 ; 12 décembre 1998, *Kaya c/ Turquie*, § 87 ; 8 juillet 1999, *Cakiçi c/ Turquie*, § 86.

103. CEDH, 26 février 2008, *Mansuroglu c/ Turquie*, n° 43443/98. Sur la question v. J. Robert et J. Duffar, *Droits de l'homme et libertés fondamentales*, Montchrestien, coll. « Domat », 2009, n° 369.

104. Avis du Conseil d'État du 13 août 1974, EDCE n° 10 : « le terme de libertés publiques comprend, indépendamment de la liberté individuelle, les grandes libertés, qui n'étant pas limitées à l'individu seul, se manifestent en dehors et comportent l'action de coparticipants ou l'appel au public : en conséquence, rentrent notamment dans cette catégorie [...] la liberté de réunion, la liberté d'association et avec elle la liberté syndicale, la liberté de la presse et, d'une manière générale, de diffusion de la pensée ».

105. CE, Ass., 11 juillet 1956, *Amicale des Annamites de Paris*, req. n° 26638, *Rec.* p. 317 : « Tous les nationaux français et les ressortissants de l'Union française ont la qualité de citoyens de l'Union française qui leur assure la jouissance des droits et libertés garantis par le préambule de la présente Constitution ; qu'il résulte de cette disposition que les principes fondamentaux reconnus par les lois de la République et réaffirmés par le préambule de ladite Constitution sont applicables sur le territoire français aux ressortissants de l'Union française ; qu'au nombre de ces principes figure la liberté d'association ; que, dès lors, le ministre de l'Intérieur n'a pu, sans excéder ses pouvoirs, constater par l'arrêté attaqué en date du 30 avril 1953 la nullité de l'association déclarée des Annamites de Paris, dont les dirigeants et les membres étaient des ressortissants vietnamiens ». Par son arrêt ultérieur, CE, 24 janvier 1958, *Assoc. anciens combattants et victimes de guerre dépt. Oran*, le Conseil d'État qualifie la liberté d'association de « liberté constitutionnelle ».

106. Cons. const., 16 juillet 1971, déc. n° 71-44 DC.

6.51 › **Évolution historique.** Si l'on excepte l'affirmation éphémère de la liberté d'association par l'article 8 de la Constitution du 4 novembre 1848, sa reconnaissance législative est plus tardive que dans d'autres pays européens[107]. La méfiance à l'égard des associations se traduit juridiquement soit par un régime d'autorisation, soit par un régime d'interdiction.

– Régime d'interdiction sous la période révolutionnaire : suppressions des corporations de métiers (décret 2-17/3/1791) ; interdiction des associations d'ouvriers (loi Le Chapelier du 14-17 juin 1791) ; suppression des congrégations religieuses (décret 18 août 1792) ; suppression des clubs (Constitution 5 fructidor an III : 22 août 1795 art. 360-363). En 1852, les associations politiques sont interdites.

– Régime d'autorisation sous l'Ancien Régime, puis par application de l'article 291 du Code pénal de 1810 : « Nulle association de plus de vingt personnes dont le but sera de se réunir tous les jours ou à certains jours marqués, pour s'occuper d'objets religieux, littéraires, politiques ou autres ne pourra se former qu'avec l'agrément du Gouvernement et sous les conditions qu'il plaira à l'autorité publique d'imposer à la société ». Ce régime fut maintenu, puis aggravé par les lois du 10 avril 1834 et les décrets du 25 mars 1852 et 15 janvier 1853. L'article 291 fut encore appliqué en 1900.

6.52 › **Reconnaissance par la loi du 1er juillet 1901.** Des dispositions légales particulières marquent une progression du libéralisme dès le Second Empire, avec l'autorisation des sociétés de secours mutuels par la loi du 15 juin 1852, puis la loi du 21 juin 1865 relative aux associations syndicales. La consécration de la liberté d'association interviendra aux débuts de la IIIe République, de manière progressive : loi du 12 juillet 1875 qui fait échapper à l'article 291 du Code pénal les « associations formées dans un dessein d'enseignement supérieur » ; loi du 21 mars 1884 reconnaissant le droit syndical et, surtout, loi du 1er juillet 1901 relative au contrat d'association dont l'article 2 dispose que « les associations de personnes pourront se former librement sans autorisation ni déclaration préalable [...] ». Grande loi républicaine, la loi de 1901 est désormais le socle d'un tissu associatif en France, dont le succès est sans cesse croissant[108].

6.53 › **Droit européen.** Au-delà du droit interne, la liberté d'association est également reconnue par les droits européens. Pour la Conv. EDH, l'article 11 est, à nouveau, l'article de référence, il fait l'objet d'une jurisprudence abondante et constructive, à l'origine d'évolutions en droit français, notamment par

107. Article 20 de la Constitution belge du 7 février 1831 : les Belges ont le droit de s'associer ; ce droit ne peut être soumis à aucune mesure préventive ; Constitutions espagnoles de 1869 et de 1876 (première République espagnole) ; « Statuto Albertino » de 1848 au Piémont étendu en 1861 à tout le Royaume d'Italie : « Les citoyens ont le droit de s'associer librement, sans autorisation, pour des fins qui ne sont pas interdites aux individus par la loi pénale ». Enfin, les dispositions pertinentes de la Constitution du 12 septembre 1848 ont été reprises dans la Constitution fédérale suisse du 29 mai 1874 : les citoyens ont le droit de former des associations pourvu qu'il n'y ait dans le but de ces associations ou dans les moyens qu'elles emploient rien d'illicite ou de dangereux pour l'État.

108. L'importance du phénomène a pu justifier la création, par le décret n° 96-397 du 13 mai 1996 (*JORF*, 14 mai 1996, p. 7220), auprès du Premier ministre, d'un Conseil national de la vie associative. Des dispositions concrètes et en particulier fiscales ont été rassemblées dans la loi n° 96-559 du 24 juin 1996 portant diverses mesures en faveur des associations.

l'affirmation d'un droit à ne pas être contraint à s'associer[109]. Le lien est évident entre l'association et la démocratie, la première fait vivre les exigences de pluralisme et de liberté d'expression, nécessaires à l'effectivité de la seconde[110]. Il est, d'ailleurs, courant de constater que l'évolution des États vers la démocratie politique a été souvent précédée ou accompagnée par la reconnaissance juridique de la liberté d'association (Grèce, Espagne, Italie). En droit de l'Union, la liberté est garantie par l'article 12 de la Charte des droits fondamentaux de l'Union européenne. Cette reconnaissance s'inscrit dans le sens de la jurisprudence de la Cour de justice, qui avait déjà reconnue, notamment dans son arrêt *Bosman* qui mettait en cause les associations sportives, le droit d'association[111].

6.54 › **Plan.** La compréhension de la liberté d'association nécessite de présenter l'accès à l'association et le régime juridique de celle-ci. Cette double dimension renvoie au droit des personnes de s'associer (§ 1) et aux droits de l'institution, à savoir les droits des associations (§ 2).

§ 1 – LE DROIT DES PERSONNES DE S'ASSOCIER

Après avoir précisé la notion d'association (I), seront successivement étudiés le droit de créer une association (II) puis les conditions d'adhésion aux groupements (III).

I – LA NOTION D'ASSOCIATION

6.55 › **Une convention.** L'article 1er de la loi du 1er juillet 1901 définit l'association comme « la convention par laquelle deux ou plusieurs personnes mettent en commun d'une façon permanente leurs connaissances ou leur activité dans un but autre que de partager des bénéfices »[112]. Ce texte est éclairé par un arrêt du 7 avril 1987 de la Première chambre civile de la Cour de cassation : « Le contrat d'association est un contrat de droit privé soumis, sauf restriction prévue par la loi ou fixée par les statuts eux-mêmes, au principe de la liberté contractuelle ». L'association se compose d'un groupe ; à la différence de la réunion ou de la manifestation, elle est constituée de façon permanente. Fondée sur la mise en commun d'éléments en général immatériels tels les connaissances ou l'activité, elle peut poursuivre tous les buts légitimes sauf le partage des bénéfices, qui

109. CEDH, Gde Ch., 29 avril 1999, *Chassagnou et a. c/ France*, n° 25088/94.

110. « Dans sa jurisprudence la Cour a confirmé à de nombreuses reprises la relation directe entre la démocratie, le pluralisme et la liberté d'association et a établi le principe selon lequel seules des raisons convaincantes et impératives peuvent justifier des restrictions à cette liberté ». CEDH, *Déc. Ertan*, 21 mars 2006. L'ensemble de ces restrictions est soumis à un contrôle rigoureux de la Cour, Grande Chambre, 17 février 2004, *Gorzelik c/ Pologne*, n° 44158/98, § 88.

111. CJCE, 15 décembre 1995, *Union royale belge des sociétés de football association ASBL c/ J.-M. Bosman*, aff. C-415/93.

112. Cette définition appelle un rapprochement avec l'article 140-1 de la loi n° 2008-776 du 4 août 2008 de modernisation de l'économie, qui définit le fonds de dotation comme : « une personne morale de droit privé à but non lucratif qui reçoit et gère, en les capitalisant, des biens et droits de toute nature qui lui sont apportés à titre gratuit et irrévocable et utilise les revenus de la capitalisation en vue de la réalisation d'une œuvre ou d'une mission d'intérêt général ou les redistribue pour assister une personne morale à but non lucratif dans l'accomplissement de ses œuvres et de ses missions d'intérêt général ».

est au contraire la condition d'existence des sociétés[113]. L'association est, ainsi, d'abord définie par le législateur comme une convention. Ce terme a été critiqué par les auteurs attachés à distinguer entre les contrats qui concrétisent des buts différents et ceux qui génèrent des institutions caractérisées par la poursuite, dans la durée, d'un but unique et commun[114]. La réalisation de ce but n'est pas garantie par l'article 11 de la Convention EDH[115]. La spécificité du contrat d'association est de donner naissance à une institution : l'association est une personne morale née d'un accord de volontés[116].

6.56 ▸ **Une notion autonome en droit européen.** Les textes internationaux (*inter alia* articles 22 du PIDCP et 11 de la Convention EDH) garantissent la liberté d'association, mais son contenu a été précisé dans la jurisprudence. La Cour EDH reconnaît le caractère autonome de la notion : elle examine les entités et les confronte à certains critères (nature, origine, buts et moyens) et détermine s'il s'agit d'« associations » au sens de l'article 11[117]. La définition retenue par le droit européen est volontairement très large : est une association un groupement volontaire constitué en vue d'un but commun[118]. En s'affranchissant des qualifications nationales, la jurisprudence européenne étend le champ d'application de la liberté d'association, ainsi que la CEDH l'a souligné dans son arrêt *Chassagnou c/ France*, relatif à l'obligation d'adhésion, en France, aux ACCA (associations communales de chasses agréées), « si les États contractants pouvaient à leur guise qualifier une association de « publique » ou de « para-administrative » pour la faire échapper au champ d'application de l'article 11, cela équivaudrait à leur accorder une latitude qui risquerait de conduire à des résultats incompatibles avec le but et l'objet de la Convention, qui consiste à protéger des droits non pas théoriques et illusoires mais concrets et effectifs »[119].

6.57 ▸ **Nécessité d'un groupement volontaire.** L'association suppose un groupement volontaire en vue de la réalisation d'un objectif commun[120], doté d'une certaine organisation même informelle[121]. Dès lors, toute relation avec d'autres personnes ne bénéficie-t-elle pas de la garantie de l'article 11 de la Convention EDH. On ne peut pas, par exemple, déduire de cet article le droit pour des détenus de partager la compagnie d'autres détenus, d'avoir avec ceux-ci des contacts dans ce sens[122], plus généralement le droit de bénéficier

113. Cass., ch. réunies, 11 mars 1914, *Caisse rurale de la commune de Manigod*, *DP* 1914 I, 257, note L-S. Le solde de l'actif ou boni de liquidation ne peut être dévolu aux membres sauf, par exception, s'il s'agit du solde non utilisé des cotisations ; il doit être versé à un organisme à but non lucratif poursuivant un objet similaire et désigné ou non dans les statuts. En droit de l'Union, l'absence de but lucratif n'exclut pas que certaines associations exercent une activité économique, et, par voie de conséquence, qu'elles soient qualifiées d'entreprises au sens du droit de l'Union, afin de les soumettre aux règles de concurrence et au régime des libertés de circulation ; CJCE, *Commission c/ République Italienne*, aff. C119/06.

114. M. Hauriou, *La théorie de l'Institution et de la Fondation*, 4e cahier de la Nouvelle Journée, 1925, 29-128.

115. Comm. EDH, 6 juillet 1977, *Association X c/ Suède*, déc. 6094/73, DR 9/5.

116. C. Debbasch, J. Bourdon, *Les associations*, PUF, coll. « Que sais-je ? », 1re éd., 1985, p. 34.

117. CEDH, 29 avril 1999, *Chassagnou c/ France*, § 100.

118. CEDH, 23 juin 1981, *Le Compte, Van Leuven et De Meyere*, n° 6878/75 et 7238/75, § 31.

119. CEDH, 29 avril 1999, *Chassagnou c/ France*, n° 25088/94, § 100.

120. Comm. EDH, 14 décembre 1979, *Young, James et Webster*, n° 167.

121. Comm. EDH, *Mc Feeley c/ RU*, déc. n° 8317/78, 114, DR 20/44.

122. *Ibid.*

de la compagnie d'autrui ou encore le droit d'un détenu de s'entretenir avec un conseil en brevets et la possibilité d'exploiter une invention à des fins commerciales[123]. Dans ces exemples, la communauté de but faisait défaut.

Le corolaire du caractère volontaire qui s'attache à l'association est la nécessité, pour celle-ci, de présenter une autonomie suffisante pour ne pas apparaître comme un démembrement de l'État ou d'une collectivité. À ce titre, dans un arrêt récent du 14 janvier 2016, *Société Vignobles Paul Jeune c/ Association Inter Rhône*[124], la Cour de cassation a eu à statuer sur la possibilité d'invoquer l'article 11 de la Conv. EDH à l'égard d'une association de vignerons, créée par la puissance publique, et dont la composition, le fonctionnement, les objectifs et les modes de financement direct ou indirect, ainsi que la perception de cotisations obligatoires résulte de la loi et de la mise en œuvre d'accords interprofessionnels étendus par arrêtés. L'adhésion à cette association était par ailleurs obligatoire pour qu'un producteur, sous la forme d'une EARL, puisse bénéficier de l'appellation d'origine contrôlée. Dans cette hypothèse, le caractère volontaire de l'association présente un caractère fictif, dès lors que celle-ci peut être vue comme une association transparente, instituée pour réguler une profession. Il s'ensuit que l'invocation de l'article 11 est inopérante. Même si la Cour de cassation ne l'indique pas dans sa motivation, ladite association doit être considérée comme un groupement.

6.58 ❯ **Groupement et parti politique.** La communauté de but est également partagée par les membres d'un parti politique, qui constitue « une forme d'association essentielle au bon fonctionnement de la démocratie, eu égard à l'importance de celle-ci dans le système de la Convention, [les partis politiques] relèvent sans aucun doute de l'article 11 »[125]. La reconnaissance de partis politiques par l'article 4 de la Constitution ne les exclut pas de leur cadre législatif qui est la loi du 1er juillet 1901. Ils ne peuvent en conséquence être soumis à un contrôle préalable[126]. L'article 11 de la Convention EDH garantit, à cet égard, la liberté d'association et partant la liberté d'être membre d'un parti politique[127]. La responsabilité de l'État sera engagée s'il a manqué à l'obligation positive de protéger judiciairement un salarié du secteur privé contre un licenciement discriminatoire uniquement fondé sur son appartenance à un parti politique déterminé. Eu égard à l'importance des partis politiques et de la démocratie dans le système de la Convention, la possibilité légale de licencier un salarié dans ces conditions emporte en elle-même des potentialités d'abus en l'absence de garanties judiciaires. La déficience de l'État dans la protection judiciaire des

123. Comm. EDH, 8 octobre 1982, *X c/ RU*, déc. 9054/80 ; Comm. EDH, 13 mars 1986, *B c/ RU*, déc. 11617/85, citées par S. Lewis-Anthony, Conseil de l'Europe, *Liberté d'association*, Les Éditions du Conseil de l'Europe, 1994, p. 41.

124. Cass. 1re civ., 14 janvier 2016, *Société Vignobles Paul Jeune c/ Association Inter Rhône*, n° 14-26443.

125. CEDH, 30 janvier 1998, *Parti communiste unifié de Turquie c/ Turquie*, § 25. Il s'ensuit que la participation des agents publics à des activités politiques entre dans le champ de l'article 11 (CEDH, 2 septembre 1998, *Ahmed et a. c/ Royaume-Uni*).

126. Certains particularismes favorables aux partis politiques découlent en particulier de l'article 7 de la loi 88-227 du 11 mars 1988 relative à la transparence financière de la vie politique (personnalité morale ; droit d'ester en justice, acquisition de biens à titre gratuit). V. Th. Renoux et M. de Villiers, *Code constitutionnel* sous l'article C 4, p. 234 et s., et Cl. Leclercq, *Droit constitutionnel et institutions politiques*, Litec, 1995, p. 140 et s.

127. CEDH, 8 mars 1995, *Van der Heijden c/ PB*, déc. 11002/84, DR 41/264.

opinions ou des affiliations des salariés constitue une violation de l'article 11[128]. Ce n'est là qu'un exemple des obligations positives de l'État. L'article L. 111-1 du Code de la sécurité intérieure dispose en particulier que l'État « associe à la politique de sécurité [...] les représentants [...] des associations confrontés aux manifestations de la délinquance ou œuvrant dans les domaines de la prévention, de la médiation, de la lutte contre l'exclusion ou de l'aide aux victimes ».

II – LE DROIT DE CRÉER UNE ASSOCIATION

6.59 › **Principe de liberté.** La création de l'association est libre sous réserve de ne pas avoir un objet illicite. Ce principe de liberté, sans lequel il ne saurait véritablement exister de vie associative, est un reflet de l'état de la démocratie dans un pays[129]. Il implique qu'aucune autorité administrative ou judiciaire est nécessaire pour créer l'association. En France, le contrat d'association obéit aux principes généraux du droit applicables aux contrats et obligations (L. 1er juillet 1901, art. 1 *in fine*) : consentement, capacité, objet et cause licites. Une association non déclarée résulte du seul contrat, qui peut être seulement verbal. Depuis, la loi n° 2011-893 du 28 juillet 2011 pour le développement de l'alternance et la sécurisation des parcours professionnels[130], la création d'une association peut également être le fait de deux personnes mineures. Dans d'autres systèmes juridiques, la création d'une association ne nécessite pas la conclusion préalable d'une convention ; ainsi, l'article 18 de la Constitution italienne du 27 décembre 1947 dispose que « les citoyens ont le droit de s'associer librement, sans autorisation, à des fins que la loi pénale n'interdit pas. Sont interdites les associations secrètes et celles qui poursuivent, même indirectement, des buts politiques au moyen d'organisations de caractère militaire ». La doctrine interprète ces « associations secrètes » comme ayant pour but de créer des centres autonomes de pouvoir à l'intérieur de l'État pour les développer contre l'intérêt national. Une loi du 25 janvier 1982 a appliqué ces dispositions constitutionnelles pour dissoudre une association particulière liée à la maçonnerie[131]. En tout état de cause, le principe de liberté de création d'une association est également garanti par l'article 11 de la Convention EDH : « La possibilité pour les citoyens de former une personne morale afin d'agir collectivement dans un domaine d'intérêt commun constitue un des aspects les plus importants du droit à la liberté d'association, sans quoi ce droit se trouverait dépourvu de toute signification »[132].

---

128. CEDH, 6 novembre 2012, *Redfearn c/ RU*, n° 47335/06, § 55-57.
129. CEDH, 8 octobre 2009, *Tebieti Muhafize Cemiyyeti et Israfilov c/ Azerbaïdjan*, n° 37083/03, § 52-53.
130. L'article 45 de la loi a créé l'article 2 *bis* (V) de la loi du 1er juillet 1901 relative au contrat d'association : « Les mineurs de seize ans révolus peuvent librement constituer une association. Sous réserve d'un accord écrit de leur représentant légal, ils peuvent accomplir tous les actes utiles à son administration, à l'exception des actes de disposition » ; cette disposition nouvelle prolonge concrètement l'article 15 de la Convention sur les droits de l'enfant « Les États parties reconnaissent les droits de l'enfant à la liberté d'association [...] ». Pour les aspects pratiques v. le site Service-Public. fr : *Je crée une association*.
131. Pr Barberini, *Séminaire de Reykjavik*, Conseil de l'Europe, *op. cit.*, p. 55, Voir l'article 22, § 5 de la Constitution espagnole : les associations secrètes et celles qui ont un caractère paramilitaire sont interdites.
132. CEDH, 10 juillet 1998, *Sidiropoulos c/ Grèce*, § 40 ; « ... eu égard à la place éminente de la liberté d'association dans une société démocratique, un individu ne jouit pas de cette liberté si les possibilités de choix ou d'action

6.60 › **Contenu de la déclaration.** Les fondateurs d'une association non déclarée, qui n'a pas la personnalité juridique, peuvent souhaiter un instrument mieux adapté à la réalisation des buts qu'ils veulent atteindre. Dans ce cas, ils doivent faire connaître, déclarer l'association. À la différence de l'association non déclarée, dont la création ne demande aucune formalité juridique, les fondateurs (art. 1 du décret du 16 août 1901) d'une association déclarée doivent souscrire seulement une déclaration préalable faite à la préfecture ou à la sous-préfecture du lieu du siège social. Le principe de la liberté d'association, tel qu'il résulte des dispositions générales de la loi du 1er juillet 1901, constitue l'un des principes fondamentaux reconnus par les lois de la République et solennellement réaffirmés par le Préambule de la Constitution : au nombre de ces dispositions générales figure le régime de la déclaration préalable auquel sont soumises les associations désireuses d'obtenir la reconnaissance de leur capacité juridique[133].

La déclaration est accompagnée des statuts déposés en deux exemplaires signés par les fondateurs ou au moins par les administrateurs : elle fait connaître le titre, l'objet de l'association, le siège de ses établissements, les noms, professions, domiciles et nationalités de ceux qui à un titre quelconque sont chargés de son administration ou de sa direction. En même temps est faite une demande de publication au *JORF*. C'est à partir de cette publication que l'association obtient la personnalité morale et sa capacité juridique. Il en est donné récépissé (loi du 1er juillet 1901, art. 5) sans que, sous une forme quelconque, l'autorité compétente puisse interférer dans la délivrance de ce document qui doit être automatique. En d'autres termes, l'autorité préfectorale a compétence liée, n'ayant d'autre attribution que celle de constater l'accomplissement matériel de la déclaration. Le récépissé avait été refusé aux fondateurs de l'association « Les amis de la cause du peuple ». Après l'annulation de ce refus par le Tribunal administratif de Paris (jugement du 15 juillet 1970), le gouvernement tente de faire modifier la loi du 1er juillet 1901 mais le Conseil constitutionnel déclare inconstitutionnelle la modification qui tendait à subordonner l'acquisition de la capacité juridique des associations à un contrôle préalable : les associations se constituent librement et peuvent être rendues publiques sous la seule réserve du dépôt d'une déclaration préalable ; qu'ainsi, à l'exception des mesures susceptibles d'être prises à l'égard de catégories particulières d'associations, la constitution d'associations, alors même qu'elles paraissent entachées de nullité ou auraient un objet illicite, ne peut être soumise pour sa validité à l'intervention préalable de l'autorité administrative ou même de l'autorité judiciaire[134]. La liberté d'association a valeur constitutionnelle.

---

qui lui restent se révèlent inexistantes ou réduites au point de n'offrir aucune utilité » ; également, CEDH, 27 septembre 2011, *Sisman c/ Turquie*, n° 1305/05, § 34.

133. CE, Ass., 29 avril 1994, *Haut commissaire de la République en Nouvelle-Calédonie*, *Lebon*, 205.

134. Cons. const., 16 juillet 1971, *Liberté d'association*, 71-44 DC, *Rec.* 29, rappelé par Cons. const., 2 août 1991, *Loi relative au congé de représentation en faveur des associations et des mutuelles et au contrôle des comptes des organismes faisant appel à la générosité publique*, n° 91-299 DC. À titre d'illustration du droit de toute personne de constituer une association : dans un lotissement, les propriétaires de lots peuvent former une association déclarée, Cass. 3e civ., 30 mars 1978, *Bull. civ.* III, n° 127.

6.61 › **Évolution du régime des associations étrangères.** Il faut mentionner ici un régime juridique d'autorisation qui, supprimé en France, subsiste encore dans certains pays[135]. La loi du 1er juillet 1901 comportait, jusqu'à ce qu'il fût abrogé par la loi 81-909 du 9 octobre 1981, un titre IV : « Des associations étrangères » définies par l'article 26 comme des groupements qui en particulier « sont dirigés en fait par des étrangers ou bien ont soit des administrateurs étrangers, soit un quart au moins de membres étrangers ». Ces associations ne pouvaient se former ni exercer une activité en France sans une autorisation préalable du ministre de l'Intérieur. D'ailleurs, l'article 1, § 2 de la Convention internationale sur l'élimination de toutes les formes de discrimination raciale du 21 décembre 1965 précise que la Convention ne s'applique pas aux distinctions, exclusions, restrictions ou préférences établies par un État partie à la Convention selon qu'il s'agisse de ses ressortissants ou de non-ressortissants. De même, l'article 16 de la Convention EDH dispose qu'aucune des dispositions des articles 10 (liberté d'expression), 11 (liberté de réunion pacifique et d'association) et 14 (non-discrimination) ne peut être considérée comme interdisant aux États d'imposer des restrictions à l'activité politique des étrangers. Les applications de cet article sont rares[136] et « seules des considérations très fortes peuvent l'amener [la Cour] à estimer compatible avec la Convention une différence de traitement exclusivement fondée sur la nationalité »[137]. Ainsi la différence de régime juridique n'aurait pu vraisemblablement être maintenue, d'autant que les citoyens de l'Union européenne sont assimilés en fait aux nationaux et comme ceux-ci peuvent exercer une activité politique en constituant des associations et des partis.

6.62 › **Associations d'utilité publique.** Si la « petite personnalité » de l'association déclarée ne paraît pas suffisante pour les fins poursuivies, ses membres peuvent souhaiter obtenir pour elle la « grande personnalité » : elle doit pour cela être reconnue d'utilité publique, mais ce n'est pas un droit. La demande est signée de toutes les personnes déléguées à cet effet par l'assemblée générale (art. 9 décret du 16 août 1901). La reconnaissance par décret pris en Conseil d'État ne peut intervenir qu'à l'issue d'une période probatoire de trois ans[138] et si l'association, par son objet, son audience et le nombre de ses adhérents, présente un caractère d'intérêt général. Le décret du 16 août 1901 énumère les documents qui doivent composer le dossier de demande (art. 10), et en particulier les statuts qui reproduisent le plus souvent le modèle établi par le Conseil d'État. La demande, d'abord instruite par le ministère, est transmise au Conseil

135. Il existerait encore des restrictions au droit des étrangers de s'associer au Royaume-Uni, en Allemagne, en Italie, en Grèce, en Belgique et au Luxembourg. A. David, *Séminaire de Reykjavik*, Conseil de l'Europe, p. 95. V. D. Ruzie, « Les droits publics et politiques du travailleur étranger », octobre 2005, *SFDE*, colloque de Clermont-Ferrand 1979, p. 332-333.

136. Dans l'arrêt CEDH, 27 avril 1995, *Piermont c/ France* n° 15773/89 et 15774/89, § 64, la Cour considère que l'appartenance de la requérante à un État membre de l'Union européenne ne permet pas de lui opposer l'article 16 de la Convention.

137. CEDH, 16 septembre 1996, *Gaycusuz c/ Autriche*, § 36 et n° 40080/07 ; CEDH, 28 octobre 2010, *Fawsie c/ Grèce*, § 35.

138. Cette période n'est pas exigée si les ressources prévisibles sur un délai de trois ans sont de nature à assurer l'équilibre financier de l'association (loi art. 10). *Le contrôle par le Conseil d'État des associations reconnues d'utilité publique, EDCE*, 1980-81, p. 135-146.

d'État pour avis (décret du 16 août 1901, art. 12). Celui-ci ne lie pas le Premier ministre qui décide de l'opportunité d'accorder la reconnaissance. En contrepartie de ces contraintes, l'association reconnue d'utilité publique dispose d'une capacité élargie, elle peut recevoir à titre gratuit après autorisation. Cette situation se rapproche alors de la fondation.

6.63 › **Congrégations.** Le régime juridique des associations reconnues d'utilité publique appelle un rapprochement avec celui des congrégations (loi du 1er juillet 1901 art. 13-15) qui leur est spécifique. Dans un avis du 14 décembre 1989, le Conseil d'État indique que : « tout groupement de personnes qui réunit un ensemble d'éléments de nature à caractériser une congrégation, tels que la soumission à des vœux et à une vie en commun selon une règle approuvée par une autorité religieuse, ne peut que se placer sous le régime de la congrégation religieuse défini par le Titre III de la loi du 1er juillet 1901, et non sous le régime des associations régies par le Titre I de cette loi » (*EDCE*, 1989, p. 246). Les fondateurs d'une congrégation nouvelle doivent constituer un dossier de demande (décret du 16 août 1901, art. 16-33) qui comporte des projets de statuts contenant les mêmes indications et engagements que ceux des associations reconnues d'utilité publique. Le dossier est moindre lorsque la demande porte seulement sur la fondation d'un nouvel établissement d'une congrégation déjà autorisée. La reconnaissance des congrégations nouvelles est accordée par décret rendu sur avis conforme du Conseil d'État ; celle d'établissements nouveaux par décret en Conseil d'État[139].

6.64 › **Associations cultuelles.** Pour compléter cette présentation, il faut mentionner les associations pour l'exercice d'un culte qui font l'objet du Titre IV (art. 18-24) de la loi du 9 décembre 1905 concernant la séparation des Églises et de l'État. Ces associations dites « cultuelles » doivent être composées au moins d'un nombre minimum de personnes en rapport avec la population de la commune et avoir exclusivement pour objet l'exercice d'un culte. En dehors de ces particularités et d'une capacité plus étendue, les associations cultuelles doivent être constituées par leurs fondateurs conformément aux articles 5 et suivants de la loi du 1er juillet 1901[140].

139. Décret du 12 septembre 1995 portant reconnaissance légale et approbation des statuts d'un établissement particulier d'une congrégation et l'autorisant à accepter un transfert gratuit d'immeubles et décret du 12 septembre 1995 portant modification des statuts d'une congrégation (Congrégation des sœurs de Saint-Joseph d'Annecy, *JORF*, 19 septembre 1995, p. 13755) ; décret du 24 août 1995 portant reconnaissance légale de la Communauté bouddhiste Dashang Kagyu Ling ; décret du 24 août 1995 portant reconnaissance légale de la congrégation dite Monastère orthodoxe Saint-Silouane, *JORF*, 31 août 1995, p. 12899 ; décret du 24 janvier 1996 portant reconnaissance légale de la Communauté du Monastère du Carmel de l'Hermitage de Saint-Sever, *JORF*, 31 janvier 1996, p. 1510 ; décret du 23 janvier 1996 portant reconnaissance légale de la Congrégation des bénédictines adoratrices de Bellemagny (Haut-Rhin), *JORF*, 30 janvier 1996, p. 1451. Décret du 28 novembre 2012 portant reconnaissance légale de la congrégation des sœurs carmélites de l'Enfant Jésus de Bagnères de Bigorre (*JORF* n° 0279 du 30 novembre 2012, p. 18799) ; Décret du 28 janvier 2013 portant reconnaissance légale de la congrégation Province de France des augustins de l'Assomption (*JORF* n° 0025 du 30 janvier 2013, p. 1806).

140. Cette exigence est entendue strictement par la jurisprudence du Conseil d'État. V. Y.-Desmurs-Moscet, « Régime des cultes », *Jurisclasseur administratif.* F. 215 n° 15-17 et J. Duffar, « Problématique de la loi du 9 décembre 1905 », Questions choisies, *LPA*, 1er mai 1996, p. 10-14.

III – LES CONDITIONS D'ADHÉSION AUX GROUPEMENTS

Il faut distinguer deux situations : celle de l'association, groupement privé auquel chacun est libre d'adhérer sous réserve des règles du groupement (B) et les organismes portant diverses appellations constituées sous forme d'associations auxquels l'adhésion est obligatoire (A).

A - L'OBLIGATION D'ADHÉRER À CERTAINS GROUPEMENTS

6.65 ▸ **Notion de groupement.** Les groupements relèvent le plus souvent du droit public. Ils ont été créés par un acte unilatéral. En principe, il est inopérant pour les adhérents « malgré eux » d'invoquer à leur encontre les principes de la liberté d'association : l'ordre des médecins[141], les associations de chasse agréées[142] (jusqu'à l'arrêt de la CEDH, *Chassagnou*, du 29 avril 1999), l'association française des banques (adhésion obligatoire des banques[143]). L'identification des groupements repose, principalement, sur les conditions de leur création (acte unilatéral et non contrat), sur les missions de service public dont ils sont investis et, le cas échéant, sur les prérogatives de puissance publique qui leur sont dévolues[144]. Récemment, le Conseil d'État[145], et implicitement la Cour de cassation[146], ont, sur le fondement de ces critères, reconnu le caractère de groupement à des organisations professionnelles en matière agricole et vinicole, dès lors que celles-ci sont dotées de prérogatives de puissance et de la possibilité de percevoir des cotisations afin de suivre et contrôler l'attribution d'une appellation d'origine.

6.66 ▸ **Évolution de l'obligation d'adhésion à des groupements.** La jurisprudence des organes de Strasbourg exclut aussi les associations de droit public à affiliation obligatoire du champ d'application de l'article 11 de la Convention EDH. Ne constituent pas des associations au sens de cette disposition : l'ordre des médecins

141. Cass. 1re civ., 26 avril 1983, *Gaz. Pal.* 6-8/11/1983, p. 2.

142. Cass. 1re civ., 3 mai 1995 et Cass. 3e civ., 16 mars 1994, *JCP* 1995, II, 22464, note L. Bore ; CE, 10 mai 1995, *Montion* : la loi du 10 juillet 1984 a institué des ACCA par le préfet dans le but d'assurer une meilleure organisation technique de la chasse en France ; en vue de mettre ces organismes à même d'exécuter la mission de service public qui leur est confiée, diverses prérogatives de puissance publique leur ont été conférées. Les dispositions de l'article 11 de la Convention EDH et 22 du PIDCP ne sauraient en tout état de cause être invoquées utilement pour contester la légalité de la décision du Président de l'ACCA refusant de procéder au retrait de leur propriété du périmètre de l'association. Déc. 12314/86 37, *Membres du Comité de défense contre la Constitution d'associations communales de chasse agréées dans le département de l'Allier*, 6 mars 1989, DR 60/172.

143. D. Turpin, *Libertés publiques et Droits fondamentaux*, Sup'Foucher, 2009, n° 911.

144. En s'appuyant sur la notion autonome d'association, le Conseil d'État a, par exemple, exclu du champ d'application de l'article 11 les compagnies de commissaires aux comptes compte tenu des missions de service public dont elles sont investies et auxquelles elles participent (CE, 23 février 2000, *P. Guez*, n° 173290). En revanche, bien que soumise à un contrôle étroit de l'autorité administrative, une mutuelle constitue un groupement privé à but non lucratif établi à l'initiative de ses membres pour mener une action de prévoyance, de solidarité et d'entraide, et géré par eux, et qui ne dispose pas de prérogatives de puissance publique. En conséquence, elle est regardée comme une association au sens de l'article 11 de la Convention (CE, 22 novembre 2000, *Mutuelles Inter-jeunes et Abed*).

145. CE, 15 février 2016, *Groupement foncier agricole des Rouges Terres de la Forêt*, n° 389313.

146. Cass. 1re civ., 14 janvier 2016, *Société Vignobles Paul Jeune c/ Association Inter Rhône*, *op. cit.*

belges[147], l'ordre des chirurgiens vétérinaires[148], l'ordre des avocats, l'ordre français des architectes[149] ou les chambres de commerce d'Autriche[150]. À titre d'exemple, l'obligation faite aux étudiants suédois de faire partie d'associations qui élisent des représentants dans les organes de l'université, d'en payer la cotisation faute de quoi ils peuvent être exclus de l'enseignement et des examens n'est pas incompatible avec l'article 11 de la Convention EDH : « Qui n'offre une protection qu'en ce qui concerne les associations privées et les syndicats mais non les institutions officielles »[151]. La Cour a marqué toutefois, progressivement, sa distance à l'endroit des distinctions du droit interne telle que celles entre association privée et association publique. Dès lors qu'« il s'agit de déterminer s'il s'agit d'"associations" au sens de l'article 11 de la Convention [...]. La notion d'« association » possède donc une portée autonome : la qualification en droit national n'a qu'une valeur relative et ne constitue qu'un simple point de départ »[152]. Par ailleurs, en s'appuyant sur l'article 11 de la Convention, la Cour de cassation considère que les clauses par lesquelles le bailleur oblige le preneur d'un bail commercial à adhérer à une association locale de commerçants sont nulles de plein droit, en ce qu'elles violent manifestement le principe de la liberté d'association[153].

B - LA LIBERTÉ D'ADHÉRER AUX ASSOCIATIONS

6.67 › **Principe de liberté d'adhésion.** À la différence des groupements pour lesquels l'appartenance est obligatoire, l'adhésion à une association est libre, même si celle-ci n'est pas tenue d'accepter tous ceux qui sont postulants (Cass. 1re civ., 7 avril 1987). Cette liberté des personnes est inhérente à toute convention qui, aux termes de l'article 1 de la loi, définit l'association. Aussi, ni la loi ni le décret du 16 août 1901 ne la mentionnent. La Commission des droits de l'homme a ainsi déclaré que l'article 11 de la Convention EDH garantit un

147. CEDH, 23 juin 1981, *Lecompte, Van Leuven et De Meyere*, n° 62-65.
148. Comm. EDH, 12 mars 1981, déc. 8734/79, DR 26/145.
149. Déc. 9164/80, 5 mai 1981, V. J. Velu et R. Ergec, *La Convention européenne des droits de l'homme*, Bruylant, 1990, n° 796 ; Déc. 13750/88, *A et autres c/ Espagne*, 2 juillet 1990, DR 66/188, déc. 14331/88 et 14332/88, *Revertet Legallais c/ France*, 8 septembre 1989, DR 62/309 : l'ordre des architectes n'est pas une organisation privée mais un organisme de droit public. Il n'est pas une association au sens de l'article 11. Les architectes conservent la liberté de former avec leurs confrères des associations professionnelles pour la défense de leurs intérêts professionnels auxquelles ils ont toute latitude d'adhérer. Pas d'atteinte à la liberté d'association.
150. Comm. EDH, 10 juillet 1991, *Weiss c/ Autriche*, déc. 14596/89, DR 71/158.
151. 6 juillet 1977, *Association X c/ Suède*, déc. 6094/73, DR 9/11. À rapprocher d'une décision du 31 mai 1974, 5767/72 : ni l'existence, ni l'autonomie d'un organisme public comme une commune, non plus que les fonctions officielles exercées dans le cadre d'un tel organisme ne sont protégées par l'article 11. Les communes ne sont pas des associations constituées par des individus qui s'y affilieraient librement mais des organismes de droit public, *Annuaire* 1974, n° 1, 7, p. 355 – V. J. Duffar, « La liberté d'association dans la Convention européenne des droits de l'homme », *LPA*, 24 avril 1996, n° 50, p. 41-43. Selon la jurisprudence du Tribunal fédéral suisse, seules les personnes physiques peuvent se prévaloir de la liberté d'association (ATF 100 1 à 276 et 97-I-121). Les personnes morales de droit privé ne jouissent pas de la liberté d'association, NU, CCPR C/81/Add. 8 ; 26 mai 1995, n° 393.
152. CEDH, *Chassagnou c/ France*, 29 avril 1999, 100, *op. cit.*
153. Cass. 3e civ., 12 juin 2003, *EURL Arlatex c/ SNC Les Marguerites*, n° 02-10778 : « alors que la clause d'un bail commercial faisant obligation au preneur d'adhérer à une association des commerçants et à maintenir son adhésion pendant la durée du bail est entachée d'une nullité absolue, la cour d'appel a violé [l'article 11 Conv. EDH] » ; Cass. 1re civ., 12 juillet 2012, *Société Normandie Automatic*, n° 11-17587.

droit général d'affiliation des personnes[154]. Par deux décisions du 2 août 2001, *N. F. et Grande Oriente d'Italia di Palazzo Giustiniani*, la Cour a considéré que l'interdiction d'appartenir à la franc-maçonnerie, pour occuper certains emplois publics, constituait une violation de l'article 11 de la Conv. EDH, dès lors qu'il était fait obligation de déclarer son appartenance[155].

6.68 ▸ **Liberté de ne pas adhérer.** Le corollaire de la liberté d'adhésion des personnes est celle de refuser d'adhérer à une association. Par exemple, l'adhésion ne peut être automatique pour les collaborateurs bénévoles et les salariés de l'association (Cass. civ., 15 mai 1985) ou pour tous les membres d'une commune (Cass. 1re civ., 8 novembre 1978), nul ne peut être contraint d'adhérer à une association (Cass. 1re civ., 23 février 1960) : « hors les cas où la loi en décide autrement, nul n'est tenu d'adhérer à une association régie par la loi du 1er juillet 1901, ou, y ayant adhéré, d'en demeurer membre » (Cass. Ass. plén., 9 février 2001).

Après avoir été progressivement affirmé dans les décisions de l'ancienne Commission européenne des droits de l'homme[156], le « droit » à ne pas s'associer a été formellement reconnu par la Cour dans l'arrêt *Sigurjônsson c/ Islande* du 30 juin 1993[157]. Après avoir rappelé que la FRAMI était une organisation d'exploitants de taxis de droit privé, à laquelle le requérant devait obligatoirement s'affilier, la Cour a considéré que l'article 11 consacre un droit d'association négatif qui exclut les accords de monopole syndical. Ainsi, l'obligation faite au requérant de demeurer membre de la FRAMI, pour conserver sa licence, est une coercition qui atteint la substance même du droit que protège l'article 11 et constitue en soi une ingérence dans la liberté d'association. Prévue par la loi et poursuivant un but légitime – la protection des droits et libertés d'autrui –, l'ingérence n'était pas en revanche nécessaire dans une société démocratique : les mesures incriminées se révèlent disproportionnées à l'objectif légitime poursuivi. La reconnaissance d'un droit à ne pas s'associer sera ultérieurement au centre de la célèbre affaire *Chassagnou c/ France*, dans laquelle la Cour constate l'incompatibilité avec l'article 11 de la loi dite Verdeille relative aux ACCA, associations communales de chasses agréées. Tout en reconnaissant un but légitime de gestion rationnelle de la chasse, la Cour constate que la loi porte une atteinte disproportionnée aux droits des petits propriétaires en les obligeant à ouvrir aux chasseurs la possibilité de chasser sur leur terre. Le

---

154. Le libre choix de ses adhérents doit être reconnu à une association et l'indication figurant dans un écrit selon laquelle cette association acceptait de nouveaux membres ne constitue pas une pollicitation l'obligeant à les inscrire ; Cass. 1re civ., 7 avril 1987, *Bull. civ.* I, n° 119 p. 91. Voir Déc. 1028/61, *X c/ Belgique*, 18 septembre 1961, *Rec.* 5/69.

155. CEDH, 2 août 2001, *Grande oriente d'Italia di Palazzo Giustiniani c/ Italie*, n° 35972/97.

156. La Commission avait déjà admis que d'une manière générale la liberté d'association implique la liberté de ne pas s'associer ou de ne pas s'affilier à une association réserve faite de certaines situations spécifiques, notamment celles qui résultent de relations régies par le droit public : Déc. 9926/82, *X c/ Pays-Bas*, 1er mars 1983, DR 32/277. V. aussi, CEDH, Gde Ch., *Sorensen et Rasmussen c/ Danemark*, n° 52562/99 et 52620/99, 72-75. La Cour s'est fondée notamment sur la Charte sociale européenne et la jurisprudence de ses organes de contrôle ainsi que sur d'autres instruments européens ou universels et a considéré qu'il existait en la matière un degré croissant de consensus au niveau international, CEDH, Gde Ch., n° 34503/97, 13 novembre 2008, 77.

157. CEDH, 30 juin 1993, *Sigurdur A. Sigurjonsson c/ Islande*, n° 16130/90, § 35. Rappelant que la Convention est « un instrument de droit vivant, à interpréter à la lumière des conditions d'aujourd'hui », « il échet donc de considérer que l'article 11 consacre un droit d'association négatif ».

législateur a tiré les conséquences de cette condamnation par la loi n° 2000-698 du 26 juillet 2000.

6.69 ▸ **Liberté de quitter l'association**. Les membres de l'association doivent être en mesure de la quitter, à condition qu'ils aient satisfait aux obligations qu'ils ont souscrites par leur affiliation. L'article 4 de la loi de 1901 dispose que tout membre d'une association, qui n'est pas formée pour un temps déterminé, peut s'en retirer en tout temps, après paiement des cotisations échues et de l'année courante, nonobstant toute clause contraire[158]. Outre le départ volontaire, le sociétaire peut être exclu de l'association dans le respect des droits de la défense : il doit être informé avec précision des faits qui lui sont reprochés, de l'objet disciplinaire de la convocation, il doit être mis en mesure de s'expliquer sur les faits et les pièces qui lui auront été préalablement communiquées avant le prononcé d'une éventuelle sanction[159].

6.70 ▸ **Principe d'égalité des voix**. La distinction établie, en particulier, par l'article 1 du décret du 16 août 1901 qui désigne : « Ceux qui à un titre quelconque sont chargés de l'administration ou de la direction de l'association » n'affecte pas le droit de tous les membres de l'association de participer à voix égale aux réunions de l'assemblée générale à condition d'être à jour de leur cotisation.

§ 2 – LES DROITS DES ASSOCIATIONS

6.71 ▸ Une fois constituée, l'association doit être en mesure de vivre et de mettre en œuvre son objet. Le « droit à la vie » de l'entité ainsi créée soulève trois séries de questions qui tiennent à la personnalité juridique (I), à la capacité juridique (II), et au droit de l'association de ne pas être supprimée arbitrairement (III).

I – LA PERSONNALITÉ JURIDIQUE

6.72 ▸ **Conséquences de la personnalité.** L'association, qui est une convention, peut être soumise à titre volontaire à la formalité de l'enregistrement pour lui donner date certaine. La personnalité juridique de l'association résulte d'une opération complexe composée d'une déclaration suivie d'une publication au *Journal officiel*. L'autorité qui reçoit la déclaration est tenue d'en délivrer récépissé (loi du 1er juillet 1901, art. 5) et l'association n'est rendue publique que par une insertion au *Journal officiel* sur la production de ce récépissé (loi du 1er juillet 1901, art. 5). En revanche, les associations ne peuvent pas être inscrites au registre du commerce et des sociétés. La Chambre commerciale de la Cour de cassation a estimé que la liste des personnes morales énumérées à l'article 1 du décret n° 84-406 du 30 mai 1984 relatif au registre du commerce et des sociétés est limitative et qu'une association ne pouvait, en conséquence, obtenir

158. On en rapprochera la liberté de pensée, de conscience et de religion des ecclésiastiques selon l'article 9 de la Convention EDH. Celle-ci se trouve respectée lorsqu'est garantie la possibilité de quitter l'Église dont ils sont les ministres, déc. 7374/76, *X c/ Danemark*, 8 mars 1976, DR 5/157.

159. Cass. 1re civ., 29 mars 1989, *Bull. civ.* I, n° 141 ; Cass. 1re civ., 16 janvier 1996, *Bull. civ.* n° 179 ; 22 avril 1997, *Bull. civ.* n° 120.

son inscription au registre même à titre facultatif[160]. Un autre pourvoi soutenait, en outre, qu'en refusant à une association exerçant une activité commerciale, l'inscription au registre du commerce et des sociétés qui seule lui permettrait de bénéficier de la propriété commerciale et des garanties qui lui sont attachées, la cour d'appel avait violé l'article 11 de la Convention EDH. La Chambre commerciale s'est bornée à répondre que la cour d'appel a retenu à juste titre que la Convention EDH ne peut pas être invoquée par l'association pour réclamer son inscription au registre du commerce et des sociétés[161].

6.73 ▸ Le droit à la liberté d'association garanti par l'article 11 inclut la possibilité pour les citoyens de former une personne morale afin d'agir collectivement dans un domaine d'intérêt commun. Une conséquence de l'existence d'une association et de l'acquisition de sa personnalité est le droit à l'auto-organisation et la liberté de gestion. L'existence de cette liberté a pu être contestée en présence d'associations qui s'inscrivent dans un réseau ou une structure national qui prend la forme d'une fédération d'associations. Récemment, le Conseil d'État a eu à connaître du recours d'une association de pêche, qui contestait le fait que la Fédération nationale de la pêche imposait des statuts-types auprès des associations départementales, avec pour conséquence l'obligation de mettre en place un barème obligatoire de cotisation[162]. Bien que le Conseil d'État ne se réfère pas, dans cette espèce, à l'article 11 de la Conv. EDH ou à la loi de 1901, il rappelle toutefois l'absence de pouvoir de contrainte ou de tutelle d'une fédération nationale vis-à-vis des fédérations départementales ou de leurs associations adhérentes. Il faut voir dans l'affirmation de la latitude d'organisation une implication nécessaire de la liberté d'association.

6.74 ▸ **Nom de l'association.** Le nom étant un attribut de la personnalité juridique, l'association déclarée peut revendiquer l'usage et la protection de son nom dans la mesure où celui-ci, par son originalité, est susceptible de faire l'objet d'un droit privatif. Ce droit permet l'identification de l'association et prévient toute confusion éventuelle avec d'autres personnes morales, sociétés ou associations concurrentes. Il faut aussi rattacher à la personnalité juridique le pouvoir d'auto-organisation de l'association. L'association doit respecter les statuts qui ont été déposés et appliquer le règlement intérieur qui contient en général des dispositions disciplinaires[163]. Sous le contrôle des tribunaux et dans le respect des droits de la défense, l'association peut « se défendre » par des sanctions disciplinaires qui peuvent comporter la suspension ou l'exclusion[164], contre les membres qui la perturbent ou la menacent.

---

160. Cass. com., 1er mars 1994, *Bull. civ.* IV, n° 90.

161. Cass. com., 15 novembre 1994, 93-10. 193 A.

162. CE, 30 septembre 2015, *Association agréée pour la pêche et la protection des milieux aquatiques « Les deux vallées »*, n° 375095.

163. Dans l'arrêt *Siliadin c/ France* du 26 juillet 2005, n° 73316/01, § 83, évoquant les obligations positives des États, la Cour « relève que la Commission avait envisagé en 1983 que l'on pourrait faire valoir que la responsabilité d'un gouvernement est engagée dans la mesure où il a l'obligation de veiller à ce que les règles adoptées par une association privée ne soient pas contraires aux dispositions de la Convention, notamment lorsque les tribunaux nationaux sont compétents pour examiner les litiges relatifs à leur application » (Déc. *X. c/ Pays-Bas*, n° 9327/81, 3 mai 1981 ; DR 32/180).

164. Cass. 1re civ., 16 mai 1972, *Bull. civ.* I, n° 127 ; Cass. 1re civ., 28 octobre 1981.

6.75 ▸ **Régime en Alsace et Moselle.** Le régime issu de la loi de 1901 ne s'applique pas dans les trois départements du Bas-Rhin, du Haut-Rhin et de la Moselle. L'article 21 du Code civil local Alsace-Moselle dispose qu'« une association acquiert la capacité juridique par l'inscription au registre des associations du tribunal d'instance compétent ». Le dossier qui contient les mentions et pièces prévues par les articles 57, 58 et 59 de la loi est adressé au tribunal d'instance qui en vérifie la régularité[165]. Si la déclaration est admise, le tribunal d'instance doit la communiquer à l'autorité administrative compétente. L'alinéa 2 de l'article 61 ajoute que : « l'autorité administrative peut élever opposition contre l'inscription lorsque l'association est illicite ou peut être interdite d'après les règles du droit public des associations ou lorsqu'elle poursuit un but politique, social politique ou religieux ». Ce contrôle préventif paraît contraire au principe de la liberté d'association rappelé par la décision n° 71-44 du Conseil constitutionnel du 16 juillet 1971, mais il correspond aux « mesures susceptibles d'être prises à l'égard de catégories particulières d'associations » qui sont également prévues par la même décision[166] et il ne s'applique pas aux associations non déclarées.

L'opposition du préfet à l'inscription sur le registre d'une association de « mères porteuses » « Les Cigognes », est une mesure nécessaire dans une société démocratique à la prévention d'une infraction pénale, à savoir l'incitation à l'abandon d'enfants. Si cette opposition à l'inscription prive l'association de la personnalité juridique, ce droit n'est pas nécessairement impliqué par la liberté d'association au sens de l'article 11. La Commission relève que, même privée de la personnalité juridique, l'association peut se constituer librement, exercer certaines activités et posséder un patrimoine par l'intermédiaire de ses membres[167].

6.76 ▸ **Détournement de la fonction du statut associatif.** Dans plusieurs affaires, la Cour européenne a eu à connaître de litiges opposant des autorités publiques à des entités, qui cherchaient à obtenir le statut d'association pour bénéficier de la personnalité morale et exercer des activités éloignées d'un cadre associatif. Ainsi, dans l'affaire, jugée en Grande Chambre, *Gorzelik c/ Pologne*, la Cour a eu à connaître du refus, par les autorités polonaises, de conférer le statut d'association à une entité qui entend exercer une activité politique et qui contourne, par ce biais, les règles relatives aux partis politiques. Dans cette espèce, « l'État n'a pas restreint la liberté d'association des requérants en tant que telle. Les autorités n'ont pas empêché les intéressés de constituer une association pour exprimer et promouvoir les particularités d'une minorité, mais de créer une personne morale, laquelle, par la voie de l'enregistrement en vertu de la loi sur les associations et du fait de la description qu'elle donnait

165. Texte reproduit dans E. Alfandari et A. Nardone, *op. cit.*, p. 162.

166. CE, S. 25 juillet 1980, *Min. de l'Intérieur c/ Église évangélique baptiste de Colmar, AJDA* 1981, concl. J.-M. Galabert, p. 207 ; CE, 22 janvier 1988, *Association les Cigognes, AJDA* 1988, p. 151.

167. Comm. EDH, 5 juin 1991, *Lavisse c/ France*, déc. 14223/88, DR 70/218. Dans des circonstances similaires, la Commission note que l'association requérante, bien que l'inscription au registre du commerce lui ait été refusée, n'a pas démontré qu'elle ne peut exercer ses fonctions en tant qu'association, déc. 18874/91, *X c/ Suisse*, 12 janvier 1994, DR 76B/49. V. J. Duffar, « La liberté d'association dans la Convention européenne », *LPA*, 24 avril 1996, p. 41.

d'elle-même à l'article 20 de ses statuts, aurait inévitablement pu prétendre, au titre de la loi de 1993 sur les élections, à un statut spécial »[168]. En revanche, si le statut d'association coïncide avec celui des partis politiques, le refus d'enregistrement de l'association constitue une violation manifeste de l'article 11. Tel est le cas du refus d'enregistrement du Parti communiste roumain[169], ou encore du Parti monarchiste en Bulgarie[170].

6.77 › **Accès à la justice.** La personnalité juridique des associations, déterminée par le droit de l'État conditionne, souvent, leur accès à la justice. Cet accès est-il supprimé si l'association est dissoute ? En droit français une association non déclarée, donc sans personnalité juridique peut contester la légalité des actes administratifs faisant grief aux intérêts qu'elle défend ; une association dissoute est recevable à attaquer le décret prononçant sa dissolution[171].

Il n'en va pas de même dans tous les systèmes juridiques. En jugeant que la requérante se trouvait dans l'incapacité d'ester en justice, faute de disposer de la personnalité juridique, les juridictions civiles grecques n'ont pas seulement sanctionné l'inobservation d'une simple formalité nécessaire à l'ordre public, mais lui ont imposé une véritable restriction l'empêchant de faire trancher par les tribunaux tout litige relatif à ses droits de propriété[172].

La perte de la personnalité juridique ferait-elle obstacle à la saisine de la Cour par une association ? Une entité sans personnalité peut-elle se prétendre « victime » au sens de l'article 34 de la Convention ? Les normes internes pertinentes n'ont pas nécessairement le même objet que l'article 34 et que la Convention dont le but sous-jacent est « de fournir une garantie effective et pratique aux personnes touchées par des violations des droits fondamentaux ». L'article 34 confère un droit à « toute personne » même insolvable[173] et ce même principe s'applique ici, sinon la Cour ne pourrait s'assurer du respect des droits garantis par la Convention. La Cour a déjà reconnu la qualité de victime à un parti politique, qui, non inscrit par les autorités nationales, se trouvait privé d'existence en droit interne[174]. La Cour reconnaît à cette association dissoute la qualité de victime au sens de l'article 34 de la Convention[175].

II — LA CAPACITÉ JURIDIQUE

La question sera évoquée par rapport à la distinction légale des associations non déclarées (A) ; déclarées (B) et reconnues d'utilité publique (C).

---

168. CEDH, 17 février 2004, *Gorzelik et a. c/ Pologne*, n° 44158/98.
169. CEDH, 3 février 2005, *Partidul Comunistilor et Ungureanu c/ Roumanie*, n° 46626/99.
170. CEDH, *Özbeck et a. c/ Turquie*, 6 octobre 2009, n° 35570/02, § 37-40.
171. CE, 21 mars 1919, *Dame Polier* ; CE, 31 octobre 1969, *Syndicat de défense des eaux de la Durance*, *Rec.*, 462.
172. CEDH, 16 décembre 1997, *Église catholique de la Canée c/ Grèce*, § 40-42 ; 9 décembre 1994, *Les Saints Monastères c/ Grèce*, § 83.
173. CEDH, 29 novembre 1991, *Pine valley Developments Ltd c/ Irlande*, § 42.
174. CEDH, 16 décembre 2003, *Partidul comunistilor (nepeciristi) c/ Roumanie*, déc. n° 6626/99.
175. CEDH, 9 novembre 2010, *Agvps-Bacau c/ Roumanie*, n° 19750/03, § 36-40, § 36-40.

A - LES ASSOCIATIONS NON DÉCLARÉES

6.78 › **Capacités des associations non déclarées.** Elles ont une existence légale par le contrat. L'association est une convention (loi art. 1) qui les fonde, mais elles sont en principe privées de toute capacité juridique[176].

Cependant, il est admis, pour leur fonctionnement, qu'elles peuvent recevoir des cotisations, agir en justice en défense[177], former un recours pour excès de pouvoir[178], contracter par l'intermédiaire d'un représentant explicitement mandaté par tous ses associés. L'ensemble du patrimoine est la propriété indivise de tous les membres de l'association[179]. Les mêmes règles s'appliquent à peu près aux associations non inscrites des trois départements. L'association non déclarée ou non reconnue n'est pas particulière au droit français. L'article 2 de la Constitution italienne du 27 décembre 1947 dispose que : « La République reconnaît et garantit les droits inviolables de l'homme, aussi bien en tant qu'individu que dans les formations sociales où s'exerce sa personnalité ». L'article 18 précise que « les citoyens ont le droit de s'associer librement, sans autorisation, pour des fins qui ne sont pas interdites aux individus par la loi pénale ». L'administration exerce un contrôle préalable à la reconnaissance qui ne porte en principe que sur la forme. Le refus de reconnaissance sera opposé aux organisations dont l'objet n'est pas précisé dans l'acte constitutif, à celles qui ne sont pas démocratiques ou dont le patrimoine est considéré insuffisant pour réaliser leur but. Malgré son caractère limité, l'existence de ce contrôle paraît rebuter bon nombre d'associations, dont notamment les partis et les syndicats. Ceux-ci ne solliciteraient pas leur reconnaissance pour être à l'abri des contraintes ultérieures qui pourraient peser sur leur fonctionnement (contrôle des dépenses). Le Code civil néerlandais distingue entre les associations ayant la pleine capacité juridique et les associations de fait ayant une capacité restreinte mais variable selon qu'elles sont inscrites ou non sur le « registre public » de la Chambre de commerce et d'industrie. Les associations sans capacité juridique sont soumises aux articles 21 à 54 du Code civil allemand (*BGB*). Elles n'ont pas la personnalité juridique mais sont dirigées par deux organes : l'assemblée des membres et le directoire. En général, cette situation est provisoire jusqu'à ce que la capacité juridique de l'association soit reconnue[180].

B - LES ASSOCIATIONS DÉCLARÉES

6.79 › **Opposabilité de la personnalité.** À partir de la publication au *Journal officiel*, la personnalité de l'association est opposable aux tiers. Elle jouit alors de la

---

176. L'étude comparative menée sur le contrôle exercé par les États sur les organisations non gouvernementales dans 25 des 47 États du Conseil de l'Europe montre que les entités sans personnalité juridique jouissent d'une autonomie beaucoup plus étendue que les entités dotées de la personnalité. Elles n'encourent des immixtions des pouvoirs publics que si leurs activités sont illégales ou préjudiciables à l'ordre public. V. *infra*. Cour, n° 37083/03, 40.

177. Cass. civ., 20 mars 1989.

178. CE, Ass., 31 octobre 1969, *Syndicat de défense des canaux de la Durance et sieur Blanc*, *AJDA* 1970, p. 252, obs. P. Landon ; A. Lavagne, *RTD sanit. soc.* 1970, 62. V. Mme P. Fombeur, « La jurisprudence du Conseil d'État et la liberté d'association ».

179. V. E. Alfandari et A. Nardone, *Les associations et fondations*, *op. cit.*, p. 111-112.

180. V. E. Alfandari et A. Nardone, *op. cit.*, p. 181, 235, 285.

capacité définie à l'article 6 de la loi du 1er juillet 1901 : ester en justice, recevoir les cotisations et les apports de ses membres, posséder un droit privatif sur son nom. Les associations déclarées[181] peuvent exercer diverses activités : activité économique ou commerciale à condition que les excédents éventuels de bénéfices soient réinvestis dans l'association et non distribués entre les membres. Leur capacité sera souvent accrue dans des domaines particuliers si elles ont obtenu un agrément administratif préalable : activités de tourisme et de loisirs (loi du 11 juillet 1975), activités sportives officielles (loi du 16 juillet 1984), domaine sanitaire et social, etc.

6.80 › **Capacité patrimoniale.** Enfin, la capacité est importante en matière patrimoniale. Toute association régulièrement déclarée peut acquérir, à titre onéreux, avoir un patrimoine propre, mais elle ne peut posséder que les seuls immeubles strictement nécessaires à l'accomplissement du but qu'elle se propose, ni recevoir des libéralités (dons et legs) à l'exception des dons manuels qui ne peuvent être que de faible valeur[182]. Certaines associations peuvent recevoir des dons et legs (associations de bienfaisance, association cultuelle : art. 19, L. 5 décembre 1905), mais après y avoir été autorisées soit par le préfet, soit par le Conseil d'État selon leur montant. L'analyse juridique ne suffit pas à rendre compte de l'importance économique et sociale des associations déclarées : environ un million (augmentation de 70 000 par an) ; elles emploient environ 1 600 000 salariés et 12 millions de bénévoles avec 21 millions d'adhérents[183]. La centralité des associations et la diversité des fonctions qu'elles exercent trouvent un écho dans la jurisprudence de la Cour européenne, qui souligne « le rôle essentiel joué par les partis politiques pour le maintien du pluralisme et de la démocratie, les associations créées à d'autres fins, notamment la protection du patrimoine culturel ou spirituel, la poursuite de divers buts sociaux ou économiques, la proclamation et l'enseignement d'une religion, la recherche d'une identité ethnique ou l'affirmation d'une conscience minoritaire, sont également importantes pour le bon fonctionnement de la démocratie. En effet, le pluralisme repose aussi sur la reconnaissance et le respect véritables de la diversité et la dynamique des traditions culturelles, des identités ethniques et culturelles, des convictions religieuses, et des idées et concepts artistiques, littéraires et socio-économiques. Une interaction harmonieuse entre personnes et groupes ayant des identités différentes est essentielle à la cohésion sociale. Il est tout naturel, lorsqu'une société civile fonctionne correctement, que les citoyens participent dans une large mesure au processus démocratique par le

---

181. À l'intérieur des lycées, sont aussi déclarées les associations composées d'élèves et le cas échéant d'autres membres de la communauté éducative de l'établissement, dont le fonctionnement est autorisé par le conseil d'administration dans les conditions prévues par l'article R. 511-9 du Code de l'éducation (créé par le décret n° 2009-553 du 15 mai 2009).

182. Aux termes de l'article L. 2121-29 du Code général des collectivités territoriales, le Conseil municipal règle par ses délibérations les affaires de la commune ; il en résulte qu'une association ne peut recevoir des subventions d'une commune que si cette intervention présente un intérêt local. Annulation des subventions octroyées à une association d'obédience maçonnique : elles sont destinées à faciliter son fonctionnement et non à répondre à des besoins de la population locale, CA Marseille, 6 janvier 2011, req. n° 08MA02999, *Centre culturel montpelliérain*, *AJDA* 2011, 1205, note, F. Tsiadino Rakotondrahaso. À rapprocher des arrêts analysés dans la chronique de X. Domino et A. Bretonneau, « Le sacré le local », *AJDA* 2011, p. 1667-1681.

183. D. Turpin, *op. cit.*, n° 893, p. 327 avec des informations sur le financement.

biais d'associations au sein desquelles ils peuvent se rassembler avec d'autres et poursuivre de concert des buts communs »[184].

6.81 ▸ **Partis politiques.** La loi du 11 mars 1998 relative à la transparence financière de la vie politique confère aux partis politiques la personnalité juridique de plein droit : « Les partis et groupements politiques se forment et exercent leur activité librement ; ils jouissent de la personnalité morale ; ils ont le droit d'ester en justice ; ils ont le droit d'acquérir à titre gratuit et à titre onéreux des biens meubles et immeubles ; ils peuvent effectuer tous les actes conformes à leur mission »[185]. Dans d'autres pays européens, la personnalité juridique des partis (comme d'ailleurs celle des religions) est subordonnée à leur enregistrement par les autorités.

C - LES ASSOCIATIONS RECONNUES D'UTILITÉ PUBLIQUE

6.82 ▸ **Conditions.** La capacité patrimoniale des associations reconnues d'utilité publique par décret en Conseil d'État est plus large que celle des associations seulement déclarées. Le principe est qu'elles peuvent faire tous les actes de la vie civile qui ne sont pas interdits par leurs statuts (loi du 1er juillet 1901, art. 11). Elles ne peuvent posséder ou acquérir d'autres immeubles que ceux nécessaires au but qu'elles se proposent. Les immeubles qui ne seraient pas nécessaires sont aliénés dans les délais et dans la forme prescrits par l'autorisation d'acceptation de la libéralité. Le prix en est versé à la caisse de l'association. Elles peuvent recevoir des dons et legs mais après obtention d'une autorisation administrative préalable selon la valeur de la libéralité (art. 910 du Code civil).

III — LE DROIT DE NE PAS ÊTRE SUPPRIMÉES ARBITRAIREMENT

Après avoir présenté l'encadrement, par le droit de la Convention, des procédures de dissolution des associations, incluant les partis politiques (A), il convient de revenir sur les hypothèses de dissolution judiciaire (B), puis administrative (C) en droit français.

A - UNE JURISPRUDENCE EUROPÉENNE FAVORABLE À LA PROTECTION DES ASSOCIATIONS

6.83 ▸ **Protection contre les dissolutions arbitraires.** Le droit à l'existence des associations comprend notamment le droit d'être reconnues ainsi que le droit de ne pas disparaître, sinon dans les cas déterminés par la loi et selon les formes qu'elle a prescrites. Le principe selon lequel la liberté d'association inclut également un droit à ne pas disparaître, notamment dans l'hypothèse d'une incompatibilité des statuts de l'association avec la politique de l'État, a initialement été

184. CEDH, 17 février 2004, *Gorzelik c/ Pologne*, n° 44158/98, § 92.

185. Le refus d'agrément de l'association de financement, constituée par le Parti nationaliste basque – l'essentiel de ses ressources provenant du Parti nationaliste basque espagnol, en violation de l'article 11-4 de la loi n° 88-227 du 1er mars 1988 qui prohibe le financement d'un parti politique par toute personne morale de droit étranger – constitue une ingérence dans l'exercice du droit à la liberté d'association du parti, qui peut passer pour nécessaire dans une société démocratique à la défense de l'ordre (non-violation de l'article 11). CEDH, 7 juin 2007, *Parti nationaliste basque – Organisation régionale d'Iparralde de France*, n° 71251/01.

dégagé par la Cour européenne dans des affaires mettant en cause des partis politiques, notamment dans la célèbre décision *Parti communiste unifié de Turquie*[186]. Il s'agit là d'une jurisprudence qui présente des analogies avec celle relative aux refus d'enregistrement, par les autorités nationales, d'une association. Dans les deux cas, en l'absence de projet consistant à remettre en cause un régime démocratique, à promouvoir le recours à la force ou à compromettre gravement l'ordre public, un refus d'enregistrement ou une dissolution ne peuvent être justifiés au regard de la Convention[187]. Soucieuse de cohérence avec sa jurisprudence relative à la liberté d'expression, la Cour souligne que le fait que l'activité d'une association choque, inquiète, ou consiste à défendre des idées minoritaires dans la société, ne justifie ni un défaut d'enregistrement, ni une mesure de dissolution[188].

6.84 › **Contentieux de dissolution et de refus d'enregistrement.** La jurisprudence européenne fournit plusieurs exemples de refus d'enregistrement et de dissolution d'associations et de partis politiques – en particulier de religions[189].

– Dans l'affaire *Koresty c/ Ukraine*, la Cour a condamné le défaut d'enregistrement d'une association (« le Comité civique pour la conservation d'espaces naturels sauvages en Bereznyaky »), alors qu'il n'existait aucune allégation de moyens non démocratiques ou violents. Le refus d'accorder la personnalité juridique constitue une ingérence évidente dans la liberté d'association des requérants[190].

– Dans l'affaire *Ekoglasnost c/ Bulgarie*, relative à un parti politique, est constituée comme incompatible avec l'article 11, combiné au droit à des élections libres (article 3 du Protocole 1), l'exigence, pour un parti, de bénéficier d'un cautionnement électoral et de présenter 5 000 signatures[191]).

186. « [...] dont la protection s'étend à toute la durée de la vie des associations, leur dissolution par les autorités d'un pays devant, en conséquence, satisfaire aux exigences du paragraphe 2 de cette disposition », CEDH, *Parti communiste unifié de Turquie c/ Turquie*, n° 19392/92, § 33.

187. Le rejet de la demande d'enregistrement est une mesure radicale qui ne peut s'appliquer qu'aux cas les plus graves : CEDH, 12 novembre 2003, *Parti socialiste de Turquie*, § 51. En l'absence de projet tendant à compromettre le régime démocratique et de justification du recours à la force, le refus d'enregistrement est disproportionné au but de changer la législation et partant non nécessaire dans une société démocratique. CEDH, 7 décembre 2006, *Linkov c/ République tchèque*, n° 10504/03, § 45, et CEDH, 11 octobre 2007, *Bekir Ousta c/ Grèce* : refus d'enregistrer une association d'une minorité musulmane, violation de l'article 11 ; CEDH, 15 septembre 2011, *Republican Party of Russia v. Russia*, § 100-131.

188. CEDH, 20 octobre 2005, *Ouranio Toxo c/ Grèce*, n° 74989/01, § 34-37 (carence des autorités à protéger les valeurs intrinsèques à un système démocratique : pluralisme, tolérance et cohésion sociale). « [...] Un exercice réel et effectif de la liberté d'association ne se limite pas à un simple devoir de non-ingérence de l'État ; [...] il peut exister des obligations positives inhérentes à un respect effectif de la liberté d'association [...] Partant, il incombe aux autorités publiques de garantir le bon fonctionnement d'une association ou d'un parti politique même quand ceux-ci heurtent ou mécontentent des "éléments hostiles" aux idées ou revendications légales qu'ils veulent promouvoir. Leurs membres doivent pouvoir se réunir sans avoir à redouter les brutalités que leur infligeraient leurs adversaires. Pareille crainte risquerait de dissuader d'autres associations ou partis politiques de s'exprimer ouvertement sur des sujets brûlants de la collectivité ».

189. CEDH, 10 juillet 2010, *Témoins de Jéhovah de Moscou c/ Russie*, n° 302/02, § 35-49 : refus d'enregistrer les témoins de Jéhovah de Moscou après l'entrée en vigueur de la loi du 1er octobre 2007 sur la liberté de conscience et des religions. V. aussi la violation des articles 9 et 14 : refus de la Croatie de conclure des accords avec des communautés protestantes privant celles-ci, notamment, de l'effet civil des mariages célébrés par leurs pasteurs : CEDH, 9 décembre 2010, *Savez crkava « Rijec zivota » c/ Croatie*, n° 7798/08.

190. CEDH, 3 avril 2008, *Koretsky c/ Ukraine*, n° 40269/02, § 44-57.

191. CEDH, 6 novembre 2012, *Ekoglasnost c/ Bulgarie*, n° 30386/05, § 72.

– Plus généralement, pour déterminer si le refus d'enregistrement d'un parti par les autorités nationales répond à un « besoin social impérieux », « la Cour doit principalement rechercher : i) s'il existe des indices montrant que le risque d'atteinte à la démocratie est suffisamment et raisonnablement proche ; ii) si les actes et les discours des dirigeants pris en considération dans le cadre de l'affaire sont imputables au parti en cause ; iii) si les actes et les discours imputables au parti politique constituent un ensemble donnant une image nette d'un modèle de société conçu et prôné par le parti et qui serait en contradiction avec le concept de « société démocratique ».

6.85 ▸ **Contentieux de la dissolution – Associations.** Quelques exemples de dissolution d'associations par les autorités nationales qui ont été censurées par la Cour :

– Le tribunal correctionnel de Fathi a non seulement condamné pénalement les dirigeants pour avoir fait des déclarations d'ordre politique contraires à l'objet social, mais il a aussi prononcé la dissolution immédiate de l'association : une telle sanction est trop sévère et ne peut passer pour proportionnée, la nature et la lourdeur des peines sont des éléments à prendre en compte pour mesurer la proportionnalité de l'ingérence : violation de l'article 11[192].

– Enregistrée le 19 juin 2000, la Cour constitutionnelle, le 21 mars 2001, déclare les statuts et le programme de l'association nuls et non avenus, et donc contraires à la Constitution : l'association devait cesser toute activité *ipso jure*. Les points cruciaux qui ont déterminé la Cour constitutionnelle sont le nom de l'association et les théories de Radko dont elle se réclamerait. La Cour conclut à la violation de l'article 11, après avoir constaté que l'association se bornait à vouloir instaurer un débat démocratique par des publications et des conférences. Elle a été sanctionnée pour le seul exercice de la liberté d'expression. Les motifs invoqués par les autorités pour dissoudre l'association n'étaient ni pertinents ni suffisants ; les ingérences qui ne visaient pas un besoin impérieux n'étaient pas nécessaires dans une société démocratique[193].

6.86 ▸ **Contentieux de la dissolution – partis politiques.** Le contentieux de la dissolution des partis politiques suit, de manière générale, le même schéma que celui des associations, sur le fondement de l'article 11. Dès lors qu'un parti ne met pas en cause la démocratie et ne contient pas d'appel à la violation, l'existence de prises de position critiques, revendicatives et hostiles à l'égard de dirigeants politiques ne peut justifier une dissolution. Celle-ci est à l'évidence disproportionnée car non nécessaire dans une société démocratique[194]. À l'inverse, le projet d'un parti d'instaurer un régime par la force, de promouvoir la charia et d'envisager un système multi-juridique en fonction de la religion des personnes justifie la dissolution d'un parti (en l'occurrence le Parti Refah en

192. CEDH, 10 octobre 2006, *Tunceli Kultur Ve Dayanisma Dernegi c/ Turquie*, n° 61353/00, § 32-35.

193. CEDH, 15 janvier 2009, *Association of Citizens Radko et Paunkovski c/ Ex-République Yougoslave de Macédoine*, n° 71651/01, § 74-78.

194. *Inter alia* CEDH, 30 janvier 1998, *Parti communiste unifié c/ Turquie* ; 25 mai 1998, *Parti socialiste* ; 8 décembre 1999, *Parti Ozdep* ; 9 avril 2002, *Yazar et Parti HEP* ; 10 décembre 2002, *Dicle pour le DEP* ; 12 novembre 2003, *Parti STP c/ Turquie*.

Turquie) et ne viole pas l'article 11[195]. La prise en compte des discours, des intentions, les différentes prises de positions des dirigeants sont ici des paramètres essentiels.

Mais, au-delà des discours et du contenu du programme tel qu'il résulte des statuts, la dissolution peut être admise à titre préventif. Ainsi, l'organisation militaire ou paramilitaire d'un parti ou un mode de financement occulte peuvent être également des facteurs légitimes pour justifier une dissolution, sans méconnaître l'article 11. Tel est le cas du parti basque Batasuna[196] ou du parti Vona en Hongrie[197].

B - LA DISSOLUTION JUDICIAIRE

Celle-ci peut être obligatoire ou facultative.

6.87 › **Causes de nullité.** La dissolution est obligatoire en cas de nullité prévue par l'article 3 de la loi du 1er juillet 1901 : « Toute association fondée sur une cause ou en vue d'un objet illicite, contraire aux lois, aux bonnes mœurs, ou qui aurait pour but de porter atteinte à l'intégrité du territoire national et à la forme républicaine du gouvernement est nulle et de nul effet »[198]. L'article 7 prévoit qu'en cas de nullité prévue par l'article 3, la dissolution est prononcée par le tribunal de grande instance, soit à la requête de tout intéressé, soit à la diligence du ministère public. Les fondateurs, directeurs ou administrateurs de l'association qui se serait maintenue ou reconstituée illégalement après le jugement de dissolution, ainsi que les personnes qui auront favorisé la réunion de l'association dissoute, en consentant l'usage d'un local dont elles disposent, seront punis de trois ans d'emprisonnement et de 45 000 euros d'amende. Par ailleurs, la dissolution de l'association peut être prononcée lorsque celle-ci ne peut plus exercer son objet. Tel est le cas, par exemple, lorsqu'un changement dans les circonstances de droit est de nature à créer « une impossibilité objective et irréversible » de réaliser le but de l'association[199].

Ont été annulées des associations de chiropracteurs, non titulaires du diplôme de docteur en médecine, de mères porteuses, d'organismes recueillant des huiles usagées, d'acupuncteurs non-médecins. La dissolution judiciaire peut être également prononcée à l'égard d'associations dont l'activité est illicite malgré un objet déclaré licite, par exemple une association créée pour décerner des récompenses et qui remettait des médailles portant confusion avec des décorations officielles[200]. En

---

195. CEDH, Gde Ch., 13 mai 2003, *Refah Partisi*.

196. CEDH, 15 janvier 2013, *Eusko Abertzale Ekintza-Accion Nacionalista Vasca c/ Espagne*, § 79.

197. CEDH, 9 juillet 2013, *Vona c/ Hongrie*.

198. Des dispositions similaires existent dans d'autres pays : l'article 18 de la Constitution italienne (cf. *supra*), l'article 22-5 de la Constitution espagnole ou encore l'article 78 de la Constitution du Danemark et 73 de la Constitution de l'Islande prévoient que les associations sont autorisées pour tout objectif licite. Cass. 1re civ., 23 février 1972. V. Y. Chartier, « La jurisprudence de la Cour de cassation et la liberté d'association », *in La liberté d'association et le Droit*, Conseil constitutionnel : Centenaire de la loi du 1er juillet 1901.

199. Ainsi, par exemple, lorsqu'un arrêté préfectoral modifie la liste des terrains et des parcelles sur lesquels peut s'exercer une activité de chasse et crée une impossibilité objective pour une association de chasse de développer son activité sur des terrains dont le statut a changé, v. récemment, Cass. 1re civ., 17 février 2016, *Association Groupement de la Bellevue*, n° 15-11143.

200. Cass. 1re civ., 23 février 1972, *Société française d'encouragement Le Mérite*, *Bull. civ.* I, n° 57 : « il importe peu que les statuts de l'association lui aient assigné d'autres buts présentant un caractère licite, dès lors que son objet

revanche, la Cour européenne a considéré que la dissolution judiciaire d'une association suisse de squatters était disproportionnée au regard des buts poursuivis (violation de l'article 11)[201].

6.88 ▸ L'article 7 alinéa 2 de la loi de 1901 prévoit qu'en cas d'infraction aux dispositions sur les déclarations (loi art. 5), la dissolution peut être prononcée comme pour l'alinéa 1, à la requête de tout intéressé ou du ministère public. Cette dissolution est facultative (Rép. min. Jodan, 2 décembre 1966). Dans les deux cas, l'association bénéficie du débat judiciaire contradictoire, des droits de la défense et des voies de recours.

C - LA DISSOLUTION ADMINISTRATIVE

6.89 ▸ **Code de la sécurité intérieure.** L'article L. 212-1du Code de la sécurité intérieure (créé par ordonnance n° 2012-351 du 12 mars 2012)[202] trouve son origine dans les articles 1 et 2 de la loi du 10 janvier 1936 (abrogés par l'article 19 de l'ordonnance préc. n° 2012-351 du 12 mars 2012). Par dérogation au régime libéral issu de la loi de 1901, qui prévoit que les associations se forment librement et qu'elles ne peuvent être dissoutes que par le juge judiciaire, cette législation permet la dissolution, par un décret du président de la République en Conseil des ministres, des associations ou groupements dont l'activité correspond au champ de la loi[203]. Sur ce fondement, « sont dissous, par décret en Conseil des ministres, toutes les associations ou groupements de fait :

1° Qui provoquent à des manifestations armées dans la rue ;

2° ou qui présentent, par leur forme et leur organisation militaires, le caractère de groupes de combat ou de milices privées ;

3° ou qui ont pour but de porter atteinte à l'intégrité du territoire national ou d'attenter par la force à la forme républicaine du Gouvernement ;

4° ou dont l'activité tend à faire échec aux mesures concernant le rétablissement de la légalité républicaine ;

5° ou qui ont pour but soit de rassembler des individus ayant fait l'objet de condamnation du chef de collaboration avec l'ennemi, soit d'exalter cette collaboration ;

6° ou qui, soit provoquent à la discrimination, à la haine ou à la violence envers une personne ou un groupe de personnes à raison de leur origine ou de leur appartenance ou de leur non-appartenance à une ethnie, une nation, une race ou une

---

essentiel est illicite, et qu'il suffit encore, pour que la nullité soit encourue, qu'au cours de la vie de l'association, celle-ci se soit détournée du but poursuivi à l'origine, dès lors que son objet est devenu illicite ».

201. CEDH, 11 octobre 2011, *Association Rhino c/ Suisse*, n° 48848/07.

202. Cette ordonnance résulte de la loi du 14 mars 2011 d'orientation et de programmation pour la performance de la sécurité intérieure. Cette loi a refondu la partie législative du Code de la sécurité intérieure.

203. L'intervention de l'autorité administrative, à la place du juge judiciaire, est jugée contraire, par plusieurs auteurs, à la loi de 1901, v. ainsi, S. Damarey, « La liberté d'association à l'épreuve de la dissolution administrative », *AJDA* 2012, p. 921 et s. ; G. Lebreton, « Liberté d'association », *in* D. Chagnollaud, G. Drago (dir.), *Dictionnaire des droits fondamentaux*, Paris, Dalloz, 2002, p. 33. Certains États ne connaissent pas le régime de la dissolution administrative, par exemple l'article 22, § 4 de la Constitution espagnole dispose que « Les associations ne pourront être dissoutes et leurs activités ne pourront être suspendues qu'en vertu d'une décision judiciaire motivée ».

religion déterminée, soit propagent des idées ou théories tendant à justifier ou encourager cette discrimination, cette haine ou cette violence ;

7° ou qui se livrent, sur le territoire français ou à partir de ce territoire, à des agissements en vue de provoquer des actes de terrorisme en France ou à l'étranger.

Le maintien ou la reconstitution d'une association ou d'un groupement dissous en application du présent article, ou l'organisation de ce maintien ou de cette reconstitution, ainsi que l'organisation d'un groupe de combat sont réprimées dans les conditions prévues par la section 4 du chapitre Ier du titre III du livre IV du Code pénal ».

Le maintien ou la reconstitution d'une association ou d'un groupement dissous en application du présent article, ou l'organisation de ce maintien ou de cette reconstitution ainsi que l'organisation d'un groupe de combat sont réprimés dans les conditions prévues par la section 4 du chapitre 1er du livre IV du Code pénal.

6.90 › **Mise en œuvre**. Antérieurement à la nouvelle formulation de l'article L. 212-1, les dispositions de la loi du 10 janvier 1936 sur les groupes de combat et les milices privées ont été utilisées, dans ces cas exceptionnels, pour dissoudre certaines associations[204]. Tel est le cas d'associations qui provoquent des manifestations armées dans la rue[205] ; celles qui présentent, par leur forme et leur organisation militaires le caractère de groupes de combat ou de milices privées ; ou encore qui ont pour but de porter atteinte à l'intégrité du territoire national et à la forme républicaine du gouvernement[206]. Avant même la reformulation, en 2012, de l'article L. 212-1, le législateur avait pris soin d'étendre les motifs de dissolution administrative, en ajoutant comme motif le fait de provoquer à la discrimination, à la haine ou à la violence (loi du 1er juillet 1972) et le fait de se livrer à des agissements en vue de provoquer des actes de terrorismes (loi du 9 septembre 1986).

Le nouveau dispositif issu de l'article L. 212-1 a trouvé à s'appliquer à plusieurs reprises.

D'abord, par l'adoption d'un décret du 12 juillet 2013, prononçant la dissolution de trois mouvements, deux groupements de fait, « Troisième voie » et « Jeunesses nationalistes révolutionnaires » (JNR) et l'association « Envie de rêver ». La contestation de ce décret a permis au Conseil d'État, d'abord dans le cadre d'une ordonnance en référé[207], puis dans une décision de fond, de préciser les paramètres du

204. Décret n° 82-670, du 3 août 1982 portant dissolution de l'association dénommée *Service d'action civique* ; Décret du 17 juillet 1987 [...] de l'association dénommée « *Iparretarak* » ; Décret du 17 juillet 1987 [...] de l'association dénommée *Fédération nationale et européenne* ; du 2 septembre 1993 [...] de « *Heimattreue Vereinigung Elsass* » « *Association de fidélité alsacienne* » ; Décret du 2 décembre 1993 [...] de l'association dénommée « *Comité du Kurdistan* » ; Décret du 6 août 2002 [...] « *Unité radicale* » ; Décret du 19 mai 2005 [...] « *Elsass Korps* ».

205. CE, 21 juillet 1970, *Krivine*, *Rec.*, 499 ; CE, 13 janvier 1971, *Geismar*, *Rec.*, 31.

206. CE, 17 avril 1963, *Assoc. Parti nationaliste*, *Rec.*, 828 ; CE, 5 juillet 1964, *Dame Tapua*, *Rec.*, 407 ; CE, 21 juillet 1970, *Boussel*, *Rec.*, 504. Dans le même sens, fut validée la dissolution d'une association dont l'activité tend à faire échec aux mesures concernant le rétablissement de la légalité république, CE, 4 avril 1952, *Mouvement socialiste d'unité française*, *Rec.*, 209.

207. CE, Ord., 23 juillet 2013, *Association Envie de rêver et M.C.*, req. n° 370305.

contrôle de légalité des mesures de dissolution[208]. À ce titre, le Conseil d'État a souligné que « le principe de la liberté d'association, tel qu'il résulte des dispositions générales de la loi du 1er juillet 1901, constitue l'un des principes fondamentaux reconnus par les lois de la République, et solennellement réaffirmés par le Préambule de la Constitution ; qu'il appartient au Gouvernement, lorsqu'il est habilité par le Parlement à intervenir dans le domaine de la loi sur le fondement de l'article 38 de la Constitution, d'opérer la conciliation nécessaire entre le respect des libertés et la sauvegarde de l'ordre public sans lequel l'exercice des libertés ne saurait être assuré ; que, eu égard aux motifs susceptibles de conduire, sous le contrôle du juge de l'excès de pouvoir, au prononcé de la dissolution d'associations ou de groupements de fait, les dispositions de l'article L. 212-1 du Code de la sécurité intérieure répondent à la nécessité de sauvegarder l'ordre public, compte tenu de la gravité des troubles qui sont susceptibles de lui être portés par les associations et groupements visés par ces dispositions ; que, par ailleurs, le prononcé d'une telle dissolution, qui doit être motivé par application de la loi du 11 juillet 1979, ne peut intervenir, en vertu des dispositions de l'article 24 de la loi du 12 avril 2000 (désormais codifiés dans le Code des relations entre le public et l'administration), qu'au terme d'une procédure contradictoire permettant aux représentants de l'association ou du groupement de fait en cause de présenter des observations écrites ». En l'espèce, le Conseil d'État a validé la dissolution des groupements de fait, mais a annulé celle de l'association, au motif que le fondement retenu pour la dissolution, l'atteinte à l'ordre public du fait de l'usage des locaux de l'association comme hébergement des groupements ouvertement extrémistes, ne suffisait pas à caractériser le fait que les activités de l'association étaient exclusivement liées à ces mêmes groupements. L'analyse du juge administratif met en évidence la nécessité, pour le gouvernement, de justifier au plus près la matérialité du motif de dissolution.

Par ailleurs, le contexte de la lutte contre la menace terroriste, potentiellement attentatoire aux libertés, est à l'origine d'une mise en œuvre de ce dispositif spécifique de dissolution d'association. Par exemple, le juge des référés du Conseil d'É tat a rejeté la demande de suspension d'un décret du 24 novembre 2016, portant dissolution de l'association « Fraternité musulmane Sanâbil » (Les Épis). La justification de la dissolution, fondée sur la provocation à la haine et à la violation (art. L. 212-1 § 6) et sur le risque d'agissements terroristes (art. L. 212-1 § 7), est suffisamment motivée du fait de l'insertion de l'association dans les réseaux islamistes radicaux, de certains de ses membres qui ont rejoints l'État islamique ou encore de l'existence d'une procédure judiciaire en flagrant délit du chef d'apologie du terrorisme[209]. Cette ordonnance mérite d'être soulignée car le juge, pour justifier la dissolution, privilégie la justesse de la qualification de l'atteinte à l'ordre public, qu'il inscrit dans le cadre de l'état d'urgence, plutôt qu'une véritable mise en balance de la nécessité de la mesure avec la liberté d'association.

208. CE, 30 juillet 2014, *Association Envie de rêver*, n° 370306.
209. CE, ord., 23 décembre 2016, *Association fraternité musulmane Sanâbil*, n° 406012.

6.91 › **Exigence de motivation.** Par application de la loi n° 79-587 du 11 juillet 1979, le décret de dissolution doit être motivé[210] et ne peut intervenir qu'après que l'intéressé a été mis à même de présenter des observations écrites dans les conditions de l'article 8 du décret n° 83-1025 du 28 novembre 1983 concernant les relations entre l'administration et les usagers[211]. La loi du 10 janvier 1936 n'apporte pas de dérogation à la règle selon laquelle une association dissoute conserve la personnalité morale et le droit d'ester en justice pour les besoins de sa liquidation. Encourt la cassation l'arrêt qui énonce qu'en raison de sa dissolution prononcée par décret, l'association n'a plus d'existence et a perdu, avec sa personnalité, le droit d'ester en justice[212].

6.92 › **Dissolution dans le cadre de manifestations sportives.** Outre les applications de l'article L. 212-1 du Code de la sécurité intérieure, le sport offre matière à l'exercice de la dissolution administrative des associations de supporters dans les conditions prévues par l'article L. 212-2 du Code de la sécurité intérieure (créé par l'ordonnance n° 2012-351 du 12 mars 2012). L'article L. 332-18 du Code du sport (article 4 de la loi du 5 juillet 2006 relative à la prévention des violences lors de manifestations sportives, modifié par l'article 10 de la loi du 2 mars 2010) permet au Premier ministre de prononcer par décret la dissolution ou la suspension d'activité pendant douze mois au plus, après avis de la Commission nationale consultative de prévention des violences lors des manifestations sportives, toute association ou groupement de fait ayant pour objet le soutien à une association sportive mentionnée à l'article L. 122-1, dont les membres ont commis en réunion, en relation ou à l'occasion d'une manifestation sportive des actes répétés ou un acte d'une particulière gravité et qui sont constitutifs de dégradation de biens, de violence sur des personnes ou d'incitation à la haine ou à la discrimination contre des personnes à raison de leur origine, de leur orientation sexuelle, de leur sexe ou de leur appartenance vraie ou supposée, à une ethnie, une nation, une race ou une religion déterminée. Les représentants des associations ou groupements de fait et des

210. Voici un exemple de motivation adéquate. En mentionnant que des associations de défense du Kurdistan provoquent des manifestations armées dans la rue par les saccages, dégradations de locaux et jets d'engins explosifs auxquelles elles se livrent, qu'elles présentent le caractère de groupes de combat ou de milices privées à raison de la formation paramilitaire dans des camps d'entraînement, de l'obéissance et de la discipline auxquelles leurs membres sont soumis, de l'intention séditieuse qui les caractérise et les rend aptes à des actions de commando, qu'elles se livrent à une propagande en faveur d'une organisation terroriste et provoquent des actions violentes, et enfin qu'elles se livrent sur le territoire de la France à des agissements en vue de provoquer des actes terroristes en France ou à l'étranger, les auteurs des décrets prononçant leur dissolution ne se sont pas limités à reprendre, en termes généraux, les qualificatifs de la loi du 10 janvier 1936, mais ont suffisamment motivé ces décisions en énonçant les considérations de fait et de droit sur lesquelles elles reposent. CE, 8 septembre 1995, *Comité du Kurdistan et autres, Gaz. Pal.*, 21-22 juin 1996, p. 23.

211. Sauf en cas d'urgence, l'intensification des actions violentes et des attentats de toute nature perpétrés sur le territoire français et dans plusieurs États voisins, en octobre et novembre 1993, était de nature à justifier qu'en raison de l'urgence et des nécessités de l'ordre public qui sont établies par les pièces du dossier, les décrets de dissolution intervinssent sans qu'au préalable les dirigeants des associations concernées eussent été mis à même de présenter leurs observations écrites, comme le prévoit l'article 8 du décret du 28 novembre 1983. CE, 8 septembre 1995, *Comité du Kurdistan et autres* (préc.). Voir aussi CE, 26 juin 1987, *FANE*, *Lebon*, p. 325. La jurisprudence administrative retient, semble-t-il, quatre critères cumulatifs pour caractériser ces groupements : une organisation hiérarchisée, une discipline stricte assortie de sanctions, un entraînement quasi militaire et l'intention violente des responsables.

212. Cass. 2e civ., 3 janvier 1985, *Bull. civ.* II, p. 2.

dirigeants des clubs concernés peuvent présenter leurs observations à la commission[213].

6.93 › **Contentieux relatifs aux associations de supporteurs.** Les articles L. 332-19, L. 332-20 et L. 332-21 déterminent les sanctions pénales applicables aux personnes participant au maintien ou à la reconstitution d'une association ou d'un groupement de fait en application de l'article L. 332-18. Les requérants ne sont pas fondés à soutenir que cet article porterait atteinte aux garanties constitutionnelles de la liberté d'association, de la liberté individuelle ou de la séparation des pouvoirs, ou méconnaîtrait les principes de légalité des délits et des peines ou de la personnalité des peines ; la question de constitutionnalité soulevée, qui n'est pas nouvelle, ne présente pas un caractère sérieux[214]. La conventionnalité de mesures de dissolution a été contestée, notamment sur le terrain de l'article 11. Tant le juge administratif que la Cour européenne ont jugé compatibles de telles mesures, au motif du caractère injurieux et diffamatoire, conjugué aux comportements violents, de ces groupes[215].

L'ensemble de ces dispositions a été complété par certains articles de la loi n° 2011-267 du 14 mars 2011 d'orientation et de programmation pour la performance de la sécurité intérieure insérés dans le Code des sports sous l'intitulé « Sécurité des manifestations sportives ». Selon les articles L. 332-16-1 et L. 332-16-2, les autorités administratives (ministre de l'Intérieur et préfets) peuvent interdire et restreindre, par arrêtés la liberté d'aller et de venir des personnes se prévalant de la qualité de supporter d'une équipe ou se comportant comme tel. Les personnes concernées qui ne se conformeraient pas à ces arrêtés s'exposent à six mois d'emprisonnement, 30 000 € d'amende et à la peine complémentaire obligatoire d'interdiction judiciaire de stade pour une durée d'un an. La dissolution des associations par voie administrative n'est pas prévue par tous les systèmes de droit.

Section IV

LA LIBERTÉ SYNDICALE

6.94 › **Reconnaissance interne.** La liberté syndicale est reconnue par le Préambule de la Constitution de 1946 : « Tout homme peut défendre ses droits et ses

213. [...] n'est pas entachée d'irrégularité la lettre de convocation du président de la commission consultative du fait qu'elle ne précisait pas aux requérants la faculté qu'ils avaient de se faire assister d'un conseil ou représenter par un mandataire de leur choix, CE n° 347359, 9 novembre 2011, *Association Butte Paillade 91*.

214. CE, 8 octobre 2010, *Groupement de fait Brigade sud de Nice, n° 340849*, et rejet du recours contre le décret portant dissolution du groupement CE, 1er juin 2011, *AJDA* 2011, p. 1701.

215. Sur la base de l'article L. 322-18, par décret du 17 avril 2010, le Premier ministre prononce la dissolution de l'Association de supporteurs nouvelle des Boulogne Boys. La requête formée contre ce décret est rejetée par arrêt du Conseil d'État du 25 juillet 2008, req. n° 315723 (pour un contentieux similaire, CE, 13 juillet 2010, *Association les Authentiks et association Supras Auteuil 91*, req. n° 339257 et 339293). L'ingérence qui résulte de cette dissolution est prévue par la loi, poursuit le but légitime de la défense de l'ordre et de la prévention du crime, elle est proportionnée au but recherché en raison de la gravité des faits commis, de la violence à l'égard des supporters et des termes injurieux écrits sur une banderole, CEDH, 7 mars 2011, *Assoc. nouvelle Boulogne Boys c/* France, n° 6468/09.

libertés par l'action syndicale et adhérer au syndicat de son choix » (al. 6). Sur ce fondement, le Conseil constitutionnel a reconnu valeur constitutionnelle à cette liberté par sa décision du 23 octobre 1982[216], confirmé par la décision 89-257 DC du 25 juillet 1989[217]. Cette reconnaissance constitutionnelle est à l'image de nombreuses libertés ; initialement reconnues comme des libertés publiques dans la jurisprudence administrative[218], elles ont intégré progressivement le bloc de constitutionnalité. Le livre premier de la deuxième partie du Code du travail porte sur les syndicats professionnels, qui ont « exclusivement pour objet l'étude et la défense des droits ainsi que des intérêts matériels et moraux, tant collectifs qu'individuels, des personnes mentionnées dans leurs statuts » (art. L. 2131-1 C. trav.).

6.95 › **Reconnaissance européenne – Conseil de l'Europe.** À l'instar des libertés collectives, objet de ce chapitre, l'article 11 de la Convention EDH est central pour la garantie de la liberté syndicale, dans la mesure où le droit à la liberté de réunion pacifique et à la liberté d'association inclut « le droit de fonder avec d'autres des syndicats et de s'affilier à des syndicats pour la défense de ses intérêts ». À travers l'article 11, la liberté syndicale est conçue comme une déclinaison spécifique de la liberté d'association et non comme un droit distinct. Il en résulte, notamment, que l'article 11 ne fonde pas une obligation de la part de l'État de consulter les syndicats[219]. En dépit de l'extension de la portée donnée à la liberté syndicale dans la jurisprudence récente, la Cour réaffirme régulièrement que l'article 11 ne requiert pas un traitement particulier des syndicats ou de leurs membres[220]. À côté de la Convention européenne des droits de l'homme, la Charte sociale européenne, également adoptée dans le cadre du Conseil de l'Europe, constitue un instrument essentiel pour la protection des droits syndicaux. L'article 5 de la Charte sociale révisée est ici la disposition pertinente[221], son respect par les États est assuré par le Comité européen des droits sociaux, qui peut être saisi par des organisations syndicales dans le cadre du mécanisme de réclamation collective.

---

216. Cons. const., 22 octobre 1982, *Loi relative au développement des institutions représentatives du personnel*, n° 82-144 DC.
217. Cons. const., 25 juillet 1989, *Loi modifiant le Code du travail et relative à la prévention du licenciement économique et au droit à la conversion*, n° 89-257 DC, § 22 : « la réaffirmation [par le Préambule de 1946] de la liberté syndicale ne fait pas obstacle à ce que le législateur, compétent en vertu de l'article 34 de la Constitution pour déterminer les principes fondamentaux du droit du travail et du droit syndical, confère à des organisations syndicales des prérogatives susceptibles d'être exercées en faveur aussi bien de leurs adhérents que des membres d'un groupe social dont un syndicat estime devoir assurer la défense ».
218. CE, 3 décembre 1958, *Fédération syndicale mondiale*, *Lebon*, p. 844 ; Cass. soc., 5 juillet 1956, IV, n° 623.
219. Tel est le sens des premiers arrêts rendus par la CEDH en matière de libertés syndicale, CEDH, 27 octobre 1975, *Syndicat national de la police belge c/ Belgique* ; CEDH, 6 février 1976, *Syndicat suédois des conducteurs de locomotives*.
220. CEDH, 25 septembre 2012, *Trade Union of the Police in the Slovak Republic c/ Slovaquie*, n° 11828/08, § 54.
221. Art. 5 Charte sociale révisée : « En vue de garantir ou de promouvoir la liberté pour les travailleurs et les employeurs de constituer des organisations locales, nationales ou internationales, pour la protection de leurs intérêts économiques et sociaux et d'adhérer à ces organisations, les Parties contractantes s'engagent à ce que la législation nationale ne porte pas atteinte, ni ne soit appliquée de manière à porter atteinte à cette liberté. La mesure dans laquelle les garanties prévues au présent article s'appliqueront à la police sera déterminée par la législation ou la réglementation nationale. Le principe de l'application de ces garanties aux membres des forces armées et la mesure dans laquelle elles s'appliqueraient à cette catégorie de personnes sont également déterminés par la législation ou la réglementation nationale ».

6.96 ▸ **Reconnaissance européenne – Union européenne.** L'article 12-1 de la Charte des droits fondamentaux de l'Union européenne suit la même inspiration : « Toute personne a droit à la liberté de réunion pacifique et à la liberté d'association à tous les niveaux, notamment dans les domaines politiques, syndical et civique, ce qui implique le droit de toute personne de fonder avec d'autres des syndicats et de s'y affilier pour la défense de ses intérêts ». Cette reconnaissance est complétée par deux droits reconnus dans le titre « Solidarité » de la Charte, d'une part le droit à l'information et à la consultation des travailleurs au sein de l'entreprise (art. 27), d'autre part, le droit de négociation et d'actions collectives (art. 28)[222]. Il convient toutefois de souligner que ces deux droits de « solidarité » sont considérés par la Charte comme des principes et non pas comme des droits subjectifs, entrant directement dans le patrimoine des individus. Il en résulte que leur justiciabilité est tributaire de leur mise en œuvre et de l'existence de mesures qui les concrétisent, dans le droit dérivé de l'Union ou en droit interne. Dans une importante décision, *Association de médiation sociale*[223], la Cour de justice a considéré à ce titre que le droit à l'information et à la consultation (art. 27) ne peut, en tant que tel, être invoqué dans un litige entre particuliers, dès lors que cette invocabilité conduirait à invoquer une directive, en l'occurrence relative à l'information et à la consultation des travailleurs (2002/14/CE), qui n'a pas d'effet direct horizontal. Ces principes de la Charte semblent donc être utilisables comme paramètres d'interprétation, mais non de manière autonome.

6.97 ▸ **Reconnaissance internationale.** Le droit de créer des syndicats est expressément reconnu dans les textes internationaux. La Convention (n° 87) de l'OIT du 9 juillet 1948 sur la liberté syndicale et la protection du droit syndical limite le droit, sans autorisation préalable, de constituer des organisations de leur choix aux seuls travailleurs et employeurs. Par ailleurs, la Convention n° 98 sur le droit d'organisation et de négociation collective pose le droit à une protection « adéquate contre tous actes de discrimination tendant à porter atteinte à la liberté syndicale en matière d'emploi ». En revanche, les articles 23 de la DUDH, 8 du PIDESC, 22 du PIDCP et 11 de la Convention EDH reconnaissent ce droit à toute personne[224]. Cette référence recouvre les entités qui répondent aux critères de la personnalité morale selon le droit interne ; mais elle n'étend pas la garantie à tout homme comme l'alinéa 6 du Préambule de 1946.

---

222. Respectivement, « Les travailleurs ou leurs représentants doivent se voir garantir, aux niveaux appropriés, une information et une consultation en temps utile, dans les cas et conditions prévus par le droit de l'Union et les législations et pratiques nationales » (art. 27) ; « Les travailleurs et les employeurs, ou leurs organisations respectives, ont, conformément au droit de l'Union et aux législations et pratiques nationales, le droit de négocier et de conclure des conventions collectives aux niveaux appropriés et de recourir, en cas de conflits d'intérêts, à des actions collectives pour la défense de leurs intérêts, y compris la grève » (art. 28).

223. CJUE, Gde. Ch., 15 janvier 2014, *Association de médiation sociale c/ Syndicat CGT*, aff. C-176/12 ; S. de la Rosa, « Les principes sociaux de la Charte sont-ils décoratifs ? À propos de l'affaire *Association de médiation sociale* », *Recueil Dalloz* 2014, p. 705.

224. CEDH, Gde Ch., 9 juillet 2013, *Sindicatul « Pastorul cel Bun » c/ Roumanie*, req. n° 2330/09. Dans cet arrêt important, la Cour n'étend pas la protection de l'article 11 à la liberté syndicale au sein d'une organisation ecclésiastique, en refusant d'enregistrer un syndicat interne à l'Église orthodoxe roumaine, l'État n'a pas méconnu l'article 11 compte tenu de l'obligation de neutralité qui résulte de l'article 9 de la Convention relatif à la liberté de conscience.

Cette reconnaissance internationale du droit syndical trouve son origine lointaine dans le traité de Versailles de 1919, qui met un terme à la Première Guerre mondiale et fonde l'OIT (Partie XIII du Traité).

Compte tenu de l'étroite parenté qui associe la liberté syndicale et la liberté d'association, l'étude du droit à la liberté syndicale peut être envisagée d'abord par rapport aux droits des personnes (§ 1), ensuite par rapport aux droits des syndicats (§ 2).

§ 1 – LES DROITS DES PERSONNES

Seront successivement examinés : le droit des personnes de fonder des syndicats (I), la défense des droits et des intérêts par l'action syndicale (II), et l'adhésion au syndicat de son choix (III).

I — LE DROIT DE FONDER DES SYNDICATS

6.98 › **Reconnaissance.** L'alinéa 6 du Préambule de la Constitution du 27 octobre 1946 reconnaît que tout homme – et non pas seulement le travailleur ou le national – « peut défendre ses droits et intérêts par l'action syndicale et adhérer au syndicat de son choix ». Le droit de fonder des syndicats implicitement compris dans cette formulation est explicité par l'article L. 2131-2 du Code du travail[225]. Les fondateurs rédigent librement les statuts du syndicat qu'ils doivent déposer en mairie avec les noms des dirigeants (C. trav., art. L. 2131-3) sous peine des sanctions prévues par l'alinéa 2 de l'article R. 2191-1 du Code du travail[226]. Il est donné récépissé du dépôt de ces statuts. Ceux-ci sont communiqués au procureur de la République (C. trav., art. R. 2131-1) ; ils déterminent le nom, le siège, le ressort, l'objet, la durée, le mode d'administration, l'exercice du pouvoir disciplinaire, les conditions d'admission et le montant des cotisations.

6.99 › **Exclusion de certaines professions – Important revirement sur le statut des miliaires en France.** Certains textes – l'exception est d'ailleurs prévue par les conventions internationales – refusent aux membres de professions particulières le droit de créer des syndicats (tels que les militaires, policiers, magistrats ou membres du corps préfectoral). Récemment, par deux décisions rendues le 2 octobre 2014[227], la Cour européenne des droits de l'homme a jugé incompatible avec l'article 11 les dispositions du Code de la défense qui interdisent « aux militaires en activité de service d'adhérer à des groupements ou associations à caractère politique » (art. L. 4121-3 du Code de la défense)[228].

225. Les syndicats ou associations professionnelles de personnes exerçant la même profession, des métiers similaires ou des métiers connexes concourant à l'établissement de produits déterminés ou la même profession libérale peuvent se constituer librement.

226. L'absence de dépôt des statuts rend le syndicat inopposable aux tiers (Cass. crim., 18 octobre 1977, *Dr. soc.* 1978, p. 380 note J.-M. Verdier ; Cass. crim., 8 juin 1988, *Dr. soc.* 1989, p. 304, obs. J. Savatier ; CE, 26 juin 1991, *Synd. des hospitaliers d'Épernay* (CGT-FO), *RF adm. publ.*, 1991, 692 et peut même le priver de l'exercice des droits du syndicat : il est sans personnalité morale comme une association non déclarée, Cass. 2e civ., 25 février 1965, *Dr. soc.* 1965, 508, obs. J. Savatier.

227. CEDH, 2 octobre 2014, *Matelly c/ France*, req. n° 10609/10 ; CEDH, 2 octobre 2014, *ADEFDROMIL c/ France*, req. n° 32191/09.

228. Cette exclusion est jugée légale par le juge administratif, CE, 13 août 1973, *Massot*.

Saisie par un gendarme (affaire *Mattely*) contraint, par sa hiérarchie, de démissionner d'une association à objet syndical, la Cour relève que l'interdiction absolue aux militaires de se syndiquer porte atteinte à l'essence même de la Convention et au contenu de l'article 11. Tout en admettant que des restrictions soient possibles pour l'exercice du droit syndical des militaires, c'est bien l'interdiction pure et simple de créer des syndicats qui est condamnée par la Cour. Ces deux arrêts ouvrent dès lors la voie à la reconnaissance d'une forme d'action syndicale des militaires pour la défense de leurs intérêts professionnels et moraux, qui ne s'assimilera pas nécessairement à celle prévue par le Code du travail, compte tenu de la spécificité de leurs fonctions.

Les conséquences de ces arrêts ont été tirés dans la loi du 28 juillet 2015 portant actualisation la programmation militaire. Il résulte désormais de l'article L. 4126-8 du Code de la défense qu'une association professionnelle nationale de militaires peut être reconnue représentative si elle satisfait à certaines conditions, notamment une ancienneté minimale d'un an à compter du dépôt de ses statuts et qu'elle doit avoir une influence significative en raison de l'effectif des adhérents. Consécutivement à cette loi, une association de militaires a contesté, par la voie du référé-suspension, le refus du ministre de mettre à disposition un local en vue que celle-ci se constitue sous la forme d'une association représentative. Par son ordonnance *GendXXI*, le Conseil d'État a considéré que l'appréciation du défaut d'influence significative ne suffit pas à établir une urgence de nature à justifier la suspension d'un refus de mise à disposition d'un local[229].

6.100 › **Exclusion de certaines professions – Clergé**. Par son arrêt *Sindicatul « Pastorul cel Bun »* du 9 juillet 2013, la Cour européenne a limité la portée de l'article 11 à la constitution de syndicats au sein du clergé[230]. L'article 11 est applicable, contrairement à ce que soutenait le gouvernement, mais il est possible d'y apporter des limites. Le débat portait donc sur la gravité des raisons et la proportionnalité de la dérogation au droit d'association. L'obligation de respecter l'autonomie d'organisation d'un culte et, par là, une condition fondamentale de la liberté religieuse, justifiait le refus d'enregistrer le syndicat. La Grande Chambre relevait favorablement le fait que le droit d'association pour le clergé n'était pas en soi interdit par l'Église orthodoxe. L'exercice du droit syndical évoquait la possibilité de faire grève, ce que l'Église ne voulait envisager pour le clergé, disposant d'autres instances de discussion.

II – LA DÉFENSE DES DROITS ET DES INTÉRÊTS PAR L'ACTION SYNDICALE

6.101 › **Objet syndical.** La formulation de l'alinéa 6 du Préambule de la Constitution du 27 octobre 1946, par sa généralité, marquait un élargissement de l'objet du syndicat professionnel tel que défini par la loi du 21 mars 1884 (C. trav., art. L. 2131-1) : « l'étude et la défense d'intérêts économiques, industriels, commerciaux et agricoles ». Cette rédaction a ouvert la possibilité d'une nouvelle

229. CE, ord., 8 février 2016, *GendXXI, Association professionnelle nationale militaire*, n° 396569.
230. CEDH, Gde Ch., 9 juillet 2013, *Sindicatul « Pastorul cel Bun »* (à la majorité de onze voix contre six).

extension apportée par la loi n° 82-915 du 28 octobre 1982 relative au développement des institutions représentatives du personnel. Désormais : « Les syndicats professionnels ont exclusivement pour objet l'étude et la défense des droits ainsi que des intérêts matériels et moraux tant collectifs qu'individuels des personnes visées par leurs statuts » (C. trav., art. L. 2131-1). La disparition de la référence aux intérêts économiques, industriels et commerciaux, et l'incorporation des intérêts moraux individuels ou collectifs dans l'objet rapprochent le syndicat de l'association[231]. La forme syndicale pourra être préférée en raison des avantages suivants : acquisition plus facile de la personnalité juridique, capacité juridique plus large, action en justice pour la défense de l'intérêt collectif, des membres[232].

6.102 › **Portée de l'objet syndical dans la Convention EDH.** À la différence du droit à la liberté d'association reconnu par les textes internationaux, mais sans aucune limitation d'objet, l'adhésion au syndicat de son choix est finalisée par : « la défense de ses intérêts » (DUDH, art. 23), « la protection de ses intérêts » (PIDCP, art. 22-1), « en vue de favoriser et de protéger ses intérêts économiques et sociaux » (PIDESC, art. 8). L'article 11 de la Convention EDH reproduit le texte de la Déclaration universelle : « s'affilier à des syndicats pour la défense de ses intérêts ». La formulation concise ne devrait pas conduire à une interprétation plus étroite que celle qu'impose désormais l'article L. 2131-1 du Code du travail (cf. *supra*). Dans l'une de ses premières décisions relatives à l'article 11, la Cour européenne a précisé l'effet utile de l'expression contre l'interprétation neutralisante proposée, à l'époque, par la minorité de la Commission des droits de l'homme : « La Cour ne souscrit pas pour autant à la thèse de la minorité de la Commission, qui qualifie de redondants les mots pour la défense de ses intérêts ». Ces mots indiquant clairement un but, montrent que la Convention protège la liberté de défendre les intérêts professionnels des adhérents d'un syndicat par l'action collective de celui-ci, action dont les États contractants doivent à la fois autoriser et rendre possibles la conduite et le développement. De l'avis de la Cour, il s'ensuit qu'en vue de la défense de leurs intérêts, les membres d'un syndicat ont droit à ce qu'il soit entendu. Assurément, l'article 11 § 1 laisse à chaque État le choix des moyens à employer à cette fin ; la consultation en constitue un, mais il y en a d'autres. Ce qu'exige la Convention, c'est que « la législation nationale permette aux syndicats, selon des modalités non contraires à l'article 11, de lutter pour la défense des intérêts de leurs membres »[233]. Les salariés doivent pouvoir demander à leur syndicat de communiquer des revendications à leur employeur ou d'entreprendre des actions, pour la défense de leurs intérêts, sinon la liberté d'adhérer à un syndicat est illusoire. « Il appartient à l'État de veiller à ce que les adhérents des syndicats ne soient pas empêchés ou retenus d'utiliser leur syndicat pour les représenter dans leurs

---

231. Des syndicats qui se sont donné pour objet la défense des intérêts professionnels, matériels, moraux et autres de leurs membres ne justifient pas d'un intérêt leur donnant qualité pour former un recours pour excès de pouvoir contre des actes attribuant des fréquences à des opérateurs de téléphonie mobile. Il n'est pas établi que l'exécution de ces actes soit de nature à léser de façon suffisamment directe et certaine les intérêts des personnes représentées par ces syndicats. CE, 23 juillet 2012, *Syndicat CFE-CGC France Télécom Orange et autres*, n° 351929.

232. M. Behar-Touchais, *Encycl. Dalloz, Droit civil*, V° Association, n° 17.

233. CEDH, 27 octobre 1975, *Syndicat national de la Police belge*, n° 39.

tentatives de réguler leurs relations avec leurs employeurs »[234]. Il résulte de la combinaison des instruments internationaux pertinents et de l'article L. 2131-1 du Code du travail que les membres de tous les syndicats, retraités, étudiants, chômeurs, consommateurs, etc., ont droit pour la défense de leurs intérêts à ce que leur syndicat soit entendu… et protégé.

6.103 ▸ **Contrôle de l'objet syndical.** Dès lors que le Code du travail limite l'action des syndicats à l'étude et à la défense des droits ainsi que des intérêts matériels et moraux (art. L. 2131-1 C. trav), il est possible de contester la qualité de syndicat professionnel à un groupement qui ne satisfait pas à cet objet. Le recours est ouvert à toute personne justifiant d'un intérêt à agir, pour en demander la nullité[235]. Dès lors, ne peut revendiquer la qualité de syndicat professionnel un groupement qui est l'instrument d'un parti politique qui est à l'origine de sa création et dont il sert exclusivement les intérêts et les objectifs en prônant des distinctions fondées sur la race, la couleur, l'ascendance, l'origine nationale ou ethnique[236].

6.104 ▸ **Objet syndicat et liberté d'expression.** À l'instar de la jurisprudence relative à la liberté d'association, la liberté syndicale, issue de l'article 11, fait obstacle à des mesures disciplinaires à l'égard de membres de syndicats qui ont fait usage de leur liberté d'expression. L'article 11 protège par exemple des travailleurs du secteur public[237] qui ont apposé sur les murs de leurs bureaux des affiches appelant à la manifestation annuelle du 1er mai. Ils font l'objet de blâmes commués en avertissements. Même minimes, ces sanctions disciplinaires sont de nature à dissuader les membres des syndicats d'exercer librement leurs activités et n'étaient pas nécessaires dans une société démocratique. (violation de l'article 11)[238]. On retrouve, dans ces contentieux, des problématiques similaires à ceux présent sur la liberté d'association et de réunion, en présence de syndicats qui défendent les intérêts et la culture d'une minorité non reconnue par un pouvoir central. Ainsi, viole manifestement l'article 11 la dissolution d'un syndicat qui défend, dans ses statuts, un enseignement dans une langue maternelle autre que le turc[239].

---

234. CEDH, 2 août 2002, *Wilson, National Union of Journalists et autres*, n° 30668/96, § 46.
235. Cass., ch. mixte, 10 avril 1998.
236. Cass., ch. mixte, 10 avril 1998, *Front national pénitentiaire*.
237. En droit français, voir le décret n° 2012-224 du 16 février 2012 modifiant le décret n° 82-447 du 28 mai 1982 relatif à l'exercice du droit syndical dans la fonction publique (organisations syndicales représentatives, locaux syndicaux, moyens de communication et d'information, heures mensuelles d'information syndicale, tracts syndicaux, organes dirigeants du syndicat, autorisation d'absence, « temps syndical » et bilan annuel produit par l'administration).
238. CEDH, 27 septembre 2011, *Sisman c/ Turquie*, n° 1305/05. Autres exemples d'atteintes à la liberté d'expression du personnel syndiqué : CEDH, *Heinisch c/ Allemagne*, 21 juillet 2011 (violation de l'article 10 : condamnation de policiers municipaux, responsables syndicaux pour diffamation publique d'un maire ; violation de l'article 10 : l'invective politique d'un responsable syndical fait partie de la liberté d'expression : CEDH, 6 octobre 2011, *Vellutini et Michel c/ France*. Expression qui connaît cependant des limites dans les circonstances de l'arrêt *Aguilera Jimenez c/ Espagne* du 8 décembre 2009. Difficultés à concilier l'exercice simultané de mandats syndicaux et certaines responsabilités administratives ou encore celles du maintien de l'ordre démocratique. Voir les développements « syndicalistes » dans les chroniques de L. Burgorgue-Larsen, *AJDA* 3/2012 p. 150-152 et 3/2013 p. 172-173.
239. CEDH, 25 septembre 2012, *Egiitim Ve Sendikasl c/ Turquie*, n° 20641/05.

III – L'ADHÉSION AU SYNDICAT DE SON CHOIX

Pour rendre effective la liberté d'adhérer au syndicat de son choix, trois conditions doivent être en particulier réunies ; elles seront ci-après étudiées : respect du secret et non-discrimination du syndiqué (A) ; pluralisme des syndicats (B) ; et liberté de quitter un syndicat et de ne pas se syndiquer (C).

A - RESPECT DU SECRET ET NON-DISCRIMINATION DU SYNDIQUÉ

6.105 › **Protection contre les discriminations syndicales.** L'adhésion à un syndicat peut comporter des risques pour la personne. En témoignent les intitulés de la Convention (n° 87) de l'OIT du 9 juillet 1948 concernant la liberté syndicale et la protection du droit syndical, ou encore celui de la Convention (n° 135) concernant la protection des représentants des travailleurs dans l'entreprise et les facilités à leur accorder du 23 juin 1971, ou enfin celui de la Convention (n° 151) concernant la protection du droit d'organisation et les procédures de détermination des conditions d'emploi dans la fonction publique du 27 juin 1978. Une activité qui requiert protection comporte sans doute certains dangers[240]. La Cour a jugé, notamment, que les États se devaient d'assurer une protection contre les discriminations syndicales d'origine privée, en offrant aux victimes « une protection judiciaire claire et effective »[241].

6.106 › **Le secret des opinions protège** l'adhésion à un syndicat au même titre que toute autre conviction ou croyance : les législations qui garantissent les droits des fonctionnaires nationaux et internationaux précisent en général qu'aucune mention faisant état des opinions, notamment politiques, d'un fonctionnaire ne pourra figurer à son dossier. Le secret des opinions est également garanti par l'article 31 de la loi n° 78-17 du 6 janvier 1978 relative à l'informatique, aux fichiers et aux libertés, l'article 6 de la Convention du Conseil de l'Europe pour la protection des personnes à l'égard du traitement automatisé des données à caractère personnel du 28 janvier 1981 et l'article 8 de la Directive n° 95/46 du Parlement européen et du Conseil du 24 octobre 1995 relative à la protection des personnes physiques à l'égard du traitement des données à caractère personnel et à la libre circulation de ces données[242]. Ces dispositions interdisent la mise en mémoire informatisée et la conservation de données nominatives révélant en particulier les appartenances syndicales des personnes, sauf garanties appropriées prévues par le droit national.

6.107 › **Le respect du secret de l'adhésion** est sans doute la meilleure sauvegarde, mais est-elle réaliste alors que tourné vers l'action et la revendication, le syndicaliste est un militant qui parle, conteste et agit parfois à visage découvert ? D'autres dispositions doivent mettre à l'abri de toute discrimination celui dont l'adhésion syndicale est notoire. L'article 10 de la DDH du 26 août 1789 proclamait déjà : « Nul ne doit être inquiété pour ses opinions » et l'alinéa 5 du

240. V. le licenciement d'une infirmière en gériatrie, après avoir engagé une action pénale contre son employeur, en raison des carences alléguées dans les soins dispensés aux personnes âgées, CEDH, 21 juillet 2011, *Heinisch c/ Allemagne*, n° 28274/08 (violation de l'article 10).

241. CEDH, 30 juillet 2009, *Danilenkov c/ Russie*, n° 67336/01, § 124.

242. *JOCE*, n° L. 281, 23 novembre 1995.

Préambule de 1946 énonce : « Nul ne peut être lésé dans son travail ou son emploi en raison... de ses opinions ». Dans un chapitre intitulé « principe de non-discrimination », l'article L. 1132-1 du Code du travail, cite l'activité syndicale au nombre des discriminations interdites : « Aucune personne ne peut être écartée d'une procédure de recrutement, ou de l'accès à un stage ou à une période de formation en entreprise, aucun salarié ne peut être sanctionné, licencié ou faire l'objet d'une mesure discriminatoire directe ou indirecte telle que définie à l'article 1er de la loi n° 2008-496 du 27 mai 2008, portant diverses dispositions d'adaptation au droit communautaire dans le domaine de la lutte contre les discriminations notamment en matière de rémunération, au sens de l'article L. 3221-3, de mesures d'intéressement ou de distribution d'actions, de formation, de reclassement, d'affectation, de qualification, de classification, de promotion professionnelle, de mutation[243] ou de renouvellement de contrat, en raison de son origine, de son sexe, de ses mœurs, de son orientation sexuelle, de son âge, de situation de famille ou de sa grossesse, de ses caractéristiques génétiques, de son appartenance ou de sa non-appartenance, vraie ou supposée, à une ethnie, une nation, ou une race, de ses opinions politiques, de ses activités syndicales ou mutualistes, de ses convictions religieuses, de son apparence physique, de son nom de famille ou en raison de son état de santé ou de son handicap »[244]. L'article 225-1 du Code pénal dispose que toute distinction opérée entre les personnes physiques à raison, notamment, de leurs opinions politiques, de leurs activités syndicales constitue une discrimination. Il en va de même des distinctions opérées entre personnes morales en raison, notamment, des activités syndicales [...] des membres ou de certains membres de ces personnes morales[245]. Des dispositions d'inspiration similaire figurent dans certaines conventions internationales : l'article 1 de la Convention (n° 98) de l'OIT concernant l'application des principes du droit d'organisation et de négociation collective du 1er juillet 1949 et l'article 5 de la Convention internationale sur l'élimination de toutes les formes de discrimination raciale du 21 décembre 1965.

---

243. Dans le cas, il est vrai, d'un agent public, dont le statut prévoit, en principe, la possibilité de mutation dans un autre service ou dans une autre ville selon les besoins du service, la Cour « démasque » le détournement de pouvoir dans les termes suivants : [...] « la Cour est d'avis que cette mesure (mutation) a été prise en considération de son appartenance au syndicat Enerji-Yapi Yol Sen [...] la décision ne s'inscrivait pas, comme le prétend le Gouvernement dans le cadre de la gestion et de l'exercice d'une bonne administration du service public de l'État. [...] une telle décision, mutant l'intéressé dans une ville située dans une autre région en raison de son appartenance à un syndicat légalement fondé n'était pas nécessaire dans une société démocratique » (violation de l'art. 11). CEDH, n° 20868/02, *Metin Turan*, préc., § 30-32. La solution diffère de celle adoptée dans trois arrêts contre la Turquie – *Aydin*, *Bulga* et *Akat* – de 2005. La Cour a considéré que les mutations de ces fonctionnaires avaient été décidées dans l'intérêt d'une bonne administration et dans les limites de la marge d'appréciation et que les requérants avaient pu poursuivre leurs activités syndicales dans leurs nouvelles affectations.

244. L'insertion dans un questionnaire d'embauche de questions relatives à l'appartenance syndicale constitue une atteinte à la liberté syndicale, Cass. soc., 13 mai 1969, *D.* 1969, 528, note J. Savatier ; par une répartition inégalitaire du budget de formation entre les différentes formations syndicales, le Comité d'entreprise commet une discrimination syndicale et viole le principe de liberté syndicale, Cass. soc., 16 avril 2008, *D.* 2008, AJ. 1417.

245. Discrimination à l'emploi en raison notamment de la non-appartenance de la victime au syndicat USTKE, Cass. crim., 12 septembre 2000, *Gaz. Pal.* 26-27 janvier 2001.

B - PLURALISME DES SYNDICATS

6.108 ❯ L'existence de plusieurs syndicats se trouve nécessairement impliquée par l'alinéa 6 du Préambule de la Constitution du 27 octobre 1946 puisqu'il prévoit l'adhésion au syndicat de son choix. De même, dans la deuxième partie du Code du travail, le livre premier s'intitule « Les syndicats professionnels » (art. L. 2111-1 – L. 2146-2). Le pluralisme des syndicats doit, comme le pluralisme de la presse, être garanti au titre de la liberté d'expression[246]. Il ne permettrait ni la constitution d'un syndicat unique, ni la création d'un « syndicat maison » dans une entreprise[247].

6.109 ❯ C'est la jurisprudence des organes de la CEDH qui a le plus approfondi la notion de pluralisme, consubstantiel à la « société démocratique ». Les principes dégagés dans les litiges relatifs à l'article 10 de la Convention, notamment les principes de pluralisme, tolérance et esprit d'ouverture qui caractérisent une société démocratique[248], ont été appliqués à la liberté syndicale. Par voie de conséquence, chacun doit être libre de choisir parmi les syndicats existants celui auquel il veut s'affilier à moins d'avoir l'intention d'en fonder un nouveau[249]. La Cour souligne qu'« un individu ne jouit pas du droit à la liberté d'association si la liberté d'action ou de choix qui lui reste se révèle inexistante, ou réduite au point de n'offrir aucune utilité »[250].

C - LA LIBERTÉ DE QUITTER UN SYNDICAT ET DE NE PAS SE SYNDIQUER

6.110 ❯ **Liberté négative.** La liberté d'affiliation syndicale implique que le membre du syndicat ne soit pas contraint de rester dans le syndicat contre son gré. Au nombre des points sur lesquels doit porter la négociation entre l'employeur et les organisations syndicales, l'article L. 2144-2-5 du Code du travail cite : « les conditions dans lesquelles la collecte des cotisations syndicales peut être facilitée ». Le Conseil constitutionnel a déclaré la loi conforme à la Constitution, mais assortie de la réserve que cette disposition « ne saurait permettre que soit imposée en droit ou en fait, directement ou indirectement, l'adhésion ou le maintien de l'adhésion des salariés d'une entreprise à une organisation syndicale »[251]. L'article L. 2141-3 du Code du travail dispose que tout membre d'un syndicat professionnel peut s'en retirer à tout instant même en présence d'une clause contraire. Le syndicat peut réclamer la cotisation correspondant aux six mois qui suivent le retrait d'adhésion. La liberté de retrait d'un adhérent d'un syndicat ne peut être limitée par une clause conventionnelle[252].

---

246. Cons. const., n° 84181 DC, 10 et 11 octobre 1984, *Rec.* 78 ; Th. Renoux et M. de Villiers, *op. cit.*, p. 162-163. Un syndicat a le droit de communiquer librement des informations au public sur un site Internet. Cependant cette liberté est assortie des limites nécessaires à la protection des tiers contre la divulgation d'informations confidentielles portant atteinte à leurs droits. Cass. soc., 5 mars 2008, *RJS* 2008, 440.
247. L'article 2 de la Convention (n° 98) de l'OIT du 1er juillet 1949 qualifie d'acte d'ingérence la tentative de provoquer la création de syndicats dominés par un employeur.
248. CEDH, 7 décembre 1976, *Handyside*, n° 49.
249. CEDH, 14 décembre 1979, *Young, James et Webster*, R 7601/76 et 7806/77, n° 160.
250. CEDH, 13 août 1981, *Young, James et Webster*, n° 56.
251. Cons. const., 19 et 20 juillet 1983, n° 83-162-DC, *Rec.* 49.
252. Cass. soc., 23 juin 1988, *D.* 1989, somm. 269.

6.111 ▸ L'affirmation du droit de toute personne de s'affilier au syndicat de son choix n'implique pas pour autant l'obligation de faire partie d'un syndicat. En droit français, l'alinéa 6 du Préambule de la Constitution de 1946 qui proclame que tout homme peut adhérer au syndicat de son choix, implique nécessairement la liberté de ne pas être syndiqué, comme l'exprimait déjà l'article 7 de la loi du 21 mars 1884, qui pourrait constituer un principe fondamental reconnu par les lois de la République (art. L. 2141-3 du C. trav.). Par ailleurs, « les clauses de sécurité syndicale » (*closed shop*) sont interdites par l'article L. 2141-5 du Code du travail dont l'article L. 2134-2 déclare nul tout accord ou disposition tendant à obliger l'employeur à n'embaucher ou à ne conserver à son service que les adhérents du syndicat propriétaire de marques et de labels syndicaux[253].

6.112 ▸ **Liberté négative et Convention EDH.** L'article 20 § 2 de la DUDH du 10 décembre 1948 : « Nul ne peut être obligé de faire partie d'une association » est une disposition isolée parmi les textes internationaux pertinents[254]. Ni l'article 8 du PIDESC, ni l'article 22 du PIDCP ne mentionnent le droit négatif de ne pas s'associer. D'ailleurs, ce droit n'avait pas été introduit dans l'article 11 de la Convention EDH[255] ; il n'a été reconnu qu'au terme d'une évolution jurisprudentielle. Se fondant sur le fait que la Convention est un instrument de droit vivant qui doit être interprété à la lumière des évolutions de la société, la jurisprudence européenne a progressivement jugé incompatible avec l'article 11, d'une part l'obligation de se syndiquer à des salariés en fonction, d'autre part, l'obligation de se syndiquer comme préalable nécessaire à une embauche.

Le premier cas renvoie aux contentieux de salariés en fonction dans les chemins de fer britanniques qui refusèrent de s'affilier et furent licenciés. « Une menace de renvoi impliquant la perte de ses moyens d'existence constitue une forme très grave de contrainte... [qui] touche à la substance même de la liberté d'association telle que la consacre l'article 11[256] ». Les accords de shop ou d'appartenance syndicale, c'est-à-dire les accords entre un ou des syndicats et un ou des employeurs ou associations d'employeurs, en vertu desquels les salariés d'une catégorie déterminée sont en pratique obligés d'appartenir ou adhérer à un syndicat désigné, à moins de perdre leur emploi, représentent une atteinte à la substance même de l'article 11. La

253. Les menaces de grève adressées par un syndicat à un patron ne sont pas licites « lorsqu'elles ont pour but d'imposer au patron le renvoi d'un ouvrier parce qu'il s'est retiré de l'association et qu'il refuse d'y rentrer ; que dans ce cas il y a une atteinte au droit d'autrui qui, si ces menaces sont suivies d'effet, rend le syndicat passible de dommages-intérêts envers l'ouvrier congédié », Cass., 22 juin 1892, *DP* 92.1.449, note Roujat. Plus récemment, le clicheur Roger inscrit au syndicat CGT du livre et employé du journal *Le Monde* refusa de participer à l'occupation des locaux lors d'une grève organisée par la CGT. Radié d'abord du syndicat, exclu des entreprises de presse, sur pression du syndicat, il fut licencié par son employeur. Celui-ci fut condamné à des dommages-intérêts et à une amende par jugement du 26 septembre 1963 (*JCP* 1964, III, 13665). L'appartenance obligatoire à un syndicat « serait une anomalie grave dans un pays démocratique où chacun devrait avoir la liberté d'appartenir au syndicat de son choix ». Le comportement de l'employeur constitue « une atteinte à la liberté d'opinion, à la liberté syndicale et à la dignité humaine ». Par sa constitution de partie civile, un syndicat concurrent : « entend faire respecter pour chacun le droit d'appartenir au syndicat qui lui plaît, ou même de n'adhérer à aucun selon sa liberté de conscience ». Ce jugement fut confirmé par Paris, 11 juin 1964, *Dr. soc.*, 1964, p. 361, chron. J. Savatier.

254. D. C. Yannopoulos, *La protection internationale de la liberté syndicale*, LGDJ, 1973, p. 39-40.

255. Rapport du 19 juin 1950 de la Conférence de hauts fonctionnaires, *Recueil des travaux préparatoires de la CEDH*, vol. 4, p. 262.

256. CEDH, 13 août 1981, *James et Webster c/ Royaume-Uni*, n° 7601/76 et 7806/77.

seconde hypothèse est au cœur de l'affaire *Sigurjônsson*, dans laquelle l'affiliation à un organisme professionnel privé était nécessaire pour obtenir une licence de chauffeur de taxi. Reconnaissant, pour la première fois expressément, un droit négatif d'association, la Cour conclut à la violation de l'article 11[257]. Cette jurisprudence a pour conséquence de remettre en cause les spécificités de pays à tradition corporatiste, qui rendent obligatoires l'adhésion à un syndicat considéré comme étant représentatif. On peut expliquer cette position par la centralité, dans la jurisprudence européenne, du principe de l'autonomie individuelle, qui implique de faire prévaloir le libre arbitre personnel.

§ 2 – LES DROITS DES SYNDICATS

Dans ce développement seront successivement présentés : la personnalité juridique (I) et le droit de l'action syndicale (II).

I — LA PERSONNALITÉ JURIDIQUE

A - LE BÉNÉFICE D'UNE PERSONNALITÉ JURIDIQUE ÉTENDUE DES DROITS PATRIMONIAUX

6.113 › **Principe de la personnalité.** Depuis 1920 – article L. 2132-1 du Code du travail –, « les syndicats professionnels sont dotés de la personnalité civile ». Celle-ci est plus étendue que celle des associations. L'acquisition de la personnalité juridique par les organisations de travailleurs et d'employeurs est expressément prévue par l'article 7 de la Convention (n° 87) de l'OIT sur la liberté syndicale et la protection du droit syndical du 9 juillet 1948 à condition de ne pas être subordonnée à des conditions de nature à mettre en cause l'application des dispositions des articles 2 (liberté de constitution et d'affiliation), 3 (droit d'élaborer les statuts et modes de fonctionnement) et 4 (interdiction de dissolution ou suspension par la voie administrative)[258]. Les articles 8 du PIDESC et 22 du PIDCP précisent qu'aucune disposition ne permet aux États parties à la Convention de 1948 de l'OIT de prendre des mesures législatives portant atteinte ou d'appliquer la loi de façon à porter atteinte aux garanties prévues dans ladite convention. « En l'absence d'éléments concrets propres à démontrer que les activités du syndicat *Tüm Bel Sen* représentaient une menace pour la société ou l'État, la Cour estime que, par le refus de reconnaître la personnalité juridique du syndicat des requérants, l'État défendeur a manqué, à l'époque des faits, à son obligation de garantir la jouissance des droits consacrés par l'article 11 de la Convention »[259]. L'enjeu de l'acquisition de la personnalité est

257. CEDH, 30 juin 1993, *Sigurdur A Sigurjonsson c/ Irlande*, n° 16130/90 ; également, CEDH, 11 janvier 2006, *Sorensen et Rasmussen c/ Danemark*, n° 52562/99 et 52620/99.

258. La CGT fut dissoute par le juge judiciaire après la grève générale de 1920, T. corr. Seine, 12 janvier 1921, *Gaz. Trib.* 1921.2.200, mais le jugement ne fut pas suivi d'effet. Les faits furent amnistiés par la loi du 3 janvier 1925. L'article 131-39 du Code pénal prévoit notamment les peines de la dissolution et du placement, pour une durée de cinq ans au plus, sous surveillance judiciaire, des personnes morales pour certaines infractions. Ces peines ne sont pas applicables aux partis ou groupements politiques ni aux syndicats professionnels.

259. CEDH, 21 novembre 2006, *Demir et Baykara c/ Turquie*, n° 34503/97 (arrêt de chambre), § 29.

surtout de permettre aux organisations de négocier les conventions et accords collectifs de travail (art. L. 2132-1 C. trav).

6.114 › **Pouvoir d'auto-organisation.** Comme toute institution, le syndicat a un pouvoir d'auto-organisation et de réglementation[260] qui est nécessairement inclus dans les statuts : répartition des tâches, pouvoir disciplinaire, etc. Ce pouvoir doit être respecté par l'employeur : contre les prétentions de la direction de l'ORTF qui souhaitait que l'accès aux responsabilités syndicales soit réservé aux agents permanents, le Conseil d'État a décidé que les personnes chargées de l'administration ou de la direction d'un syndicat sont choisies selon les modalités déterminées par la Charte constitutive du syndicat sans ingérence de l'employeur[261]. Ce pouvoir d'auto-organisation est précisé par l'article 3 de la Convention (n° 87) de l'OIT.

Malgré le silence de l'article 11 de la Convention EDH, l'ancienne Commission des droits de l'homme a considéré que le droit de fonder des syndicats emporte par exemple le droit pour ceux-ci d'établir leurs propres règlements[262], d'administrer leurs propres affaires, d'instaurer des fédérations de syndicats et d'y adhérer. « Ces droits syndicaux sont expressément reconnus par les articles 3 et 5 de la Convention n° 87 du BIT à prendre en compte dans le présent contexte ». Ainsi, « Le droit de s'affilier à un "syndicat pour la défense de ses intérêts" ne saurait s'interpréter comme conférant un droit général de s'affilier au syndicat de son choix indépendamment de la réglementation du syndicat. Dans l'exercice du droit que leur reconnaît l'article 11 § 1, les syndicats doivent conserver la liberté de décider, conformément à la réglementation syndicale, des questions concernant l'admission ou l'expulsion de membres »[263].

Pour s'organiser et remplir ses missions, le syndicat doit disposer d'un volume horaire réservé à la vie de la section syndicale et aux délégués syndicaux. Telle est la fonction des heures de délégation des délégués syndicaux. La récente loi « travail » du 8 août 2016 a allongé le crédit d'heures mensuel pour les délégués syndicaux, ainsi que le crédit d'heures annuel alloué à la section syndicale. La section peut allouer ce crédit d'heures à son ou ses délégués syndicaux et aux salariés de l'entreprise appelés à négocier une convention ou un accord d'entreprise, en vue de la préparation de cette négociation[264].

---

260. A. Legal et J. Brethe de La Gressaye, *Le pouvoir disciplinaire dans les institutions privées*, S. 1938, 532 p.
261. CE, 1er mars 1968, *Dr. soc.* 1969, 33.
262. La décision du syndicat d'affilier ses membres à une assurance-logement relève de la compétence juridique conférée par ses règlements à ce syndicat. Les syndicats ont le droit d'établir leurs propres règlements et d'administrer leurs propres affaires, Comm EDH, *Johansson c/ Suède*, 7 mai 1990, n° 13537/88.
263. 13 mai 1985, *Cheall c/ RU*, déc. 10550/83, DR 42/193. L'article 2 de la Convention (n° 87) de l'OIT (préc.) reconnaît aux travailleurs et aux employeurs le droit de constituer des organisations de leur choix et de s'y affilier « à la seule condition de se conformer aux statuts de ces dernières ».
264. Loi n° 2016-1088 du 8 août 2016 relative au travail, à la modernisation du dialogue social et à la sécurisation des parcours professionnels, art. 28 et 58. Le crédit d'heures mensuel des délégués syndicaux a été allongé par la loi travail qui l'a porté à : 12 heures (au lieu de 10) dans les entreprises ou établissements de 50 à 150 salariés ; 18 heures (au lieu de 15) dans les entreprises ou établissements de 151 à 499 salariés ; 24 heures (au lieu de 20) dans les entreprises ou établissements d'au moins 500 salariés. Le crédit d'heures annuel alloué à la section syndicale est porté à : 12 heures (au lieu de 10) dans les entreprises d'au moins 500 salariés ; 18 heures (au lieu de 15) dans les entreprises d'au moins 1 000 salariés.

6.115 › Les instruments internationaux ne traitent guère des droits patrimoniaux des syndicats ; en revanche, il existe des dispositions générales qui les mettent à l'abri des mesures arbitraires. L'article 4 de la Convention 27 de l'OIT (n° 87) énonce que : « Les organisations de travailleurs et d'employeurs ne sont pas sujettes à dissolution ou à suspension par voie administrative ». D'ailleurs, l'article L. 2131-6 du Code du travail n'envisage que la dissolution volontaire, statutaire ou prononcée par décision de justice. Les syndicats peuvent recevoir des subventions publiques pour la formation économique et sociale de leurs adhérents[265], mais surtout ils jouissent de droits patrimoniaux plus étendus que ceux des associations. Par exemple, les meubles et immeubles nécessaires pour leurs réunions, bibliothèques et formations sont insaisissables. (L. 2132-4 v. aussi C. trav., art. L. 2132-5 et 2131-6).

B - LE DROIT D'ESTER EN JUSTICE

6.116 › **Principe.** L'article L. 2132-3 du Code du travail dispose que les syndicats professionnels ont le droit d'agir en justice. Ils peuvent devant toutes les juridictions exercer tous les droits réservés à la partie civile concernant les faits portant un préjudice direct ou indirect à l'intérêt collectif de la profession qu'ils représentent[266]. Cet article n'exprime que l'objet essentiel de l'action en justice du syndicat. Celle-ci comporte des applications nombreuses pour la défense individuelle des membres du groupe social dont le syndicat estime devoir assurer la défense : action née d'une convention collective (C. trav., art. L. 2262-9) pour la défense de l'égalité professionnelle des travailleurs des deux sexes (C. trav., art. L. 1144-2) du travail temporaire (C. trav., art. L. 1251-59), du travailleur à domicile (C. trav., art. L. 7423-2)[267]. Ne peut-on craindre que ces actions à caractère individuel exercées sans mandat exprès des intéressés ne présentent parfois d'intérêt que pour les seuls syndicats ? Cette problématique renvoie à l'identification de l'intérêt collectif de la profession.

6.117 › **Consentement à l'action en justice.** Le Conseil constitutionnel a reconnu le droit au législateur de conférer aux organisations syndicales des prérogatives qui, au-delà des seuls adhérents, peuvent s'étendre à la défense d'un groupe social plus large à condition de respecter la liberté personnelle du salarié qui, comme la liberté syndicale, a valeur constitutionnelle. L'organisation syndicale représentative peut introduire une action en justice non seulement à l'effet d'intervenir spontanément dans la défense d'un salarié, mais aussi de promouvoir, à travers un cas individuel, une action collective. Dans ce cas, l'intéressé doit avoir été mis à même de donner son assentiment en pleine connaissance de cause et conserver la liberté de conduire personnellement la défense de ses intérêts et de mettre un terme à cette action. Le Conseil constitutionnel précise que le consentement du salarié non syndiqué à l'action syndicale peut

265. R. Brichet, « Statut des groupements », *J.-Cl., Dr. administratif*, F 175, n° 58.

266. Cass. soc., 5 juin 2013 ; est conforme à la Constitution l'article L. 2132-3 en ce qu'il découle de la liberté syndicale consacrée par l'article 6 du préambule de la Constitution du 27 octobre 1946, l'article 11 de la CEDH et l'article de la Convention n° 87 de l'OIT, et ne constitue pas une atteinte à la liberté personnelle des salariés ni à leur droit d'agir en justice.

267. A. Supiot, « La protection du droit d'agir en justice », *Dr. soc.* 1985, 774.

être exprimé tacitement par le silence gardé pendant plus de quinze jours après notification de l'action syndicale. Voici cependant à quelles conditions ce consentement doit satisfaire pour être adéquatement éclairé. Pour respecter la liberté du salarié vis-à-vis des organisations syndicales, de telles dispositions impliquent que soient contenues dans la lettre adressée à l'intéressé toutes précisions utiles sur la nature et l'objet de l'action exercée, sur la portée de son acceptation et sur le droit à lui reconnu de mettre un terme à tout moment à cette action. Le syndicat justifiera lors de l'introduction de l'action que le salarié a eu personnellement connaissance de la lettre comportant les mentions indiquées ci-dessus[268]. Il en résulte qu'un syndicat est recevable à agir en justice afin de faire déterminer l'étendue des droits individuellement acquis par les salariés à la suite de la dénonciation d'un accord collectif[269].

II – LE DROIT DE L'ACTION SYNDICALE

Trois questions seront exposées : le rôle des organisations syndicales les plus représentatives (A) ; la négociation et la conclusion des conventions collectives (B) et l'exercice de droit de grève (C).

A - LE RÔLE DES ORGANISATIONS SYNDICALES LES PLUS REPRÉSENTATIVES

6.118 › **Représentativité – Approche européenne.** La représentativité des organisations syndicales est un élément central pour déterminer le rôle qui leur est conféré. La notion de « représentativité » détermine déjà la composition des délégations nationales lors de la conférence de l'organisation internationale du travail, et l'article 389 § 3 du traité de Versailles (instituant l'OIT) y fait référence. Les instruments internationaux universels (PIDESC ; PIDCP ; conventions de l'OIT) ou régionaux (Charte sociale européenne, Convention EDH) ne précisent pas le contenu de la représentativité. La question a été en particulier posée à la Cour par le syndicat national de la police belge qui n'avait pas été agréé parmi les organisations syndicales les plus représentatives et se trouvait en conséquence écarté de la participation à certaines consultations. La Cour a répondu que le syndicat peut agir de différentes manières auprès du gouvernement ; le seul fait que le ministre de l'Intérieur ne le consulte pas ne viole pas l'article 11 de la Convention EDH[270].

6.119 › **En droit de l'Union**, la problématique de la représentativité renvoie aux articles 152 et 153 du Traité sur le fonctionnement de l'Union européenne. L'article 152 déclare notamment « L'Union reconnaît et promeut le rôle des partenaires sociaux à son niveau [...] Le sommet social tripartite pour la croissance et l'emploi contribue au dialogue social ». En vue de réaliser les objectifs visés à l'article 152, l'article 153 énonce que l'Union soutient et complète l'action des

268. Cons. const., 25 juillet 1989, *Loi modifiant le Code du travail*, n° 89257 DC, *Rec.* 59 ; Th. Renoux et M. de Villiers, *Code constitutionnel*, Litec, 1994, p. 155-156.

269. Cass. soc., 2 décembre 2008, n° 07-41832.

270. CEDH, 17 octobre 1975, *Syndicat national de la police belge*, n° 40. L'article 11 ne garantit pas non plus le droit de ne pas être mutés aux membres d'un syndicat, CEDH, n° 45050/98, *Akat c/ Turquie*, n° 38.

États membres dans le domaine notamment de : « f) la représentation et la défense collective des intérêts, y compris la cogestion, sous réserve du paragraphe 5 ; des travailleurs et des employeurs ». Surtout, le droit de l'Union se caractérise par la possibilité, ouverte aux partenaires sociaux européens, d'intervenir dans le processus décisionnel et de disposer d'un droit d'option pour légiférer en matière sociale. Décrite aux articles 154 et 155 TFUE, cette procédure repose sur deux phases. En premier lieu, la Commission est tenue de consulter les partenaires sociaux européens sur l'opportunité d'une initiative législative en matière sociale. En second lieu, dans l'hypothèse où la Commission avance une proposition, les partenaires sociaux bénéficient d'un droit d'option de négociation, sur le fondement duquel ils peuvent soit négocier un accord qui intègre le droit de l'Union sous la forme d'une directive (accord cadre), soit adopter un accord autonome, mis en œuvre selon le droit applicable à la négociation collective dans chaque État (en France, sous la forme d'accords nationaux interprofessionnels). Cette procédure a donné lieu à des résultats substantiels, par exemple un accord cadre sur le travail à temps partiel, sur le travail à durée déterminée ou encore sur le congé parental[271].

6.120 › **Droit interne.** En droit interne, depuis 1968, les cinq grands syndicats – CCT, CFDT, CGT-FO, CFTC, et CFE-CGC – et leurs affiliés bénéficiaient d'une présomption irréfragable de représentativité à tous les niveaux. Cette représentativité leur ouvrait droit à toutes les fonctions qui s'y attachent notamment à l'intérieur de l'entreprise : sections syndicales, désignation des délégués syndicaux, négociation d'accords collectifs. L'article L. 2121-1 du Code du travail issu de la loi n° 2008-789 du 20 août 2008 portant rénovation de la démocratie sociale et réforme du temps de travail, a renouvelé les critères de la représentativité qui sont désormais cumulatifs et dont l'audience électorale constitue le plus important : « La représentativité des organisations syndicales est déterminée d'après les critères cumulatifs suivants : 1° Le respect des valeurs républicaines ; 2° L'indépendance ; 3° La transparence financière ; 4° Une ancienneté minimale de deux ans dans le champ professionnel et géographique couvrant le niveau de négociation. Cette ancienneté s'apprécie à compter de la date de dépôt légal des statuts ; 5° L'audience établie selon les niveaux de négociation conformément aux articles L. 2122-1, L. 2122-5, L. 2122-6, L. 2122-9 ; 6° L'influence, prioritairement caractérisée par l'activité et l'expérience ; 7° Les effectifs d'adhérents et les cotisations. Les textes désignent les syndicats représentatifs pour l'exercice de divers modes de participation : négociation et conclusion des conventions collectives, droits syndicaux dans l'entreprise : section syndicale et délégué syndical prévus par les chapitres III et IV (C. trav., art. L. 2141-9) ; établissement des listes électorales pour l'élection des membres d'un collège élisant les délégués du personnel (art. L. 2314-8) ; établissement des listes pour l'élection des représentants du personnel (C. trav., art. L. 2324-11).

Le Conseil constitutionnel a considéré que la liberté syndicale n'était pas méconnue par la loi sur la démocratisation du secteur public qui prévoyait une négociation

271. Sur cette procédure, v. S. de La Rosa, E. Mazuyer, « La régulation sociale européenne et l'autorégulation : le défi de la cohérence dans le recours à la soft law », *Cahiers de droit Européen*, 2/2009, p. 295.

entre la direction de l'entreprise et les syndicats représentatifs[272]. Le décret du 16 février 2012 relatif à l'exercice du droit syndical dans la fonction publique (préc.) redéfinit les critères d'appréciation de la représentativité des organisations syndicales, fondés désormais sur les résultats des élections aux comités techniques.

Au cœur de l'action syndicale se trouve la garantie du droit à l'information et la protection des représentants syndicaux. À ce titre, la mise à disposition d'un local syndical est un aspect essentiel. Le local syndical que l'employeur doit mettre à la disposition des organisations syndicales en application de l'article L. 2142-8 du Code du travail est un des éléments de l'exercice du droit syndical et de la liberté d'organisation des syndicats dans les entreprises prévus par l'article L. 2141-4 du Code du travail. Il est généralement admis que le choix du lieu d'implantation du local appartient à l'employeur, mais l'article L. 2142-9 du Code du travail précise que les conditions d'aménagement et d'utilisation des locaux syndicaux sont fixées par accord avec l'employeur. En tout cas, ce choix doit permettre le libre exercice du droit syndical des salariés et la liberté de circulation des délégués syndicaux prévue par l'article L. 2142-20 du Code du travail. Dans un arrêt, la Cour de cassation a considéré, à ce titre, que le déplacement du local syndical, *Société Servair*, malgré l'opposition des syndicats, ne peut se faire sans autorisation judiciaire préalable. Le juge judiciaire est en effet le garant de l'exercice des libertés et l'employeur ne peut pas avoir en la matière le privilège du préalable. Même s'il appartient à l'employeur de choisir l'implantation du local syndical, s'il n'a pas l'accord des syndicats et si ceux-ci s'opposent à son déménagement, il doit saisir le juge judiciaire pour autorisation après vérification de ce que le local permet l'exercice de cette liberté[273].

B - LA NÉGOCIATION ET LA CONCLUSION DES CONVENTIONS COLLECTIVES

6.121 › **Convention OIT.** L'article 4 de la Convention OIT n° 87 sur le droit d'organisation et de négociation collective (1949) énonce que : « Des mesures appropriées aux conditions nationales doivent, si nécessaire, être prises pour encourager et promouvoir le développement et l'utilisation les plus larges de procédures de négociation volontaire de conventions collectives entre les employeurs et les organisations d'employeurs d'une part, et les organisations de travailleurs d'autre part, en vue de régler par ce moyen les conditions d'emploi. ». L'article 6 énonce qu'il ne traite pas de la situation des « fonctionnaires publics », mais le Comité des experts de l'OIT a restreint cette catégorie aux seuls fonctionnaires qui traitent de l'administration de l'État, tous les autres doivent pouvoir négocier collectivement leurs conditions d'emploi, salaires inclus[274].

---

272. Cons. const., 19-20 juillet 1983, 83-162 DC, *Rec.* 49 ; B. Genevois, « La jurisprudence du Conseil constitutionnel », *STH* 1988, n° 367.

273. Cass. soc., 13 janvier 2010, *Bull. civ.* V, n° 11.

274. V. aussi, Convention n° 151 de l'OIT n° 151 concernant la protection du droit d'organisation et les procédures de détermination des conditions d'emploi dans la fonction publique : CEDH, Gde Ch., 12 novembre 2008, *Demir et Baykara c/ Turquie*, n° 34503/97, § 43, 147 et 148. L'interdiction faite aux fonctionnaires du secteur public de participer à une journée nationale de grève pour obtenir la reconnaissance du droit à une convention collective ; violation de l'article 11. CEDH, 21 avril 2009, *Enerji yapi-yol Sen c/ Turquie*, n° 68959/01.

6.122 › **Une liberté inhérente à l'article 11 de la Convention : l'apport de l'arrêt *Demir*.** L'article 11 de la Convention ne contient pas spécifiquement de reconnaissance du droit à la négociation collective. Aussi, dans un premier temps, la Cour européenne a refusé de considérer que la liberté syndicale incluait le droit à la négociation et à la conclusion de conventions collectives ou le droit de grève, même si ce dernier a été considéré comme un des moyens les plus importants par lequel l'État peut assurer la liberté pour un syndicat de protéger les intérêts professionnels de ses membres[275]. Dans un arrêt essentiel, *Demir et Baykara c/ Turquie*[276], la Cour européenne a jugé que l'article 11 protège le droit de négocier des conventions collectives, le droit de conclure une convention collective est un moyen essentiel pour les membres d'un syndicat de protéger leurs intérêts. Dans cette affaire, des fonctionnaires municipaux contestaient l'interdiction de fonder des syndicats qui leur était opposée, et l'annulation d'une convention collective conclue par un syndicat. Ces deux mesures constituent des violations de l'article 11.

Le principe qui résulte de cette décision doit être souligné au regard du raisonnement que suit la Cour dans l'affaire *Demir*. Alors que sa jurisprudence antérieure n'incluait pas le droit à la négociation collective dans le champ de l'article 11 de la Convention, la Cour dégage ici un principe au terme d'une interprétation qui repose sur l'utilisation de sources internationales et non conventionnelles. L'arrêt systématise ainsi une tendance, de plus en plus marquée, à solliciter des sources externes au droit de la Convention dans le raisonnement de la Cour, non seulement pour appuyer l'interprétation d'une disposition précise de celle-ci, mais également pour justifier, comme dans l'affaire *Demir*, le dégagement d'un droit nouveau : « ensemble constitués des règles et principes acceptés par une grande majorité des États, les dénominateurs communs des normes de droit international ou des droits nationaux des États européens reflètent une réalité que la Cour ne saurait ignorer lorsqu'elle est appelée à clarifier la portée d'une disposition de la Convention que le recours aux moyens d'interprétation classiques n'a pas permis de dégager avec un degré suffisant de certitude »[277]. Novatrice, cette forme d'interprétation recèle toutefois des limites compte tenu de la très grande marge de manœuvre qu'elle laisse au juge et de sa cohérence avec le principe selon lequel la Convention est un instrument de droit vivant. Elle montre également l'importance que revêt désormais l'entrecroisement des différents espaces normatifs de protection des droits fondamentaux dans le raisonnement du juge[278]. Il n'en demeure par moins que l'arrêt *Demir* a permis de dégager un droit qui s'inscrit en cohérence avec

275. CEDH, 6 février 1976, *Scmidt et Dahlstrom c/ Suède*, n° 5589/72.

276. CEDH, Gde Ch., 12 novembre 2008, *Demir et Baykara c/ Turquie*, req. n° 34503/97.

277. *Ibid.*, § 76.

278. S. de La Rosa, « Normes sociales européennes et internationales : des interactions en quête de modèle », *in* E. Dubout, S. Touzé (dir.), *Les interactions entre normes européennes et internationales*, Pedone, coll. « Iredies », 2012, p. 263.

d'autres systèmes de protection, tels que la Charte sociale européenne[279] ou la Charte des droits fondamentaux de l'Union[280].

6.123 › Le statut spécial, mentionné dans l'arrêt de la Cour, pourrait être constitué par l'article L. 2132-2 du Code du travail qui admet les seules organisations de salariés constituées en syndicats professionnels à négocier les conventions et accords collectifs de travail[281]. Le Conseil constitutionnel a décidé que le législateur peut, sans méconnaître aucun principe ou règle de valeur constitutionnelle, confier aux organisations syndicales le monopole de la négociation des conventions collectives[282].

C - L'EXERCICE DU DROIT DE GRÈVE

6.124 › **Évolution de la reconnaissance en droit interne.** La grève est un moyen de défense des intérêts professionnels, par un arrêt concerté du travail. Seul un arrêt collectif du travail en vue d'appuyer des revendications professionnelles peut caractériser l'exercice normal du droit de grève[283]. Avant d'être affirmé par l'alinéa 7 du Préambule de la Constitution du 27 octobre 1946, qui lui confère valeur constitutionnelle, le droit de grève avait déjà été reconnu depuis l'abolition du délit de coalition par la loi Émile Olivier du 25 mai 1864.

Une reconnaissance formelle du droit de grève, et de son opposabilité, résulte de l'arrêt *Dehaene* du Conseil d'État du 7 juin 1950. Saisi de mesures de suspension prises à l'encontre d'agents publics qui avaient cessé le travail, le juge reconnaît que le législateur doit opérer « la conciliation nécessaire entre la défense des intérêts professionnels dont la grève constitue une modalité et la sauvegarde de l'intérêt général auquel elle peut être de nature à porter atteinte »[284]. Le droit de grève est alors admis comme une liberté publique, laissant la possibilité au législateur d'exclure ou de limiter l'exercice de la grève pour toute une série d'agents, notamment certaines catégories de fonctionnaires qui assurent la continuité des services publics essentiels. Cette prémisse explique le rejet du recours au fond dans l'arrêt *Dehaene*. L'approche suivie dans l'affaire *Dehaene* sera, dans une large mesure, poursuivie par le Conseil constitutionnel ; par sa décision de principe du 25 juillet 1979 « continuité du service public », le juge constitutionnel affirme, en s'appuyant sur le préambule de 1946, que le droit de grève est un principe à valeur constitutionnel, mais qu'il

---

279. L'article 6 de la Charte sociale européenne énonce : « Tous les travailleurs et employeurs ont le droit de négocier collectivement ». Par l'article 6 § 2 de la Charte sociale européenne, les États s'engagent à promouvoir, lorsque cela est nécessaire et utile, l'institution de procédures de négociation volontaire entre les employeurs ou les organisations d'employeurs d'une part et les organisations de travailleurs d'autre part, en vue de régler les conditions d'emploi par des conventions collectives.

280. L'article 28 de la Charte des droits fondamentaux de l'Union européenne (préc.) prévoit que les travailleurs et les employeurs ou leurs organisations respectives ont, conformément au droit communautaire et aux législations et pratiques nationales, le droit de négocier et de conclure des conventions collectives aux niveaux appropriés.

281. À l'exclusion des associations quel qu'en soit l'objet, Cass. crim., 18 novembre 1997.

282. Cons. const., 25 juillet 1989, n° 89-257 DC, *Rec.* 59.

283. En l'espèce il n'y a pas eu d'arrêt collectif et concerté du travail. Les actions consistant à bloquer l'accès aux sites et du système d'information, à détourner du matériel, à couper le courant, à paralyser le système de tarification heures creuses – heures pleines n'ont rien à voir avec l'exercice du droit de grève et ne peuvent être qualifiées que de mouvement illicite. (Distinction classique entre la grève et le mouvement illicite). Cass. soc., 26 janvier 2000 (*Bull.* n° 38) ; Rapport annuel de la Cour de cassation, 2000, 3e partie « Conflit collectif du travail ».

284. CE Ass., 7 juillet 1950, *Dehaene*, *Rec.* 426.

a des limites en vertu desquels le législateur est appelé à exercer la conciliation nécessaire entre la défense des intérêts professionnels, dont la grève est un moyen, et la sauvegarde de l'intérêt général auquel la grève peut porter atteinte. Il en résulte que les limitations peuvent aller jusqu'à l'interdiction de ce droit au profit d'agents dont la présence est indispensable pour assurer les éléments de fonctionnement de services essentiels[285]. Si elles ne sont pas incompatibles en principe avec la Convention EDH et son article 11, les restrictions au droit de grève doit reposer sur une législation qui identifie aussi clairement et étroitement que possible les catégories de fonctionnaires concernés. Tel n'est pas le cas d'une circulaire rédigée en termes très généraux qui interdit de manière absolue à tous les fonctionnaires le droit de grève, dès lors que cette interdiction ne répond pas à un besoin social impérieux[286].

6.125 ▸ **Reconnaissance dans la jurisprudence de la CEDH.** Dans le prolongement de l'arrêt *Demir*, qui ne portait pas spécifiquement sur le droit de grève, la Cour a jugé que le droit de grève devait être protégé en vertu de l'article 11 de la Convention : « la grève, qui permet à un syndicat de faire entendre sa voix, constitue un aspect important pour les membres d'un syndicat dans la protection de leurs intérêts »[287]. Toutefois, il s'agit de la reconnaissance d'un droit conditionnel, qui ne présente pas de caractère absolu et peut être soumis à certaines conditions. Par ailleurs, la Cour semble privilégier la reconnaissance d'un droit « collectif » à la grève (fondé sur l'article 11) et non véritablement un droit individuel, propre à chaque salarié. La Charte sociale du 18 octobre 1961 ne garantit le droit de grève que sous réserve de pareilles réglementations, de même que « d'autres restrictions compatibles avec son article 31, et non sans reconnaître aux employeurs le droit de recourir de leur côté à une action collective » (article 6, § 4 et annexe).

6.126 ▸ **Reconnaissance en droit de l'Union.** Par deux importantes décisions rendues le même jour, *Viking* et *Laval*, la Cour de justice a également reconnu que l'action collective, y compris le droit de grève, est protégée en tant que droit fondamental par le droit de l'Union[288]. La portée de ces deux arrêts doit toutefois être soigneusement mesurée et mise en perspective avec le droit de la CEDH. Ces deux affaires s'inscrivent, en effet, dans un contentieux lié à l'exercice des libertés de circulation : dans quelle mesure des salariés qui se mettent en grève, dans un cas pour réclamer une hausse salariale (affaire *Viking*), de l'autre pour s'opposer au détachement de travailleurs lettons sur un chantier en Suède, portent-ils une atteinte aux libertés de circulation, en l'occurrence à la libre prestation de service ? En se fondant sur plusieurs instruments internationaux, dont la Charte sociale européenne et les conventions de l'OIT, la Cour

285. Cons. const., 25 juillet 1979, *Loi relative à la continuité du service public à la radio et à la télévision*, n° 79-105 DC. Dans le même sens, la Conseil a réitéré cette position lors de l'examen de la constitutionnalité de la loi relative à l'organisation du service et à l'information des passagers dans les entreprises de contrôle aérien, à propos de l'obligation de se déclarer gréviste 48 heures à l'avance pour les personnels dont l'absence influe directement sur les vols, Cons. const., 16 août 2007, n° 2007-556 DC.

286. CEDH, 21 avril 2009, *Enerji Yapi-Yol Sen c/ Turquie*, n° 68959/01.

287. *Ibid.*

288. CJCE, 11 décembre 2007, *Viking*, aff. C-438/05 ; CJCE, 18 décembre 2007, *Laval*, aff. C-341/05.

de justice reconnaît le droit de grève comme un principe général du droit de l'Union. Dès lors, le droit peut être invoqué pour justifier une restriction aux libertés de circulation. Toutefois, au terme d'un raisonnement qui a été contesté, la Cour, suivant en cela son cadre usuel de raisonnement en matière de marché intérieur, soumet la justification à un contrôle de proportionnalité pour envisager s'il n'était pas possible de revendiquer sous une forme moins attentatoire aux libertés économiques. Tel est le cas dans ces deux espèces, notamment dans l'arrêt *Laval*, où le *block out* engagé par les salariés, empêchant de fait la réalisation d'un chantier, est jugé disproportionné. Si le jugement de la Cour est favorable, dans son principe, aux droits collectifs et aux travailleurs, il apparaît toutefois que le raisonnement suivi conduit, *in fine*, à mettre sur un pied d'égalité le droit de grève et les libertés économiques afin d'apprécier la pondération des intérêts en présence. Pareil raisonnement marque une nette différence avec la Convention EDH, qui apprécie l'atteinte au droit de grève sous l'angle du critère de la nécessité dans une société démocratique. Au-delà de cette problématique, la reconnaissance du droit de grève en droit de l'Union revêt une difficulté particulière dans le cadre du détachement de travailleurs[289].

6.127 › **Réquisition.** Sur le sur le fondement du 4° de l'article L. 2215-1 du Code général des collectivités territoriales, le préfet peut légalement requérir les salariés en grève d'une entreprise privée dont l'activité présente une importance particulière pour le maintien de l'activité économique, la satisfaction des besoins essentiels de la population ou le fonctionnement des services publics, lorsque les perturbations résultant de la grève créent une menace pour l'ordre public ; qu'il ne peut prendre que les mesures nécessaires imposées par l'urgence et proportionnées aux nécessités de l'ordre public[290].

6.128 › **Exercice du droit de grève.** « L'exercice du droit de grève ne peut justifier la rupture du contrat de travailleur, sauf faute lourde imputable au salarié » (C. trav., art. L. 2511-1) et « aucun salarié ne peut être sanctionné, licencié ou faire l'objet d'une mesure discriminatoire mentionnée à l'article L. 1132-1 en raison de l'exercice normal du droit de grève » (L. 1132-2). Les instruments internationaux qui reconnaissent le droit de grève sont peu nombreux et prudents. Il faut donc se tourner vers le droit national pour connaître le régime juridique du droit de grève[291]. La grève est une cessation concertée du travail en vue d'appuyer des revendications professionnelles déjà déterminées auxquelles

289. V. Sénat, 23 janvier 2013, Proposition de résolution présentée en application de l'article 73 *quinquies* du Règlement.

290. Par ordonnance du 27 octobre 2010, le Conseil d'État a rejeté la requête dirigée contre l'arrêté du préfet des Yvelines du 22 octobre 2010 portant réquisition de certains personnels de l'établissement pétrolier de Gargenville, exploité par la société Total, *AJDA* 2011, p. 388, note Ph. S. Hansen et N. Ferré.

291. Code du travail art. L. 2511-1 : « La grève ne rompt pas le contrat de travail, sauf faute lourde imputable au salarié. Son exercice ne peut donner lieu à aucune mesure discriminatoire en matière de rémunérations et d'avantages sociaux. Tout licenciement prononcé en absence de faute lourde est nul de plein droit. L'exercice normal du droit de grève ne peut donner lieu à aucune des mesures mentionnées à l'article L. 1132-2 (V. aussi les articles L. 1132-3 et 4). Enfin, il est interdit de faire mention sur le bulletin de paie de l'exercice du droit de grève ou de l'activité de représentation des salariés.

l'employeur refuse de donner satisfaction[292]. De cette définition, il découle que le travail se trouve complètement arrêté par un mouvement collectif et concerté, si bien que la grève est sans doute un droit des personnes, mais le plus souvent déclenché ou relayé par les organisations syndicales. Les revendications, d'après une jurisprudence générale, sont exclusivement professionnelles : une grève purement politique serait exclue de la protection constitutionnelle et un arrêt de travail non assorti de revendications ne saurait être caractérisé comme une grève[293]. Enfin, le droit de grève postule l'existence d'une relation de subordination (contrat de travail ou situation statutaire des agents publics).

6.129 › **Périmètre.** Le droit de grève est-il pour autant réservé aux seuls salariés ? Ne serait-ce pas réduire sans justification la portée de la disposition constitutionnelle qui ouvre sans limites la catégorie des grévistes potentiels puisqu'elle ne désigne aucun titulaire de ce droit ? De même, ne pourrait-on limiter aux seuls syndicats ce droit individuel qui s'exerce collectivement ? Parmi les moyens d'action d'un syndicat, la Cour européenne a considéré que « l'octroi du droit de grève représente sans nul doute l'un des plus importants d'entre eux »[294]. Le Conseil constitutionnel associe droit syndical et droit de grève dans plusieurs décisions[295]. Enfin, si dans les entreprises privées la Cour de cassation a rappelé que le droit de grève n'appartient pas en droit français aux syndicats[296], le rôle des organisations syndicales les plus représentatives a été reconnu par le législateur (loi du 31 juillet 1963, C. trav., art. L. 2512-2), lors de la cessation concertée du travail des personnels de l'État, des régions, des départements et des communes comptant plus de 10 000 habitants et de ceux énumérés à l'article L. 2512-1 du Code du travail. En effet, le préavis qui doit précéder la grève émane « d'une organisation syndicale représentative au niveau national, dans la catégorie professionnelle ou dans l'entreprise, l'organisme ou le service intéressé ». Ainsi, le droit de grève est-il réservé à ces organisations syndicales pour l'application des articles L. 2512-1 et L. 2512-2, c'est-à-dire dans les services publics[297]. La loi n° 2007-1224 du 21 août 2007 « sur le dialogue social et la continuité du service public dans les transports terrestres réguliers de voyageurs » présente ces services comme essentiels à la population pour la mise en œuvre des principes constitutionnels que sont : la liberté d'aller et venir ; la liberté d'accès aux services publics notamment sanitaires, sociaux et d'enseignement ; la liberté du travail ; la liberté du commerce et de l'industrie (abrogé par l'article 7 de l'ordonnance n° 2010 – 1307 du 28 octobre

292. Cette définition extraite d'un arrêt de la Chambre sociale de la Cour de cassation du 23 janvier 1969, *Bull. civ.* V, n° 50 correspond à des définitions voisines du Conseil constitutionnel 79-105 DC. 25 juillet 1979, *Rec.* 33 et du Conseil d'État, Ass. 7 juillet 1950, *Dehaene*, *Lebon*, 426.

293. Cass. soc., 24 mars 1988 ; 7 février 1990 ; 15 juin 1978, *Bull. civ.* V, n° 477, p. 360.

294. CEDH, 6 février 1976, *Schmidt et Dahlström* (préc.), n° 36. Le Tribunal fédéral suisse considère que seules des organisations de travailleurs peuvent participer à une grève (ATF 111, 1a, 245).

295. N° 80-127 DC, 19-20 janvier 1981, *Rec.* 15 ; n° 82-144 DC, 22 octobre 1982, *Rec.* 61.

296. Cass. soc., 9 novembre 1982 (2 espèces), *Dr. soc.* 1983, p. 175, note Savatier et Cass. soc., 7 juin 1995 : « Mais attendu qu'une convention collective ne peut avoir pour effet de limiter ou de réglementer pour les salariés l'exercice du droit de grève constitutionnellement reconnu et que seule la loi peut créer un délai de préavis de grèves s'imposant à eux ». TSA, 22 décembre 1995, n° 576, p. 7 : « Le préavis préalable à la grève ». V. cependant Cass. crim., 15 décembre 1981, *Bull.* n° 330, p. 866.

297. Pour une analyse critique, v. Th. S. Renoux et M. de Villiers, *op. cit.*, p. 169-170.

2010). Elle organise une procédure obligatoire de prévention des conflits sociaux par la conclusion d'accords. L'allongement à treize jours du délai maximum à respecter avant le déclenchement d'une grève n'a pas porté au droit constitutionnel de grève une atteinte excessive et les prérogatives accordées aux syndicats sont admissibles dès lors que chaque salarié reste libre de faire ou non grève[298]. Enfin, la loi n° 2008-790 du 20 août 2008 créant un droit d'accueil au profit des élèves des écoles maternelles et élémentaires (publiques et privées sous contrat) (art. L. 133-1 et s. du Code de l'éducation) prévoit également un préavis de 48 heures avant de déclencher une grève assortie d'une procédure de prévention des conflits ainsi que l'organisation d'un service minimum d'accueil[299].

6.130 ❯ Cependant et contradictoirement, l'inobservation des dispositions relatives à la grève dans les services publics (C. trav., art. L. 2512-1 et s.) entraîne l'application de sanctions à l'égard des personnels intéressés[300] (C. trav., art. L. 2512-4) et non à l'égard de syndicats. Ceux-ci ne sont toutefois pas à l'abri de toute recherche en responsabilité : le Conseil constitutionnel a jugé contraire au principe d'égalité devant la loi et les charges publiques l'article 8 de la loi n° 82-915 du 28 octobre 1982 qui tendait à limiter la responsabilité civile des salariés et des syndicats en raison des dommages causés par une grève. Celle-ci n'aurait pu être recherchée que pour les seuls dommages causés par une infraction pénale ou par des faits manifestement insusceptibles de se rattacher à l'exercice du droit de grève ou du droit syndical[301]. La responsabilité civile des syndicats n'est pas retenue lorsqu'il n'apparaît pas que par instructions ou tout autre moyen, ils aient commis des fautes en relation avec les dommages invoqués[302]. En principe, cette responsabilité ne peut être engagée à l'occasion de l'exercice du droit de grève constitutionnellement reconnu, sauf si le syndicat a participé à des agissements constitutifs d'infractions pénales ne pouvant se rattacher à l'exercice normal du droit de grève[303], ou encore, si les dirigeants du syndicat ont incité les grévistes à commettre des agissements

298. Cons. const. (556 DC), 16 août 2007.

299. Pour la grève en droit interne V. D. Turpin, préc., n° 935-954.

300. Pour les agents du péage sur le pont du Bosphore, les fonctionnaires contractuels ont été condamnés à payer des dommages-intérêts à l'administration pour avoir arrêté le travail pendant trois heures, en violation d'une interdiction légale. Cette ingérence dans leur droit à la liberté d'association (57), avait une base légale (69) et poursuivait le but légitime de l'ordre public (70). En se joignant à l'action collective de ralentissement du travail décidée par leur syndicat pour défendre leurs conditions de travail, les requérants ont usé de leur liberté de réunion pacifique (71). Il n'a pas été établi que le syndicat avait d'autres moyens pacifiques de défendre les droits des fonctionnaires, alors qu'en dépit des changements importants survenus depuis 1967 en matière de droits syndicaux, les actions collectives sont toujours interdites aux fonctionnaires. Eu égard notamment à la place éminente de la liberté de réunion, l'engagement de la responsabilité civile des fonctionnaires n'était pas nécessaire dans une société démocratique (violation de l'article 11) : *Cour Saltimis...*, préc., 69-74.

301. N° 82-144 DC, 22 octobre 1982, *Rec.* 61 ; B. Genevois, *op. cit.*, p. 230 n° 371 ; Th. Renoux et M. de Villiers, *op. cit.*, p. 156-159.

302. Cass. soc., 8 novembre 1982, *Bull. civ.* V, 615.

303. Cass. soc., 9 novembre 1982, *Bull. civ.* V, 613. La responsabilité d'un syndicat ne peut être retenue que dans les cas où le syndicat a effectivement participé à des actes fautifs en les organisant, en les suscitant, en les encourageant par des actes précis. L'arrêt illustre cette jurisprudence en relevant que le syndicat a été constamment l'instigateur du mouvement illicite en l'organisant et en donnant des directives précises. Cass. soc., 26 janvier 2000, préc., *Bull. civ.* V, n° 38.

illicites[304], diffusion d'un tract appelant à un arrêt de travail illicite[305] ou méconnaissance de l'obligation légale du préavis de cinq jours préalable à toute grève dans les services publics[306].

BIBLIOGRAPHIE

E. Alfandari, A. Nardone, « *Les associations et fondations en Europe* », Les guides pratiques de Juris-Associations, Les éditions Juris-Service, 1994, 615 p.

Associations, Les éditions des Journaux Officiels, 2003, 398 p.

M. Behar-Touchais, voir « Association », *Dalloz, Rép. civ.*, 36 p.

V. Berger, *Jurisprudence de la Cour européenne des droits de l'homme*, Sirey, 13e éd., 2014.

R. Brichet, « Associations », *Jurisclasseur administratif*, 2001, F. 170.

« Syndicats », *Jurisclasseur administratif*, F. 175.

Les associations et la loi de 1901, cent ans après, Rapport du Conseil d'État, 2000, La Documentation française.

Liberté d'Association, Actes du Séminaire organisé par le Secrétaire général du Conseil de l'Europe en collaboration avec le ministère de la Justice de l'Islande (Reykjavik 26-28 août 1993). Les éditions du Conseil de l'Europe, 1994, 241 p.

La liberté d'association et le droit, Conseil constitutionnel, centenaire de la loi du 1er juillet 1901 (Colloque des 29-30 juin 2001), 2001, 239 p.

R. Letteron, « Liberté de réunion et de manifestation », JurisClasseur « Libertés », 2008.

G. Liet-Veaux, « Police des réunions et manifestations », *Jurisclasseur administratif*, F. 210.

A. S. Mescheriakoff, M. Frangi, M. Kdhir, *Droit des associations*, PUF, coll. « Droit fondamental », 1996, 33.

Y. Poirmeur et D. Rosenberg, *Droit des partis politiques*, Ellipses, 2008, 437 p.

304. Cass. soc., 21 janvier 1987, *Bull. civ.* V, 27.
305. Cass. soc., 16 janvier 1985, *Jur. soc.*, 1986, 33.
306. Cass. soc., 6 février 1985, *Bull. civ.* V, 82.

» Exercice de préparation au grand oral

› Sujet n° 1

Commentaire d'arrêt, extrait de l'arrêt CEDH, 2 octobre 2014, *Matelly c/France*, req. n° 10609/10 (extraits).

Éléments de faits et de procédure

1. À l'origine de l'affaire se trouve une requête (n° 10609/10) dirigée contre la République française et dont un ressortissant de cet État, M. Jean-Hugues Matelly (« le requérant ») a saisi la Cour le 6 février 2010 en vertu de l'article 34 de la Convention de sauvegarde des droits de l'homme et des libertés fondamentales (« la Convention »).

2. Le requérant a été représenté par Me D. Dassa Le Deist, avocat à Paris. Le gouvernement français (« le Gouvernement ») a été représenté par son agent, Mme E. Belliard, directrice des affaires juridiques au ministère des Affaires étrangères.

3. Le requérant allègue que l'ordre qui lui a été donné, en sa qualité de gendarme, de ne plus adhérer à une association, constitue une violation de l'article 11 de la Convention.

4. Le 28 juin 2011, la requête a été communiquée au Gouvernement [...]

5. Le requérant est officier de gendarmerie. Il exerce les fonctions de contrôleur de gestion de la région de gendarmerie de Picardie depuis 2005. Par ailleurs, il est chercheur associé dans un laboratoire rattaché au Centre national de la recherche scientifique (CNRS).

6. En avril 2007, fut créé un forum sur Internet, intitulé « gendarmes et citoyens », que le requérant décrit comme un espace administré et modéré, destiné à permettre l'expression et l'échange entre les gendarmes et les citoyens.

7. Fin mars 2008, une association baptisée « Forum gendarmes et citoyens » (ci-après « l'association ») se constitua pour donner un cadre juridique à cet espace, le requérant en étant membre fondateur puis vice-président. Outre des civils ou des gendarmes retraités, d'autres militaires de la gendarmerie en activité participèrent à l'association en tant que membres, certains siégeant au conseil d'administration.

8. L'objet de l'association, tel qu'il ressort de l'article 2 de ses statuts, déposés à la sous-préfecture de Brest, était le suivant :

« Faciliter l'expression et l'information des gendarmes et des citoyens sur la situation et le fonctionnement des forces de sécurité et de défense, en vue de renforcer la compréhension et les liens entre les citoyens et les agents de la force publique qu'ils entretiennent pour l'intérêt de tous, conformément aux principes posés par la Déclaration des droits de l'homme et du citoyen ; mettre à la disposition de ses membres et du public des forums en ligne et éditer des publications électroniques ou autres ; mener et publier toutes études, analyses et réflexions utiles en vue de la transparence, l'efficacité, la qualité du service public de sécurité au bénéfice des citoyens et de la défense de la situation matérielle et morale des gendarmes. »

[...]

13. Le 26 mai 2008, l'annonce officielle de la création de l'association fut publiée au *Journal officiel de la République française*.

14. Le 27 mai 2008, le directeur général de la gendarmerie nationale donna l'ordre au requérant et aux autres gendarmes en activité membres de l'association d'en démissionner sans délai et de lui en rendre compte par écrit sous huit jours, sous peine d'application de la réglementation applicable en cas de violation des dispositions statutaires. Il estima que l'association présentait les caractéristiques d'un groupement professionnel à caractère syndical, étant destinée à participer à « la défense de la situation matérielle et morale des gendarmes » [...]

25. Par un arrêt du 26 février 2010, le Conseil d'État rejeta la requête du requérant. Il estima tout d'abord que son grief relatif à la prévisibilité de la notion de groupement militaire professionnel à caractère syndical et des règles de la discipline militaire n'était pas assorti des précisions suffisantes pour en apprécier la portée. Il considéra par ailleurs que la disposition légale applicable constituait une restriction légitime au sens des articles 10 et 11 de la Convention, ne faisant pas obstacle à l'adhésion des personnes concernées à d'autres groupements que ceux ayant pour objet la défense de leur intérêt professionnel. Il ajouta que le caractère exécutoire de plein droit de la décision litigieuse n'avait pas pour effet d'interdire l'exercice de voies de recours et précisa que le refus de la commission de recours de prendre en compte des faits postérieurs à sa saisine n'était pas incompatible avec les articles 6 et 13 de la Convention. Il considéra encore que l'existence d'autres associations de militaires, à la supposer démontrée, n'avait pas d'influence sur la légalité de la décision en cause. Enfin, il jugea qu'il ressortait des pièces du dossier que l'association « Forum gendarmes et citoyens » constituait un groupement professionnel au sens de la loi applicable, son objet étant, entre autres, la défense de la situation matérielle et morale des gendarmes

[...] Appréciation de la Cour.

i. Sur l'existence d'une ingérence

63. La Cour estime que l'ordre donné au requérant de ne plus adhérer à l'association s'analyse en une ingérence de l'État défendeur dans l'exercice des droits garantis par l'article 11 de la Convention. Le Gouvernement ne le conteste d'ailleurs pas.

64. Il reste à établir si cette ingérence était prévue par la loi, si elle poursuivait un but légitime et, dans l'affirmative, si elle était nécessaire dans une société démocratique.

ii. Sur la base légale et le but de l'ingérence

65. La Cour relève que cette décision a été prise en application de plusieurs dispositions du Code de la défense qui distinguent précisément l'adhésion à des groupements professionnels, interdite, de l'adhésion à de simples associations, permise. Ces dispositions actualisent une interdiction déjà ancienne dont font l'objet les militaires à ce sujet. Elles ont en outre été complétées par un arrêt du Conseil d'État, rendu quelques mois avant la constitution de l'association, ayant qualifié de « groupement professionnel » au sens dudit article une association ayant pour objet statutaire « la défense des intérêts matériels et moraux des militaires » (paragraphe 29 ci-dessus).

66. Partant, la Cour estime que l'ingérence dans le droit du requérant était bien prévue par la loi.

67. La Cour considère ensuite, avec le Gouvernement, que cette interdiction poursuivait un but légitime de préservation de l'ordre et de la discipline nécessaire aux forces armées dont la gendarmerie fait partie.

iii. Sur la nécessité dans une société démocratique

68. La Cour relève d'emblée que les dispositions internes issues du Code de la défense, sur le fondement desquelles l'ordre adressé au requérant a été pris, interdisent purement et simplement l'adhésion des militaires à tout groupement de nature syndicale.

69. La Cour concède au Gouvernement que cette interdiction ne traduit pas pour autant un désintérêt de l'institution militaire pour la prise en compte des situations et préoccupations matérielles et morales de ses personnels, ainsi que la défense de leurs intérêts. Elle note que l'État français a, au contraire, mis en place des instances et des procédures spéciales pour y veiller.

70. Toutefois, elle estime que la mise en place de telles institutions ne saurait se substituer à la reconnaissance au profit des militaires d'une liberté d'association, laquelle comprend le droit de fonder des syndicats et de s'y affilier.

71. La Cour est consciente de ce que la spécificité des missions incombant aux forces armées exige une adaptation de l'activité syndicale qui, par son objet, peut révéler l'existence de points de vue critiques sur certaines décisions affectant la situation morale et matérielle des militaires. Elle souligne à ce titre qu'il résulte de l'article 11 de la Convention que des restrictions, mêmes significatives, peuvent être apportées dans ce cadre aux modes d'action et d'expression d'une association professionnelle et des militaires qui y adhèrent. De telles restrictions ne doivent cependant pas priver les militaires et leurs syndicats du droit général d'association pour la défense de leurs intérêts professionnels et moraux (paragraphes 56 à 58 ci-dessus).

72. Or, la Cour relève en l'espèce que l'ordre initial de démissionner de l'association a été pris, puis jugé en dernier lieu conforme au droit, à la seule lecture des statuts de l'association et à l'existence possible, dans la définition relativement large de son objet, d'une dimension syndicale. Elle note cependant que, d'une part, le requérant avait pris soin d'informer sa hiérarchie préalablement à la constitution de l'association et que, d'autre part, celle-ci a très rapidement modifié ses statuts, afin de se mettre en conformité avec le statut et les obligations incombant aux militaires, à la suite des remarques formulées par le directeur général de la gendarmerie.

73. Elle constate ainsi que les autorités internes n'ont pas tenu compte de l'attitude du requérant et de son souhait de se mettre en conformité avec ses obligations.

74. Enfin, s'agissant de la référence faite par le Gouvernement à la Charte sociale européenne, telle qu'interprétée par le Comité européen des droits sociaux, la Cour rappelle que lorsqu'elle examine le but et l'objet des dispositions de la Convention, elle prend également en considération les éléments de droit international dont relève la question juridique en cause. Ensembles constitués des règles et principes acceptés par une grande majorité des États, les dénominateurs communs des normes de droit international ou des droits nationaux des États européens reflètent une réalité que la Cour ne saurait ignorer lorsqu'elle est appelée à clarifier la portée d'une disposition de la Convention que le recours aux moyens d'interprétation classiques n'a pas permis de dégager avec un degré suffisant de certitude (*Demir et Baykara*, précité, § 76). Or elle constate, au regard de sa jurisprudence (paragraphes 56 et 57 ci-dessus), que tel n'est pas le cas en l'espèce s'agissant de la question de la reconnaissance d'une liberté syndicale au profit des militaires.

75. En conclusion, la Cour estime que les motifs invoqués par les autorités pour justifier l'ingérence dans les droits du requérant n'étaient ni pertinents ni suffisants, dès lors que leur décision s'analyse comme une interdiction absolue pour les militaires d'adhérer à un groupement professionnel constitué pour la défense de leurs intérêts professionnels et moraux. Si la liberté d'association des militaires peut faire l'objet de restrictions

légitimes, l'interdiction pure et simple de constituer un syndicat ou d'y adhérer porte à l'essence même de cette liberté, une atteinte prohibée par la Convention.

76. Partant, l'ingérence dénoncée ne saurait passer pour proportionnée et n'était donc pas « nécessaire dans une société démocratique » au sens de l'article 11 § 2 de la Convention.

77. Dès lors, il y a eu violation de l'article 11 de la Convention.

› Éléments de corrigé

Les étudiants sont invités ici à proposer un commentaire et une analyse d'un arrêt récent de la Cour européenne des droits de l'homme, *Matelly c/France* (2 octobre 2014), par lequel la Cour condamne la France pour violation de l'article 11 relatif à la liberté d'association. Des précisions méthodologiques doivent être préalablement faites. En présence d'un arrêt de la Cour européenne, il est essentiel que l'étudiant ait à l'esprit le cadre et le contexte dans lesquels la Cour peut être saisie. Il doit, à ce titre, se souvenir que la Cour ne peut être saisie qu'après épuisement des voies de recours interne (art. 35 de la Convention) et qu'elle statue toujours *in concreto* : l'objet d'un arrêt est de redresser la situation liée à une situation particulière et non de condamner, de manière générale, une législation interne (même si le constat de violation entraîne généralement celui de l'incompatibilité du droit interne défaillant). Par ailleurs, il est important de qualifier l'article de la Convention dont la violation est constatée, et, notamment, s'il s'agit d'un droit absolu (tels que les articles 3, 4, 5 ou 6 de la Convention) ou d'un droit conditionnel, susceptible d'une ingérence de la part de l'État (tels que les articles 8, 9, 10 et 11, respectivement relatifs à la vie privée, la liberté de conscience, à la liberté d'expression ou au droit d'association). Dans ce cas, l'objet d'un arrêt de la Cour consiste essentiellement à apprécier si l'ingérence de l'État peut être justifiée, à défaut la violation de l'article invoquée est constatée. Tel est le cas en l'espèce, où il est question de la liberté d'association.
Dans le cas présent, l'analyse de l'arrêt suppose de revenir à titre introductif sur la formation du droit syndical (loi de 1884, conventions OIT, préambule de 1946) et sur le fait qu'il s'agit d'un droit susceptible de dérogations, voire d'exclusions, pour certaines professions. Tel est le cas du requérant en l'espèce : en sa qualité de gendarme, il fait l'objet d'une procédure administrative lui enjoignant de quitter une association à objet syndical. Il convient ici de rappeler les éléments de procédure et de souligner que les voies de recours internes ont bien été épuisées, avec un arrêt de rejet du Conseil d'État.

Une fois rappelés ces éléments de procédure, il faut souligner que le requérant se fonde sur l'article 11 de la Convention, relatif au droit d'association et de réunion. Si le contentieux devant la Cour européenne a été plus tardif sur le fondement de cet article, il faut rappeler qu'il connaît, depuis plusieurs années, une forte vitalité contentieuse, par exemple avec la reconnaissance du droit à la négociation collective (arrêt *Demir*), à la grève (arrêt *Enerni Yapi Sen*) ou encore, en matière associative, avec la reconnaissance d'un droit à ne pas adhérer à des groupements (on pourra ici rappeler les conséquences de l'arrêt *Chassagnou*, en France, avec la modification des associations de chasse).

Toutefois, la jurisprudence de la Cour n'avait pas encore abordé frontalement l'exclusion de certaines professions du droit syndical, telles que les militaires. La persistance de cette interdiction se justifie, dans de nombreux États, par la spécificité des fonctions propres à certaines professions et la nécessité de sauvegarder les fonctions essentielles de l'État. Un parallèle peut d'ailleurs être dressé avec l'interdiction du droit de grève, qui vaut dans certaines professions (en ce sens l'arrêt *Dehaene* du Conseil d'État et la décision du Conseil constitutionnel sur le droit de grève de 1979).

En l'espèce, cette exclusion conduit à confronter la législation française avec l'article 11 de la Convention et notamment son paragraphe 2 : « L'exercice de ces droits ne peut faire l'objet d'autres restrictions que celles qui, prévues par la loi, constituent des mesures nécessaires, dans une société démocratique, à la sécurité nationale, à la sûreté publique, à la défense de l'ordre et à la prévention du crime, à la protection de la santé ou de la morale, ou à la protection des droits et libertés d'autrui. Le présent article n'interdit pas que des restrictions légitimes soient imposées à l'exercice de ces droits par les membres des forces armées, de la police ou de l'administration de l'État » (souligner au passage la mention spécifique faite pour les forces armées).

Dans son arrêt, la Cour opère de manière subreptice, non véritablement assumée, une évolution marquante de sa jurisprudence, en jugeant incompatible l'exclusion absolue de l'accès aux syndicats pour les militaires, prévue par le droit français. C'est là une décision qui marque l'extension de la garantie de l'article 11 (I), mais qui, en retour, interroge sur la spécificité de l'activité syndicale (II).

I. Une extension de la garantie de l'article 11 de la Convention

Le fondement de l'interdiction n'est pas contesté par la Cour, en revanche l'interdiction est jugée non nécessaire dans une société démocratique (A), autrement dit, elle n'est pas proportionnée aux objectifs recherchés par le législateur (B).

a) Une atteinte fondée

L'étudiant peut ici revenir sur l'existence de l'ingérence et l'existence d'un motif à l'ingérence. Une présentation rétrospective est envisageable, en montrant que l'exclusion du droit syndical est inscrite de longue date dans le droit français (par exemple le contentieux de l'affaire *Dehaene*) et en droit comparé. Il est également possible que les motifs d'ingérence prévu par l'article 11, § 2 diffèrent légèrement de ceux prévus pour les autres articles de la Convention. À la différence de la vie privée (art. 8) ou de la liberté d'expression (art. 10), l'article 11 prévoit spécifiquement des restrictions pour les forces de police, les forces armées et l'administration de l'État. Mais cette exclusion ne peut légitimer des interdictions absolues : par exemple dans l'affaire *Enemi Yapi Sen* (2009), la CEDH condamne le principe d'une interdiction absolue des droits de grève pour les fonctionnaires.

b) Une atteinte disproportionnée

Il s'agit du cœur de l'arrêt. Il convient ici de rappeler que le contrôle de la nécessité dans une société démocratique dans la jurisprudence de la Cour, qui est central toutes les fois où est en cause un droit conditionnel, correspond à un contrôle de proportionnalité (une mesure moins attentatoire aux libertés aurait-elle pu être envisagée) et à une pondération des intérêts en présence. En l'espèce, c'est bien la mise en œuvre de ce contrôle qui conduit la Cour à condamner la législation française : tout en ayant à l'esprit la spécificité de la fonction militaire, elle condamne le caractère général et absolu d'accès à un syndicat.

II. Une solution évasive

L'extrait d'arrêt peut prêter à deux séries d'interrogation, d'une part, sur le raisonnement suivi par la Cour, d'autre part, sur la pétition de principe selon laquelle la spécificité de la fonction militaire est prise en compte.

a) L'insuffisance de la justification

L'arrêt surprend quelque peu du fait de l'absence de référence qui est faite à la notion de marge d'appréciation. Traditionnellement, cette notion est utilisée par la Cour en présence de litiges qui présentent une sensibilité particulière ou pour lesquels, il paraît difficile de dégager un consensus européen. Des exemples jurisprudentiels peuvent être utilisés, en évoquant par exemple le droit à la vie (arrêt *Vo*). Or, la Cour ne semble pas ici sensible à l'existence d'une marge d'appréciation et développe un raisonnement qui se limite à constater l'incompatibilité d'une interdiction absolue. S'il est possible d'approuver la solution finale retenue par la Cour, on peut toutefois s'interroger sur le caractère quelque peu hâtif de ce raisonnement, d'autant que l'article 11, § 2 lui-même prévoit des restrictions pour l'activité des militaires, et que la Charte sociale européenne n'exclut pas le principe d'une interdiction.

b) L'incertitude du statut

L'arrêt ouvre plus de questions qu'il n'en résout. D'un côté, la solution de la Cour conduit, implicitement mais nécessairement, à reconnaître un droit d'action collective au profit des militaires. D'un autre côté, elle souligne que « la liberté d'association peut faire l'objet de restrictions légitimes ». Dès lors, s'ouvre la possibilité d'une forme dérogatoire d'action syndicale, qui ne correspondrait pas aux formes traditionnelles et aux principes fixés dans le Code du travail. La Cour laisse donc au législateur le soin de s'engager vers la création d'un modèle inédit de syndicats.

› Sujet n° 2

Commenter l'ordonnance suivante du Conseil d'État.

CE, ordonnance, 23 décembre 2016, *Association fraternité musulmane Sanâbil*, N° 406012

Le juge des référés

Vu la procédure suivante :

Par une requête, enregistrée le 15 décembre 2016 au secrétariat du contentieux du Conseil d'État, l'association « Fraternité musulmane Sanâbil (Les Épis) » demande au juge des référés du Conseil d'État, statuant sur le fondement de l'article L. 521-2 du code de justice administrative :

1°) d'ordonner la suspension de l'exécution du décret du Président de la République du 24 novembre 2016 portant dissolution de l'association « Fraternité musulmane Sanâbil (Les Épis) » ;

2°) de mettre à la charge de l'État la somme de 3 600 euros au titre de l'article L. 761-1 du code de justice administrative.

Elle soutient que :

– sa requête est recevable bien que l'association soit dissoute ;

– la condition d'urgence est présumée remplie dès lors que la dissolution administrative d'une personne morale est une décision irrémédiable qui met fin à l'existence juridique de cette personne ;

– le décret contesté porte une atteinte grave et manifestement illégale à la liberté d'association ;

– il est entaché de plusieurs erreurs de fait en ce que la dissolution de l'association requérante n'entre dans aucun des cas prévus par l'article L. 212-1 du code de la sécurité intérieure [...].

Vu :

– la Constitution, et notamment son préambule ;

– la convention européenne de sauvegarde des droits de l'homme et des libertés fondamentales ;

– la loi du 1er juin 1901 relative au contrat d'association ;

– la loi du 9 décembre 1905 concernant la séparation des Églises et de l'État ;

– le code de la sécurité intérieure ;

– le code de justice administrative [...] ;

Considérant ce qui suit :

1. En vertu de l'article L. 521-2 du code de justice administrative, le juge des référés, saisi d'une demande en ce sens justifiée par l'urgence, peut ordonner toutes mesures nécessaires à la sauvegarde d'une liberté fondamentale à laquelle une personne morale de droit public ou un organisme de droit privé chargé de la gestion d'un service public aurait porté une atteinte grave et manifestement illégale.

2. Aux termes de l'article L. 212-1 du code de la sécurité intérieure : « Sont dissous, par décret en conseil des ministres, toutes les associations ou groupements de fait : / 6° [...] qui, soit provoquent à la discrimination, à la haine ou à la violence envers une personne ou un groupe de personnes à raison de leur origine ou de leur appartenance ou de leur non-appartenance à une ethnie, une nation, une race ou une religion déterminée, soit propagent des idées ou théories tendant à justifier ou encourager cette discrimination, cette haine ou cette violence ; / 7° Ou qui se livrent, sur le territoire français ou à partir de ce territoire, à des agissements en vue de provoquer des actes de terrorisme en France ou à l'étranger [...] ».

3. Par décret du 24 novembre 2016, publié au Journal officiel le 25 novembre 2016, le Président de la République a, sur le fondement des dispositions du 6° et 7° de l'article L. 212-1 du code de la sécurité intérieure, prononcé la dissolution de l'association « Fraternité musulmane Sanâbil (Les Épis) ». Une mesure de gel des avoirs de l'association, de son président et de son trésorier a également été prononcée par des arrêtés du ministre de l'intérieur et du ministre de l'économie pris sur le fondement des articles L. 562-1 et L. 562-3 du code monétaire et financier. L'association a saisi le juge des référés du Conseil d'État, sur le fondement de l'article L. 521-2 du code de justice administrative, d'une demande tendant à la suspension de l'exécution du décret du 24 novembre 2016.

4. Pour prononcer la dissolution de l'association requérante, le décret contesté relève que le président de cette association et certains de ses dirigeants ou anciens dirigeants sont impliqués dans la mouvance islamiste radicale et que plusieurs d'entre eux font l'objet de mesures d'interdiction de sortie du territoire ou d'assignation à résidence dans le cadre de la loi sur l'état d'urgence ou de poursuites pénales pour des faits en lien avec le terrorisme tandis que d'autres ont quitté la France pour la zone irako-syrienne. Parmi les motifs du décret dont la suspension est demandée figure également le fait que l'activité de l'association vise tant à soutenir des détenus impliqués dans des activités terroristes qu'à orienter d'autres détenus vers la cause djihadiste. Le décret en déduit que l'association a le caractère d'un groupement provoquant à la discrimination, à la haine ou à la violence envers un groupe de personnes en raison de leur non-appartenance à une religion au sens du 6° de l'article L. 212-1 du code de la sécurité intérieure et peut être regardée comme se livrant sur le territoire français à des agissements en vue de provoquer des actes de terrorisme en France ou à l'étranger au sens du 7° de cet article.

5. Pour établir le bien-fondé des motifs du décret dont la suspension est demandée, l'administration peut se prévaloir des éléments qui figurent dans des « notes blanches »

établies par les services de renseignement, dès lors que ces éléments sont suffisamment précis et circonstanciés et qu'ils sont soumis, dans le cadre de l'instruction écrite et orale, à un débat contradictoire. Six notes blanches, établies entre septembre 2015 et décembre 2016, ont ainsi été versées au dossier par le ministre de l'intérieur.

6. Il résulte, en premier lieu, tant de ces notes des services de renseignement que de l'ensemble de l'instruction écrite et des débats au cours de l'audience que le président de l'association requérante, M.C..., entretient de nombreuses relations avec différentes personnes qui relèvent de la mouvance radicale de l'islam ou qui ont rejoint les rangs de l'organisation dénommée État islamique. L'intéressé a pour ce motif fait l'objet de mesures d'assignation à résidence. Les contestations qu'il a présentées contre ces mesures ont été rejetées tant, sur le fond, par un arrêt de la cour administrative d'appel de Paris du 8 juillet 2016 qu'en référé, par une ordonnance du juge des référés du tribunal administratif de Versailles, confirmée en appel par une ordonnance du juge de référés du Conseil d'État du 28 avril 2016. Le trésorier actuel de l'association, M. A... B..., a pour sa part fait l'objet d'une assignation à résidence et d'une interdiction de sortie du territoire. Par une ordonnance du 4 novembre 2016, le juge des référés du tribunal administratif de Montreuil a rejeté la requête qu'il avait introduite à l'encontre de cette assignation à résidence. Il est également établi que plusieurs anciens dirigeants ou membres de l'association sont impliqués dans la mouvance radicale de l'islam et ont fait l'objet, pour ce motif, d'assignations à résidence ou, pour certains, ont quitté la France pour rejoindre la zone irako-syrienne. Même si des inexactitudes quant aux dates des fonctions exercées par certains des anciens dirigeants ou quant aux dates d'appartenance à l'association de membres qui l'ont ensuite quittée ont pu être commises dans les mentions des fiches des services de renseignement, il résulte ainsi de l'instruction qu'au travers de ses principaux dirigeants comme de certains de ses membres, l'association requérante est liée avec de nombreuses personnes fortement engagées dans l'islam radical.

7. Il résulte, en deuxième lieu de l'instruction, que, sous couvert d'une assistance morale, logistique ou de bienfaisance aux détenus de confession musulmane, l'association requérante développe, au travers de ses activités, en particulier sur les sites internet et par l'organisation de rencontres, en particulier de pique-niques, un important réseau relationnel en lien avec l'islam radical. De nombreux détenus qui bénéficient de son assistance sont poursuivis pour des activités en lien avec le terrorisme ou appartiennent à la mouvance radicale. Son influence peut conduire certains à se radicaliser. Une perquisition judiciaire menée le 7 décembre 2016 dans le cadre d'une procédure diligentée en flagrant délit du chef d'apologie du terrorisme a permis de trouver des documents précédemment établis qui portent l'en-tête de l'association et confirment l'existence des liens qu'elle entretient avec les réseaux terroristes.

8. Au vu de l'ensemble des éléments qui précèdent, il apparaît que la dissolution de l'association requérante a pu, même si aucune procédure pénale n'a été engagée contre elle-même ni contre ses dirigeants, être prononcée sur le fondement des 6° et 7° de l'article L. 212-1 du code de la sécurité intérieure, sans que cette mesure porte d'atteinte grave et manifestement illégale à la liberté d'association ni à aucune autre liberté fondamentale. Il en résulte, sans qu'il soit besoin de se prononcer sur la condition d'urgence, que la requête de l'association « Fraternité musulmane Sanâbil (Les Épis) », y compris ses conclusions tendant à l'application de l'article L. 761-1 du code de justice administrative, ne peut qu'être rejetée.

ORDONNE :

Article 1er : La requête de l'association « Fraternité musulmane Sanâbil (Les Épis) » est rejetée.

Article 2 : La présente ordonnance sera notifiée à l'association « Fraternité musulmane Sanâbil (Les Épis) » et au ministre de l'intérieur.

› Éléments de corrigé

L'analyse de cette ordonnance du juge des référés du Conseil d'État appelle plusieurs remarques introductives. Tout d'abord, il va de soi que l'étudiant doit rappeler, dès l'introduction, qu'il s'agit ici d'une procédure d'urgence, devant le juge administratif. En vertu de l'article L. 521-2 du Code de justice administrative, le juge des référés, saisi d'une demande en ce sens justifiée par l'urgence, peut ordonner toutes mesures nécessaires à la sauvegarde d'une liberté fondamentale à laquelle une personne morale de droit public ou un organisme de droit privé chargé de la gestion d'un service public aurait porté une atteinte grave et manifestement illégale. En l'occurrence, une association « Fraternité musulmane Sanabil » cherche à obtenir la suspension d'un décret du président de la République qui a prononcé, sur le fondement de l'article L. 212-1 du Code de la sécurité intérieure, sa dissolution. Cette clarification du cadre procédural doit permettre, ensuite, de souligner qu'une liberté collective est en cause, à savoir la liberté d'association. Il s'agit incontestablement d'une liberté fondamentale et l'étudiant pourra ici rappeler sa reconnaissance tant par la jurisprudence du Conseil constitutionnel (décision « Liberté d'association » de 1971) que par la CEDH sur le fondement de l'article 11 de la Convention. Tel est d'ailleurs le sens des visas de l'ordonnance (Constitution et CEDH).

Mais cette requête intervient dans un contexte particulier, qui doit être rappelé dans un troisième temps de l'introduction. La dissolution de cette association, qui promeut un islam radical, s'inscrit dans le contexte spécifique, et potentiellement attentatoire aux libertés, de l'état d'urgence. La menace terroriste, et la réponse qui lui est apportée par l'accroissement des pouvoirs aux préfets et au ministre de l'Intérieur à travers l'état d'urgence, a pour conséquence de restreindre, potentiellement, l'exercice des libertés publiques. La présente ordonnance est certainement au centre de ces enjeux. Pour la comprendre et la restituer, un plan en trois temps peut être envisagé. Le juge admet ici une atteinte, importante, à l'exercice de la liberté d'association (I). Cette atteinte est justifiée par une motivation fine, qui fait prévaloir les risques d'atteintes à l'ordre public (II). Par ce raisonnement, le juge veille à la cohérence de la mesure avec l'état d'urgence, quitte à minorer l'exercice du contrôle de proportionnalité (III).

I – L'admission d'une atteinte substantielle à la liberté d'association

On pourra ici souligner :

La forme de l'atteinte : il s'agit d'une dissolution administrative, prononcée par décret. La dissolution est l'atteinte la plus substantielle à la liberté d'association. Pour la jurisprudence de la CEDH, la dissolution ne peut être justifiée au regard de l'article 11 que dans des conditions très strictes : existence d'un projet consistant à remettre en cause un régime démocratique, promouvoir le recours à al force ou compromettre gravement l'ordre public (par ex CEDH, 3 avril 2008, *Koretsky c/ Ukraine*, no 40269/02, § 44-57). On peut d'ailleurs souligner que ces conditions sont relativement proches de celles qui prévalent pour admettre la dissolution de partis politiques.

Le fondement de l'atteinte : l'article L. 521-2 du Code de la sécurité intérieure. Par dérogation au régime libéral issu de la loi de 1901, qui prévoit que les associations se forment librement et qu'elles ne peuvent être dissoutes que par le juge judiciaire, cette législation permet la dissolution, par un décret du président de la République en Conseil des ministres, des associations ou groupements dont l'activité correspond à différentes formes d'atteintes à l'ordre public. Tel est notamment, en l'espèce, le cas des associations qui provoquent à la discrimination, à la haine ou celles qui se livrent à des agissements en vue de provoquer des actes de terrorisme.

La spécificité du fondement en l'espèce. Le Conseil d'État a déjà eu à connaître de dissolutions d'associations de supporteurs ou de groupuscules d'obédience révolutionnaire (CE, Ord., 23 juillet 2013, *Association Envie de rêver et M.C.*). Or, la dissolution ici contestée porte sur une organisation qui serait directement en lien avec les attentats et s'inscrit dans le cadre de l'état d'urgence. Il en résulte un ajustement du contrôle du juge.

II – L'adaptation du contrôle de proportionnalité

En principe, le contrôle de la dissolution doit être très strict, car il s'agit d'une atteinte évidente à une liberté fondamentale. Il en résulte que le juge doit veiller à ce que l'autorité qui a prononcé la dissolution a opéré la conciliation nécessaire entre le respect des libertés et la sauvegarde de l'ordre public sans lequel l'exercice des libertés ne saurait être assuré. Ce contrôle renvoie en principe à un contrôle de proportionnalité au sens de l'arrêt *Benjamin* du Conseil d'État (1933).

Dans la présente ordonnance, l'étudiant pourra souligner que le juge des référés ne s'attache pas véritablement à l'ampleur de l'atteinte à la liberté d'association, mais plutôt à la justification et à la motivation des fondements de la dissolution. D'où l'importance et l'insistance sur les liens entre l'association et les mouvances de l'islam radical. Au plan du contrôle, il s'agit plus d'un contrôle de la qualification juridique des faits que véritablement un contrôle de proportionnalité. Ici, la seule admission de ces motifs permet de rejeter la requête et d'ôter tout doute sérieux quant à la légalité, sans que le juge vérifie la condition d'urgence (pourtant inhérente au référé liberté).

III – La cohérence du raisonnement avec l'état d'urgence

L'étudiant ne manquera pas de relever les références que fait l'ordonnance à l'état d'urgence et aux mesures d'assignation à résidence (qui en résultent) vis-à-vis de membres de l'association qui fait l'objet de la dissolution. Ce point est important. Si la situation d'état d'urgence n'est pas le fondement juridique de la dissolution (le motif étant déjà à l'article L. 212-1 du Code de la sécurité intérieure), elle sert toutefois à activer ce dispositif et à justifier le fondement du risque par rapport à la menace terroriste. Ici, l'existence de ces mesures administratives exceptionnelles peut suffire à étayer ce fondement, alors même (et le juge le souligne) qu'aucune procédure pénale (notamment pour apologie de terrorisme) n'a été engagée.

A contrario, l'étudiant pourra s'interroger sur le fait de savoir si une telle mesure aurait pu être admise et si le raisonnement du juge aurait été similaire en l'absence d'état d'urgence. La réponse serait ici plutôt négative. Indépendamment de la légitimité et de la nécessité de la dissolution en l'espèce, cette circonstance est de nature à douter de la pérennité de l'état d'urgence (une mise en perspective pourra ici être faite sur l'annulation par le juge de certaines assignations à résidence).

› Sujet n° 3

Le droit à ne pas s'associer

› Éléments de corrigé

La formulation prend, volontairement, la forme d'un paradoxe : historiquement, le droit d'association, consacré en France par la loi du 1er juillet 1901, reconnaît que « les associations de personnes pourront se former librement sans autorisation ni déclaration préalable ». Dans une logique similaire, l'article 11 de la Conv. EDH affirme que « toute personne a droit à la liberté de réunion et à la liberté d'association ».

Quel est, dès lors, l'intérêt à envisager le droit à ne pas s'associer, à savoir de refuser l'appartenance à une association, dès lors que la liberté d'association est fondée sur un principe d'adhésion volontaire ? Cette difficulté peut être aisément levée dès lors que le droit impose, dans un certain nombre d'hypothèses, l'obligation d'adhérer à une association pour réaliser une activité, bénéficier d'un avantage voire assurer une prestation commerciale. Tel peut être le cas d'agriculteurs tenus de rejoindre une association de producteurs, de chasseurs de participer à une association de chasse agréée, de taxis d'être membres d'une association professionnelle ou encore de médecins ou d'avocats d'être membres d'un groupement professionnel, prenant généralement la forme d'un ordre. Ces obligations d'adhérer à une association, au sens large, poursuivent des finalités distinctes et peuvent trouver une justification sociale ou professionnelle ; ainsi un avocat qui ne serait pas rattaché à un barreau pourrait légitimement soulever des inquiétudes. Dès lors, le sujet ouvre une problématique sur le périmètre et les limites de la liberté d'association.

D'un côté, le droit à ne pas s'associer est parfaitement justifié toutes les fois où l'obligation d'adhérer à une association apparaît comme une ingérence dans les libertés individuelles et qu'elle ne répond pas à un intérêt public. En ce sens, la Cour européenne des droits de l'homme, à partir de l'arrêt *Sigurjonsson c/ Islande* (30 juin 1993), a reconnu que le droit d'association reconnu à l'article 11 comportait un volet négatif, entendu comme le droit ne pas adhérer à une association. Cette jurisprudence a eu des conséquences constructives en droit interne, en insufflant plus de liberté pour l'exercice d'activités sportives ou culturelles souvent subordonnées à l'obligation d'adhérer à une association.

D'un autre côté, le droit à ne pas s'associer présente des limites toutes les fois où il est invoqué à l'encontre d'entités ou de groupements qui ne sont pas juridiquement des associations au sens de l'article 11 de la Conv. Ainsi, il paraît difficile pour un médecin d'invoquer le volet négatif de l'article 11 pour contester la nécessité d'adhérer à l'ordre des médecins… Le sujet touche donc une question centrale, liée à la qualification même d'association.

I. La reconnaissance d'un volet négatif de la liberté d'association

a) Un droit issu d'une interprétation extensive de l'article 11 de la Conv. EDH

La reconnaissance d'un volet négatif de l'article 11 de la Conv. EDH résulte de l'arrêt de la CEDH *Sigurjonsson c/ Islande* (30 juin 1993), dans lequel la Cour met en perspective le droit d'association avec la nécessité de retenir une interprétation dynamique de la Convention, entendue, depuis le célèbre *Airey* de 1979, comme la nécessité de concevoir la Convention comme un instrument de droit vivant, à interpréter à la lumière des conditions d'aujourd'hui.

Une telle lecture de l'article 11 est cohérente avec l'interprétation des droits et libertés de la Convention, vis-à-vis desquels la Cour européenne reconnaît généralement l'existence de droits à double face (droit à/droit à ne pas). S'agissant de la liberté d'association, l'existence d'un droit négatif sera ultérieurement systématisée dans le célèbre arrêt *Chassagnou c/ France* du 29 avril 1999.

b) La reconnaissance corrélative d'une liberté d'adhésion

Un certain nombre de conséquences concrètes sont tirées du droit à ne pas adhérer à une association :

– Ainsi, dans l'arrêt *Chassagnou,* la Cour EDH a considéré qu'emportait la violation de l'article 11 le fait d'obliger le propriétaire de terres agricoles d'avoir l'obligation, fondée dans le Code rural, d'adhérer à une association de chasse agréée, afin de permettre à celle-ci d'assurer ses missions d'organisation de la chasse, alors même que le même propriétaire ne participe pas à ces activités ;

– En matière commerciale, en s'appuyant sur l'article 11 de la Convention, la Cour de cassation considère que les clauses par lesquelles le bailleur oblige le preneur d'un bail commercial à adhérer à une association locale de commerçants sont nulles de plein droit, en ce qu'elles violent manifestement le principe de la liberté d'association (Cass. 3e civ., 12 juin 2003, *EURL Arlatex c/SNC Les Marguerites,* n° 02-10778 ; Cass. 1re civ., 12 juillet 2012, *Société Normandie Automatic,* n° 11-17587).

– Plus généralement, ce droit peut être invoqué par les associations elles-mêmes pour contester l'obligation d'adhérer à une fédération ou à un groupement national. Ainsi, le Conseil d'État a considéré qu'une association de pêche, qui contestait le fait que la Fédération nationale de la pêche imposât des statuts-types auprès des associations départementales, avec pour conséquence l'obligation de mettre en place un barème obligatoire de cotisation, ne saurait, au nom de la liberté d'association, subir en l'absence de texte un pouvoir de contrainte ou de tutelle d'une fédération nationale vis-à-vis des fédérations départementales (CE, 30 septembre 2015, *Association agréée pour la pêche et la protection des milieux aquatiques « Les deux vallées »*)

II. La permanence d'obligations de s'associer

a) Un droit subordonné à la qualification de l'entité comme association

Pour pouvoir valablement invoquer l'article 11 et le fait qu'il fonde un droit à ne pas s'associer, autant faut-il que l'entité auprès de laquelle une adhésion obligatoire est contestée soit qualifiée d'association au sens de cette même disposition. C'est là une exigence préalable, qui suppose de vérifier que les critères de la notion autonome d'association au sens de l'article 11 soient effectivement vérifiés. Ainsi, la Cour EDH a-t-elle souligné dans son célèbre arrêt *Chassagnou* (29 avril 1999) que « si les États contractants pouvaient à leur guise qualifier une association de "publique" ou de « para-administrative » pour la faire échapper au champ d'application de l'article 11, cela équivaudrait à leur accorder une latitude qui risquerait de conduire à des résultats incompatibles avec le but et l'objet de la Convention, qui consiste à protéger des droits non pas théoriques et illusoires mais concrets et effectifs ». Néanmoins, cela ne signifie pas pour autant que n'importe quelle entité, fondée en France sur la loi de 1901, soit pour autant une association au sens de l'article 11.

Le critère central de la qualification d'association semble résider dans l'existence d'un groupement volontaire ; pour que celle-ci existe, autant faut-il que ses membres puissent volontairement y adhérer pour partager des idées ou des activités. En revanche, lorsqu'une association apparaît comme un démembrement de l'État pour mettre en œuvre des compétences, il faut y voir un groupement, créé par un acte unilatéral. L'identification des groupements repose, principalement, sur les conditions de leur création (acte unilatéral et non contrat), sur les missions de service public dont ils sont investis et, le cas échéant, sur les prérogatives de puissance publique qui leur sont dévolues. Tel est le cas de mutuelles de santé, d'ordres professionnels ou encore de groupements agricoles.

b) L'inopérance de l'article 11 de la Convention

Il résulte de la nécessité de cette qualification l'impossibilité, dans certains cas, de pouvoir invoquer l'article 11 de la Convention et, partant, l'impossibilité de s'appuyer sur un droit à ne pas s'associer pour contester l'adhésion à un groupement. La jurisprudence demeure abondante en la matière et peut être utilement rappelée par le candidat, ainsi :

– Un groupement agricole, institué par les pouvoirs publics, chargé de prélever une cotisation et en charge de la gestion d'une appelation d'origine, n'est pas une association contre laquelle le droit à ne pas s'associer pourrait être invoquer (C. Cass, 14 janvier 2016, *Société Vignobles Paul Jeune c/ Association Inter Rhône*).

– Les ordres professionnels de médecins, d'avocats, d'architectes sont des groupements en charge de la régulation d'une profession, contre lesquels l'invocation de l'article 11 est inopérante ;

– Il en va de même des mutuelles, auprès desquelles l'adhésion est obligatoire pour des complémentaires de soins ou de retraites, qui peuvent non plus se voir opposer l'article 11 de la Convention.

CHAPITRE VII

Liberté corporelle et droit de la bioéthique

Xavier Bioy

Professeur des Universités, Agrégé de droit public
Membre de l'Institut Maurice Hauriou de l'Université Toulouse 1 Capitole

Introduction

7.1 › Notions de « bioéthique » et de « biodroit »

De l'éthique. Alors que la vie ne connaît pas de norme, nombreux sont ceux qui veulent lui donner des règles. La bioéthique renvoie en effet à un corpus de normes (morales ou juridiques) appliquées au domaine du « vivant », particulièrement de l'humain (car existe aussi une bioéthique du règne animal). L'éthique se présente en effet comme la recherche, selon une démarche réflexive, du vrai et du bon. On peut risquer de la distinguer de la morale qui fixe des règles générales et des principes valables pour tous dans une société donnée ; l'éthique impliquerait plutôt une démarche contextualisée et interindividuelle. Mais en pratique, les raisonnements menés dans le cadre de la bioéthique mobilisent les règles morales (certaines sous forme juridique) et les appliquent avec plus ou moins d'autonomie selon le système de normes. Il existe en effet différents corpus d'éthique d'inspiration religieuse ou laïque, philosophique ou culturelle.

De l'éthique du vivant. La bioéthique concerne donc le vivant, c'est-à-dire l'intervention de l'homme sur le cours des phénomènes biologiques humains. Le mot « *bioethics* » semble dû au biologiste cancérologue américain Van Rensselaer Potter dans un article publié en 1970, « Bioethics, the Science of Survival », puis un livre titré *Bioethics : Bridge to the Future*. Il s'agissait alors d'affronter les problèmes éthiques posés par les êtres vivants, humains et non humains. Dans un sens large, la bioéthique vise à évaluer les implications morales, sociales et humaines de l'étude et de l'utilisation du vivant dans un ensemble de secteurs comme la recherche, la santé, l'agriculture, l'environnement... Elle contribue à poser les règles jugées nécessaires pour protéger les droits de la personne dans le cadre des effets produits sur la société par les avancées réalisées dans tous ces domaines. Dans un sens plus étroit, comme « éthique biomédicale », la bioéthique ne concerne que les recherches et les technologies biomédicales. On réserve donc en principe l'appellation « bioéthique » aux situations impliquant une exception à la nature, un « artefact » technologique qui modifie le cours « normal » des choses. Il s'agit de réguler les usages de techniques plus ou moins nouvelles qui, en elles-mêmes, modifient la perception de l'humain et donnent aux scientifiques de nouvelles libertés. Il s'agit d'exorciser les nombreux risques nouveaux que ces techniques génèrent en donnant accès à des dimensions jusqu'ici hors de portée.

De la régulation des risques liés à la biomédecine. Ces risques se situent au-delà du traditionnel risque sanitaire ou épidémiologique, envisagé et régulé par le droit de la santé qui agit comme ordre public corroborant le pouvoir médical (les greffes d'éléments animaux sur l'homme peuvent permettre aux virus de franchir la barrière des espèces), et au-delà également du risque médical que le droit médical encadre (c'est-à-dire le déséquilibre inhérent à la relation thérapeutique – la relation entre le médecin qui « sait » et le patient « profane » – *a fortiori* l'expérimentation biomédicale amenant à fragiliser l'autonomie de l'individu), la biomédecine génère des risques bien plus difficiles à mesurer. Il s'agit d'abord du risque génétique. La modification somatique (pour un individu) ou germinale (transmis à la descendance) fait renaître le spectre de l'eugénisme, de la réduction de la personne à son génome, d'un « humain génétiquement modifié » dont la place sociale et la différenciation d'avec l'animal ne cessent de poser problème. Car il s'agit ensuite d'un risque « anthropologique » : l'enjeu est la modification de la perception sociale de ce qu'est l'humain comme espèce, comme individu de cette espèce. L'instrumentalisation des fonctions reproductrices, les xénogreffes (greffes d'éléments animaux sur l'homme), l'instrumentalisation de l'embryon, le clonage, font chuter l'humain dans la matérialité de son corps et de ses gènes, au détriment d'une séparation ontologique entre l'homme et l'animal, œuvre de la civilisation. Un courant, assez fort en France, évoque alors une « fonction anthropologique du droit ». Cela signifie que la tradition juridique se trouve gardienne des structures de la parenté, de la reproduction, de la civilisation, contre la réification de l'humain (réduction à l'état de chose), seul l'homme restant une fin en soi. Plus encore, les découvertes en génétique tendent à effacer les spécificités humaines et peuvent alimenter des doctrines racistes ou ethnocentristes, qui assoient différences ou convergences sur les données biologiques, entraînant des risques de discriminations sociales que l'on retrouve dans la détection des faiblesses génétiques par les assureurs et les employeurs. L'information génétique ouvre la voie à une connaissance très fine de chacun, que l'individu lui-même peut ignorer. Les nanotechnologies abolissent les frontières entre le milieu interne et le milieu externe du corps permettant de connaître et d'agir au cœur des cellules.

Les risques économique et stratégique pèsent aussi lourd dans la balance de l'intervention de l'État. La compétitivité de la recherche nationale et de ses laboratoires pharmaceutiques fait passer les représentations anthropologiques derrière le droit des brevets, celui de la concurrence et de la libre circulation des biens. Le risque « politique » existe aussi qui voit troublé l'équilibre des sources de normativité : alors que le droit médical s'échine à restaurer l'autonomie de l'individu face au soignant, la domination de l'expert médical repart de plus belle dans les débats éthiques, locaux et nationaux. Les médecins et biologistes, seuls aptes à comprendre la réalité biologique qui se cache derrière les qualifications, prennent le pas sur les représentants de la société, sur le politique. *A fortiori* lorsque les élus sont aussi médecins (on se souvient de la conjonction des médecins de tous bords contre la jurisprudence *Perruche*[1]). Car le risque est enfin juridique ; il reste le plus modeste. Les modifications des notions et concepts fondamentaux du droit (ceux de « personne », « sujet »,

1. 17 novembre 2000, *Recueil Dalloz* 2001, p. 332, avec les conclusions de J. Sainte-Rose ; O. Cayla et Y. Thomas, *Du droit de ne pas naître. À propos de l'affaire Perruche*, Paris, Gallimard, 2002.

« corps », « dignité », « liberté ») bousculent les catégories au risque de l'incohérence. L'embryon est-il chose ou personne ? Et le corps ? Les données génétiques relèvent-elles de la personne ou de sa vie privée ? Etc. Certains voient même dans le droit de la biomédecine un droit « autonome » dans lequel les mots ont un sens spécifique. Ici la « personne humaine » compte plus que la « personnalité juridique ».

7.2 ▸ **De la forme de la bioéthique.** La bioéthique désigne autant des normes de nature morale que des règles de droit, lesquelles peuvent venir de l'État ou des professionnels de santé eux-mêmes (on les dit alors « déontologiques »). Il est vrai que la matière est saturée de niveaux de normes différents. Beaucoup, aux yeux du juriste, appartiennent à la « *soft law* », aux normes sans dispositif étatique de contrainte, normes émises par les comités d'éthique, par les associations de médecins et de chercheurs, par des déclarations étatiques internationales visant à harmoniser les comportements avant signature d'une convention ou par des recommandations émanant d'institutions internationales. Les normes de « *hard law* » relèvent donc pour la plupart de la législation nationale. Les conventions internationales demeurent en effet assez rares car les choix de société divisent les pays même lorsque les concepts sont communs. On parlera donc de « biodroit » pour indiquer que l'éthique ou la morale ne restent pas optionnelles ou choisies, elles peuvent prendre la forme d'un droit plus ou moins sanctionné, de la recommandation simple à la norme pénalement sanctionnée. Historiquement, le biodroit connaît une ébauche dans l'Allemagne de Weimar par les « directives du 28 février 1931 » relatives aux nouveaux traitements médicaux et aux expérimentations sur l'homme. Les médecins devaient, lors de leur entrée en fonction, prendre l'engagement de respecter ces directives. Puis vint le « Code de Nuremberg », c'est-à-dire les attendus du jugement prononcé par le tribunal de Nuremberg le 19 août 1947 à l'encontre des médecins nazis ayant pratiqué de cruelles expériences sur les déportés. Le principe du consentement volontaire construit sur l'autonomie est le cœur de ce texte.

Biodroit et droit de la santé. Le biodroit ne se confond pas avec le droit de la santé, lequel couvre tous les aspects légaux de l'organisation du système et des professions de santé, de la relation médicale, du médicament, etc. Le biodroit, comme « droit du vivant », touche aussi à la marge à la régulation des pratiques biologiques sur le vivant non-humain. La génétique ne connaît par exemple pas de frontières entre l'humain et le règne animal. Il arrive ainsi que le droit encadre les travaux de génie génétique animal au nom de la protection du génome humain. Néanmoins, les sources du biodroit se trouvent pour l'essentiel dans le Code de la santé qui organise aussi le don d'organes et de produits du corps, l'assistance médicale à la procréation, la recherche sur l'humain et, plus généralement, les droits des malades. Les différentes lois générales relatives à la santé publique affectent régulièrement l'édifice des droits relatifs au corps. La loi du 26 janvier 2016, relative à la « modernisation de notre système de santé » a, par exemple, supprimé une des conditions d'accès à l'interruption volontaire de grossesse (la semaine de réflexion entre les deux consentements par écrit) ; de même qu'elle a réaffirmé la présomption de consentement au don d'organes *post mortem* et autorisé des recherches biomédicales dans le cadre de l'assistance médicale à la procréation (sur les gamètes, l'embryon à implanter et l'embryon implanté). Le premier des droits est le droit à la santé.

Droit à la santé. Il s'agit d'un droit « biface »[2] : d'un côté, il est un droit subjectif qui exige qu'il ne soit pas porté atteinte à la santé de l'individu et que celui-ci puisse accéder aux soins quand il est malade ; d'un autre côté, il réside dans l'obligation pour l'État, les employeurs, les parents, etc. de fournir les conditions d'une protection de la santé. Le droit à la santé est présent notamment dans l'article 46 du Préambule de la Constitution de l'Organisation mondiale de la santé, dans le Pacte international relatif aux droits économiques, sociaux, culturels (art. 12), dans la Charte sociale européenne (art. 11) comme dans la Charte des droits fondamentaux de l'Union (art. 35). En droit français, le droit à la santé repose sur des bases constitutionnelles et constitue un devoir de l'État. Le Préambule de la Constitution de 1946 proclame que « la nation garantit à tous [...] la protection de la santé ». Et le Conseil constitutionnel a admis, dès 1975, que la protection de la santé avait le caractère d'un principe ou objectif à valeur constitutionnelle. Le Conseil constitutionnel se révèle néanmoins assez réaliste, traitant le droit à la santé davantage comme un objectif que comme un acquis irréversible. Certes, la maîtrise des dépenses de santé ne saurait justifier une restriction dans l'accès aux soins[3], et, comme objectif constitutionnel, la santé permet de limiter la liberté d'entreprendre et le droit de propriété[4]. La jurisprudence constitutionnelle laisse néanmoins au législateur le soin de graduer l'accès aux soins par la politique de prise en charge par l'assurance-maladie. Seuls les soins considérés comme vitaux forment le noyau dur impliquant éventuellement la gratuité pour les catégories les plus économiquement faibles (étrangers en situation irrégulière ne bénéficiant pas de l'aide médicale d'État). En revanche, le Conseil d'État a, dans une ordonnance de référé du 8 septembre 2005, *Bunel*, souligné qu'il n'en résulte pas « que le droit à la santé soit au nombre des libertés fondamentales ».

La loi pose le principe fondamental qu'est pour le patient le « libre choix de son praticien et de son établissement de santé ». Toute personne a droit à des soins de qualité et, compte tenu de son état de santé et de l'urgence des interventions que celle-ci requiert, a le « droit de recevoir les soins les plus appropriés et de bénéficier des thérapeutiques dont l'efficacité est reconnue et qui garantissent la meilleure sécurité sanitaire au regard des connaissances médicales avérées ». Toute personne a le droit de recevoir les soins de nature à soulager sa douleur et les professionnels de santé doivent mettre en œuvre tous les moyens à leur disposition pour assurer à chacun une vie digne jusqu'à sa mort (C. santé publ., art. L. 1110-5, al. 4).

L'histoire du droit de la bioéthique est celle d'une royauté et de son renoncement : d'une part la royauté de la personne humaine, sanctifiée en son corps, extraite de sa condition matérielle pour n'être que volonté ; d'autre part le renoncement à aller jusqu'au bout de cette logique pour admettre des usages publics et privés du corps et les officialiser dans l'intérêt de tous et surtout de quelques-uns. D'un côté la

2. X. Bioy, *Droits fondamentaux et libertés publiques*, LGDJ, coll. « Cours », 2014.
3. Cons. const., 25 juillet 1979, *Droit de grève à la radio et à la télévision* et Cons. const., 16 janvier 1991, *Santé publique et assurances sociales*.
4. Cons. const., 8 janvier 1991.

Constitution, le droit international et le Code civil érigent en règle d'or l'extrapatrimonialité du corps et son intangibilité ; de l'autre, le Code de la santé dresse le programme et les procédures d'une nécessaire mise à disposition du corps, de ses éléments et de ses produits.

7.3 › Piste de réflexion : Quelle est l'influence des différents courants de l'éthique biomédicale ? et celle des familles politiques ?

Comme toute norme morale, la bioéthique dépend de chaque communauté et de chaque époque. Les influences religieuses, politiques et philosophiques se multiplient d'autant plus que nos sociétés ont cessé d'être homogènes pour laisser place à un pluralisme extrême où le libéralisme le dispute aux conservatismes. Traditionnellement, pour essayer de rationaliser cette diversité, on présente deux grandes tendances qui se distinguent tant par leur point de vue que par leur champ géographique. Bien sûr, chacun de ces blocs se compose lui aussi de différentes tendances selon l'importance accordée à l'individu par rapport au groupe. Max Weber opposait quant à lui « l'éthique de responsabilité » qui amène à quelques compromis et « l'éthique de conviction » qui suit ses principes.

D'un côté, le courant « essentialiste » part du point de vue que les normes à respecter existent objectivement en dehors du débat tendant à les concrétiser, soit qu'elles ne soient pas création humaine, soit qu'elles relèvent d'une certaine « nature » de l'homme, « déjà là », qu'il faut se contenter de reproduire. Cette philosophie « principielle » agit un peu comme un raisonnement juridique syllogistique : lorsqu'il faut trancher une question, qu'elle se pose au législateur dans l'abstrait, ou qu'elle se pose concrètement au chevet d'un patient ou encore dans le cadre d'un protocole de recherche, il suffit de qualifier les faits pour les placer sous les auspices d'un principe et d'en déduire le résultat par syllogisme sans que le contexte n'interfère autrement. Seule la finesse des catégories permet de faire entrer un peu de subjectivité. L'idée reste de protéger la vie et la personne comme valeur absolue. L'individu par principe ne s'appartient pas et ses choix propres doivent pouvoir être généralisés à tous pour être acceptables. En ce sens, la tradition est ininterrompue d'Aristote à Kant. Ce courant plonge ses racines dans l'objectivisme des grandes religions du Livre et particulièrement dans la tradition catholique. Elle imprègne surtout les pays de droit romano-germanique, comme la France et l'Allemagne.

D'un autre côté, le courant « conséquentialiste » tient pour acquis que la norme reste le fruit d'un choix, d'une volonté, laquelle doit le moins possible se situer au niveau de la société dans son ensemble mais doit rester un processus de décision « cas par cas » en fonction du contexte et des conséquences des différentes alternatives. La liberté y est l'épicentre. On y rencontre donc une perspective plutôt individualiste ou inductive. La question de la généralisation de la solution demeure secondaire. Le libre choix de chacun doit primer. Plus couramment encore, domine la logique utilitariste qui mesure toute chose à ses effets.

Pour comparer les effets de ces deux façons de voir, on peut évoquer le cas de ces deux frères dont l'un est déficient mental et totalement dépendant de l'autre, lequel tombe malade et nécessite une greffe de rein. Le frère handicapé est compatible et seul donneur possible en urgence. Une lecture essentialiste (ou « principielle ») refusera le don d'organe car l'incapable ne peut consentir au don et ne peut être traité comme un moyen pour un autre individu. Au contraire, une lecture conséquentialiste jugera qu'il est de l'intérêt du frère handicapé de sauver celui qui s'occupe de lui, quel qu'en soit le prix pour son intégrité physique. La qualité des raisonnements se trouve donc conditionnée par les institutions de soin ou de droit des personnes. Il faut aménager des procédures de décision qui permettent de poser clairement et collégialement ces questions.

La conception du rôle du droit dans la régulation de la décision éthique est elle-même un point de divergence entre les deux systèmes car dans la conception conséquentialiste on estime que l'État n'aura en principe pas à intervenir alors que l'essentialisme verra facilement agir un tiers indépendant et juridiquement légitime, donc étatiquement habilité. La liberté de l'individu sera pour les uns mieux garantie par l'abstention de l'État que par son action positive pour garantir le respect de la volonté de l'individu.

On le voit nettement, la bioéthique ne se sépare pas des structures idéologiques de toute politique. Libéralisme et individualisme contre naturalisme et étatisme, les oppositions classiques du politique structurent aussi le champ du biodroit. En France, cet aspect politique a longtemps été secondaire lorsque l'enjeu était de répondre à la question de la nécessité d'une loi car le courant ultra-libéral y est assez minoritaire. Dans les années 1990, un relatif consensus a présidé au choix des valeurs à protéger et de l'action de l'État par la loi, mais, depuis, les tendances conservatrices et libérales s'opposent, souvent à l'intérieur de la majorité et de l'opposition. Il ne faut en effet pas croire que la droite ait le monopole du conservatisme ; au nom des droits de l'homme (et le plus souvent de la femme), certaines techniques d'assistance à la procréation ou de recherche paraissent aliénantes. La vocation protectrice de l'État s'interposera contre la liberté de l'individu (ce que l'on appelle parfois le « paradigme du lancer de nain », en référence à l'arrêt du Conseil d'État *Morsang sur Orge* de 1995). On refusera ainsi la gestation pour autrui pour ne pas réduire la femme à ses fonctions reproductives. À l'inverse, si l'on trouve à droite les courants les plus traditionnalistes, l'utilitarisme et l'ultra-individualisme y agissent aussi et peuvent conduire à rejeter une régulation étatique.

BIBLIOGRAPHIE

Journal international de bioéthique, 2015, numéro spécial (vol. 26), « 20 ans de lois de bioéthique », *Revue de droit sanitaire et social* n° 5, septembre-octobre 2012, « La bioéthique en questions » ; *La bioéthique pour quoi faire ?*, par les membres du CCNE, coordonné par A. Benmakhlouf, PUF, 2013 ; F. Bellivier, « Droit et bioéthique », in S. Leverd (Dir.), *Les nouveaux territoires du droit*, L'Harmattan, 2014, p. 105 ; J.-R. Binet, *La réforme de la loi bioéthique. Commentaire et analyse de la loi n° 2011-814 du 7 juillet 2011 relative à la bioéthique*, LexisNexis Actualité, 2012 ; X. Bioy et O. Cayla, *La nature comme horizon pour la Constitution ? Bioéthique et environnement*, Mare et Martin, 2017 ; D. Borrillo, *Bioéthique*, Dalloz-Sirey, 2011 ; G. Feldmann, *La bioéthique*, Armand Colin, 2010 ; Brigitte Feuillet-Liger, Philippe Portier, *Droit, éthique et religion : de l'âge théologique à l'âge bioéthique*, Bruylant, 2012 ; B. Feuillet-Liger, K. Orfali (dir.), *La dignité de la personne : quelles réalités ?*, Bruylant, 2016 ; N. Gallus, *Bioéthique et droit*, Anthemis, 2013 ; H. Gaumont-Prat, M. Prat, *Bioéthique et droit : les neurosciences et l'encadrement de l'imagerie cérébrale*, Les Études hospitalières, 2015 ; V. Larribau-Terneyre, J.-J. Lemouland, *La révision des lois de bioéthique – Loi n° 2011-814 du 7 juillet 2011*, L'Harmattan,

2011 ; B. Legros, *Droit de la bioéthique*, Les Études hospitalières, 2013 ; E. Martinez et F. Vialla, *Les grands avis du Comité consultatif national d'éthique*, LGDJ-Lextenso, Les grandes décisions, 2013 ; C. Pelluchon, *L'autonomie brisée – Bioéthique et philosophie*, PUF, 2009 ; Ph. Pirnay, *Bioéthique et droit – Interactions*, Études Hospitalières (Les), 2011 ; V. Sebag-Depadt, Droit et bioéthique, 2e édition, Larcier, Droit des technologies, 2012 ; D. Sicard, *L'éthique médicale et la bioéthique*, PUF, 3e éd., 2013 ; F. Terré, C. Puigelier, *Réflexions sur la loi bioéthique*, Académie des sciences morales et politiques, 2012.

7.4 › **Plan du chapitre.** Il faut avant toute chose s'interroger sur les limites de ce que le droit peut faire dans les domaines de la biomédecine, à la fois d'un point de vue technique et d'un point de vue politique : quels instruments juridiques interviennent ? Quelles institutions ? C'est la question de la « **régulation** ».

On doit ensuite poser les cadres de la législation : le statut du corps, la nature des droits que l'individu exerce sur celui-ci et des prérogatives que l'État entend exercer ; c'est la question de la « **possession** ».

Vient ensuite l'enjeu de ce que la biomédecine donne comme objet au droit. Le corps humain est un lieu de production (organes, produits, cellules, gamètes...) selon des régimes différents de recueil, de conservation, d'utilisation... La « production » des êtres humains est aussi un enjeu juridique majeur (statut de l'embryon, eugénisme). C'est le thème de la « **production** ».

Le cœur du biodroit réside dans l'encadrement des avancées de la recherche et de la technique, partagé entre la nécessité médicale et économique et la protection des personnes. C'est la question de l'« **innovation** ».

Enfin, l'appropriation des biotechnologies par la société civile se traduit par des revendications tendant à mettre ces techniques au service de la réalisation de projets individuels (accession à la parentalité, augmentation des capacités physiques...) ou collectifs (sécurité, biométrie...). C'est le temps de la « **satisfaction** ».

Section I
RÉGULATION

7.5 › **Le corps, objet historique d'intervention de l'État.** L'intervention croissante des États, en matière bioéthique, relève globalement de la fonction de surveillance des comportements corporels des sujets, dans le prolongement de l'évolution décrite par Foucault (*Naissance de la clinique. Une archéologie du regard médical*, PUF, 1963). Dominique Memmi décrit le réseau des contrôles sous forme d'une « pédagogie du sujet »[5] visant à faire participer individuellement les sujets au contrôle des pratiques sociales. Pour ce faire, le dialogue promu par le corps médical et les associations d'usagers du système de santé tend à s'immiscer au cœur du rapport de soi à soi. Le corps dans l'histoire du droit[6] apparaît comme un objet de politiques publiques tournées vers la

5. D. Memmi, *Les gardiens du corps – Dix ans de magistère bioéthique*, éd. EHESS, 1996 ; D. Memmi et E. Fassin, *Le gouvernement des corps*, éd. EHESS, 2004.
6. J.-P. Baud, *Le droit de vie et de mort. Archéologie de la bioéthique.*, ALTO-Aubier, 2001.

salubrité et la préservation de la force de travail ou des capacités militaires. En matière de santé publique, le corps apparaît comme objet de politiques hygiénistes. Jusqu'au XIXe, le droit laïc ne se préoccupe guère du corps qu'en matières militaire et carcérale. Seul le droit canon présente un véritable corpus de règles de vie relatives au corps, en particulier à la sexualité. Ainsi que l'a montré Pierre Legendre[7], le corps y apparaît comme lieu d'ancrage du pouvoir, de la hiérarchie. Les obligations de vaccination, de soins et de déclaration, passent outre les libertés de la personne (en particulier la lutte contre les maladies vénériennes qui pouvait aller jusqu'à l'hospitalisation d'office). Les lois de bioéthique consacrent depuis une autre forme d'institutionnalisation du processus de décision. De nombreuses instances permettent à l'État de conserver le contrôle de l'activité biomédicale. Elles imposent des procédures et des lieux précis, en secteur public ou privé sous contrôle public, pour de nombreuses opérations médicales (c'est par exemple le cas de l'assistance médicale à la procréation). L'État prend indirectement en charge la protection des incapables de fait, parfois contre la famille. Jean-Charles Froment peut ainsi écrire à juste titre qu'« en s'emparant du sacré du corps, le pouvoir politique espère retrouver une certaine forme d'autorité sociale. Mais ce n'est qu'au prix d'une reconstruction symbolique de la justification de son action sur le corps, au moyen du recours à la notion de dignité de la personne humaine, qu'il pourra réellement y parvenir »[8].

7.6 › **Faut-il légiférer ?** La première question qui se pose est celle de la légitimité de l'intervention de l'État, par la voie interne de la loi et par la voie internationale du traité, pour réguler le rapport que l'individu entretient avec son propre corps. Certains courants de la pensée politique considèrent en effet que l'individu, le sujet pensant, occupe la place centrale du système politique. L'État ne saurait alors s'emparer d'une dimension éminemment privée. À l'inverse, d'autres considèrent que l'usage du corps, objet même de la finalité sécuritaire du « contrat social », relève d'emblée du choix politique. En d'autres termes, le choix de chacun emporte le choix de tous. Ce fut un des principaux enjeux des années précédant le vote des « premières » lois de bioéthique, au début des années 1990[9].

Depuis, les lois se sont multipliées et le passage par une régulation étatique ne soulève plus guère de difficultés tant elle apparaît légitime au regard des problèmes sanitaires et de la politique de la recherche mais aussi au plan éthique.

7. P. Legendre, *L'amour du censeur. Essai sur l'ordre dogmatique,* Seuil, 1974, p. 132 et s.

8. J.-Ch. Froment, « Le pouvoir souverain, la peine et le corps. Éléments pour une philosophie pénale de la surveillance électronique », *RIEJ* 1996, n° 37, p. 3.

9. N. Lenoir et B. Sturlèse, *Aux frontières de la vie.* Rapport au Premier ministre, 2 tomes, La Documentation française, 1991, F. Sérusclat, *Rapport sur les sciences de la vie et les droits de l'homme : bouleversement sans contrôle ou législation à la française ?,* Office parlementaire d'évaluation des choix scientifiques et technologiques : Assemblée nationale, n° 2588, Sénat n° 262, 1992, 2 tomes, J.-F. Mattéi, *La vie en question, pour une éthique biomédicale.* Rapport au Premier ministre, novembre 1993, La Documentation française, 1994.

7.7 › Piste de réflexion : l'autonomie personnelle face à l'intervention du législateur.

La jurisprudence de la Cour européenne des droits de l'homme semble pouvoir se lire comme imposant à l'État de respecter le droit à la vie privée, à l'autonomie personnelle, en n'intervenant pas dans les questions de maîtrise du corps ou, tout au moins, en choisissant nécessairement la solution la plus libérale, notamment en rejetant l'usage de la norme pénale.

L'arrêt CEDH du 1er avril 2010 (n° 57813/00, *S. H et a. c/Autriche*) a adopté une formulation qui évoque « le droit d'un couple de concevoir un enfant et de faire usage de la procréation médicalement assistée [...] » comme entrant dans le champ d'application de l'article 8. Si « les États contractants jouissent d'une marge d'appréciation », la Cour a estimé injustifiées les différences de traitements existant dans la loi autrichienne quant à l'accès au don de sperme ou au don d'ovules. Elle précise que « les préoccupations fondées sur des considérations morales ou sur l'acceptabilité sociale ne sont pas en elles-mêmes des raisons suffisantes pour une interdiction totale d'une technique spécifique [...] ». La légitimité étatique à intervenir dans ces champs se trouve mise en cause, particulièrement lorsqu'il s'agit d'interdire et de réprimer.

Or, les lois françaises ont suscité un accroissement lourd de la répression pénale et administrative. Une partie importante du Code de la santé détermine des sanctions parfois très lourdes en cas de violation de la norme sanitaire et des interdits éthiques fondamentaux. La plus spectaculaire réprime « toute intervention ayant pour but de faire naître un enfant génétiquement identique à une autre personne vivante ou décédée », crime puni de trente ans de réclusion et 7 500 000 euros d'amende. Dans le domaine de l'assistance médicale à la procréation, qui peut se réclamer pourtant de la plus haute autonomie de l'individu, il est prévu un an de prison et 15 000 euros d'amende en cas de maternité pour autrui (C. pén., art. 227-12), cinq ans d'emprisonnement et 75 000 euros d'amende pour violation des règles relatives aux dons de gamètes comme l'obtention de gamètes contre un paiement, deux ans d'emprisonnement et 30 000 euros d'amende en cas notamment de désignation par un couple receveur d'un couple donneur de gamètes (C. santé publ., art. L. 1273-6)... La loi prévoit aussi sept ans d'emprisonnement et 100 000 euros d'amende pour obtention d'embryons contre un paiement ou apport de son entremise pour cette obtention ou encore en l'absence de consentement (C. santé publ., art. L. 2152-1, 2141-4 et 5, C. pén., art. 511-15 et 511-16).

7.8 › Piste de réflexion : une « démocratie participative en matière de bioéthique ».

La phase de rédaction du projet de loi qui est devenu la loi du 7 juillet 2011 a innové par une expérience participative : les états généraux de la bioéthique. Leur site Internet a permis l'expression des internautes (sans exigence de représentativité), mais aussi leur formation. Par ailleurs, la mission parlementaire a procédé à de nombreuses auditions. Trois forums régionaux (un portant sur la recherche sur les cellules souches et l'embryon mais aussi sur le diagnostic prénatal et le diagnostic préimplantatoire ; un portant sur l'assistance médicale à la procréation, le dernier portant sur la greffe et le prélèvement mais aussi sur la médecine prédictive) ont permis l'appropriation, par un plus large public, des problématiques bioéthiques. Ils ont surtout été le lieu de débats entre citoyens, membres des trois panels, sélectionnés selon les critères de représentativité. S'il ne s'agit pas encore de démocratie semi-directe, le souci demeure de ne pas faire du biodroit un monopole d'experts et de parlementaires. Cette expérience se trouve pérennisée (nouvel art. L. 1412-1-1 C. santé publ.) : depuis 2011, tout projet de réforme sur les problèmes éthiques et les questions de société soulevés par les progrès de la connaissance dans les domaines de la biologie, de la médecine et de la santé devra être précédé d'un débat public sous forme d'états généraux. Même si le législateur n'entend pas modifier le texte, ils doivent être réunis tous les cinq ans. L'actuelle loi sera par ailleurs évaluée en 2017 pour être réexaminée l'année suivante. Le maintien de cette solution tente d'éviter l'écueil d'un règne des techniciens dans les questions de biodroit. Néanmoins, cela n'a pas empêché le Sénat d'adopter, sans recourir aux états généraux, en décembre 2012, une proposition de loi tendant à modifier la loi n° 2011-814 du 7 juillet 2011 en autorisant sous certaines conditions la recherche sur l'embryon et les cellules souches embryonnaires. Il est vrai que cet impératif de démocratie participative n'a pas été constitutionnalisé.

7.9 › **Du « dumping bioéthique » et de la régulation internationale.** Certains interdits en France n'ont aucun écho au-delà des Pyrénées ou de l'Escaut (sans parler de l'Atlantique). Que reste-t-il de l'efficacité des choix opérés par le législateur français quand il suffit de se rendre en Belgique ou en Espagne pour contourner les interdits en matière de procréation médicament assistée, aux Pays-Bas ou en Suisse pour recourir à une euthanasie ? Combien de temps tiendra l'interdit des mères porteuses quand on peut aller aux États-Unis, au Royaume-Uni ou en Grèce faire établir une filiation que l'intérêt de l'enfant appelle à reconnaître en France ? Certains juristes expliquent que le principe d'égalité exige que le législateur admette en France, pour ceux qui n'ont pas les moyens matériels de frauder, les mêmes droits que ceux qui se rendent à l'étranger. Il s'agit là bien sûr d'un détournement fallacieux du principe d'égalité, lequel nécessiterait, pour pouvoir s'exercer à son tour, qu'existe en France un « droit à l'enfant » ou un « droit de mourir ». Le biodroit appelle donc une harmonisation des législations pourtant bien difficile à obtenir tant les conceptions éthiques et les enjeux financiers sont divers.

Les sources internationales. La loi se trouve aujourd'hui encadrée par de multiples sources internationales. Plusieurs organismes interviennent dans l'élaboration du droit international, notamment l'Organisation mondiale de la santé (OMS), l'Unesco sous l'égide de laquelle fut élaborée la Déclaration universelle sur le génome humain du 11 novembre 1997 ainsi que plus récemment, la Déclaration universelle sur la bioéthique et les droits de l'homme du 19 octobre 2005. Il existe également un Comité international de bioéthique au sein de l'Unesco.

7.10 › Au sein du **Conseil de l'Europe,** la Convention européenne des droits de l'homme du 4 novembre 1950 comporte plusieurs principes protecteurs, en particulier le droit à la vie consacré par l'article 2 et la protection contre les traitements inhumains et dégradants de l'article 3. Il faut aussi mettre l'accent sur l'article 8, le droit au respect de la vie privée, qui institue un authentique droit à l'autonomie personnelle, à l'auto-disposition de soi. De manière emblématique, dans l'affaire *Pretty*[10], la requérante souffre d'une maladie neurodégénérative incurable entraînant une paralysie des muscles ; elle demande un suicide assisté. Pour la Cour européenne : « La dignité et la liberté de l'homme sont l'essence même de la Convention. Sans nier en aucune manière le principe du caractère sacré de la vie protégé par la Convention, la Cour considère que c'est sous l'angle de l'article 8 que la notion de qualité de la vie prend toute sa signification. La requérante en l'espèce est empêchée par la loi d'exercer son choix d'éviter ce qui, à ses yeux, constituera une fin de vie indigne et pénible ». La Cour considère que cela représente une atteinte au droit de l'intéressée au respect de sa vie privée, au sens de l'article 8 § 1 de la Convention (même si cela ne conduit pas à une condamnation de l'État qui a de bonnes raisons d'interdire l'euthanasie). La Cour européenne a même admis que le conjoint d'une personne qui n'a pu recourir au suicide assisté est lui-même victime de l'indifférence de l'État[11]. Le Conseil de l'Europe s'est doté d'un Comité directeur pour la bioéthique. Il s'est en particulier attaché à des normes communes d'hygiène, à l'échange mutuel d'informations, la recherche, aux problèmes hospitaliers, à l'élaboration d'une pharmacopée européenne, à la transfusion sanguine, et aux transplantations d'organes.

La Convention d'Oviedo. La France a ratifié le 13 décembre 2011 la Convention du Conseil de l'Europe pour la protection des droits de l'homme et de la dignité de l'être humain à l'égard des applications de la biologie et de la médecine (Convention sur les droits de l'homme et la biomédecine, signée à Oviedo le 4 avril 1997). Le niveau européen semble en effet être pertinent pour harmoniser les normes dans des domaines sensibles comme la recherche sur l'embryon ou l'AMP en vue d'éviter le tourisme biotechnologique suscité par le « dumping éthique ». Cette convention proclame fortement la liberté de la recherche, laquelle n'a pas en droit constitutionnel de reconnaissance explicite et autonome. Elle entend protéger « l'être humain dans sa dignité et son identité et garantir à toute personne, sans discrimination, le respect de son intégrité et de ses autres droits et libertés fondamentales ». Elle abonde dans le sens d'un respect du génome humain. Les articles 11 à 14 évoquent le principe de non-discrimination d'une personne en raison de son patrimoine génétique et l'interdiction de toute intervention abusive sur le génome humain, des tests génétiques prédictifs ainsi que des tentatives de sélection du sexe d'un enfant à naître par les techniques d'assistance médicale à la procréation. Enfin, toute intervention visant à modifier le génome humain doit avoir une raison préventive, diagnostique, ou thérapeutique. Elle sert ainsi de soutien aux nouvelles dispositions relatives à l'information génétique.

7.11 › **L'Union européenne** tient une place singulière dans le paysage de la bioéthique. Le TFUE (art. 4) fait des « enjeux communs de sécurité en matière de santé publique » une « compétence partagée avec les États membres ». L'article 6 stipule que « l'Union dispose d'une compétence pour mener des actions pour appuyer, coordonner ou compléter l'action des États membres. Les

10. CEDH, 29 avril 2002, *Diane Pretty c/ RU.*
11. CEDH, 19 juillet 2012, *n° 497/09, Koch c/ Allemagne.*

domaines de ces actions sont, dans leur finalité européenne : a) la protection et l'amélioration de la santé humaine ».

Au sein de la Commission européenne, la Direction générale de la recherche et de l'innovation dispose d'une direction « biotechnologies » qui met en œuvre une part des objectifs de la stratégie « Europe 2020 », l'« Union de l'innovation », notamment un important programme relatif aux nanotechnologies.

L'Union développe des normes spécifiques « au marché » des biotechnologies, tant pour assurer le développement de la recherche (particulièrement dans le domaine du médicament et des process pharmaceutiques) que pour assurer la libre circulation des patients (directive 2011/24/UE) et la libre prestation des services. Certes, la Charte des droits fondamentaux de l'Union ainsi que la directive relative aux soins transfrontaliers[12] confortent le principe d'une compétence d'abord dévolue aux États, mais, au nom de la circulation des éléments du corps humain, l'Union entend régir la qualité sanitaire. Par exemple par la directive 2001/83/CE du 6 novembre 2001 relative aux médicaments à usage humain, la directive 2000/70/CE concernant le sang, et surtout la directive 2004/23/CE relative aux normes de qualité et de sécurité en matière de tissus et cellules d'origine humaine. Une directive européenne de 2010 édicte aussi des règles ayant pour but d'imposer aux États le respect de normes de qualité et de sécurité des organes humains destinés à être transplantés : les principes du volontariat, du consentement, de la gratuité pour les donneurs. Plusieurs directives sont intervenues en matière de transfusion sanguine en vue de renforcer la sécurité des produits sanguins[13]. Désormais, le TFUE (art. 4) fait des « enjeux communs de sécurité en matière de santé publique » une « compétence partagée avec les États membres ».

7.12 › **Sources internes. Constitution.** Notre droit constitutionnel reste peu préoccupé par les questions de bioéthique. Deux décisions du Conseil constitutionnel ont examiné les lois de 1994 et leur première révision en 2004. Mais le Conseil n'a fait que poser les grandes lignes, notamment en reconnaissant la valeur constitutionnelle du principe de sauvegarde de la dignité de la personne humaine. Contrairement à d'autres juges, particulièrement européens, il n'a pas entendu porter un jugement sur les choix opérés par le législateur. À l'inverse, le juge suisse, à l'invitation de la Constitution fédérale, qui dispose d'articles spécifiques à la bioéthique, a été amené à se prononcer sur les données génétiques ou le transsexualisme. La Constitution française comprend tout de même un certain nombre de normes qui encadrent l'activité du législateur en matière de bioéthique :

– La dignité de la personne humaine qui implique de ne pas réduire la personne à son corps ou à ses gènes, à sa seule volonté non plus d'ailleurs. La dignité peut être attachée à l'humanité ou à la personnalité. Ainsi, elle peut d'abord être celle de l'être humain en tant que tel. Elle emportera alors la conviction que l'individu ne peut être victime d'un acte « inhumain », pas plus qu'il ne peut, par son comportement, méconnaître la dignité de l'humanité dont il est

12. Directive 2011/24/UE du Parlement et du Conseil, voir N. De Grove-Valdeyron, *RTD eur.* 47 (2), 2011, p. 299.

13. Dir. 2005/61/CE de la Commission 30 septembre 2005, *JOUE* n° L. 256/32, 1er octobre – Dir. 2005/62/CE de la Commission, 30 septembre 2005, *JOUE* n° L. 256/41, 1er octobre.

porteur (c'est un argument soulevé pour interdire l'euthanasie car « il n'y a pas de vie humaine qui ne mériterait pas d'être vécue »). Elle peut ensuite résider dans le respect dû à la valeur propre de chaque personne. Elle fonde alors la liberté de disposer de soi, la liberté corporelle. La dignité se trouve protégée par des principes législatifs : la primauté de la personne humaine, le respect de l'être humain dès le commencement de sa vie, le respect de l'intégrité de l'espèce humaine. Ils impliquent l'extrapatrimonialité du corps et son extra-commercialité.

– Le droit à la santé (voir *supra*).

– Le principe de non-discrimination qui implique de ne pouvoir traiter différemment des individus au nom de leurs caractéristiques physiques, notamment génétiques.

– La liberté personnelle (articles 2 et 4 de la Déclaration des droits de l'homme et du citoyen) qui abrite la liberté corporelle et le respect de la vie privée.

Loi. Les premières lois protectrices du corps humain sont apparues à partir de 1950 afin de légaliser et d'organiser l'utilisation scientifique et médicale de produits humains : cornées (L. 7 juillet 1949), sang humain (L. 21 juillet 1952), organes humains (L. 22 décembre 1976). En 1988, la loi Huriet-Sérusclat régit les recherches sur l'homme (L. 20 décembre 1988). Les trois grandes lois dites « de bioéthique » ont entendu offrir un véritable « code » régissant l'ensemble des questions. La loi du 1er juillet 1994, relative aux traitements de données nominatives ayant pour fin la recherche dans le domaine de la santé, modifie la loi n° 78-17 du 6 janvier 1978 relative à l'informatique, aux fichiers et aux libertés. La loi n° 94-653 relative au respect du corps humain introduit dans le Code civil des règles d'ordre public protectrices de la personne et du corps humain, ainsi que des règles relatives à la filiation des enfants nés par procréation médicalement assistée. La loi n° 94-654 du 29 juillet 1994 relative au don et à l'utilisation des éléments et produits du corps humain, à l'assistance médicale à la procréation et au diagnostic prénatal a modifié le régime légal de l'utilisation des organes, produits et éléments du corps humain et de procréation médicalement assistée. La loi du 4 mars 2002 relative aux droits des malades et à la qualité du système de santé, si elle n'est pas une « loi de bioéthique » n'en a pas moins affecté la relation médicale et le système de santé qui conditionnent la biomédecine. Les lois de bioéthique devaient être réexaminées au bout de cinq ans pour se donner le temps d'en évaluer les effets et de les adapter aux évolutions techniques et sociales. Elles n'ont été modifiées qu'en 2004 par la loi du 6 août relative à la bioéthique (notamment elle a interdit le clonage reproductif, mais admet plus largement les recherches sur les embryons *in vitro*, elle a créé l'Agence de la biomédecine et interdit le transfert d'embryon *post mortem*). À leur tour, ces textes ont fait l'objet d'une évaluation puis d'une révision par la loi du 7 juillet 2011 qui traduit une tendance conservatrice, telle qu'issue de la consultation des « états généraux de la bioéthique ». Elle n'admet pas les évolutions proposées mais fait évoluer les sources, précise le régime des données génétiques, facilite le don d'organe et le don de gamètes, fixe le régime des recherches sur l'embryon. Enfin, le droit des recherches biomédicales a été refondu par la loi du 5 mars 2012 (dite « loi Jardé »), non encore entrée en vigueur. La loi du 6 août 2013 a, enfin, réorganisé le droit de la recherche sur les embryons humains. Celle du 26 janvier 2016 (dite

« loi Touraine ») a retouché au régime des recherches liées à l'assistance médicale à la procréation.

Règlement. À côté de ces lois et des conventions internationales, il existe de nombreux textes réglementaires ; en premier lieu les codes de déontologie comme le Code de déontologie médicale issu du décret du 6 septembre 1995 qui indique que « le médecin au service de l'individu et de la santé publique exerce sa mission dans le respect de la vie humaine, de la personne et de sa dignité » (art. 2).

La régulation est encore le fait de la « *soft law* » sous la forme des recommandations et avis des nombreux comités d'éthique, internationaux, européens, national ou locaux. Les recommandations du Conseil de l'Europe sont ainsi, en cette matière, légion. La *soft law* acquiert d'ailleurs parfois une force surprenante lorsque les juges européens s'en saisissent pour interpréter ou concrétiser un texte de droit contraignant au contenu incertain. Il ne faut donc pas sous-estimer cette source qui n'en est pas toujours une officiellement.

7.13 › **La multiplication des institutions de régulation de la biomédecine.** La forte tradition d'administration centrale, autour du ministère de la Santé, est imprégnée de la culture médicale. Depuis quelques décennies on assiste à une extension forte des champs d'intervention, à une multiplication et une mutation des structures institutionnelles. La tendance est à la régulation par des instances autonomes, intégrant souvent des acteurs privés. On assiste à une fragmentation du pouvoir de police sanitaire et donc à une balkanisation de la décision et de l'éthique. L'exercice du pouvoir de police sanitaire est partagé entre l'Agence nationale de sécurité du médicament (ANSM[14], ancienne Agence française de sécurité sanitaire des produits de santé, AFSSAPS) et l'Agence de la biomédecine (ABM).

L'ANSM dispose d'une compétence de principe en matière de police sanitaire. C'est ainsi que la loi lui impose « de prendre les mesures de police sanitaire nécessaires lorsque la santé de la population est menacée ». L'agence participe à l'application des lois et règlements relatifs à l'évaluation, aux essais, à la fabrication, à la préparation, à l'importation, à l'exportation, à la distribution en gros, au conditionnement, à la conservation, à l'exploitation, à la mise sur le marché, à la publicité, à la mise en service ou à l'utilisation des produits à finalité sanitaire destinés à l'homme et des produits à finalité cosmétique.

L'Agence de la biomédecine est un établissement public administratif de l'État, placé sous la tutelle du ministre chargé de la Santé. Elle est compétente dans les domaines de la greffe, de la reproduction, de l'embryologie et de la génétique humaines. Elle dispose d'un pouvoir de police limitativement énuméré qui consiste à autoriser l'importation et l'exportation des gamètes, l'importation d'embryons, la réalisation d'un « diagnostic préimplantatoire thérapeutique pour autrui », les protocoles de recherche sur l'embryon, l'importation de tissus ou cellules embryonnaires ou fœtaux aux fins de recherche. Il lui appartient également de délivrer les autorisations à l'égard de certains établissements : les organismes qui assurent la

14. Loi du 29 décembre 2011 relative au renforcement de la sécurité sanitaire du médicament et des produits de santé.

conservation des cellules souches embryonnaires à des fins de recherche, les centres pluridisciplinaires de diagnostic prénatal, les établissements qui pratiquent les diagnostics génétiques.

Sa dimension régulatrice se traduit par des compétences normatives lourdes : elle participe à l'élaboration et à l'application de la réglementation et de règles de bonnes pratiques et formule des recommandations, elle assure une information permanente du Parlement et du gouvernement, elle évalue et contrôle les activités médicales et biologiques, elle promeut le don d'organes, de tissus et de cellules issus du corps humain, ainsi que le don de gamètes, elle assure le suivi de l'état de santé des donneurs d'organes et d'ovocytes, elle gère la liste des patients en attente de greffe et l'attribution des greffons, ainsi que le fichier des donneurs volontaires de cellules hématopoïétiques. La loi de juillet 2011 a encore renforcé son rôle.

7.14 › **Le rôle des comités d'éthique.** Selon une définition large il s'agit d'une « institution chargée par une autorité (publique ou privée), de se prononcer sur les aspects moraux et accessoirement sur la rigueur scientifique, d'une politique, d'une recherche ou projet de recherche, biomédical, individuel ou collectif, ou d'une intervention biomédicale sans visée expérimentale »[15]. Ces comités assurent la présence continue d'une bioéthique désormais institutionnalisée selon un maillage assez serré, du local à l'international. Le principe des comités d'éthique est d'organiser juridiquement une « éthique de la discussion » (voir Appel, Habermas), c'est-à-dire une éthique fondée sur la communication et l'argumentation en vue de contrebalancer les idées véhiculées par la science et l'orientation du pouvoir technique. Mais sous ce « label », existent de nombreuses réalités. On distingue les comités « cliniques » qui doivent donner des avis sur des actions concrètes (choix d'une thérapeutique pour un patient donné), des comités de « recherche » qui réfléchissent aux conditions de l'expérimentation des produits et méthodes (adoption d'un protocole de recherche). On distingue aussi les comités « pratiques » qui rendent des avis sur des cas concrets et les comités « théoriques » chargés de réfléchir dans l'abstrait et de rédiger des recommandations. Ces deux premières typologies pouvant se recouper. Enfin, les comités se répartissent selon différents niveaux : local, national, international selon leur structure d'accueil, publique ou privée ; mais aussi selon qu'ils sont permanents ou « *ad hoc* », c'est-à-dire créés pour une période ou un projet donné.

Leur composition est tournée vers l'indépendance vis-à-vis des pouvoirs scientifiques, économiques et politiques. Mais en pratique on rencontre des différences selon les rôles des comités. Les comités nationaux et internationaux de type théorique incluent des personnalités appartenant aux principales familles philosophiques et spirituelles. Cela vaut pour le Comité consultatif national d'éthique français, le Comité international de bioéthique de l'Unesco et le Groupe européen d'éthique des sciences et nouvelles technologies de l'Union européenne. Mais les scientifiques y sont largement majoritaires. En revanche le Comité de bioéthique du Conseil de l'Europe est composé de représentants des gouvernements. Très spécifiques, les

15. G. Mémeteau, « Recherches irrévérencieuses sur l'autorité juridique des avis des comités d'éthique ou l'Iroquois sur le sentier des comités d'éthique », *RRJ* 1989, p. 64.

Comités liés à la recherche comme les Comités de protection des personnes connaissent des pratiques diverses quant à la diversité des compétences (éthique, sociale, psychologique, juridique), à l'exigence d'indépendance vis-à-vis du promoteur et de l'investigateur (directive du 26 février 2001 sur les essais cliniques). Ils ont été réformés en 2012.

Les comités nationaux sont davantage tournés vers l'information et l'animation de la réflexion éthique (colloques, débats, médias). Mais pour l'instant on assiste à un usage assez unilatéral des moyens, les débats publics sont souvent écartés au profit des « experts en éthique ». Le décret du 23 février 1983 crée le Comité consultatif national d'éthique pour les sciences de la vie et de la santé (CCNE). La loi du 6 août 2004 a étendu le champ d'intervention du Comité en matière d'avis, ces derniers ne portant plus seulement « sur les problèmes éthiques » soulevés par les progrès de la connaissance dans les domaines de la biologie, de la médecine et de la santé, mais aussi sur les « questions de société » (C. santé publ., art. L. 1412-1). Il « peut » publier des recommandations sur les sujets relevant de sa compétence (C. santé publ., art. L. 1412-4).

Les comités locaux de type « pratique » (comités hospitaliers) sont presque exclusivement composés en principe des personnels médicaux et paramédicaux à l'exception de représentants de l'administration de l'établissement et de juristes, sans recherche de pluralisme ou d'ouverture. D'où la création en 2004 des « espaces éthiques régionaux ». Ils constituent, en lien avec des centres hospitalo-universitaires, des lieux de formation, de documentation, de rencontre et d'échanges interdisciplinaires sur les questions d'éthique dans le domaine de la santé. Ils font également fonction d'observatoires régionaux ou interrégionaux des pratiques au regard de l'éthique.

Certaines grandes instances se posant des questions éthiques se sont aussi dotées de comités d'éthique (Établissement français du sang, Agence de la biomédecine, INSERM...). Se constituent aussi des réseaux de Comités (naissance aux États-Unis par les *Ethics committee networks*) pour la formation, la constitution d'autres comités, etc.

De fait, leur statut juridique est très hétérogène. Les comités hospitaliers n'étant pas réglementés, on trouve des instances non autonomes, simple réunion interne à un CHU ou à une faculté de médecine, des structures autonomes privées (association loi 1901) ou publiques. Les Comités de protection des personnes trouvent mal leur qualification car ils disposent de la personnalité morale sans autre précision législative sans pouvoir être des établissements publics. À l'inverse, le CCNE n'a pas la personnalité morale et ne s'autofinance pas. Il reste une simple autorité morale (« autorité indépendante ») dépendant administrativement du Premier ministre. Ses avis, mêlés d'éthique, de politique et de droit, préconisent des solutions générales et n'ont pas de valeur juridique.

Ces cadres étant posés, il est possible d'entrer davantage dans le fond, par la description des normes relatives au corps humain.

Section II
POSSESSION

7.15 › **« Avoir un corps » ou « être un corps »,** telle est la question... Techniquement, il est impossible d'affirmer que la personne juridique est un corps. Elle n'est en effet qu'un support de droits et d'obligations. La *personnalité juridique* contient donc des droits sur le corps. Mais pour l'existence juridique du corps le droit dispose d'une autre notion, la *personne humaine*, qui englobe et relie ensemble le corps et la personnalité juridique. La personne humaine, en droit, est un corps. Le corps n'est alors pas une chose susceptible de propriété, ou alors seulement au sens de « ce qui est propre », ce qui est « moi ». La protection du lien entre personne et corps se révèle puissante (si l'on parle bien de la « personne humaine ») mais elle se distend au fur et à mesure que des éléments et des produits de ce corps peuvent en être plus ou moins facilement extraits. Avoir des droits sur les organes et produits du corps se distingue donc de la question de la liberté corporelle, de l'usage du corps (par exemple dans la prostitution).

Or, l'enjeu majeur du biodroit réside dans cet aspect : les biotechnologies ont pour principale activité de retirer des éléments du corps et de les utiliser à différentes fins. À quelles conditions peut-on prélever, utiliser ? Qui de la personne « source » ou de l'État doit avoir le pouvoir de décider de ce prélèvement et de cette affectation ? Notre droit, selon les domaines, aménage cette partition des compétences en fonction de l'autonomie de l'individu et de l'intérêt général qu'il y a à utiliser le corps pour les soins d'autrui et pour la recherche.

Si le Code de la santé aménage les conditions d'usages du corps, le droit de la bioéthique n'est pour autant pas celui d'une dépossession du corps de la personne mais celui d'une régulation étatique d'une libre disposition de soi qui n'en finit plus de heurter les convictions éthiques issues d'une longue tradition philosophique et religieuse. Les principes posés par le Code civil s'affichent haut et fort ; le Conseil constitutionnel les a inclus parmi les garanties du principe constitutionnel de sauvegarde de la dignité de la personne humaine : la primauté de la personne humaine, le respect de l'être humain dès le commencement de sa vie, le respect de l'intégrité de l'espèce humaine. Ils impliquent l'extrapatrimonialité du corps et son extracommercialité.

L'extrapatrimonialité. L'article 16-1 du Code civil, alinéa 2 instaure une protection des personnes contre la tentation de tirer profit de leur corps et dispose que « le corps humain, ses éléments et ses produits ne peuvent faire l'objet d'un droit patrimonial ». Par suite, sont nulles les « conventions ayant pour effet de conférer une valeur patrimoniale au corps humain, à ses éléments ou à ses produits » et les « conventions portant sur la procréation ou la gestation pour le compte d'autrui » (C. civ., art. 16-5 et 16-7). En outre, afin d'écarter toute exploitation financière du corps humain et de fonder l'utilisation du corps humain sur la solidarité et l'altruisme uniquement, l'article 16-6 du Code civil précise qu'« aucune rémunération ne peut être allouée à celui qui se prête à une expérimentation sur sa personne, au prélèvement d'éléments de son corps ou à la collecte de produits de celui-ci ». Des sanctions sont prévues en cas d'utilisation avec contrepartie d'éléments et produits du corps humain. Les prélèvements des éléments du corps humain (sang, organes, sperme, paillettes) ont un coût évalué par les organismes prestataires, que ces organes soient pris en charge ou payés directement par les utilisateurs, avec revalorisation régulière des tarifications. Le but est de compenser les contraintes liées au prélèvement (perte de revenu, déplacement, douleur...)[16]. Il en est de même en matière de recherche biomédicale (C. santé publ., art. L. 1121-8). Notre droit refuse donc que le droit de propriété traduise la relation que l'individu entretient avec son corps. Le concept de personne humaine y pourvoit. Il désigne l'union du sujet de droit, volonté pure, et de son corps ; l'unité de la personne autour des droits sur le corps inclus dans la personnalité juridique.

La personne et son corps. L'étude des rapports juridiques entre la personne et son corps a donné lieu à plusieurs théories juridiques. On a parfois considéré que la personne avait sur son corps un droit de propriété[17]. Mais la plupart des auteurs contemporains rejettent cette thèse au motif que l'on ne peut concevoir un rapport de droit dans lequel le sujet de droit – la personne – serait confondu avec l'objet de droit, c'est-à-dire le corps humain[18].

Selon une autre théorie, les droits de la personne sur son corps sont des droits subjectifs, des droits de la personnalité et plus précisément une catégorie spécifique de droits de la personnalité[19], un des droits primordiaux appartenant à l'individu[20]. Mais on objecte que cette théorie peut aboutir à des apories, que la catégorie peut paraître illimitée ou encore que la notion de droits de la personnalité ne permet pas d'énoncer les limites du pouvoir individuel de disposer de son corps[21]. Il convient donc de considérer que l'individu dispose de droits et de libertés sur son corps qui relèvent des droits fondamentaux reconnus par les textes constitutionnel et européens et, de ce fait, opposables à la loi et au règlement.

7.16 › **La protection du cadavre.** La loi du 19 décembre 2008 a étendu la portée de la notion de dignité à la protection des défunts et complété l'article 16 du Code civil par un article 16-1-1 précisant que « le respect dû au corps humain ne cesse pas avec la mort. Les restes des personnes décédées, y compris les cendres de celles dont le corps a donné lieu à crémation doivent être traités avec respect, dignité et décence »[22]. Par application du principe ainsi énoncé, la Cour de cassation a confirmé l'interdiction de l'exposition « *Our body*, à corps ouvert » exposant des cadavres humains d'origine chinoise ouverts ou disséqués. Mais si l'exposition de cadavres présente parfois un intérêt pédagogique

---

16. D. n° 2009-217, 24 février 2009 : *JO* 25 février 2009, mod. C. santé publ., art. R. 1211-5 et R. 1211-11 et CSS, art. R. 322-9.
17. B. Lemmenicier, « Le corps humain : propriété de l'État ou propriété de soi ? », *Droits* 1991, n° 13.
18. R. Nerson, « L'influence de la biologie et de la médecine moderne sur le droit civil », *RTD civ.* 1970, p. 370.
19. F. Terré, *Droit civil, Les personnes, La famille, Les incapacités*, Dalloz, coll. « Précis », 7e éd., 2005, n° 26.
20. R. Nerson, *Les droits extrapatrimoniaux*, Thèse Lyon, 1939.
21. C. Labrusse, *L'homme, la nature et le droit*, Éd. Bourgeois, 1988, p. 339.
22. Loi n° 2008-1350 du 19 décembre 2008, *JO* 20 décembre 2008, p. 19358, I. Corpart, « Pour un nouvel ordre public funéraire, variations autour de la loi n° 2008-1350 du 19 décembre 2008 », *Dr. famille* 2009, Études 15.

ou historique, elle ne doit pas transgresser certaines règles, comme l'a rappelé un avis du Comité consultatif national d'éthique de janvier 2010[23].

Le Conseil d'État[24] a entendu appliquer, pour la protection du cadavre d'un jeune homme en état de mort cérébrale, les principes déontologiques relatifs au respect de la personne humaine qui régissent la relation entre médecin et patient vivant. Le juge ne dit pas expressément que le cadavre est un moment actif de la personne humaine ; il dit seulement que les principes relatifs à la personne humaine doivent continuer à s'appliquer à lui. Le Conseil d'État fit référence à la dignité des morts dans une affaire où le propriétaire d'un chien l'avait fait inhumer dans le caveau familial[25]. Le Conseil avait admis la légalité d'un arrêté municipal ordonnant que le chien soit retiré du cimetière municipal au nom du respect des morts. La même année il reconnut une voie de fait dans le cas d'un maire ayant fait exhumer un couple pour attribuer la concession à d'autres[26]. Dans un arrêt du 26 novembre 2008, *Syndicat mixte de la vallée de l'Oise*, le Conseil d'État a autorisé l'implantation d'une installation de retraitement des déchets sur un site de combats de la Première Guerre où reposeraient trois cents dépouilles. Admettant que le principe de dignité puisse intervenir en matière de police des installations classées, le juge ne le met pas moins en balance avec les nécessités du projet et minimise l'atteinte portée aux restes humains.

Le Code pénal de son côté comporte une section intitulée « Des atteintes au respect dû aux morts » (art. 225-17 et s.). Toute atteinte à l'intégrité du cadavre, par quelque moyen que ce soit, est punie d'un an d'emprisonnement et de 15 000 euros d'amende. La violation ou la profanation, par quelque moyen que ce soit, de tombeaux, de sépultures, d'urnes cinéraires ou de monuments édifiés à la mémoire des morts est punie d'un an d'emprisonnement et de 15 000 euros d'amende. L'intention discriminatoire aggrave l'incrimination. La jurisprudence retient les actes accomplis avant l'inhumation comme attentatoires (dénuder le cadavre, le prendre en photo...). Toute dégradation de tombe, même le fait d'arracher les fleurs, tombe sous le coup du code, quand il y a intention de porter atteinte à la considération due aux morts.

7.17 ▸ **La protection de l'embryon.** Il faut distinguer selon que l'embryon est « *in utero* » ou « *in vitro* ». Dans le premier cas, sous réserve du droit à l'interruption de grossesse, il bénéficie de la protection du « projet parental » de voir naître un enfant. Dans le second cas, il ne peut s'agir que d'un embryon « surnuméraire », non implanté à l'issue d'une AMP, bien moins protégé.

Concernant l'embryon *in utero*, la loi du 31 janvier 1975 se trouve à l'origine de la qualification de l'embryon comme « être humain » et non une personne. Ainsi les

23. Cass. civ. 1re, 16 septembre 2010, *Lamy* octobre n° 100 C, L. Goffic, « Bioéthique et biotechnologies », *Bull.* n° 208 par D. Vigneau. Avis CCNE n° 111, janvier 2010.
24. CE, Ass., 2 juillet 1993, *Milhaud* : « considérant que les principes déontologiques fondamentaux relatifs au respect de la personne humaine, qui s'imposent au médecin dans ses rapports avec son patient ne cessent pas de s'appliquer avec la mort de celui-ci ».
25. CE, 17 avril 1963, *Époux Blois.*
26. CE, 25 novembre 1963, *Commune de Saint-Just-Chaleyssin et sieur Rey c/ Époux Thomas.*

termes de l'article 16 du Code civil[27], issus de la loi du 29 juillet 1994, instaurent une distinction entre la personne, qui est protégée par un double principe de primauté et de dignité, et l'être humain, dont il est précisé qu'il existe dès le commencement de sa vie mais qu'il n'a droit qu'au « respect ». Du point de vue pénal, les articles 223-10 à 223-12 du Code pénal incriminent l'interruption volontaire sans le consentement de la mère mais non l'interruption involontaire. La chambre criminelle de la Cour de cassation a opté pour une interprétation apparemment stricte de la loi pénale en matière de protection du fœtus. Le 30 juin 1999, elle a considéré qu'un acte ayant entraîné la mort d'un fœtus ne saurait entrer dans la catégorie des infractions contre la personne. Le fœtus ne serait pas « autrui » au sens de la loi pénale, l'infraction ne saurait donc être constituée à la base. Elle admet par ailleurs sans difficulté l'homicide dans le cas où l'enfant a vécu, ne serait-ce que quelques instants, hors du ventre maternel[28]. La position de la Cour de cassation, très légaliste, a été semble-t-il de céder à la confusion des préceptes civilistes et pénalistes, craignant d'étendre la personnalité au-delà du nécessaire et en contradiction avec la législation sur l'IVG. Or, il n'en est rien. La protection pénale, consacrant et définissant les valeurs sociales, envisage essentiellement (du point de vue de la victime) les personnes comme des objets de ses normes. Il ne s'agit nullement pour elle d'ériger un sujet de l'action juridique mais un objet de protection. Il n'y aurait aucune justification à limiter cet effort aux seuls sujets titulaires de la personnalité juridique. Le fœtus reste notamment protégé dans le cas de l'avortement hors des conditions de la loi Veil. Le point de vue de la Cour européenne des droits de l'homme est encore plus réservé. L'arrêt *Vo c/ France*[29] envisage la situation d'une femme ayant dû recourir à une interruption de grossesse à la suite de la faute d'un médecin qui a percé la poche des eaux croyant avoir affaire à une autre patiente venue pour se faire ôter un stérilet. Les époux Vo ont alors porté plainte avec constitution de partie civile pour blessures et homicide involontaires. La CEDH, partant du droit européen applicable qui laisse aux États membres le soin de définir les notions d'être humain et de personne, relève l'absence de consensus européen ainsi que l'absence de jurisprudence européenne déterminant le début de la vie[30], une telle question relevant des États. Se déclarant « convaincue qu'il n'est ni souhaitable ni même possible actuellement de répondre dans l'abstrait à la question de savoir si l'enfant à naître est une "personne" au sens de l'article 2 de la Convention », elle hésite sur l'applicabilité de l'article 2. Le fœtus n'est pas actuellement une personne ayant un droit à la vie ; sa protection passe donc par celle de sa mère (blessures), celle-ci étant suffisante. Selon la cour, si l'homicide involontaire entre dans le champ de la protection de l'article 2[31], le caractère involontaire limite l'intérêt d'une protection pénale[32].

27. « La loi assure la primauté de la personne, interdit toute atteinte à la dignité de celle-ci et garantit le respect de l'être humain dès le commencement de sa vie ».
28. Cass. crim., 2 décembre 2003.
29. CEDH, 8 juillet 2004.
30. Com. EDH, 21 mai 1969, *X. c/ Belgique*.
31. CEDH, 23 septembre 1998, *Aytekin c/ Turquie*.
32. CEDH, Gde Ch., 17 janvier 2002, *Calvelli et Ciglio c/ Italie* : « si l'atteinte au droit à la vie ou à l'intégrité physique n'est pas volontaire, l'obligation positive découlant de l'article 2 de mettre en place un système judiciaire efficace n'exige pas nécessairement dans tous les cas un recours de nature pénale ».

Concernant l'embryon *in vitro*, il semble être une chose (le statut d'être humain lui étant refusé par la loi et par le Conseil constitutionnel), mais une chose protégée. En effet l'embryon *in vitro* est concrètement un amas de cellules humaines protégé au nom de l'intégrité de l'espèce humaine, elle-même « affiliée » à la dignité de l'être humain (interdiction des manipulations génétiques, du clonage, interdiction de la fabrication à des fins industrielles ou commerciales...). Selon la loi du 7 juillet 2011, « la création d'embryons transgéniques ou chimériques est interdite » (article L. 2151-2). La loi du 6 août 2013 a réorganisé le droit de la recherche sur les embryons humains (voir *infra*).

7.18 › **L'indisponibilité du corps humain.** Ce principe, créé par la doctrine, n'a pas été repris dans la loi. Au sens strict il signifierait que l'individu ne peut user librement de son corps. Or, de nos jours, le principe est la liberté, la restriction l'exception. L'idée reste que certains usages du corps ne sont pas légitimes. Si la prostitution existe légalement, tout comme le contrat de travail met le corps à contribution, il ne semble pas admis que les organes et fonctions corporelles fassent l'objet d'un usage par autrui (proxénétisme, vente d'organes ou gamètes, etc.). La Cour de cassation en a fait application à propos de l'interdiction du contrat de « mère porteuse ». Les fonctions corporelles sont donc hors commerce mais pas nécessairement indisponibles.

7.19 › **La liberté corporelle.** Il s'agit de la source même des droits subjectifs dont l'individu dispose vis-à-vis de son corps. Il ne faut en effet pas renverser les choses comme une lecture classique le laisse entendre. Les interdits ne sont pas le principe. Les limites d'ordre public ne font pas du corps la personne elle-même. La liberté corporelle se trouve fondée, du point de vue constitutionnel, sur la liberté personnelle (c'est le sens de la décision *IVG II* du Conseil constitutionnel de 2001) et, du point de vue conventionnel, sur le droit au respect de la vie privée (arrêt *Pretty* de 2002). La libre disposition de soi est donc la norme. Il s'ensuit que la personne en son corps est protégée des atteintes émanant des tiers par le principe d'inviolabilité à la fois pénalement et civilement protégé.

7.20 › **L'intégrité du corps humain.** La loi n° 94-653 ainsi que la loi n° 2004-800 du 6 août 2004 comportent plusieurs dispositions ayant pour but de protéger la personne et son corps à l'égard des tiers : l'inviolabilité du corps humain (C. civ., art. 16-1), l'intégrité du corps humain (C. civ., art. 16-3 : « il ne peut être porté atteinte à l'intégrité du corps humain qu'en cas de nécessité médicale pour la personne ou à titre exceptionnel dans l'intérêt thérapeutique d'autrui »). Cela a été rappelé par l'article 1 de la Convention sur les droits de l'homme et la biomédecine. Mais la personne se trouve aussi protégée contre elle-même, et le classique principe d'indisponibilité du corps humain constitue une limite au droit de disposer de son corps en dehors des exceptions légales. Certains usages religieux sont de nature à porter atteinte à l'intégrité et ne sont pas sanctionnés ; ainsi le droit ne sanctionne pas la pratique de la circoncision rituelle imposée par les parents pour se conformer aux rites de leur culte. Cependant, la Cour de cassation a considéré qu'il y avait faute de la part d'un père pour avoir « imposé aux jeunes enfants la circoncision dans des conditions menaçant leur équilibre », en l'espèce sans consentement de la femme et sans préparation des enfants[33]. L'atteinte réalisée sans consentement entraîne la responsabilité civile ou pénale de l'auteur, le juge pouvant également aux termes de l'article 16-2 agir de manière préventive afin d'y englober éventuellement les actes médicaux n'ayant pas une finalité thérapeutique *stricto sensu* tels les actes de chirurgie esthétique de convenance ou les interventions de transsexualisme. Le médecin doit comparer les risques et avantages et refuser une atteinte au corps humain qui serait trop risquée, par exemple une intervention de chirurgie esthétique[34].

Il est prévu sept ans d'emprisonnement et 100 000 euros d'amende, pour le fait :
- d'obtenir d'une personne l'un de ses organes contre un paiement, ou d'apporter son entremise pour favoriser l'obtention d'un organe contre le paiement de celui-ci ou de céder à titre onéreux un tel organe du corps d'autrui, y compris lorsque l'organe vient d'un pays étranger (C. pén., art. 511-2 et C. santé publ., art. L. 1272-1) ;
- de prélever un organe sur une personne vivante majeure hors des conditions légales (C. santé publ., art. L. 1272-2).

De même, la loi prévoit une peine de cinq ans d'emprisonnement et de 75 000 euros d'amende pour les mêmes pratiques portant sur des tissus, des cellules ou produits du corps.

Le principe du respect de l'intégrité n'est cependant pas absolu, et il peut y être dérogé, comme le rappelle l'article 16-3 du Code civil, en cas de « nécessité médicale » à la condition toutefois que la personne concernée consente préalablement à cette atteinte à moins que son état ne rende nécessaire une intervention à laquelle elle n'est pas à même de consentir. L'article 16-3 a été complété par la loi du 6 août 1994 par une justification supplémentaire prenant en compte les prélèvements d'organes. La notion de « nécessité médicale » correspond aux actes de diagnostic, de soin, de prévention (et leurs « accessoires », par exemple la rédaction de certificats en relation avec les soins ou constatations médicales). Mais il existe en outre des actes médicaux non thérapeutiques : les actes liés à l'AMP par exemple, car l'insémination artificielle hétérologue est en réalité une aide apportée à la femme et non un acte « thérapeutique » *stricto sensu* puisqu'elle n'a pas pour but de remédier à la stérilité. La difficulté d'appréciation de la nécessité « médicale » apparaît tout particulièrement dans les hypothèses de chirurgie esthétique, de stérilisation, d'interruption thérapeutique de grossesse ou encore de transsexualisme où la santé physique n'est pas toujours l'objectif premier de l'atteinte à l'intégrité physique. Le désir individuel l'emporte, éventuellement sous les traits de la santé mentale au motif d'un syndrome dépressif.

7.21 ▸ **Consentement biomédical.** Le législateur tente ainsi d'instaurer une relation égalitaire entre le médecin et le malade : « Toute personne prend, avec le professionnel de santé et compte tenu des informations et des préconisations qu'il lui fournit, les décisions concernant sa santé. Toute personne a le droit de refuser ou de ne pas subir un traitement. Le suivi du malade reste

33. Cass., 26 janvier 1994, *JCP* 1995, II, 226, note C. Choain.
34. CA Paris, 5 juin 2003, Dict. *bioéth.*, *Bull.* 129, p. 7013.

cependant assuré par le médecin, notamment son accompagnement palliatif. Le médecin a l'obligation de respecter la volonté de la personne après l'avoir informée des conséquences de ses choix et de leur gravité. Si, par sa volonté de refuser ou d'interrompre tout traitement, la personne met sa vie en danger, elle doit réitérer sa décision dans un délai raisonnable. Elle peut faire appel à un autre membre du corps médical. » (C. santé publ., art. L. 1111-4).

Le principe cardinal en matière bioéthique selon lequel aucune intervention ne peut s'opérer sans le consentement de la personne sert de gardien au principe constitutionnel de dignité de la personne. Cette exigence légale de consentement préalable à l'acte médical est énoncée par plusieurs textes : le Code de déontologie médicale (art. R. 4127-36), l'article 5 de la Convention sur les droits de l'homme et la biomédecine, la loi du 4 mars 2002, ainsi que la loi du 6 août 2004 et plusieurs avis du Comité consultatif national d'éthique et la Charte du patient hospitalisé. L'importance donnée au consentement du malade implique que ce dernier puisse retirer son consentement à tout moment et que le médecin doive respecter la volonté de la personne. Le médecin doit donc s'incliner devant un refus de soins, mais si ce dernier met la vie du patient en danger, il doit cependant tout faire pour le convaincre d'accepter les soins proposés (C. santé publ., art. L. 1111-4, al. 2). La loi préconise, si le patient ne peut consentir, le recueil du consentement d'une personne de confiance, interlocuteur du médecin chargé de recevoir l'information et de consentir pour le malade (C. santé publ., L. 1111-4, al. 4). À défaut de désignation de cette personne de confiance, il est nécessaire de consulter la famille ou un des proches.

Consentement des personnes protégées. Le consentement du majeur protégé doit être systématiquement recherché s'il est apte à exprimer sa volonté, mais le régime du consentement aux soins est alors dépendant du régime de protection accordé par application des articles 490 et suivants du Code civil : sauvegarde de justice, curatelle, tutelle (les actes médicaux impliquent le consentement du tuteur pour les actes courants et celui du Conseil de famille pour les actes les plus graves). La question du consentement du mineur aux soins médicaux est régie par les règles de représentation des mineurs. Mais l'autonomie de décision du mineur s'accroît en matière de soins médicaux. La loi recommande de rechercher systématiquement le consentement du mineur lorsqu'il est apte à exprimer sa volonté. Elle admet même que le médecin puisse se dispenser d'obtenir le consentement des titulaires de l'autorité parentale lorsque le traitement s'impose et que le mineur s'oppose à la consultation des titulaires de l'autorité parentale, le médecin devant cependant s'efforcer d'obtenir le consentement du mineur à cette consultation.

Refus des soins par le patient. Le refus de soins exprimé par le malade doit être respecté par le médecin. Mais en cas d'urgence mettant la vie en danger, la priorité donnée au consentement ou à la sauvegarde de la vie a pu susciter des décisions contradictoires. Le refus de transfusion sanguine, par exemple, doit en principe être respecté par le médecin. Antérieurement à la loi du 4 mars 2002, la cour administrative d'appel de Paris a admis, dans un arrêt du 9 juin 1998, que tout en respectant la volonté du patient fondée sur les principes « d'inviolabilité et d'intégrité du corps humain », le médecin pouvait intervenir mais dans des conditions limitées. Ensuite, un arrêt du Conseil d'État du 26 octobre 2001[35] a considéré qu'un médecin n'avait pas commis de faute en passant outre le refus d'une transfusion pour motif religieux, dès lors que c'est la situation extrême du patient qui a conduit les médecins, dans le seul but de le sauver, à accomplir un acte indispensable à sa survie et proportionné à son état. La loi de 2002 exprime sans ambiguïté le respect de la volonté du patient, lequel est protégé par la procédure de référé-sauvegarde par le juge administratif pour le contentieux hospitalier[36]. Le nouvel article L. 1111-4 CSP, issu de la loi **du 2 février 2016 créant de nouveaux droits en faveur des malades et des personnes en fin de vie précise (al. 3) : «** Si, par sa volonté de refuser ou d'interrompre tout traitement, la personne met sa vie en danger, elle doit réitérer sa décision dans un délai raisonnable ».

7.22 ➤ **Le droit à l'information est le corollaire du consentement éclairé**. L'article L. 1111-2 reconnaît à toute personne « le droit d'être informée sur son état de santé », ce qui doit lui permettre de prendre avec le professionnel de santé les décisions qui s'imposent. S'agissant d'un droit subjectif du malade, la Cour de cassation a considéré que l'obligation d'information du médecin constituait « un principe de sauvegarde de la dignité humaine »[37] et que « le non-respect du devoir d'information qui en découle, cause à celui auquel l'information était également due, un préjudice qu'en vertu de l'article 1382 du Code civil, le juge ne peut laisser sans réparation »[38]. Le Conseil d'État parle quant à lui « d'impréparation psychologique » rendant le consentement à l'intervention incomplet[39]. Le professionnel de santé doit informer sur les différentes investigations, traitements ou actions de prévention qui sont proposés, leur utilité, leur urgence éventuelle, leurs conséquences, ainsi que les autres solutions possibles et sur les conséquences prévisibles d'un refus. En matière d'information sur les risques, la loi limite l'information aux « risques fréquents ou graves normalement prévisibles ». Afin de répondre aux souhaits des associations de malades, la loi permet désormais à toute personne d'accéder à son dossier médical, soit par l'intermédiaire d'un médecin, soit directement, que le dossier soit détenu par les professionnels, par les établissements de santé publics ou privés ou par un hébergeur agréé. Le refus du patient d'être informé, déjà admis par la jurisprudence, a également été repris par la loi du 4 mars 2002, qui limite cependant ce refus si des tiers sont exposés à un risque de transmission de maladie.

7.23 ➤ **L'examen des caractéristiques génétiques de la personne** (ou « test génétique » « test ADN ») a pour but de faire apparaître les caractéristiques biologiques d'une personne ainsi que ses prédispositions à telle ou telle maladie. Compte tenu des risques d'exploitation des données par des tiers – relations professionnelles ou contrats d'assurance –, le législateur précise que cet examen ne peut être entrepris qu'à « des fins médicales ou de recherche

35. CAA Paris (Form. plén.), 9 juin 1998, *D.* 1999, p. 277, note G. Pélissier. CE, 26 octobre 2001, n° 198546, *Senanayaké*.
36. CE, ord. réf., 16 août 2002 *JCP* 2002, II, 10184, note P. Mistretta.
37. Cass. civ. 1re, 19 octobre 2001.
38. Cass. civ. 1re, 24 juin 2010.
39. CE, 24 septembre 2012, *M.C.*, req. n° 336223 ; CE, 10 octobre 2012, *M.B. et Mme L.*, req. n° 350426.

scientifique » (C. civ., art. 16-10 ; C. santé publ., art. L. 1131-1). L'examen des caractéristiques génétiques d'une personne de même que l'identification par empreintes génétiques à des fins médicales ou de recherche scientifique sont subordonnés à l'existence d'un consentement « exprès » et recueilli par écrit. Le fait pour un patient de ne pas transmettre l'information relative à son anomalie génétique ne peut servir de fondement à une action en responsabilité à son encontre (art. L. 1131-1, al. 5).

La loi du 9 août 2004 instaure un certain formalisme pour le cas où l'examen des caractéristiques génétiques d'une personne ferait apparaître un diagnostic grave. La loi de 2011 renforce la police en ce domaine. Le ministre chargé de la Santé, sur proposition de l'Agence de la biomédecine et de la Haute Autorité de santé, définit les règles de bonnes pratiques applicables à la prescription et à la réalisation de l'examen des caractéristiques génétiques d'une personne et de son identification par empreintes génétiques à des fins médicales. L'information médicale communiquée est résumée dans un document rédigé de manière loyale, claire et appropriée, signé et remis par le médecin. L'information des tiers peut se réclamer du droit à la santé. Avant le diagnostic, le médecin informe le patient des risques qu'un silence ferait courir aux membres de sa famille potentiellement concernés si une anomalie génétique grave dont les conséquences sont susceptibles de mesures de prévention, y compris de conseil génétique ou de soins était diagnostiquée. Après le diagnostic, la personne est tenue d'informer les membres de sa famille potentiellement concernés. Dans le même temps, le fait, pour une personne, de solliciter l'examen de ses caractéristiques génétiques ou de celles d'un tiers ou l'identification d'une personne par ses empreintes génétiques en dehors des conditions prévues par la loi est puni de 3 750 euros d'amende.

Aussi ces données relèvent-elles de la protection de la vie privée assurée par l'article 9 du Code civil ainsi que de la protection instaurée par l'article 40-4, alinéa 1 de la loi n° 94-548 du 1er juillet 1994 relative aux traitements de données nominatives ayant pour fin la recherche dans le domaine de la santé et modifiant la loi du 6 janvier 1978 relative à l'informatique aux fichiers et aux libertés et des dispositions du Code pénal.

L'identification d'une personne par ses empreintes génétiques, ordonnée dans le cadre d'une mesure d'instruction civile, en matière de filiation, est subordonnée au consentement préalable et exprès de l'intéressé (C. civ., art. 16-11, al. 2). Lorsqu'il s'agit d'identification sur une personne décédée, l'article 11, alinéa 2 modifié indique que « sauf accord exprès de la personne manifesté de son vivant, aucune identification par empreintes génétiques ne peut être réalisée après sa mort », ce qui devrait interdire désormais les recherches pratiquées dans l'affaire *Montand*[40]. Il a été jugé que ce texte est applicable immédiatement aux procédures en cours[41]. En revanche, lorsque cette identification est ordonnée dans le cadre d'une procédure pénale, la loi n'exige pas de consentement.

40. CA Paris, 6 novembre 1997.

41. Cass. civ. 1re, 2 avril 2008 ; *RLDC* 2008/49, n° 2992, obs. Marrau des Grottes.

Le principe de non-discrimination s'oppose à ce qu'un assureur utilise les informations de nature génétique que son client, ou futur client, lui communiquerait spontanément, ni qu'il lui demande de se soumettre à un test génétique ou de lui communiquer les résultats d'un précédent test (article L. 133-1 du Code des assurances). Sont interdites aussi les discriminations fondées sur la prise en compte de tests génétiques prédictifs ayant pour objet une maladie qui n'est pas encore déclarée ou une prédisposition génétique à une maladie (article 225-3 1° du Code pénal).

7.24 › **Piste de réflexion : identification génétique et vie privée.** Les empreintes génétiques extraites de l'ADN peuvent être relevées à l'insu de la personne puisque chacun laisse involontairement derrière soi des traces, même infimes, de son corps, dont on peut extraire l'ADN. C'est également le cas des empreintes digitales. Ces éléments nourrissent la biométrie. La biométrie regroupe l'ensemble des traitements automatisés permettant de reconnaître automatiquement un individu à partir de ses caractéristiques physiques (données à caractère personnel). La CEDH dans l'arrêt de Grande Chambre rendu en décembre 2008, *S. et Marper c/ Royaume-Uni*, stigmatise la pratique britannique qui consiste à prendre systématiquement les empreintes digitales et des échantillons d'ADN sur toute personne impliquée dans une procédure pénale, quelle qu'en soit la gravité ou l'issue (non-lieu, acquittement ou condamnation). La Cour ne se contente pas de condamner l'usage fait de données personnelles, elle en refuse le prélèvement même, estimant que « le simple fait de mémoriser des données relatives à la vie privée d'un individu constitue une ingérence au sens de l'article 8 ». Dès lors, le recueil, la conservation et l'usage de ces données doivent être contrôlés au regard de la nécessité de protéger l'ordre public. L'exigence de réciprocité implique d'encadrer la durée de leur conservation (sorte de « droit à l'oubli »).

La France a été condamnée à son tour. Il s'agissait du recueil d'empreintes digitales au cours de deux enquêtes ouvertes pour vol, qui firent respectivement l'objet d'une relaxe et d'un classement sans suite. Suite à un courrier demandant l'effacement, le procureur de la République n'accepta que pour les prélèvements effectués au cours de la première procédure, ce qui fût confirmé jusqu'à la Cour de cassation. La CEDH reconnaît que la conservation des empreintes digitales par les autorités nationales constitue bien une ingérence prévue par la loi (C. pr. pén., art. 55-1, relatif au fichier automatisé des empreintes digitales géré par le ministère de l'Intérieur) et vise un but légitime, elle estime la conservation disproportionnée, notamment parce que n'est pas recevable l'argument selon lequel cela préserve les intérêts du requérant, en permettant d'exclure sa participation en cas d'usurpation de son identité par un tiers. Pour le juge, cet argument « reviendrait, en pratique, à justifier le fichage de l'intégralité de la population présente sur le sol français, ce qui serait assurément excessif et non pertinent » (§ 40). Par ailleurs, le décret n'opère aucune distinction entre les personnes condamnées et celles qui, comme le requérant, n'ont jamais été reconnues coupables d'infractions. Concrétisant une sorte de « droit à l'oubli », elle considère que le droit de présenter à tout moment une demande d'effacement au juge constitue une garantie de la vie privée qui serait « théorique et illusoire » et non « concrète et effective » ; la période d'archivage de vingt-cinq ans est en pratique assimilable à une conservation indéfinie.

Reste la question de l'équilibre à opérer entre deux droits à la vie privée lorsqu'un individu désireux de connaître ses origines biologiques souhaite imposer à un autre un test ADN permettant de lever le doute d'une filiation. L'article 8 de la CESDH inclut le droit à l'établissement d'une identité, c'est-à-dire la connaissance des origines biologiques[42]. L'arrêt *Mikulic c/ Croatie* du 7 février 2002 voyait, par exemple, la requérante se plaindre de l'impossibilité d'établir l'identité de son père dans la mesure où celui-ci se refusait à tout prélèvement ADN. La Cour y estime que les personnes se trouvant dans la situation de la requérante ont un intérêt vital, protégé par la Convention, à obtenir les informations nécessaires à la découverte de la vérité concernant un aspect important de leur identité personnelle. L'arrêt *Menendes-Garcia c/ Espagne*[43] précise d'ailleurs que « l'intérêt dans la connaissance de l'identité varie en fonction du degré de proximité des ascendants ». Au demeurant, la Cour européenne admet généralement que des limites peuvent être posées dans l'intérêt d'autres personnes, d'autres vies privées. Dans son arrêt du 6 décembre 2011 dans l'affaire *Oyilik c/ Turquie*[44], relatif à un désaveu de paternité, la Cour rappelle « que la nécessité de protéger les tiers peut exclure la possibilité de les contraindre à se soumettre à quelque analyse médicale que ce soit, notamment à des tests ».

Dans son avis n° 124, rendu le 21 janvier 2016, *Réflexion éthique sur l'évolution des tests génétiques liée au séquençage de l'ADN humain à très haut débit*, le CCNE met en garde : « Avec la possibilité que chaque personne ait son génome séquencé à la naissance apparaît le risque supplémentaire que, la séquence pouvant être réanalysée tout au long de la vie, ce soit un flot continu d'informations nouvelles, et potentiellement non désirées, qui lui soient fournies, voire imposées ».

BIBLIOGRAPHIE

A. Ceyhan et P. Piazza (dir.), *L'identification biométrique : champs, acteurs, enjeux et controverses*, Éd. de la Maison des sciences de l'homme, 2011 ; J. Hauser, *RTD civ.* 2011, n° 4, p. 743, note sous DC, 30 septembre 2011, n° 2011-173 QPC ; S. Lacour, *La sécurité de l'individu numérisé : réflexions prospectives et internationales : actes du colloque du programme de recherche Asphales, ACI-Informatique*, Paris, 22 et 23 novembre 2007, L'Harmattan, 2008 ; J. Pierson, *La biométrie : l'identification par le corps*, Hermès Science publications, Lavoisier, 2007 ; J.-C. Galloux et H. Gaumont-Prat, *Droits et libertés corporels février 2008-décembre 2009*, 11 mars 2010, 10, p. 604-619 ; F. Chaltiel, « Le passeport devant le Conseil d'État (À propos de la décision du CE, 26 octobre 2011) », *LPA*, 14 décembre 2011, 248, p. 10-17.

Section III

PRODUCTION

7.25 › **Le corps humain est un lieu de production** (organes, produits, cellules, gamètes...) selon des régimes différents de recueil, de conservation,

42. CEDH, 13 juillet 2006, *Jäggi c/ Suisse*.
43. CEDH, 5 mai 2009, n° 21046/07.
44. N° 2899/05.

d'utilisation... (thème des « biobanques »). La production de « nouveaux êtres humains » est ensuite un enjeu juridique majeur (statut de l'embryon, eugénisme).

En effet, en voulant garantir le respect du corps humain et en organisant, en principe dans un souci de protection, la « circulation » des éléments du corps humain, l'État se place en régulateur des usages des éléments du corps ; il dissuade ou encourage la production, le partage, le stockage, de ce qui devient alors davantage une ressource qu'une part de la personne. Une ressource dont l'intérêt, pour être d'abord privé (un organe, des gamètes, des cellules souches aident un individu), se conjugue très vite avec des intérêts semi-publics (ceux des firmes pharmaceutiques) ou publics (la recherche, la compétitivité économique).

7.26 ▸ **La « cession et l'utilisation des éléments et produits du corps humain »** doivent poursuivre « une fin médicale ou scientifique ou être menées dans le cadre de procédures judiciaires ». Ces usages doivent respecter des principes d'ordre public : l'existence d'un consentement, la non-patrimonialité[45], l'anonymat et le respect de la sécurité sanitaire. Si l'individu doit avoir consenti au prélèvement en vue d'un usage dont il a été informé, la loi du 6 août 2004 admet que, par dérogation, il sera possible d'utiliser les éléments et produits du corps humain à une fin autre sauf opposition de la personne dûment informée ou si un comité de protection des personnes le juge nécessaire. Cette dérogation est toutefois exclue pour les produits et éléments germinaux (C. santé publ., art. L. 1211-2).

Les dispositions du Code de la santé relatives aux éléments et produits s'appliquent aux prélèvements d'organes, de produits et d'éléments du corps humain ainsi qu'aux dons de sperme, mais elles ne concernent ni la transfusion sanguine qui a un régime spécifique, ni l'utilisation du lait humain, ni les produits pour lesquels il est d'usage de ne pas appliquer les principes généraux de protection parce qu'ils sont des objets courants, notamment les cheveux, les ongles, les poils et les dents. La loi du 6 août 2004 met fin à l'assimilation de la moelle osseuse aux organes instaurée par la loi de 1994 pour lui appliquer le régime des tissus.

Le don d'organe par donneur vivant. En premier lieu, le prélèvement d'organe sur un donneur vivant ne peut être effectué que dans l'intérêt « thérapeutique direct » d'un receveur, c'est-à-dire en vue d'une greffe. Il va de soi qu'une analyse des risques pour le donneur et des avantages pour le receveur s'impose au médecin.

La loi n'exige plus un lien familial direct entre le receveur et le donneur. Le « donneur doit avoir la qualité de père ou de mère du receveur » mais aussi celle de conjoint, de frère et sœur, fils et fille, grand-parent, oncle et tante, cousin et cousine germains du receveur ainsi que de conjoint de son père ou de sa mère. La loi de 2011 étend le cercle des donneurs vivants d'organes à « toute personne pouvant apporter la preuve d'un lien affectif étroit et stable depuis au moins deux ans avec le receveur » et non plus seulement l'exigence d'une vie commune. Aucun

45. « Aucun paiement, quelle qu'en soit la forme, ne peut être alloué à celui qui se prête au prélèvement d'éléments de son corps ou à la collecte de ses produits, le remboursement des frais afférents au prélèvement étant pris en charge par l'établissement de santé effectuant ces prélèvements » (art. L. 1211-4). Il est également interdit aux praticiens effectuant des prélèvements d'organes ou effectuant des transplantations de percevoir une rémunération à l'acte au titre de cette activité afin d'éviter toute tentation de rentabilité.

prélèvement en vue d'un don ne peut être effectué sur une personne vivante mineure ou sur une personne vivante majeure protégée.

Le donneur doit être informé par un comité d'experts spécifique de toutes les conséquences prévisibles d'ordre physique et psychologique du prélèvement. Le donneur vivant doit exprimer son consentement devant le président du tribunal de grande instance ou le magistrat désigné par lui, qui doit s'assurer que le consentement est libre et éclairé et que les conditions légales du don sont respectées. En cas d'urgence vitale, le consentement est recueilli par tout moyen par le procureur de la République. Le consentement est révocable sans forme à tout moment.

Le don d'organe par donneur décédé. Dès 1976, le législateur a autorisé les prélèvements *post mortem* (peau, os, tissus mous de l'appareil locomoteur, cornée, valves cardiaques, artères, veines). Ces prélèvements ne peuvent être effectués qu'à des fins thérapeutiques ou scientifiques. La mort fait l'objet d'une définition posée par le décret n° 97-704 : trois critères cliniques – absence totale de conscience et d'activité motrice spontanée, abolition de tous les réflexes du tronc cérébral, absence totale de ventilation spontanée – auxquels s'ajoutent les critères du caractère irréversible de la destruction encéphalique – soit deux électroencéphalogrammes nuls à intervalle de quatre heures, soit une angiographie objectivant l'arrêt de la circulation encéphalique (C. santé publ., art. R. 1232-1 et 1232-2).

En outre, afin d'accroître la transparence dans les prélèvements, les médecins qui établissent le constat de la mort d'une part, et ceux qui effectuent la greffe d'autre part, doivent faire partie d'unités fonctionnelles ou de services distincts (C. santé publ., art. L. 1232-4 mod.). Le respect dû à la personne du défunt implique la recherche de son éventuel refus ou consentement à un prélèvement *post mortem*. La recherche de cette volonté est au cœur de l'opposition entre ceux qui prônent le respect de la personne du défunt et exigent un consentement préalable dépourvu d'ambiguïté, et ceux qui invoquent l'insuffisance des dons d'organes et souhaiteraient un formalisme allégé pour le consentement. On a généralisé la présomption de consentement à tous les prélèvements *post mortem* « dès lors que la personne concernée n'a pas fait connaître de son vivant son refus d'un tel prélèvement ». Si la présomption pouvait être renversée par tout moyen (inscription du refus sur un registre national, témoignage de la famille...), depuis la loi Touraine du 26 janvier 2016 relative à la rénovation de notre système de santé (CSP, art. L. 1232-1, « Ce prélèvement peut être pratiqué sur une personne majeure dès lors qu'elle n'a pas fait connaître, de son vivant, son refus d'un tel prélèvement, principalement par l'inscription sur un registre national automatisé prévu à cet effet. Ce refus est révocable à tout moment ». Ainsi, seul le refus express pourra être opposé. Si la personne décédée est un mineur ou un majeur sous tutelle, le prélèvement ne peut avoir lieu qu'à la condition que chacun des titulaires de l'autorité parentale ou le tuteur y consente par écrit. Les malades dans l'attente d'une transplantation doivent être inscrits sur une liste d'attente gérée par l'Agence de la biomédecine.

Le don de tissus et cellules. Les prélèvements de tissus ou de cellules ou la collecte de produits du corps humain ne peuvent être effectués sur une personne vivante que dans un but thérapeutique ou scientifique ou pour la réalisation de contrôles des dispositifs médicaux (dispositifs médicaux de diagnostic *in vitro*, qualité des analyses biologiques, expertises...). Les prélèvements peuvent s'opérer sur personne décédée. Les modalités du recueil du consentement restent classiques, sauf dans le cas du prélèvement de cellules hématopoïétiques issues de la moelle osseuse (consentement devant le président du tribunal de grande instance). Sauf exception (au bénéfice du frère ou de la sœur, sinon d'un cousin, d'un oncle ou d'une tante, d'un neveu ou d'une nièce), ces prélèvements ne peuvent avoir lieu sur une personne vivante mineure ou sur majeure protégé. Le législateur a admis l'utilisation à des fins thérapeutiques ou scientifiques des tissus, cellules et produits du corps humain prélevés à l'occasion d'une intervention chirurgicale et du placenta. Cette utilisation est subordonnée à l'absence d'opposition de la personne dûment informée des finalités de cette utilisation ; ce qui donne à la personne une sorte de « droit de suite » très protecteur de la volonté du patient, celle-ci pouvant faire obstacle à des opérations d'intérêt général. Enfin, les prélèvements de cellules embryonnaires ou fœtaux obtenus à l'issue d'une interruption de grossesse sont subordonnés au consentement écrit de la femme et à un usage thérapeutique ou scientifique.

7.27 › **Le souci de faciliter le don d'organes et de tissus.** Le droit à la santé, voire le droit à la vie, justifient l'intérêt général attaché aux transplantations d'organes. La loi de 2011 instaure l'obligation légale d'une information dispensée dans les lycées et les établissements d'enseignement supérieur sur la législation relative au don d'organes à fins de greffe. La dette de la société à l'égard des donneurs s'exprimera désormais lors d'une « Journée nationale de réflexion sur le don d'organe et la greffe et de reconnaissance envers les donneurs ». La loi institue la possibilité d'un don croisé dans le cas de deux personnes ayant exprimé l'intention de don mais dans une situation d'incompatibilité à l'égard de la personne dans l'intérêt de laquelle le prélèvement peut être opéré. En ce cas les deux prélèvements sont opérés simultanément et anonymement pour bénéficier aux deux receveurs. Les donneurs doivent avoir consenti.

Le principe d'anonymat du don. Sauf bien sûr dans le cas de dons entre vifs, la loi impose un principe d'anonymat entre donneurs et receveurs d'éléments ou produits du corps humain et il s'agit d'un principe d'ordre public (C. civ., art. 16-9). L'article 16-8 du Code civil interdit ainsi l'identification du donneur et du receveur et précise que « le donneur ne peut connaître l'identité du receveur ni le receveur celle du donneur ». Le principe est énoncé également dans les mêmes formes dans le Code de la santé publique pour le « don d'éléments ou de produits du corps humain » (C. santé publ., art. L. 1211-5) et dans une forme voisine en matière de procréation pour les dons de gamètes et d'embryons (C. santé publ., art. L. 1244-7 et L. 2141-5). Le respect du principe implique également l'absence de publicité en faveur d'une personne déterminée (C. santé publ., art. L. 1211-3). La loi admet qu'en cas de nécessité thérapeutique, les médecins du donneur et du receveur peuvent avoir accès à l'identité du donneur. De même, en matière d'accueil d'embryon, la « nécessité thérapeutique » permet au médecin « d'accéder aux informations non identifiantes ».

Le Code pénal réprime l'atteinte au principe de l'anonymat en matière de procréation : pour les donneurs de gamètes et les couples receveurs, l'éventuelle désignation d'un couple receveur comme condition au don de gamètes, la divulgation d'informations nominatives sur le couple donneur et le couple receveur à propos du don d'embryon.

Le cas des cellules souches hématopoïétiques. Même si la loi de 2011 ne va sans doute pas assez loin, elle harmonise le régime juridique des cellules souches hématopoïétiques issues de la moelle osseuse et du sang périphérique. Elles sont définitivement traitées spécifiquement, ni comme un organe, ni comme le sang. La loi prend en compte l'intérêt du sang « périphérique » issu du cordon ombilical et du placenta au même titre que la moelle osseuse. Le prélèvement de cellules hématopoïétiques du sang de cordon et du sang placentaire ainsi que de cellules du cordon et du placenta ne peut être effectué qu'à des fins scientifiques ou thérapeutiques, en vue d'un don anonyme et gratuit, et à la condition que la femme, durant sa grossesse, ait donné son consentement par écrit au prélèvement et à l'utilisation de ces cellules, après avoir reçu une information sur les finalités de cette utilisation. Ce consentement est révocable sans forme et à tout moment tant que le prélèvement n'est pas intervenu. Ces éléments accordent un pouvoir considérable au profit de la femme. Elles sont équivalentes à un don d'organe alors même que l'atteinte à l'intégrité physique n'est évidemment pas la même.

Par dérogation, le don peut être dédié à l'enfant né ou aux frères ou sœurs de cet enfant en cas de nécessité thérapeutique avérée et dûment justifiée lors du prélèvement. Il s'agit d'une ouverture vers le don autologue de ces cellules dont la pratique médicale n'est pourtant pas certaine. Ce « don dédié » forme une brèche dans le principe de l'anonymat et de la générosité du don. Cela n'autorise pas pour autant la création de banques privées en vue de la conservation pour un usage ultérieur ou une cession. Néanmoins, dans le cas particulier de deux parents qui ont des antécédents médicaux très lourds faisant courir à l'enfant un risque avéré de pathologie pouvant rendre nécessaire dans le futur le recours aux cellules souches, le TGI de Grasse (21 nov. 2016) a autorisé la conservation du sang du cordon ombilical d'un enfant à naître à visée autologue.

7.28 › **Piste de réflexion : le développement des « biobanques ».** L'activité de stockage, de gestion et de valorisation des éléments et produits du corps humain, loin de n'être qu'une annexe des finalités médicales, scientifiques ou judiciaires (finalités déterminées par l'article L. 1211-1 C. santé publ.), relève d'une logique propre et revêt un intérêt majeur, tant du point de vue politique que juridique. Bien des matériaux biologiques peuvent être « mis en banque » : des cellules sanguines, de l'ADN, des lignées cellulaires spontanées ou obtenues par transformation virale, des tissus, de la salive, des cheveux, des taches de sang, ou de sperme, etc. Le regard souvent porté sur ces questions par le prisme du droit privé, qui met en valeur la pratique contractuelle et les questions éthico-juridiques qu'elle soulève[46], peut être complété par l'analyse des politiques et normes publiques. On peut ainsi constituer des banques d'échantillons de manière autonome et principale ou en vue d'un projet de recherche particulier au terme duquel la collection sera détruite, reversée à une banque générale ou réaffectée à un projet particulier après cession. Les biobanques peuvent

46. Fl. Bellivier et Chr. Noiville (dir.), *Contrats et vivant. Le droit de la circulation des ressources biologiques*, LGDJ, 2006.

ainsi être publiques ou privées, à but lucratif ou à but non lucratif ; mais, la plupart du temps, étant à l'interface entre soin et recherche, elles panachent différents aspects, hébergés par des établissements de santé publics et recourant à des capitaux publics et privés. Les problèmes juridiques soulevés restent nombreux : le statut et la personnalité de ces collections, la propriété des matériaux et données personnelles informatisées qui y sont attachées, le partage de ces ressources et leur mise à disposition pour l'intérêt général, financement de ces structures.

BIBLIOGRAPHIE

F. Bellivier et Ch. Noiville (dir.), *Les biobanques*, PUF, coll. « Que sais-je », 2009 ; X. Bioy, « Vers une politique publique des biobanques », *RDSS* 2010, n° 5, p. 885 ; Rapport relatif à l'avis n° 77 du CCNE, 2004, « Problèmes éthiques posés par les collections de matériel biologique et les données d'information associées : biobanques, « biothèques » », *Les Cahiers du Comité Consultatif National d'Éthique pour les sciences de la vie et de la santé*, n° 38 ; H. Gaumont-Prat, « Aspect éthique des banques de tissus humains », Dalloz, 1999, p. 344 ; L. Marville, I. Haye et G. Katz, « Quel statut pour les banques de sang de cordon ombilical ? », *Médecine et Droit*, mai-juin 2010, n° 102, p. 81 ; Directive 2004/23/CE du Parlement européen et du Conseil du 31 mars 2004 relative à l'établissement de normes de qualité et de sécurité pour le don, l'obtention, le contrôle, la transformation, la conservation, le stockage et la distribution des tissus et cellules humains.

7.29 › **Le don de sang.** La loi du 21 juillet 1952 a autorisé les transfusions sanguines. L'affaire du « sang contaminé » a généré la loi du 4 janvier 1993 en vue d'un accroissement de la sécurité (analyses biologiques et tests de dépistage de maladies transmissibles obligatoires avant utilisation) et de l'éthique (anonymat et gratuité). De même, une recommandation du Conseil de l'Europe du 29 mars 1990 pose que « pour des raisons tant éthiques que cliniques le don de sang devrait être volontaire et non rémunéré ». Cependant, le droit de l'Union considère le sang et le plasma comme des éléments pharmaceutiques qui devraient pouvoir faire l'objet d'une rémunération lorsqu'il ne s'agit pas d'un usage thérapeutique. Aussi, le Code de la santé précise le régime applicable aux activités de recherche sur le sang et ses composants, en particulier en cas de constitution d'une collection d'échantillons biologiques humains. Lorsque les prélèvements de sang sont effectués dans cette finalité sur des personnes vulnérables – femmes enceintes ou parturientes, mineurs, majeurs protégés ou personnes hors d'état d'exprimer leur consentement, personnes hospitalisées sans leur consentement – le comité de protection des personnes doit vérifier que la collection est destinée à des recherches qui ne pourraient être effectuées sur une autre catégorie de population.

7.30 › **Piste de réflexion : le sang de cordon.** Le sang de cordon ou sang placentaire permet de réelles avancées thérapeutiques. Il contient en effet des cellules souches adultes hématopoïétiques susceptibles de greffe, au même titre que la moelle osseuse, qui se renouvellent rapidement et peuvent ainsi pallier une baisse de globules ou de plaquettes, sans les inconvénients de la moelle notamment l'exigence d'une compatibilité HLA totale. Sur le plan du droit, le sang de cordon pose encore des difficultés car il se situe, dans les classifications, à mi-chemin du sang et de l'organe, dans la case de cellules hématopoïétiques, comme la moelle osseuse.

BIBLIOGRAPHIE

F. Bellivier et C. Noiville, « De Freud au contrat, couper le cordon ! », *Revue des contrats*, 2008, n° 3, p. 937 ; X. Bioy, « Le sang de cordon ombilical et ses banques », *Cahiers de droit de la santé du sud-est*, 2011 ; CCNE, Avis n° 93, Commercialisation des cellules souches humaines et autres lignées cellulaires, du 22 juin 2006 ; L. Marville, I. Haye et G. Katz, « Quel statut pour les banques de sang de cordon ombilical ? », *Médecine et Droit*, mai-juin 2010, n° 102, p. 81.

7.31 › **La production des êtres humains. Le don d'embryon.** L'article L. 2141-3 modifié dispose que compte tenu de l'état des techniques médicales, les deux membres du couple peuvent consentir par écrit à ce que soit tentée la fécondation d'un nombre d'ovocytes pouvant rendre nécessaire la conservation d'embryons, dans l'intention de réaliser ultérieurement leur projet parental. Les deux membres du couple dont les embryons sont conservés, sont consultés chaque année par écrit sur le point de savoir s'ils maintiennent leur projet parental (C. santé publ., art. L. 2141-4, al. 1). Plusieurs situations sont possibles :

a) Si les deux membres du couple n'ont plus de projet parental ou si l'un des deux membres est décédé, les deux membres – ou le membre survivant – peuvent consentir à ce que leurs embryons soient accueillis par un autre couple ou fassent l'objet d'une recherche dans les conditions légales, ou encore à ce qu'il soit mis fin à leur conservation. Un formalisme est prévu, la volonté devant être exprimée par écrit et renouvelée après un délai de trois mois.

b) Dans le cas où l'un des deux membres du couple, consulté à plusieurs reprises, ne répond pas sur le point de savoir s'il maintient ou non son projet parental, il est mis fin à la conservation des embryons si elle est d'au moins cinq ans. Il en est de même en cas de désaccord des deux membres du couple quant au maintien du projet parental ou au devenir des embryons.

c) Si les deux membres du couple ont consenti à l'accueil de leurs embryons dans les conditions des articles L. 2141-5 et 2141-6 et que cet accueil n'a pas été réalisé dans le délai de cinq ans à partir du consentement des parents, il est mis fin à la conservation des embryons.

La procédure d'accueil d'embryon est subordonnée à une décision de l'autorité judiciaire par inspiration de la procédure existant en matière d'adoption. Aux termes de l'article L. 2141-6, alinéa 2, l'autorité judiciaire est chargée de recevoir préalablement le consentement écrit du couple à l'origine de la conception, doit s'assurer que le couple receveur remplit les conditions imposées par la loi sur le plan familial, éducatif et psychologique.

7.32 ▸ **La protection de l'espèce humaine.** L'article 16-4 du Code civil interdit de porter atteinte à « l'intégrité de l'espèce humaine »[47], principe qui se traduit par deux dispositions : l'interdiction des pratiques eugéniques et l'interdiction des thérapies géniques germinales (celles qui affectent le génome de la descendance : il interdit les « transformations [...] aux caractères génétiques dans le but de modifier la descendance d'une personne »). Compte tenu des risques de manipulation au cours de la fécondation *in vitro*, notamment la sélection du sexe et la modification des cellules germinales, notre droit met en garde contre une réduction de la valeur de l'être humain à ses caractéristiques génétiques.

Interdiction des pratiques eugéniques. L'eugénisme est condamné par plusieurs textes internationaux, notamment par la Convention européenne sur les droits de l'homme et la médecine signée à Oviedo le 4 avril 1997, la Charte des droits fondamentaux de l'Union européenne le 7 décembre à Nice, la Déclaration universelle sur le génome humain et les droits de l'homme, élaborée par l'Unesco et adoptée le 9 décembre 1998. En France, la loi du 29 juillet 1994, interdit dans l'article 16-4, alinéa 2, « toute pratique eugénique tendant à l'organisation de la sélection des personnes ». La mise en œuvre d'une pratique eugénique tendant à l'organisation de la sélection des personnes est punie de trente ans de réclusion criminelle et de 7 500 000 euros d'amende (C. pén., art. 511-1). Les mêmes sanctions sont prévues en cas de clonage reproductif (C. pén., art. 214-2).

Le clonage est la technique permettant la reproduction asexuée, à l'identique, d'un végétal, d'un animal ou d'un être humain. Le clonage a connu un développement important dans le monde animal et la première réalisation d'une brebis clonée, Dolly, le 27 février 1997, a été suivie d'autres naissances chez les ovins. Cette possibilité de clonage animal permet la sélection des individus. Les scientifiques estiment que le clonage pourrait être à plus ou moins long terme transposable à l'homme, d'autant qu'il présente des finalités thérapeutiques puisqu'il permet la mise au point de nouveaux médicaments précieux – peau artificielle, protéines humaines.

Pourtant, le clonage a fait l'objet d'une condamnation différemment motivée selon qu'il s'agit de recherche et de soin ou de faire naître un enfant. Il implique dans les deux cas de créer des embryons *in vitro* à des fins de recherche ou d'expérimenter sur l'embryon et de procéder à une sélection.

Le clonage à finalité reproductive a été unanimement condamné, notamment par la Déclaration universelle sur le génome humain et les droits de l'homme de l'Unesco du 11 novembre 1997 (article 11), la Convention sur les droits de l'homme et la biomédecine du Conseil de l'Europe, adoptée à Oviedo le 4 avril 1997 et complétée à Paris le 12 janvier 1998 par un Protocole additionnel interdisant le clonage des êtres humains (art. 1er), ainsi que l'article 2 de la Déclaration de l'Unesco sur le génome humain, le Protocole additionnel à la Convention européenne pour la protection des droits de l'homme et de la dignité de l'être humain à l'égard des applications de la biologie et de la médecine du 12 janvier 1998. Prenant acte de la condamnation quasi générale du clonage humain, la loi du 6 août 2004 a interdit le

47. X. Bioy, « Les crimes contre l'espèce humaine », *in Bioéthique, biopolitique et biodroit,* sous la direction de S. Hennette-Vauchez, LGDJ, coll. « Droit et société », 2006, p. 101-119.

clonage reproductif défini comme « toute intervention ayant pour but de faire naître un enfant génétiquement identique à une autre personne vivante ou décédée » (C. civ. art. 16-4, al. 3).

La loi du 6 août 2004 interdit également le clonage thérapeutique mais uniquement dans le Code de la santé publique et non dans le Code civil. L'article L. 2151-4 nouveau dispose « qu'est également interdite toute constitution par clonage d'un embryon humain à des fins thérapeutiques ». Le « fait de procéder à la constitution par clonage d'embryons humains à des fins thérapeutiques » est puni de sept ans d'emprisonnement et de 100 000 euros d'amende (C. pén., art. 511-18-1). Il présente en effet des avantages mais aussi des risques d'atteinte au respect de l'embryon humain.

On mesure ici que le législateur anticipe parfois sur la commission d'infractions non encore réalisées. Le cas le plus fréquent reste néanmoins inverse, le droit réagissant à des innovations techniques.

Section IV

INNOVATION

La biomédecine ne progresse qu'en articulant étroitement le soin à la recherche. Le droit suscite et encadre la recherche biomédicale pour avancer dans la connaissance et le soin. Le droit des biotechnologies est dès lors un enjeu économique de concurrence et de collaboration. Les éléments biologiques sont objet d'appropriation, de bénéfice, mais aussi de partage. La conciliation de ces impératifs trouve une hypothèse difficile dans le cas de la brevetabilité du vivant humain.

7.33 › **La recherche sur l'homme.** Si les techniques de recherche évoluent fortement vers la dématérialisation, l'essai sur l'être humain constitue l'étape finale. Or, le traumatisme qu'a été l'utilisation de « cobayes humains » lors de la Seconde Guerre mondiale a suscité méfiance et rejet. Ce que l'on nomme parfois « paradigme de Nuremberg » en référence au procès des médecins nazis, a posé un certain nombre de principes qui guident encore notre législation. Le jugement prononcé par le tribunal de Nuremberg le 19 août 1947 pose en effet le principe du consentement volontaire construit sur l'autonomie, l'exigence d'une utilité sociale, l'interdiction de prendre des risques de décès ou d'infirmité, le bilan entre les risques et les bénéfices escomptés, la possibilité d'un retrait du consentement à tout instant. Ensuite les sociétés savantes de médecins se sont dotées de codes de bonnes conduites (Déclaration d'Helsinki de 1964 dans le cadre de l'Association médicale mondiale, de Manille en 1982 dans le cadre de l'OMS, etc.), tandis que le Pacte international relatif aux droits civils et politiques de New York de 1966 exige lui aussi spécifiquement le consentement de l'individu aux recherches.

En France, les recherches furent autorisées et encadrées par la loi du 20 décembre 1988 relative à la protection des personnes qui se prêtent à des recherches biomédicales, modifiée en 1994, 2004 et finalement le 5 mars 2012 (loi dite « Jardé »). Un règlement européen relatif aux essais cliniques de médicaments à usage humain a été également publié le 27 mai 2014[48]. Son objectif principal est de faciliter les essais ayant lieu dans plusieurs États membres de l'Union européenne en unifiant les procédures d'autorisation dans l'Union et à faciliter l'accès des patients aux traitements innovants sur le territoire européen tout en garantissant leur sécurité. La loi de 2012, relative aux recherches impliquant la personne humaine, entrée en vigueur en 2016 grâce au décret du 16 novembre 2016 étend certaines des garanties des recherches biomédicales à deux autres types de recherches : les recherches « ne comportant que des risques et des contraintes négligeables », qui correspondent aux recherches « visant à évaluer les soins courants », et les recherches non interventionnelles, ou encore observationnelles (comme la constitution de « cohortes » pour des études statistiques). Il s'agit désormais de protéger aussi la vie privée. Toutes ces recherches feront l'objet d'un avis d'un comité de protection des personnes d'un point de vue éthique et scientifique. Concernant les recherches interventionnelles, il faut un protocole obligatoirement soumis à un comité de protection des personnes. La directive européenne du 4 avril 2001 relative aux essais cliniques a engendré l'abandon de la distinction entre recherches avec ou sans bénéfice individuel direct qui structurait le droit. Désormais, la protection est plus objective et dépend des risques encourus. Toute recherche est subordonnée à trois conditions énumérées par l'article L. 1121-2. Elle doit se fonder sur le « dernier état des connaissances scientifiques et sur une expérimentation préclinique suffisante ». Elle ne doit pas comporter pour la personne qui s'y prête de risque prévisible « hors de proportion avec le bénéfice escompté pour ces personnes ou l'intérêt de cette recherche ». Enfin, la recherche doit avoir pour objet d'étendre la connaissance scientifique de l'être humain et les moyens susceptibles d'améliorer sa condition. En outre, « la douleur, les désagréments, la peur et tout autre inconvénient prévisible lié à la maladie ou à la recherche, en tenant compte particulièrement du degré de maturité des mineurs et de la capacité de compréhension des majeurs hors d'état d'exprimer leur consentement ». Le nouvel article L. 1121-2 rappelle expressément que « l'intérêt des personnes qui se prêtent à une recherche biomédicale prime toujours les seuls intérêts de la science et de la société ».

Une recherche biomédicale ne peut être mise en œuvre qu'après avis favorable du comité de protection des personnes et, le cas échéant, de l'Agence de sécurité sanitaire des produits de santé (C. santé publ., art. L. 1123-8 et L. 1123-12). Ces deux instances assurent également un suivi des recherches sur le plan scientifique et doivent être informées de toute modification substantielle de la recherche, des effets indésirables éventuels, de tout fait nouveau susceptible de porter atteinte à la sécurité des personnes. Afin de faire respecter les règles en matière d'expérimentation, la loi de 2012 met en place une désignation du CPP compétent par une commission nationale. Ces comités, constitués dans les régions, sont composés de manière à garantir leur indépendance et la diversité des compétences dans le domaine biomédical à l'égard des questions éthiques, sociales, psychologiques et juridiques. Ils comportent des représentants d'association de malades ou d'usagers du système de santé. En cas d'avis défavorable du comité, le promoteur peut solliciter auprès de la commission nationale la possibilité de

48. Règlement (UE) n° 536/2014 du Parlement européen et du Conseil du 16 avril 2014 relatif aux essais cliniques de médicaments à usage humain et abrogeant la directive 2001/20/CE.

soumettre son projet à un autre comité (C. santé publ., art. L. 1123-6, al. 1 et 2). L'avis doit tenir compte notamment de la protection des personnes, des modalités de l'information et de la procédure d'obtention d'un consentement éclairé, de la nécessité éventuelle d'un délai de réflexion, de la nécessité éventuelle de prévoir une impossibilité de participer à une autre recherche, de la pertinence de la recherche, de l'adéquation entre les objectifs poursuivis et des moyens mis en œuvre, de la qualification du ou des investigateurs, du montant et des modalités d'indemnisation des participants, des modalités de recrutement de participants.

L'investigateur doit informer largement le sujet de son expérience : objectif, méthodologie, durée, bénéfices attendus, contraintes et risques prévisibles y compris en cas d'arrêt de la recherche avant son terme, éventuelles alternatives médicales, les modalités de prise en charge médicale prévues en fin de recherche, l'avis du comité consultatif de protection des personnes et l'autorisation.

7.34 › **Recherches sur l'embryon.** La loi du 29 juillet 1994, tout en proclamant le principe d'interdiction des recherches sur les embryons *in vitro*, avait admis qu'à « titre exceptionnel » le couple pouvait autoriser des « études » sous réserve de conditions assez contraignantes. La loi du 6 août 2004 a étendu assez largement les possibilités de recherches sur les embryons *in vitro* afin de répondre à la demande des scientifiques, sous le contrôle de l'ABM. En 2011, ce principe a été maintenu. Les conditions drastiques que posent la loi ont pu donner lieu à contentieux. La cour d'appel de Paris a ainsi, alors que le protocole était en cours, annulé une autorisation accordée par l'agence de la biomédecine, au motif que la possibilité de mener des recherches sur des cellules souches adultes (qui rend inutile de détruire un embryon) n'avait pas été sérieusement examinée[49].

La loi du 6 août 2013 établit désormais qu'« aucune recherche sur l'embryon humain ni sur les cellules souches embryonnaires ne peut être entreprise sans autorisation ». L'obtention de cette autorisation repose sur plusieurs conditions : la pertinence scientifique de la recherche ; son inscription dans une finalité médicale ; sa subsidiarité (cette recherche ne peut être menée sans recourir à ces embryons ou ces cellules souches embryonnaires) ; le respect des principes éthiques relatifs à la recherche sur l'embryon (fixés notamment aux articles L. 2151-1 et suivants du Code de la santé publique, relatifs à la conception et à la conservation des embryons fécondés *in vitro* et aux articles L. 1211-1 et suivants du Code de la santé publique) : interdiction du clonage à des fins thérapeutiques ou de recherche, de la création d'embryons transgéniques ou chimériques ainsi que de la conception d'embryon ou de leur utilisation à des fins industrielles. La loi « Touraine » du 26 janvier 2016 légalise les recherches biomédicales menées dans le cadre de l'assistance médicale à la procréation sur des gamètes destinés à constituer un embryon ou sur l'embryon *in vitro* avant ou après son transfert à des fins de gestation, si chaque membre du couple y consent.

Dans un arrêt de Grande Chambre *Parrillo contre Italie*[50], la CEDH a admis ce que l'État italien refuse à une femme de donner ses embryons issus d'une fécondation in

49. CAA Paris, 10 mai 2012, *Fondation Jérôme Lejeune*, n° 10PA05827.
50. CEDH, G. Ch., 27 août 2015, *Parrillo c/Italie*, n° 46470/11.

vitro (FIV), à la recherche scientifique dans un pays où cette recherche n'est pas autorisée et même si ce refus constitue une ingérence dans la vie privée de la requérante puisque les embryons en question sont issus de son patrimoine génétique, et en cela sont constitutifs de son « identité ».

7.35 › **Brevetabilité du vivant humain.** La question de savoir si certains résultats génétiques peuvent être brevetés donne lieu à des débats d'autant plus âpres que des intérêts financiers importants sont en jeu. Un nouveau médicament sur deux dans le monde est issu des biotechnologies. Le secteur de la recherche investit tant dans les biotechnologies et particulièrement en génétique qu'il a essayé de protéger ces « inventions » par la reconnaissance à son inventeur d'un monopole d'exploitation dans le temps, en contrepartie de sa divulgation immédiate à tous. Le brevet ne confère pas un droit de propriété sur l'invention, mais seulement un droit d'exploitation. Pourtant, la dimension « inventive », tout comme la qualification de « chose » a posé problème s'agissant de biologie humaine. En juin 2000, le Comité consultatif national d'éthique a précisé que la connaissance du génome humain ne pouvait être « en aucune manière appropriée ».

Mais depuis 1992 les États-Unis acceptent de breveter le séquençage des gènes de plantes ou d'animaux. Aux États-Unis les critères de brevetabilité sont très libéraux ; il suffit que l'invention soit utile, tandis qu'en Europe il faut qu'une invention ait un caractère technique. La directive européenne 98/44/CE du 6 juillet 1998 recherche une harmonisation à l'échelle de l'Union pour s'aligner sur les États-Unis. Dans la directive européenne : « Le corps humain, aux différents stades de sa constitution et de son développement, ainsi que la simple découverte d'un de ses éléments, y compris la séquence ou la séquence partielle d'un gène, ne peuvent constituer des inventions brevetables ». En revanche, les inventions portant sur un élément isolé du corps humain, ou un élément humain conçu en laboratoire entrent dans le cercle de la brevetabilité, si elles sont le résultat, non d'une simple découverte, mais d'un procédé technique « que seul l'être humain est capable de mettre en œuvre ce que la nature est incapable d'accomplir par elle-même » et si elles peuvent faire l'objet d'une application industrielle, et ce « même si la structure de cet élément est identique à celle d'un élément naturel ».

La transposition a eu lieu par la loi bioéthique du 6 août 2004 et celle du 8 décembre 2004 relative à la protection des inventions biotechnologiques. Ces textes appliquent aux résultats génétiques le même principe de non-patrimonialité que pour les organes ou produits du corps humain en rappelant que ne sont pas brevetables les « inventions dont la publication ou la mise en œuvre serait contraire à l'ordre public ou aux bonnes mœurs » ce qui exclut du brevet « le corps humain, ses éléments et ses produits, ainsi que la connaissance de la structure totale ou partielle d'un gène humain, en tant que tels ». En ce qui concerne la brevetabilité de la séquence ou la séquence partielle d'un gène la loi française se montre toujours plus restrictive que le texte européen.

Dans une affaire importante concernant les limites de la brevetabilité, la Cour de justice de l'Union européenne (CJUE, 18 octobre 2011, aff. C-34/10, *Oliver Brüstle c/ Greenpeace eV*) a été saisie, sur renvoi préjudiciel, de la question de brevetabilité d'un procédé qui requiert en amont soit la destruction d'embryons humains, soit leur utilisation comme matériau de départ, même si, lors de la demande de brevet, la description de ce procédé ne fait pas référence à l'utilisation d'embryons humains. La Cour juge d'ailleurs que tout ovule humain doit, dès le stade de sa fécondation, être considéré comme un « embryon humain » dès lors que cette fécondation est de nature à déclencher le processus de développement d'un être humain. Néanmoins, il appartient au juge national de déterminer, à la lumière des développements de la science, si les cellules souches sont de nature à déclencher ce processus de développement d'un être humain. Enfin, pour éviter tout contournement de l'interdiction, le juge européen pose que l'activité de recherche simple ne se sépare pas de ses débouchés industriels ; on ne peut donc pas demander de brevet pour un procédé de recherche scientifique seul en masquant ses applications industrielles.

7.36 › **Recherche sur personne décédée.** Il est de principe depuis la loi du 25 juillet 1994 qu'aucune recherche biomédicale ne peut être effectuée sur une personne décédée, en état de mort cérébrale, sans son consentement exprimé de son vivant ou par le témoignage de sa famille. Cela confirme la jurisprudence du Conseil d'État, qui affirmait dans une décision du 2 juillet 1993 concernant une expérimentation sur un sujet en état de mort cérébrale que « les principes fondamentaux relatifs au respect de la personne humaine qui s'imposent au médecin dans ses rapports avec son patient ne cessent pas de s'appliquer avec la mort de celui-ci »[51].

7.37 › **Piste de réflexion : nanotechnologies et droits fondamentaux.** Il ne faut pas confondre les nanotechnologies avec la simple miniaturisation des objets (comme les « puces RFID » qui permettent d'échanger des informations à distance). « Nano » vient du grec qui signifie « nain » (un nanomètre équivaut à 10^{-9} mètres). « Nanotechnologies » est donc le nom donné aux techniques de manipulation de la matière au niveau de l'atome et des molécules. Les applications sont très nombreuses dans tous les domaines : crèmes solaires, cosmétiques, produits d'entretien, farts de skis, textiles, carburants, peintures, particules de silices pour les pneumatiques, encre pour imprimantes, et même certains aliments, silice colloïdale dans le chocolat en poudre pour empêcher la formation des grumeaux... Dans le domaine médical, elles permettront d'incorporer des artefacts au corps humain pour corriger des anomalies (utilisation d'implants bioactifs et d'outils de diagnostic miniaturisés) ou pour « augmenter » les capacités allant jusqu'à la création de la vie artificielle (par exemple des virus entièrement artificiels). Les bio-nanotechnologies posent des questions éthiques qui vont au-delà des questions bioéthiques traditionnelles : elles remettent profondément en question les frontières entre le naturel et l'artificiel, entre le vivant et l'inerte pouvant créer une dépendance à la technologie « faisant corps avec l'humain » qui pourrait devenir une nouvelle source d'atteinte aux libertés.

51. CE, 2 juillet 1993, *Milhaud*, *RFDA*, septembre-octobre 1993, concl. D. Kessler.

BIBLIOGRAPHIE

UNESCO, Collectif, *Nanotechnologies, éthique et politique*, éd. UNESCO, 2008 ; *Les nanotechnologies*, Avis du Conseil économique et social, 25 juin 2008 (rédac. A. Obadia), La Documentation française ; EUROPEAN COMMISSION, DG Research, Unit "Nano and Converging Sciences and Technologies" Version, *European activities in the field of ethical, legal and social aspects (ELSA) and governance of nanotechnology*, 1 October 2008 ; M. MAESTRUTTI, *Les imaginaires des nanotechnologies. Mythes et fictions de l'infiniment petit*, Vuibert, 2011 ; B. LAURENT, *Les Politiques des nanotechnologies*, éditions Charles Léopold Mayer, 2010 ; Ch. JOACHIM, L. PLÉVERT, *Nanosciences. La révolution invisible*, Seuil, 2008 ; A. TÜRK, *Vie privée en péril : des citoyens sous contrôle*, O. Jacob, 2011 ; Numéro de : *Journal international de bioéthique* (2011-mars/juin), vol. 22, n° 1/2, Cop. Éd. Eska, 2011.

Section V
SATISFACTION

Les biotechnologies ouvrent ainsi des « possibles » qui posent de nouvelles questions relatives à l'être humain. Pour beaucoup, elles doivent être mises au service des désirs individuels aussi « contre-nature » que la nature humaine elle-même.

7.38 › **Des biotechnologies au service du libre développement de l'individu.** Les biotechnologies, loin de ne servir qu'à corriger des pathologies, servent aussi de support au désir individuel : pour modifier le corps, pour accéder à de nouveaux modes de reproduction, changer de sexe ou d'apparence, soigner ou augmenter ses capacités. Le biodroit pose des interdits fondamentaux et libéralise en même temps le droit civil, il concrétise à la fois une forme de normalité (en imposant un modèle social contre les revendications) et une forme de normalisation (en admettant certains nouveaux usages non thérapeutiques).

Les techniques d'assistance médicale à la procréation étant maîtrisées, les revendications sociales se tournent vers l'extension de leur usage au-delà du traitement des pathologies de la reproduction. Certaines franges de la population tentent d'inclure dans la notion de stérilité, non seulement la stérilité physique, mais encore la « stérilité sociale ». Il s'agirait alors de permettre à tous ceux qui ne peuvent avoir d'enfant d'accéder à une forme de procréation presque entièrement artificielle : les couples homosexuels, les veuves, les couples n'étant plus en âge de procréer, etc. En attendant « l'utérus artificiel »[52], cela passe encore par la fonction reproductrice de la femme demanderesse ou par le recours à une « mère porteuse », ce qui soulève d'autres questions relatives à l'égalité des sexes.

La bioéthique devient encore objet de pressions pour satisfaire le besoin d'identité de ceux que les conditions de leur naissance ont privé de filiation naturelle. Les biotechnologies sont à la fois la source de ce manquement (enfants issus d'un AMP avec donneur) et sa solution (accès aux données génétiques). Les adultes souffrants, qui ont été des enfants adoptés après un accouchement « sous X » ou qui sont enfants de donneurs de gamètes, revendiquent un authentique « droit à la

52. H. ATLAN, *L'utérus artificiel*, Seuil, La Librairie du XXIe siècle, 2005.

connaissance des origines » que la loi française leur refuse toujours, alors que les sources internationales l'y encouragent[53].

Le mouvement de révision de notre « biodroit » s'est achevé sur la loi du 7 juillet 2011 relative à la bioéthique dont la teneur est loin des attentes qu'elle avait suscitées. Contrairement à ce qui ressortait des débats citoyens, le législateur a estimé qu'il n'était pas encore temps de permettre les évolutions demandées par certains courants de la société, notamment en matière d'assistance à la procréation. Alors qu'on appelait à un droit qui consacre définitivement que la technique est au service d'un désir, que la reproduction peut autant être artificielle que naturelle, la loi garde le cap pour ne créer que des dispositifs palliatifs, conformes au « modèle naturel ». La loi abandonne en effet plusieurs projets un temps envisagés : la levée de l'anonymat des donneurs ou l'élargissement de l'accès de l'AMP aux célibataires, veuves (proposée par le CCNE dans son avis n° 113, 10 février 2011) et aux couples de même sexe. L'accès à l'identité du donneur pour les personnes issues d'un don de gamètes a également été abandonné pour ne pas risquer une chute des dons, éviter que les parents ne cachent à l'enfant les conditions de sa fabrication et ne pas réduire l'individu à ses gènes. Désormais, l'accueil d'embryon n'est plus subsidiaire. Un couple infertile peut y accéder même s'il peut recourir à l'AMP au sein du couple.

7.39 ▸ **Le cas du transsexualisme.** Le cas du transsexualisme est typique des difficultés d'appréciation de la licéité d'un acte médical par la qualification de « nécessité thérapeutique ». En effet, le transsexuel recherche d'abord une mise en conformité physique entre le sexe « vécu » et « les sexes physique et social » par des traitements hormonaux et chirurgicaux et demande ensuite une mise en conformité sociale, sous forme de modification du prénom et du sexe sur les registres d'état civil. Traditionnellement et afin de respecter les conditions de licéité de l'acte médical, le chirurgien ne devait accéder à la demande du transsexuel que si cette dernière peut se justifier par un but thérapeutique. Mais compte tenu de l'évolutivité du critère médical du transsexualisme, la jurisprudence a évolué. La Cour de cassation rejetait tout d'abord les demandes au nom du principe d'indisponibilité des personnes[54] : en 1992, sous l'influence de la Cour européenne des droits de l'homme qui a condamné la France, dans un arrêt du 25 mars 1992, au motif que sa jurisprudence, portait atteinte au respect de la vie privée[55]. Par suite, l'Assemblée plénière a admis une demande en rectification d'état civil, en se fondant cette fois sur le critère psychologique du sexe et sur le respect de la vie privée[56]. La prise en charge des

53. L'affaire *Godelli c/ Italie* (25 septembre 2012, requête n° 33783/09) concernait une femme de soixante-neuf ans abandonnée à sa naissance par sa mère. La Cour a estimé qu'un juste équilibre n'était pas ménagé entre les intérêts en présence, car la législation, une fois que la mère a décidé de garder l'anonymat, ne permet pas à l'enfant, adopté et non reconnu à la naissance, de demander soit des informations non identifiantes sur ses origines, soit la réversibilité du secret de la naissance avec accord de la mère biologique. À la différence du système français, le système italien, dénué de tout mécanisme de mise en balance des intérêts concurrents, a inévitablement donné une préférence aveugle aux seuls intérêts de la mère biologique.

54. Cass. civ., 16 décembre 1975, *D.* 1976, 399, note Lindon ; *JCP* G, 1976, II, 18503, note J. Penneau ; *RTD* 1976, 119, obs. Nerson.

55. Aff. *B c/ France*, *57/1990/248/319*, *JCP* 1992, II, 21955, note T. Garé ; *RTD civ.*, 1992, 540, note Hauser, *DS* 1993, p. 101, note Marguénaud S. critiques, J.-P. Gridel, *op. cit.*, p. 644, Rubellin-Devichi, *JCP* 1992, I, 3593, relevant une argumentation peu convaincante et l'attitude prudente de la Cour de cassation.

56. Cass. Ass. plén., 11 décembre 1992, 2 arrêts, *JCP* 1993, II, 21991, conc. Jéol, note G. Mémeteau.

frais d'intervention, effectuée jusqu'alors dans la catégorie des actes psychiatriques, l'est désormais à titre spécifique depuis mai 2009. L'idée de libre disposition de soi sous l'angle de l'article 8 de la Convention EDH imprime un mouvement de « normalisation ». Depuis l'arrêt *Goodwin*, les juges tiennent compte de l'évolution de la perception du transsexualisme par les opinions publiques et condamnent plus facilement les États. Ainsi dans l'affaire *Schlumpf c/ Suisse* du 8 janvier 2009, l'objet de la requête réside dans la décision de l'assurance-maladie de la requérante de ne pas prendre en charge les coûts de son opération de changement de sexe, en raison du non-respect d'un délai de deux ans avant l'opération, période d'observation établie par la jurisprudence du tribunal fédéral des assurances comme condition pour la prise en charge des frais relatifs aux opérations de conversion sexuelle. Bien qu'il s'agisse d'une requérante âgée de 67 ans, la Cour estime que le respect de la vie privée aurait exigé la prise en compte des réalités médicale, biologique et psychologique, exprimées sans équivoque par l'avis des experts médicaux, pour éviter une application mécanique du délai de deux ans et conclut que, eu égard à la situation très particulière de la requérante, un juste équilibre n'a pas été ménagé entre les intérêts de la compagnie d'assurance et les intérêts de la requérante en imposant deux ans avant de mettre les apparences physiques en conformité avec le sexe souhaité. Les apparences choisies l'emportent désormais sur le sexe chromosomique[57].

La loi du 18 novembre 2016 de modernisation de la justice du XXIe siècle a introduit au sein du code civil une nouvelle section consacrée à « la modification de la mention du sexe à l'état-civil » (C. civ., art. 61-5 à 61-8). Désormais, « le fait de ne pas subir des traitements médicaux, une opération chirurgicale ou une stérilisation ne peut motiver le refus de faire droit à la demande » (C. civ., art. 61-6, al. 3). Cette demande peut être le fait de toute personne majeure ou mineure émancipée [...] qui démontre par une réunion suffisante de faits que la mention relative à son sexe ne correspond pas à celui dans lequel elle se présente et dans lequel elle est connue peut en obtenir modification ».

Le changement de sexe entraîne avec lui les droits liés à la nouvelle identité sexuelle ; celui de se marier bien sûr (CEDH, *Christine Goodwin c/ RU*, arrêt du 11 juillet 2002), mais aussi peut-être à terme, celui d'avoir des enfants. Le Défenseur des droits est d'avis que les personnes envisageant de s'engager dans un parcours de transition de l'homme vers la femme peuvent recourir à une procédure de recueil et de conservation des gamètes selon l'article L. 2141-11 CSP qui a été conçu dans l'idée de permettre à la personne de les utiliser dans le cadre d'une assistance médicale à la procréation (ce qui ne sera pas le cas de cette personne ainsi que l'a rappelé l'agence de la biomédecine consultée dans cette affaire)[58].

7.40 › **La liberté de ne pas procréer.** La volonté de procréer ou de ne pas procréer est considérée comme une manifestation de la liberté sexuelle. On doit cependant distinguer entre le refus de procréer qui est un droit conditionnel et la volonté de procréer, qui est une manifestation limitée de la liberté

57. CEDH, 11 juillet 2002, *I. c/ RU*.

58. Décision *MSP-2015-009* du 22 octobre 2015.

personnelle[59]. La contraception et sa publicité sont légales ; son caractère temporaire évite de soulever une difficulté juridique ; il en va autrement de la stérilisation comprise comme la « suppression définitive de la possibilité de reproduction d'un être vivant » (Dict. Médecine, Flammarion), initialement illicite car assimilée à une mutilation volontaire à finalité contraceptive. La stérilisation à finalité eugénique demeure interdite. La stérilisation à finalité thérapeutique est licite dès lors qu'elle respecte les conditions imposées par l'article 16-3 du Code civil, en particulier le consentement éclairé de la femme, le médecin pouvant être condamné s'il n'informe pas suffisamment sur les effets et les risques résiduels[60]. La stérilisation à finalité contraceptive (ligatures de trompes ou vasectomie) n'est admise officiellement (la tolérance antérieure étant réelle) que depuis la loi du 4 juillet 2001 relative à l'interruption de grossesse et à la contraception. Elle pose des conditions : réalisation dans un établissement de santé, information par le médecin lors de la première consultation, remise d'un dossier, délai de réflexion de quatre mois suivi d'une demande écrite. Le législateur a admis, comme en matière d'interruption de grossesse, que le médecin n'est jamais tenu de pratiquer cet acte à visée contraceptive. Cette stérilisation ne peut être pratiquée sur une personne mineure. La stérilisation d'une personne majeure, dont l'altération des facultés mentales constitue un handicap et a justifié sa mise sous tutelle ou curatelle, ne peut être admise que s'il existe une contre-indication absolue à l'adoption d'une méthode de contraception ou à sa mise en œuvre efficace (C. santé publ., art. L. 2123-2). Au point de vue procédural, l'intervention est subordonnée à une décision du juge des tutelles saisi par la personne, le représentant légal, le père ou la mère. Le juge entend la personne et si elle est apte à se prononcer, sa volonté doit être systématiquement recherchée et prise en compte et il ne peut être passé outre son refus. Le juge entend aussi les père et mère ou le représentant ainsi que toute personne dont l'audition paraît utile, il recueille l'avis d'experts ainsi que des représentants d'associations de personnes handicapées et c'est ce comité qui apprécie la « justification médicale de l'intervention » ainsi que ses conséquences normalement prévisibles sur les plans physiques et psychologiques. Le Conseil d'État a considéré que la stérilisation, même sans consentement des handicapés mentaux, est conforme à la Convention européenne des droits de l'homme, et au Pacte international relatif aux droits civils et politiques de l'ONU[61].

7.41 ▸ **L'assistance médicale à la procréation** fait l'objet d'une redéfinition en 2011 et s'entend « des pratiques cliniques et biologiques permettant la conception *in vitro*, la conservation des gamètes, des tissus germinaux et des embryons, le transfert d'embryons et l'insémination artificielle ». Les techniques d'amélioration de l'efficacité, la reproductibilité et la sécurité des procédés doivent faire l'objet d'une autorisation. L'article L. 2141-2 a supprimé la mention de « la demande parentale du couple ») pour insister sur l'aspect pathologique. En

59. *Droits fondamentaux et libertés publiques*, Lextenso éditions, Montchrestien, coll. « Cours », 894 p., juin 2011, p. 549 et s.
60. Cass. civ. 1re, 9 mai 1983, *JCP* 1984, II 20362, note Dorsner Dolivet.
61. CE, 26 septembre 2005, n° 248357, *Dict. Bioéth.*, n° 154, p. 6562.

contrepartie, a été supprimée l'exigence d'une durée de deux ans de vie commune des concubins (L. n° 2011-814, art. 33, 2°).

L'objet de la procréation médicalement assistée est de répondre à une finalité thérapeutique dans une double direction. L'AMP doit d'abord « remédier à l'infertilité dont le caractère pathologique a été médicalement diagnostiqué » ou « éviter la transmission à l'enfant ou à un membre du couple d'une maladie d'une particulière gravité ». Il ne s'agit pas de dévier sur des considérations eugéniques, mais de permettre, par l'assistance médicale à la procréation, des naissances qui sans cela n'auraient pas eu lieu. Cependant, des auteurs estiment que la notion de « particulière gravité » est assez floue, peut faciliter les dérives et s'inscrit dans la recherche d'une « société sanitairement parfaite ».

Le législateur limite les conditions d'accès à l'assistance médicale à la procréation afin que cette dernière ne constitue pas une procréation de convenance. Les bénéficiaires ne peuvent être qu'un couple hétérosexuel, vivant et en âge de procréer : exclusion des homosexuels, des maternités tardives, de l'insémination *post mortem* (la cour d'appel de Rennes a approuvé le refus de restitution des paillettes à une veuve par un CECOS[62]), des demandes en restitution d'embryons congelés après dissolution du mariage[63] (même si ici la conception *in vitro* est antérieure au décès, ce qui pouvait justifier le transfert selon le CCNE[64]). L'article L. 2141-2 indique aussi que, indépendamment du décès d'un membre du couple, « font obstacle à l'insémination ou au transfert des embryons, le dépôt d'une requête en divorce ou en séparation de corps ou la cessation de communauté de vie, ainsi que la révocation par écrit du consentement par l'homme ou par la femme auprès du médecin chargé de mettre en œuvre l'assistance médicale à la procréation ». Cet article était toujours appliqué strictement par la jurisprudence, jusqu'à ce que se présente le cas particulier de Mme Gomez[65]. Espagnole, veuve d'un époux italien et victime, en France, d'un cancer foudroyant, elle demande à l'administration la restitution et l'exportation vers l'Espagne du sperme de son défunt mari pour procéder à Malaga à une fécondation *post mortem* de manière légale (l'Espagne l'autorise jusqu'à un an après le décès). Bien que le texte de la loi s'y oppose de manière explicite, le Conseil estime que sa mise en œuvre méconnaîtrait le droit au respect de la vie privée de la requérante. Elle n'a en effet pas eu d'autre choix que de déposer les gamètes en France et n'a pas eu l'intention de frauder la loi française alors même que son projet de parenté devait se dérouler en Espagne. Cette solution permet au Conseil d'État d'initier un contrôle « concret », au regard de la situation créée par l'application de la loi, qui ne remet pas en cause la conventionnalité de la loi française dans l'absolu. Depuis, les tribunaux administratifs font un usage contrasté de cette possibilité,

62. TGI Créteil, 1er août 1984, *Gaz. Pal.* 1984, 2, 561, concl. Lessec. ; *JCP G*, 1984, II, 20321, note Corone ; *RTD civ.*, obs. Nerson et Rubellin-Devichi, p. 703. TGI Toulouse, 26 mars 1991 : *JCP G*, 1992, II, 21807, note Ph. Pédrot.

63. TGI Toulouse, 11 mai 1993 et TGI Rennes, 30 juin 1993, *JCP* 1994, II, 22250, note C. Neirinck.

64. Avis sur le transfert d'embryons après décès du conjoint (ou du concubin) du 17 décembre 1993.

65. CE, 31 mai 2016, Mme C. A. ; N° 396848.

certains pour tenter en équité pour réparer les malheurs de l'enfantement[66], d'autres restreignant la brèche[67].

7.42 ▸ **Gestation pour autrui et « mère porteuse ».** Faire porter son enfant par une autre s'appelle gestation pour autrui (une sorte de « location d'utérus ») alors que la « mère porteuse » implique que la gestatrice ait également donné son ovule. Ces pratiques ont été formellement condamnées par la loi n° 94-653 qui dispose que « toute convention portant sur la procréation ou la gestation pour le compte d'autrui est nulle » (C. civ., art. 16-7) et prévoit des sanctions à l'encontre de ceux qui s'entremettraient entre une femme et un couple en vue de faciliter un tel accord (C. pén., art. 227-12). La loi consacre ainsi l'illégalité d'un procédé condamné par la jurisprudence dès l'origine au motif qu'il vise à l'exploitation du corps de la mère porteuse, qu'il peut être considéré comme cession d'enfant lorsque la mère porteuse remet l'enfant au couple et constitue alors une fraude à la législation sur l'adoption ; le contrat était donc considéré comme nul.

La jurisprudence a aussi prononcé l'illicéité des associations ayant pour objet de faciliter et d'encourager cette pratique. Selon la jurisprudence, le principe de l'interdiction de la maternité pour autrui ne peut être contourné par une réalisation à l'étranger[68]. L'idée sénatoriale d'une permission limitée des gestations pour autrui a fait long feu. Le législateur s'est rangé à la position du juge judiciaire. La Cour de cassation (Cass. civ. 1re, 6 avril 2011) a en effet rappelé qu'« en l'état du droit positif, elle est contraire au principe de l'indisponibilité de l'état des personnes », lequel concrétise l'objectif constitutionnel de l'ordre public.

Le Parlement français a consacré la liberté du mariage des couples de même sexe par la loi du 17 mai 2013[69], ce qui pourrait relancer le débat sur la GPA. La loi ouvre la voie de l'adoption à ces couples mariés. Ce texte reconnaît par ailleurs les mariages entre deux personnes du même sexe célébrés à l'étranger avant l'entrée en vigueur de la loi. Il rend aussi possible la célébration du mariage en France lorsque les futurs époux, dont l'un au moins a la nationalité française, vivent dans un pays qui n'autorise pas le mariage entre deux personnes de même sexe. La conjointe d'une femme ayant eu recours à l'AMP à l'étranger pourra adopter l'enfant. Les avis de la Cour de cassation du 22 décembre 2014 vont dans le même sens en accordant à l'épouse de la mère de l'enfant né d'une assistance médicale à la procréation la possibilité d'une adoption plénière[70]. Il reste que les couples d'hommes seront sans doute plus tentés que d'autres d'avoir recours à une mère porteuse à l'étranger. L'enfant qui en sera issu bénéficiera de la nationalité française[71].

66. TA, Rennes, Ord. Réf. 11 octobre 2016, *Rose M.*, n° 1604451-6.
67. TA Toulouse, 13 octobre 2016, *Émilie F.*, n° 1405903.
68. CA Paris, 25 octobre 2007.
69. Loi n° 2013-404 du 17 mai 2013 ouvrant le mariage aux couples de personnes de même sexe et modifiant diverses dispositions relatives à l'état civil et au Code de procédure civile, le décret n° 2013-429 du 24 mai 2013 et l'arrêté du même jour fixant le modèle de livret de famille ainsi que la circulaire du 29 mai 2013 de présentation de la loi ouvrant le mariage aux couples de personnes de même sexe.
70. Cl. Brunetti-Pons, « Adoption avec éviction de l'homme, l'une des conséquences de la loi dite Mariage pour tous ? », *Gaz. Pal.* 3 décembre 2014, 337-338, p. 8-12.
71. Circulaire du 25 janvier 2013.

L'établissement de sa filiation restera des plus compliqués, même si l'on soulèvera l'argument selon lequel l'intérêt de l'enfant conduit à ce que soit établie sa filiation à l'égard de ses parents d'intention dont le genre est devenu indifférent.

Avec les affaires *Labassée et Mennesson*[72] la Cour européenne a ainsi remis en cause l'interdit français. Les deux couples en cause ont eu recours à une assistance médicale à la procréation qui est à la base de la gestation pour autrui avec laquelle elle fait corps. Alors que la Cour de cassation, le 6 avril 2011, refusa la transcription des actes de filiation américains qui donnerait effet à une convention de gestation pour autrui, nulle d'une nullité d'ordre public, tout en estimant ce refus conforme au droit au respect de la vie privée et familiale (puisqu'une telle annulation ne privait pas les enfants de la filiation maternelle et paternelle reconnue par le droit de la Californie ou du Minnesota, ni ne les empêchait de vivre en France avec les époux Mennesson et Labassee). Pourtant, dans ces deux affaires, la Cour européenne a condamné la France en raison d'une violation de la vie privée des enfants privés de la reconnaissance en France de leur filiation paternelle, à l'égard d'un père qui est à la fois biologique et « d'intention ». Dans l'affaire *Labassée*, il y eut même reconnaissance de la possession d'État sans que cela ne soit reporté à l'état civil.

Ce faisant, la Cour européenne ruine les efforts de la France[73] pour lutter contre ce qui est généralement perçu comme une exploitation du corps de la femme, soit par des couples dont la femme ne peut assumer la grossesse, soit par des couples d'hommes. C'est au nom de la vie privée des enfants, reformulée sous le vocable d'intérêt supérieur de l'enfant, que l'aspect « droits de l'homme » l'emporte sur les motifs d'ordre public tenant à l'indisponibilité du corps et de l'état civil[74], même si la Cour de cassation n'évoque plus que le second[75] quand le gouvernement n'évoque que le premier au nom de la protection objective des droits des femmes.

Il semble que pour la Cour la manière dont l'enfant est venu au monde ne doit pas en faire des enfants différents, exclus du droit à une vie familiale normale ; ce qui revient à admettre le fait accompli, le fait que la gestation pour autrui ne soit au fond qu'une technique comme une autre de produire un enfant[76]. Il semble néanmoins nécessaire de nuancer cette idée. La Cour européenne raisonne toujours *in concreto*, dans le cadre d'une affaire donnée, face à une « victime » donnée. Sa solution dépend donc largement de l'équilibre des intérêts en présence et de leurs protections par le droit à la vie privée. Faisant de même, la cour d'appel de Rennes[77], à propos de la transcription à l'état civil français de l'acte de naissance ukrainien d'un enfant issu de GPA qui mentionne une filiation à l'égard des deux parents d'intention,

72. CEDH, 26 juin 2014 (5e section), *Labassée c/ France* (requête n° 65941/11) et *Menesson c/ France* (requête n° 65192/11).

73. J. Mouly, « La "délocalisation procréative" : fraude à la loi ou habileté permise ? », *Recueil Dalloz* 2014, p. 2419.

74. Cl. Neirinck, « Quand les droits de l'homme, pour servir l'intérêt de l'enfant, privilégient les pères, ignorent les mères et favorisent la gestation pour autrui ! », préc.

75. « qu'en l'état du droit positif, il est contraire au principe de l'indisponibilité de l'état des personnes, principe essentiel du droit français, de faire produire effet, au regard de la filiation, à une convention portant sur la gestation pour le compte d'autrui, qui, fût-elle licite à l'étranger, est nulle d'une nullité d'ordre public aux termes des articles 16-7 et 16-9 du Code civil ».

76. J. Hauser, « L'externalisation de la fabrique des enfants ? », *JCP G*, 6 octobre 2014, n° 41.

77. Le 12 déc. 2016, RG n° 15/08549.

tous deux mariés et de nationalité française, a jugé que, « dans l'intérêt supérieur de l'enfant qui a droit à une identité qui inclut la filiation », s'impose la situation fixée par le droit étranger au jour où l'acte de naissance étranger a été dressé. Les droits de l'enfant à une identité (qui inclut la filiation) impliquent la transcription à l'égard des deux parents sincères dans leur volonté d'établir une filiation.

La Cour européenne a finalement apporté son soutien aux autorités nationales soucieuses de ne pas encourager la fraude dans l'affaire *Paradiso*[78]. L'Italie avait refusé l'enregistrement à l'état civil et placé en famille d'accueil un bébé de six mois obtenu par GPA en Russie, alors que les requérants avaient obtenu un agrément d'adoption. Le premier arrêt avait condamné, car l'État n'apportait pas la preuve de la nécessité de ce placement dans la mesure où l'enfant n'était pas en danger et que la soustraction de l'enfant à un milieu de vie familial ne peut s'opérer que pour des motifs graves non réunis. Mais ici la Grande chambre considère que les mesures litigieuses avaient pour but légitime la défense de l'ordre et la protection des droits et libertés d'autrui. En l'occurrence, l'absence de liens biologiques entre le couple d'intention et l'enfant n'impose pas à l'État d'établir une filiation. Les juridictions italiennes, ayant notamment conclu que l'enfant ne subirait pas un préjudice grave ou irréparable en conséquence de la séparation, ont ménagé un juste équilibre entre les différents intérêts en jeu, tout en demeurant dans les limites de la marge d'appréciation dont elles disposaient.

7.43 › **Don de gamètes.** La loi du 6 août 2004 admet le recours à un tiers donneur en cas de risques de transmission d'une maladie d'une particulière gravité à l'enfant ou à un membre du couple ou d'échec des techniques d'AMP à l'intérieur du couple (C. santé publ., art. L. 2141-7). La loi impose des garanties médicales et scientifiques en ce qui concerne le donneur et pose que le recours aux gamètes d'un même donneur doit être limité à dix enfants afin d'éviter les risques de consanguinité. La loi de 2011 entend favoriser le développement du don de gamètes. Il était jusqu'ici exigé que le donneur de gamètes ait déjà procréé. Ce n'est plus nécessaire. De plus, la loi prévoit que l'on propose au donneur de conserver ses propres gamètes pour son propre usage ultérieur. La donneuse d'ovocytes dispose désormais des mêmes facilités (surtout d'absence de son lieu de travail) que si elle était elle-même enceinte. Enfin, et surtout, « la technique de congélation ultra-rapide des ovocytes est autorisée ». Il s'agissait là d'un des principaux obstacles au développement de l'AMP. Les préventions scientifiques ayant été levées, cela pourra permettre d'éviter de renouveler trop souvent le prélèvement. Le bénéfice d'un don de gamètes ne peut donc être subordonné à la désignation par le couple receveur d'une personne ayant volontairement accepté de procéder à ce don en faveur d'un couple tiers anonyme, sous peine de sanction (C. santé publ., art. L. 1244-7). Il est interdit de rémunérer le donneur, sauf cas d'indemnisation de frais.

L'anonymat, jugé « principe fondamental de la bioéthique », serait conforme à la Convention européenne en ce qu'il protège le droit à la vie privée du donneur, en dépit du droit à la connaissance des origines biologiques, lui aussi assis sur

78. CEDH, 27 janv. 2015, n° 25358/12, *Paradiso et Campanelli c/ Italie* et CEDH, G. Ch., 24 janvier 2017 (requête n° 25358/12).

l'article 8 Conv. EDH[79]. L'accès au don de gamètes a fait d'ailleurs l'objet d'une décision remarquée de la Cour de Strasbourg[80] qui tend à consolider le droit d'accéder à l'AMP. La loi insère deux articles qui imposent aux médecins d'informer leurs patients sur le don de gamètes. Cela instaure une confusion entre thérapie et AMP. On procède comme pour le don d'organes alors que les gamètes ne soignent pas la stérilité. Elles ne sont qu'un moyen pour les techniciens de créer un embryon pour donner un bébé à un couple infertile. Il semble difficile d'y voir une cause d'intérêt général équivalente à la thérapie.

Filiation après don de gamètes. La loi interdit l'établissement de tout lien de filiation entre le tiers donneur et l'enfant issu de la procréation, ainsi que toute action en responsabilité contre le donneur pour cause de filiation. En outre, le législateur a voulu rendre la filiation de l'enfant incontestable. Aussi, afin d'éviter les actions en contestations ultérieures, le législateur exige que les époux ou les concubins demandant une procréation nécessitant l'intervention d'un tiers donneur donnent leur consentement au juge ou au notaire. Est interdite « toute action en contestation de filiation ou en réclamation d'état, à moins qu'il ne soit soutenu que l'enfant n'est pas issu de l'AMP ou que le consentement a été privé d'effet » (C. civ., art. 311-20, al. 2). Celui qui, après avoir consenti à l'assistance médicale à la procréation, ne reconnaît pas l'enfant qui en est issu, engage sa responsabilité envers la mère et envers l'enfant (C. civ., art. 311-20, al. 4). Il pourrait également être condamné à contribuer à l'entretien de l'enfant. En outre, la « paternité hors mariage » de l'intéressé est judiciairement déclarée.

Accès aux origines. La situation de l'enfant issu d'un don de gamètes se heurte au fait que le donneur n'est nullement reconnu comme géniteur, contrairement à l'hypothèse de l'accouchement « sous X » qui prévoit depuis 1993 de lever le secret sous certaines conditions. Ici, le législateur fait « disparaître » le donneur. Sur le plan médical, l'anonymat du don de gamètes pourrait nuire à la santé de l'enfant ; aussi la loi admet-elle une exception de principe au bénéfice des médecins qui peuvent « accéder aux informations médicales non identifiantes en cas de nécessité thérapeutique concernant un enfant conçu par une assistance médicale à la procréation avec tiers donneur » (C. santé publ., art. L. 1244-6). L'enfant issu d'une AMP n'est pas adopté, il n'y a pas concurrence entre les deux formes de filiation (naturelle ou adoptive). L'accès aux origines de cet enfant ne pourra se fonder que sur une exigence constitutionnelle d'un droit à l'identité qui n'existe pas en France contrairement à l'Allemagne. L'influence de la CEDH pourrait être déterminante[81]. La convention de New York relative aux droits de l'enfant présente aussi un article 7 qui stipule que l'enfant a le droit de connaître ses parents et d'être élevé par eux « dans la mesure du possible ».

7.44 › **Le droit à un « enfant sain ».** Sous certaines conditions, les futurs parents peuvent avoir recours à une sélection de l'embryon qui sera implanté. Le diagnostic préimplantatoire, admis par le législateur en 1994, est un « diagnostic biologique effectué à partir de cellules prélevées sur l'embryon *in vitro* »

---

79. CE, Avis contentieux, 13 juin 2013, *M. M.*, n° 362981.
80. CEDH, 1er avril 2010, *SH et a. contre Autriche*, n° 57813/00.
81. CEDH, Gde Ch., 13 février 2003, *Odièvre c/ France* et *Godelli c/ Italie (préc.)*.

qui a pour objet de déterminer avant transfert dans l'utérus certaines caractéristiques génétiques (C. santé publ., art. L. 2131-4). En outre, ce diagnostic ne peut avoir d'autre objet « que de rechercher cette affection ainsi que les moyens de la prévenir et de la traiter » (C. santé publ., art. L. 2131-4, al. 5). La pratique de cet examen peut, comme celle du diagnostic prénatal, conduire à des dérives eugéniques. Aussi, conformément à un avis du Comité national d'éthique relatif à cette question du 18 juillet 1990, la loi comporte plusieurs dispositions destinées à limiter le recours à cette pratique. Ce diagnostic n'est autorisé, selon l'article L. 2131-4 modifié, qu'à titre « exceptionnel » et sous réserve de plusieurs conditions : attestation médicale que le couple, du fait de sa situation familiale, a une forte probabilité de donner naissance à un enfant atteint d'une maladie génétique d'une particulière gravité reconnue comme incurable au moment du diagnostic, réalisation du diagnostic seulement, « lorsqu'a été préalablement et précisément identifiée, chez l'un des parents, – ou l'un des ascendants immédiats – l'anomalie ou les anomalies responsables d'une telle maladie », les deux membres du couple devant exprimer leur consentement au diagnostic par écrit.

7.45 ▸ **Le droit à une « bonne mort ». Refus de l'acharnement thérapeutique et droit aux soins palliatifs.** Le refus des soins peut conduire à une situation de « fin de vie » ; notion définie mais qui signifie que le temps restant à vivre est désormais compté. Dans ce cadre, comme ailleurs, la volonté du patient est sacralisée. Sur le fondement de l'article 8 de la Convention EDH, « la CEDH juge que la décision de médecins hospitaliers d'administrer à un enfant gravement handicapé de la diamorphine aux fins d'une mort paisible, malgré le refus de la mère d'un tel traitement, porte atteinte au droit de l'enfant au respect de sa vie privée et en particulier à son droit à l'intégrité physique »[82]. La loi du 4 mars 2002 pose explicitement l'obligation de respecter la volonté du patient. Aux termes de l'article L. 1111-4 du Code de la santé publique, modifié par la loi « Léonetti-Claeys » du 2 février 2016 : « Toute personne prend, avec le professionnel de santé et compte tenu des informations et des préconisations qu'il lui fournit, les décisions concernant sa santé. Toute personne a le droit de refuser ou de ne pas recevoir un traitement. Le suivi du malade reste cependant assuré par le médecin, notamment son accompagnement palliatif. Le médecin a l'obligation de respecter la volonté de la personne après l'avoir informée des conséquences de ses choix et de leur gravité. Si, par sa volonté de refuser ou d'interrompre tout traitement, la personne met sa vie en danger, elle doit réitérer sa décision dans un délai raisonnable. »

Cette hypothèse de refus de soins, qui peut conduire à l'arrêt des traitements à la demande du patient, ne se confond pas avec ce même arrêt décidé en l'absence de conscience du patient, ni avec l'administration d'un produit létal que l'on nomme généralement « suicide assisté » si la personne est consciente ou « euthanasie active » si elle ne l'est pas.

82. CEDH, *Glass c/ Royaume-Uni*, 9 mars 2004.

Le suicide assisté a été dépénalisé aux Pays-Bas, en Suisse et dans quelques rares autres pays (État d'Oregon, États-Unis, par exemple). Cette forme d'assistance à la mort reste interdite, comme l'euthanasie au sens strict, dans la plupart des pays car trop dangereuse et particulièrement dans une période où le vieillissement de la population peut faire craindre que des esprits peu scrupuleux la préconisent pour des raisons économiques. Elle est rigoureusement interdite en France autant par la déontologie médicale que par la loi.

Quant à la Cour de Strasbourg, elle a jugé dans l'affaire *Pretty c/ RU* le 29 avril 2002 que le droit à la vie ne saurait être interprété comme conférant à une personne le droit symétrique de mourir avec l'assistance d'un tiers. Elle estime cependant que le droit au suicide assisté entre dans le champ du droit à la vie privée, lequel trouve à se concilier, nationalement, avec l'ordre public et la prévention de l'assassinat. Dans son arrêt *Haas c/ Suisse* du 20 janvier 2011, la CEDH a jugé, sur le terrain de la vie privée, que l'État peut poser des conditions (expertise psychiatrique notamment) à l'accès à un produit analgésique puissant pouvant servir à un suicide sans douleur. L'ingérence est légitime comme procédure propre à s'assurer de la liberté de choix du patient.

En ce qui concerne l'euthanasie, un avis du CCNE[83] s'est prononcé dans le sens d'un assouplissement sous contrôle afin de parvenir à une réappropriation de la mort par la personne, condamnant l'acharnement thérapeutique. Le thème de la dignité de la personne est employé de part et d'autre soit pour certaines formes d'euthanasie soit contre celle-ci. D'une part, la dignité de la personne (indisponible en soi mais rendant la vie elle-même disponible), celle qui préserve la socialisation, l'image sociale que le corps suscite, prend le visage de la qualité de vie et plaide pour la maîtrise de la fin de vie. D'autre part, la dignité humaine, indisponible concrètement, impose le respect absolu de la vie contre et avec autrui, la vie étant condition du sujet de dignité. En définitive, l'interdiction de l'euthanasie repose autant sur l'indisponibilité de la vie que sur la crainte d'abus d'un droit à l'aide pour mourir que certains auteurs analysent comme une conciliation avec les droits d'autrui. La dépénalisation de l'euthanasie représenterait l'acceptation par l'État d'une nouvelle ligne de partage du pouvoir sur la personne, au même titre que la peine de mort ou l'avortement, et une remise en cause de la frontière entre vie privée et vie publique. Mais en 2014, dans son avis n° 121 « Fin de vie, autonomie de la personne, volonté de mourir », le Comité recommande de ne pas légaliser l'assistance au suicide et/ou l'euthanasie et que la réflexion sur le sujet de la fin de la vie n'est pas close et doit se poursuivre sous la forme d'un débat public.

La loi du 22 avril 2005 (dite « Léonetti »), sur la fin de vie, allait plus loin que la seule obligation de soins en précisant les conditions d'arrêt des traitements.

Depuis la loi de 2016, les actes de prévention, d'investigation ou de traitements et de soins ne doivent pas être mis en œuvre ou poursuivis lorsqu'ils résultent d'une obstination déraisonnable. Aux termes de l'affaire *Lambert*[84], l'obstination déraisonnable

83. CCNE, avis n° 63, 27 janvier 2000, *Fin de vie, arrêt de vie, euthanasie.*

84. CE, Ass., 14 février 2014, *Mme Lambert*, n° 375081 ; CE, 24 juin 2014, *Mme F... I... et autres*, n° 375081, 375090, 375091.

s'entend objectivement, indépendamment de la capacité à consentir de l'intéressé et s'analyse à partir de la disproportion, de l'inutilité, du seul « effet que le maintien artificiel de la vie ». Le médecin doit se fonder sur un ensemble d'éléments dont il apprécie le poids en fonction des circonstances particulières et de la situation singulière propres à chaque patient : les données médicales sur une période suffisamment longue (l'état actuel du patient, son évolution, sa souffrance et le pronostic clinique) et la volonté du patient. En cas d'incertitude de celle-ci, elle ne peut être présumée refuser la poursuite d'un traitement. Le Conseil d'État a précisé que le médecin devait, dans l'examen de la situation propre de son patient, être avant tout guidé par le souci de la plus grande bienfaisance à son égard.

Lorsqu'ils apparaissent inutiles, disproportionnés ou lorsqu'ils n'ont d'autre effet que le seul maintien artificiel de la vie, ils peuvent être suspendus ou ne pas être entrepris, conformément à la volonté du patient et, si ce dernier est hors d'état d'exprimer sa volonté, à l'issue d'une procédure collégiale définie par voie réglementaire. Il est important de préciser que la nutrition et l'hydratation artificielles constituent des traitements. Cette solution est la codification de la solution retenue par le juge administratif, dans le cadre de l'affaire *V. Lambert*.

Cette affaire a conduit le législateur à préciser les conditions d'arrêt des traitements lorsque la personne est hors d'état d'exprimer sa volonté. Le médecin prend alors les décisions après avoir, sauf urgence ou impossibilité, consulté la personne de confiance ou, à défaut, un de ses proches. La limitation ou l'arrêt de traitement susceptible d'entraîner son décès ne peut être réalisé sans avoir respecté une procédure collégiale et les directives anticipées ou, à défaut, sans que la personne de confiance ou, à défaut la famille ou les proches, aient été consultés (article 1111-4).

Si la loi de 2016, « créant de nouveaux droits en faveur des malades et des personnes en fin de vie », ne consacre pas un droit à se voir administrer un produit létal (ni suicide assisté de la personne consciente, ni euthanasie active du patient inconscient) ; elle permet tout de même de parvenir à la mort en peu de temps et de manière « apaisée ». Elle autorise, en fin de vie, le recours à une sédation profonde et irréversible en même temps que l'arrêt de l'hydratation et de la nutrition qui entraînent la mort : « Toute personne a droit d'avoir une fin de vie digne et accompagnée du meilleur apaisement possible de la souffrance » (article L. 1110-5 CSP). Selon l'article L. 1110-5-2 du Code de la santé publique, à la demande du patient, pour éviter toute souffrance et de ne pas subir d'obstination déraisonnable, une sédation profonde et continue provoquant une altération de la conscience maintenue jusqu'au décès, associée à une analgésie et à l'arrêt de l'ensemble des traitements de maintien en vie, est mise en œuvre

– soit lorsque le patient (conscient ou non) est atteint d'une affection grave et incurable et dont le pronostic vital est engagé à court terme et présente une souffrance réfractaire au traitement ;

– soit lorsque la décision du patient atteint d'une affection grave et incurable d'arrêter un traitement engage son pronostic vital à court terme et est susceptible d'entraîner une souffrance insupportable ;

– soit enfin lorsque le patient ne peut pas exprimer sa volonté et a refusé toute obstination déraisonnable.

Deux décrets du 3 août 2016 ont précisé la loi. Le premier (n° 2016-1066) modifie le Code de déontologie médicale pour organiser cette nouvelle forme de sédation, avec des modalités différentes selon que le patient peut exprimer sa volonté ou non (« même si la souffrance de celui-ci ne peut être évaluée du fait de son état cérébral »). Il précise aussi les deux procédures collégiales, selon que le médecin souhaite limiter ou arrêter des traitements (procédure de l'article L. 1110-5-1) ou qu'il veuille passer outre des directives anticipées qu'il juge manifestement inappropriées ou non conformes à la situation médicale (procédure de l'article L. 1111-11). Le second décret (n° 2016-1067) concerne les conditions de rédaction et de conservation (dans le « Dossier Médical Partagé » des directives anticipées en distinguant la situation où la personne est en fin de vie ou se sait atteinte d'une affection grave.

Le rôle de la volonté du patient est ainsi directement renforcé, notamment parce que les directives anticipées (article L. 1111-11 CSP), par lesquelles le patient a fait connaître sa volonté avant d'en être incapable, sont désormais contraignantes pour le médecin, mais aussi indirectement par l'information continue et le recueil de l'avis de la personne de confiance ou des proches en cas d'incapacité du patient à s'exprimer (article L. 1111-4 CSP). Les directives anticipées s'imposent au médecin, pour toute décision d'investigation, d'actes, d'intervention ou de traitement, sauf en cas d'urgence vitale pendant le temps nécessaire à une évaluation complète de la situation et lorsque les directives anticipées apparaissent manifestement inappropriées ou non conformes à la situation médicale (article L. 1111-11 CSP).

Dans tous les cas, des soins palliatifs doivent être prodigués et la douleur doit être soulagée et ceci alors même que les traitements contre la douleur ont un double effet et peuvent accélérer la fin d'une personne affaiblie par la maladie.

» Exercices de préparation au grand oral

› Sujet n° 1

Le candidat devra commenter ce communiqué de presse de la Cour européenne des droits de l'homme :

CEDH, affaire *Durisotto c/ Italie* (requête n° 62804/13), 28 mai 2014

Principaux faits

Le requérant, M. Nivio Durisotto, est un ressortissant italien né en 1950 et résidant à Udine (Italie). Il présente sa requête en qualité de tuteur légal de sa fille, Mlle M.D., née en 1975, affectée depuis son adolescence par une pathologie cérébrale dégénérative.

Le 8 avril 2013, M. Durisotto déposa un recours devant le tribunal afin qu'il *ordonne à l'hôpital de Brescia d'administrer à sa fille des cellules souches* selon une thérapie dite méthode « Stamina ». Le tribunal fit provisoirement droit à sa requête, considérant qu'il y avait lieu de ne pas retarder l'administration de la thérapie demandée.

Le 3 mai 2013, l'hôpital de Brescia demanda le rejet de la demande de M. Durisotto, estimant que les conditions prévues par la loi n'étaient pas réunies. En particulier, Mlle M.D. n'avait pas démarré le traitement à la date d'entrée en vigueur – soit le 27 mars 2013 – du décret-loi n° 24/2013, comme celui-ci l'exigeait en réglementant l'accès des patients à la méthode en question. Par une décision du 11 juillet 2013, *le tribunal révoqua sa décision précédente et rejeta la demande du requérant.*

Le 30 août 2013, le tribunal rejeta la réclamation du requérant. Il observa que le décret-loi n° 24/2013 avait ordonné l'expérimentation clinique de la méthode « Stamina » pour une durée de dix-huit mois à compter du 1er juillet 2013 *et rappela que le service public de la santé ne garantissait l'accès à des médicaments ou à des thérapies que dans le cas où leur validité et leur efficacité avaient été vérifiées et approuvées par des organismes médicaux scientifiques*. Selon le tribunal, la situation de Mlle M.D. ne rentrait pas dans un des cas d'autorisation prévus par le décret-loi et permettant le recours à la thérapie.

Décision de la Cour

Article 8

La Cour rappelle que pour les cas d'interdictions *d'accès à des soins compassionnels* opposées à des personnes affectées par des pathologies graves, *la marge d'appréciation des États membres est ample.*

En l'espèce, d'après le décret-loi n° 24/2013, *seuls les traitements dits « Stamina » commencés avant la date d'entrée en vigueur du décret-loi pouvaient être menés à terme*, ainsi que ceux qui auraient été autorisés par l'autorité judiciaire. La demande de M. Durisotto a été rejetée sur la base de cette loi.

La Cour relève par ailleurs qu'un comité scientifique mis en place par le ministère de la Santé a rendu un avis négatif sur ladite méthode thérapeutique. *La valeur scientifique de cette thérapie n'est donc pas établie*. La Cour rappelle qu'il n'appartient pas au juge international de se substituer aux autorités nationales compétentes pour déterminer le niveau de risque acceptable par les patients désireux d'accéder à des soins compassionnels dans le cadre d'une thérapie expérimentale.

Il s'ensuit que *l'ingérence dans le droit au respect de la vie privée de Mlle M.D. qu'a constitué le refus d'accéder à la demande de thérapie médicale peut être considérée comme nécessaire dans une société démocratique*. Le grief fondé sur l'article 8 concernant l'interdiction faite à Mlle M.D. d'accéder à la thérapie compassionnelle que son père demandait doit être rejeté en tant que manifestement mal fondé.

Article 14 combiné avec l'article 8

En ce qui concerne les décisions judiciaires – citées par M. Durisotto – qui ont autorisé l'accès à la thérapie compassionnelle pour certaines personnes, *la Cour constate tout d'abord que plusieurs des affaires mentionnées concernent des situations différentes de celles de Mlle M. D.* Dans certains cas, les thérapies avaient été démarrées à des dates antérieures à l'entrée en vigueur du décret-loi, dans d'autres cas, les juges avaient autorisé exceptionnellement l'accès à la thérapie.

La Cour rappelle à cet égard que, pour qu'un problème se pose au regard de l'article 14, il ne suffit pas que l'on soit en présence d'une différence dans le traitement de personnes placées dans des situations comparables, mais il faut que la distinction litigieuse soit discriminatoire. *Une distinction est discriminatoire si elle manque de justification objective et raisonnable, c'est-à-dire si elle ne poursuit pas un but légitime ou s'il n'y a pas un rapport de proportionnalité entre les moyens employés et le but visé.* Même à supposer que Mlle M.D. se trouvait dans une situation comparable à celle des personnes qui avaient bénéficié d'une autorisation judiciaire exceptionnelle pour le traitement, la Cour ne saurait conclure que le refus opposé à elle par la justice a été discriminatoire.

L'interdiction d'accéder à la méthode « Stamina » opposée par le tribunal en application du décret-loi n° 24/2013 poursuivait le but légitime de la protection de la santé et était proportionnée à ce but.

La décision du tribunal a été dûment motivée et n'était pas arbitraire. En outre, la valeur thérapeutique de la méthode « Stamina » n'est pas encore à l'heure actuelle prouvée scientifiquement. Le fait que certains tribunaux aient autorisé l'accès à cette thérapie à des personnes se trouvant dans un état de santé comparable à celui de Mlle M.D. ne suffit pas à caractériser une méconnaissance de l'article 14 combiné avec l'article 8 de la Convention. Cette partie de la requête doit être rejetée comme manifestement mal fondée.

› Éléments de commentaire

Introduction

Accroche : Les droits de l'homme ne sauraient conduire à imposer aux États de soigner à tout prix, même dans des situations de compassion.

Rappel des faits et des décisions des juges étatiques

Intérêt du sujet : Cette décision de la Cour situe, sans nouveauté, les questions de santé et de biotechnologie sur le terrain de la vie privée et de l'autonomie de l'individu. Il s'agit ici plus particulièrement de la sélection des personnes pour des soins innovants, sans accès au grand public et qui impliquent une sélection. L'égalité vient s'ajouter à la question de l'accès aux soins *via* l'argument de la discrimination.

Définir la santé comme un droit fondamental. Décomposer ce droit en différentes composantes : la protection de la santé, le droit d'accéder aux soins, le refus de soins, l'interdit de la discrimination...

En situation de rareté de la ressource en santé, la sélection médicale opérée suit-elle les cadres habituels du principe d'égalité ? La réponse de la Cour est positive ; elle laisse à l'État le soin de poser les règles de sélection qui lui paraissent pertinentes, à condition de ne pas utiliser de critère illégitime.

Plan

I. Le droit d'accès aux soins

A. La consécration d'un droit à la santé

1. Les sources internationales

2. Les sources constitutionnelles

3. La protection légale

B. Accès aux soins et prestation étatique

1. Un droit social relevant du droit à la vie privée

a) Indivisibilité des droits (CEDH, *Airey c/ Irlande*)

b) Un droit reposant sur des obligations positives (jurisprudence)

2. La marge nationale d'appréciation de l'État

a) Mécanisme

b) Usage dans le domaine de la vie privée

II. L'égalité face aux soins « compassionnels »

A. L'égalité devant les soins

1. Égalité réelle et égalité formelle

a) Égalité devant la loi

b) Égalité réelle et prestation sociale de santé

2. Notion de non-discrimination

a) Discrimination directe et discrimination indirecte

b) L'état de santé, motif généralement illégitime

B. Le problème de la sélection dans le cadre des soins

1. L'interdiction d'user de motifs illégitimes

a) Les motifs illégitimes (Ex. de la répression des refus de soins liés à la couverture sociale des patients : cas des patients en CMU, couverture maladie universelle)

b) Santé, droit universel ? (ex. droit à des soins palliatifs)

2. La pertinence des critères scientifiques

a) L'accès des protocoles de recherche

b) Et la dignité du malade ?

› Sujet n° 2

Commenter l'article L. 1110-5-2 CSP issu de la loi du **2 février 2016.**

Art. L. 1110-5-2 CSP

À la demande du patient d'éviter toute souffrance et de ne pas subir d'obstination déraisonnable, une sédation profonde et continue provoquant une altération de la conscience maintenue jusqu'au décès, associée à une analgésie et à l'arrêt de l'ensemble des traitements de maintien en vie, est mise en œuvre dans les cas suivants :

1° Lorsque le patient atteint d'une affection grave et incurable et dont le pronostic vital est engagé à court terme présente une souffrance réfractaire au traitement ;

2° Lorsque la décision du patient atteint d'une affection grave et incurable d'arrêter un traitement engage son pronostic vital à court terme et est susceptible d'entraîner une souffrance insupportable.

Lorsque le patient ne peut pas exprimer sa volonté et au titre du refus de l'obstination déraisonnable mentionnée à l'article L. 1110-5-1, dans le cas où le médecin arrête un traitement de maintien en vie, celui-ci applique une sédation profonde et continue provoquant une altération de la conscience maintenue jusqu'au décès, associée à une analgésie.

La sédation profonde et continue associée à une analgésie prévue au présent article est mise en œuvre selon la procédure collégiale définie par voie réglementaire qui permet à l'équipe soignante de vérifier préalablement que les conditions d'application prévue aux alinéas précédents sont remplies.

À la demande du patient, la sédation profonde et continue peut être mise en œuvre à son domicile, dans un établissement de santé ou un établissement mentionné au 6° du I de l'article L 312-1 du code de l'action sociale et des familles.

L'ensemble de la procédure suivie est inscrit dans le dossier médical du patient.

› Éléments de corrigé

Il s'agit ici de décrire l'évolution législative relative au droit de la fin de vie. L'analyse portera ensuite sur les déterminants de cette évolution : les revendications politiques mais aussi les incertitudes juridiques révélées par l'affaire *Vincent Lambert*. Le but de l'exercice est de mettre en lumière les droits fondamentaux sous-jacents à l'équilibre que la loi opère. Comme en atteste la jurisprudence de la Cour européenne, le droit à la vie privée tend à fonder une plus grande maîtrise par l'individu de son propre destin, tandis que la considération accordée à la protection étatique du droit à la vie permet d'en encadrer les effets. Le législateur a donc mis en mots cette appropriation de la fin de vie par la personne. Il reste que la détermination de la volonté de celle-ci est la grande affaire de la loi, surtout lorsque le discernement, voire la conscience, sont abolis. Les juges avaient déjà été confrontés à la difficulté de « faire parler » la personne inconsciente. Le législateur a renforcé le rôle de ses « témoins ». Le rôle du médecin s'en trouve modifié, davantage débiteur d'une obligation d'accompagnement sans douleur que titulaire d'un pouvoir de décision, de vie ou de mort.

La revendication d'autonomie s'en trouve largement satisfaite même si la loi ne semble pas concrétiser un droit à l'euthanasie ou au suicide assisté. Elle permet néanmoins une sédation profonde qui y ressemble beaucoup.

I. La traduction d'une revendication d'autonomie de l'individu en fin de vie

Alors qu'il y a vingt ans encore on avait une lecture purement objective de la question de la fin de vie sous la forme d'une interdiction de donner la mort, la jurisprudence de la Cour européenne des droits de l'homme, à travers les arrêts *Pretty* et *Haas*, a considérablement modifié la façon dont les États peuvent aborder la question de la fin de vie. Encore faut-il préciser que la liberté de mourir se manifeste, dans le cadre français, seulement dans le cadre d'une pathologie incurable qui conduit à un pronostic létal à brève échéance. La volonté du patient de recourir à un arrêt des traitements, puis une sédation profonde, ne s'exerce donc que dans ce cadre. La loi renforce également la prolongation de cette volonté une fois la conscience abolie.

A. L'appui du droit à la vie privée, à la volonté de disposer de soi

1. L'influence de la CEDH

2. La traduction nationale à travers l'obligation de respecter le refus de soin

B. L'institutionnalisation du respect de la volonté du patient

1. La notion de « fin de vie »

2. Les directives anticipées et la personne de confiance

II. La limite tenant au tabou de l'euthanasie

Les partisans du droit à mourir dans la dignité ont échoué dans l'obtention d'une claire reconnaissance d'un droit à mourir. Contrairement à d'autres pays, la France réserve le cas du suicide assisté et ne légifère que sur une fin de vie considérée comme plus indigne que la vie elle-même. L'astuce retenue par le législateur consiste à admettre une sédation profonde pour le patient qui la demande et un arrêt des traitements lorsque ceux-ci ne maintiennent qu'artificiellement la vie. Ce faisant, le patient s'endort pour ne jamais se réveiller et la définition des traitements, comme incluant l'hydratation et la nutrition, conduit à une mort biologique après une mort sociale.

A. Le refus d'une survie artificielle

1. La protection objective de la vie : la dignité de l'être humain et l'article 2 de la CEDH.

2. L'interdiction de l'acharnement thérapeutique en cas d'incapacité de la personne à manifester sa volonté : la dignité de la personne

B. Une séparation ténue avec l'euthanasie

1. La « sédation profonde », une mort en deux temps ?

2. Les nouvelles obligations du corps médical

› Sujet n° 3

Commentez cet extrait de l'arrêt CE, 31 mai 2016, *Mme C. A.*, N° 396848

« 11. Il résulte de l'instruction que Mme C... A... et M. B... avaient formé, ensemble, le projet de donner naissance à un enfant. En raison de la grave maladie qui l'a touché, et dont le traitement risquait de le rendre stérile, M. B... a procédé, à titre préventif, à un dépôt de gamètes dans le centre d'étude et de conservation des œufs et du sperme de l'hôpital Tenon, afin que Mme C... A... et lui-même puissent, ultérieurement, bénéficier d'une assistance médicale à la procréation. Mais ce projet, tel qu'il avait été initialement conçu, n'a pu aboutir en raison de la détérioration brutale de l'état de santé de M. B..., qui a entraîné son décès le 9 juillet 2015. Il est, par ailleurs, établi que M. B... avait explicitement consenti à ce que son épouse puisse bénéficier d'une insémination artificielle avec ses gamètes, y compris à titre posthume en Espagne, pays d'origine de Mme C... A..., si les tentatives réalisées en France de son vivant s'avéraient infructueuses. Dans les mois qui ont précédé son décès, il n'était, toutefois, plus en mesure, en raison de l'évolution de sa pathologie, de procéder, à cette fin, à un autre dépôt de gamètes en Espagne. Ainsi, seuls les gamètes stockés en France dans le centre d'étude et de conservation des œufs et du sperme de l'hôpital Tenon sont susceptibles de permettre à Mme C... A..., qui réside désormais en Espagne, d'exercer la faculté, que lui ouvre la loi espagnole de poursuivre le projet parental commun qu'elle avait formé, dans la durée et de manière réfléchie, avec son mari. Dans ces conditions et en l'absence de toute intention frauduleuse de la part de la requérante, dont l'installation en Espagne ne résulte pas de la recherche, par elle, de dispositions plus favorables à la réalisation de son projet que la loi française, mais de l'accomplissement de ce projet dans le pays où demeure sa famille qu'elle a rejointe, le refus qui lui a été opposé sur le fondement des dispositions précitées du code de la santé publique – lesquelles interdisent toute exportation de gamètes en vue d'une utilisation contraire aux règles du droit français – porte, eu égard à l'ensemble des circonstances de la présente affaire, une atteinte manifestement excessive à son droit au respect de la vie privée et familiale protégé par les stipulations de l'article 8 de la convention européenne de sauvegarde des droits de l'homme et des libertés fondamentales. Il porte, ce faisant, une atteinte grave et manifestement illégale à une liberté fondamentale.

12. La loi espagnole n'autorise le recours à une insémination en vue d'une conception posthume que dans les douze mois suivant la mort du mari. Dès lors, la condition d'urgence particulière prévue par les dispositions de l'article L. 521-2 du code de justice administrative est remplie.

13. Il résulte de ce qui précède qu'il y a lieu d'enjoindre à l'Assistance publique – Hôpitaux de Paris et à l'Agence de la biomédecine de prendre toutes les mesures nécessaires afin de permettre l'exportation des gamètes de M. B... vers un établissement de santé espagnol autorisé à pratiquer les procréations médicalement assistées, dans un délai de sept jours à compter de la notification de la présente décision. »

› Éléments de corrigé

Introduction

Accroche

Le Conseil d'État chausse les lunettes de la Cour européenne pour donner au « droit à l'enfant » une forme de reconnaissance, tout en maintenant les apparences d'un ordre public national. Il le fait au risque d'un byzantinisme juridique donnant au juge de nouvelles perspectives pour une approche subjective des droits fondamentaux.

Contextes

Depuis dix ans, la Cour européenne s'est saisie des problèmes d'assistance médicale à la procréation sur le fondement du droit à l'autonomie personnelle. Loin d'y voir des techniques médicales vouées à la thérapie des couples physiquement stériles, elle y voit des prestations de service permettant de concrétiser un projet parental que l'État peut certes encadrer sans le nier. On trouve ici les limites de l'ordre public national dans le concert européen et la circulation des personnes et le « tourisme procréatif ».

Rappeler que la Cour de cassation a déjà opté pour une interprétation *in concreto* dans différentes hypothèses. La Cour de cassation avait semblé donner l'exemple dans une affaire complexe de mariage incestueux[85]. Ce précédent fait aujourd'hui l'objet d'une réflexion en vue de sa généralisation sous les traits d'un contrôle de proportionnalité qui dépasse la « simple » mise à l'écart de la loi inconventionnelle pour la pesée de ses

85. Cass. 1re civ., 4 déc. 2013, n° 12-26066 : l'empêchement à mariage entre un beau-père et sa bru prévu par l'article 161 du Code civil, tout en restant justifié par la protection de la famille, conduirait à violer la liberté du mariage d'un tel couple dans le cas particulier d'une union célébrée sans opposition et qui a duré plus de vingt ans.

effets sur une partie[86]. Ce fut le cas aussi du droit de propriété qui doit céder quand les conséquences de son application portent atteinte au droit au respect de la vie privée[87].

Rappel des faits

Rappeler les notions de « rapports de système », d'autorité de la Convention, de l'autorité de chose jugée de la Cour.

Définitions

Vie privée, marge nationale d'appréciation.

Problématique

Ici, la logique des droits fondamentaux vient détricoter celle de l'ordre public de la santé et de la loi civile. Le prisme y devient celui du droit subjectif qui existerait à utiliser une technique disponible pour la finalité de son choix sans que l'État ne puisse s'y opposer sans prouver qu'il le fait « nécessairement » dans une société démocratique. Plutôt que de voir dans la société un « ordre » (celui de la filiation et de l'engendrement, comme aurait écrit P. Legendre[88]), on y verra des usages possibles pour l'individu qui tente à tout prix de réaliser ses désirs sans vouloir apprendre à y renoncer. Si la Cour accepte de voir dans les lois nationales des protections d'un ordre social qui sécurise, elle veut, dans chaque affaire, que l'on vérifie que le trouble qu'y apporte la demande de l'individu est bien plus grand que son droit individuel. Ainsi, en matière de don de gamète, la Cour estime que : « les préoccupations fondées sur des considérations morales ou sur l'acceptabilité sociale ne sont pas en elles-mêmes des raisons suffisantes pour une interdiction totale d'une technique spécifique [...] »[89]. Là où la loi érige le motif thérapeutique en exception ouverte à l'artifice médical, la Cour européenne semble répondre que le droit à la vie privée suffit.

Annonce du plan

PLAN

I. Le droit au projet parental

Il faut ici montrer la divergence assez claire de points de vue entre la législation française relative à l'AMP et la lecture qu'en fait le droit du Conseil de l'Europe. Alors que les techniques ne sont accessibles en France qu'en vue d'améliorer la fécondité d'un « couple infertile » dans une optique de soin, la Cour européenne y voit des techniques aujourd'hui disponibles pour chaque individu.

---

86. B. Louvel, « Réflexions à la Cour de cassation », *D.* 2015. 1326 : « la "montée en puissance de la jurisprudence européenne, en particulier celle de la Cour de Strasbourg", statuant en fait et en droit, écartant l'application de la loi en raison des circonstances, qui commanderait l'évolution de l'office de la haute juridiction française ».

87. Cass. 3e civ., 17 déc. 2015, n° 14-22095, *D.* 2016. 72, relatif à l'évacuation et à la démolition d'habitations précaires implantées illégalement. La cour d'appel a violé le droit au respect de la vie privée et familiale et du domicile cassation, aux motifs qu'elle n'a pas recherché « si les mesures ordonnées étaient proportionnées ».

88. P. Legendre, *Les enfants du texte. Étude sur la fonction parentale des États*, Fayard, 1992, p. 20.

89. CEDH, 1er avr. 2010, n° 57813/00, *S.H et a. c/ Autriche.*

A. Les conditions d'accès à l'AMP en France : une démarche thérapeutique

1. Un palliatif de la stérilité

2. Des conditions strictes

B. L'article 8 CEDH et l'AMP : une démarche de convenance

1. Des techniques au service de l'épanouissement personnel

2. Vers un droit « à l'enfant »

II. La nationalisation du standard européen

Si chacun a le droit de poursuivre son épanouissement en utilisant toutes les techniques médicales mises à sa disposition au nom de son autonomie, l'État peut encore y opposer des limites tenant à l'ordre public et à la morale, pourvu que cela demeure justifié et proportionné. L'intérêt de cette décision est d'intégrer nationalement jusqu'au raisonnement du juge européen qui se trouve en quelque sorte « nationalisé ». Les critiques de « jugement en équité » trouvent ici un fondement, car il est très délicat de mesurer les effets concrets d'une législation.

A. L'autonomie des autorités nationales

1. L'auto-évaluation de la marge nationale d'appréciation

2. L'appréciation dans l'abstrait de la proportionnalité de la loi

B. L'appréciation concrète des effets de la loi

1. Les précédents judiciaires

2. Les conditions en l'espèce

CHAPITRE VIII

Libertés individuelles et dignité de la personne humaine

Jordane Arlettaz
Professeur de droit public, CERCOP Université de Montpellier

8.1 › Le terme de « liberté »[1] figure dans de nombreuses dispositions constitutionnelles. Certes, l'une d'entre elles use du concept à des fins principalement déclaratoires : il en est naturellement ainsi de l'article 2 de la Constitution de 1958 consacrant la devise de la République : « Liberté, Égalité, Fraternité ». D'autres cependant, plus significatives, en font usage à travers un véritable filtre juridique. Ainsi, la liberté est tour à tour intégrée dans un cadre matériel, procédural, institutionnel ou encore substantiel.

8.2 › La liberté est avant tout une matière répondant à la logique de la répartition des compétences entre les organes constitués : l'article 34 de la Constitution donne compétence au Parlement pour fixer les règles concernant « les droits civiques et les garanties fondamentales accordées aux citoyens pour l'exercice des libertés publiques ». Cette disposition consacre ainsi, au sein de la norme fondamentale, le principe de la réserve de loi. Il existe en effet un lien étroit entre les libertés individuelles et la compétence du législateur, l'intervention du Parlement se justifiant par la nécessité de permettre aux représentants du peuple de contrôler les actes portant atteinte aux droits essentiels de l'individu. D'un point de vue normatif donc, le passage des libertés publiques aux droits fondamentaux s'est réalisé par un renforcement formel : les libertés sont désormais consacrées par la Constitution. D'un point de vue organique néanmoins, le législateur demeure l'organe seul compétent en matière de réglementation de ces libertés. Au titre de la liberté saisie par la Constitution comme une matière juridique, il est encore possible de citer un ensemble de dispositions concernant non plus la répartition horizontale des compétences entre le législateur et le pouvoir exécutif mais la répartition verticale de celles-ci entre l'État central et les collectivités territoriales. Il est en effet un principe cardinal de notre Constitution qui veut que les transferts descendants de compétences, qui affectent nécessairement l'uniformité du droit sur l'ensemble du territoire pour ouvrir celui-ci à une diversité de réglementations locales, ne sauraient affecter le régime des libertés. Ainsi, les collectivités territoriales peuvent déroger, à titre expérimental, aux dispositions législatives ou réglementaires, « sauf lorsque sont en cause les conditions essentielles d'exercice d'une liberté

1. Pour une synthèse des problématiques de terminologie propres à la matière, cf. M. Levinet, *Théorie générale des droits et libertés*, Bruylant, 2e éd., 2008.

publique ou d'un droit constitutionnellement garanti» (article 72 de la Constitution).

8.3 ▸ La liberté est aussi procédurale depuis l'institution de la question prioritaire de constitutionnalité (QPC) à la faveur de la révision constitutionnelle de l'été 2008. Le nouvel article 61-1 prévoit en effet que « lorsque, à l'occasion d'une instance en cours devant une juridiction, il est soutenu qu'une disposition législative porte atteinte aux droits et libertés que la Constitution garantit, le Conseil constitutionnel peut être saisi de cette question ». Les libertés s'offrent ainsi une voie de droit spécifique devant le Conseil constitutionnel à la disposition des citoyens. La liberté est également institutionnelle depuis la création, dans la Constitution de 1958, du défenseur des Droits, nouvelle autorité administrative indépendante. « Le défenseur des droits veille au respect des droits et libertés par les administrations de l'État, les collectivités territoriales, les établissements publics, ainsi que par tout organisme investi d'une mission de service public, ou à l'égard duquel la loi organique lui attribue des compétences » (article 71-1 nouveau de la Constitution). La liberté est enfin substantielle et se découvre, dans ses principales composantes, au sein du Préambule de la Constitution.

8.4 ▸ La lecture de ces nombreuses références constitutionnelles à la liberté ne permet cependant pas de résoudre la question du pluriel employé dans le terme de libertés individuelles. La formulation suggère en effet que les libertés individuelles formeraient un ensemble cohérent, voire une catégorie spécifique. Pour saisir donc les libertés individuelles, il convient tout à la fois de les rapporter à l'État (Section I), au groupe (Section II), à la notion de liberté individuelle inscrite, plus spécifiquement, à l'article 66 de la Constitution (Section III) ou encore de les confronter au principe particulier de sauvegarde de la dignité de la personne humaine (Section IV).

Section I

LES LIBERTÉS INDIVIDUELLES : DES LIBERTÉS CONTRE L'ÉTAT ?

§ 1 – PENSER LES LIBERTÉS INDIVIDUELLES

8.5 ▸ Parce que la liberté est dite individuelle, la possibilité de penser l'autonomie personnelle ne pouvait se réaliser qu'une fois acquis le courant individualiste. Si le droit a en effet pour fonction de consacrer, de mettre en œuvre ou encore de garantir les libertés individuelles, le juriste doit cependant concéder que cette appréhension juridique des libertés individuelles n'aurait pu se réaliser sans le dépassement de l'une des principales problématiques : comment penser l'individu en qualité de détenteur de droits et libertés ? Si cette question apparaît aujourd'hui comme évidente, elle est pourtant l'aboutissement d'une longue et progressive réflexion de l'homme sur lui-même.

8.6 › La liberté se veut synonyme de libre-arbitre, lequel ne se conçoit qu'en raison de l'indépendance de l'individu au regard de son environnement naturel et social. Or cette indépendance s'est réalisée au prix d'une remise en cause de l'approche holiste de l'être humain. Celle-ci défendait en effet un certain déterminisme « environnemental » de l'homme : l'homme ferait partie d'un tout, ce tout étant la Nature des choses telle que voulue par le créateur. Aristote défendait déjà l'idée d'un homme intégré dans une Nature ordonnée, le cosmos. Ce faisant, le réel ne se composerait pas des seuls individus : il serait aussi cet ordre auquel les individus se voient soumis.

Mais ce courant de pensée s'est vu contesté à partir des XIIIe et XIVe siècles sous l'effet, notamment, de la philosophie nominaliste de Guillaume d'Ockham[2]. Celui-ci accorde une place fondamentale au sujet – seuls sont réels les êtres singuliers – et participe ainsi au passage initiatique d'une approche holiste de l'homme à une approche subjectiviste de l'être humain. Le nominalisme posait donc les conditions pour une pensée individualiste. Son apport tenait en ce qu'il conduisait désormais à appréhender l'individu de manière singulière, en considération seulement de lui-même et pour lui-même, indépendamment de toute référence à son statut ou à son appartenance à un groupe déterminé. Or penser l'individu pour son individualité, c'était déjà le reconnaître en qualité de sujet de droits et de libertés. C'était aussi ouvrir le champ juridique à l'universalisme : épuré de son environnement, l'individu apparaît en effet dénudé ou, plus exactement, revêtu de sa seule essence d'être humain. Il peut dès lors être appréhendé en ce qu'il a d'universel.

§ 2 – PENSER LES LIBERTÉS INDIVIDUELLES CONTRE L'ÉTAT

8.7 › Parce que la liberté suppose l'absence de toute contrainte, les libertés individuelles sont nécessairement sous-tendues par l'idéologie libérale. Les libertés individuelles portent donc en elles un projet politique et philosophique : elles supposent certes une conscience de soi et de l'altérité mais elles fondent également une sphère d'autonomie qui oppose l'individu à l'État – « l'individu a la propriété de son moi et du petit cercle qui l'entoure »[3]. L'État qui pénètre le champ de cette autonomie personnelle perd de fait sa légitimité. C'est en ce sens qu'il peut être affirmé que les libertés individuelles sont nécessairement pensées contre l'État : elles sont au cœur de la défense et de la construction d'un État libéral, d'un État respectueux de l'autonomie personnelle de ses citoyens.

8.8 › Le courant libéral ne pouvait, il est vrai, se prémunir d'une réflexion sur l'État. Spinoza avait déjà posé les bases, au cours du XVIIe siècle[4], d'une critique de la monarchie de droit divin, défendant notamment la possibilité d'une analyse

2. « Le XIVe siècle inaugure cependant un débat qu'on doit essentiellement à l'initiative des franciscains et aux critiques que leur inspirèrent les constructions du Docteur Angélique. Sur le plan logique, Duns Scot puis Guillaume d'Occam contestèrent la nature réificatrice de la démarche de Saint Thomas qui tenait l'universel pour seul objet de raison. Au contraire, les docteurs franciscains concevaient, à partir d'une démarche empirique, que l'individuel – et lui seul – était accessible à la connaissance. Concrètement, l'idée de communauté politique s'effaçait ainsi devant celle d'association d'individus », P. ORY (dir.), *Nouvelle histoire des idées politiques*, Hachette, 1987, p. 18.

3. P. ORY (dir.), *Nouvelle histoire des idées politiques*, Hachette, 1987, p. 234.

4. Son *Traité politique* paraît en 1677.

critique et rationnelle d'un christianisme envisagé par le philosophe comme un simple phénomène historique. Ce faisant, Spinoza ouvrait la voie à un effondrement de la légitimité providentielle ou transcendantale de la royauté qui, dès lors, ne demandait qu'à se reconstruire sur d'autres champs. Spinoza modifiait en effet radicalement la finalité d'un État qui prendra, après lui, la figure de l'État libéral, de l'État protecteur des libertés individuelles. La délimitation des libertés individuelles devenait ainsi définition de l'État et le philosophe initiait ce faisant un siècle de Lumières qui ne cessera de défendre l'individualisme libéral contre l'État absolu. La métaphore du Contrat social venait par ailleurs figurer l'imaginaire d'un pacte conclu par tous et ne reconnaissant l'État qu'en ce qu'il s'engage au respect des libertés individuelles.

Pour autant, appréhender les libertés individuelles comme des libertés établies contre l'État, ou comme des libertés préservées de l'État, peut apparaître comme insuffisant. Il est en effet un double phénomène qui permet de révéler la nature essentiellement complexe de cette catégorie philosophique saisie par le droit.

I – DE L'ÉTAT LIBÉRAL À L'ÉTAT PROVIDENCE

8.9 ▸ Le premier de ces phénomènes touche à une redéfinition de l'État qui, cessant de se représenter dans la seule figure de l'État libéral, a pris au cours du XXe siècle, les habits d'un État social. Les libertés individuelles cessent alors d'être pensées exclusivement dans ce qu'elles protègent de l'absolutisme étatique. Elles deviennent des libertés qui ne peuvent exister sans l'État. Celui-ci représente une condition d'existence des libertés individuelles.

8.10 ▸ Bien entendu, il s'agit ici d'une nouvelle catégorie de libertés individuelles sur lesquelles la doctrine se trouve nécessairement divisée. Car dans la structuration du champ politique, la liberté individuelle a longtemps été et est encore aujourd'hui une révélation du clivage entre la tradition libérale et la tradition socialiste. Pour les libéraux, en effet, les seules libertés qui méritent d'être qualifiées de droits sont celles qui donnent à un titulaire précis et facilement identifiable, l'individu, des pouvoirs d'agir. Regroupés essentiellement dans la Déclaration de 1789, ces droits-libertés constituent la véritable garantie de la liberté de l'individu en ce que, opposables à l'État, ils définissent une sphère à l'intérieur de laquelle il ne peut pénétrer. Dans cette logique, les libéraux dénoncent comme de prétendus droits, les droits économiques et sociaux, les droits-créances au motif, notamment, que leur contenu est toujours indéterminable – que veut dire, par exemple, le droit à avoir des moyens convenables d'existence ? – et leur titulaire impossible à identifier précisément – les travailleurs, la famille (mais où commence et finit la famille ?). Friedrich Hayek, qui a poussé à son terme extrême la pensée politique libérale[5], se livre ainsi à une critique systématique des droits sociaux qualifiés de mirages ou de fantasmes. Selon le prix Nobel d'économie – 1974 –, les inégalités sociales auxquelles ces droits sont censés répondre ne sont imputables à personne, et, par conséquent, il n'est personne à qui demander justice : ces inégalités sont seulement le

5. F. Hayek, *Droit, Législation et Liberté*, PUF, 1980 ; *La constitution de la liberté*, Litec, 1994.

résultat de l'ordre spontané du marché. L'intervention de l'État pour remédier à ces inégalités par la distribution des droits sociaux non seulement réduirait les libertés individuelles mais encore ne serait pas en mesure de réaliser son objectif de justice sociale car, toujours selon Hayek, les inégalités sociales sont la condition de l'exercice de la liberté de l'homme en ce qu'elles l'incitent à user de ses pouvoirs de faire pour modifier sa condition matérielle.

Pour fortement marquée qu'elle soit dans les écrits contemporains d'Hayek, cette hostilité à l'égard des droits sociaux structure la pensée politique libérale depuis qu'ils ont fait irruption sur la scène politique, c'est-à-dire depuis 1848. Dans la foulée des journées révolutionnaires de février, le gouvernement provisoire de la République proclame pour la première fois le droit au travail et crée, pour le rendre effectif, les ateliers nationaux. Mais, en septembre 1848, au moment de consacrer officiellement ce droit dans la nouvelle Constitution, Tocqueville s'oppose avec succès à ce souhait de la gauche en prononçant un discours qui expose sans détour l'enjeu politique, pour les libéraux, d'une reconnaissance des droits sociaux :

« L'amendement Mathieu[6], qui accorde à chaque homme en particulier le droit général, absolu, irrésistible au travail, cet amendement mène nécessairement à l'une de ses conséquences : l'État entreprendra de donner, à tous les travailleurs qui se présenteront à lui, l'emploi qui leur manque, et alors il est entraîné peu à peu à se faire industriel... il devient le premier entrepreneur et bientôt unique de l'industrie.

Une fois arrivé là, l'impôt n'est plus le moyen de faire fonctionner la machine du Gouvernement, mais le grand moyen d'alimenter l'industrie. L'État devient enfin le propriétaire unique de toutes choses. Or cela, c'est le communisme.

Oui, messieurs, il faut que tôt ou tard cette question du socialisme, que tout le monde redoute et que personne, jusqu'à présent, n'ose traiter, arrive enfin à cette tribune ; il faut que l'Assemblée la tranche, il faut que nous déchargions le pays du poids que cette pensée du socialisme fait peser... il faut qu'on sache, que l'Assemblée nationale sache, que la France tout entière sache si la Révolution de Février est ou non une révolution socialiste [...] ».

Par ce discours, Tocqueville déterminait pour longtemps la thématique libérale et la ligne de partage politique entre le camp de l'ordre, partisan et défenseur des droits-libertés, et le camp du progrès, partisan et défenseur des droits sociaux.

8.11 › Même si elle n'est plus, aujourd'hui, aussi absolue, la pensée socialiste se distingue, en effet, par une analyse critique des droits-libertés de 1789 considérés comme des libertés formelles. Les pouvoirs de faire donnés aux hommes sont condamnés à rester lettre morte dès lors que leur condition matérielle et sociale les empêche d'en faire usage et/ou que les moyens concrets de les exercer ne sont ni prévus ni organisés ; ils sont seulement le privilège de quelques-uns et une illusion pour le plus grand nombre. Ces droits-libertés sont encore qualifiés de formels parce qu'ils ont pour référent l'homme abstrait et

6. L'amendement Mathieu était rédigé en ces termes : « La République doit protéger le citoyen dans sa famille, sa religion, sa propriété ; elle reconnaît le droit à tous les citoyens à l'instruction, au travail et à l'assistance ».

non l'homme concret, l'homme situé dans les rapports sociaux ; par cet « oubli », les droits-libertés manquent l'essentiel, c'est-à-dire la protection et la garantie de la liberté de l'individu dans la réalité quotidienne de sa vie de travailleur, de locataire, de consommateur, de parent... ; les libertés véritables ne peuvent donc être, dans la pensée socialiste, que celles qui saisissent l'homme dans la réalité de son vécu et lui permettent de vivre dignement sa condition d'homme : le droit au travail, le droit au logement, le droit à la protection sociale, le droit à l'éducation... Aux libertés formelles des libéraux s'opposent ainsi les libertés réelles des socialistes. Et, à cette opposition, Marx donne le même sens politique que Tocqueville : il est légitime, essentiel, que les bourgeois refusent le droit au travail et que les socialistes le revendiquent, car « derrière ce droit, il y a le pouvoir sur le capital, derrière le pouvoir sur le capital, l'appropriation des moyens de production, leur subordination à la classe ouvrière associée, c'est-à-dire la suppression du salariat, du capital et de leurs rapports réciproques »[7].

8.12 ▸ Du terrain philosophique, le désaccord politique se prolonge et se déplace tout naturellement sur le terrain institutionnel. Chaque camp tire, en effet, de sa définition des « véritables » libertés une conception différente et opposée de l'État et de son rôle. Si, pour les libéraux extrêmes, l'idéal était l'absence d'État, la pensée libérale s'accorde sur l'idée d'un État minimum. « L'ordre politique d'un peuple libre », écrit ainsi Hayek[8], est celui où les individus sont laissés libres de déterminer, par l'usage et l'ajustement réciproque de leurs libertés, leurs règles de vie commune. Toute intervention de l'État pour imposer de telles règles – un salaire minimum garanti, une protection sociale obligatoire, une interdiction ou une limitation des concentrations des entreprises de presse, une réglementation de l'utilisation des organes du corps humain... – est considérée comme une atteinte aux droits naturels de l'homme. Ces derniers, pour se déployer, impliquent, à défaut de sa disparition, une abstention de l'État dans tous les secteurs de l'activité humaine dont la régulation doit dépendre du seul jeu des libertés et volontés individuelles.

Sans doute l'État n'est-il pas totalement rejeté, mais son rôle n'est légitime que s'il vise à favoriser l'exercice des libertés individuelles. Ainsi, il peut définir le cadre juridique général à l'intérieur duquel les libertés s'ajusteront, mais non la méthode ou le contenu des ajustements ; il peut même intervenir pour interdire et sanctionner toutes pratiques ou tous comportements susceptibles de gêner, d'altérer ou de peser sur l'usage par les individus de leurs libertés. La loi, instrument juridique de l'intervention de l'État, doit donc avoir pour seul objet la défense de ces libertés en empêchant tout ce qui pourrait fausser leur libre jeu ; elle doit interdire et non prescrire, et encore les interdictions doivent-elles rester l'exception. Moins il y a de lois, moins il y a de contraintes étatiques et plus les individus sont libres de faire usage de leurs droits comme ils l'entendent ; l'accord des volontés, le contrat, est toujours dans la conception libérale, préférable à la loi. En d'autres termes, les droits-libertés fondent la nécessité à la fois de l'État et de ses limites : la nécessité de l'État

7. K. Marx, *La lutte des classes en France*, 10-18, p. 112.
8. F. Hayek, *Droit, législation et liberté*, t. 2, p. 123.

parce que la loi doit fixer, comme le prévoit la Déclaration de 1789, les « bornes » à l'exercice des libertés pour qu'il soit compatible avec la jouissance de ces mêmes libertés par les autres membres de la société ; la nécessité des limites parce que, au-delà de cette fonction de bornage, toute intervention de l'État réduit l'espace et le mouvement des libertés individuelles.

À l'inverse, les droits sociaux légitiment et exigent une intervention croissante de l'État que les socialistes défendent en opposant l'État-providence à l'État minimum des libéraux. L'État ne peut se contenter de laisser faire, il doit lui-même avoir une action, définir et conduire des politiques publiques destinées à donner vie, consistance et réalités aux droits dont les hommes sont titulaires. Il doit intervenir sur le marché du travail pour satisfaire le droit de chacun d'obtenir un emploi ; il doit fournir les prestations sociales et familiales pour assurer à l'individu et à la famille les conditions nécessaires à leur développement ; il a le devoir de mener une politique culturelle et d'organiser l'enseignement public pour garantir à tous l'accès à l'instruction et à la culture ; il doit encore agir pour corriger les inégalités, assurer la solidarité nationale ou garantir le droit à la protection de la santé.

Aux droits sociaux de l'homme correspondent donc des obligations de faire pour l'État, d'où leur appellation consacrée de droits-créances. L'État est ainsi invité à se développer, à multiplier les administrations dans tous les secteurs d'activité – secteur économique, social, médical, culturel, tourisme... –, à organiser la société par la loi et le règlement. Aux libéraux qui dénoncent dans cette logique un envahissement bureaucratique préjudiciable aux libertés individuelles, voire une dérive totalitaire, les socialistes répondent en faisant leur l'adage selon lequel « c'est la loi qui libère et la liberté qui opprime ». Car, pour eux, l'intervention de l'État ne profite pas seulement aux droits sociaux, elle favorise aussi les libertés individuelles en ce que la sécurité matérielle de chacun est une condition de leur exercice par tous.

II – DU LIBÉRALISME INDIVIDUEL AU LIBÉRALISME INTERINDIVIDUEL

8.13 › Le second phénomène ne touche pas tant à une redéfinition de l'État qu'à un dépassement de celui-ci. Parce que l'individualisme libéral a notamment permis la reconnaissance et la préservation d'une autonomie personnelle, l'individu a pu être pensé comme pouvant porter atteinte aux libertés individuelles d'autrui. Il convenait donc de reconnaître une application non pas seulement verticale mais également horizontale des libertés individuelles. Or « cette exigence a longtemps été occultée par la figure de l'État comme menace essentielle pour les droits et libertés fondamentaux »[9]. La présentation de la personne privée en qualité de « débitrice »[10] des libertés individuelles consacrait dès lors le passage du libéralisme individuel au libéralisme interindividuel.

De fait, une telle appréhension a été très tôt consacrée par le juge judiciaire. Ainsi, dès 1947, le Tribunal civil de la Seine annulait une disposition testamentaire portant

9. X. Dupré de Boulois, *Droits et libertés fondamentaux*, PUF, 2010, p. 76.

10. L. Favoreu, P. Gaïa, R. Ghevontian, F. Mélin-Soucramanien, A. Pena-Soler, O. Pfersmann, J. Pini, A. Roux, G. Scoffoni, J. Tremeau, *Droit des libertés fondamentales*, Dalloz, 2007, p. 162 et s.

révocation d'un legs en cas de mariage avec un juif, sur le fondement du principe d'égalité consacré dans le Préambule de la Constitution de 1946. L'application de dispositions constitutionnelles aux rapports entre personnes privées n'est pas le seul cas d'une appréciation horizontale des libertés individuelles. La Cour de cassation n'hésite pas en effet à résoudre les litiges portés devant elle au moyen de la Convention européenne des droits de l'homme. Tel est particulièrement le cas en matière contractuelle. Ainsi en 2006[11], la Cour de cassation confirmait sa jurisprudence *Mel Yedei* de 1996[12] en rappelant, sur le fondement de l'article 8-1 de la Convention, que les clauses d'un bail d'habitation ne sauraient avoir « pour effet de priver le preneur de la possibilité d'héberger ses proches »[13]. Pour autant, les clauses de droit privé ne doivent pas nécessairement plier devant une liberté individuelle[14]. Ainsi la Cour de cassation n'a pas hésité, dans une autre espèce, à faire primer un règlement intérieur de copropriété sur la liberté de religion. L'affaire dite des cabanes concernait la construction, sur les balcons des appartements de personnes de confession juive, d'une cabane précaire symbolisant, lors de la fête du Souccah, l'errance des Hébreux après la fuite d'Égypte. Or un tel emplacement se heurtait aux conditions d'usage de ces balcons établies dans le règlement de copropriété. Selon le juge judiciaire, « la liberté religieuse, pour fondamentale qu'elle soit, ne saurait avoir pour effet de rendre licites les violations des dispositions d'un règlement de copropriété »[15]. En ce sens, l'application horizontale des libertés entre les personnes privées ne saurait se comprendre comme emportant nécessairement la primauté de ces libertés sur toute clause de nature contractuelle.

§ 3 – PENSER LES LIBERTÉS DE L'ÉTAT

8.14 ▸ Il peut apparaître comme problématique voire paradoxal d'appréhender les personnes morales, qu'elles soient de droit public comme de droit privé, en qualité de titulaires de libertés individuelles. Comment envisager en effet à leur sujet le droit à la vie, la liberté d'aller et venir ou encore le droit à la santé ? Malgré cette relativisation, il semble bien que l'exercice de certains droits fondamentaux acquière une pertinence juridique pour les personnes morales[16]. La Constitution, en son article 4, reconnaît d'ailleurs que les partis et groupements politiques « se forment et exercent leur activité librement ». C'est aussi ce qu'a jugé le Conseil constitutionnel dans sa jurisprudence du 16 janvier 1982 relative aux lois de nationalisations : « le principe d'égalité n'est pas moins applicable entre les personnes morales qu'entre les personnes physiques, car, les personnes morales étant des groupements de personnes physiques, la méconnaissance du principe d'égalité entre celles-là équivaudrait nécessairement à une

11. Cass. civ. 3e 22 mars 2006, *Zélin*.
12. Cass. civ. 3e 5 mars 1996 (obs. J. Hauser, *RTD civ.* 1996, p. 580).
13. J.-P. Marguénaud, « La troisième chambre civile de la Cour de cassation à la croisée des chemins d'influence de la Convention EDH sur le droit des contrats », *RTD civ.* 2006, p. 722.
14. L. Maurin, *Contrat et droits fondamentaux*, LGDJ, 2013.
15. Cass. civ. 3e, 8 juin 2006, *Amsellem*.
16. Cf. X. Dupré de Boulois, « Les droits fondamentaux des personnes morales », *Revue des Droits et libertés fondamentaux* (http://webu2.upmf-grenoble.fr/rdlf/).

méconnaissance de l'égalité entre celles-ci »[17]. En l'espèce, le Conseil a donc consacré le principe d'égalité entre les entreprises privées. Pour autant, le raisonnement emprunté par le juge constitutionnel laisse suggérer que les personnes morales sont ici envisagées comme des titulaires « transparentes » : la reconnaissance de la titularité des personnes morales n'aurait en effet d'autre fondement que d'empêcher que ces dernières ne fassent écran entre les personnes physiques et les libertés individuelles qui leur sont applicables. Or une telle interprétation peut être sujette à discussion dès lors que les personnes morales ne sont pas nécessairement constituées de personnes physiques. En ce cas donc, l'appréhension de la simple transparence de la personne morale équivaut à une méconnaissance de la personnalité juridique de la personne morale en tant que telle.

La reconnaissance de la personne morale en qualité de titulaire de libertés fondamentales a été consacrée de manière plus explicite par la Cour européenne des droits de l'homme. Ainsi, dans son arrêt *Société Colas Est et autres contre France* du 16 avril 2002, la Cour a jugé que « les droits garantis sous l'angle de l'article 8 de la Convention peuvent être interprétés comme incluant pour une société, le droit au respect de son siège social, son agence ou ses locaux professionnels ».

8.15 ❯ La protection de la liberté des personnes morales de droit privé n'a donc pas posé de difficultés juridiques insurmontables. En revanche, la reconnaissance de libertés fondamentales au profit de personnes morales de droit public peut *a priori* soulever deux problématiques essentielles. La première est d'ordre théorique. Les fondements philosophiques sur lesquels reposent les libertés individuelles, à travers l'allégorie du contrat social, appellent en effet une appréhension particulière du rapport entre l'individu et l'État dès lors que ces libertés sont à l'origine de la construction d'une sphère d'autonomie individuelle dans laquelle l'État ne peut intervenir. Dans ce cadre, l'individu reste le titulaire exclusif des libertés, l'État en étant l'obligé principal, le débiteur, le responsable. Or c'est bien à cette représentation dichotomique que s'oppose la reconnaissance de libertés au profit des personnes morales de droit public. Ces dernières ne sont en effet que des émanations de l'État. Comment peuvent-elles revendiquer certaines libertés contre l'État alors même qu'elles en constituent un démembrement ? Quelle sphère d'autonomie peut être accordée à des entités juridiques imputables à l'État ? Au surplus, ces libertés peuvent-elles être opposables à l'individu, à l'administré ? Le second obstacle posé à la reconnaissance de libertés fondamentales au profit de personnes morales de droit public se veut d'ordre plus pratique. Les personnes morales de droit public sont en effet dépositaires de prérogatives de puissance publique. Dans ce contexte, n'y aurait-il pas incompatibilité entre l'exercice de cette force publique et le bénéfice de libertés fondamentales ?

8.16 ❯ La jurisprudence a pourtant su surmonter ces obstacles à la fois théoriques et pratiques. Il est vrai que ces derniers souffraient de possibles contestations. Si les libertés sont en effet opposables à l'État, ce dernier peut être

17. Cons. const., n° 81-132 DC, 16 janvier 1982, Loi de nationalisation.

doublement envisagé. Il peut d'abord désigner, selon une approche kelsénienne du droit, un « ordre juridique relativement centralisé ». Dans ce cas, les libertés ne constitueraient alors qu'un sous-ensemble de cet État et il deviendrait impossible d'affirmer qu'elles s'opposent à l'État. L'État peut ensuite désigner un concept de droit positif – un organe, une institution, une autorité publique : dans ce cas, la reconnaissance au profit de l'État d'un ensemble de libertés aurait simplement pour conséquence de consacrer un effet horizontal à ces libertés dans le secteur public.

8.17 ❯ De fait, les personnes morales de droit public se sont vues reconnaître le bénéfice de certaines libertés fondamentales. La Constitution de 1958 consacre en la matière le principe de la libre administration des collectivités territoriales (article 72), principe qualifié par le Conseil de « droits et libertés que la Constitution garantit », ouvrant ainsi la possibilité de fonder une question prioritaire de constitutionnalité (QPC) sur l'article 72 de la Constitution[18]. Pour autant, les références textuelles dans le champ du droit français sont relativement pauvres, à la différence notamment de la Constitution portugaise selon laquelle « toutes les personnes morales jouissent des droits et sont astreintes aux devoirs qui sont compatibles avec leur nature ». La consécration des libertés des personnes morales de droit public s'est donc principalement faite par la voie prétorienne. Ainsi, le Conseil constitutionnel dans sa décision des 25-26 juin 1986[19] précisa que la protection du droit de propriété consacrée dans la Déclaration des droits de l'homme et du citoyen « ne concern[ait] pas seulement la propriété privée des particuliers mais aussi, à un titre égal, la propriété de l'État et des autres personnes publiques ». De même en 1994[20], le juge administratif admettait la recevabilité d'une requête formée par le département de l'Indre contre l'État sur le fondement de l'article 6-1 de la Convention européenne des droits de l'homme[21]. Une telle déclaration de recevabilité n'était pourtant pas exigée par les instances strasbourgeoises dès lors que la Cour européenne[22], de jurisprudence constante, qualifie les collectivités locales[23] et autres personnes publiques décentralisées de « Hautes parties contractantes » au sens de l'article 34 de la Convention, rejetant ainsi toute requête portée devant elle par des personnes morales de droit public. Poursuivant sur la voie d'une banalisation de la reconnaissance de libertés au profit des personnes morales de droit public, le juge administratif a également reconnu en 2001 que le principe de libre administration consacré à l'article 72 de la Constitution était une liberté fondamentale susceptible de fonder un référé-liberté devant le juge administratif[24].

18. Cons. const., n° 2010-12 QPC, 2 juillet 2010, considérant 2.
19. Cons. const., n° 86-207 DC, 26 juin 1986, Loi autorisant le gouvernement à prendre diverses mesures d'ordre économique et social, considérant 58.
20. CE, 29 juillet 1994, *Département de l'Indre*.
21. Cf. également CE, 29 janvier 2003, *Ville d'Annecy* : le CE confirme, de manière expresse, que les collectivités territoriales ne sont pas des « hautes parties contractantes » au sens de la CEDH et peuvent donc invoquer celle-ci devant le juge administratif.
22. À ce sujet, cf. X. Dupré de Boulois, « Personnes publiques, droits fondamentaux et Convention européenne des droits de l'homme », *RDP* 2004, p. 546.
23. CEDH, 26 août 2003, *Breisacher c/ France*.
24. CE, 18 janvier 2001, *Commune de Venelles et Morbelli*.

8.18 ▸ Pour autant, la jurisprudence n'est pas restée indifférente à la particularité du statut des personnes morales de droit public au regard du contentieux portant sur les libertés. L'arrêt du Conseil d'État en date du 29 janvier 2003, *Commune de Champagne-sur-Seine*, est à ce sujet révélateur de la difficulté d'appréhender la liberté de ces personnes publiques à l'encontre de l'État. La commune demandait en effet l'application de l'article 6 § 1 de la Convention européenne et de l'article 1 du Protocole n° 1 au conflit financier qui l'opposait à l'État. Or le juge administratif déclara que ces articles n'étaient pas applicables « à la répartition de ressources financières publiques entre personnes publiques ». Certes, il est possible de considérer que, ce faisant, le Conseil d'État n'a pas souhaité « s'engager dans un contrôle de nature "para-constitutionnelle" des relations entre personnes publiques qui pourrait aller jusqu'à la censure de dispositions législatives »[25]. Il est également possible de déceler dans cette jurisprudence un aveu tendant à reconnaître que la consécration de libertés au profit des personnes morales de droit public ne répond pas, dans leur rapport à l'État, à un régime strictement identique à celui applicable aux personnes privées.

Section II

LES LIBERTÉS INDIVIDUELLES : DES LIBERTÉS CONTRE LE GROUPE ?

§ 1 – LIBERTÉS INDIVIDUELLES ET LIBERTÉS COLLECTIVES

8.19 ▸ La définition des libertés individuelles peut aussi passer par la voie de la classification. De fait, la doctrine a très tôt opposé les libertés individuelles aux libertés collectives. Les premières n'ont besoin de personne d'autre que l'individu pour s'exercer ; elles s'accomplissent pleinement dans et par un usage solitaire. Les secondes, au contraire, ne prennent sens que par une action conjointe de plusieurs individus ; elles se réalisent par un exercice en commun. *A priori*, la distinction est claire et elle a le mérite de recouper, globalement, l'opposition généralement admise entre la Déclaration des droits de l'homme de 1789 et le Préambule de la Constitution de 1946. Glorifiant l'individu, l'homme séparé de l'homme écrira Marx, le texte de 1789 consacre, par exemple, la liberté d'aller et venir – et son complément le droit à ne pas être arrêté de force ou arbitrairement (droit à la sûreté) –, la liberté de conscience, la liberté de disposer de soi, le droit au respect de la vie privée qui sont autant de libertés assurant et exprimant l'autonomie souveraine de l'individu, c'est-à-dire dont l'exercice ne dépend pas de la mise en mouvement d'autres individus. À l'inverse, le Préambule de 1946, d'inspiration socialiste, privilégie le groupe sur l'individu et énonce en conséquence des libertés qui impliquent nécessairement une action en commun ; la liberté syndicale, la liberté d'association, la liberté de l'enseignement, le droit de grève sont, par définition, des libertés qui s'exercent à plusieurs. La reconnaissance des libertés collectives repose donc sur

25. X. Dupré de Boulois, *Droits et libertés fondamentaux*, PUF, 2010, p. 64.

l'émergence de contestations des droits de l'homme en raison d'une approche strictement abstraite de l'homme telle qu'exprimée dans la DDHC. Ces contestations ont permis de mettre en lumière les insuffisances de la seule proclamation de libertés abstraites. Les mouvements sociaux de 1848 ont révélé, par exemple, la nécessité d'examiner les résultats concrets, l'effectivité, de l'exercice des libertés par les individus. Les droits de la 2e génération, les droits économiques et sociaux, ont justement eu pour ambition de prendre en compte cette préoccupation d'effectivité. Ils ne se contentent donc pas d'envisager l'homme abstrait, indépendamment de son insertion dans la société, mais considèrent l'homme concret, à une époque et en un lieu déterminé, développant par ailleurs des relations multiples au sein de la société. Ainsi sont désormais reconnus les droits du salarié au sein de l'entreprise ou encore de l'individu au sein de la cellule familiale. Apparaissent de même le travailleur, le syndiqué, le malade, l'enfant... Ce déplacement de l'homme abstrait à l'homme concret, sans qu'il n'y ait cependant substitution (les libertés abstraites demeurent) va mener à la consécration de libertés collectives. En effet, en envisageant désormais l'homme comme un agent économique ou en tant que membre d'une structure familiale déterminée, c'est également cette cellule de travail ou de famille qui est prise en compte par le droit.

Sans discuter la pertinence de cette classification ni même la possibilité de ranger avec certitude les libertés dans l'une ou l'autre catégorie, il convient d'observer que la distinction libertés individuelles/libertés collectives est sous-tendue, implicitement ou explicitement selon les auteurs, par l'idée d'une hiérarchie axiologique. La valeur suprême qui anime les régimes libéraux étant l'individu, il est jugé « naturel » que les libertés qui dépendent de sa seule action soient premières. À la primauté de l'individu sur la société doit correspondre la primauté des libertés individuelles sur les libertés collectives ; les premières sont vite qualifiées de fondamentales, les autres de secondaires. Se révèle ainsi la dimension politique ou philosophique d'une classification présentée trop avantageusement sous les couleurs de l'objectivité et de la neutralité juridique.

La jurisprudence ne semble d'ailleurs valider aucune prédominance des unes sur les autres si bien que c'est le critère même sur lequel repose la distinction entre libertés individuelles et libertés collectives qui peut être discuté. La caractéristique des libertés collectives résiderait en effet dans le fait qu'elles s'exerceraient essentiellement en groupe (donc en collectivité). Pourtant, cette collectivisation est toute relative dès lors qu'elle ne touche en réalité que le mode d'exercice : l'individu demeure, en droit, le seul titulaire de la liberté dite collective.

8.20 ▸ La mise en œuvre du droit de grève permet de révéler le caractère fondamentalement individuel de ce droit, du point de vue du titulaire, alors même que son exercice est par définition principalement collectif. Deux jurisprudences récentes attentent en effet d'une volonté de préservation du caractère individuel de ce droit. Le Conseil constitutionnel s'est ainsi prononcé, le 16 août 2007, sur la loi relative au dialogue social et à la continuité du service public dans les transports terrestres réguliers de voyageurs. Or cette législation instituait une obligation de déclaration préalable de 48 heures pour tout salarié souhaitant participer à un mouvement de grève, déclaration faite auprès de son employeur.

Selon le juge constitutionnel, cette « obligation de déclaration ne s'oppose pas à ce qu'un salarié rejoigne un mouvement de grève déjà engagé et auquel il n'avait pas initialement l'intention de participer [...] dès lors qu'il en informe son employeur au plus tard 48 heures à l'avance »[26]. Ainsi, le délai de 48 heures ne doit pas courir à compter du début du mouvement de grève, mais de la volonté, pour un salarié pris individuellement, de participer à ce mouvement ou de le rejoindre. Cette réserve d'interprétation va recevoir un écho dans la jurisprudence administrative. La loi de 2007 a en effet nécessité l'adoption d'un plan de prévisibilité au sein de la RATP. Or ce plan obligeait les salariés à effectuer une déclaration préalable de 48 heures avant le début de toute grève et non de 48 heures avant la participation effective des salariés au mouvement. Une telle mise en œuvre de la loi emportait de fait l'impossibilité, pour les agents de la RATP, de rejoindre un mouvement déjà commencé. Cette disposition du plan a donc été contestée devant le Conseil d'État qui l'a annulé dans son arrêt du 19 mai 2008[27]. En ce sens, si le préavis de grève est un acte collectif, l'obligation de déclaration repose uniquement sur l'intention personnelle des agents. Cette décision confirme que le droit de grève, classiquement présenté comme une liberté de nature collective, s'apparente plus volontiers, dans la jurisprudence, à une liberté individuelle. Cette approche se présente par ailleurs plus fidèle à la jurisprudence civile dès lors que la chambre sociale de la Cour de cassation a quant à elle jugé que dans les entreprises ne comportant qu'un seul salarié, ce dernier pouvait néanmoins exercer ce droit constitutionnellement garanti[28].

§ 2 – LIBERTÉS INDIVIDUELLES ET MINORITÉS

8.21 › La « catégorisation » des titulaires de libertés individuelles qui s'observe depuis 1946, n'a pas éteint l'ensemble des contestations relatives à l'individualisme qui caractérise la reconnaissance des libertés en France. De nouvelles revendications, largement hétérogènes, sont en effet nées. Toutes reposent cependant sur l'affirmation selon laquelle le passage d'une égalité abstraite à une égalité concrète appellerait la reconnaissance des particularismes singularisant certains groupes sociaux. Cette reconnaissance par le droit suppose nécessairement la consécration de droits spécifiques en vue de réaliser l'égalité réelle de groupes socialement ou culturellement dévalorisés, voire défavorisés. Or ces revendications mettent à mal la philosophie qui colore tant la reconnaissance des libertés fondamentales en France que sa propre organisation politique. L'individualisme abstrait a en effet tout autant servi l'universalisme des droits de l'homme que la construction d'une Nation homogène et unifiée, titulaire de la souveraineté politique. L'appel à la consécration juridique de spécificités sociales ou culturelles, lorsque celles-ci ont vocation à pénétrer la sphère

26. Cons. const., n° 2007-555 DC, Loi en faveur du travail, de l'emploi et du pouvoir d'achat.

27. CE, 19 mai 2008, *Syndicat Sud RATP*. Pour un commentaire : N. CHIFFLOT, « Le droit de grève est-il encore un droit collectif ? », *AJDA* 2008, p. 1718.

28. Cass. soc., 13 novembre 1996 : « Si la grève est la cessation collective et concertée du travail par des salariés en vue d'appuyer des revendications professionnelles et ne peut, en principe, être le fait d'un salarié agissant isolément, dans les entreprises comportant qu'un salarié, celui-ci, qui est le seul à même de présenter et de défendre ses revendications professionnelles, peut exercer ce droit constitutionnellement reconnu ».

publique et notamment politique, va ainsi à l'encontre des principes fondamentaux et fondateurs de la République française envisagée comme une et indivisible. Mais ces revendications ne heurtent pas seulement des principes philosophiques ; elles s'opposent plus directement à la Constitution et notamment à deux de ses dispositions. Ainsi, la reconnaissance de droits spécifiques au profit de groupes culturellement définis s'accorde mal avec l'article 1 de la Constitution qui dispose que « la France est une République indivisible, laïque, démocratique et sociale [et qu'] elle assure l'égalité devant la loi de tous les citoyens sans distinction d'origine, de race ou de religion ». Ils ne sauraient de même se concilier avec son article 3 selon lequel « La souveraineté nationale appartient au peuple qui l'exerce par ses représentants et par la voie du referendum. Aucune section du peuple ni aucun individu ne peut s'en attribuer l'exercice ».

8.22 ▸ Il existerait donc bien un obstacle constitutionnel, un blocage juridique à la reconnaissance de la spécificité de certains groupes sociaux, dès lors que cette spécificité repose, selon les termes de la Constitution, sur l'origine, la race ou encore la religion. Certes, il appartient au pouvoir constituant de réviser la Constitution si la volonté de consacrer ces spécificités venait à apparaître comme politiquement inévitable. C'est ainsi qu'il a procédé en ce qui concerne la parité hommes/femmes en politique.

8.23 ▸ Devant la constatation d'une sous-représentation des femmes dans la vie politique et électorale de notre pays, le législateur français a en effet souhaité adopter, en 1982 puis en 1999, une législation favorisant la représentation des femmes dans les mandats électifs. Le premier projet de loi établissait ainsi un système de quotas par sexes au sein des listes municipales dans les communes de plus de 3500 habitants : « les listes de candidats ne peuvent comporter plus de 75 % de personnes du même sexe ». Le second projet, anticipant une éventuelle censure du Conseil constitutionnel, refusait d'établir un système de quotas et préféra consacrer plus justement un principe dit de parité : « chaque liste assure la parité entre candidats féminins et masculins ». Malgré une rédaction différente dans les deux cas, quotas pour l'un, parité pour l'autre, le Conseil constitutionnel a pareillement invalidé ces deux projets de loi[29]. L'argumentation du Conseil se fonde, dans ces deux décisions, sur l'article 3 de la Constitution relatif à la souveraineté nationale, combiné avec l'article 6 de la Déclaration des droits de l'homme et du citoyen selon lequel « tous les citoyens sont égaux devant la loi » et « sont également admissibles à toutes dignités, places et emplois publics, selon leur capacité et sans autre distinction que celles de leurs vertus et de leurs talents ». Or, selon le Conseil constitutionnel, il résulte de ces deux dispositions que « la qualité de citoyen ouvre le droit de vote et d'éligibilité dans des conditions identiques à tous ceux qui n'en sont pas exclus pour une raison d'âge, d'incapacité ou de nationalité, ou pour une raison tendant à préserver la liberté de l'électeur ou l'indépendance de l'élu ; ces principes de valeur constitutionnelle s'opposent à toute division par catégories des électeurs

29. Cons. const., n° 82-146 DC, Loi modifiant le Code électoral et le Code des communes et relative à l'élection des conseillers municipaux et aux conditions d'inscription des Français établis hors de France sur les listes électorales, 18 novembre 1982 et Cons. const., n° 98-407 DC, Loi relative au mode d'élection des conseillers régionaux et des conseillers à l'Assemblée de Corse et au fonctionnement des Conseils régionaux, 14 janvier 1999.

ou des éligibles. Il en est ainsi pour tout suffrage politique, notamment pour l'élection des conseillers municipaux ».

Ce faisant, le juge constitutionnel faisait le choix d'une lecture constitutionnelle fidèle à l'idéologie de la représentation nationale. S'opposant à la volonté de constituer une Assemblée plurielle parce que (sexuellement) diversifiée, une Assemblée miroir de la complexité qui sous-tendrait le pluralisme sociologique français, la théorie de la représentation nationale fait au contraire de la Nation, le titulaire exclusif de la Souveraineté. Or cette entité se veut abstraite, homogène, unifiée et, par conséquent, asexuée. Dans ce cadre, et puisque la loi est l'expression de la volonté générale, aucune exigence particulière ne saurait être établie en ce qui concerne le représentant : celui-ci n'est ni un homme, ni une femme, ni le membre d'une communauté particulière, la Nation venant subsumer chacune de ces particularités. L'adoption d'un système électoral tendant vers la parité a donc nécessité une révision de la Constitution et l'adoption de la loi constitutionnelle du 8 juillet 1999. Cette dernière modifia les articles 3 et 4 de la Constitution en précisant que « la loi favorise l'égal accès des femmes et des hommes aux mandats électoraux et fonctions électives » (article 3) et que « [les partis et groupements politiques] contribuent à la mise en œuvre du principe énoncé au dernier alinéa de l'article 3 dans les conditions déterminées par la loi » (article 4).

8.24 ▸ Ces modifications textuelles portées à la Constitution limitaient cependant l'application du principe de parité entre les hommes et les femmes aux seuls « mandats électoraux et fonctions électives ». Ce domaine fut donc strictement entendu par le Conseil constitutionnel qui invalida en 2001 une loi organique prévoyant un tel dispositif au sein du Conseil supérieur de la magistrature[30] et, en 2006, celle portant parité dans les conseils d'administration des sociétés commerciales[31]. Cette jurisprudence appelait donc, face à une volonté politique constante d'étendre le principe de la parité au-delà de la matière élective, une nouvelle révision constitutionnelle qui est intervenue en juillet 2008. Ce faisant, le dernier alinéa de l'article 3 issu de la loi constitutionnelle de 1999 était supprimé et l'article 1 de la Constitution ainsi complété : « la loi favorise l'égal accès des femmes et des hommes aux mandats électoraux et fonctions électives, ainsi qu'aux responsabilités professionnelles et sociales ». L'élargissement du principe de parité à d'autres fonctions que les seules fonctions électives explique son inscription au sein de l'article 1er relatif au principe général d'égalité, en lieu et place de l'article 3 portant sur la souveraineté nationale.

8.25 ▸ Le constituant n'a cependant pas entendu surmonter l'obstacle constitutionnel au-delà de la question de la parité hommes/femmes. Les articles 1 et 2 de la Constitution s'opposent en effet, de par leur généralité, à toute reconnaissance d'un particularisme subjectif qui caractériserait un groupe social déterminé. La conception de la Nation française, homogène et unifiée, se veut neutre car elle ne repose que sur le consentement à vivre ensemble, sur le sentiment d'appartenir à un même peuple, par-delà les particularismes. Cette

30. Cons. const., n° 2001-445 DC, 19 juin 2001, Loi organique relative au statut des magistrats et au Conseil supérieur de la magistrature.

31. Cons. const., n° 2006-533 DC, 16 mars 2006, Loi relative à l'égalité salariale entre les hommes et les femmes.

construction française de la Nation emporte alors une double conséquence : l'indifférence du droit au regard des singularités culturelles, religieuses ou linguistiques et le cantonnement, dans la sphère privée, de l'expression de ces différences. Ce cantonnement est par ailleurs protégé par la reconnaissance des droits fondamentaux de chaque individu, quelle que soit son origine, sa culture, son orientation sexuelle ou encore sa langue. Dans la sphère publique, c'est donc le principe d'indivisibilité de la République qui domine et qui s'oppose à toute distinction juridique entre citoyens ou entre groupes sociaux.

Le Conseil constitutionnel n'hésite dès lors pas à invalider toute disposition législative instituant une différenciation au sein de la Nation et du peuple français. Ainsi, en 1991, le juge constitutionnel fut saisi de la loi relative au statut de la Corse[32]. Celle-ci évoquait dans l'une de ses dispositions, « la communauté historique et culturelle vivante que constitue le peuple corse, composante du peuple français ». Le Conseil constitutionnel, dans sa décision du 9 mai 1991, censura cette disposition selon un raisonnement qu'il déploya en deux temps. En premier lieu, le Conseil a conféré valeur constitutionnelle au « concept juridique de peuple français » en se fondant sur le Préambule de la Constitution de 1958, la Déclaration des droits de l'homme et du citoyen ainsi que sur le Préambule de la Constitution de 1946. Selon lui, « la référence faite au peuple français figure depuis deux siècles dans de nombreux textes constitutionnels ». En second lieu et au regard de l'article 2 de la Constitution qui reconnaît le caractère indivisible de la République (aujourd'hui inscrit à l'article 1 de la Constitution), le Conseil a jugé que la mention faite par le législateur au « peuple corse, composante du peuple français » était contraire à la Constitution. Certes, le juge constitutionnel n'a nullement invalidé la référence faite par la loi à une « communauté historique et culturelle vivante ». Seul le recours par le législateur à la notion de « peuple » est en l'espèce jugé inconstitutionnel. La reconnaissance d'un peuple distinct du peuple français ouvre en effet la voie à la consécration de droits spécifiques, alors que le terme de « communauté » est au contraire dépourvu de toute portée normative.

Le Conseil a rappelé la valeur fondamentale de ces principes constitutionnels dans sa décision du 15 juin 1999 relative à la Charte européenne des langues régionales ou minoritaires. Les juges constitutionnels, se fondant sur l'article 1 de la Constitution (indivisibilité de la République et égalité devant la loi), ont en effet jugé que « ces principes fondamentaux s'opposent à ce que soient reconnus des droits collectifs à quelque groupe que ce soit, défini par une communauté d'origine, de culture, de langue ou de croyance »[33]. Le considérant se veut volontairement synthétique et résume le blocage constitutionnel à toute reconnaissance de droits spécifiques. Au surplus, la Charte européenne des langues régionales ne saurait être ratifiée par la France dès lors qu'elle prévoit l'utilisation de langues autres que le français dans la sphère publique. La liberté linguistique, qui consiste à employer la langue de son choix et constitue en cela une composante de la liberté d'expression, est une liberté qui ne peut se déployer que dans la seule sphère privée.

32. Cons. const., n° 91-290 DC, 9 mai 1991, Loi portant statut de la collectivité territoriale de Corse.

33. Cons. const., n° 99-412 DC, 15 juin 1999, Charte européenne des langues régionales ou minoritaires.

Il est enfin possible d'évoquer la décision rendue par le Conseil constitutionnel le 15 novembre 2007 et portant sur la loi relative à la maîtrise de l'immigration, à l'intégration et à l'asile. Dans cette décision en effet, les juges devaient se prononcer sur la possibilité de procéder à des statistiques reposant sur des caractéristiques liées aux origines ou à la religion des personnes présentes sur le territoire français. Or selon le Conseil, « si les traitements nécessaires à la conduite d'études sur la mesure de la diversité des origines des personnes, de la discrimination et de l'intégration peuvent porter sur des données objectives, ils ne sauraient, sans méconnaître le principe énoncé par l'article 1er de la Constitution, reposer sur l'origine ethnique ou la race ».

8.26 ▸ La France n'ignore cependant pas l'existence de statuts particuliers, voire d'une citoyenneté distincte de la citoyenneté française. Ainsi, l'accord de Nouméa portant sur la Nouvelle-Calédonie, constitutionnalisé en 1998, a eu pour effet de créer une véritable « citoyenneté calédonienne ». L'accord prévoit en effet que seules les personnes pouvant justifier d'une résidence de plus de dix ans en Nouvelle-Calédonie pourront désormais voter aux élections provinciales. Cette reconnaissance a nécessairement appelé une révision constitutionnelle et l'attribution d'un Titre spécifique (le Titre XIII) pour la Nouvelle-Calédonie. Par une décision en date du 15 mars 1999[34], le Conseil constitutionnel a néanmoins refusé le « gel » de cet électorat, considérant que les dix années de résidence devaient courir à partir de n'importe quelle date d'installation en Nouvelle-Calédonie et permettre ainsi l'acquisition continue de la citoyenneté calédonienne. Mais la révision constitutionnelle du 23 février 2007 est venue poser définitivement le principe du gel du corps électoral calédonien. Cette citoyenneté calédonienne dépasse par ailleurs le seul champ des droits politiques. Elle se retrouve en effet en matière d'accès à l'emploi et à la propriété puisque l'accord de Nouméa autorise également des discriminations en ces domaines au bénéfice des seuls citoyens calédoniens, régime qu'il est coutume d'appeler « la préférence calédonienne ». Cette ouverture constitutionnelle à l'instauration d'une préférence locale en matière d'accès à l'emploi a été récemment interprétée par le Conseil comme fondant non une autorisation mais une exigence constitutionnelle qui justifie la censure d'une loi de pays ne comportant « aucune disposition favorisant l'accès à l'emploi dans la fonction publique au bénéfice des citoyens de la Nouvelle-Calédonie et des personnes qui justifient d'une durée suffisante de résidence »[35]. Exception faite cependant du cas calédonien (qui doit nécessairement être mis en perspective avec le processus menant à l'organisation d'un référendum portant sur l'indépendance de ce territoire), la Constitution et la jurisprudence constitutionnelle françaises s'opposent à la reconnaissance de droits spécifiques au profit de groupes se définissant selon un critère culturel ou linguistique.

34. Cons. const., n° 99-410 DC, 15 mars 1999, Loi relative à la Nouvelle-Calédonie.
35. Cons. const., décision n° 2014-4 LP, 21 novembre 2014.

Section III

LES LIBERTÉS INDIVIDUELLES ET LA LIBERTÉ INDIVIDUELLE

8.27 ▸ Si les libertés individuelles peuvent se présenter comme une catégorie relativement hétérogène, elles doivent par ailleurs être différenciées de la « liberté individuelle » consacrée à l'article 66 de la Constitution française. Ce dernier dispose en effet que « l'autorité judiciaire, gardienne de la liberté individuelle, assure le respect de ce principe dans les conditions prévues par la loi ». Il existerait donc d'un côté des libertés individuelles regroupées au gré des controverses doctrinales, et la liberté individuelle, véritable objet juridique consacré par la Constitution.

8.28 ▸ Pour autant, l'appréhension par le droit de la liberté individuelle inscrite à l'article 66 de la Constitution n'a pas toujours répondu à une cohérence ou à une dynamique constante. La jurisprudence constitutionnelle relative à la liberté individuelle a en effet connu un double mouvement : consacrant d'abord une conception large de la liberté individuelle lui permettant d'y rattacher de multiples droits et libertés non écrits, le Conseil, à la fin des années 1990, opère un retour à une conception stricte le conduisant à trouver un autre fondement constitutionnel aux droits et libertés qualifiés jusqu'alors de « composants de la liberté individuelle ». Le Conseil constitutionnel suivait alors le Tribunal des conflits et le Conseil d'État qui avaient tous deux initié un tel resserrement substantiel de l'article 66 de la Constitution dès les années 1980[36].

La consécration d'une conception large de la liberté individuelle se manifeste dans la décision du 12 janvier 1977 par le choix de la référence constitutionnelle : bien qu'elle soit expressément inscrite à l'article 66 de la Constitution, le Conseil en fait un principe fondamental reconnu par les lois de la République. À partir de là, la liberté individuelle ne recouvre pas seulement la notion classique de sûreté personnelle, c'est-à-dire le droit de n'être ni arrêté ni détenu illégalement. Elle englobe également la liberté d'aller et venir, principe à valeur constitutionnelle depuis la décision du 12 juillet 1979, qui ne fait obstacle ni à la construction de ponts à péage sur le réseau routier, ni à des mesures de vérification d'identité à condition toutefois que la « gêne » ne soit pas excessive et que les individus disposent de garanties effectives. Est encore une dimension de la liberté individuelle, le droit de disposer librement de son corps et de sa personne, que le Conseil a reconnu dans sa décision du 15 janvier 1975, en considérant que « la loi relative à l'interruption volontaire de grossesse respecte la liberté des personnes appelées à recourir ou à participer à une interruption de grossesse » et ne porte pas « atteinte au principe du respect de tout être humain dès le commencement de la vie ».

L'inviolabilité du domicile est aussi un des aspects de la liberté individuelle. Sur ce fondement, le Conseil a censuré des dispositions législatives qui, pour lutter contre

36. F. Vadillo, « Liberté individuelle vs liberté personnelle : l'article 66 de la Constitution dans la jurisprudence du Conseil constitutionnel ou la progressive reconnaissance d'un Habeas corpus à la française », *LPA*, 22 avril 2015, p. 4. C. Tukov, « L'autorité judiciaire, gardienne exclusive de la liberté individuelle ? », *AJDA* 2016, p. 936.

la fraude fiscale, autorisaient l'administration à perquisitionner au domicile des contribuables ; et, dans la même décision, il a défini les conditions auxquelles devaient répondre les perquisitions pour respecter la liberté individuelle : être autorisées, quelle que soit la nature du local, privé ou professionnel, par le juge, qui doit par ailleurs pouvoir vérifier le bien-fondé de la demande de perquisition ; être soumises dans leur déroulement au contrôle du juge ; être réservées clairement à la recherche de catégories précises d'infractions fiscales. Dans sa décision du 16 juillet 1996, le Conseil a étendu les effets protecteurs du principe d'inviolabilité du domicile en considérant qu'il valait de jour comme de nuit : hors le cas où un acte de terrorisme est en train ou vient de se commettre, il censure, en effet, la possibilité de visites nocturnes « en cas d'enquête préliminaire et au cours d'une instruction préparatoire » au motif que cette disposition est « de nature à entraîner des atteintes excessives à la liberté individuelle ».

Creusant toujours davantage cette ressource constitutionnelle, le Conseil, dans sa décision du 13 août 1993, fait également de la *liberté matrimoniale* une « composante de la liberté individuelle » ; et il juge, en l'espèce, qu'en donnant au procureur de la République saisi par l'officier de l'état civil le pouvoir de surseoir à la célébration d'un mariage, soupçonné de complaisance, pour une durée de trois mois et sans possibilité de recours des intéressés, le législateur a subordonné l'union matrimoniale à des conditions contraires au principe de la liberté du mariage.

Ainsi, *de manière continue*, le Conseil tirait du principe de la liberté individuelle des droits et libertés à valeur constitutionnelle qui lui permettaient progressivement de couvrir toutes les hypothèses législatives où pouvaient être mis en cause « le droit de l'individu de mener la vie qu'il estime lui convenir ».

À la fin des années 1990, le Conseil mit fin à cette jurisprudence, recentrant la liberté individuelle sur l'article 66 et sur l'idée de sûreté personnelle. Ce faisant, il mettait également en cohérence la notion de liberté individuelle de l'article 66 alinéa 2 avec l'alinéa 1 de ce même article qui dispose que « nul ne peut être arbitrairement détenu ». Il est vrai qu'une conception si extensive de la liberté individuelle n'était pas sans soulever un ensemble de difficultés dont notamment le risque de « dilution de la notion même de liberté individuelle au sens de l'article 66 de la Constitution »[37] ou encore le rattachement d'un ensemble sans fin de libertés à un juge spécifique : le juge judiciaire. Étendre le champ de la liberté individuelle s'accompagnait en effet nécessairement d'une extension de la compétence de l'autorité judiciaire.

Le rétrécissement de la notion de liberté individuelle supposait néanmoins pour le Conseil constitutionnel de procéder à une autonomisation des droits et libertés qualifiés de « composantes de la liberté individuelle » de l'article 66 de la Constitution. Ainsi, dans sa décision du 22 avril 1997, le Conseil n'inclut plus le droit au mariage dans la liberté individuelle mais le range « parmi les libertés et droits fondamentaux reconnus à tous ceux qui résident sur le territoire de la République ». De manière plus explicite, le Conseil a également rejeté le moyen tiré de la violation de

37. L. Favoreu, P. Gaïa, R. Ghevontian, F. Mélin-Soucramanien, A. Pena-Soler, O. Pfersmann, J. Pini, A. Roux, G. Scoffoni, J. Tremeau, *Droit des libertés fondamentales*, Dalloz, 2007, p. 192.

l'article 66 de la Constitution dans le cadre d'une question prioritaire de constitutionnalité relatif à la liberté de mariage entre personnes de même sexe : « l'article 66 de la Constitution prohibe la détention arbitraire et confie à l'autorité judiciaire, dans les conditions prévues par la loi, la protection de la liberté individuelle ; la liberté du mariage, composante de la liberté personnelle, résulte des articles 2 et 4 de la Déclaration des droits de l'homme et du citoyen de 1789 ; les dispositions contestées n'affectent pas la liberté individuelle ; dès lors, le grief tiré de la violation de l'article 66 de la Constitution est inopérant »[38].

De même, dans la décision du 16 juin 1999, il autonomise la liberté d'aller et venir par rapport à la liberté individuelle en déclarant que le législateur doit assurer la conciliation entre des objectifs de valeur constitutionnelle et « l'exercice des libertés publiques constitutionnellement garanties au nombre desquelles figurent notamment *la liberté individuelle et la liberté d'aller et venir* ». Le même découplage est opéré entre liberté individuelle et droit au respect de la vie privée. Le processus prétorien d'autonomisation des droits et libertés initialement rattachés à la liberté individuelle trouve finalement son aboutissement dans un considérant de principe formulé en 2004 : « il incombe au législateur d'assurer la conciliation entre, d'une part, la prévention des atteintes à l'ordre public et la recherche des auteurs d'infractions, toutes deux nécessaires à la sauvegarde de droits et de principes de valeur constitutionnelle, et, d'autre part, l'exercice des libertés constitutionnellement garanties ; qu'au nombre de celles-ci figurent la liberté d'aller et venir, l'inviolabilité du domicile privé, le secret des correspondances et le respect de la vie privée, protégés par les articles 2 et 4 de la Déclaration de 1789, ainsi que la liberté individuelle, que l'article 66 de la Constitution place sous la surveillance de l'autorité judiciaire »[39].

Comme un écho à ce resserrement jurisprudentiel de la liberté individuelle dans la notion de sûreté découlant de l'article 66 de la Constitution, le Tribunal des conflits a procédé à un déshabillage de la voie de fait qui rappelle la compétence constitutionnelle et exclusive du juge judiciaire en la matière. En effet, après quelques soubresauts prétoriens[40], la voie de fait est désormais constituée lorsque « l'administration soit a procédé à l'exécution forcée, dans des conditions irrégulières, d'une décision, même régulière, portant atteinte à *la liberté individuelle* ou aboutissant à l'extinction d'un droit de propriété, soit a pris une décision qui a les mêmes effets d'atteinte à *la liberté individuelle* ou d'extinction d'un droit de propriété et qui est manifestement insusceptible d'être rattachée à un pouvoir appartenant à l'autorité administrative »[41]. Ce faisant, le Tribunal des conflits entend déceler une voie de fait en cas d'atteinte à « la liberté individuelle », là où il qualifiait auparavant de voie de fait une atteinte grave à une « liberté fondamentale ». La substitution de la

---

38. Cons. const., n° 2010-92 QPC, 28 janvier 2011, *Mme Corinne C. et autre* [Interdiction du mariage entre personnes de même sexe], considérant 6.

39. Cons. const., n° 2004-492 DC, 2 mars 2004, Loi portant adaptation de la justice aux évolutions de la criminalité, considérant 4.

40. T. confl., 23 octobre 2000, *Boussadar*, req. n° 3227, *Lebon 775* ; CE, ord., 23 janvier 2013, *Commune de Chirongui*, req. n° 365262.

41. T. confl., 17 juin 2013, n° 3911, *M. Bergoend c/ Société ERDF Annecy Léman*. Cf. X. Domino et A. Bretonneau, « La voie de fait mise au régime sec », *AJDA* 2013, p. 1568.

liberté individuelle à la liberté fondamentale constitue sans nul doute l'une des traductions de la jurisprudence constitutionnelle, bien que cette décision du Tribunal des conflits s'explique par ailleurs par des considérations liées au déploiement des nouvelles procédures de référé devant le juge administratif. De fait, le cœur constitutionnel de la compétence du juge judiciaire parmi lequel se situe la protection de la liberté individuelle se trouve ainsi réaffirmé.

Que recouvre alors aujourd'hui la liberté individuelle de l'article 66 de la Constitution ? La notion s'approche d'un *Habeas corpus* à la française défendu par Marcel Walline en 1958 devant le Comité consultatif constitutionnel, prélude à l'inscription du futur article dans la Constitution. La liberté individuelle tend en effet à embrasser désormais les contours de la sûreté en protégeant l'individu de toute détention arbitraire. Celle-ci ne saurait se concevoir trop restrictivement : l'article 66 tend à s'appliquer à des champs aussi divers que la détention provisoire, la garde à vue, la rétention administrative ou encore l'internement en hôpital psychiatrique.

Toute privation de liberté n'est évidemment pas proscrite par l'article 66 ; seul son caractère arbitraire est strictement interdit. Selon les termes du Conseil constitutionnel, « la liberté individuelle ne saurait être entravée par une rigueur qui ne soit nécessaire »[42]. Afin de garantir l'effectivité de cette disposition, la privation de liberté est donc encadrée par la reconnaissance d'une compétence de l'autorité judiciaire en la matière. C'est notamment cette exigence constitutionnelle qui a nécessité une redéfinition législative du régime de l'hospitalisation d'office ou à la demande d'un tiers, après la double censure prononcée par le Conseil constitutionnel[43]. C'est encore elle qui explique pour partie, dans un effort de rationalisation et de simplification, la récente réforme du contentieux de la rétention administrative des étrangers en situation irrégulière[44] : l'article 33 de la loi du 7 mars 2016 unifie en effet ce contentieux en élargissant de manière conséquente le contrôle du juge judiciaire sur les mesures de placement en rétention. Désormais, si le juge administratif demeure seul compétent pour apprécier la légalité d'une mesure d'obligation de quitter le territoire ou d'interdiction de retour ou de circulation sur le territoire, la décision de placement en rétention, en revanche, « ne peut être contestée que devant le juge des libertés et de la détention, dans un délai de quarante-huit heures à compter de sa notification »[45]. Ainsi, pour reprendre les termes du Tribunal des conflits

42. Cons. const., n° 2010-71 QPC, 26 novembre 2010, *Danielle S.*

43. Cons. const., n° 2010-71 QPC, 26 novembre 2010, *Danielle S.* ; Cons. const., n° 2011-135/140 QPC, 9 juin 2011, *Abdellatif B. et autres*. À ce sujet, voir : X. Bioy, « La judiciarisation accrue de l'hospitalisation sous contrainte », *AJDA* 2011, p. 174 et X. Bioy, « L'hospitalisation pour troubles psychologiques devant le Conseil constitutionnel », *RFDC* 2011, n° 88, p. 844.

44. Cette réforme anticipe également une condamnation de la France par la Cour européenne des droits de l'homme selon laquelle « le juge administratif saisi d'un recours contre l'arrêté de placement en rétention administrative, ne peut que vérifier la compétence de l'auteur de cette décision, la motivation de celle-ci, et la nécessité du placement en rétention. Il n'a en revanche pas compétence pour contrôler la régularité des actes accomplis avant la rétention et ayant mené à celle-ci. Notamment, il ne peut pas contrôler les conditions dans lesquelles s'est déroulée l'interpellation de l'étranger. Ce faisant, il ne peut contrôler si les modalités de l'interpellation ayant conduit à la rétention sont conformes au droit interne ainsi qu'au but de l'article 5 qui est de protéger l'individu contre l'arbitraire. Ainsi, dès lors que le juge national ne peut contrôler la régularité de l'ensemble des actes ayant mené à la rétention, la Cour estime que le contrôle du juge administratif français est insuffisant dès lors qu'il ne peut apprécier les actes primitifs, à savoir l'interpellation du requérant ». (Arrêt *A.M. c/France*, 12 juillet 2016, requête n° 56324/13).

45. Article 33 de la loi n° 2016-274 du 7 mars 2016 relative au droit des étrangers en France.

précédant la réforme législative, « le juge judiciaire est seul compétent pour mettre fin à la rétention lorsqu'elle ne se justifie plus pour quelque motif que ce soit »[46].

La jurisprudence constitutionnelle relative à l'article 66 de la Constitution trouve à s'appliquer, dans ses mêmes développements, dans le cadre de l'état d'urgence que connaît la France depuis novembre 2015[47]. La loi du 3 avril 1955 relative à l'état d'urgence, telle que modifiée notamment par la loi du 20 novembre 2015[48], place en effet entre les mains des autorités administratives un ensemble de pouvoirs qui sont autant de possibles mesures attentatoires aux libertés. Dans ce cadre, le juge administratif devient alors le seul gardien des libertés, l'autorité judiciaire se voyant exclue de l'encadrement des procédures mises en œuvre[49]. Le Conseil constitutionnel n'a rien trouvé à redire à ce régime d'exception, rappelant que les pouvoirs confiés à l'administration par la loi de 1955 ne relevaient pas d'une privation de liberté susceptible de conduire à l'application de l'article 66 de la Constitution. L'assignation à résidence par exemple, qui peut être prononcée à l'encontre de toute personne pour laquelle « il existe des raisons sérieuses de penser que son comportement constitue une menace pour la sécurité et l'ordre publics », constitue une mesure qui relève de la seule police administrative ; ainsi, dans la limite des douze heures d'astreinte par jour à domicile, l'assignation à résidence assortie d'une astreinte n'est pas une mesure privative de liberté et échappe, en ce sens, aux exigences de l'article 66 de la Constitution[50]. De même, la saisie des systèmes informatiques réalisée lors de perquisitions (article 11 de la loi du 3 avril 1955) ainsi que l'exploitation des données ainsi saisies sont placées sous la responsabilité du juge administratif.

Section IV
LIBERTÉS INDIVIDUELLES ET DIGNITÉ DE LA PERSONNE HUMAINE

§ 1 – LA RECONNAISSANCE DU PRINCIPE DE DIGNITÉ DE LA PERSONNE HUMAINE

8.29 ❯ En France, le droit au respect de la dignité de la personne humaine est une création jurisprudentielle. À la différence, en effet, d'autres pays, il ne figure expressément dans aucun texte constitutionnel. En Allemagne, la Loi fondamentale de 1949 dispose, dès son article 1, que « la dignité de l'être humain est

46. T. confl., 9 février 2015, n° 3986.
47. L'état d'urgence a été prorogé 5 fois : loi du 20 novembre 2015, loi du 19 février 2016, loi du 20 mai 2016, loi du 21 juillet 2016 et loi du 19 décembre 2016.
48. Loi n° 2015-1501 du 20 novembre 2015 prorogeant l'application de la loi n° 55-385 du 3 avril 1955 relative à l'état d'urgence et renforçant l'efficacité de ses dispositions.
49. Voir, à ce sujet, la réaction du Premier président de la Cour de cassation, Bertrand Jouvel, exprimée lors de la rentrée solennelle du 14 janvier 2016 (https://www.courdecassation.fr/publications_26/discours_publications_-diverses_2039/discours_2202/premier_president_7084/rentree_2016_33389.html).
50. Cons. const., décision n° 2015-527 QPC du 22 décembre 2015, *M. Cédric D.* [Assignations à résidence dans le cadre de l'état d'urgence].

intangible ; tous les pouvoirs publics ont l'obligation de la respecter et de la protéger ». En Espagne, le premier des droits fondamentaux inscrits à l'article 10 de la Constitution de 1978 est « la dignité de la personne ». Le Portugal, proclame l'article 1 de la Constitution de 1976, « est une République souveraine fondée sur la dignité de la personne humaine ». En Grèce, l'article 2 de la Constitution de 1975 déclare que « le respect et la protection de la valeur humaine constituent l'obligation primordiale de la République » et son article 7 dispose que « les tortures, tout sévice corporel, toute atteinte à la santé ou contrainte psychologique ainsi que toute autre atteinte à la dignité humaine sont interdits et punis ». Le silence constitutionnel français rejoint, curieusement, celui de la Convention européenne des droits de l'homme de 1950 qui, à la différence de la Déclaration universelle de 1948, ne fait pas davantage référence au droit de la dignité humaine, même si son article 3 énonce que « nul ne peut être soumis à la torture ni à des peines ou traitements inhumains et dégradants ». En 2008, le Comité présidé par Simone Veil a certes été chargé de réfléchir à l'insertion du principe de dignité dans le Préambule de la Constitution de 1958, proposant en ce sens la reconnaissance, par la France, de « l'égale dignité de tous » ; aucune révision constitutionnelle ne s'est à ce jour engagée dans cette voie[51].

Comment le Conseil constitutionnel a-t-il « découvert », le 27 juillet 1994[52], le principe de la sauvegarde de la dignité de la personne humaine ? Par un travail sur les mots contenus dans le Préambule de 1946. Les constituants d'alors, rappelle en effet le Conseil, ont justifié la réaffirmation des droits inaliénables et sacrés que possède tout être humain par la nécessité, au lendemain des horreurs nazies, de condamner et de marquer nettement la rupture avec « les régimes qui ont tenté d'asservir et de dégrader la personne humaine ». De cette phrase, « il ressort, décide le Conseil, que la sauvegarde de la dignité de la personne humaine contre toute forme d'asservissement et de dégradation est un principe à valeur constitutionnelle ». Le choix des mots n'a certainement pas été laissé au hasard : « il ressort », veut signifier que le principe de dignité se dégage naturellement, sort tout seul des mots qui le contiennent ; signification renforcée par les mots « asservissement » et « dégradation » qui marquent la filiation directe avec les verbes « asservir » et « dégrader » utilisés par les constituants de 1946. En bref, le Conseil veut faire savoir, par ce jeu de mots, qu'il n'a pas inventé le principe de dignité, qu'il était déjà là, en suspension dans les mots des constituants de 1946. Ce dernier a fait le travail véritablement créateur, le Conseil se limitant à « réarranger » ses mots pour les mettre dans la forme d'écriture d'un principe.

Cette construction intellectuelle était, sans doute, nécessaire pour répondre préventivement à ceux qui accusaient déjà le Conseil de se faire constituant en définissant à partir des dispositions floues et philosophiques de la Déclaration de 1789 ou du Préambule de 1946 des principes constitutionnels qui s'imposent au législateur. Mais, pour habile et millimétré qu'il soit, le raisonnement des juges ne peut effacer

51. *Redécouvrir le Préambule de la Constitution*, Rapport remis par le Comité présidé par Simone Veil au président de la République, 2008, La Documentation française. Voir notamment, D. de Bechyllon, B. Mathieu et F. Melin-Soucramanien, « Faut-il actualiser le Préambule de la Constitution ? », *Constitutions* 2012, n° 2, p. 247.

52. Cons. const., n° 94.343.344 DC, 27 juillet 1994, *Rec. Cons. const.*, p. 100.

le travail créateur de la jurisprudence : il mène à l'existence d'un droit qui, formellement, n'est pas écrit dans un texte constitutionnel.

Ce travail, au demeurant, n'est pas illégitime, et pas seulement pour des raisons philosophiques. La construction de principes par le juge, quel qu'il soit, est, en effet, une pratique courante et admise dès lors que sont produites et exposées, donc soumises à la critique publique, les raisons de la validité du principe posé. Ainsi, en l'espèce, le décalquage de la formulation du principe de dignité des mots du Préambule offre une garantie de la validité de la construction, chacun pouvant, à son tour, contrôler le caractère raisonnable ou non de la « déduction » opérée par le Conseil. Et il faudrait beaucoup de parti pris pour l'accuser d'avoir fait sortir des mots du Préambule un sens aberrant. D'autant que la dignité humaine était déjà considérée par les partenaires du Conseil comme un principe distinguant les ordres démocratiques modernes : le comité Vedel avait proposé, le 15 février 1993, d'inscrire ce nouveau droit à l'article 66 de la Constitution ; le législateur, dans la loi sur le respect du corps humain avait interdit toute atteinte à la dignité de la personne et le président de l'Assemblée nationale avait saisi le Conseil pour l'inviter à consacrer la valeur de référence des principes essentiels concernant la personne humaine. Si le Conseil crée bien un principe nouveau, il ne le fait pas unilatéralement, discrétionnairement, mais par une décision argumentée prenant en charge l'accord de la communauté politique et juridique.

Les circonstances de l'espèce, il faut aussi en convenir, ne sont pas indifférentes à la création de ce principe. Il s'agissait, pour le Conseil, de juger deux lois, très discutées, l'une relative au respect du corps humain, l'autre à l'utilisation des éléments et produits du corps humain, à l'assistance médicale à la procréation et au diagnostic prénatal, de contrôler donc toute une série de dispositions portant sur la production et la sélection des embryons, les recherches et manipulations génétiques, les dons d'organes... Pour cela, l'affirmation de la dignité humaine comme principe constitutionnel lui était nécessaire. Se fonder uniquement sur le principe de liberté individuelle pouvait, en effet, conduire à juger que chacun était libre de disposer de son corps comme il l'entend : lui faire subir des transformations génétiques, le louer, en vendre certains éléments ou certains produits... Pour légitimer l'interdiction de ces pratiques par le législateur, pour justifier les choix législatifs d'imposer à chacun le respect de son propre corps, il fallait au Conseil un principe contrebalançant les implications possibles de la liberté individuelle, fonction que remplit précisément le principe de dignité en permettant d'interdire « toute forme d'asservissement ou de dégradation » de la personne humaine. Le principe de dignité a donc, également, une fonction conciliatrice, qui sera précieuse à l'heure du contrôle de la révision de la loi « IVG » en 2001 à l'occasion duquel le Conseil constitutionnel jugera qu'en « portant de dix à douze semaines le délai pendant lequel peut être pratiquée une interruption volontaire de grossesse lorsque la femme enceinte se trouve, du fait de son état, dans une situation de détresse, la loi n'a pas, en l'état des connaissances et des techniques, rompu l'équilibre que le respect de la Constitution impose entre, d'une part, la sauvegarde de la dignité de la personne humaine contre toute forme de dégradation et, d'autre part, la liberté de la femme qui découle de l'article 2 de la Déclaration des droits de l'homme et du citoyen »[53].

Le principe de dignité ne sera-t-il pas, alors, un obstacle au vote de lois nouvelles favorables à l'utilisation des progrès de la science ? Le Conseil a, sans doute, été très prudent en distinguant parfaitement dans l'avant-dernier considérant de sa décision, un principe constitutionnel, la dignité de la personne humaine, et des principes législatifs – la primauté de la personne humaine, le respect de l'être humain dès le commencement de la vie, l'inviolabilité, l'intégrité et l'absence de caractère patrimonial du corps humain, l'intégrité de l'espèce humaine. Législatifs, ces principes peuvent donc, *a priori* et à la différence de la dignité, être modifiés, réduits voire supprimés par une loi ; le Conseil aurait donc, par cette distinction, réservé la possibilité d'évolutions législatives accompagnant les évolutions des connaissances scientifiques. Mais, dans ce même considérant, le Conseil juge que ces principes législatifs « tendent à assurer le respect du principe constitutionnel de sauvegarde de la dignité de la personne humaine ». Cette rédaction fait de ces principes, même si la formule ne figure pas dans la décision, les garanties légales du respect de la dignité humaine. Or, il est de jurisprudence constante que le législateur n'a pas le pouvoir d'abaisser la protection légale d'un principe constitutionnel ; il peut seulement modifier la loi pour rendre la protection plus effective. En d'autres termes, le jeu ouvert par la distinction principe constitutionnel – principes législatifs pourrait se révéler de faible intérêt.

Quoi qu'il en soit, la dignité de la personne humaine fait aujourd'hui partie de la Charte constitutionnelle des droits et libertés, et, si la bioéthique fut sa terre d'élection, elle a, comme il fallait s'y attendre, rapidement gagné d'autres territoires.

§ 2 – LE DÉPLOIEMENT DU PRINCIPE DE DIGNITÉ DE LA PERSONNE HUMAINE

8.30 › Le principe de dignité, initialement opposé aux dispositions pouvant emporter la négation du genre humain, sa manipulation ou, plus spécifiquement, les atteintes au corps humain[54], va cependant déployer ses effets pour revêtir les attributs d'un principe limitant le champ des exclusions sociales.

Le Conseil, d'abord, le réutilise, dès le 19 janvier 1995[55], pour requalifier les exigences constitutionnelles en matière de logement. En 1990[56], il avait jugé que « promouvoir le logement des personnes défavorisées répond[ait] à une exigence d'intérêt national » ; en 1995, il qualifie « la possibilité pour toute personne de disposer d'un logement décent d'objectif de valeur constitutionnelle ». Cette nouvelle écriture réalise, assurément, un progrès dans la protection, sinon d'un droit au logement, au moins de « la possibilité de disposer d'un logement décent ». La qualification de 1990, « exigence d'intérêt national », renvoyait encore à une logique largement

53. Cons. const., décision n° 2001-446 DC, 27 juin 2001.

54. Pour des développements conséquents sur le principe de dignité en matière de bioéthique, voir la contribution, dans le présent ouvrage, du professeur Xavier Bioy.

55. Cons. const., n° 94.359 DC, 19 janvier 1995, *Rec. Cons. const.*, p. 176.

56. Cons. const., n° 90.274 DC, 29 mai 1990, *Rec. Cons. const.*, p. 61.

politique alors qu'en 1995, même sous la catégorie « objectif », une obligation constitutionnelle minimum est imposée au législateur ; en 1990, les bénéficiaires étaient seulement les personnes défavorisées alors qu'en 1995 le champ de l'objectif constitutionnel couvre « toute personne » ; en 1990 l'exigence portait sur la promotion du logement alors qu'en 1995 l'objectif est la mise à la disposition de chacun d'un logement décent. Dans ce contexte, le principe de dignité va plus largement inspirer les juges ordinaires, dont le juge administratif. Ce dernier a ainsi reconnu que le refus par l'État d'accorder un hébergement d'urgence à une personne qui se trouve en situation de détresse médicale, psychique et sociale, pouvait violer une liberté fondamentale[57].

Cette évolution jurisprudentielle, sans doute inachevée[58], est le résultat de l'élargissement récent des références constitutionnelles possibles. Le Conseil ne se contente pas, en effet, des alinéas 10 et 11 du Préambule de 1946 qui disposent que « la nation assure à l'individu et à la famille les conditions nécessaires à leur développement » et « garantit à tous [...] la sécurité matérielle [...] et des moyens convenables d'existence », pour fonder la valeur constitutionnelle de l'objectif d'un logement décent pour toute personne ; il s'appuie aussi, expressément, sur le nouveau principe de « la sauvegarde de la dignité humaine », ce qui lui permet de donner un contenu qualitatif à l'objectif consacré : le respect de la dignité de l'être humain implique non seulement qu'il dispose d'un logement mais encore d'un « logement décent ».

Les juges constitutionnels vont ensuite déployer le principe de dignité de la personne humaine dans le champ des droits fondamentaux des étrangers. Ainsi affirme-t-il en 2003 « qu'en autorisant le recours à des salles d'audience spécialement aménagées à proximité immédiate des lieux de rétention ou à des moyens de télécommunication audiovisuelle, le législateur a entendu limiter des transferts contraires à la dignité des étrangers concernés »[59]. Poursuivant cette jurisprudence dans le domaine des privations de libertés, le Conseil constitutionnel opérera en 2009 un contrôle de la loi pénitentiaire relativement au principe de dignité. Selon lui en l'espèce, « l'exécution des peines privatives de liberté en matière correctionnelle et criminelle a été conçue, non seulement pour protéger la société et assurer la punition du condamné, mais aussi pour favoriser l'amendement de celui-ci et préparer son éventuelle réinsertion ; [...] il appartient, dès lors, au législateur, compétent en application de l'article 34 de la Constitution pour fixer les règles concernant le droit pénal et la procédure pénale, de déterminer les conditions et les modalités d'exécution des peines privatives de liberté dans le respect de la dignité de la personne »[60]. Indirectement, le principe de dignité pénètre ainsi progressivement le contentieux relatif au droit des détenus. Le Conseil d'État a ouvert la voie du référé-liberté au droit de ne pas être soumis à des traitements inhumains et dégradants, dans une ordonnance

---

57. Conseil d'État, 10 février 2012, *Karamoko A.*, n° 356456. Cf. R. Piastra, « Conseil d'État et hébergement d'urgence », *AJDA* 2012, p. 411.

58. Dans le domaine administratif, voir : M. Canedo-Paris, « La dignité humaine en tant que composante de l'ordre public : l'inattendu retour en droit administratif français d'un concept controversé », *RFDA* 2008, p. 979.

59. Cons. const., n° 2003-484 DC, 20 novembre 2003, Loi relative à la maîtrise de l'immigration, au séjour des étrangers en France et à la nationalité, considérant 81.

60. Cons. const., n° 2009-593 DC, 19 novembre 2009, Loi pénitentiaire, considérant 3.

retentissante relative au centre pénitentiaire des Baumettes rendue le 22 décembre 2012[61]. Le 23 novembre 2015, le juge des référés-liberté du Conseil d'État a également jugé par ordonnance que l'existence de campements illégaux faisait « peser des obligations sur les autorités publiques dans le cadre du pouvoir de police générale »[62].

§ 3 – LA LIMITATION DES LIBERTÉS INDIVIDUELLES SUR LE FONDEMENT DU PRINCIPE DE DIGNITÉ

8.31 ▸ Il faut croire que le principe de dignité était attendu, car, aussitôt découvert, il est repris par les différentes juridictions et donne immédiatement sa marque à la jurisprudence. Participant en effet à ce mouvement, le Conseil d'État, dans un arrêt du 27 octobre 1995[63], modifie sa définition traditionnelle de la notion d'ordre public et y intègre désormais le respect de la dignité de la personne humaine : « Considérant qu'il appartient à l'autorité investie du pouvoir de police municipale de prendre toute mesure pour prévenir une atteinte à l'ordre public ; que *le respect de la dignité de la personne humaine est une des composantes de l'ordre public* ». En l'espèce, était en cause un « spectacle », celui dit du « lancer de nains », qui consiste à faire lancer un nain par des spectateurs, le plus loin possible au-dessus d'un tapis de protection. Se fondant sur la jurisprudence classique en matière de police administrative[64], les tribunaux administratifs de Versailles et de Marseille avaient annulé les arrêtés des maires de Morsang-sur-Orge et d'Aix-en-Provence interdisant cette « attraction », au motif « qu'à supposer même qu'elle ait porté atteinte à la dignité de la personne humaine, son interdiction ne pouvait légalement être prononcée en l'absence de circonstances locales particulières ». Saisi en appel, le Conseil d'État infirme ces jugements et justifie les interdictions décidées par les maires : « *par son objet* même, argumente-t-il, ce spectacle porte atteinte à la dignité de la personne humaine ; que, dès lors, l'autorité investie du pouvoir de police municipale pouvait l'interdire *même en l'absence de circonstances locales particulières* et alors même que des mesures de protection avaient été prises pour assurer la sécurité de la personne en cause et que celle-ci se prêtait librement à cette exhibition contre rémunération ». Le nain, en effet, arguait que cette activité commerciale lui avait permis de sortir du chômage et de retrouver, avec un revenu et un milieu professionnel, une place dans la société. En ne tenant pas compte de ces considérations, en les repoussant même explicitement et rigoureusement, le Conseil d'État donne au principe du respect de la dignité de la personne humaine une portée sur laquelle il convient de s'interroger.

61. Conseil d'État, ord. réf., n° 364584, 22 décembre 2012, 364620, 364621, 364647, *Section française de l'observatoire international des prisons et a.* Cf. notamment O. Le Bot, « Référé-liberté aux Baumettes : remède à l'inertie administrative et consécration d'une nouvelle liberté fondamentale », *JCP* 21 janvier 2013, p. 87.

62. Cf. D. Roman et S. Slama, « Bidonville de Calais : injonction à l'État d'humaniser la jungle », *Recueil Dalloz* 2015, p. 2624.

63. CE Ass., 27 octobre 1995, *Ville de Morsang-sur-Orge*, et, même date, *Ville d'Aix-en-Provence.*

64. Voir par ex., CE, 18 décembre 1959, *Sté Les films de Lutetia, Lebon*, p. 693.

D'une part, des circonstances de l'affaire et de l'argumentation des juges administratifs, il apparaît que le respect de la dignité de la personne humaine est un principe qui échappe à la volonté, à l'appréciation ou au jugement... de la personne humaine. Le commissaire du gouvernement Patrick Frydman exprime clairement cette compréhension du principe : « Le respect de la dignité humaine ne saurait s'accommoder de quelconques concessions en fonction des appréciations subjectives que chacun peut porter à son sujet »[65]. En d'autres termes, le principe de dignité de la personne humaine peut venir limiter l'exercice des libertés individuelles malgré le consentement du titulaire de ces libertés. En la matière, si l'affaire du lancer de nain est certainement la plus célèbre en même temps que la plus célébrée, d'autres jurisprudences attestent de cette primauté de la dignité humaine sur la volonté individuelle. Ainsi par exemple, les juges judiciaires ont été saisis de l'interdiction préfectorale posée à l'exposition « Our body » organisée à l'espace Madeleine à Paris et qui se caractérisait par la présence de cadavres humains plastifiés en guise d'objets d'exposition. La cour d'appel a certes confirmé l'arrêté préfectoral mais en soulignant que ne pouvait être rapportée la preuve du consentement, de leur vivant, des cadavres exposés. La Cour de cassation va en revanche s'abstenir de rechercher l'existence d'un tel consentement. Se fondant sur l'article 16-1-1 alinéa 2 du Code civil aux termes duquel « les restes des personnes décédées, y compris les cendres de celles dont le corps a donné lieu à crémation, doivent être traités avec respect, dignité et décence », la Cour de cassation a jugé que « les restes des personnes décédées doivent être traités avec respect, dignité et décence » et « que l'exposition de cadavres à des fins commerciales méconnaît cette exigence »[66]. Déplacé sur le « terrain assurantiel »[67], le contentieux de l'interdiction de l'exposition *Our body* a connu un dernier sursaut à travers la jurisprudence récente de la Cour de cassation aux termes de laquelle le principe d'ordre public, selon lequel le respect dû au corps humain ne cesse pas avec la mort, préexistait à la loi n° 2008-1350 du 19 décembre 2008 d'où est issu l'article 16-1-1 du Code civil ; ayant relevé que le contrat d'assurance souscrit le 7 novembre 2008 par la société Encore Events avait pour objet de garantir les conséquences de l'annulation d'une exposition utilisant des dépouilles et organes de personnes humaines à des fins commerciales, la cour d'appel en a exactement déduit que, bien qu'ayant été conclu avant l'entrée en vigueur de l'article 16-1-1 précité [du Code civil], le contrat litigieux avait une cause illicite et, partant, qu'il était nul.

Dans ce contexte, la doctrine a pu qualifier de « consternant »[68] l'arrêt de la Cour européenne des droits de l'homme relatif au sadomasochisme rendu en 2005 et ayant donné prévalence au principe de l'autonomie personnelle sur l'exigence de respect du principe de dignité. Selon les juges de Strasbourg en effet, « si une personne peut revendiquer le droit d'exercer des pratiques sexuelles le plus librement possible, une limite qui doit trouver application est celle du respect de la volonté de

65. P. Frydman, concl. sous l'arrêt du 27 octobre 1995, *AJDA* 1995, p. 942.
66. Cour de cassation, Cass. civ. 1re, 16 septembre 2010.
67. A.-S. Epstein, « Assurance d'une activité illicite et devoir de conseil de l'assureur », *D.* 2015, p. 242 ; voir également D. Mainguy, « À propos d'un "principe" préexistant à la loi », *D.* 2015, p. 246.
68. M. Levinet, *Théorie générale des droits et libertés*, Bruylant 2008, 2e éd., p. 96. Voir aussi : J.-P. Marguénaud, « Liberté sexuelle et droit de disposer de son corps », *Droits* 2009, p. 19 ; M. Levinet, « La notion d'autonomie personnelle dans la jurisprudence de la Cour européenne des droits de l'homme », *Droits* 2009, p. 3.

la "victime" de ces pratiques, dont le propre droit au libre choix quant aux modalités d'exercice de sa sexualité doit aussi être garanti. Ceci implique que les pratiques se déroulent dans des conditions qui permettent un tel respect, ce qui ne fut pas le cas »[69]. Ce faisant, la Cour européenne s'attachait au respect du consentement des personnes sans exiger que soit opposée à ce consentement, une appréciation objective des pratiques sexuelles.

À l'exception cependant de ce cas européen, le principe de dignité est un principe dont la personne humaine n'est pas maître, qui s'impose à elle et même, qui la protège contre elle-même. Cette conception, si elle est bien celle qui sera acceptée, entraîne deux conséquences. D'abord, la qualité particulière du principe de dignité au regard de celle partagée par tous les autres droits. Ordinairement, ces derniers sont présentés comme des libertés, des pouvoirs de faire de la personne : aller et venir, parler, écrire, manifester, faire grève, s'associer..., et, sous réserve de leur conciliation réciproque, chacun peut les exercer comme il l'entend, ou encore, selon la définition du président François Luchaire rassemblant les différents aspects de la liberté individuelle, chacun a le droit de mener la vie qu'il estime lui convenir[70]. Ce n'est plus cette philosophie qui informe le principe de dignité puisque la personne ne peut en disposer : concrètement, en l'espèce, le nain se voit refuser le droit de mener la vie qu'il estimait lui convenir. Par ailleurs, puisqu'il apparaît que la personne n'est pas libre d'apprécier ce qui est ou non digne d'elle et pour elle, il faut que la définition de sa dignité lui soit donnée de l'extérieur par une « autorité ».

D'autre part, si le Conseil constitutionnel s'est gardé de ces problèmes en ne faisant pas de la dignité une composante de l'objectif constitutionnel de sauvegarde de l'ordre public, il ne l'a pas moins reconnu comme principe constitutionnel. Et cette reconnaissance réveille la question classique de la hiérarchie. En effet, cette juridiction, comme les autres cours constitutionnelles, a pris l'habitude de juger une loi par le contrôle de la conciliation raisonnable des principes constitutionnels différents qui la fonde. Or le respect de la dignité de la personne humaine peut-il être un principe relatif, dépendant ou conditionné ? N'est-il pas, par définition, un principe qui ne peut souffrir ni atteinte, ni dégradation, ni restriction ? N'est-il pas « le concept absolu s'il en est », comme l'écrit le commissaire du gouvernement Patrick Frydman pour fonder son raisonnement dans l'affaire des « lancers de nains » ? Qu'il en soit ainsi, et il faudrait que tous les droits, libertés, objectifs constitutionnels, y compris la sauvegarde de l'ordre public, cèdent devant lui. Le principe de dignité se trouverait, en conséquence, placé non sur un pied d'égalité avec eux mais dans une position de surplomb constitutionnel pour ne pas dire de supra-constitutionnalité. De fait, le Conseil constitutionnel ne se limite pas à reconnaître le principe de dignité comme un « simple » principe constitutionnel. Selon lui en effet, si « le Préambule de la Constitution de 1946 a réaffirmé que tout être humain, sans distinction de race, de religion ni de croyance, possède des droits inaliénables et sacrés, [...] la sauvegarde de la dignité de la personne contre toute forme d'asservissement et de dégradation est au nombre de ces droits et constitue un principe à valeur constitutionnelle »[71].

69. CEDH, *K.A. et A.D. contre Belgique*, 17 février 2005.
70. F. Luchaire, *La protection constitutionnelle des droits et libertés*, Economica, 1987, p. 87.
71. Cons. const., n° 2009-593 DC, 19 novembre 2009, Loi pénitentiaire, considérant 3.

Ainsi la sauvegarde de la dignité de la personne humaine est qualifiée tout à la fois de droit inaliénable et sacré et de principe constitutionnel. Le Conseil d'État, pour sa part, a jugé que le principe de dignité pouvait fonder une restriction à une liberté fondamentale, dont la liberté d'expression ou de spectacle, dès lors que la liberté d'expression est utilisée afin de diffuser des « propos pénalement répréhensibles »[72]. S'éloignant en l'espèce des principes issus de la jurisprudence *Benjamin* de 1933 et relative aux limitations à l'exercice des pouvoirs de police administrative, cette ordonnance « Dieudonné » a suscité des interrogations quant à l'hypothèse d'une redéfinition de l'équilibre entre sauvegarde de l'ordre public et protection des libertés fondamentales. Or, si elle a pu dans un premier temps inspirer la motivation du juge du fond relativement au spectacle *Exhibit B*, sans pour autant mener à une interdiction[73], le principe de dignité n'apparaît en revanche plus dans la dernière ordonnance « Dieudonné » rendu en référé par le Conseil d'État[74].

72. CE, ord., 11 janvier 2014, n° 374552. Cf. notamment M.-A. Frison-Roche, *LPA* 20 janvier 2014, p. 3.

73. « Une représentation théâtrale ou manifestation artistique, au cours de laquelle sont proférés des propos de caractère raciste, qui incitent à la haine raciale, ou dont le parti pris ou la mise en scène tendent à faire l'apologie du racisme, en méconnaissance de la dignité de la personne humaine, peut, dans cette mesure, faire l'objet d'une interdiction si une telle mesure est seule de nature à préserver l'ordre public », Tribunal administratif de Paris, 9 décembre 2014, *Centre Dumas-Pouchkine des diasporas et cultures africaines et autres*.

74. Conseil d'État, ordonnance-référé, 6 février 2015, *Commune de Cournon d'Auvergne*.

» Exercices de préparation au grand oral

› Sujet n° 1

Existe-t-il une hiérarchie entre les libertés individuelles ?

› Éléments de corrigé

La notion de libertés individuelles appelle, par l'usage du pluriel, à distinguer celles-ci de la liberté individuelle consacrée à l'article 66 de la Constitution. Les libertés individuelles ne forment donc pas une catégorie juridique aisément identifiable. L'expression suggère au contraire un ensemble hétérogène de libertés dont l'individu serait le titulaire. Ainsi, les libertés individuelles tendent à évoquer tout à la fois la liberté de religion, la liberté d'expression, la liberté de manifestation ou encore la liberté de pensée. Substantiellement hétérogène, la catégorie peut-elle cependant être structurée ? En d'autres termes, existe-t-il des libertés qui bénéficient d'une protection plus effective que d'autres ?

I. Une hiérarchisation conceptuelle des libertés individuelles

a) La défense d'une hiérarchie formelle des libertés individuelles

b) La défense d'une hiérarchie matérielle des libertés individuelles

II. Une conciliation jurisprudentielle des libertés individuelles

a) La nécessaire conciliation entre les libertés individuelles

b) La difficile conciliation du principe de dignité avec les libertés individuelles

› Sujet n° 2

Le gardien de la liberté individuelle.

› Éléments de corrigé

L'article 66 de la Constitution française se présente comme une disposition constitutionnelle singulière au sein du bloc de constitutionnalité. L'article énonce en effet à la fois une liberté et une règle de compétence. Aux termes de l'article 66 de la Constitution, « nul ne peut être arbitrairement détenu. L'autorité judiciaire, gardienne de la liberté individuelle, assure le respect de ce principe dans les conditions prévues par la loi ». Ce faisant, le constituant de 1958 a entendu conférer une valeur juridique renforcée aux lois des 7 février 1933 et 31 décembre 1957 qui établissaient déjà la compétence de l'autorité judiciaire sous les IIIe et IVe Républiques en matière de liberté individuelle.

La singularité de l'article 66 de la Constitution, qui allie aspects substantiels (la liberté individuelle) et procéduraux (l'autorité judiciaire) n'est pas sans effets juridiques. Elle implique que la liberté individuelle peut être violée par la simple atteinte aux règles de répartition des compétences. Il convient donc de s'interroger pour savoir comment le droit appréhende cette autorité judiciaire.

Que faut-il entendre par « autorité judiciaire » au sens de l'article 66 de la Constitution ? Quel lien convient-il d'établir entre cette autorité et la liberté individuelle ?

I. La définition controversée de « l'autorité judiciaire » au sens de l'article 66 de la Constitution

a) Autorité judiciaire et magistrats du parquet : une controverse européenne

– jurisprudence constitutionnelle qui juge que l'autorité judiciaire visée à l'article 66 de la Constitution comprend à la fois les magistrats du siège et ceux du parquet (Cons. const., 11 août 1993, 93-326 DC) ;

– jurisprudence de la Cour européenne des droits de l'homme qui affirme que le parquet ne constitue pas « un juge ou un magistrat habilité par la loi à exercer des fonctions judiciaires au sens de l'article 5 § 3 de la Conv. EDH » (CEDH, 29 mars 2010, *Medvedyev c/France*) ;

– jurisprudence de la Cour de cassation qui reprend la jurisprudence européenne (Cass. crim., 15 décembre 2010, n° 7177) ;

– loi n° 2013-669 du 25 juillet 2013 relative aux attributions du garde des Sceaux et des magistrats du ministère public en matière de politique pénale et de mise en œuvre de l'action publique : interdiction de toute instruction du ministre de la Justice dans des affaires individuelles (art. 30 nouv., C. pr. pén.) et introduction du principe d'impartialité (art. 31 nouv., C. pr. pén. : « Le ministère public exerce l'action publique et requiert l'application de la loi, dans le respect du principe d'impartialité auquel il est tenu »).

b) Autorité judiciaire et autorité administrative : une répartition complexe des compétences

– la compétence non exclusive de l'autorité judiciaire en matière de liberté individuelle ;

– la compétence désormais élargie de l'autorité judiciaire en matière d'hospitalisation sous la contrainte ;

– la compétence de l'autorité judiciaire à l'égard des actes administratifs portant atteinte à la liberté individuelle.

II. L'intervention encadrée de « l'autorité judiciaire » au sens de l'article 66 de la Constitution

a) La présence obligatoire de l'autorité judiciaire : une garantie contre l'arbitraire

– la gradation du contrôle de l'autorité judiciaire en fonction de la gravité de l'acte mettant en cause la liberté individuelle (la distinction privation/restriction).

b) L'intervention nécessaire de l'autorité judiciaire : les garanties pour un contrôle effectif du respect de la liberté individuelle

– lien entre la compétence de l'autorité judiciaire en matière de liberté individuelle et les garanties d'indépendance reconnues aux magistrats ;

– mais hésitations de la jurisprudence constitutionnelle entre l'exigence d'un « contrôle effectif » de l'autorité judiciaire (notamment Cons. const. 84-184 DC, 29 décembre 1984) et la simple « surveillance » de l'autorité judiciaire (Cons. const. 2003-467 DC, 13 mars 2003).

› Sujet n° 3

› Commentaire : Conseil constitutionnel, Décision n° 2016-536 QPC du 19 février 2016, Ligue des droits de l'homme [Perquisitions et saisies administratives dans le cadre de l'état d'urgence]

« 4. Considérant que les dispositions du premier alinéa du paragraphe I de l'article 11 de la loi du 3 avril 1955 permettent à l'autorité administrative, lorsque l'état d'urgence a été déclaré et si le décret déclarant ou la loi prorogeant l'état d'urgence l'a expressément prévu, « d'ordonner des perquisitions en tout lieu, y compris un domicile, de jour et de nuit, sauf dans un lieu affecté à l'exercice d'un mandat parlementaire ou à l'activité professionnelle des avocats, des magistrats ou des journalistes, lorsqu'il existe des raisons sérieuses de penser que ce lieu est fréquenté par une personne dont le comportement constitue une menace pour la sécurité et l'ordre publics » ; que les dispositions de la première phrase de son troisième alinéa permettent également à l'autorité administrative d'accéder, sur le lieu de la perquisition, à des données stockées dans un système informatique ; que, d'une part, ces mesures de perquisition, qui relèvent de la seule police administrative, y compris lorsqu'elles ont lieu dans un domicile, ne peuvent avoir d'autre but que de préserver l'ordre public et de prévenir les infractions ; que, d'autre part, ces mesures n'affectent pas la liberté individuelle au sens de l'article 66 de la Constitution ; que, par suite, ces perquisitions administratives n'ont pas à être placées sous la direction et le contrôle de l'autorité judiciaire ; que le grief tiré de la méconnaissance de l'article 66 de la Constitution doit être écarté ; [...]

14. Considérant que les dispositions de la seconde phrase du troisième alinéa du paragraphe I de l'article 11 de la loi du 3 avril 1955 permettent à l'autorité administrative de copier toutes les données informatiques auxquelles il aura été possible d'accéder au cours de la perquisition ; que cette mesure est assimilable à une saisie ; que ni cette saisie ni l'exploitation des données ainsi collectées ne sont autorisées par un juge, y compris lorsque l'occupant du lieu perquisitionné ou le propriétaire des données s'y oppose et alors même qu'aucune infraction n'est constatée ; qu'au demeurant peuvent être copiées des données dépourvues de lien avec la personne dont le comportement constitue une menace pour la sécurité et l'ordre publics ayant fréquenté le lieu où a été ordonnée la perquisition ; que, ce faisant, le législateur n'a pas prévu de garanties légales propres à assurer une conciliation équilibrée entre l'objectif de valeur constitutionnelle de sauvegarde de l'ordre public et le droit au respect de la vie privée ; que, par suite et sans qu'il soit besoin d'examiner les autres griefs, les dispositions de la seconde phrase du troisième alinéa du paragraphe I de l'article 11 de la loi du 3 avril 1955, qui méconnaissent l'article 2 de la Déclaration de 1789, doivent être déclarées contraires à la Constitution ».

La France connaît un bouleversement dans l'organisation de ses ordres juridique et juridictionnel en raison de l'application de l'état d'urgence depuis novembre 2015. Le cadre juridique de cet état d'exception, prévu par la loi du 3 avril 1955, a été par cinq fois prorogé par le Parlement et de nombreuses fois modifié depuis sa mise en œuvre au lendemain des attentats de Paris. Mêlant dispositif sécuritaire et renouvellement de la législation anti-terroriste, les lois adoptées dans le contexte juridique de l'état d'urgence inscrivent celui-ci dans la durée en même temps qu'elles en opèrent une dilution dans le Code pénal.

L'état d'urgence emporte le transfert d'un ensemble de pouvoirs de l'autorité judiciaire aux autorités administratives ainsi que, par voie de conséquence, un accroissement des compétences et du rôle du juge administratif. Les mesures adoptées relevant de la police administrative dans sa fonction préventive de garante de l'ordre public, le juge judiciaire est pour une large part exclu du contentieux issu de l'application de l'état d'urgence.

Devant cet état présumé temporaire du droit, le Conseil constitutionnel est sollicité, depuis décembre 2015, par le renvoi de Questions prioritaires de constitutionnalité (QPC) portant sur les lois de prorogation de l'état d'urgence. Il en va ainsi de la décision du 19 février 2016, *Ligue des Droits de l'Homme*, qui est relative au régime des perquisitions administratives prévu par la loi du 3 avril 1955 telle que modifiée en l'espèce par la loi du 20 novembre 2015. Selon ses principales dispositions, « la décision ordonnant une perquisition précise le lieu et le moment de la perquisition. Le procureur de la République territorialement compétent est informé sans délai de cette décision. La perquisition est conduite en présence d'un officier de police judiciaire territorialement compétent. Elle ne peut se dérouler qu'en présence de l'occupant ou, à défaut, de son représentant ou de deux témoins. Il peut être accédé, par un système informatique ou un équipement terminal présent sur les lieux où se déroule la perquisition, à des données stockées dans ledit système ou équipement ou dans un autre système informatique ou équipement terminal, dès lors que ces données sont accessibles à partir du système initial ou disponibles pour le système initial. Les données auxquelles il aura été possible d'accéder dans les conditions prévues au présent article peuvent être copiées sur tout support ».

Adaptant le régime des perquisitions aux nouvelles technologies, le nouvel article 11 de la loi de 1955 place ainsi les perquisitions sous la surveillance principale des autorités administratives et autorise l'accès ainsi que la copie de données informatiques. En ce que ces mesures relèvent classiquement de celles prises sous le contrôle de l'autorité judiciaire, les perquisitions administratives prévues par cette législation d'exception peuvent-elles être déclarées conforme à l'article 66 de la Constitution qui fait de l'autorité judiciaire la gardienne de la liberté individuelle ?

Pour le Conseil constitutionnel, les mesures de perquisitions relèvent de la police administrative et peuvent ainsi, sans violer l'article 66 de la Constitution, être ordonnées sans contrôle de l'autorité judiciaire (I). Pour autant, les copies de données informatiques s'apparentant à une saisie, elles ne peuvent être réalisées sans intervention d'un juge, sans que celui-ci ne soit nécessairement le juge judiciaire (II).

I. La constitutionnalité de l'exclusion de l'autorité judiciaire dans le régime d'exception des perquisitions

A. L'état d'urgence dans l'approche fonctionnelle de la distinction police administrative / police judiciaire

En ce que les perquisitions prévues dans le cadre de l'état d'urgence relèvent de la police administrative, le Conseil constitutionnel rattache ces mesures à la fonction assignée à cette police spécifique. En effet, la jurisprudence constitutionnelle a depuis plusieurs années cristallisé la distinction police administrative / police judiciaire autour d'un critère fonctionnel : la police administrative poursuit l'objectif de valeur constitutionnelle que constitue la sauvegarde de l'ordre public alors que la police judiciaire répond notamment à l'objectif de valeur constitutionnelle qu'est la recherche des auteurs d'infractions[75].

Les mesures prises dans le cadre de l'état d'urgence relevant donc plus généralement du volet préventif et non répressif de l'action policière, l'essentiel des pouvoirs que confie la loi de 1955 à la police administrative, dont les perquisitions, intègrent le champ de la police administrative. En ce sens, le cadre juridique général issu de la mise en œuvre de l'état d'urgence non seulement est déclaré conforme à la Constitution, mais par

75. Cf. notamment CC, Décision n° 2005-532 DC du 19 janvier 2006, Loi relative à la lutte contre le terrorisme et portant dispositions diverses relatives à la sécurité et aux contrôles frontaliers.

ailleurs s'insère sans difficulté dans la jurisprudence constitutionnelle construite précédemment à l'état d'urgence par le Conseil constitutionnel.

B. Les perquisitions administratives de l'état d'urgence dans l'approche substantielle de la liberté individuelle

De même, la loi du 3 avril 1955 ne bouleverse nullement la jurisprudence constitutionnelle dès lors qu'elle n'affecte qu'à la marge la liberté individuelle telle qu'appréhendée substantiellement par le Conseil constitutionnel. Ce dernier ayant réduit l'article 66 de la Constitution à une norme d'attribution de compétences exclusives pour l'autorité judiciaire dans les seuls cas de privation de liberté, toute – simple – limitation de la liberté peut échapper au contrôle ou à la direction par l'autorité judiciaire. Il en va ainsi, et certainement sans surprise, des perquisitions administratives ; il en va également ainsi, bien que de manière plus discutable, de l'assignation à résidence, y compris lorsque celle-ci est associée à une astreinte jusqu'à 12 heures par jour[76].

II. L'inconstitutionnalité de l'absence de juge dans le régime des saisies opérées au cours d'une perquisition

A. Les copies de données informatiques qualifiées de « saisie » attentatoire à la vie privée

Selon le Conseil constitutionnel, la possibilité, offerte par la loi du 3 avril 1955 telle que modifiée par la loi du 20 novembre 2015, de « copier toutes les données informatiques auxquelles il aura été possible d'accéder au cours de la perquisition » est assimilable à une saisie. Or le cadre contextuel possible de cette saisie se présente comme particulièrement attentatoire à la vie privée en ce que ces saisies peuvent affecter les données de personnes « dépourvues de lien avec la personne dont le comportement constitue une menace pour la sécurité et l'ordre publics ayant fréquenté le lieu où a été ordonnée la perquisition » alors même qu'aucune infraction n'a pu être constatée. Ce régime exceptionnel des perquisitions est donc inconstitutionnel en ce que la loi ne réalise pas une conciliation nécessaire entre la sauvegarde de l'ordre public, objectif de valeur constitutionnelle, et le respect de la vie privée garantie à l'article 2 de la Déclaration des Droits de l'Homme de 1789.

B. L'intervention obligatoire d'un juge sans précision de qualification

De plus, la conciliation nécessaire entre principes constitutionnels (sauvegarde de l'ordre public et respect de la vie privée) n'a pas été réalisée en ce que la saisie peut être effectuée sans autorisation d'un juge, y compris lorsque la personne perquisitionnée s'y oppose. Cependant, le Conseil constitutionnel s'abstient de qualifier le juge dont l'intervention apparaît ainsi comme une obligation constitutionnelle ; en effet, l'exclusion de l'application de l'article 66 du champ des perquisitions effectuées dans le cadre de l'état d'urgence ouvre le champ d'un encadrement par le juge administratif. De fait, c'est le choix que fit le législateur qui, par une modification de la loi du 3 avril 1955 imposée par la censure du Conseil, a confié au juge des référés du Tribunal administratif le soin d'autoriser l'exploitation des données informatiques.

› Sujet n° 4

La conscience citoyenne comme instrument de garantie des libertés individuelles.

76. CC, Décision n° 2015-527 QPC, *M. Cédric D.* (Assignations à résidence dans le cadre de l'état d'urgence).

› Éléments de corrigé

I. L'usage des libertés comme garantie des libertés

Il est des libertés qui ont ceci de particulier qu'elles jouent comme des garanties pour l'exercice d'autres libertés. La propriété privée a, longtemps, eu ce statut de liberté protectrice parce qu'elle était censée assurer, seule, la liberté et la sécurité des individus : leur liberté, parce que, étant propriétaires, ils ne seraient pris dans aucune relation de dépendance qui les obligerait à penser ou agir de telle ou telle façon ; leur sécurité, parce que, de leurs propriétés, ils tireraient une autonomie de vie et un rempart contre les intrusions aliénantes, notamment celles de l'État. Une des justifications avancées autrefois pour réserver le bénéfice du droit de vote – et d'autres droits encore – aux propriétaires était, précisément, que la situation de non-propriétaire mettait ceux qui s'y trouvaient dans une position de dépendance qui ne leur permettait pas d'exercer librement leurs droits politiques. En d'autres termes, la propriété est, ici, considérée comme la condition et la garantie des autres libertés ; sans elle, pas de liberté d'aller et venir, pas de liberté d'opinion, pas de droit au respect de la vie privée... Ainsi, pour beaucoup, la suppression de la propriété privée emporte mécaniquement toutes les libertés et signe l'instauration de régimes dictactoriaux, autoritaires ou bureaucratiques. En 1981 encore, la gauche fut accusée d'attenter aux libertés pour avoir seulement nationalisé quelques banques et entreprises privées.

La propriété n'a plus, en tout cas n'a plus seule, ce statut de liberté protectrice. Trop marquée et surtout trop utilisée à des fins partisanes, historiquement discutable – les régimes fascistes ont supprimé les libertés mais maintenu la propriété privée – logiquement faible, la propriété n'a, au demeurant, bénéficié de ce statut que dans la doctrine et les écrits philosophiques ou politiques. Pour le droit positif, la propriété n'est d'ailleurs pas une liberté individuelle au sens de l'article 66 de la Constitution[77] et son étendue comme son exercice peuvent être limités au nom de l'intérêt général.

D'autres libertés remplissent, aujourd'hui, mieux que la propriété, ce rôle protecteur. Le droit de grève, par exemple, qui n'est, au fond, qu'un droit au service des autres droits : on ne fait pas grève pour faire grève mais pour défendre telle ou telle liberté menacée ou pour demander de nouveaux droits. Mais aussi le droit de manifester qui a valeur constitutionnelle[78] et dont l'exercice a toujours pour objet la défense d'une autre liberté, liberté de l'enseignement (1984), droit au travail et à la sécurité sociale (1995)...

L'histoire politique récente des transitions démocratiques en Europe du Sud dans les années 1970, en Europe de l'Est à la fin des années 1980 montre que c'est par l'exercice de ces deux droits que s'ouvrent et se consolident les régimes de libertés ; en Serbie, il a fallu des mois de manifestations quotidiennes pour que le Président Milosevic reconnaisse un minimum de libertés politiques. Et, à l'inverse, les exemples ne manquent pas de ceux qui, voulant instaurer un régime autoritaire, commencent par supprimer le droit de grève et le droit de manifester pour enlever aux hommes les instruments de défense de leurs libertés, qui, sans protection, mises à découvert, peuvent, alors, être « tirées » les unes après les autres par le pouvoir. Le domaine des libertés protectrices des libertés peut encore être étendu. En fait assurément partie la liberté d'association. La figure de Zorro ou de tout autre héros protecteur et défenseur des libertés a, sans doute, un certain charme et peut même avoir, dans des circonstances politiques particulières, une efficacité réelle. Mais la possibilité pour les hommes de se regrouper dans une

77. Cons. const., n° 85.189 DC, 17 juillet 1985, *Rec. Cons. const.*, p. 49.
78. Cons. const., n° 94.352 DC, 18 janvier 1995, *Rec. Cons. const.*, p. 170.

structure permanente est, au quotidien, le meilleur instrument de défense et d'exercice des libertés. Pour cette raison, le sort juridique réservé à la liberté d'association est toujours un indicateur fort de l'état général des libertés dans un pays : interdire les associations ou les soumettre à autorisation préalable est le signe des régimes autoritaires, les laisser se constituer librement le signe des régimes des libertés. Appliqué à la France, ce principe de classement distingue la République. En effet, même si elle est animée par des clubs, sociétés et autres sections des citoyens, la Révolution de 1789, avec les meilleures intentions du monde – celles de Jean-Jacques Rousseau – interdit les associations pour ne pas instituer entre l'État et le citoyen des corps intermédiaires qui auraient « déformé » la volonté générale. Et, pour d'autres motifs, l'Empire puis la Restauration monarchique maintiennent cette politique en soumettant la création d'associations à l'autorisation préalable du gouvernement. Il faut donc attendre la Seconde République pour que soit proclamé, à l'article 8 de la Constitution du 4 novembre 1848 : « Les citoyens ont le droit de s'associer. » Mais, très vite, Louis Napoléon Bonaparte, Président, puis, Napoléon III, Empereur, suppriment la liberté d'association ; et c'est à nouveau la République qui la rétablit progressivement avant de la consacrer solennellement par la fameuse loi du 1er juillet 1901. La mémoire de ces rythmes politiques n'a pas disparu ; ainsi, lorsque, en 1971, le ministre de l'Intérieur veut revenir sur cette loi pour soumettre la création d'association à l'autorisation préalable des autorités administrative et judiciaire, les observateurs analysent immédiatement cette initiative comme la tentation autoritaire de la présidence Pompidou confrontée aux « années 1968 ». Du coup, le Conseil constitutionnel gagne, dans cette affaire[79], son statut de gardien des libertés pour avoir empêché la remise en cause de cette loi-là en faisant de la libre création des associations un « principe fondamental reconnu par les lois de la République ». Depuis, personne n'a osé reprendre l'ouvrage républicain même si tout le monde reconnaît qu'il couvre aujourd'hui des situations profondément différentes et dont certaines ne mériteraient pas sa protection : quoi de commun entre, par exemple, la ligue des droits de l'homme et telle ou telle association para-administrative créée par une commune pour gérer son festival ?

Des événements récents ont fait redécouvrir un droit dont l'objet même est la défense des libertés, le droit de résistance à l'oppression. Parmi les droits de l'homme que l'article 2 de la Déclaration de 1789 qualifie de « naturels et imprescriptibles », on l'oublie en effet trop souvent ; il y est pourtant inscrit, après la liberté, la propriété et la sûreté – eux, on s'en souvient parfaitement – en quatrième et dernière position sans doute, mais à égalité de statut et de valeur. Or, ce droit est la garantie ultime, désespérée peut-être, des libertés. Quand tout a cédé devant des entreprises liberticides – les élus, les juges, les journalistes – il est ce qui reste à l'homme, ce qui reste au citoyen pour défendre les libertés menacées. Il peut apparaître paradoxal que le droit reconnaisse un droit à résister – même dans des situations particulières – au droit ; mais il s'agit simplement de mettre dans le droit ceux qui résistent – même s'ils sont dans la rue ou la clandestinité – et hors du droit ceux qui oppriment – même s'ils sont dans les palais du pouvoir ; il s'agit de reconnaître qu'une règle ne peut être dite « de droit » que si elle respecte les libertés et qu'en conséquence le droit de résistance n'est jamais un pouvoir de résister au droit mais un pouvoir de résister à la force, un pouvoir de s'opposer au nom du droit à des règles qui s'en éloignent parce qu'elles violentent les libertés. Évidemment, ce droit, particulier et particulièrement sensible, donne lieu à des controverses passionnées et sans fin : quand y a-t-il « oppression » ? Faut-il que toute la population soit touchée ou une partie seulement ? Faut-il que toutes les libertés soient supprimées ? limitées ? Ou suffit-il que quelques-unes – et lesquelles ? – le soient ? Quelles formes concrètes peut prendre la

79. Cons. const., n° 71.44 DC, 16 juillet 1971, *Rec. Cons. const.*, p. 29.

résistance ? La violence ? La désobéissance ? Le sabotage ? Le débat actuel au Pays basque espagnol cristallise toutes ces questions : si, pour défendre la liberté des Basques, l'ETA pouvait, du temps de Franco, invoquer le droit de résistance à l'oppression, le peut-il toujours aujourd'hui alors que la démocratie, la liberté d'expression, le pluralisme, les autonomies donnent à chacun les moyens de faire prévaloir ses droits ? Dans un registre moins dramatique, le mouvement des pétitionnaires de février 1997 a provoqué une formidable polémique sur la légitimité de leur action. En appelant leurs concitoyens à désobéir si le législateur leur imposait l'obligation de déclarer à la mairie le départ des étrangers qu'ils hébergeaient, les intellectuels faisaient-ils un acte de citoyenneté ou d'incivisme ? Désobéir à la loi est, en effet, une forme de résistance, de révolte qui ne peut se prévaloir de l'article 2 de la Déclaration de 1789 que si la loi en cause est constitutive d'une oppression. À en croire toutes les autorités juridiques et juridictionnelles consultées, tel était bien le cas de l'obligation que voulait imposer Jean-Louis Debré ministre de l'Intérieur de l'époque ; de sorte que, en usant, ou plus exactement, en menaçant d'utiliser le droit constitutionnel à la désobéissance civile – forme atténuée du droit à la résistance – non seulement les pétitionnaires agissaient en conformité avec le droit mais encore obtenaient que le ministre renonce à imposer cette obligation.

L'usage par les citoyens de leurs libertés est certainement la meilleure garantie pour ces libertés, et chacune est, au bout du compte, une protection pour les autres. Même si le juge constitutionnel paraît accorder à l'une d'elles une situation particulière.

II. Le rôle nouveau de la presse et de l'opinion publique

Dans sa décision des 10-11 octobre 1984[80], le Conseil constitutionnel qualifie la libre communication des pensées et des opinions, énoncée à l'article 11 de la Déclaration de 1789, « liberté fondamentale, d'autant plus précieuse que son existence est *l'une des garanties essentielles du respect des autres droits et libertés et de la souveraineté nationale* ». Il n'est pas question, ici, de la position d'un philosophe du droit ou d'un membre de la doctrine comme précédemment pour la propriété privée par exemple, mais de la définition juridique de la liberté de communication donnée par l'autorité constitutionnellement habilitée à le faire, la juridiction constitutionnelle. Et force est alors de constater que si le droit positif reconnaît qu'une liberté peut être une garantie pour les autres libertés, il n'accorde ce statut qu'à la liberté de communication. Avec raison. Ce qui donne, en effet, aux droits et libertés leur sens pratique, c'est l'exercice d'un choix : choix de son parti, de son syndicat, de son école, de son journal, de sa religion, de sa vie privée... Or, pour que chacun soit en situation d'exercer ces choix librement, il faut que les idées et les opinions circulent librement.

Pour être encore plus explicite, le Conseil affirme, dans sa décision du 11 janvier 1990[81], que « *l'exigence du pluralisme des courants d'idées et d'opinions constitue le fondement de la démocratie* ». La reconnaissance du pluralisme des opinions, du droit d'avoir et d'exprimer des idées différentes est, ainsi, considérée comme le signe distinctif de la démocratie, c'est-à-dire le point de départ logique d'où se déduit l'ensemble de l'organisation sociale. La libre circulation des idées et des opinions est la garantie de la démocratie parce qu'elle est le terreau sur lequel poussent toutes les autres libertés, collectives et individuelles, politiques et économiques, sociales et culturelles ; sans elle, elles meurent et la démocratie se transforme en dictature.

80. Cons. const., n° 84.181 DC, 10-11 octobre 1984, *Rec. Cons. const.*, p. 73.

81. Cons. const., n° 89.271 DC, 11 janvier 1990, *Rec. Cons. const.*, p. 21.

Logiquement, le Conseil constitutionnel veille à ce que l'ensemble des moyens de communication, écrits et audiovisuels, soit organisé par le législateur de manière à favoriser ce pluralisme des courants d'idées et d'opinions qui garantit le respect des autres droits. Il vérifie d'abord que les lois n'ouvrent pas la voie à des concentrations d'entreprises de presse qui seraient susceptibles de porter atteinte au pluralisme en réduisant le nombre et surtout l'autonomie des titres[82] il veille aussi à ce que les régimes juridiques de communication, notamment audiovisuelle, définis par le législateur, garantissent l'expression de tendances et de courants d'opinion différents. Ainsi, dans sa décision du 18 septembre 1986, le Conseil juge que la privatisation de TF1 ne porte pas atteinte au pluralisme dans la mesure où la loi prévoit que le choix du futur acquéreur privé est subordonné à son engagement « d'assurer le pluralisme des opinions », et à l'acceptation d'un cahier des charges où figurent, parmi les obligations minimales à respecter, « l'honnêteté et le pluralisme de l'information et des programmes ». Quant au pluralisme dans le secteur public de l'audiovisuel, il est, selon le Conseil, assuré par l'obligation qui lui est faite d'assurer le libre accès des groupements politiques pendant les campagnes électorales, par un temps d'émission réservé aux groupes parlementaires et aux organisations syndicales et professionnelles, et par la création d'une autorité administrative indépendante chargée de veiller au respect de l'expression pluraliste et, le cas échéant, de sanctionner tout manquement[83].

Dans l'exercice de son contrôle du respect du pluralisme externe et interne, le Conseil prend toujours comme point de référence le public. Dès sa décision des 10-11 octobre 1984, il affirme très clairement « qu'en définitive, l'objectif à réaliser est que *les lecteurs qui sont au nombre des destinataires* essentiels de la liberté proclamée par l'article 11 de la Déclaration de 1789 soient à même d'exercer leur libre choix sans que ni les intérêts privés ni les pouvoirs publics puissent y substituer leurs propres décisions ni qu'on puisse en faire l'objet d'un marché ». Et cette formulation, que le Conseil a réservée jusque-là aux lecteurs, auditeurs et téléspectateurs, peut être transposée, sans difficulté aucune, au citoyen, figure abstraite et globale de la démocratie, destinataire de l'ensemble des droits proclamés en 1789. Ce lien établi entre le public, la libre communication des idées et des opinions et, finalement, le juge qui pose ce lien et s'introduit dans cette relation du côté du public, inaugure une configuration politique qui met ces trois instances – opinion, presse et justice – dans une même perspective de contre-pouvoir garantie des libertés. La chose n'est pas entièrement nouvelle. Sans remonter aux temps anciens, Voltaire a su, par l'information, par les écrits et par la parole, éveiller la conscience de l'opinion pour la faire devenir une force capable de faire revenir le pouvoir sur des décisions arbitraires. Le *J'accuse* de Zola reste, sans doute, le symbole du rôle bénéfique que joue la presse pour la défense des libertés et pour ceux qui se battent pour elle(s). Aujourd'hui, toutes les organisations de défense des droits de l'homme reconnaissent ce rôle irremplaçable de la liberté d'informer, et donc de dire les injustices, les discriminations, les atteintes aux libertés, pour mobiliser l'opinion et contraindre les États. De la révélation des situations faites aux minorités et peuples oubliés – tsiganes, Kurdes, Arméniens... – à celle de l'affaire du sang contaminé, des enquêtes sur l'état de l'environnement de telle ou telle partie du territoire à celles sur la vache folle, la presse a, incontestablement, contribué à donner les informations qui ont permis à l'opinion de savoir et d'agir pour la défense des droits à la vie, à l'identité, à un environnement sain, à la santé, au respect de la dignité humaine.

Il est, cependant, un droit que la presse est régulièrement accusée de ne pas garantir, voire de violer systématiquement : la présomption d'innocence. En menant,

82. Cons. const., n° 86.210 DC, 29 juillet 1986, *Rec. Cons. const.*, p. 110.

83. Cons. const., n° 86.217 DC, 18 septembre 1986, *Rec. Cons. const.*, p. 141.

parallèlement à l'institution judiciaire, sa propre enquête, en livrant des noms, en publiant des photographies, en recueillant des témoignages, le journaliste, non seulement porte atteinte à la vie privée des individus, mais surtout construit, avant le procès et hors de toute procédure, un présumé coupable. D'où le renversement, ici, de problématique : pour garantir la présomption d'innocence, il faut limiter la liberté de la presse.

Raisonnement facile mais discutable. Sans doute, chacun peut, pour le défendre, prendre en exemple telle ou telle affaire, comme celle de Richard Roman que la presse juge et invite l'opinion à juger coupable du viol et du meurtre de la petite Céline en décrivant un personnage « marchant pieds nus », « sale », « barbare », « habillé d'un pagne comme les Peaux Rouges », qui « arrachait avec un sourire méchant les pattes des hannetons »... et qui sera reconnu innocent au terme d'un procès exemplaire. Mais, en retour, des exemples contraires ne manquent pas comme celui, récent, de Jean-Marc Deperrois que la presse a toujours présumé innocent du meurtre de la petite Émilie alors que les gendarmes et enquêteurs le présentaient, avant son jugement, comme le seul coupable possible. Exemple/contre-exemple, et, en vérité, fausse problématique que l'opposition présomption d'innocence-liberté de la presse. Les atteintes à la présomption d'innocence sont d'abord le fait de la procédure judiciaire avant d'être celui – s'il l'est – de la presse. Ce que reconnaît la Commission Truche en affirmant que « la présomption d'innocence est d'abord une règle qui s'impose aux magistrats ». Et pour la protéger, pour la défendre, il vaut certainement mieux prévoir la présence de l'avocat dès la première heure de garde à vue, limiter la détention provisoire et surtout en confier la décision à un collège de magistrats dont ne ferait pas partie le juge d'instruction chargé de l'enquête plutôt que penser à limiter la liberté de la presse. Cette liberté dont Chateaubriand disait qu'elle était la seule véritable garantie de la Constitution.

CHAPITRE IX

L'égalité

Anne-Marie Le Pourhiet
Professeur de droit public à l'Université Rennes 1

9.1 ▸ L'article 2 alinéa 4 de la Constitution française de 1958 dispose : « La devise de la République est Liberté, Égalité, Fraternité »[1].

La fraternité n'a été officiellement rajoutée à la devise que dans la Constitution de 1848. On rencontre cependant la trilogie dès la Révolution puisque Robespierre, dans son discours du 5 décembre 1790 sur l'organisation des gardes nationales, propose de l'inscrire sur la poitrine de celles-ci. On retrouve la formule badigeonnée et « enrichie » en 1793 sur les murs de Paris : « Unité et indivisibilité de la République, Liberté, Égalité, Fraternité ou la mort ».

L'usage révolutionnaire du terme de fraternité était donc plutôt familial, axé sur l'appartenance nationale et la commune ascendance. La Constitution de 1791 indiquait ainsi dans son titre 1er : « Il sera établi des fêtes nationales pour conserver le souvenir de la Révolution française, entretenir la fraternité entre les citoyens et les attacher à la Constitution, à la patrie et aux lois ». L'article 301 de la Constitution de l'an III reprend la même disposition[2].

Mais la fraternité de 1848 a sensiblement changé de sens. Issue du rapprochement des forces républicaines et du christianisme social, elle est plus axée sur la charité et la compassion. Elle devait suppléer le « droit au travail » que l'on avait retiré du projet de constitution après d'âpres débats. Effectivement l'entraide et l'assistance « fraternelles » sont mentionnées à deux reprises dans le préambule de la Constitution de 1848 et l'on comprend donc que la fraternité soit alors plus ou moins assimilée à la solidarité. Sous la IIIe République, il avait d'ailleurs été proposé de remplacer la fraternité, jugée trop sentimentale et chrétienne, par la solidarité.

9.2 ▸ On ne saurait nier que la fraternité « jure » un peu à côté de la liberté et de l'égalité. Celles-ci sont considérées par les révolutionnaires comme consubstantielles à l'humanité puisque les hommes « naissent » libres et égaux en droits. Ce sont des principes, des postulats premiers, des droits plus naturels que positifs. La fraternité, conçue comme l'amour indistinct du prochain, relève au contraire de l'affectif, donc du vœu pieux purement moral. Nul ne peut être contraint de considérer son voisin comme son frère et les notaires savent bien,

1. A.-M. Le Pourhiet, « Les symboles identitaires dans la Constitution de 1958 », *1958-2008 – Cinquantième anniversaire de la Constitution de 1958*, Dalloz, 2008, p. 134 et s.

2. A.-M. Le Pourhiet, « La mémoire et le droit », *Revue historique de droit français et étranger*, Dalloz, 2011, n° 1, p. 103.

en tout état de cause, que la fratrie elle-même n'est nullement synonyme d'amour, d'entente ou de partage amiable, loin s'en faut. On connaît l'adage « Les amis, on les choisit ; la famille, on la subit ». On comprend donc que l'inspiration chrétienne de la fraternité de 1848 ait agacé certains républicains et il faut bien admettre que les discours sur ce thème peinent souvent à s'extraire du prêche compassionnel et moralisateur et à fournir des arguments consistants et convaincants. Le fameux « Aimez-vous les uns les autres ! », lancé par Ségolène Royal durant la campagne présidentielle de 2007 en témoigne. Il est vrai que la « féminisation » de la fraternité a certainement contribué à accentuer son aspect compassionnel et religieux par contraste avec la conception ancienne plus virile et civique des « frères d'armes ».

9.3 ▸ Ce registre de la solidarité et de l'assistance s'est toutefois progressivement introduit dans la notion même d'égalité telle qu'elle a évolué à la suite de certaines contestations idéologiques. Il en est résulté de fortes contradictions juridiques tandis que des institutions spéciales ont cependant été mises en place en matière de discrimination. L'on examinera ces aspects généraux avant de décrire quelques déclinaisons particulières du principe d'égalité.

Section I

DÉFINITION, CONTESTATIONS, CONTRADICTIONS ET INSTITUTIONS

§ 1 – DÉFINITION

9.4 ▸ Dans la philosophie révolutionnaire, l'égalité et la liberté sont indissociables : « Les hommes naissent et demeurent **libres et égaux en droits** » (article 1er de la Déclaration des droits de l'homme et du citoyen de 1789). L'égalité de droits est consubstantielle à la liberté naturelle de chaque homme et se trouve sans cesse réaffirmée dans la Déclaration : « **La loi doit être la même pour tous** [...]. Tous les citoyens étant **égaux à ses yeux** sont **également admissibles** aux dignités, places et emplois publics selon leur capacité et sans autre distinction que celles de leurs vertus et de leurs talents ». La Constitution de 1791 confirme cette égalité juridique : « Il n'y a plus, pour aucune partie de la Nation aucun privilège, ni exception au droit commun de tous les Français ». Même le préambule de la Constitution de 1946, d'inspiration plus socialiste, reste fidèle à l'égalité de droits : « La loi garantit à la femme, dans tous les domaines, des **droits égaux** à ceux de l'homme ». Et la Constitution de 1958 répète encore en son article 1er : la France « assure **l'égalité devant la loi** de tous les citoyens [...] ».

9.5 ▸ Cette conception, héritée du droit naturel et de la philosophie des Lumières, se retrouve déjà chez les penseurs de l'Antiquité. Cicéron écrit par exemple : « Rien n'est plus doux que la liberté qui, si elle n'est pas égale, n'est plus la liberté [...]. Quel lien de droit peut exister dans la société quand la condition juridique des citoyens est inégale ? S'il ne convient pas, en effet, de rendre les fortunes égales, si les esprits sont naturellement et nécessairement inégaux, il doit y avoir égalité de droits entre tous les citoyens d'une même république. Qu'est-ce donc qu'une cité, sinon une société de citoyens ayant même droit ? »[3]. Mais le christianisme et sa conception de l'homme créé à l'image de Dieu engendre aussi d'une certaine façon une égalité universelle exprimée par Saint Paul : « Il n'y a plus ni Juif ni Grec ; il n'y a plus ni esclave ni libre ; il n'y a plus ni homme ni femme ; car vous êtes tous un en Jésus Christ »[4].

9.6 ▸ Le point d'émergence théorique de cette égalité révolutionnaire apparaît en 1651 chez Thomas Hobbes qui observe d'abord que dans l'état initial de nature les hommes sont « naturellement égaux » mais que ceci génère une rivalité mimétique et donc une insécurité permanente et de la violence. Les hommes conviennent donc d'instituer par contrat un ordre politique qui les tienne au respect mais qui procède de leur volonté naturelle et égale, d'une coalition d'égaux. Et, dans son fonctionnement, l'État ainsi constitué n'accorde à aucun de ses assujettis un statut privilégié, il place tous les hommes qu'il protège à équidistance de sa loi et en fait même les co-auteurs à part égale de celle-ci. Cette conception hobbesienne sera ensuite complétée par les apports démocratiques de Rousseau et les correctifs libéraux de Locke et Montesquieu pour aboutir aux formules parfaites de 1789.

9.7 ▸ Il convient de préciser d'ores et déjà que le principe d'égalité s'analyse en une interdiction de pratiquer certaines discriminations (race, origine, religion, sexe) mais n'exclut évidemment pas les distinctions justifiées : « Les distinctions sociales ne peuvent être fondées que sur l'utilité commune » indique l'article 1er de la Déclaration de 1789, tandis que l'article 6 ajoute que les citoyens sont égaux devant la loi mais « selon leurs capacités » et **sans autre distinction** « que celles de leurs vertus et de leurs talents ». Le principe d'égalité interdit donc certaines discriminations juridiques mais pas celles qui sont dûment justifiées ou évidentes comme, par exemple, la distinction entre nationaux et étrangers, entre mineurs et majeurs, entre brigand et honnête homme, ou entre courageux et paresseux. Le principe d'égalité ne saurait être synonyme d'aveuglement ni d'abolition du discernement.

9.8 ▸ Sur le fond, toutefois, il n'y a pas de différence entre le principe d'égalité et le principe dit de « non-discrimination » utilisé en mauvais français par le jargon européen. Les deux expressions sont synonymes : traiter de manière égale signifie évidemment traiter sans discrimination.

Mais l'on sait que cette égalité juridique proclamée dans les textes révolutionnaires a fait l'objet de plusieurs critiques et contestations.

3. *De la république, des lois*, Flammarion, 1965, p. 33 et 34, XXXI et XXXII.
4. *Épitre aux Galates*, 3, 28.

§ 2 – CONTESTATIONS

9.9 ▸ La première contestation de la philosophie révolutionnaire fut celle de la pensée réactionnaire (I), la deuxième fut celle du marxisme (II), la troisième celle, plus contemporaine et confuse, du féminisme et du multiculturalisme (III).

I – LA PENSÉE RÉACTIONNAIRE

9.10 ▸ Les penseurs réactionnaires se sont insurgés contre la prétention des révolutionnaires à l'universalisme juridique et ont vivement dénoncé l'abstraction de la Déclaration de 1789.

Edmund Burke, dans ses *Réflexions sur la Révolution de France* (1790) se livre à une attaque en règle contre la proclamation métaphysique des droits de l'homme à la française auxquels il oppose les libertés anglaises héritées de la tradition et du patrimoine des ancêtres. Défenseur des droits de ce que l'on appelle aujourd'hui les « minorités », il critique, comme le fera Marx, l'homme abstrait de 1789. De même, Joseph de Maistre écrit-il en 1797 dans ses *Considérations sur la France* : « La Constitution de 1795, tout comme ses aînées, est faite pour l'*homme*. Or, il n'y a point d'*homme* dans le monde. J'ai vu, dans ma vie, des Français, des Italiens, des Russes, etc. ; je sais même grâce à Montesquieu qu'on peut être Persan : mais quant à l'*homme*, je déclare ne jamais l'avoir rencontré de ma vie ; s'il existe, c'est bien à mon insu ». C'est donc l'individu situé, dans sa communauté, sa tradition, ses coutumes, sa langue, sa culture en général qu'observent ces auteurs en refusant l'homme abstrait universel et déraciné célébré par la Déclaration française. La contre-révolution nourrira ainsi longtemps le romantisme politique qui s'épanouira plus tard dans le nationalisme allemand.

II – LE MARXISME

9.11 ▸ La critique des libertés et de l'égalité abstraites rebondit sur un autre registre dans la pensée socialiste notamment exprimée en 1843 par Marx dans *Sur la question juive*[5]. Aux yeux de celui-ci l'égalité des libéraux est aussi purement formelle tandis que les libertés proclamées en 1789 n'ont aucune effectivité pour la grande masse du prolétariat qui se trouve dans l'incapacité matérielle de les exercer. En soumettant la relation sociale au libre jeu contractuel le système libéral et son égalité juridique assurent en réalité la domination du prolétariat par la bourgeoisie. Marx prône donc l'appropriation collective des moyens de production et la dictature provisoire du prolétariat nécessaires à l'édification d'une société sans classe où régnerait l'égalité de fait et pas seulement de droit. Cette revendication avait été anticipée sous la révolution par Rabaud Saint-Étienne en 1793 : « Une fois l'égalité politique établie, les pauvres sentent qu'elle est affaiblie par l'inégalité des fortunes et, comme égalité c'est indépendance, ils s'indignent et demandent l'égalité des fortunes »[6]. Sans aller jusqu'à cette révolution radicale, les réformistes, parmi lesquels le courant

5. La Fabrique éditions, 2006.
6. Cité par M. Gauchet, *La Révolution des droits de l'homme*, Gallimard, 1989, p. 212.

solidariste, propose de reconnaître, à côté des droits-libertés (droits de) des droits-créances (droits à) permettant aux individus d'obtenir de l'État, par voie de redistribution des richesses, des prestations sociales destinées à atténuer les inégalités. Fondé sur la distinction matérielle de fait entre les classes, le socialisme tend donc, dans une démarche qui reste universaliste, à estomper voire supprimer les différences sociales par un mécanisme de redistribution générale. C'est cette idéologie que l'on trouve exprimée dans les droits économiques et sociaux du préambule de la Constitution de 1946 qui se trouve intégré, à côté de la Déclaration de 1789, dans celui de 1958, et permet donc à la Constitution de la Ve République d'affirmer que la France est à la fois libérale et sociale.

9.12 ❯ Il ne faut pas se cacher cependant qu'il existe une certaine contradiction, bien mise en lumière par Michel Villey qui y voit une « quadrature du cercle »[7], entre les deux types de droits puisque les libertés supposent un État abstentionniste tandis que les créances exigent un État interventionniste et qu'en tout état de cause la redistribution passe toujours par des prélèvements fiscaux autoritaires limitant les libertés et le droit de propriété. Mais l'accoutumance à l'assistance crée aussi chez ses bénéficiaires une « mentalité de créanciers » constitutive d'une perte d'autonomie et d'une dépendance au guichet. Tocqueville a décrit l'effet liberticide de l'État-providence en des termes célèbres : « Au-dessus de ceux-là s'élève un pouvoir immense et tutélaire qui se charge seul d'assurer leur jouissance et de veiller sur leur sort. Il ressemblerait à la puissance paternelle si, comme elle, il avait pour objet de préparer les hommes à l'âge viril ; mais il ne cherche, au contraire, qu'à les fixer irrévocablement dans l'enfance [...]. C'est ainsi que tous les jours il rend moins utile et plus rare l'emploi du libre arbitre [...]. L'égalité a préparé les hommes à toutes ces choses : elle les a disposés à les souffrir et souvent même à les regarder comme un bienfait ». Dans les régimes où la doctrine marxiste a été appliquée à la lettre, les libertés politiques comme économiques ont effectivement tôt fait de sombrer dans le totalitarisme.

III — LE FÉMINISME ET LE MULTICULTURALISME

9.13 ❯ L'époque contemporaine a vu naître de nouvelles critiques de l'égalité juridique et, plus généralement, du modèle républicain français, qui constituent une sorte de mixture des contestations réactionnaire et marxiste.

Ces critiques émanent non plus de classes sociales au sens marxiste du terme mais de catégories sociétales de plus en plus variées (femmes, homosexuels, handicapés, obèses, minorités ethniques, linguistiques, religieuses ou territoriales, etc.) qui revendiquent à la fois la reconnaissance et l'institutionnalisation de leurs différences mais aussi paradoxalement une égalité de fait alors pourtant que celle-ci est bien plus uniformisatrice que l'égalité de droit.

La revendication multiculturelle revient à l'exigence de prise en compte de l'homme situé dans ses appartenances et somme l'État de rendre justice à toutes les différences et de faire droit à toutes les singularités.

---

7. *Le droit et les droits de l'homme*, PUF, 2e éd., 1990, p. 13.

9.14 ▸ Ce droit à la différence est cependant d'abord présenté comme une demande d'égalité juridique absolue tendant à exclure en principe toute différenciation juridique. C'est ainsi que les normes européennes et nationales se sont progressivement chargées d'une énumération sans fin de toutes les discriminations prohibées. L'article 225-1 du Code pénal français indique ainsi, dans sa dernière mouture [L. nº 2016-1547 du 18 novembre, art. 86], vingt-trois critères : « Constitue une discrimination toute distinction opérée entre les personnes physiques sur le fondement de leur origine, de leur sexe, de leur situation de famille, de leur grossesse, de leur apparence physique, de la particulière vulnérabilité résultant de leur situation économique, apparente ou connue de son auteur, de leur patronyme, de leur lieu de résidence, de leur état de santé, de leur perte d'autonomie, de leur handicap, de leurs caractéristiques génétiques, de leurs mœurs, de leur orientation sexuelle, de leur identité de genre, de leur âge, de leurs opinions politiques, de leurs activités syndicales, de leur capacité à s'exprimer dans une langue autre que le français, de leur appartenance ou de leur non-appartenance, vraie ou supposée, à une ethnie, une Nation, une prétendue race ou une religion déterminée. » De son côté, la Charte européenne des droits fondamentaux, entrée en vigueur avec le traité de Lisbonne le 1er décembre 2009, stipule aussi dans son article 21 intitulé « Non-discrimination » qu'est interdite : « Toute discrimination fondée *notamment* sur le sexe, la race, la couleur, les origines ethniques ou sociales, les caractéristiques génétiques, la langue, la religion ou les convictions, les opinions politiques ou toute autre opinion, l'appartenance à une minorité nationale, la naissance, un handicap, l'âge ou l'orientation sexuelle ».

9.15 ▸ Il faut convenir que beaucoup de ces critères laissent songeur dans la mesure où ils fondent depuis toujours des différences juridiques incontestées. L'apparence physique est évidemment un critère de sélection important pour tous les postes et emplois en relation avec le public ou une clientèle, ainsi que dans les agences de mannequin et les concours de beauté. Il conviendrait sans doute de s'entendre sur ce que désigne ce vocable. De la même façon la condition d'âge est extrêmement fréquente dans de nombreux cas à commencer par la majorité civile et politique, le mariage, l'accès à la retraite ou la responsabilité pénale. L'existence dans un État d'une langue nationale officielle impose son usage et donc sa maîtrise dans de très nombreuses situations et le handicap est un obstacle incontournable pour l'exercice de nombreuses professions ou disciplines. La nationalité est également partout un critère d'admission à de nombreux droits et un national se distingue par définition d'un étranger. La situation de famille justifie aussi de nombreuses mesures sociales et fiscales. On ne voit guère l'intérêt de procéder à de telles énumérations illimitées alors qu'il est objectivement impossible de ne faire aucune distinction sur beaucoup de ces critères. Cette accumulation normative, résultant d'une surenchère parfois absurde, loin de servir le principe d'égalité, tend au contraire à l'affaiblir. Surtout, ce refus illimité de discrimination finit par s'apparenter à une abolition du discernement et à une forme d'abêtissement, comme s'il devenait interdit de distinguer sa gauche de sa droite et obligatoire de prendre des vessies pour des lanternes.

9.16 ▸ Mais là n'est pas la seule contradiction repérable dans la mesure où au moment même où le mouvement multiculturel prétend interdire ces discriminations, il ne cesse pourtant d'en réclamer de nouvelles sur la base des critères prétendument interdits et... toujours au nom de l'égalité.

On interdit de discriminer sur critère religieux mais l'on exige moult dérogations (alimentaires, scolaires, vestimentaires, horaires, etc.) sur cette base. On interdit de discriminer en raison des opinions politiques mais l'on réclame sans cesse de nouvelles incriminations pour l'expression d'opinions jugées offensantes pour les minorités. Surtout les mêmes minorités qui exigent la lutte contre les discriminations réclament le bénéfice de « discriminations positives », c'est-à-dire de passe-droits et dérogations institués à leur profit et donc au détriment des autres. Certaines collectivités territoriales ultra-marines et métropolitaines, notamment insulaires, sont aussi passées maîtresses dans l'art de revendiquer d'une part une autonomie fondée sur leurs « spécificités », et d'autre part une exigence contradictoire d'égalité sociale nécessitant des transferts considérables et un système économique sous perfusion donc fort peu autonome.

Le discours devient ainsi obscur et logiquement incohérent puisque chaque catégorie réclame à la fois le droit à la différence et le droit à l'égalité.

Le droit positif, écartelé entre ces revendications contradictoires, peine à produire un ensemble normatif cohérent et lisible.

§ 3 – CONTRADICTIONS

9.17 ▸ Le droit écrit et la jurisprudence ont toujours illustré les difficultés à cerner clairement les exigences et contours du principe d'égalité.

Avant d'être inscrit en 1958 dans un texte constitutionnel pourvu d'une valeur juridique contraignante, le principe d'égalité fut appliqué par le Conseil d'État dans sa jurisprudence, d'abord sans appellation normative particulière[8], puis au titre des principes généraux du droit[9]. L'apparition du Conseil constitutionnel et du caractère normatif de la Constitution a ensuite permis de se passer de ceux-ci en invoquant désormais directement le texte de la Constitution et de son préambule[10]. La Cour de justice de l'Union européenne a aussi considéré que le principe d'égalité, inscrit dans plusieurs articles du traité sur des sujets et objets divers, fait partie des « principes fondamentaux du droit communautaire »[11].

Mais l'égalité juridique absolue est impossible à consacrer, le droit ne pouvant ignorer certaines différences incontournables. Parallèlement, les revendications d'égalité de fait heurtent de plein fouet le principe d'égalité de droit. Le droit positif doit donc naviguer entre tous ces écueils et le curseur n'est pas toujours facile à placer entre des exigences parfois inconciliables.

8. CE, 9 mai 1913, *Roubeau et autres*, *R*. 521.

9. CE, Ass. 26 octobre 1945, *Aramu*, *R*. 213.

10. Cons. const., n° 73-51 DC, 27 décembre 1973, *Taxation d'office*.

11. CJCE, 19 octobre 1977, *SA Moulins et huileries de Pont-à-Mousson c/ ONIC*, aff. 124-76 et 20-77.

On constate donc que le principe d'égalité est en réalité très relatif (I) et que même les discriminations expressément prohibées (II) font aujourd'hui l'objet d'assouplissements plus ou moins avoués.

I – UN PRINCIPE RELATIF

9.18 ▸ Le juge français a très tôt reconnu une certaine relativité au principe d'égalité en considérant qu'il n'interdit pas de traiter différemment des personnes à la condition que la différence de traitement soit en rapport avec la différence de situation ou qu'elle tienne à des considérations d'intérêt général. C'est ce que le Conseil d'État a d'abord reconnu dans les différentes déclinaisons du principe d'égalité qu'il est amené à sanctionner, notamment pour l'égalité devant le service public ou devant les charges publiques[12]. Le Conseil constitutionnel a confirmé cette interprétation et reprend constamment la même formule selon laquelle : « Le principe d'égalité ne s'oppose ni à ce que le législateur règle de façon différente des situations différentes, ni à ce qu'il déroge à l'égalité pour des raisons d'intérêt général pourvu que dans l'un et l'autre cas, la différence de traitement qui en résulte soit en rapport avec l'objet de la loi qui l'établit »[13]. De son côté, la Cour de justice de l'Union admet aussi les différences de traitement lorsqu'elles sont justifiées par des différences de situation objectives et qu'elles ne présentent pas de caractère arbitraire[14].

9.19 ▸ On voit donc que le principe d'égalité n'est jamais interprété ni appliqué aveuglément. Mais, dès lors que cette relativité est admise, l'on comprend bien que les juges qui en font application sont entraînés, faute de pouvoir efficacement se référer à la volonté des constituants, dans des appréciations délicates et subjectives portant en réalité sur l'opportunité des différenciations.

Lorsque le juge doit apprécier si une différence de situation, qui doit être objective, rationnelle et suffisamment nette, est « de nature à » justifier une différence de traitement qui doit elle-même être en rapport avec l'objet ou le but du texte qui l'institue et proportionnée à la différence de situation, l'on se doute bien qu'il substitue largement son appréciation à celle du législateur ou de l'autorité administrative. Il devient très difficile, dans de telles conditions, de prédire à l'avance ce que dira le juge de telle sorte qu'il règne, sur l'application du principe d'égalité, une forte incertitude constitutive d'insécurité juridique.

II – LES DISCRIMINATIONS « INTERDITES »

9.19-1 ▸ Mais c'est le droit communautaire dérivé qui remporte la palme du relativisme et de la contorsion rédactionnelle dans sa directive n° 2000/78 du 27 novembre 2000 portant création d'un cadre général en faveur de l'égalité de traitement en matière d'emploi et de travail. Cette directive définit d'abord le

12. CE, Ass. 13 juillet 1962, *Conseil national de l'ordre des médecins, R. 479* ; *RDP* 1962, p. 739, concl. Braibant ; CE, Sect. 10 mai 1974, *Denoyez et Chorques, R. 274* ; *AJDA* 1974, p. 298, ch. Franc et Boyon.

13. Cons. const., n° 79-107 DC, 12 juillet 1979, *Ponts à péages* ; Cons. const., n° 2010-QPC, 28 janvier 2011, *Mme Corine C. et autre* (mariage de personnes du même sexe).

14. CJCE, 24 octobre 1973, *Merkur c/ commission*, aff. 43-72, p. 1055.

« concept » de discrimination en distinguant les discriminations directes et indirectes. Une discrimination directe « se produit » d'abord lorsqu'une personne est traitée de manière moins favorable qu'une autre ne l'est, ne l'a été ou ne le serait dans une situation comparable, sur la base d'une caractéristique prohibée (religion, convictions, handicap, âge, orientation sexuelle). Mais une discrimination indirecte « se produit » aussi lorsqu'une disposition, un critère ou une pratique apparemment neutre est susceptible d'entraîner un désavantage particulier pour ces personnes « à moins que cette disposition, ce critère ou cette pratique ne soit objectivement justifié par un objectif légitime et que les moyens de réaliser cet objectif ne soient appropriés et nécessaires ». La directive ajoute encore qu'elle « ne porte pas atteinte aux mesures prévues par la législation nationale qui, dans une société démocratique, sont nécessaires à la sécurité publique, à la défense de l'ordre et à la prévention des infractions pénales, à la protection de la santé et à la protection des droits et libertés d'autrui ». Elle ajoute enfin que nonobstant les dispositions précédentes, les États membres peuvent prévoir qu'une différence de traitement fondée sur l'une de ces caractéristiques ne constitue pas une discrimination lorsque, en raison de la nature d'une activité professionnelle ou des conditions de son exercice, la caractéristique en cause constitue une exigence professionnelle essentielle et déterminante, pour autant que l'objectif soit légitime et que l'exigence soit proportionnée.

On se demande vraiment à quoi sert toute cette logorrhée confuse et indigeste pour admettre, au bout du compte, que ces discriminations sont autorisées quand elles sont justifiées !

9.20 › La doctrine constitutionnelle s'accorde généralement pour affirmer qu'il y aurait des distinctions rigoureusement et expressément interdites pour lesquelles la relativité ne saurait être admise. Ces distinctions sont celles qui ont été inscrites dans le texte constitutionnel après la Seconde Guerre mondiale. Le préambule de la Constitution de 1946 indique, en effet, que « tout être humain, sans distinction de race, de religion ni de croyance, possède des droits inaliénables et sacrés » et ajoute que « la loi garantit à la femme, dans tous les domaines des droits égaux à ceux de l'homme ». De la même façon l'article 1er de la Constitution de 1958 indique que la France « assure l'égalité de tous les citoyens devant la loi sans distinction d'origine, de race ou de religion ».

9.21 › Logiquement donc, aucune distinction ne devrait être acceptée sur la base de ces éléments. Mais, précisément, ce sont ces critères théoriquement proscrits qui sont à l'origine des revendications de « discriminations positives » en faveur des femmes ou des membres de certains groupes ethniques ou religieux qui allèguent aujourd'hui des discriminations passées, dont elles auraient en quelque sorte « hérité », pour pouvoir bénéficier de privilèges présents (quotas, parité, dispenses de concours ou de certaines épreuves, sélections spéciales, etc.). Les juges se trouvent donc fort embarrassés lorsqu'ils sont confrontés à de telles discriminations qu'ils devraient normalement censurer sans faillir.

9.22 › Le Conseil d'État avait, par exemple, annulé une circulaire ministérielle qui imposait que, dans chaque département d'outre-mer, les emplois publics vacants soient réservés aux candidats originaires du département[15]. Le Conseil constitutionnel, de son côté, avait censuré les tentatives d'instaurer des quotas par sexe ou la parité dans les élections, comme il a également invalidé la notion de « peuple corse » au motif que la Constitution française ne connaît que le peuple français, composé de tous les citoyens sans distinction d'origine, de race ou de religion[16]. En outre il a également jugé que la Charte du Conseil de l'Europe sur les langues minoritaires et régionales, qui reconnaît des droits spécifiques à des groupes de locuteurs territorialement assignés, est contraire à la Constitution française qui s'oppose « à ce que soient reconnus des droits collectifs à quelque groupe que ce soit, défini par une communauté d'origine, de culture, de langue ou de croyance »[17].

9.23 ▸ Mais la pression des intérêts catégoriels, jointe à l'idéologie multiculturaliste et féministe, auxquelles ont cédé les autorités politiques et juridictionnelles, a fini par permettre d'importants coups de canifs dans le modèle républicain, encouragés en cela par un droit international et européen d'inspiration anglo-saxonne, particulièrement perméable à l'intense *lobbying* des groupes de pression ethniques, sexuels ou religieux. Il convient en effet d'observer que l'activisme des ONG auprès des institutions internationales et européennes s'est soldé par l'adoption d'une série de conventions, chartes, recommandations ou déclarations d'inspiration clairement communautariste, préconisant ouvertement la reconnaissance de droits collectifs à des groupes ethniques, religieux, linguistiques ou sexuels. Ces normes ne manquent évidemment pas d'entrer en conflit frontal avec les principes républicains inscrits dans la Constitution française de telle sorte que la France émet des réserves lorsqu'elle ratifie ces textes ou s'abstient tout simplement de les signer ou ratifier, ce qui lui vaut régulièrement des remontrances fort peu diplomatiques. C'est ainsi que le 3 mars 2008, « l'experte indépendante » de l'ONU sur les questions relatives aux minorités, Mme Gay Mac Dougall, a remis un étonnant rapport invitant péremptoirement la France à renoncer à ses principes constitutionnels[18]. De la même façon l'exposé des motifs de la proposition de loi constitutionnelle de 2013 tendant à permettre la ratification de la Charte européenne des langues minoritaires et régionales accusait violemment le Conseil d'État et le Conseil constitutionnel d'être tout à la fois inconsistants, partiaux, irrationnels, incohérents et intolérants ! La pression contre l'égalité républicaine s'intensifie donc durement, le modèle français est clairement attaqué et certaines fissures sont déjà bien ouvertes. Ce sont aujourd'hui les revendications des élus corses en faveur, notamment, de la co-officialité de la langue corse, d'un statut de résident insulaire et d'un pouvoir local d'adaptation des lois qui sont en débat.

9.24 ▸ Le premier accroc au contrat républicain a été apporté par la révision du 20 juillet 1998 introduisant dans la Constitution un titre XIII intitulé « Dispositions transitoires relatives à la Nouvelle-Calédonie » dont l'article 76 constitutionnalise

15. CE, 24 octobre 1990, *Ministère des postes, des télécommunications et de l'espace*, n° 99457.

16. Cons. const., n° 82-146, DC, 18 novembre 1982, Quotas par sexe ; Cons. const., n° 98-407 DC, 14 janvier 1999, Élection des conseils régionaux ; Cons. const., n° 91-290 DC, 6 mai 1991, Statut de la Corse.

17. Cons. const., n° 99-142 DC, 15 juin 1999, Charte européenne des langues régionales ou minoritaires.

18. Nations unies – Assemblée générale, Conseil des droits de l'homme, A/HRC/7/23/Add. -2, 3 mars 2008.

l'accord de Nouméa en instaurant une « citoyenneté calédonienne » qui consacre un suffrage restreint d'ordre ethnique aux élections locales ainsi qu'une préférence autochtone dans l'accès aux emplois et aux professions. Ces discriminations à raison de l'origine ayant fait des envieux dans d'autres territoires ultramarins, la révision du 28 mars 2003 les a étendues aux collectivités d'outre-mer relevant de l'article 74 qui sont aussi habilitées à prendre « en faveur de leur population » des mesures « justifiées par les nécessités locales » en matière d'accès à l'emploi, de droit d'établissement pour l'exercice d'une activité professionnelle et même d'accession à la propriété foncière. Bien que cette possibilité ne soit pas prévue pour les départements et régions d'outre-mer régis par l'article 73 de la Constitution, une circulaire conjointe des ministres chargés de la Fonction publique et de l'Outre-mer, en date du 23 juillet 2010[19], préconise très clairement des discriminations positives en faveur des « originaires d'outre-mer », non seulement dans les territoires ultra-marins mais même en métropole. L'organisation d'un « marché local de l'emploi public » est ainsi suggérée, en dehors de toute autorisation constitutionnelle.

9.25 › Mais le *lobby* féministe a aussi obtenu ses révisions constitutionnelles *ad hoc* en faisant inscrire en 1999 dans la Constitution la formule selon laquelle « la loi favorise l'accès des femmes et des hommes aux mandats électoraux », les partis politiques étant appelés à contribuer « à la mise en œuvre de ce nouveau principe ». Le Conseil constitutionnel ayant cependant interprété strictement cette dérogation à l'universalisme républicain en refusant de l'admettre en dehors des mandats électoraux, le *lobby* féministe a obtenu, lors de la révision constitutionnelle de 2008, l'introduction d'une nouvelle disposition indiquant que « la loi favorise l'égal accès des femmes aux responsabilités professionnelles et sociales ». Ces révisions constitutionnelles ont évidemment l'inconvénient juridique majeur d'introduire des contradictions au sein de la loi fondamentale qui affirme désormais un principe dans un article et sa négation dans un autre. La Constitution devient donc incohérente.

9.26 › Mais indépendamment de ces révisions constitutionnelles expresses, les distinctions fondées sur la race, l'origine ou la religion fleurissent un peu partout, sans qu'elles soient toujours ouvertement nommées. Pour introduire sans le dire des quotas raciaux dans les entreprises ou certaines grandes écoles on se fonde sur un zonage géographique de type « zones d'éducation prioritaire » qui camoufle mal le critère ethnique, ou alors on recourt aussi à une terminologie codée du type « charte de la diversité », « personnes issues de la diversité », « jeunes des quartiers » ou encore « écrans pâles » s'agissant des discriminations positives à la télévision. La formule du président directeur général de l'Oréal dans une interview au journal *Le Monde* a le mérite de la franchise : « Lorsque nous rencontrons un candidat qui a un prénom d'origine étrangère, il a plus de chances d'être recruté que celui qui porte un prénom français de souche ».

---

19. NOR : MTSF 1014744C.

9.27 › Parallèlement le droit social et pénal ne cesse de sanctionner toujours plus largement les discriminations fondées sur des critères ethno-raciaux ou sexuels. Cela paraît totalement incompréhensible mais, en réalité, tout s'éclaire lorsque l'on observe que la condamnation se fait en sens unique c'est-à-dire que ne sont dénoncées que les discriminations qui désavantagent les femmes et les minorités mais non point celles qui les privilégient.

9.28 › On ne peut donc plus dire que toute discrimination ethnique, religieuse ou sexuelle est interdite mais seulement que sont prohibées les discriminations à l'égard des femmes ou de certains groupes minoritaires. L'on pratique donc ainsi des discriminations dans les discriminations et l'on arrive à ce paradoxe que la « préférence nationale » fondée sur un critère juridique de nationalité sera qualifiée de xénophobe voire fascisante, alors que l'on inscrit sans gêne la « préférence locale » fondée sur un critère ethnique dans la Constitution !

9.29 › Cette contradiction se retrouve également dans le droit de l'Union européenne qui est même pionnier en ce qui concerne les discriminations positives sexuelles puisque le *lobbying* féministe est particulièrement efficace à Bruxelles.

Le droit européen a, en effet, ajouté à la liste des discriminations prohibées par la Constitution française une liste hétéroclite de catégories bariolées[20] qui, accompagnée de son adverbe « notamment », paraît appelée à s'allonger indéfiniment sous l'assaut de nouveaux *lobbies.* Mais la contradiction apparaît de manière particulièrement éclatante dans la Charte européenne des droits fondamentaux. Dans son article 20 intitulé « Égalité en droit » elle affirme « toutes les personnes sont égales en droit ». Dans l'article 21 intitulé « Non-discrimination » elle interdit toute discrimination fondée sur une série de critères y compris le sexe, premier de la liste. Mais dans son article 23 intitulé « Égalité entre femmes et hommes » elle indique que « l'égalité entre les femmes et les hommes doit être assurée dans tous les domaines » mais que « le principe d'égalité n'empêche pas le maintien ou l'adoption de mesures prévoyant des avantages spécifiques en faveur du sexe sous-représenté ». Autant dire que les articles 20 et 21 interdisent les discriminations sexuelles mais que l'article 23 les autorise, le tout au nom de l'égalité... Le principe d'égalité est donc à finalement à géométrie très variable.

§ 4 – INSTITUTIONS

9.30 › Une autorité administrative indépendante dénommée Haute autorité de lutte contre les discriminations (Halde) a été créée pour lutter contre l'ensemble des discriminations, par une loi du 30 décembre 2004. Après quelques décisions et recommandations discutables et certains dysfonctionnements à la tête de l'institution, et suite à un rapport parlementaire préconisant de mutualiser les autorités administratives indépendantes devenues trop nombreuses et coûteuses, la Haute autorité a été intégrée à la nouvelle institution dénommée Défenseur des droits, créée à la faveur de la révision constitutionnelle du 23 juillet 2008 introduisant un nouvel article 71-1 dans la Constitution. Ce sont les lois organiques (n° 2011-333) et ordinaire (n° 2011-334) du 29 mars 2011 qui ont fixé

20. Voir plus haut l'article 21 de la CEDF.

son organisation et ses compétences et c'est donc désormais le Défenseur des droits qui est chargé de « lutter contre les discriminations, directes ou indirectes, prohibées par la loi ou par un engagement international régulièrement ratifié ou approuvé par la France ainsi que de promouvoir l'égalité ». Il préside plusieurs collèges dont l'un est chargé de la lutte contre les discriminations et à la tête duquel se trouve un défenseur adjoint en charge de ces questions et exerçant donc désormais les compétences antérieurement dévolues à la Halde.

9.31 ▸ Il peut être saisi par toute personne qui s'estime victime de discrimination, directement ou par l'intermédiaire d'un parlementaire national ou européen. Il peut aussi se saisir d'office ou l'être par une association déclarée depuis au moins cinq ans pour combattre les discriminations ou en assister les victimes. La saisine du Défenseur des droits n'interrompt ni ne suspend cependant les actions civiles et pénales et les recours administratifs et contentieux. Il peut mener une enquête et entendre toute personne utile. Ses agents peuvent être habilités par le procureur général à procéder à des vérifications sur place. En cas de silence il peut mettre en demeure les personnes intéressées et saisir le juge des référés d'une demande motivée aux fins d'ordonner toute mesure d'instruction qu'il juge utile.

9.32 ▸ Le Défenseur des droits « assiste la victime de discrimination dans la constitution de son dossier et l'aide à identifier les procédures adaptées à son cas, elle peut procéder ou faire procéder à la résolution amiable des différends portés à sa connaissance, par voie de médiation ». Il peut également « formuler des recommandations » éventuellement publiques, tendant à remédier ou prévenir les pratiques discriminatoires et établir un rapport spécial publié au *Journal officiel*. Lorsqu'il apparaît au Défenseur des droits que les faits considérés sont constitutifs d'un crime ou délit, il en informe le procureur de la République qui l'informe à son tour des suites données à ses transmissions. La loi précise, en outre, que les juridictions civiles, pénales ou administratives peuvent, lorsqu'elles sont saisies de faits relatifs à des discriminations, d'office ou à la demande des parties, inviter le Défenseur des droits ou son représentant à présenter des observations. Dans les mêmes conditions, les juridictions pénales peuvent, à sa demande, l'inviter à présenter des observations, y compris à les développer oralement au cours de l'audience. Le Défenseur des droits mène aussi des actions de communication et d'information, met en place des programmes de formation, conduit et coordonne des études et recherches, soutient de initiatives publiques et privées, identifie et promeut les bonnes pratiques, recommande des modifications législatives et réglementaires, est consulté par le gouvernement sur tout projet de loi ou toute question relatifs à la lutte contre les discriminations et à la promotion de l'égalité, etc. Il peut donc être à la fois dissuasif de l'action judiciaire et auxiliaire de celle-ci.

Section II
LES DÉCLINAISONS DU PRINCIPE D'ÉGALITÉ

9.33 ▸ Le principe d'égalité est susceptible d'une infinité de déclinaisons selon la matière envisagée (accès aux emplois publics, droits politiques, responsabilité, contributions fiscales, avantages sociaux, autonomie ou développement territorial, etc.) ou les personnes concernées (nationaux/étrangers, femmes/hommes, enfants/adultes, valides/handicapés, etc.). Il est impossible de les envisager toutes ici et l'on retiendra donc simplement quelques aspects avant de s'interroger sur l'application éventuelle du principe d'égalité aux animaux.

§ 1 – NATIONAUX ET ÉTRANGERS

9.34 ▸ Le principe d'égalité ne peut par nature jouer entre nationaux et étrangers qui se différencient forcément par le critère de la nationalité. Il convient cependant d'effectuer des distinctions selon les domaines et les types de droits concernés. On peut à cet égard, selon l'intitulé de la Déclaration de 1789, distinguer les droits de l'homme et ceux du citoyen.

9.35 ▸ L'article 3 alinéa 4 de la Constitution de 1958 indique : « Sont électeurs dans les conditions déterminées par la loi, tous les nationaux majeurs, des deux sexes [...] ». La nationalité française a toujours été exigée pour appartenir au corps électoral à une exception près, celle de la Constitution de 1793, jamais appliquée, qui étendait aux étrangers, sous certaines conditions, les droits des citoyens français. Cette jouissance concerne indistinctement la nationalité acquise par naissance ou par naturalisation. Dans ce dernier cas, toutefois, un délai de cinq ans après le décret de naturalisation a longtemps été exigé pour obtenir le droit de vote. C'est la loi du 9 janvier 1973 (art. 22 du Code de la nationalité) qui a supprimé ce délai de mise à l'épreuve. Le Conseil constitutionnel a jugé à plusieurs reprises, notamment, « qu'au regard du droit de la nationalité, les personnes ayant acquis la nationalité française et celles auxquelles la nationalité française a été attribuée à leur naissance sont dans la même situation »[21]. La condition de nationalité est logique et commune à tous les États : la souveraineté nationale implique que les décisions prises au nom de la Nation le soient exclusivement par les nationaux ou leurs représentants. La question du droit de vote des étrangers aux élections municipales, qui ne sont pas des élections politiques mettant directement en cause la souveraineté nationale, a cependant été posée et réglée s'agissant des ressortissants de l'Union européenne, tandis que des propositions d'étendre ce droit à tous les étrangers résidant en France reviennent régulièrement dans le débat. Le traité de Maastricht prévoyant la possibilité de voter et d'être candidat aux élections municipales pour tous les ressortissants des États de l'Union résidant dans une commune d'un autre État membre, le Conseil constitutionnel a dû constater la contrariété du traité à la Constitution qui a donc été modifiée sur ce point. L'article 88-3 introduit par la révision constitutionnelle du 25 juin 1992 dispose désormais : « Sous

21. N° 96-377 DC du 16 juillet 1996 ; n° 2014-439 QPC du 23 janvier 2015.

réserves de réciprocité et selon les modalités prévues par le traité sur l'Union européenne signé le 7 février 1992, le droit de vote et d'éligibilité aux élections municipales peut être accordé aux seuls citoyens de l'Union résidant en France. Ces citoyens ne peuvent exercer les fonctions de maire ou d'adjoint ni participer à la désignation des électeurs sénatoriaux et à l'élection des sénateurs ».

9.36 ▸ Certains partis ou leaders politiques proposent également d'étendre ce droit aux étrangers non citoyens de l'Union qui résident durablement en France, de façon à favoriser leur intégration. Cette question fait l'objet d'âpres débats au sein de la société française. Mais derrière certaines revendications en faveur du droit de vote des immigrés (pas toujours limitées au cas des élections locales) et une aspiration à l'égalité totale entre les nationaux et les étrangers se cache plus profondément une volonté radicale de remettre en cause le principe même de l'État-Nation. L'indifférenciation entre le national et l'étranger est ainsi conçue, dans l'idéologie post-moderne, comme la première étape d'une remise en cause du modèle stato-national lui-même.

9.37 ▸ S'agissant des droits-libertés et des droits-créances le Conseil constitutionnel a été contraint d'opérer une distinction générale permettant de tenir compte des limites inhérentes à la solidarité nationale. Il a ainsi jugé « que si le législateur peut prendre à l'égard des étrangers des dispositions spécifiques, il lui appartient de respecter les libertés et droits fondamentaux de valeur constitutionnelle reconnus à tous ceux qui résident sur le territoire de la République ; que s'ils doivent être conciliés avec la sauvegarde de l'ordre public qui constitue un objectif de valeur constitutionnelle, figurent parmi ces droits et libertés, la liberté individuelle et la sûreté, notamment la liberté d'aller et venir, la liberté du mariage, le droit de mener une vie familiale normale ; qu'en outre les étrangers jouissent des droits à la protection sociale, dès lors qu'ils résident de manière stable et régulière sur le territoire français ; qu'ils doivent bénéficier de l'exercice de recours assurant la garantie de ces droits et libertés »[22].

Les droits-libertés sont en effet reconnus par la Déclaration de 1789 à l'homme et non seulement au citoyen de telle sorte que les étrangers jouissent des mêmes libertés que les Français sur le territoire national. Des mesures de rétention particulières, encadrées par la loi et le droit européen, sont cependant prévues pour les étrangers en situation irrégulière avant leur reconduite à la frontière ou leur expulsion. De la même façon, pour éviter les fraudes à la législation sur l'entrée et le séjour en France par la pratique dite des « mariages blancs », des mesures de contrôle particulières ont été adoptées par le législateur permettant aux officiers d'état-civil de surseoir à la célébration ou à la transcription sur les registres en cas de doutes sur l'authenticité d'une union entre un Français et un étranger[23]. Bien entendu, la liberté du mariage doit s'exercer dans le respect de la législation française et n'autorise pas la polygamie.

22. Cons. const., n° 93-325 DC, 13 août 1993, Loi relative à la maîtrise de l'immigration et aux conditions d'entrée, d'accueil et de séjour des étrangers en France (considérant 3).

23. Lois n° 2003-1119 du 26 novembre 2003 et n° 2006-399 du 4 avril 2006.

En ce qui concerne les prestations sociales, le versement aux étrangers est le plus souvent conditionné par la régularité et l'ancienneté du séjour à l'exception toutefois de soins urgents et vitaux.

La première décision du Conseil constitutionnel rendue sur une question prioritaire de constitutionnalité a ainsi porté sur la « cristallisation » de pensions des anciens combattants ressortissants de pays ayant accédé à l'indépendance[24]. Le Conseil a jugé que « si le législateur pouvait fonder une différence de traitement sur le lieu de résidence en tenant compte des différences de pouvoir d'achat, il ne pouvait établir, au regard de l'objet de la loi, de différence selon la nationalité entre titulaires d'une pension civile ou militaire de retraite payée sur le budget de l'État ou d'établissements publics de l'État et résidant dans un même pays étranger ; que dans cette mesure, lesdites dispositions législatives sont contraires au principe d'égalité ».

§ 2 – ÉGALITÉ DES SEXES

9.38 ▸ Le préambule de la Constitution de 1946, intégré à celui de 1958, indique que « la loi garantit à la femme, dans tous les domaines, des droits égaux à ceux de l'homme ».

Le Conseil d'État avait, dans un arrêt de 1936, posé le principe que « si les femmes ont l'aptitude légale aux emplois dépendant des administrations centrales des ministères, il appartient au gouvernement [...] de décider si des raisons de service nécessitent, dans un ministère, des restrictions à l'admission et à l'avancement du personnel féminin »[25] C'est donc l'après-guerre qui généralise le principe d'égalité des sexes que l'ordonnance du 21 avril 1944 avait consacrée en matière électorale. Le statut général des fonctionnaires du 19 octobre 1946 indique, en son article 7, « aucune distinction, pour l'application du présent statut, n'est faite entre les deux sexes, sous réserve des dispositions spéciales qu'il prévoit ». Il ne peut désormais être apporté de dérogation à ce principe que dans le cas où la nature des fonctions ou leurs conditions d'exercice l'exigent et sous le contrôle du juge. Le Conseil d'État va ainsi admettre l'exclusion des femmes du cadre de l'administration générale de la France d'outre-mer[26]. Le second statut général du 4 février 1959 confirme le principe d'égalité des sexes sous réserve des mesures exceptionnelles prévues dans des statuts particuliers et commandées par la nature des fonctions. Le Conseil d'État a, sur ce fondement, jugé par exemple que les candidats de sexe féminin pouvaient être exclus des services actifs de la police nationale[27]. À l'inverse, il a aussi jugé que le principe d'égalité interdisait de discriminer les hommes en réservant aux femmes certains emplois d'avancement[28]. Le statut actuel de la fonction publique du

24. Cons. const., n° 2010-QPC, 28 mai 2010, *Consorts L.*
25. CE, Ass., 3 juillet 1936, *Demoiselle Bobard et autres, R.* 721 ; *RDP* 1937, p. 684, concl. Latournerie ; *GAJA*, n° 50.
26. CE, Ass. 6 janvier 1956, *Syndicat national autonome du cadre d'administration générale des colonies, R.* 4 ; RA, 1956, p. 33, concl. Laurent.
27. CE, Ass. 28 janvier 1972, *Fédération générale des syndicats de la police CGT, R.* 90.
28. CE, Sect. 23 février 1968, *Michel, R.* 132.

13 juillet 1983 admet seulement la possibilité d'effectuer des recrutements distincts pour les hommes et les femmes « lorsque l'appartenance à l'un ou l'autre sexe constitue une condition déterminante pour l'exercice des fonctions ». Sur le fondement de cette disposition, le Conseil d'État avait admis l'organisation de recrutements distincts dans un certain nombre de corps, notamment de l'administration pénitentiaire et de la police nationale. Mais la Cour de justice des Communautés européennes a condamné la France en 1988 en jugeant ces exceptions contraires la directive n° 76/207 du 9 février 1976 relative à la mise en œuvre de l'égalité de traitement entre les hommes et les femmes[29]. Il est vrai que les directives européennes en la matière sont devenues pléthoriques et qu'une clarification est en cours.

9.39 ▸ Le droit européen permet notamment d'instituer des « avantages spécifiques », c'est-à-dire des discriminations positives et donc des passe-droits en faveur du « sexe sous-représenté » qui ont posé problème au regard des principes constitutionnels français.

9.40 ▸ Sur le fondement du « modèle républicain » méritocratique et universaliste inscrit dans la Constitution, le Conseil constitutionnel avait invalidé, en 1982 et 1999, les quotas de femmes et la parité sexuelle que le législateur avait voulu imposer dans les élections locales en jugeant que les principes constitutionnels précités « s'opposent à toute division par catégories des électeurs et des éligibles »[30].

Pour contourner la censure du Conseil et imposer la catégorisation sexuelle, le pouvoir constituant aurait logiquement dû retirer la référence à la Déclaration de 1789 et au préambule de 1946 dans la Constitution et supprimer l'égalité juridique inscrite à l'article 1er de celle-ci. Toutefois, le gouvernement n'a pas osé renoncer ouvertement à l'héritage républicain et s'est donc contenté de rajouter à l'article 3 de la Constitution une formule *a priori* anodine selon laquelle « La loi favorise l'égal accès des hommes et des femmes aux mandats électoraux et fonctions électives ». Le doyen Vedel avait immédiatement aperçu que cette disposition n'emportait aucun effet juridique particulier et que le constituant avait en réalité renvoyé le problème au législateur et donc, *in fine*, au Conseil constitutionnel[31]. Celui-ci n'a cependant pas voulu prolonger la partie de bras de fer avec un gouvernement tétanisé par le *lobby* féministe alors que Madame Bachelot avait eu le bon goût de traiter les sénateurs qui hésitaient à réviser la Constitution de « vieux cons ». Le Conseil s'est donc référé aux travaux préparatoires de la révision constitutionnelle du 8 juillet 1999 pour estimer que le constituant avait entendu « déroger à des règles et principes de valeur constitutionnelle » et juger que la loi électorale pouvait donc « désormais » instaurer la parité dans les élections à la proportionnelle[32].

Compte tenu de l'entorse ainsi faite par une disposition constitutionnelle spéciale à des principes généraux et fondamentaux, le Conseil s'en est toutefois tenu à une

29. CJCE, *Commission c/ France*, aff. 318/86, *R.* 3559.
30. Cons. const., n° 82-146 DC, 18 novembre 1982 et Cons. const., n° 98-407 DC, 14 janvier 1999.
31. *Le Monde*, 8 décembre 1998.
32. Cons. const., n° 2000-429 DC, 30 mai 2000, Cons. const., Loi sur la parité.

interprétation littérale et a, bien sûr, refusé d'étendre la catégorisation sexuelle aux jurys de concours[33] et aux conseils d'administration et de surveillance des sociétés privées et des entreprises du secteur public[34]. Il a jugé, en effet, que la révision de 1999 ne concernait que les élections à des mandats et fonctions politiques et que si la recherche d'un accès équilibré des femmes et des hommes aux autres responsabilités n'est pas contraire aux exigences constitutionnelles « elle ne saurait, sans les méconnaître, faire prévaloir la considération du sexe sur celle des capacités et de l'utilité commune et que, dès lors, la Constitution ne permet pas que la composition des organes dirigeants ou consultatifs des personnes morales de droit public ou privé soit régie par des règles contraignantes fondées sur le sexe des personnes ». Il a donc invalidé les dispositions en cause de la loi relative à l'égalité salariale entre les femmes et les hommes en ce qu'elles étaient « contraires au principe d'égalité devant la loi ».

9.41 ▸ On sait que le président Sarkozy avait, par un décret du 9 avril 2008, chargé une commission présidée par Simone Veil de réfléchir à un aménagement éventuel du préambule de la Constitution pour répondre à la question : « Doit-on permettre au législateur de mieux garantir l'égal accès des femmes et des hommes aux responsabilités, en dehors même de la sphère publique ? »[35]. Mais le député Marie-Jo Zimmermann, président de la délégation de l'Assemblée nationale aux droits des femmes et à l'égalité des chances entre les hommes et les femmes, a préféré couper l'herbe sous le pied de Simone Veil en faisant adopter, à l'occasion de la révision constitutionnelle du 23 juillet 2008 sur la modernisation des institutions, un nouvel amendement indiquant que « la loi favorise l'égal accès des femmes et des hommes [...] aux responsabilités professionnelles et sociales ».

Fort de cette autorisation constitutionnelle le parlement a d'abord voté la loi du 27 janvier 2011[36] qui prescrit un quota de 40 % de femmes dans les conseils d'administration et de surveillance des sociétés et frappe de nullité toute nomination intervenue en violation de cette règle. Cette loi a été adoptée suite à une précédente proposition en ce sens et s'inspire du rapport remis au gouvernement le 7 juillet 2009 par Mme Brigitte Grésy, dont la tonalité victimaire vindicative et déformée rejoint celle de tous les rapports du même type rendus sur fond de revendications catégorielles. Mais elle a été largement complétée par les lois du 22 juillet 2013 relative à l'enseignement supérieur et à la recherche et celle de 2014 pour l'égalité entre les femmes et les hommes qui systématisent l'obligation de parité[37].

9.42 ▸ Il convient cependant de s'interroger sur la nature exacte des motivations du *lobby* féministe et des décideurs qui le suivent. Le méta-principe de la République étant que l'action politique doit servir l'intérêt général, on peut en

33. Cons. const., n° 2001-445 DC, 12 janvier 2002.
34. Cons. const., n° 2006-533 DC, 16 mars 2006.
35. « Redécouvrir le préambule de la Constitution », rapport du comité présidé par Simone Veil, La Documentation française, 2009, p. 106.
36. Loi n° 2011-103 du 27 janvier 2011 relative à la représentation équilibrée des femmes et des hommes au sein des Conseils d'administration et de surveillance et à l'égalité professionnelle.
37. Loi n° 2013-660 du 22 juillet 2013 relative à l'enseignement supérieur et à la recherche et loi de 2014 pour l'égalité entre les femmes et les hommes.

effet rechercher quel est l'objectif d'intérêt général visé par ces dispositifs paritaristes.

Le premier argument invocable est que le groupe dénommé « les femmes » aurait le droit à la moitié des emplois publics et privés et qu'il faudrait ainsi répartir les places et dignités entre les différentes catégories d'individus (femmes, handicapés, homosexuels, Noirs, musulmans, obèses, etc.). Il faut convenir qu'il s'agit là d'une conception féodale d'appropriation privée et corporatiste de la chose commune que la Révolution française avait justement entendu éradiquer. Cette « *lottizzazione* »[38] est évidemment directement contraire à la règle méritocratique et a toujours été considérée comme la caractéristique principale des systèmes clientélistes.

L'autre idée avancée, pour camoufler l'objectif trop trivial de partage du gâteau, est que la féminisation des corps et des lieux de pouvoir servirait l'intérêt général en promouvant des particularités biologiques et psychologiques nouvelles propres aux femmes. C'est ce qu'évoque l'expression de « sexe sous-représenté » utilisée par loi de 2011. On avance ainsi que les femmes apporteraient une « vision du monde » et des « valeurs » différentes de celles des hommes qui permettraient d'améliorer la performance et la productivité des entreprises. Un compte-rendu de la réunion à Deauville, le 17 octobre 2009, du *Women's forum*, mentionne que, selon Mme Ngozi Okonjo-Iweala (directrice générale de la Banque mondiale au Nigeria) : « Si Lehman Brothers avait été Lehman Sisters, on n'en serait pas là aujourd'hui ! »[39]. Mme Antonella Mei-Pochter (cabinet Boston Consulting Group-BCG) a renchéri en affirmant que les femmes sont plus sensibles que les hommes à l'avenir de la planète et donc plus écologistes, mais sans expliquer le lien particulier qui unirait, selon elle, le chromosome féminin à la chlorophylle. Enfin Mme Mercedes Erra (présidente du groupe Euro RSCG) a apporté une conclusion qui reste à vérifier : « Les hommes ont créé la crise. Les femmes nous en sortiront ! ». De son côté, Mme Agnès Touraine, administratrice de la chaîne britannique ITV et du groupe Neopost, répond à la question du journal *Le Monde* : « En quoi la présence accrue des femmes modifierait-elle la gestion ou la stratégie des entreprises ? » par la simple affirmation : « La diversité est source de richesse »[40].

9.43 › Les arguments sont un peu légers pour justifier de telles entorses au contrat républicain mais il faut convenir que les méthodes du *lobby* féministe ont été telles que le droit européen et national a plié devant des revendications radicales qui s'attaquent maintenant à la vie privée en prétendant régir l'organisation des congés parentaux et les horaires de travail des couples tandis que les enfants sont désormais, dès la crèche, conditionnés à l'indifférenciation des choix professionnels, vestimentaires, ludiques et sexuels. L'égalité réelle que préconisait aussi le marxisme, au prix de la dictature du prolétariat, produit les mêmes effets : une tentation d'organisation sociale autoritaire de facture antilibérale et fondée sur le ressentiment.

38. Terme italien désignant le clientélisme politique et le partage du secteur public entre les différents partis.
39. *Le Monde*, 25 octobre 2009.
40. *Le Monde*, 7 novembre 2009.

§ 3 – L'ORIENTATION SEXUELLE

9.44 ▸ L'offensive du néo-féminisme sur le droit et les institutions s'est accompagnée d'un activisme parallèle du *lobby* LGBTI (lesbien, gay, bisexuel, transsexuel/ transgenre et intersexuel). Le lien entre les deux militances peut *a priori* paraître surprenant mais s'explique à la fois par l'importante proportion de lesbiennes dans les mouvements féministes, par un commun ressentiment contre la figure du mâle hétérosexuel et aussi par l'idée que la stigmatisation des hommes *gays* serait imputable à leur féminité et confirmerait donc encore la misogynie sociétale.

9.45 ▸ C'est ici que le déni de la différence et la confusion entre différenciation et discrimination sont allés jusqu'à l'absurde lors des débats sur le mariage et la filiation « pour tous ».

Les juridictions européennes et le Conseil constitutionnel français ont toujours jugé que les couples hétérosexuels et les partenaires de même sexe étant évidemment dans une situation différente, le législateur ne violait aucunement le principe d'égalité en réservant l'institution du mariage aux premiers. Lors des débats sur la loi établissant le Pacte civil de solidarité (pacs) le ministre Élisabeth Guigou avait tenu à rappeler : « Une famille, ce n'est pas simplement deux individus qui contractent pour organiser leur vie commune. C'est l'articulation et l'institutionnalisation de la différence des sexes [...] Au regard de l'enfant, couples homosexuels et hétérosexuels sont dans des situations différentes. La non-discrimination n'est pas l'indifférenciation ». Se posait en outre une question de sémantique portant sur le sens et la définition des termes (mariage, matrimonial, patrimonial, nuptial, etc.) et donc sur la qualification juridique des faits par le législateur, mais elle ne fut pas sérieusement abordée dans les débats.

La loi n° 2013-404 du 17 mai 2013 « ouvrant le mariage aux couples de personnes de même sexe » n'a été défendue qu'à coup d'arguments égalitaristes dont la pertinence juridique avait pourtant été précédemment écartée par les juridictions. Le Conseil constitutionnel a finalement validé le texte en considérant que si le principe d'égalité n'interdit pas de traiter de façon distincte des situations différentes, il ne le lui impose pas non plus de les traiter différemment. Il a donc jugé qu'il n'appartient pas au Conseil constitutionnel de substituer, en la matière, son appréciation à celle du législateur »[41].

§ 4 – ÉGALITÉ SELON LES OPINIONS OU CROYANCES

9.46 ▸ La Déclaration de 1789 proclame la liberté d'opinion et de religion en son article 11 tandis que l'alinéa 5 du préambule de la Constitution de 1946 indique que « nul ne peut être lésé, dans son travail ou son emploi, en raison de ses opinions ou de ses croyances ». L'article 1er de la Constitution de 1958 affirme, quant à lui, l'égalité devant la loi sans distinction de religion mais ne parle pas des opinions. Mais en tout état de cause, dès lors qu'une liberté de penser est reconnue à tous, léser une personne sur le critère de sa pensée revient à violer

41. Décision n° 2013-669 DC du 17 mai 2013.

tant la liberté que l'égalité. Les textes européens confirment ce lien en garantissant d'une part la liberté de pensée et en prohibant d'autre part les discriminations fondées sur « la religion, les opinions politiques ou toutes autres opinions » (art. 14 de la Convention européenne de sauvegarde des droits de l'homme et des libertés fondamentales) ou « la religion et les convictions, les opinions politiques ou toute autre opinion » (art. 21 de la Charte européenne des droits fondamentaux).

9.47 ▸ Le Conseil d'État a notamment admis que s'il est possible à l'administration d'écarter éventuellement un candidat à une fonction publique qui aurait manqué, dans l'expression de ses opinions, à la réserve qui s'impose, elle « ne saurait, sans méconnaître le principe de l'égalité de l'accès de tous les Français aux emplois et fonctions publics, écarter de ladite liste un candidat en se fondant exclusivement sur ses opinions politiques »[42]. Il a ainsi annulé le refus ministériel d'inscrire un communiste sur la liste des candidats au concours d'entrée à l'École nationale d'administration (ENA).

9.48 ▸ Le juge administratif a constamment estimé que les candidats à la fonction publique, même remplissant les conditions législatives et réglementaires, n'ont pas un droit à concourir mais qu'il appartient à l'autorité administrative d'écarter, dans l'intérêt du service, ceux qu'elle estime incapables d'exercer la fonction « selon l'esprit et le but en vue desquels la loi l'a instituée ». Certaines manifestations extérieures d'opinion ou de croyance peuvent être jugées incompatibles avec l'exercice de la fonction en cause. Ainsi par exemple, le Conseil d'État a-t-il admis que l'on puisse écarter un ecclésiastique du concours d'agrégation de l'enseignement secondaire public[43]. Dans ses conclusions pour cet arrêt le commissaire du gouvernement Helbronner indiquait : « Reconnaître au ministre le droit d'exclure un candidat qui pratique telle ou telle religion, ou qui est supposé avoir telle ou telle opinion philosophique politique, serait une atteinte inadmissible à la liberté des citoyens... Mais si les idées, les opinions se manifestent ou se sont manifestées avant la candidature aux fonctions publiques, par un fait individuel, un acte public, qui par sa nature serait incompatible avec l'exercice des fonctions sollicitées, il rentrera certainement dans les droits d'appréciation de l'autorité de nomination, d'écarter pour ce motif un candidat qui se sera livré à cette manifestation ou qui aura accompli un tel acte... C'est donc, non pas telle ou telle catégorie de citoyens qu'il s'agit de frapper de déchéance, mais un individu auquel on pourra refuser l'entrée de certaines fonctions publiques, si un acte par lui accompli, ne permet pas au ministre de les lui confier ». Il estimait, suivi en cela par le Conseil d'État, que s'il n'existait pas pour l'enseignement secondaire de disposition législative exigeant un personnel enseignant laïc, le ministre pouvait cependant estimer qu'en embrassant l'état ecclésiastique un abbé avait manifesté, par un acte extérieur, qu'il ne serait pas apte à faire preuve, dans son enseignement, de l'impartialité et de la neutralité requises. Mais une telle incompatibilité, ajoutait-il, ne saurait jouer dans l'enseignement supérieur public : « la nature de l'enseignement donné, le

42. CE, Ass. 28 mai 1954, *Barel*, *R.* 308, concl. Letourneur, *GAJA*, n° 70.
43. CE, 10 mai 1912, *Abbé Bouteyre*, *R.* 553, concl. Helbronner, *GAJA*, n° 24.

caractère des personnes auxquelles il s'adresse, dispense en principe l'État de prendre la responsabilité des doctrines qui sont enseignées. Les auditeurs, les élèves, sont ici, aptes à juger [...]. L'incompatibilité entre cet enseignement, ou tout au moins certaines parties de cet enseignement, et l'état ecclésiastique n'a donc plus les mêmes raisons d'être ».

L'administration a un assez large pouvoir d'appréciation en la matière et le juge a la possibilité, pour vérifier que l'exclusion ne repose pas uniquement sur les opinions et croyances, c'est-à-dire sur le for intérieur des candidats, de demander à l'administration, dans le cadre de la procédure inquisitoriale, tous les documents au vu desquels a été prise la décision.

Mais les appréciations sont aussi susceptibles d'évoluer selon les lieux et les époques. Si aucun texte n'a jamais exclu ouvertement les communistes de la fonction publique française, il n'en a pas été de même aux États-Unis, en Grande-Bretagne en Suisse ou en Allemagne. À cet égard, si la Cour européenne des droits de l'homme a, dans un premier temps, refusé que l'article 10 de la Convention relatif à la liberté d'opinion puisse être invoqué pour l'accès à la fonction publique qui n'y est pas expressément mentionné[44], elle a cependant fini par admettre que l'exclusion d'une enseignante en raison de son appartenance active au parti communiste et de sa candidature à des élections au plan local et fédéral, était contraire aux libertés d'expression et d'association garanties par la Convention[45]. On voit donc que ce type d'exclusion peut être indifféremment traité sous l'angle des libertés d'opinion et d'expression ou sous l'angle du principe d'égalité.

9.49 ❯ Le Conseil d'État a également considéré, dans le prolongement de l'arrêt *Bouteyre* que l'application du principe constitutionnel de laïcité s'oppose à ce que les enseignantes manifestent leurs croyances religieuses dans le service public par le port du « foulard islamique »[46] et que l'interdiction de celui-ci ne constitue pas une discrimination prohibée. Le droit administratif français impose une stricte neutralité à tous les agents publics[47]. Ce principe jurisprudentiel a récemment été codifié par la loi n° 2016-483 du 20 avril 2016 relative à la déontologie et aux droits et obligations des fonctionnaires qui a ajouté au statut général un article 25 disposant que « le fonctionnaire exerce ses fonctions avec dignité, impartialité, intégrité et probité. Dans l'exercice de ses fonctions, il est tenu à l'obligation de neutralité. Il exerce ses fonctions dans le respect du principe de laïcité. À ce titre, il s'abstient notamment de manifester, dans l'exercice de ses fonctions, ses opinions religieuses. Le fonctionnaire traite de façon égale toutes les personnes et respecte leur liberté de conscience et leur dignité ». S'agissant des élèves, la loi du 15 mars 2004, à la suite d'une jurisprudence complexe et au cas par cas du Conseil d'État, a introduit dans le Code de l'éducation un article L. 141-561 ainsi rédigé : « Dans les écoles, les collèges et les lycées publics, le port des signes ou tenues par lesquels les élèves

44. CEDH, 28 août 1986, *Glasenapp c/ Allemagne*, série A, n° 104.
45. CEDH, Gde Ch., 26 septembre 1995, *Vogt c/ Allemagne*, série A, n° 323, *GACEDH*, n° 59.
46. CE, Avis, 3 mai 2000, *Mlle Marteaux*, *R.* 169 ; *RFDA* 2001, p. 146, concl. Schwartz.
47. CE, 10 mai 1912, *Abbé Bouteyre*, n° 46.027, R. 553 ; CE, 3 mai 1950, *Dlle Jamet*, n° 98.284, R. 247 ; CE, avis contentieux, n° 217017, 3 mai 2000, *Mlle Marteaux*.

manifestent ostensiblement une appartenance religieuse est interdit ». La Cour européenne des droits de l'homme, qui avait déjà admis la compatibilité avec la Convention de l'interdiction du foulard islamique dans les universités turques[48], a jugé la loi française, que d'aucuns jugeaient discriminatoire et contraire à la liberté de religion, conforme à la Convention[49].

Pour les salariés des entreprises privées, si le principe de laïcité ne s'applique pas, la jurisprudence admet cependant au cas par cas certaines limitations à la manifestation extérieure des convictions religieuses. Mais la loi récente n° 2016-1088 du 8 août 2016 dite « loi travail » a cependant introduit dans le Code du travail un article L. 1321-2-1 précisant que « le règlement intérieur peut contenir des dispositions inscrivant le principe de neutralité et restreignant la manifestation des convictions des salariés si ces restrictions sont justifiées par l'exercice d'autres libertés et droits fondamentaux ou par les nécessités du bon fonctionnement de l'entreprise et si elles sont proportionnées au but recherché ».

La Cour de justice de l'Union est actuellement saisie de questions préjudicielles émanant des cours de cassation belge et française portant sur l'interprétation de la notion de discrimination religieuse telle qu'elle est exposée dans la directive n° 2000/78. Dans l'affaire française, au sujet d'un licenciement relatif au port du foulard, l'avocat général Eleanor Sharpston a conclu en faveur de l'existence d'une discrimination directe fondée sur la religion[50], mais dans l'affaire belge, relative à un règlement intérieur interdisant le port de signes religieux visibles, l'avocat général Juliane Kokott a rendu des conclusions rejetant aussi bien la discrimination directe qu'indirecte[51].

9.50 ▸ L'application du principe de laïcité connaît cependant quelques discriminations territoriales. En effet, Il existe une exception locale au principe de la loi de 1905 dans les départements d'Alsace et de Moselle demeurés soumis au concordat de 1801 et auxquels ne s'applique pas la loi du 9 décembre 1905 sur la séparation des églises et de l'État selon laquelle : « La République assure la liberté de conscience. Elle garantit le libre exercice des cultes sous les seules restrictions édictées dans l'intérêt de l'ordre public. [...] Elle ne reconnaît, ne salarie, ni subventionne aucun culte ». Le Conseil constitutionnel a cependant jugé, dans une décision alambiquée, que le principe de cette dérogation locale demeure tant qu'il n'y a pas été mis expressément un terme par le législateur[52]. Il en résulte que, dans ces départements, les ministres du culte continuent d'être rémunérés par l'État avec la bénédiction du Conseil constitutionnel[53].

En outre, l'article 75-1 de la Constitution précise que les citoyens de la République qui n'ont pas le statut civil de droit commun (essentiellement les Mahorais qui possèdent le statut de droit musulman) conservent leur statut tant qu'ils n'y ont pas renoncé. Le Conseil constitutionnel a eu l'occasion d'interpréter cet article dans sa

48. CEDH, Gde Ch., 10 novembre 2005, *Leyla Sahin*.

49. CEDH, 4 décembre 2008, *Dogru et autres c/ France* ; CEDH, n° 43563/08, 30 juin 2009, *Tuba Aktas*.

50. C-188/15, *Bougnaoui et ADDH c/ Micropole SA*.

51. C.157/15, *Samira Achbita et autre c/ G4S Secure Solutions NV*.

52. Décision n° 2011-157 QPC, 5 août 2011.

53. Décision n° 2012-297 QPC, 21 février 2013.

décision n° 2003-474 DC du 17 juillet 2003 relative à la loi de programmation pour l'outre-mer. Il a jugé qu'il résultait de la combinaison des dispositions constitutionnelles applicables « que les citoyens de la République qui conservent leur statut personnel jouissent des droits et libertés de valeur constitutionnelle attachés à la qualité de citoyen français et sont soumis aux mêmes obligations ; qu'en rappelant ce principe par la disposition critiquée, le législateur n'a pas méconnu l'article 75 de la Constitution ; que, dès lors qu'il ne remettait pas en cause l'existence même du statut civil de droit local, il pouvait adopter des dispositions de nature à en faire évoluer les règles dans le but de les rendre compatibles avec les principes et droits constitutionnellement protégés ». Il a donc ainsi admis que le législateur peut modifier le statut personnel pour le rendre compatible avec le droit commun républicain.

§ 5 – VERS L'ÉGALITÉ ENTRE L'HOMME ET L'ANIMAL ?

9.51 ▸ L'on assiste aujourd'hui à la montée en puissance de courants de pensée du type « écologie profonde », ou issus de la bioéthique anglo-saxonne, notamment représentés par l'Australien Peter Singer, qui souhaitent voir accorder des droits aux animaux. Refusant à l'homme sa singularité et sa dignité spécifiques, ces courants considèrent que la différenciation entre l'homme et l'animal est une discrimination « spéciste » (à raison de l'espèce) qu'il convient donc d'éliminer[54]. À ce point culminant de l'application du principe de non-discrimination, transformé en obligation d'aveuglement, ce sont sans doute les droits de l'homme qui sont appelés à disparaître, avec la philosophie qui les sous-tend. Ces doctrines n'ont sans doute pas encore obtenu de consécration juridique intégrale mais quelques « progrès » sont cependant observables. La Convention européenne pour la protection des animaux de compagnie élaborée en 1987, signée par la France en 1992 et publiée en 2004, interdit notamment de leur causer inutilement de la douleur, de la souffrance ou de l'angoisse. La Constitution helvétique a intégré en 1992 la notion de « dignité de créature » tandis que l'article 20-a de la Loi fondamentale allemande a été révisé par une loi constitutionnelle du 26 juillet 2002 imposant la protection étatique des animaux. Le Luxembourg a aussi inscrit en 2007 la protection du bien-être animal dans sa Constitution. Le traité de Lisbonne reprend l'article III-121 du traité instituant une constitution pour l'Europe, qui stipule : « Lorsqu'ils formulent et mettent en œuvre la politique de l'Union dans les domaines de l'agriculture, de la pêche, des transports, du marché intérieur, de la recherche et de l'espace, l'Union et les États membres tiennent pleinement compte des exigences du *bien-être des animaux en tant qu'êtres sensibles*, tout en respectant les dispositions législatives ou administratives et les usages des États membres, notamment en matière de rites religieux, de traditions culturelles et de patrimoines régionaux ». Ces dernières réserves ont été jugées scandaleuses par les *lobbies* européens de libération des animaux.

9.52 ▸ En France, l'article 2 de la loi n° 2015-177 du 16 février 2015 relative à la modernisation et à la simplification du droit et des procédures dans les

---

54. C. Delsol, « Mort humaine, mort animale », *in Le chasseur et la mort*, La Table ronde, 2005, p. 47.

domaines de la justice et des affaires intérieures vient de créer dans le Code civil un nouvel article 515-14 qui dispose : « Les animaux sont des êtres vivants doués de sensibilité. Sous réserve des lois qui les protègent, les animaux sont soumis au régime des biens ». L'association « 30 millions d'amis », à l'origine du lobbying intense qui a conduit à cette consécration législative, s'est offert des pleines pages de publicité dans la presse pour se féliciter de cette « réforme humaniste mettant fin à 200 ans d'une vision archaïque de l'animal » en n'hésitant pas à affirmer, contre toute évidence, que l'animal n'est désormais plus « considéré comme un bien meuble ». Les militants se sont en effet persuadés, dans une grande confusion conceptuelle, qu'il suffisait de remplacer les termes « sont meubles » par les termes « sont soumis au régime des biens meubles » pour changer le statut juridique de l'animal ! Mais il ne s'agit pour eux, en tout état de cause, que d'une « étape » vers une victoire plus large.

9.53 ▸ Effectivement, le philosophe australien Peter Singer propose, avec sa collègue italienne Paola Cavalieri, la rédaction d'une déclaration internationale des droits des grands singes qui leur reconnaîtrait le droit à la vie, le droit à la protection individuelle et le droit au respect de l'intégrité physique[55]. Un pas dans ce sens vient d'être franchi par un tribunal argentin qui a rendu le 21 décembre 2014 une ordonnance d'*habeas corpus* en faveur d'une guenon considérée comme une « personne non humaine » devant donc être remise en liberté par le zoo de Buenos Aires.

BIBLIOGRAPHIE

Conseil d'État, *Sur le principe d'égalité*, Rapport public, 1996, n° 48, La Documentation française, 1997 ; Anne-Marie Le Pourhiet, « Le contrôle des faits en droit constitutionnel – Le cas des "spécificités" territoriales », *Mélanges en l'honneur de Dmitri Georges Lavroff*, Dalloz, 2005, p. 229 ; Ferdinand Mélin-Soucramanien, *Le principe d'égalité dans la jurisprudence du Conseil constitutionnel*, thèse Aix-Marseille III, 1996 ; Daniel Sabbagh, *L'égalité par le droit – Les paradoxes de la discrimination positive aux États-Unis*, Economica, 2003 ; *Actualité de l'article 1er de la Constitution de 1958*, Frédérique de la Morena (dir.), Presses universitaires de Toulouse, 2005 ; *Redécouvrir le Préambule de la Constitution*, Rapport du comité présidé par Simone Veil, La Documentation française, 2009 ; *Les discriminations* (dir. Félicien Lemaire et Bernard Gauriau), Éditions Cujas, 2012.

55. P. Singer, *La libération animale*, Payot, 2012 ; Voir aussi : B. Cyrulnik, É. de Fontenay et P. Singer, *Les animaux aussi ont des droits*, Seuil, 2013.

» Exercices de préparation au grand oral

› Sujet n° 1

Les discriminations positives.

› Éléments de corrigé

Introduction

Le terme « discrimination positive » est celui qui a été retenu en France pour désigner des avantages juridiques, en principe provisoires, reconnus à certaines catégories de personnes censées avoir souffert par le passé de discriminations ou présenter des handicaps divers. Il correspond à ce que l'on nomme *affirmative action* aux États-Unis. L'idée est donc de compenser une inégalité de situation par un traitement juridique préférentiel consistant à réserver un pourcentage d'emplois publics ou privés, de marchés publics ou de places dans les universités ou grandes écoles soit à des femmes, soit à des personnes appartenant à des minorités raciales, ethniques, religieuses, linguistiques ou autres. Ce type de mesures préférentielles soulève d'épineux problèmes juridiques dans la mesure où la plupart des constitutions occidentales affirment l'égalité de droits de tous les citoyens. En France en particulier, la philosophie révolutionnaire inscrite dans la Déclaration des droits de l'homme et du citoyen, intégrée au préambule de la Constitution de 1958, prohibe toute division de la société en groupes et n'accepte que les distinctions individuelles fondées sur la capacité, les vertus et les talents, excluant explicitement les sélections fondées sur l'origine, la race, la religion et le sexe.

On se trouve donc dans une situation paradoxale où le droit français se propose de lutter, y compris pénalement, contre toutes les discriminations et plus particulièrement celles qui sont fondées sur la race, l'origine, la religion ou le sexe (I) mais, parallèlement, multiplie les discriminations en faveur de catégories précisément désignées par ces critères (II).

I. Les discriminations interdites

a) Les textes

Le droit européen, aussi bien la Convention européenne des droits de l'homme et des libertés fondamentales que la Charte européenne des droits fondamentaux, condamne les discriminations fondées sur une énumération infinie de critères. Le droit constitutionnel français, outre le principe général d'égalité de tous devant la loi, ne prohibe expressément que certains d'entre eux ; le Code pénal donne une définition très large des discriminations mais ne sanctionne précisément que certains types de discriminations. Le droit du travail, à son tour, prohibe aussi les discriminations fondées sur une longue une série de critères.

b) La sanction des discriminations

La sanction des discriminations peut être obtenue à tous les niveaux de juridiction en fonction du domaine dans lequel elles interviennent. Les discriminations effectuées par le législateur peuvent être sanctionnées par le Conseil constitutionnel ou éventuellement les juges administratif ou judiciaire à l'occasion d'un contrôle de « conventionnalité » de la loi c'est-à-dire de sa compatibilité avec le droit international ou européen. Le juge administratif peut aussi être amené à sanctionner des actes administratifs discriminatoires tandis que les juridictions sociales et pénales peuvent être saisies dans le cadre de leurs compétences respectives. Dans le cadre de leurs compétences, les juridictions européennes (CJUE et CEDH) traitent aussi fréquemment des questions de discriminations. Enfin les personnes qui se disent victimes de discriminations peuvent aussi s'adresser au successeur de la Halde c'est-à-dire au Défenseur des droits qui est assisté d'un défenseur adjoint spécialement chargé des discriminations.

II. Les discriminations encouragées

a) Les révisions constitutionnelles

Plusieurs révisions constitutionnelles ont été adoptées en France dans le but de permettre ouvertement de déroger au principe d'égalité « en faveur » de certaines catégories de personnes, c'est-à-dire au détriment des autres citoyens. Des dispositions spécifiques ont ainsi été introduites en faveur des femmes et de populations d'outre-mer qui peuvent ainsi bénéficier de préférences, notamment dans les recrutements publics ou privés. Mais l'idée d'une révision générale du préambule de la Constitution pour généraliser les discriminations positives a été abandonnée après le rapport défavorable remis en 2009 par le Comité présidé par Simone Veil. Les revendications des élus corses en faveur de l'inscription dans la Constitution d'une « spécificité » insulaire justifiant l'octroi de nouvelles dérogations et privilèges juridiques sont actuellement discutées.

b) La pratique répandue

Mises à part les révisions constitutionnelles *ad hoc*, ce type de passe-droits fondés sur le sexe ou l'origine se développe également dans l'administration ou le secteur privé où l'on utilise un langage codé ne visant pas directement le critère ethno-racial et désignant notamment les personnes « issues de l'immigration » ou « issues de la diversité », ou encore les « minorités visibles ». Des observatoires et des chartes de la parité ou de la diversité fleurissent ainsi un peu partout dans les ministères et les entreprises. Le risque de contradiction juridique entre d'une part l'interdiction des discriminations et d'autre part leur promotion est donc bien consommé.

› Sujet n° 2

L'égalité sans distinction d'opinion ni de croyance.

› Éléments de corrigé

Si l'égal accès à la fonction publique sans distinction d'opinion ou de croyance est régulièrement rappelé par la jurisprudence, la manifestation extérieure de la croyance religieuse doit cependant être conciliée tant avec l'obligation de réserve des fonctionnaires qu'avec les principes de neutralité et laïcité.

I. La prohibition des distinctions fondées sur l'opinion ou la croyance

a) L'opinion politique ou philosophique

b) La croyance religieuse

II. Les atténuations imposées par la neutralité, la laïcité et la sécurité

a) La réserve inhérente à l'exercice des fonctions

b) Les signes religieux ostentatoires

c) La dissimulation du visage

CHAPITRE X

Le procès équitable

Mélina Douchy-Oudot

Professeur à l'Université de Toulon
Avocat au Barreau de Toulon
Membre du centre de droit et de politique comparés Jean-Claude Escarras, UMR DICE 73-18.

10.1 › Si le procès équitable évoque immédiatement l'article 6, § 1 de la Convention européenne de sauvegarde des droits de l'homme et des libertés fondamentales – « 1. Toute personne a droit à ce que sa cause soit entendue équitablement, publiquement et dans un délai raisonnable, par un tribunal indépendant et impartial, établi par la loi, qui décidera, soit des contestations sur ses droits et obligations de caractère civil, soit du bien-fondé de toute accusation en matière pénale dirigée contre elle [...] » – et la déclinaison qui est faite en matière pénale aux articles 5 et 6, § 2 et 3, il ne saurait se limiter à ces seuls textes. Les droits procéduraux substantiels ont existé avant cette Convention, défendus par les juridictions et la doctrine sur d'autres fondements.

PISTE DE RÉFLEXION

Les fondements du droit interne au service du respect des droits fondamentaux de la procédure. Orientations bibliographiques : G. Bolard, « Les juges et les droits de la défense », *Mél. Bellet*, p. 49 ; H. Motulsky, « Le droit naturel dans la pratique jurisprudentielle : le respect des droits de la défense en procédure civile », *Mél. Roubier*, II, p. 175 ; Ph. Terneyre, « Le droit constitutionnel au juge », *LPA* 1991, n° 45, p. 4 ; Th. Renoux, « Le droit au recours juridictionnel », *JCP* 1993, I, 3675, n° 3 ; *Le Conseil constitutionnel et l'autorité judiciaire*, Economica, 1984.

10.2 › Le procès équitable, sous le visa de l'article 6 § 1 de la Convention européenne des droits de l'homme, réalise toutefois cette gageure de les rassembler tous dans un concept dont le respect garantit l'existence d'un État de droit. Il est « la garantie de la garantie des droits » (S. Guinchard, « Le procès équitable », in *Cinquantième anniversaire de la Convention européenne des droits de l'homme*, Actes du colloque des 26-27 octobre 2000, Bruylant, 2002, spéc. p. 185 ; v. déjà « Le procès équitable, garantie formelle ou droit substantiel ? », *Mél. Farjat*, éditions Frison-Roche, 1999, p. 139 ; « Le procès équitable, droit fondamental ? » *AJDA*, n° spécial sur les droits fondamentaux, juillet-août 1998, p. 191). Il permet ni plus ni moins au justiciable de saisir une autorité supranationale pour que soit condamné celui qui le gouverne si la preuve d'une violation de ses droits est avérée. La reconnaissance par la France, le 2 octobre 1981, du droit de recours individuel devant la Commission (ci-après Com. EDH) et la Cour européenne des droits de l'homme (ci-après Cour EDH) modifie radicalement l'angle d'approche de la notion de procès équitable. Au-delà et à plus ou moins long terme, tout le droit interne pourrait connaître l'influence décisive de la Convention (v. not. S. Guinchard, « Convention EDH et procédure civile » et « Procès équitable », *Rép. Dalloz*, Proc. Civ., 2013 ; J.-P. Marguénaud, *Convention EDH et droit privé*, La Documentation française, 2001 ; A. Debet, *L'influence de la Convention EDH sur le droit civil*, Dalloz, coll. « Nlle Bibl. de thèses », 2002, préf. L. Leveneur).

Le procès équitable n'est plus seulement un instrument supplémentaire de protection des droits de la défense *largo sensu*, il s'inscrit également dans un contexte politique où l'activité législative et juridictionnelle, l'organisation judiciaire et même les institutions juridiques de l'État signataire seront passées au crible de ses exigences.

10.3 ▸ L'efficacité de la Convention EDH réside dans la primauté et l'applicabilité directe de ses dispositions en droit interne. Le premier juge gardien du respect des droits européens est le juge national. Un autre élément de cette efficacité est la possibilité qu'a la Cour de Strasbourg de condamner l'État à de lourdes sanctions pécuniaires. L'article 41 dispose en effet que « si la Cour déclare qu'il y a eu violation de la Convention ou de ses Protocoles, et si le droit interne de la Haute Partie contractante ne permet d'effacer qu'imparfaitement les conséquences de cette violation, la Cour accorde à la partie lésée, s'il y a lieu, une satisfaction équitable » (ancien art. 50).

10.4 ▸ Cette particularité permet de distinguer cette convention des autres conventions internationales ayant pour objet la proclamation de droits. La Déclaration universelle des droits de l'homme de 1948 adoptée par l'Assemblée générale des Nations unies a ainsi pour inconvénient de ne proposer aucun moyen juridique de coercition pour assurer le respect des droits proclamés par chaque État signataire. Le Pacte des Nations unies sur les droits civiques et politiques de 1966 (ratifié par la France en 1980) connaît un régime de contrôle mais non de coercition. L'État signataire s'engage, en premier lieu, à fournir des rapports réguliers sur les mesures d'adaptation de ces règles internationales dans l'ordre interne. Un contrôle est, en second lieu, effectué sur plaintes déposées devant un Comité des droits de l'homme pour violation du Pacte par un État. Ces plaintes peuvent être le fait d'un particulier. Mais le Comité ne dispose pas de pouvoir de sanction direct contre l'État coupable de la transgression.

Dans un domaine plus circonscrit, la Convention internationale des droits de l'enfant du 26 janvier 1990, encore désignée Convention de New York (ratifiée par la France le 2 juillet 1990 ; « La convention des droits de New York sur les droits de l'enfant : Vingt ans d'incidence théoriques et pratiques », Centre de Recherches en droit privé Pierre Kayser, PUAM, 2012) n'a, quant à elle, aucun organe d'exécution. Le problème posé par cette Convention a été celui de son applicabilité directe devant les juridictions des États signataires, en l'absence d'un organe juridictionnel propre à la faire respecter. Le Conseil d'État a opté pour une application partielle de la Convention en distinguant entre les dispositions, celles faisant naître des droits directs au profit des particuliers et les autres (CE, 22 septembre 1997, *JCP* 1998, II, 10051, note Gouttenoire-Cornut ; comp. CE, 23 avril 1997, *D.* 1998, p. 15, note

R. Abraham). La Cour de cassation, qui, initialement, avait refusé d'appliquer la Convention au motif qu'elle faisait naître des droits et obligations entre les États signataires et non dans le chef des justiciables (v. not. Cass. civ. 1re, 10 mars 1993, *JCP* 1993, I, 3688), a par deux arrêts en date du 18 mai 2005 revu sa position (Cass. civ. 1re, 18 mai 2005, *Bull. civ.*, I, nos 211 et 212).

PISTE DE RÉFLEXION

La particularité de la Convention EDH par rapport aux autres traités internationaux ayant pour objet la proclamation de droits. Orientations bibliographiques : J.-F. Renucci, *Traité de droit européen des droits de l'homme*, LGDJ, 2007 : J.-F. Flauss, « Le Pacte international devant le juge administratif », *LPA*, 25 mai 2000, p. 31 ; S. Guinchard, « L'application du Pacte international par le juge judiciaire », *LPA*, 25 mai 2000, p. 23 ; P.-H. Imbert, « La France et les traités relatifs aux droits de l'homme », *AFDI* 1980, p. 31 ; L. Sinopoli, *Le procès équitable dans les rapports privés internationaux*, Thèse dact. Paris I (2000) ; P. Tavernier, « Le droit à un procès équitable dans la jurisprudence du Comité des droits de l'homme des Nations unies », *RTDH* 1996-25, p. 3.

La Cour européenne des droits de l'homme est-elle un quatrième niveau de juridiction ?

10.5 ▸ Aux textes internationaux, s'ajoute la Charte n° 2000/C 634/01 du 18 décembre 2000 (*JOCE* C 364, 18 décembre, p. 1) des droits fondamentaux de l'Union européenne, ayant acquis un caractère contraignant avec l'entrée en vigueur du traité de Lisbonne le 1er décembre 2009. Afin d'éviter la contrariété des solutions entre CJUE et Cour EDH, il est précisé que « dans la mesure où la présente Charte contient des droits correspondant à des droits garantis par la Convention EDH, leur sens et leur portée sont les mêmes que ceux que leur confère ladite convention ». Toutefois, « cette disposition ne fait pas obstacle à ce que le droit de l'Union accorde une protection plus étendue » (art. 52, point 3). La portée des droits garantis est considérable puisqu'en vertu de l'article 52, point 1, « toute limitation de l'exercice des droits et libertés reconnus par la présente Charte doit être prévue par la loi et respecter le contenu essentiel desdits droits et libertés. Dans le respect du principe de proportionnalité, des limitations ne peuvent être apportées que si elles sont nécessaires et répondent effectivement à des objectifs d'intérêt général reconnus par l'Union ou au besoin de protection des droits et libertés d'autrui ».

10.6 ▸ Le compromis réalisé par la Charte passe par le respect des interprétations données par la Cour EDH, ce qui doit être approuvé. La notion de procès équitable n'aurait sans doute pas connu un tel succès si la Cour de Strasbourg n'avait, au fil du temps, affiné ses contours pour lui faire produire plein effet. Les interprétations novatrices de l'article 6 § 1 de la Convention EDH ont, en quelque sorte, participé à son couronnement. Il n'est aucune juridiction qui ne prête une oreille attentive à ses enseignements.

Il témoignait ensuite de relations pacifiques entre Union européenne et Europe rejoignant par-là l'attitude déjà observée de la Cour de Luxembourg dont on avait pu craindre au départ qu'elle ne portât ombrage à la belle unité des droits de l'homme et qui n'a pas hésité, bien avant l'adoption de la Charte, à se référer au procès équitable tel que modelé par la Cour EDH (pour la première référence aux principes contenus dans la Convention européenne des droits de l'homme : CJCE, 28 octobre 1975, C-36/75, *Rutili, Rec. CJCE*, p. 1219 ; J. Pradel et G. Corstens, *Droit pénal européen*, 2e éd., Dalloz, coll. « Précis », 2002, p. 478, n° 409).

Le mariage aurait pu être consommé (mariage n'est pas fusion : CJUE, 26 février 2013, n° C-617/10, *Åklagaren c/ Hans Åkerberg Fransson* ; L. Usinier, « L'autonomie de l'interprétation de la Charte européenne des droits fondamentaux par rapport à la Convention européenne des droits de l'homme », *RTD civ.* 2014, p. 312). L'article 6 TUE prévoit l'adhésion obligatoire de l'Union européenne à la Convention EDH.

Emmanuel Guinchard, senior lecturer, le relevait « l'Europe du marché rejoint l'Europe des droits de l'homme » (*RTD Europ.* 2010-2). Une attraction mutuelle devrait conduire à davantage de souci de la Cour EDH pour les questions particulières à l'espace judiciaire européen, en particulier la défense des droits lors de la reconnaissance et de l'exécution des jugements, ainsi pour la matière des notifications, et à l'inverse une attention accrue de l'UE sur les éléments dérivés du procès équitable (« La justice civile européenne en marche », sous. dir. M. Douchy-Oudot et E. Guinchard, Dalloz, coll. « Thèmes et commentaires », 2012).

Les décisions de la CJUE ne démentent pas l'analyse. La Cour a ainsi retenu à propos de la déclaration de force exécutoire d'un jugement étranger rendu par défaut que « l'article 34, point 1, du règlement (CE) n° 44/2001, auquel renvoie l'article 45, paragraphe 1, de ce règlement, doit être interprété en ce sens que le juge de l'État membre requis ne peut refuser, au titre de la clause relative à l'ordre public, l'exécution d'une décision judiciaire rendue par défaut et tranchant un litige au fond, qui ne comporte d'appréciation ni sur l'objet ni sur le fondement du recours et qui est dépourvue de tout argument sur le bien-fondé de celui-ci, à moins qu'il ne lui apparaisse, au terme d'une appréciation globale de la procédure et au vu de l'ensemble des circonstances pertinentes, que cette décision porte une atteinte manifeste et démesurée au droit du défendeur à un procès équitable, visé à l'article 47, deuxième alinéa, de la Charte des droits fondamentaux de l'Union européenne, en raison de l'impossibilité d'exercer à son encontre un recours de manière utile et effective [...] » (CJUE, 1re ch., 6 septembre 2012, aff. C-619/10, *Trade Agency Ltd c/ Seramico Investments Ltd, Procédures*, décembre 2012, comm. 353, C. Nourissat).

On connaît cependant l'avis négatif rendu par la CJUE relativement à l'adhésion de l'Union à la CEDH ((CJUE, avis 2/13, 18 déc. 2014). Ce contexte donne un éclairage particulier à la décision de la Cour sur la présomption d'équivalence de protection des droits fondamentaux (v. en particulier les obs. de L. Milano sous CEDH, gr. ch., 23 mai 2016, n° 17502/07, *Avotins c/Lettonie*, *JPC* G 2016, 898).

PISTE DE RÉFLEXION

Droits de l'homme : Convention EDH et ex-CJCE (CJUE). Orientations bibliographiques : J. Andriantsimbazovina, « La Convention européenne des droits de l'homme et la CJCE après le Traité d'Amsterdam : de l'emprunt à l'appropriation ? », *Rev. Europe*, octobre 1998, p. 3 ; F. Benoit-Rohmer, « L'adhésion de l'Union à la CEDH », *RUDH* 2000, p. 57 ; « La Charte des droits fondamentaux de l'Union européenne », *D.* 2001, chr., p. 1483 ; M. DARMON, « La prise en compte des droits fondamentaux par la CJCE », *Rev. sc. crim.* 1995, p. 23 ; Th. DEBARD, « Droit de l'Union européenne et procédure civile », in *Rép. Dalloz* Proc. Civ. (sous la dir. de S. GUINCHARD), 2011 ; M.-L. NIBOYET, « La confirmation par la CJCE de l'intégration des droits fondamentaux au système de la Convention de Bruxelles du 27 septembre 1968 », *Gaz. Pal.* 2000, 2, doct., 1731 ; J. PRADEL, « Vers des principes directeurs communs aux diverses procédures pénales européennes », *Mél. Levasseur*, p. 459 ; J.-F. RENUCCI, « Union européenne des droits de l'homme : les enjeux du Traité d'Amsterdam », *Rev. pén.* 1998, p. 326 ; J. RIDEAU, « Le rôle de l'Union européenne en matière de protection des droits de l'homme », *Cours à l'Académie internationale de La Haye*, 1998 ; F. SUDRE, « La Communauté européenne et les droits fondamentaux : après le Traité d'Amsterdam : vers un nouveau système européen de protection des droits de l'homme ? », *JCP* 1998, I, 100.

La croisée de la protection des droits : CEDH et CJUE

10.7 ▸ L'amplitude prise par la notion de procès équitable et les droits qu'elle garantit dépasse largement le champ de la matière civile ou pénale dans leur stricte acception.

Le critère déterminant du domaine d'application de l'article 6 § 1 de la Convention EDH demeure, en matière civile, dans l'appréciation de ces quelques mots « contestations sur ses droits et obligations de caractère civil ». Depuis l'*affaire Reingeisen* du 16 juillet 1971 (§ 94), il est admis qu'il concerne « toute procédure dont l'issue est déterminante pour des droits et obligations de caractère privé », peu importe la qualification de la juridiction compétente ou encore la nature de la loi applicable (administrative, civile, commerciale, etc.). Il est admis que c'est au regard, non seulement, de la qualification juridique, mais aussi du contenu matériel et des effets que lui confère le droit interne de l'État en cause, qu'un droit doit être considéré ou non comme étant de caractère civil (sur la constitution de partie civile et la protection des droits de la victime : *Aff. Perez c/ France*, 12 février 2004, req. n° 47287/99 ; indifférence de la qualité d'agent public de la requérante dont la contestation porte sur des droits patrimoniaux : 20 juin 2011, *Guadagnino c/ Italie et France*, req. n° 2555/03 ; sur le droit à un congé pénal : CEDH, Grande Chambre, 3 avril 2012, *Boulois c/ Luxembourg*, req. n° 37575/04).

Le critère de détermination de la nature pénale de l'accusation est plus large que les qualifications juridiques nationales. Toute infraction qualifiée de pénale par le système juridique national constitue une accusation au sens de l'article 6 § 1. En l'absence d'infraction désignée, la Cour EDH apprécie la nature de la sanction et les caractères de l'acte délictueux pour décider si le litige constitue ou non une accusation en matière pénale au sens de l'article 6, § 1 de la Convention EDH.

Dans tous les cas, la jurisprudence européenne refuse de se limiter à la nature de la juridiction ou au type d'action. Il est des droits de caractère privé ou des accusations de nature pénale qui ressortissent de la compétence des juridictions de l'ordre administratif.

Pareillement, certaines sanctions dites économiques ou disciplinaires sont parfois assimilables aux sanctions pénales. Pour ces raisons, la notion de procès équitable couvre l'ensemble du système judiciaire et assure une unité de la justice.

Le procès équitable couvre des aspects communs à tous les contentieux, tant dans l'administration et l'organisation de la justice (Section I) qu'au regard des principes gouvernant le déroulement et l'issue du procès (Section II). Afin de simplifier le propos, les droits garantis au titre du procès équitable seront principalement étudiés à partir de la Convention EDH et leur application par les juridictions nationales, sachant que le droit constitutionnel, le droit européen et le droit conventionnel international (autre que la Convention européenne des droits de l'homme) intègrent la notion et participent de la modélisation du procès (S. Guinchard et *al.*, *Droit processuel, Droits fondamentaux du procès*, 9e éd., Dalloz, coll. « Précis », 2017, p. 513, nos 216 s.).

PISTE DE RÉFLEXION

Le procès équitable, une forme d'expression du droit naturel ? Orientations bibliographiques : S. Guinchard, « Vers une démocratie procédurale », *Justices* 1999-1, p. 91 ; P. Kayser, « Essai de contribution au droit naturel à l'approche du IIIe millénaire », *RRJ* 1998-2, p. 387 ; H. Motulsky, « Le droit naturel dans la pratique jurisprudentielle : le respect des droits de la défense en procédure civile », *Mél. Roubier*, II, p. 175.

Section I
L'ADMINISTRATION ET L'ORGANISATION DE LA JUSTICE

10.8 ▸ Tout justiciable doit avoir accès à une justice (§ 1) indépendante et impartiale (§ 2).

PISTE DE RÉFLEXION

La justice est-elle en danger ? Orientations bibliographiques : A. Garapon, D. Salas, *La justice et le mal*, Odile Jacob, coll. « Opus », 1997 ; A. Garapon, *Le gardien des promesses*, Odile Jacob, 1996 ; L. Greisalmer, D. Schneiderman, *Les juges parlent*, Fayard, 1992 ; D. Robert, *La justice et le chaos*, Stock, 1996 ; J.-P. Royer, *Histoire de la justice*, PUF, 1996 ; D. Soulez Larivière, *Grand soir pour la justice*, Seuil, 1997 ; *Justice pour la justice*, Seuil, 1990.

§ 1 – L'ACCÈS À LA JUSTICE

10.9 ▸ Toute personne doit pouvoir agir librement en justice (I) et obtenir une décision dans un délai raisonnable (II).

I – LE DROIT D'AGIR

10.10 ▸ Chacun a droit à ce que sa cause soit entendue par un tribunal. L'existence et l'exercice de ce droit sont protégés au titre du procès équitable. La possibilité de saisir un tribunal d'une contestation (A) ne doit pas être soumise à des conditions juridiques susceptibles de constituer une entrave excessive au droit d'accès à la justice qui remettrait en cause la substance même de ce droit.

L'encadrement du droit d'agir par les législations nationales n'est légitime que s'il respecte les exigences du procès équitable (B).

A - LA POSSIBILITÉ DE SAISIR UN TRIBUNAL D'UNE CONTESTATION

10.11 ▸ Par tribunal, il faut entendre toute autorité ayant mission juridictionnelle, c'est-à-dire appelée à « trancher, sur la base de normes de droit et à l'issue d'une procédure organisée, toute question relevant de sa compétence » (*Aff. Sramek c/Autriche*, 22 octobre 1984, § 36, Série A n° 84 ; *JCP* 1995, I, 3823, n° 22, obs. F. Sudre ; L. Milano, *Le droit a un tribunal au sens de la Convention EDH*, préf. F. Sudre, Dalloz, « Nlle Bibl. thèses », 2006). Ce ne sera pas le cas par exemple de la Commission des infractions fiscales. Il s'agit en effet d'un organisme consultatif chargé de donner son avis sur l'opportunité des poursuites au ministre chargé des Finances. Cette commission ne peut donc être assimilée à un premier degré de juridiction (Cass. crim., 16 mai 2001, *Bull. crim.*, n° 126).

10.12 ▸ La juridiction doit avoir compétence pour examiner en fait et en droit l'affaire dont elle est saisie (*Aff. Le Compte, Van Leuven et De Meyere c/Belgique*, 23 juin 1981, § 51, série A, n° 43 ; *Aff. Bryan c/Royaume-Uni*, 22 novembre 1995, § 44) et pour la réformer (*Aff. Schmautzer c/Autriche*, 23 octobre 1995, § 36), c'est-à-dire disposer d'un pouvoir de pleine juridiction (*A. Menarini diagnostics S.R.L. c/Italie*, req. n° 43509/08, 27 septembre 2011, déf. 27 décembre 2011 ; pour une application à la Commission anti-trust : CJUE, 10e ch., 24 octobre 2013, aff. C-510/11 P, *Kone Oyj*, *Europe* 12/2013, comm. 533, L. Idot ; CJUE, 5e ch., 18 juillet 2013, aff. C-501/11 P, *Schindler Holding*, *Europe* 10/2013, comm. 410, L. Idot).

Le droit d'être entendu suppose donc l'examen de toutes les demandes soumises au tribunal, y compris à un tribunal arbitral.

Par exception, l'affaire peut être portée en première instance devant un organe ne satisfaisant pas à ces conditions si un recours contre la décision rendue est organisé devant une autorité supérieure jouissant de la pleine juridiction (*Aff. Albert et Le Compte c/Belgique*, 10 février 1983, Série A, n° 58, § 29 ; *Aff. Gautrin et autres c/France*, 20 mai 1998, *JCP* 1999, I, 105, n° 33, obs. F. Sudre ; *AJDA* 1998, 991, obs. J.-F. Flauss).

10.13 ▸ À ce titre, les autorités administratives indépendantes comme l'autorité des marchés financiers ou l'autorité de la concurrence doivent, en dépit de leur nature juridique, respecter les droits protégés par l'article 6, § 1 de la Convention EDH. L'AMF s'est interrogée sur l'utilité d'une modification procédurale qui permettrait un meilleur respect du principe du contradictoire et des exigences du procès équitable, en rappelant que « son Secrétaire général dirige la phase d'enquête ou de contrôle avant la notification, le cas échéant, de griefs par le Collège, autorité de poursuite. Cette notification de griefs saisit la Commission des sanctions et ouvre une instruction contradictoire par un rapporteur puis un examen par la Commission des sanctions. Avant que le Collège ne décide, le cas échéant, de notifier des griefs, il pourrait être envisagé de recueillir les observations des personnes concernées : l'AMF est prête à ouvrir une réflexion à ce sujet » (Plan stratégique de l'AMF, 29 juin 2009).

Le point d'unité reliant ces autorités est réalisé par la compétence exclusive reconnue à la cour d'appel de Paris en matière économique. L'appel des décisions faisant grief doit être interjeté devant cette juridiction judiciaire ayant pleine juridiction. Cette figure originale donnée à l'organisation judiciaire présente l'avantage de conserver aux questions leur aspect hautement économique et financier, donc de favoriser un traitement adapté au contentieux des affaires, et, en appel, de vérifier la transcription juridique de solutions par essence économiques (J.-P. Marguénaud, « Le pouvoir de sanction des autorités administratives indépendantes à l'épreuve de l'article 6 § 1 Conv. EDH », in *Mélanges Stoufflet*, p. 213).

10.14 ▸ Le droit reconnu à tout justiciable de porter sa prétention devant un tribunal, véritable « droit au juge » (1), a conduit à la reconnaissance d'un droit à l'aide juridictionnelle (2).

1) Le droit au juge

10.15 ▸ Le droit au juge suppose, dans un État de droit, la faculté reconnue à toute personne d'agir en justice pour faire valoir ses droits (*Actes du colloque du CEDORE*, LGDJ, 1998).

Ce droit au juge est un préalable indispensable pour qu'il y ait procès équitable. Comme il fut affirmé pour la première fois dans l'*affaire Golder c/ Royaume-Uni*, « on ne comprendrait pas que l'article 6, § 1 décrive en détail les garanties de procédure accordées aux parties à une action civile en cours et qu'il ne protège pas d'abord ce qui seul permet d'en bénéficier en réalité : l'accès au juge. Équité, publicité et célérité du procès n'offrent point d'intérêt en l'absence de procès » (21 février 1975, série A, n° 18, § 35). La jurisprudence européenne n'a pas été depuis démentie, et a reçu, en droit français, un écho plus que favorable (v. not. N. Fricero, *Droit et pratique de la procédure civile*, Dalloz Action, 2017-2018, sous. dir. S. Guinchard, n° 211-11).

Un arrêt de grand chambre (*Sabeh el Leil c/ France*, req. n° 34869/05, 29 juin 2011) situe la question du droit d'accès à un tribunal sur contexte d'immunité de juridiction et de procédure de non-admission des pourvois (C. org. jud., art. L. 131-6). Une procédure avait été diligentée par le requérant devant les juridictions de droit du travail à propos de son licenciement du poste de comptable de l'ambassade du Koweït à Paris alors qu'il avait été engagé par contrat à durée déterminée. Pour conclure à l'irrecevabilité, l'État du Koweït a invoqué son immunité de juridiction à laquelle le requérant oppose qu'elle n'avait pas à s'appliquer s'agissant d'un conflit relatif à un contrat de travail, dès lors qu'il n'avait « aucune responsabilité particulière dans l'exercice du service public de sorte que son licenciement constituait un simple acte de gestion ». Rappelant la jurisprudence *Martinie c/ France* (GC, n° 58675/00, § 30, 12 avril 2006), la Cour conclut au caractère civil de la contestation, les fonctions d'agent comptable n'ayant pas de lien avec la puissance publique. L'arrêt est intéressant, d'une part, en ce qu'il reprend la jurisprudence *Cudak c/ Lituanie* (GC, n° 15869/02, 23 mars 2010) et le principe de licéité de la limitation du droit au juge, en raison de l'immunité juridictionnelle d'un État consacrée par le droit international, *par in parem non habet imperium :* un État ne peut être soumis à la juridiction d'un autre État. D'autre part, la Cour examine la nécessaire proportionnalité entre l'entrave et le but poursuivi supposant l'examen des circonstances de la cause par la Cour, ce qui pose la question du contrôle de la Cour sur la motivation au fond des juridictions nationales (*infra* n° 10-135). Elle conclut, enfin, à l'impossibilité d'un contrôle effectif, la cour d'appel s'étant contentée d'affirmer « des responsabilités supplémentaires » assumées par le requérant dans le cadre de sa mission de travail sans en justifier, la Cour de cassation s'étant quant à elle limitée à examiner l'affaire non pas selon la procédure ordinaire, mais dans le cadre de la procédure préalable d'admission des pourvois (*infra* n° 10-37). Les juridictions françaises, pour la Cour, ont failli au maintien d'un rapport raisonnable de proportionnalité.

10.16 ▸ Il faut ensuite que ce droit existe, même si son effectivité n'exclut pas qu'il soit encadré.

a) L'existence du droit passe par son effectivité. Les juridictions nationales veillent au respect du caractère effectif du recours.

Le recours contre l'arrêté d'admission en qualité de pupille de l'État a été sanctionné car l'article L. 224-8 CASF disposant « que le point de départ du délai de trente jours pour saisir le tribunal d'une contestation court à compter de l'admission de l'enfant en qualité de pupille de l'État à titre définitif » ne prévoyait aucune publicité apte à rendre le droit au recours, effectif. La disposition a donc été déclarée inconstitutionnelle (déc. n° 2012-268 QPC du 27 juillet 2012 : A. Niemec-Gombert, *LPA* 22 octobre 2012 n° 211, p. 6 ; A. Batteur, *EDFP* 20 octobre 2012 n° 9, p. 2 ; Cass. 1re civ., 9 avril 2013, n° 11-27071, *JCP* G. 2013, 700, note Y Favier ; *D.* 2013, 1106 nos obs. et 1100, avis P. Chevalier ; *AJ fam.* 2013, 308, obs. P. Salvage-Gerest ; *RTD civ.* 2013, 589, obs. J. Hauser) et a été modifiée par la loi n° 2013-673 du 26 juillet 2013 relative à l'arrêté d'admission en qualité de pupille de l'État (*JO*, 27 juillet ; *Dr. fam.* 10/2013, comm. 137, C. Neirinck ; *AJ fam.* 2013, 462, F. Eudier ; *RTD civ.* 2013, p. 898, obs. A.-M. Leroyer).

La procédure de l'amende forfaitaire de l'article 530 CPP a été à son tour rénovée par la réserve d'interprétation posée par le Conseil constitutionnel destinée à donner un droit de recours au justiciable : « que le droit à un recours juridictionnel effectif impose que la décision du ministère public déclarant la réclamation prévue par le troisième alinéa de l'article 530 du code de procédure pénale irrecevable au motif qu'elle n'est pas accompagnée de l'avis d'amende forfaitaire majorée puisse être contestée devant le juge de proximité, soit que le contrevenant prétende que, contrairement aux prescriptions du deuxième alinéa de l'article 530, l'avis d'amende forfaitaire majorée ne lui a pas été envoyé, soit qu'il justifie être dans l'impossibilité de le produire pour des motifs légitimes » (DC-QPC, 7 mai 2015, n° 2015-467, *Dr. pén.* 2015, comm. 118, V. Peltier ; comm. 85, J.-H. Robert).

Certains arrêts des juridictions judiciaires et administratives pourraient remettre en cause ce droit au juge. Lorsque, par la faute d'un auxiliaire de justice, un plaideur est déchu de son droit, il n'a d'autre alternative que d'engager la responsabilité du professionnel, mais ne peut prétendre que la déchéance encourue l'a privé du droit d'agir (par ex. : non-respect du délai de signification d'un mémoire en cassation par un huissier de justice : Cass. civ. 2e, 12 juillet 2001, *Bull. civ.* II, n° 140 ; non-régularisation d'une procédure par envoi d'un timbre fiscal en dépit de la mise en demeure faite à l'avocat : CAA Lyon, 3e ch., 27 septembre 1999, n° 99LY01185, *Tables du Recueil Lebon*). Ces solutions demeurent fragiles dès lors que la Cour EDH n'a pas hésité à condamner l'État grec pour l'erreur fautive commise par un huissier de justice dans l'appréciation du délai dans lequel devait être signifié un acte, erreur ayant eu pour conséquence l'irrecevabilité de la demande de la requérante pour forclusion. Les juges ont retenu que la signification étant confiée par la législation nationale aux huissiers de justice, ceux-ci étaient les organes publics de l'État (*Aff. Platakou c/ Grèce*, 11 janvier 2001, § 39 ; v. aussi, *Aff. P. M., Lunari et Tanganelli c/ Italie* , 11 janvier 2001, *Rev. Dr. et procéd.*, mai 2001, p. 170, obs. J.-P. Marguénaud ; et depuis : N. Fricero, « Droits de l'homme », in *Droit et procédures internationales, Dr. et procéd.* septembre 2005, p. 12, n° 8). Un intéressant arrêt de la Cour de révision monégasque opte pour une solution différente en présence d'un tel défaut imputable à l'huissier de justice, et non au justiciable, et conclut qu'il y a lieu de ne pas priver ce dernier de son accès à la justice (voir note Y. Strickler, ss Cour révision de Monaco, 15 octobre 2014, n° 2013-64, *JCP* G 2015, 155).

La responsabilité de l'État pour les erreurs commises par les personnes participant au service public de la justice est peu orthodoxe lorsque celles-ci n'ont pas la qualité de fonctionnaire, elle reste cependant un moyen de pression efficace de nature à assurer un recours effectif à la justice pour tout justiciable (cf. *infra* n° 10-27). Ce serait par analogie une sorte de responsabilité générale du fait d'autrui appliquée au domaine de la procédure.

b) Le droit de recours peut être encadré, limité de façon proportionnée. En matière pénale, l'article 5 § 4 CESDH dispose : « Toute personne privée de sa liberté par arrestation ou détention a le droit d'introduire un recours devant un tribunal, afin qu'il statue à bref délai sur la légalité de sa détention et ordonne sa libération si la détention est illégale ». De façon substantielle, dans un contexte devenu celui de l'état d'urgence en France (Loi n° 2016-162 du 19 février 2016 prorogeant l'application de la loi n° 55-385 du 3 avril 1955 relative à l'état d'urgence, voir L. Cadiet, « L'État de droit, l'état de sécurité et le juge », *Procédures* 2016/03, Repère n° 3 ; auparavant loi n° 2015-1501 du 20 novembre 2015 prorogeant l'application de la loi n° 55-385 du 3 avril 1955 relative à l'état d'urgence, Cons. const., 22 décembre 2015, n° 2015-527 QPC, *JACT* 2016, 2039, M. Verpeaux ; v. aussi P. Gonod, « Loi du 24 juillet 2015 relative au renseignement : quels contrôles ? », *Procédures* 2015, étude 10 ; M.-H. Gozzi, « *Sed quis custodiet ipsos custodes ?*. – À propos de la loi du 24 juillet 2015 relative au renseignement », *JCP* G, 2015, 961 ; M. Verpeaux, « La loi sur le renseignement, entre sécurité et libertés. – À propos de la décision du Conseil constitutionnel n° 2015-713 DC du 23 juillet 2015 », *JCP* G 2015, 981 ; O. Desaulnay, « Le renseignement français n'est plus hors-la-loi. – Commentaire de la loi n° 2015-912 du 24 juillet 2015 relative au renseignement », *Dr. pén.* 2015, étude 17 ; O. Le Bot, « La loi relative au renseignement devant le Conseil constitutionnel », *Constitutions* 2015, 432 ; sur l'application dans le temps de la loi de 2015 : Cass. crim., 13 déc. 2016, n° 16-82176, P+B+I ; Cass. crim., 13 déc. 2016, n° 6-84794, P+B+R+I, *JCP* G 2017, 141, note F. Desportes), moins un mois avant les attaques du Bataclan à Paris, la Cour a fait entrer les actes de terrorisme dans une « catégorie spéciale » justifiant un assouplissement des droits de l'homme pour faciliter le travail des forces de l'ordre (CEDH, 20 octobre 2015, n° 5201/11, *Aff. Sher et al. c/ RU*, *JCP* G 2016, doctr. 65, F. Sudre, n° 6). Toujours dans cette perspective, la loi n° 2016-731 du 3 juin 2016 renforçant la lutte contre le crime organisé, le terrorisme et leur financement, et améliorant l'efficacité et les garanties de la procédure pénale tente d'opérer l'articulation adéquate entre la lutte contre le terrorisme et la nécessaire protection des droits (J. Buisson, « Parution du nouvel arsenal de lutte contre le terrorisme », *Procédures* 2016, comm. 239 ; sur ce difficile équilibre : CEDH, gr. ch., 13 sept. 2016, nº 50541/08, *JCP* G 2017, doct., 32, nº 11, obs. F. Sudre) passant par une réorganisation des pouvoirs entre les services du renseignement, de la police et des magistrats, tant du ministère public que de l'instruction.

PISTE DE RÉFLEXION

Le droit à un tribunal n'inclut pas, pour le moment, le droit au double degré de juridiction.
Orientations bibliographiques : N. Fricero, *Droit et pratique de la procédure civile*, Dalloz Action, 2017-2018, sous. dir. S. Guinchard, nº 211-51 ; Recommandation R 5/95, 7 février 1995, Conseil de l'Europe, sur l'instauration de systèmes et de procédures de recours en matières civile et commerciale et sur l'amélioration de leur fonctionnement.

10.17 ▸ La question prioritaire de constitutionnalité, un droit au juge constitutionnel ?

La loi du 23 juillet 2008, en modifiant la Constitution, a permis l'accès au juge constitutionnel par les citoyens. La saisine du Conseil constitutionnel, qui ne pouvait intervenir qu'*a priori* avant promulgation de la loi, est désormais possible *a posteriori* à l'instar des pays voisins où ce type de contrôle est très développé. En France, cependant, la consécration de ce contrôle est réduite à la conformité des dispositions législatives aux droits et libertés constitutionnels. Déjà en 1990, un projet de loi constitutionnelle nº 1203 portant révision des articles 61 à 63 de la Constitution tendait à instituer un contrôle de constitutionnalité des lois par voie d'exception. Il était proposé d'ajouter un alinéa à l'article 61 ainsi rédigé : « Les dispositions de loi qui concernent les droits fondamentaux reconnus à toute personne par la Constitution peuvent être soumises au Conseil constitutionnel par voie d'exception à l'occasion d'une instance en cours devant une juridiction ». Dix-huit ans plus tard, la loi constitutionnelle du 23 juillet 2008 adopte l'exception d'inconstitutionnalité (Y. Gaudemet, « La conformité des lois à la constitution (à propos de la révision constitutionnelle ou pourquoi faire simple quand on peut faire compliqué) », *D.* 2008, p. 1703 ; F. Melin-Soucramanien, M. Stasi, « Révision de la constitution : bientôt l'exception pour tous », *D.* 2008, p. 1701 ; P. Cassia, E. Saulnier-Cassia, « Contrôle de constitutionnalité *a posteriori* et contrôle de conventionalité de la loi : une coexistence impossible », *D.* 2008, p. 166 ; P. Mazeaud, « L'exception d'inconstitutionnalité », *D.* 2008, p. 64 ; P. Mbongo, « Bréviaire processualiste de l'exception d'inconstitutionnalité », *D.* 2008, p. 2089 ; B. de Lamy, « Brèves observations sur l'exception d'inconstitutionnalité en attendant la loi organique », *D.* 2009, p. 177 ; E. Royer, « Un projet de loi organique pour la mise en place de l'exception d'inconstitutionnalité », *D.* 2009, p. 1006).

Aux termes du nouvel article 61-1, alinéa 1 de la Constitution : « Lorsque, à l'occasion d'une instance en cours devant une juridiction, il est soutenu qu'une disposition législative porte atteinte aux droits et libertés que la Constitution garantit, le Conseil constitutionnel peut être saisi de cette question sur renvoi du Conseil d'État ou de la

Cour de cassation qui se prononce dans un délai déterminé » (sur la notion de disposition législative : P. Bon, « La question prioritaire de constitutionnalité après la loi du 10 décembre 2009 », *RFDA* 2009, p. 1107). La technique de la question préjudicielle a donc été retenue. Juridictions judiciaires et administratives pourront surseoir à statuer et demander au Conseil constitutionnel de contrôler la constitutionnalité d'une loi déjà promulguée. L'alinéa 2 du texte indiquait que les conditions d'application du procédé seraient déterminées par une loi organique. C'est désormais chose faite avec la loi organique n° 2009-1523 du 10 décembre 2009 relative à l'application de l'article 61-1 de la Constitution, dont l'entrée en vigueur est reportée au 1er mars 2010 (G. Drago, « Vers la question prioritaire de constitutionnalité. Une Constitution plus proche du citoyen », *JCP* G 2010, Libres propos, p. 2).

10.18 ▸ Les dispositions relatives à cet accès au juge constitutionnel sont insérées principalement dans l'ordonnance n° 58-1067 du 7 novembre 1958 portant loi organique sur le Conseil constitutionnel, au titre d'un chapitre II *bis* où sont distinguées celles qui sont applicables devant les juridictions relevant du Conseil d'État et de la Cour de cassation et celles qui sont applicables devant ces hautes juridictions. Il y est renvoyé par le Code de justice administrative (L. 771-1) et le Code de l'organisation judiciaire (L. 461-1). Devant les premières, le moyen doit, à peine d'irrecevabilité, être présenté dans un écrit distinct et motivé, y compris pour la première fois en appel. Il ne peut en revanche être relevé d'office. Lorsque la juridiction dépend de la Cour de cassation, trois précisions : 1) l'obligation de communication au ministère public afin qu'il fasse connaître son avis ; 2) saisine de la juridiction d'instruction du second degré, lorsque le moyen est soulevé au cours d'une instruction pénale ; 3) impossibilité de soulever le moyen devant la cour d'assises, sauf dans le cadre d'un appel formé contre l'arrêt de cours d'assises, le moyen étant alors immédiatement transmis à la Cour de cassation (*art. 23-1, Ord. 7 novembre 1958*).

La juridiction du fond saisie du moyen doit, par décision motivée, statuer sur la transmission de la question au Conseil d'État ou à la Cour de cassation : « Il est procédé à cette transmission si les conditions suivantes sont remplies :

1° La disposition contestée est applicable au litige ou à la procédure, ou constitue le fondement des poursuites ; 2° Elle n'a pas déjà été déclarée conforme à la Constitution dans les motifs et le dispositif d'une décision du Conseil constitutionnel, sauf changement des circonstances ; 3° La question n'est pas dépourvue de caractère sérieux » (*art. 23-2, Ord. 7 novembre 1958*). Un recours ne peut être diligenté contre cette décision qu'à l'occasion d'un recours contre la décision réglant tout ou partie du litige.

La juridiction au fond doit surseoir à statuer jusqu'à la décision de la Haute Juridiction ou, s'il a été saisi, jusqu'à la décision du Conseil constitutionnel, excepté pour le déroulement de l'instruction ou l'octroi de mesures provisoires, ou encore « lorsqu'une personne est privée de liberté à raison de l'instance » ou « lorsque l'instance a pour objet de mettre fin à une mesure privative de liberté » (*art. 23-3, Ord. 7 novembre 1958*). Il est également prévu qu'elle peut statuer immédiatement lorsque « la loi ou le règlement prévoit qu'elle statue dans un délai déterminé ou en urgence ». En cas d'appel, la cour doit surseoir à statuer, sauf à ce qu'elle soit elle aussi tenue de

« se prononcer dans un délai déterminé ou en urgence ». Enfin, si le sursis risque « d'entraîner des conséquences irrémédiables ou manifestement excessives pour les droits d'une partie, la juridiction qui décide de transmettre la question peut statuer sur les points qui doivent être immédiatement tranchés ». En revanche, sauf l'hypothèse où l'intéressé est privé de liberté à raison de l'instance et que la loi prévoit que la Cour de cassation statue dans un délai déterminé, « si un pourvoi en cassation a été introduit alors que les juges du fond se sont prononcés sans attendre la décision du Conseil d'État ou de la Cour de cassation ou, s'il a été saisi, celle du Conseil constitutionnel, il est sursis à toute décision sur le pourvoi tant qu'il n'a pas été statué sur la question prioritaire de constitutionnalité ».

Une fois saisi, le Conseil d'État ou la Cour de cassation se prononce sur le renvoi de la question prioritaire de constitutionnalité. Le filtrage des questions a été jugé conventionnel par la Cour européenne (CEDH, déc., 25 août 2015, n° 3569/12, *Aff. Renard c/ France*, *JCP* G 2015, 1257, note F. Sudre ; *ibid.*, 1036 ; A.-C. Méric, T. Larrouturou, « Le refus de la Cour de cassation de renvoyer une QPC au Conseil constitutionnel n'est pas contraire à la Convention européenne des droits de l'homme », *D.* 2015, 2305 ; *AJDA* 2015, 1719, D. Poupeau), même si certains refus de renvoi peuvent être jugés regrettables par une partie de la doctrine (par ex. sur l'incrimination du délit de fuite et le droit de se taire : Cass. crim., 19 août 2015, n° 15-81055, *Dr. pén.* 2015, comm. 155, note Ph. Conte). Mais ceux-ci peuvent être saisis directement du moyen présenté au cours d'une instance se déroulant devant eux (*art. 23-2, Ord. 7 novembre 1958*). Dans tous les cas, que le moyen leur ait été transmis ou qu'il ait été soulevé directement devant elles, les hautes juridictions doivent, si concomitamment la disposition législative est dénoncée comme contraire aux engagements internationaux, statuer sur la question de constitutionnalité. Ce faisant, les plaideurs auront intérêt à réfléchir à deux fois avant de poser une question prioritaire et une atteinte par exemple à la Convention européenne des droits de l'homme. La première ralentira le procès, le rendra plus coûteux, alors que l'inconventionnalité elle pourra être directement appréciée par le juge saisi (voir les développements très éclairants : L. Burgorgue-Larsen, « Question préjudicielle de constitutionnalité et contrôle de conventionnalité », *RFDA* 2009, p. 787). Les mêmes précautions sont prises s'agissant du sursis à statuer que celles mises en place devant les juridictions du fond (*art. 23-5 et 23-6, Ord. 7 novembre 1958*).

Si le Conseil constitutionnel a été saisi, il informe de la question pour avis le président de la République, le Premier ministre, les présidents de l'Assemblée nationale et du Sénat, et si la loi intéresse la Nouvelle-Calédonie, il avise également le président du gouvernement de la Nouvelle-Calédonie, le président du congrès et les présidents des assemblées de province. Procéduralement, on retiendra d'une part que « l'extinction, pour quelque cause que ce soit, de l'instance à l'occasion de laquelle la question a été posée est sans conséquence sur l'examen de la question », d'autre part que les parties sont invitées à présenter contradictoirement leurs observations, et enfin que « La décision du Conseil constitutionnel est motivée. Elle est notifiée aux parties et communiquée soit au Conseil d'État, soit à la Cour de cassation ainsi que, le cas échéant, à la juridiction devant laquelle la question prioritaire de constitutionnalité a été soulevée » (*art. 23-11, al. 1, Ord. 7 novembre 1958*). Elle fait l'objet d'une publication au journal officiel. En cas d'inconstitutionnalité, l'article 62, alinéa 2 de la

Constitution prévoit que « une disposition déclarée inconstitutionnelle sur le fondement de l'article 61-1 est abrogée à compter de la publication de la décision du Conseil constitutionnel » ; l'abrogation peut avoir une date ultérieure si la décision du Conseil a pris soin de le préciser.

La mise en œuvre de cette nouvelle technique depuis le 1er mars 2010 a provoqué un bouleversement considérable de l'ordonnancement juridique, avec des oppositions parfois excessives entre la Cour de cassation et le Conseil constitutionnel (on songe au conflit sur la conformité de la QPC aux engagements européens de la France, cf. *supra*, le chapitre sur *Les sources nationales constitutionnelles*) et, d'un autre côté, des avancées dans la défense des libertés fondamentales auxquelles la chambre criminelle ne nous avait pas habitués (on songe à la garde à vue en matière de terrorisme, le Conseil n'invalidant pas les dispositions législatives qui la régissent, alors que la Cour de cassation les considère contraire à la Convention EDH).

10.19 ▸ Il faut ensuite que ce droit au juge soit, pourrait-on dire, intelligible. Autrement dit, que les modalités d'exercice de l'action soient exprimées de façon suffisamment claire pour que le justiciable ait pu avoir un réel accès à la justice. La complexité de la réglementation peut priver *de facto* le justiciable du droit d'agir (Affaire *Geouffre de la Pradelle c/ France*, 16 décembre 1992, § 35, *JCP* 1993, I, 3654, n° 12, obs. F. Sudre).

Cette exigence a été sanctionnée par le Conseil constitutionnel, dans une décision du 16 décembre 1999, au titre de l'article 6 de la Déclaration des droits de l'homme et du citoyen de 1789. Aux termes de ce texte, « la loi est l'expression de la volonté générale. Tous les citoyens ont droit de concourir personnellement, ou par leurs représentants, à sa formation. Elle doit être la même pour tous, soit qu'elle protège, soit qu'elle punisse. Tous les citoyens, étant égaux à ses yeux, sont également admissibles à toutes les dignités, places et emplois publics, selon leur capacité et sans autre distinction que celle de leurs vertus et de leurs talents ». Les juges constitutionnels ont considéré qu'il incluait un « objectif de valeur constitutionnelle d'accessibilité et d'intelligibilité de la loi » et que « la garantie des droits » requise par son article 16 pourrait ne pas être effective si les citoyens ne disposaient pas d'une connaissance suffisante des normes qui leur sont applicables (J. Lamarque, « L'article 16 de la déclaration de 1789 », *Dr. fiscal* 2015, 232).

10.20 ▸ La question de l'intelligibilité du recours a donné lieu à une longue controverse jurisprudentielle entre CEDH, Cour de cassation et Conseil d'État à propos de l'indemnisation des victimes du sida. Aux termes de l'article 47-III de la loi du 31 décembre 1991, ayant été adoptée pour faciliter l'indemnisation après l'affaire du sang contaminé, « la réparation intégrale des préjudices définis [...] est assurée par un fonds d'indemnisation », ce qui fermait les portes du prétoire aux victimes pour la Cour de cassation (Cass. civ. 1re, 9 juillet 1996, *D.* 1996, 610, note Y. Lambert-Faivre) et non pour le Conseil d'État (CE, 15 octobre 1993, *D.* 1994, somm., 359, obs. P. Terneyre et P. Bon). La divergence des solutions entre les deux ordres de juridiction a conduit la CEDH à reconnaître que le justiciable pouvait raisonnablement croire qu'il disposait encore du droit d'agir, le droit interne n'offrant pas de « garanties suffisantes pour éviter un malentendu quant aux modalités d'exercice des recours offerts et aux limitations découlant de leur exercice simultané » (*Aff. Bellet c/ France*, 4 décembre 1995, § 37, *JCP* 1996, II, 22648 ; *D.* 1996, 357). La résistance de la Cour de cassation (Ass. plén., 6 juin 1997, *JCP* 1997, I, 4070, obs. G. Viney ; *RTD civ.* 1998, p. 518, obs. J.-P. Marguénaud) valut d'ailleurs à la France une seconde condamnation sur le même fondement (*Aff. F. E. c/ France*, 30 octobre 1998, § 47, *D.* 1999, somm., 269, obs. N. Fricero ; *RTD civ.* 1999, p. 490, obs. J.-P. Marguénaud).

10.21 ▸ Il faut enfin que le recours puisse être exercé librement par le justiciable pour que le droit au juge soit effectif. La question s'est donc posée de savoir si une simple entrave financière pouvait être cause de violation de l'article 6 § 1 de la Convention européenne des droits de l'homme. Dans le principe, la réponse est négative sauf disproportion (absence de disproportion en droit polonais : CEDH, 4e sect., 15 septembre 2015, nº 42689/09, *Aff. Moglieknicki c/ Pologne*, *Procédures* 2015, comm. 327, N. Fricero). Un juge d'instruction, qui fixe à 80 000 francs la somme devant être versée par une personne ayant déposé une plainte avec constitution de partie civile (cf. art. 88, C. pén.) alors que celle-ci ne justifie d'aucune ressource, prive ainsi le plaideur de son droit au juge (*Aff. Aït-Mouhoub c/ France*, 28 octobre 1998, *D.* 1999, somm., 268, obs. J.-F. Renucci).

Le débat pourrait être relancé devant la Cour avec les nouveaux articles 1635 *bis* Q et 1635 *bis* P du Code général des impôts résultant de la loi du 28 septembre 2011 instaurant une contribution juridique pour l'une de 35 € de la part de celui qui introduit l'instance, outre, en appel, une contribution de 150 € destinée à permettre l'indemnisation de la profession d'avoué pour cette dernière du 1er janvier 2012 au 31 décembre 2018 (L. Sousa, « Contribution pour l'aide juridique et droit d'accès au juge judiciaire », *JCP, 30 janvier 2012,* doctr. 116). Pour les instances introduites après le 1er janvier 2014, la contribution de 35 euros a été supprimée par le décret nº 2013-1280 du 29 décembre 2013 qui abroge les dispositions du décret du 28 septembre 2011 relatif à cette contribution, ainsi que l'article 1635 *bis* Q du Code général des impôts.

PISTE DE RÉFLEXION

L'amende civile sanctionnant une procédure abusive ne porte pas atteinte en principe au libre accès à la justice, elle participe d'une bonne administration de la justice. Orientations bibliographiques : E. Clément, « Spécificité et sanction des manœuvres dilatoires dans le procès civil », *JCP* 1991, I, 3534 ; P. Fraissex, « Droit au juge et amende pour recours abusif », *AJDA* 2000, p. 20 ; A. Perdriau, « L'amende civile d'appel », *LPA*, 18 novembre 1999, p. 4 ; CE, 25 juillet 1986, *Casanovas, Lebon*, 669 ; Com. EDH, déc. *Les Travaux du Midi c/ France*, 2 juillet 1991, *AJDA*, 1991, p. 809, obs. J.-F. Flauss et J.-P. Pietri.

10.22 ▸ Un arrêt important de la Cour de cassation a repris cette jurisprudence de la CEDH en lui donnant une force dépassant la seule garantie du libre accès à la justice. S'il est retenu dans cet arrêt que l'importance des frais mis à la charge d'un plaideur est de nature à faire objectivement obstacle à son libre accès à la justice, c'est surtout la seconde affirmation, selon laquelle le droit de chacun d'accéder au juge chargé de statuer sur sa prétention relève de l'ordre public international, qui est novatrice (Cass. civ. 1re, 16 mars 1999, *Pordéa,*

JDI 1999, 778, obs. A. Huet ; *RCDIP* 1999, 181, obs. G. Droz ; *RTD civ.* 1999, p. 469, obs. R. Perrot).

Primo, il est admis que la violation de l'ordre public procédural peut justifier le refus de reconnaissance et d'exécution d'une décision de justice étrangère, ce qui jusqu'à présent avait toujours été refusé. De façon classique, aucun contrôle de l'ordre public procédural n'était possible sur le fondement de l'article 27, 1° de Bruxelles I (devenu l'art. 34, 1° Règ. n° 44 du 22 décembre 2000). La justification la plus souvent avancée tenait à l'existence de dispositions spécifiques dans la Convention sanctionnant certaines atteintes aux droits de la défense, par conséquent l'interprétation stricte du contrôle effectué à ce titre et l'interdiction sous couvert de l'ordre public d'étendre un contrôle contraire à la finalité de la convention, à savoir faciliter la libre circulation des jugements étrangers. Il en résultait que le domaine de l'article 27, 1° était limité à l'ordre public substantiel touchant au droit matériel et non au droit procédural.

Secundo, l'audace de la Cour de cassation n'a pas été démentie par la CJCE donnant au procès équitable, le 28 mars 2000, une assise qui jusqu'alors lui faisait défaut. La Cour de Luxembourg retient dans *l'affaire Kromback* que « le recours à la clause de l'ordre public doit être considéré comme étant possible dans les cas exceptionnels où les garanties inscrites dans la législation de l'État d'origine et dans la convention elle-même n'ont pas suffi à protéger le défendeur d'une violation manifeste de son droit de se défendre devant le juge d'origine, tel que reconnu par la Convention européenne des droits de l'homme. Dès lors, l'article II du protocole ne saurait être interprété en ce sens qu'il s'oppose à ce que le juge de l'État requis puisse tenir compte, au regard de l'ordre public visé à l'article 27, 1° de la convention, du fait que, dans le cadre d'une action en réparation de dom-mages fondée sur une infraction, le juge de l'État d'origine a refusé d'entendre la défense de l'accusé, poursuivi pour une infraction volontaire, au seul motif de son absence des débats » (*JDI* 2001, 690, obs. A. Huet ; *RCDIP* 2000, 481, note H. Muir-Watt ; *RTD civ.* 2000, 994, obs. J. Raynard ; M.-L. Niboyet, « La confirmation par la CJCE de l'intégration des droits fondamentaux au système de la Convention de Bruxelles du 27 septembre 1968 », *Gaz. Pal.* 2000, 2, doct., 1731).

2) Le droit à l'aide juridictionnelle

10.23 › Le procès pénal, dont l'issue pouvait être avant 1980 la peine de mort et aujourd'hui encore l'incarcération d'un individu, permet de comprendre les enjeux du droit à un recours effectif pour la personne mise en examen. Que serait l'accès au juge sans les moyens de se défendre ? Sans doute est-ce la raison pour laquelle il est stipulé expressément dans la Convention européenne des droits de l'homme que « tout accusé a droit notamment à se défendre lui-même ou avoir l'assistance d'un défenseur de son choix et, s'il n'a pas les moyens de rémunérer un défenseur, pouvoir être assisté gratuitement par un avocat commis d'office, lorsque les intérêts de la justice l'exigent » (art. 6 § 3, c).

L'aide juridictionnelle est essentielle lorsque des questions de liberté sont en jeu, ainsi devant la Cour nationale du droit d'asile et les juridictions administratives en matière de contentieux des étrangers (décret n° 2013-525 du 20 juin 2013 relatif aux rétributions des missions d'aide juridictionnelle accomplies par les avocats, *JO* du 22 juin ; circ. 9 août 2013, NOR JUST1321289C : *BO* Justice n° 2013-08, 30 août 2013 ; *Procédures* 10/2013, alerte 59 ; 08/2013, alerte 51 ; voir aussi : D. n° 2013-481, 7 juin 2013 relatif à la rétribution au titre de l'aide juridique de l'avocat assistant l'étranger retenu aux fins de vérification de son droit de circulation ou de séjour sur le territoire français, *JO*, 9 juin).

Pour être sanctionné, le défaut d'aide juridictionnelle doit porter atteinte à un droit défendu au titre de l'article 6 de la Convention EDH, le cas échéant le droit à une telle aide doit être reconnu par une législation nationale (*Aff. Gutfreund c/ France*, 12 juin 2003, req. n° 45681/99, déf. 12/09/2003). C'est pourquoi l'aide juridictionnelle est dans la jurisprudence de la Cour très proche de la notion de droits de la défense et de la notion de recours effectif. C'est pourquoi la Cour de cassation n'hésite pas à rappeler sur le fondement des articles 18 et 25 de la loi du 10 juillet 1991 relative à l'aide juridique, que « la demande de désignation d'un avocat impliquait une demande d'admission au bénéfice de l'aide juridictionnelle et pouvait être formulée utilement jusqu'au jour de l'audience » (Cass. civ. 2e, 10 décembre 2009, n° 08-20507).

10.24 › Proche de la notion de droits de la défense, l'aide juridictionnelle a d'abord été rendue obligatoire en matière civile par la Cour EDH chaque fois que l'assistance d'un avocat apparaissait comme une garantie de l'effectivité de l'accès à la justice, soit que le ministère d'avocat soit exigé par la législation nationale, soit que la complexité du litige ou de la procédure le rendit en fait indispensable, dès lors que « la Convention a pour but de protéger des droits, non pas théoriques et illusoires, mais concrets et effectifs » (*Aff. Airey c/ Irlande*, 9 octobre 1979, série A, n° 32 ; sur le domaine des procédures couvertes : CEDH, 19 novembre 2015, *Mikhaylova c/ Russie*, *Dalloz Actu.* 24 novembre 2015, A. Portmann).

10.25 › La question s'est posée ensuite de savoir si la soumission de l'octroi de l'aide à d'autres conditions que les ressources du requérant était de nature à porter atteinte à son droit à un procès équitable. Dans un arrêt remarqué, la Belgique a été condamnée pour avoir refusé l'aide financière à un requérant dont la demande n'apparaissait pas juste (*Aff. Aerts c/ Belgique*, 20 juillet 1998, *D.* 1999, somm., 270, obs. N. Fricero ; *JTDE* 1999, p. 36, obs. P. Lambert). En l'occurrence, le ministère d'avocat était requis. Cette solution n'ayant pas été réitérée dans l'*affaire Gnahoré c/ France* (19 septembre 2000, *D.* 2001, 725 note F. Rolin ; somm., 1063, obs. N. Fricero), bien que la France possédât un système d'octroi de l'aide juridictionnelle proche de celui de la Belgique, la différence fut expliquée en doctrine par le fait que le ministère d'avocat n'était pas en l'espèce obligatoire. La France aurait-elle été condamnée s'il en avait été autrement ?

10.26 › Une réponse négative a été donnée par la Cour EDH, qui, pour des affaires où l'assistance d'un avocat était obligatoire, a refusé de condamner la France, alors que le bureau d'aide juridictionnelle auprès de la Cour de cassation avait rejeté les demandes qui n'étaient pas fondées sur des moyens sérieux (sur la notion : P. Sargos, « L'aide juridictionnelle devant la Cour de cassation. L'exigence d'un moyen de cassation sérieux », *JCP* G 2014, 1064). Il est retenu que le système français offrait des garanties substantielles suffisantes (*Aff. Essaadi c/France et Del Sol c/France*, 26 février 2002, *Bull. inf.* Cour cass. 556, n° 471 ; définitif le 4 septembre 2002). La controverse est close pour la France, mais l'interrogation demeure quant à la portée à reconnaître à ces arrêts. S'agit-il d'un revirement par rapport à l'*affaire Aerts* ou bien est-ce la composition du bureau d'aide juridictionnelle en France qui a permis de justifier la solution ? Dans l'*affaire Essaadi*, après avoir souligné « qu'il est important de prendre concrètement en compte la qualité du système d'assistance judiciaire dans un État », les juges ont en effet relevé que « le système mis en place par le législateur français offre des garanties substantielles aux individus, de nature à les préserver de l'arbitraire : d'une part, le bureau d'aide juridictionnelle établi près la Cour de cassation est présidé par un magistrat du siège de cette cour et comprend également son greffier en chef, deux membres choisis par la Haute Juridiction, deux fonctionnaires, deux avocats au Conseil d'État et à la Cour de cassation, ainsi qu'un membre désigné au titre des usagers (article 16 de la loi du 10 juillet 1991) ; d'autre part, les décisions de rejet peuvent faire l'objet d'un recours devant le premier président de la Cour de cassation (article 23 de la loi) ». La question reste donc ouverte.

10.27 ❯ La garantie de l'effectivité de l'accès à la justice est également sanctionnée à l'article 13 de la Convention européenne des droits de l'homme dont on avait pu croire qu'il n'était que la copie d'une des garanties protégées par l'article 6 § 1 Conv. EDH (cf. *infra* n° 10-59 s.). En vertu de ce texte, « toute personne dont les droits et libertés reconnus dans la présente Convention ont été violés a droit à l'octroi d'un recours effectif devant une instance nationale, alors même que la violation aurait été commise par des personnes agissant dans l'exercice de leurs fonctions officielles ».

Bien que cet article n'ait pas été, à notre connaissance, retenu pour les affaires relatives à l'aide juridictionnelle, on pourrait fort bien concevoir qu'il devienne un fondement autonome de la responsabilité des autorités nationales, distinct de celui de l'article 6 traditionnellement utilisé, lorsque le personnel participant au service public de la justice, quel que soit son statut professionnel (cf. *supra* n° 10-16), a par sa faute privé le justiciable d'un libre et réel accès à la justice ; ainsi, lorsque l'aide juridictionnelle est attribuée tardivement (*Aff. Garcíia Manibardo c/Espagne*, 15 février 2000) ou lorsqu'un avocat commis d'office n'a pas fait diligence et que les autorités nationales avaient connaissance de sa défaillance (*Aff. Artico c/Italie*, 13 mai 1980, § 33 ; *Aff. Kamasinski c/Autriche*, 19 décembre 1989, § 65 ; *Aff. Daud c/Portugal*, 21 avril 1998, § 38). La situation est à notre avis similaire lorsqu'un requérant s'est vu attribuer l'aide juridictionnelle mais n'obtient pas, malgré ses démarches, un avocat qui accepte de le défendre. L'octroi de l'aide reste théorique et illusoire. En l'espèce, les trois avocats désignés successivement demandèrent à être relevés de leur mandat en raison de leurs liens personnels avec l'avocat que le requérant désirait poursuivre (*Aff. Bertuzzi c/France*, 13 février 2003, req. n° 36378/97, déf. 21 mai 2003).

Il y a également atteinte au droit d'accès à un tribunal et au recours effectif lorsque le bureau d'aide juridictionnelle suite à une erreur attribue cette aide pour une première instance alors qu'elle lui avait été demandée en appel. Le temps de rectification de l'erreur a duré cinq mois, suffisamment pour que le délai de saisine de la cour d'appel de renvoi soit expiré (CPC, art. 1034) et la France condamnée pour entrave au droit d'accès à un tribunal (*Staszkow c/ France*, req. n° 52124/08, 6 octobre 2011, déf. 6 janvier 2012).

B - L'ENCADREMENT DU DROIT D'AGIR

10.28 ▸ Aucun droit, fût-il des droits de l'homme, n'est absolu. La prérogative individuelle protégée, en tant que droit subjectif, trouve pour limite l'intérêt collectif. La signature par la France de la Convention EDH l'a placée, en quelque sorte, en situation de compétence liée (cependant : cf. *supra* n° 10-17). Il ne peut être porté atteinte aux droits garantis qu'autant que la Convention l'a prévu et pour les buts pour lesquels ces restrictions ont été adoptées (art. 17 et 18 de la Convention EDH). Si l'accès au tribunal peut être légitimement encadré pour une bonne administration de la justice, il revient à la Cour EDH de vérifier que cet encadrement ne prive pas indûment le justiciable du droit d'agir. Certaines conditions particulières de recevabilité de l'action (1), autres que les délais pour agir (2), ne doivent pas constituer une entrave excessive à ce droit.

1) Les conditions particulières de recevabilité

10.29 ▸ La technique procédurale est le moyen utilisé par les législations nationales pour restreindre l'accès à la justice.

La plupart des limitations du droit d'agir respectent le rapport de proportionnalité exigé entre les moyens et le but poursuivi (a). En France, la fonction particulière de la Cour de cassation et du Conseil d'État, justifiant un formalisme procédural adapté, échappe le plus souvent aux justiciables acceptant difficilement d'être privés de ce qu'ils pensent être un troisième degré de juridiction. La Cour EDH a donc été régulièrement saisie de requêtes relatives aux conditions particulières de recevabilité d'un pourvoi (b). Si l'on conçoit aisément la nécessité qu'il y a à soumettre ce type de recours à des conditions particulières, la mise en place de procédures préalables d'examen de certains recours est, à notre sens, plus discutable (c).

a) Des limitations procédurales proportionnées

10.30 ▸ Classiquement, la capacité pour agir en justice requise par les procédures nationales n'est pas un obstacle injustifié, ainsi pour les mineurs ou les majeurs protégés (Com. EDH, rapport à propos de l'affaire *Golder*, 1er juin 1973, Série B, n° 16), la protection de ces personnes rendant admissible la limitation de la capacité d'ester en justice. En revanche, la limitation du droit d'action des personnes morales étrangères est régulièrement jugée contraire à l'article 6, § 1 Conv. EDH (par ex. Cass. civ. 1re, 25 juin 1991, *Bull. civ.* I, n° 207).

La limitation procédurale résultant du respect des règles relatives à la compétence d'attribution des juridictions n'est pas non plus une entrave excessive au droit d'agir (N. Fricero, *Droit et pratique de la procédure civile*, Dalloz Action, 2017-2018, sous la dir. de S. Guinchard, n° 211-31 s. sur la relativité du droit au tribunal).

10.31 ▸ Le droit d'agir n'est pas un droit absolu, en ce sens la Cour EDH admet qu'il soit encadré. Il serait fastidieux de se livrer à une étude exhaustive de la jurisprudence de la Cour. Pour résumer, il suffit de retenir qu'une double condition est exigée pour que soit admise la limitation procédurale. Il ne faut pas d'abord que ces limitations aient pour conséquence la privation pour le justiciable de son droit à un juge. Il faut ensuite qu'un rapport de proportionnalité existe entre les moyens employés et le but poursuivi.

L'appréciation des limitations procédurales par la Cour est faite en fonction du degré de compréhension du plaideur auquel elles sont appliquées, au-delà même du bien-fondé de la limitation au regard du droit au juge. Tel est l'enseignement qui ressort de l'arrêt du 15 janvier 2009 dans lequel la Cour estime que si la technique du désistement d'office de la procédure administrative est conforme à une bonne administration de la justice et en rien contraire au procès équitable, le fait que le requérant ne soit pas représenté et n'ait pas de compétence juridique excluait que l'on puisse lui opposer son désistement d'office. La Cour de remarquer en effet « que le requérant, non juriste, n'était pas représenté par un avocat au stade de l'introduction de son recours, comme le droit français le lui permet (en l'espèce l'article R. 432-2 du CJA). Si l'on peut légitimement attendre d'un professionnel du droit qu'il soit particulièrement rigoureux dans la rédaction d'un recours, et en particulier dans le choix des mots qu'il emploie, un tel degré d'exigence ne peut être appliqué sans flexibilité à un requérant qui n'est pas représenté ». Et, « en conclusion, la Cour est d'avis que, dans les circonstances de l'espèce, le requérant s'est vu imposer une charge disproportionnée qui rompt le juste équilibre entre, d'une part, le souci légitime d'assurer le respect des conditions formelles pour saisir les juridictions et, d'autre part, le droit d'accès au juge » (*Aff. Guillard c/ France*, req. n° 24488/04 ; *AJDA* 2009, p. 71 et p. 547). En revanche, une péremption d'instance n'est pas en soi contraire au procès équitable (Cass. 2e civ., 16 déc. 2016, n° 15-26083, FS-P+B+I, *JCP* G 2017, 106, note D. Cholet).

La radiation de l'appel faute d'exécution de la décision de première instance revêtue de l'exécution provisoire (CPC, art. 526) a également donné lieu à saisine de la Cour. Il est retenu que la décision de radiation en appel pour inexécution du premier jugement constitue une violation de l'article 6, § 1 Conv. EDH quand il existe une disproportion entre les ressources de l'appelant et le montant de sa condamnation en première instance. En l'espèce, la radiation avait été prononcée par le conseiller de la mise en état en raison de l'importance des ressources dissimulées induite du montant des sommes réclamées par l'administration fiscale permettant de penser que le requérant disposait d'un patrimoine suffisant. Or, pour la Cour il s'agit d'une présomption de fraude fiscale qui n'a pas été établie (*Chatellier c/ France*, req. n° 34658/07, 31 mars 2011, déf. 30 juin 2011 ; comp. *infra* n° 10-35). La légitimité des « buts poursuivis par cette obligation d'exécution d'une décision pour laquelle l'exécution provisoire a été ordonnée, à savoir notamment assurer la protection du créancier, éviter les appels dilatoires et assurer la bonne administration de la justice en désengorgeant les tribunaux » est admise par la Cour. « Elle a cependant considéré que, compte tenu de l'effet privatif de celle-ci sur le droit à un double degré de juridiction, l'État disposait en la matière d'une marge d'appréciation plus restreinte que dans les affaires portant sur un retrait du rôle de la Cour de cassation en vertu de l'article 1009-1 du même Code ». La question sera toujours celle de la proportionnalité de l'atteinte au droit (CEDH, 10 octobre 2013, n° 37640/11, *Pompey c/ France*, *Procédures* 12/2013, comm. 344, N. Fricero).

En revanche, il a été jugé que la non-admission d'un appel décidé par le président d'une chambre d'instruction, en raison de l'absence d'indication du motif du recours contre l'ordonnance alors qu'il se déduisait de l'article 186-3 du Code de procédure pénale la nécessité de sa spécification, conduit à un formalisme excessif portant une atteinte disproportionnée au droit d'accès à un tribunal (*Poirot c/ France,* req. n° 29938/07, 15 décembre 2011).

D'une façon générale, on observe que les différentes conditions de recevabilité de l'action posées par les systèmes juridiques nationaux ne constituent ni une entrave excessive au droit d'agir, ni une violation du rapport de proportionnalité exigé. La Cour européenne des droits de l'homme est, elle-même, contrainte d'encadrer les recours diligentés devant elle.

Le protocole n° 15 portant amendement à la Convention européenne de sauvegarde des droits de l'homme et des libertés fondamentales adopté par le Comité des ministres le 16 mai 2013, lors de sa 123e session (*Procédures* 07/2013, alerte 46, Focus par N. Fricero ; F. Sudre, « La subsidiarité, "nouvelle frontière" de la Cour européenne des droits de l'homme – À propos des Protocoles 15 et 16 à la Convention », *JCP* G. 2013, doct. 1086) vient renforcer l'encadrement du droit d'accès à la Cour européenne, en particulier par une réduction du délai de recours à quatre mois à partir de la date de la décision interne définitive au lieu de six mois. On se souvient que la requête individuelle est irrecevable en l'absence « de préjudice important » depuis le protocole n° 14, le protocole suivant renforce cette condition de filtrage. L'appréciation qui est donnée du caractère important ou non du préjudice et les critères qui sont retenus sont essentiels pour apprécier la proportionnalité de l'atteinte au droit au recours devant la Cour européenne, encore que personne ne pourra ici la sanctionner (sur la notion de préjudice important, voir notamment l'arrêt relatif au délit d'offense au président de la République, la condamnation du requérant à la somme de 30 € seulement en cas de récidive par les juridictions nationales n'étant pas un obstacle au caractère important du préjudice subi par ce dernier : CEDH, 5e sect., 14 mars 2013, n° 26118/10, *Eon c/ France*, *Procédures* 05/2013, comm. 149, N. Fricero ; *D.* 2013, 968, note O. Beaud ; *RFDA* 2013, 594, note N. Droin ; *JCP* G. 2013, 656, note C. Picheral ; depuis, ce délit a été abrogé par la loi n° 2013-711 du 5 août 2013 et transformé en circonstances aggravantes de l'injure et de la diffamation : E. Clément, « L'abrogation du délit d'offense au président de la République au regard des exigences de la Cour européenne des droits de l'homme », *Dr. pén.* 2013, étude 19).

b) Le formalisme procédural devant la Cour de cassation

10.32 › Les contestations adressées à la Cour EDH se sont orientées dans trois directions, même si elles ne sont pas exclusives : l'obligation de recourir à un avocat aux conseils, l'obligation de produire une copie de la décision attaquée par le pourvoi, l'obligation d'exécuter la décision frappée du pourvoi. Elles n'y ont pas reçu accueil favorable, les conditions procédurales exigées par le droit français ayant chaque fois été jugées légitimes.

Le caractère particulier du pourvoi en cassation en matière pénale et le rôle capital de l'instance en cassation pour le prévenu (*Aff. Poitrimol c/France*, 23 novembre 1993, série A, n° 277-A, p. 15, § 38 ; *Aff. Omar et Guérin*, 29 juillet 1998, Rec., p. 1841, § 41 et p. 1869, § 44 ; *Aff. Skondrianos c/Grèce*, 18 décembre 2003, req. n° 63000/00, 74291/01 et 74292/01) ont donné lieu à une appréciation plus rigoureuse de la part des juges européens.

10.33 ▸ En matière civile : 1) La représentation devant la Cour de cassation est le plus souvent obligatoire (excepté devant la chambre criminelle et la chambre sociale). Le plaideur doit constituer avocat. Le ministère d'avocat obligatoire n'est pas, d'une façon générale, contraire au procès équitable (*Aff. Gillow c/Royaume-Uni*, 24 novembre 1986, série A, n° 109, § 69 ; Com. EDH, *Aff. Casanovas c/France*, 2 septembre 1992, sous réserve de ce qui a été dit à propos de l'aide juridictionnelle : cf. *supra* n°s 9-16 s.). Le monopole reconnu aux avocats aux conseils est également légitime (Com. EDH, *Aff. Marc Claudel c/France*, 30 novembre 1994), à condition de ne pas devenir un obstacle à la saisine de la Cour de cassation (Ass. plén., 30 juin 1995, *D.* 1995, 515, note Drago : refus des avocats de soumettre une requête pour rabat d'arrêt). Bien que les plaidoiries soient relativement rares devant la Haute Juridiction, il a été précisé que « la spécificité de la procédure devant la Cour de cassation peut même justifier de réserver aux seuls avocats spécialisés le monopole de la prise de parole » (*Aff. Voisine c/France*, 8 février 2000, § 33, *D.* 2000, somm., 186, obs. N. Fricero).

10.34 ▸ L'obligation de produire une copie de la décision attaquée au greffe dans le délai de dépôt du mémoire, sous peine d'irrecevabilité prononcée d'office du pourvoi, n'est pas non plus une entrave au droit d'agir.

Le principe a été énoncé par la Cour EDH sous l'égide de l'ancienne rédaction de l'article 979 NCPC (comp. depuis le décret n° 99-131 du 26 février 1999) aux termes de laquelle le demandeur devait produire une copie de la décision attaquée et une copie de la décision confirmée ou infirmée par ladite décision. Un avocat aux conseils, ayant mal interprété ce texte, n'avait pas fourni la copie d'un sursis à statuer prononcé avant-dire droit qui était visé par la décision attaquée. Après avoir relevé que la disposition était suffisamment claire pour un avocat aux conseils, la Cour européenne a estimé qu'en l'espèce, le but poursuivi, à savoir l'exacte connaissance par les conseillers de l'affaire soumise à leur contrôle, était conforme au moyen employé (la production des copies exigées) et a, de façon plus générale, souligné que la spécificité du contrôle effectué par la Cour de cassation – juge du droit – justifiait un formalisme procédural plus grand (*Aff. Levages Prestations services c/France*, 23 octobre 1996, *JCP* 1997, I, 4000, obs. F. Sudre ; *JTDE* 1997, p. 40, obs. P. Lambert ; v. aussi *Aff. Brualla Gomez de la Torre c/Espagne*, 19 décembre 1997, *D.* 1998, somm., 210, obs. N. Fricero).

Une suite a cependant été donnée à l'affaire *Levages Prestation Services* qui, sans remettre en cause le principe, l'adapte en présence de circonstances particulières où son application conduirait à violer le droit au procès équitable. Dans l'affaire *Henrioud c/France* du 5 novembre 2015, l'irrecevabilité du pourvoi provoqué résultait de l'irrecevabilité du pourvoi principal du Procureur général près la cour d'appel qui s'était aux dires de la Cour montré négligent. L'affaire concernait une procédure de retour d'enfants sur le fondement de la Convention de La Haye où le procureur a un rôle central. En l'espèce, formant le pourvoi principal, il n'avait pas respecté les exigences de l'article 979 CPC et avait omis de joindre la copie de l'acte de signification de la décision attaquée. La Cour condamne la France en considérant que le formalisme procédural avait conduit à une entrave excessive au droit d'accès au juge (CEDH, 5e sect., 5 novembre 2015, nº 21444/11, *Henrioud c/ France*, *Procédures* 2016, comm. 15, obs. N. Fricero).

10.35 ▸ À la différence de l'appel, le pourvoi en cassation n'a pas en principe en matière civile d'effet suspensif. L'importance de la condamnation prononcée par les juridictions du fond pourrait toutefois être un réel obstacle à la formation d'un pourvoi en cassation si le demandeur n'avait pas les capacités financières pour l'exécuter. À ce titre, l'obligation d'exécuter la décision frappée de pourvoi sous peine de retrait du rôle (CPC, art. 1009-1) pourrait le priver du droit d'agir devant la Cour de cassation. De ce constat, trois conséquences :

Primo, l'obligation d'exécuter la décision n'est pas contraire à l'article 6, § 1 de la Convention, elle permet une bonne administration de la justice (*Aff. M. c/ France*, 9 janvier 1995, avis de la Com. EDH), notamment d'« assurer la protection du créancier, éviter les pourvois dilatoires, renforcer l'autorité des juges du fond, désengorger le rôle de la Cour de cassation ».

Secundo, les conséquences manifestement excessives que pourrait entraîner cette obligation sur l'effectivité du recours en cassation peuvent justifier une condamnation de l'État, ce qui suppose que le Premier président ait refusé le maintien du pourvoi au rôle de la Cour de cassation sans motivation suffisante (*Aff. Mortier c/ France*, 31 juillet 2001, *D.* 2001, chr., p. 3369, note C. Hugon ; *Procédures*, novembre 2001, nº 342, obs. V. Lechevallier). Le Premier président doit donc vérifier que l'obligation d'exécuter la décision n'a pas pour effet de restreindre l'accès à la Cour de cassation, à tel point que le droit du justiciable s'en trouverait atteint dans sa substance même (Ord. 2 février 2000, cit. V. Maignan, « Le retrait du rôle du pourvoi en cassation et la Convention EDH », *Procédures*, octobre 2000, nº 12, p. 5). Il incombe au requérant qui invoque la violation de l'article 6, § 1 Conv. EDH de prouver à la Cour que le retrait du pourvoi entraînerait pour lui ces « conséquences manifestement excessives ». Le montant élevé de la condamnation qu'il doit ne suffit pas à les établir (*Aff. Pages c/ France*, 25 septembre 2003, req. nº 50343/99). Toutefois, le caractère substantiel de la somme due allié aux ressources insuffisantes d'un requérant, auxquels s'ajoutent les chances sérieuses de succès du recours en raison d'une modification de la jurisprudence de la Cour de cassation sur le fond du litige, font du retrait du rôle une mesure manifestement disproportionnée (*Aff. Bayle c/ France*, 25 septembre 2003, req. nº 45840/99).

Tertio, chaque fois que l'aide juridictionnelle aura été attribuée au plaideur, il faudrait en conclure que l'obligation d'exécuter est de nature à produire des conséquences manifestement excessives (*Aff. Annoni di Gussola c/ France*, 14 novembre 2000, *JCP* 2001, I, 291, nº 18, obs. F. Sudre ; *Dr. et procéd.*, mai 2001, p. 167, obs. C. Hugon ; *D.* 2001, chr., 3369, note C. Hugon).

10.36 ▸ En matière pénale : la Cour EDH a eu à se prononcer sur la légitimité de l'obligation faite au prévenu, pour que son pourvoi soit recevable, de se constituer prisonnier la veille de l'audience lorsqu'il encourrait une peine d'emprisonnement supérieure à six mois (ancien art. 583 C. pén.). La France a été à plusieurs reprises condamnée. Le requérant ayant été déchu de son pourvoi en cassation faute de s'être mis en état en application de ce texte, la Cour EDH a considéré, qu'eu égard à l'ensemble des circonstances de la cause, le prévenu a subi une entrave excessive à son droit d'accès à un tribunal et donc, à son droit à un procès équitable (*Aff. Papon c/France*, 25 octobre 2002, req. n° 54210/00 ; et déjà : *Aff. Khalfaoui c/France*, 14 décembre 1999, *JCP* 2000, I, 203, n° 14, obs. F. Sudre).

Il n'est pas sûr cependant que le respect des droits de l'homme soit favorable au prévenu, les juridictions pouvant être tentées de prononcer une ordonnance de prise de corps pour être certaines que le prévenu ne tente pas d'échapper à la décision devant être prise à l'issue de l'instance en cassation (S. Guinchard et *alii*, *Droit processuel-Droits fondamentaux du procès*, Dalloz, coll. « Précis », 7e éd., 2013, n° 331-3).

c) Les procédures d'admission des pourvois

10.37 ▸ Aux termes de l'article L. 431-1, alinéa 2 du Code de l'organisation judiciaire (ex-art. L. 131-6, alinéa 2), les pourvois sont soumis à l'examen préalable d'une chambre spécialement créée à cet effet ayant pour mission de déclarer non admis les pourvois irrecevables ou qui ne seraient pas fondés sur un moyen sérieux de cassation. Cette procédure d'admission des pourvois a été empruntée à un mécanisme similaire existant devant le Conseil d'État depuis une loi du 31 décembre 1987 prévoyant que « le pourvoi en cassation devant le Conseil d'État fait l'objet d'une procédure préalable d'admission. L'admission est refusée par décision juridictionnelle si le pourvoi est irrecevable ou n'est fondé sur aucun moyen sérieux » (art. 11). La mise en place de ce dispositif devant chacune des plus hautes juridictions de l'ordre administratif et de l'ordre judiciaire répond à la nécessité de faire face à des saisines de plus en plus nombreuses remettant en cause le caractère extraordinaire de cette voie de recours.

La Cour EDH ne s'y est pas trompée. Reprenant la position traditionnelle de la Com. EDH (*Aff. Andresz c/France*, 2 septembre 1992, req. n° 19212/91 ; *Aff. Rebai c/France*, 25 février 1997, req. n° 26561/93), la Cour estime que l'absence de chance de succès de la demande autorise le rejet de son examen sur le fondement de ces dispositions (*Aff. Kosser c/France*, 9 mars 1999, req. n° 38748/97).

10.38 ▸ On peut cependant discuter du bien-fondé de ce système de préexamen des affaires par les Hautes juridictions à l'aune du procès équitable, même s'il est peu probable que la jurisprudence européenne puisse dans un avenir proche être modifiée. Le justiciable n'est-il pas confronté à des procédures identiques lorsqu'il saisit la Cour de Strasbourg ? Aux termes du nouvel article 35, § 3 *b)*, de la Convention EDH, entré en vigueur le 1er juin 2010, la Cour déclare irrecevable toute requête individuelle introduite en application de l'article 34 de la Convention lorsqu'elle estime « que le requérant n'a subi aucun préjudice important, sauf si le respect des droits de l'homme garanti par la Convention et ses Protocoles exige un examen de la requête au fond et à condition de ne rejeter pour ce motif aucune affaire qui n'a pas été dûment examinée par un tribunal interne » (J.-F. Renucci et R. Toma, « Saisine de la CEDH : le nouveau critère de recevabilité des requêtes individuelles », *D.* 2012, p. 123).

Le but de ces procédures est d'éviter l'encombrement des juridictions et, à ce titre, on conçoit que cela participe d'une bonne administration de la justice. Par ailleurs, le moyen choisi est adapté au but poursuivi puisque le préexamen des affaires déleste d'autant les chambres de la Cour de cassation ou du Conseil d'État.

Il reste que la décision de non-admission est contestable en raison du caractère sommaire de sa motivation. Le plus souvent, il est indiqué que le pourvoi n'est pas de nature à permettre l'admission de la requête, sans autre explication pour le justiciable. Sous l'angle de la motivation (cf. *infra* n° 10-130) et dans la perspective d'une justice qui se veut proche des justiciables, la Cour EDH ne pourrait-elle exiger des conseillers qu'ils indiquent les raisons de leur décision ? Elle s'y est refusée, estimant qu'il n'y avait pas violation du droit à la motivation du jugement (*Aff. Kosser c/France*, 9 mars 1999, req. n° 38748/97 ; *Burg et autres c/France*, n° 34763/02, 28 janvier 2003 ; *Stepinska c/France*, n° 1814/02, 15 juin 2004, et *Salé c/France*, n° 39765/04, 21 mars 2006 ; dès lors que le requérant a eu connaissance du rapport de non-admission : CEDH, 5e sect., 25 juin 2015, n° 22037/13, *Aff. Christian Canonne c/France*, *Procédures* 2015, comm. 263, N. Fricero). La Cour européenne veille cependant à ce que le justiciable ne soit pas, par ce mécanisme, privé de son droit à exercer une voie de recours (CEDH, 5e sect., 9 janvier 2014, n° 71658/10, *Viard c/France*, *Procédures* 2014, comm. 70, N. Fricero).

La question de la motivation pourrait-elle être à nouveau discutée au vu de la décision de la Cour européenne sanctionnant l'État norvégien pour motivation insuffisante d'une décision d'irrecevabilité de l'appel celui-ci n'ayant manifestement aucune chance d'aboutir ? Dans le cadre de cette procédure de filtrage des appels, la Cour estime que la décision de rejet aurait dû être davantage motivée et se félicite de la modification du droit norvégien imposant une obligation générale de motivation de toute décision de justice. Cette solution ne remet cependant pas à en cause le filtrage des pourvois en cassation dès lors que la CEDH a pris soin de préciser qu'en l'occurrence le filtrage n'était pas fondé exclusivement sur les considérations de procédure ou de droit, mais aussi de faits, et ayant relevé que la décision pouvait faire l'objet d'un recours devant une juridiction supérieure (CEDH, 1re sect., 2 octobre 2014, n° 15319/09, *Hansen c/Norvège*, *Procédures* 2015, comm. 43, N. Fricero).

10.39 ▸ Au-delà, les procédures d'admission des pourvois soulèvent la question plus générale du droit à une voie de recours (cf. *supra* n° 10-11), ici du droit d'agir devant la Cour de cassation ou le Conseil d'État. La spécificité du rôle assumé par ces juridictions chargées de vérifier la conformité des décisions de justice aux règles de droit ne devrait-elle pas conduire à la reconnaissance explicite du droit pour chaque justiciable d'obtenir cette vérification ou, à tout le moins, les raisons pour lesquelles on leur refuse ?

2) Les délais d'exercice de l'action

10.40 ▸ Le droit d'action trouve négativement pour butoir l'expiration du délai de prescription, alors qu'il est enfermé positivement dans le délai de forclusion. À l'expiration de ces délais, le justiciable ne peut plus agir en justice. Il faut donc s'assurer que le délai était suffisant pour lui permettre un accès réel aux juridictions, ce qui suppose qu'il ait eu connaissance en temps utile du délai imparti.

10.41 ▸ La deuxième chambre civile de la Cour de cassation, à propos du défaut de signification d'un mémoire dans les délais, a affirmé que « les délais de procédure impartis par la loi à peine d'irrecevabilité, de forclusion, de déchéance ou de caducité sont nécessaires au bon déroulement des procédures et contribuent au procès équitable, dès lors qu'ils assurent la sécurité juridique, le respect des droits de la défense et du principe de la contradiction et du délai raisonnable » (12 juillet 2001, *Bull. civ.*, II, n° 140 ; cf. *supra* n° 10-23 ; pour une application en matière de caducité de la déclaration d'appel : Cass. civ. 2e, 24 septembre 2015, n° 14-20212, *Procédures* 2015, comm. 346, H. Croze ; *JCP* G 2015, 1125, C. Bléry ; *ibid.* 1278, N. Fricero ; Cass. 2e civ., 18 févr. 2016, n° 15-12200, *Procédures* 2016, comm. 190). La Cour EDH reconnaît également qu'ils participent d'une bonne administration de la justice (*Aff. Pérez de Rada Cavanilles c/ Espagne*, 28 octobre 1998, § 44, 45, *JCP* 1999, I, 105, n° 21, obs. F. Sudre ; *D.* 1999, somm., 270, obs. N. Fricero), la brève durée des délais ne suffisant pas à prouver l'atteinte au droit d'agir.

Régulièrement, la Cour de cassation rejette des pourvois dénonçant la durée des délais de procédure comme contraires au procès équitable (par ex. le délai de trois jours de la requête en nullité d'une extradition : Cass. crim., 7 novembre 2000, *Bull. crim.*, n° 328 ; le bref délai de l'article 1648 C. civ. : Cass. civ. 1re, 21 mars 2000, *Bull. civ.*, I, n° 97 ; *D.* 2000, 593, note C. Atias ; *Contrats, conc. cons.*, septembre 2000, 12, obs. L. Leveneur ; *RTD civ.* 2000, p. 592, note P.-Y. Gautier ; le délai de deux mois pour conclure à partir de la déclaration d'appel par application de l'ancien article R. 13-49 du Code de l'expropriation : Cass. civ. 3e, 13 avril 2005, *Bull. civ.*, III, n° 92).

10.42 ▸ Si le délai peut être de courte durée, il ne faut pas en revanche que le point de départ de ce délai aboutisse, en pratique, à priver le justiciable de son recours. La notification par voie postale d'une décision parvenue à son destinataire deux jours après l'expiration du délai de cinq jours francs pour faire appel supprime purement et simplement l'accès à la cour d'appel (*Aff. Tricard c/ France*, 10 juillet 2001, req. n° 40472/98 ; v. *Aff. Pérez de Rada Cavanilles c/ Espagne*, préc.).

Les procédés de notification et de signification nationaux ainsi que la date à partir de laquelle l'acte est réputé notifié ou signifié constituent à cet égard la pierre angulaire du contrôle du respect du procès équitable. La matière civile est rarement cause de contestation en raison du principe de la double date lorsque la notification a lieu par voie postale (art. 668 CPC) et des dispositions très protectrices applicables lorsque l'acte fait l'objet d'une signification (art. 653 s. CPC ; 555 s. C. pén.).

Certaines dispositions pénales sont en revanche de nature à priver le justiciable d'un droit de recours effectif. Il suffit de songer à la fiction instaurée à l'article 183, alinéa 4 des Code pénal – « toute notification d'acte à une partie par lettre recommandée expédiée à la dernière adresse déclarée par l'intéressé est réputée faite à sa personne » – ou de la jurisprudence retenant pour point de départ de la notification postale le jour de l'expédition de la lettre pour les actes d'instruction. Lorsque le délai est de quelques jours, il est peu probable que le destinataire puisse en profiter.

10.43 › Les dispositions nationales sont interprétées par les juridictions nationales et non par la Cour EDH, mais cette dernière a pour mission de « vérifier la compatibilité avec la Convention des effets de pareilles interprétations. Ceci est particulièrement vrai s'agissant de l'interprétation par les tribunaux des règles de nature procédurale telles que les délais régissant le dépôt de documents ou l'introduction d'un recours » (*Aff. Tsironis c/ Grèce*, 6 décembre 2001, req. n° 44584/98, § 25, définitif 6 mars 2002, *Rev. Dr. et procéd.*, mars 2002, p. 92, obs. N. Fricero). C'est pourquoi, s'il n'appartient pas à la Cour européenne d'apprécier *in abstracto* la durée des délais pour agir, elle doit vérifier *in concreto* que les règles de computation de ces délais, en particulier la date à partir de laquelle ils commencent à courir, n'ont pas eu pour effet de priver le justiciable du droit d'agir. Dans l'*affaire Tsironis*, la Grèce a été condamnée car « le respect du délai de recours [...] présuppose que l'individu lésé ait effectivement pris connaissance de l'acte litigieux pour qu'il puisse l'attaquer utilement en justice » (§ 27). Or, en l'espèce, il était démontré que le requérant n'avait pas eu connaissance de l'acte litigieux à cause d'un manque de diligence de l'huissier de justice chargé de le notifier. De la même façon, lorsqu'un requérant accomplit toutes les tâches qui lui incombent en temps utile, soit dix-sept jours avant l'expiration du délai de recours et que le retard qui s'est produit concerne la procédure ultérieure de notification à l'étranger qui ne lui est pas imputable, et alors qu'il est constaté dans l'arrêt que le requérant avait pris la peine de signaler ces difficultés en sollicitant avant son expiration une prorogation de délai, le refus de cette prorogation par la juridiction et le rejet consécutif du recours du requérant pour tardiveté est une entrave injustifiée à son droit d'accès à un tribunal (*Aff. Kaufmann c/ Italie*, 19 mai 2005, déf. 12 octobre, req. n° 14021/02).

10.44 › La notification ou la signification est parfois faite aux avocats sans qu'il soit nécessaire de l'adresser directement aux parties. Un arrêt intéressant de la Cour de cassation a retenu que la signification du jugement à avocat fait courir le délai d'appel sans être contraire à l'exigence d'un procès équitable dès lors que la voie de recours instituée par la loi se trouve seulement soumise, pour des impératifs de célérité, à des conditions de forme et de délai qui lui sont propres. Il est précisé que la cour d'appel n'avait pas à rechercher si l'avocat, auquel la signification avait été faite, en avait informé la partie représentée par lui. Cette signification avait donc fait courir le délai d'appel (Cass. civ. 2e, 22 novembre 2001, *Bull. civ.*, II, n° 169).

À supposer que l'avocat n'ait pas informé en temps utile la personne qu'il représente, le délai de recours est expiré. Le justiciable n'aura alors pour autre solution que d'engager la responsabilité de l'auxiliaire de justice, sauf à pouvoir se retourner contre l'État en saisissant la Cour européenne (cf. *supra* nos 10-16 et 10-27).

II – LE DROIT AU JUGEMENT

10.45 ▸ Si l'accès à la justice suppose qu'au préalable le justiciable puisse saisir une juridiction, il implique *in fine* que justice lui soit rendue. Ce droit au jugement se traduit de façon positive par l'obligation faite aux juges de statuer dans un délai raisonnable (A) et, négativement, par la sanction du déni de justice (B).

A - L'OBLIGATION DE STATUER DANS UN DÉLAI RAISONNABLE

10.46 ▸ La lenteur de la justice prend forme lorsque la procédure est d'une durée déraisonnable (1). Les juges, et derrière eux l'État, ont l'obligation de statuer dans un délai raisonnable. Mais il s'agit d'une obligation de moyens et non de résultat. Il faut donc déterminer si l'inexécution de cette obligation leur est ou non imputable (2) pour décider d'une éventuelle condamnation de l'État.

1) La durée déraisonnable de la procédure

10.47 ▸ L'exigence du délai raisonnable pourrait donner lieu à l'élaboration d'un catalogue tant les affaires sont nombreuses (quelques-unes : *Aff. Gouttard c/France*, req. n° 57435/08, 30 juin 2011, déf. 30 septembre 2011 ; *Aff. Schiettecatte c/France*, 8 avril 2003, req. n° 49198/00, déf. 9 juillet 2003 (13 ans, 0 mois et 6 jours) ; *Aff. Schumacher c/Luxembourg*, 25 novembre 2003, req. n° 63286/00 (9 ans) ; *Aff. Nicolle c/France*, 25 novembre 2003, req. n° 51887/99 (13 ans, 9 mois, 9 jours) ; *Aff. Huart c/France*, 25 novembre 2003, req. n° 55829/00 (11 ans, 10 mois) ; *Aff. Slimane-Kaid c/France*, 27 novembre 2003, req. n° 48943/99 (13 ans, 3 mois, 19 jours, dossier traité par 5 juges d'instruction différents !) ; *Aff. Hadjikostova c/Bulgarie*, 4 décembre 2003, req. n° 36843/97 (5 ans et 14 jours, pas excessif) ; *Aff. Ferreira Alves c/Portugal*, 4 décembre 2003, req. n° 56345/00 (8 ans, 4 mois) ; *Aff. Faivre c/France*, 16 décembre 2003, req. n° 69825/01 (11 ans, 8 mois) ; *Aff. Rouille c/France*, 6 janvier 2004, req. n° 50268/99 ; *Aff. Sekin et al. c/Turquie*, 22 janvier 2004, req. n° 26518/95 (9 ans). La durée d'une procédure s'entend en principe du temps situé entre la date de saisine de la juridiction (ou de la mise en examen en matière pénale) et la date du prononcé de la décision définitive et irrévocable (à moins que la procédure ne soit encore pendante ou que n'entre en compte la durée de l'exécution). La longueur de la procédure n'est pas à elle seule révélatrice d'une violation du procès équitable.

Schématiquement, l'appréciation du caractère raisonnable ou non de la procédure par la CEDH repose sur une approche objective du litige et une approche subjective des enjeux du litige, qui peut être résumée comme suit, la prise en compte, suivant les circonstances de la cause, de « la complexité de l'affaire, du comportement du requérant et celui des autorités compétentes ainsi que l'enjeu du litige pour les intéressés » (*Aff. Ouranio Toxo c/Grèce*, 20 octobre 2005, req. n° 74989/01).

10.48 ▸ L'approche objective du litige suppose qu'il y ait rapport de convenance entre la complexité de l'affaire et la durée de la procédure. Cette complexité peut avoir des causes multiples.

Elle peut tout d'abord résulter du droit matériel, ainsi en matière d'urbanisme (*Aff. Klitsche de la Grange c/ Italie*, 27 octobre 1994, série A, n° 293-B, § 52), de l'incertitude quant aux règles de droit applicable (*Aff. Pretto c/ Italie*, 8 décembre 1983, série A, n° 71), ou encore de la complexité des faits justifiant parfois de nombreuses expertises (*Aff. Billi c/ Italie*, 26 février 1993, série A, n° 257-G, § 19 ; *Aff. Proszak c/ Pologne*, 16 décembre 1977).

Elle peut ensuite avoir pour origine le droit procédural soit que le formalisme à respecter soit plus grand en raison de la spécificité de la procédure (*Aff. Süßmann c/ Allemagne*, 16 septembre 1996, comp. *Aff. Pammel c/ Allemagne*, 1er juillet 1997, § 68, *AJDA* 1997, p. 985, note J.-F. Flauss), soit que l'affaire ait donné lieu à question préjudicielle devant la CJCE (*Aff. Pafitis et autres c/ Grèce*, 26 février 1998, § 95, *JCP* 1999, I, 105, n° 36, obs. F. Sudre) ou qu'elle mette en présence pluralité de parties (*Aff. H. c/ Royaume-Uni*, 8 juillet 1987, série A, n° 120, § 72), soit tout simplement que les parties aient utilisé toutes les voies de droit offertes par leur législation (*Aff. Poiss c/ Autriche*, 23 avril 1987, § 57).

Dans tous les cas, la Cour EDH se livrera à une comparaison entre le degré de complexité du litige et le temps du procès pour décider si la décision a été ou non rendue dans un délai raisonnable.

10.49 ▸ L'approche subjective du litige consiste en la prise en compte des enjeux de l'affaire pour le requérant. En matière pénale, ce critère n'est pas à notre connaissance utilisé, car tout procès pénal porte des enjeux essentiels pour le prévenu, cela va de soi, *a fortiori* si ce dernier fait l'objet d'une détention provisoire. Dans ce cas, l'article 5 § 3 de la Convention EDH vient renforcer l'article 6 § 1. Il est souligné que toute personne arrêtée ou détenue a le droit notamment d'être jugée dans un délai raisonnable ou libérée pendant la procédure. La détention provisoire d'une durée de quatre années, trois mois et deux jours, prononcée contre un individu finalement condamné à six ans d'emprisonnement pour enlèvement et séquestration en bande organisée est, ainsi, contraire à l'article 5, § 3 (*Procédures*, 12/2013, comm. 356, A.-S. Chavent-Leclère, CEDH, 3 octobre 2013, n° 12430/11, *Vosgien c/ France*).

En matière civile, lorsque la procédure a pour objet le droit des personnes ou de la famille et intéresse des droits extrapatrimoniaux, l'enjeu du procès pour le justiciable est souvent de première importance. Ce sera par exemple le cas lorsque la demande en justice concerne l'indemnisation d'un préjudice corporel, ainsi pour les victimes du sida ou autres maladies (*Aff. X. c/ France*, 31 mars 1992, *JCP* 1993, I, 3654, n° 14, obs. F. Sudre ; *Aff. F. E c/ France*, 30 octobre 1998, *D.* 1999, somm., 269, obs. N. Fricero ; *Aff. Gozalvo c/ France*, 9 novembre 1999, *Procédures*, avril 2000, n° 93, obs. N. Fricero) ou s'agissant de l'attribution de la garde des enfants (*Aff. Laino c/ Italie*, 18 février 1999, *D.* 1999, somm., 271, obs. N. Fricero). En ce dernier domaine, la Cour exige « une célérité particulière » des juridictions, sans « que toute procédure commande la même célérité du seul fait qu'elle concerne la relation entre parent et enfant ». Lorsque les rapports entre une requérante et son fils sont régis par des mesures conservatoires, l'enfant étant chez ses grands-parents, et que celle-ci s'est vu accorder un droit de visite auprès de l'enfant, et a pu l'exercer de manière quasi ininterrompue tout au long de la procédure, un délai d'un an et cinq mois pour une expertise n'est pas jugé déraisonnable ! (CEDH, 1er octobre 2013, n° 3826/10, *Matusik c/ Pologne*, *Procédures* 12/2013, comm. 342, N. Fricero).

Par extension, les litiges mettant en cause les moyens de subsistance d'un individu – son travail (*Aff. Obermeier c/ Autriche*, 28 juin 1990, série A, n° 179 ; *Aff. Delgado c/ France*, 14 novembre 2000, *D.* 2001, 2787, note J.-P. Marguénaud et J. Mouly ; *Aff. Geneste c/ France*, 12 décembre 2000, *Procédures*, avril 2001, n° 84, obs. N. Fricero), son avenir professionnel (*Aff. H. c/ Royaume-Uni*, préc.) – touchent à sa personne. Il s'ensuit que l'appréciation du caractère raisonnable ou non de la procédure sera plus rigoureuse.

10.50 ▸ Les deux critères d'appréciation peuvent évidemment être cumulés. Si le litige ne présente pas de difficultés particulières et que les enjeux pour le requérant sont importants, la longueur de la procédure risque d'autant plus d'être jugée déraisonnable. Mais que faut-il décider si une affaire est objectivement complexe, justifiant ainsi une procédure s'étalant dans le temps et que les enjeux du litige sont cruciaux pour le requérant appelant une réponse rapide ? On comprend l'étendue du pouvoir reconnu à la CEDH en pareilles circonstances. Il ne s'agit pas de déterminer si le délai est ou non raisonnable, mais de décider, sous couvert de l'obligation de statuer dans un délai raisonnable, qui devra garantir les inconvénients inhérents à la longueur des procédures, celle-ci fût-elle objectivement justifiée.

2) L'imputabilité du manquement constaté

10.51 ▸ Parmi les critères d'appréciation du caractère raisonnable du délai, la Cour EDH place le comportement des parties et celui des autorités compétentes (par ex. *Aff. Vernillo c/ France*, 20 février 1991, série A, n° 198). Ces critères sont à notre sens inadéquats pour renseigner sur la durée raisonnable ou non de la procédure, mais permettent de décider si un délai objectivement trop long au regard de la nature du litige (l'affaire n'est pas complexe ou, bien qu'elle le soit, a donné lieu à une durée excessive, cf. *supra* n° 10-47 s.) doit être imputable au requérant ou à l'État. Ce sont, nous semble-t-il, des conditions de mise en œuvre de la responsabilité des autorités nationales et non des critères d'appréciation de la durée du délai. D'ailleurs, à partir de l'*affaire Buchholz c/ Allemagne*, la Cour de Strasbourg a pris soin de préciser, et la formule est régulièrement reprise (*Aff. Apageorgiou c/ Grèce*, 22 octobre 1997, § 46 ; *Aff. Papachelas c/ Grèce*, 25 mars 1999, § 40 ; *Aff. Versini c/ France*, 10 juillet 2001, § 28), que « seules des lenteurs imputables à l'État peuvent l'amener à conclure, le cas échéant, à l'inobservation du délai raisonnable » (6 mai 1981, req. n° 7759/77, § 49).

10.52 ▸ Si la durée excessive de la procédure est exclusivement imputable au requérant, il ne peut venir se plaindre du non-respect du délai raisonnable.

En matière civile, le rôle déterminant joué par les parties, qui « conduisent l'instance sous les charges qui leur incombent » et auxquelles il « appartient d'accomplir les actes de la procédure dans les formes et les délais requis » (art. 2 CPC), ne rend pas la situation inconcevable. Lorsqu'une séparation de corps dure un peu plus de sept ans, que les parties multiplient les incidents de procédure, que la demande reconventionnelle présentée par le requérant intervient dans son expression achevée au bout de deux ans et qu'en appel ses premières conclusions sont déposées plus d'un an et demi après la déclaration d'appel, après sommation du juge, la durée excessive de la procédure est indéniablement imputable au requérant (*Aff. Monnet c/ France*, 27 octobre 1993, § 30, *D.* 1995, somm., 102, obs. J.-F. Renucci ; *JCP* 1994, I, 3742, n° 20, obs. F. Sudre ; v. not. *Aff. Barelli c/ France*, 23 mai 2000, req. n° 46246/99).

Bien que la procédure pénale soit en grande partie de type inquisitoire, la durée déraisonnable du délai pour obtenir un jugement peut également être imputable au comportement du prévenu depuis le jour de sa mise en examen. Par ailleurs, il ne faut pas oublier que dans les pays de *common law*, la procédure pénale est essentiellement de type accusatoire et les parties ont un rôle similaire à celui assuré devant nos juridictions civiles.

10.53 ▸ Le plus souvent, le caractère déraisonnable du délai sera imputable au juge (par ex., ajournement de treize audiences : *Aff. Zappia c/ Italie*, 26 septembre 1996, § 25, *D.* 1997, somm., 210, obs. N. Fricero ; délai entre la saisine et la première audience : près de deux ans, *Aff. Kayakaya c/ France*, 26 août 1994, § 44 ; près de cinq ans, *Aff. Beaumartin c/ France*, 24 novembre 1994, § 33). Chargé de veiller au bon déroulement de la procédure (art. 3 CPC), il est aussi responsable de la diligence des experts et autres spécialistes qu'il mandate pour que l'affaire soit en état d'être jugée (par ex. *Aff. Versini c/ France*, 10 juillet 2001, § 29).

L'Etat sera condamné si la violation du caractere déraisonnable de la durée de la procédure provient d'un dysfonctionnement de la justice, en particulier du manque de diligence du juge. Mais la transgression peut aussi directement résulter de la carence constatée des autorités nationales pour améliorer l'efficacité de la justice. Chaque fois que l'État n'aura pas pris les mesures positives nécessaires pour que soit assurée la célérité de la procédure, il prend le risque d'être sanctionné par la Cour EDH (ainsi pour l'encombrement des juridictions : *Aff. Guincho c/ Portugal*, 10 juillet 1984, série A, n° 81, § 38 s. ; en particulier en Italie : *Aff. Bottazzi, A.L.M., Di Mauro, A.P. et Ferrari* du 28 juillet 1999, req. n° 34884/97, 35284/97, 34256/96, 35265/97 et 33440/96).

La sanction demeure le droit à réparation du requérant et, en aucun cas, la nullité de la procédure (Cass. crim., 24 avril 2013, n° 12-82863, *Procédures* 07/2013, comm. 221, A.-S. Chavent-Leclère).

Cette condamnation pour non-respect du délai raisonnable, non seulement dépasse le seul cadre européen la CJCE ayant intégré depuis longtemps l'obligation au titre du procès équitable (CJCE, 17 décembre 1998, *Baustahlgewebe c/ Commission*, aff. C-185/95 P, Rec. CJCE I-8417), mais peut également conduire à la mise en cause de la Communauté elle-même lorsque ses juridictions n'ont pas respecté ce caractère raisonnable de la procédure (CJCE, 16 juillet 2009, *Der Grüne Punkt*, aff. C-385/07 P, *AJDA* 2009, p. 2276, M. Aubert, E. Broussy, F. Donnat).

B - LA SANCTION DU DÉNI DE JUSTICE

10.54 ▸ Lorsque le manquement est imputable à l'État, il peut être sanctionné financièrement sur le fondement général de l'article 41 de la Convention EDH. Ceci n'appelle pas de développements supplémentaires, la Cour EDH n'ayant pas d'autre moyen de pression sur les États.

La sanction du caractère déraisonnable de la procédure peut être fondée en droit français, depuis une dizaine d'années, sur l'article L. 141-1 du Code de l'organisation judiciaire (ex-article L. 781-1) (S. GUINCHARD, « Responsabilité du fait du fonctionnement défectueux du service public de la justice », *Rép. Dalloz*, Proc. civ., septembre 2010). L'interprétation nouvelle de ce texte par les juridictions nationales a eu des répercussions directes sur la recevabilité du recours européen pour violation du délai raisonnable fondé sur l'article 6 § 1 de la Convention EDH (v. not. X. CHEN, *L'article 6 § 1 et la procédure civile française*, Thèse dact., Aix-Marseille III, septembre 2002, dir. L. COUPET).

10.55 ▸ Aux termes de l'ancien article L. 781-1, alinéa 1 du Code de l'organisation judiciaire, « L'État est tenu de réparer le dommage causé par le fonctionnement défectueux du service de la justice. Cette responsabilité n'est engagée que par une faute lourde ou par un déni de justice ». Durant plus de vingt ans, les dommages réparés sur le fondement de ce texte devaient avoir été causés soit par une faute lourde, entendue de l'intention de nuire (plus proche conceptuellement de la faute dolosive) ou de l'erreur grossière, soit par un déni de justice, constitué le plus souvent du refus de statuer du magistrat. Peu à peu, le champ d'application de la règle s'est élargi jusqu'à inclure toute atteinte à la protection juridictionnelle du justiciable (L. FAVOREU, *Du déni de justice en droit public français*, LGDJ, 1964).

10.56 ▸ Les juridictions du fond ont donné par la suite une définition bien plus large du déni de justice. Il s'agit non seulement du refus de répondre aux requêtes ou le fait de négliger de juger les affaires en état de l'être, mais aussi de tout manquement de l'État à son devoir de protection juridictionnelle de l'individu qui comprend le droit pour tout justiciable de voir statuer sur ses prétentions dans un délai raisonnable. Un délai de quarante mois, s'agissant d'une procédure devant une cour d'appel pour un litige de droit du travail, imposé dès le début de la procédure par un acte insusceptible de recours, est révélateur d'un fonctionnement défectueux du service de la justice et équivaut à un déni de justice en ce qu'il prive le justiciable de la protection juridictionnelle qu'il revient à l'État de lui assurer (TGI, Paris, 5 novembre 1997, *D.* 1998, 9, M.-A. Frison-Roche et l'arrêt confirmatif de la CA Paris, 20 janvier 1999, *Gaz. Pal.* 1999, somm., p. 45, note Petit).

Quant à la Cour de cassation, elle a retenu, sous le visa de ce texte, « que constitue une faute lourde toute déficience caractérisée par un fait ou une série de faits traduisant l'inaptitude du service public de la justice à remplir la mission dont il est investi » (Ass. plén., 23 février 2001, *Bull. civ.*, AP, n° 5). La défectuosité du système judiciaire portait sur la violation du secret de l'instruction, ayant pour objet la mort de l'enfant Grégory Villemin. Il reste que la définition très large de la faute lourde devrait permettre d'inclure toute atteinte au procès équitable, et en particulier le droit à être jugé dans un délai raisonnable.

10.57 › En vertu de l'article 35 de la Convention EDH, le justiciable, pour saisir la Cour EDH, doit avoir épuisé toutes les voies de recours internes. L'argument invoqué par le gouvernement pour que soit rejetée la requête du justiciable pour violation du délai raisonnable, consistant à soutenir qu'il n'avait pas exercé le recours fondé sur l'article L. 781-1 du Code de l'organisation judiciaire, n'était pas retenu par la Cour EDH, motifs pris que l'obligation de l'article 35 n'impliquait l'utilisation des voies de droit que pour autant que celles-ci aient été suffisantes et efficaces (*Aff. Funke c/ France*, 6 octobre 1988, req. n° 10828/84). Les conditions rigoureuses de mise en œuvre de la responsabilité de l'État sur le fondement de l'ancien article L. 781-1 du Code de l'organisation judiciaire ne permettait traditionnellement pas au justiciable d'agir efficacement lorsque le dysfonctionnement de la justice concernait la durée excessive de la procédure, la preuve d'une faute lourde ou d'un déni de justice ne pouvant le plus souvent être rapportée (cf. *supra* n° 10-55).

10.58 › La responsabilité de l'État engagée sur le fondement de l'ancien article L. 781-1 du Code de l'organisation judiciaire à partir de 1999 pour violation du délai raisonnable a modifié la solution européenne. La nouvelle jurisprudence française ayant été invoquée par le gouvernement, la Cour a reconnu que le droit interne offrait un recours au justiciable pour qu'il soit remédié à la violation de son droit et n'a rejeté l'argument qu'en raison de l'antériorité de la requête déposée devant elle par rapport à la nouvelle jurisprudence (*Aff. Greta Van Der Kar et Greta Lissaur Van West c/ France*, 7 novembre 2000, req. n° 44952/98 et 44953/98). Il s'ensuit que, désormais, pour agir devant la CEDH pour violation du droit à être jugé dans un délai raisonnable, le justiciable doit avoir épuisé les voies de recours internes, incluant le recours en responsabilité de l'État organisé par l'ancien article L. 781-1 du Code de l'organisation judiciaire (*Aff. Giummarra c/ France*, 12 juin 2001, *JCP* 2001, I, 105, n° 9 ; *Aff. Benslimi c/ France*, 29 janvier 2002, req. n° 57732/00).

Toute requête postérieure à l'interprétation nouvelle de l'ancien article L. 781-1 du Code de l'organisation judiciaire sera déclarée irrecevable si le justiciable n'a pas exercé ce recours interne. Cette nouvelle condition de recevabilité en droit européen devrait endiguer le flux des requêtes formées devant la Cour de Strasbourg en cours d'instance. L'épuisement des voies de recours internes par le justiciable s'entend des voies de recours efficaces et suffisantes pour remédier au manquement allégué (*Aff. Funke c/ France*, préc.), le recours fondé sur l'ancien article L. 781-1 du Code de l'organisation judiciaire étant jugé comme tel (aujourd'hui art. L. 141-1, COJ). Il a été récemment jugé lorsqu'il existe un actif réalisable de nature à désintéresser en tout ou partie les créanciers que la violation du droit du débiteur à être jugé dans un délai raisonnable et de celle, qui en résulte, de son droit d'administrer ses biens et d'en disposer, n'est pas sanctionnée par la clôture de la procédure de liquidation des biens, mais lui ouvre l'action en réparation prévue à l'article L. 141-1 du Code de l'organisation judiciaire, qu'il peut exercer au titre de ses droits propres (Com., 16 décembre 2014, n° 13-19402, FP-P+B+R+I, *D.* 2015, p. 6, A. Lienhard).

La question reste posée, en d'autres domaines, ainsi à propos de la question prioritaire de constitutionnalité (V. Tellier-Cayrol, « La question prioritaire de constitutionnalité, voie de recours interne ? », *AJ Pénal* 2011, p. 25) ou lorsque la déchéance du pourvoi en cassation a été prononcée (CEDH, 5e sect., 31 août 2010, n° 25951/07, *Gas et Dubois c/ France : AJ Famille* 2010, p. 433, note C. Siffrein-Blanc, recours déclaré recevable en dépit de la déchéance d'un pourvoi en raison de sa non-poursuite par les demanderesses).

Ce droit au recours effectif est sanctionné de façon autonome sur l'article 13 de la Convention européenne des droits de l'homme, depuis l'*affaire Kudla c/ Pologne*. Dans cette affaire, la Pologne fut condamnée car aucun recours national ne permettait au justiciable de voir sa cause entendue dans un délai raisonnable. La Cour affirma que « les exigences de l'article 13 doivent être regardées comme renforçant celles de l'article 6 § 1 plutôt que comme étant absorbées par l'obligation générale, imposée par cet article, de ne pas soumettre les justiciables à des procédures judiciaires anormalement longues » (26 octobre 2000, § 152 ; *RTD civ.* 2001, p. 446, obs. J.-P. Marguénaud ; plus récemment : *Aff. SCI Boumois c/ France*, 17 juin 2003, req. n° 55007/00 ; *Aff. Bouilly c/ France*, 24 juin 2003, req. n° 57115/00).

La méconnaissance du délai raisonnable est désormais sanctionnée sur le fondement de l'article L. 141-1 du Code de l'organisation judiciaire, seules les requêtes déposées antérieurement peuvent donner lieu à condamnation de la France pour non-respect de l'effectivité du recours (*Aff. Lutz c/ France*, 17 juin 2003, req. n° 49531/99 ; *Aff. Loyen et al. c/ France*, 29 avril 2003, req. n° 55926/00 ; *Aff. Nouhaud c/ France*, 9 juillet 2002, déf. 10 octobre, req. n° 33424/96, § 37 s). Si la procédure relative à la responsabilité de l'État sur ce fondement est d'une durée déraisonnable, elle peut faire l'objet d'une sanction devant la Cour européenne (CEDH, 5e sect., 30 octobre 2014, n° 77362/11, *Palmero c/ France*, *Procédures* 2014, comm. 321, N. Fricero).

10.59 ▸ La célérité de la justice est également une exigence du contentieux administratif. On se souvient que « par un arrêt du 28 juin 2002 (*Garde des Sceaux, Ministre de la Justice c/ Magiera, D.* 2003, 23, note V. Holderbach-Martin), l'Assemblée du contentieux du Conseil d'État a confirmé cette décision de la cour administrative d'appel de Paris. Rendu par la formation la plus solennelle de la Haute Juridiction administrative, cet arrêt se réfère expressément à l'article 6 § 1 de la Convention et au droit « des justiciables [...] à ce que leurs requêtes soient jugées dans un délai raisonnable », et reconnaît à ceux-ci, « lorsque la méconnaissance de [ce droit] leur a causé un préjudice, [la possibilité d']obtenir la réparation du dommage ainsi causé par le fonctionnement défectueux du service public de la justice » ; il souligne en particulier ce qui suit : « [...] l'action en responsabilité engagée par le justiciable dont la requête n'a pas été jugée dans un délai raisonnable doit permettre la réparation de l'ensemble des dommages tant matériels que moraux, directs et certains, qui ont pu lui être causés et dont la réparation ne se trouve pas assurée par la décision rendue sur le litige principal ; [...] peut ainsi, notamment, trouver réparation le préjudice causé par la perte d'un avantage ou d'une chance ou encore par la reconnaissance tardive d'un droit ; [...] peuvent aussi donner lieu à réparation les désagréments provoqués par la durée abusivement longue d'une procédure lorsque ceux-ci ont un caractère réel et vont au-delà des préoccupations habituellement causées par un procès, compte tenu notamment de la situation personnelle de l'intéressé ». Il ressort ainsi clairement de cet arrêt que le recours en responsabilité de l'État pour fonctionnement défectueux du service public de la justice permet aux justiciables, parties à une procédure devant les juridictions administratives, d'obtenir un constat de violation de leur droit à voir leur cause entendue dans un « délai raisonnable » et l'indemnisation du préjudice qui en résulte » (*Aff. Broca et Texier-Micault c/ France*, 21 octobre 2003, req. n° 27928/02 et req. n° 31694/02).

Le décret n° 2005-911 du 28 juillet 2005 (*JO* du 4 août, p. 12772) tendant à accélérer les procédures devant les juridictions administratives s'inscrit dans cette recherche d'une justice plus efficace, parce que plus rapide. Désormais, l'article R. 311-1 du Code de justice administrative comporte un 7° disposant que le Conseil d'État est compétent pour connaître en premier et dernier ressort « des actions en responsabilité dirigées contre l'État pour durée excessive de la procédure devant la juridiction administrative » (v. not. J.-J. Menuret, « La compétence directe du Conseil d'État en matière de responsabilité pour durée excessive de la procédure », *JCP* 2005, Act., p. 471).

10.60 ▸ Il reste que l'effectivité du recours, que ce soit devant les juridictions judiciaires ou administratives, supposerait le respect positif de l'exigence de célérité de la procédure et non pas simplement une indemnisation pécuniaire, surtout lorsque des droits extrapatrimoniaux dépendent de l'issue du litige.

Un justiciable devrait pouvoir, après avoir demandé réparation à l'État selon les voies de droit nationales et avoir obtenu gain de cause (dans le cas inverse la réponse va de soi), saisir la Cour EDH s'il estime que la violation du droit à être jugé dans un délai raisonnable lui a causé un préjudice tel que l'indemnisation pécuniaire n'a pas suffi à le réparer. La Cour pourrait-elle dans ces conditions condamner l'État français ? Une réponse positive n'est pas à exclure. L'article 41 de la Convention européenne des droits de l'homme prévoit que l'État peut être condamné à verser une satisfaction équitable pour violation de l'une des dispositions conventionnelles, si le droit interne de la Haute partie contractante ne permet d'effacer qu'imparfaitement les conséquences de cette violation.

10.61 ▸ Le rôle de la CEDH est aussi de veiller à ce que les États prennent des mesures positives pour remédier aux désordres structurels empêchant une justice efficace. Le versement d'une indemnisation pécuniaire en droit interne n'est à cet égard qu'un pis-aller.

De façon prospective, la question doit être posée des moyens qui permettraient de garantir de façon positive la célérité de la procédure. L'annulation de la procédure a toujours été refusée (Cass. crim., 7 mars 1989, *Bull. crim.*, n° 109 ; 22 septembre 1998, *Procédures*, mars 1999, n° 71 ; 26 septembre 2001, *D.* 2002, somm., p. 1462) et l'indemnisation pécuniaire du préjudice subi intervient *a posteriori*, le problème reste donc entier (sur la piste des procédures de réexamen, *infra* n° 10.147).

§ 2 – L'INDÉPENDANCE ET L'IMPARTIALITÉ DE LA JUSTICE

10.62 ▸ Le Conseil supérieur de la magistrature veille à ce que les magistrats exercent leurs fonctions dans le respect des règles déontologiques de leur profession (Constitution, art. 64 et 65 ; M. Le Pogam, *Le Conseil supérieur de la magistrature*, LexisNexis, coll. « Droit et professionnels », 2014 ; CSM, *Recueil des obligations déontologiques des magistrats*, Dalloz, 2010). Juridiction disciplinaire, elle est saisie par le garde des Sceaux, par les premiers présidents de cours d'appel ou par les procureurs généraux près les cours d'appel, et depuis la réforme constitutionnelle opérée par la loi n° 2008-274 du 23 juillet 2008, par le justiciable. Directement compétente à l'égard des magistrats du siège, elle prononce les sanctions requises. Ses décisions sont susceptibles de pourvoi en cassation devant le Conseil d'État. À l'égard des magistrats du parquet, elle émet un simple avis. La sanction elle-même est prononcée par le garde des Sceaux. La décision ne peut faire l'objet que d'un recours pour excès de pouvoir (www.conseil-superieur-magistrature.fr). La justice intègre l'image qu'elle renvoie aux justiciables. A ainsi pu être sanctionnée l'attitude de deux magistrats, l'un du siège, l'autre du parquet, ayant « twitté » en cours d'audience en cour d'assises. L'affaire met également en question la dualité de traitement juridictionnel de mêmes faits (J. Gicquel, « Twitter ou juger ? », *JCP* G 2014, 604).

Pour bien rendre justice, il faut pouvoir donner son jugement en toute indépendance, être libre de toute influence extérieure (I), il faut également se prémunir contre soi-même et fuir tout risque de partialité (II). Ne correspond pas à la définition même d'un tribunal la juridiction qui ne serait pas indépendante et impartiale.

I – L'INDÉPENDANCE

10.63 ▸ Sont traditionnellement distinguées l'indépendance organique et l'indépendance fonctionnelle. Le magistrat ayant mission de juger, bien que fonctionnaire, ne doit pas dans l'accomplissement du rôle qui lui est dévolu être, en fait ou en droit, soumis à un pouvoir supérieur (A). Cette indépendance doit être garantie au moment même de rendre justice. Lorsqu'un procès est en cours, il ne devrait y avoir aucune ingérence des pouvoirs législatif et exécutif sur l'issue du litige (B).

A - L'INDÉPENDANCE DES MAGISTRATS AYANT MISSION DE JUGER

10.64 ▸ Les magistrats sont-ils indépendants ? Les magistrats du parquet n'ont pas vocation à l'être puisqu'ils forment le ministère public. Ils représentent dans la société l'intérêt général tel que défini dans ses grandes lignes par la politique du gouvernement. Ils sont par leur fonction même soumis hiérarchiquement à leurs supérieurs et peuvent recevoir des instructions. Cette absence d'indépendance a donné lieu à une décision discutable de la CEDH, l'affaire *Medvedyev c/France* du 10 juillet 2008 (req. n° 3394/03). La Cour européenne a retenu en son considérant 61 « *que le procureur de la République n'est pas une "autorité judiciaire" au sens que la jurisprudence de la Cour donne à cette notion : comme le soulignent les requérants, il lui manque en particulier l'indépendance à l'égard du pouvoir exécutif pour pouvoir être ainsi qualifié* ». Le renvoi ayant été demandé en Grande Chambre, celle-ci a tenu audience le 6 mai 2009 (http://cmiskp.echr.coe. int/tkp197/v...) et son arrêt le 29 mars 2010. Sans revenir sur la question de l'indépendance ou non du procureur de la République[1], l'argument étant dans l'espèce surabondant, la Cour considère qu'il n'y a pas eu violation de l'article 5 § 3 de la Convention dès lors que les prévenus après l'arraisonnement de leur navire ont été déférés devant le juge d'instruction moins d'une heure après leur arrestation.

10.65 ▸ En revanche, les magistrats du siège, eux, ont reçu mission de juger. La réponse à la question de savoir s'ils sont indépendants de toute influence extérieure devient prépondérante sous l'angle de la protection du justiciable.

L'indépendance des magistrats ne saurait par conséquent se limiter à une approche institutionnelle du statut des juges (1). L'absence d'influence extérieure suppose qu'aucun pouvoir ne puisse faire pression, d'une manière ou d'une autre, sur un magistrat, le contrôle étant sur ce point beaucoup moins aisé. La seule garantie du justiciable est alors la probité présumée du magistrat (2).

1) Une indépendance simplement institutionnelle

10.66 ▸ L'indépendance organique des magistrats à l'égard du pouvoir exécutif est assurée, en France, par un ensemble de garanties statutaires, parmi lesquelles les conditions de nomination (concours organisé par une école nationale faisant appel à un jury composé de personnalités extérieures, chacune ne pouvant être renouvelée dans ses fonctions que pour trois ans), d'avancement (existence de tableaux d'avancement organisant la carrière des magistrats selon une procédure objective) ou encore d'inamovibilité (cf. S. Guinchard, G. Montagnier, A. Varinard et T. Debard, *Institutions juridictionnelles*, Dalloz, coll. « Précis », 11e éd., 2011, n° 126 s.).

La Cour EDH ne s'arrête pas au statut général du magistrat pour décider s'il a été contrevenu à l'exigence de l'indépendance du tribunal posée à l'article 6, § 1 de la Convention EDH. Elle examine les dispositions statutaires pour vérifier si le magistrat est protégé par des garanties suffisant à son indépendance. C'est pourquoi, la qualité de fonctionnaire ne saurait en elle-même suffire à étayer le grief de dépendance (*Aff. Ettl c/ Autriche*, 23 avril 1987, série A, n° 117) ou encore le fait que la nomination soit décidée par le seul gouvernement (*Aff. Sramek c/ Autriche*, 22 octobre 1984, série A, n° 84), il faudrait que divers éléments permettent d'inférer du statut dénoncé un lien de subordination du magistrat au pouvoir public. Cela a été jugé à propos des chambres maritimes du droit polonais où le président et le vice-président sont nommés et révoqués par le ministre de la Justice en accord avec le ministre de la Navigation. Non seulement, il n'y a pas inamovibilité, mais il existe un lien de subordination hiérarchique entre eux et les ministres, obstacle à l'indépendance attendue de toute juridiction (*Aff. Brudnicka c/ Pologne*, 3 juin 2005, req. n° 54723/00).

1. La Cour ayant explicitement répondu dans l'arrêt *Moulon c/ France*, 23 novembre 2010, n° 37104/06 ; v. A. Taleb, « Quelles perspectives d'évolution pour le parquet français ? », *Rev. internationale droit pénal*, vol. 82, p. 233 s.

10.67 ▸ La Cour de cassation reprend à son compte les différents critères européens d'appréciation de l'indépendance requise du tribunal. À propos de la Cour nationale de l'incapacité et de la tarification de l'assurance des accidents du travail, l'Assemblée plénière ne s'est évidemment pas arrêtée à la qualité de fonctionnaire des membres la composant, mais a relevé que ceux-ci étaient nommés sans limitation de durée, qu'il pouvait être mis fin à tout moment et sans condition à leurs fonctions par les autorités de nomination, parmi lesquelles le ministre, exerçant ou ayant exercé, lorsqu'ils étaient en activité, le pouvoir hiérarchique sur eux. Toutes ces circonstances ont été jugées de nature à porter atteinte à l'indépendance de la Cour (Ass. plén. 22 décembre 2000, *Bull. inf.* Cour cass., n° 529 ; *JCP* 2001, I, 311, n° 3, obs. L. Cadiet). Le législateur a d'ailleurs modifié en conséquence la composition de la Cour (L. n° 2002-73 du 17 janvier 2002 de moderni-sation sociale, *JO* du 18 janvier, p. 1008).

10.68 ▸ L'indépendance organique est ensuite garantie à l'égard du justiciable par l'irrecevabilité des demandes en justice exercées directement à l'encontre d'un magistrat.

La responsabilité des juges, à raison de leur faute personnelle, ne peut en France être engagée que par l'action récursoire de l'État exercée devant une chambre civile de la Cour de cassation (art. 11-1 de l'ord. 22 décembre 1958, modifié par loi organique du 18 janvier 1979). On peut toutefois discuter du bien-fondé de cette interdiction dès lors que d'autres systèmes juridiques ont opté pour la responsabilité personnelle des juges tout en garantissant l'indépendance de ceux-ci.

À la différence des juges français, les magistrats espagnols sont responsables envers les justiciables. Cette responsabilité prévue dans son principe à l'article 117.1 de la Constitution espagnole est développée dans les articles 405 et suivants de la loi organique sur le pouvoir judiciaire (LOPJ). La responsabilité personnelle du juge peut être engagée dans l'exercice de ses fonctions, au civil ou au pénal, sans oublier la responsabilité disciplinaire. Mais le fait que la responsabilité du juge ait été engagée ne remet pas en cause la décision judiciaire qu'il a rendue (art. 413.2 LEC).

10.69 ▸ Par extension, toute personne chargée par le magistrat d'accomplir des enquêtes, expertises et constatations doit être indépendante des parties.

Il a été jugé que le droit à un procès équitable impose que l'expert visé par l'article L. 332-4 du Code de la propriété intellectuelle pour assister l'huissier instrumentaire ou le com-missaire de police qui pratique la saisie-contrefaçon d'un logiciel, soit indépendant des parties (Cass. civ. 1re, 6 juillet 2000, *Bull. civ.*, I, n° 210). En l'espèce, des saisies contrefaçon de logiciels ayant été demandées par une société et l'Agence de protection des programmes, le représentant de cette agence avait assisté le commissaire de police en qualité d'expert. L'indépendance des parties est alors plus proche de la notion d'impartialité (cf. *infra* n° 10-86 s.).

PISTE DE RÉFLEXION

Les tribunaux militaires peuvent-ils être indépendants ? Orientations bibliographiques : sur une cour martiale – *Aff. Cooper c/ Royaume-Uni*, 16 décembre 2003, req. n° 48843/99 ; *Aff. Grièves c/ Royaume-Uni*, 16 décembre 2003, req. n° 57067/00 –, sur la présence d'un militaire en qualité de juge à la Cour de sûreté de l'État – les nombreux arrêts contre la Turquie, notamment *Aff. Korkmaz c/ Turquie*, 22 janvier 2004, req. n° 50903/99 ; *Aff. Ozertikoglu c/ Turquie*, 22 janvier 2004, req. n° 48438/99 ; *Aff. Irfan Kaya c/ Turquie*, 22 janvier 2004, req. n° 44054/98.

2) Une probité nécessairement présumée

10.70 ▸ Un tribunal indépendant présuppose de la part du magistrat qu'il laisse ses intérêts au vestiaire lorsqu'il accomplit sa mission. Il doit être un tiers désintéressé, non par rapport aux intérêts du litige, il s'agit d'impartialité, mais par rapport aux avantages qu'il pourrait espérer et indirectement obtenir des pouvoirs en place s'il jugeait dans un sens plutôt que dans un autre.

Une triple preuve devrait être rapportée pour prouver l'atteinte au procès équitable : que la décision a été rendue dans le sens voulu par l'un des pouvoirs en place, que le magistrat a eu un avantage octroyé par ledit pouvoir, que cet avantage a pour cause exclusive la soumission à l'instruction donnée.

10.71 ▸ L'absence d'influence extérieure sur le jugement implique également que le magistrat ne soit pas engagé dans des institutions supposant une subordination hiérarchique qui pourrait avoir pour effet de placer le juge en situation de compétence liée. La question a été posée à la CEDH à propos de l'appartenance de magistrats à la franc-maçonnerie, mais la problématique portait sur la liberté d'association (*Aff. N. F. c/ Italie* et *Aff. Grande Oriente d'Italia di Palazzo Giustiniani c/ Italie*, 2 août 2001, *RTD civ.* 2001, 984, obs. P. Marguénaud ; et la réflexion menée par S. Guinchard, « Peut-on être bouddhiste ou chrétien ou juif ou libre penseur ou franc-maçon et juge ? Réponse impertinente à une question mal posée sur l'indépendance et l'impartialité des juges appartenant à la franc-maçonnerie », *Mél. P. Julien*, 2003). Les juges ont estimé dans le second arrêt que l'obligation légale faite à des candidats à des charges publiques de déclarer leur non-appartenance à une loge maçonnique violait le droit d'association (art. 11 de la Convention EDH).

Il convient à notre avis de raisonner à partir de la liberté laissée au magistrat de juger, sans être astreint de suivre les instructions susceptibles d'être données par l'ordre auquel il a pu adhérer dans sa vie privée. Si l'ordre ou l'association a le pouvoir d'imposer à son adhérent de prendre telle décision plutôt que telle autre, il y a atteinte à l'indépendance du magistrat. La contrainte doit être démontrée pour que soit constituée l'atteinte à l'indépendance. On peut être en présence d'une organisation très hiérarchisée, avec pour chacun des adhérents une ligne de conduite composée d'un ensemble de préceptes – normes obligatoires –, si la liberté des consciences est respectée il n'y aura pas atteinte à l'indépendance. Le membre de l'organisation demeure libre si aucun moyen coercitif ne permet à l'organisation d'imposer son point de vue. Dira-t-on que le magistrat subit une influence, en dehors de toute contrainte manifeste, par le seul fait de faire partie de l'organisation, ce n'est plus alors l'indépendance qui est en cause, mais l'impartialité du magistrat (cf. *infra* n° 10-86 s.).

10.72 ▸ Dans le même sens, l'argument de la Cour de Strasbourg retenant que « pour décider si un tribunal peut passer pour indépendant [...] les apparences peuvent revêtir elles aussi de l'importance » et que « dès lors qu'un tribunal compte parmi ses membres une personne se trouvant dans un état de subordination de fonctions et de services par rapport à l'une des parties, les justiciables peuvent légitimement douter de l'indépendance de cette personne. Pareille situation met gravement en cause la confiance que les juridictions se doivent d'inspirer dans une société démocratique » (*Aff. Sramek c/ Autriche*, préc., § 42 et 43) concerne davantage l'exigence d'impartialité que d'indépendance (cf. *infra* n° 10-86 s.) Les déclarations publiques de personnalités politiques peuvent conduire à douter de l'impartialité de la juridiction (CEDH, 5e sect, 9 février 2012, *Kinsky c/ République Tchèque*, n° 42856/06). Le critère reste cependant appliqué pour apprécier l'indépendance de la juridiction. Ainsi, lorsqu'un tribunal est composé, même pour partie de militaires, la Cour estime que certaines caractéristiques du statut des juges militaires rendent leur indépendance sujette à caution (*Aff. Canevi c/ Turquie*, 10 février 2005, req. n° 40395/98).

La preuve de la rémunération indirecte du magistrat par l'octroi d'un avantage ou la preuve de l'existence d'une coercition est si difficile à rapporter qu'il faut bien conclure à la probité nécessairement présumée de nos juges, sauf ce qui a été dit sur les apparences.

B - LA NON-INGÉRENCE DES POUVOIRS LÉGISLATIF ET EXÉCUTIF DANS L'ACTE DE JUGER

10.73 ▸ L'indépendance du magistrat dans sa mission de *juris dictio* implique qu'il puisse librement interpréter les règles de droit applicable, sans ingérence du pouvoir exécutif ou législatif (1). Il faut ensuite que le dénouement judiciaire ne soit pas soumis à l'*imperium* desdits pouvoirs (2).

1) L'interprétation des règles de droit

10.74 ▸ Il entre dans la mission du juge d'interpréter les règles de droit. Il ne peut en matière civile refuser de statuer sous prétexte du silence, de l'obscurité ou de l'insuffisance de la loi (art. 4 C. civ.). Si le référé législatif n'existe plus, les techniques de renvoi en interprétation utilisées par le juge pourraient remettre en cause l'indépendance fonctionnelle que l'on serait en droit d'attendre.

Dans l'*affaire Beaumartin c/ France* (24 novembre 1994, *JCP* 1995, I, 3823, n° 25, obs. F. Sudre ; *JTDE* 1995, p. 60, obs. P. Lambert ; *AJDA* 1995, p. 137, obs. J.-F. Flauss), la Cour de Strasbourg a dû se prononcer sur la pratique consistant pour le Conseil d'État à demander au ministre des Affaires étrangères l'interprétation à donner à une disposition ambiguë d'un traité international. Elle fut jugée contraire à l'indépendance fonctionnelle requise du tribunal dès lors que le Conseil d'État suivait l'avis transmis par le ministère. Là encore, la violation de l'indépendance ne provient pas du fait de demander un avis, mais de le considérer comme un avis contraignant. Il est à noter que, entre-temps, le Conseil d'État avait abandonné cette pratique du renvoi préjudiciel au ministre pour interpréter une convention internationale dont le contenu est ambigu ou incertain (29 juin 1990, *GISTI, Lebon*, p. 171, Actualité juridique). Ainsi qu'il est souligné par la Cour EDH, « désormais, il interprète lui-même les accords internationaux et, s'il recueille l'avis du pouvoir exécutif, ne se tient pas pour lié » (§ 20).

Le débat s'est également posé à propos de l'appréciation de la condition de réciprocité prévue à l'article 55 de la Constitution en matière de traité international. En principe, elle relève de la compétence du pouvoir public et non de l'appréciation du magistrat. On aurait pu penser que l'indépendance du tribunal qui suivrait l'avis du ministre sur cette question ne serait pas mise en cause, car, ainsi qu'il a pu être souligné, cet aspect du litige échappe à la compétence du magistrat en droit français, ce qui est une conséquence directe du principe de séparation des pouvoirs (J.-F. Renucci, obs. sous *Aff. Chevrol c/ France*, 4 juin 2002, *D.* 2002, somm., p. 2567). La France a été cependant condamnée, le juge perdant tout pouvoir sur l'issue du litige (CEDH, 13 février 2003, *Chevrol c/ France, AJDA* 2003, chron., p. 606, J.-F. Flauss). Pourtant, dans son arrêt du 13 février 2003 (*Aff. Chevrol c/ France*, req. nº 49636/99, déf. 13 mai 2003), la Cour relève que « même si la consultation du ministre par le Conseil d'État pour l'appréciation de la condition de réciprocité peut paraître nécessaire, cette juridiction, par sa pratique actuelle du renvoi préjudiciel, utilisée en l'espèce, s'oblige à suivre obligatoirement l'avis du ministre, c'est-à-dire d'une autorité qui lui est extérieure, et qui se trouve en outre relever du pouvoir exécutif, sans soumettre cet avis à la critique ni à un débat contradictoire (§ 81) ». Cette interposition de l'autorité ministérielle « déterminante pour l'issue du contentieux juridictionnel exclut toute possibilité pour le requérant de s'exprimer sur l'utilisation du renvoi préjudiciel ou sur le libellé de la question, ni de faire examiner des éléments de réponse à cette question, ni de pouvoir ainsi répliquer au ministre, le cas échéant de façon utile, voire décisive aux yeux du juge (§ 82) ». En somme, la requérante a été privée d'un véritable accès à la justice.

10.75 ▸ Il semble enfin que tout renvoi préjudiciel ne soit pas de nature à porter atteinte à l'indépendance du tribunal. La technique des questions préjudicielles devant la Cour de justice de l'UE (ex-CJCE, art. 267 TFUE, ex-234 Traité CE) n'a jamais, à notre connaissance, fait l'objet d'une dénonciation devant la Cour EDH. Le juge est pourtant tenu de surseoir à statuer en présence d'une disposition européenne ambiguë pour demander avis à la Cour de Luxembourg, et l'avis donné par les juges européens lie le juge national. La différence tient au fait que l'interprétation prétorienne donnée par la CJUE ne risque pas de porter atteinte à l'indépendance du tribunal, en ce sens qu'il n'y a aucune ingérence du pouvoir exécutif. Pourtant, il y a une atteinte indéniable au pouvoir d'appréciation du juge chargé de l'affaire et à la substance même de sa fonction supposant une libre interprétation des règles de droit applicables.

10.76 ▸ Un mécanisme de droit interne pourrait relancer le débat de l'articulation des pouvoirs juridictionnels cette fois, s'agissant de l'interprétation d'une règle de droit. Plusieurs décisions de la Cour de cassation ont, en effet, refusé de transmettre certaines questions au Conseil constitutionnel selon le mécanisme dit de la « question prioritaire de constitutionnalité » au motif qu'était en cause non pas la constitutionnalité de la disposition contestée elle-même, mais l'interprétation qu'elle en avait donnée. Le Conseil constitutionnel à propos d'une disposition relative à l'adoption de l'enfant du conjoint (Cons. const., art. 365) a considéré au contraire « qu'en posant une QPC tout justiciable a le droit de contester la constitutionnalité de la portée effective qu'une interprétation jurisprudentielle constante confère à cette disposition », s'agissant de l'article précité l'interprétation consiste à dire pour la Cour de cassation que les enfants ne peuvent pas être adoptés par des couples non mariés (QPC, déc. n° 2010-39 du 6 octobre 2010). Le 27 septembre 2011, la première chambre civile de la Cour de cassation a jugé que « la contestation doit concerner la portée que donne à une disposition législative précise l'interprétation qu'en fait la juridiction suprême ». Tel n'est pas le cas lorsque la QPC ne vise aucune disposition législative et se borne à contester une règle jurisprudentielle sans préciser le texte législatif dont la portée serait, en application de cette règle, de nature à porter atteinte au principe constitutionnel de la personnalité des peines.

PISTE DE RÉFLEXION

L'indépendance de la fonction juridictionnelle s'oppose-t-elle aux différentes techniques de saisine pour avis ? Orientations bibliographiques : J.-J. Daigre et D. R. Martin, « La lettre tue, et l'esprit vivifie (Saint Paul aux Corinthiens : II, 3, 6) », *D.* 1996, chr., p. 238 ; B. Martin-Laprade, « "Le filtrage" des pourvois et les "avis" contentieux », *AJDA* 1988, p. 85 ; V. Roulet, « La saisine pour avis : Conseil d'État et Cour de cassation », *LPA*, 22 janvier 1992, p. 11.

2) Le dénouement judiciaire

10.77 › Pouvoirs exécutif et législatif ne doivent pas influer sur le dénouement judiciaire du litige. Il est admis que la prise de position des autorités publiques sur la culpabilité d'une personne poursuivie peut avoir pour effet d'influence la solution des juges, ainsi d'un ministre de l'Intérieur se prononçant publiquement un suspect comme le meurtrier dans une affaire en cours (CEDH, 10 févr. 1985, n° 15175/89, *Allenet de Ribemont c/France*). La Cour a été saisie d'une affaire similaire à propos de l'affaire du Préfet Érignac, le requérant, Yvan Colonna, soutenant l'atteinte à l'impartialité et à la présomption d'innocence résultant de l'affirmation de sa culpabilité par le ministre de l'intérieur. Celui-ci n'ayant cependant pas épuisé les voies de recours interne sur ce chef, sa demande n'a pu aboutir (CEDH, 15 nov. 2016, n° 4213/13, *Colonna c/France*, *Gaz. Pal.*, 14 févr. 2017, n° 07, p. 30, obs. P. Piot).

L'absence d'influence sur le dénouement judiciaire suppose aussi que le pouvoir exécutif ne puisse pas remettre en cause la solution donnée au litige. Les Pays-Bas ont été condamnés par la Cour EDH à raison d'une loi qui autorisait le pouvoir exécutif à priver d'effet une décision judiciaire jugée contraire à l'intérêt général. Il est précisé par la Cour que « le pouvoir de rendre une décision obligatoire ne pouvant être modifiée par une autorité non judiciaire au détriment d'une partie est inhérent à la notion même de tribunal » (*Aff. Van de Hurk c/ Pays-Bas*, 19 avril 1994, § 45, *JTDE* 1995, p. 60, obs. P. Lambert).

10.78 › De façon désormais régulière, la Cour EDH retient que « le principe de la prééminence du droit et la notion de procès équitable consacré par l'article 6 s'opposent à toute ingérence du pouvoir législatif dans l'administration de la justice dans le but d'influer sur le dénouement judiciaire d'un litige » (*Aff. Raffineries grecques Stran c/Grèce*, 9 décembre 1994, § 49, *JCP* 1995, 3823, n° 17, obs. F. Sudre). Le plus souvent, l'ingérence provient de l'adoption d'une loi de validation rétroactive s'appliquant aux procès en cours (CEDH, 22 octobre 1997, *Aff. Papageorgiou c/Grèce, D.* 1998, somm., p. 208, obs. N. Fricero ; 25 novembre 2010, req. n° 20429/07, *Lilly c/France.* CE, 10 novembre 2010, *D.* 2010, p. 2842 ; plus récemment devant la Cour de cassation : Cass. civ. 2e, 18 décembre 2014, n° 13-26350, *D.* 2015, 78).

10.79 › En France, la solution a donné lieu à l'*affaire Zielinski* (28 octobre 1999, *D.* 2000, somm., p. 184, obs. N. Fricero ; *RTD civ.* 2000, p. 436, obs. J.-P. Marguénaud) au terme de laquelle les juges européens ont précisé dans une formulation générale le domaine et les limites du principe de non-ingérence du pouvoir législatif : « si, en principe, le pouvoir législatif n'est pas empêché de réglementer en matière civile par de nouvelles dispositions à portée rétroactive des droits découlant des lois en vigueur, le principe de la prééminence du droit et de la notion de procès équitable consacrés par l'article 6 s'opposent, sauf pour d'impérieux motifs d'intérêt général, à l'ingérence du pouvoir législatif dans l'administration de la justice dans le but d'influer sur le dénouement judiciaire du litige ».

Reprenant l'argumentation développée par la Cour EDH, des juges du fond ont refusé d'appliquer l'article 87-1 de la loi du 12 avril 1996, réputant régulières, sous réserve des décisions passées en force de chose jugée, les offres de prêt immobilier émises avant le 31 décembre 1994 même si elles ne comportent pas un tableau d'amortissement détaillé, aux instances pendantes devant eux. Un pourvoi ayant été formé, la Cour de cassation a cassé l'arrêt en énonçant que l'intervention du législateur, dans l'exercice de sa fonction normative, n'a eu pour objet que de limiter, pour l'avenir, la portée d'une interprétation jurisprudentielle et non de trancher un litige dans lequel l'État aurait été partie (Cass. civ. 1re, 20 juillet 2000, *JCP* 2000, act., p. 1305).

Il semblait que par cet arrêt la Cour de cassation réduise la portée pouvant être reconnue à la jurisprudence européenne. C'était soutenir en quelque sorte que l'abus ne pouvait être caractérisé que parce que le recours à une loi de validation rétroactive paraissait moins motivé par la poursuite d'un intérêt général que pour permettre à l'État de se dégager de sa responsabilité. Dans l'*affaire Zielinski*, le litige intéressait des organismes de Sécurité sociale et, donc, derrière eux le budget de l'État. Or, en l'espèce, la déchéance du droit aux intérêts à laquelle auraient pu prétendre les emprunteurs, si la loi nouvelle n'avait pas été appliquée, n'aurait pas préjudicié à l'État mais aux organismes de crédit. Il n'y avait donc aucune raison de s'aligner sur la jurisprudence de la CEDH. Ce raisonnement implicite qui a parfois été défendu à propos de cet arrêt n'a toutefois pas prospéré, dès lors qu'a été sanctionnée l'ingérence du législateur alors que l'État n'était pas partie au procès (Cass. soc., 24 avril 2001, *Bull. civ.* V, n° 130). On notera enfin que la solution ne fait aucun doute et que l'assemblée plénière de la Cour de cassation a reconnu à la règle un domaine considérable en déclarant que cette « règle générale s'applique quelle que soit la qualification formelle donnée à la loi et même lorsque l'État n'est pas partie au procès » (Ass. plén., 23 janvier 2004, *Bull. civ.*, n° 2 ; également Cass. soc., 13 juin 2007, *Dalloz*, 2007, p. 2438, note C. Pérès). En l'espèce, a été jugé bien-fondé le refus par les juges du fond d'appliquer à une instance en cours une loi pourtant qualifiée par eux d'interprétative.

10.80 ▸ Il s'ensuit que seuls d'impérieux motifs d'intérêt général pourraient justifier l'ingérence du pouvoir législatif ou exécutif sur l'issue d'un procès. En effet, l'article 6 § 1 ne doit pas être interprété comme empêchant toute ingérence des pouvoirs publics dans une procédure judiciaire pendante à laquelle ils sont parties.

Les juridictions nationales, en particulier de l'ordre administratif, se sont souvent fondées sur les motifs d'intérêt général pour considérer que l'ingérence des pouvoirs publics était légitime. Tel est le cas d'une validation législative rétroactive effaçant un vice de procédure en matière d'approbation de la révision d'un plan d'occupation des sols. Il s'agissait d'assurer la sauvegarde des objectifs de la planification urbanistique dans certaines agglomérations importantes, et d'y éviter toute insécurité juridique de nature à compromettre l'application normale des règles régissant l'utilisation des sols (CAA Lyon, 14 mars 2002, *Procédures*, avril 2002, n° 80, obs. S. Deygas ; absence de motif d'intérêt général : CE, Sect. cont., 28 juillet 2000, n° 202798, 202872, *Lebon*). La validation, par l'article 102 de la loi du 4 août 2008, des autorisations d'équipement commercial contestées par le moyen tiré du caractère non nominatif de l'arrêté préfectoral fixant la composition de la commission départementale d'équipement commercial est également justifiée par un impérieux motif d'intérêt général (CE, 18 novembre 2009, *AJDA* 2009, p. 2201).

La Cour EDH a par exemple approuvé, dans un litige opposant la France à un organisme de gestion d'établissement privé et à 56 organismes de gestion d'établissement catholiques, les autorités françaises d'avoir adopté en vertu des dispositions de l'article 107 de la loi du 30 décembre 1995, le principe selon lequel, s'agissant de la période antérieure au 1er novembre 1995, le taux de remboursement des cotisations sociales dues par l'État à ces organismes et applicable aux procédures non définitivement jugées, devait être fixé par un décret pris en Conseil d'État, décret pris le 16 juillet 1996 qui fixa le taux à 0,062 %, au lieu de 1,5 % demandé par les OGEC. En l'espèce, il est souligné que le législateur souhaitait, en fixant le taux de remboursement des cotisations sociales et en modifiant l'issue des procédures engagées, combler le vide juridique déjà mentionné et rétablir la parité et l'égalité des situations des enseignants travaillant dans des établissements privés et des établissements publics. On notera par ailleurs que les OGEC savaient pertinemment ne pas avoir droit à un taux de 1,5 %. Pour la Cour, « les requérants avaient tenté, en engageant les procédures dont l'issue a été modifiée par l'adoption de la loi du 30 décembre 1995 et du décret du 16 juillet 1996, de profiter d'une aubaine et avaient ou auraient dû avoir conscience que l'État tenterait de son côté de remédier au vide juridique mis en évidence par le Conseil d'État » (*Aff. Ogis-Institut Stanislas, OGEC St Pie X et Blanche de Castille c/ France*, 27 mai 2004, déf. 27 août, req. n° *42219/98 et 54563/00*).

10.81 ▸ Cette ingérence doit cependant respecter le principe de proportionnalité lorsqu'elle peut être rattachée à l'article 1er du Protocole n° 1 (cf. *infra* n° 10-145). C'est ce qui ressort de deux arrêts importants fondés cumulativement sur l'article 6 § 1 Convention EDH et de l'article 1er du Protocole n° 1 à la Convention (*Aff. Draon c/ France*, 6 octobre 2005, req. n° 1513/03 et *Aff. Maurice c/ France*, 6 octobre 2005, req. n° 11810/03). Une mesure d'ingérence dans le droit au respect des biens doit ménager un juste équilibre entre les exigences de l'intérêt général de la communauté et les impératifs de la sauvegarde des droits fondamentaux de l'individu.

Mutatis mutandis, le raisonnement tenu sur la base de la violation de cet article 1er emprunte au raisonnement suivi dans l'*affaire Zielinski*, mais la Cour, en raison de son raisonnement l'ayant amené à constater la violation de l'article 1 précité, n'a pas estimé nécessaire d'examiner séparément le grief des requérants sous l'angle de l'article 6 § 1 de la Convention. Il reste ainsi qu'il a été souligné dans l'opinion dissidente de plusieurs juges que les droits défendus par ces deux textes sont distincts, le premier assurant l'indépendance de la justice, le second le respect des biens. Or, ceux-ci n'entendent pas remettre en cause l'existence de considérations d'intérêt général ayant présidé à l'adoption de la nouvelle loi, étayée dans les deux arrêts, mais ils soulignent avec à propos que « la question demeure de savoir si les motifs en cause étaient, individuellement ou collectivement, suffisamment impérieux pour justifier que le législateur étende le champ d'application des mesures aux instances judiciaires qui étaient déjà en cours ». Poser cette question, n'est-ce pas appliquer le principe de proportionnalité de l'ingérence retenu sur le fondement de l'article 1er du Protocole n° 1 à l'article 6, § 1 Conv. EDH ? La Cour, en refusant de statuer sur le fondement de l'article 6, § 1 Conv. EDH en ces deux affaires, nous prive pour l'instant de la réponse.

10.82 ▸ La non-ingérence des pouvoirs législatif ou exécutif sur le dénouement judiciaire se pose également à propos du pouvoir judiciaire lui-même, s'agissant de la portée à reconnaître à un revirement de jurisprudence. La question a été posée à la Cour EDH à propos de la nouvelle interprétation donnée par l'assemblée plénière de la Cour de cassation de l'article 1351, C. civ. définissant l'autorité de la chose jugée et sur lequel a été greffé le principe de concentration des moyens qui a été jugé conforme à la CESDH (CEDH, 17 mars 2015, n° 12686/10, *Aff. Barras c/ France*, *JCP* G 2015, 670, C. Bléry ; *Procédures* 2015, comm. 192, N. Fricero). En appliquant la nouvelle solution à une instance dont le pourvoi était pendant au moment de son adoption par la Cour de cassation, y avait-il eu atteinte au procès équitable ? Si la solution donnée de manière définitive à tout litige par les tribunaux ne doit plus être remise en cause (*Brumarescu c/ Roumanie* [GC], n° 28342/95, § 61, CEDH 1999-VII), si l'accessibilité, la clarté et la prévisibilité des dispositions légales et de la jurisprudence assurent l'effectivité du droit d'accès à un tribunal, s'agissant notamment des règles de forme, de délais de recours et de prescription (*de Geouffre de la Pradelle c/ France*, 16 décembre 1992, § 33, *série A n° 253-B*, *Bellet c/ France*, 4 décembre 1995, § 37, série A n° 333-B, et *Brumarescu*, précité, § 65), il est acquis devant la Cour EDH que les exigences de la sécurité juridique et de protection de la confiance légitime des justiciables ne consacrent pas de droit acquis à une jurisprudence constante (*Unédic c/ France*, n° 20153/04, § 71, 18 décembre 2008 : revirement concernant l'application d'une règle de fond). Dans l'affaire *Legrand c/ France*, dont une demande de renvoi a été faite devant la grand chambre, il est retenu qu'aucune incertitude sur l'état du droit n'existait au jour où la Cour devait statuer, en particulier sur la nouvelle interprétation de l'article 1351 Cons. const. (req. n° 23228/08, 26 mai 2011 ; obs. N. Fricero, *Procédures* juillet 2011, comm. 229).

En revanche, la Cour juge que le fait de maintenir des divergences entre les chambres d'une cour suprême est de nature à porter atteinte à la sécurité juridique et à la confiance des justiciables dans le système judiciaire (CEDH, 2e sect., 9 févr. 2016, nº 582/05, *Çelebi et a. c/Turquie, Procédures* 2016, comm. 131). En l'espèce, le point de départ d'un délai de prescription d'une action en responsabilité civile contre des constructeurs avait été fixé à des moments différents par deux chambres de la Cour de cassation turque, aboutissant à priver une partie des justiciables de leur droit au recours, et à le maintenir pour d'autres : « les contradictions manifestes dans la jurisprudence de la Cour de cassation et la défaillance du mécanisme conçu pour assurer l'harmonisation de la pratique au sein de cette haute juridiction, ont eu pour effet que l'action en responsabilité dirigée par les requérants contre les constructeurs fut déclarée irrecevable, alors que d'autres personnes dans une situation similaire ont pu obtenir un examen au fond de leur demande. La Cour en conclut que, dans les circonstances particulières de l'affaire, la cause des requérants n'a pas fait l'objet d'un procès équitable devant la Cour de cassation » (nº 66).

II – L'IMPARTIALITÉ

10.83 ▸ La justice suppose que ceux qui la servent sont des tiers impartiaux et désintéressés. L'impartialité est une condition *sine qua non* pour qu'il y ait tribunal (pour une étude récente sur le droit des affaires : T. Montéran, « Impartialité, droits de l'homme et QPC », *Rev. proc. coll.* 2015, étude 13). Le grief de partialité (A) obéit à des conditions particulières de recevabilité (B).

A - LE GRIEF DE PARTIALITÉ

10.84 ▸ Les requêtes nombreuses alléguant de la violation du droit à un tribunal impartial ont permis de dégager au sein de la jurisprudence européenne deux formes d'impartialité, l'une dite subjective, l'autre objective. La première suppose que le juge ne tienne pas compte de convictions personnelles, étrangères au débat judiciaire. La seconde suppose, indépendamment de l'attitude personnelle du magistrat, que les circonstances objectives ne permettent pas de douter de l'impartialité du magistrat.

À l'instar du professeur Fricero, il faut admettre l'ambiguïté de cette présentation bicéphale de l'impartialité dès lors que tout grief de partialité doit être prouvé par des éléments objectifs, donc extériorisé, pour que le droit puisse le sanctionner (*Droit et pratique de la procédure civile*, Dalloz Action 2017-2018, sous la dir. de S. Guinchard, p. 527, n° 211-92). L'analyse des solutions retenues, tant devant les juridictions nationales que devant la Cour EDH, démontre que si en principe l'impartialité se présume, le doute légitime sur l'impartialité du tribunal peut, à certaines conditions, conduire à une inversion de présomption. Dans tous les cas, les parties peuvent *a priori* toujours demander la récusation du membre de la juridiction (pour une première application devant le Tribunal des conflits : T. confl., 6 juillet 2015, n° 3995, *Krikorian et a., Dr. adm.* 2015, comm. 69, G. Eveillard).

1) La présomption d'impartialité

10.85 › L'impartialité subjective et objective se présume (*Aff. Le Compte, Van Leuven et De Meyere c/ Belgique*, 23 juin 1981, § 58, série A, n° 43 ; *Aff. Bulut c/ Autriche*, 22 février 1996, § 32). C'est pourquoi, le seul fait d'avoir eu à connaître de l'affaire en une autre qualité ne suffit pas à remettre en cause l'impartialité du tribunal, ainsi pour un juge commissaire (*Aff. Morel c/ France*, 6 juin 2000, *D.* 2001, somm., p. 1062, obs. N. Fricero ; C. Goyet, « Remarques sur l'impartialité du tribunal », *D.* 2001, chr., 328 ; Cass. com., 16 octobre 2001, *Procédures*, janvier 2002, n° 8) ou pour un juge des référés ayant ordonné des mesures conservatoires (Ass. plén., 6 novembre 1998, *JCP* 1998, II, n° 10198 ; *RTD civ.* 1999, p. 193, obs. R. Perrot). Plus récemment, il a été retenu que n'est pas contraire à l'exigence d'impartialité la circonstance qu'un juge, après avoir statué au titre des mesures provisoires entre époux, siège au sein de la cour d'appel appelée à prononcer leur divorce (Cass. civ. 1re, 15 décembre 2010, n° 09-70583). C'est encore la raison pour laquelle le seul fait pour un juré de se livrer à des plaisanteries de mauvais goût sur la race asiatique, alors que les prévenus sont asiatiques, ne suffit pas à prouver les convictions racistes de ce dernier (*Aff. Sander c/ Royaume-Uni*, 9 mai 2000, req. n° 34129/96 ; cf. *infra* n° 10-90). Le fait que la position du juge sur une question de droit qui lui est soumise soit prévisible n'est pas non plus de nature à remettre en cause son impartialité (Cass. civ. 1re, 18 mai 2011, n° 10-10282, *FS-P+B+I*).

10.86 › En liminaire, il convient de préciser que la neutralité prétendue de magistrats qui ne seraient que des techniciens du droit, détachés de toutes valeurs, est dangereuse parce qu'inexacte. En appliquant les règles de droit, le juge prend position sur les valeurs même de la société, il n'est pas neutre. Cela ne signifie pas qu'il soit partial. La partialité supposerait que le raisonnement judiciaire ait été fondé sur des éléments subjectifs et arbitraires. Que de technicien en quelque sorte, il soit devenu partisan. Dans les deux cas, le magistrat aurait failli à sa mission de *juris-dictio*, de dire le droit (acte d'engagement) en tant que tiers impartial (sans suivre ses préjugés).

10.87 › Il appartient par conséquent au requérant de prouver le grief de partialité qu'il allègue *Aff. Hauschild c/ Danemark*, 24 mai 1989, série A, n° 154), ce qui dans tous les cas suppose que le magistrat ait statué sur des considérations étrangères au débat judiciaire. La preuve est aisée lorsque le magistrat a un intérêt au litige soit par le lien qu'il entretient avec l'une des parties, soit par l'existence d'un conflit d'intérêts. Les motifs invoqués par un requérant tirés de ce qu'un premier président de cour d'appel est personnellement concerné, en sa qualité de propriétaire d'un bien immobilier, par la solution du litige de liquidation et partage de communauté opposant sa sœur au requérant, en raison de l'autorité hiérarchique de ce magistrat sur les juges de la cour d'appel ont par exemple été jugés pertinents (Cass. civ. 2e, 24 janvier 2002, *Bull. civ.*, II, n° 7).

La preuve sera plus difficile à rapporter lorsque la partialité se fonde sur les convictions personnelles du juge, ses engagements en tant que citoyen. Le magistrat doit-il bénéficier d'une présomption d'impartialité et convient-il de mettre à la charge du requérant une preuve, sinon impossible du moins très difficile à rapporter ? Tel est l'enjeu du débat à propos des magistrats appartenant à une obédience de la franc-maçonnerie (cf. *supra* n° 10-71). Lorsque les apparences permettent de douter de l'impartialité du tribunal, convient-il d'inverser la présomption au bénéfice du requérant ?

2) L'inversion de présomption : le doute légitime

10.88 › Le danger d'un retour à la chasse aux sorcières doit conduire à exclure toute présomption de partialité subjective qui serait fondée sur des engagements ou des convictions relevant de la vie privée des magistrats. Présumer du for intérieur des magistrats revient à leur faire un procès d'intention. Faire partie du Front national ou du Parti communiste, être fidèle de l'Église catholique, adhérer à une loge maçonnique sont autant de libertés reconnues à tout un chacun, liberté politique, religieuse, d'association, etc. Rien ne justifie que le magistrat soit privé de ces droits fondamentaux, par ailleurs protégés par la Convention EDH. Le doute sur l'impartialité du magistrat sur ces seuls éléments est à cet égard illégitime car non justifié objectivement.

10.89 › Il faut en effet que des éléments objectifs permettent de mettre en doute l'impartialité subjective du magistrat, et ne pas se contenter d'alléguer des éléments de sa vie privée, par nature indifférents. Peut être considérée comme un élément objectif, la publication d'un article dans un journal par le président d'un tribunal pour enfants en réponse à une lettre provocatrice ayant fait l'objet d'une publication, alors que l'auteur de cette lettre est partie à un procès en cours concernant la garde de sa fille devant ledit tribunal. La Cour a estimé, à juste titre, que « le fait que le président du tribunal ait employé publiquement des expressions sous-entendant une appréciation négative de la cause du requérant avant de présider l'organe judiciaire appelé à trancher l'affaire, ne semble à l'évidence pas compatible avec les exigences d'impartialité de tout tribunal, consacrées à l'article 6, § 1 de la Convention. En effet, les déclarations du président du tribunal étaient de nature à justifier objectivement les craintes du requérant à l'égard de son impartialité » (*Aff. Buscemi c/ Italie*, 16 septembre 1999, req. n° 29569/95, § 68). En revanche, l'emploi du terme chicanier par le tribunal fédéral suisse ne suffit pas à créer une suspicion légitime sur l'impartialité du tribunal (CEDH, 2e sect., 26 avril 2011, n° 31351/06, *Steulet c/ Suisse, Procédures,* juin 2011, comm. 201, obs. N. Fricero).

10.90 › Le caractère légitime du doute sur l'impartialité du tribunal signifie qu'en présence d'éléments objectifs le requérant puisse craindre un jugement partial, soit que le juge statue en se fondant sur des convictions personnelles étrangères au débat, soit qu'ayant déjà connu de l'affaire au fond, il ait déjà préjugé de celle-ci lorsqu'il est appelé à en connaître en une autre qualité. Le doute légitime est avéré lorsqu'il y a un risque de partialité.

Prise en ce sens, la partialité présumée sera toujours objective, c'est-à-dire fondée sur des éléments objectifs. *L'affaire Sander* précitée rend compte de cette nuance aux paragraphes 26 et 27 disposant que « 26. En l'espèce, un membre du jury a soumis une note où il alléguait que deux jurés « [avaient] fait des remarques et plaisanteries ouvertement racistes » et déclarait craindre qu'ils ne « condamne[nt] les défendeurs non pas en se fondant sur les preuves mais parce que ces derniers [étaient] asiatiques ». Confronté à ces allégations, un juré admit qu'il « se pouvait qu'il ait fait de telles plaisanteries » et « qu'il regrettait d'avoir été offensant ». La Cour considère donc comme établi que l'un des jurés au moins a formulé des remarques pouvant être comprises comme des plaisanteries au sujet des Asiatiques. À son avis, cela ne prouve pas que le juré en question nourrissait un réel préjugé à l'encontre du requérant. De plus, la Cour relève que le juge du fond n'avait pas la possibilité d'interroger les jurés au sujet de la véritable nature de ces remarques et du contexte exact dans lequel elles avaient été prononcées. Il s'ensuit qu'il n'a pas été établi que le tribunal ayant jugé le requérant manquait d'impartialité d'un point de vue subjectif. « 27. La Cour n'en a pas pour autant terminé son examen du grief du requérant. Elle doit également rechercher si le tribunal était impartial d'un point de vue objectif, c'est-à-dire si, dans les circonstances, il y avait des garanties suffisantes excluant tout doute objectivement justifié ou légitime quant à l'impartialité du tribunal ».

En l'occurrence, le fait que l'un des jurés ait informé le magistrat du danger de préjugés raciaux par une note et qu un autre juré ait reconnu avoir eu des plaisanteries sur la race asiatique pouvait objectivement justifier la crainte d'un jugement fondé sur des considérations extérieures aux débats, d'autant plus que le juré auteur de la note avait été traité d'une manière telle que les autres jurés s'étaient rendu compte que c'était lui qui avait émis les allégations. Il était évident, estime la Cour, que cela avait dû compromettre sa position à l'égard des autres jurés. Le démenti collectif ultérieur de tous les jurés ne permet pas de lever le doute, les gens ayant en général tendance à éviter de faire aveu public de racisme.

Le doute légitime a été constitué récemment à propos de la procédure devant la commission bancaire. Il a été jugé que « la société requérante a raisonnablement pu avoir l'impression que, dans la procédure disciplinaire ouverte à son encontre, ce sont les mêmes personnes qui l'ont poursuivie et jugée, et douter de la décision de la Commission qui, dans la confusion de ses rôles, décida de sa mise en accusation, lui signifia les griefs à son encontre et la sanctionna » (CEDH, 11 juin 2009, req. n° 5242/04, *D.* 2009, p. 2247).

De la même façon, « si l'adhésion d'un juge à une association, et spécialement à une association ayant pour mission de veiller à l'information et à la garantie des droits des victimes [...] n'est pas, en soi, de nature à porter atteinte à la présomption d'impartialité dont il bénéficie, il en va autrement en l'espèce, en raison des liens étroits, traduits par la convention du 10 décembre 2011, noués entre les deux fédérations, dont l'une était partie civile dans la procédure et l'autre avait pour vice-président l'un des juges siégeant dans la formation de jugement ; qu'ainsi, en omettant d'aviser les parties de cette situation, alors que ces éléments étaient de nature à créer, dans leur esprit, un doute raisonnable, objectivement justifié, sur l'impartialité de la juridiction » (Cass. crim., 13 janvier 2015, n° 12-87059, FS P+B+R+I, *JCP* G 2015, 221,

H. Matsopoulou et 222, J. van Compernolle ; la nullité conduisant dans cette affaire concernant les victimes de l'affaire AZF à « subir » un nouveau procès : *JCP* G 2015, act. 50, obs. M. Le Pogam ; D. 2015, 157).

10.91 ▸ La présomption de partialité est fréquemment retenue lorsque les fonctions du juge l'ont amené à connaître de l'affaire au fond en une autre qualité. Par un premier arrêt, *affaire Piersack c/ Belgique*, le 1er octobre 1982, la CEDH, à propos d'un premier substitut du parquet devenu Président d'une cour d'assises, estime que pour apprécier l'impartialité d'un magistrat, « il faut tenir compte de considérations de caractère organique ».

Si un juge, après avoir occupé au parquet une charge de nature à traiter un certain dossier dans le cadre de ses attributions, se trouve saisi de la même affaire comme magistrat du siège, les justiciables sont en droit de craindre qu'il n'offre pas assez de garanties d'impartialité (*Aff. Tierce c/ Saint-Marin*, 29 juillet 2000, req. nos 24954/94, 24971/94 et 24972/94 ; v. aussi *Aff. De Cubber c/ Belgique*, 26 octobre 1984 ; *Aff. Oberschlik c/ Autriche*, 23 mai 1991 ; *Aff. Procola c/ Luxembourg*, 28 septembre 1995, *D.* 1996, p. 301).

10.92 ▸ La Cour EDH a affiné son analyse, d'abord dans l'*affaire Hauschildt c/ Danemark* (24 mai 1989) intervenu au sujet d'un magistrat ayant participé successivement à la mise en détention d'un prévenu et à son jugement, ensuite dans l'*affaire Sainte Marie c/ France* du 16 décembre 1992 (*D.* 1993, somm., 384, obs. J.-F. Renucci) où il a été jugé « qu'à défaut de circonstances particulières, le simple fait qu'un juge ait déjà pris des décisions avant un procès, notamment au sujet de la détention provisoire, ne peut justifier en soi des appréhensions quant à son impartialité » (v. aussi Cass. crim., 28 mars 2012, n° 11-85225, D. 2012, 1130 ; *Rev. sc. crim.* 2013, 929, obs. J.-F. Renucci). C'est dire que la tâche accomplie par le magistrat lorsqu'il aura eu, pour la première fois, connaissance de l'affaire, permettra seule de décider s'il y a doute légitime sur son impartialité s'il est appelé à traiter du même dossier une seconde fois.

Dans l'affaire *Tedesco c/ France*, la méthode utilisée par la Cour EDH est la même (*Aff. Tedesco c/ France*, 10 août 2007, n° 11950/02 ; sur la question : P. Amselek, « Les juridictions des comptes et l'article 6 § 1 Convention EDH », in *Mélanges Cohen-Jonathan*, 2004, p. 31 ; J.-F. Renucci, *Traité de droit européen des droits de l'homme*, LGDJ, 2007, p. 416, n° 326).

10.93 ▸ La Cour de cassation s'est alignée sur la jurisprudence européenne de façon explicite en tranchant la question de savoir si le fait pour un juge, appelé à statuer au fond, d'avoir connu l'affaire antérieurement en qualité de juge des référés constitue une violation de l'exigence d'impartialité, tout en distinguant entre les différents types de référé (Ass. plén., 6 novembre 1998, *Aff. Société Bord Na Mona c/ SA Norsk Hydro Azote et a.*, et *Aff. Guillotel c/ Société Castel et Fromaget, D.* 1999, p. 1, concl. Burgelin ; *JCP* 1998, II, 10198, rapp. Sargos ; *RTD civ.* 1999, p. 183 et s., obs. J. Normand et p. 193 et s., obs. R. Perrot). Pour répondre, la Cour distingue entre les différents référés.

À l'instar de la CEDH, les juridictions nationales ne s'arrêtent plus au simple cumul de fonctions, mais recherchent si dans ses premières fonctions le juge a ou non déjà préjugé de l'affaire au fond (Cass. civ. 2e, 24 janvier 2013, n° 12-01345). L'appréciation objective de la crainte de partialité initialement abstraite est devenue concrète. La Cour de cassation a ainsi rappelé, dès lors que le tribunal n'était pas saisi d'un recours contre l'ordonnance d'un juge-commissaire, que la seule présence de ce magistrat parmi les membres du tribunal appelé à statuer sur le plan d'apurement du passif n'était pas de nature à faire naître un doute raisonnable sur l'impartialité de la juridiction (Cass. com., 19 février 2013, n° 11-28256, *Procédures* 05/2013, comm. 157, B. Rolland).

10.94 › Le cumul de fonctions n'est pas toujours celui de fonctions juridictionnelles. Lorsqu'une juridiction est investie d'une double mission par le législateur, à savoir juger et conseiller, y a-t-il compatibilité avec l'exigence d'impartialité ? (L. Calandri, « L'avis juridictionnel du Conseil d'État et le principe d'impartialité, Chronique d'une incompatibilité annoncée », *JCP* 2007, I, n° 114 ; J.-F. Renucci, *Traité de droit européen des droits de l'homme*, LGDJ, 2007, p. 414 s). La Cour EDH a été saisie de la question à propos du Conseil d'État français (déjà *Aff. Kleyn c/ Pays-Bas*, 6 mai 2003, *AJDA* 2003, p. 918 obs. F. Aubert) et répondu par la négative. Il ne saurait y avoir de façon générale et abstraite violation de l'impartialité du seul fait de la dualité des fonctions consultatives et contentieuses. Il faut encore que l'avis rendu par le Conseil d'État, au regard de sa mission de conseil, ait été rendu dans la même affaire que celle présentée au contentieux au point de s'analyser en un préjugement, ce qui n'était pas le cas en l'espèce (Aff. *Sacilor Lormines*, 9 février 2007, n° 65411/01).

B - LA RECEVABILITÉ DU GRIEF

10.95 › Les deux premiers alinéas de l'article 430 du Code de procédure civile énoncent que « la juridiction est composée, à peine de nullité, conformément aux règles relatives à l'organisation judiciaire (al. 1). Les contestations afférentes à sa régularité doivent être présentées, à peine d'irrecevabilité, dès l'ouverture des débats ou dès la révélation de l'irrégularité si celle-ci survient postérieurement, faute de quoi aucune nullité ne pourra être ultérieurement prononcée de ce chef, même d'office (al. 2) ».

Faut-il toujours respecter les modalités prescrites par ce texte pour que soit déclaré recevable un grief tiré du défaut d'impartialité ? En cas de réponse affirmative, le requérant qui n'aurait pas respecté l'exigence procédurale du droit français ne serait pas recevable sur le fondement de l'article 6, § 1 de la Convention européenne des droits de l'homme.

10.96 › La jurisprudence a, par le passé, estimé que ce grief ne pouvait être soulevé que conformément aux dispositions sus-énoncées, le rejetant dès lors qu'aucune récusation n'avait été demandée au juge saisi (Cass. civ. 1re, 9 avril 1975, *Bull. civ.* I, n° 122 ; Cass. civ. 2e, 25 février 1981, *Bull. civ.*, II, n° 39 ; 18 mai 1982, *Bull. civ.* II, n° 77). Un revirement est intervenu le 3 juillet 1985 (*Gaz. Pal.* 1986, 1, somm., 88, obs. S. Guinchard et T. Moussa). À partir de cette date, la réponse à la question de savoir si les dispositions de l'article 430 du Code de procédure civile doivent être respectées pour qu'un moyen relatif à la composition de la juridiction soit recevable, lorsque le fondement invoqué est l'article 6, § 1, était controversée (en faveur du revirement v. not. Cass. civ. 3e, 14 janvier

1987, *Gaz. Pal.* 1987, 1, somm., 147 ; et de façon implicite, Ass. plén., 14 mars 1997, *Bull. inf. C. cass.*, 1er juin ; v. not. *RTD civ.* 1993, p. 875, obs. J. Normand ; *contra* : Cass. com., 11 mai 1993, *sté Nimazur c/ Mme* Renard, pourvoi n° T91-13099 ; Cass. civ. 2e, 6 mai 1997, *M. Mouradian c/ Mme Wahl et a.*, pourvois R 93-21201, cités in rapp. Sargos, sous Ass. plén., 6 novembre 1998, préc.).

10.97 ▸ La jurisprudence de la Cour EDH elle-même, s'agissant de la recevabilité du moyen, donne lieu à interprétation divergente. C'est ainsi qu'à propos de l'*affaire Bulut c/ Autriche*, du 22 février 1996, dont l'un des considérants porte qu'un « requérant ne saurait prétendre avoir eu des motifs légitimes de douter de l'impartialité du tribunal qui l'a jugé alors qu'il pouvait en récuser la composition, mais s'en est abstenu » (*RTDH* 1996, p. 627), le conseiller à la Cour de cassation Sargos y voit un argument en faveur du respect de l'article 430 du CPC (Ass. plén., 6 novembre 1998, préc., n° 22), alors que pour le procureur général près la Cour de cassation Burgelin, « le fait que le requérant n'ait pas demandé la récusation du juge ne constitue qu'un des éléments d'appréciation (parmi d'autres) de la Cour EDH pour contrôler si la prétention du demandeur est « objectivement justifiée », et si les doutes qu'il invoque pouvaient avoir des motifs légitimes » (Ass. plén., 6 novembre 1998, préc., p. 6).

10.98 ▸ Admettre l'autonomie procédurale du moyen fondé sur l'article 6, § 1 de la Convention EDH, c'est assurer une protection renforcée du droit à un tribunal impartial. La CEDH est plus nuancée en exigeant d'une part la reconnaissance par les États du droit de récusation, et d'autre part que les limitations procédurales nationales n'aient pas pour effet de priver le justiciable de l'exercice de ce droit. Il s'ensuit que l'ultime position adoptée par les juridictions françaises, et en particulier par l'Assemblée plénière sur cette question ne contrevient pas en soi au droit européen. En l'espèce, il est retenu que la demanderesse, en s'abstenant de demander la récusation avant la clôture des débats en appel avait renoncé sans équivoque à se prévaloir de l'article 6, § 1 de la Convention EDH (Ass. plén., 24 novembre 2000, *Procédures*, janvier 2001, n° 3 ; *RTD civ.* 2001, p. 193, obs. J. Normand et p. 204, obs. R. Perrot ; B. Beignier et C. Bléry, « L'impartialité du juge, entre apparence et réalité », *D.* 2001, chr., 2427 ; v. déjà : Cass. civ. 2e, 6 mai 1999, *Procédures*, septembre 1999, n° 201 ; v. depuis Cass. com., 5 février 2002, *Procédures*, avril 2002, n° 70). Il s'ensuit logiquement que doit être cassé l'arrêt qui pour refuser la récusation allègue que les parties avaient connu la composition de la cour statuant en déféré à l'avance et ne l'avaient pas dénoncé dans leurs premières conclusions. La Cour de cassation ayant constaté que l'irrégularité avait été soulevée dès l'ouverture des débats, conclut à la violation de l'article 6, § 1 Conv. EDH (Cass. civ. 2e, 10 septembre 2009, n° 08-14004, *D.* 2009, p. 2169).

La Cour européenne a depuis jugé que le fait pour un requérant de connaître le motif de récusation et de ne pas l'avoir soulevé devant les juridictions nationales rend irrecevable le grief fondé sur l'article 6 § 1 pour non-épuisement des voies de recours interne (*Aff. July et SARL Libération c/ France*, 14 février 2008, n° 20893/03).

PISTE DE RÉFLEXION

La renonciation à un droit protégé par la CEDH par le non-emploi d'une procédure équivalente ayant le même objet en droit interne.

10.99 ▸ Le procès équitable permet d'imposer à chaque État un ensemble de garanties qui sont comme autant d'éléments préalables pour que justice soit rendue. À ce titre, il concerne davantage l'organisation juridictionnelle et l'administration de la justice que les règles applicables au cours du procès. La démarche est politique au sens d'organisation de la Cité. Les garanties protégées sont les bases indispensables à un État de droit, ou pour reprendre le langage de la Cour EDH, à une société démocratique. Dans cette conception occidentale de la société, la protection juridictionnelle d'un individu est un ensemble aussi nécessaire, par exemple, que l'ensemble formé par les règles relatives à la séparation des pouvoirs.

Mais le procès équitable est, de façon plus technique, une notion au service des droits fondamentaux de la procédure constituant cette protection juridictionnelle. Il ne sert plus seulement l'équilibre institutionnel présidant à la société, mais aussi l'équilibre des droits dans le déroulement d'un procès. Passant du général au particulier, la garantie des droits assurée par l'article 6 § 1 s'entend alors davantage comme une garantie de ce qui est désigné traditionnellement par l'expression de principes directeurs du procès.

Section II

LES PRINCIPES GOUVERNANT LE DÉROULEMENT ET L'ISSUE DU PROCÈS

10.100 ▸ Les règles procédurales applicables aux débats (§ 1) et au jugement (§ 2) sont les gardiennes de l'équité dans le procès.

§ 1 – LES DÉBATS

10.101 ▸ Le déroulement du procès pour être équitable repose sur la collaboration des parties entre elles et avec le juge. Cette loyauté des débats (I) sort renforcée par le fait que les audiences sont en principe publiques (II).

I — LA LOYAUTÉ DES DÉBATS

10.102 ▸ Chacun des plaideurs doit avoir les mêmes droits au cours du procès. Cette égalité suppose que les parties puissent se défendre (A) et donc qu'elles aient la possibilité de connaître et de discuter tous les éléments du procès (B). L'exigence est également protégée au titre des articles 47 et 48 de la Charte des droits fondamentaux, et la CJUE veille à son exacte application (sur le droit d'être entendu dans une procédure de demande d'asile : CJUE, 1re ch., 22 novembre 2012, aff. C-277/11, *M. M c/ Minister for Justice, Equality and Law Reform*, *Rev. Europe*, janvier 2013, comm. 19, F. Gazin). L'Union européenne interprète strictement ce droit dans le cadre de la « directive retour », autrement dit en cas d'immigration illégale (CJUE, 5e ch., 11 décembre 2014, aff. C-249/13, *Khaled Boudjlida*, *Europe* 2015, comm. 45, D. Simon ; N. Lepoutre, « Le droit d'être entendu avant l'adoption d'une mesure d'éloignement, un droit fondamental réduit à portion congrue », *Revue des droits de l'homme*, janvier 2015, http://revdh.revues.org/1042 ; CJUE, 5e ch., 5 novembre 2014, aff. C-166/13, *Sophie Mukarubega*, *Europe* 2015, comm. 1, obs. D. Simon ; du même auteur : « Droits fondamentaux et reconduite à la frontière : un subtil mélange de dialogue des jurisprudences et de théorie de l'acte clair », *Europe* 2014, repère 8).

A - LE DROIT DE SE DÉFENDRE

10.103 ▸ Le droit de se défendre ne s'entend pas ici de l'accès à la justice qui le présuppose (cf. *supra* n° 10-9 s.), mais de la défense effective du justiciable devant la juridiction qui a été régulièrement saisie. Il suppose également une liberté dans le contenu de cette défense (sur la nécessité d'examiner des demandes de renvoi présenté par le prévenu : CEDH, 5e sect., 25 juillet 2013, n° 53737/09, *S. c/ France* ; CEDH, 5e sect., 25 juillet 2013, n° 46460/10, *R. c/ France*, *Dr. pén.* 2013, comm. 148, A. Maron et M. Haas). En matière pénale, ce droit peut prendre pour forme particulière le droit de se taire (pour une application en matière de garde à vue : CEDH, 24 octobre 2013, n° 62880/11, *Navone et a. c/ Monaco*, F. Sudre, « Droit de la Convention européenne des droits de l'homme », *JCP* G, 2014, doct. 78). L'accusé n'est pas tenu de dire ce qui pourrait lui être défavorable, en somme il peut refuser de s'auto-incriminer (à propos décision du Conseil constitutionnel du 4 novembre 2016 : A. Gallois, « L'atteinte au droit constitutionnel de se taire par l'exclusion légale d'une nullité de procédure pénale », *D.* 2017, 395). De façon générale, on comprend que nul ne soit tenu d'être témoin contre lui-même. Par définition, les aveux doivent être volontaires. La directive n° 2012/13/UE du Parlement européen et du Conseil du 22 mai 2012 relative au droit à l'information dans le cadre des procédures pénales (*JOUE* L 142, p. 1-10) est venu ordonner les droits fondamentaux de l'accusé en matière pénale, essentiellement « le droit d'être informé de ses droits et le droit d'être informé de l'accusation portée contre soi, qui comprend le droit d'accès aux pièces du dossier » (P. Beauvais, « Nouvelle harmonisation des droits de l'accusé dans la procédure pénale », *RTD eur.* 2013, p. 881 s. ; A. Botton, « Droit à l'information dans le cadre des procédures pénales : un projet de loi contrasté », *D.* 2014, 431). Plusieurs justifications objectives fondent ce droit reconnu à chacun de pouvoir présenter sa défense (1). Afin d'assurer une égalité entre tous les justiciables dans l'exercice de ce droit, le ministère d'avocat devrait toujours être autorisé (2).

1) Le droit de présenter une défense

10.104 ▸ Chaque plaideur a la possibilité de présenter sa défense parce qu'il est présumé de bonne foi ou, en matière pénale, présumé innocent. La présomption d'innocence qui a connu, en droit français, les renforts de la loi du 15 juin 2000, doit d'ailleurs être respectée aussi bien pendant qu'avant le procès. Les méfaits causés pas les médias méritent de le souligner. Protégée en France à l'article 9-1 du Code civil, elle fait l'objet d'une mention particulière à l'article 6, § 2 de la Convention. Que ce soit en matière civile ou pénale, la justice fait *a priori* confiance à chacun de ses justiciables et, à ce titre, accepte d'entendre les arguments susceptibles d'étayer la cause de ces derniers. Aussi la mort du prévenu est-elle un obstacle à sa déclaration de culpabilité, l'action publique étant éteinte du fait de son décès. La condamnation à des dommages et intérêts des héritiers reposant sur la condamnation post-mortem du défunt est contraire au procès équitable et à la présomption d'innocence du défunt (CEDH, 5e sect., *Lagardère c/France*, 12 avril 2012, n° 18851/07).

La Cour de Strasbourg rappelle régulièrement, en matière pénale, que « la comparution d'un prévenu revêt une importance capitale en raison tant du droit de celui-ci à être entendu que de la nécessité de contrôler l'exactitude de ses affirmations et de les confronter avec les dires de la victime, dont il y a lieu de protéger les intérêts, ainsi que des témoins » (v. not. *Aff. Poitrimol c/France*, 23 novembre 1993, req. n° 10032/88, série A, n° 277-A, § 35).

10.105 ▸ Encore faut-il que la personne poursuivie ait la qualité de partie à la procédure pour bénéficier du droit de se défendre. En matière pénale dans le cadre d'une instruction, est partie la personne mise en examen. Le juge d'instruction est saisi *in rem* et il a le pouvoir de décider qui doit être mis en examen (art. 80-1, al. 1 CPP) lorsque l'information est ouverte contre X, mais aussi lorsqu'elle est ouverte contre personne désignée. En principe, les personnes nommément visées dans le réquisitoire du procureur de la République doivent être mises en examen, à la différence de celles visées dans une plainte avec constitution de partie civile (art. 104 CPP).

Si le procureur vise une personne dans son réquisitoire qu'il suspecte et que le juge d'instruction ne partage pas ses soupçons et souhaite seulement l'entendre sans la mettre en examen, le danger est de priver un simple témoin des droits de la défense. C'est pourquoi a été créée la catégorie intermédiaire de témoin assisté (art. 113-1 C. pén.). Désormais, le juge d'instruction, en présence d'une désignation formelle par le ministère public, peut auditionner toute personne à ce titre et il est prévu que ce témoin a les mêmes droits qu'une personne mise en examen (art. 113-3 C. pén.).

10.106 ▸ Les poursuites diligentées dans le cadre d'une instruction n'offrent pas toutes le droit de se défendre aux personnes poursuivies. Tant que le juge n'a pas décidé de leur mise en examen ou de les auditionner en qualité de témoin assisté, elles ne bénéficient pas des droits de la défense (v. not. L.-E. Pettiti, « Les droits de l'inculpé et de la défense selon la jurisprudence de la Cour européenne des droits de l'homme », *Mél. G. Levasseur*, 1992, p. 249 s.).

L'application faite par la Cour de cassation de l'article 134, alinéa 3 du Code pénal l'amène à conclure que la délivrance d'un mandat d'arrêt par le juge d'instruction ne confère pas, au cours de l'information, à celui qui en est l'objet, la qualité de personne mise en examen. Il s'ensuit qu'elle ne bénéficie pas des droits accordés à ces personnes (Cass. crim., 14 mai 2002, *Bull. crim.*, n° 111).

Le caractère optionnel de la garde à vue est remis en cause par la Cour de cassation pour cette même raison des droits de la défense. Un mineur, conduit par les policiers auprès d'un officier de police judiciaire pour être entendu sur une infraction qu'il était soupçonné d'avoir commise, ne peut être entendu librement, il est « nécessairement dans une situation de contrainte et doit bénéficier des droits attachés au placement en garde à vue, prévus par l'article 4 de l'ordonnance du 2 février 1945 » (Cass. crim., 6 novembre 2013, n° 13-84320, *Procédures* 02/ 2014, comm. 55, A.-S. Chavent-Leclère).

Le droit de présenter une défense reste le plus souvent subordonné à la qualité de partie à la procédure, ce qui remet foncièrement en cause l'intérêt du procès équitable pour les personnes faisant l'objet de poursuites dans la phase préalable de l'information en matière pénale.

2) Le droit d'être défendu

10.107 ▸ Le droit d'être défendu s'entend de la possibilité laissée aux plaideurs de prendre conseil auprès d'un homme de loi et de recourir à un avocat (cf. aide juridictionnelle, *supra* n° 10-23 s. ; sur l'indépendance de l'avocat depuis la loi n° 2015-990 du 6 août 2015 pour la croissance, l'activité et l'égalité des chances économiques dite Macron : F. Sicard, « De l'indépendance de l'avocat en droit constitutionnel français », *JCP* G 2015, 1082 ; J.-L. Forget, « L'indépendance de l'avocat », *JCP* G 2015, 1397). Il donne lieu à des décisions de la Cour EDH essentiellement en matière pénale où les enjeux sont primordiaux pour la personne mise en examen. Pour reprendre les termes de la Cour, il est « d'une importance cruciale pour l'équité du système pénal que l'accusé soit adéquatement défendu tant en première instance qu'en appel, *a fortiori* lorsque, comme c'est le cas en droit néerlandais, les décisions rendues en appel ne sont pas susceptibles d'opposition » (*Aff. Lala c/ Pays-Bas*, 22 septembre 1994, série A n° 297-A, § 33). Le Conseil constitutionnel a eu l'occasion de le rappeler à propos de la transaction pénale par officier de police judiciaire pour laquelle l'homologation par ordonnance sera subordonnée à l'assistance, ou à tout le moins à l'information, du droit à un avocat (DC-QPC, 23 septembre 2016, n° 2016-569, *Syndicat de la magistrature et autres*, *Constitutions* 2016, 642, note A. Ponseille).

La Cour EDH rappelle, dans un arrêt du 13 octobre 2009 (req. n° 7377/03), « que l'équité d'une procédure pénale requiert d'une manière générale, aux fins de l'article 6 de la Convention, que le suspect jouisse de la possibilité de se faire assister par un avocat dès le moment de son placement en garde à vue ou en détention provisoire » (*D.* 2009, p. 2897). Le Conseil constitutionnel ne dément pas cette jurisprudence (Cons. const., 30 juillet 2010, DC n° 2010-14/22 QPC, *D.* 2010, 2783, chron. J. Pradel ; *AJ pénal* 2010, 470, J.-B. Perrier et A. Jaureguiberry, « L'influence des droits fondamentaux européens sur le contrôle *a posteriori* », *RFDA* 2013, p. 10 s). La Cour de cassation respecte l'exigence (Cass. crim., 14 décembre 2011, n° 11-81329, *Dalloz* 1er février 2012, obs. C. Girault ; S. Guinchard, F. Ferrand et T. Moussa, « Une chance pour la France et le droit continental : la technique de cassation, vecteur particulièrement approprié au contrôle de conventionnalité », *D.* 2015, 278), ainsi que la version en quelque sorte négative du principe, à savoir la liberté du prévenu de renoncer à un avocat en garde à vue (Cass. crim., 17 janvier 2012, n° 11-86797, *Dalloz*,

10 février 2012, S. Lavric ; Cass. crim., 6 mars 2012, n° 11-84711, *Rev. sc. crim.* 2013, 925, obs. J.-F. Renucci).

Il faut qu'ait été notifié au prévenu le droit de se taire. L'absence de notification du droit de se taire fait d'ailleurs même au-delà de la garde à vue nécessairement grief (Cass. crim., 8 juillet 2015, FS-P+B+I, n° 14-85699) et voit son amplitude dépasser les droits de l'accusé (pour une application à une personne appellée : CEDH, 16 juin 2015, *Schmid-Laffer c/ Suisse*, req. n° 41269/08 ; *AJ Pén.* 2016, 36, S. Lavric). L'obligation de notification du droit au silence a fait l'objet d'une consécration légale avec la loi n° 2011-392 du 14 avril 2011, mais lui préexistait (il se déduit de l'article 6, § 3, de la Convention européenne des droits de l'homme que, même avant l'entrée en vigueur, le 1er juin 2011, de la loi n° 2011-392 du 14 avril 2011 (v. déc. QPC, 18 novembre 2011, n° 2011-191-194-195-196-197, *D.* 2012. 1638, obs. V. Bernaud et N. Jacquinot ; *AJ pénal* 2012, 102, obs. J.-B. Perrier ; *RSC* 2012, 185, obs. J. Danet et 217, obs. B. de Lamy ; *D.* 2011. 3034, note H. Matsopoulou ; 3005, E. Vergès), toute personne placée en garde à vue devait être informée de son droit de se taire et, sauf exceptions justifiées par des raisons impérieuses, pouvoir bénéficier de l'assistance d'un avocat : Cass. crim., 10 septembre 2014, n° 13-82507, *D.* 2014, 1881 ; sur le verrouillage des demandes de nullité par la Cour de cassation : F. Fourment, « Garde à vue : la purge des nullités transitoires à l'entrée en vigueur de la loi du 14 avril 2011 », *JCP* G 2014, 266 ; spéc. Cass. crim., 12 février 2014, n° 12-84500, F P+B+I et n° 13-87836, F P+B+I).

Selon la jurisprudence de la Cour européenne, toute personne a, par ailleurs, droit à l'assistance d'un avocat dès son premier interrogatoire par la police (CEDH, 2e sect., 17 janvier 2012, *Fidanci c/ Turquie*, n° 17730/07, *Dalloz*, 2 février 2012, obs. O. Bachelet ; déjà : *Salduz c/ Turquie*, Gde Ch., 27 novembre 2008, req. n° 36391/02, *AJDA* 2009. 872, chron. J.-F. Flauss ; CEDH, 13 mars 2014, *Pakshaiev c/ Russie*, req. n° 1377/04 (en anglais) et CEDH, 13 mars 2014, *Smirnov c/ Ukraine*, req. n° 69250/11 (en anglais), *Dalloz act.* 2014, A. Portmann ; CEDH, 12 janvier 2016, *Borg c/ Malte*, req. n° 37537/13 (en anglais), *Dalloz Actu* 13 janvier 2016, obs. A. Portmann). Ce droit est « un principe propre au droit à un procès équitable, qui trouve son fondement spécifique dans le troisième paragraphe de l'article 6 de la Convention, lequel envisage en particulier le droit de tout "accusé" d'avoir l'assistance d'un défenseur de son choix (sur cette faculté de choix : CEDH, gr. ch., 20 octobre 2015, n° 25703/11, *Aff. Dvorski c/ Croatie*, *JCP* G 2016, doctr. 65, F. Sudre, n° 10 ; *D.* 2016, p. 225, n° 2, J.-F. Renucci ; v. aussi Cass. crim., 20 janvier 2015, n° 14-82468, *Dr. pén.* 2015, comm. 40, A. Maron). Il ne s'agit pas d'un "principe général" impliqué par la Convention, les principes de cette nature étant par définition transversaux ». La Cour rappelle, dans l'affaire *Simons c/ Belgique*, lesdits principes qui peuvent être rattachés à l'article 5, § 1 Conv. EDH, à savoir prééminence du droit, sécurité juridique, proportionnalité, protection contre l'arbitraire. Il s'ensuit que « si l'impossibilité légale pour un "accusé" privé de liberté d'être assisté par un avocat dès le début de sa détention affecte l'équité de la procédure pénale dont il est l'objet, on ne peut déduire de cette seule circonstance que sa détention est contraire à l'article 5 § 1 de la Convention en ce qu'elle ne répondrait pas à l'exigence de légalité inhérente à cette disposition » (CEDH, 2e section, 28 août 2012, *Simons c/ Belgique*, requête n° 71407/10). L'assistance d'un avocat n'est pas une fin en soi, mais l'équité de la procédure. Le report de l'avocat en garde à vue peut être justifié par les circonstances (CEDH, 16 décembre 2014, *Ibrahim et autres c/ Royaume-Uni*, req. n° 50541/08, 50571/08, 50573/08 et 40351/09, *Dalloz act.* décembre 2014, A. Portmann ; CEDH, gde ch., 13 sept. 2016, n° 50541/08, 50571/08, 50573/08 et 40351/09, *Ibrahim et a. c/Royaume-Uni*, *Gaz. Pal.* 22 nov. 2016, n° 41, p. 34, obs. J. Andriantsimbazovina).

Le fait que l'audition ait lieu à l'étranger, en l'occurrence en Belgique, sur commission rogatoire d'un juge d'instruction français, n'exonère pas le juge français du respect de ce droit à l'assistance d'un avocat, quand bien même ultérieurement la personne poursuivie aurait reconnu les faits délictueux à l'audience (*Stojkovic c/ France et Belgique*, req. n° 25503/08, 27 octobre 2001 ; obs. N. Fricero, *Procédures*, décembre 2011, comm. 368). Il est relevé que « s'il apparaît que le requérant a délibérément consenti à faire des révélations aux services d'enquête, ce choix, alors même que ses déclarations ont contribué à sa propre incrimination, ne peut être considéré, aux yeux de la Cour, comme totalement éclairé. Certes, le requérant a été informé des dispositions légales prévoyant que ses propos pourraient servir de preuve en justice. Pour autant, outre qu'aucun droit à garder le silence ne lui a été expressément notifié, il a pris sa décision sans être assisté d'un conseil (*Brusco c/ France*, n° 1466/07, § 54, 14 octobre 2010, *JCP* G 2010, act. 1064, obs. F. Sudre). Ce droit à l'avocat suppose que l'avocat ait accès au dossier de son client (J. Pradel, « Du droit de l'avocat d'accéder au dossier établi au cours d'une garde à vue », *JCP* 2012. 2057). La protection n'est pas totale, la Cour juge *a minima* que l'avocat doit avoir accès aux éléments qui permettent de contester la privation de liberté (CEDH, 26 novembre 2013, n° 21249/05, *Igna c/ Roumanie*), mais l'accès limité n'est pas proscrit (CEDH, 13 octobre 2009, n° 7377/03, *D.* 2009, 2897, note J.-F. Renucci ; *AJ pén.* 2010, 27, C. Saas ; *RSC* 2010, 231, obs. D. Roets ; aussi : *Salduz c/ Turquie*, gde ch., 27 novembre 2008, req. n° 36391/02, *AJDA* 2009. 872, chron. J.-F. Flauss).

10.108 › Il s'ensuit que « le fait que l'accusé, bien que dûment assigné, ne comparaisse pas ne saurait – même à défaut d'excuse – justifier qu'il soit privé du droit à l'assistance d'un défenseur que lui reconnaît l'article 6 § 3 de la Convention ». L'article 410 du Code de procédure pénale prévoit que, pour être contradictoire, tout arrêt, à défaut de mentionner la comparution du prévenu, doit préciser que celui-ci a été cité à personne, ou qu'il a eu connaissance de la citation régulière le concernant dans les cas prévus par le texte, et qu'il n'a pas fourni une excuse reconnue valable par la juridiction devant laquelle il est appelé. L'obligation de comparution personnelle pouvait conduire à dénier au prévenu tout droit effectif à la défense lorsque, ayant présenté une excuse et constitué avocat, la juridiction estime que son excuse n'est pas valable. Certains juges n'ont pas hésité à refuser d'entendre, par le passé, la défense présentée par l'avocat de l'absent, violant ainsi le droit de ce dernier à présenter une défense. L'alinéa 3 de l'article 410 du Code de procédure pénale lève à présent toute équivoque : « Si un avocat se présente pour assurer la défense du prévenu, il doit être entendu s'il en fait la demande, même hors le cas prévu par l'article 411 ».

10.109 › Le refus du droit d'être défendu par un avocat lorsque son absence était injustifiée, jusqu'alors opposé au prévenu, s'analysait comme une sanction de l'obligation qui lui était faite de comparaître personnellement. Cette justification a été rejetée par la CEDH, estimant que « le droit de tout accusé à être effectivement défendu par un avocat figure parmi les éléments fondamentaux du procès équitable. Un accusé n'en perd pas le bénéfice du seul fait de son absence aux débats. Même si le législateur doit pouvoir décourager les abstentions injustifiées, il ne peut les sanctionner en dérogeant au droit à l'assistance d'un défenseur. Les exigences légitimes de la présence des accusés aux débats peuvent être assurées par d'autres moyens que la perte du droit à la défense » (*Aff. Van Pelt c/ France*, 23 mai 2000, req. n° 31070/96, § 34).

L'Assemblée plénière s'est alignée sur la Cour et a retenu pour principe général que le droit au procès équitable et le droit de tout accusé à l'assistance d'un défenseur s'opposent à ce que la juridiction juge un prévenu non comparant et non excusé sans entendre l'avocat présent à l'audience pour assurer sa défense (Ass. plén., 2 mars 2001, *Bull. crim.*, n° 56 ; *civ.*, n° 6 ; Cass. crim., 16 mai 2001, *Bull. crim.*, n° 127). La solution est identique en matière civile. A été ainsi censurée la décision retenant que devant la chambre des mineurs en appel, les parties doivent comparaître en personne pour être entendues et ne peuvent se faire représenter par un avocat. La première Chambre civile casse, au motif qu'en privant la mère de la possibilité de faire valoir ses moyens d'appel, alors que son avocat était présent à l'audience et déclarait vouloir la représenter, la cour d'appel a violé l'article 6, § 1, de la Convention EDH et les articles 931, 1186, 1189 et 1192 du Code de procédure civile (Cass. civ 1re, 30 septembre 2009, n° 08-16147, *AJ Famille* 2009, p. 451).

10.110 › Comme tous les droits protégés par la Convention EDH, le droit d'être entendu n'est pas absolu. Le plaideur peut renoncer à son droit, par exemple en n'ayant pas constitué avocat et en refusant délibérément de comparaître (*Aff. Medenica c/ Suisse*, 14 juin 2001, déf. 12 décembre 2001, req. n° 20491/92, § 57 et 58). Il peut aussi implicitement résulter de l'absence de comparution de l'accusé et de l'absence de l'avocat commis d'office alors que le président de la juridiction a refusé ses motifs d'excuse (Cass. crim., 24 juin 2015, n° 14-84221, *JCP* G 2015, 998, C. Ribeyre).

Il peut, surtout, y avoir report de l'intervention de l'avocat. Ce sera le cas en matière de garde à vue en raison de la nature de certaines infractions. L'article 706-88, al. 6 et 8 CPP pour les infractions relevant de la délinquance ou la criminalité organisée (cf. CPP, art. 706-73) prévoit un report de l'intervention de l'avocat pour une durée maximale de quarante-huit heures, voire soixante-douze heures, ce qui n'est pas jugé contraire à la Constitution (Cons. const., 21 novembre 2014, n° 2014-428 QPC ; *Dr. pén.* 2016, chron. 1, n° 23, V. Georget). Il n'est même pas nécessaire de prévenir l'avocat de l'intention de procéder à ce report au début de la garde à vue (Cass. crim., 18 février 2015, n° 14-82019, *ibid.*, n° 27).

B - LES DROITS DANS CETTE DÉFENSE

10.111 › Les droits de la défense (Y. Capdepon, *Essai d'une théorie générale des droits de la défense*, Dalloz, coll. « Nouv. bibl. thèses », 2013) reposent sur ces deux principes distincts (*Aff. Clinique des Accacias c/ France*, 13 octobre 2005, n° 65399) que sont le principe du contradictoire (1) et l'égalité des armes (2).

1) Le principe de la contradiction

10.112 ▸ La connaissance et la discussion de tous les éléments du dossier de la procédure par chacune des parties sont des conditions *sine qua non* de la contradiction. Elles ne suffisent cependant pas lorsque le respect de règles procédurales est exigé. La Cour de cassation, refusant de se hisser au niveau des principes, a ainsi approuvé une cour d'appel « ayant relevé que la réforme de la procédure d'appel avec représentation obligatoire en matière civile réalisée par le décret du 9 décembre 2009 encadrait la procédure dans des délais stricts sanctionnés d'office pour chacune des parties au litige et retenu que l'automaticité des sanctions était la condition nécessaire de l'effectivité de la réforme » et en ayant « exactement déduit, peu important que les sociétés intimées aient conclu au fond dans les deux mois suivant la notification des conclusions d'appel à leurs avocats non constitués, que la caducité de la déclaration d'appel résultant de ce que ces conclusions n'avaient pas été notifiées dans le délai imparti par la loi à leur représentant dans la procédure d'appel ne constituait pas une sanction disproportionnée au but poursuivi qui est d'obliger l'appelant à faire connaître rapidement et efficacement ses moyens à l'avocat constitué pour l'intimé ». En l'espèce, les conclusions avaient été notifiées dans les délais aux avocats de première instance, devenus avocats plaidant en appel, et hors délai à l'avocat postulant, il importait peu que les parties aient été à même de se défendre et aient déposé dans les délais leurs conclusions (Cass. 2e civ., 4 septembre 2014, n° 13-22654, F-D, *Procédures* 2014, comm. 287, obs. H. Croze).

Cette double condition est étendue à tous les satellites du procès, y compris aux expertises (CEDH, 1re sect., 28 mai 2014, n° 12959/10, *Martins Silva c/ Portugal*, *Procédures* 2014, comm. 205, N. Fricero ; *Aff. Mantovanelli c/ France*, 18 mars 1997, § 33 s., *JTDE* 1998, p. 42, obs. P. Lambert ; Cass. 2e civ., 16 mai 2002, *Bull. civ.* II, n° 101).

Elle s'applique de façon particulière en matière d'administration de la preuve (J.-M. Hayat, « La loyauté de la preuve est une notion qui n'a aucune existence légale », *Procédures* 2015, entretien 1 ; C. David, « L'appréhension du principe de loyauté de la preuve », *Procédures* 2015, dossier 9 ; L. Cadiet, « Le principe de loyauté devant le juge civil et le juge commercial », *Procédures* 2015, dossier 10 ; N. Fricero, « La recevabilité des preuves "déloyales" en matière civile », *Procédures* 2015, dossier 14 ; par ex. sur la non-communication aux avocats de la retranscription des écoutes téléphoniques : CEDH, 18 mars 2014, *Beraru c/ Roumanie*, req. n° 40107/04, *Dalloz act.* 2014, A. Portmann). La Cour de cassation, en son assemblée plénière, a rappelé que le principe devait être rattaché à la loyauté procédurale (Ass. plén., 7 janvier 2011, n° 09-14316 et 09-14667, *BICC* 1er février 2011) :

« Vu l'article 9 du Code de procédure civile, ensemble l'article 6 § 1 de la Convention EDH et le principe de loyauté dans l'administration de la preuve ; Attendu que, sauf disposition expresse contraire du Code de commerce, les règles du Code de procédure civile s'appliquent au contentieux des pratiques anticoncurrentielles relevant de l'Autorité de la concurrence ; que l'enregistrement d'une communication téléphonique réalisé à l'insu de l'auteur des propos tenus constitue un procédé déloyal rendant irrecevable sa production à titre de preuve ».

De même façon, il a été jugé au visa de l'article 6 de la Convention EDH et l'article préliminaire du Code de procédure pénale, ensemble le principe de loyauté des preuves, que « porte atteinte au droit à un procès équitable et au principe de loyauté des preuves le stratagème qui en vicie la recherche par un agent de l'autorité publique », en l'occurrence deux individus « identifiés comme ayant pu participer aux faits objet de la poursuite, ont été placés en garde à vue dans deux cellules contiguës et ont pu, ainsi, communiquer pendant leurs périodes de repos ; qu'au cours de ces périodes, ont été enregistrés des propos de M. H. par lesquels il s'incriminait lui-même ; que celui-ci, mis en examen et placé en détention provisoire, a déposé une requête en annulation de pièces de la procédure ». Il est jugé que « la conjugaison des mesures de garde à vue, du placement de MM. A. et H. dans des cellules contiguës et de la sonorisation des locaux participait d'un stratagème constituant un procédé déloyal de recherche des preuves » (Ass. plén., 6 mars 2015, n° 14-84339, *Bull. Ass. plén.* 2015, n° 2 ; *Procédures* 2015, comm. 139, J. Buisson ; V. Georget, *Dr. pén.* 2016, chr. 1, n° 10 ; *D.* 2015, 711, note J. Pradel ; *RSC* 2015, 971, J.-F. Renucci, *ibid*, 117, P.-J. Delage ; *AJ pén.* 2015, 362, note C. Girault ; E. Bonis-Garçon, « L'apport de l'Assemblée plénière à la définition de la notion de procédé déloyal de recherche des preuves », *JCP* G 2015, 558 ; A. Maron et M. Haas, « La garde à vue n'est pas une garde à ouïe », *Dr. pén.* 2015, comm. 58 ; Cass. crim., 7 janvier 2014, n° 13-85246, *JCP* G. 2014, 272, A. Gallois ; de façon plus générale : Ph. Conte, « La loyauté de la preuve en procédure pénale : fragile essai de synthèse », *Procédures* 2015, dossier 12 ; M. Ract-Madoux, « La loyauté de la preuve en matière pénale : la liberté des preuves », *Procédures* 2015, dossier 15 ; P. Ghaleb-Marzban, « L'appréciation du principe de loyauté de la preuve. L'émergence d'un modèle éthique du procès », *Procédures* 2015, dossier 18 ; F. Molins, « L'appréciation du principe de la loyauté de la preuve : applications pratiques devant le juge pénal », *Procédures* 2015, dossier 20). Le principe de loyauté n'a pas été démenti par la jurisprudence ultérieure qui le considère comme élément essentiel des droits de la défense (Cass. crim., 14 avril 2015, n° 14-87914, Cass. crim., 14 avril 2015, n° 14-88054, Cass. crim., 14 avril 2015, n° 14-88515, Cass. crim., 31 mars 2015, n° 14-86913, A. Maron, M. Haas, « Sonorisation involontaire », *Dr. pén.* 2015, comm. 90).

La discussion entre les parties s'entend de la dispute des arguments et ne préjuge pas du caractère oral ou écrit de la procédure. Le fait pour des requérants de ne pas avoir eu l'occasion de plaider leur cause oralement devant la Cour de cassation, personnellement ou par l'intermédiaire d'un avocat inscrit à un barreau, ne porte pas atteinte à leur droit à un procès équitable (*Aff. Fontaine et Bertin c/ France*, 8 juillet 2003, req. n° 38410/97 et 40373/98, déf. 08/10/2003).

Elle suppose également la possibilité de l'avocat d'interroger les témoins, la non-comparution de ceux-ci pouvant affecter « l'équité globale du procès » (CEDH, gr. ch., 15 décembre 2015, n° 9154/10, *Aff. Schatschaschwili c/ Allemagne*, *JCP* G 2016, 28, G. Gonzalez).

10.113 ▸ Le principe de la contradiction est l'expression de l'effectivité du droit de se défendre reconnu à chaque justiciable. Il s'impose aux parties. C'est pourquoi la jurisprudence, tant en droit interne qu'en droit européen, exige que les conclusions et les pièces de la procédure leur soient communiquées en temps utile pour qu'elles puissent y répondre. Il s'impose au juge. Tout moyen de droit soulevé d'office par le juge doit être soumis aux parties afin qu'elles présentent leurs observations (art. 16, CPC).

En matière pénale, l'article 6 § 3 de la Convention EDH vient renforcer le principe de la contradiction en précisant notamment que l'accusé a droit « [...] a) être informé, dans le plus court délai, dans une langue qu'il comprend et d'une manière détaillée, de la nature et de la cause de l'accusation portée contre lui ; b) disposer du temps et des facilités nécessaires à la préparation de sa défense [...] ». L'accent est mis sur l'information et le temps de la réplique. Le décret n° 2013-958 du 25 octobre 2013 (*JO* du 27 octobre) a pour objet la mise en œuvre du droit à l'interprétation et à la traduction dans le cadre des procédures pénales, en application de la loi n° 2013-711 du 5 août 2013 portant diverses dispositions d'adaptation dans le domaine de la justice en application du droit de l'Union européenne et des engagements internationaux de la France, transposant la directive 2010/64/UE du Parlement européen et du Conseil, adoptée le 8 octobre 2010, relative au droit à l'interprétation et à la traduction dans le cadre des procédures pénales (*Procédures*, 12/2013, comm. 357, J. Buisson). Mais la Cour de cassation exige la preuve d'un grief en cas de non-respect de ce droit : « l'omission par le juge d'instruction de faire procéder de sa propre initiative à la traduction écrite d'une pièce essentielle du dossier est une formalité non prévue à peine de nullité et ne saurait avoir d'incidence sur la validité d'un acte régulièrement accompli, dès lors que n'ont pas été compromis les droits de la défense et la faculté d'exercer une voie de recours de la personne mise en examen, qui conserve, tout au long de la procédure suivie contre elle, le droit d'en demander la traduction écrite dans les conditions et les formes prévues par la loi » (Cass. crim., 7 janvier 2015, FS-P+B+I, n° 14-86226, *Dalloz act.* 2015, L. Priou-Alibert).

La Cour de cassation a précisé que l'absence de communication du dossier d'enquête à l'avocat au stade de la garde à vue ne porte pas atteinte au principe énoncé à l'article 6 § 3 CESDH. Il est retenu que « l'absence de communication de l'ensemble des pièces du dossier, à ce stade de la procédure, n'étant pas de nature à priver la personne d'un droit effectif et concret à un procès équitable, dès lors que l'accès à ces pièces est garanti devant les juridictions d'instruction et de jugement » (Cass. crim., 19 septembre 2012, n° 11-88111).

L'article 7-4 de la directive du 22 mai 2012 relative aux droits de l'accusé dans la procédure pénale pose une restriction : « pour autant que le droit à un procès équitable ne s'en trouve pas affecté, l'accès à certaines pièces peut être refusé lorsque cet accès peut constituer une menace grave pour la vie ou les droits fondamentaux d'un tiers, ou lorsque le refus d'accès est strictement nécessaire en vue de préserver un intérêt public important, comme dans les cas où cet accès risque de compromettre une enquête en cours ou de porter gravement atteinte à la sécurité nationale de l'État membre dans lequel la procédure pénale est engagée ».

10.114 › Bien plus intéressante est la question relative au droit de réponse des parties aux observations de l'avocat général près la Cour de cassation et du Commissaire du gouvernement près le Conseil d'État. Une différence fondamentale les sépare. L'avocat général est un représentant du ministère public alors que le commissaire du gouvernement est un magistrat de la juridiction détaché à ces fonctions. Tous deux cependant assurent près des Hautes juridictions une tâche similaire. Ils élaborent un rapport dans lequel ils énoncent la solution qui leur paraît la plus appropriée pour résoudre le problème juridique soulevé par le litige. Les parties peuvent-elles exiger la communication du rapport effectué par l'avocat général ou le commissaire du gouvernement et remis au tribunal ?

Si initialement la Cour de Strasbourg répondait par la négative (*Aff. Delcourt c/ Belgique*, 17 janvier 1970), elle modifia par la suite sa solution. Les parties à un procès civil ou pénal doivent pouvoir « prendre connaissance de toute pièce ou observation présentée au juge, même par un magistrat indépendant, en vue d'influencer sa décision et de la discuter » (*Aff. Slimane-Kaid c/ France*, 27 novembre 2003, req. n° 48943/99 ; *Aff. Fontaine et Bertin c/ France*, 8 juillet 2003, req. n° 38410/97 et 40373/98, déf. 08/10/2003 ; *Aff. Vermeulen c/ Belgique* et *Aff. Lobo Machado c/ Portugal*, 20 février 1996, *D.* 1997, somm., p. 208, obs. N. Fricero). La même solution est retenue pour le commissaire du gouvernement (*Aff. Kress c/ France*, 7 juin 2001, req. n° 39594/98, *JCP* 2001, II, n° 10578 ; *Dr. et procéd.*, novembre 2001, p. 374, obs. J.-P. Marguénaud ; *Aff. Kosser c/ France*, 21 mars 2002, § 26 ; *Aff. Theraube c/ France*, 10 octobre 2002, § 31 ; F. Tesson, « L'office du juge administratif renforcé sous l'influence du droit européen », *JACT* 2015, 2256).

La question a été posée également à propos du commissaire du gouvernement, actuel rapporteur public, lequel reçoit communication, au stade de l'instruction, du rapport et du projet de décision du magistrat chargé de l'instruction du dossier. Une requête avait été déposée contre la France par *UFC Que Choisir Côte-d'Or*, mais par décision du 30 juin 2009, l'irrecevabilité a été décidée au motif que « par courrier du 26 juin 2009, l'avocat de la requérante a informé le greffe de sa décision de celle-ci de se désister de son grief tiré de l'absence de communication du rapport du conseiller rapporteur et du projet d'arrêt dont le commissaire du gouvernement avait eu connaissance » (http://www.legavox.fr/article/externe/affaire-choisir-rapporteur-public-sauve-7028.htm ; B. Pacteau, « La justice administrative désormais en règle avec la Convention EDH ? », *RFDA* 2009, p. 885). Déjà, dans un arrêt du 15 septembre 2009 (Req. n° 11396/08), la Cour EDH avait jugé conforme à la Convention l'article 733-3 du Code de justice administrative prévoyant que le rapporteur public assiste au délibéré à moins qu'une partie ne s'y oppose. La conventionnalité semblait en l'espèce résulter de la faculté d'opposition du plaideur qui paralyse toute atteinte à ses droits (*AJDA* 2009, p. 1920). C'est pourquoi, la décision rendue par la Cour le 4 juin 2013 sera particulièrement appréciée qui déclare sans restriction que la communication du rapport et du projet de décision du conseiller rapporteur au seul rapporteur public devant le Conseil d'État et non au requérant ne méconnaît ni le contradictoire ni l'égalité des armes, et le grief tiré de la violation de l'article 6, paragraphe 1, de la Convention doit être déclaré manifestement irrecevable (CEDH, 4 juin 2013, n° 54984/09, *François Marc Antoine c/ France*, *Procédures* 08/2013, comm. 241, N. Fricero ; 08/ 2013, comm. 269, S. Deygas ; F. Sudre, « Droit de la Convention européenne des droits de l'homme », *JCP* G. 2013, doct. 855 ; J.-L. Sainte-Rose et M. Domingo, « L'avocat général à la Cour de cassation va-t-il enfin sortir du purgatoire « conventionnel » qui lui a été imposé ? », *JCP* G. 2014, doct., 1193). La motivation de la Cour est explicite et prouve son exacte compréhension du système français. Pourrait-on étendre cette solution à l'avocat général près la Cour de cassation ? En dépit de la proximité des situations, le statut de l'avocat général appartenant au parquet et non à la formation de jugement, ainsi que le rappelle le professeur Fricero, pourrait être un obstacle à toute transposition :

> « 31. S'agissant tout d'abord du projet de décision du conseiller rapporteur, lequel est un magistrat de la formation de jugement chargé d'instruire le dossier, la Cour note qu'il ne s'agit pas d'une pièce produite par une partie et susceptible d'influencer la décision juridictionnelle, mais d'un élément établi au sein de la juridiction dans le cadre du processus d'élaboration de la décision finale. Partant, un tel document de travail interne à la formation de jugement, couvert par le secret, ne saurait être soumis au principe du contradictoire garanti par l'article 6, paragraphe 1, de la Convention.
>
> 32. Concernant ensuite la question de sa transmission au rapporteur public, la Cour observe que celui-ci est un membre du Conseil d'État, auquel il accède selon les mêmes modalités que ses collègues siégeant dans les formations de jugement, dont ne le distinguent que les fonctions particulières qui lui sont confiées de façon temporaire. La Cour relève en outre que, pour remplir son rôle, qui consiste à exposer publiquement, et en toute indépendance, son opinion sur les questions que présentent à juger les requêtes et sur les solutions qu'elles appellent, il procède à une analyse du dossier comparable à celle faite par le rapporteur. Elle souligne que le rapporteur public, qu'il partage ou non l'orientation du conseiller rapporteur, s'appuie notamment sur le projet de décision de celui-ci pour arrêter la position qu'il soumet publiquement à la formation de jugement. La Cour peut donc admettre que les conclusions du rapporteur public, en ce qu'elles intègrent l'analyse du conseiller rapporteur, sont de nature à permettre aux parties de percevoir les éléments décisifs du dossier et la lecture qu'en fait la juridiction, leur offrant ainsi l'opportunité d'y répondre avant que les juges n'aient statué. La Cour est donc d'avis que cette particularité procédurale, qui permet aux justiciables de saisir la réflexion de la juridiction pendant qu'elle s'élabore et de faire connaître leurs dernières observations avant que la décision ne soit prise, ne porte pas atteinte au caractère équitable du procès. Au surplus, la Cour note que le requérant ne démontre pas en quoi le rapporteur public serait susceptible d'être qualifié d'adversaire ou de partie dans la procédure, condition préalable pour être à même d'alléguer une rupture de l'égalité des armes ».

En l'espèce, la position du gouvernement était soutenue par l'ordre des avocats au Conseil d'État et à la Cour de cassation, ainsi que le Conseil national des barreaux.

Les apports du décret n° 2009-14 du 7 janvier 2009, outre la nouvelle dénomination du commissaire du gouvernement appelé désormais rapporteur public, donne la possibilité aux parties de répondre oralement aux conclusions de ce dernier (CJA, art. R. 732-1 et R. 733-1). Dans certaines juridictions volontaires, jusqu'en décembre 2011, le déroulement d'une audience inversée est en expérimentation afin de mieux respecter le contradictoire (P. Idoux, « Vers un redéploiement de la contradiction en droit administratif français », *AJDA* 2009, p. 637 s).

10.115 ▸ La communication des observations aux parties et la pratique des notes en délibéré permettent de remédier à l'atteinte constatée (*Aff. Reinhardt et Slimane-Kaïd c/ France*, 31 mars 1998, *D.* 1998, somm., p. 366, obs. N. Fricero ; *RTD civ.* 1998, p. 511, obs. J.-P. Marguénaud ; Cass. civ. 2e, 9 décembre 1999, *Bull. civ.* II, n° 187). Mais le problème reste entier lorsque la représentation n'est pas obligatoire et que le plaideur décide de se défendre seul. Le refus de communication directe des observations de l'avocat général à celui qui assure seul sa défense est sanctionné par la Cour EDH (*Aff. M. B. c/ France*, 13 septembre 2005, req. n° 65935/01 ; *Aff. Meftah c/ France*, 26 avril 2001, *D.* 2002, somm., 688, obs. N. Fricero) ainsi que l'absence de moyen adapté permettant au plaideur de répliquer à celles-ci (*Aff. Voisine c/ France*, 8 février 2000, *D.* 2000, somm., 186, obs. N. Fricero ; *Aff. Gaucher c/ France*, 9 octobre 2003, req. n° 51406/99).

À notre connaissance, la France n'offre toujours pas au plaideur une technique équivalente aux notes en délibéré lorsqu'il ne s'est pas fait représenter.

2) L'égalité des armes

10.116 ▸ L'égalité des armes est de façon générique la mesure de toutes les déclinaisons des droits de la défense. Il s'agit essentiellement du rapport d'équilibre devant exister entre toutes les parties au procès, et par extension parfois au-delà (pour une application au pouvoir disciplinaire d'un employeur : Cass. soc., 9 octobre 2013, n° 12-17882, *Procédures* 12/ 2013, comm. 355, A. Bugada). Ce traitement procédural égalitaire prend une forme originale lorsqu'en l'absence de droit particulier, les juges s'y réfèrent pour justifier l'atteinte au procès équitable. Il est l'expression de l'équité au sens d'égalité dans le procès. Celle-ci est rompue si l'un des avocats est invité à plaider aux aurores à l'issue de longs débats (*Aff. Makhfi c/ France*, 19 octobre 2004, *D.* 2005, p. 473, note D. Roets).

Cette égalité suppose que chaque partie ait les mêmes possibilités procédurales dans un procès (H. Slim, « Les strictes exigences procédurales découlant du principe du contradictoire en matière disciplinaire », *JCP* G 2015, prat. 749). Sur ces prémisses, la Cour EDH a étendu le principe de l'égalité des armes à des personnes n'ayant pas la qualité de partie mais pouvant avoir une influence sur le tribunal et, ce faisant, avantager indirectement l'une des parties au procès. Lorsque le ministère public est partie principale – en l'occurrence il avait agi contre un gérant de société pour que soit prononcée sa faillite personnelle –, ses conclusions doivent avoir été communiquées à la partie adverse (Com., 17 novembre 2015, n° 14-17607 et 14-22222, *Procédures* 2016, comm. 69, B. Rolland ; comm. 3, Y. Strickler ; N. Fricero, « Le ministère public, partie principale et partie jointe », *Cah. dr. entr.* 2015, dossier 37).

10.117 ▸ En l'absence de droit nommément visé par la Convention EDH, le respect des droits de la défense passe par une appréciation globale de la procédure et de son caractère équitable (*Aff. Ankerl c/ Suisse*, 23 octobre 1996). L'égalité des armes permet de vérifier que l'une des parties n'a pas été avantagée par rapport à l'autre, quel que soit le domaine procédural envisagé.

L'administration de la preuve relève traditionnellement du droit interne, la Cour EDH refusant d'apprécier les règles substantielles et processuelles du droit de la preuve. Cette limite n'exclut pas un contrôle de conventionnalité par la Cour de Strasbourg du système probatoire national sous l'angle de l'équilibre des droits reconnus aux parties. Dans l'*affaire Dombo Beheer c/ Pays-Bas*, il est retenu que chaque partie doit avoir « la possibilité raisonnable de présenter sa cause – y compris ses preuves – dans des conditions qui ne la placent pas dans une situation de net désavantage par rapport à son adversaire » (27 octobre 1993, § 33).

10.118 ▸ Le contrôle de l'équité de la procédure entendue comme un équilibre objectif réalisé entre les parties a conduit la Cour à remettre en cause la présence au délibéré de l'avocat général ou du commissaire du gouvernement devant les Hautes juridictions (J.-L. Nadal, « La jurisprudence de la Cour de Strasbourg : une chance pour le parquet général de la Cour de cassation », *D.* 2005, chron., p. 80).

Initialement, la jurisprudence européenne s'est fondée sur un argument plus proche de l'impartialité du tribunal que de l'égalité des armes. Dans l'*affaire Borgers c/ Belgique*, la Cour EDH rappelle que « la notion de « procès équitable » a connu dans la jurisprudence de la Cour une évolution des plus notables, marquée en particulier par l'importance attribuée aux apparences et à la sensibilité accrue du public aux garanties d'une bonne justice » pour justifier sa violation du fait de la présence de l'avocat général au délibéré des magistrats de la Cour de cassation belge (30 octobre 1991). Le raisonnement s'est ensuite affiné. À l'occasion de l'*affaire Kress c/ France* précitée, il est précisé que le requérant peut « éprouver un sentiment d'inégalité si, après avoir entendu les conclusions du commissaire du gouvernement dans un sens défavorable à sa thèse à l'issue de l'audience publique, il le voit se retirer avec les juges de la formation de jugement afin d'assister au délibéré dans le secret de la chambre du conseil ».

10.119 ▸ La Cour se réfère, à notre sens, inutilement au sentiment d'inégalité. Il est clair que l'avocat général et le commissaire du gouvernement auront une influence objective directe sur l'issue du litige, qu'elle soit favorable ou défavorable au plaideur. Ce n'est pas tant le sentiment d'inégalité ressenti par le justiciable qui est essentiel. Il y a faculté réelle que la discussion puisse se poursuivre après la clôture des débats en raison de la seule présence d'un tiers n'ayant pas mission de trancher le litige. Dès lors que des observations auront été émises au terme des débats par ceux-ci, que les parties auront été mises en mesure d'y répliquer (cf. *supra* n° 10-115), il ne semble pas utile d'autoriser leur présence au délibéré (*Aff. Slimane-Kaid c/ France*, 27 novembre 2003, req. n° 48943/99 ; *Aff. Fontaine et Bertin c/ France*, 8 juillet 2003, req. n° 38410/97 et 40373/98, déf. 8 octobre 2003).

Il y a inégalité, et pas simplement sentiment d'inégalité, lorsque l'avocat général et les parties n'ont pas en main les mêmes pièces du dossier. Il ne suffit pas par exemple que le sens du rapport du conseiller à la Cour de cassation ait fait l'objet d'une mention au rôle d'audience, déposé à l'Ordre des avocats aux Conseils dix jours avant l'audience, pour que soit respectée l'égalité des armes alors que l'avocat général a eu communication de l'entier rapport. Ce rapport se compose de deux volets : le premier contient un exposé des faits, de la procédure et des moyens de cassation, et le second, une analyse juridique de l'affaire et un avis sur le mérite du pourvoi. La Cour retient que « si le second volet du rapport, destiné au délibéré, peut (à l'instar du projet d'arrêt) rester confidentiel tant à l'égard des parties que de l'avocat général, le premier volet, non couvert par le secret du délibéré, doit être communiqué, le cas échéant, dans les mêmes conditions aux parties et à l'avocat général » (*Aff. Pascolini c/ France*, 26 juin 2003, req. n° 45019/98, déf. 262003 ; *Aff. Lilly France c/ France*, 14 octobre 2003, req. n° 53892/00).

10.120 › L'égalité des armes est un principe qui régit l'intégralité du procès et n'est plus limité au seul équilibre des droits entre les parties. Elle concerne tous les intervenants au procès ainsi que l'ont bien saisi les juridictions nationales.

La chambre criminelle de la Cour de cassation a ainsi déclaré irrecevable l'appel formé par le procureur général sur le fondement de l'article 505 du Code de procédure pénale car ouvrant un délai de recours plus long que celui reconnu aux parties par l'article 498 du Code de procédure pénale (Cass. crim., 10 février 2009, 08-83837, *AJ Pénal* 2009, p. 234, obs. C. Saas).

Dans l'*affaire Oury c/ COB*, un rapporteur, membre de l'ex-Commission des opérations de bourse, chargé de procéder à l'instruction d'une affaire avec le concours des services administratifs et à toutes investigations utiles, a participé à la séance de jugement sur l'affaire ayant condamné à une sanction pécuniaire une société en raison de la diffusion d'une information financière ni exacte, ni précise, ni sincère. L'Assemblée plénière s'est alignée, à juste titre, sur les solutions appliquées par la Cour EDH à l'avocat général ou au commissaire du gouvernement en retenant que le rapporteur « ne pouvait pas participer au délibéré » (*JCP* 1999, II, 10060, note H. Matsopoulou). Suite à cette décision, l'ex-COB avait d'ailleurs décidé de modifier son règlement interne, en précisant que « ni le président, ni aucun membre de la Commission ne peut délibérer dans une affaire dans laquelle il a exercé les fonctions de rapporteur » (Avis, *JO* 25 février 1999, *JCP* 1999, III, 20050). La question du respect de l'égalité des armes a été posée à propos de sa cadette, l'Autorité des marchés financiers (AMF) dans une procédure diligentée par M. Jean-Marie Messier sans que la violation de l'article 6 § 1 puisse être établie (*Messier c/ France*, req. n° 25041/07, 30 juin 2011, déf. 30 septembre 2011 ; obs. N. Fricero, *Procédures*, août 2011, comm. 267).

Pour la même raison, les fonctions particulières de l'avocat général et du commissaire du gouvernement peuvent être d'appréhension difficile sous l'angle de la Convention EDH (à propos d'une méconnaissance de l'égalité des armes dans le cadre de la procédure en fixation des indemnités devant les juridictions de l'expropriation, résultant de la position privilégiée dont jouirait le commissaire du gouvernement : *Aff. Yvon c/ France*, 24 avril 2003, req. n° 44962/98, déf. 24 juillet 2003).

Le même principe éclaire cette décision de la première chambre civile ayant retenu que « l'exigence d'un procès équitable impose, au regard des principes d'égalité des armes et d'impartialité du juge, qu'une juridiction disciplinaire de première instance ne soit pas partie au recours contre ses propres décisions ; [... que] le conseil régional des notaires, siégeant en chambre de discipline, constitue une telle juridiction ». En l'espèce, il est rappelé que lorsque la chambre de discipline d'une chambre interdépartementale de notaires a statué, de façon juridictionnelle nul n'en doute, ladite chambre ne peut ensuite en appel être assignée comme intimée (Cass. civ. 1re, 28 octobre 2015, nº 14-19017, *JCP* N 2016, 1042, G. Rouzet ; v. aussi Cass. civ. 1re, 10 septembre 2015, nº 14-10111, *Procédures* 2015, comm. 320, Y. Strickler).

II — LA PUBLICITÉ DES DÉBATS

10.121 ▸ Le principe de publicité est garant du procès équitable tant par la protection contre l'arbitraire qu'il offre au justiciable que par l'assurance du maintien d'une société de type démocratique. Il est tout à la fois moyen de technique procédurale et instrument au service de la protection des institutions (A). La publicité des débats est aussi, dans sa mise en œuvre, l'expression achevée du compromis à réaliser dans la protection des différents droits reconnus par la Convention EDH. La pluralité des droits conduit inéluctablement à des confrontations où seule l'application éclairée de la Convention EDH permettra de trouver une solution harmonieuse et respectueuse des intérêts en présence. L'appréciation des circonstances de chaque espèce par les juges de Strasbourg joue un rôle de tout premier plan, par la pesée des objectifs poursuivis qu'elle présuppose et la hiérarchie à établir dans la protection des différents droits (B).

A - LES GARANTIES INHÉRENTES AU PRINCIPE DE PUBLICITÉ

10.122 ▸ La Cour EDH a plusieurs fois souligné le rôle pluriel assuré par la publicité des débats : « La publicité des procédures des organes judiciaires visée à l'article 6 § 1 protège les justiciables contre une justice secrète échappant au contrôle du public : elle constitue aussi l'un des moyens qui contribuent à préserver la confiance dans les cours et tribunaux. Par la transparence qu'elle donne à l'administration de la justice, elle aide à réaliser le but de l'article 6 § 1 de la Convention EDH : le procès équitable, dont la garantie compte parmi les principes de toute société démocratique au sein de la Convention » (*Aff. Pretto c/ Italie*, 8 décembre 1983, série A, nº 71 ; *Aff. Axen c/ Allemagne*, 8 décembre 1983, série A, nº 72 ; *Aff. Diennet c/ France*, 26 septembre 1995, *JCP* 1996, I, nº 3910, note F. Sudre).

L'exigence de publicité témoigne de la double mission dévolue à la notion de procès équitable, garantir l'existence d'un État de droit et garantir une protection juridictionnelle effective au justiciable (cf. *supra* nº 10-99).

10.123 ▸ Toute personne doit pouvoir assister aux audiences. Depuis Saint Louis sous son chêne, le principe n'a pas été modifié. Ce caractère public de la justice est essentiel au déroulement équitable du procès, car il préserve de la tentation de l'irrespect des garanties fondamentales. Agir au vu et au su de tous expose au jugement et au contrôle des autres. De façon générale, on cache ses vices beaucoup plus que ses qualités. C'est pourquoi « le danger d'arbitraire apparaît avec une netteté singulière là où le pouvoir d'appréciation s'exerce en secret » (*Aff. Valenzuela Contreras c/ Espagne*, 30 juillet 1998, § 46).

L'importance de ce constat a conduit la jurisprudence européenne à étendre le domaine d'application de la règle de publicité aux instances disciplinaires (*Aff. Le*

Compte, Van Leuven et De Meyere c/Belgique, 10 février 1983, série A, n° 5), alors que l'on aurait pu discuter du caractère civil du droit en cause. Les sanctions applicables par les autorités ordinales, en particulier la privation du droit d'exercer la profession libérale, ont permis d'appliquer les exigences de l'article 6, § 1 aux procédures disciplinaires.

Le principe de non-publicité des débats devant le Conseil de l'Ordre et la cour d'appel pour les questions disciplinaires qui a été retenu par le décret n° 91-1197 du 27 novembre 1991 organisant la profession d'avocat a ainsi donné lieu à saisine des juridictions nationales. Cour de cassation et Conseil d'État ont de concert refusé le grief tiré de la violation de la Convention au motif que l'intéressé pouvait demander que l'audience soit publique (Cass. civ. 1re, 10 janvier 1984, *Bull. civ.* I, n° 8). La liberté laissée au Conseil de l'Ordre de refuser la publicité n'a pas ensuite été jugée contraire à l'article 6, § 1, ce texte admettant le principe d'un refus pourvu qu'il soit dûment justifié (CE, 14 février 1996, *JCP* 1996, II, 22669).

PISTE DE RÉFLEXION

Justice et caméras.

Le secret et le droit au procès équitable. Orientations bibliographiques : *Secret et justice (Le secret entre éthique et technique ?)*, Colloque International 1998, éd. L'espace juridique, coll. dirigée par le Centre d'histoire judiciaire de Lille.

10.124 ▸ Permettre au justiciable de voir comment justice est rendue est aussi un moyen d'éduquer le citoyen. L'ambition pédagogique n'est pas exclue. La publicité des débats, mais aussi la publicité du jugement informent le citoyen sur le fonctionnement des institutions qui le gouvernent et sur les déviances comportementales faisant l'objet de sanction.

Cet aspect relatif à l'information est particulièrement flagrant s'agissant de la publicité du jugement qui tend, au sein de la jurisprudence européenne, à se confondre avec la diffusion dudit jugement. Tout mode de publicité est en effet admis par la Cour de Strasbourg et on observe que l'accès au droit et une meilleure lisibilité du système juridique est un des objectifs poursuivis (N. Fricero, *Droit et pratique de la procédure civile*, sous la dir. de S. Guinchard, Dalloz Action, 2017-2018, n° 212-70). C'est pourquoi l'information du seul justiciable partie au procès est insuffisante à satisfaire à l'exigence de publicité (*Aff. Werner c/Autriche*, 24 novembre 1997, *JCP* 1998, I, 107, note F. Sudre).

10.125 ▸ La publicité des débats et du jugement, enfin, permet de garantir la confiance des justiciables dans les institutions. La transparence de la justice est en effet un concept à l'opposé des États totalitaires. Elle est un élément indispensable pour qu'il y ait société démocratique.

La société occidentale contemporaine remet pourtant fortement en cause cette conclusion. La publicité donnée aux affaires judiciaires, essentiellement par les médias, peut aboutir au résultat inverse. La confiance des justiciables dans la justice et leurs représentants, les magistrats, sort fragilisée. La multiplication des recours devant la Cour EDH tendrait d'ailleurs à démontrer une certaine défiance à l'égard des décisions rendues par les juridictions nationales.

B - UNE NÉCESSAIRE HIÉRARCHIE ENTRE LES DIFFÉRENTS DROITS

10.126 ▸ Aux termes de l'article 6, § 1 de la Convention EDH, « Toute personne a droit à ce que sa cause soit entendue [...] publiquement [...] Le jugement doit être rendu publiquement, mais l'accès de la salle d'audience peut être interdit à la presse et au public pendant la totalité ou une partie du procès dans l'intérêt de la moralité, de l'ordre public ou de la sécurité nationale dans une société démocratique, lorsque les intérêts des mineurs ou la protection de la vie privée des parties au procès l'exigent, ou dans la mesure jugée strictement nécessaire par le tribunal, lorsque dans des circonstances spéciales la publicité serait de nature à porter atteinte aux intérêts de la justice ». La formulation de ce texte permet sans ambiguïté de conclure qu'il ne peut être dérogé à l'exigence de publicité du jugement (*Aff. Campbell et Fell c/ Royaume-Uni*, 28 juin 1984, § 90), seule la publicité des débats est concernée.

10.127 ▸ Les tempéraments apportés à la publicité des débats doivent être motivés par des impératifs jugés supérieurs aux garanties protégées par celle-ci (cf. *supra* n° 10-122).

Admettre que les audiences aient lieu en chambre du conseil ou à huis clos, c'est reconnaître une hiérarchie implicite entre les différents droits subjectifs octroyés aux individus. Les justifications sont nombreuses, ainsi qu'en témoigne l'article 6 § 1 précité.

Les autorités nationales dérogent habituellement à la règle de publicité lorsque le litige concerne la vie privée ou qu'un mineur est intéressé au litige. Le téléscopage de droits subjectifs potentiellement opposés conduit à minorer l'un au bénéfice de l'autre. Ceci n'est pas particulier au droit européen, ni bien sûr à la publicité des débats, mais à la prolifération contemporaine des droits subjectifs.

Mais toute juridiction peut estimer nécessaire au vu du litige de procéder à des débats en audience non publique et elle n'est pas tenue d'interroger le plaideur sur l'usage de cette faculté. Telle est la solution retenue par la Cour de cassation à propos d'une audience de suspension provisoire d'un huissier de justice associé mis en examen pour des faits d'abus de confiance dans l'exercice d'une activité de gestion immobilière pratiquée au sein d'une société créée de fait. La Cour retient « que si l'article 6.1 de la Convention reconnaît à l'huissier de justice, contre lequel une mesure de suspension provisoire est demandée, le droit de voir sa cause entendue publiquement, c'est à la condition que ce droit ait été invoqué devant la juridiction concernée avant la clôture des débats [...] ; que, M. X... n'ayant pas, de sa propre initiative, demandé à la cour d'appel de statuer en audience publique, le moyen tiré de la non-publicité des débats invoqué pour la première fois devant la Cour de cassation ne peut être accueilli » (Cass. civ. 1re, 1er mars 2005, n° 03-16439, inédit).

10.128 ▸ L'exigence de publicité peut également se heurter à des impératifs d'ordre collectif dépassant l'individu, ainsi pour l'ordre public, la moralité ou les intérêts de la justice.

Les juges pourront décider que l'audience se déroulera en chambre du conseil. Ils devront apprécier au vu des circonstances les raisons de la non-publicité des débats. L'approche devient casuistique. Dans l'*affaire Schuler-Zgraggen c/ Suisse*, la Cour de Strasbourg a par exemple considéré que l'efficacité de la justice pouvait justifier qu'il soit dérogé à la règle de la publicité des débats. Il est retenu que « l'organisation systématique de débats pourrait constituer un obstacle à la particulière diligence requise en matière de Sécurité sociale et, à la limite, empêcher le respect du délai raisonnable visé à l'article 6.1 de la Convention européenne » (24 juin 1993, § 58). Mais la seule réticence que pourraient avoir les professionnels de la finance de voir leur gestion contrôlée par le public, argument allégué par le gouvernement pour justifier à l'époque de la procédure l'absence de possibilité d'audience publique devant la Commission des opérations de Bourse, est insuffisante à justifier une entorse au principe de publicité des débats. Compte tenu des pouvoirs de sanction de la COB, et des conséquences de celle prononcée en l'espèce, la Cour juge compréhensible que l'on puisse voir dans le contrôle du public une condition nécessaire à la transparence et à la garantie du respect de ses droits, nonobstant la technicité des débats (*Vernes c/ France*, req. n° 30183/06, déf. 20 avril 2011).

§ 2 – LE JUGEMENT

10.129 ▸ Motivation (I) et exécution (II) de la décision de justice sont les garanties de l'effectivité du droit de recours reconnu par la Convention au justiciable.

I — LA MOTIVATION

10.130 ▸ Tout justiciable a droit à ce que sa cause soit entendue équitablement. La motivation de la solution retenue par les juges prouve, s'il en était besoin, que les prétentions du requérant ont été dûment examinées par le tribunal. Ce qui est d'autant plus nécessaire que les délibérations sont évidemment secrètes (sur le secret du délibéré et les particularités en matière de perquisitions au lieu des juridictions : Cass. crim., 29 septembre 2015, n° 15-83207, QPC, *Dr. pén.* 2015, comm. 150, A. Maron). Elle permet au justiciable de comprendre les raisons pour lesquelles il a ou non obtenu gain de cause et de décider d'exercer, éventuellement, les voies de recours qui s'offrent à lui. Cette obligation de motivation rayonne au-delà de la jurisprudence européenne et donne lieu également à contrôle par la CJUE. Toutefois, le non-respect de cette obligation ne saurait justifier que le moyen soit soulevé d'office par le juge sans que les parties aient été mises en mesure de présenter leurs observations. La motivation n'exonère pas de la contradiction, a rappelé la grand chambre de la CJUE (Affaire C-89/08 P, 2 décembre 2009).

La façon de motiver traduit également la nature du contrôle opéré par la juridiction saisie, ainsi pour les décisions de cour d'assises (*infra* n° 10-134), également pour les arrêts de la Cour de cassation (P. Deumier, « Repenser la motivation des arrêts de la Cour de cassation ? Raisons, identification, réalisation », *D.* 2015, 2022 ; P.-Y. Gautier, « Éloge du syllogisme », *JCP* G 2015, 902) sur fond de réforme (Ph. Théry, « Cours suprêmes : essai – manqué – de typologie et de définition », *D.* 2015, 1731).

L'existence de la motivation participe d'un procès équitable justifiant un contrôle par la Cour de Strasbourg (A). La motivation constituant le contenu du raisonnement juridique mené par les juridictions nationales, la délimitation de ce contrôle est essentielle pour comprendre les rapports existant entre la Cour EDH et nos juridictions (B).

A - L'EXISTENCE DE LA MOTIVATION

10.131 › Le droit à la motivation du jugement (Com. EDH, *Aff. X. c/ RFA*, 16 juillet 1981, req. n° 8769/79) est respecté chaque fois que les juges auront répondu, non à chaque argument, mais à chaque moyen soulevé par les parties (sur la distinction : *Aff. Jahnke et autres c/ France*, 29 août 2000, *JCP* 2000, II, 10435, note A. Perdriau). Il convient de préciser que si à l'examen du premier moyen, les magistrats accueillent les prétentions du requérant, il n'est pas besoin d'examiner les autres moyens qui seront surabondants. En revanche, lorsque le moyen est rejeté, il faut que les juges poursuivent l'examen de la cause par l'analyse des autres moyens. Le silence des magistrats sur un moyen équivaut alors à un défaut de réponse à conclusions. On ne saurait déduire de ce seul silence un rejet du moyen (*Aff. Higgins c/ France*, 19 février 1998, D. 1998, somm., p. 369, obs. N. Fricero). La Cour a cependant admis dans certains cas la motivation implicite lorsque le contenu formel des propositions formant la décision permettait de la déduire.

Lorsqu'il a été répondu dans les motifs et que la prétention n'est pas reprise dans le dispositif de la décision, on pourrait discuter de l'effectivité de la motivation. Celle-ci ne produit aucun effet juridique, sauf l'admission de motifs « décisoires » par ailleurs discutée. Faut-il considérer que l'obligation de motivation a été respectée par les magistrats ? La question n'a pas été à notre connaissance posée à la Cour de Strasbourg. En droit interne, il y a omission de statuer si le jugement omet de reprendre dans le dispositif une prétention sur laquelle il s'est expliqué dans les motifs (par ex. Cass. com., 22 janvier 2002, *Procédures*, avril 2002, n° 71). Or, l'absence de motivation est également une omission de statuer qui peut être rapprochée du déni de justice.

10.132 › L'existence de la motivation ne sera avérée que si les juges ont suffisamment étayé leur réponse (par ex. CE, sect. cont., 14 décembre 1992, n° 130261). Il ne suffit pas qu'ils visent le concept juridique contenu dans la législation sans autre développement. L'application de la loi générale aux circonstances de fait constituant le litige, l'argumentation juridique, le syllogisme judiciaire sont les éléments de la motivation. Mais une juridiction qui se contente de répéter les dispositions d'un texte et à conclure qu'elles s'appliquent à une espèce, ne motive pas sa décision (*Aff. Sakkopoulos c/ Grèce*, 15 janvier 2004, req. n° 61828/00). Dans l'*affaire Georgiadis c/ Grèce*, la Cour EDH fait ainsi grief aux juridictions grecques de n'avoir pas caractérisé en l'espèce la faute lourde du requérant exonérant l'État de sa responsabilité, ce qui aurait supposé « une appréciation des faits » et « des motifs plus détaillés » (29 mai 1997, § 43 ; *Aff. H. c/ Belgique*, 30 novembre 1987, § 22).

10.133 ▸ Chaque fois que le juge jouira d'un pouvoir discrétionnaire, l'énoncé des motifs doit-il être obligatoire ? Il est constant, en droit français, qu'« une juridiction qui se prononce discrétionnairement échappe au contrôle de la Cour de cassation sans même avoir à motiver sa décision » (A. Perdriau, « Le pouvoir discrétionnaire des juges du fond », *LPA*, 15 novembre 2001, n° 228, p. 8 s.). La Cour de cassation, elle-même, s'abstrait parfois de l'obligation de motivation sans que cela soit sans danger. Elle a notamment affirmé, de façon lapidaire selon un commentateur, « le pourvoi revêt un caractère abusif » sans motiver sa décision (Cass. civ. 2e, 17 mars 2011, n° 10-16335, C. Atias, « L'abandon d'un principe fondamental. La dispense de motivation de la condamnation pour abus de procédure », *D.* 2011, 1228).

Le caractère discrétionnaire, et non pas souverain, du pouvoir reconnu au juge remet fondamentalement en cause le principe d'un contrôle par une juridiction supérieure (X. Vuitton, « L'article 6, § 1 de la Convention EDH à l'assaut du pouvoir discrétionnaire du juge civil », *JCP* G. 2014, doct. 218). La différence tient dans la nature du contrôle lorsque le pouvoir d'appréciation est souverain, dans l'inexistence du contrôle lorsque le pouvoir d'appréciation est discrétionnaire. Dans le premier cas, la juridiction supérieure n'a pas à vérifier la pertinence de la motivation bien qu'elle doive vérifier son existence. Dans le second, l'existence de la motivation ne doit pas être contrôlée. Cette différence justifie, semble-t-il, une solution récente où pour écarter les griefs exposés contre un arrêt d'appel, ayant octroyé une indemnité sur le fondement de l'article 700 du Code de procédure civile, constitués de la violation de l'article 7 et de l'article 455 du même code, la Cour de cassation a énoncé de façon laconique que l'application de l'article 700 relève du pouvoir discrétionnaire du juge (Cass. civ. 2e, 10 octobre 2002, *Rev. droit et procéd.*, mars 2003 ; solution réitérée par la même chambre le 7 novembre 2002, n° 01-00861, inédit).

10.134 ▸ L'obligation de motivation ne serait donc pas absolue. C'est d'ailleurs en ce sens que certains arrêts de la Cour EDH pouvaient être interprétés. À propos d'un verdict rendu par un jury d'assises, dont on sait que les membres statuent en se fondant sur leur intime conviction, la Cour EDH avait estimé que « si le jury n'a pu répondre que par oui ou par non à chacune des questions posées par le Président, ces questions formaient une trame sur laquelle s'est fondée sa décision », il était ajouté que « la précision de ces questions permet de compenser adéquatement l'absence de motivation des réponses du jury » (*Aff. Papon c/ France*, 15 novembre 2001, req. n° 54210/00). L'arrêt *Taxquet c/ Belgique* était venu nuancer le propos (CEDH, 13 janvier 2009, req. n° 926/05). Dans cette affaire, le requérant, invoquant notamment l'affaire *Papon* précitée, reprochait à la Belgique l'absence de motivation de la décision de la cour d'assises, d'autant plus qu'aucun recours n'était possible en appel. La Cour considéra effectivement « que si l'on peut admettre qu'une juridiction supérieure motive ses décisions de manière succincte, en se bornant à faire sienne la motivation retenue par le premier juge, il n'en va pas forcément de même pour une juridiction de première instance, statuant au plus au pénal » (considérant 44), En l'espèce, elle releva que les questions n'étaient pas individualisées et rappella qu'elle avait déjà été amenée à sanctionner la Belgique pour cette raison (*Goktepe c/ Belgique*, n° 50372/99, 2 juin 2005). Mais c'est dans le considérant 48 que la

Cour EDH révéla le fondement même d'une obligation de motivation suffisante : « Or, en l'espèce, la formulation des questions posées au jury était telle que le requérant était fondé à se plaindre qu'il ignorait les motifs pour lesquels il avait été répondu positivement à chacune de celles-ci, alors qu'il niait toute implication personnelle dans les faits reprochés ». La Cour estimait donc que ces réponses laconiques à des questions formulées de manière vague et générale ont pu donner au requérant l'impression d'une justice arbitraire et peu transparente. Sans au moins un résumé des principales raisons pour lesquelles la cour d'assises s'est déclarée convaincue de la culpabilité du requérant, celui n'était pas à même de comprendre – et donc d'accepter – la décision de la juridiction. Cela revêt toute son importance en raison du fait que le jury ne tranche pas sur base du dossier mais sur base de ce qu'il a entendu à l'audience. Il est donc important, dans un souci d'expliquer le verdict à l'accusé mais aussi à l'opinion publique, au « peuple », au nom duquel la décision est rendue, de mettre en avant les considérations qui ont convaincu le jury de la culpabilité ou de l'innocence de l'accusé et d'indiquer les raisons concrètes pour lesquelles il a été répondu positivement ou négativement à chacune des questions ».

La Cour EDH a ensuite nuancé sa position en Grande Chambre, jugeant que les « garanties procédurales » dont doit bénéficier tout accusé aux assises, peut consister « en des questions précises », soumises au jury par le président de la cour d'assises, « de nature à former une trame apte à servir de fondement au verdict » (CEDH, 16 novembre 2010, n° 926/05, *Taxquet c/Belgique*, qui reste condamnée : *Gaz. Pal.* 30 novembre 2010, note M. Bougain ; *D.* 2010, 2841, obs. O. Bachelet et 2011, 47, note J.-Fr. Renucci et 48, note J. Pradel ; *JCP* 2010, doctr. 1228, H. Matsopoulou et 1250, Fr. Sudre ; *Rev. sc. crim.* 2011/1, 214, obs. Marguénaud ; *JDI* 2011, 1313, obs. O. Bachelet). En France, la Cour de cassation, après avoir jugé que le système français était conforme à la Convention EDH (Cass. crim., 14 octobre 2009 : *Gaz. Pal.* 10 novembre 2009, note J. Fr. Renucci ; *D.* 2009, 2545, obs. K. Gachi, 2778, note J. Pradel et 2010, 39, chron. A. Leprieur, n° 1 ; *JCP n°* 47, 16 novembre 2009, n° 456, p. 21, note H. Matsopoulou ; confirmé par Cass. crim., 20 janvier 2010, quatre arrêts, *Procédures,* avril 2010, n° 129, obs A.-S. Chavent-Leclère et, pour les cours d'assises spécialement composées, par Cass. crim., 15 juin 2011, n° 09-87135) et refusé de transmettre au Conseil constitutionnel une QPC sur ce sujet (Cass. QPC, 19 mai 2010, trois arrêts, *D.* 2010, 2236, chron. H. Nico ; *RTD civ.* 2010/3, 508, obs. P. Deumier ; *Rev. sc. crim.* 2011 / 1, 190, obs. B. de Lamy), a finalement accepté de transmettre une telle QPC le 19 janvier 2011 (Cass. crim., 19 janvier 2011, n° 10-85305 et 10-85159 : *JCP* 2011, 141 ; *D.* 2011, 800, note Perrier ; *Rev. sc. crim.* 2011/2, 423, obs. J. Danet). Le Conseil constitutionnel a jugé le 1er avril 2011 que « l'obligation de motiver les jugements et arrêts de condamnation constitue une garantie légale du principe constitutionnel selon lequel la procédure pénale doit garantir contre toute forme d'arbitraire dans le jugement des affaires pénales. Si la Constitution ne confère pas à cette obligation de motivation un caractère général et absolu, l'absence de motivation en la forme ne peut trouver de justification qu'à la condition que soient instituées par la loi des garanties propres à exclure l'arbitraire » (*Commentaires :* O. Bachelet, *Gaz. Pal.* 5 avril 2011, doctr. W. Mastor et B. de Lamy, *D.* 2011, 1154. J.-B. Perrier, *D.* 2011, 1156 ; *LPA* 27 juillet 2011, n° 148, p. 15, note A. Maurin et A. Le Quinio, *Constitutions,*

2011/3, 361, note A. Cappello). Mais, après avoir examiné l'ensemble des garanties posées par le Code de procédure pénale relativement aux débats devant la cour d'assises et aux modalités de sa délibération, le Conseil a écarté le grief tiré de ce que les dispositions critiquées laisseraient à cette cour un pouvoir arbitraire pour décider de la culpabilité d'un accusé. Depuis le 1er janvier 2012 (CPP, art. 3651), la motivation des arrêts d'assises a été imposée par la loi n° 2011939 du 10 août 2011, dans des conditions ainsi définies : le président de la cour ou l'un des magistrats assesseurs par lui désigné rédige la motivation de l'arrêt ; en cas de condamnation, la motivation consiste dans l'énoncé des principaux éléments à charge qui, pour chacun des faits reprochés à l'accusé, ont convaincu la cour d'assises ; ces éléments sont ceux qui ont été exposés au cours des délibérations menées par la cour et le jury, en application de l'article 356, CPP, préalablement aux votes sur les questions. La motivation figure sur un document annexé à la feuille des questions appelé feuille de motivation, qui est signée conformément aux dispositions de l'article 364, CPP. Lorsqu'en raison de la particulière complexité de l'affaire, liée au nombre des accusés ou des crimes qui leur sont reprochés, il n'est pas possible de rédiger immédiatement la feuille de motivation, celle-ci doit alors être rédigée, versée au dossier et déposée au greffe de la cour d'assises au plus tard dans un délai de trois jours à compter du prononcé de la décision. En tout état de cause, il ne sera pas demandé « compte à chacun des juges composant la cour d'assises des moyens par lesquels ils se sont convaincus ». Le ministère de la Justice a publié une circulaire de modèles-types de motivation des arrêts d'assises, le 15 décembre 2011 (NOR : JUSD1134281C, *BOMJL*, 30 décembre 2011). Mais pour les cours d'assises spéciales, c'est-à-dire composées uniquement de juges professionnels, la règle antérieure demeure, selon la cour de cassation en tout cas (Cass. crim., 15 juin 2011, *D.* 2011, 2258, note Pradel).

L'absence de motivation en raison du caractère discrétionnaire du pouvoir reconnu à ceux ayant mission de juger est à notre sens discutable. L'intelligibilité de la décision passe par la compréhension des motifs ayant donné lieu à l'élaboration de la sentence.

La Cour européenne a ainsi condamné la France dans l'affaire *Agnelet* pour n'avoir pas offert au requérant les moyens et garanties suffisants pour comprendre le verdict de la cour d'appel d'assises le condamnant à la réclusion pour vingt ans (CEDH, 5e section, 10 janvier 2013, définitif 1er février 2013, *Agnelet c/ France*, req. n° 61198/08, *Procédures* 03/2013, comm. 72, N. Fricero ; le même jour : n° 60995/09, *Voica c/ France*, n° 44446/10, *Oulahcene c/ France*, n° 30010/10, *Fraumens c/ France ; Procédures* 03/2013, comm. 77, A.-S. Chavent-Leclère ; *D.* 2013, 615, note J.-F. Renucci ; F. Sudre, « Droit de la Convention européenne des droits de l'homme », *JCP* G. 2013, doct. 855 ; F. Saint-Pierre, « L'affaire Agnelet [...] une évolution majeure de la justice criminelle », *JCP* G. 2014, 551 ; CEDH, 5e sect., 21 mai 2015, n° 10485/13, *Haddad c/ France* ; CEDH, 5e sect., 21 mai 2015, n° 23487/12, *Peduzzi c/ France*, *Procédures* 2015, comm. 242, J. Buisson). La compréhension cependant du verdict ne s'oppose pas à la forme des jurys populaires (F. Laffaille, « La Cour EDH et la (non) motivation des verdicts de cour d'assises », *JCP* G 25 février 2013, 247).

La Cour européenne avait cependant implicitement dans l'affaire *Agnelet* validé les feuilles de motivation du nouvel article 365-1 CPP. Elle le confirme de façon explicite dans l'affaire *Matis c/France* dans les termes suivants : « le nombre et la précision des éléments factuels énumérés dans la feuille de motivation [...] sont de nature à permettre à la requérante de connaître les raisons de sa condamnation » (CEDH, déc., 6 octobre 2015, nº 43699/13, *JCP* G, 1254, obs. F. Sudre ; v. aussi Cass. crim., 8 juillet 2015, nº 14-83693, *JCP* G 2015, 1064, P.-J. Delage).

La chambre criminelle de la Cour de cassation, dans trois arrêts en date du 8 février 2017 (nº 15-86914, nº 16-80389, nº 16-80391, *Dalloz act.*, 21 février 2017, S. Fucini) a précisé que seule la culpabilité de l'accusé doit être motivée et non la peine prononcée.

Pour conclure la question de la nécessité ou non d'une motivation des décisions de justice, il faut relever que les avis de la Cour de cassation ne sont pas soumis à l'obligation de motivation en raison de l'absence de caractère juridictionnel sans doute, de l'absence de caractère contraignant ensuite. Avec le professeur H. Fulchiron, on peut se demander s'il ne serait pas temps au vu de l'importance prise par ces avis, d'exiger de la part de la Cour motivation de ses solutions (H. Fulchiron, « Le juge et l'oracle, brèves observations sur la (non)-motivation des avis de la Cour de cassation », *D.* 2015, 21).

B - LA DÉLIMITATION DE L'OBJET DU CONTRÔLE

10.135 ▸ La Cour EDH devient-elle une Cour de cassation européenne ? La question a été posée à propos d'un arrêt opposant Mme Dulaurans à la France (*Aff. Dulaurans c/France*, 21 mars 2000, *Procédures*, 09/2000, nº 186, p. 18 s., obs. H. Croze, N. Fricero ; *RTD civ.*, 2000, p. 636, obs. R. Perrot ; v. aussi CEDH, 29 août 2000, *JCP* 2000, II, 10434, note A. Perdriau ; plus récemment note critique de P.-Y. Gautier, sous CEDH, nº 30812/07, *Trevalec c/Belgique*, 25 juin 2013, *D.* 2013, 2106 et 2139, note O. Sabard). La requérante avait à trois reprises – en première instance, en appel et devant la Cour de cassation – invoqué la nullité de deux mandats de vente pour non-respect des conditions de forme requises par la loi du 2 janvier 1970. Pour rejeter le pourvoi, la Cour de cassation déclare le moyen nouveau, donc irrecevable. La requérante soutenait que « la constatation de la pluralité de mandats relatifs à des opérations bien distinctes caractérisait l'accomplissement d'une manière habituelle d'opérations portant sur les biens d'autrui » justifiant l'application de ce texte.

Une requête est déposée devant la Cour EDH, la Cour de cassation s'étant fondé sur une constatation manifestement inexacte. Pour justifier la position de la Cour, le gouvernement fait valoir que, devant les juges du fond, Mme Dulaurans ne se serait pas appuyée sur le caractère habituel de la mission confiée au mandataire en invoquant la simultanéité des deux mandats qui lui furent confiés. L'argument est rejeté par la Cour de Strasbourg. Il est notamment relevé que la cour d'appel avait affirmé que le mandataire ne se livrait pas d'une manière habituelle aux opérations visées par la loi, ce qui laissait clairement supposer que le moyen avait bien été invoqué devant les juges du fond. L'irrecevabilité du moyen présenté devant la Cour de cassation est par conséquent « le résultat d'une erreur manifeste d'appréciation de la part des juges » (§ 38).

10.136 ▸ Le contrôle de la motivation des décisions de justice rendues par les juridictions nationales se limite à l'existence, et donc au caractère suffisant de la motivation, non à la pertinence des motifs retenus par les juges. L'exigence de motivation a ainsi été requise en cas de refus de renvoi préjudiciel par un juge national à la Cour de justice de l'Union européenne (CEDH, 8 avril 2014, n° 17120/09, *Dhabi c/ Italie*, *Europe* 2014, D. Simon, repère 7 : *Procédures* 2014, comm. 174, N. Fricero).

Faut-il conclure de l'*affaire Dulaurans* une modification de la jurisprudence de la Cour ? Une réponse négative doit être apportée.

En premier lieu, il faut rappeler que si, de façon traditionnelle, la Cour EDH ne s'estime pas compétente « pour examiner des erreurs de fait ou de droit prétendument commises par les juridictions internes », elle n'a jamais exclu la possibilité de sanctionner les États dont « les juridictions ont tiré des conclusions arbitraires des faits qui leur étaient soumis ou interprété de manière manifestement déraisonnable les textes applicables » (*Aff. SG c/ France*, 11 juillet 2000, req. n° 40669/98). Le principe de solution doit être rapproché du principe énoncé par la Commission EDH dans l'*affaire Fouquet c/ France* où il est soutenu que « l'obligation de motivation perd tout son sens si la motivation elle-même démontre que les juges n'ont pas lu les pièces essentielles du dossier » (12 octobre 1994, req. n° 20398/92 ; S. Guinchard, « Le droit a-t-il encore un avenir devant la Cour de cassation ? (Qui cassera les arrêts de la Cour de cassation ?) », *Mélanges Terré*, 1999, p. 761). Dans l'*affaire Dulaurans*, la Cour EDH ne fait que sanctionner l'erreur manifeste d'appréciation de la Cour de cassation.

En second lieu, cette erreur porte sur le caractère nouveau du moyen par l'analyse des éléments figurant dans le dossier de procédure. Le bien-fondé du moyen n'était pas en cause, et il est peu probable, s'il l'avait été, que la Cour EDH se soit livrée à un contrôle de la motivation au fond, à savoir les mandats de vente devaient-ils ou non respecter les prescriptions de la loi du 2 janvier 1970 ?

10.137 ▸ Au-delà, on peut s'interroger, de façon prospective, sur l'utilité que pourrait constituer le contrôle du contenu de la motivation par la Cour EDH, autrement dit la vérification de la pertinence des motifs. Ce serait évidemment admettre *de lege ferenda* que la Cour de Strasbourg doive être hiérarchiquement supérieure aux plus hautes juridictions des États signataires. Perte de souveraineté diront les uns, unité dans la construction d'une Europe des droits de l'homme répondront les autres...

II – L'EXÉCUTION

10.138 ▸ L'exécution du jugement est l'un des éléments-clés du procès. Il ne sert à rien d'avoir raison, si l'on ne peut obtenir l'exécution de la sentence. Le jugement en tant que titre exécutoire est protégé par l'article 6, § 1 de la Convention EDH. Cette protection s'inscrit dans un mouvement plus large intéressant le droit européen.

Avec le traité d'Amsterdam, l'Union européenne a « communautarisé » la coopération judiciaire afin de favoriser la construction d'un espace judiciaire européen. Dans le cadre de cet espace de justice, la reconnaissance et l'exécution des décisions sont une priorité, laquelle est soumise aux règles protectrices de l'article 6, § 1 de la Convention EDH. « En matière de contestation dont l'issue est déterminante pour des droits de caractère civil, l'article 6, paragraphe 1, de la Convention s'applique à l'exécution des jugements étrangers passés en force de chose jugée » (*Sholokhov c/Arménie et Moldova*, n° 40358/05, § 66, 31 juillet 2012, et *McDonald c/France* (déc.), n° 18648/04, 29 avril 2008). L'égalité des armes doit être appliquée au domaine particulier de la signification et la notification des actes judiciaires et notamment à la vérification du temps utile laissé au requérant pour organiser sa défense (CEDH, 4e sect., 25 février 2014, n° 17502/07, *Avoti š c/Lettonie*, *Procédures* 2014, comm. 106, N. Fricero). Participant de la même réflexion, le Conseil de l'Europe a entamé une réflexion sur le statut des agents de l'exécution dans son projet de recommandation sur l'exécution des décisions de justice réalisé en août 2002 par le Comité d'experts pour l'efficacité de la justice (CEEJ).

Le livre vert du 6 mars 2008 sur l'exécution effective des décisions judiciaires dans l'Union européenne s'inscrit dans cette perspective. Il s'agit par le moyen dit de la transparence du patrimoine des débiteurs de donner aux agents d'exécution les outils de l'exécution (COM (2008) 128 final). Tout le monde s'accorde sur l'existence d'un droit à l'exécution et sur le fait que l'exécution rapide et efficace des jugements est incluse dans les droits exposés dans la Convention EDH, conformément à l'analyse de la Cour EDH. Mais l'exécution effective de la décision suppose la saisie des biens du débiteur laquelle dépend de l'exacte localisation de ce dernier et de l'identification précise de son patrimoine. Lorsque les actifs du débiteur sont dispersés sur un autre État membre que celui du créancier, voire plusieurs États membres, le recouvrement de la créance sera d'autant plus délicate. La transparence patrimoniale est donc une condition préalable à l'exécution des décisions de justice.

PISTE DE RÉFLEXION

Un espace de justice en Europe. Orientations bibliographiques : N. Fricero, « Le droit européen à l'exécution des jugements », *Dr. et procéd.*, janvier 2001, p. 6 ; S. Guinchard, « Le procès équitable : droit fondamental ? » *AJDA* 1998, n° spécial, p. 208 ; J. Isnard, D. Hector, « Les deux visages de l'esquisse d'un droit de l'exécution dans l'Union européenne : l'exequatur simplifié et le titre exécutoire européen », *Dr. et procéd.*, janvier 2001, p. 11 ; J. Normand, « Les effets juridiques du passeport judiciaire », *in Les moyens modernes de transmission des actes judiciaires et extrajudiciaires en Europe*, Colloque international de Paris des 21 et 22 octobre 1999, éd. EJT, 2001 ; « La libre circulation des jugements dans l'espace européen », *RRJ* 2003 ; « Le titre exécutoire européen », *Dr. et procéd.*, juin 2002 ; Colloque *Droit processuel et droit de l'exécution* organisé à Paris par l'Union internationale des huissiers de justice les 4 et 5 juillet 2001, éd. EJT, 2002 ; sur les différents règlements adoptés en matière d'exécution : M. Douchy, B. Menut, *Transmission des actes juridiques*, éd. Litec, coll. « Pratique prof. », 2002.

10.139 › Pour l'heure, la Cour EDH s'emploie à protéger le droit à l'exécution du jugement au titre du procès équitable (A), alors que les voies d'exécution proprement dites bénéficient de la garantie des droits offerte par l'article 6 § 1 de la Convention EDH (B). La question se pose essentiellement en matière civile, mais il n'est pas à exclure qu'elle puisse présenter quelque utilité lorsque la condamnation pénale prend la forme d'une amende.

A - LE DROIT À L'EXÉCUTION DU JUGEMENT

10.140 ▸ L'exécution est partie intégrante du procès car elle participe de la protection judiciaire effective garantie au justiciable (1) et trouve indirectement pour soutien l'article 1er du protocole n° 1 (2).

1) L'exécution, partie intégrante du procès

10.141 ▸ Il faut attendre 1997 pour que la Cour EDH reconnaisse expressément que le respect d'un procès équitable suppose que le justiciable ait un droit à l'exécution du jugement. Jusqu'alors, la Cour avait indirectement appliqué l'article 6 § 1 à l'exécution en incluant dans l'appréciation du délai raisonnable de la procédure le temps de la réalisation du droit revendiqué (v. not. *Aff. Di Pede c/ Italie*, § 22 et *Aff. Zappia c/ Italie*, § 18, 26 septembre 1996, *JCP* 1997, I, 4000, n° 28, obs. F. Sudre ; *D.* 1997, somm., 209, obs. N. Fricero). Il s'agit de la fameuse *affaire Hornsby*. En l'espèce, le requérant reprochait à l'administration de ne pas avoir mis en application deux arrêts du Conseil d'État. Le gouvernement prétendait pour sa part que ce grief ne tombait pas sous le coup de l'article 6, le problème ne concernant pas l'examen judiciaire portant sur l'existence éventuelle de leurs droits.

Après avoir rappelé le droit reconnu à tout justiciable de recourir devant un tribunal impartial et indépendant, la Cour ajoute dans deux considérants ce qui devait ultérieurement fonder le droit à l'exécution : « Toutefois, ce droit serait illusoire si l'ordre juridique interne d'un État contractant permettait qu'une décision judiciaire définitive et obligatoire reste inopérante au détriment d'une partie. En effet, on ne comprendrait pas que l'article 6 § 1 décrive en détail les garanties de procédure – équité, publicité et célérité – accordées aux parties et qu'il ne protège pas la mise en œuvre des décisions judiciaires ; si cet article (art. 6-1) devait passer pour concerner exclusivement l'accès au juge et le déroulement de l'instance, cela risquerait de créer des situations incompatibles avec le principe de la prééminence du droit que les États contractants se sont engagés à respecter en ratifiant la Convention. L'exécution d'un jugement ou arrêt, de quelque juridiction que ce soit, doit donc être considérée comme faisant partie intégrante du « procès » au sens de l'article 6 ; la Cour l'a du reste déjà reconnu dans les affaires concernant la durée de la procédure [...] ».

Ces affirmations revêtent encore plus d'importance dans le contexte du contentieux administratif, à l'occasion d'un différend dont l'issue est déterminante pour les droits civils du justiciable. En introduisant un recours en annulation devant la plus Haute Juridiction administrative de l'État, celui-ci vise à obtenir non seulement la disparition de l'acte litigieux, mais aussi et surtout la levée de ses effets. Or la protection effective du justiciable et le rétablissement de la légalité impliquent l'obligation pour l'administration de se plier à un jugement ou arrêt prononcé par une telle juridiction. La Cour rappelle à cet égard que « l'administration constitue un élément de l'État de droit et que son intérêt s'identifie donc avec celui d'une bonne administration de la justice. Si l'administration refuse ou omet de s'exécuter, ou encore tarde à le faire, les garanties de l'article 6 dont a bénéficié le justiciable pendant la phase judiciaire de la procédure perdraient toute raison d'être » (*Aff. Hornsby c/Grèce*, 19 mars 1997, *JCP* 1997, II, 22949, note F. Sudre ; *D.* 1998, 75, note N. Fricero ; *RTD civ.* 1997, p. 1009, obs. J.-P. Marguénaud ; *JTDE*, 1998, p. 41, obs. P. Lambert).

10.142 ▸ Il résulte de cette décision que l'exécution du jugement garantit le droit au procès équitable pour le justiciable ainsi que l'existence d'une société démocratique lorsque ladite exécution incombe à l'administration du pays concerné (cf. *supra* n° 10-99). Il y aura violation du droit chaque fois que l'on opposera un refus (*Aff. Antonakopoulos et autres c/Grèce*, 14 décembre 1999, § 26, *JCP* 2000, I, 203, obs. F. Sudre), que l'on constatera une omission (*Aff. Burdov c/Russie*, 7 mai 2002, *Dr. et procéd.*, septembre 2002, p. 290, obs. N. Fricero) ou encore un retard (*Aff. P. M., Lunari, Tanganelli c/Italie*, 11 janvier 2001, *Dr. et procéd.*, mai 2001, p. 170, obs. J.-P. Marguénaud) dans la réalisation du droit visé au jugement. L'Italie a ainsi été condamnée pour n'avoir pas respecté le délai de six mois pendant lequel la décision judiciaire prononcée devait être exécutée par l'État, le versement d'intérêts moratoires ayant été jugé indifférent (*Follo et al. c/Italie*, req. n° 28433/03, 28434/03, 28442/03, 28445/03 et 28451/03, 31 janvier 2012). Il est rappelé qu'en ce qui concerne l'article 6 § 1 de la Convention EDH, la Cour EDH rappelle avoir déjà admis qu'une administration puisse avoir besoin d'un certain laps de temps pour procéder à un paiement. Néanmoins, s'agissant d'un recours indemnitaire visant à redresser les conséquences de la durée excessive de procédures, ce laps de temps ne devrait généralement pas dépasser six mois à compter du moment où la décision d'indemnisation est devenue exécutoire. En l'espèce, il s'agissait d'une indemnisation « pinto » du nom donné à la loi n° 89 du 24 mars 2001, dite « loi Pinto ».

La Cour européenne rappelle, de façon désormais régulière, que « les États ont l'obligation positive de mettre en place un système qui soit effectif en pratique comme en droit et qui assure l'exécution des décisions judiciaires définitives entre personnes privées (CEDH, 7 juin 2005, *Fouklev c/Ukraine*, n° 71186/01, § 84). La responsabilité des États concernant l'exécution d'un jugement par une personne de droit privé peut dès lors se trouver engagée si les autorités publiques impliquées dans les procédures d'exécution manquent de la diligence requise (Pour une pension de retraite réévaluée six ans après le jugement le prévoyant : CEDH, 1re sect., 3 décembre 2015, n° 6314/12, *Kantarelis c/Grèce*, *Procédures* 2016, comm. 55, N. Fricero) ou encore empêchent l'exécution » (CEDH, 1re sect., 10 avril 2014, n° 5238/10, *Terebus c/Portugal*, *Procédures* 2014, comm. 173, N. Fricero : absence d'exécution d'une décision transfrontière).

La France a de pareille manière été condamnée pour non-respect du droit au logement sanctionné par une décision de justice : « en s'abstenant, pendant plusieurs années, de prendre les mesures nécessaires pour se conformer à une décision judiciaire définitive et exécutoire de logement d'une personne dans le cadre de la loi DALO, les autorités nationales ont privé les dispositions de l'article 6, paragraphe 1, de la Convention européenne de sauvegarde des doits de l'homme de tout effet utile. La pénurie de logements disponibles ne constitue pas un motif légitime justifiant la carence de l'État qui ne peut prétexter du manque de fonds ou d'autres ressources pour ne pas honorer une obligation résultant d'une décision de justice » (N. Fricero, obs. ss CEDH, 5e sect., 9 avril 2015, nº 65829/12, Tchokontio Happi c/ France, Procédures 2015, comm. 191).

10.143 ▸ La violation du droit à l'exécution du jugement ne sera bien évidemment constatée que si le jugement pouvait légitimement faire l'objet d'une exécution. Il faut donc exclure les décisions qui ne sont pas encore passées en force de chose jugée ou pour lesquelles un texte particulier justifie qu'il soit sursis à l'exécution.

PISTE DE RÉFLEXION

La radiation faute d'exécution et la Convention EDH ? Orientations bibliographiques : CA Colmar, 30 avril 2007, D. 2008, p. 204, note V. Norguin ; débat précédent : L. Cadiet, *JCP* 4 septembre 2002, Act., 346 ; J.-M. Coulon, *LPA*, nº 125, 24 juin 2002, p. 4 ; S. Guinchard, « Un bon exemple de la France d'en haut contre la France d'en bas : le projet de suppression de l'effet suspensif de l'appel », *LPA*, 5 juin 2002 ; « Pour une exécution provisoire à visage humain et le droit de libre critique des choses de la Justice », *LPA*, nº 215, 28 octobre 2002 ; Ph. Hoonakker, L'exécution immédiate ou la protection renforcée du perdant », *LPA*, nº 247, 11 décembre 2002 ; Th. Le Bars, « Vers une suspension de l'effet suspensif de l'appel ? », *D.* 2002, p. 1987 ; J. Villacèque, *D.* 2002, p. 1989.

10.144 ▸ Progressivement, le droit à l'exécution du jugement semble devenir un droit à l'exécution tout court. Tel est le sens à donner à l'*affaire Estima Jorge c/ Portugal* où a été appliqué l'article 6 § 1 de la Convention européenne des droits de l'homme à un acte notarié reconnaissant une créance (*Aff. Estima Jorge c/ Portugal*, 21 avril 1998, *D.* 1998, somm., 369, obs. N. Fricero ; *JCP* 1999, I, 105, nº 21, obs. F. Sudre). La Cour de Strasbourg tend à reconnaître un droit à l'exécution pour tout titre exécutoire que celui-ci soit judiciaire ou non. Le droit à l'exécution a été cependant consacré trop récemment pour que l'affirmation soit péremptoire. Seules les décisions à venir de la Cour permettront de dire si cette tendance prend corps dans une véritable jurisprudence.

2) Le soutien de l'article 1er du Protocole additionnel nº 1 : inexécution et respect des biens

10.145 ▸ L'article 1er du Protocole nº 1 dispose que : « Toute personne physique ou morale a droit au respect de ses biens. Nul ne peut être privé de sa propriété que pour cause d'utilité publique et dans les conditions prévues par la loi et les principes généraux du droit international (al. 1). Les dispositions précédentes ne portent pas atteinte au droit que possèdent les États de mettre en vigueur les lois qu'ils jugent nécessaires pour réglementer l'usage des biens conformément à l'intérêt général ou pour assurer le paiement des impôts ou d'autres contributions ou des amendes (al. 2) ».

L'un des spécialistes de la Cour EDH a synthétisé l'interprétation de ce texte par la Cour depuis une vingtaine d'années : « Au sens de la jurisprudence européenne, l'article comprend l'affirmation d'un principe général par la première phrase de l'alinéa premier (droit au respect des biens incluant les créances de réparation : *Aff. Maurice c/ France* et *Draon c/ France* précitées) et trois droits particuliers du propriétaire : le droit à une protection contre la privation de la propriété (2e phrase de l'al. 1), le droit à une protection contre la réglementation de l'usage des biens (al. 2) et le droit à une protection, sur le fondement de la première phrase de l'alinéa 1er envisagée sous un autre angle, de toutes les atteintes au droit de propriété qui n'ont pas pu être préalablement qualifiées de privation de propriété ou de réglementation de l'usage des biens » (J.-P. Marguénaud, obs. ss. *Aff. P. M, Lunari, Tanganelle c/ Italie* précité, n° 6).

10.146 ▸ À première vue, ce texte intéresse davantage le droit de propriété que le droit à un procès équitable. Il n'est pas indifférent de constater que dans de nombreuses affaires ayant un rapport avec la violation alléguée du droit à l'exécution, le requérant s'appuie également sur la violation de l'article 1 du Protocole n° 1 (cf. *supra* n° 10-81).

Le plus souvent, l'inexécution de la décision de justice par l'administration conduit à une violation du droit au respect des biens du requérant. Ainsi, dans l'*affaire Antonetto c/ Italie* du 20 juillet 2000 (déf. 20 octobre 2000, req. n° 5918/89, § 31 s.), la requérante faisait valoir que l'inexécution par l'administration italienne de l'arrêt du Conseil d'État rendu en sa faveur avait eu pour effet de violer le respect de ses biens. La Cour admet que l'inexécution a eu pour conséquence « le maintien en l'état de l'immeuble construit irrégulièrement, alors que cet immeuble privait partiellement de vue et de lumière la maison de la requérante en en réduisant ainsi la valeur. Dans ces circonstances, les autorités italiennes sont responsables de l'ingérence dans le droit de propriété de la requérante ; l'ingérence en question ne constitue ni une expropriation, ni une réglementation de l'usage des biens, mais relève de la première phrase du premier alinéa de l'article 1 » (§ 34).

Au visa des articles 6, 13 de la CESDH et de l'article 1 du protocole n° 1 « toute personne a droit à une exécution effective et dans un délai raisonnable des jugements imposant aux autorités une obligation en nature ». Lorsque l'inexécution est telle dans un État et que les requêtes se multiplient, celle-ci « relève d'un problème structurel, la Cour européenne peut statuer selon la procédure de l'arrêt pilote et donner à l'État un délai d'un an pour se mettre en conformité, en coopération avec le Comité des ministres » (pour une application récente : CEDH, 1re sect., 1er juillet 2014, n° 29920/05 et s., *Gerasimov et a. c/ Russie*, *Procédures* 2014, comm. 234, N. Fricero).

L'effectivité du droit à l'exécution des décisions de justice trouve un soutien non négligeable dans cet article 1 qui permet une estimation plus exacte du dommage matériel provenant de l'inexécution et donc de la satisfaction équitable allouée au titre de l'article 41 de la Convention (v. aussi *Aff. Iatridis c/ Grèce*, 25 mars 1999, req. n° 31107/96, § 51 s.).

Chaque fois que l'ingérence dans le respect ou l'usage des biens sera fondée sur la violation du droit à l'exécution du jugement, la responsabilité de l'État devrait donc être engagée pour violation cumulée de l'article 1 du Protocole additionnel n° 1 et de l'article 6, § 1 de la Convention (*Aff. Karahalios c/ Grèce*, 11 décembre 2003, req. n° 62503/00). De façon régulière, la Cour EDH retient que « le fait pour le requérant de ne pas recevoir les dédommagements, malgré le droit qui lui a été reconnu par une décision administrative définitive et de ne pas avoir une certitude quant à la date à laquelle cette décision serait exécutée, a fait subir à celui-ci une charge disproportionnée et excessive incompatible avec le droit au respect de ses biens garanti par l'article 1 du Protocole n° 1 à la Convention » (*Aff. Emilian Stefanescu c/ Roumanie*, 12 janvier 2010, req. n° 35018/03). Mais il faut bien sûr que l'État soit partie au litige. Le seul fait de ne pas octroyer au requérant l'assistance de la force publique au stade de l'exécution suffit d'ailleurs à une mise en cause de l'État (parmi les très nombreux arrêts rendus contre l'Italie : *Aff. Bertuccelli c/ Italie*, 4 décembre 2003, req. n° 37110/97 ; *Aff. Pocci c/ Italie*, 4 décembre 2003, req. n° 57635/00 ; *Aff. Alfano c/ Italie*, 11 décembre 2003, req. n° 30878/96 ; *Aff. Di Matteo c/ Italie*, 11 décembre 2003, req. n° 37511/97 ; J.-M. Pontier, « Le refus du concours de la force publique pour l'exécution d'une décision de justice », *JACT* 2015, 2131).

3) L'exécution des décisions rendues par la Cour européenne des droits de l'homme

10.147 ▸ La Cour EDH prend soin de spécifier que « la prééminence du droit, l'un des principes fondamentaux d'une société démocratique, est inhérente à l'ensemble des articles de la Convention [...] et implique le devoir de l'État ou d'une autorité publique de se plier à un jugement ou un arrêt rendus à leur encontre. Il s'ensuit que la nécessité de rechercher si un juste équilibre a été maintenu entre les exigences de l'intérêt général de la communauté et les impératifs de la sauvegarde des droits fondamentaux de l'individu [...] ne peut se faire sentir que lorsqu'il s'est avéré que l'ingérence litigieuse a respecté le principe de la légalité et n'était pas arbitraire » (sur l'autocontrôle de la Cour sur ses propres décisions : K. Blay-Grabarczyk, « Bilan mitigé de l'exécution des arrêts et décisions de la Cour EDH – À propos du rapport annuel du Comité des ministres du Conseil de l'Europe du 10 avril 2013 », *JCP* G. 2013, 491 ; E. Lambert Abdelgawad, « L'exécution des arrêts de la Cour EDH (2012) », *RTDH* 2013, p. 635 ; F. Marchadier, « L'exécution des arrêts de la Cour EDH en matière civile », *RTDH* 2015, p. 877 ; CEDH, gr. ch., 5 février 2015, *Aff. Bochan c/ Ukraine*, n° 22251/08, *JCP* G 2015, 845, n° 1, F. Sudre).

L'article 622-1 du Code de procédure pénale dispose que « Le réexamen d'une décision pénale définitive peut être demandé au bénéfice de toute personne reconnue coupable d'une infraction lorsqu'il résulte d'un arrêt rendu par la Cour européenne des droits de l'homme que la condamnation a été prononcée en violation de la convention européenne de sauvegarde des droits de l'homme et des libertés fondamentales ou de ses protocoles additionnels, dès lors que, par sa nature et sa gravité, la violation constatée entraîne, pour le condamné, des conséquences dommageables auxquelles la satisfaction équitable accordée en application de l'article 41 de la convention précitée ne pourrait mettre un terme. Le réexamen peut être demandé dans un délai d'un an à compter de la décision de la Cour européenne des droits de l'homme. Le réexamen d'un pourvoi en cassation peut être demandé dans les mêmes conditions » (mod. L. n° 2014-640, 20 juin 2014 instituant une Cour de révision et de réexamen et une procédure nouvelle, *JO* du 21 juin 2014). La Commission de réexamen de la Cour de cassation a ainsi réexaminé une affaire suite à un arrêt de la Cour européenne des droits de l'homme ayant relevé la violation de l'article 6,

§ 1 de la Convention. Les condamnés avaient subi une entrave excessive à leur droit d'accès à un tribunal du fait de l'irrecevabilité du pourvoi devant la Cour de cassation (14 mars 2002, *Bull. crim.* COMREX, n° 2).

Dans tous les cas, la nouvelle procédure devra respecter les exigences du procès équitable (CEDH, gde ch., 5 février 2015, n° 22251/08, *Bochan c/ Ukraine*, *Procédures* 2015, comm. 121, N. Fricero).

Le Conseil d'État soumis à la question de l'exacte réparation de la violation du procès équitable par la Cour des comptes, en raison de la non-communication au requérant de pièces de la procédure, la France ayant été condamnée par la CEDH (CEDH, 27 juillet 2007, *Baumet c/ France*, req. n° 56802/00) considère qu'il ne saurait y avoir remise en cause du caractère exécutoire de la décision rendue en droit interne, ni réouverture de la procédure juridictionnelle close (sur l'absence de droit à réouverture de la procédure : CEDH, 15 mai 2012, *Hurter c/ Suisse*, req. n° 48111/07). Si « l'autorité qui s'attache aux arrêts de la Cour implique en conséquence non seulement que l'État verse à l'intéressé les sommes que la Cour lui a allouées au titre de la satisfaction équitable prévue par l'article 41 de la convention mais aussi qu'il adopte les mesures individuelles et, le cas échéant, générales nécessaires pour mettre un terme à la violation constatée », « l'exécution de l'arrêt de la Cour ne peut toutefois, en l'absence de procédures organisées pour prévoir le réexamen d'une affaire définitivement jugée, avoir pour effet de priver les décisions juridictionnelles de leur caractère exécutoire » (CE, Sect. Cont., 4 octobre 2012, n° 328502, Baumet ; *RFDA* 2013, p. 103, note F. Sudre ; S. Slama, « Absence de droit au réexamen de jugements définitifs suite à une condamnation de la France par la Cour de Strasbourg pour violation du droit au procès équitable », *in Lettre « Actualités Droits-Libertés » du CREDOF*, 16 octobre 2012 ; sur article 46 CESDH : CE, 11 février 2004, *Mme Chevrol*, n° 257682, p. 67).

Le Conseil d'État a ajouté un important tempérament en retenant « qu'en revanche, le constat par la Cour d'une méconnaissance des droits garantis par la convention constitue un élément nouveau qui doit être pris en considération par l'autorité investie du pouvoir de sanction ; qu'il incombe en conséquence à cette autorité, lorsqu'elle est saisie d'une demande en ce sens et que la sanction prononcée continue de produire des effets, d'apprécier si la poursuite de l'exécution de cette sanction méconnaît les exigences de la convention et, dans ce cas, d'y mettre fin, en tout ou en partie, eu égard aux intérêts dont elle a la charge, aux motifs de la sanction et à la gravité de ses effets ainsi qu'à la nature et à la gravité des manquements constatés par la Cour » (CE, ass., 30 juillet 2014, n° 358564, L. Milano, « Nouvelle étape dans le renforcement de l'exécution des arrêts de la Cour EDH », *JCP* G 2014, 1089).

L'importante loi n° 2016-1547 du 18 novembre 2016 de modernisation de la justice du XXIe siècle a, en matière d'état des personnes, introduit le réexamen des décisions en matière civile en un nouvel article L. 452-1 COJ : « le réexamen d'une décision civile définitive rendue en matière d'état des personnes peut être demandé au bénéfice de toute personne ayant été partie à l'instance et disposant d'un intérêt à le solliciter, lorsqu'il résulte d'un arrêt rendu par la Cour européenne des droits de l'homme que cette décision a été prononcée en violation de la convention européenne de sauvegarde des droits de l'homme et des libertés fondamentales ou de ses protocoles additionnels, dès lors que, par sa nature et sa gravité, la violation constatée entraîne, pour cette personne, des conséquences dommageables auxquelles la satisfaction équitable accordée en application de l'article 41 de la même convention ne pourrait mettre un terme [...] » (F. Chénedé, Numéro spécial, *Dr. fam.* 2016, 595 ; T. Le Bars, « Convention européenne des droits de l'homme et état des personnes : instauration d'une procédure de réexamen des décisions de justice en matière civile », *Dr. fam.* 2017, dossier 12).

L'intérêt de la procédure de réexamen pour les États est d'échapper à la condamnation au versement d'une satisfaction équitable, dès lors que le requérant fort de la décision de la CEDH pourra demander dans son pays une modification de la décision qui lui faisait grief. Dans le même temps, elle permet la satisfaction réelle du requérant (en ce sens : obs. N. Fricero, sous CEDH, 4e sect., 3 mai 2016, n° 66522/09, *Alexe c/Roumanie*, *Procédures* 2016, comm. 201). Toutefois, elle suppose de sa part également un temps procédural supplémentaire pour obtenir satisfaction, outre le coût consécutif de la procédure.

B - LE PROCÈS ÉQUITABLE APPLIQUÉ AUX VOIES D'EXÉCUTION

10.148 › Le procès équitable intègre le droit à l'exécution du jugement, mais à l'inverse il faut comprendre que les procédures d'exécution doivent respecter les prescriptions de l'article 6, § 1 de la Convention EDH (sur cette question : N. Fricero, « Le droit européen à l'exécution des jugements », *Dr. et procéd.*, janvier 2001, p. 9, n° 13 s.). L'anoblissement de la technique procédurale par la place privilégiée prise par les droits fondamentaux de la procédure s'étend à son proche parent, les voies d'exécution.

10.149 › Les exigences du procès équitable appliquées aux mesures d'exécution n'ont pas pour l'heure donné lieu à de nombreux arrêts, à l'exception des affaires relatives à la durée de la procédure (cf. *supra* n° 10-141).

L'*affaire Tsironis c/ Grèce* est, à notre connaissance, une des rares illustrations ayant pour objet principal une mesure d'exécution (6 décembre 2001, req. n° 44584/98, déf. 6 mars 2002, *Dr. et procéd.*, mars 2002, p. 92, obs. N. Fricero). Les faits étaient les suivants. Suite à des échéances impayées, une banque signifie à son client la saisie de l'immeuble donné en garantie. Un accord est passé entre la banque et l'emprunteur dans lequel il s'engage à payer le restant de sa dette. En dépit de l'accord intervenu, la banque ordonne à son notaire de procéder à la vente aux enchères du bien. L'acte annonçant la vente aux enchères ne parvient pas à l'emprunteur qui, entre-temps, a changé d'adresse, l'huissier de justice procédant à la remise de l'acte au procureur au motif que l'adresse était inconnue. L'emprunteur saisit les juridictions nationales pour faire annuler, pour manque de diligence de l'huissier de justice, l'acte de signification et par voie de conséquence la vente forcée. Sa demande est rejetée en raison de l'expiration du délai pour agir prévu par la loi grecque. Il dépose alors une requête devant la Cour EDH et se plaint de ce qu'il n'a pas bénéficié du droit d'accès à un tribunal, ni d'un recours effectif devant une instance nationale pour contester efficacement la vente aux enchères de sa propriété. Les juges européens ont, sur le fondement des articles 6 § 1 de la Convention EDH et 1 du

Protocole n° 1, condamné l'État grec en raison de l'impossibilité avérée du requérant de contester la vente forcée.

10.150 ▸ Le fait que la protection juridictionnelle couvre les voies d'exécution n'est pas, ainsi qu'il vient d'être montré, source de nouveauté. En ce sens, les droits garantis au titre de l'article 6 § 1 de la Convention EDH, parmi lesquels l'impartialité, l'indépendance, la célérité, la publicité et autres, ont vocation à s'appliquer comme ils le seraient au stade du déroulement de la procédure. Aucun particularisme donc dans les modalités d'application de ces droits n'est à signaler.

10.151 ▸ Le droit à l'exécution du jugement est en pleine expansion, parmi les questions ouvertes figure celle relative à une éventuelle responsabilité de l'État en cas d'inexécution du jugement par un particulier qui aurait perdu le procès. De prime abord, la réflexion paraît curieuse. L'État n'a pas à garantir le gagnant contre l'insolvabilité du perdant. Mais ce n'est évidemment pas sous cet angle que la question doit être abordée. Il a été montré que l'État peut être responsable de la faute d'un avocat ou d'un huissier de justice lorsque celle-ci a pour effet de priver le justiciable de son accès à la justice (cf. *supra* n°s 10-16 et 10-27). Un particulier pourrait-il engager la responsabilité de l'État au motif que les procédures nationales d'exécution forcée ne sont pas efficaces ? Rien ne semble s'opposer à cette solution. Le droit à l'exécution du jugement doit être garanti au même titre que le droit d'accès à la justice, et il n'est pas inconcevable d'engager sur ce terrain la responsabilité des autorités nationales. Ce n'est pas l'inexécution par un particulier qui serait alors sanctionnée, mais l'absence de protection judiciaire efficace en raison de voies d'exécution déficientes.

PISTE DE RÉFLEXION

Une protection judiciaire efficace : l'examen des voies d'exécution à l'aune de l'article 6 § 1 de la Convention EDH.

» Exercices de préparation au grand oral

› Sujet n° 1

La motivation des décisions de justice.

› Éléments de corrigé

Tout justiciable a droit à ce que sa cause soit entendue équitablement. La motivation de la solution retenue par les juges prouve, s'il en était besoin, que les prétentions du requérant ont été dûment examinées par le tribunal. Elle permet au justiciable de comprendre les raisons pour lesquelles il a ou non obtenu gain de cause et de décider d'exercer, éventuellement, les voies de recours qui s'offrent à lui. Les juridictions supérieures doivent également connaître de ces raisons lors du réexamen de l'affaire en appel ou du contrôle des règles de droit appliquées en cassation.

L'exigence de motivation est devenue générale, ce qui ne signifie pas qu'elle soit absolue (I). Appliquée aux seules décisions de justice, la question de l'exportation de l'obligation au-delà des actes juridictionnels est régulièrement posée (II).

I. Une exigence générale

a) L'obligation de motiver les décisions de justice

– Une obligation générale

• une obligation commune à tous les contentieux : civil, pénal et administratif ; exigence imposée également en cas de refus de transmission de la question préjudicielle à la CJUE. L'exigence de motivation a été requise en cas de refus de renvoi préjudiciel par un juge national à la Cour de justice de l'Union européenne (CEDH, 8 avril 2014, n° 17120/09, *Dhabi c/ Italie*, *Europe* 2014, D. Simon, repère 7 : *Procédures* 2014, comm. 174, N. Fricero).

• le contenu de l'obligation imposée : motiver consiste à répondre aux moyens soulevés par les parties, non à leurs arguments

– Une obligation non absolue

• le pouvoir souverain et le pouvoir discrétionnaire des juges du fond : indiquer la différence entre les deux caractères – souverain et discrétionnaire ; voir : A. Perdriau, « Le pouvoir discrétionnaire des juges du fond », *LPA* 15 novembre 2001, n° 228, p. 8 s. ; X. Vuitton, « L'article 6, § 1 de la Convention EDH à l'assaut du pouvoir discrétionnaire du juge civil », *JCP* G 2014, doct. 218 ; C. Atias, « L'abandon d'un principe fondamental. La dispense de motivation de la condamnation pour abus de procédure », *D.* 2011, 1228.

b) Une obligation étendue aux jurys populaires

• Partir de l'affaire *Agnelet* pour donner force à la démonstration : la Cour européenne a ainsi condamné la France dans l'affaire *Agnelet* pour n'avoir pas offert au requérant les moyens et garanties suffisants pour comprendre le verdict de la cour d'appel d'assises le condamnant à la réclusion pour vingt ans (CEDH, 5e section, 10 janvier 2013, définitif 1er février 2013, *Agnelet c/ France*, req. n° 61198/08, *Procédures* mars 2013, comm. 72, N. Fricero ; le même jour : n° 60995/09, *Voica c/ France*, n° 44446/10, *Oulahcene c/ France*, n° 30010/10, *Fraumens c/ France ; Procédures* mars 2013, comm. 77, A.-S. Chavent-Leclère ; *D.* 2013, 615, note J.-F. Renucci ; F. Sudre, « Droit de la Convention européenne des droits de l'homme », *JCP* G 2013, doct. 855 ; F. Saint-Pierre, « L'affaire Agnelet [...] une évolution majeure de la justice criminelle », *JCP* G 2014, 551). La compréhension cependant du verdict ne s'oppose pas à la forme des jurys populaires (F. Laffaille, « La Cour EDH et la (non)-motivation des verdicts de cour d'assises », *JCP* G 25 février 2013, 247).

• De l'absence de motivation à l'obligation de motiver : exposer la jurisprudence européenne avec la comparaison entre l'affaire *Papon c/ France*, 15 novembre 2001, req. n° 54210/00 et *Taxquet c/ Belgique*, 13 janvier 2009, req. n° 926/05 (*supra* n° 10-134) ; puis intégrer la réponse faite par le Conseil constitutionnel DC-QPC, 1er avril 2011, O. Bachelet, *Gaz. Pal.* 5 avril 2011, doctr. W. Mastor et B. de Lamy, *D.* 2011, 1154. J.-B. Perrier, *D.* 2011, 1156 ; *LPA* 27 juillet 2011, n° 148, p. 15, note A. Maurin et A. Le Quinio, *Constitutions* 2011/3, 361, note A. Cappello ; pour conclure sur la loi n° 2011939 du 10 août 2011 instituant l'obligation de motivation.

• Une motivation particulière en la forme : le ministère de la Justice a publié une circulaire de modèles-types de motivation des arrêts d'assises, le 15 décembre 2011, NOR : JUSD1134281C, BOMJL, 30 décembre 2011.

II. Une exigence exportable

a) Les décisions de non-admission des recours

– Présenter les procédures de filtrage des recours admises dans le contexte du procès équitable : devant la Cour de cassation, le Conseil d'État mais aussi la Cour européenne pour une bonne administration de la justice.

– Dangers du mécanisme tient à l'absence de motivation : la Cour européenne veille à ce que le justiciable ne soit pas privé abusivement d'un droit au recours, CEDH, 5e sect., 9 janvier 2014, n° 71658/10, *Viard c/ France*, *Procédures* 2014, comm. 70, N. Fricero, même si l'absence de motivation n'est pas contraire à l'article 6, § 1 CESDH, *Kosser c/ France*, 9 mars 1999, req. n° 38748/97 ; *Burg et autres c/ France*, n° 34763/02, 28 janvier 2003 ; *Stepinska c/ France*, n° 1814/02, 15 juin 2004, et *Salé c/ France*, n° 39765/04, 21 mars 2006.

– La question de la motivation pourrait-elle être à nouveau discutée ? Dans le cadre d'une procédure de filtrage des appels, la Cour européenne estime qu'une décision de rejet aurait dû être davantage motivée, et se félicite de la modification du droit norvégien imposant une obligation générale de motivation de toute décision de justice. Cette solution ne remet cependant pas à en cause le filtrage des pourvois en cassation dès lors que la CEDH a pris soin de préciser qu'en l'occurrence le filtrage n'était pas fondé exclusivement sur les considérations de procédure ou de droit, mais aussi de faits, et ayant relevé que la décision pouvait faire l'objet d'un recours devant une juridiction supérieure (CEDH, 1re sect., 2 octobre 2014, n° 15319/09, *Hansen c/ Norvège*, *Procédures* 2015, comm. 43, N. Fricero). Pourtant, l'importance de l'effet de la décision pour le justiciable mériterait un réexamen de la question de la motivation ou non de ce type de décision. Tempérer en indiquant que le rapport du conseiller donne au justiciable les raisons de la non-admission du recours qui lui a été opposée.

b) Les avis rendus par la Cour de cassation ou le Conseil d'État

La technique de saisine pour avis ne prévoit pas la motivation de l'avis rendu. À la question posée figure la seule réponse donnée par les hautes juridictions. L'avis n'a aucune force contraignante en droit, même si de fait il est le plus souvent suivi par les juridictions. Faut-il motiver ces avis ? La question a été posée récemment en doctrine : H. FULCHIRON, « Le juge et l'oracle, brèves observations sur la (non)-motivation des avis de la Cour de cassation », *D.* 2015, 21. Exposer les limites de l'assimilation entre l'avis et l'acte juridictionnel.

› Sujet n° 2

L'effectivité de l'exécution des décisions de justice.

› Éléments de corrigé

Partir de l'affaire *Hornsby* et de la reconnaissance d'un droit à l'exécution par la CEDH : Aff. *Hornsby c/ Grèce*, 19 mars 1997, *JCP* 1997, II, 22949, note F. Sudre ; *D.* 1998, 75, note N. Fricero ; *RTD civ.* 1997, p. 1009, obs. J.-P. Marguénaud ; *JTDE* 1998, p. 41, obs. P. Lambert.

Le contrôle de l'exécution est désormais classiquement effectué par la Cour européenne au titre du procès équitable (I), la Cour laissant aux États la charge d'assurer l'effectivité de l'exécution des décisions rendus (II).

I. Le contrôle de l'exécution

a) Un contrôle au visa des articles 6 et 13 de la CESDH, ensemble de l'article 1 du protocole n° 1

– Le fondement classique des articles 6 et 13 de la CESDH : partir du visa de l'article 6, § 1 CESDH dans les décisions et intégrer les décisions ultérieures fondées sur le caractère « effectif » du recours de l'article 13 de la Convention.

– Le recours au protocole n° 1 : l'inexécution peut conduire à porter atteinte au droit de propriété du créancier ; l'ingérence dans le respect ou l'usage des biens sera fondée sur la violation du droit à l'exécution du jugement, la responsabilité de l'État devrait donc être engagée pour violation cumulée de l'article 1 du Protocole additionnel n° 1 et de l'article 6, § 1 de la Convention (Aff. *Karahalios c/ Grèce*, 11 décembre 2003, req. n° 62503/00). De façon régulière, la Cour EDH retient que « le fait pour le requérant de ne pas recevoir les dédommagements, malgré le droit qui lui a été reconnu par une décision administrative définitive et de ne pas avoir une certitude quant à la date à laquelle cette décision serait exécutée, a fait subir à celui-ci une charge disproportionnée et excessive incompatible avec le droit au respect de ses biens garanti par l'article 1 du Protocole n° 1 à la Convention » (Aff. *Emilian Stefanescu c/ Roumanie*, 12 janvier 2010, req. n° 35018/03). Mais il faut bien sûr que l'État soit partie au litige. Le seul fait de ne pas octroyer au requérant l'assistance de la force publique au stade de l'exécution suffit d'ailleurs à une mise en cause de l'État (parmi les très nombreux arrêts rendus contre l'Italie : Aff. *Bertuccelli c/ Italie*, 4 décembre 2003, req. n° 37110/97 ; Aff. *Pocci c/ Italie*, 4 décembre 2003, req. n° 57635/00 ; Aff. *Alfano c/ Italie*, 11 décembre 2003, req. n° 30878/96 ; Aff. *Di Matteo c/ Italie*, 11 décembre 2003, req. n° 37511/97).

b) Un contrôle généralisé par la CEDH

– L'étendue de l'obligation

La Cour européenne rappelle, de façon désormais régulière, que « les États ont l'obligation positive de mettre en place un système qui soit effectif en pratique comme en droit et qui assure l'exécution des décisions judiciaires définitives entre personnes privées (CEDH, 7 juin 2005, *Fouklev c/ Ukraine*, n° 71186/01, § 84). La responsabilité des États concernant l'exécution d'un jugement par une personne de droit privé peut dès lors se trouver engagée si les autorités publiques impliquées dans les procédures d'exécution manquent de la diligence requise ou encore empêchent l'exécution » (CEDH, 1re sect., 10 avril 2014, n° 5238/10, *Terebus c/ Portugal*, *Procédures* 2014, comm. 173, N. Fricero : absence d'exécution d'une décision transfrontière).

– L'autocontrôle opéré par la Cour européenne

La Cour EDH prend soin de spécifier que « la prééminence du droit, l'un des principes fondamentaux d'une société démocratique, est inhérente à l'ensemble des articles de la Convention [...] et implique le devoir de l'État ou d'une autorité publique de se plier à un jugement ou un arrêt rendus à leur encontre. Il s'ensuit que la nécessité de rechercher si un juste équilibre a été maintenu entre les exigences de l'intérêt général de la communauté et les impératifs de la sauvegarde des droits fondamentaux de l'individu [...] ne peut se faire sentir que lorsqu'il s'est avéré que l'ingérence litigieuse a respecté le principe de la légalité et n'était pas arbitraire » (sur l'autocontrôle de la Cour sur ses propres décisions : K. Blay-Grabarczyk, « Bilan mitigé de l'exécution des arrêts et décisions de la Cour EDH – À propos du rapport annuel du Comité des ministres du Conseil de l'Europe du 10 avril 2013 », *JCP* G 2013, 491 ; E. Lambert Abdelgawad, « L'exécution des arrêts de la Cour EDH (2012) », *RTDH* 2013, p. 635).

II. Les moyens de l'effectivité

– Les procédures nationales garantissant l'effectivité de l'exécution

• le contentieux civil du délai raisonnable : exposer les difficultés tenant à l'effectivité lorsque la non-exécution conduit seulement à engager la responsabilité de l'État sur le fondement de l'article L. 141-1 COJ. L'effectivité du recours, que ce soit devant les juridictions judiciaires ou administratives, supposerait le respect positif de l'exigence de célérité de la procédure et non pas simplement une indemnisation pécuniaire, surtout lorsque des droits extrapatrimoniaux dépendent de l'issue du litige (*infra* n° 10-60).

• le contentieux pénal et le réexamen de la décision rendue : L'article 626-1 du Code pénal dispose que « le réexamen d'une décision pénale définitive peut être demandé au bénéfice de toute personne reconnue coupable d'une infraction lorsqu'il résulte d'un arrêt rendu par la Cour européenne des droits de l'homme que la condamnation a été prononcée en violation des stipulations de la Convention EDH ou de ses protocoles additionnels, dès lors que, par sa nature et sa gravité, la violation constatée entraîne pour le condamné des conséquences dommageables auxquelles la satisfaction équitable allouée sur le fondement de l'article 41 de la Convention ne pourrait mettre un terme ». La Commission de réexamen de la Cour de cassation a ainsi réexaminé une affaire suite à un arrêt de la Cour européenne des droits de l'homme ayant relevé la violation de l'article 6, § 1 de la Convention. Les condamnés avaient subi une entrave excessive à leur droit d'accès à un tribunal du fait de l'irrecevabilité du pourvoi devant la Cour de cassation (14 mars 2002, *Bull. crim.* COMREX, n° 2).

• le contentieux administratif et la jurisprudence récente du Conseil d'État : Le Conseil d'État soumis à la question de l'exacte réparation de la violation du procès équitable par la Cour des comptes, en raison de la non-communication au requérant de pièces de la procédure, la France ayant été condamnée par la CEDH (CEDH, 27 juillet 2007, *Baumet c/France*, req. n° 56802/00), considère qu'il ne saurait y avoir remise en cause du caractère exécutoire de la décision rendue en droit interne, ni réouverture de la procédure juridictionnelle close (sur l'absence de droit à réouverture de la procédure : CEDH, 15 mai 2012, *Hurter c/Suisse*, req. n° 48111/07). Si « l'autorité qui s'attache aux arrêts de la Cour implique en conséquence non seulement que l'État verse à l'intéressé les sommes que la Cour lui a allouées au titre de la satisfaction équitable prévue par l'article 41 de la convention mais aussi qu'il adopte les mesures individuelles et, le cas échéant, générales nécessaires pour mettre un terme à la violation constatée », « l'exécution de l'arrêt de la Cour ne peut toutefois, en l'absence de procédures organisées pour prévoir le réexamen d'une affaire définitivement jugée, avoir pour effet de priver les décisions juridictionnelles de leur caractère exécutoire » (CE, Sect. cont., 4 octobre 2012, n° 328502, *Baumet* ; *RFDA* 2013, p. 103, note F. Sudre ; S. Slama, « Absence de droit au réexamen de jugements définitifs suite à une condamnation de la France par la Cour de Strasbourg pour violation du droit au procès équitable », *in Lettre « Actualités Droits-Libertés » du CREDOF*, 16 octobre 2012 ; sur article 46 CESDH : CE, 11 février 2004, *Mme Chevrol*, n° 257682, p. 67).

Le Conseil d'État a ajouté un important tempérament en retenant « qu'en revanche, le constat par la Cour d'une méconnaissance des droits garantis par la convention constitue un élément nouveau qui doit être pris en considération par l'autorité investie du pouvoir de sanction ; qu'il incombe en conséquence à cette autorité, lorsqu'elle est saisie d'une demande en ce sens et que la sanction prononcée continue de produire des effets, d'apprécier si la poursuite de l'exécution de cette sanction méconnaît les exigences de la convention et, dans ce cas, d'y mettre fin, en tout ou en partie, eu égard aux intérêts dont elle a la charge, aux motifs de la sanction et à la gravité de ses effets ainsi qu'à la nature et à la gravité des manquements constatés par la Cour » (CE, ass., 30 juillet 2014, n° 358564, L. Milano, « Nouvelle étape dans le renforcement de l'exécution des arrêts de la Cour EDH », *JCP* G 2014, 1089).

– La pratique des arrêts pilotes par la Cour européenne

Lorsque l'inexécution des décisions est régulière, la Cour européenne recourt à la pratique des arrêts pilotes afin de permettre à l'État de trouver des solutions aux difficultés nationales qu'il rencontre dans le domaine visé : au visa des articles 6, 13 de la CESDH et de l'article 1 du protocole n° 1 « toute personne a droit à une exécution effective et dans un délai raisonnable des jugements imposant aux autorités une obligation en nature », lorsque l'inexécution est telle dans un État et que les requêtes se multiplient, l'inexécution « relève d'un problème structurel, la Cour européenne peut statuer selon la procédure de l'arrêt pilote et donner à l'État un délai d'un an pour se mettre en conformité, en coopération avec le Comité des ministres » (pour une application récente : CEDH, 1re sect., 1er juillet 2014, n° 29920/05 et s., *Gerasimov et a. c/Russie*, *Procédures* 2014, comm. 234, N. Fricero).

› Sujet n° 3

› Les droits de la défense au cours de la garde à vue.

› Éléments de corrigé

La garde à vue est un beau sujet de grand oral, car elle permet de développer tout à la fois :

– la notion de procès équitable sous l'angle des droits de la défense,

– le rôle de l'avocat,

– la proportionnalité dans le respect des droits du gardé à vue s'agissant de la défense de l'intérêt général lorsque les circonstances donnent à la garde à vue une couleur particulière, un contexte d'attentats notamment, ou encore s'agissant de la bonne administration de la justice s'agissant de la purge de certaines nullités,

– la fondamentalité des droits et le rôle des autorités normatives (CEDH, Conseil constitutionnel, Cour de cassation, Législation)

I. L'avocat garant des droits de la défense

a) Les droits du gardé à vue garantis par la présence de l'avocat

Présenter les droits du gardé à vue :

• le caractère optionnel de la garde à vue, remis en cause en présence d'un mineur, Cass. crim., 6 novembre 2013, n° 13-84320, *Procédures* février 2014, comm. 55, A.-S. Chavent-Leclère ;

• la nature des droits du gardé à vue, en particulier le droit de se taire, le droit de ne pas s'autoincriminer, etc.

b) La présence de l'avocat dès la première heure de garde à vue

– Intégrer l'évolution relative au droit à l'avocat pendant la garde à vue.

– Rappel : selon la jurisprudence de la Cour européenne, toute personne a droit à l'assistance d'un avocat dès son premier interrogatoire par la police (CEDH, 2e sect., 17 janvier 2012, *Fidanci c/ Turquie*, n° 17730/07, *Dalloz*, 2 février 2012, obs. O. Bachelet ; déjà : *Salduz c/ Turquie*, Gde Ch., 27 novembre 2008, req. n° 36391/02, *AJDA* 2009. 872, chron. J.-F. Flauss ; CEDH, 13 mars 2014, *Pakshaiev c/ Russie*, req. n° 1377/04 (en anglais) et CEDH, 13 mars 2014, *Smirnov c/ Ukraine*, req. n° 69250/11 (en anglais), *Dalloz act.* 2014, A. Portmann). Ce droit est « un principe propre au droit à un procès équitable, qui trouve son fondement spécifique dans le troisième paragraphe de l'article 6 de la Convention, lequel envisage en particulier le droit de tout "accusé" d'avoir l'assistance d'un défenseur de son choix. Il ne s'agit pas d'un "principe général" impliqué par la Convention, les principes de cette nature étant par définition transversaux ». La Cour rappelle, dans l'affaire *Simons c/ Belgique*, lesdits principes qui peuvent être rattachés à l'article 5, § 1 de la Convention EDH, à savoir prééminence du droit, sécurité juridique, proportionnalité, protection contre l'arbitraire. Il s'ensuit que « si l'impossibilité légale pour un "accusé" privé de liberté d'être assisté par un avocat dès le début de sa détention affecte l'équité de la procédure pénale dont il est l'objet, on ne peut déduire de cette seule circonstance que sa détention est contraire à l'article 5 § 1 de la Convention en ce qu'elle ne répondrait pas à l'exigence de légalité inhérente à cette disposition » (CEDH, 2e section, 28 août 2012, *Simons c/ Belgique*, req. n° 71407/10).

Toutefois, l'assistance d'un avocat n'est pas une fin en soi, mais l'équité de la procédure. Le report de l'avocat en garde à vue peut parfois être justifié par les circonstances (CEDH, 16 décembre 2014, *Ibrahim et autres c/ Royaume-Uni*, req. n° 50541/08, 50571/08, 50573/08 et 40351/09, Dalloz act. décembre 2014, A. Portmann).

II. Le législateur, le juge constitutionnel, le juge européen, le juge national, protecteurs des droits de la défense pendant la garde à vue

a) Le régime de la garde à vue soumis aux interactions des autorités normatives

Montrer l'incidence de la pluralité des autorités sur le droit protégé :

– Cour EDH, 13 octobre 2009, req. n° 7377/03 : « que l'équité d'une procédure pénale requiert d'une manière générale, aux fins de l'article 6 de la Convention, que le suspect jouisse de la possibilité de se faire assister par un avocat dès le moment de son placement en garde à vue ou en détention provisoire », *D.* 2009, p. 2897 ;

– Cons. const., 30 juillet 2010, DC n° 2010-14/22 QPC, *D.* 2010, 2783, chron. J. Pradel ; *AJ pénal* 2010, 470, J.-B. Perrier, A. Jaureguiberry, « L'influence des droits fondamentaux européens sur le contrôle a posteriori », *RFDA* 2013, p. 10 s ;

– Cass. crim., 14 décembre 2011, n° 11-81329, *Dalloz* 1er février 2012, obs. C. Girault ; Cass. crim., 17 janvier 2012, n° 11-86797, *Dalloz* 10 février 2012, S. Lavric ; Cass. crim., 6 mars 2012, n° 11-84711, *Rev. sc. crim.* 2013, 925, obs. J.-F. Renucci ;

– Loi n° 2011-392 du 14 avril 2011 ; Cons. const., 18 novembre 2011, *D.* 2012. 1638, obs. V. Bernaud et N. Jacquinot ; *AJ pénal* 2012, 102, obs. J.-B. Perrier ; *RSC* 2012, 185, obs. J. Danet et 217, obs. B. de Lamy ; *D.* 2011. 3034, note H. Matsopoulou ; 3005, E. Vergès ;

– Cass. crim., 10 septembre 2014, n° 13-82507, *D.* 2014, 1881 : il se déduit de l'article 6, § 3, de la Convention européenne des droits de l'homme que, même avant l'entrée en vigueur, le 1er juin 2011, de la loi n° 2011-392 du 14 avril 2011, toute personne placée en garde à vue devait être informée de son droit de se taire et, sauf exceptions justifiées par des raisons impérieuses, pouvoir bénéficier de l'assistance d'un avocat ;

– voir : S. Guinchard, F. Ferrand et T. Moussa, « Une chance pour la France et le droit continental : la technique de cassation, vecteur particulièrement approprié au contrôle de conventionnalité », *D.* 2015, 278.

b) Les nullités de procédure et la bonne administration de la justice

Sur le verrouillage des demandes de nullité par la Cour de cassation : F. Fourment, « Garde à vue : la purge des nullités transitoires à l'entrée en vigueur de la loi du 14 avril 2011 », *JCP* G 2014, 266 ; spéc. Cass. crim., 12 février 2014, n° 12-84500, F P+B+I et n° 13-87836, F P+B+I.

› Sujet n° 4

› Le secret professionnel de l'avocat garantie du justiciable

Partir de la culture de la transparence contemporaine (D. Soulez Larivière, « Les écoutes et le secret professionnel de l'avocat. Libres propos », *JCP* G 2016, 581).

I – Le secret posé en termes de garantie

A – La confidentialité des échanges de l'avocat et de son client

Un principe essentiel de la profession d'avocat : L. n° 71-1130, 31 déc. 1971, art. 66-5 (sur l'étendue du secret : Cass. 1re civ., 25 févr. 2016, n° 14-25729, FS P+B+I)

La modernisation de l'exigence face aux courriels, réseaux sociaux, et au numérique.

B – Les écoutes et la sonorisation des locaux professionnels

Les écoutes relatives au président de la République : Cass. crim., 22 mars 2016, n° 15-83205 ; n° 15-83206 ; n° 15-83207.

Les étapes de la procédure (enquête, instruction...).

II – Les atteintes au secret professionnel de l'avocat

A – Les moyens de protection du secret

L'encadrement des mesures policières aux fins de protection (prendre l'exemple des perquisitions chez l'avocat).

La force probante reconnue aux secrets extorqués (la question plus large des preuves obtenues de façon déloyale).

B – La levée du secret par le législateur

Les situations exceptionnelles en raison de la nature des infractions.

Le maintien du droit de recours contre la qualification exceptionnelle de la situation.

› Sujet n° 5

Le réexamen des décisions par les juridictions nationales

Introduire la problématique à partir du pouvoir de sanction de la Cour EDH, ouvrir sur le préjudice et sa réparation : lorsque la violation de la Convention européenne des droits de l'homme est constatée, se pose la question de la réparation du préjudice subi par le requérant. La satisfaction équitable à laquelle l'État peut être condamné est un moyen expéditif pour contraindre celui-ci à modifier sa législation. Il est moins sûr qu'elle offre dans tous les cas une satisfaction adaptée au requérant. Tel est le contexte du réexamen des décisions.

I – Un mécanisme emprunté au droit pénal

A – La condamnation de l'État par la Cour EDH

Deux éléments figurant à l'article 622-1 CPP : « par sa nature et sa gravité, la violation constatée entraîne, pour le condamné, des conséquences dommageables auxquelles la satisfaction équitable accordée en application de l'article 41 de la convention précitée ne pourrait mettre un terme ».

La nature de la violation constatée par la Cour EDH

L'insuffisante réparation résultant de la « satisfaction équitable »

B – La réparation avec le réexamen par la juridiction nationale

L'option du réexamen prévue par le Code de procédure pénale

Le réexamen d'une décision pénale définitive peut être demandé au bénéfice de toute personne reconnue coupable d'une infraction qui répond aux conditions susvisées.

La remise en cause du caractère définitif de la décision.

Les conditions du réexamen en matière pénale

Le réexamen peut être demandé dans un délai d'un an à compter de la décision de la Cour européenne des droits de l'homme.

Le réexamen d'un pourvoi en cassation peut être demandé dans les mêmes conditions (mod. L. n° 2014-640, 20 juin 2014 instituant une Cour de révision et de réexamen et une procédure nouvelle, *JO* du 21 juin 2014).

II – Un mécanisme limité en droit civil

A – Le domaine strict de l'état des personnes

Ouverture en matière civile par la loi n° 2016-1547 du 18 novembre 2016 de modernisation de la justice du XXIe siècle.

Nouvel article L. 452-1 COJ : « le réexamen d'une décision civile définitive rendue en matière d'état des personnes peut être demandé au bénéfice de toute personne ayant été partie à l'instance et disposant d'un intérêt à le solliciter, lorsqu'il résulte d'un arrêt rendu par la Cour européenne des droits de l'homme que cette décision a été prononcée en violation de la convention européenne de sauvegarde des droits de l'homme et des libertés fondamentales ou de ses protocoles additionnels, dès lors que, par sa nature et sa gravité, la violation constatée entraîne, pour cette personne, des conséquences dommageables auxquelles la satisfaction équitable accordée en application de l'article 41 de la même convention ne pourrait mettre un terme [...] » (F. Chénedé, Numéro spécial, *Dr. fam.* 2016, 595 ; T. Le Bars, « Convention européenne des droits de l'homme et état des personnes : instauration d'une procédure de réexamen des décisions de justice en matière civile », *Dr. fam.* 2017, dossier 12).

B – L'articulation des juridictions nationales et de la Cour EDH

Partir sur l'absence de hiérarchie des juridictions : discussion autour de l'affaire *Dulaurans* (*supra* n° 10-135)

Discuter sur la hiérarchie des juridictions : quelle différence entre une cassation avec renvoi et une condamnation par la Cour EDH ouvrant sur le réexamen de la décision par la juridiction nationale ?

› Sujet n° 6

Renseignement, état d'urgence et droits de la défense.

Le projet de loi sur le renseignement adopté en première lecture à l'Assemblée nationale le 5 mai 2015 a été l'une des réponses promises par le Premier ministre Manuel Valls, le 21 janvier 2015, aux attentats du 7 janvier à *Charlie Hebdo*. Paradoxalement, les attentats du 7 janvier ont donné lieu à la manifestation « Je suis Charlie » pour défendre le droit de tout dire, tout écrire, jusqu'à reconnaître un droit au blasphème. Les mesures promises le 21 janvier ont été à l'inverse le droit de tout surveiller, tout contrôler et au besoin museler. Les dés sont jetés et nul ne sait qui l'emportera entre la liberté et la sécurité.

Le processus est, par certains aspects, semblable à l'adoption du Patriot Act aux États-Unis le 23 octobre 2001, un mois après les attentats du 11 septembre au World Trade Center. Il donne des pouvoirs exorbitants aux autorités publiques pour garantir la sécurité nationale, en France, plus particulièrement au Premier ministre.

Le procédé n'a rien de choquant si l'on estime être en état de guerre latent dans notre pays. Les circonstances exceptionnelles ont toujours justifié dans un État de droit l'attribution de pouvoirs extraordinaires pour y faire face.

Alors pourquoi ces réserves exprimées en France à propos de la loi sur le renseignement ?

Sans doute parce que l'expérience américaine a montré les abus auxquels pouvaient conduire ces moyens exorbitants. Dans le contexte des attentats, donner des renseignements ou permettre l'utilisation de techniques de renseignement particulières conduit à porter atteinte aux libertés : mise sur écoute de toute personne en rapport avec un terroriste présumé, assimilation « de toute intrusion non autorisée dans un système informatique » à un « acte terroriste », confirmation de l'autorisation donnée au FBI d'installer un logiciel de surveillance « Carnivore » chez les fournisseurs d'accès internet, allongement de la liste des informations que le FBI peut exiger des FAI, accès aux informations personnelles des internautes sans aucun contrôle judiciaire, pendant un temps « Lettres de sécurité nationale » du FBI, l'autorisant à forcer les FAI à communiquer des informations... et on se souvient de la liste noire sur laquelle des personnes figuraient sans même le savoir et sans avoir eu aucun droit de la défense.

Cette loi sur le renseignement n'a pas emporté le même enthousiasme que nos homologues américains en 2001, sans doute parce que la France est terre des droits de l'homme. On notera spécialement le 10 avril 2015 la manifestation des avocats sur Paris, la réaction opposée au projet de loi de l'Observatoire des libertés et du numérique, l'avis négatif du Conseil national des barreaux dénonçant l'absence de contrôle de l'autorité judiciaire dans l'accès au renseignement, ou encore l'avis réservé de la Commission nationale consultative des droits de l'homme (CNCDH) dénonçant une surveillance généralisée et indifférenciée.

La loi du 13 novembre 2014 renforçant les dispositions relatives à la lutte contre le terrorisme avec l'interdiction de sortie du territoire ou encore l'interdiction administrative du territoire a été reçue avec moins d'inquiétude, tout comme le décret n° 2015-125 du 5 février 2015 relatif au blocage des sites provoquant à des actes de terrorisme ou en faisant l'apologie et des sites diffusant des images et représentations de mineurs à caractère pornographique. La loi sur le renseignement suscite des interrogations parce que potentiellement elle concerne chaque citoyen. À la question de savoir comment marier sécurité nationale et liberté individuelle, dans la famille de chacun des fiancés nombre d'oppositions sont soulevées.

Les attentats du mois de novembre 2015 au Bataclan, au Stade de France à Saint-Denis, et dans les rues parisiennes ont accentué la nécessité d'une sécurité nationale renforçant le bras armé de la France. La loi n° 2015-1501 du 20 novembre 2015 prorogeant l'application de la loi n° 55-385 du 3 avril 1955 relative à l'état d'urgence, ainsi que la loi n° 2016-162 du 19 février 2016 lui ayant fait suite s'inscrivent dans ce contexte particulier. Le recours à des techniques adaptées, parfois attentatoires aux libertés, se conçoit dans le but de protéger les citoyens. La question reste bien sûr celle des limites.

L'exposé oral doit être construit sur cette ambivalence, protéger bien sûr les circonstances justifiant des mesures d'exception comme elles le sont elles-mêmes, mais des mesures encore susceptibles de contrôle, ce qui en pratique est difficile à mettre en œuvre. Que reste-t-il alors des droits de la défense ?

› Éléments de corrigé

I – Des mesures exceptionnelles justifiées par l'état d'urgence

A – Les techniques intrusives de recueil des renseignements

1 – La loi nº 2015-911 du 25 juillet 2015 relative au renseignement

2 – Les différentes techniques à disposition de la force publique

Les écoutes téléphoniques, la sonorisation, la captation d'images, la géolocalisation

B – Des techniques attentatoires aux droits et libertés fondamentaux

1 – Le renforcement résultant de la loi organique nº 2015-1501 du 20 novembre 2015 relative à l'état d'urgence

2 – L'adaptation du principe du contradictoire et des droits de la défense

II – Le contrôle controversé des mesures autorisées

A – Un contrôle administratif préalable

1 – La commission nationale de contrôle des techniques de renseignement (CNCTR)

2 – Des modalités de saisine et de fonctionnement discutées

B – Un droit de recours techniquement maintenu

1 – Un droit de recours constitutionnellement reconnu

La décision du Cons. const. du 22 décembre 2015 nº 2015-527

2 – Un contrôle devant les juridictions administratives

» INDEX ALPHABÉTIQUE DU CHAPITRE I

Les sources internationales des libertés et droits fondamentaux

» INDEX ALPHABÉTIQUE DU CHAPITRE II

Les sources nationales constitutionnelles des libertés et droits fondamentaux

» INDEX ALPHABÉTIQUE DU CHAPITRE III

Les libertés relatives au travail

» INDEX ALPHABÉTIQUE DU CHAPITRE IV

Les libertés de l'esprit

INDEX ALPHABÉTIQUE DU CHAPITRE V

Les droits politiques

INDEX ALPHABÉTIQUE DU CHAPITRE VI

Les libertés

» INDEX ALPHABÉTIQUE DU CHAPITRE VII

Liberté corporelle et droit de la bioéthique

» INDEX ALPHABÉTIQUE DU CHAPITRE VIII

Libertés individuelles et dignité de la personne humaine

» INDEX ALPHABÉTIQUE DU CHAPITRE IX

L'égalité

» INDEX ALPHABÉTIQUE DU CHAPITRE X

Le procès équitable

TABLE DES MATIÈRES

PARTIE 2
LES LIBERTÉS ET DROITS PROTÉGÉS

CHAPITRE VI